Großkommentare der Praxis

STAUB
Handelsgesetzbuch

Großkommentar

6., neu bearbeitete Auflage

begründet von
Hermann Staub

herausgegeben von
Stefan Grundmann, Mathias Habersack, Carsten Schäfer

Erster Band
Teilband 1
Einleitung: §§ 1–16, 104a

Bearbeiter:
Einleitung: Stefan Grundmann
§§ 1–7: Hartmut Oetker
§§ 8–16, 104a: Jens Koch und Rafael Harnos

DE GRUYTER

Bearbeitungsstand: Juni 2022
Zitiervorschlag: *Oetker* in Großkomm. HGB, 6A, § 7 Rn 12
Bandherausgeber: Professor Dr. Carsten Schäfer, Universität Mannheim
Sachregister: Christian Klie

ISBN 978-3-11-055041-2
e-ISBN (PDF) 978-3-11-056444-0
e-ISBN (E-PUB) 978-3-11-056397-9

Library of Congress Control Number: 2022940871

Bibliografische Information der Deutschen Nationalbibliothek
Die Deutsche Nationalbibliothek verzeichnet diese Publikation in der Deutschen Nationalbibliografie; detaillierte bibliografische Daten sind im Internet über http://dnb.dnb.de abrufbar.

Satz: Meta Systems Publishing & Printservices GmbH, Wustermark
Druck und Bindung: CPI books GmbH, Leck

www.degruyter.com

Verzeichnis der Bearbeiter der 6. Auflage

Professor Dr. **Jochen Axer**, Rechtsanwalt, Wirtschaftsprüfer, Steuerberater, axis Rechtsanwälte, Köln
Professor Dr. **Jens-Hinrich Binder**, LL.M. (London), Universität Tübingen
Professor Dr. **Benjamin B. von Bodungen**, LL.M. (Auckland), GGS, Heilbronn
Professor Dr. **Jens Bülte**, Universität Mannheim
Professor Dr. **Ulrich Burgard**, Otto-von-Guericke-Universität Magdeburg
Professor Dr. **Matthias Casper**, Westfälische Wilhelms-Universität Münster
Professor Dr. **Klaus-Dieter Drüen**, Ludwig-Maximilians-Universität München
Max Ehrl, Notarassessor, Geschäftsführer des Deutschen Notarvereins, Berlin
Dr. **Raimond Emde**, Rechtsanwalt, GvW Graf von Westphalen, Hamburg
Professor Dr. **Philipp S. Fischinger**, Universität Mannheim
Jun.-Prof. Dr. **Stephan Gräf**, Universität Konstanz
Professor Dr. Hans **Christoph Grigoleit**, Ludwig-Maximilians-Universität München
Professor Dr. Dr. **Stefan Grundmann**, LL.M. (Berkeley), Humboldt-Universität zu Berlin und European University Institute in Florenz
Professor Dr. **Mathias Habersack**, Ludwig-Maximilians-Universität München
Professor Dr. **Stephan Harbarth**, LL.M. (Yale), Präsident des Bundesverfassungsgerichts
Professor Dr. **Rafael Harnos**, BSP Business & Law School Berlin
Professor Dr. Dr. h.c. mult. **Peter Hommelhoff**, Ruprecht-Karls-Universität Heidelberg
Professor Dr. **Henning Jessen**, LL.M. (Tulane), World Maritime University Malmö
Professor Dr. **Christian Kersting**, LL.M. (Yale), Heinrich-Heine-Universität Düsseldorf
Professor Dr. **Peter Kindler**, Ludwig-Maximilians-Universität München
Professor Dr. **Detlef Kleindiek**, Universität Bielefeld
Professor Dr. **Jens Koch**, Universität zu Köln
Dr. **Ernst-Thomas Kraft**, Rechtsanwalt, Hengeler Mueller, Frankfurt am Main
Professor Dr. **Andreas Maurer**, LL.M. (Osgoode), Universität Mannheim
Professor Dr. **André Meyer**, LL.M. Taxation, Universität Bayreuth
Professor Dr. **Florian Möslein**, LL.M. (London), Phillips-Universität Marburg
Professor Dr. **Hartmut Oetker**, Christian-Albrechts-Universität Kiel
Professor Dr. **Karsten Otte**, M.J.C. (Austin), außerplanmäßige Professur an der Universität Mannheim, Direktor bei der Bundesnetzagentur, Bonn
PD Dr. **Moritz Pöschke**, LL.M. (Harvard), Universität zu Köln, Rechtsanwalt, Dipl.-Kfm.
Professor Dr. **Moritz Renner**, Universität Mannheim
Dr. **Fabian Reuschle**, Richter am Landgericht Stuttgart
Professor Dr. **Carsten Schäfer**, Universität Mannheim
Professor Dr. **Patrick Schmidt**, Rechtsanwalt, NJP Grotstollen, Duisburg
Harald Schoen, LL.M., Referatsleiter, Bundesministerium der Justiz und für Verbraucherschutz, Berlin
Professor Dr. **Martin Schwab**, Universität Bielefeld
Professor Dr. **Jan Thiessen**, Humboldt-Universität zu Berlin
Professor Dr. **Chris Thomale**, LL.M. (Yale), Universität Wien
PD Dr. **Christoph Andreas Weber**, Ludwig-Maximilians-Universität München
Professor Dr. **Christoph Weber**, Julius-Maximilians-Universität Würzburg

https://doi.org/10.1515/9783110564440-201

Vorwort zur 6. Auflage

Die sechste Auflage des von Hermann Staub begründeten Großkommentars zum HGB hat noch einmal stärker als schon die fünfte Auflage ein breites, dynamisches, herausforderndes Gebiet zu erfassen. Zunehmend handelt es sich um Handelsrecht und Wirtschaftsrecht, die handelsrechtlichen Normen und die wichtigsten handelsrechtlichen Akteure (einschließlich Banken und Transportwesen), das nationale Recht ebenso wie die internationalen Bezüge und die immer stärker dominierenden unionsrechtlichen Grundlagen und Vorgaben, und schließlich ein Handelsrecht der Liberalität und eines der Regulierung. Tempo und Intensität der Reformen haben – gerade auf der stärker regulierenden Seite – beständig und während der vergangenen zwei Dekaden nochmals verstärkt zugenommen. All diese Einflüsse bewirken tiefgreifende und stets fortschreitende Änderungen des Textes und der Systematik des HGB, die es in der Neuauflage aufzubereiten und in ihren praktischen Folgen zu würdigen gilt. Auch nach Ausgliederung des Aktienrechts 1937 blieb das Handelsgesetzbuch das Grundgesetz von Handel und Wirtschaft. Dem damit aufgerufenen Reichtum der Phänomene, Regelungskomplexe und Methoden stellt sich dieser Kommentar auch in der Neuauflage in besonderem Maße.

Der Kommentar hat heute eine nahezu 130-jährige Tradition, die ersten sieben Auflagen besorgte Hermann Staub selbst in einer Dekade (bis zu seinem Tod). Aus diesem Erbe erwuchs der erste Großkommentar überhaupt, langsamer im Takt, vertieft. Anspruch und inhaltliche Konzeption blieben jedoch stets gleich: Der Kommentar soll in einer sowohl wissenschaftlichen Ansprüchen genügenden als auch die Belange und Gepflogenheiten der Praxis berücksichtigenden Art und Weise über den Stand der Diskussion informieren und Entwicklungslinien aufzeigen.

Die Neuauflage wird durch den Tod von Claus-Wilhelm Canaris überschattet, der am 5. März 2021 im Alter von 83 Jahren verstorben ist. Er war dem Kommentar seit der 3. Auflage verbunden, zunächst als Autor nicht nur, aber insbesondere des gerade durch seine Kommentierung nachhaltig geprägten „Bankvertragsrechts", sodann – zusammen mit Wolfgang Schilling und Peter Ulmer – auch als Herausgeber der 4. Auflage und – zusammen mit Mathias Habersack und Carsten Schäfer – als Herausgeber der 5. Auflage. Auch in die Konzeption der 6. Auflage hatte sich Claus-Wilhelm Canaris noch eingebracht. Verlag und Herausgeber der 6. Auflage – neben Mathias Habersack und Carsten Schäfer nun auch Stefan Grundmann – danken Herrn Canaris an dieser Stelle sehr für sein Jahrzehnte währendes erfolgreiches Wirken für den „Staub".

Im Unterschied zur Vorauflage bleibt es zwar bei einer – erweiterten – Bandfolge, werden jedoch Neuauflagen auch einzelner Bände innerhalb der 6. Auflage – als Neubearbeitungen – möglich sein, um den Ansprüchen einer nochmals gestiegenen Dynamik im Handels- und Wirtschaftsrecht gerecht zu werden. Mit der Neuauflage des Staub soll also eingeführt werden, was für die dreizehnte Auflage des Staudinger längst bewährte Realität ist. Siebzehn Bände sind vorgesehen, und damit liegt die Gesamtzahl über derjenigen der Vorauflage, dem Anwachsen des Rechtsstoffes geschuldet.

Der jetzt vorgelegte erste Band umfasst neben einer allgemeinen Einleitung aus dem ersten Buch über den Handelsstand die §§ 1–83 HGB sowie die Bußgeldvorschrift § 104a HGB und erscheint in zwei Halbbänden. Band 1/1 behandelt die §§ 1–16 sowie § 104a HGB, Band 1/2 umfasst die §§ 17–83 HGB. Sämtliche Vorschriften sind völlig neu kommentiert, was nicht nur auf den großen zeitlichen Abstand zur Vorauflage, sondern auch auf den Umstand zurückzuführen ist, dass die Kommentierung zu wesentlichen Teilen in neue Hände übergegangen ist.

Die Einleitung hat Stefan Grundmann verfasst, die Vorschriften über die Kaufleute (§§ 1–7) Hartmut Oetker kommentiert. Die Bearbeitung der teilweise neuen Publizitätsvorschriften (zu Handelsregister und Unternehmensregister, §§ 8–13, § 104a) stammt aus der Feder von Jens Koch und Rafael Harnos, diejenige des Firmenrechts (§§ 17–37a) von Ulrich Burgard. Die Kom-

https://doi.org/10.1515/9783110564440-202

mentierung der §§ 48–58 zu Prokura und Handelsvollmacht verantwortet Philipp Fischinger, die Vorschriften zu Handlungsgehilfen und Handlungslehrlingen (§§ 59–83) haben Christoph Weber und Stephan Gräf besorgt.

Juni 2022 Herausgeber und Verlag

Inhaltsverzeichnis

Abkürzungsverzeichnis

aA	anderer Ansicht
aaO	am angegebenen Ort
abl.	ablehnend
ABl.	Amtsblatt
ablehn.	ablehnend
Abs.	Absatz
Abschn.	Abschnitt
abw.	abweichend
AcP	Archiv für civilistische Praxis
ADAC	Allgemeiner Deutscher Automobil-Club
ADHGB	Allgemeines Deutsches Handelsgesetzbuch v. 1861
aE	am Ende
AEUV	Vertrag über die Arbeitsweise der Europäischen Union
a.F.	alte Fassung
AG	1. Amtsgericht 2. Aktiengesellschaft
AGB	Allgemeine Geschäftsbedingungen
AGG	Allgemeines Gleichbehandlungsgesetz
AiB	Arbeitsrecht im Betrieb
AIF	Alternativer Investmentfonds
AIFM	Alternative Investment Fund Manager
AIFMD	Alternative Investment Fund Managers Directive, Richtlinie 2011/61/EU über die Verwalter alternativer Investmentfonds
AktG	Aktiengesetz
Aktz.	Aktenzeichen
allg.	allgemein
allgM	allgemeine Meinung
a.M.	andere(r) Meinung
amtl.	amtlich(e)
amtl. Begr.	Amtliche Begründung
AnfG	Anfechtungsgesetz
Anh.	Anhang
Anl.	Anleitung
Anm.	Anmerkung(en)
AnzV	Anzeigenverordnung: Verordnung über die Anzeigen und die Vorlage von Unterlagen nach dem Kreditwesengesetz
AO	1. Amtsordnung (Schleswig Holstein) 2. Abgabenordnung
AöR	Archiv des öffentlichen Rechts
AP	Arbeitsrechtliche Praxis
ApothekenBetrO	Apothekenbetriebsordnung
ApothekenG	Apothekengesetz
ArbG	Arbeitsgericht
ArbGG	Arbeitsgerichtsgesetz
AR-Blattei	Arbeitsrecht-Blattei
ArbR	Arbeitsrecht
ArbstättVO	Arbeitsstättenverordnung
ArbZG	Arbeitszeitgesetz
ArchBürgR	Archiv für Bürgerliches Recht
Art.	Artikel
AÜG	Arbeitnehmerüberlassungsgesetz
Aufl.	Auflage
AV	Ausführungsverordnung
AWD	Allgemeiner Wirtschaftsdienst
AZR	Gesetz über das Ausländerzentralregister

https://doi.org/10.1515/9783110564440-203

Baden-Württ.	Baden-Württemberg
BaFin	Bundesanstalt für Finanzdienstleistungsaufsicht
BAnz	Bundesanzeiger
Basel I	Ausschuss für Bankenbestimmmungen und -überwachung: Internationale Konvergenz der Eigenkapitalmessung und Eigenkapitalanforderungen (1988)
Basel II	Baseler Ausschuss für Bankenaufsicht: Internationale Konvergenz der Kapitalmessung und Eigenkapitalanforderungen, überarbeitete Rahmenvereinbarung (2004)
Basel III	Baseler Ausschuss für Bankenaufsicht: Basel III: Ein globaler Regulierungsrahmen für widerstandsfähige Banken und Bankensysteme (2010)
BauspG	Gesetz über Bausparkassen
BayERVV	Bayerische Verordnung über den elektronischen Rechtsverkehr und elektronische Verfahren (E-Rechtsverkehrsverordnung – ERVV)
BaWüNotZ	Baden-Württembergische Notarzeitung
BayObLG	Bayerisches Oberlandesgericht
BayZ	Bayerische Zeitung
BAG	Bundesarbeitsgericht
BAO	Bundesabgabenordnung
BÄO	Bundesärzteordnung
BB	Der Betriebs-Berater
BBG; BBAnkG	Gesetz über die deutsche Bundesbank
BBiG	Berufsbildungsgesetz
BBK	Buchführung, Bilanzierung, Kostenrechnung (Zeitschrift)
BC	Zeitschrift für Bilanzierung, Rechnungswesen und Controlling
Bd.	Band
BdB	Bundesverband deutscher Banken e. V.
BDSG	Bundesdatenschutzgesetz
Bek. v.	Bekanntmachung vom
Begr.	Begründung
Beschl.	Beschluss
BetrAVG	Gesetz zur Verbesserung der betrieblichen Altersversorgung (Betriebsrentengesetz)
BetrVG	Betriebsverfassungsgesetz
BeurkG	Beurkundungsgesetz
BfA	Bundesversicherungsanstalt für Angestellte
BFH	Bundesfinanzhof
BFHE	Entscheidungen des Bundesfinanzhofes
BFuP	Betriebswirtschaftliche Forschung und Praxis (Zeitschrift)
BGB	Bürgerliches Gesetzbuch vom 18.8.1896
BGBl.	Bundesgesetzblatt
BGH	Bundesgerichtshof
BGHR	BGH-Rechtsprechung, hrsg. von den Richtern des Bundesgerichtshofes
BGHZ	Entscheidungen des Bundesgerichtshofes in Zivilsachen
BIZ	Bank für Internationalen Zahlungsausgleich, Basel
BKartA	Bundeskartellamt
BKR	Zeitschrift für Bank- und Kapitalmarktrecht
Bl.	Blatt
BMJ	Bundesministeriums der Justiz
BNotO	Bundesnotarordnung
BOARD	Zeitschrift für Aufsichtsräte in Deutschland
BoHdR	Bonner Handbuch der Rechnungslegung
BörsG	Börsengesetz
BörsO	Börsenordung
BörsZulV	Börsenzulassungs-Verordnung; Verordnung über die Zulassung von Wertpapieren zur amtlichen Notierung an einer Wertpapierbörse
BPatG	Bundespatentgericht
BPatGE	Entscheidungen des Bundespatentgerichts
BR-Drucks.	Bundesratsdrucksache

BRAGO	Bundesgebührenordnung für Rechtsanwälte
BRAK-Mitt	Mitteilungen der Bundesrechtsanwaltskammer
BRRD	Bank Recovery and Resolution Directive
BRRD-Richtlinie	Richtlinie 2014/59/EU des Europäischen Parlaments und des Rates vom 15.5.2014 zur Festlegung eines Rahmens für die Sanierung und Abwicklung von Kreditinstituten und Wertpapieren; ABl. EU L 173 v. 12.6.2014
BSpKG	Gesetz über Bausparkassen
BStBl	Bundessteuerblatt
BT	Bundestag
BT-Drucks., BT-Drs.	Bundestags-Drucksache
BuB	Bankrecht und Bankpraxis, hrsg. v. Hellner/Steuer/Piekenbrock/Siegmann/Höche, Loseblatt-Sammlung, Köln
BUrlG	Bundesurlaubsgesetz vom 8.1.1963
BVerfG	Bundesverfassungsgericht
BVerfGE	Entscheidungen des Bundesverfassungsgerichts
BVK	Bayerische Versicherungskammer
BWNotZ	Zeitschrift für das Notariat in Baden-Württemberg
bzgl.	bezüglich
bzw.	beziehungsweise
CaR	Credit at Risk
CB	Compliance-Berater (Zeitschrift)
CD	Certificate of Deposit
CDH	Centralvereinigung Deutscher Wirtschaftsverbände für Handelsvermittlung und Vertrieb e.V.
CDS	Credit Default Swap(s)
cic	culpa in contrahendo
CISG	United Nations Convention on Contracts for the International Sale of Goods, UN-Kaufrecht
CRD IV	Capital Requirements Directive IV; Richtlinie 2013/36/EU des Europäischen Parlaments und des Rates vom 26. Juni 2013 über den Zugang zur Tätigkeit von Kreditinstituten und die Beaufsichtigung von Kreditinstituten und Wertpapierfirmen, zur Änderung der Richtlinie 2002/87/EG und zur Aufhebung der Richtlinien 2006/48/EG und 2006/49/EG, ABl. EU L 176 v. 27.6.2013
CRDIVAnpV	Verordnung zur Anpassung von aufsichtsrechtlichen Verordnungen an das CRD IV-Umsetzungsgesetz
CRR	Capital Requirements Regulation; Verordnung (EU) Nr. 575/2013 des Europäischen Parlaments und des Rates vom 6. Juni 2013 über Aufsichtsanforderungen an Kreditinstitute und Wertpapierfirmen und zur Änderung der Verordnung (EU) 6486/2012; ABl. EU L 321 v. 30.11.2013
CRR-Kreditinstitute	Kreditinstitute, die (ggf. auch allein) das Einlagen- und das Kreditgeschäft betreiben (früher Einlagenkreditinstitute)
CSR	Corporate Social Responsibility
DAR	Deutsches Autorecht
DAV	Deutscher Anwaltsverein
DepG	Depotgesetz; Gesetz über die Verwahrung und Anschaffung von Wertpapieren
ders.	derselbe
DB	Der Betrieb
DepG	Depotgesetz; Gesetz über die Verwahrung und Anschaffung von Wertpapieren
DGS	Depot Guarantee Scheme (Einlagensicherungssystem)
d.h.	das heißt
dies.	dieselbe(n)
DIHT	Deutscher Industrie- und Handelstag
Dipl.	Diplom
Diss	Dissertation
DJT	Deutscher Juristentag

DNotZ	Deutsche Notarzeitung
DR	Deutsches Recht
DSGV	Deutscher Sparkassen- und Giroverband
DStR	1. Deutsches Steuerrecht (Zeitschrift) 2. Deutsche Steuerrundschau 3. Deutsches Strafecht
DV	1. Durchführungsverordnung 2. Deutsche Verwaltung
DVBl	Deutsches Verwaltungsblatt (Zeitschrift)
DVO	Durchführungsverordnung
DZWIR	Deutsche Zeitschrift für Wirtschafts- und Insolvenzrecht
E	Entscheidung
EABG	Einlagensicherungs- und Anlegerentschädigungsgesetz
EBA	European Banking Authority (Europäische Bankenaufsichtsbehörde)
EBE/BGH	Eildienst Bundesgerichtliche Entscheidungen
EBJS	Ebenroth/Boujong/Joost/Strohn
EDV	Elektronische Datenverarbeitung
EFG	Entscheidungen der Finanzgerichte
EFSF	European Financial Stability Facility (Europäische Finanzstabilisierungsfazilität)
EFZG	Entgeltfortzahlungsgesetz
EG	Europäische Gemeinschaft
EGBGB	Einführungsgesetz zum Bürgerlichen Gesetzbuch
EGHGB	Einführungsgesetz zum Handelsgesetzbuch
EGInsO	Einführungsgesetz zur Insolvenzordnung
EGVP	Elektronisches Gerichts- und Verwaltungspostfach
EGVVG	Einführungsgesetz zum Versicherungsvertragsgesetz
ehem.	ehemalige
EHUG	Gesetz über elektronische Handelsregister und Genossenschaftsregister sowie das Unternehmensregister
einh.	Einheitlich
Einl.	Einleitung
EIOPA	European Insurance and Occupational Pensions Authority (Europäische Aufsichtsbehörde für das Versicherungswesen und die betriebliche Altersvorsorge)
e.K.	Eingetragener Kaufmann/Eingetragene Kauffrau
Entsch.	Entscheidung
ErbStG	Erbschaftsteuer- und Schenkungsteuergesetz
E-Register	elektronisches Register
ERJuKoG	Gesetz über elektronische Register und Justizkosten für Telekommunikation
Erl.	Erläuterung
ESA	European Supervisory Authorities
ESFS	European System of Financial Supervision (Europäisches Finanzaufsichtssystem)
ESM	European Stability Mechanism (Europäischer Stabilitätsmechanismus)
ESMA	European Securities and Markets Authority
ESRB	European Systemic Risk Board (Europäischer Ausschuss für Systemrisiken)
EStG	Einkommenssteuergesetz
ESZB	Europäisches System der Zentralbanken
et al.	Et alii (und andere)
etc.	Et cetera
EU	Europäische Union
EUFAAnpG	Gesetz zur Umsetzung der Richtlinie 2010/78/EU vom 24. November 2010 im Hinblick auf die Einrichtung des Europäischen Finanzaufsichtssystems
EuGH	Europäischer Gerichtshof
EuGHE	Entscheidungen des Europäischen Gerichtshofs
EuG	Europäisches Gericht Erster Instanz
EuGVVO	Verfahrensverordnung des Europäischen Gerichts Erster Instanz vom 1.3.2002

EuGVÜ	Übereinkommen über die gerichtliche Zuständigkeit und die Vollstreckung von Entscheidungen in Zivil- und Handelssachen, vom 27.9.1968, seit dem 1.3.2002 weitgehend durch die EuGVVO ersetzt
EuInsVO	Europäische Insolvenzverordnung
EuLF	European Law Forum
EuZVO	Europäische Zustellungsverordnung
EuZW	Europäische Zeitschrift für Wirtschaftsrecht (Zeitschrift)
EuroEG	Euro- Einführungsgesetz
EWiR	Entscheidungen zum Wirtschaftsrecht
EWIV	Europäische wirtschaftliche Interessenvereinigung
EWR	Europäischer Wirtschaftsraum
EWS	1. Europäisches Währungssystem 2. Europäisches Wirtschafts- und Steuerrecht
EV	1. Eigentumsvorbehalt 2. Einführungsverordnung
EzA	Entscheidungssammlung zum Arbeitsrecht
EZB	Europäische Zentralbank
f	folgende
FamFG	Familienverfahrensgesetz
FAZ	Frankfurter Allgemeine Zeitung
Feiertagslohnzah-lungsG	Feiertagslohnzahlungsgesetz
ff	fortfolgende
FG	Finanzgericht
FGG	Gesetz über die Freiwillige Gerichtsbarkeit
FGPrax	Praxis der freiwolligen Gerichtsbarkeit
FMFG	Finanzmarktförderungsgesetz; Gesetz zur weiteren Fortentwicklung des Finanzplatzes Deutschland
FMSA	Bundesanstalt für Finanzmarktstabilisierung
FMStFG	Finanzmarktstablisierungsfondsgesetz v. 17.10.2008 (BGBl. I S. 1982)
Fn	Fußnote
FRUG	Gesetz zur Umsetzung der Richtlinie über Märkte für Finanzinstrumente und der Durchführungsrichtlinie der Kommission (Finanzmarktrichtlinie-Umsetzungsgesetz) v. 16.7.2007
FS	Festschrift
FSB	Financial Stability Board (Rat für Finanzstabilität)
GBO	Grundbuchordnung
GbR	Gesellschaft bürgerlichen Rechts
gem.	gemäß
GenG	Genossenschaftsgesetz
GewO	Gewerbeordnung
GesRZ	Der Gesellschafter
GG	Grundgesetz
ggf.	gegebenenfalls
GK	Großkommentar
GmbH	Gesellschaft mit beschränkter Haftung
GmbHG	Gesetz betreffend die Gesellschaften mit beschränkter Haftung
GmbHR	GmbH-Rundschau
GenG	Genossenschaftsgesetz
GewO	Gewerbeordnung
GewStG	Gewerbesteuergesetz
GoA	Geschäftsführung ohne Auftrag
GOÄ	Gebührenordnung für Ärzte
GOZ	Gebührenordnung für Zahnärzte

GREStG	Grunderwerbsteuergesetz
GroMiKV	Großkredit- und Millionenkreditverordnung; Verordnung über die Erfassung, Bemessung, Gewichtung und Anzeige von Krediten im Bereich der Großkredit- und Millionenkreditvorschriften des Kreditwesengesetzes
Großkreditrichtlinie	EG-Richtlinie für die Überwachung und Kontrolle der Großkredite von Kreditinstituten
GRUR	Gewerblicher Rechtsschutz und Urheberrecht
GRUR-RR	Gewerblicher Rechtsschutz und Urheberrecht/Rechtsprechungsreport
GSG	Gerätesicherheitsgesetz
GV	Gebührenverzeichnis
GVG	Gerichtsverfassungsgesetz
GVO	Gerichtsvollzieherordnung
GWB	Gesetz gegen Wettbewerbsbeschränkungen
hA	herrschende Ansicht
HAG	1. Heimarbeitsgesetz 2. Hessisches Ausführungsgesetz
Halbbd.	Halbband
HansGZ	Hanseatische Gerichtszeitschrift
HandelsR	Handelsrecht
Hdb.	Handbuch
HdJ	Handbuch des Jahresabschlusses
HGB	Handelsgesetzbuch
HK	Handelskammer
HKO	Haager Landkriegsordnung
hL	herrschende Lehre
hM	herrschende Meinung
HOAI	Honorarordnung für Architekten und Ingenieure in der Bekanntmachung vom 4.3.1991
HRefG	Handelsrechtsreformgesetz vom 22.6.1998
HRegGebV	Verordnung über Gebühren in Handels, Partnerschafts- und Genossenschaftsregistersachen Handelsregistergebührenverordnung)
HRegGebNeuOG	Handelsregistergebühren-Neuordnungsgesetz
HRR	Höchstrichterliche Rechtsprechung
Hrsg., hrsg.	Herausgeber, herausgegeben
HRV	Verordnung über die Einrichtung und Führung des Handelsregisters
Hs./Hs	Halbsatz
HSG	Hochschulgesetz
HuRB	Handwörterbuch unbestimmter Rechtsbegriffe im Bilanzrecht des HGB
HV	Handelsvertreter
HVR	Humanitäres Völkerrecht
HVuHM	Der Handelsvertreter und Handelsmarker
HWK	Handwerkskammer
IAS	IASC Framework for the Preparation and Presentation of Financial Statements, International Accounting Standards
IASB	International Accounting Standards Board
ICC	1. Intergovernmental Copyright Committee 2. International Chamber of Commerce
idF	in der Fassung
idR	in der Regel
idS	in diesem Sinne
IDW	Institut der Wirtschaftsprüfer
ie	id est
iE	im Einzelnen
i.E.	im Ergebnis
ieS	in engerem Sinne
IFRC	International Financial Reportings Committee
IFRS	International Financial Reporting Standards

IFSt	Institut Finanzen und Steuern
IHR	Internationales Handelsrecht
iHv	in Höhe von
insbes.	insbesondere
Ind.- u. Handelsk.	Industrie- und Handelskammer
InsO	Insolvenzordnung
InsoBekV	Verordnung zu öffentlichen Bekanntmachungen in Insolvenzverfahren im Internet
InvG	Investmentgesetz
InvStG	Investmentsteuergesetz
IOSCO	International Organization of Securities Commissions
IPRax	Praxis des Internationalen Privat- und Verfahrensrechts
IPRsp.	Die Deutsche Rechtsprechung auf dem Gebiet des internationalen Privatrechts
iRd	im Rahmen des
IRZ	Zeitschrift für Internationale Rechnungslegung
iS	im Sinne
iSd	im Sinne des/der
ISDA	International Swaps and Derivatives Association, Inc.
iSv	im Sinne von
i.V.m.	in Verbindung mit
IWB	Internationales Steuer- und Wirtschaftsrecht (Zeitschrift)
i.w.S.	im weiteren Sinne
IZPR	Das Internationale Zivilprozess
JA	Juristische Arbeitsblätter
JbFSt	Jahrbuch der Fachanwälte für Steuerrecht
jew.	jeweils
JMBl.	Justizministerialblatt
JR	Juristische Rundschau
JRPV	Juristische Rundschau für Privatversicherung
JURA	Juristische Ausbildung
JuS	Juristische Schulung
JVKostO	Justizverwaltungskostengesetz
JW	Juristische Wochenschrift
JZ	Juristenzeitung
KAG	Kapitalanlagegesellschaft
KAGB	Kapitalanlagegesetzbuch
Kapitaladäquanzrichtlinie	Richtlinie 2006/49/EG v. 14.6.2006 über die angemessene Eigenkapitalausstattung von Wertpapierfirmen und Kreditinstituten, ABl. EU 177/201 v. 30.6.2006
Kart	Kartell
Kfm.	Kaufmann
KFR	Kommentierte Finanzrechtsprechung
KfW	Kreditanstalt für Wiederaufbau
Kfz	Kraftfahrzeug
KG	1. Kammergericht 2. Kommanditgesellschaft
KGaA	Kommanditgesellschaft auf Aktien
KGJ	Jahrbuch für Entscheidungen des Kammergerichts in Sachen der freiwilligen Gerichtsbarkeit und Kosten-, Stempel- und Strafsachen
KMU	Kleines oder mittelständisches Unternehmen
KO	1. Kassenordnung 2. Konkursordnung
KOM	Kommissionsdokumente
Königl.	Königlich
KÖSDI	Kölner Steuerdialog
KoR	Internationale und kapitalmarktorientierte Rechnungslegung (Zeitschrift)
KostG	Kostengesetz
KostO	Kostenordnung

krit.	kritisch
KSchG	Kündigungsschutzgesetz in der Bekanntmachung vom 25.8.1969
KTS	Konkurs-, Treuhand- und Schiedsgerichtswesen
KWG	1. Kommunalwahlgesetz 2. Kreditwesengesetz; Gesetz über das Kreditwesen
LAG	Landesarbeitsgericht
LG	Landgericht
lit.	litera
LM	Nachschlagewerk des Bundesgerichtshofes, hrsg. v. Lindemaier
LS	1. Landessatzung 2. Leitsatz
Ltd.	Private Company Limited by Shares
LVA	Landesversicherungsanstalt
LZ	Leipziger Zeitschrift für Deutsches Recht
m.	mit
M.	Meinung
MaRisk	Mindestanforderungen an das Risikomanagement, Rundschreiben der BaFin 10/2012 (BA) v. 14.12.2012
MarkenG	Markengesetz
MaSan	Mindestanforderung an die Ausgestaltung von Sanierungsplänen, Rundschreiben der BaFin 3/2014 (BA) v. 25.4.2014
m.a.W.	mit anderen Worten
m. Bespr.	mit Besprechung
m.E.	meines Erachtens
mglw.	möglicherweise
MiFID	Markets in Financial Instruments Directive; Richtlinie 2004/39/EG v. 21.4.2004 über Märkte für Finanzinstrumente, zur Änderung der Richtlinien 85/611/EWG und 93/6/EWG des Rates und der Richtlinie 2000/12/EG des Europäischen Parlaments und des Rates und zur Aufhebung der Richtlinie 93/22/EWG des Rates, ABl. EG L 145/1 v. 30.4.2004
MiFID II	Richtlinie 2014/65/EU v. 15.5.2014 über Märkte für Finanzinstrumente sowie zur Änderung der Richtlinien 2002/92/EG und 2011/61/EU (Neufassung), ABl. EU L 173/349 v. 12.6.2014
MiFIR	Markets in Financial Instruments Regulation; Verordnung (EU) Nr. 600/2014 v. 15.5.2014 über Märkte für Finanzinstrumente und zur Änderung der Verordnung (EU) Nr. 648/2012, ABl. EU L 173/84 v. 12.6.2014
Mio.	Millionen
MitbestG	Mitbestimmungsgesetz
MittRhNotK	Mitteilungen Rheinische Notar-Kammer
MittBayNot	Mitteilungen der Bayerischen Notarkammer
MiZi	Mitteilungen in Zivilsachen
mN	mit Nachweisen
MoMiG	Gesetz zur Modernisierung des GmbH-Rechts und zur Bekämpfung von Missbräuchen
Mrd.	Milliarde
MünchKomm	Münchener Kommentar
MuW	Markenschutz und Wettbewerb
m.w.N.	mit weiteren Nachweisen; mit weiteren Nennungen
m.W.v.	mit Wirkung vom
Nachw.	Nachweise
NaStraG	Gesetz zur Namensaktie und zur Erleichterung der Stimmrechtsausübung
NdsRpfl.	Niedersächsische Rechtspflege
n.F.	neue Fassung
NJOZ	Neue Juristische Online Zeitschrift
NJW	Neue Juristische Wochenschrift
NJW-RR	Neue Juristische Wochenschrift, Rechtssprechungsreport
NotBZ	Zeitschrift für die notarielle Beurkundungspraxis
Nr.	Nummer

NRW	Nordrhein-Westfalen
n.v.	nicht veröffentlicht
NVwZ	Neue Zeitschrift für Verwaltungsrecht
NWB	NWB Steuer- und Wirtschaftsrecht (bis 2008: Neue Wirtschafts-Briefe für Steuer- und Wirtschaftsrecht)
NZA	Neue Zeitschrift für Arbeits- und Sozialrecht
NZA-RR	Neue Zeitschrift für Arbeits- und Sozialrecht, Rechtsprechungsreport
NZG	Neue Zeitschrift für Gesellschaftsrecht
NZI	Neue Zeitschrift für das Recht der Insolvenz und Sanierung
NZM	Neue Zeitschrift für Miet- und Wohnungsrecht
o.	oben
o.ä.	oder ähnliches
ÖBA	Österreichisches Bankarchiv (Zeitschrift)
OFD	Oberfinanzdirektion
OGA	Organismus für Gemeinsame Anlagen
OGAW	Organismus für Gemeinsame Anlagen in Wertpapieren
(ö)OGH	Oberster Gerichtshof (Österreich)
OGHZ	Entscheidungen des Obersten Gerichtshofs für die Britische Zone in Zivilsachen
OHG	Offene Handelsgesellschaft
OLG	Oberlandesgericht
OLGR	OLG-Report: Zivilrechtsprechung der Oberlandesgerichte
österr.	Österreichisches
OTC	Over The Counter
OWiG	Gesetz über Ordnungswidrigkeiten
PartGG	Partnerschaftsgesellschaftsgesetz
PfandBG; Pfandbrief G	Pfandbriefgesetz
PflegeVG	Pflege-Versicherungsgesetz
PiR	NWB Internationale Rechnungslegung
ppa.	per procura (in Vollmacht)
ProdHaftG	Produkthaftungsgesetz
PublG	Publizitätsgesetz; Gesetz über die Rechnungslegung von bestimmten Unternehmen und Konzernen
PucheltsZ	Zeitschrift für französisches Zivilrecht
RabelsZ	Zeitschrift für ausländisches und internationales Privatrecht
RAG	Reichsarbeitsgericht
RAG ARS	Reichsarbeitsgericht, Arbeitsrechts-Sammlung (Entscheidungen des Reichsarbeitsgerichts und des Reichsehrengerichts, der Landesarbeitsgerichte, Arbeitsgerichte und Ehrengerichte, 1928 ff)
RBerG	Rechtsberatungsgesetz
RdA	Recht der Arbeit
Rdsch.	Rundschau
RdW	Das Recht der Wirtschaft
RefE	Referentenentwurf
RegBegr.	Regierungsbegründung
RegE	Regierungsentwurf
RG	1. Reichsgericht 2. Reichsgesetz
RGSt	Entscheidungen des Reichsgerichts in Strafsachen
RGZ	Entscheidungen des Reichsgerichts in Zivilsachen
RIW	Recht der internationalen Wirtschaft (Zeitschrift)
RJA	Entscheidungen in Angelegenheiten der freiwilligen Gerichtsbarkeit und des Grundbuchrechts, zusammengestellt im Reichsjustizamt
RKS	Rechtsprechung kaufmännischer Schiedsgerichte

RL	Richtlinie
RNotZ	Rheinische Notar-Zeitschrift
Rn	Randnummer
ROHG	Reichsoberhandelsgericht
ROHGE	Entscheidungen des Reichsoberhandelsgerichts
Rpfleger	Rechtspfleger
RPflG	Rechtspflegergesetz
Rs.	Rechtssache
Rspr.	Rechtsprechung
RUF	Revolving Unterwriting Facility
RuS	Recht und Schaden
RVO	Rechtsverordnung
Rz	Randziffer
s.	siehe
S.	Seite
s.a.	siehe auch
SAE	Sammlung arbeitsgerichtlicher Entscheidungen
Sächs.	Sächsisch
ScheckG	Scheckgesetz vom 14.8.1933
SE	Societas Europaea – Europäische Gesellschaft
SEAG	Gesetz zur Ausführung der Verordnung des Rates über das Statut der Europäischen Gesellschaft (SE)
Sg	Sozialgericht
SGB	Sozialgesetzbuch
SIFI	Systemically Important Financial Institutions
SigG	Signaturgesetz
Slg.	Sammlung
sog.	Sogenannt
SolvV	Solvabilitätsverordnung, Verordnung über die angemessene Eigenmittelausstattung von Instituten, Institutsgruppen und Finanzholding Gruppen
SpruchG	Gesetz über das gesellschaftsrechtliche Spruchverfahren – Spruchverfahrensgesetz
SRM	Single Resolution Mechanism, Einheitlicher Abwicklungsmechanismus
SRM-Verordnung	Verordnung (EU) Nr. 806/2014 des Europäischen Parlaments und des Rates vom 15. Juli 2014 zur Festlegung einheitlicher Vorschriften ... im Rahmen eines einheitlichen Abwicklungsmechanismus. ABl. EU 2014 L 225/1
SSM	Single Supervisory Mechanism, Einheitlicher Aufsichtsmechanismus
SSM-Verordnung	Verordnung (EU) Nr. 1024/2013 des Rates vom 15.10.2013 zur Übertragung besonderer Aufgaben im Zusammenhang mit der Aufsicht über Kreditinstitute auf die Europäische Zentralbank, ABl. EU L 287 v. 29.10.2013
st.	ständige
StBp	Die steuerliche Betriebsprüfung
std. Rspr.	ständige Rechtsprechung
Stbg	Die Steuerberatung
StGB	Strafgesetzbuch
StPO	Strafprozessordnung
str.	streitig
StuB	Zeitschrift für das Steuerrecht und die Rechnungslegung der Unternehmen
StuW	Steuer und Wirtschaft
s.u.	siehe unten
TB-Merkmale	Tatbestandsmerkmale
TDG	Gesetz über die Nutzung von Telediensten – Teledienstegesetz
teilw.	teilweise
TransPuG	Transparenz- und Publizitätsgesetz; Gesetz zur weiteren Reform des Aktien- und Bilanzrechts, zu Transparenz und Publizität

TranspR	Transportrecht
TUG	Transparenzrichtlinie-Umsetzungsgesetz
TVG	Tarifvertragsgesetz
Tz	Teilziffer
TzBfG	Teilzeit- und Befristungsgesetz
Tz.	Textziffer
u.a.	unter anderem; und andere
u.ä.	und ähnliches
Ubg	Die Unternehmensbesteuerung
UG	Unternehmergesellschaft
umf.	umfassend
UmwG	Umwandlungsgesetz
unstr.	unstrittig
Unterabs.	Unterabsatz
UrhG	Urheberrechtsgesetz
Urt.	Urteil
URV	Verordnung über das Unternehmensregister
usf.	und so fort
UWG	Gesetz gegen den unlauteren Wettbewerb
u.U.	unter Umständen
v.	von/vom
VAG	Versicherungsaufsichtsgesetz
VerBAV	Veröffentlichungen des Bundesaufsichtsamtes für das Versicherungswesen
Verf.	Verfasser
VerkprospG	Verkaufsprospektgesetz
VersVerm	Versicherungsvermittlung
Vertikal-GVO	Die Gruppenfreistellungsverordnung für vertikale Vereinbarungen
VertriebsR	Vertriebsrecht
VGA	Bundesverband der Geschäftsstellenleiter und Assekuranz
Vgl.	Vergleiche
v.H.	von Hundert
VO	Verordnung
Vol.	Volume
Voraufl.	Vorauflage
Vorb.	Vorbemerkung
VRS	Verkehrsrechts-Sammlung
VvaG	Versicherungsverein auf Gegenseitigkeit
VVG	Gesetz über den Versicherungsvertrag
VW	Versicherungswirtschaft
VwVfG	Verwaltungsverfahrensgesetz
WarnRprs	1. Rechtsprechung des Reichsgerichts auf dem Gebiete des Zivilrechts, soweit sie nicht in der amtlichen Sammlung der Entscheidungen des RG abgedruckt ist, hrsg. v. Warnmeyer 2. Sammlung zivilrechtlicher Entscheidungen des Reichsgerichts hrsg. von Buchwald (Begründet von Warnmeyer)
WechselG	Wechselgesetz
weit.	weitere(n)
WG	1. Wassergesetz 2. Wechselgesetz 3. Wohnwirtschaftliche Gesetzgebung
Wistra	Zeitschrift für Wirtschafts- und Steuerstrafrecht
WM	1. Wertpapier-Mitteilungen (Zeitschrift) 2. Wohnwirtschaft und Mietrecht
wN	weitere Nachweise
WpAIV	Wertpapierhandelsanzeige- und Insiderverzeichnisverordnung
WPg	Die Wirtschaftsprüfung (Zeitschrift)
WpHG	Wertpapierhandelsgesetz

WPO	Gesetz über eine Berufsordnung der Wirtschaftsprüfer. (Wirtschaftsprüferordnung)
WpÜG	Wertpapiererwerbs- und Übernahmegesetz
WRP	Wettbewerb in Recht und Praxis
WuB	Entscheidungssammlung zum Wirtschafts- und Bankrecht
WuW	Wirtschaft und Wettbewerb
WuW-E	Wirtschaft und Wettbewerb, Entscheidungen zum Kartellrecht
WVK	Wiener Vertragsrechtskonvention
Z	(in Zusammenhängen) Zeitschrift, Zeitung, Zentralblatt
z.B.	zum Beispiel
ZBB	Zeitschrift für Bankrecht und Bankwirtschaft
ZBH	Zentralblatt für Handelsrecht
ZBR	Zeitschrift für Beamtenrecht
ZErb	Zeitschrift für die Steuer- und Erbrechtspraxis
ZEuP	Zeitschrift für Europäisches Privatrecht
ZEV	Zeitschrift für Erbrechts- und Vermögensnachfolge
ZfA	Zeitschrift für Arbeitsrecht
ZfBF	Zeitschrift für betriebswirtschaftliche Forschung
ZfgK	Zeitschrift für das gesamte Kreditwesen
ZfIR	Zeitschrift für Immobilienrecht
ZfV	1. Zeitschrift für Versicherungswesen 2. Zeitschrift für Verwaltung
ZGR	Zeitschrift für Unternehmens- und Gesellschaftsrecht
ZHR	Zeitschrift für das gesamte Handels- und Wirtschaftsrecht
ZIP	Zeitschrift für Wirtschaftsrecht und Insolvenzpraxis
ZInsO	Zeitschrift für das gesamte Insolvenzrecht
ZPO	Zivilprozessordnung
ZR	Zivilrecht
ZRP	Zeitschrift für Rechtspolitik
ZS	Zivilsenat
ZSR	1. Zeitschrift für Schweizerisches Recht 2. Zeitschrift für Sozialrecht
z.T.	zum Teil
zust.	zustimmend
ZustErgG	Zuständigkeitsergänzungsgesetz
zutr.	zutreffend
ZVersWiss	Zeitschrift für Versicherungswissenschaft
ZVglRWi(ss)	Zeitschrift für vergleichende Rechtswissenschaft
zwh.	zweifelhaft

Verzeichnis der abgekürzt zitierten Literatur

Soweit andere als im nachfolgenden Verzeichnis angegebene Auflagen zitiert werden, sind diese mit einer hochgestellten Ziffer gekennzeichnet.

Adler	Das Handelsregister, seine Öffentlichkeit und sein öffentlicher Glaube, 1908
ADS	Adler/Düring/Schmaltz (Hrsg.), Rechnungslegung und Prüfung der Unternehmen, Stuttgart, 6. Aufl. 1995–2000
ADS International	Adler/Düring/Schmaltz (Hrsg.), Rechnungslegung nach Internationalen Standards, Stuttgart, 7. Ergänzungslieferung August 2011 (Loseblatt)
Altmeppen	Altmeppen, GmbHG-Gesetz betreffend die Gesellschaften mit beschränkter Haftung, Kommentar, begründet von Günter H. Roth, München, 10. Aufl. 2021
Anders/Gehle/*Bearbeiter*	Anders/Gehle (Hrsg.) Zivilprozessordnung: ZPO, München, 80. Aufl. 2022, bis zur 78. Aufl. Baumbach/Lauterbach/Albers/Hartmann/Anders/Gehle,
AnwKommBGB	Dauner-Lieb/Heidel/Ring (Hrsg.), Anwaltkommentar BGB, 5 Bd., Bonn, 2005 ff
Assmann/Schneider/Mülbert/*Bearbeiter*	Assmann/Schneider/Mülbert (Hrsg.), Wertpapierhandelsrecht – Kommentar – WpHG, MAR, PRIIP, MiFIR, Leerverkaufs-VO, EMIR, Köln, 7. Aufl. 2019
Assmann/Schütze/Buck-Heeb/*Bearbeiter*	Assmann/Schütze/Buck-Heeb (Hrsg.), Handbuch des Kapitalanlagerechts, München, 5. Aufl. 2020
Baetge et al./*Bearbeiter*	Baetge/Wollmert/Kirsch/Oser/Bischof (Hrsg.), Rechnungslegung nach IFRS, Stuttgart, 46. Ergänzungslieferung Juni 2022 (Loseblatt)
Baetge/Kirsch/Thiele/*Bearbeiter*	Baetge/Kirsch/Thiele (Hrsg.) Bilanzrecht, Bonn/Berlin, 105. Ergänzungslieferung Juli 2022 (Loseblatt)
Ballwieser et al./*Bearbeiter*	Ballwieser/Beine/Hayn/Peemöller/Schruff/Weber (Hrsg.), Wiley IFRS-Handbuch 2010, Weinheim, 7. Aufl. 2011
Bamberger/Roth/Hau/Poseck	Kommentar zum Bürgerlichen Gesetzbuch, 5 Bd., München, 4. Aufl. 2019 f.
BankR-HdB	Ellenberger/Bunte (Hrsg.) Bankrechts-Handbuch, 2 Bd., 6. Aufl. 2022; vormals Schimansky/Bunte/Lwowski Bassenge/Roth FamFG/RPflG Bassenge/Roth, Gesetz über die Angelegenheiten der freiwilligen Gerichtsbarkeit. Rechtspflegergesetz, Kommentar, Heidelberg, 12. Aufl. 2009
Bauer/Diller Wettbewerbsverbote	Bauer/Diller, Wettbewerbsverbote, München, 9. Aufl. 2022
Baumbach/Hefermehl/Casper WechselG u. ScheckG	Baumbach/Hefermehl/Casper, Wechselgesetz, Scheckgesetz, Recht der kartengestützten Zahlungen: WG, ScheckG, Kartengestützte Zahlungen, München, 24. Aufl. 2020
Baumbach/Hueck/*Bearbeiter* GmbHG	s. Noack/Servatius/Haas/*Bearbeiter*
Baumbach/Hopt/*Bearbeiter*	s. Hopt/*Bearbeiter*
Baumbach/Lauterbach/Albers/*Bearbeiter*	s. Anders/Gehle
Baums	Eintragung und Löschung von Gesellschafterbeschlüssen, 1981
Beck HdR/*Bearbeiter*	Böcking/Gros/Oser/Scheffler/Thormann (Hrsg.), Beck'sches Handbuch der Rechnungslegung, München 67. Aufl. 2022 (Loseblatt)
Beck IFRS-Hdb/*Bearbeiter*	Brune/Driesch/Schulz-Danso/Senger (Hrsg.), Beck'sches IFRS-Handbuch, München, 6. Aufl. 2020
BeckOGK-AktG/*Bearbeiter*	Spindler/Stilz (Hrsg.), beck-online.Großkommentar zum Aktienrecht
BeckOGK-HGB/*Bearbeiter*	Henssler/Herresthal/Paschke (Hrsg.), beck-online.Großkommentar zum Handelsrecht
BeckOK-HGB/*Bearbeiter*	Häublein/Hoffmann-Theinert (Hrsg.), Beck'scher Online Kommentar zum HGB, 37. Ed. Stand 1.8.2022
BeckOK-WpHR/*Bearbeiter*	Seibt/Buck-Heeb/Harnos (Hrsg.), Beck'scher Online Kommentar zum Wertpapierhandelsrecht, 3. Ed. Stand 15.2.2022
BeckRS	Beck Rechtsprechung
BeckBilKomm/*Bearbeiter*	Grottel/Schmidt/Schubert/Störk (Hrsg.), Beck'scher Bilanz-Kommentar, München, 13. Aufl. 2022
BoHdR – *Bearbeiter*	s. Hofbauer/Kupsch

https://doi.org/10.1515/9783110564440-204

Bohl/Riese/Schlüter/ *Bearbeiter*	s. Beck IFRS-Hdb
Bohnert OWiG	Bohnert, OWiG, Kommentar zum Ordnungswidrigkeitenrecht, München, 3. Aufl. 2010
Bokelmann Firmenrecht	Bokelmann, Das Recht der Firmen- und Geschäftsbezeichnungen, Freiburg, 5. Aufl. 2000
Boos/Fischer/Schulte-Mattler/ *Bearbeiter* KWG	Boos/Fischer/Schulte-Mattler (Hrsg.), KWG, CRR-VO: Kommentar zu Kreditwesengesetz, VO (EU) Nr. 575/2013 (CRR) und Ausführungsvorschriften, 2 Bd., 5. Aufl. 2016
Bonner HdR-*Bearbeiter*	s. Hofbauer/Kupsch
Bork	Bork, Der Vergleich, Berlin 1988
Braun/*Bearbeiter* InsO	Braun (Hrsg.), Insolvenzordnung: InsO, München, 8. Aufl. 2020 zitiert: *Bearbeiter* in: Braun, InsO
Brox/Henssler	Brox/Henssler, Handelsrecht mit Grundzügen des Wertpapierrechts, München, 23. Aufl. 2020
Brox/Walker	Brox/Walker, Allgemeiner Teil des BGB, 44. Aufl. 2020
Bruck/Möller	Baumann/Beckmann/Johannsen/Johannsen, (Hrsg.), Großkommentar zum Versicherungsvertragsgesetz, Berlin, 9. Aufl. 2008 ff.
Bürgers/Körber/*Bearbeiter* AktG	Bürgers/Körber/Lieder (Hrsg.), Heidelberger Kommentar zum Aktiengesetz, Heidelberg, 5. Aufl. 2020
Bumiller/Harders FamFG	Bumiller/Harders/Schwamb, Kommentar zum Gesetz über das Verfahren in Familiensachen und in den Angelegenheiten der freiwilligen Gerichtsbarkeit, München, 12. Aufl. 2019
Busse von Colbe/Ordelheide/ Gebhardt/Pellens Konzern-abschlüsse	Busse von Colbe/Ordelheide/Gebhardt/Pellens, Konzernabschlüsse, Rechnungslegung nach betriebswirtschaftlichen Grundsätzen sowie nach Vorschriften des HGB und der IAS/IFRS, 9. Aufl. 2009
Canaris Handelsrecht	Canaris, Handelsrecht, München, 24. Aufl. 2006
Canaris Vertrauenshaftung	Canaris, Die Vertrauenshaftung im deutschen Privatrecht, München 1971
Christ/Müller-Helle	Christ/Müller-Helle Veröffentlichungspflichten nach dem neuen EHUG, Freiburg 2007
Deloitte iGAAP 2011	Deloitte (Hrsg.), iGAAP 2011, London, 4. Aufl. 2010
Derleder/Knops/Bamberger	Derleder/Knops/Bamberger, Deutsches und europäisches Bank- und Kapitalmarktrecht, Berlin/Heidelberg, 3. Aufl. 2017
Düringer/Hachenburg	Düringer/Hachenburg, Das Handelsgesetzbuch vom 10. Mai 1897 (unter Ausschluß d. Seerechts) auf d. Grundlage d. Bürgerl. Gesetzbuchs, Mannheim 1935
Ebenroth/Boujong/Joost/ Strohn/*Bearbeiter*; EBJS	Ebenroth/Boujong/Joost/Strohn (Hrsg.), Handelsgesetzbuch: HGB, München, 1. und 2. Bd., 3. Aufl. 2014 f., 4. Aufl. 2020
Ehrenbergs Hdb	Ehrenbergs Handbuch des gesamten Handelsrechts, 5. Band, I. Abteilung, 1. Hälfte, 1. Lieferung, 1926
Eidenmüller	Ausländische Kapitalgesellschaften im deutschen Recht, München 2004
Emmerich/Habersack	Emmerich/Habersack, Aktien- und GmbH-Konzernrecht Kommentar, München 10. Aufl. 2022
Emmerich/Habersack KonzernR	Emmerich/Habersack, Konzernrecht, München, 11. Aufl. 2020
Ensthaler/*Bearbeiter*	Ensthaler (Hrsg.), Gemeinschaftskommentar zum Handelsgesetzbuch: HGB, 8. Aufl. 2015
Erman/*Bearbeiter*	Erman, Bürgerliches Gesetzbuch, Kommentar, Köln, 16. Aufl. 2020
Ernst & Young International GAAP 2011	Ernst & Young (Hrsg.), International GAAP 2011, Chichester 2011
Fezer MarkenG	Fezer, Markenrecht, Kommentar, München, 4. Aufl. 2009
FK-InsO/*Bearbeiter*	Wimmer (Hrsg.), Frankfurter Kommentar zur Insolvenzordnung, München, 9. Aufl. 2018
Fleischhauer/Wochner	Fleischhauer/Wochner (Hrsg.), Handelsregisterrecht: Verfahren – Anmeldemuster – Erläuterungen, Berlin, 4. Aufl. 2019

Frankfurter Kommentar zum Kartellrecht/*Bearbeiter*	Jaeger, u.a. (Hrsg.), Frankfurter Kommentar zum Kartellrecht, 102. Ergänzungslieferung Juni 2022 (Loseblatt)
Fülbier/Aepfelbach/Langweg	Fülbier/Aepfelbach/Langweg, GWG – Kommentar zum Geldwäschegesetz, 5. Aufl. 2006
Gesetzgebungsmaterialien zum ADHGB	Lutz, Protokolle der Kommission zur Berathung eines allgemeinen deutschen Handelsgesetzbuches 1858 ff
Geßler/Hefermehl	Geßler/Hefermehl/Eckardt/Kropff, Aktiengesetz, 1973 ff
Goldmann	Goldmann, Unternehmenskennzeichen, Berlin, 4. Aufl. 2019
Gortsos Single Supervisory Mechanism	Gortsos, The Single Supervisory Mechanism (SSM) – Legal aspects of the first pillar of the European Banking Union, 2015
Grabitz/Hilf/Nettesheim/*Bearbeiter*	Grabitz/Hilf/Nettesheim (Hrsg.), Das Recht der Europäischen Union: EUV/AEUV, 75. Aufl. Januar 2022 (Loseblatt)
GroßkommAktG/*Bearbeiter*	Hirte/Mülbert/Roth (Hrsg.), Aktiengesetz Großkommentar, Berlin, 5. Aufl. 2015 ff.
Großkomm/*Bearbeiter*	Staub, Handelsgesetzbuch: Großkommentar, Berlin, 5. Aufl. 2008 ff., 6. Aufl. 2021 ff.
GroßkommUWG/*Bearbeiter*	Pfeifer (Hrsg.), Großkommentar zum UWG, Berlin, 3. Aufl. 2020 ff.
Grüll/Janert Die Konkurrenzklausel	Grüll/Janert, Die Konkurrenzklausel, Heidelberg, 5. Aufl. 1993
Grüneberg/*Bearbeiter*	Grüneberg, Bürgerliches Gesetzbuch: BGB, München, 81. Aufl. 2022
Grundmann EG-Schuldvertragsrecht	Grundmann, Europäisches Schuldvertragsrecht – das Europäische Recht der Unternehmensgeschäfte (nebst Texten und Materialien zur Rechtsangleichung), 1999
Grundmann Europäisches Gesellschaftsrecht	Grundmann, Europäisches Gesellschaftsrecht, 2. Aufl. 2011
Grundmann Treuhandvertrag	Grundmann, Der Treuhandvertrag – insbesondere die werbende Treuhand, 1997
Habersack/Casper/Löbbe/*Bearbeiter* GmbHG	Habersack/Casper/Löbbe (Hrsg.), GmbH-Gesetz, Kommentar, 3 Bd., Tübingen, 2. Aufl. 2016, 3. Aufl. 2019 ff., vormals Ulmer/Habersack/Löbbe
Habersack/Verse	Habersack/Verse, Europäisches Gesellschaftsrecht, München, 5. Aufl. 2019
Hachenburg/*Bearbeiter* GmbHG	Ulmer (Hrsg.), Hachenburg, GmbHG – Gesetz betreffend die Gesellschaften mit beschränkter Haftung, Kommentar, Berlin, 3 Bd., 8. Aufl. 1992/1997
Hachmeister/Kahle/Mock/Schüppen/*Bearbeiter*	Hachmeister/Kahle/Mock/Schüppen (Hrsg.), Bilanzrecht Kommentar, Handelsbilanz – Steuerbilanz – Prüfung – Offenlegung – Gesellschaftsrecht, Köln, 3. Aufl. 2022
Hahn ADHGB	von Hahn, Das Handelsgesetzbuch vom 10. Mai 1897 (mit Ausschluss des Seerechts) auf der Grundlage des Bürgerlichen Gesetzbuchs, Braunschweig, 4. Aufl. 1894
Handbuch des Außendienstrechts I	s. Küstner/Thume I-III
Hartmann-Wendels/Pfingsten/Weber Bankbetriebslehre	Hartmann-Wendels/Pfingsten/Weber, Bankbetriebslehre, 7. Aufl. 2019
Haufe BilKomm-*Bearbeiter*	Bertram/Kessler/Müller (Hrsg.) HGB Bilanz-Kommentar §§ 238–342e HGB, Freiburg, 13. Aufl. 2021
HdJ-*Bearbeiter*	Schulze-Osterloh/Hennrichs/Wüstemann (Hrsg.), Handbuch des Jahresabschlusses (HdJ), Bilanzrecht nach HGB, EStG und IFRS, Köln, 80. Ergänzungslieferung April 2022 (Loseblatt)
HdKR-*Bearbeiter*	Küting/Weber (Hrsg.), Handbuch der Konzernrechnungslegung, Stuttgart, 2. Aufl. 1998
HdR-EA/*Bearbeiter*	Küting/Weber (Hrsg.), Handbuch der Rechnungslegung – Einzelabschluss, Stuttgart, 36. Ergänzungslieferung Juli 2022 (Loseblatt)
Heidel/*Bearbeiter* AktienR	Heidel (Hrsg.), Aktienrecht und Kapitalmarktrecht, Kommentar, Baden-Baden, 5. Aufl. 2019
Herrmann/Heuer/Raupach/*Bearbeiter*	Einkommensteuer- und Körperschaftsteuergesetz mit Nebengesetzen, Köln, 311. Ergänzungslieferung Juli 2022 (Loseblatt)
Hess/Binz/Wienberg Gesamtvollstreckungsordnung	Hess/Binz/Wienberg, Gesamtvollstreckungsordnung, Neuwied, 4. Aufl. 1998
Hess/Weis/Wienberg InsO	Hess/Weis/Wienberg (Hrsg.), Insolvenzordnung, Heidelberg, 2. Aufl. 2001

Heuser/Theile/*Bearbeiter*	Heuser/Theile (Hrsg.), IFRS-Handbuch, Köln, 6. Aufl. 2019
Heymann/*Bearbeiter* HGB	Horn/Balzer/Borges/Herrmann (Hrsg.), Heymann, Handelsgesetzbuch (ohne Seerecht), Kommentar, 4 Bd., Berlin, 3. Aufl. 2019 f.
Hirte/Bücker	Hirte/Bücker (Hrsg.), Grenzüberschreitende Gesellschaften, Berlin, 2. Aufl. 2006
HK-HGB/*Bearbeiter*	Glanegger/Kirnberger/Kusterer u.a., Heidelberger Kommentar zum Handelsgesetzbuch, Heidelberg, 7. Aufl. 2007
Hoeren/Sieber/*Bearbeiter*	Hoeren/Sieber/Holznagel, Handbuch Multimediarecht – Rechtsfragen des elektronischen Geschäftsverkehrs, München 58. Aufl. März 2022 (Loseblatt)
Hofbauer/Kupsch/*Bearbeiter*	Hofbauer/Kupsch, Rechnungslegung, hrsg. v. Kupsch/Scherrer/Grewe/Kirsch, 116. Ergänzungslieferung Stand Juli 2022
Hopt/*Bearbeiter*	Handelsgesetzbuch, München, 41. Aufl. 2022; bis zur 40. Aufl. 2020 Baumbach/Hopt
Hopt/Mössle/*Bearbeiter* Handelsrecht	Hopt/Mössle, Handels- und Gesellschaftsrecht, Band I: Handelsrecht, München, 2. Aufl. 1999
Hueck/Canaris Recht der Wertpapiere	Hueck/Canaris, Recht der Wertpapiere, München, 12. Aufl. 1986
Hueck/Nipperdey Arbeitsrecht	Hueck/Nipperdey, Lehrbuch des Arbeitsrechts, Band 2: Kollektives Arbeitsrecht, Berlin, 7. Aufl. 1967/1970
Hueck OHG	Hueck, Das Recht der offenen Handelsgesellschaft, Berlin, 4. Aufl. 1971
Hüffer/Koch AktG	s. Koch AktG
HuRB	Leffson/Rückle/Großfeld (Hrsg.), Handwörterbuch unbestimmter Rechtsbegriffe im Bilanzrecht des HGB, Köln 1986
Ingerl/Rohnke	Ingerl/Rohnke, Markengesetz, Kommentar, München, 3. Aufl. 2010
Jansen/*Bearbeiter*	von Schuckmann/Sonnenfeld (Hrsg.), Großkommentar zum FGG, 3 Bd., Berlin, 3. Aufl. 2005 f.
Kallmeyer/*Bearbeiter*	Kallmeyer u.a., Umwandlungsgesetz, Köln, 7. Aufl. 2020
Kreidel/Krafka/*Bearbeiter* RegisterR	Krafka/Kühn RegisterR, München, 11. Aufl. 2019
Keidel/*Bearbeiter* FamFG	FamFG, Kommentar, München, 20. Aufl. 2020
Koch AktG	Koch, Aktiengesetz, München, 16. Aufl. 2022
Köhler BGB, Allgemeiner Teil	Köhler, BGB Allgemeiner Teil, München, 44. Aufl. 2020
Köhler/Bornkamm/*Bearbeiter*	Köhler/Bornkamm/Feddersen, Gesetz gegen den unlauteren Wettbewerb: UWG, München, 40. Aufl. 2022
Koller Transportrecht	Koller Transportrecht Kommentar zu Land-, Luft- und Binnengewässertransport von Gütern, Spedition und Lagergeschäft, München, 10. Aufl. 2020
Koller/Kindler/Roth/Drüen/*Bearbeiter*	Koller/Kindler/Roth/Drüen, Handelsgesetzbuch: HGB, München, 9. Aufl. 2019
KölnKomm-AktG/*Bearbeiter*	Zöllner/Noack (Hrsg.), Kölner Kommentar zum Aktiengesetz, Band 6, Köln, 3. Aufl. 2004
KölnKomm-RLR/*Bearbeiter*	Claussen/Scherrer (Hrsg.), Kölner Kommentar zum Rechnungslegungsrecht, 1. Aufl. 2010
KK-OWiG/*Bearbeiter*	Mitsch (Hrsg.), Karlsruher Kommentar zum Gesetz über Ordnungswidrigkeiten: OWiG, München, 5. Aufl. 2018
KPMG Insights into IFRS	KPMG (Hrsg.), Insights into IFRS, London, 9. Aufl. 2012/2013
Krafka/Bearbeiter RegisterR	Krafka/Kühn (Hrsg.), Registerrecht, München, 11. Aufl. 2019
Küstner/Thume/*Bearbeiter*	Küstner/Thume, Handelsvertreterverträge, Frankfurt am Main, 2. Aufl. 2011
Küstner/Thume I/*Bearbeiter*	Küstner, Thume (Hrsg.), Handbuch des gesamten Vertriebsrechts, Band 1: Das Recht des Handelsvertreters, Heidelberg, 5. Aufl. 2016
Küstner/Thume II/Bearbeiter	Küstner, Thume (Hrsg.), Handbuch des gesamten Vertriebsrechts, Band 2: Der Ausgleichsanspruch des Handelsvertreters (Warenvertreter, Versicherungs- und Bausparkassenvertreter), Heidelberg, 9. Aufl. 2014
Küstner/Thume III/*Bearbeiter*	Küstner/Thume (Hrsg.), Handbuch des gesamten Vertriebsrechts, Band 3: Besondere Vertriebsformen, Heidelberg, 4. Aufl. 2014
Küting/Weber/*Bearbeiter*	s. HdKR-*Bearbeiter*
Küting/Weber Konzernabschluss	Küting/Weber, Der Konzernabschluss, Praxis der Konzernrechnungslegung nach HGB und IFRS, Stuttgart, 14. Aufl. 2018

Lackhoff Single Supervisory Mechanism	Lackhoff, Single Supervisory Mechanism – A Practitioner's Guide, München/Oxford/Baden-Baden 2017
Lettl	Lettl, Handelsrecht, München, 5. Aufl. 2021
Loewenheim/Meessen/Riesenkampff/*Bearbeiter*	Loewenheim/Meessen/Riesenkampff/Kersting/Meyer-Lindemann (Hrsg.), Kartellrecht, München, 4. Aufl. 2020
Lohmüller/Beustien/Josten	Lohmüller u.a., Handels- und Versicherungsvertreterrecht, 2. Aufl. 1970/71, Loseblatt
Lüdenbach/Hoffmann/Freiberg	Lüdenbach/Hoffmann/Freiberg, Haufe IFRS-Kommentar, Freiburg, 20. Aufl. 2022
Lutter/*Bearbeiter* UmwG	Bayer/Vetter (Hrsg.), Umwandlungsgesetz, 2 Bd., Köln, 6. Aufl. 2019
Lutter/Hommelhoff/*Bearbeiter* GmbHG	Lutter/Hommelhoff u.a., GmbH-Gesetz, Köln, 21. Aufl. 2022
Luz/Neus/Schaber/Schneider/Wagner/Weber KWG und CRR	Luz/Neus/Schaber/Schneider/Wagner/Weber (Hrsg.), KWG und CRR: Kommentar zu KWG, CRR, SolvV, WuSolvV, GroMiKV, LiqV und weiteren aufsichtsrechtlichen Vorschriften, 4. Aufl. 2022
Manigk	Manigk, Willenserklärung und Willensgeschäft, Berlin 1907
Martinek Franchising	Martinek, Franchising, Heidelberg 1987
Martinek/*Bearbeiter*	Martinek/Semmler/Flohr (Hrsg.), Handbuch des Vertriebsrechts, München, 4. Aufl. 2016
Medicus AT	Medicus, Allgemeiner Teil des BGB, Heidelberg, 11. Aufl. 2016
Meilicke/von Westphalen PartGG	Meilicke/Graf von Westphalen/Hoffmann/Lenz/Wolff, Kommentar, Partnerschaftsgesellschaftsgesetz: PartGG, Gesetz über Partnerschaftsgesellschaften Angehöriger Freier Berufe, München, 3. Aufl. 2015
Michalski/*Bearbeiter* GmbHG	Michalski/Heidinger/Leible/Schmidt (Hrsg.), Kommentar zum Gesetz betreffend die Gesellschaften mit beschränkter Haftung (GmbH-Gesetz), 2 Bd., München, 3. Aufl. 2017
MünchHdbGesR/*Bearbeiter*	Beuthien/Gummert/Schöpflin (hrsg. der 4. Aufl.), Gummert/Weipert (Hrsg. der 5. Aufl.),Münchener Handbuch des Gesellschaftsrechts, div. Bd., München, 4. Aufl. 2014 ff., 5. Aufl. 2019 ff.
MünchKommAktG/*Bearbeiter*	Goette/Habersack (Hrsg.), Münchener Kommentar zum Aktiengesetz, München, 4. Aufl. 2012 ff., 5. Aufl. 2019 ff.
MünchKommBGB/*Bearbeiter*	Säcker/Rixecker/Oetker/Limperg (Hrsg. der 8. Aufl.), Münchener Kommentar zum Bürgerlichen Gesetzbuch, München, 7. Aufl. 2015 ff., 8. Aufl. 2018 ff; 9. Aufl. 2021 ff
MünchKommBilR/*Bearbeiter*	Hennrichs/Kleindiek/Watrin (Hrsg.), Münchener Kommentar zum Bilanzrecht, Band 1 IFRS, München September 2014 (Loseblatt)
MünchKommHGB/*Bearbeiter*	Schmidt, Karsten (Hrsg.), Münchener Kommentar zum Handelsgesetzbuch: HGB, München, 4. Aufl. 2016 ff.
MünchKommInsO/*Bearbeiter*	Kirchhof/Lwowski/Stürner (Hrsg.), Münchener Kommentar zur Insolvenzordnung, 3 Bd., München, 2. Aufl. 2007 f
MünchKommZPO/*Bearbeiter*	Rauscher/Wax/Wenzel (Hrsg.), Münchener Kommentar zur Zivilprozessordnung, 4 Bd., München, 3. Aufl. 2007 ff
Musielak/Voit/*Bearbeiter* ZPO	Musielak/Voit (Hrsg.), Kommentar zur Zivilprozessordnung: ZPO, München, 19. Aufl. 2022
Noack/*Bearbeiter*	Noack (Hrsg.), Das neue Gesetz über elektronische Handels- und Unternehmensregister – EHUG, 2007
Noack/Servatius/Haas/*Bearbeiter* GmbHG	Gesetz betreffend die Gesellschaften mit beschränkter Haftung: GmbHG, München 23. Aufl. 2022; bis zur 22. Aufl. 2019 Baumbach/Hueck GmbHG
Oetker Handelsrecht	Oetker, Handelsrecht, Heidelberg, 8. Aufl. 2019
Oetker/*Bearbeiter*	Oetker, HGB, Kommentar, München, 7. Aufl. 2021
Oppenländer/*Bearbeiter*	Oppenländer/Trölitzsch (Hrsg.), Praxishandbuch der GmbH-Geschäftsführung, München, 3. Aufl. 2020
Prölss/Martin/*Bearbeiter* VVG	Prölss/Martin, Versicherungsvertragsgesetz: VVG, München, 31. Aufl. 2021
PwC IFRS Manual of Accounting 2011	PricewaterhouseCoopers (Hrsg.), IFRS Manual of Accounting 2011, London 2010
Prütting/Helms/*Bearbeiter* FamFG	Prütting/Helms (Hrsg.), FamFG, Köln, 6. Aufl. 2022

PWW/*Bearbeiter*	Prütting/Wegen/Weinreich (Hrsg.), BGB Kommentar, Köln, 17. Aufl. 2022
Raiser/Veil	Recht der Kapitalgesellschaften, München, 6. Aufl. 2015
Reithmann/Martiny/*Bearbeiter*	Reithmann/Martiny (Hrsg.), Internationales Vertragsrecht, Köln, 9. Aufl. 2021
RGRK-BGB/*Bearbeiter*	Das Bürgerliche Gesetzbuch mit besonderer Berücksichtigung der Rechtsprechung des Reichsgerichts und des Bundesgerichtshofes, Berlin, 12. Aufl. 1975–1999
RGRK-HGB/*Bearbeiter*	Kommentar zum Handelsgesetzbuch, Berlin, 1. Aufl. 1939 ff
Richardi Wertpapierrecht	Richardi, Wertpapierrecht, Heidelberg 1987
Ritter HGB	Ritter, Kommentar zum HGB, 2. Aufl. 1932
Röhricht/Graf von Westphalen/Haas/*Bearbeiter*	Röhricht/Graf von Westphalen/Haas (Hrsg.), Handelsgesetzbuch: HGB, Kommentar zu Handelsstand, Handelsgesellschaften, Handelsgeschäften und besonderen Handelsverträgen (ohne Bilanz-, Transport- und Seerecht), Köln, 5. Aufl. 2019
Rowedder/Pentz/*Bearbeiter* GmbHG	Rowedder/Pentz (Hrsg.), Gesetz betreffend die Gesellschaften mit beschränkter Haftung: GmbHG, München, 7. Aufl. 2022
Schlegelberger/*Bearbeiter*	Schlegelberger/Geßler, Handelsgesetzbuch Kommentar, München, 5. Aufl. 1973
K. Schmidt Gesellschaftsrecht	Schmidt, Gesellschaftsrecht, Köln, 4. Aufl. 2002
K. Schmidt Handelsrecht	Schmidt, Handelsrecht, Köln, 6. Aufl. 2014
K. Schmidt/Lutter AktG	Schmidt/Lutter, Kommentar zum Aktiengesetz, Köln, 4. Aufl. 2020
Scholz/*Bearbeiter* GmbHG	Scholz (Hrsg.), Kommentar zum GmbHG, 3 Bd., Köln, 11. Aufl. 2013 ff., 12. Aufl. 2017 ff.
Schönke/Schröder/*Bearbeiter* StGB	Schönke/Schröder (Hrsg.), Strafgesetzbuch: StGB, Kommentar, München, 30. Aufl. 2019
Schubert/Schmiedel/Krampe	Schubert/Schmiedel/Krampe (Hrsg.), Quellen zum Handelsgesetzbuch von 1897, Frankfurt am Main 1988
Schultze/Wauschkuhn/Spenner/Dau	Schultze/Wauschkuhn/Spenner/Dau/Kübler, Der Vertragshändlervertrag, Frankfurt am Main, 5. Aufl. 2015
Schwark/Zimmer/*Bearbeiter*	Schwark/Zimmer (Hrsg.), Kapitalmarktrechts-Kommentar, München, 5. Aufl. 2020
Soergel/*Bearbeiter*	Soergel/Siebert (Hrsg.), Bürgerliches Gesetzbuch mit Einführungsgesetz und Nebengesetzen, Stuttgart, 13. Aufl. 2001 ff
Spindler/Stilz/*Bearbeiter* AktG	Spindler/Stilz (Hrsg.), Aktiengesetz, Kommentar, 2 Bd., München, 4. Aufl. 2019
Staub ADHGB	Staub, Kommentar zum Allgemeinen Deutschen Handelsgesetzbuch, Berlin, 5. Aufl. 1897
Staub/*Bearbeiter*	Grundmann/Habersack/Schäfer (Hrsg.), Staub, Großkommentar zum Handelsgesetzbuch, HGB, Berlin, 6. Aufl. 2021 ff; 5. Aufl. 2008 ff. Canaris/Habersack/Schäfer
Staudinger/*Bearbeiter*	J. von Staudingers Kommentar zum Bürgerlichen Gesetzbuch mit Einführungsgesetz und Nebengesetzen, 13. Bearbeitung, Berlin 1993 ff
Stolterfoht	Stolterfoht, Handelsrecht, Berlin 1973
Straatmann/Ulmer	Straatmann/Ulmer, Handelsrechtliche Schiedsgerichts-Praxis (HSG), 1975 ff
Straube/*Bearbeiter*	Straube (Hrsg.), Kommentar zum Handelsgesetzbuch, Wien, 3. Aufl. 2003 ff
Ströbele/Hacker	Ströbele/Hacker/Thiering (Hrsg.), Markengesetz, Kommentar, Köln, 13. Aufl. 2020
Stumpf/Jaletzke/*Bearbeiter*	Stumpf/Jaletzke, Der Vertragshändlervertrag, Heidelberg, 3. Aufl. 1997
Stüsser	Stüsser, Die Anfechtung der Vollmacht nach Bürgerlichem Recht und Handelsrecht, Berlin 1986
Thiele Finanzaufsicht	Thiele, Finanzaufsicht – Der Staat und die Finanzmärkte, Tübingen 2014
Thiele/von Keitz/Brücks/*Bearbeiter*	Thiele/von Keitz/Brücks (Hrsg.), Internationales Bilanzrecht, Bonn/Berlin, 55. Ergänzungslieferung Juni 2022 (Loseblatt)
Thomas/Putzo/*Bearbeiter*	Thomas/Putzo, Zivilprozessordnung: ZPO, München, 43. Aufl. 2022
Uhlenbruck/*Bearbeiter*	Hirte/Vallender (Hrsg.), Uhlenbruck, Insolvenzordnung: InsO, Kommentar, München, 15 Aufl. 2019 f.
Ulmer/Brandner/Hensen/*Bearbeiter* AGB-Recht	Ulmer/Brandner/Hensen, AGB-Recht Kommentar, Köln, 13. Aufl. 2022
Ulmer/Habersack	Ulmer/Habersack, Verbraucherkreditgesetz, München, 2. Aufl. 1995
Ulmer/Schäfer	Ulmer/Schäfer, Gesellschaft bürgerlichen Rechts und Partnerschaftsgesellschaft: GbR PartG, München, 8. Aufl. 2021

Vater et al./*Bearbeiter* IFRS Änderungskommentar 2009	Vater/Ernst/Hayn/Knorr/Mißler (Hrsg.), IFRS Änderungskommentar 2009, Weinheim 2009
von Gierke/Sandrock Handels- und Wirtschaftsrecht	von Gierke/Sandrock, Handels- und Wirtschaftsrecht, Berlin, 9. Aufl. 1975
von Godin/Wilhelmi	von Godin/Wilhelmi, Aktiengesetz, Kommentar, Berlin, 4. Aufl. 1971
von Wysocki et al./*Bearbeiter*	Schulze-Osterloh/Hennrichs/Wüstemann (Hrsg.), Handbuch des Jahresabschlusses (HdJ), Bilanzrecht nach HGB, EStG und IFRS, Köln, 80. Ergänzungslieferung April 2022 (Loseblatt)
von Wysocki/Wohlgemuth/Brösel KR	von Wysocki/Wohlgemuth/Brösel Konzernrechnungslegung, Konstanz, 5. Aufl. 2014
Vortmann Aufklärungspflichten	Vortmann, Aufklärungs- und Beratungspflichten der Banken, 13. Aufl. 2022
Wessel/Zwernemann/Kögel Firmengründung	Wessel/Zwernemann/Kögel, Firmengründung, Heidelberg, 7. Aufl. 2001
Wiedemann/Böcking/Gros/*Bearbeiter* BilR	Wiedmann/Böcking/Gros (Hrsg.), Bilanzrecht §§ 238–342e HGB, §§ 135–138, 158–161 KAGB Kommentar, München, 4. Aufl. 2019
Zöller/*Bearbeiter*	Zöller, Zivilprozessordnung: ZPO, Kommentar, Köln, 34. Aufl. 2022
Zöllner Wertpapierrecht	Zöllner, Wertpapierrecht, München, 14. Aufl. 1987

Einleitung

Schrifttum (Auswahl)

Baumann Strukturfragen des Handelsrechts, AcP 184 (1984), 45 (zugleich Rezension Staub 5. Aufl.); *Bayer/Habersack* (Hrsg.) Aktienrecht im Wandel – Band I: Entwicklung des Aktienrechts, und Band II: Grundsatzfragen des Aktienrechts, 2007; *Brox/Henssler* Handelsrecht, 23. Aufl. 2020; *F. Bydlinski* Handels- oder Unternehmensrecht als Sonderprivatrecht – ein Modellbeispiel für die systematische und methodologische Grundlagendiskussion, 1990; *Canaris* Handelsrecht, 24. Aufl. 2006 (digitalisierte Fassung 2020); *Ebenroth/Boujong/Joost/Strohn* Handelsgesetzbuch, 4. Auflage 2020; *Flume/Thiessen* (Hrsg.) Entwicklungsgeschichte des Handelsrechts – Synoptische Darstellung, bestehend aus ADHGB, HGB 1897, heutigem deutschen Handelsrecht und österreichischem Unternehmensgesetzbuch, 2022; *Grundmann* Europäisches Handelsrecht – vom Handelsrecht des laissez faire im Kodex des 19. Jahrhunderts zum Handelsrecht der sozialen Verantwortung, ZHR 163 (1999) 635; *ders.* Europäisches Schuldvertragsrecht – das Europäische Recht der Unternehmensgeschäfte (nebst Texten und Materialien zur Rechtsangleichung), 1999; *ders.* Binnenmarktkollisionsrecht – vom klassischen IPR zur Integrationsordnung, RabelsZ 69 (2000) 457; *ders.* European Company Law – Organization, Finance and Capital Markets, 2. Aufl. 2012; *ders.* Regulierung und Privatrecht, FS Canaris II 2017, S. 907; *Grundmann/Micklitz/Renner* New Private Law Theory – A Pluralist Approach, CUP 2021; *Habersack* Die Mitgliedschaft – subjektives und „sonstiges" Recht, 1996; *ders.* Modernisierung des Personengesellschaftsrechts – aber wie?, ZGR 2020, 539. *ders.* Personengesellschaftsrechtliche Beschlussmängelstreitigkeiten vor Schiedsgerichten, FS Graf-Schlicker, 2018, S. 37; *ders.* Privatrechtsdogmatik und Gesellschaftsrecht, FS Canaris II 2017, S. 813; *Habersack/Verse* Europäisches Gesellschaftsrecht – Einführung für Studium und Praxis, 5. Aufl. 2019; *Heck* Weshalb besteht ein von dem bürgerlichen Rechte gesondertes Handelsprivatrecht? AcP 92 (1902), 438; *Heinemann* Handelsrecht im System des Privatrechts – Zur Reform des deutschen Handelsgesetzbuchs, FS Fikentscher 1998, S. 349; *Hellgardt* Regulierung und Privatrecht – Staatliche Verhaltenssteuerung mittels Privatrecht und ihre Bedeutung für Rechtswissenschaft, Gesetzgebung und Rechtsanwendung, 2016; *Henne/Schröder/Thiessen* (Hrsg.) Anwalt – Kommentator – ‚Entdecker' – Festschrift für Hermann Staub zum 150. Geburtstag am 21. März 2006, 2011; *Hopt* (vormals *Baumbach/Hopt*) Handelsgesetzbuch: mit GmbH & Co., Handelsklauseln, Bank- und Kapitalmarktrecht, Transportrecht (ohne Seerecht), 41. Aufl. 2022; *Horn* Allgemeines Handelsrecht, 50 Jahre Bundesgerichtshof – Festgabe aus der Wissenschaft, Bd. 2, S. 3; *Horn/Balzer/Borges/Hermann* (Hrsg.) Kommentar zum HGB, bes. Bd. 1, 3. Aufl. 2019; *Koller/Kindler/Roth/Drüen* Handelsgesetzbuch – Kommentar, 9. Aufl. 2019; *Kramer* Handelsgeschäfte – eine rechtsvergleichende Skizze zur rechtsgeschäftlichen Sonderbehandlung unternehmerischer Kontrahenten, FS Ostheim 1990, S. 299; *Lettl* Handelsrecht – Ein Studienbuch, 5. Aufl. 2021; *Mittwoch* Unternehmensrecht und Nachhaltigkeit, 2022; Münchener Kommentar zum Handelsgesetzbuch, bes. Bd. 1, 5. Aufl. 2021; *Müller-Freienfels* Zur „Selbstständigkeit" des Handelsrechts, FS von Caemmerer 1978, S. 583; *Oetker* Handelsgesetzbuch – Kommentar, 7. Aufl. 2021; *Raisch,* Die Abgrenzung des Handelsrechts vom Bürgerlichen Recht als Kodifikationsproblem im 19. Jahrhundert, 1962; *ders.* Geschichtliche Voraussetzungen, dogmatische Grundlagen und Sinnwandlung des Handelsrechts, 1965; *Reymann* Das Sonderprivatrecht der Handels- und Verbraucherverträge – Einheit, Freiheit und Gleichheit im Privatrecht, 2009; *Röhricht/Graf von Westphalen/Haas* HGB Kommentar – zu Handelsstand, Handelsgesellschaften, Handelsgeschäften, besonderen Handelsverträgen und internationalem Vertragsrecht (ohne Bilanz-, Transport- und Seerecht), 5. Aufl. 2019; *C. Schäfer* Das neue Personengesellschaftsrecht, 2022; *ders.* Beschlussfassung und Beschlussanfechtung in der Personenhandelsgesellschaft nach dem MoPeG-RegE, ZIP 2021, 1527; *ders.* Grundsatzfragen bei der anstehenden Reform des Personengesellschaftsrecht, FS U. Seibert 2019, 723; *ders.* Grundzüge des neuen Personengesellschaftsrechts nach dem Mauracher Entwurf, ZIP 1149; *ders.* Grundzüge eines Beschlussmängelrechts für Personengesellschaften, FS K. Schmidt II 2019, S. 323; *ders.* Insolvenzrechtliche Implikationen des neuen Personengesellschaftsrechts nach dem Mauracher Entwurf, ZRI 2020, 333; *Scherner* Europäisches und Kosmopolitisches in der Entwicklung des Handels- und Wirtschaftsrechts, in: *Hadding* (Hrsg.) Festgabe Zivilrechtslehrer 1934/1935, 1999, S. 533; *K. Schmidt* Woher – wohin? ADHGB, HGB und die Besinnung auf den Kodifikationsgedanken, ZHR 161 (1997), 2; *ders* Handelsrecht, 6. Aufl. 2014; *ders.* Das HGB und die Gegenwartsaufgaben des Handelsrechts – Die Handelsrechtskodifikation im Lichte der Praxis, 1983; *Schubert/Hommelhoff* (Hrsg.) Hundert Jahre modernes Aktienrecht – eine Sammlung von Texten und Quellen zur Aktienrechtsreform 1884 mit zwei Einführungen, 1985.

Übersicht

https://doi.org/10.1515/9783110564440-001

I. Handelsgesetzbuch, Handelsrecht und Recht der Wirtschaft, auch transnational

1. HGB und Systemdenken

1 Jeder (Groß-)Kommentar schafft „sein" System des Handelsrechts.[1] Und dies geht zurück auf *Hermann Staub*. Der von ihm begründete *Staub'sche* **Großkommentar zum Handelsgesetzbuch bezeichnete eine Zeitenwende.** In seiner 1. Auflage mit dem Erscheinungsjahr 1893 vollzog er den Schritt hin zum systematischen Kommentar – hier Großkommentar.[2] Wenig später schuf *Staub* dann nochmals Vergleichbares für das GmbH-Gesetz, durch das der deutsche Gesetzgeber 1892 die (rechtlich verfasste) „kleine Kapitalgesellschaft" als (Welt-)Neuheit für den

---

1 Stilbildend vor allem: MünchKommHGB/*K. Schmidt*, Vor § 1 Rn. 1 ff.; auch *ders.*, Handelsrecht, § 1 Zum Gegenstand dieses Buches; sowie *Canaris* Handelsrecht, § 1 Einleitung (wenn auch nicht im von ihm in der 4. und 5. Auflage herausgegebenen *Staub'schen* Großkommentar, sondern in seinem Großen Lehrbuch); sowie Hopt, Handelsgesetzbuch, derzeit 41. Aufl. 2022 (wenn auch für einen Kommentar, der formal nicht die Dimension eines Großkommentars hat, im Gehalt der Einleitung jedoch durchaus; in den jüngsten Auflagen Einleitung übernommen von *Merkt*).

2 *Staub*, Kommentar zum Handelsgesetzbuch, 1. Aufl. 1983 (Heine), bis 1933 in 14 Auflagen, zunächst fortgeführt (8. Aufl. 1906) von *Heinrich Könige, Josef Stranz, Albert Pinner* (Guttentag, dann de Gruyter).

Mittelstand geschaffen hatte.[3] Von der 1. bis zur 5. Auflage (1893–1897) verzichtete *Staub* interessanterweise noch auf eine Allgemeine Einleitung; in der 6./7. Auflage von 1900 belief sich die *Staub'sche* Einleitung auf 38 Seiten, also auf etwa 2,23 % des Gesamtumfangs von 1.675 Seiten und damit proportional ungleich mehr als das, was heute selbst mit umfangreichen Einleitungen in vielbändigen Werken wie „dem *Staub*" üblich und angezeigt ist. Nach 14 Auflagen bis 1933, erschien der Staub ab 1940 in neuer Folge und in neu gezählter 1. Auflage unter antisemitischer Abkehr vom Gründer, war aber bereits seit der 3. Auflage wieder mit dem Namen *Staub* verbunden und wurde seit der 4. Auflage (1982) wieder unter seinem Namen ediert.[4]

Eine Zeitenwende bezeichnete der Kommentar in zweierlei Hinsicht. Zum einen ging *Staub* 2
über von einer Wort-Annotation zu einer **systematischen Durchdringung des Normgehalts** als Kommentarstil. Damit schuf er für das Zeitalter der aufkommenden Gesetzbücher in Deutschland – hier besonders spät aufkommenden Gesetzbücher – das Äquivalent zu dem, was die Rechtswissenschaft im 19. Jahrhundert wohl so prägte wie keine andere Denkform: das Systemdenken.[5] Hatte *v. Savigny* **Systemdenken** für eine Rechtsmasse etabliert, die zwar in Sammlungen seit der Antike zusammengestellt erschien, etwa dem später so bezeichneten Corpus Iuris Civilis,[6] darüber hinaus jedoch ohne äußeres vorgegebenes System vorlag,[7] so nahm jetzt *Staub* das Gesetz als Systemvorgabe.[8] Im Zeitalter der Kodifikationen sah er das System des Gesetzes selbst als das adäquate System – solchermaßen Systemdenken in die Kommentare einführend (nicht mehr Wort-für-Wort-Kommentierung), zugleich freilich **von einer freien Systembildung übergehend zu einer im Gesetz gebundenen.** Dies wurde schon in der Entstehungszeit als

3 *Staub*, Kommentar zum GmbH-Gesetz, 1. Aufl. 1903 (Heine), nach *Staubs* Tod fortgeführt durch *Hachenburg* und unter seinem (Herausgeber)-Namen weiterhin einer der führenden Großkommentare zu diesem Gesetz (de Gruyter). Zum Charakter des GmbHG und GmbH-Rechts als globaler Neuheit Ende des 19. Jahrhunderts etwa MünchKommGmbHG/*Fleischer*, 4. Aufl 2022, Einl. Rn. 50.

4 1940–43 in der 1. Auflage neuer Zählung – und zur Tilgung des „jüdischen Erbes" – nicht mehr als *Staub'scher* Großkommentar, sondern herausgegeben von Reichsgerichtsräten. In der 2. Auflage neuer Zählung (1950–63) unter Rückführung auf Staub (im Vorwort), ab der 4. Auflage (ab 1982), nunmehr (wieder) im de Gruyter-Verlag, wieder als *Staub'scher* Großkommentar.

5 Zum Systemdenken im deutschen Privatrecht vgl. – bahnbrechend – die Nachw. in den folgenden Fußnoten; sowie etwa heute und überblicksweise: *Schapp*, Methodenlehre und System des Rechts, Aufsätze 1992–2007, 2009; übertragen auf das Europäische Privatrecht, insbesondere in den Parallelmaterien zum Handelsrecht (Handelsorganisations- und Handelsgeschäftsrecht): *Grundmann* (Hrsg.), Systembildung und Systemlücken in Kerngebieten des Europäischen Privatrechts – Gesellschaftsrecht, Arbeitsrecht, Schuldvertragsrecht, 1999; *Riesenhuber*, System und Prinzipien des Europäischen Vertragsrecht, 2003. Zu den großen Unterschieden, die zwischen dem deutschen Handelsrecht um 1900 und einem Europäisch geprägten Handelsrecht um 2000 bestehen, vgl. nur *Grundmann*, Europäisches Handelsrecht – vom Handelsrecht des laissez faire im Kodex des 19. Jahrhunderts zum Handelsrecht der sozialen Verantwortung, ZHR 163 (1999) 635; und unten Rn 68, 97.

6 *v. Savigny*, System des heutigen römischen Rechts, Bd. 1, 1840, S. 3; *Beseler*, System des gemeinen deutschen Privatrechts, 1847; *Goldschmidt*, System des Handelsrechts, 1887; in der Pandekten-Wissenschaft besonders prominent *Windscheid*, Lehrbuch des Pandektenrechts in drei Bänden. 1. Aufl. 1862–70 (auch noch nach 1900 und dem Inkrafttreten des BGB fortgesetzt, etwa 9. Aufl. 1906 von *Kipp*; unter den weiteren großen systembildenden Privatrechtswerken der zweiten Hälfte des 20. Jahrhunderts vgl. nur *Canaris*, Systemdenken und Systembegriff in der Jurisprudenz – entwickelt am Beispiel des deutschen Privatrechts, 1969 (2. Aufl. 1983).

7 Zur Fortentwicklung in den Pandektenwissenschaften und bei *Windscheid* vgl. vorige Fn. und unten Fn. 10.

8 Zu diesem Schritt vgl. *Kästle-Lamparter*, Welt der Kommentare: Struktur, Funktion und Stellenwert juristischer Kommentare in Geschichte und Gegenwart, 2016, bes.S. 224–230; *Thiessen*, Ein „ungeahnter Erfolg" – zur (Rezeptions-)Geschichte von *Hermann Staubs* Kommentaren, in: *Henne/Schröder/Thiessen* (Hrsg.), FS Hermann Staub, 2006, S. 55, 59 ff. Zu *Staub* als Denker und Gestalter des Privatrechts allgemeiner *Henne/Schröder/Thiessen* (Hrsg.), FS Hermann Staub, 2006. Zu seiner Persönlichkeit, den jüdischen Wurzeln, die er (auch um den Preis einer ihm versagt bleibenden Professur) nicht aufgab: *Henne*, Diskriminierungen gegen „jüdische Juristen" und jüdische Abwehrreaktionen im Kaiserreich – von *Samuel zu Hermann Staub*, in: *Henne/Schröder/Thiessen* (Hrsg.), FS Hermann Staub, 2006, S. 9 und Vorwort der Herausgeber, S. VII.

wahrhaft revolutionierender Schritt gesehen,[9] während dann für das BGB der Hauptteil des Corpus Iuris Civilis, die Digesten, in der Tat systemprägend wurde.[10]

3 Zum anderen schuf *Staub* damit eine für die Rechtswissenschaften im deutschsprachigen Raum **spezifische Form der Darstellung, den Kommentar**, die in dieser Form die viel älteren Kodifikationen im romanischen Raum, aber auch das ABGB nicht gekannt hatten.[11] Damit einher ging eine systematisierte Durchdringung eines Rechtsstoffes, den der Kodifikations-Gesetzgeber typischerweise als umfassend und abschließend geregelt sehen wollte („**Totalitätsanspruch**"),[12] in vergleichbarer Weise in der Rechtswissenschaft, also gleichsam als das Parallelstück in derselben. Dass in diesem (*Staub'schen* Groß-)Kommentar dann viele Dekaden später *Canaris* den Stil des systematischen Kommentars in seinem Bankvertragsrecht auf eine neue Stufe hob,[13] ist eine schöne Fügung der Geschichte.

4 Diese Zeitenwende – zum systematischen Kommentar – ist verbunden mit **der ersten großen Privatrechtskodifikation in Deutschland** im Prozess der Vereinigung in der zweiten Hälfte des 19. Jahrhundert – **vom ADHGB zum HGB**. Sie erfolgt zugleich in einem Umfeld der Ausbildung der modernen Handelsrechtswissenschaften[14] mit den großen Exponenten *Levin Goldschmidt* und *Otto v. Gierke*, beide – wie *Staub* – in Berlin tätig, an der Berliner Universität,

---

9 Hervorgehoben von so prominenten Zeitgenossen wie *Paul Laband* und *Max Hachenburg*, vgl. *Kästle-Lamparter*, Welt der Kommentare (vorige Fn.), bes.S. 226–228. Ab Januar 1896 war *Staub* auch Mitbegründer und Mitherausgeber der *Deutschen Juristenzeitung*. Teils wird der systematische Kommentarstil auf den Stil von Kommentaren im Talmud zurückgeführt und daher anfangs als „talmudische Methode" beschrieben: *Schindler*, Briss. Mitteilungen der Großloge für Deutschland VIII. U.O.B.B. 1932, S. 98–99, Festnummer zum Ordenstag 1932 (unter Verweis auf von *Staub* selbst getätigte Aussagen) (auch abgedruckt in FS Staub, S. 169).

10 Bekanntlich waren die älteren Zivilrechts-Codices, namentlich der französische Code Civil (und seine Nachfolge-Kodifikationen), nach dem sog. Institutionensystem (des Hochklassikers *Gaius* im 2. Jahrhundert) aufgebaut (hierzu *Schulze* (Hrsg.), Französisches Zivilrecht in Europa während des 19. Jahrhunderts, 1994; *Bucher*, Zu Europa gehört auch Lateinamerika!, ZEuP 2004, 515 (530 f.) auch mit den lateinamerikanischen Kodifikationen), während dann das BGB nach dem sog. Digestensystem aufgebaut erscheint (in der Pandektenwissenschaft vorbereitet): vgl. hierzu und zu den Digesten *Horn*, Ein Jahrhundert Bürgerliches Gesetzbuch, NJW 2000, 40; zum Einfluss des römischen Rechts kritisch *O. v. Gierke*, Deutsches Privatrecht, 1. Band, 1936.

11 Vgl. etwa *Friedrichs*, Juristische Kommentare: Literaturformen in rechtsvergleichender Perspektive, ZEuP 2020, 231; sowie (vor allem auf die fortbestehenden Unterschiede der Kommentartraditionen bezogen): *Kästle-Lamparter/Jansen/Zimmermann* (Hrsg.), Juristische Kommentare: Ein internationaler Vergleich, 2020.

12 Zu diesem Bild der Kodifikation als umfassender und abschließender Regelung eines Rechtsstoffes siehe exemplarisch *Wieacker*, Aufstieg, Blüte und Krisis der Kodifikationsidee, in: Festschrift für Gustav Boehmer, 1954. S. 34 (34); *Herzog*, Art. „Kodifikation", in: Kunst/Grundmann (Hrsg.), Evangelisches Staatslexikon, 1966, Sp. 1074 (1074); zur Unerreichbarkeit dieses Ideals siehe nur *Mertens*, Gesetzgebungskunst im Zeitalter der Kodifikationen. Theorie und Praxis der Gesetzgebungstechnik aus historisch-vergleichender Sicht, 2004, S. 325–354, insb. S. 326, 334 f., 336 f., 342 f., 347 f.; zur Unvereinbarkeit dieses Ideals mit einem auf Demokratie und Pluralität gestützten Rechtsstaat vgl. *Kindermann*, Überlegungen zu einem zeitgemäßen Verständnis der Kodifikation, RT 10 (1979), 357 (358 f.). Selbstverständlich wird dieser Anspruch nicht von jedem Kodifikations-Gesetzgeber erhoben, zum starken Rückgang des Vollständigkeitsanspruches (auch wegen der beschriebenen Defizite) vgl. nur *Bühler*, Gewohnheitsrecht – Enquête – Kodifikation, 1977, S. 113–117; *K. Schmidt*, Die Zukunft der Kodifikationsidee, 1985, S. 17–21; *Schulze-Fielitz*, Theorie und Praxis parlamentarischer Gesetzgebung, 1988, S. 200–203; *Kahl*, Das Verwaltungsverfahrensgesetz zwischen Kodifikationsidee und Sonderrechtsentwicklung, in: *Hoffmann-Riem/Schmidt-Aßmann* (Hrsg.), Verwaltungsverfahren und Verwaltungsverfahrensgesetz, 2002, S. 67 (102, 104). Dennoch erscheint er als prägend, vgl. hierzu die in dieser Fn. zitierten Texte. Unter den ebenfalls zahlreichen Kritiken etwa, besonders prägnant und für die (in Europa besonders stilbildende) französische und italienische Kodifikation herausragend: *Carbonnier*, L'hypothèse du non-droit, in : Flexible droit – Pour une sociologie du droit sans rigueur, 10. Aufl. 2001 (1. Aufl. 1969), S. 25; Kontextualisierung und Nachwirkung vgl. *Grundmann* in *Grundmann/Micklitz/Renner*, New Private Law Theory, Kapitel 27; sowie *Irtì*, L'età della decodificazione, 4. Aufl. 1999 (1. Aufl. 1979).

13 Vgl. nur Vorworte zum 10. und 11. Band (5. Auflage) zum Bankvertragsrecht (*Grundmann* – 2015–18) und in *Grundmann*, Bankvertragsrecht – 2 Bände, 2020/21.

14 Zu vorangegangenen Systematisierungsschritten namentlich im Zusammenhang mit der Verabschiedung des Allgemeinen Preußischen Landrechts (unten Rn. 17) *Leiser*, Schichtspezifisches Privatrecht, ZRG Germ. Abt. 93

und beide aus einer reichen rechtsgeschichtlichen Tradition schöpfend.[15] Bei Ihnen nun werden als Hauptdimensionen diejenige der Organisation des Unternehmens und die Internationalität des Handels entwickelt (vgl. zu diesen auch unten Rn. 19). Viele der Charakteristika der Handelsrechtswissenschaften, die bis heute in Deutschland prägend blieben und zentrale Fortentwicklungen befördern (etwa das Bild der BGB-Gesellschaft als eigenes Rechtssubjekt und Unternehmensträger), gründen tief in der Wirkkraft des Systemgedankens und der damit verbundenen prominent dogmatisch-systematischen Aufbereitung.

2. HGB – Handels-, Unternehmens- und Wirtschaftsrecht, auch transnational

a) Handelsrecht, Unternehmensrecht, Recht der Wirtschaft. Als das Handelsgesetzbuch – in der Nachfolge des Allgemeinen Deutschen Handelsgesetzbuchs (ADHGB) – in den Jahren vor und nach der Reichsgründung 1871 – verabschiedet wurde (näher unten Rn. 18), unterfiel es in die **Materien**: Handelsstand/Unternehmen (1. Buch), (Personen-)Handelsgesellschaften (2. Buch), Aktiengesellschaften (3. Buch) und Recht der Handelsgeschäfte (4. Buch) – sowie das Seehandelsrecht (5. Buch). Geregelt erschienen also (i) das (Einzel-)Unternehmen mit seinem Netzwerk an Absatzmittlern (1. Buch), (ii) der Kreis der Handelsgesellschaften – einschließlich der (noch jungen) Aktiengesellschaft, freilich unter Ausschluss der gerade erst in Deutschland gesetzgeberisch erfassten kleinen Kapitalgesellschaft, der GmbH,[16] und auch der vergleichbar innovativen und ebenfalls für das deutsche Handelsrecht prägenden Genossenschaft (mit Genossenschaftsgesetz von 1889)[17] – (2. und 3. Buch) sowie (iii) das Recht der Handelsgeschäfte (4. Buch) – in international-moderner Begrifflichkeit: das **gesamte Recht von „Firm and Market“** (*Coase*), das gesamte Spektrum von Unternehmensprivatrecht. In seiner Geschichte wurde allein einer dieser Großblöcke herausgebrochen – Buch 3 zu den Aktiengesellschaften mit Verabschiedung des Aktiengesetzes im Jahr 1937 –,[18] wobei diese Lücke fast fünf Jahrzehnte später mit dem Bilanzrichtlinien-Gesetz von 1985 mit der – ebenfalls un- 5

(1976) 1, insb. 17–19; *Scherner*, Anfänge einer deutschen Handelsrechtswissenschaft im 18. Jahrhundert, ZHR 136 (1972) 465; *Schmoeckel/Maetschke*, Rechtsgeschichte der Wirtschaft, 2. Auflage 2016, S. 86 ff.

15 *Levin Goldschmidt* als Rechtsgeschichtler habilitiert, *Otto von Gierke* zeitlebens der große Exponent der germanistischen Sektion in der Rechtsgeschichte. Zu *Levin Goldschmidt* vgl. *K. Schmidt*, Levin Goldschmidt (1829–1897). Levin Goldschmidt in Berlin – Eine Skizze über die Berliner Universitätsjahre 1875–1897, in: Festschrift 200 Jahre Juristische Fakultät der Humboldt-Universität zu Berlin, 2010, S. 327–342; zu *Otto von Gierke* vgl. *Thiessen*, Otto von Gierke (1841–1921). Rechtsgeschichte, Privatrecht und Genossenschaft in Briefen und Postkarten, in: Festschrift 200 Jahre Juristische Fakultät der Humboldt-Universität zu Berlin, 2010, S. 343–374; und spezifisch zu seiner Theorie der realen Verbandsperson, kontextualisierend und in der heutigen Bedeutung: *Renner* in *Grundmann/Micklitz/Renner*, New Private Law Theory, Kapitel 19.

16 Vgl. *Bayer/Habersack* (Hrsg.), Aktienrecht im Wandel; auch *Hommelhoff/Schubert* (Hrsg.), Hundert Jahre modernes Aktienrecht. Zum GmbH-Gesetz oben Fn. 3.

17 Zur Geschichte dieser Neuschöpfung und zum Zuschnitt auf (Handels-)Gewerbe vgl. *Beuthien* in Beuthien (Hrsg.), Genossenschaftsgesetz mit Umwandlungs- und Kartellrecht sowie Statut der Europäischen Genossenschaft, 16. Aufl. 2018, Einl. Rn. 1 ff.; *Holthaus/Lehnhoff* in: Lang/Weidmüller (Hrsg), GenG: Genossenschaftsgesetz, 39. Aufl. 2018, Einf. Rn. 1 f. Zum prägenden Einfluss *Otto von Gierkes* auf den Genossenschaftsgedanken siehe etwa *Peters*, Die Genossenschaftstheorie Otto v. Gierkes (1841–1921), 2001, passim. Zur gegenwärtigen Renaissance des Genossenschaftsrechts in Zeiten der Plattformökonomie *Denga*, Genossenschaften in der digitalen Plattformökonomie. Selbstverantwortung als Mittel europäischer Plattformregulierung?, ZGE 12 (2020), 1; *ders.*, Grundzüge der Genossenschaft, JURA 2021, 1202 (1206 f.) („Neue Einsatzfelder“); siehe ferner die Ausarbeitung des Wissenschaftlichen Dienstes des Bundestages „Zur Geschichte und aktuellen Situation von Genossenschaften“ (WD 1 – 3000 – 001/18), 2018, S. 18 ff („Aktuelle Entwicklungen“).

18 Gesetz über die Aktiengesellschaften und Kommanditgesellschaften auf Aktien (Aktiengesetz) vom 30.1.1937, RGBl. I 1937, S. 107.

ternehmensrechtlich ausgerichteten – Sondermaterie des Rechnungslegungsrechts formal wieder geschlossen wurde.[19]

6 Begrifflich wurde alles zusammengefasst als „Recht des *Handels*" – **Handelsrecht, Handelsgesetzbuch.** Zur Zeit der Verabschiedung – in den letzten Dekaden des 19. Jahrhunderts – war dies begrifflich schon zu eng. Längst war auch die Produktion industriell, nicht mehr primär rural und im Familienverband organisiert, also gänzlich „gewerblich".[20] Und auch das HGB umfasste mit dem Recht der Absatzmittler, namentlich des Handelsvertreters, sichtlich auf das produzierende Gewerbe zugeschnittene Hauptregeln und -institute und vor allem mit der Aktiengesellschaft auch diejenige Form der Handelsgesellschaft, die als Kapitalsammelstelle primär auf diesen Zweig zugeschnitten und durch ihn notwendig geworden war.[21] Der Begriff des Handels reflektierte freilich nicht nur die Nobilität alter Handelsfamilien – in dieser Zeit in Romane wie die *Buddenbrooks* gebannt –, sondern vor allem die Geschichte. Ganz auf den Handel fokussiert erschien in der Tat noch die Entwicklung der Stadtrechte und der lex mercatoria[22] und vor allem das große Vorbild des französischen *Code de Commerce* von 1807, für den ebenfalls der Begriff des Handels (Commerce) gewählt worden war – allerdings in einer Zeit vor dem genannten Umbruch und daher in der Tat mit einem Fokus des Unternehmensrechts (noch) auf dem Handel.[23]

7 In den letzten Dekaden des 19. Jahrhunderts hätte das Gesetz hingegen also durchaus auch (und sogar präziser) als **Unternehmensgesetzbuch** verabschiedet werden können. Und in der Tat wird Handelsrecht auch als Unternehmensrecht gesehen (nach Ausgliederung des gesamten Kranzes der Kapitalgesellschaften freilich eines Hauptteils beraubt), vor allem auch das Recht der Handelsgeschäfte als Unternehmens*außen*recht intituliert.[24] Inhaltlich bildet es mit den genannten Materien und vor allem im bis 1937 geltenden Zuschnitt ein **Gesetzbuch zum gesam-**

---

19 Gesetz zur Durchführung der Vierten, Siebenten und Achten Richtlinie des Rates der Europäischen Gemeinschaften zur Koordinierung des Gesellschaftsrechts (Bilanzrichtlinien-Gesetz) vom 19.12.1985 (BGBl. 1985 I, S. 2355), mit dem in der Bundesrepublik Deutschland die Vierte EG-Richtlinie (Einzelabschluss-Richtlinie), die Siebte EG-Richtlinie (Konzern-Richtlinie) und die Achte EG-Richtlinie (Prüfer-Richtlinie) in innerstaatliches Recht umgesetzt wurden.

20 Zu diesem fundamentalen Umbruch über das 19. Jahrhundert („Industrialisierung") vgl. (vor allem aus historischer Sicht) *Wengenroth*, Industrialisierung, in: Sommer/Müller-Wille/Reinhardt (Hrsg.), Handbuch Wissenschaftsgeschichte, 2017, S. 294–303, mit einer umfangreichen Bibliographie zu weiterführenden Texten. Zu den umfassenden rechtlichen Implikationen dieser „industriellen Revolution" vgl. nur die Beiträge in *Maetschke/Mayenburg/Schmoeckel* (Hrsg.), Das Recht der Industriellen Revolution, 2013.

21 Zu dieser Ausrichtung der Aktiengesellschaft vgl. etwa *Grigoleit*, Aktiengesetz Kommentar, 2. Aufl. 2020, § 1 Rn. 32 f.; *K. Schmidt/Lutter*, AktG³, Bd. I, § 1 Rn. 2 („Kapitalsammelbecken"); MünchKommAktG/*Habersack*, Einl. Rn. 5 ff. („Kapitalsammelfunktion"); MünchHdbGesR/*Hoffmann-Becking*, Bd. 4, § 2 Rn. 5 („Kapitalsammelbecken").

22 Zu diesen beiden alten Wurzeln eines Handelsrechts, bei den Stadtrechten freilich vor allem auf einen Export der Infrastruktur für die Streitschlichtung bezogen, vgl. (für die lex mercatoria) Oetker/*Oetker*, Einl. Rn. 41 ff.; Heymann/*Horn*, HGB, Einl. III. Rn. 35; für eine weitergehende historische und länderübergreifende Aufarbeitung siehe die Beiträge in *Piergiovanni* (Hrsg.), From lex mercatoria to commercial law, 2005; sowie *Wethmar-Lemmer*, The Development of the Modern Lex Mercatoria: A Historical Perspective, Fundamina 11 (2005), 183; siehe ferner auch *Michaels*, The True Lex Mercatoria: Law Beyond the State, Indiana Journal of Global Legal Studies 14 (2007), 447. Für die Stadtrechte als Ursprung und Vorgänger des „modernen Handelsrechts" vgl. Hopt/*Merkt*, HGB, Vor § 1 Rn. 8 (besondere Bedeutung der Rechte der Hansestädte); MünchKommHGB/*K. Schmidt*, Vor § 1 Rn. 20.

23 Zur Namensbildung Handelsrecht/HGB vgl. auch Heymann/*Horn*, HGB, Einl. VI Rn. 1, 13 f., 22 ff.; Oetker, in: Staub, HGB, 5. Aufl. 2009, Einl., Rn. 14; *Schmoeckel/Maetschke*, Rechtsgeschichte der Wirtschaft, 2. Auflage 2016, Rn. 120. Eine vergleichbare Namensgebung findet sich etwa auch in Spanien (*Código de Comercio*), den Niederlanden (*Wetboek von Koophandel*) und Portugal (*Código Comercial*), siehe hierzu auch den Überblick bei *Oetker* in Oetker/*Oetker*, Einl. Rn. 22.

24 Vgl. vor allem *K. Schmidt* Handelsrecht; den Ansatz kritisch würdigend *Canaris* Handelsrecht, § 1 Rn. 23 ff.; jedenfalls nur gewerbliche, nicht freiberufliche Unternehmen; und auf die Ebene des Binnenmarkts projiziert, dabei ungleich stärker auch den regulierenden Teil des Unternehmensrechts betonend: *Grundmann*, Europäisches Schuldvertragsrecht – das Europäische Recht der Unternehmensgeschäfte; *ders.*, ZHR 163 (1999) 635.

ten Recht der Wirtschaft, freilich nur dem privaten Recht der Wirtschaft (dazu noch unten Rn. 12–14 und 50). Nur gut zwei Dekaden nach Inkrafttreten als „HGB" am 1. Januar 1900 – zeitgleich mit dem BGB – wird der bei *Levin Goldschmidt* promovierte und bei *August Meitzen* in Berlin habilitierte *Handels*rechtler *Max Weber* – nunmehr als einer der Gründungsväter einer Rechts- und Wirtschaftssoziologie – in seinem Hauptwerk denn auch den engen und alten Begriff des Handels durch denjenigen der Wirtschaft ersetzen.[25] Zusammenfassend ist daher zu sagen: Als das Allgemeine Deutsche Handelsgesetzbuch als erste große Privatrechtskodifikation für Deutschland 1861 und dann 1871 (als Reichsgesetz) verabschiedet wurde, war es konzipiert als das **Grundgesetz des Handels und der Wirtschaft (insbesondere Industrie)**. Zur Klarstellung und dennoch: *De lege lata* ist das HGB, solange und soweit die Ausnahme der Freien Berufe aufrecht erhalten bleibt, zwar kein UGB; auch wenn der Überschneidungsbereich zwischen dem Konzept des Kaufmanns und des Unternehmens/Unternehmers den Großteil ausmacht, unten Rn. 33, bilden die Freien Berufen keineswegs nur einen zu vernachlässigenden Nischenbereich (vgl. § 1 PartGG). Die Bereitschaft, auch die Freien Berufe flächendeckend einzubeziehen, fehlte bis zum heutigen Tag rechtspolitisch und mit erheblichen Gründen,[26] übrigens auch in Österreich, wo das Parallelgesetz als HGB erlassen wurde, seit 2005 allerdings den Titel eines UGB trägt. Und auch in Deutschland fehlt die Bereitschaft, auch Freie Berufe einzubeziehen, umgekehrt keineswegs flächendeckend. Das MoPeG eröffnet ihnen die Handelsgesellschaft als Rechtsform (§ 107 Abs. 1 S. 2 HGB n.F.; vgl. daneben auch § 84 Abs. 4 HGB, auf den andere Normen teils verweisen). Und das prägende Leitbild des HGB ist (selbst bei solch einer Ausnahme) doch eher das von Unternehmen als ausschließlich das des bloßen Handels, im großen Teilbereich der Gesellschaften als Unternehmensträger seit dem MoPdG nach dem Gesagten sogar unter Öffnung auch für die Freien Berufe, also auch *de lege lata* und streng begrifflich.

b) Referenzgebiete Zivilrecht und Wirtschaftsrecht. Könnte das Handelsgesetzbuch nach 8
dem Gesagten auch als Unternehmensgesetzbuch (in Anlehnung etwa an *K. Schmidt*) oder als Wirtschaftsgesetzbuch (in Anlehnung an *M. Weber*) verabschiedet worden sein und ist zwischen den drei Begrifflichkeiten von den (bei Verabschiedung) erfassten Materien her kein nennenswerter Unterschied zu sehen, so ist Letzteres doch signifikant anders aus der **Perspektive der beiden wichtigsten Referenzgebiete**. Beide stehen einerseits für einen Rückzug des Handelsrechts (gegenüber dem allgemeinen Zivilrecht, Rn. 9–11 und 47–49) und andererseits für eine als Potential damals angelegte, jedoch letztlich nicht realisierte Ausdehnung des Handelsrechts (in Richtung Wirtschaftsrecht und Regulierung, Rn. 12–14 und 50). Es sind diese beiden Referenzgebiete und das Verhältnis zu ihnen, **welche Umriss und Charakter des Handelsgesetzbuches** und der von ihm (mit-)geregelten Materie so problematisch machen.

Weniger bewusst ist (heute) die erstgenannte Entwicklung, bezogen auf das **Referenzge-** 9
biet „allgemeines Zivilrecht". Sie hat jedoch noch heute fundamentale Bedeutung für den Charakter der HGB-Regelung. Deutlich wird die Tiefe des Umbruchs vor allem auf dem Hintergrund von Regelwerken aus dem internationalen Raum, die als allgemeine Handelsrechtskodifikationen zu sehen sind. Angesprochen sind namentlich der Uniform Commercial Code (U.C.C.)

25 *Weber*, Wirtschaft und Gesellschaft – Grundriss der verstehenden Soziologie, 1922; zu *Max Weber* vgl. nur die die Einleitung sowie die gesammelten Texte in der im Auftrag der Kommission für Sozial- und Wirtschaftsgeschichte der Bayerischen Akademie der Wissenschaften von *Baier/Hübinger/Lepsius/Mommsen/Schluchter/Winckelmann* herausgegebenen „Max Weber Gesamtausgabe" (2021); für eine prägnante Einführung zu Person und Wirken siehe *Kruse*, Max Weber: Eine Einführung, 2012; sowie (kontextualisierend und in der heutigen Bedeutung erörternd): *Renner* in Grundmann/Micklitz/Renner, New Private Law Theory, Kapitel 2.

26 *C. Schäfer*, Gutachten für den 71. DJT (2016), S. E 31 ff. (unter C. I. 3.); hitzig die vor allem zwischen *K. Schmidt* und *W. Zöllner* unter dem Titel „Wovon handelt das Handelsrecht?" geführte Debatte: JBl. 1995, 341 ff. bzw. ZGR 1998, 57 ff. Für den im Folgenden angesprochenen Schritt im MoPeG deswegen kritisch etwa *Schäfer*, ZIP 2020, 1149 (1153 f.).

von 1952[27] und das (Wiener) UN-Kaufrecht (kodifiziert im CISG) von 1980.[28] Das erstgenannte Gesetz – ein Modellgesetz, das heute von allen US-Bundesstaaten mit sehr geringerer inhaltlicher Varianz übernommen wurde – wirkt als **voll ausgestaltetes Handelsgesetzbuch**, mit spezifischen modernen Entwicklungen wie dem Einschluss auch des Insolvenzrechts.[29] Maßgeblich gestaltet wurde es von *Karl Llewellyn*, einem der großen Exponenten des „legal realism", stark auf eine empirisch erforschte Handelsrechtspraxis (mit Kautelarjurisprudenz) hin zugeschnitten.[30] Das zweitgenannte Regelwerk findet Anwendung auf (zweiseitige) Handelskäufe und stellt ebenfalls ein voll ausgebildetes, allerdings abwählbares Handelskaufrecht für den internationalen, globalen Rechtsverkehr dar (vgl. noch unten Rn. 70–71). Für das deutsche Recht ist insbesondere sein Modell des Leistungsstörungsrechts (mittelbar) prägend auch für den Handelskauf und alle Handelsgeschäfte geworden. Denn dieses Modell des Leistungsstörungsrechts wurde vorbildlich für dasjenige in der 1999 erlassenen Europäischen Verbrauchsgüterkaufrichtlinie[31] und diese wurde ihrerseits zwar im BGB – für das allgemeine, nicht nur das kaufrechtliche Leistungsstörungsrecht – umgesetzt,[32] solchermaßen freilich zugleich auch anwendbar auf Handelskauf und allgemeiner das Handelsgeschäftsrecht.

27 Der Uniform Commercial Code (U.C.C) ist der Entwurf eines für die gesamten USA geltenden, vereinheitlichten Handelsrechts. Er wurde vom American Law Institute ab den 1940er Jahren ausgearbeitet und im Jahr 1952 letztlich verabschiedet. Zur Geschichte dieses Regelwerks vgl. etwa *Braucher*, The Legislative History of the Uniform Commercial Code, Columbia Law Review 58 (1958), 798–814; siehe ferner auch *Ruprecht*, Das Recht des Warenkaufs im Amerikanischen Uniform Commercial Code, RabelsZ 19 (1954), 427.

28 Übereinkommen der Vereinten Nationen über Verträge über den internationalen Warenkauf vom 11. April 1980 (Das Übereinkommen wurde von der Bundesrepublik Deutschland durch Gesetz vom 5.7.1989 (BGBl. II S. 586) ratifiziert und trat gem. Bek. v. 23.10.1990 (BGBl. II S. 1477) am 1.1.1991 in Kraft); zu diesem Regelwerk vgl. etwa *Honnold/Flechtner*. Uniform Law for International Sales under the 1980 United Nations Convention, 4. Aufl. 2009; *Schlechtriem/Schwenzer/Schroeter* (Hrsg.), Kommentar zum UN-Kaufrecht (CISG) – Übereinkommen der Vereinten Nationen über Verträge über den internationalen Warenkauf, 7. Aufl. 2019; Staudinger/Magnus/Kaiser, Wiener UN-Kaufrecht (CISG), Neubearb. 2017.

29 Insolvenzrechtliche Vorschriften finden sich in verschiedenen (der insgesamt elf) Artikel des U.C.C, etwa in Art. 2 (§ 2–502: *„Buyer's Right to Goods on Seller's Insolvency, Repudiation, or Failure to Deliver"* und § 2.702: *„Seller's Remedies on Discovery of Buyer's Insolvency"*) Art. 2A (§ 2A-522: *„Lessee's Right to Goods on Lessor's Insolvency"*) Art. 4 (§ 4–216: *„Insolvency and Preference"*) Art. 5 (§ 5–117: *„Insolvency of Bank Holding Funds for Documentary Credit"*). Zum Verhältnis von U.C.C. und dem originären U.S. Insolvenzrecht siehe nur *Schwartz*, The Effect of the Uniform Commercial Code on Secured Financing Transactions and Bankruptcy Transactions and Bankruptcy, St. John's Law Review 38 (1963), 50 (60 ff.). Interessanterweise ist der zentrale Fortschritt in der Kommentartechnik bei *Canaris* in seinem Bankvertragsrecht (oben Fn. 13) ebenfalls darin zu sehen, dass er die Vertragsverhältnisse – häufig einen Kranz von Vertragsverhältnissen in einem Bankgeschäft – jeweils (nacheinander, nach Vertragsverhältnissen getrennt) von der vorvertraglichen Phase bis in die Insolvenz hinein erörtert. Auch er geht also den ganzen Lebenszyklus ab und dies weist durchaus Ähnlichkeiten zu einem Hauptanliegen des „legal realism" auf – nämlich tatsächlich praktiziertes Recht in der ganzen Breite zu erfassen.

30 Zu diesem Bezug zum „legal realism", namentlich der tragenden Rolle *Llewellyns* sowohl bei der Formulierung des U.C.C. als auch im „legal realism", vgl. etwa *Maggs*, Karl Llewellyn's Fading Imprint on the Jurisprudence of the Uniform Commercial Code, University of Colorado Law Review 71 (2000), 541; *Kamp*, Between-the-Wars Social Thought: Karl Llewellyn, Legal Realism, and the Uniform Commercial Code in Context, Albany Law Review 59 (1995), 325; *Danzig*, A Comment on the Jurisprudence of the Uniform Commercial Code, Stanford Law Review 27 (1975), 621; ausführlich zu *Karl Llewellyn* als Vertreter eines soziologischen Rechtsrealismus (aus dem deutschen Schrifttum) etwa *Klein*, Rechtsrealismus und Digitalwirtschaft. Einfluss amerikanischer Rechtstheorie auf Rechtsverständnis und Praxis, 2020, S. 58 ff.; schöner Überblick zu Restatements, Uniform Acts und Legal Realism auch bei: *Thönissen*, Subjektive Privatrechte und Normvollzug, 2022 (iE), S. 325 ff.

31 Richtlinie 1999/44/EG des Europäischen Parlaments und des Rates vom 25. Mai 1999 zu bestimmten Aspekten des Verbrauchsgüterkaufs und der Garantien für Verbrauchsgüter, ABl. EG 1999, L 171/12.

32 Zum Vorbildcharakter des UN-Kaufrechts für die EG-Kaufrechts-Richtlinie vgl. nur *Grundmann*, Verbraucherrecht, Unternehmensrecht, Privatrecht – warum sind sich UN-Kaufrecht und EU-Kaufrechts-Richtlinie so ähnlich? AcP 202 (2002) 40 (56 f.); sowie *Junker*, Vom Bürgerlichen zum kleinbürgerlichen Gesetzbuch – Der Richtlinienvor-

Heute ist weniger bewusst, dass das ADHGB, 1871 als Reichsgesetz übernommen, diesen internationalen Modellen im formalen Charakter deutlich näherstand als das 1900 verabschiedete HGB. Denn weite Teile der ursprünglich hier enthaltenen sachrechtlichen Materie – insbesondere im Handelsgeschäftsrecht – wurden überführt in das in der letzten Dekade des 19. Jahrhunderts entworfene und verabschiedete Bürgerliche Gesetzbuch (vgl. zur Entwicklung, namentlich der Abstimmungsagenda und den sonstigen Reformfragen, näher unten Rn. 47–49). Das ADHGB/HGB **veränderte** (im 4. Buch) **seinen Charakter von einem weitgehend ausformulierten Handelsgesetzbuch zu einem Sonderprivatrecht,** bestehend aus punktuellen Modifikationen und Ausnahmen zu der Basisregelung im BGB. Es verlor damit – durchaus grundstürzend – seinen Charakter als eigenständige und flächendeckende Regelung des Handelsrechts, jedenfalls im Recht der Handelsgeschäfte. In der Wahrnehmung von Rechtswissenschaft und -praxis führte dies freilich eher zu einem gegenteiligen Trend zu demjenigen, der in den USA mit dem U.C.C. zu beobachten ist. Dort wird als allgemeines Vertragsrecht vor allem das (Vertrags-)Recht der beruflich Tätigen gesehen und zugleich als kategorial anders im Vergleich zum Verbraucherrecht.[33] Umgekehrt sind in Deutschland allgemeines Vertragsrecht und Verbrauchervertragsrecht ohnehin in einem Gesetz geregelt und werden die handelsrechtlichen Regeln so sehr als nur punktuelle Abweichungen verstanden, dass sie ebenfalls als mit der Basisregelung untrennbar verbunden erscheinen. 10

Heute ähnelt das Bild des Handelsgeschäftsrecht wegen der genannten Entwicklung vom ADHGB zum HGB – jedenfalls im formalen Zuschnitt – stärker einem anderen internationalen Modell: demjenigen der **(punktuell konzipierten) Vertragsrechtsharmonisierung in EG und EU.** Diese wurde in den frühen Dekaden als eine Regulierung „von den Rändern her" umschrieben,[34] und häufig als pointillistisch oder „piece-meal" kritisiert[35] (wie ja durchaus auch die „fragmentierte" HGB-Regulierung).[36] Offen bleiben kann, ob sich das Bild nicht mit zunehmender Harmonisierung grundlegend geändert hat, jedenfalls in Teilbereichen des EU-Vertragsrechts, etwa bei den Bankverträgen.[37] Vergleichbar zwischen beiden Bereichen ist – oder jeden- 11

---

schlag über den Verbrauchsgüterkauf, DZWir 1997, 271 (273 und 277 f.); *Wolf,* Reform des Kaufrechts durch EG-Richtlinie: Ein Vorteil für die Wirtschaft?, RIW 1997, 899.

33 Für eine rechtsvergleichende Analyse der Verbraucherrechtsentwicklung in den USA und in Europa siehe etwa *Gutman,* The Development of Consumer Law in the US: Comparisons with the EU Experience, Journal of European Consumer and Market Law 1 (2012), 212. Für die Praxis, vereint im American Law Institute, ist bezeichnend, dass die wie Kodifikationen aufgebauten Kondensate der Praxis in den Restatements in zwei deutlich gesonderte Bereiche unterfallen: einerseits das *Restatement (Second) of the Law of Contracts* (1981) und andererseits das (am 17.5.2022 verabschiedete) *Restatement of the Law of Consumer Contracts* (eine Entwurfsfassung ist abrufbar unter https://bit.ly/3yTHbFS, hierzu etwa *Pridgen,* ALI's Restatement of the Law of Consumer Contracts: Perpetuating a Legal Fiction?, Loyola Consumer Law Review 32 (2020), 540; ausführlich zur Europäischen Sicht auf den Vorschlag Special Issue der European Review of Contract Law (ERCL) 15 (2019), 1–176).

34 *Kirchner,* Europäisches Vertragsrecht, in: Weyers (Hrsg.), Europäisches Vertragsrecht, 1997, S. 103 (106).

35 Etwa *Kötz,* Rechtsvereinheitlichung – Nutzen, Kosten, Methoden, Ziele, RabelsZ 50 (1986), 1 (5); differenzierter *Letto-Vanamo/Smits,* Coherence and Fragmentation in European Private Law, 2012; ausführliche Diskussion in *Grundmann,* § 9: Systemdenken und Systembildung, in: Riesenhuber (Hrsg.), Europäische Methodenlehre, 4. Aufl. 2021, S. 243; *Stürner,* Europäisches Vertragsrecht – Institutionelle und methodische Grundlagen, materielles Recht, Kollisionsrecht, 2021, § 39 (S. 701: Kohärenz und Systembildung im Europäischen Vertragsrecht).

36 *K. Schmidt,* HGB und die Gegenwartsaufgaben des Handelsrechts, S. 18, 20; aufgenommen diese Kritik auch etwa: Röhricht/Graf von Westphalen/Haas/*Röhricht/Graf von Westphalen/Haas,* HGB, Einleitung Rn. 19.

37 Systembildung früh anmahnend *Grundmann* (Hrsg.), Systembildung und Systemlücken in Kerngebieten der Harmonisierung – Gesellschaftsrecht, Arbeitsrecht, Schuldvertragsrecht, 2000 (darin: *ders.,* Das Thema Systembildung im Europäischen Privatrecht – Gesellschafts-, Arbeits- und Schuldvertragsrecht, S. 1); *Riesenhuber,* System und Prinzipien des Europäischen Vertragsrechts, 2003; *Schröder;* Das Gemeinschaftsrechtssystem – eine Untersuchung zu den rechtsdogmatischen, rechtstheoretischen und verfassungsrechtlichen Grundlagen des Systemdenkens im Europäischen Privatrecht, 2002; *Tröger;* Systemdenken im Europäischen Gemeinschaftsrecht, ZEuP 2003, 525; vgl. außerdem Nachw. oben Fn. 35. Letztlich Kernziel der gesamten (letztlich gescheiterten) Bemühungen um ein (optionales) Europäisches Vertrags- und Privatrecht, namentlich mit dem Entwurf eines Gemeinsamen Referenzfalls: war – der nur punktuelle Zugriff auf eine flächendeckend ausformulierte Basisregelung. Diese bestand für das HGB im allgemeinen Zivilrecht, für die EU-Vertragsrechtsharmonisierung im nationalen Vertragsrecht. Zwischen beiden Vergleichsmaterien (HGB und EU-Vertragsrechtsharmonisierung) bestehen selbstverständlich auch durchaus erhebliche strukturelle und inhaltliche Unterschiede. Unter diesen ist weniger derjenige der Normhierarchie entscheidend: Wenn sich das EG/EU-Recht kraft Anwendungsvorrang im Mehrebenensystem gegenüber nationalem Recht durchsetzt,[38] so gilt Vergleichbares – zwar nicht kraft Normenhierarchie, wohl aber aufgrund des Grundsatzes „lex specialis derogat legi generali" – auch für die punktuellen Modifikationen durch das 4. Buch des HGB gegenüber dem allgemeinen Zivilrecht.[39] Es wird umgekehrt sogar nicht selten die Frage gestellt, ob und wann die HGB-Normen verallgemeinert und als allgemein zivilrechtlich verstanden werden können – deutlich häufiger als die Frage, ob die HGB-Modifikationen einzuschränken wären.[40] Auch die Struktur des persönlichen Anwendungsbereichs ist nicht fundamental unterschiedlich. Denn einerseits finden doch die meisten EG/EU-Rechtsakte zum Vertragsrecht auf B2C-Beziehungen Anwendung (teils auch auf B2P-Beziehungen) und ist parallel dazu das 4. Buch – jedenfalls als gesetzlicher Regelfall (§ 345 HGB) – bereits auf das einseitige Handelsgeschäft anwendbar. Und andererseits sind die Unterschiede zwischen beruflich Tätigem und Kaufmann und nicht beruflich Tätigem (Verbraucher) und Nichtkaufmann ebenfalls nicht essentiell. Am grundlegendsten sind daher m.E. die **Unterschiede in der Zielsetzung** und, daraus abzuleiten, in den primär zu findenden Normgehalten. Während nämlich im HGB – 4. Buch – Schnelligkeit und Erleichterungsfunktion (etwa §§ 349, 350 HGB), Rechtssicherheit in der Anwendung (etwa §§ 362 oder 377 HGB) und Transparenz, auch Dritten gegenüber (etwa § 366 HGB), recht einheitlich als Leitziele verstanden werden (näher unten Rn. 43–45), ist das in der EG/EU-Vertragsrechtsharmonisierung doppelt anders. Zum ei-

---

rahmens (v. Bar/Clive/Schulte-Nölke u.a. für die Studiengruppe für ein Europäisches Zivilgesetzbuch und die Forschungsgruppe für EG-Privatrecht (Acquis-Gruppe) (Hrsg.), Principles, Definitions and Model Rules of European Private Law – Draft Common Frame of Reference [DCFR]) und dem Vorschlag für eine Verordnung des Europäischen Parlaments und des Rates über ein Gemeinsames Europäisches Kaufrecht (Common European Sales Law – CESL, COM/2011/0635 final – 2011/0284 (COD)). Vgl. (zum CESL) *Beale*, A Common European Sales Law (CESL) for Business-to-Business Contracts, in: Moccia (Hrsg.), The Making of European Private Law: Why, How, What, Who, 2013, S. 65; für eine detaillierte Einzelkommentierung der Vorschriften des Verordnungsentwurfs siehe *Schulze* (Hrsg.), Common European Sales Law (CESL) – Commentary –, 2012; (zum DCFR); *Grundmann*, The Structure of the DCFR – Which Approach for Today's Contract Law?, European Review of Contract Law (ERCL) 4 (2008), 225; siehe auch die Beiträge in *Wagner* (Hrsg.), The Common Frame of Reference: A View from Law & Economics, 2009; *Hellwege*, Allgemeines Vertragsrecht und „Rechtsgeschäfts"-lehre im Draft Common Frame of Reference (DCFR), AcP 211 (2011), 665; siehe ferner auch *Lurger*, DCFR, CFR, Common Core etc.: Wege oder Irrwege zu einem europäischen Privatrecht? in: Fischer-Lescano/Rödl/Schmid (Hrsg.), Europäische Gesellschaftsverfassung. Zur Konstitutionalisierung sozialer Demokratie in Europa, 2009, S. 55. Zum (primär EU-rechtlichen) Bestand des Bankvertragsrechts vgl. *Grundmann*, Bankvertragsrecht – 2 Bde. (Grundlagen, Commercial Banking, Investmentbanking), 2020 und 2021.

38 Grundlegend zum Anwendungsvorrang und – damit einhergehend – zur signifikant anderen Auslegungsmethodik und -letztzuständigkeit vgl. *Ruffert* in Calliess/Ruffert, EUV/AEUV Kommentar, 6. Aufl. 2022, Art. 1 AEUV Rn. 16 ff.; siehe auch unten Rn. 60–69.

39 Für den grundsätzlichen Vorrang der HGB-Regelungen auf der Grundlage dieses Leitsatzes siehe exemplarisch: MünchKommHGB/*K. Schmidt*, Vor § 1 Rn. 17; Hopt/*Merkt*, HGB, Einl. Rn. 3; Koller/Kindler/Roth/Drüen/*Roth*, Einl. Rn. 3.

40 Für solche Verallgemeinerungsdiskussionen (einige wenige paradigmatische Fälle) vgl. etwa vertragliches Wettbewerbsverbot generell für Arbeitnehmer (§ 74 HGB); Handelsbräuche (§ 346 HGB), vgl. GroßKommHGB/*Weber* bzw. *Koller*, Vor § 74 Rn. 2 f., 17 ff. bzw. § 346 Rn. 24–27a (5. Aufl. 2008 bzw. 4. Aufl. 2004). *Canaris* Handelsrecht, S. 332 (§ 21 Rn. 1) geht ein Stück weiter und konstatiert, dass „manche Vorschriften des HGB wie z.B. die §§ 356 f., 361 [HGB] keinerlei spezifisch handelsrechtlichen Gehalt [aufweisen würden] sondern Ausprägungen allgemein-bürgerlich-rechtlicher Rechtsgedanken [darstellten und deshalb] ohne weiteres auf Nichtkaufleute (entsprechend) anzuwenden [seien]". Zur allgemeinen Wirkung (auch unter Nichtkaufleuten) der Regeln über ein Kontokorrent siehe Canaris Handelsrecht, S. 390 f. (§ 25 Rn. 56). Siehe auch *Raisch*, Zur Analogie handelsrechtlicher Normen, in: FS Stimpel, 1985, 29. Einschränkungen werden umgekehrt äußerst selten angemahnt, vgl. aber die Kritik an den Haftungsregeln der §§ 25, 28 HGB bei *Canaris* Handelsrecht, § 7 Rn 6–21, 81–86.

nen führt die Kritik am angeblich fragmentarischen Zuschnitt der EG/EU-Vertragsrechtsharmonisierung vielfach dazu, dass auch eine Kohärenz von Leitzielen bezweifelt wird.[41] Zum anderen wird das Leitziel, soweit es doch als kohärent und schlüssig verstanden wird, diametral anders verstanden. Nicht die Erleichterung und Beschleunigung unternehmerischen Handelns oder auch Rechtssicherheit und Anwendungsleichtigkeit bilden das Kernziel (oder doch nur gleichrangig auch dies, unten Rn. 98), sondern die Regulierung und Begrenzung der von Unternehmen ausgehenden Gefahren, zentral Gefahren des Marktversagens, etwa von informationeller Überlegenheit und ihrer Ausnutzung.[42]

Präsenter in HGB-Literatur und allgemeinem Bewusstsein als die Dimension Rückzug aus 12
einer flächendeckenden Handelsrechtskodifikation ist die zweite Dimension. Im Kern **fehlt dem HGB weitgehend** derjenige Teil des Rechts der Wirtschaft, der auf **Regulierung im öffentlichen Interesse zugeschnitten ist (Wirtschaftsrecht ieS).**[43] Für seine Entstehungszeit in den letzten Dekaden des 19. Jahrhunderts ist das noch wenig verwunderlich, teilt doch das HGB in der 1900 in Kraft getretenen Fassung den Charakter des zeitgleich in Kraft getretenen Bürgerlichen Gesetzbuches. Dieses umschrieb *Wieacker* bekanntlich als „spätgeborenes Kind des klassischen Liberalismus".[44] Daher hätte *Otto v. Gierke* seine ebenfalls auf das BGB bezogene Kritik, diesem fehle der „Tropfen sozialistischen Öls" – in aktueller Diktion: Es fehle eine Regulierungsstrategie für Marktversagen –, ähnlich gut auf das (von ihm vor allem für die Konzeption des Unternehmens so fundamental geprägte)[45] Handelsrecht und Handelsgesetzbuch beziehen können (gewisse Ausnahmen ggf. im Recht der Handlungsgehilfen und Lehrlinge).

Während sich dieser Kritikpunkt freilich für das BGB **im Laufe des 20. Jahrhunderts** mit 13
der Einführung eines sozialen Mietrechts, mit dem Ausbau von Instituten wie Treu und Glauben und Wegfall der Geschäftsgrundlage – auch marktstrukturell, d.h. für Massenfälle wie Inflationsbewältigung und Kreditmärkte – grundsätzlich änderte, ist Vergleichbares für das HGB kaum zu konstatieren. Es verlor nicht nur 1937 mit dem Aktienrecht die Materie und Gesellschaftsform, für die Regulierungselemente in großem Umfang nahelagen. Das Rechnungslegungsrecht bildet insofern keinen vergleichbar prominenten Ersatz. Es erscheint als Rechtsgebiet zu peripher. Dies gilt selbst heute noch, obwohl dieses Rechtsgebiet durchaus zentral ist für die Informationsregulierung und mit Blick auf die CSR-Richtlinie und deren nationale Umsetzung in jüngerer Zeit auch eine neue Tendenz begründet (nunmehr bezogen

41 Vgl. (häufig auch Überregulierung annehmend): *Ben-Shahar*, The Myth of the Opportunity to Read in Contract Law, European Review of Contract Law (ERCL) 5 (2009) 1 (7–21); *Martinek*, Unsystematische Überregulierung und kontraintentionale Effekte im Europäischen Verbraucherschutzrecht oder: Weniger wäre mehr, in: *Grundmann* (Hrsg.), Systembildung und Systemlücken (oben Fn. 5), 511 (520 et passim) (für große Teile von Verbraucherrecht); *Assmann*, Die rechtliche Ordnung des europäischen Kapitalmarkts – Defizite des EG-Konzepts einer Kapitalmarktintegration durch Rechtsvereinheitlichung „von oben", ORDO 1993, 87 (103).

42 Namentlich: *Grundmann*, ZIIR 163 (1999) 635; *Riesenhuber*, System und Prinzipien des Europäischen Vertragsrechts, 2003, S. 218 f. sowie S. 231 f., dann insb. für die Klausel-RL betonend: S. 453, S. 567 f.

43 In diese Richtung etwa auch: *Canaris* Handelsrecht, § 1 IV Rn. 45.

44 *Wieacker*, Das Sozialmodell der klassischen Privatrechtsgesetzbücher und die Entwicklung der modernen Gesellschaft, 1953, S. 9, 16; Kontextualisierung und Nachwirkung vgl. *Micklitz* in Grundmann/Micklitz/Renner, New Private Law Theory, Kapitel 5.

45 Vgl. oben Fn. 15; für dieses Zitat: O. *v. Gierke*, Die soziale Aufgabe des Privatrechts, 1889/1948, S. 10 („[U]nser Privatrecht muß einen Tropfen sozialistischen Öles durchsickern"); eine grundlegende Rezeption und Analyse dieser Kritik (nicht nur) von *Otto von Gierke* findet sich in der Habilitationsschrift von *Repgen*, Die soziale Aufgabe des Privatrechts. Eine Grundfrage in Wissenschaft und Kodifikation am Ende des 19. Jahrhunderts, 2001 (dort S. 3 ff. zur Aussage O. *v. Gierkes* und deren Ursprüngen, Vorbildern und Hintergründen); siehe ferner hierzu *Wieacker*, Privatrechtsgeschichte der Neuzeit, 2. Aufl. 1967, S. 470 Fn. 7; *C. Becker*, Eher Brunner als Gierke? ZNR 1995, 264; *Schröder*, Das Bürgerliche Gesetzbuch im 20. Jahrhundert, in: Juristische Fakultät Potsdam (Hrsg.), 100 Jahre BGB, 2001, S. 8.

auf Nachhaltigkeit und nicht auf Marktversagen ieS),[46] die sich durch die auf Europäischer Ebene geplante Intensivierung der nichtfinanziellen Berichtspflichten zukünftig noch weiter verstärken wird.[47] Die Regulierungsausrichtung im HGB verlor jedoch nicht nur mit dem Aktienrecht im 3. Buch ein Hauptgebiet. Vielmehr blieben die regulierenden Eingriffe im Recht des Handelsstandes oder der Handelsgeschäfte (1. und 4. Buch) allgemein äußerst schwach, und der wohl prominenteste von ihnen, die zwingende Einführung eines Ausgleichsanspruches für den Handelsvertreter, bildet (wiederum) die Umsetzung Europäischer Vorgaben (zugegebenermaßen nach eigener Vorläuferregelung im deutschen Recht).[48] Spätestens seit 1976 wird das Bild noch eindeutiger. Für die BGB-Materien erfolgten seitdem zwei äußerst gewichtige Regelungsschritte, die als strukturell marktregulierend zu verstehen sind. Dies war zunächst das AGB-Recht, das bald ganze Kommentare füllte und dem Vertragsrecht im BGB an Gewicht fast allein Paroli bot.[49] Zwar erfolgte die Regulierung (bis 2002) in einer eigenen kleinen Kodifikation, dem AGBG, wurde jedoch stets als „BGB"-Vertragsrecht verstanden.[50]

---

46 Richtlinie 2014/95/EU des Europäischen Parlaments und des Rates vom 22. Oktober 2014 zur Änderung der Richtlinie 2013/34/EU im Hinblick auf die Angabe nichtfinanzieller und die Diversität betreffender Informationen durch bestimmte große Unternehmen und Gruppen, ABl. EU 2014, L 330/1 (in Deutschland umgesetzt durch das Gesetz zur Stärkung der nichtfinanziellen Berichterstattung der Unternehmen in ihren Lage- und Konzernlageberichten (CSR-Richtlinie-Umsetzungsgesetz) vom 11. April 2017, BGBl. 2017 I, S. 802 [in den §§ 289b, 289c, 315b, 315c HGB]). Zur „Regulierungsfunktion" der nichtfinanziellen Berichterstattung siehe etwa *Hell*, EuZW 2018, 1015 (1017); jüngst ausführlich hierzu auch *Hellgardt/Jouannaud*, Nachhaltigkeitsziele und Privatrecht, AcP 222 (2022), 163 (207 ff. mwN); grundlegend zum Prinzip der Regulierung durch Transparenzpflichten *Loss*, Fundamentals of Securities Regulation, 1983, S. 36. („[p]eople who are forced to undress in public will presumably pay some attention to their figures"). Der EU-Gesetzgeber selbst weist in den Erwägungsgründen (3) und (12) der CSR-RL auf die intendierte Steuerung der Unternehmen in Richtung eines nachhaltigeren Verhaltens hin; ausf. (Zusammenfassung der vielfältigen Kritik) *Kolter*, Nachhaltigkeit durch Transparenz? – Ziele und Modelle einer Regulierung durch nichtfinanzielle Berichtspflichten, 2022 (iE).

47 So soll etwa der Anwendungsbereich der nichtfinanziellen Berichtspflichten ausgeweitet und eine Pflicht zur Prüfung von Nachhaltigkeitsinformationen eingeführt werden. Darüber hinaus sollen die bereitzustellenden Informationen zukünftig detaillierter angegeben und eine obligatorische Veröffentlichung der Informationen in digitaler Form im Rahmen der Lageberichte eingeführt werden: vgl. hierzu *Europäische Kommission*, Vorschlag für eine Richtlinie des Europäischen Parlaments und des Rates zur Änderung der Richtlinien 2013/34/EU, 2004/109/EG und 2006/43/EG und der Verordnung (EU) Nr. 537/2014 hinsichtlich der Nachhaltigkeitsberichterstattung von Unternehmen, COM/2021/189 final, S. 6; siehe auch *Fleischer*, DB 2022, 37 (40); zur Entwicklung der Europäischen Rechtssetzung von einer nicht finanziellen Berichterstattung hin zu einer Nachhaltigkeitsberichterstattung jüngst auch *Nietsch*, ZIP 2022, 449.

48 Zum Ausgleichsanspruch des § 89b HGB, seinen Ursprüngen und als Umsetzung von Art. 17–19 der Handelsvertreter-Richtlinie (Richtlinie 86/653/EWG des Rates vom 18. Dezember 1986 zur Koordinierung der Rechtsvorschriften der Mitgliedstaaten betreffend die selbständigen Handelsvertreter, ABl. EWG 1986, L 382/17) vgl. Oetker/*Busche*, § 89b Rn 2; Hopt/*Hopt*, HGB, § 89b Rn. 1; weiterführend (auch aus rechtsvergleichender Perspektive) siehe die Beiträge in *Saenger/Schulze* (Hrsg.), Der Ausgleichsanspruch des Handelsvertreters. Beispiel für die Fortentwicklung angeglichenen europäischen Rechts, 2000.

49 Es entstanden eigene Kommentare mit vierstelligen Seitenzahlen, siehe exemplarisch etwa *Wolf/Lindacher/Pfeiffer* (Hrsg.), AGB-Recht Kommentar, 7. Aufl. 2020 (1. Aufl. 1984 herausgegeben von Wolf/Horn/Lindacher und erschienen unter dem Titel „AGB-Gesetz" mit 1152 S.; heute 2670 S.); *Ulmer/Brandner/Hensen* (Hrsg.), AGB-Recht. Kommentar zu den §§ 305–310 BGB und zum UKlaG, 13. Aufl. 2022 (schon in der 5. Aufl. 1987 herausgegeben von Ulmer/Brandner/Hensen/(Initial.) Schmidt unter dem Titel „AGB-Gesetz: Kommentar zum Gesetz zur Regelung des Rechts der Allgemeinen Geschäftsbedingungen" füllte der Kommentar 1056 S.; heute 2236 S.). In der Tat bildet die EG-Klausel-Richtlinie 93/13/EG auch denjenigen Rechtsakt, der in ca. ½ der vertragsrechtlichen Judikate des EuGH (für den untersuchten Fünfjahreszeitraum) die/eine Hauptgrundlage rechtlicher Bewertung darstellt: *Kas/Micklitz*, EWS 2013, 314 und 353 (Rechtsprechungsübersicht zum Europäischen Vertrags- und Deliktsrecht (2008–2013).

50 Die entsprechende Rechtsrealität betonend etwa MünchKommBGB/*Basedow*, Vor § 305 Rn. 18; siehe auch *Basedow*, ZEuP 2001, 433; vgl. auch die Mitbehandlung schon in den Schuldrechtslehrbüchern vor 2002, etwa *Fikentscher*, Schuldrecht, 8. Aufl. 1992, S. 99 ff.; *Medicus*, Schuldrecht I. Allgemeiner Teil, 12. Aufl. 2000; kritisch zur Integration des AGB-Rechts ins BGB demgegenüber etwa *Ulmer*, Das AGB-Gesetz – ein eigenständiges Kodifikationswerk, JZ 2001, 491.

Gänzlich ohne Parallele im HGB blieb dann auch die breiteste Entwicklung hin zu einer breiten Integration regulierender Gehalte, die das BGB erlebte, die Integration des Verbraucherrechts mit der Schuldrechtsmodernisierung 2002. Diese bildete auch einen bewussten, und anfangs gar nicht in den Blick genommenen Schritt, der durch die Umsetzungsvorgabe in der Verbrauchsgüterkaufrichtlinie keineswegs vorgegeben war.[51] Einer der wichtigsten Bereiche von Marktregulierung im Vertragsrecht, vielleicht gar flächendeckend *der* wichtigste und am stärksten das Bild prägende Bereich (noch vor UWG und GWB) war seitdem ins BGB integriert. Dass ohnehin in jedem Privatrecht – also auch dem klassischen Handelsrecht – eine regulierende Dimension eingebettet sein und folglich auch gestärkt werden kann, haben in der letzten Dekade dann die großen Habilitationsschriften von *Hellgardt* und – stärker für Einzelgebiete – u.a. von *Binder*, *Frank*, *Poelzig* und *Schmolke* eindrucksvoll herausgearbeitet.[52] Freilich ist auch dieser Theoriestrang weitgehend am Kern des HGB vorbeigegangen, allenfalls ist in diesem Kontext mit dem Kapitalmarktrecht (*Binder*) ein handelsrechtliches *Neben*gebiet ebenfalls in den Fokus gerückt worden.

Ein anderes Bild in beiden Hauptpunkten – bloßer Annexcharakter zum allgemeinen Zivil- 14
recht und fehlender Regulierungsstrang – bietet sich in der Tat erst, wenn man einen Blick zugleich auf die **handelsrechtlichen Einzelgebiete („Nebengebiete")** wirft, die in großen HGB-Kommentierungen herkömmlich ebenfalls breit erörtert werden – namentlich das Bank- oder Bankvertragsrecht und das Transportrecht. Sie werden regelmäßig in der Tat flächendeckend erfasst und kommentiert, auch etwa mit ihren BGB-Regelungen wie dem Kredit- und dem Zahlungsverkehrsrecht (immerhin zwei der drei großen Bankgeschäfte) und auch mit den Sondergesetzen in ihrer ganzen Breite und auf den verschiedenen Ebenen (etwa WpHG oder EU-Prospekt-VO). Selbstverständlich umfasst das auch deren klassisch marktregulierende, etwa die kapitalmarktrechtlichen Teile (wiederum etwa WpHG oder EU-Prospekt-VO; in diesem Kommentar sogar auch allgemein das EU-Bankaufsichtsrecht).

c) Transnationaler Raum. Der Einbettung des HGB in die transnationalen Kontexte ist ein 15
eigener Abschnitt gewidmet (unten IV.). Schon im Überblick auf die Gesamtarchitektur ist freilich auf eine auffällige Spannungslage hinzuweisen. HGB-Kommentierungen behandeln diesen Kontext zwar in den Einleitungen häufig durchaus, beziehen sich freilich im Sonstigen selten

51 Erstmals vorgeschlagen in: *Medicus*, Verbraucherrecht und Verbrauchsgüterkauf in einem kodifikatorischen System – Bürgerrecht, Handelsrecht und Sonderprivatrecht, in: Grundmann/Medicus/Rolland (Hrsg.), Europäisches Kaufgewährleistungsrecht – Reform und Internationalisierung des deutschen Schuldrechts, 2000, S. 219, und *Grundmann*, Generalreferat – Internationalisierung und Reform des deutschen Kaufrechts, in: Grundmann/Medicus/Rolland, a.a.O., 281 (284–288); in der Gesetzgebungsgeschichte dann zwar auch umstritten, aber deutlich weniger als die Leistungsstörungsmodelle und vor allem für das AGB-Recht: vgl. *Ulmer* (vorige Fn.); allgemeiner zu dieser Integration des Verbraucherrechts: *Dörner/Staudinger*, Schuldrechtsmodernisierungsgesetz, 2002, Rn. 186; auch *Grundmann*, Verbraucherrecht, Unternehmensrecht, Privatrecht – warum sind sich UN-Kaufrecht und EU-Kaufrechts-Richtlinie so ähnlich? AcP 202 (2002) 40.

52 *Hellgardt*, Regulierung und Privatrecht: Staatliche Verhaltenssteuerung mittels Privatrecht und ihre Bedeutung für Rechtswissenschaft, Gesetzgebung und Rechtsanwendung, 2016; *Binder*, Regulierungsinstrumente und Regulierungsstrategien im Kapitalgesellschaftsrecht, 2012; *Frank*, Marktordnung durch Haftung: Legitimation, Reichweite und Steuerung der Haftung auf Schadensersatz zur Durchsetzung marktordnenden Rechts, 2016; *Poelzig*, Normdurchsetzung durch Privatrecht, 2012; *Schmolke*, Grenzen der Selbstbindung im Privatrecht: Rechtspaternalismus und Verhaltensökonomik im Familien-, Gesellschafts- und Verbraucherrecht, 2014; kritisch *Schweitzer*, Vertragsfreiheit, Marktregulierung, Marktverfassung: Privatrecht als dezentrale Koordinationsordnung, AcP 221 (2021), 544–586; all dies vorweggenommen im internationalen Schrifttum durch das bahnbrechende Werk von *Collins*, Regulating Contracts, 1999; jüngst speziell zu Nachhaltigkeitsregulierung *Hellgardt/Jouannaud*, Nachhaltigkeitsziele und Privatrecht, AcP 222 (2022), 163–216; für eine frühe Abhandlung siehe *Wagner*, Prävention und Verhaltenssteuerung durch Privatrecht – Anmaßung oder legitime Aufgabe? AcP 206 (2006), 352–476.

auf ihn – etwa in Literaturauswahl, Breite der Vergleiche, auch gewählter Methodik etc.[53] Dies überrascht, wird doch der Handel als Motor der Globalisierung und besonders international aufgestellt gesehen.[54] Auch sind die m.E. zentralen – und in der internationalrechtlichen Literatur durchaus gängigen – Großkategorien selten klar geschieden. Sie bestehen m.E. in folgenden drei Dimensionen, die im Folgenden zugrunde gelegt werden: (1) Internationales Handelsrecht als das Kollisionsrecht, das (auf der Grundlage der Rom-I- und Rom-II-VO der EU) als sog. *loi uniforme globale* für die Handelsbeziehungen aus Sicht des deutschen und europäischen Rechts gilt, also das anwendbare Recht für alle globalen Kontexte (vertrags- und schuldrechtlicher Art) EU-weit einheitlich festlegt; (2) das sog. Binnenmarktkollisionsrecht, die Mischung zwischen kollisions- und sachrechtlichen Gehalten, die spezifisch innerhalb der EU gilt, auf dem Internationalen Handelsrecht zwar aufbaut (die Rom-I- und Rom-II-VO gelten auch hier), dieses jedoch signifikant überformt und dies für ca. 2/3 des Außenhandelsvolumens (zudem mit den signifikantesten Festlegungen auch für das Internationale Gesellschaftsrecht); und (3) Internationales Einheitsrecht handelsrechtlichen Zuschnitts, das aus staatlichen, daneben jedenfalls de facto jedoch auch aus privaten (unternehmerischen) Quellen gespeist wird und eine einheitliche sachrechtliche Gestaltung vorsieht (unter Ausblendung oder jedenfalls starker Reduktion kollisionsrechtlicher Elemente).

16 Auch im Hinblick auf die Internationalisierung zeigt (allein) ein Blick auf die **handelsrechtlichen Nebengebiete** (namentlich Bankrecht, Transportrecht) wiederum ein anderes Bild – wie schon beim Gewicht regulierender Ansätze und ihrer Verschränkung mit klassisch privatrechtlichen Regeln und wie schon bei der Frage der Eigenständigkeit und breiten Durchformulierung. Diese Bereiche sind auch in der Kommentierung ganz internationalisiert, das Bankrecht ist überwiegend Europäischen Ursprungs, das Transportrecht in großen Teilen gar globalen Zuschnitts. So wäre es wichtig, die Gestalt und das Potential des HGB-Handelsrechts durchaus zentral auch von den Nebengebieten her zu denken (gleichsam „von den Rändern her" – *Kirchner*[55]).

II. HGB und Zeit

1. Entwicklung bis zur Verabschiedung des HGB

17 Das Handelsrecht selbst hat **deutlich ältere Wurzeln** als die zweite Hälfte des 19. Jahrhunderts. Am prominentesten treten in der nachantik-abendländischen Geschichte wohl hervor einerseits die Entwicklung der Stadtrechte, die umfangreich auch als Infrastruktur der Handelsstreitschlichtung exportiert wurden, und andererseits die lex mercatoria, die transnational aus der Handelspraxis und allgemeinen Rechtsgrundsätzen entwickelt und punktuell in international üblichen Definitions- und Regelwerken (wie den *International Commercial Terms*, kurz Incoterms®) niedergelegt wurde.[56] Auch die erste große, (bereits kodifikatorische) Zusammenstel-

---

53 Vgl. andernorts schöne Skizze etwa bei *Kramer*, FS Ostheim 1990, S. 299. Für die Methodik und Spezifizierung dieser Aussage vgl. auch noch unten Abschnitt V. 2.

54 *Herdegen*, Internationales Wirtschaftsrecht, 11. Auflage 2019, § 2 Rn. 1–3 (S. 7 ff.); *von Weizsäcker*, Zur Logik der Globalisierung, Jahrbuch für Wirtschaftsgeschichte, 2003, Vol. 2, S. 11–18; auch *K. Schmidt* Handelsrecht, § 1 Rn. 70 f. (wohl auch für das HGB).

55 *Kirchner*, Europäisches Vertragsrecht, in: Weyers (Hrsg.), Europäisches Vertragsrecht, 1997, S. 103 (106).

56 Vgl. Nachw. oben Fn. 22. Zu den Incoterms, erstmals verabschiedet im Jahr 1936 (über die Jahre oftmals überarbeitet und den Entwicklungen des internationalen Handels angepasst, zuletzt im Jahr 2019) von der International Chamber of Commerce, Paris: vgl. *Piltz/Bredow*, Incoterms, Kommentar, 2016; siehe auch *G. v. Bernstorff*, Incoterms 2020 der internationalen Handelscammer (ICC), 2019; weiterführend etwa *Müller/Steinmetz*, Internationale Handelsklauseln. Struktur und Einsatz am Beispiel der Incoterms® 2020; siehe auch den Überblick: MünchKommHGB/*Ferrari*, Art. 9 CISG Rn. 18; aus der internationalen Literatur etwa *Bergami/Tichá*, International Journal of Economics and Business Research 23 (2022), 255; *Botoye/Enwukwe/Blessing*, International Journal of Logistics Research and Applications 2 (2022), verfügbar auf SSRN unter http://dx.doi.org/10.2139/ssrn.4077914.

lung handelsrechtlicher Normen auf deutschem Boden, im Allgemeinen (Preußischen) Landrecht von 1794 (ALR),[57] reicht weiter zurück. Zudem galt kraft Rezeption in verschiedenen deutschen Ländern links und rechts des Rheins auch bereits der Code de Commerce (1807) in der ersten Jahrhunderthälfte.[58]

Die **Kodifikationsgeschichte des HGB** jedoch hebt erst in der zweiten Jahrhunderthälfte 18
an und zwar als dasjenige Gesetzgebungsvorhaben aus der Paulskirche-Verfassungsinitiative, das (als einziges bzw. zentrales neben dem sachlich nahen Wechselrecht, 1848–52) trotz deren grundsätzlichem Scheitern erfolgreich durchgeführt wurde.[59] Verhandelt wurde das Gesetzeswerk damals als **Allgemeines Deutsches Handelsgesetzbuch (ADHGB)** – gleichsam als **Integrationsvorhaben zwischen den weiterhin souveränen deutschen Ländern**. Initiiert durch Beschluss der Bundesversammlung vom 18.12.1856, ausgearbeitet durch Staatenkonferenzen 1857–61, wurde das Gesetz schließlich als Modellgesetz für die deutschen Länder von der Bundesversammlung am 31.5.1861 erlassen, einheitlich übernommen,[60] und nach der Reichsgründung im Januar 1871 sehr zeitnah auch als bindendes Reichsgesetz verabschiedet[61] – schon damals mit dem noch jungen Aktienrecht. Auch **institutionell** handelte es sich um ein Integrationsregelwerk insofern, als die sachrechtliche Ausgestaltung im ADHGB schon wenige Jahre später flankiert wurde mit der Gründung des Bundesoberhandelsgerichts (1869). Dieses erlangte mit Wirkung vom 5.8.1870 für die Auslegung des ADHGB (sowie diejenige des Wechselrechts) Zuständigkeit.[62] Anfang 1871 wurde es überführt in das **Reichsoberhandelsgericht** in Leipzig mit Zuständigkeit primär für das einheitliche Handelsrecht (regional bereits auch mit Zuständigkeit in Strafsachen).[63] Dieses wiederum wurde 1879 abgelöst vom Reichsgericht, welches seinerseits im Jahr 1950 (nach einer kurzen Übergangs-

57 Vgl. Teil II Titel 8 (Abschnitte 7–15) ALR; zum Privatrecht im ALR etwa *Luig*, Das Privatrecht im „Allgemeinen Landrecht für die preußischen Staaten" von 1794, AcP 194 (1994), 521. Allerdings mit seinen fast 20.000 Paragraphen keine Kodifikation im Sinne von Code Civil/Code de Commerce und BGB/HGB, sondern eher eine geordnete Sammlung der bestehenden und neuen Rechtsvorschriften aus grundsätzlich allen Bereichen durch *Carl Gottlieb Svarez* und *Ernst Ferdinand Klein* im Auftrag Friedrichs II. (abgesehen von der ganz anderen inhaltlichen Ausrichtung, noch für eine ständische Ordnung, naturrechtlich inspiriert und spätabsolutistisch).

58 Vgl. dazu etwa *Bergfeld*, Preußen und das Allgemeine Deutsche Handelsgesetzbuch, Ius Commune XIV (1987), 101 (104), abrufbar (im Rahmen des „Virtuellen Lesesaals" des Max-Planck-Instituts für Rechtsgeschichte und Rechtstheorie) unter https://www.lhlt.mpg.de/2241361/ic14_03_bergfeld.pdf (letzter Abruf 23.5.2022); *Flume*, ‚Law and Commerce – The Evolution of Codified Business Law in Europe', Comparative Legal History 2 (2014) 46–84.

59 Dazu etwa *Schlosser*, Europäische Rechtsgeschichte, 4. Aufl. 2021, S. 309; *Schubert*, Die Einführung der Allgemeinen Wechselordnung und des Allgemeinen Deutschen Handelsgesetzbuchs als Bundesgesetze (1869), ZHR 144 (1980), 484.

60 Vgl. sog. Nürnberger Protokolle, 1857–61. Zur Entwicklung, auch zwischenzeitlichen Verabschiedung als Bundesgesetz des Norddeutschen Bundes (5.6.1869): ausführliche Darstellung, vergleichend mit der Entwicklung der anderen großen Handelsrechtsbücher deutscher Sprache: *Flume/Thiessen* (Hrsg.), Entwicklungsgeschichte des Handelsrechts – Synoptische Darstellung, bestehend aus ADHGB, HGB 1897, UGB; *Schubert*, ZHR 144 (1980), 484.

61 Für das Deutsche Kaiserreich ordnete das Reichsgesetz vom 16.4.1871 (RGBl. S. 63) die Geltung an (für das Königreich Bayern wurde dies durch das Gesetz vom 22. April 1871 (RGBl. 1871, S. 87) angeordnet), vgl. auch vorige Fn.

62 Dazu, seine Zuständigkeit im Handels- und Wechselrecht (und seine Rückführung auf das Reichskammergericht im Heiligen Römischen Reich): *Fischer*, Zur Geschichte der höchstrichterlichen Rechtsprechung in Deutschland, JZ 2010, 1077 (bes. 1080 f.); Rechtsgrundlage der Zuständigkeit des Bundesoberhandelsgerichtes war die Verordnung vom 22.6.1870 (RGBl. 1870 I, S. 418).

63 Dazu, namentlich zu seiner Spruchtätigkeit über 25 Bände, in deren Tradition sich dann Reichsgericht und auch Bundesgerichtshof sahen, bald freilich nicht mehr auf das Handelsrecht beschränkt: *Fischer*, JZ 2010, 1077 (1080 ff.); vgl. zur Rechtsprechung dieser Gerichte die Sammelbände „Entscheidungen des Bundesoberhandelsgerichts" (Bde. 1–2 (1871–1872) bzw. „Entscheidungen des Reichsoberhandelsgerichts" (Bde. 3–25 (1871–1880) (typischerweise abgekürzt als BOHGE bzw. ROHGE).

zeit ohne einheitliches deutsches Obergericht nach Ende des Zweiten Weltkrieg 1945) im Bundesgerichtshof aufging.[64]

19 Das Umfeld war dasjenige von noch stark in der **rechtsgeschichtlichen Tradition verwurzelten Handelsrechtswissenschaften** („historische Rechtschule"), wie die herausragenden Persönlichkeiten von *Levin Goldschmidt* und *Otto v. Gierke* belegen.[65] Gerade *Levin Goldschmidt* gehört auch zu denjenigen, die für die Zeit bis ins 19. Jahrhundert hinein beklagten, dass die Rechtsentwicklung auf der Grundlage des römischen Rechts auf das allgemeine Zivilrecht fokussiert gewesen und – trotz Ausbildung eines Welthandels – an spezifisch handelsrechtlichen Problematiken vorbei gegangen sei.[66] So sei etwa der große Bereich treuhänderischer Dienstleistungen im allgemeinen Auftragsrecht verankert geblieben und habe sich nicht in einem Handelsvertreter- oder Kommissionsrecht ausdifferenziert.[67] Trotz Abschwächung über die Dekaden ist dieses Zusammenspiel zwischen Rechtsgeschichte und Handelsrecht auch heute noch durchaus beachtlich. Dies gilt gerade für das Umfeld des *Staub'schen* Großkommentars. So werden noch immer solche fundamentalen neuen Erkenntnisse zutage gefördert, wie die, dass die Aktiengesellschaft als vornehmliche Form der Kapitalsammlung für große globale Handelsunternehmungen ab dem 17. Jahrhundert und im Zeitalter der Industrialisierung keineswegs eine gänzlich beispiellose Erfindung der Moderne sei, sondern durchaus seine Parallelgestaltungen bereits in der römischen Antike kannte (*Fleckner*).[68]

20 Die **Hauptentwicklung nach Verabschiedung des ADHGB** (und seiner Verabschiedung als Reichsgesetz) liegt in je einer durchgeführten Reform und Neuausrichtung und auch umgekehrt einer ausgefallenen Reform. Zunächst, namentlich nach den Gründerzeitskandalen, war das **Aktienrecht (3. Buch) Gegenstand sehr grundsätzlicher Reformen.**[69] In ihnen kam es – neben damals wichtigen Einzelreformen – vor allem und langfristig wirkend auch zum Umschwenken von der Satzungsfreiheit als Grundsatz auf die weitgehende Satzungsstrenge als Grundcharakteristikum[70] (rechtsvergleichend auch im Bereich der Aktiengesellschaft eher die

---

64 Zur neuzeitlichen Entwicklung der ordentlichen Gerichtsbarkeit in Deutschland, vom Reichskammergericht des Heiligen Römischen Reiches Deutscher Nation bis zum Bundesgerichtshof, siehe *Fischer*, Zur Geschichte der höchstrichterlichen Rechtsprechung in Deutschland, JZ 2010, 1077.

65 Vgl. neben Nachw. oben Fn. 15 etwa *Goldschmidt*, Handbuch des Handelsrechts, 1864–68; *Laband*, Levin Goldschmidt, Deutsche Juristenzeitung 1897, 296–298; *Pappenheim*, Levin Goldschmidt, ZHR 1898, 1–49; sowie O. *von Gierke*, Der Entwurf des neuen Handelsgesetzbuches, 1897.

66 Vgl. *Goldschmidt*, Universalgeschichte des Handelsrechts, 1891 (Nachdruck 2019), S. 78 f.; vgl. freilich auch Nachw. und Text zu Fn. 15.

67 Vgl. näher *Raisch*, Geschichtliche Voraussetzungen und Sinnwandlung des Handelsrechts, S. 47–50.

68 Vgl. etwa *Fleckner*, Antike Kapitalvereinigungen. Ein Beitrag zu den konzeptionellen und historischen Grundlagen der Aktiengesellschaft, 2010; *ders.*, Aktienrechtliche Gesetzgebung (1807–2007), in: Bayer/Habersack (Hrsg.), Aktienrecht im Wandel – Band I, S. 999; *Thiessen*, „Eine Association von Capitalien" – Gründungsrecht und Finanzverfassung von Kapitalgesellschaften im historischen Kontext zwischen 1861 und 1945, (im Erscheinen); auch *Malmendier*, Societas Publicanorum – Staatliche Wirtschaftsaktivitäten in den Händen privater Unternehmer, 2002; *Meissel*, Socieas – Struktur und Typenvielfalt des römischen Gesellschaftsvertrages, 2004; *Petrucci*, Profili giuridici delle attività e dell'organizzazione delle banche romane, 2002; sowie *Hingst*, Die societas leonina in der europäischen Privatrechtsgeschichte, 2003; *Mehr*, Societas und universitas – Römischrechtliche Institute im Unternehmensgesellschaftsrecht vor 1800, 2008; auch die schöne, breite und doch kompakte Handelsrechtsgeschichte in Heymann/*Horn*, HGB, Einl.VI. (S. 82 ff.); vgl. auch Nachw. oben Fn. 8 und 15.

69 Dazu *Hommelhoff/Schubert* (Hrsg.), Hundert Jahre modernes Aktienrecht ... Aktienrechtsreform 1884; *Bayer/Habersack* (Hrsg.), Aktienrecht im Wandel, 2007.

70 Zur historischen Begründung des Grundsatzes der Satzungsstrenge (Stärkung des Anlegerschutzes wegen zahlreicher betrügerischer Gründungen in der Gründerzeit) siehe etwa *Spindler*, Die Entwicklung der Satzungsfreiheit und Satzungsstrenge im deutschen Aktienrecht, in: Bayer/Habersack (Hrsg.), Aktienrecht im Wandel, Bd. II, S. 995; vgl. auch *Arnold*, in: KölnKomm AktG, § 23 Rn. 130; *Priester*, BB 1996, 333; *C. Schäfer*, NJW 2008, 2536 (2537). Zum Grundsatz der Satzungsstrenge im heutigen AktG siehe etwa *Solveen*, in: Hölters/Weber (Hrsg.), Aktiengesetz Kom-

Ausnahme).[71] Dieser Bereich bildete damit einen Vorreiter eines starken Regulierungsstrangs auch im HGB – freilich ohne signifikante Wirkung in den anderen Teilen des HGB und letztlich auch nur bis zur Ausgliederung in ein eigenes Aktiengesetzbuch im Jahre 1937 (nächste Rn.). Die anderen beiden Entwicklungen bezogen sich im Kern auf das 4. Buch (**Handelsgeschäftsrecht**). Denn mit der 1893 initiierten Reform wurden große Teile des dortigen primär schuld-, teils sachenrechtlichen Normbestandes (etwa § 366 HGB) überführt in das in der letzten Dekade des 19. Jahrhunderts entworfene und verabschiedete Bürgerliche Gesetzbuch – unter Beibehaltung von punktuellen Abweichungen im HGB, die an den handelsrechtlichen Kernzielen von Schnelligkeit und Erleichterungsfunktion, Anwendungssicherheit und Transparenz, auch Dritten gegenüber, ausgerichtet wurden. So wurde zwar der Grundsatz, dass Bestand und Umfang der Vollmacht grundsätzlich unabhängig ist vom Grundverhältnis (Abstraktheit), im ADHGB entwickelt.[72] Er wurde dann jedoch ins BGB überführt (sicherlich mit Geltung auch für das HGB und besonderer Bedeutung gerade dort),[73] um dann von dort als zentraler Grundsatz des deutschen Gesellschaftsrechts in die Europäische Gesellschaftsrechtsharmonisierung einzugehen (1. Gesellschaftsrechtliche Richtlinie 68/151/EWG, sog. Publizitäts-Richtlinie)[74] und so insgesamt für das Europäische Gesellschaftsrecht in der Union für alle Kapitalgesellschaften Verbindlichkeit zu erlangen.[75] Die 1893 eingesetzte Kommission hatte dabei im Ausgangspunkt zwei Aufträge: denjenigen der **systematisch überzeugenden Abstimmung zwischen HGB und BGB, d.h. der sinnvollen Ausgliederung von Regelungen aus dem HGB** und Überführung ins BGB bei gleichzeitiger Beibehaltung und Neuformulierung besagter „punktueller Abweichungen" („kleine Lösung"); und denjenigen weiterer inhaltlicher Reformen (neben den aktienrechtlichen), deren Notwendigkeit in der rasanten Wirtschaftsentwicklung der Gründerzeit offensichtlich geworden war („große Lösung").[76] Letztlich blieb es freilich allein bei der „kleinen Lösung", auf der von Anfang an das Schwergewicht lag. Und dieser Teil der Kommissionsarbeit – mit den technischen Fragen der gegenseitigen Abschichtung, aber auch mit der Frage nach der grundsätzlichen Wünschbarkeit einer Ausgliederung und Schaffung von „Sonderprivatrecht" – war auch Gegenstand einer ungleich stärker grundsätzlichen dogmatischen und rechtspolitischen Diskus-

mentar, 2. Aufl. 2020, § 23 Rn. 29–32; *Vedder*, in: Grigoleit (Hrsg.), Aktiengesetz Kommentar, 2. Aufl. 2020, § 23 Rn 36–44; kritisch mit Blick auf die Vereinbarkeit der Satzungsstrenge aus § 23 Abs. 5 AktG und den europäischen Grundfreiheiten *Grundmann/Möslein*, Die Goldene Aktie Staatskontrollrechte in Europarecht und wirtschaftspolitischer Bewertung, ZGR 2003, 317 (363 f.).

71 Vgl. *Grundmann*, European Company Law, § 12 Rn. 7 10; *Lutter/Wiedemann*, Gestaltungsfreiheit im Gesellschaftsrecht, 1998.

72 Dieses Prinzip wurde grundlegend von *Paul Laband* im Jahr 166 entwickelt: *Laband*, Die Stellvertretung bei dem Abschluß von Rechtsgeschäften nach dem ADHGB, ZHR 10 (1866), 183 (bes. 204 ff.); eine Rezeptionsgeschichte aus jüngerer Zeit findet sich bei *K. Schmidt*, Zur „Abstraktheit" im Stellvertretungsrecht. Wiedergelesen: Paul Laband, ZHR 10 (1866), 183ff., FS Canaris 2017, S. 117.

73 Zur Abstraktheit der Stellvertretung im (allgemeinen) Bürgerlichen Recht und der Wirkung auch im Handelsrecht siehe etwa MünchKommBGB/*Schubert*, § 164 Rn. 14 ff.; speziell für das Handelsrecht (freilich mit Bezug wiederum auf das BGB) siehe Oetker/*Schubert*, § 54 Rn. 43.

74 Erste Richtlinie 68/151/EWG des Rates vom 9. März 1968 zur Koordinierung der Schutzbestimmungen, die in den Mitgliedstaaten den Gesellschaften im Sinne des Artikels 58 Absatz 2 des Vertrages im Interesse der Gesellschafter sowie Dritter vorgeschrieben sind, um diese Bestimmungen gleichwertig zu gestalten, ABl. EWG 1968, L 65/8.

75 Vgl. hierzu – auch zum teils, etwa bei der *Ultra-Vires*-Lehre im englischen Recht, erheblichen Veränderungsbedarf sowie dazu, dass das deutsche Recht hier eher alleinstand und vorbildlich wurde – *Grundmann*, European Company Law, § 8 Rn. 18–36; *Grundmann*, Die Struktur des Europäischen Gesellschaftsrechts von der Krise zum Boom, ZIP 2004, 2401; *Wiesner*, Zum Stand des Europäischen Gesellschaftsrechts, RIW 1978, 1.

76 Zu dieser Alternative und dazu, dass und warum letztendlich die kleine Lösung vorgezogen wurde: *Bergfeld*, in: Coing (Hrsg.), Handbuch der Quellen und Literatur der neueren europäischen Privatrechtsgeschichte, Bd. III/1, 1986, S. 2852 (2959 ff.), Oetker/*Oetker*, Einleitung Rn. 1.

sion.[77] Verabschiedet wurde das Handelsgesetzbuch schließlich am 10.5.1897 und trat zum 1.1.1900 – parallel zum BGB – in Kraft.[78]

2. HGB-Entwicklung bis zum Ende des 2. Weltkriegs

21 Die HGB-Entwicklung in der ersten Jahrhunderthälfte ist von erheblicher Bedeutung für die heutige Gestalt des Gesetzes nur in einem Punkt: 1937 wurde das **Aktienrecht (3. Buch) in ein eigenes Aktiengesetz ausgegliedert**.[79] Mit diesem Schritt verlor das HGB diejenige Materie, zu der die tiefgreifenden Reformen in der vorangegangenen Phase ergangen waren, zugleich auch diejenige mit dem stärksten wirtschaftsregulatorischen Potential. Die Geschichte des Aktienrechts ist gut aufgearbeitet,[80] auch für die Jahrzehnte im HGB, vollzog sich freilich seit inzwischen fast einem Jahrhundert außerhalb desselben. Umgekehrt wurden die Änderungen während des 2. Weltkrieges 1950 auch wieder zurückgenommen und das HGB auf den Zustand von 1939 zurückgeführt.[81] In den anderen Büchern des HGB wirkten sich die großen Verwerfungen der 1920er Jahre nicht nachhaltig aus, da etwa die Antworten auf Weltwirtschaftskrise und Hyperinflation in Sondergesetzen,[82] vor allem aber mit dem Instrumentarium des BGB – etwa Wegfall der Geschäftsgrundlage – gegeben wurden.

3. HGB-Entwicklung in Bundesrepublik und Europäischer Gemeinschaft/Union

22 **a) Rahmen und drei Hauptentwicklungsstränge.** Die HGB-Entwicklung seit dem 2. Weltkrieg vollzog sich in einem **fundamental geänderten Umfeld** – nicht nur im Vergleich zu demjenigen der vorangegangenen 12 Jahre, sondern auch verglichen mit demjenigen der Kaiserzeit und sogar der Weimarer Republik. Geprägt war das Umfeld durch die Großentwicklungen soziale Marktwirtschaft, ordoliberale Prägung derselben (jedenfalls in den ersten Jahrzehnten) und Entwicklung des Europäischen Gemeinsamen und Binnenmarktes. Sieht man als konstitutiv für **soziale Marktwirtschaft** eine Verbindung von erheblicher Marktfreiheit (mit entsprechend großen Innovations- und Prosperitätsgewinnen) *und* eines staatlichen Ausgleichs der damit verbundenen Härten durch soziale Umverteilung, ermöglicht durch die Prosperitätsgewinne, jedoch auch un-

77 Vgl. nur damals *Heck*, Weshalb besteht ein von dem bürgerlichen Rechte gesondertes Handelsprivatrecht? AcP 92 (1902), 438; näher unten Rn. 47–49.

78 RGBl. 1897, Nr. 23 S. 219–436 (Einführungsgesetz zum HGB: RGBl. 1897, Nr. 23, S. 437–454). Dazu, den verschiedenen Denkschriften und eingeschalteten Institutionen, namentlich *Schubert/Schmiedel/Krampe*, Quellen zum HGB, 1897; *Fleckner*, Aktienrechtliche Gesetzgebung (1807–2007), in: Bayer/Habersack (Hrsg.), Aktienrecht im Wandel – Band I, S. 999.

79 Erlass des Aktiengesetzes zum 30.1.1937, RGBl. 1937, S. 107 (Inkrafttreten am 1. Oktober 1937). Dazu ausführlich *Bayer/Engelke*, Die Revision des Aktienrechts durch das Aktiengesetz von 1937, in: Bayer/Habersack (Hrsg.) Aktienrecht im Wandel, Bd. 1, 619; siehe auch *Thiessen*, in: Görtemaker/Safferling (Hrsg.), Die Rosenburg: Das Bundesministerium der Justiz und die NS-Vergangenheit – eine Bestandsaufnahme, 2013, 204.

80 *Bayer/Habersack* (Hrsg.), Aktienrecht im Wandel; *Hommelhoff/Schubert* (Hrsg.), Hundert Jahre modernes Aktienrecht; *Fleischer/Koch/Kropff/Lutter* (Hrsg.), 50 Jahre Aktiengesetz, 2016.

81 Gesetz über die Aufhebung von Vorschriften auf dem Gebiet des Handelsrechts, des Genossenschaftsrechts und des Wechsel- und Scheckrechts (Handelsrechtliches Bereinigungsgesetz), vom 18.4.1950, BGBl. I 1950, Nr. 16 S. 90; dazu Begründung BAnz. vom 18.4.1950. Dazu *Meyer*, Das bereinigte deutsche Handelsrecht, JR 1950, 577.

82 Zur HGB-Entwicklung zwischen den beiden Weltkriegen sowie Sondergesetzen (Jahre 1918 bis 1945) vgl. etwa die detaillierte Übersicht der Gesetzesänderungen bis zum Jahre 1980 *Brüggemann*, in: Staub, HGB, 4. Aufl. 1995, Einleitung, Rn. 21; vgl. allgemeiner zur Entwicklung des Handelsrechtes im 20. Jahrhundert (unter Einschluss der Zwischenkriegsjahre und der dortigen Entwicklung): Heymann/*Horn*, HGB, Einl. IV Rn. 34 ff.

verzichtbar zum Erhalt gesellschaftlicher Kohäsion,[83] so kann man das HGB in diesem Kontext unschwer verorten. Es ist primär als die Infrastruktur für Marktfreiheit zu verstehen. Dies gilt vor allem für das Handelsgeschäftsrecht mit seiner Beschleunigungsfunktion und Verbürgung gesicherter Abwicklung, Letzteres jedoch durchaus erheblich auch mit den Regeln zum Handelsstand, etwa den Regeln zu Publizität und Publizitätshaftung, und den Regeln zu den Personenhandelsgesellschaften als zentralen Trägern insbesondere des Mittelstandes. Parallel, jedoch mit etwas anderer Akzentsetzung ist die **ordoliberale Prägung** zu sehen. Hier nun ist nicht mehr die Dichotomie zwischen Marktfreiheit/Prosperitätsgewinnen und Redistribution prägend, sondern diejenige zwischen wirtschaftsregulierendem Rahmen und Ausübung der Marktfreiheiten innerhalb dieses Rahmens. Im Bild der „Privatrechtsgesellschaft“ (*Böhm*) wäre dann der Rahmen vor allem außerhalb der HGB-Regelung zu sehen – namentlich im 1958 in Kraft getretenen Gesetz gegen Wettbewerbsbeschränkungen (und Art. 85 ff. EWG-Vertrag 1958) –, in der HGB-Regelung wiederum vor allem die Infrastruktur für die privatautonome Nutzung von Marktfreiheiten innerhalb dieses Rahmens.[84] Schließlich wird die **Schaffung eines Gemeinsamen, dann Binnenmarktes** durch die EWG- bzw. EU-Verträge seit 1958 in durchaus engem Bezug hierzu gesehen. In der Tat erscheinen die Grundfreiheiten – mit ihrem Ziel, die Privatautonomie über die Grenzen des Binnenmarktes zu erstrecken – auch als Instrumente, welche die Mitgliedstaaten an ungerechtfertigten protektionistischen Eingriffen zugunsten der eigenen Anbieter hindern; und dies geht damit einher, dass als die wichtigste (allgemeine) sachrechtliche Politik in den Römischen Verträgen diejenige niedergelegt war, dass auch ungerechtfertigte Wettbewerbsbeschränkungen durch Privatrechtssubjekte zurückzudrängen seien. Insgesamt kann daher durchaus als Kernziel von dem der Errichtung einer **„Wettbewerbs-Union“** gesprochen werden.[85]

83 Gründungsvater *Müller-Armack* betonte bekanntlich die tiefe Verankerung in der katholischen Soziallehre als konstituierend: vgl. nur *Emunds*, Ungewollte Vaterschaft. Katholische Soziallehre und Soziale Marktwirtschaft, Ethik und Gesellschaft 4 (2010), Nr. 1, S. 1. Bei anderen Protagonisten wie *Ludwig Erhard* oder auch *Walter Eucken* bzw. *Franz Böhm* (nächste Fn.) weniger stark. Zum Konzept der sozialen Marktwirtschaft etwa (mit besonderem Fokus auf *Ludwig Erhard*) *Rhonheimer*, Ludwig Erhards Konzept der sozialen Marktwirtschaft und seine wettbewerbstheoretischen Grundlagen, Zeitschrift für Marktwirtschaft und Ethik 5 (2017), S. 83; (zu ihren philosophischen Grundlagen) *Tuchtfeldt*, Die philosophischen Grundlagen der sozialen Marktwirtschaft, Zeitschrift für Wirtschaftspolitik 31 (1982), 7; (umfassend aus primär historischer Perspektive) *Löffler*, Soziale Marktwirtschaft und administrative Praxis: das Bundeswirtschaftsministerium unter Ludwig Erhard, 2002.

84 Grundlegend *Böhm*, Privatrechtsgesellschaft und Marktwirtschaft, ORDO 17 (1966) 75; knapper *Böhm*, Rule of Law in a Market Economy, in: Peacock/Willgerodt (Hrsg.), Germany's Social Market Economy: Origins and Evolution, 1989, S. 46; *Eucken*, Grundsätze der Wirtschaftspolitik, 6. Aufl. 1990 (1. Aufl. 1952), bes.S. 241–270, 291–299 et passim; Kontextualisierung und zur Folgeentwicklung in *Grundmann*, in Grundmann/Micklitz/Renner (Hrsg.), New Private Law Theory, Kapitel 6. Dieser Rahmen soll also den Erhalt materialer Vertragsautonomie verbürgen, welche die Parteien gestaltend nutzen: so wohl *Böhm* a.a.O.; aber auch etwa *Wolf*, Rechtsgeschäftliche Entscheidungsfreiheit und vertraglicher Interessenausgleich, 1970, S. 8 ff.; 59 ff.; *Canaris*, Wandlungen des Schuldvertragsrechts – Tendenzen zu seiner „Materialisierung“, AcP 200 (2000), 273 (277 f.); für das Verbraucherrecht: *Drexl*, Die wirtschaftliche Selbstbestimmung des Verbrauchers, 1998, S. 282 f.; allgemeiner im internationalen Umfeld der sog. capacitas Ansatz, vgl. Beiträge in: *Deakin/Supiot* (Hrsg.), Capacitas: Contract Law and the Institutional Preconditions of a Market Economy, 2009.

85 Zum Bild der Grundfreiheiten als eines Instruments, mit dem die Privatautonomie über Grenzen erstreckt wird: *Müller-Graff*, Europäisches Gemeinschaftsrecht und Privatrecht – das Privatrecht in der europäischen Integration, NJW 1993, 13 (14); grundlegend und breiter *Lüttringhaus*, Vertragsfreiheit und ihre Materialisierung im Europäischen Binnenmarkt. Die Verbürgung und Materialisierung unionaler Vertragsfreiheit im Zusammenspiel von EU-Privatrecht, BGB und ZPO, 2018; zur Interpretation der frühen Entwicklung des Binnenmarktes als stark dem ordoliberalen Modell verpflichtet („Wettbewerbs-Union“) etwa *Mestmäcker*, Auf dem Wege zu einer Ordnungspolitik für Europa, FS v. der Groeben 1987, S. 9; zuvor *ders.*, Macht – Recht – Wirtschaftsverfassung, ZHR 137 (1973), 97; *Behrens*, Europäisches Marktöffnungs- und Wettbewerbsrecht – Eine systematische Darstellung der Wirtschafts- und Wettbewerbsverfassung, 2017; *Grundmann*, The Concept of the Private Law Society after 50 Years of European and European Business Law, ERPL 2008, 553; *Micklitz*, in Grundmann/Micklitz/Renner (Hrsg.), New Private Law Theory, Kapitel 24; und Nachw. vorige Fn.

23 Sieht man das Handelsrecht des HGB in diesem Umfeld und mit dieser Funktion, werden die Entwicklungslinien deutlicher, wenn man **drei parallele Stränge voneinander scheidet** – und den Blick zwischen ihnen hin- und herwandern lässt: das Recht des Unternehmens (Handelsstand) und der Personenhandelsgesellschaften (1. und 2. Buch); das Rechnungslegungsrecht als Spezialmaterie mit vielfach eigenem Charakter (3. Buch); und das Handelsgeschäftsrecht (4. Buch). In den meisten wirtschaftsrechtlichen Regulierungsgesetzen (von Bank- und Kapitalmarktrecht über Wettbewerbs- bis hin zum Transportrecht u.a.) finden sich in dieser Periode dann *auch* einige Regeln zur entsprechenden Anpassung des Rechnungslegungsrechts (3. Buchs) und häufig des Registerrechts oder sonstiger handelsrechtlicher Institute der Freiwilligen Gerichtsbarkeit (1. Buch). Sie machen zwar wohl schon die Mehrheit der Veränderungen des HGB aus, zentrale Veränderungen brachten diese freilich eher nur in einer Minderheit der Fälle. Detaillierte **Auflistungen aller Änderungsgesetze** – mit den einzelnen geänderten HGB-Normen – finden sich bereits an verschiedenen Stellen.[86] Im Folgenden sollen daraus die Hauptentwicklungen hervorgehoben werden, zumal unter den zahlenmäßig so dominanten Änderungen des Register- und Rechnungslegungsrechts, die häufig nur Annexe zur Europäischen Harmonisierung oder Vereinheitlichung des Kapitalmarkt- und Kapitalgesellschaftsrechts bilden oder auch zu autonomen Entwicklungen in diesen Gebieten, teils auch der Digitalisierung des Handelsregisters geschuldet sind oder Folge von Entwicklungen bei den einzutragenden Akten.

24 **b) Handelsstand (Unternehmen) und Personenhandelsgesellschaften (1. und 2. Buch).** Im Bereich Handelsstand und Personenhandelsgesellschaften ragen in der zweiten Hälfte des 20. Jahrhunderts – **vor der großen Handelsrechtsreform 1998** (nächste Rn.) – zwei Entwicklungsstränge hervor. Der erste betrifft das Ringen um die **Kaufmannseigenschaft, namentlich mit Einbeziehung neuer Gruppen**, der Handwerker (1953)[87] und des Bereichs der Land- und Forstwirtschaft (1976).[88] Der zweite Entwicklungsstrang betrifft den Schutz abhängiger Arbeit – als Arbeitnehmer oder mit zwingenden Schutzinstrumenten, die dem Abhängigkeitsstatus Rechnung tragen –, namentlich mit Einführung eines vollausgebildeten Regimes für den **Handelsvertreter** (1953) – bereits mit Ausgleichsanspruch –[89] und mit seiner nochmaligen Novellierung nach Verabschiedung der EG-Handelsvertreter-Richtlinie (zur Anpassung an deren Vorgaben)[90] und zum Handlungsgehilfen und Abschaffung des sog. Handlungslehrlings (1969).[91] Ersteres fungierte ab Harmonisierung des Handelsvertreterrechts als Umsetzung der entsprechenden Eu-

86 Vgl. vor allem Baumbach/*Hopt*[39], HGB, Einl. Rn 10–15 (für die Zeit bis 2000) sowie Hopt/*Merkt*, HGB, Einl. Rn 12–20 (für die Zeit ab der großen HGB-Reform 1998); *Habersack* (Hrsg.) (vormals Schönfelder), Deutsche Gesetze, Stand 11/2022 191. EL, Ordnungsnummer 50. HGB.

87 Gesetz über die Kaufmannseigenschaft von Handwerkern vom 31.3.1953, BGBl. 1953 I, S. 106; dazu GroßKommHGB/*Brüggemann*, 4. Aufl. 1995, Vor § 1 Rn. 11 ff.

88 Gesetz über die Kaufmannseigenschaft von Land- und Forstwirten und Ausgleichsanspruch des Handelsvertreters vom 13.5.1976 (BGBl. 1976 I, S. 1197); dazu etwa *Hofmann*, Die Kaufmannseigenschaft von Land- und Forstwirten. Reform des § 3 HGB, NJW 1976, 1297; *v. Olshausen*, Die Kaufmannseigenschaft der Land- und Forstwirte – Zugleich ein Beitrag zur Dogmatik der Kann-Kaufmannschaft –, ZHR 141 (1977), 93; *Raisch*, Bedeutung und Wandlung des Kaufmannsbegriffs in der neueren Gesetzgebung, FS Ballerstedt, 1975, S. 443 (451 ff.).

89 Gesetz zur Änderung des Handelsgesetzbuchs (Recht der Handelsvertreter) vom 6.8.1953, BGBl. 1953 I, S. 771; substantiell geändert durch BGBl. 1976 I, S. 1197 (vorige Fn.); dazu *J. v. Gierke*, Das neue Recht der Handelsvertreter, ZHR 117 (1955), 138; GroßKommHGB/*Emde*, 5. Aufl. 2008, Vor § 84 Rn. 9–11.

90 Gesetz zur Durchführung der EG-Richtlinie zur Koordinierung des Rechts der Handelsvertreter, BGBl. 1989 I, S. 1910; zum Gesetz überblicksartig: *Eckert*, Das neue Recht der Handelsvertreter – Die Umsetzung der EG-Richtlinie in deutsches Recht, NZA 1990, 384; *Ankele*, Das deutsche Handelsvertreterrecht nach der Umsetzung der EG-Richtlinie, DB 1989, 2211.

91 Gesetz zur Änderung des Kündigungsrechts und anderer arbeitsrechtlicher Vorschriften (Erstes Arbeitsrechtsbereinigungsgesetz) (über Verweis) und Bundesbildungsgesetz (§ 106), jeweils vom 14.8.1969, BGBl. 1969 I, S. 1106 bzw. 1112; BeckOGK/*Günther*, 1.2.2022, BGB § 626 Rn. 3, 4.

ropäischen Schutzvorgaben und war und ist seitdem nach europaprivatrechtlichen Vorgaben auszulegen.[92] Hinzu kommt – als Solitär, jedoch von besonderer Wichtigkeit – die Regelung der positiven und negativen **Handelsregister-Publizität** in § 15 Abs. 2 S. 2 und Abs. 3 HGB (wiederum in Form von Umsetzungsgesetzgebung). Diese erfasst von der Europäischen Vorgabe her zwar allein die Kapitalgesellschaften, wurde jedoch in Deutschland (wie in den übrigen Staaten der Europäischen Union; eine Ausnahme stellte etwa das Vereinigte Königreich dar[93]) als allgemeines Handelsrecht, d.h. für alle Kaufleute (und Handelsgesellschaften), umgesetzt, so dass sie im gesamten Regelungsgehalt in der Auslegung Europäischer Methodik folgt –[94] für den gesamten Bereich der Handelsgeschäfte ebenso wie des Handelsgesellschaftsrechts.

Eine grundlegende Neuorientierung im Recht des Handelsstandes – vor allem für die Defini- 25
tion der **Kaufmannseigenschaft** als Grundnorm – bedeutete das **Handelsrechtsreformgesetz 1998**, mit dem das heute geltende System begründet wurde.[95] Entsprechend umfangreich war die Vorarbeit seit 1994, namentlich in Bund-Länder-Arbeitsgruppen zum Handelsrecht.[96] Das neue System des Handelsstandes[97] zeichnet sich aus durch ungleich größere Einfachheit als zuvor, damit auch durch größere Transparenz und Gleichbehandlung/Gerechtigkeit, indem es die Kaufmannseigenschaft nur noch anhand von Größe und Komplexität definiert, nicht mehr (außer bei den freien Berufen) von Berufen und gewerblichen Segmenten abhängig macht. Den zweiten Hauptkomplex bildet das Firmenrecht, das liberalisiert wurde, insbesondere flächendeckend auch Fantasiefirmen zuließ, und nur nach dem Grundsatz der Firmenwahrheit (hinsicht-

92 Richtlinie 86/653/EWG des Rates vom 18. Dezember 1986 zur Koordinierung der Rechtsvorschriften der Mitgliedstaaten betreffend die selbständigen Handelsvertreter, ABl. EG 1986 L 382/17.

93 Einen Überblick zu den Umsetzungsakten der übrigen Mitgliedsstaaten findet sich bei *Hohloch*, in Hohloch, EU-Handbuch Gesellschaftsrecht, Supranationales Recht Rn. 12.

94 Gesetz zur Durchführung der Ersten Richtlinie des Rates der Europäischen Gemeinschaften zur Koordinierung des Gesellschaftsrechts, vom 15.8.1969, BGBl. 1969 I, S. 1146 (mit weiteren Regeln vor allem zum Registerrecht und den Geschäftsbriefen); ursprünglich Erste Richtlinie 68/151/EWG des Rates vom 9.3.1968 zur Koordinierung der Schutzbestimmungen, die in den Mitgliedstaaten den Gesellschaften im Sinne des Artikels 58 Absatz 2 des Vertrages im Interesse der Gesellschafter sowie Dritter vorgeschrieben sind, um diese Bestimmungen gleichwertig zu gestalten, ABl.EG 1968 L 65/8 (sog. Publizitätsrichtlinie); heute insbes. Art. 9 ff. der Richtlinie (EU) 2017/1132 des Europäischen Parlaments und des Rates vom 14. Juni 2017 über bestimmte Aspekte des Gesellschaftsrechts, ABl.EU 2017 L 169/46; zu dieser Umsetzungsgeschichte und der daraus folgenden Auslegungsmethodik vgl. *Grundmann*, European Company Law, § 8 Rn. 21–36 und § 5 Rn. 16–23; *Habersack/Verse*, § 3 Rn. 70–84 und § 5 Rn. 1–10; ausf. GroßKommHGB/*Koch/Harnos*, § 15 Rn. 6–8, 12–17.

95 Gesetz zur Neuregelung des Kaufmanns- und Firmenrechts und zur Änderung anderer handels- und gesellschaftsrechtlicher Vorschriften (Handelsrechtsreformgesetz – HRefG, BGBl. 1998 I, S. 1474; zum Gesetz überblicksartig *Lieb* (Hrsg.), Die Reform des Handelsstandes und der Personengesellschaften, 1999; *Bülow/Artz*, Neues Handelsrecht, JuS 1998, 680; *Bydlinski*, Zentrale Änderungen des HGB durch das Handelsrechtsreformgesetz, ZIP 1998, 1169; *K. Körber*, Änderungen im Handels- und Geselschaftsrecht durch das Handelsrechtsreformgesetz, Jura 1998, 452; *Priester*, Handelsrechtsreformgesetz – Schwerpunkte aus notarieller Sicht, DNotZ 1998, 691; *Saenger*, Die Reform des deutschen Handels- und Transportrechts, FS Leser 1998, S. 199; *Schaefer*, Das Handelsrechtsreformgesetz nach dem Abschluß des parlamentarischen Verfahrens, DB 1998, 1269; *K. Schmidt*, Das Handelsrechtsreformgesetz, NJW 1998, 2161; *ders.*, Fünf Jahre neues Handelsrecht, JZ 2003, 585 (erste Zwischenbewertung); *Treber*, Der Kaufmann als Rechtsbegriff im Handels- und Verbraucherrecht – Überlegungen zum Handelsrechtsreform-gesetz, AcP 199 (1999) 525 (530 ff.).

96 Vgl. zur Geschichte der Reform: BMJ (Hrsg.), Reform des Handelsrechts und Handelsregisterrechts, 1994 (Auszüge ZIP 1994, 1407 und 1898 – ZIP 1996, 1401 (RefE); BT-Dr. 13/8444 und 13/10, 332 (RegE und Rechtsausschuss); zu den Vorarbeiten: *Niederleithinger*, Handels- und Wirtschaftsrecht in der 13. Legislaturperiode, ZIP 1995, 597 (598 f.); *K. Schmidt*, HGB-Reform im Regierungsentwurf, DB 1994, 515; zur Diskussion im Gesetzgebungsverfahren: *Henssler*, Der Gesetzentwurf zur Regelung der Rechtsanwalts-GmbH, ZHR 161 (1997), 13 (44 ff.); *Kögel*, Entwurf eines Handelsrechtsreformgesetzes, BB 1997, 793; *Krebs*, Reform oder Revolution? – Zum Referentenentwurf eines Handelsrechtsreformgesetzes, DB 1996, 2013; *K. Schmidt*, HGB-Reform im Regierungsentwurf, ZIP 1997, 909.

97 Vgl. zur Neukonzeption des Regimes der Kaufmannseigenschaft: *Dreher* bzw. *E. Schäfer* in: Lieb (Hrsg.), Die Reform des Handelsstandes und der Personengesellschaften, 1999, S. 1–22 bzw. 23–29; GroßKommHGB/*Oetker*, § 1 Rn. 2–6, s. ferner auch Rn. 11; sowie § 2 Rn. 1–3.

lich Größe, Gegenstand und – besonders präzisiert – Rechtsform) und Irreführungsprävention (Abgrenzungskraft) ausgerichtet bleibt. Daneben stehen noch eine Vertiefung der Angaben auf Geschäftsbriefen (§§ 37a, 125a HGB) und gewisse Modifikationen im Beendigungsregime der Personenhandelsgesellschaften.[98] In der Folge sind die Änderungen entweder – punktuell – auf das Recht des Handelsvertreters bezogen[99] oder gelten – ganz vorwiegend – dem **Registerrecht** (teils auch mit Regeln schwerpunktmäßig im Rechnungslegungsrecht, unten Rn. 27 f., und registerrechtlichen Annexregeln).[100] Hierbei bildet die Digitalisierung desselben eine inhaltliche Reformagenda hervorragender Bedeutung und fand im EHUG 2006 ihren (ersten großen) Kulminationspunkt.[101] Dieses beruht auf den Europäischen Vorgaben in der EG-Publizitäts-(Änderungs-)- und der EG-Transparenz-Richtlinie, und regelt die Rahmenbedingungen eines elektronischen Handels- und eines elektronischen Unternehmensregisters, daneben jedoch die Sanktionen bei Verstößen gegen die (registerrechtlichen) Veröffentlichungspflichten, namentlich eine ex officio Sanktionsmöglichkeit auch bei nicht kapitalmarktorientieren (Kapital-)Gesellschaften.[102] Umgekehrt haben eine Reihe von sonstigen Änderungen eher annexhaften Charakter: Dies gilt für die Novelle zum Finanzanlagenvermittler- und Vermögensanlagegesetz (2011), mit der § 8b Abs. 2 Nr. 7 HGB (Pflicht zur Haltung der WpHG-Informationen auf Homepage) auch auf das (neue) Vermögensanlagengesetz erstreckt wurde,[103] weniger jedoch für das

98 Zu den durchaus tiefgreifenden Änderungen im Firmenrecht: GroßKommHGB/*Burgard*, Vor § 17 Rn. 12–15; zu denjenigen im Beendigungsregime bei den Personenhandelsgesellschaften: *Roth* bzw. *Möller* bzw. *Habersack*, in: Lieb (Hrsg.), Die Reform des Handelsstandes und der Personengesellschaften, 1999, S. 31–64 bzw. 65–71 bzw. 73 ff.; GroßKommHGB/*C. Schäfer*, 5. Aufl. 2009, § 105 Rn. 9 sowie § 131 Rn. 2 ff.

99 Zu den Änderungen im Recht der Handelsvertreter vgl. oben Rn. 24 sowie – darüber hinaus – Gesetz zur Neuregelung der Rechtsverhältnisse bei Schuldverschreibungen aus Gesamtemissionen und zur verbesserten Durchsetzung von Ansprüchen von Anlegern aus Falschberatung vom 31.7.2009, BGBl. 2009 I, S. 2512; in Umsetzung der dahingehenden Auslegung in EuGH v. 26.3.2009 – Rs. C-348/07 (*Semen*), Slg. 2009 I, 2341; vgl. *Christoph*, Muss der Handelsvertreterausgleich neu berechnet werden?, NJW 2010, 647; *Thume*, Der neue § 89b Abs. 1 HGB und seine Folgen, BB 2009, 2009, 2490; *ders.*, Der alte und der neue Ausgleichsanspruch des Versicherungsvertreters und der anderen Vertriebsmittler, VersR 2012, 665; *Wauschkuhn/Fröhlich*, Der nachvertragliche Provisionsanspruch des Handelsvertreters, BB 2010, 524.

100 Überblick über die wesentlichen Änderungen auch bei MünchKommHGB/*K. Schmidt*, Vor § 1 Rn. 27.

101 Gesetz über elektronische Handelsregister und Genossenschaftsregister sowie das Unternehmensregister (EHUG), vom 10. November 2006, BGBl. 2006 I, S. 2553; BT-Drs. 16/960 (RegE); zum Gesetz überblicksartig etwa *Christ/Müller-Helle*, Veröffentlichungspflichten nach dem neuen EHUG, 2007; GroßKommHGB/*Koch*, § 8 Rn. 7–10; *Dauner-Lieb/Linke*, Digital gleich optional?! – Der Regierungsentwurf des Gesetzes über elektronische Handelsregister und Genossenschaftsregister sowie das Unternehmensregister (EHUG) –, DB 2006, 767; *Decker/Seibert*, Das Gesetz über elektronische Handelsregister und Genossenschaftsregister sowie das Unternehmensregister (EHUG) – Der „Big Bang" im Recht der Unternehmenspublizität, DB 2006, 2446; *Leuering*, EHUG – Umfassende Transparenz von Unternehmensdaten, NJW-Spezial 2006, 555; *Meyding/Bödeker*, Gesetzentwurf über elektronische Handelsregister und Genossenschaftsregister sowie das Unternehmensregister (EHUG-E) – Willkommen im Online-Zeitalter!, DB 2006, 1009; *Noack*, Das EHUG ist beschlossen – elektronische Handels- und Unternehmensregister ab 2007, NZG 2006, 801; *Spindler*, Abschied vom Papier? Das Gesetz über elektronische Handelsregister und Genossenschaftsregister sowie das Unternehmensregister, WM 2006, 109; *Wiedemann*, Die Praxis der elektronischen Registeranmeldung – Die Umsetzung des EHUG aus notarieller und richterlicher Sicht, NJW 2007, 2439.

102 Richtlinie 2003/58/EG des Europäischen Parlaments und des Rates vom 15. Juli 2003 zur Änderung der Richtlinie 68/151/EWG des Rates in Bezug auf die Offenlegungspflichten von Gesellschaften bestimmter Rechtsformen, ABl.EG 2003 L 221/13; Richtlinie 2004/109/EG des Europäischen Parlaments und des Rates vom 15. Dezember 2004 zur Harmonisierung der Transparenzanforderungen in Bezug auf Informationen über Emittenten, deren Wertpapiere zum Handel auf einem geregelten Markt zugelassen sind, und zur Änderung der Richtlinie 2001/34/EG, ABl.EG 2004 L 390/38. Zu den Inhalten Nachw. vorige Fn.

103 Vgl. Gesetz zur Novellierung des Finanzanlagenvermittler- und Vermögensanlagenrechts vom 6. Dezember 2011, BGBl. 2011 I, S. 2481; hierzu *Jäger*, Das Gesetz über Vermögensanlagen und seine Folgen für den Finanzvertrieb, ZVertriebsR 2012, 223; *Reinholz/Hanten*, Das Vermögensanlagengesetz, ZBB 2012, 36; *Bußalb/Vogel*, Das Gesetz über Vermögensanlagen – neue Regeln für geschlossene Fonds, WM 2012, 1416; nochmalige Änderung von § 8b HGB dann durch Gesetz zur Umsetzung der Transparenzrichtlinie-Änderungsrichtlinie vom 20. November 2015,

Gesetz zur Verknüpfung von Registern in der EU, mit dem (und namentlich dem neu eingeführten § 9b HGB) das Potential grenzüberschreitender Vernetzung von elektronischen (nationalen) Registern ausgeschöpft wurde (2014).[104] Wichtig war in diesem Zusammenhang, dass bereits 2011 die Trennung von elektronischem und analogem Bundesanzeiger aufgehoben und entsprechend auch im HGB Verweise allgemein auf „Bundesanzeiger" umgestellt worden waren (Art. 2 (39)).[105] Mit dem neuen § 10a HGB wurde 2017 das Auskunftsrecht nach Art. 15 EU-DSGV zu persönlichen Daten im Hinblick auf Einträge ins Handelsregister ausgestaltet.[106] Zuletzt brachte das **Gesetz zur Umsetzung der Digitalisierungsrichtlinie (2021) fundamentale, vor allem registerrechtliche Neuerungen** und Rahmenbedingungen für eine rein elektronische Gründung von Kapitalgesellschaften. Es wird einerseits die Pflichtpublizität allein auf online-Publikation (ohne Print-Medium wie Bundesanzeiger und ohne Abrufgebühr) umgestellt und andererseits die rein elektronische (grenzüberschreitende) Gründung von Kapitalgesellschaften und Zweigniederlassungen erleichtert durch die Verpflichtung zu Online-Fazilitäten (einschließlich Dokumenten und für die GmbH notarielle Beurkundung im Wege der Video-Kommunikation), schließlich auch der (grenzüberschreitende) Datenaustausch über disqualifizierte Geschäftsführer.[107]

Jenseits der zuletzt genannten Neugestaltung am Schnittpunkt zwischen Gesellschaftsrecht (ohnehin vor allem Kapitalgesellschaftsrecht) und Registerrecht blieb das **Recht der Personenhandelsgesellschaften** in all diesen Entwicklungen eher peripher – mit Ausnahmen beim Handelsrechtsreformgesetz (Beendigungsregime) und bei zwei Änderungen, die das **Regime der Typenmischung mit Kapitalgesellschaften**, besonders das Haftungs- und (Vor-)Insolvenzregime betreffen: das MoMiG 2008, das neben seinem Schwerpunkt im Gesellschaftskollisions- und GmbH-Recht auch registerrechtliche Anpassungsvorschriften brachte (vorige Rn,) und zur Überführung der Regelungsgehalte von §§ 130b und 172a HGB a.F. in § 15a InsO sowie zur Neufassung 26

BGBl. 2015 I, S. 2029; sowie dann nochmals in Art. 16 Abs. 3 des Ersten Gesetzes zur Novellierung von Finanzmarktvorschriften auf Grund europäischer Rechtsakte (Erstes Finanzmarktnovellierungsgesetz – 1. FiMaNoG) vom 30. Juni 2016, BGBl. 2016 I, S. 1514 im Hinblick auf das vom WpHG in die EU-Marktmissbrauchs-Verordnung transferierte Marktmissbrauchsregime.

104 Gesetz zur Umsetzung der Richtlinie 2012/17/EU in Bezug auf die Verknüpfung von Zentral-, Handels- und Gesellschaftsregistern in der Europäischen Union vom 22. Dezember 2014, BGBl. 2014 I, S. 2409; BT-Drs. 18/2137 (RegE); hierzu *Heinemann*, Entwicklungen im Registerverfahrensrecht (Teil I), FGPrax 2015, 1; *Stiegler*, Die Regelung zur europäischen Registervernetzung im deutschen Recht, NotBZ 2015, 329; neben § 9b HGB auch die Pflicht zur Sicherstellung von grenzüberschreitender Informationsweiterleitung an Zweigstellen in § 13e HGB.

105 Gesetz zur Änderung von Vorschriften über Verkündung und Bekanntmachungen sowie der Zivilprozessordnung, des Gesetzes betreffend die Einführung der Zivilprozessordnung und der Abgabenordnung vom 22. Dezember 2011, BGBl. 2011 I, S. 3044.

106 Eingeführt durch Art. 7 des Gesetzes zur Änderung des Bundesversorgungsgesetzes und anderer Vorschriften vom 17. Juli 2017, BGBl. 2017 I, S. 2541.

107 Gesetz zur Umsetzung der Digitalisierungsrichtlinie (DiRUG) vom 5. Juli 2021, BGBl. 2021 I, S. 3338; dazu *Linke*, Gesetz zur Umsetzung der Digitalisierungsrichtlinie (DiRUG), NZG 2021, 309; *Heckschen/Knaier*, Das DiRUG in der Praxis, NZG 2021, 1093; *Meier/Szalai*, Das Gesetz zur Umsetzung der Digitalisierungsrichtlinie (DiRUG), ZNotP 2021, 306; zur Entwurfsfassung etwa J. Schmidt, DiRUG-RefE: Ein Digitalisierungs-Ruck für das deutsche Gesellschafts- und Registerrecht, ZIP 2021, 112; *Stelmaszczyk/Kienzle*, GmbH-Digital – Online-Gründung und Online-Verfahren für Registeranmeldungen nach dem Gesetzentwurf der Bundesregierung zum DiRUG, ZIP 2021, 765; beruhend auf Richtlinie (EU) 2019/1151 des Europäischen Parlaments und des Rates vom 20. Juni 2019 zur Änderung der Richtlinie (EU) 2017/1132 im Hinblick auf den Einsatz digitaler Werkzeuge und Verfahren im Gesellschaftsrecht; ABl.EU 2019 L 186/80; dazu *Bormann/Stelmazcyk*, Digitalisierung des Gesellschaftsrechts nach dem EU-Company Law Package, NZG 2019, 601; *Lieder*, Die Bedeutung des Vertrauensschutzes für die Digitalisierung des Gesellschaftsrechts, NZG 2020, 81; *Omlor*, Digitalisierung im EU-Gesellschaftsrechtspaket: Online-Gründung und Registerführung im Fokus, DStR 2019, 2544; und zu Entwurfsfassungen *Knaier*, Digital first, Bedenken second?, GmbHR 2018, 1324; *Lieder*, Digitalisierung des Europäischen Unternehmensrechts, NZG 2018, 1081; *Noack*, Online-Gründung von Kapitalgesellschaften in Europa – Der neue Richtlinienvorschlag im Company Law Pack-age, DB 2018, 1324; *J. Schmidt*, EU Company Law Package 2018, Der Konzern 2018, 229.

von § 130a HGB führte,[108] welcher (nach weiteren redaktionellen Anpassungen im Zuge der Aktienrechtsnovelle 2016, die jedoch vor allem die Anmeldungspflicht nach § 108 HGB bei Wechsel der Geschäftsanschrift im Inland abmilderte)[109] mit dem Sanierungs- und Insolvenzrechtsfortentwicklungsgesetz 2020 seinerseits in § 15b InsO überführt wurde. Dabei wurde § 177a HGB neu gefasst, mit dem gemeinsamen Ziel, die verfahrensrechtlichen Grundlagen für die Durch- und Umsetzung vorgerichtlicher Sanierungen und zur Vermeidung von Insolvenzverfahren zu schaffen.[110] Diese relative Zurückhaltung im Kernpersonengesellschaftsrecht änderte sich mit dem großen Reformwerk, das nach Empfehlungen durch den Deutschen Juristentag im sog. Mauracher Entwurf Gestalt annahm.[111] Eine grundlegende Neuorientierung im Recht der Personenhandelsgesellschaften – und vor allem im gesamten Personengesellschaftsrecht – bedeutet, darauf fußend, das **Gesetz zur Modernisierung des Personengesellschaftsrechts 2021**, das am 1.1.2024 in Kraft treten soll[112] – für viele Autoren die gewichtigste Neufassung des Personengesellschaftsrechts seit einem Jahrhundert. Das Gesetz betrifft zwar vor allem die BGB-Gesellschaft, deren durch die BGH-Rechtsprechung initiierte Fortentwicklung zu einer Rechtsform mit Rechtsfähigkeit für Außengesellschaften (als Unternehmensträger) aufgenommen und legislatorisch bestätigt und ausgestaltet wird (mit Möglichkeit der Registrierung, wichtig auch für den

---

108 Gesetz zur Modernisierung des GmbH-Rechts und zur Bekämpfung von Missbräuchen (MoMiG) vom 23.10.2008, BGBl. 2008 I, S. 2026; aus dem überreichen Schrifttum zum Gesetz überblicksartig *Altmeppen*, Das neue Recht der Gesellschafterdarlehen in der Praxis, NJW 2008, 3601; *Kindler*, Grundzüge des neuen Kapitalgesellschaftsrechts, NJW 2008, 3249; spezifisch zu den genannten Änderungen im HGB Baumbach/Hopt/*Hopt*[34], HGB, § 130a Rn. 1; *Pentz*, EBJS, HGB § 13 Rn. 11.

109 Gesetz zur Änderung des Aktiengesetzes (Aktienrechtsnovelle 2016) vom 22. Dezember 2015, BGBl. 2015 I, S. 2565; dazu *Götze*, Aktienrechtsnovelle – und ein (vorläufiges) Ende!, NZG 2016, 48; *Stöber*, Die Aktienrechtsnovelle 2016, DStR 2016, 611; *Harbarth/Plettenberg*, Aktienrechtsnovelle 2016: Punktuelle Fortentwicklung des Aktienrechts, AG 2016, 145; *Daghles*, Die Aktienrechtsnovelle 2016, GWR 2016, 45.

110 Gesetz zur Fortentwicklung des Sanierungs- und Insolvenzrechts (Sanierungs- und Insolvenzrechtsfortentwicklungsgesetz – SanInsFoG) vom 22.12.2020, BGBl. 2020 I, S. 3256; BT-Drs. 19/24181 (RegE); beruhend auf RL (EU) 2019/1023; zum Gesetz überblicksartig *Bitter*, Überraschender Fortschritt im Regierungsentwurf eines SanInsFoG, GmbHR 2020, 1157; *Klöhn/Franke*, Grund- und Gegenwartsfragen des Sanierungsrechts – Ein Beitrag zu der europäischen Restrukturierungsrichtlinie und dem deutschen SanInsFoG –, ZeuP 2022, 44; *Taras/Suchan*, SanInsFoG – Ein Überblick, NJW-Spezial 2021, 21.

111 Verhandlungen des 71. Deutscher Juristentages 2016, Bd. I (Gutachten), Bd. II/2 Sitzungsberichte und Beschlüsse (O 115 ff. und O 219 ff.); Einsetzung der Expertenkommission (*Dauner-Lieb*, *C. Schäfer*, *Wiedemann*, *Wertenbruch*, *Grunewald* sowie *Bergmann*, *Rosskopf*, *Liebscher* und *Hermanns*) im Herbst 2018 und Bericht von 20.4.2020.

112 Gesetz zur Modernisierung des Personengesellschaftsrechts (Personengesellschaftsrechtsmodernisierungsgesetz – MoPeG) vom 10.8.2021, BGBl. 2021 I, S. 3436; dazu näher *C. Schäfer*, Das neue Personengesellschaftsrecht, 2022; *Lieder/Hilser*, Die Reform des Personengesellschaftsrechts, NotBZ 2021, 401; sowie (zum Mauracher Entwurf) etwa *Altmeppen*, Kritischer Zwischenruf zum „Mauracher Entwurf", NZG 2020, 822; *Bachmann*, Zum Entwurf eines Gesetzes zur Modernisierung des Personengesellschaftsrechts (MoPeG), NZG 2020, 612; *Bergmann*, Der Mauracher Gesetzentwurf der Expertenkommission für die Modernisierung des Personengesellschaftsrechts, DB 2020, 994; *Fleischer*, Leitbildwandel im Recht der BGB-Gesellschaft – ein erster Rundgang durch den Mauracher Entwurf zur Modernisierung des Personengesellschaftsrechts, DB 2020, 1107; *ders.*, Ein Rundgang durch den Regierungsentwurf eines Gesetzes zur Modernisierung des Personengesellschaftsrechts, DStR 2021, 430; Handelsrechtsausschuss des DAV, NZG 2020, 1133; *Geibel*, Mauracher Entwurf zum Personengesellschafsrecht, ZRP 2020, 137; *Habersack*, Modernisierung des Personengesellschaftsrechts – aber wie?, ZGR 2020, 539, 560 f.; *Noack*, Von Maurach in die Welt – Der Gesetzentwurf der Expertenkommission zur Modernisierung des Personengesellschaftsrechts im Überblick, NZG 2020, 581; *Punte/Klemens/Sambulski*, Der „Mauracher-Entwurf" zur Modernisierung des Personengesellschaftsrechts – was lange währt, wird endlich gut?, ZIP 2020, 1230; *C. Schäfer*, Grundzüge des neuen Personengesellschaftsrechts nach dem Mauracher Entwurf, ZIP 2020, 1149; *ders.* Beschlussfassung und Beschlussanfechtung in der Personenhandelsgesellschaft nach dem MoPeG-RegE, ZIP 2021, 1527; *ders.*, Grundsatzfragen bei der anstehenden Reform des Personengesellschaftsrecht, FS Seibert 2019, S. 723; *ders.*, Insolvenzrechtliche Implikationen des neuen Personengesellschaftsrechts nach dem Mauracher Entwurf, ZRI 2020, 333; *Wertenbruch*, Schloss Maurach zur Reform des Personengesellschaftsrecht, GmbHR 2020, R 196; *Westermann*, Zum Stand der »Modernisierung« des Personengesellschaftsrechts, DZWiR 2020, 321.

Statuswechsel, § 707c BGB n.F.).[113] Gewichtig sind jedoch daneben, wenn auch deutlich weniger einschneidend (neben der klarstellenden Bezug- und Aufnahme in §§ 105 Abs. 2, 161 Abs. 2 HGB –Verweisnormen) –[114] auch die weiteren Änderungen im OHG-Recht selbst (§§ 110–115 HGB und §§ 120–122 HGB), namentlich zur (praktisch bereits üblichen) Stimmkraft nach Beteiligungsverhältnissen (§ 709 Abs. 3 BGB n.F., § 120 Abs. 1 S. 2 HGB n.F), zu Beschlussverfahren und -mängeln (§§ 109, 110 ff. n.F. HGB, besonders gewichtig) sowie zu Gewinnermittlung und -verteilung (§ 120 ff. n.F. HGB), außerdem mit Reduktion der Nachhaftung (§ 137 Abs. 1 S. 2 HGB n.F. iVm § 728b 1 S. 2 BGB) und Neufassung der Informationsrechte des Kommanditisten (§ 166 HGB) sowie Regelungen zur Kapitalgesellschaft & Co. KG (§§ 172, 179 HGB n.F. zur Verwaltungsrechtsausübung in der GmbH durch die Kommanditisten und Koordinierung in der Simultaninsolvenz), schließlich auch, praktisch besonders wichtig, die Öffnung der OHG für die freien Berufe (§ 107 Abs. 1 S. 2 HGB n.F.) und die Klarstellung, dass für im Inland registrierte Gesellschaften (unabhängig vom Tätigkeitsschwerpunkt) deutsches Recht gewählt werden darf (§ 706 S. 2 BGB n.F.).[115]

c) (Europäisches) Rechnungslegungsrecht. Mit der Umsetzung des Europäischen Richtlini- 27
enpakets zum Rechnungslegungsrecht (mit Abschlussprüfung)[116] wurde nicht nur das seit 1937 (durch die Ausgliederung des Aktienrechts) verwaiste **3. Buch wieder aktiviert**. Schon dadurch

113 Vgl. zu diesem Hauptregelungsgehalt näher aus dem überreichen Schrifttum *Späth-Weinreich*, Update: Das MoPeG wurde verabschiedet – Im Blickpunkt: Die beschlossenen Änderungen im materiellen Personengesellschaftsrecht, BWNotZ 2022, 2; *Hermanns*, Gesetz zur Modernisierung des Personengesellschaftsrechts (MoPeG) – Entstehung und Überblick, DNotZ 2022, 3;*Fleischer*, Leitbildwandel im Recht der BGB-Gesellschaft – Ein erster Rundgang durch den Mauracher Entwurf zur Modernisierung des Personengesellschaftsrechts –, DB 2020, 1107 und *ders.*, Ein Rundgang durch den Regierungsentwurf eines Gesetzes zur Modernisierung des Personengesellschaftsrechts, DStR 2021, 430; *Noack*, Von Maurach in die Welt – Der Gesetzentwurf der Expertenkommission zur Modernisierung des Personengesellschaftsrechts im Überblick, NZG 2020, 581; *C. Schäfer*, Grundzüge des neuen Personengesellschaftsrechts nach dem Mauracher Entwurf, ZIP 2020, 1149.

114 Vgl. zu diesem Hauptregelungsgehalt für das HGB näher aus dem ebenfalls reichen Schrifttum *C. Schäfer*, Beschlussfassung und Beschlussanfechtung in der Personenhandelsgesellschaft nach dem MoPeG RegE, ZIP 2021, 1527; dort auch zu den zentralen Änderungen bei Beschlussfassung und zu Beschlussmängeln; vgl. auch *ders.* Empfiehlt sich eine grundlegende Reform des Personengesellschaftsrechts?, Verhandlungen des 71. Deutschen Juristentages (Gutachten Teil E), 2016; *ders.*, Grundzüge eines Beschlussmängelrechts für die Personengesellschaft, in: FS K. Schmidt 2019, S. 323; zur Frage der schiedsgerichtlichen Klärung von Streitigkeiten s. auch *Habersack*, Personengesellschaftsrechtliche Beschlussmängelstreitigkeiten vor Schiedsgerichten, in: FS Graf Schlicker 2018, S. 37.

115 Zu den Änderungen im OHG-Recht (neben den Neuauflagen der Standardkommentare zu den genannten Normen) *Bachmann*, Das Gesetz zur Modernisierung des Personengesellschaftsrechts, NJW 2021, 3073; *C. Schäfer*, Beschlussfassung und Beschlussanfechtung in der Personenhandelsgesellschaft nach dem MoPeG-RegE, ZIP 2021, 1527. Zu den genannten Änderungen in der Kapitalgesellschaft & Co. KG: *C. Schäfer* bzw. *Habersack* in: C. Schäfer, Das neue Personengesellschaftsrecht, 2022, S. 24 und 102 ff;; *Bialluch-von Allwörden*, Übertragung von Kommanditanteilen – aufschiebend bedingte Abtretung durch MoPeG passé?, NZG 2022, 791; *Wertenbruch*, Die Einheits-GmbH & Co. KG nach MoPeG, GmbHR 2021, 1181; *ders.* Zum Stimmrecht der Komplementärin in GmbH & Co. KG und Einheits-GmbH & Co. KG nach MoPeG, NZG 2022, 939. Zur genannten Öffnung des Anwendungsbereichs: *Bachmann*, Das Gesetz zur Modernisierung des Personengesellschaftsrechts, NJW 2021, 3073; *Wertenbruch* in: C. Schäfer, Das neue Personengesellschaftsrecht, 2022, S. 313 ff.

116 Vierte Richtlinie 78/660/EWG des Rates v. 25.7.1978 aufgrund von Artikel 54 Absatz 3 Buchstabe g) des Vertrages über den Jahresabschluß von Gesellschaften bestimmter Rechtsformen, ABl. 1978 L 222/11; Siebte Richtlinie 83/349/EWG des Rates v. 13.6.1983 aufgrund von Artikel 54 Absatz 3 Buchstabe g) des Vertrages über den konsolidierten Abschluß, ABl. 1983 L 193/1; beide aufgehoben und ersetzt durch einen Rechtsakt, der das Rechnungslegungsrecht des Einzelunternehmens ebenso wie des Konzerns in sich vereint („Kodifikation"): Richtlinie 2013/34/EU des Europäischen Parlaments und des Rates vom 26. Juni 2013 über den Jahresabschluss, den konsolidierten Abschluss und damit verbundene Berichte von Unternehmen bestimmter Rechtsformen und zur Änderung der Richtlinie 2006/43/EG des Europäischen Parlaments und des Rates und zur Aufhebung der Richtlinien 78/660/

markiert das **Bilanzrichtlinie-Gesetz 1985** eine Wegmarke.[117] Vielmehr erscheint oder jedenfalls erschien die Materie zwar deutlich technischer und tendenziell auch weniger gewichtig als das Aktienrecht, und konnte mit der Hereinnahme auch der Umstand nicht behoben werden, dass die volumenstärkste Handelsgesellschaft außerhalb des HGB geregelt wird. Umgekehrt jedoch erhielt das HGB wieder einen deutlichen Regulierungsschwerpunkt und es konzentrierte sich fortan die Änderungsgesetzgebung zum HGB – wegen der tendenziell doch deutlich dynamischeren Entwicklung im Bereich Regulierung als im Bereich Handelsstand, Personengesellschaften und Handelsgeschäfte – in gerade diesem Bereich. Die Unterschiede in der Dynamik zwischen Europäischem und nationalem Gesetzgeber werden deutlich – und zwar umgekehrt zu dem, was die häufig beschworene Versteinerungsgefahr supranationaler Rechtssetzung vermuten ließe.[118] Mit der Entwicklung in der letzten Dekade – und der Ausrichtung auf Nachhaltigkeitsaspekte – erscheint inzwischen derzeit dieser Bereich sogar mit an der Spitze der Entwicklung (Rn. 28 f.). **Nach 1985 und bis zur Einführung der IFRS** als globales Modell, genauer: der IFRS-VO 2002, blieb die Entwicklung moderat,[119] so dass auch für das 3. Buch (wie für das 1. und auch 2. Buch) eine Wasserscheide um die Jahrtausendwende unverkennbar ist. Das Transparenz- und Publizitätsgesetz (2002) brachte in Art. 2 umfangreiche Anpassungen des Rechnungslegungsrechts sowohl im Einzel- als auch im Konzernabschluss bei der Erfassung der vom EG-Transparenz- und Publizitätsregime erfassten und neu regulierten Finanzinstrumente.[120] Unter dem eher unscheinbaren Namen eines Bilanzrechtsreformgesetzes (2004) vollzog der deutsche Gesetzgeber einen der fundamentalsten Umbrüche im Europäischen Rechnungslegungsrechts nach,[121] die Annäherung

EWG und 83/349/EWG des Rates, ABl. EU 2013 L 182/19; konsolidierte Version abrufbar unter https://bit.ly/3sWy0lc (abgerufen am 25.5.2022). Achte Richtlinie 84/253/EWG des Rates v. 10.4.1984 aufgrund von Artikel 54 Absatz 3 Buchstabe g) des Vertrages über die Zulassung der mit der Pflichtprüfung der Rechnungslegungsunterlagen beauftragten Personen, ABl. 1984 L 126/20; aufgehoben durch Richtlinie 2006/43/EG des Europäischen Parlaments und des Rates vom 17. Mai 2006 über Abschlussprüfungen von Jahresabschlüssen und konsolidierten Abschlüssen, zur Änderung der Richtlinien 78/660/EWG und 83/349/EWG des Rates und zur Aufhebung der Richtlinie 84/253/EWG des Rates, ABl. EG 2006, L 157/87; mehrfach geändert, konsolidierte Fassung abrufbar unter https://bit.ly/3LNrZOa (letzter Abruf 25.5.2022).

117 Gesetz zur Durchführung der Vierten, Siebenten und Achten Richtlinie des Rates der Europäischen Gemeinschaften zur Koordinierung des Gesellschaftsrechts (Bilanzrichtlinien-Gesetz – BiRiLiG) vom 19.12.1985, BGBl. 1985 I, S. 2355; *Küting*, Das deutsche Bilanzrecht im Spiegel der Zeiten – Zugleich eine Einordnung des Bilanzrechtsmodernisierungsgesetzes in das aktuelle und historische Bilanzrecht, DStR 2009, 288 (mit dem Hinweis auf die bemerkenswerte, durch das BiRiLiG vorgenommene, Verlagerung des Rechnungslegungsrechts ins HGB); vgl. auch (noch zum Entwurf) *Müller*: Eine neue Rechnungslegung: Fortschritt oder Rückschritt? ZIP 1985, 1427 ff.; GroßKommHGB/*Kindler*, Vor § 290 Rn. 13–21.

118 Zur (Angst vor) Versteinerung im supranationalen Bereich vgl. etwa *Teichmann*, Ein Europäisches Zivilgesetzbuch – Notwendigkeit, Utopie, Illusion?, in: Dörr/Dreher, Europa als Rechtsgemeinschaft, 1997, S. 22; *Streinz*, Richterrecht in der europäischen Integration – Die Rolle der Verfassungsvergleichung, in: Herzig/Klamert/Palmstorfer ua (Hrsg.), Europarecht und Rechtstheorie, 2017, S. 47 (52).

119 Zur Entwicklung des Rechnungslegungsrecht zwischen 1985 und der Jahrtausendwende vgl. etwa *Küting*, Das deutsche Bilanzrecht im Spiegel der Zeiten – Zugleich eine Einordnung des Bilanzrechtsmodernisierungsgesetzes in das aktuelle und historische Bilanzrecht, DStR 2009, 288 f. (auch mit dem Hinweis darauf, dass die wenigen Änderungen, die es gab, von der Bedeutung und Tragweite her nicht mit dem BiRiLiG vergleichbar waren, sondern vielmehr ausgewählte Einzelaspekte behandelten).

120 Gesetz zur weiteren Reform des Aktien- und Bilanzrechts, zu Transparenz und Publizität (Transparenz- und Publizitätsgesetz) vom 19. Juli 2002, BGBl. 2002 I, S. 2681; dazu etwa *Bornmüller*, Starker Aufsichtsrat – Die Neuerungen im Aktienrecht, BuW 2003, 242; *Seibert*, Das „TransPuG", NZG 2002, 608; *Velte*, Entwicklung und Perspektiven des Maßgeblichkeitsprinzips, Ubg 2015, 26.

121 Gesetz zur Einführung internationaler Rechnungslegungsstandards und zur Sicherung der Qualität der Abschlussprüfung (Bilanzrechtsreformgesetz – BilReG) vom 4. Dezember 2004, BGBl. 2004 I, S. 3166; dazu etwa *Stahlschmidt*, Überblick über das Bilanzrechtsreformgesetz, StuB 2004, 993.

an die Regelungen in internationalen Rechnungslegungsstandards, mit der IFRS-VO vor allem für kapitalmarktorientierte Konzerne.[122]

28 Seit der Ausbildung des heute geltenden Gesamtsystems – einschließlich und **ab Erlass der IFRS-VO 2002/04** (vorige Rn.) – sind die **wichtigsten Änderungsakte** in Folgenden zu sehen: Mit dem Bilanzrechtsmodernisierungsgesetz (BilMoG, 2009) wurde der Aufsichtsrat stärker in die Pflicht genommen, die Effektivität der Kontrollsysteme, der internen Auditsysteme und des Risikomanagements selbst aktiv zu gewährleisten,[123] wohingegen das Gesetz zur Angemessenheit der Vorstandsvergütung aus dem gleichen Jahr für das HGB nur Aufdeckungspflichten der für das Angemessenheitsurteil geregelten Vergütungsbestandsteile auch in der Rechnungslegung brachte (§§ 285 Nr. 9 und 314 HGB).[124] Umfangreiche Entlastungen von Rechnungslegungspflichten brachte schließlich – in Umsetzung von Richtlinie 2012/6/EU – das entsprechende Umsetzungsgesetz für Kleinstkapitalgesellschaften (iSv § 267a HGB), um ihnen vergleichbare Entlastungen zu gewähren (2012) wie zuvor das BilMoG (2009) den Einzelkaufleuten und Personenhandelsgesellschaften.[125] Es folgte eine Neujustierung der Sanktionen bei Verstoß gegen Veröffentlichungspflichten (2013).[126] Schließlich sind nach und neben der – schlechterdings epochalen – (EU) CSR-Richtlinie (2014) und ihrer Umsetzung (nächste Rn.) als weitere durchaus signifikante Fortentwicklungen – und Umsetzungen – des (EU) Rechnungslegungsrechts zu nennen: Während für die gleichberechtigte Teilhabe von Frauen und Männern an Führungspositionen in 2015 wiederum nur die Durchführung der Vorgaben im Rechnungslegungsrecht nachzuvollziehen war (§§ 289a, 336 Abs. 2 HGB),[127] wirkte das Bilanzrichtlinie-Umsetzungsgesetz 2015 flächendeckend, nachdem

122 Verordnung (EG) Nr. 1606/2002 des Europäischen Parlaments und des Rates v. 19.7.2002 betreffend die Anwendung internationaler Rechnungslegungsstandards, ABl.EG 2002 L 243/1; Änderung ABl.EG 2008 L 97/62; zu diesem Regime (namentlich dem komplexen Regime seiner Anwendbarkeit auf kapitalmarktorientierte Konzerne und seiner ins Mitgliedstaatenermessen gestellten Anwendbarkeit auf [sonstige] Einzel- und Konzernabschlüsse) Ebenroth/Boujong/Joost/Strohn/*Böcking*/*Gros* § 315e Rn. 1 ff.; BeckHdB IFRS[6]/*Lübbig*/*Kühnel*, § 2. Rn. 11; *Grundmann*, European Company Law, § 18.

123 Gesetz zur Modernisierung des Bilanzrechts (Bilanzrechtsmodernisierungsgesetz – BilMoG) vom 25. Mai 2009, BGBl. 2009 I, S. 1102; BT-Drs. 16/10067 (RegE); dazu *Handelsrechtsausschuss des DAV*, Stellungnahme zum Referentenentwurf eines Gesetzes zur Modernisierung des Bilanzrechts (BilMoG), NZG 2008, 183; *Herzig*, Modernisierung des Bilanzrechts und Besteuerung, DB 2008, 1; *Luttermann*, Zum Gesetz zur Modernisierung des Bilanzrechts, ZIP 2008, 1605.

124 Gesetz zur Angemessenheit der Vorstandsvergütung (VorstAG) vom 31. Juli 2009, BGBl. 2009 I, S. 2509; zuvor Art. 14 des Gesetzes zur Umsetzung der Aktionärsrechterichtlinie (ARUG) vom 30. Juli 2009, BGBl. 2009 I, S. 2479 mit wenigen redaktionellen Änderungen zu §§ 274a Nr. 5, 285 und 314 HGB; zum VorstAG *Lingemann*, Angemessenheit der Vorstandsvergütung – Das VorstAG ist in Kraft, BB 2009, 1918; *Dauner-Lieb*/*Preen*/*Simon*, Das VorstAG – Ein Schritt auf dem Weg zum Board System?, DB 2010, 377; *Hohaus*/*Weber*, Die Angemessenheit der Vorstandsvergütung gem. § 87 AktG nach dem VorstAG, DB 2009, 1515; *Gaul*/*Janz*, Das neue VorstAG – Veränderte Vorgaben auch für die Geschäftsführer und den Aufsichtsrat der GmbH, GmbHR 2009, 959.

125 Gesetz zur Umsetzung der Richtlinie 2012/6/EU des Europäischen Parlaments und des Rates vom 14. März 2012 zur Änderung der Richtlinie 78/660/EWG des Rates über den Jahresabschluss von Gesellschaften bestimmter Rechtsformen hinsichtlich Kleinstbetrieben (Kleinstkapitalgesellschaften-Bilanzrechtsänderungsgesetz – MicroBilG) vom 20. Dezember 2012, BGBl. 2012 I, S. 2751; BT-Drs. 17/11292 (RegE); zu diesem Komplex *Theile*, Vereinfachte Jahresabschlüsse für Kleinstkapitalgesellschaften, GmbHR 2012, 1112; Müller/Kreipl, Rechnungslegungserleichterungen für Kleinstkapitalgesellschaften und Tochterunternehmen ausländischer Konzernmütter durch das MicroBilG, DB 2013, 73; *Zwirner*, MicroBilG in Kraft getreten: Kein umfassender Mehrwert erkennbar – im Gegenteil, DB 2013, Heft 3, M1.

126 Gesetz zur Änderung des Handelsgesetzbuchs vom 4. Oktober 2013, BGBl. 2013 I, S. 3746; BT-Drs. 17/13617 (RegE); zu diesem Komplex *Kaufmann*/*Kurpat*, Offenlegungspflicht von Jahresabschlüssen – Das Ordnungsgeldverfahren nach § 335 HGB aus Sicht der Rechtsprechung, MDR 2014, 1; *Petersen*/*Busch*, Neuregelung des handelsrechtlichen Ordnungsgeldverfahrens – Erleichterungen vor allem für kleine Unternehmen, WPg. 2013, 905.

127 Gesetz für die gleichberechtigte Teilhabe von Frauen und Männern an Führungspositionen in der Privatwirtschaft und im öffentlichen Dienst vom 24. April 2015, BGBl. 2015 I, S. 642; dazu *Seibt*/*Kraack*, in: Hohenstatt/Seibt (Hrsg.), Geschlechter- und Frauenquoten in der Privatwirtschaft, 2015, Rn. 247 ff; *Schüppen*/*Walz*, „Mitbestimmungslücke" und mangelhafte Berichterstattung über die „Frauenquote", WPg. 2015, 1155; *Seidler*, Fehlende, unvollständige oder falsche Angaben eines Unternehmens zur Frauenquote: Pflichten des Abschlussprüfers?, BB 2016, 939.

das gesamte EU Rechnungslegungsrecht 40 Jahre nach den Anfängen kodifiziert worden war,[128] wenn auch mit keinen grundstürzenden inhaltlichen Änderungen.[129] Zeitnah folgten weniger gewichtige Änderungen. Das (erste) Umsetzungsgesetz zur Transparenzrichtlinie-Änderungsrichtlinie (2015) führte zum bloßen rechnungslegungsrechtlichen Nachvollzug der in der EU-Richtlinie neu justierten Transparenzanforderungen in Bezug auf Informationen über Emittenten, deren Wertpapiere zum Handel auf einem geregelten Markt zugelassen sind.[130] Ein weiterer Komplex war – in Reaktion auf die Defizite, die in der Finanzkrise deutlich geworden waren – der Schärfung der Abschluss- und Wirtschaftsprüfung und der Aufsicht über diese gewidmet (2016), jeweils auf EU-rechtlicher Grundlage, mit einem Reformgesetz zur Abschlussprüfung selbst (AReG) und einem zur Aufsicht über diese (APAReG).[131] Das ARUG II (2019) brachte in seinem Art. 3 (Folge-)Änderungen namentlich von § 289f (Vergütungsbericht auf Internetseite) und § 325a HGB (nur

---

128 Richtlinie 2013/34/EU des Europäischen Parlaments und des Rates vom 26. Juni 2013 über den Jahresabschluss, den konsolidierten Abschluss und damit verbundene Berichte von Unternehmen bestimmter Rechtsformen und zur Änderung der Richtlinie 2006/43/EG des Europäischen Parlaments und des Rates und zur Aufhebung der Richtlinien 78/660/EWG und 83/349/EWG des Rates, ABl.EU 2013 L 182/19; Gesetz zur Umsetzung der Richtlinie 2013/34/EU [...] und zur Änderung der Richtlinie 2006/43/EG [...] und zur Aufhebung der Richtlinien 78/660/EWG und 83/349/EWG des Rates (Bilanzrichtlinie-Umsetzungsgesetz – BilRUG) vom 17. Juli 2015, BGBl. 2015 I, S. 1245; BT-Drs. 18/4050 (RegE); umfangreiches Gesetzgebungsverfahren, Anwendung erstmals für die Geschäftsjahre, die nach dem 31.1.2015 beginnen. Verstärkt wird die Systematisierung der Rechnungslegung, namentlich für die vorher relativ freie Anhangberichtserstattung, dabei für kleine Kapitalgesellschaften reduziert, für Mittlere und Große hingegen erweitert (wobei Größengrenzen heraufgesetzt und der EU-Höchstrahmen ausgenutzt wurden). Zwischensummen (wichtig namentlich für das außerordentliche Ergebnis) entfielen in der reinen Gewinn- und Verlustrechnung.

129 Aus der reichen Literatur vgl. *Hirte*, Gesetzliche Neuerungen im Bereich des Bilanzrechts und der Abschlussprüfung in Deutschland im Jahre 2015, NZG 2016, 819; *Kreipl/Müller*, Die EU-Bilanzrichtlinie und deren Umsetzung in Deutschland aus dem Blickwinkel der Corporate Governance – Chancen und Risiken des Bilanzrichtlinien-Umsetzungsgesetzes (BilRUG), ZCG 2014, 235; *Lüdenbach/Freiberg*, BilRUG-RefE: Nur „punktuelle Änderungen"? BB 2014, 2219; *Oser/Orth/Wirtz*, Neue Vorschriften zur Rechnungslegung und Prüfung durch das Bilanzrichtlinie-Umsetzungsgesetz – Anmerkungen zum Referentenentwurf, BB 2014, 1877; *Zwirner*, Reform des HGB durch das BilRUG – mehr als nur eine Rechnungslegungsreform – ein Überblick über die wesentlichen Änderungen zwischen Referentenentwurf und Regierungsentwurf, DStR 2015, 375; *ders.*, Reform des HGB durch das BilRUG – Ein Überblick über die wesentlichen Detailänderungen im Einzelabschluss, DStR 2014, 1784; *ders.*, Reform des HGB durch das BilRUG – Ein Überblick über die wesentlichen Detailänderungen im Konzernabschluss, in: DStR 2014, 1843; *ders.*, Reform durch das BilRUG – Sonstige Änderungen – Wesentliche Änderungen über den handelsrechtlichen Einzel- und Konzernabschluss hinaus (Abschlussprüfung, Offenlegung, Straf-/Bußgeldvorschriften, GmbHG, PublG, AktG u.a.), DStR 2014, 1889; *Zwirner/Busch*, Neuerungen in der handelsrechtlichen Konzernrechnungslegung durch das Bilanzrichtlinien-Umsetzungsgesetz (BilRUG), Der Konzern 2016, 113; *Zwirner/Petersen*, Wie reformiert das BilRUG das Bilanzrecht? – Wesentliche Änderungen für Einzel- und Konzernabschluss sowie Offenlegung, WPg. 2015, 811.

130 Gesetz zur Umsetzung der Transparenzrichtlinie-Änderungsrichtlinie vom 20. November 2015, BGBl. 2015 I, S. 2029; zu diesem Gesetz (für die registerrechtlichen Inhalte) bereits oben Fn. 103; zu weiteren kleineren Änderungen im HGB-Rechnungslegungsrecht 2015/16 vgl. Oetker/*Oetker*, Einleitung Rn. 6 (Fn. 35).

131 Gesetz zur Umsetzung der prüfungsbezogenen Regelungen der Richtlinie 2014/56/EU sowie zur Ausführung der entsprechenden Vorgaben der Verordnung (EU) Nr. 537/2014 im Hinblick auf die Abschlussprüfung bei Unternehmen von öffentlichem Interesse (Abschlussprüfungsreformgesetz – AReG) vom 10. Mai 2016, BGBl. 2016 I, S. 1142; Gesetz zur Umsetzung der aufsichts- und berufsrechtlichen Regelungen der Richtlinie 2014/56/EU sowie zur Ausführung der entsprechenden Vorgaben der Verordnung (EU) Nr. 537/2014 im Hinblick auf die Abschlussprüfung bei Unternehmen von öffentlichem Interesse (Abschlussprüferaufsichtsreformgesetz – APAReG) vom 31. März 2016, BGBl. 2016 I, S. 518. Zu den Inhalten, namentlich Vermeidung von Interessenkonflikten durch (interne) Rotation, Verschärfung der Kontrollen und Haftungsschärfung, vgl. etwa *Kelm/Schneiß/Schmitz-Herkendell*, Abschlussprüferaufsichtsreformgesetz, WPg 2016, 60; *Boecker/Zwirner*, Das APAReG wurde verabschiedet, DStR 2016, 90; *Hayn/Oser*, Eckpfeiler der EU-Abschlussprüferreform, BOARD 1/2016, 9–13.

einmalige Pflicht der Offenlegung bei mehreren Zweigniederlassungen von Auslandsgesellschaften),[132] das (zweite) Umsetzungsgesetz zur Transparenzrichtlinie-Änderungsrichtlinie ein einheitliches elektronisches Format für Jahresfinanzberichte (2020).[133]

Vom praktischen Gewicht her herausragend und konzeptionell nicht weniger als eine Neuausrichtung begründend (oder konsolidierend) ist die **Umsetzung der EU-CSR-Richtlinie (sog. nicht-finanzielle Berichterstattung)** im **CSR-Richtlinie-Umsetzungsgesetz.**[134] Die CSR-Richtlinie (2014), im Verbund mit der sog. Taxonomie-VO,[135] bildet (neben der zweiten EU-Aktionärsrechte-Richtlinie) den wohl wichtigsten Rechtsakt des Europäischen Gesellschaftsrechts oder jedenfalls Unternehmensrechts (jenseits des EU-Kapitalmarktrechts) nach der globalen Finanz- **29**

132 Gesetz zur Umsetzung der zweiten Aktionärsrechterichtlinie (ARUG II) vom 12. Dezember 2019, BGBl. 2019 I, S. 2637; aus der überreichen Literatur zum ARUG II vgl. nur *Florstedt*, Die wesentlichen Änderungen des ARUG II nach den Empfehlungen des Rechtsausschusses, ZIP 2020, 1; *Zipperle/Lingen*, Das Gesetz zur Umsetzung der zweiten Aktionärsrechterichtlinie im Überblick, BB 2020, 131; *Zwirner/Vodermeier*, ARUG II: Neuerungen für börsennotierte Aktiengesellschaften, IRZ 2020, 53; *Orth/Oer/Philippsen/Sultana*, ARUG II: Zum neuen aktienrechtlichen Vergütungsbericht und sonstigen Änderungen im HGB, DB 2019, 2814.

133 Gesetz zur weiteren Umsetzung der Transparenzrichtlinie-Änderungsrichtlinie im Hinblick auf ein einheitliches elektronisches Format für Jahresfinanzberichte vom 12. August 2020, BGBl. 2020 I, S. 1874 (ESEF-Umsetzungsgesetz); dazu *Zwirner*, ESEF-Umsetzungsgesetz in Kraft getreten, StuB 2020, 673; zum RegE *R. Schmidt*, ESEF – Endlich mehr Klarheit, DB 2020, 513.

134 Gesetz zur Stärkung der nichtfinanziellen Berichterstattung der Unternehmen in ihren Lage- und Konzernlageberichten (CSR-Richtlinie-Umsetzungsgesetz) vom 11. April 2017, BGBl. 2017 I, S. 802; BT-Drs. 18/9982 (RegE); zur Umsetzungsdiskussion siehe etwa *Roth-Mingram*, Corporate Social Responsibility (CSR) durch eine Ausweitung der nichtfinanziellen Informationen von Unternehmen, NZG 2015, 1341 (1342 f.); *Nietsch*, Nachhaltigkeitsberichterstattung im Unternehmensbereich ante portas – der Regierungsentwurf des CSR-Richtlinie-Umsetzungsgesetzes, NZG 2016, 1330; *Seibt*, CSR-Richtlinie-Umsetzungsgesetz: Berichterstattung über nichtfinanzielle Aspekte der Geschäftstätigkeit, DB 2016, 2707; siehe auch *Hell*, Grundsatzfragen der Ausgestaltung der nichtfinanziellen Unternehmenspublizität, EuZW 2018, 1015.

135 Richtlinie 2014/95/EU des Europäischen Parlaments und des Rates vom 22. Oktober 2014 zur Änderung der Richtlinie 2013/34/EU im Hinblick auf die Angabe nichtfinanzieller und die Diversität betreffender Informationen durch bestimmte große Unternehmen und Gruppen, ABl.EU 2014, L 330/1. Dazu aus der überreichen Literatur aus jüngerer Zeit monographisch und mit umfassender Analyse *Hell*, Offenlegung nichtfinanzieller Informationen. Nichtfinanzielle Publizitätspflichten im Spannungsfeld von Informations- und Regulierungsfunktion im europäischen, deutschen und US amerikanischen Aktien , Bilanz und Kapitalmarktrecht, 2020, passim (mwN), siehe etwa auch *Bachmann*, CSR-bezogene Vorstands- und Aufsichtsratspflichten und ihre Sanktionierung bzw. *Hennrichs*, Die Grundkonzeption der CSR-Berichterstattung und ausgewählte Problemfelder, ZGR 2018, 231 bzw. 206 (und das ganze Sonderheft); *Eufinger*, Die neue CSR-Richtlinie – Erhöhung der Unternehmenstransparenz in Sozial- und Umweltbelangen, EuZW 2015, 424; *Roth-Mingram*, Corporate Social Responsibility (CSR) durch eine Ausweitung der nichtfinanziellen Informationen von Unter-nehmen, NZG 2015, 1341; *Schön*, Der Zweck der Aktiengesellschaft – geprägt durch europäisches Gesellschaftsrecht?, ZHR 180 (2016), 279; *Spießhofer*, Die neue europäische Richtlinie über die Offenlegung nichtfinanzieller Informationen – Paradigmenwechsel oder Papiertiger?, NZG 2014, 1281; zur Implementierung von CSR in der Lieferkette *Fleischer/Hahn*, Berichtspflichten über menschenrechtliche Standards in der Lieferkette, RIW 2018, 397 und *Rühmkorf*, Corporate Social Responsibility in der Lieferkette: Governance und Verantwortlichkeiten, ZGR 2018, 410; umfassend zu CSR *Hilty/Henning-Bodewig*, Corporate Social Responsibility, Verbindliche Standards des Wettbewerbsrechts? 2014; zur Nachhaltigkeit als neuem EU-Rechtsprinzip vgl. den Aktionsplan: Finanzierung nachhaltigen Wachstums, Europäische Kommission COM(2018) 97 final; dazu *Möslein/Mittwoch*, Der Europäische Aktionsplan zur Finanzierung nachhaltigen Wachstums, WM 2019, 481; sowie. Verordnung EU 2020/852 des Europäischen Parlaments und des Rates v. 18.6.2020 über die Einrichtung eines Rahmens zur Erleichterung nachhaltiger Investitionen und zur Änderung der Verordnung (EU) 2019/2088, ABl.EU, L 198/13, dazu etwa *Lamy/Bach*, Die EU-Taxonomie-Verordnung und ihre Auswirkungen auf die Energiewirtschaft, EnWZ 2020; 348; grundlegend jetzt *Mittwoch*, Nachhaltigkeit und Unternehmensrecht, 2022.

krise, und befindet sich schon nach wenigen Jahren im Novellierungsprozess.[136] Kernidee ist es, den global agierenden Unternehmen für ihre Zulieferketten insoweit eine Verantwortung (und „Due Diligence"-Pflichten) aufzuerlegen, als sie ihre Strategie zu Fragen der Umwelt- und Menschenrechtsverträglichkeit aufzudecken haben, die sich beim Handeln ihrer globalen Zulieferkette, deren Akteure und ihrer zulieferbezogenen Tätigkeiten (unabhängig vom Standort), stellen.[137] Der Hauptstreit entzündet sich an der Frage nach der Wirksamkeit solch eines Informationsmodells, insbesondere ob es bisher (i) weit genug in die Kette hineinreichte, ob (ii) Unternehmen ihre Strategie nicht breitflächig schönschreiben (können), den zentralen Fragen auch ausweichen können (hierzu vor allem die EU-Taxonomie-VO) und wie (iii) die Adressaten, namentlich die Aktionäre, aber ggf. auch Abnehmer oder (politische) Öffentlichkeit, wirklich auf diese Berichte, namentlich auch weniger positive, reagieren.[138]

30 **d) Handelsgeschäftsrecht, Spezielle Handelsgeschäfte.** Auch im Handelsgeschäftsrecht kann man einen Einschnitt um die Jahrtausendwende konstatieren. Vor dieser blieben die Änderungen äußerst punktuell, und betrafen namentlich das Speditionsgeschäft[139] und das Fracht- und Lagerrecht.[140] **Nach der Jahrtausendwende** waren die ersten tiefgreifenden Änderungen primär indirekter Art, denn das mit der (BGB-)Schuldrechtsmodernisierung fundamental erneuerte Leistungsstörungs- und Verjährungsregime[141] entfaltete mit dem zweiten Teil erhebliche Wirkung im

136 Zum derzeitigen Novellierungsprozess (vor allem Standardisierung und Schärfung eines Mindestangabenregimes) vgl. *Europäische Kommission*, Vorschlag für eine Richtlinie des Europäischen Parlaments und des Rates zur Änderung der Richtlinien 2013/34/EU, 2004/109/EG und 2006/43/EG und der Verordnung (EU) Nr. 537/2014 hinsichtlich der Nachhaltigkeitsberichterstattung von Unternehmen, COM/2021/189 final, S. 6; dazu aus der reichen Literatur etwa *Fleischer*, Klimaschutz im Gesellschafts-, Bilanz- und Kapitalmarktrecht, DB 2022, 37 (40); *Nietsch*, Von der nichtfinanziellen Berichterstattung zur Nachhaltigkeitsberichterstattung – Eine Momentaufnahme zum Vorschlag der Corporate Sustainability Reporting Directive, ZIP 2022, 449; *Hosp/Kraft*, Zur Zukunft der Nachhaltigkeitsberichterstattung, WPg 2021, 825; *Velte*, Prüfung von Nachhaltigkeitsberichten nach dem Entwurf einer „CSR-Richtlinie 2.0", WPg 2021, 613.

137 Besonders im internationalen Schrifttum: *Hart*, A Natural-Resource-Based View of the Firm, 20 The Academy of Management Review (1995), 986; *Johns*, Deconstructing Corporate Social Responsibility, 22 A Journal of Policy Analysis and Reform (2005), 369 (bes. 370); *Garriga/Melé*, Corporate Social Responsibility Theories: Mapping the Territory, 53 Journal of Business Ethics (2004), 51; *Humbert*, Sustainability Reporting: A Critical Assessment of the E.U. CSR Directive and Its German Implementation from a Human Rights Perspective, 71 Schmalenbach Business Review (2019), 279; sowie Nachw. nächste Fn.

138 Etwa *Humbert*, 71 Schmalenbach Business Review (2019), 279; *Venturelli/Fasan/Pizzi*, Rethinking non-financial reporting in Europe: challenges and opportunities in revising Directive 2014/95/EU, 23 Journal of Applied Accounting Research (2022), 1; im Erscheinen die breite, auch interdisziplinäre Analyse in *Kolter*, Nichtfinanzielle Berichterstattung, 2022.

139 Änderung des Speditionsgeschäfts durch Gesetz zur Neuordnung des Eisenbahnwesens (ENeuOG) vom 27.12.1993 (BGBl. I S. 2378), siehe hierzu etwa *Blaschczok*, Deregulierung und Desorientierung im Eisenbahnfrachtrecht, VersR 1994, 783.

140 Änderungen der Regeln über die Wertpapiere im Fracht- und Lagerrecht (Güterpapier), konkret § 363 Abs. 2 HGB durch das Seerechtsänderungsgesetz vom 21.6.1972 (BGBl. I 1972 S. 966).

141 Gesetz zur Modernisierung des Schuldrechts vom 26. November 2001, BGBl. 2001 I, S. 3138; aus der Grundsatzliteratur zum Reformprozess etwa *Grundmann/Medicus/Rolland* (Hrsg.), Europäisches Kaufgewährleistungsrecht – Reform und Internationalisierung des deutschen Schuldrechts, 2000; *Ernst/Zimmermann* (Hrsg.), Zivilrechtswissenschaft und Schuldrechtsreform – zum Diskussionsentwurf eines Schuldrechtsmodernisierungsgesetzes des Bundesministeriums der Justiz, 2001; *Schulze/Schulte-Nölke* (Hrsg.), Die Schuldrechtsreform vor dem Hintergrund des Gemeinschaftsrechts, 2001; und spezifisch zum Verjährungsregime *Peters/Zimmermann*, Der Einfluss von Verjährungsfristen auf Schuldverhältnisse, Möglichkeiten der Vereinheitlichung von Verjährungsfristen in: Gutachten und Vorschläge zur Überarbeitung des Schuldrechts, hrsg. vom Bundesministerium der Justiz, Bd.I, 1981, S. 77; *Zimmermann*, Schuldrechtsmodernisierung?, in: Ernst/Zimmermann (Hrsg.) a.a.O., S. 1–24. Zu allem heute die Standardkommentare.

HGB (Handelsstand und Handelsgeschäftsrecht) mit der Neufassung/Einführung der verjährungsrechtlichen Regeln in §§ 26 Abs. 1 und 2, 27 Abs. 2, 159 Abs. 4, § 375 Abs. 2 (außerdem Aufhebung von §§ 378, 382 HGB und Erstreckung von § 381 HGB auch auf herzustellende Waren, dort Abs. 2).[142] Ganz im BGB umgesetzt wurde die Zahlungsverzugs-Richtlinie (namentlich § 288 Abs. 2 BGB) – obwohl materiell vor allem zweiseitige Handelsgeschäfte betreffend –[143] und Vergleichbares ist im Bankgeschäftsrecht für den Zweig Commercial Banking zu konstatieren (nächste Rn.). Größere Bedeutung für die HGB-Regeln zum **gesetzlichen Pfandrecht** (namentlich mit Neufassungen von § 366 Abs. 3 und 368 Abs. 2 HGB) hatte sodann – wiederum eher vermittelt – das Reformgesetz zum Seehandelsrecht von 2013,[144] das die gesetzlichen Pfandrechte des Kommissionärs (§ 397 HGB), Frachtführers (§ 441 HGB), Spediteurs (§ 464 HGB), und Lagerhalters (§ 475b HGB) einbezog.

Umgekehrt sind **Bankrecht und Transportrecht** Gegenstand eigener geschichtlicher Ent- 31
wicklungen, stark geprägt von einer zunehmenden und heute dominanten Europäisierung und Regulierung (Bankrecht)[145] und Internationalisierung, seit Anfang, und auch Europäisierung (Transportrecht).[146] Im **Bankrecht** sind beispielsweise von den drei großen Geschäftsbereichen der Zahlungsverkehr flächendeckend europäisiert für alle heute noch wichtigen Zahlungsinstrumente (Zahlungsdiensterecht, umgesetzt in §§ 675c ff., 676a–676c BGB), das Kreditgeschäft immerhin für den gesamten Bereich der Verbraucherkredite, getrennt für die ungesicherten und die grundpfandrechtlich gesicherten (EU-Verbraucherkredit- und EU-Wohnimmobilien-Richtlinie, umgesetzt in §§ 491–515 BGB, punktuell mit Sondervorschriften für Immobilienkredite etwa §§ 503, 505c BGB), wohingegen der Bereich des Investment Banking in großen Teilen sogar durch EU-Verordnungen geregelt ist und vor allem die Haftung und die Anlageberatung noch dem Modell Europäischer Harmonisierung und Umsetzung im deutschen Recht folgen (namentlich Prospektgesetz und Wertpapierhandelsgesetz). Die zwei grundlegenden Reformen im

142 Vgl. zu diesen Regeln etwa *Mansel*, Die Neuregelung des Verjährungsrechts, NJW 2002, 89; *Leenen*, Die Neugestaltung des Verjährungsrechts durch das Schuldrechtsmodernisierungsgesetz, DStR 2002, 34; *Witt*, Schuldrechtsmodernisierung 2001/2002 – Das neue Verjährungsrecht, JuS 2002, 105.

143 Richtlinie 2000/35/EG des Europäischen Parlaments und des Rates vom 29. Juni 2000 zur Bekämpfung von Zahlungsverzug im Geschäftsverkehr, ABl. EG 2000, L 200/35, umgesetzt durch das Gesetz zur Modernisierung des Schuldrechts vom 26.11.2001, BGBl I, S. 3138 (neugefasst durch Richtlinie 2011/7/EU des Europäischen Parlaments und des Rates vom 16. Februar 2011 zur Bekämpfung von Zahlungsverzug im Geschäftsverkehr, ABl. EU 2011, L 48/1, ihrerseits umgesetzt durch das Gesetz zur Bekämpfung von Zahlungsverzug im Geschäftsverkehr und zur Änderung des Erneuerbare-Energien-Gesetzes, vom 22. Juli 2014, BGBl. 2014 I, S. 1218). Zur Umsetzung der ursprünglichen Richtlinie siehe etwa *Schmidt-Kessel*, Die Zahlungsverzugsrichtlinie und ihre Umsetzung, NJW 2001, 97; zur Umsetzung im BGB statt im HGB siehe *Oelsner*, Die Neufassung der Zahlungsverzugsrichtlinie, EuZW 2011, 940 (945 f.), nach welchem sich eine Umsetzung im HGB nicht anbiete, „da dessen Vorschriften über beiderseitige Handelsgeschäfte den Anwendungsbereich der Richtlinie nicht ausreichend abdecken"; zur Umsetzung der (zweiten) Zahlungsverzugsrichtlinie im europäischen Vergleich siehe *Rojahn/Teichmann*, Die Umsetzung der Zahlungsverzugsrichtlinie im europäischen Vergleich, ZVertriebsR 2014, 359. Zur Geschichte des § 288 Abs. 2 BGB und dessen Entwicklung vor dem Hintergrund der europäischen Richtlinien siehe etwa: MünchKommBGB/*Ernst*, § 288 Rn. 1.

144 Gesetz zur Reform des Seehandelsrecht vom 20.4.2013, BGBl. 2013 I, S. 831 (näheres unten bei Fn. 131); zum Pfandrecht besonders die Beiträge von *K. Schmidt*, Neues über gesetzliche Pfandrechte an Sachen Dritter, NJW 2014, 1; *Wilhelm*, Durchbruch für den gutgläubigen Erwerb des Werkunternehmerpfandrechts, DB 2014, 406.

145 Vgl. nur in diesem Kommentar Bände 10 und 11 (5. Auflage, 2014–2018), Rn. 1/29 bis 1/106 und 5. Teil (alles *Grundmann*) sowie 7. Teil (*Binder*) – und – vergleichbar aufgeteilt – Sonderausgabe 2020/2021; sowie etwa *Langenbucher*, BankR-Hdb.

146 Vgl. nur in diesem Kommentar Bände 12 und 13 (5. Auflage, insb. Band 12/2, § 407 Rn. 4, 63–72); sowie Band 14 zur CMR (5. Auflage 2016); außerdem etwa *Koller*, Transportrecht – Kommentar zu Land-, Luft- und Binnengewässertransport von Gütern, Spedition und Lagergeschäft, 10. Aufl. 2020, Einl. Rn 1, 3.

Transportrecht und (im *Staub'schen* Großkommentar ausgeklammerten) **Seehandelsrecht** stammen aus den Jahren 1998 und 2013.[147]

III. HGB und seine Gegenstände und Ziele

32 Wenn nach Herkunft und Entwicklung von HGB und Handelsrecht fortan die **Gegenstände von HGB und Handelsrecht** in den Blick genommen werden, so betrifft das zunächst nur die Gegenstände des HGB selbst (unten 1.–3., die ersten vier Bücher), ihre Zielrichtung (unten 4.) und ihre Bezüge zu den beiden wichtigsten Referenzgebieten, dem allgemeinen Zivilrecht (unten 5. a) und dem Wirtschaftsrecht (unten 5. b). All dies soll primär einen **Überblick** geben. **Nicht angesprochen** werden zunächst die Wirkung dieser Regelungen und Regelungsgegenstände im internationalen Raum, obwohl Handel vielfach, heute vielleicht zumeist grenzüberschreitend verfasst ist (insgesamt unten IV.), und auch nicht die Kategorisierung verschiedener Regelungswirkungen und -ebenen, die nochmals systematisch – für das Handelsrecht insgesamt – aufgenommen werden soll (unten IV. 1.).

1. (Einzel-)Unternehmen und sein Netz

33 Das **1. Buch des HGB** betrifft das (Einzel-)Unternehmen – Kaufmann –, seine Definition, seine Publizität, den Namen (Firma), unter dem es auftritt, und sein organisatorisches Netz. Ausgangspunkt ist im **1. Abschnitt der Kaufmannsbegriff (§§ 1–7 HGB)**. Zwar ist der Begriff des Unternehmers (§ 14 BGB) und des Kaufmanns ein unterschiedlicher (dazu sogleich) und zwar ist eine zunehmende Anknüpfung primär an den Unternehmensbegriff zu konstatieren – namentlich für die marktregulierenden Normbestände und das (ebenfalls marktregulierende)[148] Verbraucherrecht, aber auch darüber hinaus – und dies nicht zuletzt, weil es sich um das im EU-Recht zugrunde gelegte Konzept der Definition der beruflichen Seite handelt.[149] Seit der großen Handelsrechtsreform von 1998 sind die Unterschiede jedoch deutlich reduziert, weil die wichtigste Stoßrichtung der Reform dahinging, an die Stelle einer Einzelaufzählung von Professionen und Segmenten – mit ursprünglich zahlreichen Ausnahmen, die bereits zunehmend zurückgedrängt worden waren, namentlich in Land- und Fortwirtschaft – eine allgemeingültige Definition anhand von einkommenserzielender Ausrichtung und Größen- und Komplexitätskri-

---

147 Gesetz zur Neuregelung des Fracht-, Speditions- und Lagerrechts (Transportrechtsreformgesetz – TRG) vom 25.6.1998, BGBl. 1998 I, S. 1588; BT-Drs. 13/8445 (RegE); dazu Überblick *Basedow* ZHR 161 (1997) 186; *Herber*, NJW 1998, 3297. Gesetz zur Reform des Seehandelsrechts vom 20.4.2013, BGBl. 2013 I, S. 831; BT-Dr. 17/10309 und 17/11884 (RegE und Rechtsausschuss); dazu (Reform, auch Abschaffung überholter Institute) *Czerwenka*,TransR 2011, 249; *Herber*, TransportR 2009, 445 (Entwürfe) und 2012, 269; *Koller*, VersR 2011, 1209; *Rabe*, TransportR 2011, 323; speziell zur Dimension einer Anpassung an internationale Regelwerke: *Paschke*, RdTW 2013, 457; auch *Paschke*/*Ramming*, RdTW 2013, 1; *Ramming*, RdTW 2013, 303; und zur Harmonisierung (auch des nicht seehandelsbezogenen Transportrechts) mit dem EU-Recht die beiden Aufsätze von/mit *Ramming* a.a.O. Zusammenfassend zu beiden Oetker/*Oetker*, Einleitung Rn. 4.

148 Zu dieser Sicht des Verbraucherrechts vgl. *Micklitz*, The Visible Hand of European Regulatory Private Law – The Transformation of European Private Law from Autonomy to Functionalism in Competition and Regulation, Yearbook of European Law 2009, 3 (28 et passim), der, unter Einschluss der regulierten Industrien, ein breiteres Konzept eines „(EU) regulatory private law“ postuliert und entwickelt; *Grundmann*, Information, Party Autonomy and Economic Agents in European Contract Law, (2002) 39 CMLR 269; *ders.*, The Concept of the Private Law Society after 50 Years of European and European Business Law, ERPL 2008, 553 (565–566; 575–577).

149 Zu diesem Konzept – namentlich im EU-rechtlichen Kontext – vgl. auch *Leczykiewicz*/*Weatherill* (Hrsg.), The Images of the 'Consumer' in EU Law – Legislation, Free Movement and Competition Law, 2016; krit. *Schüller*, The definition of consumers in EU law, in: Devenney/Kenny (Hrsg.), European Consumer Protection, 2012, 123.

terien treten zu lassen.[150] Der fortbestehende zentrale Unterschied liegt darin, dass der Unternehmensbegriff die freien Berufe umfasst, während sie aus dem Kaufmannsbegriff weiter ausgeklammert sind.[151] Heute jedoch überlappen sich Kaufmanns- und Unternehmensbegriff sehr weitgehend und fallen aufgrund der genannten Entwicklung in den meisten Fällen in der Praxis zusammen. Insbesondere für verbraucherschützende Normen ist es zudem überzeugend, die freien Berufe nicht zu privilegieren.[152]

Der **2. Abschnitt (§§ 8–16 HGB) ist der Registerpublizität** des kaufmännischen Unternehmens gewidmet. Dabei wurde im HGB – wie meist in Kontinentaleuropa – dafür optiert, dieses nicht auf Kapitalgesellschaften zu beschränken (wie in der Europarechtlichen Vorgabe in der 1. Gesellschaftsrechtlichen Richtlinie 1968 und auch beispielsweise in England).[153] In der Tat scheinen die Publizitätsgegenstände, etwa Vertretungsverhältnisse, allgemein für Unternehmen, auch Einzelkaufleute, öffentlichkeitsrelevant. Diese autonom-überschießende Umsetzung – Handelsregister statt bloßes (Kapital-)Gesellschaftsregister – zeitigt nicht zuletzt deswegen erhebliche Wirkung, weil auch weitere Kernstücke des (Handels-)Registerrechts europarechtlich konditioniert sind.[154] Dies gilt für die positive Publizität nach § 15 Abs. 3 HGB, welche die im deutschen Recht bereits bestehende sog. negative Publizität nach § 15 Abs. 1 und 2 HGB ergänzte, vor allem jedoch damit auch das gesamte diesbezügliche Gutglaubensregime und seine Ausgestaltung.[155] Dies gilt gleichermaßen für die Digitalisierung des Handelsregisters (bei gleichzeitiger vorangetriebener Europäischer Standardisierung), mit der zugleich auch die EU-weite Vernetzung und Abrufbarkeit vorbereitet und 2014 durchgesetzt wurde (oben Rn 25). Wie kaum ein anderer Bereich wird dieser Abschnitt durch eigene Regelwerke zu Verfahrensvorschriften flankiert, namentlich Handelsregister-Verordnung und FamFG (näher unten Rn. 84). Die auch rechtspolitische Brisanz der Registerpublizität – etwa im Bereich (ggf. auch nur angenommener) Geschäftsgeheimnisse – belegt(e) nicht zuletzt das Vertragsverletzungsverfahren gegen die Bundesrepublik im Bereich der Offenlegung der GmbH-Rechnungslegung[156] – früher Vorbote eines Verständnisses des Rechnungslegungsrechts als Kernbereichs der Unternehmensinformation, die sich auch in Bereiche wie die Nachhaltigkeitsberichtserstattung hin entwickeln kann. 34

Der **3. Abschnitt (§§ 17–37a HGB) ist der Firma** gewidmet, unter der das kaufmännische Unternehmen auftritt. Zentral ist zunächst ein Komplex, der im Kern des Firmenrechts steht – als eines Rechts zum Namen, unter dem das Unternehmen auftritt, den es ins Handelsregister eintragen zu lassen und zu führen hat (vor allem §§ 29, 33, 37a HGB) und der daher für den Handelsverkehr relevant und möglichst aussagestark sein soll. Diese Vorgaben sollen die Aussa- 35

150 Zu dieser Zielrichtung vgl. bereits Nachw. oben Fn. 93 und 95; sowie *K. Schmidt*, Das Handelsrechtsreformgesetz, NJW 1998, 2161 (2162), der jedoch die Auswirkung mit Blick auf die im Partnerschaftsgesellschaftsgesetz beibehaltene Unterscheidung zwischen gewerblichen und freiberuflichen Unternehmen einschränkt; *Struck*, Der Verbraucher-/Unternehmerbegriff im BGB, MittelBayNot 2003, 259 (260).

151 Zur Einbeziehung im Unternehmensbegriff, nicht aber im Kaufmannsbegriff, vgl. MünchKommBGB/*Micklitz*, § 14 Rn 21.

152 Ebenso etwa *Faber*, Elemente verschiedener Verbraucherbegriffe in EG-Richtlinien, zwischenstaatlichen Übereinkommen und nationalem Zivil- und Kollisionsrecht, ZeuP 1998, 854 (873); Unternehmer und Verbraucher als „situationsbezogene Rechtsbegriffe“: *K. Schmidt*, ‚Unternehmer‘ – ‚Kaufmann‘ – ‚Verbraucher‘, BB 2005, 837 (838); vgl. breitere Diskussion bereits oben Rn. 7.

153 Für eine (teils auch rechtsvergleichende) Darstellung und zu diesem Schritt vgl. *Gemberg-Beuerle/Schillig*, Comparative Company Law, 2019, S. 8–26; *Grundmann*, European Company Law, § 9 bes. Rn. 54 und 58–59; *Habersack/Verse*, S. 108 f.; allgemein rechtsvergleichend *Siems/Cabrelli*, Comparative Company Law: A Case-Based Approach, 2013.

154 Zur überschießenden Umsetzung der Publizitätsrichtlinie auch Oetker/*Preuß*, § 15 Rn. 5.

155 Zur Europarechtlichen Konditionierung und ihren Auswirkungen allgemein *Habersack/Verse*, S. 108, 117 f.; MünchKommHGB/*Krebs*, § 15 Rn 8. Aus der EuGH Rechtsprechung zur Registerpublizität etwa EuGH, Urt. v. 9.3.2017, Rs. C-398/15, ECLI:EU:C:2017:197, Rn. 60, 63; EuGH, Urt. v. 12.11.1974, Rs. C-32/74, ECLI:EU:C:1974:116, Rn. 6; EuGH, Urt. v. 1.6.2006, Rs. C-435/04, ECLI:EU:C:2006:347, Rn. 33 ff.

156 EuGH Urt. v. 29.9.1998 – C-191/95, ECLI:EU:C:1998:441, vgl. Anm. von *Bohl*, EuZW 1998, 78 (762 f.).

gekraft der Firma gewährleisten, ohne zugleich die Autonomie und Gestaltungsfreiheit übermäßig zu beschneiden. Es handelt sich hier um einen Bereich, in dem die regulatorischen Vorgaben über das 20. und beginnende 21. Jahrhundert einmal (eher ausnahmsweise) abnahmen, jedenfalls tendenziell, und beispielsweise Phantasiebezeichnungen zugelassen wurden (nicht mehr „der echte Name steht für den Inhaber"), jedoch auch weitere Vorgaben liberalisiert wurden.[157] Zentral ist heute noch der Grundsatz der Firmenwahrheit – keine irreführenden Aussagen, etwa über Größe oder Gegenstand und zwingender Rechtsformzusatz –, mit dem der Verkehr geschützt werden soll, wobei umgekehrt dem Bestandsschutz großes Gewicht zukommt (insgesamt §§ 17–24 HGB), und (als Konkurrentenschutz) der Grundsatz der Unterscheidbarkeit (§§ 30, 31 HGB). Eingeschoben zwischen diese unmittelbar firmenrechtlichen Regelungen (Aussagekraft, Führungs- und Eintragungspflicht) sind Regeln, die primär die Haftung für Verbindlichkeiten beim Übergang des Handelsgeschäfts betreffen, welche im deutschen Handelsrecht jedoch maßgeblich von der Firmenfortführung beeinflusst wird (§§ 25–28 HGB). Die Regelung fußt nicht in einem Grundsatz, dass die Haftung der Verfügungsmacht über die zugrundeliegende Vermögensmasse folge.[158] Vielmehr wird versucht, die Verbindlichkeit grds. beim ursprünglichen Schuldner zu belassen (als ein Ausfluss vor allem des Grundsatzes pacta sunt servanda), zugleich jedoch dem Rechtsschein, der von einer Firmenfortführung ausgeht, durch Anordnung einer Mithaftung gerecht zu werden – freilich nur mangels privatautonomer Anordnung (soweit im Handelsregister eingetragen).[159]

36 Schließlich sind (nach dem aufgehobenen Abschnitt 4) die **Abschnitte 5–8 (§§ 48–104 HGB) der Infrastruktur** gewidmet, auf die sich das Unternehmen stützt. Diese Regelung ist relativ heterogen in ihrer Natur: im Recht der Prokura (§§ 48–58 HGB) primär vertretungsrechtlichen Inhalts (sehr weitreichende, grds. nicht beschränkbar-standardisierte, wenn auch privatautonom eingeräumte Vertretungsmacht – also Vollmacht), daneben Handlungsvollmacht;[160] im Recht des Handlungsgehilfen vor allem arbeitsrechtlicher Art (§§ 59–83 HGB);[161] im Recht des Handelsvertreters eine Regelung treuhänderischer Fremdgeschäftsführung mit Eigenabschlüssen für fremde Rechnung, zugleich mit einer Regelung nachvertraglicher Wettbewerbs-

---

157 Zu diesem und anderen firmenrechtlichen Liberalisierungsschritten vgl. etwa *Bokelmann*, Die Neuregelungen im Firmenrecht nach dem Regierungsentwurf des Handelsrechtsreformgesetzes, GmbHR 1998, 57; MünchKommHGB/*Heidinger*, Vor § 17 Rn 5; *Roth* in Die Reform des Handelsstandes und der Personengesellschaft, 1999, 31 (33 f.); *C.Schaefer*, Das neue Kaufmanns- und Firmenrecht nach dem Abschluß der Beratungen des Handelsrechtsreformgesetzes im Deutschen Bundestag, ZNotP 1998, 170 (175); *ders.*, Handelsrechtsreformgesetz, 1999, S. 13.

158 Für solch eine Parallelisierung von Verfügungsmacht über das Betriebsvermögen und Tragung der Verbindlichkeiten, die auf dessen Grundlage eingegangen wurden, vgl. etwa *Flume*, Vermögenstransfer und Haftung, 2008, 194 ff.; *K. Schmidt*, Handelsrecht, 6. Aufl. 2014, § 7 Rn. 36 ff., 50 ff. Rechtsvergleichend in diese Richtung etwa *Bruch*, Erwerberhaftung kraft Gesetzes bei Unternehmens- und Vermögensveräußerung: eine rechtsvergleichende und internationalprivatrechtliche Studie, 1964; *Müller-Feldhammer*, Die Erwerberhaftung bei rechtsgeschäftlicher Unternehmensübertragung – Eine rechtsvergleichende Untersuchung zu Grundfragen des zivil- und handelsrechtlichen Gläubigerschutzes beim Wechsel des Unternehmensträgers, 2001; *K. Schmidt*, Der Entwurf eines Unternehmergesetzbuches – eine rechtspolitische Analyse, JBl. 2004, 31 (36).

159 Zur Konzeptbildung für diese HGB-Regelung vgl. ähnlich RGZ, 169, 133 (138); BGH – II ZR 44/54– BGHZ 18, 248 (250 f.); BGH – II ZR 32/56 – BGHZ 22, 234 (239) = NJW 1957, 179; *Oetker*, Handelsrecht, 8. Auflage 2019, § 4 Rn. 82 (S. 112 f.). Teils wird die Regelung auch als Übertragung der (vermuteten) internen Vereinbarung (Erfüllungsübernahme) auf das Außenverhältnis verstanden: *Reuschle, EBJS*[5], § 25 Rn. 5, 21. Teils wird die Regelung auch als Übertragung der (vermuteten) internen Vereinbarung (Erfüllungsübernahme) auf das Außenverhältnis verstanden: *Reuschle*, EBJS[5], § 25 Rn. 5, 21. Durchaus häufig kritische Stellungnahmen, etwa von *K. Schmidt* Handelsrecht, § 7 Rn. 19 und von *Canaris*, Systemdenken und Systembegriff in der Jurisprudenz, 2. Aufl. 1983, 131 f.; *ders.*, Handelsrecht, 24. Auflage 2020, § 7 Rn. 15 (S. 104), der die Regelung als rechtspolitisch verfehlt kritisiert.

160 Zu diesem Regime (vor allem Prokurist) etwa *Drexl/Mentzel*, Handelsrechtliche Besonderheiten der Stellvertretung, Jura 2002, 289 und Jura 2002, 375; *Honsell*, Die Besonderheiten der handelsrechtlichen Stellvertretung, JA 1984, 17; *Hübner*, Die Prokura als formalisierter Vertrauensschutz, FS Klingmüller, 1974, 173.

161 Dazu etwa *K. Schmidt*, Handlungsgehilfenrecht und Handelsgesetzbuch, FS Söllner, 2000, 1047; *S. Wagner*, Die Besonderheiten beim Arbeitsverhältnis des Handlungsgehilfen, 1993.

verbote und der Zuteilung der Werte der kreierten Information (vor allem Klientel), etwa durch Ausgleichsanspruch (§§ 84–92c HGB);[162] schließlich, Letzterem nahestehend, der Handelsmakler (§§ 93–104 HGB). Im Kern ist hierin ein frühes Regelungsbeispiel für Vertragsnetze – um das Unternehmen herum – zu sehen, freilich nur mit den Partnern, die im ausgehenden 19. Jahrhundert bereits wichtig erschienen, konzentriert auf der Absatzseite, doch hier beispielsweise noch ohne den selektiven Vertrieb oder (gebundene und exklusive) Vertragshändler,[163] und umgekehrt noch ganz ohne Zulieferketten.[164]

2. Unternehmensrecht (Handelsgesellschaftsrecht)

Die Kontextualisierung des Rechts der Personenhandelsgesellschaften (2. Buch) im gesamten Unternehmensrecht findet sich andernorts.[165] Vorliegend kann daher der Fokus allein auf den **Materien des 2. und 3. Buches** liegen. Auszugehen ist vom **allgemeinen Personenhandelsgesellschaftsrecht der OHG und KG.** Diese Gesellschaftstypen sind zu sehen im Verhältnis zur BGB-Gesellschaft (§§ 705 ff. BGB), und die Hauptentwicklung ging in Richtung zunehmender allgemeiner Parallelisierung (oben Rn. 26 und unten Rn. 49). Die Abgrenzung erfolgt allein anhand des Kriteriums, ob die Gesellschaft ein Handelsgewerbe betreibt oder nicht (vgl. §§ 105, 123 HGB)[166] – wobei der Übergang automatisch mit Aufnahme bzw. Aufgabe des Handelsgewerbes erfolgt,[167] ein zentrales Argument für die angesprochene Parallelisierung. Beide Gesellschaftsformen sind demnach als Außengesellschaft möglich – im HGB mit Eintragungspflicht (§§ 106–108 HGB) –, nur die BGB-Gesellschaft auch als reine Innengesellschaft.[168] Die zentralen Strukturmerkmale (namentlich der OHG) bilden: die klare Trennung und divergierende Regelung von Innen- und Außenverhältnis (auch nach Titeln getrennt, mit weitestgehender Vertragsfreiheit nach innen und zwingenden Regeln nach außen, namentlich auch beim Umfang der Vertre- 37

162 Zum Schutzregime für Handelsvertreter und ihren Beschränkungen namentlich bei Beendigung des Verhältnisses *Löwisch*, EBJS, Vor §§ 84–92c Rn. 2; *Port/Schnorberger/Wauschkuhn*. Die inländische Kapitalgesellschaft als Vertriebsmittler im internationalen Konzern – Rechtliche und steuerliche Gestaltungsüberlegungen, ZVertriebsR 2012, 17 (23–25); gesehen als gesetzlich-abgewogene Allokation gemischter Informationsbeiträge mit treuhänderischem Bezug bei: *Grundmann*, Der Treuhandvertrag – insbesondere die werbende Treuhand, 1997, Kapitel 10.

163 Dazu namentlich *Löwisch*, EBJS, Vor §§ 84–92c Rn. 1; *Port/Schnorberger/Wauschkuhn* (vorige Fn.), S. 23 f.; *Thume*, Editorial, ZVertriebsR 2012, 1: „Vorerst muss sich bekanntlich die Rechtsprechung in Deutschland noch mit der analogen Anwendung der gesetzlichen Regelungen des Handelsvertreterrechts behelfen"; bahnbrechend *P. Ulmer*, Der Vertragshändler. Tatsachen und Rechtsfragen kaufmännischer Geschäftsbesorgung beim Absatz von Markenwaren, 1969.

164 Dazu namentlich – Governance, Langfrist- und Netzverträge – *Bremenkamp*, Rechtliche Governance von Zulieferverträgen – Eine vergleichende Untersuchung in der Automobilindustrie zum deutschen, italienischen und englischen Recht, 2020; *Fleischer*, Grundstrukturen der lieferkettenrechtlichen Sorgfaltspflichten, CCZ 2022, 205 (insb. 212); *Wellenhofer-Klein*, Zulieferverträge im Privat- und Wirtschaftsrecht, 1999.

165 So unter den HGB-Kommentierung speziell diejenige im Baumbach/Hopt über viele Auflagen hinweg, heute Hopt/*Merkt*, HGB, Vor § 1 Rn. 48–91 (auch 92–101); siehe auch *C. Schäfer*, in: Staub, HGB, Band 3, 5. Aufl. 2009, Vor § 105 Rn. 3–7.

166 Näher hierzu etwa, auch zum Schutz des Vertrauens in die Handelsregistereintragung: *Wertenbruch*, EBJS, § 105 Rn. 10, 25; *Schöne* in: BeckOK BGB, 62. Ed. 1.5.2022, BGB § 705 Rn. 38; *Quinke* in: MHdB GesR I, 5. Auflage 2019, § 46 Rn. 7; § 50 Rn. 1–5; *C. Schäfer*, in: Staub, HGB, Band 3, 5. Aufl. 2009, § 105 Rn. 23–27, 31; *Canaris* Handelsrecht, § 3 II Rn. 45.

167 Unstreitig, vgl. etwa BGH – II ZR 205/52 – BGHZ 10, 91 (97) = NJW 1953, 1217 (1218); BGH – VIII ZR 195/64 – NJW 1967, 821; Oetker/*Lieder*, § 105 Rn. 7; *C. Schäfer*, in: Staub, HGB, Band 3, 5. Aufl. 2009, § 105 Rn. 27; *Wertenbruch*, EBJS, § 105 Rn. 10, 166; *K. Schmidt*, 4. Aufl. 2002, Gesellschaftsrecht, S. 102.

168 Näher hierzu namentlich *Denga*, Zur Definition der Außen-GbR, ZfPW 2021, 73; MünchKommHGB/*Fleischer*, § 105 Rn 13; *ders.*, Rechtsquellen des OHG-Rechts und Reichweite der OHG-Regeln, DStR 2020, 2137 (2141 f.); Hopt/*Roth*, HGB, vor § 105 Rn. 11; *C. Schäfer*, in: Staub, HGB, Band 3, 5. Aufl. 2009, § 105 Rn. 1, 46. Aus der Rechtsprechung etwa BGH – II ZR 157/52 – BGHZ 10, 44 = NJW 1953, 1548 (1549).

tungsmacht, §§ 125, 126 HGB),[169] all dies Ausdruck eines prononciert ausgebildeten Verkehrsschutzes;[170] die zwingende Haftung der Gesellschafter für Gesellschaftsschulden nach außen (bei Abweichung nur im individuell vereinbarten Ausnahmefall, §§ 128–130 HGB, bald auch § 721 BGB n.F.);[171] und die Ausbildung von Rechtsfähigkeit (§ 124 HGB, bald auch § 705 II Alt. 1 BGB n.F.) – in deutlichem Spannungsverhältnis zur Figur der Rechtsträgerschaft zur gesamten Hand.[172] In all diesen Punkten wurde die BGB-Gesellschaft (als Außengesellschaft) zunehmend der OHG angeglichen. Dem Wert, der durch Gründung eines Unternehmens mit Struktur und Umfang eines Handelsgewerbes geschaffen wird, den hierbei idR umfangreich involvierten Interessen Dritter und den an der Gesellschaft bestehenden idR existentiellen Interessen der Gesellschafter trägt das detaillierte Regime der Auflösung und Liquidation Rechnung (§§ 131–158 HGB),[173] während im Nachhaftungsregime ausgeschiedener Gesellschafter ein Ausgleich geschaffen wird zwischen dem Schutz Dritter, die im Vertrauen auf den guten Namen einzelner Gesellschafter investiert haben mögen, und dem Interesse des ausgeschiedenen Gesellschafters an endgültiger Lösung vom Geschäft und fehlendem weiterwirkenden Einfluss (§§ 159–160 HGB).[174] Einen (weiteren) fortbestehenden zentralen Unterschied zwischen OHG und BGB-Gesellschaft bildet die gesetzgeberische Ausbildung einer **Untergesellschaftsform für die OHG**, in der die **Haftung auf die übernommene Einlage beschränkt werden kann (Kommanditgesellschaft**, §§ 161–177a HGB) und dies mit Eintragung auch nach außen dokumentiert wird. Alle Folgeregeln betreffen die daraus resultierende Haftung bei nicht ordnungsgemäßer Eintragung und/oder nicht erbrachter oder zurückgewährter Einlage (§§ 171–176 HGB) sowie die abgeänderte Justierung der (Gewinn-)Beteiligungs-, vor allem aber der Mitwirkungsrechte (§ 163–170 HGB) bzw. der Nachfolge (§ 177 HGB). Vom **volkswirtschaftlichen Gewicht** her ist die OHG/KG (noch ohne Publikums-KG, nächste Rn.) auf den Mittelstand konzentriert, steht jedoch zunehmend im Schatten der Kapitalgesellschafts-Formen, auch der GmbH, die ebenfalls primär auf den Mittelstand zugeschnitten ist.[175]

38 Als Typenmischung, zugleich vom Gesetzgeber als eigene Gesellschaftsform anerkannt (etwa in § 130a, 130b, 170a HGB a.F.), entwickelte sich vor allem in der Nachkriegszeit die **Kapi-**

---

169 Zur Ausgestaltung dieser Trennung näher *Buchner*, Zur rechtlichen Struktur der Personengesellschaften, AcP 169 (1969), 483 (500); *Windbichler*, 24. Auflage 2017, Gesellschaftsrecht, § 2 Rn. 13. § 14 Rn. 1; *Sauter* in: Beck'sches Handbuch d. Personengesellschaften, 5. Auflage 2020, § 2 Gründung und Beitritt Rn. 43; Hopt/*Roth*, HGB, vor § 114 Rn. 1; zugleich auf den Gleichlauf von Geschäftsführung und Vertretungsbefugnis in der Praxis hinweisend *C. Schäfer*, in: Staub, HGB, Band 3, 5. Aufl. 2009, § 114 Rn. 13 f.

170 BGH – II ZR 209/61 – BGHZ 38, 26 = NJW 1962, 2345 (2346); zur vorrangigen Ausrichtung der zwingenden Ausgestaltung des Außenverhältnisses als Beispiele für Verkehrsschutz im Gesellschaftsrecht etwa *K. Schmidt*, 4. Aufl. 2002, Gesellschaftsrecht, S. 110; zur Vertretung *Stengel* in: Beck'sches Handbuch d. Personengesellschaften, § 3 Organisationsrecht Rn. 5.

171 Näher hierzu etwa, auch zum individuell zu vereinbarenden Ausnahmeregime: BGH – II ZR 2/00 – BGHZ 150, 1 = NJW 2002, 1642; BGH – II ZR 263/09 – BGHZ 188, 233 = NJW 2011, 2040 (2041); Hopt/*Roth*, HGB, § 128 Rn. 38; Röhricht/Graf von Westphalen/Haas/*Haas*, HGB, § 128, Rn. 7a; *Habersack*, in: Staub, HGB, Band 3, 5. Aufl. 2009, § 128 Rn. 15 f., 53; kritisch zu der Neuregelung im BGB etwa *Bachmann*, Zum Entwurf eines Gesetzes zur Modernisierung des Personengesellschaftsrechts (MoPeG), NZG 2020, 612, 617.

172 Zu diesem Spannungsverhältnis, namentlich auch nach dem MoPeG, etwa: *Fleischer*, Zur Rechtsnatur der OHG und ihres Gesellschaftsvertrags, NZG 2021, 949 (951 f.); MünchKommHGB/*Fleischer*, HGB vor § 105 Rn. 16 f.

173 Näher hierzu namentlich MünchKommHGB/*K. Schmidt*/*Fleischer*, § 131 Rn. 2; *C. Schäfer*, in: Staub, HGB, Band 3, 5. Aufl. 2009, § 131 Rn. 2; Begründung des Regierungsentwurfs zum HRefG, BT-Drs. 13/8444, 41 („Vorrang der Unternehmenskontinuität vor der Personenkontinuität").

174 Unstreitig, vgl. etwa *Hillmann*, EBJS § 160 Rn. 2; *Habersack*, in: Staub, HGB, Band 3, 5. Aufl. 2009, § 159 Rn. 1 und § 160 Rn. 1; Begründung des Regierungsentwurfs zum NachhBG, BT-Drs. 12/1868, 7 ff.

175 Insgesamt machten im Jahr 2020 Personengesellschaften (insbes. OHG und KG) einen Anteil von 12 Prozent der Unternehmen in Deutschland aus – hiervon die ganz überwiegende Zahl (etwa ⅘) im Bereich von 0 bis 10 Beschäftigten, GmbH und AG hingegen 22,6 Prozent der Unternehmen, ebenfalls mit einem hohen Anteil im Bereich von 0–10 Beschäftigten, vgl. https://de.statista.com/statistik/daten/studie/237346/umfrage/unternehmen-in-deutschland-nach-rechtsform-und-anzahl-der-beschaeftigten/.

talgesellschaft & Co. KG – im Gewand der Kommanditgesellschaft als Personenhandelsgesellschaft, jedoch mit einer Kapitalgesellschaft, meist GmbH, als einzigem persönlich haftenden Gesellschafter.[176] Steuerrechtlich wurde sie damals grundsätzlich wie eine Personengesellschaft behandelt – mit Besteuerung und Verlustvortrag direkt bei den Gesellschaftern, auch den Kommanditisten („Steuertransparenz").[177] Sie überragte daher volkswirtschaftlich zeitweise Anlagen in den klassischen Handelsgesellschaften mit Ausnahme der Aktiengesellschaft[178] – bis die Möglichkeit des Verlustvortrages mit der Einführung des § 15a EStG entscheidend beschnitten wurde.[179] Die genannte volkswirtschaftliche Bedeutung fand sich – und findet sich teils noch heute – reflektiert in den **drei wichtigsten stilbildenden Eigenschaften im Gesellschaftsrecht**. Durch Einschaltung eines (Treuhand-)Kommanditisten, der den Kommanditanteil für eine Vielzahl von Anlegern (Treugeber) hält, konnte und kann sie für ein größeres (Anleger-)Publikum geöffnet werden (*Publikums-KG*).[180] Für deren Werbung wurden (de facto durchweg) Anlageprospekte begeben, für welche die Rechtsprechung die sog. *bürgerlichrechtliche Prospekthaftung* als eine Form der c.i.c. entwickelte, mit Haftung bei einfacher Fahrlässigkeit,[181] de facto bald sogar eine Prospektpflicht[182] (neben den gesetzlichen Fällen einer Prospektpflicht). Die bürgerlichrechtliche Prospekthaftung (und Prospektpflicht) ist einer regulierten Prospekthaftung nach dem KAGB gewichen.[183] Schließlich wurden in jüngster Zeit die Sonderregeln zur Haftung durch ein insolvenzrechtliches Regime – mit Förderung von Sanierungsmöglichkeiten – ersetzt (oben Rn. 26), und im Kern die Kapitalgesellschaft & Co. KG – als Regulie-

---

176 Zu dieser Form von Typenmischung grundsätzlich etwa *K. Schmidt*, 4. Aufl. 2002, Gesellschaftsrecht, § 56 (S. 1621 ff., bes.S. 1623); MünchKommHGB/*Grunewald*, 5. Aufl. 2022, HGB § 161 Rn. 96–105; *Casper*, in: Staub, HGB, Band 4, 5. Aufl. 2015, § 161 Rn. 65–79; *Binz/Sorg*, Hat die GmbH & Co. KG bei den Familienunternehmen immer noch die Nase vorn?, GmbHR 2011, 281; zu den einzelnen Strukturtypen *Lieder/Hoffmann*, Kleine Phänomenologie der Kommanditgesellschaft, NZG 2021, 1045. Im Jahr 1958 wurde dies noch sehr kritisch gesehen, beispielsweise bei *J. v. Gierke*, Handelsrecht und Schiffahrtsrecht, 8. Auflage 1958, S. 229 f. – freilich vor der weiteren Institutionalisierung der gesetzlichen Vorschriften.

177 Zu diesem Regime, attraktiv für Anleger (häufig Freiberufler) mit bei Anlage hoher Steuerlast, für die es interessant erschien, hohe Anfangsverlustvorträge zu generieren (um die Steuerlast zu senken) und die Renditen erst in einer späteren Lebensphase zu generieren (bei abnehmender Steuerprogression), vgl. etwa *Mueller-Thuns* in: Hesselmann/Tillmann/Mueller-Thuns, Handbuch GmbH & Co. KG, 22. Aufl. 2020, § 1 Rn. 1.13 und 1.32 ff.; skeptisch *Casper*, in: Staub, HGB, Band 4, 5. Aufl. 2015, § 161 Rn. 80; allgemeiner zur Entwicklungsgeschichte *K. Schmidt*, 4. Aufl. 2002, Gesellschaftsrecht, § 56 (S. 1626).

178 Vgl. etwa *Wiedemann*, Gesellschaftsrecht, Band II, 2004, § 9 IV S. 838.

179 Vgl. *Schulze zur Wiesche*, Die GmbH & Co KG und Beschränkung des Verlustabzuges, GmbHR 1984, 241. Weitere Einschränkungen auch durch die Unternehmenssteuerreform 2008.

180 Dazu aus dem reichen Schrifttum (teils auch zu den steuerrechtlichen Gestaltungen im Fall solch indirekten Haltens der Anlage) ausführlich *Casper*, in: Staub, HGB, Band 4, 5. Aufl. 2015, § 161 Rn. 122–236; *Hoppe/Mühling* in: Hesselmann/Tillmann/Mueller-Thuns, Handbuch GmbH & Co. KG, 22. Aufl. 2020, § 2 F. Rn. 2.281 ff.; *Dietrich*, Die Publikums-Kommanditgesellschaft und die gesellschaftsrechtlich geschützten Interessen, 1988, insbes.S. 3 ff. zu den Motiven für die Gründung und den Beitritt.

181 Hierzu etwa BeckOGK/*Herresthal*, 1.4.2022, BGB § 311 Rn. 576–580; *Casper*, in: Staub, HGB, Band 4, 5. Aufl. 2015, § 161 Rn. 171, 177; *Koch*, Aktuelle Fragen der Prospekthaftung, BKR 2022, 271 (283–286).

182 Haftungsanknüpfung auch an das Fehlen eines Prospekts, hierzu etwa MünchKommHGB/*Grunewald*, § 161 Rn. 206.

183 So auch MünchKommHGB/*Grunewald*, § 161 Rn. 204; Assmann/Schütze/Buck-Heeb/*Assmann/Kumpan*, KapAnlR-HdB, § 5 Prospekthaftung Rn. 409; *Assmann* in: Assmann/Wallach/Zetzsche, Kapitalanlagegesetzbuch, 1. Aufl. 2019, § 306 KAGB, Rn. 91; zum Vorrang der spezialgesetzlichen Prospekthaftung jüngst auch BGH – XI ZB 12/20 – NZG 2022, 923; BGH – XI ZB 35/18 – BGHZ 228, 237 = NJW 2021, 1318; zum Verhältnis von Prospekthaftung und KAGB ausführlicher ua *Hanke*, BKR 2014, 441, 448; zwischen Prospekthaftung im engeren und im weiteren Sinne unterscheidend *Hoppe/Mühling* in: Hesselmann/Tillmann/Mueller-Thuns, Handbuch GmbH & Co. KG, 22. Aufl. 2020, § 2 F. Rn. 2_354;aA für die Anwendbarkeit der Prospekthaftung im weiteren Sinne BeckOGK/*Herresthal*, 1.4.2022, BGB § 311 Rn. 587.

rungskern verbleibend – vorrangig nur noch den Offenlegungspflichten (in Register und auf Briefkopf) unterworfen.[184]

39 Das **Rechnungslegungsrecht (3. Buch)** bildet den zweiten Teil des HGB-Unternehmensrechts, vom ersten inhaltlich – und nicht nur als Buch – sehr deutlich getrennt. Zwar teilt das Rechnungslegungsrecht mit dem Registerrecht (oben Rn. 34) die Entwicklung, dass es auf Europäischer Ebene (nur) für Kapitalgesellschaften vereinheitlicht wurde, auf nationaler Ebene hingegen auf den gesamten Handelsstand erstreckt wurde – und daher unterfallen insbesondere auch die Personenhandelsgesellschaften (wie alle Kaufleute) dem Regime des 3. Buches. Als solches freilich unterscheiden das Rechnungslegungsrecht im Charakter vom Recht der Personenhandelsgesellschaften schon ebendiese Europäische Rechtsgrundlage, die zwingende Ausgestaltung – mit primär regulatorischer Zielsetzung (oben Rn. 13 f. und 27) –[185] und natürlich die Fokussierung auch einen einzelnen, klar umrissenen und spezialisierten Regelungsbereich, die periodische Information über das fragliche Unternehmen. Die **Europäische Herkunft und regulatorische Ausrichtung bestimmt auch die großen Entwicklungslinien.** Bei Umsetzung der EG-Bilanz-Richtlinie 1985 (oben Rn. 27) war bereits das Generalziel der Information anzupassen (mit erheblichen Modifikationen auch bei den einzelnen Ansatzregeln). Denn neben die klassisch in Deutschland gläubigerorientierte – vorsichtige – Bilanzierung trat mit dem sog. „true and fair view" (§ 252 Abs. 1 Nr. 2 HGB) eine auch anlegerorientierte Sicht – im deutschen Recht in den sonstigen Regeln eher „untergehend", in den EG/EU-Richtlinien freilich das Kernkonzept bildend und für andere Mitgliedstaaten, namentlich das Vereinigte Königreich, absolut zentral.[186] Die Ausrichtung – auch auf Kapitalanleger und zunehmend global – trat noch deutlicher hervor, sobald die kapitalmarktorientierten Konzerne durch die IFRS-VO auf eine Rechnungslegung nach International Financial Reporting Standards verpflichtet wurden[187] – mit nochmals gesteigerter Prominenz des Grundsatzes eines „true and fair view" und Annäherung an die US-GAAP –[188] und parallel und flankierend auch für den Restbereich die Inhalte der EG/EU-Bilanzrichtlinien stärker an diese Standards angeglichen wurden.[189] Demgegenüber führte die Überführung der EG-Bilanzrichtlinien für Einzelunternehmen und für Konzerne in eine einzige Kodifikations-Richtlinie[190] zu ungleich weniger grundstürzenden Änderungen für das deutsche Recht als zwei weitere Entwicklungen: einerseits der Reform des Abschlussprüferrechts als Antwort auf die wichtigsten Defizite, die in der globalen Finanzkrise deutlich hervorgetreten waren (strengere Überwachung, Haftung und Pflicht zur zumindest internen periodischen Rotation, vgl. oben Rn. 28). Die zweite zentrale Fortentwicklung ist in der bereits angesprochenen **CSR-Agenda** (nichtfinanzielle Berichterstattung, oben Rn. 29) zu sehen, die ihrerseits zunehmend durch einen Komplex an Lieferkettengesetzen (und Initiativen) in der EU und in den Mitgliedsstaaten flankiert wird.[191] Diese Entwicklung belegt, wie eng in dieser Problematik Rechnungslegungsrecht

---

184 Ebenso und hierzu etwa *Löhrer*, Transparenzregister: Neue Offenlegungspflichten bei GmbH und GmbH & Co. KG? (Teil 1), GmbH-StB 2018, 91.

185 Zur Europäischen Herkunft und stark regulatorischen Ausrichtung *Brox/Henssler*, Rn. 163 f.; vgl. auch schon *Großfeld*, Rechnungslegung als Unternehmensverfassung, NZG 2003, 841; ausführlich zur Entwicklung Hopt/*Merkt*, HGB, Vor § 238 Rn. 9 ff.

186 Zum „true and fair view" als Kernkonzept in der rechtsvergleichenden Umschau und im EU-Recht (über die letzten Jahrzehnte noch verstärkt), namentlich *Grundmann*, European Company Law, § 15 Rn. 19–21 m.w.N.; *Habersack/Verse*, S. 415–417; s. auch EuGH, Urt. v. 27.6.1996, Rs. C-234/94, ECLI:EU:C:1996:252, Rn. 17 ff. (*Tomberger*).

187 Dazu namentlich *Grundmann*, European Company Law, § 18 Rn. 2; und schon oben Rn. 27.

188 Vgl. zu dieser Motivation für die IFRS und ihrem daraus folgenden Zuschnitt etwa *Habersack/Verse*, S. 419–421.

189 Dazu etwa *Lutter/Bayer/J. Schmidt*, Europäisches Unternehmens- und Kapitalmarktrecht: Grundlagen, Stand und Entwicklung Nebst Texten und Materialien, 6. Auflage 2018 § 23, dort insb. Rn. 4–11, 25; knappe Zusammenfassung bei *Grundmann*, European Company Law, § 15 Rn. 26–52.

190 Nachw. oben Fn. 128 und näher oben Rn. 28.

191 Vgl. als wichtigste Rechtsakte (auch vergleichend) Gesetz über die unternehmerischen Sorgfaltspflichten in Lieferketten, BGBl. 2021, Teil I Nr. 46, 2959; Loi n° 2017–399 du 27 mars 2017 relative au devoir de vigilance des sociétés mères et des entreprises donneuses d'ordre; Modern Slavery Act 2015 (UK); Wet zorgplicht kinderarbeid (Child Labour

und das Recht der Handelsgeschäfte (Lieferketten) verschränkt erscheinen – ein plastisches junges und paradigmatisch wichtiges Beispiel für eine Sicht, die im Kern die Einheit des Privatrechts im Zusammenspiel zwischen Vertrags- und Gesellschaftsrecht (oder umgekehrt) sieht.[192]

3. Handelsgeschäftsrecht

Das **Recht der Handelsgeschäfte (4. Buch)** unterfällt in einen **Allgemeinen Teil (Abschnitt 1, §§ 343–372 HGB)** und einen Besonderen (zu spezifischen Vertragstypen, Abschnitte 2–6, unten Rn. 41, 42). Neben dieser Einteilung in Allgemeinen und Besonderen Teil ist vergleichbar sinnvoll und wichtig – vom Konzept eines Sonderprivatrechts her gedacht, das vor allem Bezug zum 4. Buch hat (unten Rn. 47–49) – auch eine Einteilung nach einem zweiten Kriterium. Mit diesem wird danach gefragt, ob es sich um eine annexhafte Regelung (zur Grundregelung im BGB) handelt oder um ein eigenständiges Institut bzw. einen eigenständigen Vertragstyp.[193] Im Allgemeinen Teil ist – anders als im Besonderen Teil – Ersteres die Regel und findet sich nur ein ausformuliertes eigenständiges Institut, das Kontokorrent (§§ 355–357 HGB). Dominiert also im 1. Abschnitt der Annexcharakter, so verwundert auch nicht die **Heterogenität der Regelungsmaterien.** Auf **Anwendungsregeln** (§§ 343–345 HGB; im BGB-Kontext teils ausgelagert und im EGBGB verortet, teils ebenfalls in die Regelungsmaterie eingebettet, §§ 13, 14 BGB und Verbraucherrecht) folgen eigenständige **Rechtsnorm- oder Auslegungsregeln** (§ 346 HGB;[194] im BGB nicht zu finden, wohl aber etwa im Schweizer ZGB und dort wieder als Einführungsvorschriften ausgestaltet).[195] Hierauf folgen **klassische Annexregeln zu AT und Schuldrecht-AT BGB**, mit verschiedenen Zielrichtungen.[196] In einer ersten Kategorie wird eine weiterreichende Verpflichtung unter den Parteien vorgesehen – teils nur bei beiderseitigem Handelsgeschäft – namentlich zu den Sorgfaltspflichten (§ 347 BGB im Vergleich zu § 276 BGB), zu Verzinsungspflicht und Zinshöhe und allgemeiner zur Vergütungspflicht (§§ 352–354 HGB im Vergleich zu §§ 246–248 BGB und allen unentgeltlichen Rechtsgeschäften im BGB) und auch zu Zurückbehaltungs- und Befriedigungsrechten (§§ 369–372 HGB im Vergleich zu §§ 273, 320 BGB). In einer zweiten Kategorie wird der Schutz für Kaufleute herabgesetzt – meist auch im einseitigen Handelsgeschäft –, namentlich in den Schutzvorschriften zu Vertragsstrafen (§ 348 HGB im Vergleich zu § 343 BGB) 40

Due Diligence Law) (NL), Staatsblad 2019, 401; auf EU-Ebene Vorschlag für eine Richtlinie des Europäischen Parlaments und des Rates über die Sorgfaltspflichten von Unternehmen im Hinblick auf Nachhaltigkeit und zur Änderung der Richtlinie (EU) 2019/1937 KOM(2022) 71 endg. vom 23.2.2022. Überblicke etwa in *Spindler*, Verantwortlichkeit und Haftung in Lieferantenketten – das Lieferkettensorgfaltspflichtengesetz aus nationaler und europäischer Perspektive, ZHR 186 (2022), 67; *Mittwoch/Bremenkamp*, Das Lieferkettensorgfaltspflichtengesetz – Ein nachhaltiger Ordnungsrahmen für international tätige Marktakteure?, KritV 2021, 207; zum Europäischen Richtlinienentwurf etwa *Mittwoch*, Der aktuelle Richtlinienvorschlag für eine Europäische Corporate Sustainability Due Diligence, NR 2022, 149; *Hübner/Habrich/Weller*, Corporate Sustainability Due Diligence, NZG 2022, 644; aktueller Stand Nationaler Aktionspläne weltweit: Danish Institute for Human Rights, National Action Plans on Business and Human Rights https://globalnaps.org (zuletzt aufgerufen 4.8.2022); allgemeiner zu Lieferketten *Bremenkamp*, Rechtliche Governance von Zulieferverträgen – Eine vergleichende Untersuchung in der Automobilindustrie zum deutschen, italienischen und englischen Recht, 2020; *Eller*, Rechtsverfassung globaler Produktion – Zur sozialen Aufgabe des Rechts der Globalisierung, 2022.

192 *Grundmann*, Welche Einheit des Privatrechts? – Von einer formalen zu einer gestaltungsorientierten Konzeption des Privatrechts, FS Hopt 2010, 61 = On the Unity of Private Law – From a Formal to a Substance Based Concept of Private Law, European Review of Private Law 2010, 1055.

193 Dieses Einteilungskriterium vergleichbar auch bei *Brox/Henssler*, Rn. 279; MünchKommHGB/*Maultzsch*, Vor § 343 Rn. 3, 12 ff., der jedoch eine weitgehende Parallelität zum ersten Kriterium sieht.

194 Zum Rechtscharakter von Handelsbräuchen, überwiegend (bloße objektive Auslegungshilfe, ggf. Lückenfüllung) *Canaris* Handelsrecht, § 22 Rn. 4, 11; durchaus Rechtsnormen nahestehend hingegen etwa nach: MünchKommHGB/*Maultzsch*, § 346 Rn. 2, 33; *K. Schmidt* Handelsrecht, § 1 Rn. 48 (S. 29 f.).

195 Vgl. zum Rechtsnorm- und -auslegungsteil in den Einführungsregeln des schweizerischen ZGB *Wendehorst*, Methodennormen in kontinentaleuropäischen Kodifikationen, RabelsZ 75 (2011) 730, insb. S. 742 f.

196 Anschauliche Tabelle zu den Abweichungen etwa bei *Brox/Henssler*, Rn. 21.

und im Wegfall von Regeln zu Vorausklage- und Formerfordernissen (§§ 349–350 HGB im Vergleich zu §§ 766 Satz 1 und 2 sowie 780 und 781 Satz 1 und 2 BGB), während in einer dritten Kategorie ein weiterreichender Schutz des Verkehrs angestrebt wird. In diese dritte Kategorie fallen der Schutz vor Entzug zentraler, zu erwartender Vermögenspositionen (§ 354a HGB in Abweichung zu § 399 BGB), aber auch zu weiterreichender Bindung des Kaufmanns bei Schweigen (§ 362 HGB). Dazwischen eingefügt finden sich **Auslegungsregeln für handelsübliche Klauseln und Praktiken** (§§ 358–361 HGB, mit Nähe zum Handelsbrauch, § 346 HGB, doch stärker abrede- und nicht auch normbezogen).[197] Abgerundet wird der Normbestand des 1. Abschnitts (AT Handelsgeschäftsrecht) durch zwei Normkomplexe signifikant anderer Art. Das ist einerseits der eine Regelungskomplex, in dem in diesem Abschnitt einmal ein eigenständiges Institut weitgehend flächendeckend und eigenständig geregelt wird, das **Kontokorrent (§§ 355–357 HGB).** Dies ist auch deswegen signifikant, weil es sich (neben den AGB-Banken, AGB-Sparkassen etc.) um den Kern eines ausformulierten allgemeinen Bankvertragsrechts handelt – im Sinne von allgemeiner Bank-Kunden-Beziehung – dem Grundinstrument für diese Beziehung.[198] Schließlich finden sich auch Annexe zu Rechtsgebieten außerhalb des AT und Schuldrechts BGB. Namentlich handelt es sich bei §§ 366 f. HGB um eine Modifikation vorrangig von §§ 932 ff. BGB und der Sorgfaltspflichten in § 935 BGB (vgl. auch § 368 HGB zum Pfandrecht)[199] und in §§ 363–365 HGB um klassisches Wertpapierrecht (der nicht fungiblen Wertpapiere,), jenseits des Effekten- und Kapitalmarktrechts.[200]

41 Der Besondere Teil hebt an mit zwei miteinander verwandten vertragsrechtlichen Bereichen, dem **Recht des Handelskaufs (2. Abschnitt, §§ 373–382 HGB) und dem Kommissionsrecht (3. Abschnitt, § 383–406 HGB).** Beide stehen sich inhaltlich nahe – die Kommission ist definiert als gewerbliche Übernahme eines Kaufs oder Verkaufs für fremde Rechnung im eigenen Namen (vgl. allerdings auch Erstreckungsregel in § 406 HGB).[201] Sie divergieren freilich in der Regelungstechnik erheblich, weil es sich im kaufrechtlichen Abschnitt um eine klassische Annexregelung (zum BGB) handelt, wenn auch teils mit recht eigenständigen Instituten wie der Rügeobliegenheit, im kommissionsrechtlichen Abschnitt hingegen um eine eigenständige Regelung eines speziellen (wenn auch Grundtypen nahestehenden) Vertragstyps. Solchermaßen hat auch das Kommissionsrecht Nähe zum objektiven System, innerhalb des im HGB dominanten subjektiven Systems (vgl. unten Rn 47). Das **Recht des Handelskaufs** spiegelt und verfeinert Regeln, die in gewissem Umfang bereits im 1. Abschnitt (AT) angelegt waren, namentlich zur beschleunigten Vertragsabwicklung im Falle von Annahmeverzug (§§ 373 f. HGB) und Käuferpflichten beim Bestimmungskauf (§ 375 HGB), zum Fixgeschäft (§ 376 HGB) sowie zu weiteren Auslegungs- und Anwendungsregeln (§§ 380–381 HGB). Am ehesten wie ein eigenständiges Institut ausgestaltet erscheint erst der prominenteste Regelungskomplex, zur Rügeobliegenheit (mit Folgepflichten bei Rüge, §§ 377–379 HGB). Freilich ist auch die Rügeobliegenheit in ihrer Wirkung in das Mängelgewährleistungsrecht des BGB eingefügt (Entfall der Mängelgewährleistungsrecht nach § 437 BGB bei Verletzung derselben).[202] Im **Kommissionsrecht** ist ein eigenständiges Institut geregelt, und

197 Zum Verhältnis der Regelung zum Handelsbrauch (§ 346 HGB) zu diesen Regeln näher Oetker/*Maultzsch*, § 358 Rn. 5 („Handelsbräuche sind zu berücksichtigen"); MünchKommHGB/*Welter*, § 358 Rn. 3 („Handelsbräuche vorrangig zu beachten"); *K. Schmidt* Handelsrecht, § 18 Rn. 50–52, der die Regeln der §§ 358 ff. HGB als „bedeutungslos" ansieht.

198 Dazu und zu dieser Sicht des Kontokorrents: vgl. nur *Grundmann*, in: Staub, HGB, 6. Aufl. 2016, Band 10/1 Bankvertragsrecht, § 2 Rn. 3.

199 Zum Gehalt (primär sachenrechtlich) dieser Regeln etwa *K. Schmidt*, Handelsrecht, 6. Aufl. 2014, § 23; *Petersen*, Der gute Glaube an die Vertretungsmacht im Handelsrecht, Jura 2004, 247; zu § 368 HGB etwa *Lettl*, EBJS, § 368 Rn 1.

200 Zum Gehalt (primär sachenrechtlich) dieser Regeln etwa *K. Schmidt* Handelsrecht, § 24.

201 Zur Nähe des Kommissionsrechts zum Kaufrecht ähnlich *Canaris* Handelsrecht, § 30 Rn. 10; *Füller*, EBJS § 383 Rn 1, 3; MünchKommHGB/*Häuser*, 5. Auflage 2021, § 383 Rn. 15.

202 Zu dieser Wirkung und ihren Voraussetzungen näher *Canaris* Handelsrecht, § 29, insb. Rn. 72–81; *Hohmann/Lieder*, Falschlieferung und Quantitätsabweichung beim Handelskauf nach § 377 HGB, Jura 2017, 1136.

daher finden sich durchweg Regelungen, die für den Einmalvertrag im klassischen Kaufrecht keineswegs charakteristisch sind, umgekehrt jedoch den Eigenheiten eines Langzeitvertrages Rechnung tragen, namentlich zu Treuepflichten (§ 384 Abs. 1 HS 2 HGB), Rechnungslegungs- und Weisungsbefolgungs- und Auskehrungspflichten mit Verletzungsfolgen (§§ 384 Abs. 2, 3, 385–387 HGB) (als eine eigenständige, kodifizierte Form des Geschäftsbesorgungsvertrags, § 675 BGB).[203] Auch die restlichen Regelungen (§§ 388–406 HGB) sind Ausfluss der beruflichen Sorgfalts- und der Interessenwahrungspflicht *stricto sensu*, einschließlich der Vergütungs- und Pfand- und Sicherungsregeln in §§ 396–399 HGB und der Selbsteintrittsregeln bei Bestehen von festen Börsen- und Marktpreisen in §§ 400–404 HGB (Grundregel für beide Grundpflichten in § 384 Abs. 1 HGB, mit gewissen drittschützenden Einsprengseln wie § 392 Abs. 1 HGB). Deswegen kann der Kommissionsvertrag als ausformulierter Typ eines beruflich-treuhänderischen Geschäftsbesorgungsvertrages mit Langfristcharakter vorbildhafte Wirkung entfalten. Dabei hat sich der treuhänderisch agierende Kommissionär zwar vom Interesse des Treugebers leiten zu lassen, muss jedoch grundsätzlich (jenseits der Geschäftsbesorgung selbst) eigenes Vermögen nicht einsetzen (vgl. Delkredereregelung in § 394 HGB).[204]

Die **verbleibenden Abschnitte** (4–6) regeln umfassend und flächendeckend eigenständige 42
Vertragstypen, nacheinander das Frachtrecht (4. Abschnitt §§ 407–452d HGB), das Speditionsrecht (5. Abschnitt §§ 453–466 HGB) und das Lagerrecht (6. Abschnitt §§ 467- 475h HGB), alle mit vertragsrechtlichem Hauptbestand, jedoch daneben mit vertragsrechtsrelevanten und -nahen wertpapier- oder sachenrechtlichen Regelungsstücken. Somit bildet im Besonderen Teil das HGB selbst auch die **Grundlage für das Transportrecht**, das herkömmlich als ein zentrales Gebiet des Nebenhandelsrechts verstanden wird. Zugleich bilden diese Abschnitte – gemeinsam mit Kontokorrent und Kommissionsgeschäft – einen Kernbestand, in dem das subjektive System des deutschen Handelsrechts durch wichtige Institutionen und Regelungsbereiche des objektiven Systems überlagert oder jedenfalls mit ihm verbunden erscheint (zu diesen beiden Systemen unten Rn. 47). Diese eigenständigen Regelungskomplexe bilden zugleich Grundlagen für ein Bankvertragsrecht und ein Transportrecht im HGB, ansatzweise auch für ein Recht der Absatzmittlung („downstream") und allgemeiner der Vertragsketten (auch „upstream") im HGB.

4. Ziele

Die **Regelungsziele** des Handelsrechts tragen seiner Rolle als **Sonderprivatrecht für Handels-** 43
treibende (oben Rn. 20 und unten Rn. 47–49) und deren besonderen Bedürfnissen nach Gestaltungsfreiheit, Einfachheit und Klarheit im Handelsverkehr Rechnung. Recht einheitlich als Leitziele verstanden werden insoweit **Schnelligkeit und Erleichterungsfunktion, Rechtssicherheit in der Anwendung** und **Transparenz, auch Dritten gegenüber**.[205] Der Schutzstandard ist im Vergleich zum BGB heruntergeschraubt – von Kaufleuten wird aufgrund ihrer größeren Erfahrung ein höheres Maß an Professionalität und Eigenverantwortlichkeit erwartet.[206]

Im Interesse einer **schnellen und erleichterten Abwicklung** verzichtet das HGB für Kauf- 44
leute etwa auf die Formerfordernisse bei Bürgschaft, Schuldversprechen und Schuldanerkennt-

---

203 Zur Qualifikation als Geschäftsbesorgungsvertrag, mit prominenter Treupflicht (genauer: Interessenwahrungspflicht *stricto sensu*): *Canaris* Handelsrecht, § 30 Rn. 5, 14–16; MünchKommHGB/*Häuser*, 5. Auflage 2021, § 383 Rn. 48; vgl. auch BGH – XI ZR 590/15 = NJW 2017, 3649 Rn. 58.

204 Zu allen genannten Elementen im Treuhandvertrag (Interessenwahrungspflicht, vom Treugeber übertragenes Einwirkungspotential als Begründung, keine eigene Pflicht des Treuhänders, Vermögen aufzuwenden) vgl. nur *Grundmann*, Der Treuhandvertrag – insbesondere die werbende Treuhand, 1997; sowie *Henssler*, Treuhandgeschäft – Dogmatik und Wirklichkeit, AcP 196 (1996), 37.

205 So ganz überwiegend, zum Teil unter anderen Stichworten zusammengefasst; vgl. u.a. Hopt/*Merkt*, HGB vor § 1 Rn. 4 ff.; *K. Schmidt* Handelsrecht, § 1 Rn. 72 f. (S. 43 f.); MünchKommHGB/*K.Schmidt*, vor § 1 Rn. 38.

206 Vgl. *Canaris* Handelsrecht, § 24 Rn. 1; Hopt/*Merkt*, HGB vor § 1 Rn. 4.

nis, § 350 HGB. Kaufleute müssen darüber hinaus schnell reagieren. Dem Schweigen auf einen Antrag oder ein Kaufmännisches Bestätigungsschreiben kann Erklärungswert zukommen (vgl. § 362 HGB bzw. Handelsbrauch/Gewohnheitsrecht) und durch Untersuchung erkennbare Mängel beim Warenkauf sind unverzüglich zu rügen (377 HGB). Auch die Rechtsfolgen beim Überschreiten von Fristen oder fixierten Zeitpunkten sind einschneidender als im BGB (§§ 373, 376 HGB).[207]

45 Ein weiterer Leitgedanke im HGB ist der **gesteigerte Verkehrs- und Vertrauensschutz, auch gegenüber Dritten**, dies zunehmend auch europarechtlich konditioniert (Rn. 34).[208] Dem Verkehrsschutz dienen namentlich etwa die Unbeschränkbarkeit im Außenverhältnis der Prokura (§§ 49, 50 HGB) und der Vertretungsmacht der OHG-Gesellschafter (§ 126 HGB, in Zukunft § 124 HGB) und auch das Firmenordnungsrecht (insbes. § 18 HGB). Die Regelungen zur Handelsregisterpublizität (§§ 8 ff., 15 HGB) schützen das Vertrauen in die Richtigkeit der Registereintragung. Die Eintragung stellt Transparenz her und erzeugt Verlässlichkeit (vgl. näher § 8 Rn. 1 f.). Dem Vertrauensschutz dient schließlich auch die allgemeine Rechtsscheinhaftung (va Scheinkaufmann und Scheingesellschafter)[209] und der über das BGB hinausgehende Schutz des guten Glaubens auch, wenn sein Gegenstand die bloße Ermächtigung ist (üblich etwa beim Kommissionär), nicht der Besitz (§ 366 HGB) (auch Rn. 48).[210]

5. (Haupt-)Referenzgebiete

46 Die zwei zentralen Referenzgebiete oder -bereiche wurden für die Gesamtarchitektur als so wichtig erachtet, dass das Verhältnis des HGB und des Handelsrechts zu ihnen bereits einleitend thematisiert wurde (Rn. 8–14): das allgemeine Privatrecht und die Regulierung im öffentlichen Interesse, namentlich das Wirtschaftsrecht. Noch erschöpfender geschah dies für das zweitgenannte Gebiet. Vor allem für das Verhältnis zum allgemeinen Privatrecht ist das Gesagte hier immerhin mit Beispielen auszuführen und zu kontextualisieren.

47 **a) Allgemeines Privatrecht.** Die ausführlicher beleuchtete Geschichte einer Erosion der handelsrechtlichen Regelung zugunsten eines Modells, in dem die BGB-Regelung ausformuliert wurde und die HGB-Regelung fortan idR nur noch punktuell Modifikationen vorhielt, führte allgemeiner zu einer Diskussion um das **HGB als Sonderprivatrecht**. Drei Aussagen sind zentral. Die Abstimmung beider Bereiche aufeinander wird als technisch ähnlich exakt und passfähig erachtet wie die Systematik des BGB als besonders ausgereift.[211] Die Zielrichtung, die mit der jeweiligen Modifikation verfolgt wird, wird ebenfalls als grds. homogen eingeschätzt (oben Rn. 43–45) und die jeweilige Modifikation auch als geeignet für solch eine Zielerreichung.[212] Dennoch stand im Vordergrund die Frage nach der Sinnhaftigkeit solch einer Gestaltung – als Sonderprivatrecht –, die früh ua *Philipp Heck* – auch mit Überlegungen aus der Perspektive der

---

207 Vgl. auch *K. Schmidt* Handelsrecht, § 1 Rn. 72 (S. 43).

208 Die Bedeutung für die Selbstverantwortlichkeit des Kaufmanns hervorhebend auch Hopt/*Merkt*, HGB vor § 1 Rn. 6.

209 Vgl. auch *Canaris* Handelsrecht, 4. Aufl. 2022, § 1 II Rn. 18.

210 Etwa auch *K. Schmidt* Handelsrecht, § 23 Rn. 2–5 (S. 802 ff.).

211 Vgl. etwa *Hopt/Merkt*, HGB, Einleitung vor § 1 Rn. 1; *K. Schmidt* Handelsrecht, § 1 Rdn. 9 ff. (S. 5 ff.); MünchKommHGB/ *K. Schmidt*, Vor § 1 Rn. 3, 17; *Weyer*, Handelsgeschäfte (§§ 343 ff. HGB) und Unternehmergeschäfte (§ 14 BGB), WM 2005, 490 (492–494).

212 So etwa *Müller-Freienfels*, Festschrift v. Caemmerer, 1978, S. 583 (594, 597); Weyer, Handelsgeschäfte (§§ 343 ff. HGB) und Unternehmergeschäfte (§ 14 BGB), WM 2005, 490 (494); mit Einschränkungen *Canaris* Handelsrecht, § 1 Rdn. 1 ff. (S. 2), vgl. aber auch § 1 Rdn. 40 (S. 14): „Sonderrecht des Gewerbetreibenden".

Interessenjurisprudenz – aufwarf,[213] die freilich heute doch an Elan verloren hat. Das Bedauern über die mit der Aufteilung einhergehende Fragmentierung ist präsent[214] – nach dem Gesagten nicht unähnlich dem Diskussionsstand zum Europäischen Vertragsrecht in den 1990er Jahren und um die Jahrtausendwende (was sich dort jedoch tendenziell nicht unerheblich geändert hat, oben Rn. 11). In verschiedenen Hinsichten – namentlich für eine Vorreiterrolle des Handelsrechts – stellt sich die Frage allerdings auch heute noch durchaus, ob die fehlende Ausformulierung nicht auch (fehlende) Entwicklungen beeinflusst hat (vgl. etwa oben Rn 4, 9 f. und unten Rn. 54, 91–94). Mit der Entscheidung für die Gestaltung des (4. Buches des) HGB als Sonderprivatrecht einher geht eine grundsätzliche Entscheidung für ein subjektives System des Handelsrechts, anknüpfend an die Person des Professionellen (Kaufmann), und gegen ein objektives System des Handelsgeschäftsrechts,[215] anknüpfend an der Art des Geschäftes, etwa aller Bankgeschäfte.[216] Das zum Sonderprivatrecht Gesagte wird plastischer anhand von Beispielen und einer Kontextualisierung mit größeren Perspektiven.

Ein zentrales Beispiel eines Instituts, das sich in Zeiten des ADHGB entwickelt hat, dann 48
jedoch im BGB aufgegriffen wurde (und letztlich sogar zurückgewirkt hat), bildet das **Abstraktionsprinzip zwischen Vertretungsmacht und zugrundeliegendem Rechtsverhältnis**, zentral für einen Verkehrsschutz, der gerade im Handel überragende Bedeutung hat. Entwickelt wurde der Gedanken namentlich von *Jhering* und für das damalige ADHGB.[217] Mit der Ausbildung eines vollständigen Vertretungsrechts im BGB entstand das Umfeld, in dem der genannte Verkehrsschutz durch Abstraktion primär als eine allgemein privatrechtliches Institut (mit deutlich bürgerlichrechtlichen Zügen) verstanden wird[218] – dies, obwohl handelsrechtliche Modifikationen, namentlich im verwandten Recht der (sachenrechtlich wirkenden) Ermächtigung, durchaus von Gewicht sind (§ 366 HGB) und mit ihnen der Verkehrsschutz (in einer für den Handel zentralen Form) noch signifikant weiter getrieben wird.[219] Obwohl das Institut primär als allgemein privatrechtlich verstanden wird, wirkte sich die stärkere Sachlogik im (vor allem) internationalen Handel freilich bei den Verstärkungen aus, die es im (Handels-)Registerrecht erfuhr. Obwohl die Bundesrepublik im „Europa der 6" der einzige Mitgliedstaat war, der das Abstraktionsprinzip in so ausgebildeter Form kannte, setzte es sich – mit den Verstärkungen bei Registereintrag nach § 15 HGB – als allgemeines Institut für die gesamte EWG/EU – durch (und dies nach dem Gesagten allgemein im Unternehmensrecht, nicht nur im Kapitalgesellschaftsrecht, oben Rn. 24, 34). Die Entwicklung zeigt zweierlei: einerseits die Macht, die von einer Ausformulierung des Instituts für das Verständnis desselben ausgeht, andererseits freilich auch die Macht der faktischen Strukturen.

---

213 *Hock*, Weshalb besteht ein von dem bürgerlichen Rechte gesondertes Handelsprivatrecht? AcP 92 (1902), 438; außerdem *Cohn*, Warum hat und braucht der Handel ein besonderes Recht?, 1888.

214 Vgl. Nachw. oben Fn. 36.

215 Näher zum subjektiven System etwa *Canaris* Handelsrecht, § 1 Rn. 3; *Henssler*, Gewerbe, Kaufmann, Unternehmen: Herkunft und Zukunft der subjektiven Anknüpfung des Handelsrechts, ZHR 161 (1997), 13; Oetker/*Körber*, § 1 Rn. 1.

216 Näher zum objektiven System, für das sich tendenziell etwa die Schweiz sowie Frankreich entschieden, rechtsvergleichend *Kort*, Zum Begriff des Kaufmanns im deutschen und französischen Handelsrecht, AcP 193 (1993), 453. Zu den Elementen auch im deutschen Recht bereits oben Rn. 40–42.

217 Erste (vorsichtige Ansätze) zu einer Trennung von Vollmacht und Kausalverhältnis finden sich schon bei *Jhering*, Mitwirkung für fremde Rechtsgeschäfte (Teil 1), JherJb 1 (1857), 312 (313); fort- und weitergeführt hat diesen Gedanken *Paul Laband*, Die Stellvertretung bei dem Abschluß von Rechtsgeschäften nach dem ADHGB, ZHR 10 (1866), 183 (203 ff.). Deshalb wird *Laband* zumeist als „Entdecker" der Abstraktheit der Vollmacht bezeichnet, hierzu etwa *Diemert*, in Hoeren, Zivilrechtliche Entdecker, 2001, 151; weiterführend auch *Müller-Freienfels*, in Coing/Wilhelm, Wissenschaft und Kodifikation des Privatrechts im 19. Jahrhundert, Bd. II, 1977, 144; eine Rezeptionsgeschichte aus jüngerer Zeit findet sich bei *K. Schmidt*, Zur „Abstraktheit" im Stellvertretungsrecht. Wiedergelesen: Paul Laband, ZHR 10 (1866), 183ff., FS Canaris 2017, S. 117.

218 Vgl. etwa *Singer*, Selbstbestimmung und Verkehrsschutz im Recht der Willenserklärungen, 1995, S. 70f.

219 Dazu etwa Oetker/*Maultzsch*, § 366 Rn. 1; *K. Schmidt* Handelsrecht, § 23 Rn. 2 ff. (S. 800 ff.).

49 Weitere Tiefenschärfe erlangt das bisher skizzierte Bild vom „Sonderprivatrecht“, das durch Erosion an Wirkmacht verloren hat, durch eine **Kontextualisierung mit drei größeren Perspektiven.** Auf die **dominante Wirkung voll ausformulierter internationaler Modelle des Handelsvertragsrechts** (U.C.C.) bzw. des Handelskaufs (CISG) wurde hingewiesen. Sie wurden als Modelle prägend, auch für das allgemeine Vertragsrecht oder für einen methodischen Stil moderner Kodifikation (oben Rn. 9). **Im Hinblick auf das HGB** selbst ist bemerkenswert, dass ein **Nebeneinander von HGB und BGB** zwar keineswegs das ganze HGB prägt, namentlich für das 1. Buch eher nur peripher zu konstatieren ist und für das 3. Buch gar nicht, umgekehrt jedoch auch nicht auf das 4. Buch beschränkt ist. Auch im 2. Buch ist es offensichtlich, nunmehr für die beiden (oder drei) Grundformen des Personengesellschaftsrechts, freilich bei zwei signifikanten Unterschieden. Zum einen ist (oder sind) hier nun auch die HGB-Gesellschaftsform(en) gesetzlich vollständig ausgestaltet (geblieben auch nach 1900 und Inkrafttreten des BGB). Zum anderen liegt hier nun die Dominanz in der Modellbildung deutlich stärker bei der/den HGB-Gesellschaftsform(en) – sowohl für die Frage der Vermögenszuordnung (Gesamthand, eigene Rechtsträgerschaft, mit Abschluss im MoPeG) als auch für die Frage der persönlichen und regelmäßigen Haftung der Gesellschafter für Gesellschaftsschulden,[220] d.h. wohl für die beiden Kernfragen überhaupt, bei denen jeweils die BGB-Gesellschaft grundsätzlich dem Regelungsmodell für OHG/KG folgte und nicht umgekehrt. Rein systematisch gesehen ist sogar ein Verständnis dahingehend denkbar, dass das HGB mit dem MoPeG seine Dominanz auch im Personengesellschaftsrecht verloren hat. Das Recht der GbR erhält seine Referenzfunktion zurück (bei gleichzeitiger Annäherung an die OHG). Auf das Gesamthandprinzip als Vermögenszuordnungsprinzip kommt es seit dem MoPeG weder für die GbR noch für OHG/KG an. Die Frage liegt nahe, ob nicht die (bisherige) vollständige Ausformulierung dem HGB-Modell (im 2. Buch) anderes Gewicht gab (als ihr Fehlen im 4. Buch). Schließlich ist an dieser Stelle auch nochmals daran zu erinnern, dass (für das 4. Buch) die **Gewichtsverschiebung zugunsten des BGB** zwar 1900 flächendeckend angelegt, 2002 jedoch mit neuer Dimension (und nicht weniger tiefgreifend) verfestigt wurde. Denn im BGB wurde jenes Vertragsrecht integriert, das spezifisch auf die Ungleichgewichtslagen zwischen Unternehmen und Nachfragern zugeschnitten ist und das meist als Verbrauchervertragsrecht umschrieben wird (nach einer besonders eklatanten, jedoch nicht der einzigen Ungleichgewichtslage). Damit tat das BGB einen Schritt der Integration, der im HGB, aber auch in anderen großen Europäischen Gesetzbüchern (Code Civil, Codice Civile, ABGB) nicht gewagt wurde (jeweils mit getrennten Verbraucherrechts-Codices)[221] – obwohl doch die Integration des Handelsrechts andernorts, in Italien, in ebendiesem Codice Civile als moderne Kodifikationsleistung gelungen war (also der Weg der Trennung gegenüber Code de Commerce, HGB oder öHGB aufgegeben worden war). Seitdem werden im BGB „handelsrechtliche“ EU-Richtlinien umgesetzt – wie diejenigen zum Kreditgeschäft der Banken, zum Zahlungsgeschäft der Banken oder auch zum Zahlungsverzugsrecht zwischen Unternehmen. Auf der anderen Seite bedeutet diese Entwicklung auch: Ein gänzlich integrierter großer Kodex, mit Handels- und Verbraucherrecht, steht unter den alten Kodifikationsländern in Europa noch immer aus – und damit ein kodifikatorisches Gesamtbild des Vertragsrechts, oder gar Privatrechts der großen Institutionen (Market and Firm).

220 Vgl. nur die höchstrichterliche Rechtsprechung in BGH – VIII ZR 190/77 – BGHZ 72, 267 (271 f.) = NJW 1979, 308; BGH – II ZR 137/78 – BGHZ 74, 240 (242) = NJW 1979, 1821; BGH – II ZR 331/00 – BGHZ 146, 341 = NJW 2001, 1056 (1061) (ARGE Weißes Ross); BGH – V ZB 198/12 – NJW-RR 2014, 149 (151); dazu etwa MünchKommHGB/*Fleischer*, § 105 Rn 8; *ders.*, Ein Rundflug über das OHG-Recht im Regierungsentwurf eines Gesetzes zur Modernisierung des Personengesellschaftsrechts, BB 2021, 386 (287); *K. Schmidt*, Gesellschaftsrecht, § 46 I 2 c, (S. 1361 f.).

221 Zu einem Vergleich der Kodex-Architekturen vgl. etwa *Grundmann/Schauer* (Hrsg.), The Architecture of European Codes and Contract Law, 2006; zur Entwicklung eines italienischen Codice al Consumo: *Lilja*, Der Codice del Consumo 2005 – Ein Vorbild für die Europäische Verbrauchergesetzgebung, 2010; umgekehrt zur Integration des Verbraucherrechts in das BGB im Rahmen der Schuldrechtsmodernisierung, damals eher überraschend und nicht EG-rechtlich gefordert, Nachw. oben Fn. 51.

b) Wirtschaftsrecht und Regulierung. Als zweites zentrales Referenzgebiet zum HGB ist an den Bereich der Regulierung im öffentlichen Interesse, im Kern: das Wirtschaftsrecht zu erinnern. Freilich bildet das Verhältnis zu Regulierung und Wirtschaftsrecht so sehr schon eine Kernfrage der Gesamtarchitektur – Handelsrechtswissenschaft fokussiert auf das HGB oder aber auf ein Handelsrecht im Kontext eines allgemeineren Rechts der Wirtschaft? –, dass es primär bereits mit diesen Gesamtlinien diskutiert wurde (oben Rn. 12–14). Mit dem Ergebnis, dass Handelsrechtskommentierungen primär im sog. Nebenhandelsrecht – etwa Bank- und Transportrecht – diese Verschränkungen vertieft zum Kommentierungsgegenstand nehmen – ansonsten zentral für das 3. Buch, das der Rechnungslegung als Regulierungsgebiet gewidmet ist (und entsprechend bis 1937 dem Aktienrecht), also gleichsam das Kernstück eines Regulierungsansatzes im HGB bildet. Als Regulierungsgebiete sind für diesen Kommentar zentral wichtig im Nebenhandelsrecht das Kapitalmarktrecht, das Aufsichtsrecht über regulierte Segmente, etwa Bankaufsichtsrecht (nicht jedoch Versicherungsaufsichtsrecht), auch die Aufsichtsstrukturen im Transportrecht. Letzteres steht zugleich für einen Regulierungsbereich, in dem – aufgrund seiner Schlüsselstellung für die globalen Warenströme – Standardisierung und Rechtssicherheit in einem internationalen und globalen Umfeld von zentraler Bedeutung sind.[222] Umgekehrt sind die verschiedenen Teile des Wettbewerbsrechts – Recht gegen Wettbewerbsbeschränkungen, gegen unlauteren Wettbewerb und unlautere Geschäftspraktiken, gewerblicher Rechtsschutz – zu umfangreich, um als weitere Bereiche einbezogen zu werden, obwohl die (vor allem ordoliberal geprägte) Konzeptionierung des Regulierungsrechts (jedenfalls in Deutschland und Europa) gerade in diesen Bereichen seinen Ausgang nahm.[223] Der Schnitt ist demnach nicht so sehr inhaltlich-konzeptionell wie mit pragmatischen Erwägungen zu erklären. 50

IV. HGB und Raum

1. Gesamtbild

Wenige Entwicklungen werden für die Wirtschaft – im Kern das Handelsgewerbe – **im letzten halben Jahrhundert für so zentral erachtet wie die immer intensivere Globalisierung:**[224] Und Handel war auch schon zuvor über viele Dekaden in besonderem Maße international, grenzüberschreitend, global. Hinzu kommt die regionale, äußerst dichte Form der Internationalisierung mit der Schaffung des Gemeinsamen und des Binnenmarktes. Hierdurch wird das deutsche Handelsrecht – wie die deutsche Wirtschaft – zusätzlich und in gänzlich außergewöhnlichem Maße in einen grenzüberschreitenden Kontext gestellt und vernetzt. Bekanntlich zählt zu den zentralen **Gründungsüberlegungen für die EWG/EU die Verschränkung der Volkswirtschaften**, namentlich die gegenseitige Durchdringung in Investitionsströmen und Wertschöpfungsketten sowie in gemeinsamen Markt- und Aufsichtsinstituten. Dies in einem Maße, dass sie gänzlich untrennbar werden (oder nur unter so exzessiven Kosten trennbar), dass die Gefahr gewaltsamer Konflikte weitestgehend gebannt scheint.[225] 51

---

222 Zum vorrangigen Standardisierungsinteresse im Transportrecht vgl. namentlich *Herdegen*, Internationales Wirtschaftsrecht, 11. Auflage 2019, § 14 Rn. 4 (S. 269); Reithmann/Martiny/*Mankowski*, Teil 6 Rn. 1922 ff.

223 *Böhm*, Privatrechtsgesellschaft und Marktwirtschaft, ORDO 17 (1966), 75; *Eucken*, Grundsätze der Wirtschaftspolitik, 1. Aufl. 1952 (ursprüngliches Manuskript 1942); *Mestmäcker*, Auf dem Wege zu einer Ordnungspolitik für Europa, FS v.d. Groeben 1987, 9; *ders.*, Macht – Recht – Wirtschaftsverfassung, ZHR 137 (1973), 97; Kontextualisierung und Nachwirkung zu diesen Werken *Grundmann* bzw. *Micklitz* in Grundmann/Micklitz/Renner, New Private Law Theory, Kap. 6 bzw. 24, breit *Behrens*, Europäisches Marktöffnungs- und Wettbewerbsrecht – eine systematische Darstellung der Wirtschafts- und Wettbewerbsverfassung der EU, 2017.

224 Vgl. Nachw. oben Fn. 54.

225 Vgl. zu diesem Gründungsverständnis nur *Müller-Graf* in Dauses/Ludwigs, Handbuch des EU-Wirtschaftsrechts, 55. EL 2022, Rn. 117ff. mwN; Präambel EWG-Vertrag, BGBl. 1952 II, S. 447, 448. Gewisse Zweifel heute angesichts tiefgreifender, auch gewaltgetragener Konflikte, trotz globaler enger Vernetzung, ggf. auch angesichts von Brexit.

52 Dies lässt speziell die **grenzüberschreitende Einbettung des HGB** – des deutschen Handelsrechts – und eine **Systematisierung** derselben als so bedeutsam erscheinen wie wenige andere seiner Charakteristika und Entwicklungsstränge. Dabei ist mit dem Gesagten zugleich vorgegeben, dass primär **zwischen globaler Perspektive *und* Binnenmarkt-Perspektive zu unterscheiden** ist (unten 2. und 3.), zugleich diese Perspektiven-Dualität ins Verhältnis zu setzen ist zum Phänomen, dass gewisse Rechtsgebiete durch (globales oder Europäisches) Einheitsrecht ausgestaltet sind, also ein einheitliches Recht an die Stelle des Zusammenspiels verschiedener nationaler und supranational-regionaler Rechte tritt (unten 4.). **Die jeweilige Wirkung ist unterschiedlich.** Die globale, kollisionsrechtliche Perspektive (unten 2.) ist so angelegt, dass die Frage im Vordergrund steht, welches (nationale, ggf. auch supranationale) Recht Anwendung findet, hingegen die Binnenmarktperspektive so, dass die Kernfrage dahingeht, ob EU-Recht jeweils eine Mindest- oder eine Höchstschwelle für die nationalen Rechte oder Gestaltungen darstellt (oder auch beides kombiniert), also Sperrwirkung in die eine oder andere Richtung (oder in beide) entfaltet (unten 3.). (Internationales oder supranationales) Einheitsrecht tritt schließlich im Grundsatz schlicht an die Stelle der (Mehrzahl der) involvierten nationalen Rechte (unten 4.). In dieses Gerüst sind die grenzüberschreitenden Dimensionen des HGB und Handelsrechts praktisch flächendeckend einzuordnen. Selbst ein Gebiet wie das **Außenwirtschaftsrecht**, das über lange Zeit noch wie eine Restmaterie vor allem deutschen Normgehalts und -anspruchs wirkte, ist heute – namentlich in der alles beherrschenden Frage der (Primär- und Sekundär-)Sanktionen – vorrangig binnenmarktrechtlich konditioniert.[226]

53 Dieses **System ist nun für zwei Formen von Vielfalt zu denken.** Dies sind einerseits die **verschiedenen Materien** der (hier behandelten) vier Bücher des HGB (oben III.). Die genannten Perspektiven sind nämlich zu denken für den (i) Handelsstand, insbesondere die Unternehmen (1. und 2. Buch), für (ii) die Transaktionsseite, die Handelsgeschäfte (4. Buch), dies in dem genannten breiten, funktionalen Sinne (vgl. oben Rn. 40), und schließlich auch für (iii) die Sondermaterie des Rechnungslegungsrechts (3. Buch). Letzteres bildet zwar eine Sondermaterie, freilich mit gänzlich besonderen Eigenarten. Denn es steht zwischen einer Organisationsperspektive (auf das darzustellende Unternehmen, etwa die Kapitalgesellschaft, zu der Rechnung gelegt wird) und einer Transaktionsperspektive (vor allem bezogen auf den Handel an Kapitalmärkten). Es unterliegt schon von daher besonderen kollisions- und einheitsrechtlichen Regeln, jedenfalls jedoch scheint es von allen Materien im HGB am stärksten an einer Regulierungsperspektive im öffentlichen Interesse ausgerichtet. Die zweite Form der Vielfalt, die zu denken ist, besteht andererseits in einer großen **Bandbreite an Regelungsformen** (idR mit zudem einer Reihe von Zwischenformen): zwingend und/oder dispositiv; staatlich und/oder privat gesetzt; national und/oder supra- oder gar international; öffentlich regulierend und/oder am privaten Interessenausgleich ausgerichtet (und natürlich auch, mit der oben erstgenannten Unterscheidung nach Materien einhergehend, schuld-, gesellschafts-, markt- und sachenrechtlich).

54 Wenn also Handelsrecht vom Charakter her supranational und global ausgelegt ist, so bedeutet dies umgekehrt freilich nicht, dass typische globale Perspektiven im Bild von HGB und deutschem Handelsrecht prägend wären. Der **„Stil" ist keineswegs global inspiriert, wichtige Aspekte zeigen dies.** So wird das HGB und Handelsrecht kaum einmal als Faktor in einem internationalen Wettbewerb gesehen, gleichsam als „Exportschlager" – anders als etwa geschichtlich bei den Stadtrechten der Fall (vertikaler Vergleich)[227] oder auch etwa in den USA sowohl mit dem U.C.C. als auch insbesondere in der Legal Origins-Forschung angelegt (horizon-

226 Vgl. nur EuGH Urt. v. 21.12.2021 – C-124/20, ECLI:EU:C:2021:1035 – *Bank Meli Iran*, Tz. 69 ff.; (zur EU-Blocking-VO); und zusammenhängende systematische (Kurz-)Darstellung bei *Grundmann/Denga*, EBJS, Einl zu §§ 343 ff., Rn. 91–100.

227 Vgl. Nachw. oben Fn. 22.

taler Vergleich).[228] Sogar hinter Überlegungen im klassischen Zivilrecht – mit dem Draft Common Frame of Reference (DCFR) und der Idee eines Optionalen Kodex – steht das HGB und Handelsrecht in diesem Punkte zurück.[229] Auch in der methodischen Ausrichtung ist die Diskussion in Wissenschaft und Praxis zum HGB und Handelsrecht keineswegs prominent international ausgerichtet – vielsprachig, rechtsvergleichend oder auch in der Orientierung an internationalen Trends wie etwa der ökonomischen Analyse, die im HGB wenig prominent erscheint (vgl. ausführlicher unten V. 2.). Auch blieb etwa die Forschung zum transnationalen Recht – seinem Wirkungsgrund und seinen Ausprägungen –[230] stark abgekoppelt von den Diskussionen im HGB und Handelsrecht (oder umgekehrt). Und so zentral das Bild einer pluralistischen Rechts- und Werteordnung für die Globalisierung ist,[231] so wenig ist es dies auch im Handelsrecht und namentlich für das HGB. Sicherlich trug zu diesem (keineswegs prominent international verfassten) Bild in der Forschung zum HGB auch die **Ausgliederung des Aktienrechts** bei, einer Materie, bei der die internationale Ausrichtung und Anbindung deutlich prominenter erscheint, namentlich mit der Corporate Governance Diskussion[232] und damit, wie zentral hier das Konzept

228 Zum U.C.C. vgl. oben Rn. 9 f., speziell zu seinem Verständnis als Modellgesetz, das international wegweisend sein sollte: *Bradford Stone*, Uniform Commercial Code in a nutshell, 4th edition 1995, introduction, p. IX-XV. In der Legal Origins- Forschung bildet der Wettbewerb mit anderen Rechtskreisen und -ordnungen von Beginn an geradezu der Markenkern: vgl. namentlich *La Porta/Shleifer/Silanes/Vishny*, Legal Determinants of External Finance, 52 Journal of Finance 1131 (1997); *dies.*, Law and Finance 106 Journal of Political Economy 1113 (1998); dazu etwa *Deakin/Pistor* (Hrsg.), Legal Origin Theory, 2012; *Milhaupt/Pistor* (Hrsg.), Law and Capitalism: What Corporate Crises Reveal about Legal Systems and Economic Development Around the World, 2008; *Musacchio/Turner*, Does the Law and Finance Hypothesis Pass the Test of History?, 55 Business History 524 (2013); *Siems*, Legal Origins: Reconciling Law & Finance and Comparative Law, 52 McGill Law Journal 55 (2007); sowie den Kontext der Rechtsvergleichung und ihrer Ansätze aufbereitend *Micklitz* in Grundmann/Micklitz/Renner, New Private Law Theory, Kap. 5. Zu nennen wäre natürlich auch das Konzept des Wettbewerbs der Rechtsordnungen, wieder für das HGB und Handelsrecht keineswegs prominent. Dazu sogleich noch im Text.

229 Vgl. *Bar/Clive/Schulte-Nölke et al.* for the Study Group on a European Civil Code and Research Group on EC Private Law (Acquis Group), Principles, Definitions and Model Rules of European Private Law – Draft Common Frame of Reference (DCFR), 2008; darauf gründend Vorschlag der Kommission für eine Verordnung des Europäischen Parlaments und des Rates über ein Gemeinsames Europäisches Kaufrecht, KOM(2011) 635 endg. vom 11.10.2011 und zuvor das Grünbuch der Kommission betreffend Optionen für die Einführung eines Europäischen Vertragsrechts für Verbraucher und Unternehmen, KOM(2010) 348 endg. vom 1.7.2010. Analyse aus der Perspektive eines Wettbewerbs der Gesetzgeber: *Grundmann*, Kosten und Nutzen eines optionalen Europäischen Kaufrechts, AcP 212 (2012) 502.

230 Wegweisend *Jessup*, Transnational Law, 1956; zu konzeptionellen Ansätzen heute etwa *Backer*, Economic Globalization and the Rise of Efficient Systems of Global Private Law Making: Wal-Mart as Global Legislator, 39 Connecticut Law Review 1739 (2007); *Calliess* (Hrsg.), Transnationales Recht, 2014; *ders./Zumbansen*, Rough Consensus and Running Code: A Theory of Transnational Private Law, 2010; *Teubner*, ‚Global Bukowina': Legal Pluralism in the World Society, in: Teubner (Hrsg.), Global Law without a State, 1997, 3; Überblick bei *Renner* in Grundmann/Micklitz/Renner, New Private Law Theory, Kap. 25.

231 Pluralismusdenken in Recht und Werteordnung verlässt aufgrund der Globalisierung sein Nischendasein und wird zum Mainstream-Phänomen: so *Michaels*, Global Legal Pluralism, 5 Annual Review of Law and Social Science (2009), 243 (243 et passim); *von Benda-Beckmann/Turner*, Legal pluralism, social theory, and the state, 50 The Journal of Legal Pluralism and Unofficial Law (2018), 255 (265). Nicht von ungefähr explizite rechtliche Anerkennung als (Verfassungs-)Prinzip im supranationalen Kontext, namentlich in Art. 2 EUV.

232 Etwa *Bayer*, Grundsatzfragen der Regulierung der aktienrechtlichen Corporate Governance, NZG 2013; *Behrens*, Corporate governance, FS Drobnig 1998, 491; *Hopt*, Gemeinsame Grundsätze der Corporate Governance in Europa? Überlegungen zum Einfluß der Wertpapiermärkte auf Unternehmen und ihre Regulierung und zum Zusammenwachsen von common law und civil law im Gesellschafts- und Kapitalmarktrecht, ZGR 2000, 779; *ders.*, Key Problems of Company Law and Corporate Governance in Europe, RabelsZ 69 (2005), 611; *Hopt/Kanda/Roe/Wymeersch/Prigge* (Hrsg.), Comparative Corporate Governance – the State of the Art and Emerging Research, 1998; *Lieder*, Legal Origins und empirische Rechtsvergleichung – Zur Bedeutung des Rechts für die Entwicklung von Kapitalmärkten und Corporate-Governance-Strukturen, ZvglRWiss 109 (2010) 216; *McCahery/Moerland/Raaijmakers/Renneboog*

des Wettbewerbs der Rechtsordnungen diskutiert wird.[233] Jedoch auch die Überführung des Großteils des Transaktionsrechts ins BGB im Jahre 1900 zeitigte sicherlich langfristig Wirkung.

2. Internationales Handelsrecht (Kollisionsrecht global)

55 Im Verhältnis zu globalen Märkten, Produktströmen und Akteuren bildet das Internationale Privatrecht – das Kollisionsrecht – das Kerninstrument einer grenzüberschreitenden Ordnung. Es **bestimmt – auch für alle HGB-Materien – das anwendbare Recht** – unter verschiedenen nationalen Rechten, die hinreichende „Nähe" zum Fall haben, ggf. auch unter nationalen, aber supranational harmonisierten oder supranational vereinheitlichten Normenbeständen. Bekanntlich ist Internationales Privatrecht freilich zwar in der Sicht auf die Sachverhalte international-grenzüberschreitend ausgerichtet, nicht jedoch notwendig oder auch nur überwiegend international in den Normen und ihrem Ursprung. Der Ursprung des Kollisionsrechts ist heute in Deutschland – als Mitgliedstaat der EU – für das Transaktionsrecht (4. Buch) vor allem EU-rechtlich (Rom-I-VO, zu einem kleinen Teil auch Rom-II-VO),[234] für die prägenden Prinzipien im Wirtschaftsrecht, namentlich Rechnungslegungs- und Kapitalmarktrecht (3. Buch) ebenfalls (Auswirkungs- bzw. Marktanknüpfungsprinzip, wenn auch nicht kodifiziert). Da in beiden Bereichen die Wirkung der genannten Regeln diejenige einer sog. loi uniforme ist (ausdrücklich Art. 2 Rom-I-VO), entfalten diese kollisionsrechtlichen Regeln ihre Wirkung **gleichgültig, ob** es sich bei den anderen berührten Rechten, deren Anwendung in Frage steht, um solche von **Mitgliedstaaten oder von Drittstaaten** handelt.[235] Im Bereich des 1. und 2. Buches handelt es sich noch immer Großteils um Kollisionsnormen deutschen Ursprungs (nächste Rn.), wobei freilich im Internationalen Gesellschaftsrecht die Überformung durch EU-Recht so stark ist, dass dieser Bereich für die Binnenmarktverhältnisse (ebenfalls) nochmals aufzunehmen ist (unten Rn. 64).

56 **Bücher 1 und 2 des Handelsgesetzbuches** zeichnen sich durch eine Vielzahl an Materien aus, die unterschiedlich anzuknüpfen sind. Unter ihnen ragen zwei Gebiete hervor: Dies ist einerseits das **Registerrecht**, das an den Registerort anzuknüpfen ist,[236] so dass alle Registervorgänge für Handelsregister in Deutschland nach HGB und registerrechtlichen Nebenvorschriften zu beurteilen sind, jedoch auch die Wirkungen des Handelsregisters, namentlich der Gut-

---

(Hrsg.), Corporate Governance Regimes – Convergence and Diversity, 2002; *Teichmann*, Corporate Governance in Europa, ZGR 2001, 645; *Tirole*, Corporate Governance, (2001) 69 Econometrica 1; in der Sache natürlich auch (vergleichend, analytisch) *Kraakman* u.a., The Anatomy of Corporate Law – A Comparative and Functional Approach, 3. Aufl. 2017. Auch hier selbst im Vertrags- und Schuldrecht eine eher stärkere Verankerung als für das HGB: *Williamson*, Transaction-Cost Economics: The Governance of Contractual Relations, 22 Journal of Law & Economics 233; *Grundmann/Möslein/Riesenhuber*, Contract Governance, 2015.

233 *Romano*, Law as a product: some pieces of the incorporation puzzle, (1985) 1(2) Journal of Law, Economics, and Organizations 225; dazu etwa *Merkt*, Das Europäische Gesellschaftsrecht und die Idee des „Wettbewerbs der Gesetzgeber", RabelsZ 59 (1995) 545; *Grundmann*, Wettbewerb der Regelgeber im Europäischen Gesellschaftsrecht – jedes Marktsegment hat seine Struktur, ZGR 2001, 783; Überblick bei *Micklitz* in Grundmann/Micklitz/Renner, New Privat Law Theory, Kap. 23.

234 Nur im Verhältnis zu Dänemark gilt noch das Europäische Vertragsrechtsübereinkommen (EVÜ) von 1980, mit praktisch identischen Regeln. Völkervertraglich geregelt bleibt – zunehmend obsolet – das Internationale Wechsel- und Scheckrecht (vgl. Art. 91–98 WechselG, Art. 60–66 ScheckG), das von der Rom-I-VO ausgenommen ist: vgl. zu beiden Abkommen: *Baumbach/Hefermehl/Casper*, Wechselgesetz, Scheckgesetz, Recht der kartengestützten Zahlungen, 24. Aufl. 2020. Überblick, nach Rechtsgebieten geordnet, über sonstige völkerkonventionsrechtlich (und auch unionsrechtlich) begründete Kollisionsnormen bei MünchKommBGB/*Sonnenberger* Einl. IPR Rn. 318; vgl. ansonsten *Jayme/Hausmann*, Internationales Privat- und Verfahrensrecht, 20. Aufl. 2020 (mit Abdruck). Nach Art. 23, 25 Rom I-VO gehen auch diese Kollisionsregeln denen der Rom I-VO vor (vergleichbar vormals Art. 21 f. EVÜ).

235 Zum Konzept einer loi uniforme vgl. nur: MünchKommBGB/*Junker*, Rom II-VO Art. 3 Rn. 1. Eine heute weitgehend unbedeutende Besonderheit.

236 Vgl. nur BGH – II ZB 7/06 – BGHZ 172, 200 = NJW 2007, 2328 (2329); BeckOGK/*Weller*, 1.8.2021, Internationales Handelsrecht Rn. 33.

glaubensschutz, den es vermittelt, und seine Voraussetzungen (etwa §§ 15, ggf. iVm 366 HGB), allerdings im Zusammenhang mit dem Statut, welches das jeweilige Verhältnis regiert (etwa die Erteilung einer Prokura und ihren Widerruf).[237]

Dies ist andererseits das **Gesellschaftsrecht**. Das Internationale Gesellschaftsrecht ist in der EU zwar durch die Rechtsprechung des EuGHs (zur Niederlassungsfreiheit) stark überformt (dazu unten Rn. 64), als solches jedoch nicht vereinheitlicht, sondern nationales IPR.[238] Der deutsche Gesetzgeber hat freilich keine kollisionsrechtliche Regelung getroffen. Für Außengesellschaften wird in Deutschland herkömmlich – anders als Großbritannien und auch die Niederlande, wohl jedoch auch immer häufiger in den meisten Mitgliedstaaten auf dem Kontinent – eine Anknüpfung an den tatsächlichen Sitz der Hauptverwaltung befürwortet.[239] Dabei wird dieser dahingehend verstanden, dass nicht der zufällige Ort der einen oder anderen Vorstandssitzung entscheide, sondern der Ort, an dem „die grundlegenden Entscheidungen der Unternehmensleitung effektiv in laufende Geschäftsführungsakte umgesetzt werden", also in die allgemeine Verwaltung der Gesellschaft eingespeist werden.[240] Bei Tochtergesellschaften wird also die Rechtspersönlichkeit geachtet – und nicht etwa an das Entscheidungszentrum der Muttergesellschaft abgestellt. Der effektive Sitz muss am Registerort liegen, an dem die für die Entstehung der Gesellschaft konstitutive Eintragung vorgenommen wird. Hier muss auch der Satzungssitz genommen werden, so dass die Sitztheorie ein Zusammenfallen von Hauptverwaltungs- und Satzungssitz fordert.[241] Wichtig ist hierbei, dass § 706 S. 1 BGB n.F. künftig für GbR und OHG/KG (und damit auch für die PartGG) eine Definition des Verwaltungssitzes enthält. Zugleich ermöglicht § 706 S. 2 BGB n.F. der registrierten Personengesellschaft (eGbR und – über § 105 Abs. 3 HGB – auch OHG/KG), den Verwaltungssitz abweichend vom inländischen Registersitz zu wählen (und mobilisiert sie hierdurch, vgl. noch unten Rn. 64). Im Übrigen bleibt es freilich im nationalen wie internationalem Insolvenzrecht bei der zwingenden Anknüpfung an den Verwaltungssitz. Das solchermaßen berufene Statut ist anwendbar auf alle Fragen der Gründung (einschließlich Gründungshaftung) über das 57

---

237 Bei der Vertretung richtet sich das anwendbare Recht nach dem EGBGB. Hierzu näher etwa: *Weber*, EBJS, Vor §§ 48–58 Rn. 9 (Wirkungsstatut für die Prokura), a.A. aber Hopt/*Merkt*, 41. Aufl. 2022, HGB § 48 Rn. 10 (Sitzstatut). Zum Zusammenwirken etwa mit dem Internationalen Sachenrecht: *Schäuble* in Hausmann/Odersky, Internationales Privatrecht in der Notar- und Gestaltungspraxis, § 17 Rn. 18. Zum Handelsvertreterrecht vgl. noch unten Rn. 68, 79.

238 Art. 1 Abs. 2 lit. g Rom I-VO nimmt das Gesellschaftsrecht ausdrücklich vom Anwendungsbereich aus und auch sonst existiert keine Regelung auf EU-Ebene. Vgl. BeckOGK/*Müller*, 1.2.2022, AktG § 1 Rn. 105.

239 Auch nach der Ausbildung der binnenmarktkollisionsrechtlichen Gründungstheorie (unten Rn. 64): BGH – VIII ZR 155/02 – BGHZ 153, 353 = NJW 2003, 1607 (1608); grundsätzlich auch BGH – II ZR 158/06 – BGHZ 178, 192 = NJW 2009, 289 (290f.) (Trabrennbahn), solange die nach ausländischem Recht gegründeten Gesellschaften sich in Deutschland nicht auf die Niederlassungsfreiheit berufen können; im Überblick: *Wöhlert*, Umzug von Gesellschaften innerhalb Europas – Eine systematische Darstellung unter Auswertung der Entscheidungen „Cartesio" und „Trabrennbahn", GWR 2009, 161. Kurze rechtsvergleichende Umschau in *Grundmann*, European Company Law, § 7 Rn. 3-54-10; *J. Schmidt*, Grenzüberschreitende Mobilität von Gesellschaften – Vergangenheit, Gegenwart und Zukunft-, ZVglRWiss 2017, 313.

240 BGH – V ZR 10/85 – BGHZ 97, 269 (272); auch nicht zurückgenommen im Zusammenhang mit der *Überseering*-Entscheidung des EuGHs: BGH – II ZR 380/00 – RIW 2002, 877 (2. Senat); ausführlich MünchKommBGB/*Kindler*, IntGesR Rn. 312–377; *Kropholler*, Internationales Privatrecht, 571 ff.; *Staudinger*/*Großfeld*, Internationales Gesellschaftsrecht, Rn. 20 f., 26–30, 38–77, 153–158. Freilich wird rechtsvergleichend der Hauptverwaltungssitz auch schon nicht überall gleich verstanden: *Drury*, Migrating Companies, ELR 1999, 354 (362) (unter Hinweis auf KPMG-Bericht). Die Vorteile werden vor allem in der stärkeren Einbettung in die Belange des Sitzlandes gesehen, teils auch darin, dass erst die Sitztheorie einen wirklichen Standortwettbewerb der Gesellschaftsrechte erlaube: vgl. *Grundmann*, European Company Law, § 7 Rn. 2.

241 *Behrens*, Anerkennung, internationale Sitzverlegung und grenzüberschreitende Umstrukturierung von Gesellschaften nach dem Centros-Urteil des EuGH, JBl. 2000, 341 (343); MünchKommBGB/*Kindler*, IntGesR Rn. 312–315; *Schön*, Die Niederlassungsfreiheit von Kapitalgesellschaften im System der Grundfreiheiten, FS Lutter 2000, 685 (686); *Zimmer*, Mysterium „Centros" – Von einer schwierigen Suche nach der Bedeutung eines Urteils des Europäischen Gerichtshofes, ZHR 164 (2000), 23 (24 f.).

operative Geschäft, namentlich Entscheidung der Geschäftsleitung, Vertretungsmacht, aber auch Gesellschafterrechte.[242]

58 Komplex und differenziert ist die **Anknüpfung der Rechnungslegung** (3. Buch).[243] Im Kern unterliegt es für die Rechnungslegung gegenüber den Gesellschaftern dem Gesellschaftsstatut, für die Information von Märkten dem Marktanknüpfungsprinzip. Denn der Grundsatz im Bereich der Regulierung im öffentlichen Interesse, der sog. Eingriffsnormen – in den aus dem HGB vor allem das Rechnungslegungsrecht fällt – geht dahin, dass der Anwendungswille entscheidet. Entscheidend ist danach, ob eine Anwendung auch in internationalen Sachverhalten notwendig ist, um das von der Norm verfolgte Ziel effizient durchzusetzen (Anwendungswille).[244]

59 Das **Recht der Handelsgeschäfte (4. Buch)** betrifft – neben einer Regel zum gutgläubigen Erwerb vom Veräußerer ohne Veräußerungsermächtigung (§ 366 HGB)[245] und neben Regeln, die die Regelsetzung durch privatrechtliche Akteure tangieren (§ 346 HGB) (unten 4.) – durchweg Fragen des Vertragsrechts (und zwar solche mit Unternehmens- bzw. Kaufmannsbeteiligung). Diese sind nach Rom-I-VO anzuknüpfen (anwendbar seit dem 17.12.2009, bis dahin das Europäische Vertragsrechtsübereinkommen – EVÜ).[246] Die Rom-I-VO gilt nicht nur als loi uniforme (oben Rn 55), sondern als EU-VO auch unmittelbar (ohne Notwendigkeit einer Umsetzung). Die Rom-I-VO regelt (wie schon das EVÜ) das Kollisionsrecht der Schuldverträge sachlich weitgehend flächendeckend (mit Ausnahmen bei der Stellvertretung, der Handlungs- und Geschäftsfähigkeit und bei einigen Vertragstypen, dem Scheck- und Wechsel- sowie – teils – dem Erstversicherungsvertrag, weil insoweit die spezielleren inter- und supranationalen Rechtsakte die Kollisionsnormen enthalten).[247] Erfasst sind bereits die Fragen, die den Vertragsschluss betref-

242 Für das deutsche Recht vgl. nur *Kropholler* (Fn. 240), 571 ff.; MünchKommBGB/*Kindler*, IntGesR Rn. 143–145, 158, 524–526; für eine kurze rechtsvergleichende Umschau vgl. nur *Grundmann*, European Company Law, § 7 Rn. 6.

243 Vgl. nur MünchKommBGB/*Kindler*, IntGesR Rn. 276–283; *Merkt*, Der internationale Anwendungsbereich des deutschen Rechnungslegungsrechts, ZGR 2017, 460; *Zimmer*, Internationales Gesellschaftsrecht – das Kollisionsrecht der Gesellschaften und sein Verhältnis zum Internationalen Kapitalmarktrecht und zum Internationalen Unternehmensrecht, 1996, S. 117–120, 176–188, 193–196.

244 *Kropholler* (Fn. 240), 19–21, 484; MünchKommBGB/*Martiny* Rom I-VO Art. 9 Rn. 106 („allgM"); *Wengler*, Die Anknüpfung des zwingenden Schuldrechts im internationalen Privatrecht, ZVglRW 54 (1941), 168 (173–181).

245 Anknüpfung dieser Norm überwiegend nach Art. 43 Abs. 1 EGBGB (Belegenheitssstatut): vgl. BGH – VIII ZR 108/07, NJW 2009, 2824 (2825) (Eigentumserwerb bei Versendungskauf ins Ausland); Röhricht/Graf von Westphalen/Haas/*Steimle*/*Dornieden*, HGB, § 366 HGB, Rn. 38; Oetker/*Maultzsch* § 366 Rn. 1.

246 Verordnung (EG) Nr. 593/2008 des Europäischen Parlaments und des Rates vom 17.6.2008 über das auf vertragliche Schuldverhältnisse anzuwendende Recht (Rom I), ABl. 2008 L 177/6; dazu etwa *G.-P. Calliess*, Rome Regulations (Rome I, II, III). Commentary, 3. Aufl. 2020; knapper *Clausnitzer*/*Woopen* Internationale Vertragsgestaltung – Die neue EG-Verordnung für grenzüberschreitende Verträge (Rom I-VO), BB 2008, 1798; *Mankowski*, Die Rom I-Verordnung – Änderungen im europäischen IPR für Schuldverträge, IHR 2008, 133. (Römisches) Übereinkommen 80/934/EWG vom 19.6.1980 über das auf vertragliche Schuldverhältnisse anzuwendende Recht, ABl. 1980 L 266, 1 = BGBl. 1986 II 810 (deutsch-englisch-französisch); in Kraft getreten am 1.4.1991, ABl. 1991 C 52, 1 und BGBl. 1991 II 871, dann für alle Mitgliedstaaten; konsolidierte Fassung ABl. 1998 C 27, 34; näher etwa *Riesenhuber*, Europäisches Vertragsrecht, 2. Aufl. 2006, Rn. 163–180. Weiterhin anzuwenden im Verhältnis zu Dänemark.

247 Zum Scheck- und Wechselrecht, oben Fn. 157. Überblick über die (noch recht versprengten) sonstigen Kollisionsnormen im Unionsrecht bei MünchKommBGB/*Sonnenberger* Einl. IPR Rn. 318 (auch völkervertragliches IPR). Vgl. allgemeiner Art. 23 bzw. 25 Rom-I-VO (zum Vorrang von sonstigem EU-rechtlichen bzw. völkervertraglichen Kollisionsrecht). Die Lit. nennt vor allem die Konstellation konkreter EU-Kollisionsnormen, wie in Art. 6 der EG-Klausel-Richtlinie 93/13/EWG: *Giuliano*/*Lagarde*, Bericht über das Übereinkommen über das auf vertragliche Schuldverhältnisse anzuwendende Recht, ABl. 1980 C 282, 1 (39); MünchKommBGB/*Martiny* Rom I-VO Art. 23 Rn. 4–19. Gemeint sind hiermit jedoch nach zutreffender Meinung auch die kollisionsrechtlichen Gehalte, die sich für den innerunionsrechtlichen Verkehr in der Grundfreiheitendogmatik finden, insbes. im Herkunftslandprinzip (Normhierarchie!). Ohne Differenzierung für alle „Regelungen auf der Grundlage des EWG-Vertrages" (nicht nur Kollisionsnormen) betont den Vorrang auch BT-Drs. X/5632, 39. In Deutschland ging man denn auch davon aus, dass diese Vorrangregel in Art. 3 Abs. 2 S. 2 EGBGB mitumgesetzt wurde; vgl. BT-Drs. X/504, 36; BT-Drs. X/5632, 39; MünchKommBGB/*v. Hein* EGBGB Art. 3 Rn. 1.

fen (wie § 362 HGB).[248] Fragen der vorvertraglichen Haftung (Art. 2 Abs. 1, Art. 12 Rom-II-VO) regelt das 4. Buch nicht. Für den vertragsrechtlichen Normbestand gilt Rechtswahlfreiheit nach Art. 3 Rom-I-VO. Praktisch führt diese Vereinheitlichung dazu, dass in Sachverhalten, die grenzüberschreitenden Bezug haben, grundsätzlich **hinsichtlich schuldvertraglicher Regeln uneingeschränkt Rechtswahlfreiheit herrscht.** Auch Standards, die EU-Sekundärrecht oder internationale Übereinkommen im Wege der Re-Regulierung einführen, sind solchermaßen abwählbar. In internationalen Übereinkommen, die allein auf grenzüberschreitende Transaktionen zur Anwendung kommen, wird dies auch ausdrücklich spezifiziert (etwa Art. 6 CISG). Soweit diese inter- oder supranationalen Rechtsakte eine **speziell verbraucherschützende Regelung** vornehmen, ist die Rechtswahlfreiheit freilich nach Art. 5–7 Rom I-VO (vormals Art. 5 EVÜ bzw. Art. 29 EGBGB) **weitgehend beschränkt** (zu Eingriffsnormen, bei denen dies ebenfalls der Fall ist, vorige Rn. und unten Rn. 62 f.).

3. Binnenmarktkollisionsrecht (EU)

Für das Handelsrecht sind die Regeln des Binnenmarkts ähnlich wichtig wie Kollisionsnormen 60
zum globalen Handel (oben 2.) – oder sogar wichtiger, gemessen an Investitions- und Produktströmen, in denen der Austausch im Binnenmarkt aus deutscher Sicht denjenigen weltweit übertrifft, zeitweise oder gebietsweise deutlich übertraf/übertrifft.[249] Und Binnenmarktrecht hat ebenfalls einen kollisionsrechtlichen Charakter, den vor allem *Roth* und *Basedow* plastisch herausgearbeitet haben.[250] Dennoch ist die Stoßrichtung signifikant anders als beim global ausgerichteten Kollisionsrecht (oben 2.). Während dieses klassische Kollisionsrecht vor allem auswählt zwischen Rechten, die Berührungspunkte aufweisen, wirkt Binnenmarktrecht primär dahingehend, Mitgliedstaatenrechten, die Anwendungsansprüche erheben, Obergrenzen zu setzen (strengeres Recht untersagt) und/oder Untergrenzen (Mindeststandards) aufzuerlegen. EU-Primärrecht wirkt vor allem mit den Grundfreiheiten, die in ihrer Gesamtheit (i) alle handelsgewerblichen grenzüberschreitenden Sachverhalte erfassen (gleichgültig, ob Organisation oder Transaktionen betreffend), (ii) nur Sperrwirkung als Höchststandard entfalten und nicht (iii) Mindeststandards begründen (wohl aber ggf. die Grundrechte in der EU-Grundrechtecharta, wenn auch bisher deutlich moderater als in der Rechtsprechung des Bundesverfassungsgerichts zur Horizontalwirkung, vgl. unten Rn. 63, 65). EU-Sekundärrecht ist ebenfalls nach diesen drei Dimensionen zu erörtern, wirkt jedoch sowohl als Mindeststandard als auch (jedenfalls potentiell) als Höchststandard (vgl. oben [ii] und [iii]), ist jedoch im Anwendungsbereich auf den jeweiligen Rechtsakt beschränkt (anders oben [i]; näher unten Rn. 66).

248 Vgl. 10, 11 Rom-I-VO; und dazu MünchKommBGB/*Spellenberg*, Rom I-VO Art. 10 Rn. 56; *Rothermel/Dahmen*, Schweigen ist Silber, RIW 2018, 179, 182. Zu den Besonderheiten beim Schweigen auf ein kaufmännisches Bestätigungsschreiben etwa *Ferrari* IntVertragsR (hrsg. von *Ferrari/Kieninger* u.a.), 3. Aufl. 2018, VO (EG) 593/2008 Art. 10 Rn. 37f.

249 In Hochzeiten Anfang des Jahrtausends (mit Großbritannien in der EU und noch weniger starkem ostasiatischem Anteil) lag der Binnenmarkanteil an den grenzüberschreitenden Investitions- und Produktströmen Deutschlands bei ca. 2/3, heute noch immer mit einem (geringeren) Übergewicht, vgl. https://de.statista.com/statistik/daten/studie/226630/umfrage/anteil-des-eu-handels-am-deutschen-exporthandel/ (letzter Abruf: 4.8.2022).

250 Grundlegend *Roth*, Der Einfluss des europäischen Gemeinschaftsrechts auf das. Internationale Privatrecht, RabelsZ 55 (1991), 623; *Basedow*, Der kollisionsrechtliche Gehalt der Produktfreiheiten im europäischen Binnenmarkt: favor offerentis, RabelsZ 59 (1995), 1; sodann etwa MünchKommBGB/*Sonnenberger* Einl. IPR Rn. 166–170; *Grundmann*, Binnenmarktkollisionsrecht – vom klassischen IPR zur Integrationsordnung, RabelsZ 69 (2000) 457 = Internal Market Conflict of Laws – From Traditional Conflict of Laws to an Integrated Two Level Order, in: Fuchs/Muir Watt/Pattaut (Hrsg.), Les conflits de lois et le système juridique communautaire, 2004, S. 5; ausf. Darstellung *Schilling*, Binnenmarktkollisionsrecht, 2006.

61 **a) EU-Primärrecht – primär als Höchststandard (Sperrwirkung).** Nationales zwingendes Recht, öffentliches ebenso wie privates, wird durch EU-Grundfreiheiten (Primärrecht) für unanwendbar erklärt, soweit es behindernd wirkt und nicht gerechtfertigt ist (nächste Rn.). Dies gilt als unmittelbar anwendbarer Standard auch vor jedem nationalen Gericht,[251] jedoch nur für solches Mitgliedstaatenrecht, das auch nicht durch Rechtswahl (Art. 3 Rom I-VO; vormals Art. 27 EGBGB) abbedungen werden kann.[252] Mitgliedstaatenrecht wird bei solch behindernder Wirkung für unanwendbar erklärt, ohne dass an seine Stelle eine internationale Rechtsquelle tritt (reine Verdrängungswirkung). Solche Wirkung entfaltet Primärrecht mit seinen Grundfreiheiten **flächendeckend in allen Materien,** weil neben Warenverkehrsfreiheit (Art. 34 AEUV) für die Transaktionen (in Waren) und die Niederlassungsfreiheit (Art. 49 AEUV) für die Organisationen, insbesondere die selbständig unternehmerisch Tätigen (etwa Kaufleute) und Gesellschaften, Personen(handels-)gesellschaften und Korporationen, etwa Kapitalgesellschaften, weitere Grundfreiheiten treten und alle gemeinsam jegliche wirtschafts- und handelsbezogene Aktivität erfassen. Dies sind – neben der für das HGB nur peripher wichtigen Arbeitnehmerfreizügigkeit (Art. 45 AEUV) – die Kapital- und Zahlungsverkehrsfreiheit (Art. 63 AEUV) und – ausdrücklich als Auffanggrundrecht ausgestaltet – die Dienstleistungsfreiheit (Art. 56 AEUV), für Dienstleistungen und alle weiteren denkbaren Transaktionen.[253] Alle Grundfreiheiten folgen dem gleichen Prüfungstatbestand **den gleichen (hier beschriebenen) Prüfungsgrundsätzen (Konvergenz),**[254] und dies jeweils für

---

251 Die dahingehende von der Warenverkehrsfreiheit ausgehende Rechtsprechung des EuGH – EuGH Urt. v. 19.12.1968 – 13/68, Slg. 1968, 679 (690–692) – *Salgoil* – wurde auf die Niederlassungs- und Dienstleistungsfreiheit erstreckt EuGH Urt. v. 3.12.1977 – 33/74, Slg. 1974, 1299 (1311 f.) – *van Binsbergen*; und vor allem EuGH Urt. v. 4.12.1986 – 220/83, Slg. 1986, 3702 (3708) – *Freier Dienstleistungsverkehr – Mitversicherung; 252/83 – Niederlassungsrecht und freier Dienstleistungsverkehr – Mitversicherung; 205/84 – Freier Dienstleistungsverkehr – Versicherung; 206/84 – Freier Dienstleistungsverkehr – Mitversicherung*; 3742, 3747 f.; 3793 (3802) = NJW 1987, 572; 3843 (3848 f.). Später auf die Zahlungsverkehrsfreiheit: EuGH Urt. v. 11.11.1981 – 203/80, Slg. 1981, 2595 (2621) = NJW 1982, 204 – *Casati*. Und seit 1.7.1990 auch auf die Kapitalverkehrsfreiheit EuGH Urt. v. 23.2.1995 – verb. C-358/93 und C-416/93, Slg. 1995, I-361, 387 = JZ 1995, 1007 (Anm.) – *Bordessa ua*. Nach 2000 sukzessive auch auf alle bis dahin umstrittenen Formen der Niederlassungsfreiheit EuGH Urt. v. 5.11.2002 – C-208/00, Slg. 2002, I-9919 = NJW 2002, 3614 – *Überseering*; EuGH Urt. v. 13.12.2005 – C-411/03, Slg. 2005, I-10805 = NJW 2006, 425 – *SEVIC Systems* und EuGH Urt. v. 16.12.2008 – C-210/06, Slg. 2008, I-9641 = NJW 2009, 569 – *Cartesio*; EuGH Urt. v. 25.10.2017 – C-106/16, ECLI:EU:C:2017:80 – *Polbud*.

252 EuGH Urt. v. 24.1.1991 – C-339/89, Slg. 1991, I-107, 124 = DB 1991, 539 – *Alsthom Atlantique*. Durch Rechtswahl abbedungen werden können durchaus auch Normen, die innerstaatlich als ius cogens zu qualifizieren sind (unten Rn. 77, 79). Dafür spricht zentral das Ziel der Grundfreiheiten, Privatautonomie über die Grenzen zu erstrecken: Denn das allgemeine Ziel der Grundfreiheiten ist, die Privatautonomie über die Grenzen zu erstrecken: *Müller-Graff* NJW 1993, 13 (14); *Rittner* JZ 1990, 838 (841 f.); im Grundsatz schon *v. Simson*, Die Marktwirtschaft als Verfassungsprinzip in den Europäischen Gemeinschaften, in Zur Einheit der Rechts- und Staatswissenschaften, 1967, 55 (62–68); allgemeiner *Mayer/Scheinpflug*, Privatrechtsgesellschaft und die Europäische Union, 1996. Teils str., vgl. Nachw. und Diskussion *Grundmann/Denga*, EBJS, Einl zu §§ 343 ff., Rn. 29. In die entgegengesetzte Richtung argumentiert etwa *Hellgardt*, Regulierung und Privatrecht – Staatliche Verhaltenssteuerung mittels Privatrecht und ihre Bedeutung für Rechtswissenschaft, Gesetzgebung und Rechtsanwendung, 2016, S. 211, mit Verweis auf EuGH Urt. v. 12.7.2012 – C-171/11, ECLI:EU:C:2012:453 – Fra.bo SpA – DVGW. Der Fall betraf jedoch das Problem privater Macht und „intermediärer Gewalten" (unten Rn. 66), da es um private Zertifizierungen bei faktischer Marktbeherrschung ging, und nicht dispositives Gesetzesrecht.

253 Art. 57 Abs. 1 AEUV; Grabitz/Hilf/Nettesheim/*Randelzhofer/Forsthoff*, 75. EL 2022, AEUV Art. 56, Art. 57 Rn. 178; dagegen Calliess/Ruffert/*Kluth*, 6. Aufl. 2022, AEUV Art. 57 Rn. 15.

254 Die Tendenz zur Konvergenz wird heute nicht mehr angezweifelt, vgl. *Behrens*, Die Konvergenz der wirtschaftlichen Freiheiten im europäischen Gemeinschaftsrecht, EuR 1992, 145; *Streinz*, Konvergenz der Grundfreiheiten. Aufgabe der Differenzierungen des EG-Vertrags und der Unterscheidung zwischen unterschiedlichen und unterschiedslosen Maßnahmen? Zu Tendenzen der Rechtsprechung des EuGH, FS Rudolf, 2001, 199; *Streinz*, Europarecht, 11. Aufl. 2019, Rn. 820–890; *Weber/Bohr* in Röttinger/Weyringer, Handbuch der europäischen Integration – Strategie, Struktur, Politik der Europäischen Union, 2. Aufl. 1996, 315 (345 f.); monographisch *Feiden*, Die Bedeutung der „Keck"-Rechtsprechung im System der Grundfreiheiten: Ein Beitrag zur Konvergenz der Freiheiten, 2003; *Kingreen*,

den **Zugangsmitgliedstaat (Zufuhr) ebenso wie für den Ausgangsmitgliedstaat (Ausfuhr).**[255] Die genannte Wirkung entfalten die Grundfreiheiten freilich nur in grenzüberschreitenden Sachverhalten innerhalb der Union[256] (die Kapitalverkehrsfreiheit weltweit) und auch nur, wenn die behindernden oder diskriminierenden Regeln nicht durch zwingende Gründe des Allgemeininteresses bzw. durch namentlich spezifizierte Ausnahmeklauseln gerechtfertigt sind.[257] Dieser Mechanismus kann auch nicht durch Parteiabrede abbedungen werden. Außerdem werden Verträge, wenn sie im grenzüberschreitenden Verkehr Behinderungswirkung entfalten und diese von Staaten oder ähnlichen Organismen ausgehen, (in diesem Punkt) für nichtig erklärt (unten Rn. 63). Eine entsprechende Sperrwirkung gibt es im internationalen Kontext allenfalls ansatzweise, von sehr geringer allgemein handelsrechtlicher Bedeutung (unten Rn. 65).

Zentral für diese Wirkungen ist, dass das fragliche Mitgliedstaatenrecht eine **Behinderungswirkung** entfaltet und nicht durch **sog. zwingende Gründe des Allgemeininteresses gerechtfertigt** werden kann. Dabei ist der Behinderungsbegriff ein weiter, für das Privatrecht sehr wichtig, und keineswegs auf Verbote und Diskriminierungen (etwa Belastung mit Zöllen, weiteren Steuern und Gebühren) beschränkt. Im Recht der Handelsgeschäfte stehen vielmehr die „sonstigen" Beschränkungen ganz im Vordergrund. Zentral ist hierzu das Judikat in Sachen *Dassonville* (zur Warenverkehrsfreiheit), nach dem von einer Beschränkung schon auszugehen ist, wenn eine nationale Norm „geeignet ist, den innergemeinschaftlichen Handel unmittelbar oder mittelbar, tatsächlich oder potentiell zu behindern ...".[258] Auch die nationale Norm, die in- und ausländische Angebote formal gleich behandelt, ist demnach erfasst, zumal wenn sie 62

Die Struktur der Grundfreiheiten des Europäischen Gemeinschaftsrechts, 1999; *Schimming*, Konvergenz der Grundfreiheiten des EGV unter besonderer Berücksichtigung mitgliedstaatlicher Einfuhr- und Einreisebeschränkungen, 2002; vgl. freilich auch die streng dogmatische, nach Grundfreiheiten geschiedene ausführliche Darstellung in *Barnard*, The Substantive Law of the EU: The Four Freedoms, 6. Aufl. New York 2019; krit. zur Konvergenz durch das Marktzugangskriterium *Holst*, Konvergenz der Grundfreiheiten durch das Marktzugangskriterium?, EuR 2017, 633.

255 Für die Warenverkehrsfreiheit ergibt sich dies aus Art. 35 AEUV, für die Kapitalverkehrsfreiheit aus Art. 63 AEUV. Für die Dienstleistungsfreiheit als die dritte wichtige Grundfreiheit im Bereich der Handelsgeschäfte ergibt sich Entsprechendes aus der EuGH-Judikatur: EuGH Urt. v. 10.5.1995 – C-384/93 – *Alpine Investment*, Slg. 1995, I-1141 (1176–1178) = NJW 1995, 2541; für die Niederlassungsfreiheit (Handelsstand und -gesellschaften) aus EuGH Urt. v. 13.12.2005 – C-411/03, Slg. 2005, I 10805 = NJW 2006, 425 – *SEVIC Systems* (jede grenzüberschreitende Verschmelzung umfasst niederlassungsrechtlich [für unternehmerisch investierende Gesellschafter] auch einen „Wegzug"); näher *Grundmann* Europäisches Gesellschaftsrecht, Rn. 846–848; für die Kapitalverkehrsfreiheit: EuGH Urt. v. 30.1.2020 – C-156/17, ECLI:EU:C:2020:51 = EuZW 2020, 206 – *Köln Aktienfonds Deka*. Rechnungslegung unterfällt – je nach Einsatz – Niederlassungs- und/oder Kapitalverkehrsfreiheit.

256 Ständige Rechtsprechung, statt aller EuGH Urt. v. 19.3.1992 – C-60/91, Slg. 1992, I-2085 (I-2105) – *José António Batista Morais* (mwN). In harmonisierten Bereichen ist der im Folgenden beschriebene Mechanismus auf der Rechtfertigungsebene überformt, vgl. unten Rn. 67 f. Grenzüberschreitende Sachverhalte weltweit erfasst die Kapitalverkehrsfreiheit. Teils genügt auch schon ein Potenzial der Grenzüberschreitung in der Zukunft, etwa in der citizenship-Rechtsprechung, etwa wenn allein ein Mitgliedstaat (und ein Drittstaat) derzeit betroffen sind, in Zukunft freilich ggf. die Freizügigkeit oder Niederlassungsfreiheit relevant werden könnte; vgl. das Grundsatzurteil EuGH Urt. v. 19.10.2004 – C-200/02, Slg. 2004, I-9925 – *Zhu & Chen*; ausf. *Kutzscher*, Der grenzüberschreitende Sachverhalt in der Rechtsprechung des EuGH und deren Auswirkungen auf die Freizügigkeit der Unionsbürger, 2011; *Frenz* ZESAR 2011, 307.

257 Dazu nächste Rn. Zwar entfalten auch die Liberalisierungsregeln des GATT-Systems entsprechende Sperrwirkung, jedoch nur, soweit sie überhaupt unmittelbar anwendbar sind (sehr punktuell) und allein gegen Behinderungen durch öffentliches Recht, also nicht gegenüber Regeln im 4. Buch des HGB; näher und als Exkurs unten Rn. 65.

258 EuGH Urt. v. 11.7.1974 – 8/74, Slg. 1974, 837 (837) = NJW 1975, 515 – *Dassonville*; danach st. Rspr., etwa EuGH Urt. v. 12.3.1987 – 178/84, Slg. 1987, 1227 (1269) = NJW 1987, 1133 – *Reinheitsgebot für Bier*; EuGH Urt. v. 23.12.2015 – C-333/14, ECLI:EU:C:2015:845 – *Scotch Whisky Association*; und etwa für die Kapitalverkehrsfreiheit EuGH Urt. v. 4.6.2002 – C-503/99, Slg. 2002, I-4809 = NJW 2002, 2303 – *Kommission/Belgien* und EuGH Urt. v. 2.6.2005 – C-174/04, Slg. 2005, I-4933 = NZG 2005, 631 – *Kommission/Italien*. Unstreitig gilt die Formel im Rahmen aller Grundfreiheiten. Zum Erfordernis, dass diese Abschreckungswirkung nicht rein theoretisch sein darf, sondern auf Grund von Tatsachen zumindest plausibel erscheinen muss (sog. Tabak-Urteil) vgl. EuGH Urt. v. 5.10.2000 – C-376/98, Slg.

ausländische Angebote faktisch schwerer trifft (zu gewissen Einschränkungen spezifisch im Privatrecht freilich noch nächste Rn.). In diesem Fall muss sie durch zwingende Erfordernisse oder zwingende Gründe des Allgemeininteresses gerechtfertigt werden. Vom Gewicht her sind diese Gründe den in den Vorbehaltsklauseln des AEUV (für die Verbote und Diskriminierungen) aufgezählten vergleichbar,[259] sie bilden jedoch, anders als diese, keinen abschließenden Kanon. Zu den zwingenden Gründen des Allgemeininteresses zählen vor allem die **Lauterkeit des Wettbewerbs**[260] und die **schützenswerten Interessen von Verbrauchern.**[261] Unstreitig gilt der Verhältnismäßigkeitsgrundsatz iwS. Fehlt einer Behinderung solch eine Rechtfertigung, so muss bereits das nationale Gericht von einer Anwendung absehen[262] (es sei denn, milder, es kann die Norm grundfreiheitenkonform auslegen).

63 **Private Arrangements** sind den **gleichen Grundsätzen** unterworfen, wenn die belastenden Wirkungen von staatlichen Stellen oder ähnlich „mächtigen“ Organismen ausgehen,[263] nicht zwischen gewöhnlichen Privatrechtssubjekten.[264] Freilich ist für den Privatrechtsverkehr

---

2000, I-8419, Rn. 83 = NJW 2000, 3701 – *Bundesrepublik Deutschland/Parlament und Rat*; EuGH Urt. v. 12.12.2006 – C-380/03, Slg. 2006, I-11537, Rn. 37, 79 = EuZW 2007, 46 – *Bundesrepublik Deutschland/Parlament und Rat*; nunmehr st. Rspr., vgl. EuGH Urt. v. 8.6.2010 – C-58/08, Slg. 2010, I-4999, Rn. 32 f. = EuZW 2010, 539 – *Roaming-Gebühren.*

259 Grabitz/Hilf/Nettesheim/*Leible/T. Streinz* AEUV Art. 34 Rn. 107 ff.; tendenziell v. der Groeben/Schwarze/*Müller-Graff* AEUV Art. 34 Rn. 231; wohl auch EuGH Urt. v. 19.2.1981 – 130/80, Slg. 1981, 527 (535 f.) = NJW 1981, 1146 – *Keldermann.* Insbesondere sind generalpräventive oder wirtschaftliche Überlegungen allein insoweit nicht tragfähig; vgl. speziell für die zwingenden Erfordernisse bzw. Gründe des Allgemeininteresses EuGH Urt. v. 4.6.2002 – C-503/99, Slg. 2002, I-4809 Rn. 45 f. = NJW 2002, 2303 (2304) – *Kommission/Belgien*; v. der Groeben/Schwarze/*Müller-Graff* AEUV Art. 34 Rn. 204, 226; Grabitz/Hilf/Nettesheim/*Forsthoff* AEUV Art. 45 Rn. 381 ff.

260 Grundlegend EuGH Urt. v. 20.2.1979 – 120/78, Slg. 1979, 649 (662) = NJW 1979, 1766 – *Cassis de Dijon*; sodann st. Rspr., etwa EuGH Urt. v. 15.12.1982 – 286/81, Slg. 1982, 4575 (4587) = NJW 1983, 1356 – *Oosthoek*; des Weiteren die Aufzählungen in EuGH Urt. v. 25.7.1991 – C-288/89, Slg. 1991, I-4007 (I-4041) = EuZW 1991, 699 – *Stichting Gouda*; Urt. v. 25.7.1991 – C-353/89, Slg. 1991, 4069 (4094) = EuZW 1992, 56 – *Kommission/Niederlande*; Urt. v. 9.7.1992 – C-2/90, Slg. 1992, I-4431 (I-4477) = EuZW 1992, 577 – *Kommission/Belgien*; EuGH Urt. v. 8.7.2004 – C-166/03, Slg. 2004, I-06535 Rn. 16 – *Kommission/Frankreich*; EuGH Urt. v. 30.4.2009 – C-531/07, Slg. 2009, I-03717 – *Fachverband Buch- und Medienwirtschaft*; EuGH Urt. v. 12.7.2012 – C-378/10, ECLI:EU:C: 2012:440 Rn. 39 – *VALE*; EuGH Urt. v. 3.9.2020 – C-719/18, ECLI:EU:C:2020:627 = EuZW 2020, 989, 993 – *Vivendi SA/Autorità per le Garanzie nelle Comunicazioni ua.*

261 Grundlegend EuGH Urt. v. 20.2.1979 – 120/78, Slg. 1979, 649 (662) = NJW 1979, 1766 – *Cassis de Dijon*; sodann st. Rspr, etwa EuGH Urt. v. 15.12.1982 – 286/81, Slg. 1982, 4575 (4587) = NJW 1983, 1356 – *Oosthoek*. Außerdem wurden bisher in einer nicht abschließenden Liste genannt: Arbeitnehmerschutz, Einhaltung von Berufsregeln zugunsten von Empfängern von Dienstleistungen sowie, für das Schuldvertragsrecht regelmäßig wenig bedeutsam, Schutz des geistigen Eigentums und Schutz des historischen und künstlerischen Erbes, jedoch auch Schutz der Umwelt (Nachw. vorige Fn.); EuGH Urt. v. 11.9.2019 – C-143/18, ECLI:EU:C:2019:701 = EuZW 2019, 957, 958 ff – *Romano*.

262 EuGH Urt. v. 9.3.1978 – 106/77, Slg. 1978, 629 (630) – *Simmenthal II*; Urt. v. 22.6.1989 – 103/88, Slg. 1989, 1839 (1870 f.) = EuZW 1990, 296 – *Costanzo*; zust. BVerfG – 2 BvL 12, 13/88, 2 BvR 1436/87 – BVerfGE 82, 159 (191).

263 Wie staatliche Stellen selbst behandelt werden (mit unmittelbarer Anwendbarkeit der Grundfreiheiten) diejenigen Einheiten, die von staatlichen Stellen Ausschließlichkeitsrechte verliehen erhalten: EuGH Urt. v. 30.4.1974 – 155/73, Slg. 1974, 409 (431 f.) – *Sacchi*. Bei staatlicher Beherrschung greift Art. 106 AEUV; grundlegend zu den Zurechnungskriterien bei staatlicher Einflussnahme auf das Handeln von Privatrechtssubjekten EuGH Urt. v. 5.11.2002 – C-325/00, Slg. 2002, I-9977 = EuZW 2003, 23 – *Kommission/Deutschland – CMA*; EuGH Urt. v. 12.6.2012 – C-171/11, ECLI:EU:C:2012:453 – *Fra.bo SpA – DVGW.*

264 Vgl. EuGH Urt. v. 12.12.1974 – 36/74, Slg. 1974, 1405 – *Walrave*; EuGH Urt. v. 15.12.1995 – C-415/93, Slg. 1995, I-421 – *Bosman*; EuGH Urt. v. 6.6.2000 – C-281/98, Slg. 2000, I-4139 = NJW 2000, 3634 – *Angonese*; EuGH Urt. v. 12.7.2012 – C-171/11, ECLI:EU:C:2012:453 – *Fra.bo SpA – DVGW*; näher zu den Abgrenzungen und Meinungsständen im Einzelnen – insbesondere zu einer Art. 102 AEUV vergleichbaren Marktmacht von Verbänden – etwa *Grundmann/Denga*, EBJS, Einl zu §§ 343 ff., Rn. 33; die wohl hM steht einer allgemeinen „unmittelbaren Drittwirkung“ der Grundfreiheiten noch ablehnend gegenüber, mwN *Streinz* in Streinz, EUV/AEUV, 3. Aufl. 2018, AEUV Art. 18 Rn. 44; vgl. auch hierzu *Grundmann/Denga*, EBJS, Einl zu §§ 343 ff., Rn. 34 (zu vereinzelt gebliebenen Ausreißer-Entscheidungen, namentlich *Dansk Supermarked* Rs. 58/80, die als Befürwortung auch horizontal wirkender Diskriminierungsverbote nach Art. 18 AEUV verstanden werden können).

ein Zweites wichtig. Da das HGB primär – und im 4. Buch praktisch ausschließlich – **privatrechtliche Normen** enthält, ist die Wirkungsweise folgenderweise zu präzisieren.[265] Diese **können auf zwei Weisen behindernd wirken**: Entweder ist das gehandelte Produkt – etwa seine Effekte – weitestgehend durch Normen definiert und die fragliche nationale Norm lässt diesen Produktzuschnitt, der etwa im Ausland möglich ist, nicht zu: Das Produkt wird dadurch bei der Einfuhr (teils) zerstört oder verändert, der „Verkehr" mit diesem Produkt findet daher potentiell nicht statt. Oder das Hauptvehikel des Verkehrs, das Rechtsgeschäft, wird behindert, indem beispielsweise der Absatz des Produkts an der Haustür untersagt wird. Dabei gilt freilich nach dem Gesagten, dass Normen, die im grenzüberschreitenden Verkehr abdingbar sind, dem Verdikt der Grundfreiheiten nicht unterfallen.[266] Bei den Regeln des 4. Buches HGB (mit Ausnahme der dinglich wirkenden) ist dies umfassend der Fall. Eine **Rechtswahl** ist nämlich bei schuldvertragsrechtlichen Normen **nur ausgeschlossen, wenn** es sich um **spezifisch verbraucherschützende** oder arbeitsrechtliche Regeln handelt (Art. 5–8 Rom I-VO) oder um sog. Eingriffsnormen iSv Art. 9 Rom I-VO (vormals Art. 34 EGBGB), dh. überwiegend staats-, sozial- und vor allem **wirtschaftspolitisch motivierte Normen**, auch etwa, wenn hierfür BGB und HGB zusammenwirken (etwa § 310 Abs. 3 BGB iVm § 355 HGB), oder um Normen, die zum ordre public, dem unverzichtbaren Grundbestand der deutschen Rechtsordnung, zählen (Art. 21 Rom I-VO). Bei den Regeln zur **Rechnungslegung und Abschlussprüfung im 3. Buch** handelt es sich um solche (zur Anknüpfung oben Rn 58), freilich zugleich um in einem solchen Maße Harmonisierte, dass bei der Umsetzung der fraglichen EU-Rechtssetzungsakte die „zwingenden Gründe des Allgemeininteresses" umfassend ausgestaltet sind und die Grundfreiheitenwirkung dahinter zurücktritt (vgl. unten Rn 67 f.).

Spezifisch im **Organisationsrecht** (1. und 2. Buch) ist die **Grundfreiheitenwirkung demgegenüber erheblich** und führte diese zu einer erheblichen Modifikation des Internationalen Gesellschaftsrechts (dessen kollisionsrechtlicher Grundsätze) für den Binnenmarkt, namentlich die Strukturmaßnahmen betreffend. Bei diesen ist sinnvollerweise zwischen solchen betreffend das Einzelunternehmen (Errichtung von Zweigniederlassungen und Sitzverlegung) und solchen zwischen Unternehmen (Fusion, Kauf, Übernahme) zu unterscheiden – die EuGH-Rechtsprechung erfasst heute alle.[267] Das Grundsatzurteil (*Centros* 1999) führte **(Sitz- und) Rechtswahlfreiheit für das *Einzel*unternehmen** innerhalb der EU ein, genauer Wahlfreiheit, ein Gründungsrecht und -register zu wählen, an dem das Geschäft gar nicht durchgeführt werden sollte, das jedoch die Errichtung validierte, mit Gründung einer (unselbstständigen) Zweigniederlassung am (ausschließlichen) Operationsort.[268] Obwohl in den frühen Stellungnahmen diese Aus- 64

265 Die grundsätzliche Anwendbarkeit der Grundfreiheiten auch auf privatrechtliche Normen ist heute praktisch unstr.: Grundlegend *Basedow*,Der kollisionsrechtliche Gehalt der Produktfreiheiten im europäischen Binnenmarkt: favor offerentis, RabelsZ 59 (1995), 1 (28 ff.); *Roth*, Der Einfluss des Europäischen Gemeinschaftsrechts auf das IPR, RabelsZ 55 (1991), 623 (654 ff.); MünchKommBGB/*Sonnenberger* Einl. IPR Rn. 169–182, bes. 172; ebenso die EuGH-Rspr., vor allem im Bereich des unlauteren Wettbewerbs, während sie für das Schuldvertragsrecht bisher eher nur implizit Stellung nahm. Ausf. Nachw. *Grundmann*, EBJS (1. Aufl. 2001), Vorbem. zu §§ 343 ff., Rn. 27; ausf. Darstellung *Schilling*, Binnenmarktkollisionsrecht, 2006, S. 73–264.

266 Zur weiteren Ausnahme bei sog. bloßen Verkaufsmodalitäten vgl. *Grundmann/Denga*, EBJS, Einl zu §§ 343 ff., Rn. 31.

267 Überblick zu allen diesen Formen und ihren Funktionen (und teils auch Austauschbarkeit) vgl. *Grundmann*, European Company Law, § 25 Rn. 1–14.

268 EuGH Urt. v. 9.3.1999 – C-212/97, Slg. 1999, I-1484 = NJW 1999, 2027 – *Centros*. Sukzessive auch auf die anderen Formen von Strukturmaßnahmen erstreckt in: EuGH Urt. v. 5.11.2002 – C-208/00, Slg. 2002, I-9919 = NJW 2002, 3614 – *Überseering*; EuGH Urt. v. 13.12.2005 – C-167/01, Slg 2003 I-10155 – *Inspire* Art; EuGH Urt. v. 13.12.2005 – C-411/03, Slg. 2005, I-10805 = NJW 2006, 425 – *SEVIC Systems* und EuGH Urt. v. 16.12.2008 – C-210/06, Slg. 2008, I-9641 = NJW 2009, 569 – *Cartesio*; EuGH Urt. v. 12.7.2012 – C-378/10, ECLI:EU:C:2012:440 – *VALE*; EuGH Urt. v. 25.10.2017 – C-106/16, ECLI:EU:C:2017:80 – *Polbud*; zum Folgenden ausführlich *Grundmann*, European Company Law, § 25 (noch ohne *VALE* und *Polbud*); sowie (teils etwas anders gewichtend) *Habersack/Verse*, § 3 Rn. 15 ff. (zu *Vale* Rn. 37 ff.; zu *Polbud* Rn. 41 ff.).

sage in verschiedenen Formen einschränkend verstanden wurde, bestätigten die Folgeurteile, dass tatsächlich Rechtswahlfreiheit innerhalb der EU weitestgehend gemeint war – mit der einfachen Erklärung, dass Vertrauen zwischen Mitgliedstaaten und ihren Rechten zu rechtfertigen ist. In *Überseering* bestätigte der EuGH das Recht auf Verlegung des Hauptverwaltungssitzes, ohne das Gründungsstatut (im konkreten Fall: niederländisches Recht) wechseln zu müssen, wenn das Gründungsstatut dies gestattete, in *Inspire* Art wurde dies dahingehend konkretisiert, dass an diese Transaktion auch nicht belastende Wirkungen geknüpft werden durften (etwa in Form der Anwendung einer Mindestkapitalregel). Während der EuGH in *Cartesio* dem Gründungsstaatsrecht (Ungarn) noch zugestand, dass es auf Erfüllung seiner eigenen Voraussetzungen bestehen könne (hier: Sitz der Hauptverwaltung in Ungarn), wenn die Gesellschaft das Statut nicht wechseln wollte, stellte er in *Vale* und *Polbud* die Reichweite dieser Aussage klar: Sobald eine Gesellschaft ihren Verwaltungssitz verlegen wollte und das Herkunftsstaat (Italien) dieses identitätswahrend gestattete, konnte der Zuzugsstaat eine Auflösung keineswegs verlangen, musste also den Identitätserhalt nach fremden Recht akzeptieren (keine Fernhaltung der Gesellschaft). Und – spiegelbildlich – ging das Gericht in *Polbud* davon aus, dass auch der Herkunftsstaat eine identitätswahrende Sitzverlegung unter Annahme eines neuen Rechts im Zuzugsstaat nicht verhindern konnte, wenn der Zuzugsstaat die Gesellschaft als wirksam behandelte (so auch bereits das berühmte *obiter dictum* in *Cartesio*). Mit anderen Worten: Der Gründungsstaat kann zwar auf Einhaltung seiner Voraussetzungen beharren, wenn das Statut beibehalten werden soll, jeder Wunsch der Gesellschaft, tatsächlichen Verwaltungssitz oder Registersitz zu verlegen, ist jedoch von allen betroffenen Jurisdiktionen zu achten, wenn eine – Wegzugs- oder Zuzugsjurisdiktion – entsprechend dem geäußerten Willen der Gesellschaft von deren Wirksamkeit ausgeht. Parallel hierzu stellt der EuGH für die **Strukturmaßnahmen zwischen verschiedenen Unternehmen** in *SEVIC* klar – ausdrücklich für die (grenzüberschreitende) Hineinverschmelzung, damit jedoch zwingend auch für die (grenzüberschreitende) Hinausverschmelzung –, dass keine der beteiligten Jurisdiktionen die Verschmelzung als solche unterbinden, sondern allenfalls flankierende Schutzmaßnahmen vorsehen dürfe (soweit nicht bereits im Harmonisierungsbestand). In grenzüberschreitenden Strukturmaßnahmen jeglicher Art gewährleistet also die Niederlassungsfreiheit eine Rechtswahlfreiheit – wegen Begrenzung der Niederlassungsfreiheit hierauf freilich nur innerhalb der EU –, allein mit der Möglichkeit, punktuelle Schutzvorkehrungen für den inländischen Rechtsverkehr vorzusehen, soweit diese nicht bereits im Kern durch den Harmonisierungsstand gewährleistet ist.[269] Eine kollisionsrechtliche „Umsetzung" sah dann für Deutschland das MoMiG (§§ 4a GmbHG, 5 AktG) vor mit seiner Möglichkeit, für die GmbH bzw. Aktiengesellschaft (seitdem) das inländische Recht auch ohne Hauptverwaltungssitz kraft Registrierung zu wählen –[270] ein Modell, dem nunmehr für das Personengesellschaftsrecht auch das MoPeG für die Zeit ab 1.1.2024 folgt (§ 706 S: 2 BGB n.F.).[271]

65 Annexweise ist auf zweierlei hinzuweisen. Dies betrifft einerseits im EU-Primärrecht die **EU-Grundrechte-Charta (2012) mit** – wie im EU-Sekundärrecht – re-regulierenden Elementen. Diese könnten auch im Horizontalverhältnis zunehmend zu konstatieren sein, in handelsrechtlichen Kontexten wohl vor allem mit Berufsfreiheit, Unternehmerischer Freiheit, sowie Eigentumsrecht, außerdem mit den Diskriminierungsverboten, bei denen der EuGH Anwendungen im

269 So breit *Grundmann*, European Company Law, § 25; jedoch vergleichbar auch die Wertung heute ganz überwiegend, im Anschluss an *Polbud* etwa *Kieninger*, Niederlassungsfreiheit als Freiheit der nachträglichen Rechtswahl, NJW 2017, 3624 (3626f.); *Bayer/J. Schmidt*, Grenzüberschreitende Mobilität von Gesellschaften: Formwechsel durch isolierte Satzungssitzverlegung, ZIP 2017, 2225 (2234); krit. *Mörsdorf*, Nun also doch! – Die überraschende Umdeutung der Niederlassungsfreiheit zur Rechtswahlfreiheit durch den EuGH im Urteil Polbud, ZIP 2017, 2381 (2388f.).

270 Zu dieser einseitigen Rechtswahlfreiheit zugunsten des deutschen Rechts im Kapitalgesellschaftsrecht etwa *Kieninger*, Internationales Gesellschaftsrecht zwischen Polbud, Panama und Paradise, ZeuP 2018, 309 (315).

271 Zu dieser einseitigen Rechtswahlfreiheit zugunsten des deutschen Rechts auch im Personengesellschaftsrecht ab 2024 (Sitzwahl) etwa *Kruse*, Das Gesetz zur Modernisierung des Personengesellschaftsrechts (MoPeG) und seine Auswirkungen aus Praktikersicht, DStR 2021, 2412 (2413); BeckOK GmbHG/*Lang*/*Orttmann*, IntGesR Rn. 88.3.

Horizontalverhältnis tendenziell eher befürwortet hat (Art. 15–17 bzw. Art. 21 EU-Grundrechte-Charta), alles wiederum mit unmittelbarer Anwendbarkeit und Vorrang (Art. 6 Abs. 1 HS. 2 EUV).[272] Hinzuweisen ist andererseits auch darauf, dass vergleichbare Sperrwirkung wie die Grundfreiheiten in sehr beschränktem Umfang auch die **Liberalisierungsgrundsätze des GATT-Systems** (seit 1994 mit GATS und WTO) entfalten können, in der Praxis freilich auch nicht annähernd so flächendeckend und in der Durchsetzung vergleichbar dem Regime der EU-Grundfreiheiten. Im Kern ist dies gesichert nämlich nur für öffentliches Recht (im HGB also allenfalls Registerrecht und Sanktionskatalog)[273] und auch für dieses ist die unmittelbare Anwendbarkeit dieser (punktuellen) Liberalisierungsgrundsätze (vor nationalen oder supranationalen Gerichten) sehr umstritten und unsicher.[274]

b) EU-Sekundärrecht – als Mindest- und Höchststandard. Erst EU-Sekundärrecht **regelt HGB-Materien auch inhaltlich.** Dieses wirkt als Mindest- und als Höchststandard (vgl. oben Rn. 60 – Dimensionen [ii] und [iii]). Freilich ist, anders als bei Grundfreiheiten (flächendeckend, wenn auch nur im grenzüberschreitenden Verkehr), der **Anwendungsbereich positiv festzustellen.** Die Eckpunkte sind: Zwar wirken EU-Richtlinien nur im Vertikalverhältnis **unmittelbar** zulasten der hoheitlichen Institution (wenn fragliche Norm hinreichend konkret und kein Wahlrecht des Mitgliedstaates),[275] hingegen nicht zulasten des Privatrechtssubjekts und vor allem auch nicht im 66

272 Zentral EuGH Urt. v. 26.2.2013 – C-617/10, ECLI:EU:C:2013:105 – *Åkerberg Fransson*; dazu etwa *Safferling* NStZ 2014, 545; EuGH Urt. v. 22.11. 2005 – C-144/04, ECLI:EU:C:2005:709 – *Mangold*, bes. Rz. 75; Urt. v. 19.1.2010 – C-555/07, ECLI:EU:C:2010:21 – *Kücükdevici*, bes. Rz. 5; EuGH Urt. v. 15.1.2014 – C-176/12, ECLI:EU:C:2014:2 – *AMS*, bes. Rz. 45 ff.; Urt. v. 6.11.2018 – verb. Rs. C-569/16, C-570/16 E-CLI:EU:C:2018:871 – *Bauer – Willmeroth*; breite Darstellung der horizontalen Anwendung/Drittwirkung von Unionsgrundrechten auf Vertragssachverhalte (mit akribischer Auswertung der supranationalen Rechtsprechung) *Starke*, EU-Grundrechte und Vertragsrecht, 2016; knappe Zusammenfassung bei *Grundmann/Denga*, EBJS, Einl zu §§ 343 ff., Rn. 37–42.

273 Vgl. zu Zweifeln und Ansätzen *Hilpold*, Die EU im GATT/WTO System, 4. Aufl. 2018, S. 280–286; *Schwartmann*, Private im Wirtschaftsvölkerrecht, 2005, S. 419–421; *Grundmann/Denga*, EBJS, Einl zu §§ 343 ff., Rn. 60.

274 Grundsätzlich zwar Bindung auch der EU, jedoch außerhalb von klaren diesbezüglichen Aussagen im EU-Recht („spezifischer Umsetzungswillen") grds. keine unmittelbare Anwendbarkeit gegen Bürger und nicht einmal Mitgliedstaaten, so vor allem EuGH Urt. v. 5.10.1994 – C-280/93, Slg. 1994, I-4973 (5071–5074) = NJW 1995, 945 – *Bananen*; Urt. v. 12.12.1995 – C-469/93, Slg. 1995, I-4533 (4565–4568) = EuZW 1996, 118 – *Chiquita Italia*; Urt. v. 23.11.1999 – C-149/96, ECLI:EU:C:1999:574 = EuZW 2000, 119 – *Portugal/Rat*; Urt. v. 30.9.2003 – C-93/02, Slg. 2003, I-10497 = EuZW 2003, 758 – *Biret International SA in Liquidation*; Urt. v. 1.3.2005 – C-377/02, Slg. 2005, I-1465 = EuZW 2005, 214 – *Léon Van Parys NV* (ebenso für WTO-Streitbeilegungsentscheidungen); auch EuGH Urt. v. 21.12.2011 – C 366/10, Slg. 2011, I 13755 = NVwZ 2012, 226 – *Air Transport Association of America*; immerhin Verstoß potentiell GATT-widriger Unionsrechtsakte gegen Grundsätze des Unionsrechts denkbar: EuGH Urt. v. 11.7.2006 – C-313/04, Slg. 2006, I-6331 – *Egenberger/Bundesanstalt für Landwirtschaft und Ernährung*; Fälle von „spezifischem Umsetzungswillen" namentlich: EuGH Urt. v. 22.6.1989 – 70/87, Slg. 1989, 1781 (1830–1832) = EuZW 1990, 64 – *Fediol*; Urt. v. 7.5.1991 – C-69/89, Slg. 1991, I-2069 (2177 f.) – *Nakajima* (Europäische Antidumping-Verordnung Nr. 2423/88, die auf den entsprechenden GATT-Kodex von 1979 verweist); anders (solch einen Verweis verneinend) EuGH Urt. v. 20.5.2010 – C-160/09, Slg. 2010, I-4591 = IStR 2010, 625 – *Ioannis Katsivardas*; präzisiert in EuGH Urt. v. 16.7.2015 – C-21/14 P, Slg. EU:C:2014:1749 = EuZW 2015, 759. Knappe Zusammenfassung *Grundmann/Denga*, EBJS, Vorbem. zu §§ 343 ff., Rn. 58–60.

275 Berufung auf eigene Säumnis bei Umsetzung rechtsmissbräuchlich: EuGH Urt. v. 26.2.1986 – 152/84, Slg. 1986, 723 (748 f.) = NJW 1986, 2178 – *Marshall* I; Urt. v. 22.2.1990 – C-221/88, Slg. 1990, I-495 (I-525) = NJW 1991, 1409 – *Busseni*; grundlegend EuGH Urt. v. 5.4.1979 – 148/78, Slg. 1979, 1629 (1642) = NJW 1979, 1764 – *Ratti*. Umgekehrt hängt das Recht des Privaten nach der genannten Entscheidung davon ab, dass er selbst ebenfalls die Richtlinienvorgaben erfüllt; vgl. dazu *Götz*, NJW 1992, 1849 (1855 f.). Die Handlungsform ist unerheblich (auch privatrechtlicher Vertrag des Staates oder eigene, dem Staat jedoch zuzurechnende Rechtsperson): vgl. vor allem, den Rechtsmissbrauchsgedanken konsequent durchführend EuGH Urt. v. 12.7.1990 – C-188/89, Slg. 1990, I-3313 (3332–3350) = NJW 1991, 3086 – *Foster*. Gebunden sind auch Private, die mit der Erfüllung öffentlicher Aufgaben betraut und hierzu mit besonderen Rechten ausgestattet sind, EuGH Urt. v. 10.10.2017 – C 413/15, ECLI:EU:C:2017:745 – *Farrell II* (Anm. *Baldus* GPR 2018, 55).

Horizontalverhältnis (mit gelegentlichen engen Ausnahmen).[276] Doch führt die Pflicht zur rechtlinienkonformen Auslegung idR zum gleichen Ergebnis wie unmittelbare Anwendbarkeit,[277] für die Umsetzungsnorm ebenso wie wenn der Gesetzgeber davon ausging, sein bisheriges Recht genüge für die Umsetzung. Wie bei den Grundfreiheiten ist eine Unterscheidung zwischen Privatrecht und öffentlichem Recht überflüssig (anders als regelmäßig bei global ausgerichteten Rechtsakten, etwa im GATT-System, vorige Rn.). Spezifisch für EU-Richtlinien ist, dass sie regelmäßig, im handelsrechtlichen Bereich durchgängig, auch auf reine Inlandsfälle uneingeschränkt Anwendung finden.[278] Anhand der jeweils zu findenden (Anfangs-)Normen zum Anwendungsbereich ist für jeden Rechtsakt jedoch der persönliche und sachliche Anwendungsbereich positiv festzustellen (etwa B2C oder Definitionen der Gegenstände), ggf. auch, welche milderen Regeln des nationalen Rechts im Anwendungsbereich (mit-)verdrängt und nicht mehr erlaubt sind.[279]

67 In ihrem Regelungsbereich entfalten Unionsrechtsakte, die den Sachverhalt selbst regeln, und sei es nur durch Verdrängung (vorige Rn.), absolute **Sperrwirkung** gegenüber entgegenstehendem nationalen Recht und zwar: **gegenüber milderem nationalen Recht** auch **im reinen Inlandsfall; gegenüber strengerem nationalem Recht** nur **im grenzüberschreitenden Sachverhalt.** Umstritten ist allein Zweiteres, die absolute Sperrwirkung gegenüber strengerem nationalen Recht im binnenmarktgrenzüberschreitenden Fall: Strengeres nationales Recht wurde zwar traditionell in den Rechtsakten zu Handelsgeschäften fast durchgängig zur Umsetzung von Allgemeinwohlvorbehalten, etwa unter Art. 36 AEUV, ausdrücklich zugelassen,[280] wird jedoch

276 Für das Vertikalverhältnis EuGH Urt. v. 11.6.1987 – 14/86, Slg. 1987, 2545 (2570) – *Pretore di Salò*; Urt. v. 22.2.1990 – C-221/88, Slg. 1990, I-495, 525 = NJW 1991, 1409 – *Busseni*. Für das Horizontalverhältnis EuGH Urt. v. 26.2.1986 – 152/84, Slg. 1986, 723 (748 f.) = NJW 1986, 2178 – *Marshall* I; Urt. v. 14.7.1994 – C-91/92, Slg. 1994, I-3325 (3356) = EuZW 1994, 498 – *Faccini Dori*; Urt. v. 7.3.1996 – C-192/94, Slg. 1996, I-1281 (1303 f.) – *El Corte Inglés* (auch angesichts Art. 153 EG, jetzt Art. 169 AEUV); zur (bis heute nicht verstummenden) Kritik an dieser Rspr. vgl. die Nachw. etwa bei *Emmert*, Europarecht, 1996, 157–162; *Streinz*, Europarecht, 11. Aufl. 2019, Rn. 495–502. Ebenfalls keine Direktwirkung (sondern primärrechts- bzw. richtlinienkonforme Auslegung anordnend): EuGH Urt. v. 22.11.2005 – C-144/04, Slg. 2005, I-9981 = NJW 2005, 3695 – *Mangold*; vgl. *Riesenhuber/Domröse*, RIW 2005, 47. Ausnahme (wenn nationales Recht weitergehend Nichtigkeitsgründe vorsieht als EU-Recht gestattet): EuGH Urt. v. 13.11.1990 – C-106/89, Slg. 1990, I-4135 (4159) = DB 1991, 157 – *Marleasing* (für Gesellschaftsgründung); zur Erklärung *Grundmann*, in Schulze (Hrsg.), Auslegung europäischen und angeglichenen Rechts, 1999, S. 62 (74 f.); für das Vertragsrecht EuGH Urt. v. 3.9.2009 – C-489/07, Slg. 2009, I-7356 – *Messner*; und zusammenfassend zu allem *Grundmann/Denga*, EBJS, Einl zu §§ 343 ff., Rn. 38, 39.

277 Der EuGH fordert nur die „Ausschöpfung des Beurteilungsspielraums, den ihm [dem nationalen Gericht] das nationale Recht einräumt": EuGH Urt. v. 10.4.1984 – 14/83, Slg. 1984, 1891 (1909) = NJW 1984, 2021 – *von Colson und Kamann*; Urt. v. 10.4.1984 – 79/83, Slg. 1984, 1921 (1942) – *Harz*; in der konkreten Anwendung geht dies freilich sehr weit, durchaus auch gegen Wortlaut und Systematik der nationalen Norm. Eine Grenze besteht erst, wenn der nationale Gesetzgeber explizit oder jedenfalls *dezidiert* der Richtlinie nicht folgen will; ausführliche Erklärung dazu und den Differenzierungen in *Grundmann*, Richtlinienkonforme Auslegung im Bereich des Privatrechts – insbesondere: der Kanon der nationalen Auslegungsmethoden als Grenze? ZEuP 1996, 399 (in der Folgezeit bestätigt durch die Rechtsprechung auf EU- und nationaler Ebene); deutlich für Deutschland BGH – VIII ZR 70/08 – NJW 2012, 1073 Tz. 25, 30; sowie BGH – VIII ZR 226/11 – NJW 2013, 18; im Anschluss an EuGH Urt. v. 16.6.2011 – verb. C-65/09 und C-87/09, Slg. 2011, I-5257 = NJW 2011, 2269 – *Weber und Putz*; eingehend *Weber*, Grenzen EU-rechtskonformer Auslegung und Rechtsfortbildung, 2010, S. 92–130. Vgl. zusammenfassend *Grundmann/Denga*, EBJS, Einl zu §§ 343 ff., Rn. 40, 41 (auch zum andernfalls eingreifenden Staatshaftungsanspruch).

278 Vgl. Grundmann/Denga, EBJS, Vorbem. zu §§ 343 ff., Rn. 43.

279 Vgl. näher *Grundmann/Denga*, EBJS, Einl zu §§ 343 ff., Rn. 42–44, denkbar ist teils auch, dass der Rechtsakt abdingbar ist, vgl. a.a.O. Rn. 63, 68, 73 f. Umgekehrt sind Rechtsakte des Internationalen Einheitsrechts, namentlich das CISG, nur kraft positiver Wahl anwendbar, bei international gängigen Klauselwerken ist das erst recht so, wenn sie überhaupt wählbares Recht darstellen. Vgl. hierzu unten Rn. 70 f., 73.

280 Anders war dies lange nur bei der Produkthaftungs- und der Handelsvertreter-Richtlinie, ABl. 1985 L 210, 29 bzw. ABl. 1986 L 382/17. Unionsrecht verbietet es nicht, dass auch Gerichte strengeres nationales Recht ausbilden: EuGH Urt. v. 16.12.1992 – verb. C-132/91, C-138/91, C-139/91, Slg. 1992, I-6577 (I-6610 f.) = EuZW 1993, 161 – *Grigorios Katsikas ua*.

seit ca. zwei Jahrzehnten sogar schon für den Inlandsfall durch eine vordringende Philosophie der sog. Vollharmonisierung zurückgedrängt.[281] In jedem Falle jedoch darf solches strengeres nationales Recht, wie sich aus Systematik und Teleologie des AEUV, jedoch auch aus der EuGH-Rechtsprechung ergibt, ausländischen Anbietern nicht entgegengehalten werden.[282] Ausnahmen ergeben sich allein aus Art. 114 Abs. 4–6 AEUV und bei (manchen) Regelungen, die marktbezogen, nicht produkt- oder organisationsbezogen ausgestaltet sind und für die daher das Marktrecht umfassend Anwendung findet.[283] Im Falle der Vollharmonisierung ist strengeres nationales Recht grds. sogar auch im Inlandssachverhalt präkludiert.

Der Bestand der Normen im HGB, zu denen Harmonisierungsmaßnahmen ergingen, ist – jenseits des Rechnungslegungsrechts, das weitgehend harmonisiert ist –[284] auf das 1. Buch beschränkt, namentlich zwei Rechtsakte/-normen, beide durchaus mit Bezügen auch zum Recht der Handelsgeschäfte (4. Buch). Dies betrifft einerseits die – primär registerrechtliche – Publizitätswirkungen nach § 15 HGB, die dem (kapitalgesellschaftsrechtlichen) EU-Publizitätsregime folgen (ursprünglich 1. gesellschaftsrechtliche Richtlinie, heute sog. Kodifikations-Richtlinie [EU] 2017/1132).[285] Transaktionsbezug (und damit zum 4. Buch) hat die Regel, indem sie die Verlässlichkeit des jeweiligen Unternehmensträgers in den Augen von Transaktionspartnern er- 68

281 Für eine Übersicht über die ersten Rechtsakte ab 2000 vgl. *Grundmann/Denga*, EBJS, Einl zu §§ 343 ff., Rn. 45, 46 (dort auch zur Auslegung, ob Mindest- oder Vollharmonisierung). Flächendeckend wurde der Übergang von der Mindest- zur Voll- oder Maximumharmonisierung schließlich vorgeschlagen durch: Vorschlag für eine Richtlinie des Europäischen Parlaments und des Rates über Rechte der Verbraucher, KOM(2008) 614 endg. vom 8.10.2008. Letztlich blieb es jedoch auch hier bei einer sog. gezielten Vollharmonisierung, vgl. Art. 4 der Richtlinie 2011/83/EU des Europäischen Parlaments und des Rates vom 25. Oktober 2011 über die Rechte der Verbraucher, zur Abänderung der Richtlinie 93/13/EWG des Rates und der Richtlinie 1999/44/EG des Europäischen Parlaments und des Rates sowie zur Aufhebung der Richtlinie 85/577/EWG des Rates und der Richtlinie 97/7/EG des Europäischen Parlaments und des Rates, ABl. 2011 L 304, 64. Der Ansatz der Vollharmonisierung wurde insbesondere im Bereich des Verbrauchervertragsrechts (weitestgehend zugleich einseitige Handelsgeschäfte) zeitweise zugunsten eines Optionalen Instruments aufgegeben, so der Vorschlag der Kommission für eine Verordnung des Europäischen Parlaments und des Rates über ein Gemeinsames Europäisches Kaufrecht, KOM(2011) 635 endg. vom 11.10.2011 und zuvor das Grünbuch der Kommission betreffend Optionen für die Einführung eines Europäischen Vertragsrechts für Verbraucher und Unternehmen, KOM(2010) 348 endg. vom 1.7.2010; diese Initiativen waren freilich nicht erfolgreich; vgl. zu der (weiterhin wirkmächtigen) Vollharmonisierungsentwicklung *Gsell/Herresthal*, Vollharmonisierung im Privatrecht, 2009; *Mittwoch*, Vollharmonisierung und Europäisches Privatrecht, 2013; absoluter, ohne Differenzierung nach reinen Inlandssachverhalten und Sachverhalten mit grenzüberschreitendem Element, Streinz/*M. Schröder*, 3. Aufl. 2018, AEUV Art. 114 Rn. 46 f.

282 EuGH Urt. v. 4.12.1986 – 220/83, Slg. 1986, 3702 (3710) – *Freier Dienstleistungsverkehr – Mitversicherung*; Urt. v. 11.5.1989 – 25/88, Slg. 1989, 1105 (1128) = NJW 1990, 3066 – *Wurmser, Bouchara und Firma Norlaine*; auch (implizit, weil nicht entscheidungserheblich) wieder EuGH Urt. v. 13.5.1997 – C-233/94, Slg. 1997, I-2405 (I-2458 f.) – *Deutschland/Parlament und Rat*; ausf. *Grundmann*, Binnenmarktkollisionsrecht, RabelsZ 64 (2000), 457 (471–476) (mwN auch zur Gegenmeinung).

283 Für die Handelsgeschäfte stilbildend Art. 3 Marktmissbrauchs-Richtlinie (ABl. 2003 L 96/16) für die Insidergeschäfte. Vergleichbar, aber weniger klar die heute geltende Marktmissbrauchs-VO 596/2014 (ABl. 2014 L 173/1). Umgekehrt wurde mit dem Übergang von der Wertpapierdienstleistungs-Richtlinie 1993 zur Nachfolge-Richtlinie 2004, der sog. Finanzmarkt-Richtlinie I (ABl. 1993 L 141/27 bzw. ABl. 2004 L 145/1), dann Finanzmarkt-Richtlinie II (unten) auch der Schritt von einer Marktanknüpfung (Art. 11 damals) zum Herkunftslandprinzip (Art. 56–62 in FMRL I) getan; so dann auch die heute geltende Finanzmarkt-Richtlinie II (ABl. 2014 L 173, 349); vgl. Nachw. und Beschreibung bei *Grundmann*, in: Reichelt (Hrsg.), Das Herkunftslandprinzip im Europäischen Gemeinschaftsrecht, 2006, S. 15 und GroßKommHGB/*Grundmann*, Bd. 11, Teil 8 Rn. 43, 52–56.

284 Zur Anknüpfung vgl. oben Rn. 58. Für eine Darstellung des (Europäischen) Sachrechts der Rechnungslegung vgl. *Grundmann*, European Company Law, §§ 15–18; *Habersack/Verse*, § 9 passim (S. 386–428).

285 Zur Anknüpfung vgl. oben Rn. 56. Für eine Darstellung des (Europäischen) Sachrechts des Gesellschafts- und Handelsregisters und seiner Publizitätswirkung vgl. *Grundmann*, European Company Law, §§ 8, 9; *Habersack/Verse*, § 5 passim (S. 103–214).

höht.[286] Gleiches betrifft andererseits die Regelung des **Handelsvertreterrechts**, deren Hauptbestand (mit dem Ausgleichsanspruch) im EU-Recht als Regulierung (Eingriffsnorm) verstanden wird.[287] Die Regelung gilt einem Vertriebsmittlervertrag, wie er sich mit dem Kommissionsvertrag auch im 4. Buch findet. Regelungskomplexe, bei denen eine Umsetzung im HGB zumindest gut denkbar war, wurden umgekehrt in verschiedenen Fällen im BGB umgesetzt. Dies gilt für das – primär auf kaufmännische Beziehungen ausgerichtete – Verschärfungsregime beim Zahlungsverzug,[288] und allgemein im Neben-Handelsrecht (Neben-Handelsgeschäftsrecht).[289] Solchermaßen werden Transaktionen, die als **einseitige oder zweiseitige Handelsgeschäfte zu qualifizieren** sind, vielfach von Harmonisierung erfasst, häufig freilich umgesetzt im BGB, wie etwa das Zahlungs- und Kreditgeschäft, oder in Sondergesetzen (etwa dem Wertpapierhandelsgesetz). Letztlich verkörpert die unterschiedliche Auswahl der Regelungsgegenstände im deutschen Recht der Handelsgeschäfte, wie es namentlich **im 4. Buch des HGB** zusammengestellt ist, **und im Europäischen Recht der Unternehmensgeschäfte** die Kluft zwischen den **Regelungsansätzen zweier unterschiedlicher Epochen:**[290] Im HGB, gerade seinem 4. Buch, steht die Beschleunigungsfunktion, das laissez faire, im Vordergrund. Das Unionsrecht muss hier nicht regulierend eingreifen, sondern nur die lex contractus zulassen und schützen. Hierfür genügen bereits die Grundfreiheiten und Art. 3 Rom I-VO. Im Europäischen Recht der Unternehmensgeschäfte steht der Aspekt der sozialen Verantwortung der beruflich Tätigen im Vordergrund. Trotz berechtigter Kritik im Einzelfall entspricht dies der gesellschaftlichen Entwicklung: Neben das (unvermindert wichtige) Recht des laissez faire des 19. Jh. trat ein Recht der sozialen Verantwortung des 20. und 21. Jh., wie es sich nicht nur im Verbraucher- und Marktschutz, sondern beispielsweise auch in der CSR-Richtlinie und der Agenda für nachhaltiges Wachstum der Europäischen Kommission manifestiert.[291]

---

286 Grundlegend zu diesem Corpus von Harmonisierungsmaßnahmen *Lutter*, Europäisches Unternehmensrecht, bis 4. Aufl. 1999, heute *Lutter/Bayer/J. Schmidt*, Europäisches Unternehmens- und Kapitalmarktrecht, 6. Aufl. 2018, S. 147–166; im Ansatz schon *Hallstein*, Angleichung des Privat- und Prozeßrechts in der Europäischen Wirtschaftsgemeinschaft, RabelsZ 28 (1964), 211 (212); heute auch *Grundmann*, Europäisches Gesellschaftsrecht, §§ 7–10; *Habersack/Verse*, S. 103–214.

287 Nachw. und Kommentierung GroßkommHGB/*Emde*, Vor § 84 Rn. 9–15; und *Grundmann*, Europäisches Schuldvertragsrecht, 1999, 3.80; EuGH Urt. v. 21.11. 2018 – C-452/17, ECLI:EU:C:2018:935 = EuZW 2019, 96 – *Zako*. Zur Anknüpfung nach Art. 9 Rom-I-VO und Ihrer Problematik (kein Arbeitsrecht und umgekehrt doch hauptsächlich Individualschutz) vgl. EuGH Urt. v. 9.11.2000 – C-381/98, Slg. 2000, I-9305 – *Ingmar* (für Anknüpfung nach Art. 9 Rom-I-VO); vgl. auch EuGH Urt. v. 23.3.2006 – C-465/04, Slg. 2006, I-2879 – *Honyvem In-formazioni Commercial Srl.* Wie der EuGH früh schon *Reich*, Grundgesetz und internationales Vertragsrecht, NJW 1994, 2128 (2130 f.); Nachw. zur Gegenmeinung (nach klassischem IPR weit überwiegende Meinung) bei Reithmann/Martiny/*Martiny*, Rn. 1.28–1.30 und Reithmann/Martiny/*Freitag*, Rn. 5.45. Zum im Text genannten Zuschnitt des Harmonisierungsbestandes vgl. ausf. *Grundmann*, Europäisches Schuldvertragsrecht, 1999, 1. Teil Rn. 27, 79, 83, 89, 92.

288 Vgl. hierzu *Teichmann/Rojahn*, Die Umsetzung der Zahlungsverzugsrichtlinieim europäischen Vergleich, ZVertriebsR 2014, 359 (359f.); *Faust*, Das Gesetz zur Bekämpfung von Zahlungsverzug im Geschäftsverkehr, DNotZ 2015, 644; Oetker/*Oetker*, Einl. Rn. 62.

289 Vor allem Bank-, Transport- und Versicherungsrecht, aber auch Recht des fairen Wettbewerbs (mit Konvolut etwa zu Fluggastrechten) und Digitalagenda, vgl. Überblick bei *Grundmann/Denga*, EBJS, Einl zu §§ 343 ff., Rn. 54–56, dort auch zur Idee eines Europäischen Wirtschaftsgesetzbuches, sowie etwa *Lehmann/J. Schmidt/Schulze* ZRP 2017, 225; zurückhaltend *Riesenhuber*, Und jetzt ein Europäisches Wirtschaftsgesetzbuch?, GPR 2017, 270. Zum Bankrecht etwa zu allen Rechtsakten umfassende Kommentierungen von *Grundmann* in GK-HGB, Bände 10/1, 10/2, 11/1, 11/2, 5. Aufl. 2015–2018, Sonderband 1+2 2020/21 (Kreditrecht jeweils *Renner*); sowie umfassende Handbücher und Sammelwerke in *Langenbucher/Bliesener/Spindler* (Hrsg.), Bankrechts-Kommentar, 3. Aufl. 2020; *Ellenberger/Bunte* (Hrsg.), Bankrechtshandbuch, 2 Bde., 6. Aufl. 2022.

290 Ausführlich *Grundmann*, Europäisches Handelsrecht – vom Handelsrecht des laissez faire im Kodex des 19. Jahrhunderts zum Handelsrecht der sozialen Verantwortung, ZHR 163 (1999), 635 (bes. 675–678); tendenziell ähnlich *Reymann*, Das Sonderprivatrecht der Handels- und Verbraucherverträge – Einheit, Freiheit und Gleichheit, 2009.

291 Zum Einfluss der Corporate Social Responsibility auf Grundlage der RL 2014/95/EU Nachw. oben Fn. 134–136.

Keine Sperrwirkung entfalten die Unionsrechtsakte zum Recht der Handelsgeschäfte hingegen gegenüber Eingriffsnormen iSv Art. 9 Rom I-VO, insbesondere wirtschaftspolitisch motivierten. Diese Normen, etwa devisen- oder wettbewerbsrechtliche, greifen (bei Anwendungswille)[292] daneben ein. Freilich sind diese Art Normen im Unionsrecht selbst zunehmend vereinheitlicht, das Recht der Kapitalströme mit Devisen- und Währungsrecht ebenso wie Teile des Wettbewerbsrechts, desgleichen die Aufsichtsrechte über bestimmte Unternehmen und über (Kapital-)Märkte.[293] 69

4. Internationales (handelsgeschäftliches) Einheitsrecht

a) Einheitsrecht staatlicher Herkunft. Einheitsrecht staatlicher Herkunft macht Kollisionsrecht und auch Kollisionsrechtsvereinheitlichung (oben 2.) überflüssig – diese treten hinter tatsächlich erreichte Einheit im Sachrecht zurück –, und auch eine grundfreiheitsrechtlich relevante Behinderungswirkung (oben 3.) ist nicht mehr ersichtlich. Von Bedeutung ist unter den Völkerrechtsquellen (Art. 38 IGH-Statut) nur **Völkervertragsrecht**, das nach Art. 59 GG der Ratifikation und Transformation bedarf und grds. einheitsfördernd (u.a. unter Berücksichtigung ausländischer Praxis) auszulegen ist, nicht Gewohnheitsrecht oder allgemeine Rechtsgrundsätze. Im **Transformationsgesetz** ist dann jeweils der **sachliche, räumliche und persönliche Anwendungsbereich** in den Eingangsnormen festgelegt, etwa mit Begriffsdefinitionen, Festlegung der räumlichen Verknüpfung (etwa Verträge zwischen in Vertragsstaaten Ansässigen, welche die Anwendbarkeit nicht ausschlossen, wie im CISG) und der Art der Vertragsparteien (etwa nur als beruflich tätig Auftretende, näher Art. 2 lit. a CISG). Dabei ist spezifisches Verbrauchervertragsrecht anders als im EU-Recht minimal anzutreffen (idR vielmehr P2P oder B2B). Zu unterscheiden sind die beiden Gruppen von Einheitsrecht, die entweder auch im Inlandssachverhalt Anwendung finden (etwa Wechsel- und Scheckrecht) oder aber nur auf grenzüberschreitende Sachverhalte (etwa CISG). Typischerweise wird (alternativ) darauf abgestellt, dass entweder die **Parteien ihren Sitz in Vertragsstaaten** haben (wenn nur grenzüberschreitende Sachverhalte erfasst werden: in unterschiedlichen Vertragsstaaten) oder dass nach dem Kollisionsrecht des angerufenen Gerichts das **Recht eines Vertragsstaates anwendbar wäre** (Vertragsstatut, so etwa Art. 1 Abs. 1 lit. a und b CISG).[294] 70

Ist die Anwendbarkeit zu bejahen, entfalten (ratifizierte und transformierte) Übereinkommen Sperrwirkung (außer gegenüber Eingriffsnormen, die nach Art. 9 Rom-I-VO zwingend und unabhängig anzuknüpfen sind – oben Rn. 59, 63, 69). Freilich gibt es solche Übereinkommen **nur in einigen klar umrissenen Bereichen**, vor allem im Kauf-, Scheck- und Wechsel- sowie 71

---

292 Die Anwendbarkeit von Eingriffsnormen bestimmt sich danach, ob eine Anwendung auch in internationalen Sachverhalten notwendig ist, um das von der Norm verfolgte Ziel effizient durchzusetzen (Anwendungswille): Nachw. oben Fn. 244.

293 Dazu *Dauses/Ludwigs*, Handbuch des EU-Wirtschaftsrechts, 55. EL 2022 unter F; Kurzübersicht in *Kilian/Wendt*, Europäisches Wirtschaftsrecht, 8. Aufl. 2021. Zum Aufsichts- und Kapitalmarktrecht vgl. die Zusammenstellung in der Beck'schen Textsammlung „Europäisches Wirtschaftsrecht", Nr. 320–349 sowie die Beck-Texte Bankrecht, 49. Aufl. 2022 und Kapitalmarktrecht, 9. Aufl. 2022 und ausführlicher den zum 1.6. und 1.12. jeden Jahres erstellten Fundstellennachweis des geltenden Unionsrechts, Gliederungspunkt 6.20. Zum Einfluss des Euro auf das deutsche Zivil- und Handelsrecht: MünchKommBGB/*Grundmann*, §§ 244, 245. Zum Recht gegen Wettbewerbsbeschränkungen als dem vierten Zentralgebiet neben Aufsichts-, Kapitalmarkt- sowie Devisen- und Währungsrecht (alle ausführlich komentiert im Staub'schen Großkommentar), vgl. die zahlreichen Kommentare, vor allem *Immenga/Mestmäcker*, Wettbewerbsrecht – Bd. 1 EU – Kommentar zum Europäischen Kartellrecht, 6. Aufl. 2019.

294 Kurzzusammenfassung und Nachw. zu diesem Rahmen (Völkervertragsrecht und Transformationsgesetz) vgl. nur *Grundmann/Denga*, EBJS, Einl zu §§ 343 ff., Rn. 61–66; wegweisend noch immer *Kropholler*, Internationales Einheitsrecht, 1975. Zur Pflicht zur völkerrechtskonformen Auslegung: BVerfG – 2 BvR 1107, 1124/77 und 195/79 – BVerfGE 58, 1 (34); BVerfG – 2 BvR 1058/79 – BVerfGE 59, 63 (89), auch unter Heranziehung ausländischer Quellen, vgl. BGH – I ZR 127/78 – NJW 1979, 2472.

Transportrecht und für einige spezielle Vertragstypen (IPR-Vereinheitlichung erfolgte nach dem Gesagten primär in der Rom-I-VO, früher EVÜ, anders nur im Wechsel-, Scheck-, Transport-, teils [Erst-]Versicherungsrecht, oben Rn 59).[295] Unter den Abkommen mit Anwendung auch im Inlandsverkehr haben (hatten) vor allem diejenigen zum Scheck- und Wechselrecht Bedeutung, deutlich abnehmend, ja inzwischen minimal, jedenfalls in Europa.[296] Daher dominieren die **Abkommen mit Anwendung allein auf grenzüberschreitende Sachverhalte** (genau umgekehrt zu EU-Sekundärrecht). Das mit Abstand wichtigste Übereinkommen zum Sachrecht (allein) für den grenzüberschreitenden Verkehr betrifft das (Waren-)Kaufrecht.[297] Das **UN Kaufrecht** (CISG) von 1980 geht auf *Rabels* Initiativen zu einer weltweiten Vereinheitlichung auf der Grundlage breiter Rechtsvergleichung zurück, die bis ins Jahr 1929 zurück reichen und mit dem (Haager) Einheitlichen Kaufgesetz (EKG) von 1964 einen ersten, weniger erfolgreichen Abschluss gefunden hatten. Da es erklärtermaßen das Modell für die EG/EU-Richtlinie über den Verbraucherkauf von 1999 bildete,[298] prägt es seit 1.1.2002 sehr intensiv das deutsche Kauf- und allgemeiner Leistungsstörungsrecht.[299] Es regelt den Abschluss und Inhalt von Kauf- und Werklieferungsverträgen über Waren (mit sach- und eigenschaftsbezogenen Nebenpflichten, etwa Verpackung), Ersteres nur hinsichtlich des äußeren Konsenses (nicht der Willenserklärungen), ausführlich hingegen die Pflichten der Vertragspartner einschließlich des Leistungsstörungsrechts, nicht den Eigentumsübergang. **Forderungskauf** und Forderungsabtretung in Form des Facto-

---

295 Übersichten: *Kegel/Schurig* Internationales Privatrecht, 9. Aufl. 2004, S. 78–128; *Jayme/Hausmann*, Internationales Privat- und Verfahrensrecht, 20. Aufl. 2020 (mit Schwerpunkt auf vereinheitlichtem Kollisionsrecht, mit Abdruck); ausf. und mit Kommentar *Geimer/Schütze*, Internationaler Rechtsverkehr, 5 Bde., Loseblatt, Stand 63. Erg.Lfg. 10/2020 (2022 i.E.), allerdings primär zum Verfahrensrecht (Rechtshilfe, Gerichtsstand, Anerkennung, Vollstreckung, Schiedsgerichtswesen, Legalisation von Urkunden). Überblick, nach Rechtsgebieten geordnet, bei MünchKommBGB/*Sonnenberger* Einl. IPR Rn. 318 (IPR und Sachrecht). Knappere Übersicht auch bei *Grundmann/Denga*, EBJS, Einl zu §§ 343 ff., Rn. 71–74 (dort auch jeweils zur Verbreitung unter den 10 größten Handelspartnern Deutschlands).

296 Abkommen über das einheitliche Wechselgesetz nebst zwei Anlagen vom 7.6.1930, RGBl. 1933 II 377; Abkommen über das einheitliche Scheckgesetz nebst zwei Anlagen vom 19.3.1931, RGBl. 1933 II 537. Weitere Nachw. unten Fn. 296; außerdem noch das (nur moderat verbreitete) Übereinkommen zur Gastwirtshaftung (§§ 701–703 BGB): Europäisches Übereinkommen über die Haftung der Gastwirte für die von ihren Gästen eingebrachten Sachen vom 17.12.1962, BGBl. 1966 II 270, 1565; 1967 II 1210.

297 Wiener UN-Übereinkommen, Nachw. oben Fn. 28. Das Übereinkommen gilt im Verhältnis zu den größten 10 Handelspartnern Deutschlands mit Ausnahme des Vereinigten Königreichs; für die (insgesamt 80) Vertragsstaaten vgl. Fundstellennachweis B zu BGBl. 2017 II 813. Zum Übereinkommen vgl. etwa *Staudinger/Magnus*, 2012, CISG; *Schlechtriem/Schwenzer*, Kommentar zum einheitlichen Kaufrecht, 7. Aufl. 2019; *Will*, Twenty Years of International Sales Under the CISG, 2000; zum aktuellen Stand *Pilz*, Neue Entwicklungen im UN-Kaufrecht, NJW 2017, 2449; *Magnus*, UN-Kaufrecht – Konsolidierung und Ausbau nach innen und gleichzeitig Erodierung von außen? – Aktuelles zum CISG, ZEuP 2015, 159 und mit Berücksichtigung des Brexit *Magnus*, UN-Kaufrecht – Aktuelles zum CISG, ZEuP 2017, 140; mit umfassender Übersicht *Salger*, Herausforderungen internationaler Rechtsvereinheitlichung UN-Kaufrecht und UNCITRAL, IWRZ 2018, 99. Selbst für das CISG listete *Will*, International Sales Law under CISG – the UN Convention on contracts for the International Sale of Goods (1980) – the first 555 or so Decisions, 1999, weltweit nur gut 500 Entscheidungen aller Instanzen in knapp 20 Jahren auf, dh. ca. 25 jährlich, meist von Untergerichten. In der darauffolgenden Dekade war die Zahl der veröffentlichten Gerichtsentscheidungen bzw. Schiedssprüche jedoch auf ca. 2500 gestiegen, vgl. *Schwenzer/Hachem*, The CISG—Successes and Pitfalls, 57 Am. J. Comp. L. 2009, 457 (458) sowie die Pace-Datenbank, welche den Großteil aller veröffentlichten Entscheidungen zum CISG erfasst (abrufbar unter http://www.cisg.law.pace.edu/).

298 Nachw. oben Fn. 31.

299 Vgl. *Grundmann*, Verbraucherrecht, Unternehmensrecht, Privatrecht – warum sind sich UN-Kaufrecht und EU-Kaufrechts-Richtlinie so ähnlich?, AcP 202 (2002), 40; *ders.*, Der Schadensersatzanspruch aus Vertrag – System und Perspektiven, AcP 204 (2004), 569; monographisch zu den Interdependenzen: *Mittmann*, Einheitliches UN-Kaufrecht und europäische Verbrauchsgüterkauf-Richtlinie: Konkurrenz- und Auslegungsprobleme, 2004; *Nau*, Das Gewährleistungsrecht in BGB, UN-Kaufrecht und den Reformvorschlägen der Schuldrechtskommission: ein Vergleich unter besonderer Berücksichtigung der Richtlinie (1999/44/EG) über den Verbrauchgüterkauf, 2003; *Schroeter*, UN-Kaufrecht und Europäisches Gemeinschaftsrecht – Verhältnis und Wechselwirkungen, 2005, bes. § 16.

ring sind Gegenstand des Abkommens zur Sachrechtsvereinheitlichung des grenzüberschreitenden (Finanzierungs-)Leasing.[300] Näher kommentiert und daher hier nur zu erwähnen[301] ist das Konvolut der Abkommen (von Warschau und Guadalajara bzw. von Montreal) zum internationalen **Luftverkehr**, die primär das materielle Recht jeglichen Lufttransports (auch Personen und Post) für grenzüberschreitende Flüge zwischen Vertragsstaaten regeln und, wenn nicht ausdrücklich vorgesehen, nicht abwählbar sind. Gleiches gilt für das Konvolut zum **Eisenbahn- und Straßenverkehr**, neben welches die Übereinkommen zum Gesamt-, zum Schiffs- und zum Postverkehr (mit Fernmeldewesen) treten.

b) Einheitsrecht privater/unternehmerischer Herkunft. Aus dem Kreis von Rechtsregeln, 72
die unter dem Begriff einer *lex mercatoria* diskutiert werden, stehen praktisch im Vordergrund die – wie Internationales Einheitsrecht und auch durchaus innerstaatlich angewandten – **Klauselwerke oder Prinzipienkataloge breiterer internationaler und institutionalisierter Provenienz.** Dies gilt unabhängig davon, wie sie rechtpolitisch zu bewerten sind,[302] und umfasst, solange sie nicht staatlich-supranationales Recht geworden sind, auch Prinzipienkataloge, die in Regelwerke (Restatements) gegossen werden, etwa UNIDROIT- oder Lando-Principles, ggf. auch Draft Common Frame of Reference.

Das allgemeine Problem ihrer **Wählbarkeit (Anwendbarkeit kraft Wahl)** kann auf **drei** 73
Teilfragen heruntergebrochen werden.[303] Im Kern des Problems einer Wählbarkeit dieser Regelwerke als Recht steht – im Zusammenhang mit Art. 3 Rom-I-VO – die Frage, ob die Wahl dieser Regelwerke eine sachrechtliche (Vertragsfreiheit) oder eine kollisionsrechtliche Wahl bildet und insbesondere, ob deswegen das gewählte Regelwerk der AGB-Kontrolle noch unterliegt oder nicht. Die erste Teilfrage zum Problem ist dann einfach zu beantworten: Wird das Regelwerk **vor Schiedsgerichten** gewählt, so spricht das für eine Freistellung von jeglicher AGB-Kontrolle. Dogmatisch ist das damit zu begründen, dass die großen Schiedsordnungen auch die Wahl einer Entscheidung nach dem Maßstab „ex aequo et bono" gestatten und diese Regelwerke sicherlich nach solch einem Maßstab streben und ihn deutlich konkreter umreißen.[304] Teleolo-

---

300 UNIDROIT-Übereinkommen über das internationale Factoring vom 28.5.1988, BGBl. 1998 II 2375, Abdruck RabelsZ 51 (1987), 736. Vertragsstaaten vgl. Fundstellennachweis B zu BGBl. 2012 II 876.

301 Nachw. zu den weiteren Übereinkommen auch bei *Grundmann/Denga*, EBJS, Einl zu §§ 343 ff., Rn. 74.

302 Zur lex mercatoria als Konzept bereits oben Rn. 6 (mit Nachw.). Zur rechtspolitischen Bewertung vgl. nur *Berger*, Formalisierte oder „schleichende" Kodifizierung des transnationalen Wirtschaftsrechts – zu den methodologischen und praktischen Grundlagen der lex mercatoria, 1996, S. 9–15, 38–107; *Metzger*, Extra legem, intra ius: Allgemeine Rechtsgrundsätze im Europäischen Privatrecht, 2009, S. 519 ff.; *Ipsen*, Private Normenordnungen als Transnationales Recht?, 2009, S. 75–79 und 165–178; *v. Breitenstein*, Rechtsordnung und „Lex Mercatoria" – Zur vergeblichen Suche nach einem „nationalen" Recht für die internationale Arbitrage, FS Sandrock, 2000, S. 111 (115–122); *Bonell*, Das autonome Recht des Welthandels, RabelsZ 42 (1978), 485 (490–496); *Grundmann*, Lex mercatoria und Rechtsquellenlehre – insbesondere die Einheitlichen Richtlinien und Gebräuche für Dokumentenakkreditive, JJZ 1991, 43 (46–52); v. *Hoffmann*, Grundsätzliches zur Anwendung der „lex mercatoria" durchinternationale Schiedsgerichte, FS Kegel, 1987, S. 215 (217–221); *Stein*, Lex Mercatoria – Realität und Theorie, 1995, S. 179–232; zur lex mercatoria in der schiedsgerichtlichen Praxis auch *Ritlewski*, Die Lex Mercatoria in der schiedsgerichtlichen Praxis, SchiedsVZ 2007, 130; *König*, Präzedenzwirkung internationaler Schiedssprüche, 2013.

303 Ausführlicher *Grundmann/Denga*, EBJS Einl zu §§ 343 ff., Rn. 77–85. Dort auch zum – schwerlich zu begründenden, von einigen Regelwerken jedoch formulierten – Postulat einer Anwendung auch ohne solch eine Wahl.

304 *Berger*, Formalisierte oder „schleichende" Kodifizierung des transnationalen Wirtschaftsrechts – zu den methodologischen und praktischen Grundlagen der lex mercatoria, 1996, S. 50–58; *Lagarde*, Approche critique de la „lex mercatoria", FS Goldman, 1983, S. 125 (140 und 146); *Sandrock*, Die objektive Anknüpfung von Verträgen nach § 1051 Abs. 2 ZPO, RIW 2000, 321 (328); und auch *v. Hoffmann*, Grundsätzliches zur Anwendung der „lex mercatoria" durch internationale Schiedsgerichte, FS Kegel, 1987, 215 (227 f.); *Ipsen*, Private Normenordnungen als Transnationales Recht?, 2009, S. 87; ausf. zum Einfluss des Schiedsgerichtswesens auf die Durchsetzbarkeit zwingender Normen aus jüngerer Zeit *Renner*, Zwingendes transnationales Recht – Zur Struktur der Wirtschaftsverfassung jenseits des Staates, 2011. Zu den internationalen Übereinkommen, die diese Möglichkeit eröffnen, etwa *Bonell*, The Relevance

gisch-wertend rechtfertigt sich dieses Ergebnis damit, dass die zentral vorgebrachten Gründe für eine AGB-Kontrolle alle entfallen, wenn Regelwerke in Gruppen von breiter Repräsentativität formuliert und breit veröffentlicht werden (keine überlegene Verhandlungs- und keine überlegene Informationsmacht).[305] Die zweite und dritte Teilfrage gehen dahin, ob gleiches für den Rechtsstreit **vor staatlichen Gerichten** vereinbart werden kann – und zwar im globalen Umfeld und/oder für den Binnenmarkt. Die Gesetzgebungsgeschichte zu Art. 3 Rom-I-VO scheint dagegen zu sprechen, weil solch eine Kollisionsnorm diskutiert und gerade nicht in die Rom-I-VO aufgenommen wurde.[306] Immerhin freilich erlaubt auch diese Norm unzweifelhaft die Wahl eines der (sehr zahlreichen) staatlichen Rechte, die keine AGB-Kontrolle für solche Regelwerke vorsehen. M.E. ist ansonsten in der Tat zwischen globalem Umfeld und Binnenmarkt zu unterscheiden. Für das **globale Umfeld** kann zwar ebenfalls argumentiert werden, dass die Völkerrechtsquellenlehre in Art. 38 IGH-Statut für eine kollisionsrechtliche Rechtswahlmöglichkeit fruchtbar gemacht werden kann. Denn es bildet sich ein allgemeiner oder gewohnheitsrechtlicher Grundsatz freier Rechtswahl auf den Weltmärkten zunehmend aus, wenn auch nur, soweit nicht eindeutige Eingriffsinteressen festzustellen sind und außerhalb von Verbraucherschutzkonstellationen (B2B).[307] Zwingend ist die Wählbarkeit jedoch m.E. jedenfalls für den **Binnenmarkt**. Denn hier bildet die AGB-Kontrolle für Regelwerke, mit denen beide Parteien planten, im grenzüberschreitenden Fall sicherlich eine Behinderung iSd *Dassonville*-Formel (oben Rn 62), die umgekehrt, wenn bei solchen Regelwerken tatsächlich keine signifikant überlegene Verhandlungs- und Informationsmacht bei der Parteiabrede einwirkte, auch nicht durch zwingende Gründe des Allgemeininteresses getragen ist.[308] Hinreichend vergleichbar mit Rechtsregeln sind solche privat gesetzten Regelwerke jedoch nur, wenn sie vergleichbar veröffentlicht

---

of courses of dealing, usages and customs in the interpretation of international commercial contracts, in: Unidroit (Hrsg.), New directions in international trade law, Reports 1977, 109 (118); *v. Hoffmann*, „Lex mercatoria" vor internationalen Schiedsgerichten, IPRax 1984, 106 (107); zu den entsprechenden nationalen Vorschriften: *v. Hoffmann*, FS Kegel, 1987, S. 215 (226 f. Fn. 37) und *Lagarde*, FS Goldman, 1983, 125 (148 f.) (für das für internationale Schiedsgerichte besonders wichtige französische Recht); grundsätzlich zum Status der deutschen Justiz und Schiedsgerichtsbarkeit im internationalen Vergleich: *Wagner*, Rechtsstandort Deutschland im Wettbewerb, 2017. Zur Wirkung auch in Deutschland vgl. §§ 1031 Abs. 5, 1059 Abs. 2 ZPO.

305 Der Verwender hat angesichts der Vielzahl der geplanten Einsätze jeden Anlass, für die Erstellung seiner Allgemeinen Geschäftsbedingungen Kosten aufzuwenden, während die andere Seite dies nicht hat; ihre Informationskosten sind, bezogen auf den einen Fall des Einsatzes der Allgemeinen Geschäftsbedingungen, ungleich höher als diejenigen des Verwenders bezogen auf jeden einzelnen der vielen Fälle des Einsatzes: Ausf. dazu *Adams*, Ökonomische Begründung des AGB-Gesetzes, BB 1989, 781 (787); *v. Hoyningen-Huene*, Die Inhaltskontrolle nach § 9 AGB-Gesetz – ein Kommentar, 1991, Rn. 19 f.; *Köndgen*, Grund und Grenzen des Transparenzgebots im AGB-Recht Bemerkungen zum "Hypothekenzins-" und zum "Wertstellungs-Urteil" des BGH – III ZR 188/87 – NJW 1989, 943 (946 f.); *Koller*, Das Transparenzgebot als Kontrollmaßstab Allgemeiner Geschäftsbedingungen, FS Steindorff, 1990, S. 667 (669 f.); und aus ökonomischer Sicht H.B. Schäfer/Ott, Lehrbuch der ökonomischen Analyse des Zivilrechts, 6. Aufl. 2020, 625–631; aA freilich häufig die deutsche AGB-Kommentarliteratur, die bei Rechtswahl (nach Art. 3 Rom-I-VO, also kraft EU-Rechts!) einen Vorrang der deutschen Umgehungsdogmatik zur AGB-Inhaltskontrolle annehmen will: vgl. etwa Ulmer/Brandner/Hensen/*Schmidt* Anh. § 305 Rn. 33 ff.

306 Hierzu Staudinger/*Magnus*, BGB, Rom-I-VO Art 3, Rn. 11.

307 *Grundmann*, Lex mercatoria und Rechtsquellenlehre – insbesondere die Einheitlichen Richtlinien und Gebräuche für Dokumentenakkreditive, JJZ 1991, 43; ähnlich *Wichard*, Die Anwendung der UNIDROIT-Prinzipien für internationale Handelsverträge durch Schiedsgerichte und staatliche Gerichte, RabelsZ 60 (1996), 269 (295 f. und 302).

308 IE *Grundmann*, Law merchant als lex lata Communitatis – insbesondere die Unidroit-Principles, FS Rolland, 1998, 145 (146–153); mit besonderer Betonung der grundrechtlichen Privatautonomie, *Hellgardt*, Das Verbot der kollisionsrechtlichen Wahl nichtstaatlichen Rechts und das Unionsgrundrecht der Privatautonomie, RabelsZ 2018, 654; ausgehend von der EuGH-Rechtsprechung zur Niederlassungsfreiheit sind zuletzt sogar Verstärkungstendenzen der Rechtswahlfreiheit zu beobachten, vgl. EuGH Urt. v. 25.10.2017 – C-106/16, Slg. ECLI:EU:C:2017:804 – *Polbud*, dazu (wie auch zu allen sonstigen EuGH-Urteilen zur gesellschaftsrechtlichen Niederlassungsfreiheit) krit. *Kindler*, Unternehmensmobilität nach „Polbud": Der grenzüberschreitende Formwechsel in Gestaltungspraxis und Rechtspolitik, NZG 2018, 1.

sind (und m.E. der Regelsetzungsprozess auch vergleichbar repräsentativ war), außerdem gilt das Gesagte (wegen der Herleitung aus der Grundfreiheitendogmatik) nur im grenzüberschreitenden Fall. Zudem ist eine Einschränkung durch spezifisch verbraucherrechtliche Regeln (kaum relevant hier), vor allem jedoch durch Eingriffsnormen nach den genannten Regeln auch in diesem Fall anzunehmen.

Solchermaßen (jedenfalls vor Schiedsgerichten und im Binnenmarktfall) wählbare **„private“ Regelwerke**, die insbesondere keiner AGB-Kontrolle unterliegen, sind **zahlreich entstanden** – wohl gar vielfältiger als Internationales Einheitsrecht mit staatlicher Legitimation: zuerst mit den klassischen Handelsklauseln[309] sowie voll ausformulierten Regelwerken zu zentralen Instrumenten, die immer neu aufgelegt wurden und auch um weitere flankiert wurden (etwa diejenigen zu den klassischen Dokumentenakkreditiven und -inkassi durch diejenigen zu Garantien auf erstes Anfordern); dann mit den genannten Prinzipienkatalogen, namentlich auch von Unidroit;[310] nicht zuletzt aber verstärkt in jüngerer Zeit durch systematische und elektronische Aufbereitung der dazu ergehenden Judikatur.[311] Eine **Übersicht über diesen reichen Bestand umfasst dann vor allem solche zum Kaufvertrag, den Zahlungsverkehr, das sonstige Bank- und das Transportwesen.** Rechtsfragen im Zusammenhang mit internationalen (Waren-)Lieferbedingungen regeln die INCOTERMS,[312] solche im Zusammenhang mit dem Anlagenbau (Lieferung und Montage) die ECE-Bedingungen.[313] Rechtsfragen im Zusammenhang mit verschiedenen Instrumenten des Zahlungsverkehrs (mit abnehmender praktischer Bedeutung) regeln die Einheitlichen Richtlinien und Gebräuche für Dokumenten-Inkassi (ERI),[314] Dokumenten-Akkreditive (ERA),[315] Vertragsgarantien[316] und Garantien auf ers- 74

309 Etwa fob, cif etc, vgl. nur Hopt/*Leyens* § 346 Rn. 39 f.

310 *Unidroit*, Principles of International Commercial Contracts, 1994. Diese „Kodifizierung“ stützt sich nicht auf eine klassische (Völker-)Rechtsquelle, etwa ein internationales Übereinkommen. Ihr Parallelwerk, die Principles of Contract Law der sog. Lando-Kommission, sind für die Europäische Union geschaffen und zielen auf das bürgerlichrechtliche Schuldvertragsrecht ab – als solches natürlich ebenfalls die Grundlage des Rechts der Handelsgeschäfte: *Lando/Beale*, Principles of European Contract Law, Part I and II, Neuaufl. 2000 und Part III, 2003 (*Lando/Beale/Zimmermann*); ähnl. auch *Bar/Clive/Schulte-Nölke et al.* for the Study Group on a European Civil Code and Research Group on EC Private Law (Acquis Group), Principles, Definitions and Model Rules of European Private Law – Draft Common Frame of Reference (DCFR), 2008, und überarbeitete Ausgaben mit Kommentierungen.

311 Vgl. nur *Berger*, Formalisierte oder „schleichende“ Kodifizierung des transnationalen Wirtschaftsrechts – zu den methodologischen und praktischen Grundlagen der lex mercatoria, 1996, S. 194–244; *Mustill*, The New Lex Mercatoria – the First Twenty-five Years, Arbitration International 1988, 86 (bes. 110–114); elektronisch unter: www.tldb.de; zur Funktionsweise dieser Datenbank vgl. *Berger* RIW 2002, 256.

312 Abdruck und Kommentar für Version 2010: Hopt/*Hopt* unter (6); *Graf v. Bernstorff*, Incoterms 2010, 2010; *Ramberg*, ICC Guide to Incoterms 2010, 2011; ab 1.1.2020 Incoterms 2020, vgl. *Llamazares*, Incoterm 2020: Main Changes, erhältlich unter https://www.globalnegotiator.com/blog_en/incoterms-2020-main-changes/; *Hopt* unter (6); für die Version 2000 *Bredow/Seiffert*, INCOTERMS 2000: Kommentar und deutsch/englischer Text der ICC-Incoterms, 2000. Speziell für die cif-Klausel gab es die Warschau-Oxford-Regeln, vgl. *Zweigert/Kropholler*, Quellen des Internationalen Einheitsrecht, Bd. 1 – Bürgerliches Recht und Handelsrecht, 1971, 762. Vgl. auch Nachw. Fn. 56.

313 ECE-Bedingungen Nr. 188 bzw. 188A (Export von Anlagegütern bzw. Montagebedingungen), Abdruck noch bei *Schlechtriem*, Kommentar zum einheitlichen Kaufrecht, 2. Aufl. 1995, Anh. VI 1 und 2.

314 Abdruck und Kommentar für Version 1995: Hopt/*Hopt* unter (12); *Hoffmann*, Einheitliche Richtlinien für Inkassi (ERI) – ICC-Richtlinien 1995, Kurzkommentar und Text, 1995.

315 Abdruck und Kommentar für Version 2007: Hopt/*Hopt* unter (11); *Nielsen*, Richtlinien für Dokumenten-Akkreditive: Kommentar zu den Einheitlichen Richtlinien und Gebräuchen für Dokumenten-Akkreditive 2007 (ERA 600), 3. Aufl. 2008; für die Version 1993: *Graffe/Weichbrodt/Xueref*, Dokumentenakkreditive – ICC-Richtlinien 1993 – Einheitliche Richtlinien und Gebräuche für Dokumentenakkreditive, Text und Kurzkommentar, 1993; *Stapel*, Einheitliche Richtlinien und Gebräuche für Dokumentenakkreditive der Internationalen Handelskammer in der Fassung von 1993 – vergleichende Darstellung ihrer Anwendung in Deutschland, Großbritannien, Kanada und den Vereinigten Staaten von Amerika, 1998.

316 Text und Kommentierung: *Graf v. Westphalen/Zöchling-Jud*, Die Bankgarantie im internationalen Handelsverkehr, 4. Aufl. 2016; auch *Stumpf*, Bankgarantien (Vertragsgarantien), 5. Aufl. 1987; *Dimitrow*, Die Bedeutung der

tes Anfordern.[317] Ungleich wichtiger als diese Zahlungsverkehrsinstrumente mit Absicherungselementen ist heute die schlichte Überweisung, für die (im Interbankenverhältnis) die S. W. I. F. T.-Klauseln bedeutsam sind.[318] Hinzu treten zahlreiche Klauseln für das sonstige Bankgeschäft, etwa zu den Swaps (BBAIRS-Terms oder ISDA-Code), die in speziellen Teilen dieses Kommentars besprochen werden. Die zahlreichen Klauseln im Zusammenhang mit dem Transport werden ebenfalls anderweitig kommentiert und hier nur angesprochen.[319]

V. Handelsrecht und Institutionen sowie Methoden

75 **Jenseits von Inhalten**, ihrer Herkunft und Anwendung im internationalen Raum (oben II.-IV.) bilden die **Eckpfeiler einer Infrastruktur** des HGB – hier nun allgemeiner: des Handelsrechts – primär die Institutionen (unten 1.) und – vergleichbar wirkmächtig, wenn auch in anderer Form und deutlich seltener thematisiert – die Methoden (unten 2.).

1. Institutionen

76 **a) Normen, Regelwerke und Regelsetzer.** Zu den Institutionen – **Arrangements, die langfristig für gesellschaftliche Kontexte (verlässlich und systematisch) Struktur geben** und Planung ermöglichen – zählen in den Gesellschaftswissenschaften zentral auch Normen und Regelwerke. Zu beleuchten ist hier (aa) das allgemeinere Tableau der Entstehungsvoraussetzungen, der **Rechtssetzungswirkungen** und -ebenen sowie (bb) **das unmittelbare Umfeld des HGB** im klassischen Gesetzes- und Verordnungsrecht.

77 **aa)** Bereits für die Diskussion des Handelsgesetzbuches und -rechts im Europäischen und im Internationalen Raum wurde die systembildende Kategorisierung zugrunde gelegt, weil sie dort die größte Wirkung auch in dogmatischen Kategorien zeitigt (etwa Wählbarkeit bzw. An-

---

Vertragsgarantien aus Sicht der Exporteure, 1995; *Zahn/Ehrlich/Haas*, Zahlung und Zahlungssicherung im Außenhandel, 8. Aufl. 2010.

317 Einheitliche Richtlinien für auf Anfordern zahlbare Garantien (Uniform Rules for Demand Guarantees, URDG), Publikation Nr. 758 der Internationalen Handelskammer, Paris, vgl. URDG 758 – Uniformed Rules for Demand Guarantees, incl. Model Forms ERAG 758, 2010; sie sind am 1.7.2010 in Kraft getreten und stellen die erste Revision der URDG 458 von 1992 dar; zu beiden Versionen *Affaki*, Guide to ICC Uniform Rules for Demand Guarantees URDG 758, 2011; Ellenberger/Bunte/*Fischer*, Bankrechtshandbuch, Bd. II, 6. Aufl. 2022, § 104 Rn. 289 ff.; *Gutzwiller*, Bankgarantien im internationalen Handel – Auf dem Weg zu einem einheitlichen Recht?, Zeitschrift für Schweizerisches Recht 2005, 273; *Haas*, Probleme der „International Standby Practices ISP 98" im Zusammenhang mit deutschem Recht, ZBB 1999, 301 (mit Abdruck ZBB 1999, 320); *Heidbüchel*, Das UNCITRAL-Übereinkommen über unabhängige Garantien und Standby letters of credit – Vergleiche mit den Richtlinien der Internationalen Handelskammer, dem deutschen, englischen und US-amerikanischen Recht, 1999.

318 Bedingungen der Society for Worldwide Interbank Financial Telecommunication (Informationsübertragung, nicht Clearing im internationalen Zahlungsverkehr; mit Haftungsregeln), ISO 9362: 1994 Banking–Banking telecommunication messages–Bank identifier codes; dazu *Etzkorn*, Rechtsfragen des internationalen elektronischen Zahlungsverkehrs durch S. W. I. F. T., 1991; *Loh*, Das S. W. I. F. T.-System – die moderne Datenübertragung im internationalen Zahlungsverkehr, 1983; *Schürenkrämer*, Technologiebewertung des internationalen Datennetzes der Kreditinstitute: S. W. I. F. T. in Prognose und Realität, 1987. Am 1.8.2010 ist ein SWIFT-Abkommen zwischen der EU und den USA in Kraft getreten, welches die Voraussetzungen regelt, unter denen Zahlungsverkehrsdaten aus der EU an die USA übermittelt werden dürfen, vgl. den entsprechenden Beschluss des Rates v. 13.7.2010, ABl.EU 2010 L 195, 3; dazu Werner jurisPR-BKR 1/2011 Anm. 1.

319 Etwa IATA Cargo Services Conference Resolutions – Recommended Practice 1601 Conditions of Carriage for Cargo (Flugzeug). Über das Recht der Handelsgeschäfte hinaus gehen so wichtige Entwicklungen wie die Ausrichtung von Rechnungslegung und Emissionsprospekt an nicht staatlich gesetzten Standards und Regelwerken, namentlich den International Accounting oder Financial Reporting Standards und den internationalen Standards der IOSCO.

wendbarkeit). **So unterfällt der handelsrechtliche Normenbestand von der *Wirkungsart* her namentlich** in:

- Zwingende Normen, teils einseitig zwingende Normen (z.B. für den Nachfrager verzichtbar), die auch im grenzüberschreitenden Fall nicht oder nur eingeschränkt abbedungen werden können (**sog. international zwingendes Recht**), im HGB vor allem das gesamte 3. Buch (Rechnungslegungsrecht) (unten Rn. 79);
- Zwingende Normen, die diese Wirkung nur im Inlandsfall entfalten, etwa zwingendes Recht zwischen professionellem Anbieter und professionellen Nachfragern, für die im grenzüberschreitenden Fall grds. uneingeschränkte Rechtswahlfreiheit besteht (Art. 3 Rom-I-VO), etwa die AGB-Kontrolle nach § 310 BGB abwählbar ist (**innerstaatlich zwingendes Recht**) (unten Rn. 80);
- **Dispositive Normen**, die das Gros des Normenbestandes insbesondere im Handelsgeschäftsrecht (4. Buch) – wie im Vertragsrecht – bilden, aber auch in großen Teilen des Personengesellschaftsrechts (Vertragsfreiheit, 2. Buch) und auch allgemeiner des Rechts des Handelsstandes (1. Buch), näher unten Rn. 81);
- **Normausgestaltende oder -ändernde Regelwerke**, namentlich aus der (privatrechtlichen) Handelspraxis, die Wirkung für einen offenen Adressatenkreis reklamieren und teils den Charakter von Handelsbrauch § 346 HGB oder gar Gewohnheitsrecht annehmen („selbstgeschaffenes Recht der Wirtschaft“).[320]

Von der Normhierarchie her fast noch entscheidender, mit der genannten Normenleiter jedoch 78
idR verschränkt ist eine **Unterscheidung nach *Normerzeugung und -herkunft***, also danach, ob der fragliche Normbestand

- **Völkerrechtlichen**, vor allem völkervertraglichen Ursprungs ist, also nach Ratifikation (aber nur nach Ratifikation)[321] im durch das Ratifikationsgesetz bestimmten (innerstaatlichen) Rang entsprechend Art. 59 Abs. 2 GG wirkt;[322]
- **Europarechtlichen** Ursprungs ist und, gleichgültig ob primärrechtlich oder sekundärrechtlich, Vorrang, genauer: **Anwendungsvorrang** genießt (Normhierarchie zwischen EU-Primär- und –Sekundärrecht nur innerhalb des EU-Rechts dann wieder relevant), wobei freilich eine Resteinschränkung dieses Vorrangs zentral und umstritten ist, namentlich solch eine Einschränkung aufgrund des Grundsatzes der beschränkten Einzelermächtigung (Art. 5 Abs. 1, 2 EUV)[323] ebenso wie des Vorbehalts unentäußerlicher nationaler Verfassungsprinzipien (etwa Demokratieprinzip).[324] Hinzukommt **unmittelbare Anwendbarkeit**

---

320 Grundlegend hierzu *Großmann-Doerth*, Selbstgeschaffenes Recht der Wirtschaft und staatliches Recht, 1933; siehe auch *Rühl*, Rechtsschöpfung durch die Wirtschaft, 1931; aber auch *Raiser*, Allgemeine Geschäftsbedingungen, 1933; vgl. jüngst mit Blick auf Venture Capital Investitionen auch *Denga*, Handelsbräuche bei Wagniskapitalfinanzierungen, ZGR 2021, 725.

321 Völkervertragsrecht wirkt innerstaatlich erst nach Ratifikation(sgesetz), Art. 59 Abs. 2 GG; hierzu etwa *Geiger*, Staatsrecht III, 7. Aufl. 2018, 157 f.; *Rojahn*, in v. Münch/Kunig, GG, 6. Aufl. 2012, Art. 59 Rn. 37; *Rudolf*, Völkerrecht und deutsches Recht, 1967, 177 ff. Völkergewohnheitsrecht wirkt demgegenüber auch innerstaatlich ohne Ratifikationsakt, Art. 25 GG; siehe hierzu etwa *Herdegen*, in: Dürig/Herzog/Scholz, Grundgesetz-Kommentar, Art. 25 Rn. 9 ff.; grundlegend auch die frühe Entscheidung BVerfG – 2 BvG 1/55B – BVerfGE 6, 309 (363); zum Sinn der unmittelbaren Geltung des allgemeinen Völkerrechts siehe etwa BVerfG – 2 BvR 544/63 – BVerfGE 23, 288 (316) und BVerfG – 2 BvM 1/76 – BVerfGE 46, 342 (363).

322 Zum innerstaatlichen Rang von Völkervertragsrecht siehe *Nettesheim*, in: Dürig/Herzog/Scholz, Grundgesetz-Kommentar, Art. 59 Rn. 183 („Die Rangbestimmung wird regelmäßig vom staatlichen Umsetzungsakt vorgenommen“).

323 Zu diesem Grundsatz näher *Calliess* in: Calliess/Ruffert, EUV/AEUV, 6. Auflage 2022, EUV Art. 5 Rn. 7.

324 Vor diesem Hintergrund hat das BVerfG in seinem Urteil zum *Lissabon*-Vertrag die Möglichkeit einer „Identitätskontrolle“ durch das BVerfG anerkannt, um im Zweifel zu klären, „ob der unantastbare Kern der Verfassungsidentität des Grundgesetzes nach Art. 23 Abs. 1 S. 3 GG in Verbindung mit Art. 79 Abs. 3 GG gewahrt“ ist (BVerfG – 2 BvE 2/08, 2 BvE 5/08, 2 BvR 1010/08, 2 BvR 1022/08, 2 BvR 1259/08, 2 BvR 182/09 – BVerfGE 123, 267 (354 ff.)). Weiterführend zum Schutz der nationalen Verfassungsidentität durch das BVerfG etwa *Meyer* in: Calliess/Ruffert, EUV/AEUV, 6. Auflage 2022, EUV Art. 19 Rn. 88 ff.

auch vor nationalen Gerichten (EU-Primärrecht, oben Rn. 11, 61–65, und EU-Verordnungen, Art. 288 Abs. 2 AEUV) bzw. eine Dogmatik, die jedenfalls im Regelfall gleiches auch bei EU-Richtlinien verbürgt (Direktwirkungsfälle und richtlinienkonforme Auslegung), besonders nach Umsetzung (trotz Art. 288 Abs. 3 AEUV; oben Rn. 66);

- **Nationalen Ursprungs**, insbesondere gesetzlichen, namentlich dem HGB, oder untergesetzlichen Ursprungs, namentlich Rechtsverordnungen wie die Handelsregister-Verordnung, wobei freilich Teile dieses Normbestandes Umsetzungen von EU-Recht (EU-Richtlinien) bilden, wie § 15 HGB, Teile des Handelsvertreterrechts (§ 84 ff. HGB) und praktisch das gesamte Rechnungslegungsrecht (Buch 3) und große Teile des Nebenhandelsrechts (oben Rn 68 f.);
- **Nichtstaatlichen Ursprungs**, dessen Normqualität vor allem für das Internationale Einheitsrechts nichtstaatlichen Ursprungs im Streit steht und diskutiert wurde (oben Rn. 72–74), namentlich seine kollisionsrechtliche Wählbarkeit, wobei, wenn diese verneint wird, idR von Qualifikation als Allgemeine Geschäftsbedingungen, bei manchen Werken auch Handelsbrauch, und im ersten Falle von Eingreifen einer AGB-Kontrolle ausgegangen wird.

79 **International zwingendes Recht** besteht weit überwiegend in zwei Formen. Dies ist einerseits **das eigentliche Verbraucherrecht sowie Arbeitsrecht (Art. 5–6 Rom-I-VO)**, das im HGB freilich – abgesehen vom Arbeitsrecht in §§ 59–83 HGB – allenfalls peripher geregelt wird (daher auch Umsetzung etwa des verbraucherbezogenen Bankvertragsrechts im BGB, etwa §§ 491–513 BGB).[325] Dies ist andererseits – für das Bild des Handelsrechts ungleich wichtiger – der Bereich der sog. **Eingriffsnormen**, die ausgerichtet sind auf den Schutz eines öffentlichen Gutes – etwa Integrität oder Beschränkungsfreiheit des Wettbewerbs, Stabilität von Institutionen, etwa Finanzinstitutionen oder Währungen, aber auch nicht primär wirtschaftlichen Makro- und Mikro-Zielen, beispielsweise Nachhaltigkeitszielen.[326] Diese sind verbreitet in denjenigen Bereichen, die als Nebenhandelsrecht umschrieben wurden – Handels- und Wirtschaftsrecht mit Schwerpunkt außerhalb des HGB, idR zusammengefasst in klar umrissenen (Einzel-)Gebieten wie dem Bankrecht, dem Investment Banking oder dem Transportrecht – sowie – nunmehr innerhalb des HGB – im 3. Buch des HGB. Denn Rechnungslegungsrecht mit seinen vielfältigen Verweisungsgebieten dient nicht nur der Rechnungslegung gegenüber Gesellschaftern selbst (schon dann ggf. unter Art. 9 Rom-I-VO fallend), sondern u.a. auch der adäquaten Information von Kapitalmärkten, der Definition von (aufsichtsrechtlich zentralem) Eigenkapital, der Kerninformation in Nachhaltigkeitsfragen (nichtfinanzielle Berichterstattung/Corporate Social Responsibility). Doch auch für Normen, die direkter allein auf eine privatrechtliche Rechtsbeziehung, etwa zwischen zwei Vertragsparteien, fokussiert sind, wird vereinzelt angenommen, dass sie als Eingriffsnormen zu qualifizieren seien, etwa für den Ausgleichsanspruch des Handelsvertreters nach § 89b HGB.[327] Die Eingriffsnormen werden primär nach dem sog. Auswirkungsprinzip angeknüpft, auf EU-Märkten findet also (unabhängig vom Akteur) EU-Recht Anwendung, Grundlage für den angesprochenen Brussels Effect (näher oben Rn. 58). In diesem Kontext ist auch deutsches Recht zu sehen, das Europäisches umsetzt.

---

325 Spezialvorschriften für Geschäfte mit Verbrauchern finden sich im HGB vor allem im Recht der Fracht-, Speditions- und Lagergeschäfte, konkret in den §§ 414 Abs. 3, 449 Abs. 3, 451a Abs. 2, 451b Abs. 2 und 3, 451g, 455 Abs. 3, 466 Abs. 4, 468 Abs. 2 und 4, 472 Abs. 1, 475h. Allgemein zum Verhältnis Handels- und Verbraucherrecht MünchKommHGB/*K. Schmidt*, Vor § 1 Rn. 12; zum Verhältnis von Handels- und Verbrauchsgüterkauf etwa *Hoffmann*, Das Zusammentreffen von Handelskauf und Verbrauchsgüterkauf. Wertungswidersprüche und Korrekturbedarf, BB 2005, 2090; siehe auch *Canaris* Handelsrecht, § 21 Rn. 15.

326 Vgl. im einzelnen Kommentare zu Art. 9 Rom-I-VO, etwa MünchKommBGB/*Martiny* Rom I-VO Art. 9; monographisch (und mit grundlegendem Anspruch) aus jüngerer Zeit etwa *Hemler*, Die Methodik der „Eingriffsnorm" im modernen Kollisionsrecht. Zugleich ein Beitrag zum Internationalen Öffentlichen Recht und zur Natur des ordre public, 2019.

327 EuGH v. 9.11.2000 – Rs. C-381/98, Slg. 2000, I-9305 – *Ingmar*; vgl. auch EuGH v. 23.3.2006 – Rs. C-465/04, Slg. 2006, I-2879 – *Honyvem Informazioni Commercial Srl.*; wie der EuGH früh *Reich* NJW 1994, 2128 (2130 f.); in der Literatur freilich vielfach scharf kritisiert.

Innerstaatlich zwingend sind solche Regeln im HGB, deren Anwendung **zwar durch Rechtswahl abbedungen** werden kann, die jedoch dennoch zwingend ausgestaltet sind. Da das Recht des Handelsstandes und das Registerrecht weitgehend zwingend an den (Register-)Sitz angeknüpft werden (vgl. oben Rn. 56), ist diese Voraussetzung primär bei **zweiseitigen Handelsgeschäften** oder Vertragsrecht im weiten Sinne erfüllt, soweit die Norm selbst dennoch zwingend ausgestaltet ist.[328] Komplizierter ist heute die Lage im **Personengesellschaftsrecht**. Jedenfalls für den Zuzug herrscht sein dem MoPeG Rechtswahlfreiheit (oben Rn. 26). Gleiches gilt jedoch jedenfalls innerhalb der EU nach richtiger und inzwischen wohl ganz überwiegender Meinung auch für den Wegzug seit den Entscheidungen des EuGH in Sachen *VALE* und *Polbud*. (oben Rn. 64), so dass im Binnenmarkt in beide Richtungen grds. Rechtswahlfreiheit herrscht und der Teil des innerstaatlich zwingenden Personengesellschaftrechts grenzüberschreitend abdingbar ist. Jenseits der EU bleibt es demgegenüber bei der Außengesellschaft bei der (zwingenden) Sitztheorie, nach der zwingend der tatsächliche Hauptverwaltungssitz das anwendbare Recht vorgibt. Personengesellschaftsrecht, soweit es inhaltlich zwingend ausgestaltet ist,[329] kann jedoch jedenfalls nur durch allgemeinen Statutenwechsel, soweit zulässig, „abbedungen" werden – anders als im Handelsgeschäftsrecht also nicht im Einzelfall. 80

Dispositives Recht bildet den **Kern des HGB-Bestandes** (außerhalb des 3. Buches), im Handelsgeschäftsrecht (4. Buch) fast ausnahmslos (vorige Rn.), aber auch im Personengesellschaftsrecht überwiegend (2. Buch, vorige Rn.), und sogar im Recht des Handelsstandes (1. Buch) finden sich in zentralen Haftungsregelkomplexen weitreichende (und teils heftig kritisierte) Gestaltungsfreiheiten (vgl. §§ 25, 27, 28 HGB).[330] Die Wirkungsweise von dispositivem Recht wurde über Jahrzehnte für relativ selbstverständlich genommen, weniger im interdisziplinären Schrifttum und vor allem im US-amerikanischen Schrifttum.[331] In jüngerer Zeit ist sie 81

---

328 Ein Beispiel für eine zwingende Norm des Rechts der Handelsgeschäfte findet sich in den §§ 400, 402 HGB (Kommissionsgeschäft mit Selbsteintrittsklausel); hierzu RGZ 114, 9 (13 f.); vgl. auch *Canaris* Handelsrecht, §§ 22 Rn. 34. Beim frachtvertraglichen Haftungsregime der §§ 425 ff. findet sich ein gewissermaßen faktisch zwingender Charakter, welcher sich daraus ergibt, dass Abweichungen vom dispositiven Recht nur im Wege von Individualvereinbarungen rechtsicher vereinbar sind, siehe hierzu (sehr kritisch) *Canaris* Handelsrecht, § 31 Rn. 35. Vgl. auch die Regierungsbegründung zu der Norm (BT-Drucks. 13/8445, S. 87) die mit Blick auf die Beweislast des Verwenders für das Vorliegen einer Individualvereinbarung darauf hinweist, dass „es wohl im Regelfall bei der Geltung zwingenden Rechts bleiben dürfte".

329 Das Personengesellschaftsrecht ist ganz überwiegend dispositiv ausgestaltet, hierzu (zum Grundfall einer GbR) etwa *Windbichler*, Gesellschaftsrecht, § 5 Rn. 12. Beispiele für zwingendes Recht der GbR finden sich im Informationsrecht des nichtgeschäftsführenden Gesellschafters nach § 716 BGB (ausführlich hierzu etwa *K. Schmidt*, Informationsrechte in Gesellschaften und Verbänden,1984) und im Grundsatz der Selbstorganschaft (siehe etwa BGH – II ZR 331/00 – BGHZ 146, 341, 361, *Windbichler*, Gesellschaftsrecht, § 7 Rn. 13). Für die OHG gilt, dass die meisten Bestimmungen für das Außenverhältnis (§§ 123–130a HGB) zwingend ausgestaltet sind, hierzu *C. Schäfer*, in: Staub, HGB, Band 3, 5. Aufl. 2009, Vor § 105 Rn. 17 f.; *Windbichler*, Gesellschaftsrecht, § 14 Rn. 1 ff. (besonders wichtig sind hier die unbeschränkbare Vertretungsmacht, § 125, 126 HGB [ebend. Rn. 12 f.] sowie die unbeschränkbare Haftung aller Gesellschafter, § 128 HGB [ebend. Rn. 16 ff.]); überdies ist § 139 HGB zwingend. Im Rahmen der KG ist ergänzend § 170 HGB zwingend, der vorschreibt, dass der Kommanditist keine organschaftliche Vertretungsmacht hat (BGH – II ZR 33/67 – BGHZ 51, 198, 200 = NJW 1969, 507).

330 Siehe etwa § 25 Abs. 2 HGB, der den Ausschluss der Altschuldenhaftung ermöglicht (freilich mit Wirkung gegen Dritte nur bei Eintragung in das Handelsregister); zur Rechtfertigung eines solchen Ausschlusses vgl. nur das meinungsstarke Plädoyer gegen die grundsätzliche Statuierung einer Altschuldenhaftung bei *Canaris* Handelsrecht, § 7 Rn 6–21. Ein vergleichbarer Fall findet sich in § 28 Abs. 2 HGB für den Ausschluss der Eintrittshaftung (zur ratio legis dieser Vorschrift – und gleichzeitig zur Rechtfertigung der Ausschlussmöglichkeit – *Canaris* Handelsrecht, § 7 Rn. 81–86).

331 Vgl. namentlich *Ayres*, Regulating Opt-out: An Economic Theory of Altering Rules, (2011–12) 121 Yale LJ 2032; *Ayres/Gertner*, Strategic Contractual Inefficiency and the Optimal Choice of Legal Rules', (1991) 101 Yale LJ 729; *McDonnel*, Sticky Defaults and Altering Rules in Corporate Law, (2007) 60 SMU Law Review 383; *Pottow/Ben Shahar*, On the Stickiness of Default Rules, (2006) 33 Florida State University Law Review 651; auch *Dagan/Heller*, The Choice Theory of Contracts, 2016.

jedoch wieder zentraler in den Fokus getreten, teils aus stärker privatrechtlicher,[332] teils auch aus stärker wirtschafts-, verfassungs-[333] und europarechtlicher Sicht, im Geiste „handelsrechtlicher Sicht (iwS)". Dort ist dann das Bild, dass dispositives Recht, wie es in der Praxis wirkt, **Resultat eines dreiseitigen Aushandlungsprozesses** sei, zwischen (Zielvorstellungen und Vorschlägen von) Gesetzgeber und den beiden Parteien.[334]

82 Durch Übung oder Gestaltung in Privat- und Handelsrechtskreisen selbst geschaffenes Recht wurde bereits für die Regelwerke namentlich im grenzüberschreitenden Raum angesprochen (oben Rn. 72–74). Für das Internationale handelsgeschaffenes Einheitsrecht, das ohne staatliche Legitimation geschaffen wird, wurde zentral darauf abgestellt, dass vergleichbare Öffentlichkeit (Veröffentlichung) und Repräsentation der maßgeblichen betroffenen Gruppen (auch etwa durch wissenschaftliche Vertreter) entscheidend sei, dann jedoch (jedenfalls im Binnenmarkt) von Wählbarkeit in der Form auszugehen sei, dass insbesondere eine AGB-Kontrolle nicht mehr stattfindet. In der klassischen Rechtsquellenlehre, vor allem auch für den inländischen Handelsverkehr, wird – neben Allgemeinen Geschäftsbedingungen – primär zwischen Handelsbräuchen (§ 346 HGB) und Gewohnheitsrecht unterschieden. Während beide verlässliche Übung voraussetzen,[335] wird für die Entstehung von Gewohnheitsrecht gefordert, dass diese von der Überzeugung getragen ist, damit rechtliche Standards zu befolgen (Rechtsüberzeugung). Handelsgewohnheitsrecht ist dabei als Rechtsquelle anerkannt.[336] Demgemäß unterliegt es (wie ausländisches Recht) dem sog. Freibeweis nach § 293 ZPO, ist also in Existenz, Umfang und Bedeutung von Amts wegen durch das Gericht zu ermitteln.[337] Ein Handelsbrauch bildet demgegenüber nach klassischer Rechtsquellenlehre kein Recht und kann solches insbesondere nicht verdrängen, entfaltet jedoch Wirkung als Auslegungsgrundsatz ebenso wie bei einer nötigen Lückenfüllung.[338]

83 Handelsrecht ist – anders als der klassische Einzelvertrag im BGB –[339] bereits seit Beginn der Kodifikationsgeschichte (und zuvor) **in besonderem Maße durch Wertschöpfungsketten**

---

332 Siehe etwa *Kähler*, Begriff und Rechtfertigung abdingbaren Rechts, 2012.

333 Aus jüngster Zeit (und mit verfassungsrechtlichem Schwerpunkt) etwa *Tobisch*, Dispositives Recht und Grundgesetz. Ein Beitrag zum Verständnis dispositiven Rechts im Kontext des grundrechtlichen Eingriffsbegriffs, 2021.

334 *Möslein*, Dispositives Recht: Zwecke, Strukturen und Methoden, 2011; Überblick *Grundmann/Grochowski*, Creation of Norms – an Evolutionary View on European Contract Law, in: dies. (Hrsg.), European Contract Law and the Creation of Norms, 2021, S. 3.

335 Zu den gemeinsamen Merkmalen (Übung) und den Unterschieden (für Gewohnheitsrecht zusätzlich Rechtsüberzeugung nötig) siehe etwa die abgrenzende Analyse bei *Fest*, EBJS, 346 ff., Rn. 31.

336 Zum Rechtscharakter siehe etwa BVerfG – 2 BvR 143/61 – BVerfGE 22, 114 (121); Fest, EBJS, 346 ff., Rn. 31 mwN; MünchKomm/*K. Schmidt*, Vor § 1 Rn. 32.

337 Zur Anwendbarkeit des § 293 ZPO im Rahmen des Handelsgewohnheitsrechts: *Klappstein*, in: Heidel/Schall/ HGB, § 346 Rn. 40; Oetker/*Pamp*, § 346 HGB Rn. 16; MünchKommHGB/*K. Schmidt*, Vor § 1 Rn. 32.; zum Grundsatz der Amtsermittlung im Rahmen des § 293 ZPO siehe BGH – VII ZB 22/12 – MDR 2013, 866; BGH – III ZR 151/79 – BGHZ 77, 32; siehe auch *Linke/Hau*, Internationales Zivilverfahrensrecht, 8. Aufl. 2022, Rn. 9.3; *Schack*, Internationales Zivilverfahrensrecht, 2. Aufl. 1996, Rn. 703.

338 Für beide Wirkungsformen: *Canaris* Handelsrecht, § 22 Rn. 11; Heymann/*Horn*, HGB, § 346 Rn. 16; *K. Schmidt* Handelsrecht, § 1 Rn. 49; *Fest*, EBJS, §§ 346 ff., Rn. 31. Zur Beweislast desjenigen, der sich auf den Handelsbrauch berufen möchte, siehe *Klappstein*, in: Heidel/Schall/ HGB, § 346 Rn. 40 mwN (auch in Abgrenzung zum Handelsgewohnheitsrecht).

339 Durch die Umsetzung von verbraucherrechtlichen Regeln im BGB, namentlich zum finanzierten Abzahlungsverkauf, hat sich das Bild freilich verschoben und wird das Vertragsdreieck und -netz gerne anhand dieser Regelung diskutiert: etwa *Grundmann*, Die Dogmatik des Vertragsnetzes, AcP 207 (2007) 718; *Warti*, Das Vertragsnetz drittfinanzierter Erwerbsgeschäfte – Eine Untersuchung zur Dogmatik des drittfinanzierten Abzahlungskaufs und Finanzierungsleasinggeschäfts, 2022 (beide freilich die Figur des Wegfalls der Geschäftsgrundlage als zentrale Wertungsgrundlage heranziehend); auch *Dolzan*, Außen- und Binnendurchgriff im Vertragsnetz – Ein Rechtsvergleich zur theoretischen Abhandlung und praktischen Ausformung, 2015; von trilateralem Synallagma spricht *Heermann*, Drittfinanzierte Erwerbsgeschäfte. Entwicklung der Rechtsfigur des trilateralen Synallagmas auf der Grundlage deutsche und U.S.-amerikanischer Rechtsentwicklungen, 1998. Hinweise darauf, dass es sich freilich vorrangig um

geprägt, tendenziell zunehmend, namentlich auch in digitalen Kontexten. Dem steht auch auf der Normenseite eine „Wertschöpfungskette" gegenüber, so dass es geradezu den Regelfall bildet, dass die genannten Normkategorien im Verbund auftreten, aufeinander abgestimmt. Strukturell bildet namentlich AGB-Recht, das idR von handelsgewerblich (bzw. professionell) Tätigen eingebracht wird („Verwender"), Handelsrecht.

bb) Das **HGB wird flankiert** einerseits von Gesetzen und Rechtsverordnungen, die **direkt und sachlich ergänzend wirken**. Dies ist das **EGHGB**[340] – **zu Übergangsfragen**, vor allem 1900 (vor allem Art. 22, 23 ff. EGHGB; lange für das Firmenrecht)[341] und 1998 (die Genannten und vor allem Art. 38 EGHGB, erst Vertragsumstellungen, längerfristig ebenfalls Firmenrecht),[342] letztlich jedoch langfristig von praktisch verschwindend geringer Bedeutung, weil auch im Firmenrecht der jeweilige Bestandsschutz irrelevant wurde, soweit das Firmenrecht selbst sich liberalisierte. Dies sind für das **Registerrecht die Handelsregister-Verordnung**, mit ihren Regeln zur Einrichtung und Führung des Handelsregisters, seit 2007 elektronisch kraft EU-Vorgabe und entsprechend im Binnenmarkt vernetzt (2014, vgl. oben Rn. 25),[343] und das FamFG, mit seinen Regeln zur Führung des Registers, Eintragungen und Widersprüchen (§§ 374–409 FamFG). 84

Das **HGB wird andererseits** – weniger direkt – auch **flankiert von Gesetzen, die auf den Kaufmannsbegriff direkt rekurrieren**. Hierher zählen vor allem § 95 Abs. 1 Nr. 1 GVG, § 7 S. 2 HPflG, § 16 DepotG, § 7 Abs. 2 S. 1 Nr. 2 MaBV und – jedenfalls indirekt – § 99 S. 1 iVm § 2 Abs. 10 WpHG (Ausschluss des Termingeschäftseinwands nach § 762 BGB) – außerdem im Verfahrensrecht die Regelungen zu (auch indirekten) Gerichtsstandsklauseln (§§ 29 Abs. 2, 38 Abs. 1, ZPO) und im WpHG (§ 101) noch zu Schiedsvereinbarungen.[344] Im GVG hängt daran die Zuständigkeit und Besetzung der Kammern für Handelsrecht (unten Rn. 89).[345] Früher war gleiches zu konstatieren im Bereich des §§ 196 Abs. 1 Nr. 1 BGB a.F., § 8 AbzG [aufgehoben] (heute „Unternehmer", §§ 491–515 BGB), 24 Abs. 1 Nr. 1 AGBG [aufgehoben] (heute „Unternehmer, § 310 BGB), § 15a f. GewO a.F. und auch nicht mehr für Schiedsvereinbarungen (§ 1031, 1027 Abs. 2 ZPO a.F.), außer im genannten § 101 WpHG.[346] 85

---

handelsrechtliche Konstellationen handelt, bei *Grundmann* a.a.O. und breiter *Bremenkamp*, Rechtliche Governance von Zulieferverträgen – Eine vergleichende Untersuchung in der Automobilindustrie zum deutschen, italienischen und englischen Recht, 2020; *Eller*, Rechtsverfassung globaler Produktion – Zur sozialen Aufgabe des Rechts der Globalisierung, 2022; *Passarelli*, Contract Law in Contemporary International Commerce – Considerations on the complex relationship between legal process and market process in the new era of globalisation, 2019; *Grundmann/Cafaggi/Vettori* (Hrsg.), The Organizational Contract – From Exchange to Long-Term Network Cooperation in European Contract Law, 2013; sowie *Amstutz/Teubner* (Hrsg.), Contractual Networks: Legal Issues of Multilateral Cooperation, 2009.

340 Einführungsgesetz zum Handelsgesetzbuch, Gesetz vom 10.5.1897 (RGBl. I S. 437), zuletzt geändert durch Gesetz vom 7.8.2021 (BGBl. I S. 3311) m.W.v. 12.8.2021.

341 Art. 22 EGHGB regelt, dass Firmen aus der Zeit vor dem 1.1.1900 ohne den Zusatz „Aktiengesellschaft" fortgeführt werden durften, solange diese nicht aus Personennamen zusammengesetzt waren und nicht erkennen ließen, dass eine AG Inhaberin war, hierzu weiterführend (auch zur weiteren Entwicklung und europäischem Einfluss) *Ritter*, in: Schüppen/Schaub, Münchener Anwaltshandbuch Aktienrecht, 3. Auflage 2018, Rn. 59.

342 Art. 38 EGHGB bestimmt, dass die Firmenänderung einer Personenhandelsgesellschaft, welche ausschließlich die Aufnahme der nach § 19 Abs. 1 HGB vorgeschriebenen Bezeichnung der Rechtsform zum Gegenstand hat, nicht der Anmeldung zur Eintragung in das Handelsregister bedarf, hierzu etwa MünchHdbGesR/*Gummert*, Bd. 2, § 50 Rn. 32.

343 Handelsregisterverordnung vom 12. August 1937 (RMBl 1937, 515), zuletzt geändert durch Artikel 44 des Gesetzes vom 10. August 2021 (BGBl. I S. 3436); zur Umstellung auf das elektronische Register im Jahr 2007 siehe etwa *Nedden-Boeger*, Das neue Registerrecht, FGPrax 2007, 1.

344 Vgl. Oetker/*Oetker*, Einl. Rn. 33–37 (und für das Strafrecht Rn. 38); siehe auch die umfangreiche Darstellung bei *Kindler*, EBJS, Vor §§ 1–7 Rn. 38 ff.

345 Weiterführend hierzu *Kindler*, EBJS, Vor §§ 1–7 Rn. 58 ff.

346 Vgl. Oetker/*Oetker*, Einl. Rn. 33–37; mit der Feststellung, dass der Kaufmannsbegriff zunehmend durch den Unternehmerbegriff abgelöst wird *Kindler*, EBJS, Vor §§ 1–7 Rn. 27.

86 Ungleich größer – und wachsend – ist der **Regelbestand, in dem an die Unternehmereigenschaft angeknüpft** wird – häufig im Verhältnis zum Verbraucher. Es würde den Rahmen sprengen, eine Übersicht über diesen zu geben, viel hiervon wurde nach dem Gesagten auch ins BGB integriert. Dass insbesondere auch Nebenhandelsrecht und Wirtschaftsrecht als Handelsrecht iwS zu sehen sind – oder jedenfalls in Wechselwirkung mit diesem –, wurde andernorts ausgeführt, ebenso wie die Überlegung, dass man das Konzept auch breiter verstehen kann und dann von einem „Handelsrecht der sozialen Verantwortung" (im 20. und 21. Jahrhundert) zu sprechen hätte (oben Rn. 11–14, 50).

87 **b) Institutionen ieS, insbesondere Gerichtsbarkeit.** Institutionen ieS, **Organisationen oder Verbände, die vor allem in Rechtsprechungs- und Legislativfunktionen** (im Handelsrecht) mitwirken und auf staatlichen Legislativ- oder Organisationsakt zurückgehen oder durch sie anerkannt sind, existieren auf **nationaler und internationaler Ebene**, desgleichen teils **Verfahrensbesonderheiten** im Bereich Handelsrecht. Auf das Handelsrecht *allgemein* ausgerichtet – und vor allem auch das klassische Handelsrecht – sind vor allem die Industrie- und Handelskammern,[347] auch auf internationaler Ebene die International Chamber of Commerce (Paris),[348] die jeweils in Judikative und Legislative Funktionen übernehmen (untereinander freilich doch recht unterschiedliche) – während andere Institutionen und Organisationen stärker auf Einzelgebiete und vor allem solche des Wirtschafts- oder des Nebenhandelsrechts fokussiert sind. Wichtiger als die **Ordnung** nach verschiedenen Institutionen erscheint diejenige nach ihren Funktionen, namentlich im **legislativen Bereich (aa) und im judikativen Bereich (bb).**

88 **aa)** Die **Mitwirkung im legislativen Bereich** von Institutionen jenseits der klassischen Gesetzgebung ist deutlich **stärker im internationalen Kontext ausgeprägt** als im nationalen. Schon die allgemeinen Organisationen auf globaler und regionaler Ebene schalten sich teils mit Soft Law, Empfehlungen und Leitlinien (Recommendations, Guiding Principles etc.) ein, im Bereich der Corporate Social Responsibility etwa mit den UN Guiding Principles und den OECD Guidelines.[349] Vorbereitend auf UN-Ebene wirken als Sonderorganisationen der UN-Generalversammlung die United Nations Commission on International Trade Law (UNCITRAL, seit 1966) und United Nations Conference on Trade and Development (UNCTAD, seit 1964). Letztlich handelt es sich hier um völkervertragsrechtlich fundierte Regelschaffungsprozesse. Gleiches gilt für den **Bereich Marktöffnung und -regulierung durch das WTO-System**, insbesondere mit dem General Agreement on Tariffs and Trade (GATT) bzw. General Agreement on Trade in Services (GATS),[350] und denjenigen der **Währungsstabilität** im IWF-System, vor allem mit dem Bretton

---

347 Zu den Industrie- und Handelskammern (in Bremen und Hamburg schlicht Handelskammern), beruhend auf Gesetz zur vorläufigen Regelung des Rechts der Industrie- und Handelskammer (IHKG) vom 18.12.1956, BGBl. 1956 I, S. 920 und Landesgesetzen, mit verbindlicher Mitgliedschaft, vgl. näher in: MünchKommHGB/*K. Schmidt*, Vor § 1 Rn. 49.

348 Zur International Chamber of Commerce, (privatrechtlichem) Gründungsstatut (1919), aber auch staatlicher „Anerkennung", vgl. in: MünchKommHGB/*K. Schmidt*, Vor § 1 Rn. 50; und Beschreibung im Folgenden.

349 *UN*, Guiding Principles on Business and Human Rights – Implementing the United Nations "Protect, Respect and Remedy" Framework (New York – United Nations 2011); OECD, Guidelines for Multinational Enterprises (Paris – OECD, 2011); *OECD*, Due Diligence Guidance for Responsible Business Conduct (Paris – OECD, 2018); zum Kontext, namentlich den adressierten Fundamentalwerten – auch der Regulierung der nichtfinanziellen Berichtspflichten dann in der EU – etwa *Hart*, A Natural-Resource-Based View of the Firm, 20 The Academy of Management Review (1995), 986; *Johns*, Deconstructing Corporate Social Responsibility, 22 A Journal of Policy Analysis and Reform (2005), 369 (370); *Garriga/Melé*, Corporate Social Responsibility Theories: Mapping the Territory, 53 Journal of Business Ethics (2004), 51; *Humbert*, Sustainability Reporting: A Critical Assessment of the E.U. CSR Directive and Its German Implementation from a Human Rights Perspective, 71 Schmalenbach Business Review (2019), 279.

350 Zu diesem System und Regelwerk(en) etwa *Mavroidis*, The Regulation of International Trade, Volume 1: GAT; *ders.*, The Regulation of International Trade, Volume 3: The General Agreement on Trade in Services, 2020.

Woods-Übereinkommen.[351] Der weit überwiegende Teil von ***sonstiger* Regulierung, die in regionalen Kontexten wie namentlich der EU** erlassen wird, ist heute daneben koordiniert und auch angeregt durch weltweit agierende, Standard setzende Institutionen, die in ihrer Existenz häufig nicht auf staatlichen Legitimationsakt zurückzuführen sind, jedoch durchaus durch staatlichen (auch supranationalen) Anwendungsbefehl legitimiert erscheinen, namentlich durch Verweis auf oder Endorsement-Verfahren für die vorgeschlagenen Regelwerke oder Umsetzung von allgemeiner gehaltenen Empfehlungskatalogen. Zu nennen sind aus der **Vielzahl** vor allem für die **Finanzstabilität und -integrität** der Basel-Ausschuss (Kreditinstitutsüberwachung und vor allem Eigenkapitalausstattung), IOSCO (International Organisation of Securities Commissions, vor allem Prospekte und ihre Standardisierung) und IASB (International Accounting Standards Board, vor allem Rechnungslegung mit International Financial Reporting Standards, IFRS).[352]

bb) Im **judikativen Bereich** sind wichtige Regelungskomplexe zwar nicht für das Handels- **89**
recht (und Kaufleute) besonders geregelt, namentlich die **internationale Zuständigkeit und Vollstreckung im Binnenmarkt**, sondern für Zivil- und Handelssachen übergreifend, wenn auch mit besonderem Gewicht im Bereich des Handels (Brüssel-Verordnungen).[353] Im **nationalen Recht sind Zuständigkeit und eigene Kammern (Handelskammern)** hingegen mehrfach abhängig gemacht von **Kaufmannseigenschaft.** Gerichtsstandsvereinbarungen (einschließlich Vereinbarung des Erfüllungsorts) wirken zwischen Kaufleuten zuständigkeitsbegründend nach §§ 38, 29 Abs. 2 ZPO,[354] für die Wählbarkeit der Handelskammer (durch den Kläger) ist die Kaufmannseigenschaft des Beklagten nach § 96 Abs. 1 GVG maßgeblich – freilich nur, wenn es sich um eine Handelssache nach § 95 Abs. 1 und 2 GVG handelt (im Wesentlichen alle Streitigkeiten aus zweiseitigen Handelsgeschäften, Scheck- und Wechselrecht und zu Handelsstand und Han-

351 Zu diesem System und Regelwerk aus jüngerer Zeit etwa *Lamoreaux/Shapiro*, The Bretton Woods Agreements, 2019; siehe auch *Dormael*, Bretton Woods. Birth of a Monetary System, 1978.

352 Vgl. etwa *Basel Committee on Banking Supervision* A brief history of the Basel Committee, 10/2014; *Bachmann* Globale Finanzmarktregulierung als Herausforderung des Rechts, in: Bachmann/Breig (Hrsg.), Finanzmarktregulierung zwischen Innovation und Kontinuität, 2014, S. 1 (7 f.); *Haentjens* in: Haentjens/Wessels (Hrsg.) Bank Recovery, 2014, S. 3 (10f.); *ders.* IILR 2014, 255 (260 f.); zu den Regelwerken Basel Committee on Banking Supervision, Basel III: International framework for liquidity risk measurement, standards and monitoring, 2010; Basel Committee on Banking Supervision Basel III: The Liquidity Coverage Ratio and liquidity risk monitoring tools, 2013; Basel Committee on Banking Supervision Basel III: Leverage ratio framework and disclosure requirements, 2013. Siehe auchInternational Organization of Securities Commissions' (IOSCO) Objectives and Principles – the disclosure duties, namely in prospectuses, on capital markets. Vgl. zusammenfassend *Wymeersch*, Global and Regional Financial Regulation: The Viewpoint of a European Securities Regulator, 1 Global Policy (2010), 202–208; und jünger *ders.*, Global Financial Regulation: Shortcomings and Reform Options, 10 Global Policy (2019), 193; sowie *Newman/Posner*, Transnational feedback, soft law, and preferences in global financial regulation, 23 Review of International Political Economy (2016), 123; breiter Überblick in *Quaglia*, The European Union & Global Financial Regulation, 2014. Speziell für den IASB etwa *Donnelly*, The International Accounting Standards Board, New Political Economy 12 (2007), 117–125; *Camfferman/Zeff*, Aming for Global Accounting Standards, The International Accoung Standards Board, 2001–2011, 2015; *Nölke*, International Accounting Standards Board, in: Hale/Held, The Handbook of Transnational Governance: Institutions and Innovations, 2011, S. 66 ff.; kritische Untersuchung bei *Gallhofer/Haslam*, Exploring social, political and economic dimensions of accounting in the global context: the International Accounting Standards Board and accounting disaggregation, Socio-Economic Review 5 (2007), 633.

353 Namentlich Sitzprinzip des Beklagten nach Art. 4 Brüssel Ia-VO (siehe hierzu etwa MünchKommZPO/*Gottwald*, Art. 4 Brüssel Ia-VO), und Anerkennung (einfaches Exequatur) und Vollstreckung nach Art. 36–44 Brüssel Ia-VO (siehe hierzu etwa: Musielak/Voit/*Stadler*, ZPO, Art. 36–44 EuGVVO).

354 Hierzu *Stöve*, Gerichtsstandvereinbarungen nach Handelsbrauch, Art. 17 EuGVÜ und § 38 ZPO, 1993; *Kröll*, Gerichtsstandvereinbarungen aufgrund Handelsbrauchs im Rahmen des GVÜ, ZZP 113 /2000), 135; *Kornblum*, Der Kaufmann und die Gerichtsstandsnovelle, ZHR 138 (1974), 478; *Wirth*, Gerichtsstandsvereinbarungen im internationalen Handelsverkehr, NJW 1978, 460; diese Wahl kann auch durch Vertragsstrafeversprechen als exklusiv ausgestaltet werden: BGH – III ZR 42/19 – BGHZ 223, 269.

delsgesellschaften mit Kapitalmarktrecht).[355] Die Industrie- und Handelskammern wirken mit im **Verfahren** bei der Besetzung von Handelskammern mit zwei Beisitzern (mit kaufmännischer Expertise, §§ 105, 108, 109 GVG)[356] sowie allgemein bei der Feststellung von Handelsbräuchen, soweit diese für Verfahren relevant sind.[357]

90 Gewisse Parallelen, vor allem jedoch das größere Gewicht internationaler Institutionen zeigen sich im **Bereich der Schiedsgerichtsbarkeit.** Geregelt im 10. Buch der ZPO (basierend auf dem UNCITRAL-Modellgesetz über die internationale Handelsschiedsgerichtsbarkeit, jedoch auf die nationale erstreckt), sticht vor allem die breite Zulässigkeit auch der Vereinbarung internationaler Schiedsgerichtsbarkeit hervor – einschließlich der Vollstreckbarkeit (§§ 1066, 1053 S. 1 ZPO).[358] Während im internationalen Bereich unter den standardisierten (nicht ad hoc ausgehandelten) Verfahrensordnungen die ICC Schiedsordnung und (danach auch) die UNCITRAL-Schiedsgerichtsordnung hervorragen, ist dies in Deutschland die DIS-Schiedsordnung (Deutsche Institution für Schiedsgerichtsbarkeit).[359]

2. Methoden

91 **a) Methodenkanon zum HGB: Status quo.** Methodendiskurse finden in den großen handelsrechtlichen Lehrbüchern und Kommentaren kaum statt; eine Eigenständigkeit oder signifikante Besonderheit in der Methodik des Handelsrechts damit implizit verneinend – eigenständig oder besonders gegenüber dem allgemeinen Privatrecht.[360] Gerade bei zentralen Autoren wird impli-

355 Vgl. Standardkommentare zu diesen Normen, allerdings keine Vereinbarung der Zuständigkeit der Handelskammern (BGH – VII ZR 73/69 – BGHZ 55, 313 [317]), nur umgekehrt ihr Ausschluss (zugunsten Zivilkammern).

356 Nach § 105 GVG werden die ehrenamtlichen Richter auf gutachtlichen Vorschlag der Industrie- und Handelskammern für die Dauer von fünf Jahren ernannt; siehe hierzu etwa *Berger-Delhey*, Der Handelsrichter und sein Amt, DRiZ 1989, 246; MünchKommZPO/*Pabst*, § 108 GVG Rn. 1 ff. Vgl. auch die Standardkommentare zu dieser Norm.

357 Die Einholung eines Gutachtens der Industrie- und Handelskammer wird von Oetker/*Pamp*, § 346 Rn. 27 als eines der gebräuchlichsten Beweismittel zur Feststellung eines Handelsbrauches bezeichnet; vgl. hierzu auch BGH – VI ZR 48/08 – NJW-RR 2009, 715 Rn. 14; *Fest*, EBJS, § 346 HGB Rn. 57 ff.; MünchKommHGB/*K. Schmidt*, § 346 Rn. 26 f. Weiterführend zu diesen Gutachten MünchKommHGB/*K. Schmidt*, § 346 Rn. 26; Oetker/*Pamp*, 7. Aufl. 2021, § 346 Rn. 28. Prozessual handelt es sich bei den Gutachten um amtliche Auskünfte (siehe hierzu § 273 Abs. 2 Nr. 2 ZPO, § 358a S. 2 Nr. 2 ZPO, § 26 Abs. 1 Nr. 1 VwVfG), welche Sachverständigengutachten der Kammer als Behörde darstellen.

358 Hierzu näher etwa *Böckstiegel/Kröll/Nacimiento* (Hrsg.), Arbitration in Germany – The Model Law in Practice, 2. Aufl. 2014; und allgemeiner *Geimer*, Internationales Zivilprozessrecht, 8. Aufl. 2020; *Schwab/Walter*, Schiedsgerichtsbarkeit, 7. Aufl. 2005; *Born*, International Commercial Arbitration, 2. Aufl. 2014; *Conrad/Münch/Black-Branch*, International Commercial Arbitration, 2013. Zum UNCITRAL-Modellgesetz *Degenhart*, Das UNCITRAL-Modell über die internationale Handelsschiedsgerichtsbarkeit und nationales Recht, 2003; *Hußlein-Stich*, Das UNCITRAL-Modellgesetz über die internationale Handelsschiedsgerichtsbarkeit, 1990.

359 Zur ICC Schiedsordnung (neben den Nachweisen aus der vorherigen Fn.) siehe etwa *Bühler*, Die 2021 ICC-Schiedsgerichtsordnung: Zwischen Beständigkeit und Wandel, SchiedsVZ 2021, 230; *Pörnbacher/Kurtenbach*, Die Reform der ICC-Schiedsordnung 2021, BB 2021, 458; speziell zur DIS-Verfahrensordnung *Bredow*, Die Mitwirkung der Deutschen Institution für Schiedsgerichtsbarkeit bei der Durchführung von Schiedsverfahren, FS Glossner 1994, S. 51; *Besch/Kreuzeder*, Die neue DIS-Schiedsgerichtsordnung, RIW 2018, 256; *Pörnbacher/Lederer*, Die Reform der DIS-Schiedsgerichtsordnung, BB 2018, 707; *Schardt*, Neue Regelungen der DIS-Schiedsgerichtsordnung zur Steigerung der Verfahrenseffizienz, SchiedsVZ 2019, 28; *Elsing/Shchavelev*, Die neue DIS-Schiedsgerichtsordnung 2018, IPRax 2018, 461.

360 Vgl. allerdings auch gewichtig, wenn auch vereinzelt: *K. Schmidt* Handelsrecht, § 1 Rn. 38: „Es entspricht der Vorreiterrolle des Handelsverkehrs gegenüber dem Bürgerlichen Recht, dass das Handelsrecht der Doktrinenbildung stärker widerstrebt ..." (auch allgemeiner für die herkömmliche Rechtsquellenlehre nur: „Aussagekraft nicht vollständig eingebüßt").

zit deutlich, dass der **klassische Methodenkanon anzuwenden** sei.[361] Angesichts des – ganz überwiegend so gesehenen – Desiderats einer Einheit des Privatrechts und weil auch beispielsweise die europarechtliche Überformung im HGB gerade nicht stärker ist als im allgemeinen Privatrecht – eher im Gegenteil (oben Rn. 11, 13, 68) –, ist dies auch grundsätzlich nicht verwunderlich (natürlich insbesondere nicht bei Autoren, wie *Canaris*, die beide Gebiete tief prägten und in seinem Falle zudem die Methodenlehre).

Weitergehend ist – in Parallele zu *Levin Goldschmidts* klassischem Lamento, die Rechtsentwicklung sei gerade über das ganze 19. Jahrhundert, beim Aufleben des freien Handels, am Handelsrecht vorbeigegangen und auf das allgemeine Zivilrecht fokussiert gewesen (oben Rn. 19) – auch zu konstatieren, dass **methodisch neue Wege** ebenfalls immer wieder **eher in Kontexten und anhand von Fallmaterial des allgemeinen Privatrechts** entwickelt wurden und gerade nicht im Handelsrecht. Das galt früh für die Ausbildung der Interessenjurisprudenz, obwohl sich für diese handelsrechtliche Konstellationen sicherlich ebenfalls angeboten hätten („Vorreiterrolle“),[362] und speziell für die Heranziehung von Generalklauseln zur Schaffung eines flexiblen Rechts als Reaktion auf Wirtschaftskrisen und ihre Folgen.[363] Das gilt ebenfalls – noch genuiner als Methode zu sehen – für die Hermeneutik eines *Josef Esser*,[364] für die mit ihrer Orientierung am Einzelfall und seinen inhärenten Gerechtigkeitsstrukturen das Handelsrecht mit seiner häufig komplexen Faktenlage durchaus reiches Anschauungsmaterial versprechen hätte können. Dem gleichen Bild begegnet man bei der großen Mehrzahl an Arbeiten mit ökono- 92

361 Vgl. etwa *Canaris* Handelsrecht, § 1 Einleitung, der auf Methodenfragen nicht eingeht, obwohl seine Methodenlehre im deutschen Privatrecht eine Vorreiterstellung einnimmt: *Larenz/Canaris*, Methodenlehre der Rechtswissenschaft, 3. Aufl. 1995 (ebenfalls ohne spezifische Rolle des Handelsrechts); auch *F. Bydlinski*, Handels- oder Unternehmensrecht als Sonderprivatrecht – ein Modellbeispiel für die systematische und methodologische Grundlagendiskussion, 1990 – als das Pendant im österreichischen Schrifttum – argumentiert gerade nicht mit spezifisch handelsrechtlichen Charakteristika als methoden- oder stilbildend. Das Verhältnis breiter fokussierend: *Habersack*, Privatrechtsdogmatik und Gesellschaftsrecht, FS Canaris II 2017, S. 813.

362 Bahnbrechend *v. Jhering*, Der Zweck im Recht, 2 Bände, 1877–188; vgl. auch schon *ders.* Geist des römischen Rechts auf den verschiedenen Stufen seiner Entwicklung, 3. Teil, 1. Abteilung, 4. Auflage, 1888, 339 ff., 351 ff. sowie 1. Teil, 5. Auflage, 1891, 51 ff. Im Anschluss an *v. Jhering* begründete *Philipp Heck* die Interessenjurisprudenz, siehe hierzu *Heck*, Das Problem der Rechtsgewinnung, 1912, 2. Auflage, 1932; *ders.*, Gesetzesauslegung und Interessenjurisprudenz, AcP 112 (1914), 1 ff.; *ders.*, Begriffsbildung und Interessenjurisprudenz, 1932; ders., Interessenjurisprudenz, 1933; *ders.*, Die Interessenjurisprudenz und ihre neuen Gegner, AcP 142 (1936), 129 und 297; *ders.*, Rechtsphilosophie und Interessenjurisprudenz, AcP 143 (1937), 129. Eine Analyse aus jüngerer Zeit findet sich bei *Auer*, Methodenkritik und Interessenjurisprudenz – Philipp Heck zum 150. Geburtstag, ZEuP 2008, 517; siehe auch *Schröder*, Richter, Gesetz und juristische Methode in der Zweck- und Interessenjurisprudenz, ZfPW 2016, 307; vgl. auch *Jansen/Reimann*, Begriff und Zweck in der Jurisprudenz – Ein Geburtstagsblatt für Rudolf von Jhering, ZEuP 2018, 89.

363 Zur Nutzung von § 242 BGB und zur Entwicklung des Instituts des Wegfalls der Geschäftsgrundlage für diesen Zweck in den 1920er und frühen 1930er Jahren: *Feißel/Gorn*, Finanzkrise vs. Pacta sunt servanda – Vertragsanpassung in Krisenzeiten, BB 2009, 1138; siehe auch MünchKommBGB/*Finkenauer*, § 313 Rn. 23; *Rüthers*, Die unbegrenzte Auslegung, 5. Aufl. 1997, 42 ff.; in seiner Entscheidung RG – II 640/21 – RGZ 103, 328 („Vigognespinnerei“) gab das RG seine anfänglich ablehnende Haltung gegenüber einem Institut zur Störung der Geschäftsgrundlage auf und gewährte (mit Blick auf die Hyperinflation) ein Recht auf Vertragsanpassung, hergeleitet aus § 242 BGB.

364 Vgl. namentlich *Esser*, Vorverständnis und Methodenwahl in der Rechtsfindung. Rationalitätsgrundlagen richterlicher Entscheidungspraxis,1972; zugleich eines der drei großen klassischen Schuldrechtslehrbücher: *Esser*, Schuldrecht, 2 Bde. (später fortgeführt von *E. Schmidt* bzw. *Weyers*); Kontextualisierung und Nachwirkung zum erstgenannten Werk vgl. *Grundmann* in Grundmann/Micklitz/Renner, New Private Law Theory, Kapitel 1; paradigmatisch etwa die stark faktenorientierte und für die Normkonkretisierung fruchtbar gemachte Exemplifizierung der *Williamson'schen* Erkenntnis, dass Vulnerabilität im Langzeitvertrag stärker von beziehungsspezifischem Investment abhängt als (ungleich) größerer Marktmacht (anhand des VW/Prevent-Falls) bei *Bremenkamp*, Rechtliche Governance von Zulieferverträgen (oben Fn. 164), bes.S. 20 f., 226–230.

misch-analytischer Ausrichtung.[365] Schließlich zeigt sich dieser Befund auch bei der konzeptionell wohl wichtigsten Neuorientierung des Privatrechts seit dem 2. Weltkrieg, auch methodischen Neuorientierung, die m.E. im Verständnis der Grundrechte und Verfassungsprinzipien als überwölbender allgemeiner Werteordnung, mithin auch für das Privatrecht und zwischen Privatrechtssubjekten, zu sehen ist. Nicht nur steht die Handelsvertreterentscheidung im allgemeinen Verständnis deutlich im Schatten von Bürgschaftsentscheidung und Entscheidung zum Stadionverbot.[366] Vielmehr hat *Canaris* die insoweit maßgebliche Schutzpflichttheorie doch sichtlich als eine solche des allgemeinen Privatrechts und anhand von Fällen aus diesem entwickelt.[367] Wieder zeigt sich an den meisten dieser Beispiele, dass nicht nur das allgemeine Zivilrecht umfassend ausformuliert war, sondern auch eine Reihe von Instituten regelt, die als Handelsrecht im materiellen Sinne verstanden werden können, wie etwa das AGB-Recht mit seiner Anknüpfung an einen (idR beruflichen) Verwender, die umgekehrt reich sind in ihrer methodischen Komplexität.[368]

93 **b) Insbesondere: Maß der Internationalisierung.** Charakteristisch ist in diesem Zusammenhang dann ebenfalls, dass auch privat gesetzte Regelwerke, die breit repräsentativ und vielfach veröffentlicht sind, im klassischen Handelsrecht von Hauptvertretern der deutschen AGB-Kontrolle unterworfen werden – weil beispielsweise Binnenmarktaspekte unbeachtet bleiben.[369]

---

365 Aus den Monographien der letzten Jahre siehe insbesondere *McColgan*, Abschied vom Informationsmodell im Recht Allgemeiner Geschäftsbedingungen, 2020; *de la Durantaye*, Erklärung und Wille, 2020; jüngst etwa Täuschung und Manipulation im Privatrecht *Meier*, Täuschung und Manipulation im Privatrecht. Eine philosophisch-ökonomische Annäherung an die Regulierung von Beeinflussungen, 2022; vgl. auch *Hacker*, Verhaltensökonomik und Normativität, Die Grenzen des Informationsmodells im Privatrecht und seine Alternativen, 2017, der sich im Kern mit dem Verbraucherschutzrecht auseinandersetzt, freilich mit dem Wertpapierhandelsrecht auch Nebenhandelsrecht analysiert; siehe ferner zum IPR *Rühl*, Statut und Effizienz. Ökonomische Grundlagen des Internationalen Privatrechts, 2011; aus der Lehr- und Handbuchliteratur etwa *H.B. Schäfer/Ott*, Lehrbuch der ökonomischen Analyse des Zivilrechts, 6. Aufl. 2020; *Voigt*, Institutionenökonomik, 2. Aufl. 2009; *Furubotn/Richter*, Institutions and Economic Theory: The Contribution of the New Institutional Economics, 2. Aufl. 2005; *R. Posner*, Economic Analysis of Law, 9. Aufl. 2014; *Cooter/Ulen*, Law and Economics, 6. Aufl. 2016.

366 Namentlich BVerfG – 1 BvR 26/84 – BVerfGE 81, 242–263 (Handelsvertreter); 89, 214–236 (Bürgschaft); dann BVerfG – 1 BvR 3080/09 – NJW 2018, 1667 (Stadionverbot); bei den drei Entscheidungen divergiert die Zahl der Anmerkungen erheblich, konkret: zur Handelsvertreterentscheidung) *Wiedemann*, JZ 1990, 695; *Canaris*, AP GG Art. 12 Nr. 65; (zur Bürgschaftsentscheidung) *Wiedemann*, JZ 1994, 411; (zur Stadionverbotsentscheidung) *Schorkopf*, NJW Heft 21/2018 (Editorial), *Heldt*, NVwZ 2018, 818; *Sachs*, JuS 2019, 89; *Muckel*, JA 2018, 553; *Sommer*, RÜ 2018, 443.

367 Vgl. *Canaris*, Grundrechte und Privatrecht, 184 AcP (1984), 201; *ders.*, Grundrechte und Privatrecht – eine Zwischenbilanz, 1999; zu den historischen Wurzeln Grimm, Verfassung und Privatrecht im 19. Jahrhundert – Die Formationsphase, 2017; schönes Gesamtpanorama bei *Neuner*, Privatrecht und Sozialstaat, 1999, 158–161, 170–173; *Ruffert*, Vorrang der Verfassung und Eigenständigkeit des Privatrechts, 2001; eigenständige Ansätze besonders *Hager*, Grundrechte im Privatrecht, JZ 1994, 373; *Teubner*, Ein Fall struktureller Korruption? Die Familienbürgschaft in der Kollision unverträglicher Handlungslogiken (BVerfG – 1 BvR 567/89, 1 BvR 1044/89 – BVerfGE 89, 214 ff.), 83 KVJS (2000), 388.

368 Vgl. aus den letzten Jahren nur – zunächst klassisch institutionenökonomisch ausgerichtet – die Erklärung, der Verwender sei von den Informationskosten strukturell unendlich überlegen: früh *Adams*, Ökonomische Begründung des AGB-Gesetzes, BB 1989, 781 (787); dann – wirtschaftssoziologisch und auch systemtheoretisch ausgerichtet – die breite Abhandlung zu Leitbildern im gelebten Handel von *Renner*, Die „Natur des Vertrags" nach § 307 Abs. 2 Nr. 2 BGB. Soziologische Maßstabsbildung bei der AGB-Inhaltskontrolle, AcP 213 (2013), 677; sowie jetzt – stark auch verhaltenswissenschaftlich und – ökonomisch argumentierend – *McColgan*, Abschied vom Informationsmodell im Recht allgemeiner Geschäftsbedingungen, 2020.

369 *Canaris*, Die Stellung der „UNIDROIT Principles" und der „Principles of European Law" im System der Rechtsquellen, in: Basedow (Hrsg.), Europäische Vertragsrechtsvereinheitlichung und deutsches Recht, 2000, S. 5 (bes. S. 21–26).

Das nationale AGB-Recht, namentlich § 310 BGB mag nicht die Offenheit haben, die rechtspolitisch angezeigte Freistellung dieser Regelwerke (ihre grundsätzliche „Wählbarkeit“) zu gestatten, auch weil der nationale Gesetzgeber seine Auswahl von solchermaßen privilegierten (freigestellten) Regelwerken allein an der nationalen Praxis ausrichtete. Die Grundfreiheitendogmatik, die deutschem Recht, aber auch EU-Sekundärrecht (wie der Rom-I-VO) vorgeht, hat diese Offenheit und Adaptionsfähigkeit jedoch durchaus. Diese ergeben sich namentlich aus dem dort angelegten Grundsatz der Verhältnismäßigkeit in der Prüfung der zwingenden Gründe des Allgemeininteresses, in welche Aspekte wie die breit repräsentative Ausarbeitung und vielfache Veröffentlichung und wissenschaftliche Diskussion des fraglichen Regelwerkes unschwer einbezogen und berücksichtigt werden können (vgl. oben Rn. 73).

Vergleichbar „konservativ“ wie bei den bisher erörterten methodischen Fragen ist das Bild auch hinsichtlich der Ausrichtung auf eine spezifisch europaorientierte Methodik,[370] aber auch für große vergleichende Lehrbücher, die zum Vertragsrecht oder zum Sachenrecht ungleich reicher existieren als zu Handelsstand und -organisation, Personengesellschaft, oder auch Handelsgeschäftsrecht. Ein Parallelwerk etwa zum Europäischen Vertragsrechts eines *Hein Kötz* – oder auch seiner englischsprachigen Parallelwerke, teils auch aus deutscher Feder – fehlt in den Großmaterien des Handelsrechts.[371] An rechtsvergleichenden Monographien und großen Aufsätzen, welche die Basis bilden können, fehlt es dabei keineswegs,[372] auch wenn diese Literatur wohl doch moderater ausfällt als im allgemeinen Zivilrecht. Umgekehrt ist auch die Heranziehung internationaler Literatur in Lehrbüchern und Kommentaren des Handelsrechts keineswegs auch nur ansatzweise verbreiteter und dichter als im allgemeinen Privatrecht. In den methodischen Ansätzen zeigt sich also eine Parallelität zur eher schwachen Ausbildung internationaler Bezüge bei den vertieft erörterten Materien (vgl. oben Rn. 15 f.). 94

c) Ausblick: Methodenpluralismus als Desiderat. In Zeiten verstärkter interdisziplinärer Fundierung der Rechtswissenschaften, signifikant befördert durch die Stärke der Law & Economics Bewegung in den USA und der starken Vorbildwirkung von US-amerikanischem Recht in zentralen Teilen des Handels- und Wirtschaftsrechts, ist im letzten Jahrzehnt zentral das Petitum formuliert worden, dass diese interdisziplinäre Absicherung pluralistisch gestaltet sein müsse.[373] Zentral wird das begründet mit dem umfangreicheren Erkenntnisgewinn aus dem Fundus aller relevanten Referenzdisziplinen (heuristische Überlegenheit), vor allem jedoch da- 95

370 Vgl. allgemein zu einer „Europäischen Methodenlehre“ etwa *Rüthers/Höpfner*, Grundlagen einer europäischen Methodenlehre, AcP 209 (2009), 1; *Vogenauer*, Eine gemeineuropäische Methodenlehre des Rechts – Plädoyer und Programm, ZEuP 2005, 234; *Riesenhuber* (Hrsg.), Europäische Methodenlehre, 4. Aufl. 2021, bemüht sich, diesem Problem konkret für das Handelsrecht durch Kapitel zum Gesellschafts- (Vorauflagen) und Kapitalmarktrecht (*Kalss*, § 18) entgegenzuwirken.

371 Vgl. etwa *Beale/Fauvarque-Cosson/Rutgers/Vogenauer*, Cases, Materials and Texts on Contract Law, 3. Aufl. 2019; *Kadner*, Comparative Contract Law – Cases, Materials and Exercises, 2. Aufl. 2015; *Kötz*, Europäisches Vertragsrecht, 2. Aufl. 2015.

372 Vgl. etwa *Bremenkamp*, Rechtliche Governance von Zulieferverträgen (oben Fn. 164); *Aleiner*, Unternehmensrechtliche Selbstregulierung und ihre Erfolgsbedingungen, 2022; *Glindemann*, Personengesellschaften zur Ausübung freier Berufe, 2019; *Rosentritt*, Die Gefahrtragung im europäischen und internationalen Kaufrecht, 2018; *Schröder*, der Unternehmerregress beim Verbrauchsgüterkauf im Falle von grenzüberschreitenden Handelskäufen, 2017; *Rinaldo*, Die Haftung Dritter in Deutschland und Italien, 2016.

373 Namentlich *Auer*, Zum Erkenntnisziel der Rechtstheorie – Philosophische Grundlagen multidisziplinärer Rechtswissenschaft, 2018; *Calabresi*, The Future of Law and Economics – Essays in Reform and Recollection, 2016 (Einleitung); *Grundmann*, Pluralistische Privatrechtstheorie – Prolegomena zu einer pluralistisch-gesellschaftswissenschaftlichen Rechtstheorie als normativem Desiderat („normativer Pluralismus“), RabelsZ 86 (2022), 364; *Grundmann/Micklitz/Renner*, New Private Law Theory (und Vorgängerpublikation bei Mohr 2015); *Hacker*, Verhaltensökonomik und Normativität: Die Grenzen des Informationsmodells im Privatrecht und seine Alternativen, 2017, bes.S. 352 ff., *Teubner*, Law and Social Theory: Three Problems, 1 Asian Journal of Law and Society (2014), 235.

mit, dass nur diese breite Heranziehung verschiedener Disziplinen dem Postulat der Werte-Offenheit gerecht werde, das sich aus dem in den Grundordnungen, den Verfassungen, angelegten Pluralismus der Wertegrundlagen (vgl. etwa Art. 2 EUV)[374] verbindlich ergebe (normative Überlegenheit). Das Handelsrecht – jedenfalls ein Handelsrecht im breiten Sinne, mit dem hier sogenannten Nebenhandelsrecht, aber gerade auch Aktienrecht und den handelsrechtsnahen Teilen des Wirtschaftsrechts, bildet ein besonders interessantes Experimentierfeld für solch eine methodische Ausrichtung, mit der die Rechtswissenschaft einerseits ihre „Blindheit" gegenüber den gesellschaftswissenschaftlichen Erkenntnissen verlöre, sich andererseits jedoch auch ihr Proprium des Ausgleichs in der Gesellschaft in besonderem Maße erhielte oder wieder neu gewänne (ontologische Überlegenheit).[375] Auch das genannte AGB-Recht mit seinen neueren Konzeptionalisierungsmodellen (oben Rn. 92) bildet hierfür einen plastischen Anschauungsfall. Wird klassisch – wenn interdisziplinär betrachtet – die Notwendigkeit der AGB-Kontrolle, insbesondere auch einer AGB-Kontrolle im rein beruflichen Verkehr, institutionenökonomisch erklärt (strukturell bedingte und unüberbrückbare schwerwiegende Informationsasymmetrie), so lassen für Innominatverträge soziologisch-systemtheoretisch inspirierte Ansätze das Leitbild für eine Missbrauchskontrolle ungleich plastischer hervortreten und wird das Phänomen des Informationsübermaßes sowie der fehlenden Bereitschaft, AGBs zu lesen, mit verhaltenswissenschaftlich fundierten Ansätzen am fruchtbarsten erfasst.[376]

VI. Generallinien und Charakteristika

96 Man kann das HGB als eine **Kodifikation des Handelsrechts sehen oder als Teil oder Mittelpunkt eines Netzes von Rechtsgebieten**, national und international und von heterogenem Charakter. Für beides sprechen Gründe. Für die Materien der ersten drei Bücher mag das Erstere besonders überzeugend erscheinen, wobei für das dritte Buch bereits einschränkend zu bedenken ist, dass die großen internationalen Konzerne nach der IRFS-VO Rechnung legen und Rechnungslegungsrecht ohnehin nur vernetzt mit dem Recht der Handelsgesellschaften (Personenhandelsgesellschaften, Kapitalgesellschaften und nahestehende Rechtsformen) und dem Kapitalmarktrecht zu sehen ist. Gänzlich prägend ist die Agenda der nichtfinanziellen („Nachhaltigkeits"-)Berichtserstattung, die so zahlreiche denkbare Adressaten hat. Dabei ist offensichtlich, dass die Sicht von der Frage beeinflusst wird, ob das HGB oder das Handelsrecht den Hauptbetrachtungsgegenstand bildet (das Handelsrecht dann natürlich mit dem HGB als Hauptkristallisationspunkt). Jedoch selbst wenn primär nur das HGB fokussiert wird, sind die Vernetzungen zentral: natürlich mit dem BGB (vor allem im 4. Buch), jedoch auch mit der Internationalität, etwa den besonderen Freiheits- und Rechtsgestaltungsinstrumenten des internationalen Verkehrs (namentlich im Handelsgeschäfts-, aber auch im Handelsgesellschaftsrecht), aber auch mit den Bezügen zu Regulierung im öffentlichen Interesse und – weniger anerkannt – in der Methodik. Daher scheinen **drei Kernaussagen** besonders wichtig, um die so hochstehende Handelsrechtswissenschaft in Deutschland – mit ihren ausponderierten, interessenfokussierten und detailtiefen Analysen – **noch stärker Anschlussfähigkeit** gewinnen zu lassen, räumlich, methodisch-disziplinär und im Proprium des

374 Zu diesem breit verbreiteten Bild vgl. nur *Di Fabio*, Grundrechte als Werteordnung, JZ 2004, 1; *Fraenkel*, Deutschland und die westlichen Demokratien, 6. Aufl. 1974, S. 197 ff.; *Tierney*, Constitutional Law and National Pluralism, 2005; *Walker*, The Idea of Constitutional Pluralism, 65 Modern Law Review (2002), 317; auch *Ovádek*, Constitutional Pluralism between Normative Theory and Empirical Fact (23.10.2018), https://verfassungsblog.de/constitutional-pluralism-between-normative-theory-and-empirical-fact/ (abgerufen am 10.2.2022); breiter *Marmor*, Law in the Age of Pluralism, 2007; zu den Rückwirkungen auf die Methodik: *Lepsius*, Rechtswissenschaft in der Demokratie, 52 Der Staat (2013), 157.

375 Zu diesen Argumenten und der Begrifflichkeit vgl. *Grundmann* (vorige Fn.).

376 Vgl. Literatur oben Fn. 368.

Rechtsgebiets. Und diese drei Kernaussagen und Dimensionen sind untereinander auch eng verbunden.

Das HGB ist ein nationales Gesetz. Daher kann es zwar als **großes Einzelgesetz** gesehen werden – ergänzt durch unmittelbar mit ihm verknüpfte Regelwerke wie EGHGB oder Handelsregisterverordnung –, mit gleicher Berechtigung freilich auch als **Nabel eines Systems des Handelsrechts iwS**. Beide Konzepte sind denkbar, vor allem bei der Gesamtsicht auf das HGB. Im ersten Falle erscheint das 1. Buch als relativ umfassende Regelung seines Gegenstandes, des Handelsstandes – und die große Handelsrechtsreform von 1998 betraf nicht von ungefähr die Kernmaterie Kaufmannsbegriff. Freilich erscheint die Materie doch als insgesamt etwas technisch und nicht so „rund" wie etwa „Firm" (2. Buch) oder „Market" (4. Buch); zudem verlor sie mit der Erosion des Kaufmannbegriffs zugunsten des Unternehmensbegriffs im Kern erheblich an Substanz (große Teile des „potentiellen" Handelsrechts im BGB). Im ersten Falle erscheint sodann das 2. Buch als wichtig, doch keineswegs als der Ort, an dem die für die Volkswirtschaft wichtigsten Formen (gemessen etwa am Bruttoinlandsprodukt) geregelt sind, sondern nur ein gewisser Teil von ihnen und nicht der Gewichtigste (oben Rn. 37). Dann wirkt die Ausgliederung des Aktienrechts 1937 besonders stark als „Verlust". Und das 3. Buch erscheint doch als recht spezieller Regelungsbereich, trotz seiner Wichtigkeit. Schließlich ist bei solch einer Sicht des HGBs (vor allem als Einzelgesetz) das 4. Buch zwangsläufig als fragmentiert zu verstehen,[377] es bedarf stets oder jedenfalls ganz überwiegend des Rekurses auf das BGB. Erstaunlich radikal ändert sich die Sicht, wenn das **HGB als der Nabel eines Systems des Handelsrechts** gesehen wird. Dann wird man – um mit dem 2. Buch zu beginnen – darin den Ausgangspunkt des deutschen Unternehmensrechts sehen,[378] zwar später vor allem des Aktienrechts beraubt, freilich dennoch mit allen anderen Gesellschaftsformen vernetzt – und daher beispielsweise das MoPeG als Reform des gesamten Personengesellschaftsrechts, in der vor allem die Gesellschaft des Bürgerlichen Rechts auf das Leitbild der OHG hin fortentwickelt wurde und das Personengesellschaftsrecht zugleich in den Trend des Internationalen Gesellschaftsrechts im Binnenmarkt aufgenommen wurde (weitgehende Rechtswahlfreiheit, insoweit dem im MoMiG erreichten Stand folgend; vgl. oben Rn. 26). Und das 3. Buch wird dann als Kernmaterie des Informationsmodells der Unternehmen gesehen, das in so vielen Ausprägungen das gesamte Gesellschafts- und vor allem Kapitalmarktrecht prägt,[379] das überhaupt eine so zentrale Rolle für unser Marktdenken und die Theorie der Märkte erlangt hat,[380] und das in der Tat mit den Etappen IFRS und CSR so wahrhaft große globale Entwicklungen getragen hat wie: ein globales Rechnungslegungs- und Informationsmodell für die multinationalen Unternehmen weltweit und die gesamte Nachhaltigkeitsinformation, wiederum weltweit gedacht. Schließlich wird man gerade das 4. Buch als eingebettet in die internationalen Kontexte vor allem des Binnenmarktes und der Globalisierung sehen, auch nicht nur als ein Handelsrecht der Beschleunigung und Erleichterung, sondern als eines einer zunehmend verdichteten „sozialen Verantwortung". 97

Damit verbunden ist eine zweite Form und Kernaussage zu den Anschlüssen und der Anschlussfähigkeit. Sie betrifft die Einbettung in eine **internationale Sicht des Handelsrechts**. Wie das HGB Schnelligkeit, freien Handel und Verlässlichkeit befördern sollte im ausgehenden 98

377 Vgl. Nachw. oben Fn. 36.

378 So etwa die Kommentierung im *Baumbach/Hopt* zum HGB über viele Auflagen hinweg, jetzt Hopt/*Merkt* Vor § 1 Rn. 48–91 (auch 92–101).

379 Vgl. *Grohmann*, Informationsmodell im Europäischen Gesellschaftsrecht, 2006; *Grundmann*, Information und ihre Grenzen im Europäischen und neuen englischen Gesellschaftsrecht', FS Lutter 2000, S. 61; *Merkt*, Unternehmenspublizität – Die Offenlegung von Unternehmensdaten als Korrelat der Marktteilnahme, 2001.

380 Ausgehend von solchen Werken wie namentlich: *Akerlof*, The Market for ‚Lemons': Quality Uncertainty and the Market Mechanism, 84 Quarterly Journal of Economics 488 (1970); *Fama*, Efficient Capital Markets: A Review of Theory and Empirical Work, 25 Journal of Finance 383 (1970); *ders.*, Agency Problems and the Theory of the Firm, Journal of Political Economy 288 (1980); *Stigler*, The Economics of Information, 69 Journal of Political Economy 213 (1961); vgl. auch Überblick, Kontextualisierung und Folgeentwicklungen bei *Grundmann* in Grundmann/Micklitz/Renner, New Private Law Theory, Kapitel 12 und 20.

19. Jahrhundert – und diese Zielsetzung bis heute zu den zentralen zählt und gezählt wird (oben Rn. 43–45) –, so sehr ist diese Zielsetzung doch auch wichtig in einer vernetzten Wirtschaft und dem Handel über die Grenzen hinweg. Daher stellt sich für jede Handelsrechtswissenschaft die Frage, ob sie die Internationalität und insbesondere die EU-Internationalität als prägend und allgegenwärtig versteht oder nicht (sicherlich auch die globale, die nochmals andere Aspekte in den Vordergrund treten lässt). Damit einhergeht eine dann durchaus unterschiedliche Sicht auf HGB und Handelsrecht. Denn einerseits ist zwar überraschend, wie stark man die Binnenmarktagenda ebenfalls mit ebendenselben Zielsetzungen Schnelligkeit, freier Handel und Verlässlichkeit umschreiben kann. Wurden nicht die Grundfreiheiten als eine Erstreckung der Privatautonomie über die Grenzen verstanden (oben Rn. 22), räumlich weitere Befreiung des Handels, und wurde nicht zugleich die Harmonisierungsagenda vor allem mit einer größeren Verlässlichkeit dieses größeren Marktes gerechtfertigt, dem sog. „level playing field" auch in Hinblick auf regulatorische Vorgaben? Zugleich und andererseits ist mit dieser letzten Überlegung doch auf eine zentrale Wesensveränderung verwiesen. Denn die Harmonisierungsagenda nimmt auch die Gefahren und Regulierungsbedürfnisse, die von Unternehmen ausgehen, zentral in den Blick. Zu einem Handelsrecht des laissez faire und seiner Unterstützung mit einer Infrastruktur für die Gestaltung tritt – ganz im Sinne der ordoliberalen Grundüberlegungen, die so prägend für den Binnenmarkt wurden und noch heute bleiben (oben Rn. 22) – ein Handelsrecht der Ordnung, der sozialen Verantwortung.[381] Die Verzahnung der Infrastruktur für die privatrechts- und handelsrechtliche Gestaltung im Handelsgeschäftsrecht und die freiheitserhaltende und -gewährleistende Rahmenordnung in der Regulierung werden hier als untrennbar verzahnt gesehen. Handelsrecht ist mit Wirtschaftsrecht funktional und wechselbezüglich verschränkt.

99 Damit verbunden ist eine dritte Form und Kernaussage zu den Anschlüssen und der Anschlussfähigkeit. Sie betrifft nunmehr **Disziplinen und Methoden**. Handelsrecht hat das Potential, neben der tiefen Durchdringung in der Dogmatik, auch noch stärker ein Zentrum von Methodenpluralismus zu werden. Gerade im globalen Umfeld ist ein Anwendungsfeld zu sehen, das sich – mit seinen pluralistischen Ansätzen – besser nicht eignen könnte.[382] Jedoch auch eine europarechtlich-rechtsvergleichend inspirierte Rechtswissenschaft hat hier einen reichen Gegenstand. Und letztlich liegt darin doch nur eine Rückkehr zu relativ klassischem Terrain: ein wenig *Levin Goldschmidt*, sehr viel sein Schüler *Max Weber*: Er stellt bekanntlich – mit seinem Opus Magnum „Wirtschaft und Gesellschaft" (1921/22 – posthum) – Handel und Wirtschaft ins Zentrum der Gesellschaft und begründete damit eine methodisch progressive Sicht derselben.

100 Dies ist eine Herausforderung für die Handelsrechtswissenschaft, eine Entwicklung – und natürlich gerade auch für einen Kommentar wie diesen und seine Herausgeber. Mit dieser stärker vernetzten Sicht auf das HGB – dieses als Nabel von großen räumlichen, sachlichen und methodischen Dimensionen – ist auch eine geänderte Sicht auf das Wesen des HGB und des Handelsrechts verbunden. Auch die Frage, welche Wesensveränderung es über das 20. Jahrhundert und Anfang des 21. Jahrhunderts erfahren hat, wird dann wohl radikaler und dynamischer zu beantworten und sehen sein.

---

381 Vgl. *Grundmann*, Europäisches Handelsrecht – vom Handelsrecht des laissez faire im Kodex des 19. Jahrhunderts zum Handelsrecht der sozialen Verantwortung, ZHR 163 (1999) 635; tendenziell ähnlich *Reymann*, Das Sonderprivatrecht der Handels- und Verbraucherverträge – Einheit, Freiheit und Gleichheit, 2009.

382 Bemerkenswert die Sicht, dass es die Globalisierung ist, die Pluralismus zu einem main-stream-Ansatz macht: *Michaels*, Global Legal Pluralism, 5 Annual Review of Law and Social Science (2009), 243 (243 et passim); ähnlich von *Benda-Beckmann/Turner*, Legal pluralism, social theory, and the state, 50 The Journal of Legal Pluralism and Unofficial Law (2018), 255 (265).

Handelsgesetzbuch

ERSTES BUCH **Handelsstand**

ERSTER ABSCHNITT **Kaufleute**

§ 1 [Istkaufmann]

(1) Kaufmann im Sinne dieses Gesetzbuchs ist, wer ein Handelsgewerbe betreibt.
(2) Handelsgewerbe ist jeder Gewerbebetrieb, es sei denn, dass das Unternehmen nach Art und Umfang einen in kaufmännischer Weise eingerichteten Geschäftsbetrieb nicht erfordert.

Schrifttum

Armbruster Die Erbengemeinschaft als Rechtsform zum Betrieb eines vollkaufmännischen Handelsgeschäfts, Diss. Tübingen 1965; *F. Baur* Der Testamentsvollstrecker als Unternehmer, FS Dölle, 1963, S. 249; *Becker* Kaufmannseigenschaft und Deutsche Bundesbahn, NJW 1977, 1674; *Bork* Der Schreiner als Kaufmann, JuS 1993, 106; *Bülow/Artz* Neues Handelsrecht, JuS 1998, 680; *P. Bydlinski* Zentrale Änderungen des HGB durch das Handelsrechtsreformgesetz, ZIP 1998, 1169; *Dauner-Lieb* Unternehmen in Sondervermögen, 1998; *Dreher* Der neue Handelsstand, in: Lieb (Hrsg.), Die Reform des Handelsstandes und der Personengesellschaften, 1999, S. 1; *Rob. Fischer* Fortführung eines Handelsgeschäfts durch eine Erbengemeinschaft?, ZHR 144 (1980), 1; *J. v. Gierke* Das Handelsunternehmen, ZHR 111 (1948), 1; *Henssler* Gewerbe, Kaufmann und Unternehmen, ZHR 161 (1997), 13; *Hohensee* Die unternehmenstragende Erbengemeinschaft, 1994; *Hopt* Handelsgesellschaften ohne Gewerbe und Gewinnerzielungsabsicht?, ZGR 1987, 145; *Hüffer* Die Fortführung des Handelsgeschäfts in ungeteilter Erbengemeinschaft und das Problem des Minderjährigenschutzes, ZGR 1986, 603; *Kaempfe* Die Partenreederei als Kaufmann, MDR 1982, 975; *Kaiser* Reformen des Kaufmannsbegriffs – Verunsicherung des Handelsverkehrs, JZ 1999, 495; *Kögel* Der nach Art und Umfang in kaufmännischer Weise eingerichtete Geschäftsbetrieb – eine unbekannte Größe, DB 1998, 1802; *Kort* Zum Begriff des Kaufmanns im deutschen und französischen Handelsrecht, AcP 193 (1993); 451; *ders.* Kriterien für das Betreiben eines Handelsgewerbes i.S.v. § 1 Abs. 2 HGB, DB 2019, 771; *Kunz* Der Minderjährige als Kaufmann, ZblJugR 1981, 490; *Landwehr* Die Kaufmannseigenschaft der Handelsgesellschafter, JZ 1967, 198; *Lastig* Der Gewerbetreibenden Eintragungspflicht zum Handelsregister und Beitragspflicht zur Handelskammer und Handwerkskammer, Festgabe für Fitting, 1902/1979, S. 527; *Lieb* Zur Kaufmannseigenschaft der Gesellschafter von KG und OHG, DB 1967, 759; *ders.* Probleme des neuen Kaufmannsbegriffs, NJW 1999, 35; *Adolf Maier* Zur Kaufmannseigenschaft von Software-Entwicklern, NJW 1986, 1909; *Gert Meier* Der Lebensmittel-Einzelhändler als Vollkaufmann, DB 1977, 2315; *Michalski* Das Gesellschafts- und Kartellrecht der berufsrechtlich gebundenen freien Berufe, 1989; *H.-F. Müller* Der Kaufmannsbegriff, JA 2021, 454; *W. Müller* Einbeziehung der freien Berufe in das Handelsrecht, Diss. Kiel 1968; *Neuner* Handelsrecht-Handelsgesetz-Grundgesetz, ZHR 157 (1993), 243; *Raisch* Bedeutung und Wandlung des Kaufmannsbegriffs in der neueren Gesetzgebung, FS Ballerstedt, 1975, S. 443; *ders.* Freie Berufe und Handelsrecht, FS Rittner, 1991, S. 471; *K. Schmidt* Zur Kaufmannfähigkeit von Gesamthandsgemeinschaften, JZ 1973, 299; *ders.* Zum gesellschaftsrechtlichen Status der Besitzgesellschaft bei der Betriebsaufspaltung, DB 1988, 572; *ders.* Bemerkungen und Vorschläge zur Überarbeitung des HGB, DB 1994, 515; *ders.* HGB-Reform im Regierungsentwurf, ZIP 1997, 909; *ders.* Das Handelsrechtsreformgesetz, NJW 1998, 2161; *ders.* „Konstitutive" und „deklaratorische" Eintragungen nach §§ 1 ff HGB, ZHR 163 (1999), 87; *ders.* Fünf Jahre „neues Handelsrecht", JZ 2003, 585; *Schmitt* Die Rechtsstellung der Kleingewerbetreibenden nach dem Handelsrechtsreformgesetz, 2003; *Schön* Die vermögensverwaltende Personengesellschaft – ein Kind der HGB-Reform, DB 1998, 1169; *Siems* Kaufmannsbegriff und Rechtsfortbildung, 2. Aufl. 2003; *Steißlinger* Der Gewerbebegriff im Handels- und Steuerrecht, 1989; *Taupitz* Die Standesordnungen der freien Berufe, 1991; *Treber* Der Kaufmann als Rechtsbegriff im Handels- und Verbraucherrecht, AcP 199 (1999), 525; *H.-D. Wagner* Die Kaufmannseigenschaft des OHG-Gesellschafters, Diss. Köln 1969; *Wassner* Inhaber und Strohmann beim Einzelunternehmen, ZGR 1973, 427; *Wessel* Der Kaufmannsbegriff, BB 1977, 1226; *Manfred Wolf* Die Fortführung eines Handelsgeschäfts durch die Erbengemeinschaft, AcP 181 (1981), 480.

https://doi.org/10.1515/9783110564440-002

Übersicht

I. Allgemeines

1 Die Vorschrift des § 1 bildet die Zentralnorm für den Kaufmannsstatus, auf der die nachfolgenden §§ 2 bis 7 aufbauen. Zugleich liefert diese die Grundlage für das Personengesellschaftsrecht, da § 105 Abs. 1 für die Errichtung einer Offenen Handelsgesellschaft den Betrieb eines Handelsgewerbes voraussetzt, was wegen der Verweisungsnorm in § 161 Abs. 2 ebenfalls für eine Kommanditgesellschaft gilt. Keine Bedeutung hat § 1 für das Kapitalgesellschaftsrecht, da die rechtsformspezifischen Kodifikationen (AktG, GmbHG) die jeweiligen Gesellschaften den Handelsgesellschaften im Sinne des HGB zuordnen (s. § 3 Abs. 1 AktG, § 13 Abs. 3 GmbHG) und § 6 Abs. 1 diese in den Anwendungsbereich der Bestimmungen einbezieht, die für Kaufleute gelten. Einen geringfügig anderen rechtstechnischen Weg hat der Gesetzgeber für die Genossenschaft beschritten: Diese fingiert das GenG nicht als Handelsgesellschaft im Sinne des HGB, sondern § 17 Abs. 2 GenG stellt die Genossenschaft mittels einer Fiktion unmittelbar den Kaufleuten im Sinne des HGB gleich. Damit vergleichbar hat der Gesetzgeber auch für den Versicherungsverein auf Gegenseitigkeit (VVaG) die Vorschriften des Ersten und Vierten Buches des HGB für entsprechend anwendbar erklärt (§ 172 Satz 1 VAG).

Nach § 1 tritt die Kaufmannseigenschaft nicht erst aufgrund einer Eintragung im Handelsregister, sondern bereits kraft Gesetzes ein, wenn ein Handelsgewerbe betrieben wird (§ 1 Abs. 1). Wegen dieser ausschließlich an das tatsächliche Betreiben eines Handelsgewerbes anknüpfenden Voraussetzung und der willensunabhängigen Erlangung des Status als Kaufmann hat sich für diese Kategorie der Kaufleute die begriffliche Kennzeichnung als „Ist-Kaufmann" durchgesetzt.[1] Er „ist" allein aufgrund seiner Betätigung Kaufmann im Sinne des Gesetzes. Die früher verbreitete Umschreibung als „Muss-Kaufmann" besagt inhaltlich zwar nichts anderes, ist aber im Hinblick auf das materielle Handelsrecht verfehlt, weil diese die Rechtslage nur aus der Perspektive des Registergerichts widerspiegelt.[2] Den Kaufmann im Sinne des § 1 Abs. 1 trifft nach § 29 die Pflicht zur Anmeldung seiner Firma, er „muss" deren Eintragung zum Handelsregister anmelden. Da die Erlangung der Kaufmannseigenschaft nach § 1 Abs. 1 jedoch unabhängig von der Registereintragung bereits kraft Gesetzes eintritt, kommt es hierfür nicht auf die lediglich deklaratorisch wirkende Registereintragung an (s. auch Rn 104). 2

Die Vorschrift des § 1 Abs. 1 dient darüber hinaus als Anknüpfungspunkt, um weiteren Personen die Kaufmannseigenschaft zuzubilligen. Dazu bedient sich das HGB – wie das Kapitalgesellschaftsrecht – regelungstechnisch einer Fiktion, die sich jedoch nicht auf die Kaufmannseigenschaft („gilt als Kaufmann"), sondern auf das Vorliegen eines Handelsgewerbes bezieht („gilt als Handelsgewerbe"). Hierauf greift das HGB vor allem für diejenigen Personen zurück, deren gewerbliches Unternehmen im Hinblick auf Art oder Umfang ihres Geschäftsbetriebes nicht die Voraussetzungen des § 1 Abs. 2 (Erforderlichkeit eines in kaufmännischer Weise eingerichteten Geschäftsbetriebes) erfüllen. Für diese **„Kleingewerbetreibenden"** fingiert § 2 Satz 1 das Vorliegen eines Handelsgewerbes (s. § 2 Rn 25), wenn sie von ihrer Eintragungsoption (§ 2 Satz 2) Gebrauch gemacht haben und unter ihrer für das gewerbliche Unternehmen gewählten Firma in das Handelsregister eingetragen sind. Wegen dieser Fiktion erfüllen sie die Voraussetzungen in § 1 Abs. 1 und sind damit Kaufleute im Sinne des HGB (s. § 2 Rn 25). Da sie diesen Rechtsstatus nicht bereits aufgrund des willentlich betriebenen gewerblichen Unternehmens erlangen, sondern es hierfür eines gesonderten Willensentschlusses in Gestalt der Anmeldung beim Handelsregister bedarf, zu der nach § 2 Satz 2 keine Rechtspflicht besteht (s. § 2 Rn 9), hat sich für die Gruppe der Kleingewerbetreibenden – in Anlehnung an die tradierte Begriffsbildung zu § 3 (s. § 3 Rn 2 a.E.) – die Kennzeichnung als „Kann-Kaufleute" etabliert. 3

Entsprechendes gilt für **Betriebe der Land- und Forstwirtschaft,** für die § 1 Abs. 1 nach dem zu weit gefassten Wortlaut des § 3 Abs. 1 (s. § 3 Rn 6) keine Anwendung findet. Dies führt – wie anderenorts näher ausgeführt – dazu, dass der Betreiber eines land- oder forstwirtschaftlichen Unternehmens nicht bereits kraft seiner Betätigung die Kaufmannseigenschaft erlangt, da es sich bei diesem aufgrund ausdrücklicher Festlegung des Gesetzes nicht um den Betrieb eines Handelsgewerbes handelt. Vielmehr wird dieses erst aufgrund der Verweisung in § 3 Abs. 2 auf § 2 – und damit auf dessen Satz 1 – wie bei Kleingewerbetreibenden fingiert (s. näher § 3 Rn 5). Allerdings eröffnet § 3 Abs. 2 den Weg zum „Handelsgewerbe" und damit zur Erlangung der Kaufmannseigenschaft nicht für alle Inhaber eines land- oder forstwirtschaftlichen Betriebes, sondern ausschließlich für solche, die die Voraussetzungen des § 1 Abs. 2 für ein Handelsgewerbe erfüllen, anderenfalls bleibt ihnen dieser Weg zur Kaufmannseigenschaft nach der hier befürworteten Auffassung (s. § 3 Rn 34 ff) grundsätzlich verschlossen. Lediglich dann, wenn sie ein mit dem land- oder forstwirtschaftlichen Unternehmen verbundenes Nebengewerbe betreiben, dass seinerseits die Voraussetzungen eines Handelsgewerbes in § 1 Abs. 2 erfüllt, können sie nach § 3 Abs. 3, der Abs. 2 der Vorschrift und damit auch die dortige Verweisung auf § 2 Satz 1 für entsprechend anwendbar erklärt, beschränkt auf das Nebengewerbe die Kaufmannseigenschaft erwerben. Wegen der unmittelbaren Verweisung in § 3 Abs. 2 sowie der mittelbaren Verweisung in § 3 Abs. 3 auf § 2 Satz 2 steht es jedoch – wie Kleingewerbetreibenden – im Belieben des Inhabers, ob er das von ihm betriebene land- oder forstwirtschaftliche Unternehmen – bzw. 4

1 Kritisch *K. Schmidt* Handelsrecht § 10 Rn 82: „Sprachliche Entgleisung".
2 Ausdrücklich ablehnend *K. Schmidt* Handelsrecht § 10 Rn 82.

genauer die hierfür gewählte Firma – bei dem Handelsregister zur Eintragung anmeldet. Deshalb zählen die Inhaber land- oder forstwirtschaftlicher Unternehmen – wie bereits nach § 3 a.F. – gleichermaßen zu der Gruppe der „Kann-Kaufleute".

5 Mit dogmatischen Zweifeln ist die **Einordnung des § 5** in das System der §§ 1 bis 7 behaftet. Die Vorschrift reagiert nach ihrem Wortlaut insbesondere auf die Situation, dass ein Kaufmann mit seiner Firma in das Handelsregister eingetragen ist, er sich jedoch in Folge nachträglich eingetretener Veränderungen des Betriebes gegenüber Dritten darauf beruft, das unter der Firma betriebene Gewerbe sei kein Handelsgewerbe (mehr). Diesen Einwand schließt § 5 aus („kann [...] nicht geltend gemacht werden"). Das im Schrifttum vorherrschende Verständnis hat sich im Hinblick auf die dogmatische Einordnung der Norm indes von deren Wortlaut weitgehend gelöst und liest die Vorschrift im Sinne einer Fiktion (s. § 5 Rn 3). Bei Inhabern eines Unternehmens, deren Firma zwar in das Handelsregister eingetragen ist, die aber kein Handelsgewerbe betreiben, fingiere § 5 die Kaufmannseigenschaft (**„Fiktivkaufmann"**[3]). Dem ist allerdings schon deshalb zu widersprechen, weil sich § 5 nicht unmittelbar auf den Kaufmannsstatus, sondern primär auf das Handelsgewerbe bezieht (s. § 5 Rn 3). Wenn überhaupt, dann fingiert § 5 das Vorliegen eines Handelsgewerbes,[4] was jedoch im Ergebnis – analog der Regelungstechnik in § 2 Satz 1 – über § 1 Abs. 1 zur Kaufmannseigenschaft des Inhabers führt. Ob der Norm diese Rechtsfolge tatsächlich zu entnehmen ist, ist an anderer Stelle erörtert (s. § 5 Rn 3).

6 Während die §§ 1 bis 5 nach ihrem unmittelbaren Anwendungsbereich auf natürliche Personen beschränkt sind, erfasst § 6 die von einem Personenzusammenschluss betriebenen Gewerbe. Insoweit stellt § 6 Abs. 1 für Handelsgesellschaften zunächst klar, dass auch für sie die für Kaufleute geltenden Vorschriften Anwendung finden. Hieraus folgt zugleich, dass Handelsgesellschaften im Sinne dieser Vorschrift (s. § 6 Rn 6 ff) keine Kaufleute sind. Anders ist die Rechtslage für die von § 6 Abs. 2 erfassten Vereine (s. § 6 Rn 23 ff), für die sich die Bezeichnung **„Formkaufleute"** eingebürgert hat. Sie sind kraft ihrer Rechtsform Kaufleute, ohne dass es darauf ankommt, ob sie ein Handelsgewerbe im Sinne des § 1 Abs. 2 betreiben.

7 Neben § 5 und dem durch die Eintragung in das Handelsregister begründeten Schutz des Rechtsgeschäftsverkehrs ist im Grundsatz anerkannt, dass das tatsächliche Auftreten gegenüber Dritten dazu führen kann, dass der Handelnde wie ein Kaufmann in den Anwendungsbereich handelsrechtlicher Vorschriften einzubeziehen ist. In diesem Fall kommt es im Ergebnis zu einer Gleichstellung von Schein und Sein, für die sich die Umschreibung **„Scheinkaufmann"** etabliert hat (s. näher § 5 Rn 24 ff).

8 Die in Rn 2 bis 6 dargestellte Systematik des HGB zum Kaufmannsbegriff beruht auf dem im Jahre 1998 in Kraft getretenen Handelsrechtsreformgesetz und löste die überkommene und seit dem Jahre 1900 geltende Konzeption ab. Kennzeichnend war für diese die Anknüpfung an sog. Grundhandelsgewerbe, die § 1 Abs. 2 a.F. abschließend aufzählte und deren Betrieb *ipso iure* zur Erlangung der Kaufmannseigenschaft führte. Außerhalb des Bereichs der Grundhandelsgewerbe (sog. handwerkliche oder sonstige gewerbliche Unternehmen) traf die Inhaber eine Pflicht zur Eintragung in das Handelsregister (§ 2 Satz 2 a.F.), wenn der Gewerbebetrieb nach Art und Umfang einen in kaufmännischer Weise eingerichteten Geschäftsbetrieb erforderte. Für die so umschriebene Gruppe der sog. Sollkaufleute führte erst die Eintragung im Handelsregister zur Fiktion eines Handelsgewerbes und damit zur Erlangung der Kaufmannseigenschaft. Erforderte der Gewerbebetrieb hingegen nach Art und Umfang keinen in kaufmännischer Weise eingerichteten Geschäftsbetrieb, dann war nach dem seit der Novelle aus dem Jahre 1953[5] geltenden Rechtszustand zu differenzieren: Während den Inhabern handwerklicher oder sonstiger gewerblicher Unternehmen der Erwerb der Kaufmannseigenschaft verwehrt blieb, unterlagen Inhaber eines Grundhandelsgewerbes, das nach Art oder Umfang keinen in kaufmännischer

3 So z.B. *Brox/Henssler* § 2 Rn 46; *Fischinger* Rn 26; *Hübner* Rn 18; *H.-F. Müller* JA 2021, 454 (459); *Stöber* Rn. 58.

4 Treffend Ebenroth/Boujong/Joost/Strohn/*Kindler* Rn 4.

5 Zu der davor geltenden Rechtslage s. Staub/*Brüggemann*[4] § 4 Rn 1.

Weise eingerichteten Geschäftsbetrieb erforderte, als sog. Minderkaufleute grundsätzlich den handelsrechtlichen Vorschriften; § 4 a.F. nahm hiervon lediglich die Vorschriften über die Firma, die Handelsbücher sowie die Prokura aus und verwehrte (s. § 4 Abs. 2 a.F.) zudem den Zugang zur Offenen Handelsgesellschaft sowie zur Kommanditgesellschaft.

Einen anderen konzeptionellen Ansatz verfolgte demgegenüber noch das ADHGB von 1869. 9
Dieses enthielt zwar in Art. 4 ebenfalls eine allgemeine Bestimmung dazu, wer als Kaufmann im Sinne des Gesetzes anzusehen war, knüpfte hierfür aber nicht an den Betrieb eines Handelsgewerbes an, sondern sah das gewerbsmäßige Betreiben von Handelsgeschäften als maßgeblich an, die wiederum in Art. 271 und 272 ADHGB abschließend aufgezählt wurden und die die Basis für den späteren Katalog der Grundhandelsgewerbe in § 1 Abs. 2 a.F. legten. Neben den Sonderregeln zur Handelsfrau (Art. 6 bis 9 ADHGB) traf zudem Art. 10 ADHGB eine Sonderbestimmung für Personen mit „geringem Gewerbebetrieb“, die in ihrem Kern die spätere Vorschrift für Minderkaufleute (§ 4 a.F.) vorwegnahm.

Die auch heute noch in § 1 anzutreffende Anknüpfung an den „Handel“ ist zwar inzwischen 10
überholt, sie findet aber nicht nur in dem Rückgriff des Art. 4 ADHGB auf die Handelsgeschäfte eine dogmengeschichtliche Wurzel, sondern lässt sich zurückverfolgen bis in das Zeitalter des Ständewesens. So zählte z.B. das Preußische Allgemeine Landrecht zum Bürgerstand (PrALR II 8) neben den Handwerkern (§§ 179 ff) auch die Kaufleute (§ 475) und normierte für diese zahlreiche Sonderbestimmungen (§§ 497 ff). Kaufmann war danach, wer den Handel mit Waren oder Wechseln als sein Hauptgeschäft betrieb. Ausgenommen blieben indes Krämer in Dörfern, Hausierer, Trödler und gemeine Viktualienhändler (§ 486) sowie Personen, die nur einzelne Lieferungen übernahmen. Ein Relikt aus der Zeit einer nach Ständen gegliederten Gesellschaftsverfassung enthält unverändert der Titel des Ersten Buches des HGB („Handelsstand“).

Im Vergleich zu der in Rn 8 skizzierten früheren Rechtslage ist die mit dem Handelsrechtsre- 11
formgesetz vorgenommene Korrektur zwar sehr zurückhaltend ausgefallen, gleichwohl aber zu begrüßen, da insbesondere die unzeitgemäße Differenzierung zwischen dem altertümlich anmutenden Katalog der Grundhandelsgewerbe (§ 1 Abs. 2 a.F.) sowie den handwerklichen und sonstigen Unternehmen (§ 2 a.F.) beseitigt wurde. Weiterreichende Reformvorschläge, die für einen grundsätzlichen Wandel zu einer am „Unternehmen“ ausgerichteten Kodifikation plädierten,[6] stießen indes noch auf Ablehnung.[7] Als wesentlich mutiger hat sich deshalb der österreichische Reformgesetzgeber erwiesen, der wenige Jahre später (2005) die tradierte Anknüpfung an den Kaufmannstatus aufgegeben, stattdessen auf das Unternehmen abgestellt (s. § 1 UGB) und konsequenterweise auch die Kodifikation umbenannt hat (Unternehmensgesetzbuch).[8]

Die Anknüpfung an das „Unternehmen“ hätte nicht nur den Vorteil, dass die inzwischen 12
überholte und angesichts des Inhalts der §§ 1 und 2 verfehlte sprachliche Bezugnahme auf den „Handel“ aufgegeben würde. Beseitigt würde auch die teleologisch unbefriedigende Diskrepanz zum allgemeinen Privatrecht, die im Zuge der unionsrechtlich determinierten Gesetzgebung zum Verbraucherschutz als Antipoden zum Verbraucher nicht den Kaufmann, sondern den Unternehmer erhebt.[9] Die in allgemeiner Form in § 14 BGB aufgenommene Umschreibung („gewerbliche oder selbständige berufliche Tätigkeit“) ist zwar im Hinblick auf den derzeitigen handelsrechtlichen Normhaushalt unter Umständen partiell zu weit, dem könnte aber durch Bereichsausnahmen oder – wie im Bilanzrecht (s. § 267) – durch größenabhängige Sonderbestimmungen für Kleinunternehmen Rechnung getragen werden.

6 Hierfür insbesondere *K. Schmidt* DB 1994, 515 ff.

7 Reg. Begr., BT-Drucks. 13/8444, S. 22 f.

8 S. näher *Krejci* ZHR 170 (2006), 113 ff; *K. Schmidt* Handelsrecht § 3 Rn 4 ff. sowie aus der Reformdiskussion z.B. *Krejci/K. Schmidt* Vom HGB zum Unternehmergesetz, Wien 2002; *K. Schmidt* JBl. 2004, 31 ff; *Harrer/Mader* (Hrsg.), Die HGB-Reform in Österreich, 2005; *Winkler* Kaufmann quo vadis, 2002; im Hinblick auf den personellen Anwendungsbereich auch *Dehn* JBl. 2004, 5 f.

9 S. *Treber* AcP 199 (1999), 525 (552 ff); in dieser Richtung ebenfalls BeckOGK-HGB/*Servatius* Rn. 6.

II. Handelsgewerbe als Zentralbegriff für die Kaufmannseigenschaft

1. Überblick

13 Die Kaufmannseigenschaft knüpft § 1 Abs. 1 an das Vorliegen eines Handelsgewerbes. Diesbezüglich sind zwei Elemente zu trennen.[10] Erstens das Vorliegen eines „Gewerbes" und zweitens das Hinzutreten weiterer Umstände, die dazu führen, dass dieses ein „Handelsgewerbe" im Sinne des Handelsrechts ist. Die Notwendigkeit zu dieser Trennung ergibt sich unmittelbar aus § 1 Abs. 2, wonach nicht jeder Gewerbebetrieb, sondern nur derjenige, der nach Art und Umfang einen in kaufmännischer Weise eingerichteten Geschäftsbetrieb erfordert, Handelsgewerbe ist. Dabei zeigt § 1 Abs. 2 auch, dass das HGB zumindest Gewerbe und Unternehmen synonym verwendet;[11] § 2 Satz 1 bestätigt dies zusätzlich, indem die Norm beide Begriffe zusammenfügt („gewerbliches Unternehmen").[12]

2. Der Gewerbebegriff im Handelsrecht

14 **a) Vorbemerkung.** Auf das „Gewerbe" hat der Gesetzgeber nicht nur im HGB, sondern auch in einer Vielzahl anderer Vorschriften zurückgegriffen.[13] Exemplarisch ist auf das öffentlich-rechtliche Gewerberecht (s. § 1 GewO) sowie das Steuerrecht und dort neben dem Gewerbesteuerrecht (s. § 2 GewStG) vor allem auf das Einkommensteuerrecht hinzuweisen, das in § 15 Abs. 2 EStG den Gewerbebetrieb als selbständige nachhaltige Betätigung, die mit der Absicht Gewinn zu erzielen, unternommen wird und sich als Beteiligung am allgemeinen wirtschaftlichen Verkehr darstellt, umschreibt, hiervon aber die Ausübung von Land- und Forstwirtschaft sowie eines freien Berufes und andere selbständige Tätigkeiten ausklammert.[14] Die Konkretisierung des Gewerbebegriffs im Handelsrecht wurde jedoch weniger durch die vorstehende Umschreibung in § 15 Abs. 2 EStG, sondern – historisch bedingt – durch den vormals in § 196 Abs. 1 Nr. 1 BGB a.F. enthaltenen Gewerbebegriff geprägt. Die ständige höchstrichterliche Rechtsprechung zählte hierzu im Ausgangspunkt jeden berufsmäßigen Geschäftsbetrieb, der von der Absicht dauernder Gewinnerzielung beherrscht ist.[15]

15 Die tradierte Auffassung im Handelsrecht neigt dazu, den Gewerbebegriff zu § 196 Abs. 1 Nr. 1 BGB a.F. in der Regel unreflektiert für § 1 zu adaptieren.[16] Eine methodische Rechtfertigung hierfür liefert noch am ehesten die für § 196 Abs. 1 Nr. 1 BGB a.F tragende teleologische Erwägung, die aus einem Gewerbebetrieb stammenden Forderungen vor allem deshalb aus der kurzen zweijährigen Verjährungsfrist auszuklammern, weil das Vorliegen einer Buchführung und damit das Vorhandensein kaufmännischer Einrichtungen (s. §§ 238 ff) die Gefahr einer „Verdunkelung" der Rechtsverhältnisse verringert.[17] Allerdings zeigt bereits dieses teleologische Fundament des § 196 Abs. 1 Nr. 1 BGB a.F., dass eine schematische Übertragung auf den Gewerbebegriff im HGB die Gefahr sachwidriger Ergebnisse in sich birgt. Das Vorliegen kaufmännischer Einrichtungen, wie z.B. ei-

---

10 Wie hier z.B. HaKo-HGB/*Keßler* Rn 28; *Kindler* § 2 Rn 33; Röhricht/v. Westphalen/Haas/*Ries* Rn 13 f.

11 In diesem Sinne auch *Canaris* Handelsrecht § 2 Rn 7.

12 S. auch *Schmitt* Die Rechtsstellung der Kleingewerbetreibenden nach dem Handelsrechtsreformgesetz, 2003, S. 39.

13 S. Heymann/*Förster* HGB Rn 11 ff.

14 S. Heymann/*Förster* HGB Rn 18; *Stöber* Rn. 25.

15 So z.B. BGH 18.1.1968 – VII ZR 101/65 – BGHZ 49, 258 (260); BGH 28.10.1971 – VII ZR 15/70 – BGHZ 57, 191 (199); BGH 22.4.1982 – VII ZR 191/81 – BGHZ 83, 382 (386).

16 So z.B. Koller/Kindler/Roth/Drüen/*Roth* Rn 3; im Grundsatz auch Röhricht/v. Westphalen/Haas/*Ries* Rn 21, 23 sowie i.E. Ebenroth/Boujong/Joost/Strohn/*Kindler* Rn 17; Hopt/*Merkt* Rn 12; zurückhaltend Pfeiffer/*Pfeiffer* Handbuch der Handelsgeschäfte, 1999, § 1 Rn 63.

17 Staudinger/*Peters* (2001) § 196 Rn 21; s. auch BGH 27.3.1972 – VII ZR 31/71 – BGHZ 58, 251 (256); BGH 10.6.1974 – VII ZR 44/73 – BGHZ 63, 32 (34 f); Heymann/*Förster* HGB Rn 12 f.

ner Buchführung, ist – wie § 1 Abs. 2 zeigt – kein Element des Gewerbebegriffs, sondern betrifft den in kaufmännischer Weise eingerichteten Geschäftsbetrieb und damit das zweite Element, dass für ein Handelsgewerbe vorliegen muss (s. auch Rn 93 ff). Darüber hinaus stützt die historische Entwicklung eher die Annahme, dass sich die Begriffsbildung zu § 196 Abs. 1 Nr. 1 BGB a.F. aus der vorherigen handelsrechtlichen Diskussion speiste, da insbesondere Art. 4 ADHGB auf das „gewerbsmäßige" Betreiben von Handelsgeschäften abstellte und hierfür die Absicht verlangt wurde, aus den Geschäften eine dauernde Einkommensquelle zu finden oder zu besitzen.[18]

Gerade wegen der Versuchung, den Gewerbebegriff in § 1 mittels Anleihen aus anderen Rechtsgebieten zu konkretisieren, ist im methodischen Ausgangspunkt festzuhalten, dass es sich bei dem Gewerbebegriff um einen teleologisch-funktionalen Rechtsbegriff handelt, der im Lichte seines jeweils verschiedenartigen normativen Kontextes zu interpretieren ist, wenn nicht das Gesetz selbst – wie z.B. § 2 Abs. 1 GewStG – an die Begriffsbildung in anderen Kodifikationen anknüpft.[19] Da dies in § 1 nicht geschehen ist und auch im Rahmen des Handelsrechtsreformgesetzes bewusst von einer eigenständigen Definition des Gewerbebegriffs abgesehen wurde,[20] muss in erster Linie der Zweck des § 1 im Vordergrund stehen,[21] ohne hierdurch auszuschließen, aus den begrifflichen Konkretisierungen zu anderen Gesetzen Anhaltspunkte zu gewinnen, insbesondere dann, wenn die dortige Interpretation maßgeblich und erkennbar von dem handelsrechtlichen Verständnis beeinflusst oder dieses ausweislich der Motive von dem Gesetzgeber sogar zugrunde gelegt worden ist.[22] Insofern geben die Materialien zum Handelsrechtsreformgesetz immerhin die Bekundung des Gesetzgebers wieder, dass es bei der bisherigen Definition durch die höchstrichterliche Rechtsprechung verbleiben soll.[23] 16

Mit den in Rn 16 skizzierten methodischen Vorbehalten erfordert der handelsrechtliche Gewerbebegriff jedenfalls eine selbständige, planmäßige und dauerhafte, nach außen angelegte Tätigkeit auf wirtschaftlichem Gebiet.[24] Nach überkommener Auffassung soll hinzukommen müssen, dass die Tätigkeit mit der Absicht der Gewinnerzielung verfolgt wird (s. auch § 15 Abs. 2 EStG) und erlaubt ist. Einen abweichenden Ansatz wählte indes der österreichische Reformgesetzgeber, der im Rahmen des an die Stelle des HGB getretenen Unternehmensgesetzbuches (s. Rn 11) an das „Unternehmen" anknüpft und hierzu jede auf Dauer angelegte Organisation selbständiger wirtschaftlicher Tätigkeit zählt, mag sie auch nicht auf Gewinn gerichtet sein (s. § 1 Abs. 2 UGB). 17

b) Selbständige Tätigkeit. Das allgemein anerkannte Erfordernis einer selbständigen Tätigkeit[25] soll diejenigen Tätigkeiten ausklammern, deren Ausübung hinsichtlich Inhalt, Ort und Zeit maßgeblich von Weisungen anderer Personen beeinflusst wird. Eine Bestätigung hierfür liefert 18

18 So z.B. *Gareis/Fuchsberger* ADHGB, 1891, Art. 4 Anm. 2; ähnlich *Staub* ADHGB, 2. Aufl. 1894, Art. 4 § 2: dauernde Gewinnquelle.

19 HaKo-HGB/*Keßler* Rn 15; Hopt/*Merkt* Rn 11; *Steinbeck* § 6 Rn 1. S. in methodischer Hinsicht ebenso für den „Gewerbebetrieb" in § 196 Abs. 1 Nr. 1 BGB a.F. BGH 7.7.1960 – VIII ZR 215/59 – BGHZ 33, 321 (327 f); BGH 10.5.1979 – VII ZR 97/78 – BGHZ 74, 273 (277 f).

20 Reg. Begr., BT-Drucks. 13/8444, S. 24.

21 Treffend *Canaris* Handelsrecht § 2 Rn 1 sowie BeckOGK-HGB/*Servatius* Rn. 14; BeckOK-HGB/*Schwartze* Rn 9; Ebenroth/Boujong/Joost/Strohn/*Kindler* Rn 15; HK-HGB/*Ruß* Rn 28; Oetker/*Körber* Rn 11; Röhricht/v. Westphalen/Haas/*Ries* Rn 19 ff.

22 S. Röhricht/v. Westphalen/Haas/*Ries* Rn 18.

23 Reg. Begr., BT-Drucks. 13/8444, S. 24. Zum methodischen Stellenwert der dortigen Aussagen des historischen Gesetzgebers s. *Siems* Kaufmannsbegriff und Rechtsfortbildung, 2. Aufl. 2003, S. 23 ff.

24 S. insoweit auch Reg. Begr., BT-Drucks. 13/8444, S. 24.

25 S. *Bayer/Lieder* Rn 22; BeckOGK-HGB/*Servatius* Rn. 17; BeckOK-HGB/*Schwartze* Rn 11; *Bitter/Schumacher* Rn 6; *Bülow/Artz* Rn 25; Ebenroth/Boujong/Joost/Strohn/*Kindler* Rn 21; *Fischinger* Rn 30; HaKo-HGB/*Keßler* Rn 18; Heymann/*Förster* HGB Rn 20; Hopt/*Merkt* Rn 14; *Hübner* Rn 23; *Kindler* § 2 Rn 36; Oetker/*Körber* Rn 13; Pfeiffer/*Pfeiffer* Handbuch der Handelsgeschäfte, 1999, § 1 Rn 67; MünchKommHGB/*K. Schmidt* Rn 27; Röhricht/v. Westphalen/Haas/*Ries* Rn 25; *Steinbeck* § 6 Rn 2; *Weller/Prütting* Rn. 88.

§ 84 Abs. 1, der für Handelsvertreter ausdrücklich fordert, dass es sich um „selbständige" Gewerbetreibende handelt, und hierfür in Satz 2 verlangt, dass die Gestaltung der Tätigkeit sowie die Bestimmung der Arbeitszeit im Wesentlichen frei erfolgen muss.[26] Hierdurch werden insbesondere Tätigkeiten im Rahmen eines Arbeitsverhältnisses (s. auch § 611a Abs. 1 BGB) oder eines Beamtenverhältnisses aus dem handelsrechtlichen Gewerbebegriff ausgeklammert;[27] Arbeitnehmer und Beamte können aufgrund der in dieser Eigenschaft erbrachten Tätigkeit keine Kaufleute sein.

19 Unerheblich für die Selbständigkeit einer Tätigkeit sind die **wirtschaftlichen Rahmenbedingungen**, unter denen diese erbracht wird. Auch hierfür liefert das Recht des Handelsvertreters eine Bestätigung. Obwohl § 84 Abs. 1 Satz 1 für den Handelsvertreter eine „selbständige" Tätigkeit fordert, geht § 92a davon aus, dass selbst der Umstand, dass die Tätigkeit nur für einen Unternehmer erbracht werden darf oder dies wegen Art und Umfang der Tätigkeit nur geschehen kann, nicht den Verlust der Selbständigkeit bewirkt. Deshalb führt eine **wirtschaftliche Abhängigkeit**, wie sie in den von § 92a erfassten Sachverhalten offenkundig vorliegt, weder zum Verlust der Selbständigkeit noch steht diese einem Gewerbebetrieb im Sinne des Handelsrechts entgegen.[28]

20 **c) Planmäßigkeit und Dauerhaftigkeit der Tätigkeit.** Die Notwendigkeit einer planmäßigen und auf Dauer angelegten Tätigkeit für ein handelsrechtliches Gewerbe[29] erschließt sich indirekt aus § 1 Abs. 2, der davon ausgeht, dass das Gewerbe die Qualität eines „Geschäftsbetriebes" hat, der für die Eigenschaft als Handelsgewerbe zusätzlich wegen Art und Umfang in kaufmännischer Weise eingerichtet sein muss. Einen Geschäftsbetrieb unterhält jedoch nur derjenige, dessen Tätigkeit auf eine **unbestimmte Vielzahl von Geschäften** angelegt ist.[30] Hieran fehlt es typischerweise bei den für ein einziges Bauprojekt gebildeten Arbeitsgemeinschaften (ARGE), unabhängig von Größe und Dauer des Bauvorhabens.[31] Selbiges Erfordernis, das bereits für eine

---

26 Wie hier z.B. auch *Bayer/Lieder* Rn 22; BeckOGK-HGB/*Servatius* Rn. 17; BeckOK-HGB/*Schwartze* Rn 11; *Canaris* Handelsrecht § 2 Rn 2; *Fischinger* Rn 30; HaKo-HGB/*Keßler* Rn. 18; Heymann/*Förster* HGB Rn 20; *Hübner* Rn 23; *Kindler* § 2 Rn 36; *Lettl* § 2 Rn 7; Röhricht/v. Westphalen/Haas/*Ries* Rn. 25; *Steinbeck* § 6 Rn 2; *Stöber* Rn. 29; *Weller/Prütting* Rn 88.

27 Statt aller BeckOGK-HGB/*Servatius* Rn. 17; BeckOK-HGB/*Schwartze* Rn 11; *Bitter/Schumacher* Rn 6; *Canaris* Handelsrecht § 2 Rn 2; Ebenroth/Boujong/Joost/Strohn/*Kindler* Rn 21; *Fischinger* Rn 30; Hopt/*Merkt* Rn 14; *Kindler* § 2 Rn 36; *Lettl* § 2 Rn 7; MünchKommHGB/*K. Schmidt* Rn 27; Oetker/*Körber* Rn 15; Röhricht/v. Westphalen/Haas/*Ries* Rn 25; *Steinbeck* § 6 Rn 2; *Weller/Prütting* Rn 88.

28 Für die allg. Ansicht BeckOGK-HGB/*Servatius* Rn. 17; BeckOK-HGB/*Schwartze* Rn 12; *Bitter/Schumacher* Rn 6; Ebenroth/Boujong/Joost/Strohn/*Kindler* Rn 21; *Fischinger* Rn 31; HaKo-HGB/*Keßler* Rn 18; Heymann/*Förster* HGB Rn 20; HK-HGB/*Ruß* Rn 29; Hopt/*Merkt* Rn 14; *Hübner* Rn 23; *Kindler* § 2 Rn 36; Koller/Kindler/Roth/Drüen/*Roth* Rn 5; MünchKommHGB/*K. Schmidt* Rn 27; Oetker/*Körber* Rn 13; Röhricht/v. Westphalen/Haas/*Ries* Rn 25; *Steinbeck* § 6 Rn 2; *Stöber* Rn. 29.

29 Für die allg. Ansicht FG Berlin-Brandenburg 24.6.2021 – 2 K 5261/15 – BeckRS 2021, 50874; *Bayer/Lieder* Rn 22; BeckOGK-HGB/*Servatius* Rn. 19; BeckOK-HGB/*Schwartze* Rn 13; *Bitter/Schumacher* § 2 Rn 5; *Bülow/Artz* Rn 26; Ebenroth/Boujong/Joost/Strohn/*Kindler* Rn 23; *Fischinger* Rn 32; HaKo-HGB/*Keßler* Rn 17; Heymann/*Förster* HGB Rn 21; Hopt/*Merkt* Rn 13; *Hübner* Rn 24; MünchKommHGB/*K. Schmidt* Rn 30; Oetker/*Körber* Rn 16; Pfeiffer/*Pfeiffer* Handbuch der Handelsgeschäfte, 1999, § 1 Rn 72; Röhricht/v. Westphalen/Haas/*Ries* Rn 27; *Steinbeck* § 6 Rn 4; *Stöber* Rn. 31; *Weller/Prütting* Rn 88.

30 BeckOGK-HGB/*Servatius* Rn. 19; BeckOK-HGB/*Schwartze* Rn 13; *Canaris* Handelsrecht § 2 Rn 6; Ebenroth/Boujong/Joost/Strohn/*Kindler* Rn 23; HaKo-HGB/*Keßler* Rn 17; Heymann/*Förster* HGB Rn 21; HK-HGB/*Ruß* Rn 30; Hopt/*Merkt* Rn 13; *Hübner* Rn 24; *Kindler* § 2 Rn 38; Koller/Kindler/Roth/Drüen/*Roth* Rn 7; *Lettl* § 2 Rn 10; Oetker/*Körber* Rn 16; *H.-F. Müller* JA 2021, 454 (455); Röhricht/v. Westphalen/Haas/*Ries* Rn 28; *Steinbeck*; § 6 Rn 4; *Stöber* Rn. 31; ähnlich MünchKommHGB/*K. Schmidt* Rn 30, der auf die Kontinuität der Unternehmensträgerschaft abstellt.

31 So mit Recht OLG Karlsruhe 7.3.2006 – 17 U 73/05 – BeckRS 2006, 19827; ebenso im Schrifttum BeckOK-HGB/*Schwartze* Rn 13; MünchKommBGB/*Schäfer* vor § 705 Rn 43; Röhricht/v. Westphalen/Haas/*Ries* Rn 30; *K. Schmidt* DB 2003, 703 (704 f); im Grds. auch *Steinbeck* § 6 Rn 4. Gegenteiliger Ansicht bei dem Erfordernis eines wegen Größe und Dauer des Projekts in kaufmännischer Weise eingerichteten Geschäftsbetriebes im Anschluss an KG 22.8.2001 – 29 AR 54/01 – BauR 2001, 1790 f OLG Dresden 20.11.2001 – 2 U 1928/01 – NJW-RR 2003, 257; OLG Frankfurt

„gewerbsmäßige" Betätigung im Sinne von Art. 4 ADHGB als notwendig angesehen wurde,[32] erschließt sich letztlich auch aus dem Unternehmensbegriff, auf den sowohl § 1 Abs. 2 als auch § 2 Satz 1 zurückgreifen. Umgekehrt sind wegen des Erfordernisses einer planmäßigen und auf Dauer angelegten Tätigkeit solche selbständigen Tätigkeiten aus dem handelsrechtlichen Gewerbebegriff auszuklammern, die nur **gelegentlich** ausgeführt werden.[33] An versteckter Stelle hat dies das HGB bestätigt, da zu den von § 406 Abs. 1 Satz 2 erfassten und nicht zu einem eigenständigen Gewerbe führenden „ähnlichen" Geschäften auch solche zählen, die nur gelegentlich durchgeführt werden (sog. Gelegenheitskommission).[34] Damit ist auch heute noch ein Grundverständnis prägend, das bereits unter der Geltung des Preußischen Allgemeinen Landrechts dazu führte, solchen Personen die Kaufmannseigenschaft abzusprechen, die nur einzelne Lieferungen übernahmen (PrALR II 8 § 487).

Die **Abgrenzung** erfordert eine Gesamtschau der Tätigkeit, in die die unterschiedlichen Faktoren einfließen, die für einen Geschäftsbetrieb charakteristisch sind. Der Zeitraum der Tätigkeit liefert zumindest dann ein Indiz für das Vorliegen eines Geschäftsbetriebes, wenn dieser von längerer Dauer ist. Eine bestimmte Mindestdauer ist jedoch nicht zu fordern, insbesondere können Tätigkeiten, die sich auf einen kurzen Zeitraum beschränken (z.B. während einer Messe), nicht ausgeklammert werden.[35] Entsprechendes gilt für die Zahl der abgeschlossenen Geschäfte (Geschäftsvolumen). Dieses Merkmal ist zwar nach § 1 Abs. 2 konstitutiv für ein Handelsgewerbe, für das Vorliegen eines handelsrechtlichen Gewerbes aber keineswegs irrelevant,[36] da es erst von dem konkreten Umfang des Geschäftes abhängt, ob der Geschäftsbetrieb kaufmännische Einrichtungen erfordert. Dies setzt denknotwendig voraus, dass auch Kleingewerbe zumindest ein Minimum an Geschäftsvolumen aufweisen.[37] Unerheblich ist hingegen die wirtschaftliche Bedeutung der Tätigkeit für den Handelnden. Es muss sich – wie § 92b bestätigt – insbesondere nicht um dessen Haupteinnahmequelle handeln.[38] 21

d) Nach außen gerichtete Tätigkeit am Markt. Mit Recht verlangt die nahezu einmütige Ansicht für ein handelsrechtliches Gewerbe eine nach außen gerichtete Tätigkeit.[39] Aufgabe 22

10.12.2004 – 21 AR 138/04 – OLGR 2005, 257; LG Berlin 4.11.2002 – 21 I 154/02 – BauR 2003, 136; LG Bonn 9.9.2003 – 13 O 194/03 – ZIP 2003, 2160 f.; in dieser Richtung auch *Weller/Prütting* Rn 94 sowie i.E. HaKo-HGB/*Keßler* Rn 21a.

32 S. *Gareis/Fuchsberger* ADHGB, 1891, Art. 4 Anm. 2.

33 *Bayer/Lieder* Rn 22; BeckOGK-HGB/*Servatius* Rn. 19; BeckOK-HGB/*Schwartze* Rn 14; *Bitter/Schumacher* Rn 5; *Canaris* Handelsrecht § 2 Rn 6; Ebenroth/Boujong/Joost/Strohn/*Kindler* Rn 23; *Fischinger* Rn 32; HaKo-HGB/*Keßler* Rn 17; Heymann/*Förster* HGB Rn 21; *Hübner* Rn 24; *Kindler* § 2 Rn 38; Koller/Kindler/Roth/Drüen/*Roth* Rn 7; Oetker/*Körber* Rn 17; Pfeiffer/*Pfeiffer* Handbuch der Handelsgeschäfte, 1999, § 1 Rn 72; Röhricht/v. Westphalen/Haas/*Ries* Rn 27; *Stöber* Rn. 31; *Weller/Prütting* Rn 88.

34 S. MünchKommHGB/*Häuser* § 406 Rn 8.

35 *Bayer/Lieder* Rn 22; BeckOGK-HGB/*Servatius* Rn. 21; BeckOK-HGB/*Schwartze* Rn 13; *Bitter/Schumacher* Rn 5; Ebenroth/Boujong/Joost/Strohn/*Kindler* Rn 24; *Fischinger* Rn 32; GK-HGB/*Ensthaler* Rn 11; HK-HGB/*Ruß* Rn 30; Hopt/*Merkt* Rn 13; *Kindler* § 2 Rn 38; Koller/Kindler/Roth/Drüen/*Roth* Rn 7; Oetker/*Körber* Rn 18; Röhricht/v. Westphalen/Haas/*Ries* Rn 31; *Steinbeck* § 6 Rn 4; *Weller/Prütting* Rn 88.

36 So auch *Weller/Prütting* Rn 88; im Ansatz ebenfalls Heyman/*Förster* Rn 22; **aA** aber BeckOGK-HGB/*Servatius* Rn. 21; Ebenroth/Boujong/Joost/Strohn/*Kindler* Rn 24; *Kindler* § 2 Rn 38; Koller/Kindler/Roth/Drüen/*Roth* Rn 7.

37 **AA** wohl *Schmitt* Die Rechtsstellung der Kleingewerbetreibenden nach dem Handelsrechtsreformgesetz, 2003, S. 42 f; s. auch § 2 Rn 5.

38 *Bitter/Schumacher* Rn. 5; Ebenroth/Boujong/Joost/Strohn/*Kindler* Rn 24; Hopt/*Merkt* Rn 13; Koller/Kindler/Roth/Drüen/*Roth* Rn 7; *H.-F. Müller* JA 2021, 454 (455); Oetker/*Körber* Rn 18; Pfeiffer/*Pfeiffer* Handbuch der Handelsgeschäfte, 1999, § 1 Rn 73; Röhricht/v. Westphalen/Haas/*Ries* Rn 28.

39 Statt aller z.B. FG Berlin-Brandenburg 24.6.2021 – 2 K 5261/15 – BeckRS 2021, 50874; *Bayer/Lieder* Rn 22; BeckOGK-HGB/*Servatius* Rn. 22; BeckOK-HGB/*Schwartze* Rn 15; *Bitter/Schumacher* Rn 10; *Bülow/Artz* Rn 27; *Canaris* Handelsrecht § 2 Rn 7; *Fischinger* Rn 33; HaKo-HGB/*Keßler* Rn 19; Hopt/*Merkt* Rn 13; *Hübner* Rn 25; *Kindler* § 2 Rn 37; *Lettl* § 2 Rn 12; Oetker/*Körber* Rn 19; Röhricht/v. Westphalen/Haas/*Ries* Rn. 33; *Stöber* Rn. 28; *Weller/Prütting* Rn 88; i.E. auch MünchKommHGB/*K. Schmidt* Rn 28; zurückhaltend Heymann/*Förster* HGB Rn 23.

des Gewerbebetriebes ist es, wie das „gewerbliche Unternehmen" in § 2 Satz 1 zeigt, den geschäftlichen Bereich („Geschäftsbetrieb") von der Privatsphäre abzugrenzen.[40] Nur für den geschäftlichen Bereich erweist sich die Schaffung einer eigenständigen und das Bürgerliche Gesetzbuch ergänzenden Kodifikation als notwendig. Betreffen die „Geschäfte" ausschließlich die private Lebensführung desjenigen, der die Tätigkeit erbringt, agiert er nicht als Unternehmer am Markt. So befriedigt z.B. derjenige, der für die eigene Altersversorgung Wertpapiere an- und verkauft, durch das „Geschäft" seine eigenen Bedürfnisse und tritt hierbei auch gegenüber Dritten nicht als Inhaber eines von der Privatperson zu trennenden Unternehmens bzw. Geschäftsbetriebes auf.[41] Entscheidend ist, wie das Reichsoberhandelsgericht bereits treffend hervorhob, dass derjenige, der die Geschäfte betreibt, „dem Publikum gegenüber als Geschäftsmann auftritt".[42]

23 Gegenstand für kontroverse Erörterungen liefert die Zuordnung der **Vermögensverwaltung**. Dabei ist weitgehend unstreitig, dass diese jedenfalls dann einen handelsrechtlichen Gewerbebetrieb begründen kann, wenn das Vermögen Dritter verwaltet wird.[43] Schwerer fällt die Beurteilung, wenn die verwaltende Tätigkeit ausschließlich das eigene Vermögen betrifft, da diese – abhängig von dessen Volumen – eine unbestimmte Vielzahl von Geschäften erfordern kann. Eine Klärung dieser Frage brachte scheinbar das Handelsrechtsreformgesetz,[44] da mit diesem § 105 Abs. 2 geändert wurde und nicht nur Kleingewerbetreibenden, sondern auch der eigenen Vermögensverwaltung die Rechtsform der Offenen Handelsgesellschaft eröffnet wurde. Insoweit deutet die ausdrückliche Benennung der Verwaltung ausschließlich eigenen Vermögens sowie die Abgrenzung von denjenigen Unternehmen, die kein Handelsgewerbe im Sinne des § 1 Abs. 2 sind, darauf hin, dass das Gesetz selbst davon ausgeht, dass die Verwaltung ausschließlich eigenen Vermögens kein „gewerbliches Unternehmen" bzw. kein Geschäftsbetrieb im Sinne des Handelsrechts ist.[45]

24 Allerdings belegen die Materialien des Handelsrechtsreformgesetzes, dass der in Rn 23 skizzierte Umkehrschluss nicht den Intentionen des Gesetzgebers entsprach. Dieser griff mit der Ergänzung in § 105 Abs. 2 zwar einerseits das damals überwiegende Verständnis auf, nach dem die Verwaltung eigenen Vermögens nicht unter den herkömmlichen Gewerbebegriff fällt,[46] andererseits wollte er dem Bedürfnis nach Rechtssicherheit bei Vermögensverwaltungsgesellschaften mit in der Regel gewerblich orientierter Unternehmensstruktur Rechnung tragen und stufte die Neufassung des § 105 Abs. 2 selbst lediglich als eine Klarstellung ein.[47] Angesichts dessen ist es bedenklich, aus § 105 Abs. 2 im Wege eines Umkehrschlusses abzuleiten, dass die ausschließliche Verwaltung eigenen Vermögens stets aus dem handelsrechtlichen Gewerbebegriff auszuklammern ist. Zwar hat die Korrektur des § 105 Abs. 2 für das Recht der Personenhandelsgesellschaft das Problem entschärft, da es bei dieser nicht mehr auf die im Detail erforderliche Abgrenzung ankommt; für Einzelkaufleute (sowie für

---

40 In diesem Sinne auch BeckOGK-HGB/*Servatius* Rn. 22; BeckOK-HGB/*Schwartze* Rn 15; *Lettl* § 2 Rn 12.

41 Treffend bereits ROHG 18.4.1877 – Rep. 144/77 – ROHGE 22, 303 (303) sowie *Bayer/Lieder* Rn 22; BeckOGK-HGB/*Servatius* Rn. 22; *Canaris* Handelsrecht § 2 Rn 7; Ebenroth/Boujong/Joost/Strohn/*Kindler* Rn 22; *Fischinger* Rn 33; *Hübner* Rn 25; Koller/Kindler/Roth/Drüen/*Roth* Rn 6; MünchKommHGB/*K. Schmidt* Rn 28; Oetker/*Körber* Rn 19; *Stöber* Rn. 28; i.E. auch Röhricht/v. Westphalen/Haas/*Ries* Rn 32.

42 ROHG 18.4.1877 – Rep. 144/77 – ROHGE 22, 303 (303).

43 Röhricht/v. Westphalen/Haas/*Ries* Rn 43.

44 Treffend Ebenroth/Boujong/Joost/Strohn/*Kindler* Rn 33; *Kindler* § 2 Rn 42.

45 Ebenso *Bayer/Lieder* Rn 22; BeckOGK-HGB/*Servatius* Rn. 22; *Bitter/Schumacher* Rn 10; *Kindler* § 2 Rn 42; *H.-F. Müller* JA 2021, 454 (455); Röhricht/v. Westphalen/Haas/*Ries* Rn 34; *Weller/Prütting* Rn 90; idR auch BeckOK-HGB/*Schwartze* Rn 16; HaKo-HGB/*Keßler* Rn 20; Heymann/*Förster* HGB Rn 24 f.

46 Reg. Begr., BT-Drucks. 13/8444, S. 40.

47 Reg. Begr., BT-Drucks. 13/8444, S. 41; ebenso *Siems* Kaufmannsbegriff und Rechtsfortbildung, 2. Aufl. 2003, S. 39 ff.

nicht eingetragene Personengesellschaften) ist die Rechtslage aber unverändert klärungsbedürftig (s. näher § 2 Rn 6).[48]

Die Rechtsprechung des Bundesgerichtshofes stellte zu § 196 BGB a.F. im Hinblick auf die Errichtung von Häusern bzw. Wohnungen und die erstrebte Vermietung darauf ab, ob hierdurch eine *berufsmäßige* Erwerbsquelle geschaffen werden sollte.[49] Die damit angedeutete quantitative Betrachtung begegnet jedoch Bedenken,[50] da der Umfang der Tätigkeit für das Vorliegen eines Gewerbes grundsätzlich ohne Bedeutung ist (s. Rn 21). Allerdings entbindet dies nicht von der Notwendigkeit, dass für die Verwaltung eigenen Vermögens ein Minimum an Geschäftsbetrieb unterhalten werden muss, mit dem der Inhaber des Gewerbes am Markt erkennbar nicht als Privatperson, sondern als Gewerbetreibender in Erscheinung tritt. Charakteristisch ist hierfür weniger die spezifische Risikostruktur einer gewerblichen Tätigkeit,[51] sondern vor allem das Anbieten eigener Dienste oder Waren gegenüber einem unbestimmten größeren Personenkreis, der mit einem Geschäftsbetrieb korrespondiert, der über das hinausgeht, was typischerweise die Verwaltung eigenen Vermögens erfordert.[52] 25

Die in Rn 25 favorisierte Abgrenzung ist allerdings mit dem Makel behaftet, keine trennscharfe Differenzierung zu ermöglichen, sondern stets eine Betrachtung des Einzelfalles zu erzwingen, bei der insbesondere auch Art und Umfang des verwalteten Vermögens zu berücksichtigen ist.[53] Wegen des fehlenden Anbietens eigener Leistungen am Markt führt jedenfalls das Halten von gesellschaftsrechtlichen Beteiligungen als solches ebenso wenig zu einer gewerbsmäßigen Vermögensverwaltung[54] wie der Erwerb von Aktien oder die Vermietung eines Hauses bzw. einer Wohnung. 26

e) Ausklammerung freiberuflicher Tätigkeiten. Wenngleich ständiger Kritik ausgesetzt, zählt es zu den überkommenen Elementen des handelsrechtlichen Gewerbebegriffs, dass die Ausübung sog. freiberuflicher Tätigkeiten aus diesem ausgeklammert wird.[55] Auch im Vorfeld des Handelsrechtsreformgesetzes wurde wiederholt und mit Nachdruck die Forderung erhoben, die freien Berufe ebenfalls in das Handelsrecht einzubeziehen.[56] Der damalige Reformgesetzgeber wies diese Bestrebungen jedoch ausdrücklich zurück.[57] Anders entschied indes der Gesetzgeber in Österreich, da dieser die freiberuflich Tätigen im Rahmen des Unternehmensgesetzbuches (UGB) nunmehr zumindest partiell einbezieht (s. §§ 4, 105 UGB). 27

Die grundsätzliche Entscheidung, die freien Berufe aus dem Gewerbebegriff herauszunehmen und ihrem Betrieb die Eigenschaft eines Handelsgewerbes abzusprechen, hat der Gesetzgeber für eine Vielzahl von Berufen ausdrücklich getroffen. Das gilt z.B. für Rechtsanwälte,[58] 28

48 Mit dieser Würdigung auch Ebenroth/Boujong/Joost/Strohn/*Kindler* Rn 33.

49 So z.B. BGH 10.6.1974 – VII ZR 44/73 – BGHZ 63, 32 (33); BGH 10.5.1979 – VII ZR 97/78 – BGHZ 74, 273 (277); OLG Düsseldorf 21.8.2003 – 23 U 113/02 – BeckRS 2003, 30326318.

50 Treffend *Kindler* § 2 Rn 45; Röhricht/v. Westphalen/Haas/*Ries* Rn 35.

51 Hierfür aber *Schön* DB 1998, 1169 (1173) sowie im Anschluss Ebenroth/Boujong/Joost/Strohn/*Kindler* Rn 35 ebenso *Kindler* § 2 Rn 45.

52 Wie hier auch Pfeiffer/*Pfeiffer* Handbuch der Handelsgeschäfte, 1999, § 1 Rn 76; hierfür auf die steuerrechtliche Abgrenzung zurückgreifend Heymann/*Förster* HGB Rn 25.

53 S. Pfeiffer/*Pfeiffer* Handbuch der Handelsgeschäfte, 1999, § 1 Rn 77.

54 OLG Düsseldorf 12.3.2002 – 23 U 113/01 – OLGR 2002, 259 = BeckRS 2002, 3232. Dementsprechend ist die Kaufmannseigenschaft bezüglich der Treuhandanstalt bzw. der Bundesanstalt für vereinigungsbedingte Sonderaufgaben (BvS) zu verneinen; so OLG Brandenburg 15.5.1997 – 5 U 29/96 – juris; KG 5.9.1997 – 14 U 6494/95 – KGR 1998, 23.

55 Dagegen z.B. Koller/Kindler/Roth/Drüen/*Roth* Rn 13; MünchKommHGB/*K. Schmidt* Rn 32; differenzierend *Canaris* Handelsrecht § 2 Rn 9.

56 S. vor allem *K. Schmidt* DB 1994, 515 ff.

57 S. Reg. Begr., BT-Drucks. 13/8444, S. 34; kritisch auch *Treber* AcP 199 (1999), 525 (569 ff).

58 § 2 Abs. 2 BRAO.

Ärzte,[59] Zahnärzte,[60] Tierärzte,[61] Wirtschaftsprüfer,[62] Patentanwälte,[63] Steuerberater[64] und Notare.[65]

29 Darüber hinaus ist die Sonderstellung der freiberuflich Tätigen zumindest im Grundsatz in dem Gesetz über Partnerschaftsgesellschaften ausdrücklich anerkannt worden. Die Entscheidung des Gesetzgebers, dieser Berufsgruppe eine eigenständige Gesellschaftsform in Gestalt der Partnerschaft zur Verfügung zu stellen, beruhte gerade auf der Einsicht, dass das Recht der BGB-Gesellschaft nach dem damals vorherrschenden Meinungsstand zu deren Rechtsnatur und Haftungsverfassung vielfach als unpassend für die gemeinschaftlich ausgeübte Tätigkeit empfunden wurde[66] und der Weg zur Offenen Handelsgesellschaft durch die fehlende Anerkennung des Betriebes als „Handelsgewerbe" versperrt blieb. Um den Bedürfnissen der Praxis entgegenzukommen, hat der Gesetzgeber mit der Rechtsform der Partnerschaft bewusst eine der Offenen Handelsgesellschaft angenäherte Gesellschaftsform geschaffen.[67] Dementsprechend hält § 1 Abs. 1 Satz 2 PartGG ausdrücklich fest, dass die Partnerschaft kein Handelsgewerbe betreibt.

30 Abgesehen von den ausdrücklich aus dem Handelsrecht ausgeklammerten Berufsgruppen (s. Rn 28) herrscht jedoch Unsicherheit über die weiteren Personen, die als freiberuflich Tätige nicht dem Gewerbebegriff unterfallen. Verbreitet sind exemplarische Aufzählungen anzutreffen.[68] Dieser Technik bedient sich – die Regelung in § 18 EStG aufgreifend – auch § 1 Abs. 2 Satz 2 PartGG, der jedoch wegen § 1 Abs. 2 Satz 1 PartGG keinen abschließenden Charakter hat. Ungeachtet dessen hat gerade § 1 Abs. 2 Satz 2 PartGG die Frage aufgeworfen, ob die dortige Umschreibung auf die Konkretisierung des handelsrechtlichen Gewerbebegriffes ausstrahlt. Zumindest die Entstehungsgeschichte des PartGG (s. Rn 29) liefert hierfür einen gewichtigen Anhaltspunkt. Gleichwohl wird eine bindende Wirkung der Aufzählung in § 1 Abs. 2 Satz 2 PartGG für den handelsrechtlichen Gewerbebegriff verbreitet verneint[69] und damit in einem Überschneidungsbereich einzelnen Personengruppen ggf. die Möglichkeit eröffnet, zwischen der Errichtung einer Partnerschaftsgesellschaft und einer Offenen Handelsgesellschaft zu wählen.[70]

31 Das letztgenannte Verständnis steht jedoch im Gegensatz zu dem legislativen Anliegen. Es sind keine sachlichen Gründe erkennbar, warum einzelnen Berufsgruppen, denen wegen ihres „Handelsgewerbes" der Weg in die Offene Handelsgesellschaft eröffnet ist, zusätzlich eine dieser Rechtsform angenäherte Gesellschaftsform zur Verfügung gestellt werden sollte. Einen Beleg hierfür liefert die unterbliebene Einbeziehung der Apotheker in § 1 Abs. 2 Satz 2 PartGG, die ausdrücklich auf die Entscheidung des § 8 Apothekengesetz für die BGB-Gesellschaft sowie die Offene Handelsgesellschaft als zulässige Kooperationsform gestützt wurde.[71] Dies spricht dafür, im Rahmen von § 1 Abs. 1 aus rechtssystematischen Gründen diejenigen Berufsgruppen aus dem handelsrechtlichen Gewerbebegriff auszuklammern, die § 1 Abs. 2 Satz 2 PartGG ausdrücklich

---

59 § 1 Abs. 2 BundesärzteO.
60 § 1 Abs. 4 ZahnheilkundeG.
61 § 1 Abs. 1 TierärzteO.
62 § 1 Abs. 2 WPO.
63 § 2 Abs. 2 PatentanwaltsO.
64 § 32 Abs. 2 StBerG.
65 § 2 Satz 3 BNotO.
66 S. Reg. Begr., BT-Drucks. 12/6152, S. 7.
67 S. insoweit auch MünchKommBGB/*Schäfer* Vor § 1 PartGG Rn 11 und ferner Reg. Begr., BT-Drucks. 12/6152, S. 8.
68 S. z.B. Heymann/*Emmerich*[2] HGB Rn 18 ff.
69 So z.B. BeckOGK-HGB/*Servatius* Rn. 33; BeckOK-HGB/*Schwartze* Rn 26; *Canaris* Handelsrecht § 2 Rn 10; Heymann/*Förster* HGB Rn 35; Hopt/*Merkt* Rn 19; *Kindler* § 2 Rn 46; MünchKommBGB/*Schäfer* § 1 PartGG Rn 17; MünchKommHGB/*K. Schmidt* Rn 36.
70 So ausdrücklich Ebenroth/Boujong/Joost/Strohn/*Kindler* Rn 39; MünchKommBGB/*Schäfer* § 1 PartGG Rn 17; mit gegenläufiger Tendenz Pfeiffer/*Pfeiffer* Handbuch der Handelsgeschäfte, 1999, § 1 Rn 88.
71 S. Reg. Begr., BT-Drucks. 12/6152, S. 10.

aufzählt.[72] Allerdings ist einzuräumen, dass der deutlich an § 18 EStG orientierte Katalog freier Berufe einen extensiven Charakter hat, und damit der Tendenz im handelsrechtlichen Schrifttum zuwiderläuft, die vom Handelsrecht ausgenommenen freien Berufe auf einen Kernbereich einzugrenzen.[73]

Auch der hier befürwortete Ansatz entbindet nicht von der Notwendigkeit, die abstrakten Kriterien herauszuarbeiten, die zur freiberuflichen Tätigkeit und damit zur Verneinung einer gewerblichen Tätigkeit im Sinne des Handelsrechts führen. Im Unterschied zu der ursprünglichen Regelungsabsicht[74] enthält § 1 Abs. 2 Satz 1 PartGG aufgrund der Beschlussempfehlungen des Rechtsausschusses[75] eine „Typusbeschreibung", die auch für die Abgrenzung der freien Berufe zur gewerblichen Tätigkeit eine tragfähige Grundlage liefert.[76] Im Zentrum steht danach die Erbringung von Dienstleistungen höherer Art, die auf besonderer Qualifikation oder schöpferischer Begabung beruhen, und die neben dem Interesse des Auftraggebers auch der Allgemeinheit dienen.[77] Keinen besonderen Stellenwert hat indes das Merkmal einer eigenverantwortlichen und fachlich unabhängigen Erbringung der Dienstleistung, da dieses bereits in dem für den Gewerbebegriff konstitutiven Element einer selbständigen Tätigkeit (s. Rn 18) enthalten ist. Wird sowohl eine gewerbliche als auch eine nicht gewerbliche Tätigkeit ausgeübt, dann richtet sich die Einordnung des Geschäftsbetriebes nach dem Schwerpunkt, d.h. danach, welche Tätigkeit wesentlich und prägend ist.[78] 32

Schwierigkeiten bereitet die rechtliche Einordnung freiberuflicher Tätigkeiten, wenn diese **im Rahmen eines wirtschaftlichen Geschäftsbetriebes** ausgeübt wird. Als Bespiele sind Ärzte in einem Sanatorium, Schauspieler in einem Theater sowie Lehrer in einer Privatschule zu nennen. Es bietet nicht der Arzt, Schauspieler oder Lehrer als Person seine Leistungen am Markt an, sondern diese Rolle übernimmt das Sanatorium bzw. Theater oder die Privatschule, die typischerweise auch als Vertragspartner gegenüber Dritten auftritt. In derartigen Fallgestaltungen strahlt die freiberufliche Tätigkeit grundsätzlich nicht auf den wirtschaftlichen Geschäftsbetrieb aus, da diese nach dem äußeren Erscheinungsbild in den Geschäftsbetrieb integriert ist.[79] Eine Ausklammerung aus dem handelsrechtlichen Gewerbebegriff ist allenfalls dann gerechtfertigt, wenn der Geschäftsbetrieb nach seinem äußeren Erscheinungsbild auf die Person eines bestimmten Freiberuflers zugeschnitten ist. 33

Die handelsrechtliche Sonderstellung des freiberuflich Tätigen ist nur historisch verständlich, da sich das Handelsrecht – wie PrALR II 8 § 475 und auch noch die Anknüpfung an die Handelsgeschäfte in Art. 4 i.V.m. Art. 271, 272 ADHGB zeigen – auf Regelungen für den „Handelsstand" beschränkte.[80] Dass hierzu die freiberufliche Tätigkeit ursprünglich nicht zählte ist eben so evident wie bei Betrieben der Land- und Forstwirtschaft. Exemplarisch zeigt dies die gesonderte Erfassung der Künstler und ihres Gewerbes im Preußischen Allgemeinen Landrecht (s. 34

72 Ebenso Oetker/*Körber* Rn 39 sowie im Sinne eines gewichtigen Hinweises Pfeiffer/*Pfeiffer* Handbuch der Handelsgeschäfte, 1999, § 1 Rn 88; ähnlich *Bitter/Schumacher* § 2 Rn 7: Orientierungshilfe; *Fischinger* Rn 36: Daumenregel; HaKo-HGB/*Keßler* Rn 23: indizielle Bedeutung.

73 Hierfür z.B. BeckOK-HGB/*Schwartze* Rn. 23 a.E.; Hopt/*Merkt* Rn 19; MünchKommHGB/*K. Schmidt* Rn 33 f; ebenso für eine restriktive Begrenzung *Canaris* Handelsrecht § 2 Rn 10.

74 S. Reg. Begr., BT-Drucks. 12/6152, S. 9.

75 BT-Drucks. 12/10955, S. 12 f.

76 Hierfür auch MünchKommBGB/*Schäfer* § 1 PartGG Rn 46 sowie BeckOGK-HGB/*Servatius* Rn. 32; i.E. ebenso HK-HGB/*Ruß* Rn 39.

77 Zustimmend *Fischinger* Rn 35; ähnlich auch *Steinbeck* § 6 Rn 5; kritisch insofern Heymann/*Förster* HGB Rn 36; MünchKommHGB/*K. Schmidt* Rn 33 f.

78 BGH 15.7.2014 – II ZB 2/13 – NJW 2015, 61 Rn. 8; BeckOK-HGB/*Schwartze* Rn. 28; Ebenroth/Boujong/Joost/Strohn/*Kindler* Rn. 39; HaKo-HGB/*Keßler* Rn. 24; Koller/Kindler/Roth/Drüen/*Roth* Rn. 15.

79 In dieser Richtung auch BeckOK-HGB/*Schwartze* Rn 28; *Canaris* Handelsrecht § 2 Rn 11; HaKo-HGB/*Keßler* Rn 24; Koller/Kindler/Roth/Drüen/*Roth* Rn 15; Staub/*Brüggemann*[4] Rn 18 a.E.; abweichend MünchKommHGB/*K. Schmidt* Rn 35.

80 Treffend insoweit auch *Bitter/Schumacher* § 2 Rn 7.

PrALR II 8 §§ 401 ff). Aus heutiger Sicht hat eine vergleichbare Abgrenzung jedoch ihre Legitimation eingebüßt. Zudem steht auch die Fokussierung der §§ 1 bis 7 auf den „Handelsstand" nicht mehr mit dem gewandelten normativen Fundament im Einklang, das die Fixierung auf den „Handel" inzwischen vollständig abgestreift hat (s. Rn 10).

35 Angesichts dessen überrascht es nicht, dass sich schon seit längerem die Stimmen mehren, die bereits *de lege lata* dafür plädieren, den Kreis der vom handelsrechtlichen Gewerbebegriff ausgeklammerten Tätigkeiten restriktiv zu interpretieren[81] und diese jenseits der spezialgesetzlich ausgeklammerten Berufe (s. Rn 28) auf einen Kernbereich zu beschränken.[82] Andererseits muss sich eine methodengerechte Auslegung des handelsrechtlichen Gewerbebegriffs auch in systematischer Hinsicht in den vom Gesetzgeber gesetzten Koordinaten bewegen und kann nicht die legislative Entscheidung in dem PartGG ignorieren, dass § 1 Abs. 2 Satz 2 PartGG die dort aufgezählten Tätigkeiten nicht als gewerblich ansieht. Die dortige Aufzählung bzw. die „Typusbeschreibung" in § 1 Abs. 2 Satz 1 PartGG mag rechtspolitisch fragwürdig sein, sie ist jedoch von dem Norminterpreten hinzunehmen.[83]

36 Als methodengerechter Ausweg kommt neben einem Rückgriff auf die Lehre vom Scheinkaufmann (s. § 5 Rn 24 ff) lediglich die punktuelle analoge Anwendung einzelner handelsrechtlicher Vorschriften auf die freiberufliche Tätigkeit in Betracht,[84] die u.U. auch im Hinblick auf den Gleichheitssatz (Art. 3 Abs. 1 GG) geboten ist. In methodischer Hinsicht ist deshalb ein ähnlicher Weg zu beschreiten, der auch bei Kleingewerbetreibenden zu befürworten ist, die ihr Optionsrecht (§ 2 Satz 2) nicht ausgeübt haben (s. § 2 Rn 32 ff). *De lege ferenda* ist jedenfalls der Ansatz der österreichischen Reformgesetzgebers diskussionswürdig, die Angehörigen der freien Berufe zumindest in die Bestimmungen des Vierten Buches über die Handelsgeschäfte einzubeziehen (s. auch Rn 12).[85]

37 **f) Gewinnerzielungsabsicht bzw. entgeltliche Tätigkeit.** Nach lange Zeit vorherrschender Ansicht erforderte der Betrieb eines handelsrechtlichen Gewerbes zwingend die Absicht, mit dem „gewerblichen Unternehmen" einen Gewinn erzielen zu wollen.[86] Allerdings ist auch diesbezüglich anerkannt, dass es auf die Erzielung eines tatsächlichen Gewinns nicht ankommt, die bloße Absicht hierzu soll ausreichen.[87] Eine Bestätigung für dieses Verständnis liefern andere Gesetzesbestimmungen, die das Element der Gewinnerzielungsabsicht ausdrücklich für die Gewerbeeigenschaft voraussetzen (so z.B. § 15 Abs. 2 EStG).[88] Im Rahmen des Handelsrechtsreformgesetzes wurde dieses nach vorherrschender Ansicht für den Gewerbebegriff konstitutive Merkmal zwar in Frage gestellt, die Materialien dokumentieren aber die Einschätzung des Gesetzgebers, dass für einen Verzicht auf dieses Merkmal kein dringender praktischer Grund ersichtlich sei.[89]

---

81 Hierfür z.B. *Canaris* Handelsrecht § 2 Rn 10.

82 So z.B. ausdrücklich MünchKommHGB/*K. Schmidt* Rn 33 f; Hopt/*Merkt* Rn 19.

83 Treffend deshalb *Siems* Kaufmannsbegriff und Rechtsfortbildung, 2. Aufl. 2003, S. 35 f.

84 So im methodischen Ansatz auch Hopt/*Merkt* Rn 19; MünchKommHGB/*K. Schmidt* Rn 36; idR abl. *Bitter/Schumacher* Rn 9.

85 Deren Anwendungsbereich bezieht sich auf „Unternehmen", zu denen – wie sich indirekt aus § 4 Abs. 2 UGB erschließt – auch die Angehörigen der freien Berufe zählen.

86 Dafür im Schrifttum z.B. *Baumann* AcP Bd. 184 (1984), 45 (51); Staub/*Brüggemann*[4] Rn 9 ff; *Stöber* Rn. 33; mit Einschränkungen HK-HGB/*Ruß* Rn 33; ebenso in der neueren Rspr. LG Frankfurt a.M. 20.2.2019 – 2/14 O 425/18 – BeckRS 2019, 50000; FG Berlin-Brandenburg 24.6.2021 – 2 K 5261/15 – BeckRS 2021, 50874.

87 S. BGH 2.7.1985 – X ZR 77/84 – BGHZ 95, 155 (158).

88 S. ferner die höchstrichterliche Judikatur zu § 196 Abs. 1 Nr. 1 BGB a.F. BGH 18.1.1968 – VII ZR 101/65 – BGHZ 49, 258 (260); BGH 28.10.1971 – VII ZR 15/70 – BGHZ 57, 191 (199); BGH 22.4.1982 – VII ZR 191/81 – BGHZ 83, 382 (386).

89 Reg. Begr., BT-Drucks. 13/8444, S. 24.

Von Bedeutung ist diese Einschränkung des Gewerbebegriffs für solche Tätigkeiten bzw. Betriebe, die von vornherein darauf angelegt sind, keine kostendeckenden Einnahmen zu erzielen bzw. nach ihrer Wirtschaftsplanung mit den Einnahmen lediglich die entstehenden Kosten decken wollen. In der Praxis betrifft dies vor allem karitativ tätige Betriebe,[90] da diese – wie die Judikatur im Arbeitsrecht zeigt[91] – begriffsnotwendig die fehlende Gewinnerzielungsabsicht voraussetzen. Entsprechendes trifft häufig auch auf öffentliche Unternehmen zu,[92] wenn diese Leistungen insbesondere im Bereich der öffentlichen Daseinsvorsorge erbringen. Deren fehlende Eigenschaft als Gewerbebetrieb ist lediglich dann ohne Bedeutung für die Anwendung des Handelsrechts, wenn das Unternehmen als Gesellschaft in einer privatrechtlichen Rechtsform betrieben wird, da in diesem Fall § 6 Abs. 1 zur Anwendung der handelsrechtlichen Vorschriften führt. Das gilt auch für karitative Einrichtungen; das Handelsrecht kennt keinen Tendenzschutz. 38

Das neuere Schrifttum, dem auch die neuere Judikatur zuneigt,[93] sieht jedoch mit Recht davon ab, für ein handelsrechtliches Gewerbe die Absicht einer Gewinnerzielung zu fordern.[94] Allein deren Fehlen rechtfertigt es nicht, die jeweiligen Betriebe bzw. Unternehmen generell aus dem Handelsrecht auszuklammern und ausschließlich den bürgerlich-rechtlichen Vorschriften zu unterstellen. Hiergegen spricht vor allem der Zweck der handelsrechtlichen Normen. Diese reagieren nicht auf die Absicht, mit der Tätigkeit am Markt Gewinne zu erzielen, sondern das Handelsrecht will einen für das Agieren am Markt adäquaten Rechtsrahmen zur Verfügung stellen. Im Hinblick auf diesen Zweck kommt es ausschließlich darauf an, ob ein Geschäftsbetrieb unterhalten wird, um am Wirtschaftsleben als „Unternehmen" teilzunehmen. Hierfür ist jedoch charakteristisch und ausreichend, dass Leistungen am Markt gegen Entgelt angeboten werden.[95] Ob die dabei erzielten Einnahmen ausreichen, um die Kosten zu decken, ist für die Teilnahme am Wirtschaftsverkehr und die Geltung des hierauf zugeschnittenen Normengefüges in Gestalt des Handelsrechts ohne Bedeutung,[96] da der Normzweck der jeweiligen Vorschriften jeweils unabhängig davon eingreift, ob die wirtschaftliche Tätigkeit den Zweck verfolgt, einen Gewinn zu erzielen.[97] 39

g) Erlaubtheit der Tätigkeit. Zu den tradierten Voraussetzungen des handelsrechtlichen Gewerbebegriffs zählt ferner die Forderung nach einer erlaubten Tätigkeit;[98] auch der Gesetzgeber 40

90 Exemplarisch OLG Düsseldorf 6.6.2003 – 3 Wx 108/03 – NJW-RR 2003, 1120 (1120 f): Krankenhaus als karitative Einrichtung.

91 S. insbesondere zu § 118 Abs. 1 Satz 1 BetrVG BAG 12.11.2002 – 1 ABR 60/01 – AP BetrVG 1972 § 99 Einstellung Nr. 43; BAG 31.7.2002 – 7 ABR 12/01 – AP BetrVG 1972 § 118 Nr. 70; näher dazu mwN GK-BetrVG/*Weber* 12. Aufl. 2022, § 118 Rn 98; Richardi/*Forst* BetrVG, 17. Aufl. 2022, § 118 Rn 61.

92 S. Heymann/*Förster* HGB Rn 28 f.

93 S. OLG Brandenburg 30.1.2020 – 7 W 51/17 – NZG 2020, 423 (424); OLG Dresden 20.11.2001 – 2 U 1928/01 – DB 2003, 713 (713 f.) m. Anm. *K. Schmidt* DB 2003, 703 ff.; a.A. LG Frankfurt a.M. 20.2.2019 – 2/14 O 425/18 – BeckRS 2019, 50000.

94 So *Bayer/Lieder* Rn 27; BeckOGK-HGB/*Servatius* Rn. 27 f.; *Canaris* Handelsrecht § 2 Rn 14; Ebenroth/Boujong/Joost/Strohn/*Kindler* Rn 27; *Fischinger* Rn 45; HaKo-HGB/*Keßler* Rn 22; Heymann/*Förster* HGB Rn 30; *Hopt* ZGR 1987, 143 (172 ff); Hopt/*Merkt* Rn 16; *Hübner* Rn 26; *Kindler* § 2 Rn 40; Koller/Kindler/Roth/Drüen/*Roth* Rn 10; *Lettl* § 2 Rn 9, 22; *H.-F. Müller* JA 2021, 454 (455); MünchKommHGB/*K. Schmidt* Rn 31; Oetker/*Körber* Rn 29; Röhricht/v. Westphalen/Haas/*Ries* Rn 50; *Sack* ZGR 1974, 179 (195 ff); *Siems* Kaufmannsbegriff und Rechtsfortbildung, 2. Aufl. 2003, S. 30 f; *Steinbeck* § 6 Rn 7; *Treber* AcP 199 (1999), 525 (568).

95 Dementsprechend für die Entgeltlichkeit der Tätigkeit als begriffskonstitutives Merkmal z.B. BeckOGK-HGB/*Servatius* Rn. 24; *Fischinger* Rn 34; HaKo-HGB/*Keßler* Rn 22; Röhricht/v. Westphalen/Haas/*Ries* Rn 50; *Steinbeck* § 6 Rn 3; in dieser Richtung auch Heymann/*Förster* HGB Rn 30.

96 Ebenso HaKo-HGB/*Keßler* Rn 22.

97 Konsequent deshalb die österreichische Rechtslage, da § 1 Abs. 2 UGB die Gewinnerzielungsabsicht für den Unternehmensbegriff als unerheblich ansieht.

98 Hierfür z.B. im neueren Schrifttum noch *Brox/Henssler* § 2 Rn 21; GK-HGB/*Ensthaler* Rn 17; HK-HGB/*Ruß* Rn 38; ferner auch Heymann/*Förster* HGB Rn 32; ebenso früher Staub/*Brüggemann*[4] Rn 17.

des Handelsrechtsreformgesetzes stimmte dem zu.[99] Zur lange Zeit unangefochtenen Anerkennung dieser Anforderung mag die Vorstellung beigetragen haben, dass die Bejahung der Gewerbeeigenschaft die Zugehörigkeit zum „Handelsstand" eröffnet und von diesem unehrenhafte Personen ferngehalten werden sollen.[100] Das häufig angeführte Beispiel des gewerbsmäßigen Hehlers liefert hierfür ein anschauliches Beispiel.

41 Auch vom Standpunkt der bislang wohl noch vorherrschenden Ansicht, steht die Eigenschaft als Gewerbe indes stets dann nicht in Frage, wenn bei der Ausübung der gewerblichen Tätigkeit einzelne rechtsgeschäftliche Handlungen gegen Verbotsgesetze verstoßen und nach § 134 BGB nichtig sind (s. § 7 Rn 5). Entscheidend kann allein sein, ob die ausgeübte und für das „Gewerbe" konstitutive Tätigkeit, also der „Gegenstand" des Gewerbes, erlaubt ist. Auch mit dieser Einschränkung ist die Forderung nach einer Erlaubtheit der Tätigkeit jedoch in dieser Absolutheit nicht haltbar. Dies zeigt bereits § 7, der die Kaufmannseigenschaft aus guten Gründen (s. § 7 Rn 2) von der Beachtung öffentlich-rechtlicher Vorschriften entkoppelt. Selbst wenn die ausgeübte Tätigkeit nach Maßgabe öffentlich-rechtlicher Vorschriften einer Erlaubnis bedarf bzw. bei deren Fehlen untersagt werden kann, steht dies weder der Eintragung in das Handelsregister entgegen noch rechtfertigt allein dieser Umstand die Löschung aus diesem. Kein taugliches Kriterium ist ferner die Einklagbarkeit der Forderungen;[101] handelsrechtliches Gewerbe sind deshalb auch Spiel und Wette (§ 762 Abs. 1 BGB) sowie die Ehevermittlung (§ 656 BGB).[102] Das gilt wegen § 1 ProstG selbst für den Betrieb eines Bordells.[103]

42 Der alleinige Hinweis auf § 7[104] ist jedoch zu schwach, um das Erfordernis einer erlaubten Tätigkeit generell und in jeder Hinsicht aus den konstitutiven Voraussetzungen für ein handelsrechtliches Gewerbe auszuklammern. Im Hinblick auf die Einheit der Rechtsordnung wäre es ein unerträglicher Widerspruch, wenn der Gegenstand des Gewerbes gegen die „guten Sitten" (§ 138 Abs. 1 BGB) oder gegen Strafgesetze verstößt, gleichwohl aber die staatlichen Organe zur Eintragung eines entsprechenden Handelsgewerbes in das Handelsregister verpflichtet wären[105] bzw. ggf. sogar dessen Eintragung mit Hilfe staatlicher Zwangsmittel (s. § 14) durchsetzen müssten. Ziel des Handelsrechts ist es, eine den Besonderheiten des Wirtschaftslebens Rechnung tragende Kodifikation zur Verfügung zu stellen, um insbesondere den rechtsgeschäftlichen Verkehr zu erleichtern. Diese Zielsetzung greift nicht ein, wenn die Tätigkeit als solche der Sittenordnung oder den Strafgesetzen widerspricht. Die „gewerbsmäßige Zuhälterei" (§ 181a Abs. 2 StGB), die „gewerbsmäßige Hehlerei" (§ 260 StGB) sowie der „gewerbsmäßige Betrug" (§ 263 Abs. 7 StGB) sind schwere Straftaten und kein handelsrechtliches Gewerbe.

---

99 S. Reg. Begr., BT-Drucks. 13/8444, S. 24.

100 S. exemplarisch Staub/*Brüggemann*[4] Rn 17; s. auch *Bayer/Lieder* Rn 28; *Hübner* Rn 31.

101 *Canaris* Handelsrecht § 2 Rn 13; *Fischinger* Rn 42; HaKo-HGB/*Keßler* Rn 27; Heymann/*Emmerich*[2] HGB Rn 21; Hopt/*Merkt* Rn 21; MünchKommHGB/*K. Schmidt* Rn 29; Oetker/*Körber* Rn 27; Pfeiffer/*Pfeiffer* Handbuch der Handelsgeschäfte, 1999, § 1 Rn 82; Röhricht/v. Westphalen/Haas/*Ries* Rn 57; **aA** noch BayObLG 16.3.1972 – BReg 2 Z 128/71 – NJW 1972, 1327 (1328); Staub/*Brüggemann*[4] Rn 17.

102 Wie hier für die Ehevermittlung *Canaris* Handelsrecht § 2 Rn 13; Heymann/*Emmerich*[2] HGB Rn 21; HK-HGB/*Ruß* Rn 38; MünchKommHGB/*K. Schmidt* Rn 29.

103 Ebenso *Hübner* Rn 31; Koller/Kindler/Roth/Drüen/*Roth* Rn 11; **aA** HK-HGB/*Ruß* Rn 38; Röhricht/v. Westphalen/Haas/*Röhricht* Rn 57.

104 So aber z.B. *Bayer/Lieder* Rn 28; BeckOGK-HGB/*Servatius* Rn. 25; *Bitter/Schumacher* Rn 12; Ebenroth/Boujong/Joost/Strohn/*Kindler* Rn 31; *Lettl* § 2 Rn 19; *H.-F. Müller* JA 2021, 454 (455 f.); Oetker/*Körber* Rn 27; **aA** Heymann/*Förster* HGB Rn 32.

105 Wie hier Hopt/*Merkt* Rn 21; ähnlich *Bayer/Lieder* Rn 28; *Hübner* Rn 31; zurückhaltend auch *Bitter/Schumacher* Rn 13. Zu weit deshalb *Bülow/Artz* Rn 31; *Canaris* Handelsrecht § 2 Rn 13; *Fischinger* Rn 40; HaKo-HGB/*Keßler* Rn 26; *Kindler* § 2 Rn 41; Koller/Kindler/Roth/Drüen/*Roth* Rn 11, die auch gegen § 138 BGB verstoßende Handlungen einbeziehen wollen.

h) Berufsmäßige Ausübung der Tätigkeit. In Übernahme der höchstrichterlichen Judikatur zu § 196 Abs. 1 Nr. 1 BGB a.F. wird verbreitet auch die Berufsmäßigkeit der Tätigkeit zu den konstitutiven Elementen des handelsrechtlichen Gewerbebegriffs gezählt.[106] Dieses Merkmal steht jedoch in keinem notwendigen Zusammenhang mit dem Zweck der handelsrechtlichen Normen. Vielmehr zeigt § 92b, dass auch Nebentätigkeiten der Annahme eines handelsrechtlichen Gewerbes nicht entgegenstehen (s. Rn 21). Sofern die Forderung nach einer berufsmäßigen Tätigkeit lediglich zum Ausdruck bringen soll, dass die Tätigkeit erbracht wird, um mit dieser ein Entgelt zu erzielen, so deckt sich dieses mit der Voraussetzung einer entgeltlichen Tätigkeit am Markt (s. Rn 39). Neben den vorstehend erörterten konstitutiven Merkmalen hat die berufsmäßige Ausübung der Tätigkeit deshalb keine eigenständige Bedeutung bzw. Berechtigung für den handelsrechtlichen Gewerbebegriff.[107] 43

3. Beginn und Ende des Gewerbes

Der Erwerb der Kaufmannseigenschaft setzt voraus, dass das Gewerbe „betrieben" wird. Das fordert § 1 Abs. 1 ausdrücklich von dem Inhaber des Handelsgewerbes und verleiht ihm nur dann den Rechtsstatus eines Kaufmannes. Beginn und Ende des Gewerbes sind jedoch nicht zwingend mit dem Beginn bzw. Ende der Kaufmannseigenschaft deckungsgleich (s. Rn 105 ff). 44

a) Beginn des Gewerbes. Im Hinblick auf den Zweck der handelsrechtlichen Vorschriften, dem rechtsgeschäftlichen Verkehr ein adäquates Normengefüge zur Verfügung zu stellen, liegt der Beginn des Gewerbes in der Aufnahme des Geschäftsbetriebes.[108] Mit Recht lässt es die bislang unbestrittene allgemeine Ansicht hierfür bereits ausreichen, wenn Geschäfte vorgenommen werden, die die Aufnahme des Geschäftsbetriebes vorbereiten sollen.[109] Hierzu zählen insbesondere die Anmietung von Geschäftsräumen, der Ankauf von Waren für den Betrieb des Gewerbes, die Aufnahme eines Darlehens und ggf. auch die Erteilung von Werbeaufträgen.[110] Ob der Inhaber des Geschäftsbetriebes bereits seine Firma zur Eintragung in das Handelsregister angemeldet hat oder in dieses eingetragen worden ist bzw. die Bekanntmachung (§ 10) erfolgte, ist für den Beginn des Geschäftsbetriebes ohne Bedeutung. Im Gegenteil: Es ist als eine der gezielten Vorbereitung des Geschäftsbetriebes dienende Handlung zu qualifizieren, wenn die Anmeldung nach § 29 bzw. § 2 Satz 2 vorgenommen wird. Um bereits mit der Aufnahme des Geschäftsbetriebes die Kaufmannseigenschaft nach § 1 Abs. 1 zu erlangen, ist allerdings zusätzlich erforderlich, dass der Geschäftsbetrieb von Beginn an auf eine Größenordnung zugeschnitten ist, die nach Art und Umfang kaufmännische Einrichtungen erfordert und in absehbarer Zeit hiermit zu rechnen ist (s. auch Rn 105).[111] 45

Andererseits markieren nur solche Vorbereitungsgeschäfte den Beginn des Gewerbes, die den Entschluss zur Aufnahme eines Geschäftsbetriebes umsetzen. Solche hingegen, die noch 46

---

106 S. z.B. Heymann/*Emmerich*² HGB Rn 5; *Weller/Prütting* Rn 88; zu § 196 Abs. 1 Nr. 1 BGB a.F. s. vor allem BGH 10.6.1974 – VII ZR 44/73 – BGHZ 63, 32 (33); BGH 10.5.1979 – VII ZR 97/78 – BGHZ 74, 273 (277).

107 Abl auch *Canaris* Handelsrecht § 2 Rn 15; MünchKommHGB/*K. Schmidt* Rn 29; Röhricht/v. Westphalen/Haas/*Ries* Rn 72; *Siems* Kaufmannsbegriff und Rechtsfortbildung, 2. Aufl. 2003, S. 23; *Steinbeck* § 6 Rn 9.

108 Ebenroth/Boujong/Joost/Strohn/*Kindler* Rn 40; GK-HGB/*Ensthaler* Rn 36; Koller/Kindler/Roth/Drüen/*Roth* Rn 25; MünchKommHGB/*K. Schmidt* Rn 7; Röhricht/v. Westphalen/Haas/*Ries* Rn 139.

109 BGH 17.6.1953 – II ZR 205/52 – BGHZ 10, 91 (96); BGH 19.5.1960 – II ZR 72/59 – BGHZ 32, 307 (311); *Canaris* Handelsrecht § 3 Rn 6; Ebenroth/Boujong/Joost/Strohn/*Kindler* Rn 40; *Fischinger* Rn 48; Hopt/*Merkt* Rn 51; *Kindler* § 2 Rn 49; Koller/Kindler/Roth/Drüen/*Roth* Rn 25; *Lettl* § 2 Rn 32; MünchKommHGB/*K. Schmidt* Rn 7; Oetker/*Körber* Rn 108; Röhricht/v. Westphalen/Haas/*Ries* Rn 139; *Steinbeck* § 6 Rn 13.

110 Ebenroth/Boujong/Joost/Strohn/*Kindler* Rn 40; Hopt/*Merkt* Rn 51.

111 BGH 17.6.1953 – II 205/52 – BGHZ 10, 91 (96); BGH 19.5.1960 – II ZR 72/59 – BGHZ 32, 307 (311); Hopt/*Merkt* Rn 51; Koller/Kindler/Roth/Drüen/*Roth* Rn 25; Oetker/*Körber* Rn 108; Röhricht/v. Westphalen/Haas/*Ries* Rn 139.

im Vorfeld dazu anzusiedeln sind, zählen nicht hierzu, solange diese der Entscheidungsfindung dienen, ob ein Geschäftsbetrieb eröffnet werden soll. Das betrifft insbesondere sämtliche Planungen, die sich auf die Aufnahme des Geschäftsbetriebes als solchen richten, wie z.B. eine Beauftragung zwecks Erstattung einer Marktanalyse,[112] sowie den Abschluss hierauf bezogener Rechtsgeschäfte.[113]

47 **b) Ende des Gewerbes.** Umgekehrt setzt das Ende des Gewerbes die Einstellung des Geschäftsbetriebes voraus.[114] Bloße Unterbrechungen genügen hierfür nicht,[115] vielmehr muss die Einstellung der Geschäftstätigkeit endgültig sein, wie z.B. bei einer Veräußerung oder Verpachtung des Betriebes.[116]

48 Keine Aussagen über den Fortbestand bzw. die Einstellung des Geschäftsbetriebes geben Einschränkungen, die die rechtliche Fähigkeit des Inhabers betreffen, im Rechtsgeschäftsverkehr rechtswirksam für den Geschäftsbetrieb zu handeln, da ein höchstpersönliches Betreiben für das Vorliegen eines Gewerbes nicht konstitutiv ist. Aus diesem Grunde führt weder die Geschäftsunfähigkeit noch der Eintritt einer beschränkten Geschäftsfähigkeit (z.B. durch die Bestellung eines Betreuers, §§ 1896 ff BGB) zum Ende des Gewerbes.[117] Entsprechendes gilt für die Eröffnung des Insolvenzverfahrens (§ 27 InsO)[118] oder die Bestellung eines vorläufigen (starken oder schwachen) Insolvenzverwalters (§ 22 InsO).

49 Auch der Eintritt in ein Liquidationsstadium führt bei Handelsgesellschaften nicht bereits zum Ende des von ihnen betriebenen Gewerbes;[119] abhängig von dem bisherigen Umfang des Geschäftsbetriebes kann auch das Stadium einer Auseinandersetzungsgesellschaft noch vielfältige Geschäftstätigkeiten erfordern, um das Gewerbe abzuwickeln (z.B. Räumungsverkauf, Verwertung des Betriebsvermögens, Beendigung von Vertragsbeziehungen). Erst der Abschluss des Liquidationsverfahrens bzw. die Beendigung der Handelsgesellschaft führt dazu, dass der Gewerbebetrieb sein Ende findet.[120]

50 Keine Bedeutung für das Ende des Gewerbes hat die registerrechtliche Situation.[121] Vielmehr zeigt § 31 Abs. 2 Satz 1, dass das Registerrecht an diesen Tatbestand anknüpft und den Inhaber des bisherigen Geschäftsbetriebes verpflichtet, die Löschung der Firma herbeizuführen. Erst mit deren Bekanntmachung (und ggf. zuzüglich der 15-Tages-Frist in § 15 Abs. 2 Satz 1) verliert das Handelsrecht für den Inhaber des bisherigen Geschäftsbetriebes seine rechtliche Bedeutung. Bis dahin ist der Rechtsgeschäftsverkehr durch die negative Publizität des § 15 Abs. 1

112 LG Stuttgart 18.10.2021 – 15 O 298/21 – BeckRS 2021, 31036; Hopt/*Merkt* Rn 51; Ebenroth/Boujong/Joost/Strohn/*Kindler* Rn 40; s. auch MünchKommHGB/*K. Schmidt* Rn 7 sowie BGH 15.11.2007 – III ZR 295/06 – NJW 2008, 435.
113 LG Stuttgart 18.10.2021 – 15 O 298/21 – BeckRS 2021, 31036.
114 BGH 19.5.1960 – II ZR 72/59 – BGHZ 32, 307 (312); *Fischinger* Rn 48; Hopt/*Merkt* Rn 52; *Kindler* § 2 Rn 49; Koller/Kindler/Roth/Drüen/*Roth* Rn 25; MünchKommHGB/*K. Schmidt* Rn 8; Röhricht/v. Westphalen/Haas/*Ries* Rn 141.
115 BGH 19.5.1960 – II ZR 72/59 – BGHZ 32, 307 (312); Ebenroth/Boujong/Joost/Strohn/*Kindler* Rn 41; Heymann/*Förster* HGB Rn 85; Hopt/*Merkt* Rn 52; *Kindler* § 2 Rn 49; MünchKommHGB/*K. Schmidt* Rn 8; Röhricht/v. Westphalen/Haas/*Ries* Rn 141.
116 BGH 19.5.1960 – II ZR 72/59 – BGHZ 32, 307 (312); *Fischinger* Rn 48; Koller/Kindler/Roth/Drüen/*Roth* Rn 25; Röhricht/v. Westphalen/Haas/*Ries* Rn 141.
117 Ebenroth/Boujong/Joost/Strohn/*Kindler* Rn 41; *Kindler* § 2 Rn 49.
118 Ebenroth/Boujong/Joost/Strohn/*Kindler* Rn 41; Heymann/*Förster* HGB Rn 84; HK-HGB/*Ruß* Rn 47; *Kindler* § 2 Rn 49; *Lettl* § 2 Rn 34; Oetker/*Körber* Rn 110.
119 So auch *Fischinger* Rn 48.
120 Röhricht/v. Westphalen/Haas/*Ries* Rn 141.
121 GK-HGB/*Ensthaler* Rn 37; HK-HGB/*Ruß* Rn 47; MünchKommHGB/*K. Schmidt* Rn 8 sowie bereits Staub/*Brüggemann*[4] Rn 29.

geschützt.[122] Der Schutz durch § 5 ist in dieser Phase nicht einschlägig, da dieser den Betrieb eines Gewerbes voraussetzt (s. § 5 Rn 8 ff).[123]

4. Betreiber des Handelsgewerbes

a) Allgemeines. Die Existenz eines Handelsgewerbes führt nur für denjenigen zur Kaufmannseigenschaft, der dieses betreibt (§ 1 Abs. 1: „wer [...] betreibt"). Diese Voraussetzung für den Erwerb der Kaufmannseigenschaft erfordert eine zweistufige Prüfung: In einem ersten Schritt ist abstrakt zu konkretisieren, „wer" überhaupt rechtlich befähigt ist, Betreiber eines Handelsgewerbes zu sein. Erst im Anschluss stellt sich die nicht immer einfach zu beantwortende Frage, ob Dritte, die nicht mit dem Inhaber eines Gewerbes identisch sind, aufgrund ihrer Tätigkeit für diesen „Betreiber" des Handelsgewerbes sind, mit der Folge, dass sie durch § 1 Abs. 1 den Kaufmannsstatus erlangen. 51

Unsicherheit herrscht über die abstrakten Anforderungen, die an den „Betreiber" des Gewerbes im Sinne des § 1 Abs. 1 zu stellen sind. Einvernehmen scheint aber zumindest insoweit zu bestehen, dass das namentliche Auftreten im Außenverhältnis von zentraler Bedeutung ist. Regelmäßig wird als „Betreiber" des Handelsgewerbes derjenige angesehen, in dessen Namen das Gewerbe nach außen betrieben wird.[124] Zweifelhaft ist allerdings der Stellenwert, der der persönlichen Berechtigung bzw. Verpflichtung aus den für den Geschäftsbetrieb vorgenommenen Rechtsgeschäften zukommt. Teils wird dies kumulativ dem namentlichen Auftreten im Außenverhältnis hinzugefügt,[125] teils aber auch als ausschließlicher Maßstab für die Eigenschaft als „Betreiber" herangezogen.[126] Lediglich vereinzelt wird neben dem namentlichen Auftreten ein Handeln für eigene Rechnung gefordert.[127] 52

Richtigerweise ist derjenige als Betreiber des Gewerbebetriebes anzusehen, der durch die für ihn vorgenommenen Rechtsgeschäfte berechtigt und verpflichtet wird.[128] Dies ergibt sich schon daraus, dass er der Adressat der einschlägigen handelsrechtlichen Normen sein soll. In der Regel fällt die Berechtigung und Verpflichtung aus den Rechtsgeschäften mit derjenigen Person zusammen, in deren Namen das Gewerbe betrieben wird. Keine Bedeutung hat hingegen eine eventuelle Haftung für die Verbindlichkeiten des Gewerbes. Besteht diese kraft Gesetzes oder aufgrund rechtsgeschäftlicher Verpflichtung, dann folgt hieraus noch nicht, dass der Haftende zugleich Betreiber des Gewerbes ist, da hiermit keine Berechtigung aus den jeweiligen Rechtsgeschäften korrespondiert. Ebenso ist es für ein Betreiben des Gewerbes nicht konstitutiv, dass dieses für eigene Rechnung geschieht.[129] Dies zeigen insbesondere die Sachverhalte einer Treuhandschaft, in denen der Treuhänder zwar in eigenem Namen, aber für fremde Rechnung handelt. Berechtigt und verpflichtet aus den abgeschlossenen Rechtsgeschäften ist in diesem Fall ausschließlich der Treuhänder, der damit auch das Gewerbe betreibt (s. Rn 80).[130] 53

---

122 Ebenroth/Boujong/Joost/Strohn/*Kindler* Rn 41, Koller/Kindler/Roth/Drüen/*Roth* Rn 25.

123 Treffend Ebenroth/Boujong/Joost/Strohn/*Kindler* Rn 41, i.E. auch Koller/Kindler/Roth/Drüen/*Roth* Rn 25.

124 So z.B. *Bayer/Lieder* Rn 29; BeckOGK-HGB/*Servatius* Rn. 54; BeckOK-HGB/*Schwartze* Rn 37; *Brox/Henssler* § 2 Rn 24; *Fischinger* Rn 46; GK-HGB/*Ensthaler* Rn. 18; HaKo-HGB/*Keßler* Rn 46; Heymann/*Emmerich*[2] HGB Rn 13; *Kindler* § 2 Rn 66; *Lettl* § 2 Rn 28; *H.-F. Müller* JA 2021, 454 (457); Oetker/*Körber* Rn 85; Röhricht/v. Westphalen/Haas/*Ries* Rn 73; *Steinbeck* § 6 Rn 10; *Stöber* Rn. 38; *Weller/Prütting* Rn 94 sowie bereits Staub/*Brüggemann*[4] Rn 20.

125 So z.B. BeckOK-HGB/*Schwartze* Rn 37; *Brox/Henssler* § 2 Rn 24; Ebenroth/Boujong/Joost/Strohn/*Kindler* Rn 78; MünchKommHGB/*K. Schmidt* Rn 37; wohl auch Röhricht/v. Westphalen/Haas/*Ries* Rn 73.

126 So *Canaris* Handelsrecht § 2 Rn 17; *Hübner* Rn 33.

127 Hierfür *G. Roth* Rn 99.

128 Ebenso *Fischinger* Rn 46: Vertragspartnerstellung; in der Sache auch GK-HGB/*Ensthaler* Rn. 18; *Kindler* § 2 Rn 66.

129 Treffend *Brox/Henssler* § 2 Rn 26; HaKo-HGB/*Keßler* Rn 47; Oetker/*Körber* Rn 85 sowie bereits auch Staub/*Brüggemann*[4] Rn 22.

130 BeckOGK-HGB/*Servatius* Rn. 57.

b) Abstrakte Befähigung zum Betrieb eines Handelsgewerbes

54 **aa) Vorbemerkung.** Befähigt zum Betrieb eines Handelsgewerbes ist bei abstrakter Betrachtung grundsätzlich jeder, den das Gesetz mit der Fähigkeit ausstattet, Träger von Rechten und Pflichten zu sein. Dazu zählen – wie § 14 Abs. 2 BGB zeigt – neben natürlichen und juristischen Personen auch rechtsfähige Personengesellschaften.[131] Hiervon ist jedoch eine Einschränkung und eine Erweiterung anzuerkennen bzw. in Betracht zu ziehen.

55 Die **Einschränkung,** Betreiber eines Handelsgewerbes im Sinne des § 1 Abs. 1 zu sein, betrifft juristische Personen. Ihnen wird zum Teil bereits durch eine anderweitige gesetzliche Regelung die Eigenschaft eines Kaufmannes beigelegt, ohne dass es auf den Gegenstand des Unternehmens ankommt. Wegen § 6 Abs. 2 sind diese „Vereine" (Formkaufleute) aufgrund der Gesetzessystematik keine „Betreiber" eines Handelsgewerbes im Sinne des § 1 Abs. 2.[132] Eine **Erweiterung** der abstrakten Befähigung, ein Handelsgewerbe zu betreiben, ist für diejenigen Gesamthandsgemeinschaften in Betracht zu ziehen, die keine rechtsfähigen Personengesellschaften im Sinne des § 14 Abs. 2 BGB sind (s. Rn 75 ff).

56 **bb) Natürliche Personen.** Aufgrund der mit der menschlichen Existenz verbundenen Rechtsfähigkeit (§ 1 BGB) kann jeder Mensch Betreiber eines Handelsgewerbes sein.[133] Das gilt unabhängig von seiner Staatsangehörigkeit[134] und seiner Ausbildung.[135] Wie § 7 zeigt, sind auch öffentlich-rechtliche Beschränkungen für bestimmte Tätigkeiten ohne Auswirkungen auf die Kaufmannseigenschaft und damit die Fähigkeit, Betreiber eines entsprechenden Handelsgewerbes zu sein.[136] Das gilt auch dann, wenn das öffentliche Recht die Ausübung der Betätigung ausdrücklich mit dem Erfordernis einer Zulassung verknüpft. Selbst die Aberkennung der gewerberechtlichen Zuverlässigkeit (s. § 35 GewO) führt aus Sicht des Handelsrechts nicht dazu, dass der Betreffende seine Fähigkeit verliert, ein Gewerbe zu betreiben.

57 Trotz der geschlechtsspezifischen Formulierung in § 1 Abs. 1 („Kaufmann")[137] hängt die Fähigkeit, Inhaber eines Handelsgewerbes zu sein, nicht von der Zugehörigkeit zum männlichen Geschlecht ab.[138] Die auch heute noch im Gesetzestext enthaltene Anknüpfung an das Geschlecht hat allein historische Gründe, die auf der Rechtstellung der Frau im 19. Jahrhundert beruhen.[139] Inzwischen kennt das HGB allerdings auch „Kauffrauen" (§ 19 Abs. 1 Nr. 1). Ebenso wird die Fähigkeit, Betreiberin eines Handelsgewerbes zu sein, nicht mehr durch den ehelichen Güterstand beeinträchtigt.[140]

---

131 Ebenso z.B. *Lettl* § 2 Rn 28.

132 Treffend Ebenroth/Boujong/Joost/Strohn/*Kindler* Rn 59.

133 BeckOK-HGB/*Schwartze* Rn 38; Ebenroth/Boujong/Joost/Strohn/*Kindler* Rn 60; HaKo-HGB/*Keßler* Rn 46; Heymann/*Förster* HGB Rn 54; *Kindler* § 2 Rn 58; MünchKommHGB/*K. Schmidt* Rn 38.

134 BeckOK-HGB/*Schwartze* Rn 38; Ebenroth/Boujong/Joost/Strohn/*Kindler* Rn 60; Heymann/*Förster* HGB Rn 54; MünchKommHGB/*K. Schmidt* Rn 38; Oetker/*Körber* Rn 64.

135 BeckOK-HGB/*Schwartze* Rn 38; Ebenroth/Boujong/Joost/Strohn/*Kindler* Rn 60; Heymann/*Förster* HGB Rn. 54; Oetker/*Körber* Rn 64.

136 Ebenroth/Boujong/Joost/Strohn/*Kindler* Rn 60; MünchKommHGB/*K. Schmidt* Rn 38; Oetker/*Körber* Rn 64.

137 Zu deren Beibehaltung trotz entprechender Anregungen s. Reg. Begr., BT-Drucks. 13/8444, S. 33.

138 BeckOK-HGB/*Schwartze* Rn 38; Ebenroth/Boujong/Joost/Strohn/*Kindler* Rn 60; Oetker/*Körber* Rn 64.

139 Dementsprechend traf das ADHGB in den Art. 6 bis 9 noch Sonderbestimmungen für die Handelsfrau. Diese hatte in dem Handelsbetrieb zwar alle Rechte und Pflichten eines Kaufmanns (Art. 6 ADHGB), war für den Betrieb des Handelsbetriebes aber auf die Einwilligung des Ehemanns angewiesen (Art. 7 Abs. 1 ADHGB). S. zuvor bereits auch PrALR II 8 §§ 488–496 zur „kaufmannschaftstreibenden Frauensperson".

140 Anders noch § 1405 i.d.F. vom 1.1.1900, wonach die verheiratete Frau zum selbständigen Betrieb eines Erwerbsgeschäfts die Einwilligung des Mannes benötigte. S. dazu auch Heymann/*Emmerich*[2] HGB Rn 16 und zuvor noch Art. 7 Abs. 1 ADHGB.

Keine Bedeutung für die Kaufmannseigenschaft natürlicher Personen haben **Beschränkungen der Geschäftsfähigkeit.** Das gilt selbst dann, wenn die betreffende Person in ihrer Geschäftsfähigkeit nicht nur beschränkt, sondern sogar geschäftsunfähig ist.[141] Die Fähigkeit, ein Handelsgewerbe betreiben zu können, setzt nicht voraus, dass die hierfür notwendigen Rechtshandlungen höchst persönlich vorgenommen werden können. Ebenso wie die Eröffnung eines Insolvenzverfahrens die Kaufmannseigenschaft des Schuldners unberührt lässt (s. Rn 48),[142] gilt dies auch, wenn der Inhaber eines Gewerbes nach dessen Beginn beschränkt geschäftsfähig oder gar geschäftsunfähig wird.[143] Für ihn handelt im Rechtsverkehr dessen gesetzlicher Vertreter, der dazu allerdings ggf. die Genehmigung des Familiengerichts (§§ 1643, 1645 BGB), des Vormundschaftsgerichts (§§ 1821 bis 1823 BGB)[144] bzw. des Betreuungsgerichts (§ 1908i BGB)[145] benötigt. Das betrifft insbesondere die Aufnahme eines Geschäftsbetriebes (§§ 1645, 1823, 1908i BGB), aber auch dessen Auflösung (§§ 1823, 1908i BGB).[146] Handelt der gesetzliche Vertreter ohne die erforderliche gerichtliche Genehmigung, so hat dies zwar Auswirkungen auf die zivilrechtliche Wirksamkeit einzelner Rechtsgeschäfte (§§ 1829 bis 1831, 1908i BGB)[147] und kann eine Haftung des gesetzlichen Vertreters begründen (§§ 1833, 1908i BGB).[148] Für die abstrakte Fähigkeit des Inhabers, ein Handelsgewerbe betreiben zu können, bleibt dies aber ohne Bedeutung, insbesondere führt die fehlende gerichtliche Genehmigung nicht zum Verlust der Kaufmannseigenschaft bzw. steht ihrem Erwerb nicht entgegen.[149] 58

cc) Juristische Personen. Die Fähigkeit, ein Handelsgewerbe zu betreiben, besitzen aufgrund ihrer Rechtssubjektivität alle juristischen Personen.[150] Das gilt auch für abhängige Unternehmen in einem Konzern,[151] da das Vorliegen eines Konzerntatbestandes – wie in § 18 Abs. 1 AktG vorausgesetzt – nicht die rechtliche Selbständigkeit der Konzerngesellschaften in Frage stellt. Auch die Konzernleitungsmacht des herrschenden Unternehmens führt nicht dazu, dass dieses die Geschäfte der abhängigen Unternehmen betreibt.[152] Der Konzern im Sinne der Gesamtheit aller Konzernunternehmen betreibt hingegen mangels Rechtspersönlichkeit kein eigenes Han- 59

---

141 *Bayer/Lieder* Rn 29; BeckOGK-HGB/*Servatius* Rn. 58; BeckOK-HGB/*Schwartze* Rn 39; *Canaris Handelsrecht § 2 Rn 18; Ebenroth/Boujong/Joost/Strohn/Kindler* Rn 61; *Fischinger* Rn 46; HaKo-HGB/*Keßler* Rn 46; Heymann/*Förster* HGB Rn 55; HK-HGB/*Ruß* Rn 4, 5; Hopt/*Merkt* Rn 30, 32; MünchKommHGB/*K. Schmidt* Rn 38; *Oetker/Körber* Rn 64.
142 Ebenroth/Boujong/Joost/Strohn/*Kindler* Rn 60; HK-HGB/*Ruß* Rn 12; KollerKindler/Roth/Drüen/*Roth* Rn 20; *Lettl* § 2 Rn 29; Oetker/*Körber* Rn 100; sowie Staub/*Brüggemann*[4] Rn 31.
143 S. Röhricht/v. Westphalen/Haas/*Ries* Rn 77.
144 Ab dem 1.1.2023 benötigt der Vormund die Genehmigung des Familiengerichts gem. § 1799 BGB n.F.
145 Ab dem 1.1.2023 benötigt der Betreuer die Genehmigung des Betreuungsgerichts gem. den §§ 1848 bis 1854 BGB n.F.
146 Im Rahmen des ab dem 1.1.2023 geltenden reformierten Vormundschafts- und Betreuungsrechts wird § 1823 BGB nicht fortgeführt. Das Genehmigungserfordernis für den Vormund bzw. Betreuer beschränkt sich auf den Erwerb und die Veräußerung eines Erwerbsgeschäfts (§§ 1799 Abs. 1, 1852 Nr. 1 a BGB n.F.). Bezüglich eines neuen Erwerbsgeschäfts im Namen des Vormunds bzw. des Betreuers sowie der Aufgabe des Erwerbsgeschäfts besteht jedoch eine Anzeigepflicht gegenüber dem Familiengericht bzw. dem Betreuungsgericht (§§ 1798 Abs. 2 S. 1 BGB i.V.m. § 1847 BGB n.F., § 1847 BGB n.F.).
147 Ab dem 1.1.2023 folgt dies für die Vormundschaft aus § 1800 Abs. 2 BGB n.F. sowie für die Betreuung aus den §§ 1855 bis 1858 BGB n.F.
148 Ab dem 1.1.2023 folgt die Haftung für den Vormund aus § 1794 Abs. 1 BGB n.F. und für den Betreuer aus § 1826 Abs. 1 BGB n.F.
149 Röhricht/v. Westphalen/Haas/*Ries* Rn 87; **aA** wohl HaKo-HGB/*Keßler* Rn 49.
150 BeckOK-HGB/*Schwartze* Rn 40; Ebenroth/Boujong/Joost/Strohn/*Kindler* Rn 67; Heymann/*Förster* HGB Rn 56; MünchKommHGB/*K. Schmidt* Rn 40; Röhricht/v. Westphalen/Haas/*Ries* Rn 74; *Stöber* Rn. 38.
151 Ebenroth/Boujong/Joost/Strohn/*Kindler* Rn 67; MünchKommHGB/*K. Schmidt* Rn 27, 42.
152 Treffend MünchKommHGB/*K. Schmidt* Rn 64.

delsgewerbe.[153] Auch juristische Personen **ausländischen Rechts** können im Inland ein Handelsgewerbe betreiben, soweit die Unterhaltung des Geschäftsbetriebes im Inland nicht zum Verlust der nach ausländischem Recht begründeten Rechtspersönlichkeit führt.[154] Dies richtet sich nach dem Gesellschaftsstatut.

60 Die **Vorgesellschaft** einer juristischen Person des Privatrechts (Vor-GmbH, Vor-AG) verfügt ebenfalls über die Fähigkeit, ein Handelsgewerbe zu betreiben, und erlangt mit Beginn entsprechender Vorbereitungsgeschäfte die Eigenschaft eines Formkaufmanns.[155] Da die Vorgesellschaft auf den Rechtsstatus einer juristischen Person abzielt, kann sie jedoch nicht selbst in das Handelsregister eingetragen werden.[156] Anders ist die Rechtslage erst, wenn die Gründer ihre Eintragungsabsicht aufgeben (**unechte Vorgesellschaft**). Betreiben sie in diesem Fall das Handelsgewerbe fort, dann bilden sie wegen des Betriebs eines Handelsgewerbes eine Offene Handelsgesellschaft, die als solche in das Handelsregister einzutragen ist.[157]

61 Dem Erwerb der Kaufmannseigenschaft stehen öffentlich-rechtliche Genehmigungserfordernisse nicht entgegen. In Einzelfällen untersagte das Gesellschaftsrecht bislang lediglich die Eintragung in das Handelsregister, wenn öffentlich-rechtliche Genehmigungserfordernisse fehlten (s. § 7 Rn 7 f). Wurde der Geschäftsbetrieb bereits zuvor aufgenommen, so gelangen die Grundsätze zur Vorgesellschaft zur Anwendung (s. Rn 60).

62 Wegen der eigenen Rechtspersönlichkeit juristischer Personen des Privatrechts ist ausschließlich diese Inhaber des Geschäftsbetriebes und betreibt das Handelsgewerbe. Für die **Mitglieder bzw. Gesellschafter** der juristischen Person gilt dies hingegen aufgrund der rechtlichen Verselbständigung selbst dann nicht, wenn es sich um den Mehrheits- oder gar Alleingesellschafter handelt.[158] Auch der Alleingesellschafter und Geschäftsführer einer GmbH ist deshalb nicht Kaufmann im Sinne des Handelsrechts mit der Folge, dass eine von ihm mündlich erklärte Bürgschaft unwirksam ist (§ 766 Satz 1 BGB).[159]

dd) Gesamthandsgemeinschaften

63 **(1) Personengesellschaften.** Neben natürlichen und juristischen Personen kennt § 14 Abs. 2 BGB auch Personengesellschaften, die trotz fehlender Rechtspersönlichkeit die Fähigkeit besitzen, Träger von Rechten und Pflichten sein zu können und damit rechtsfähig sind. Damit steht zugleich fest, dass diese Personengesellschaften auch über die abstrakte Fähigkeit verfügen, Betreiber eines Handelsgewerbes zu sein. Wegen § 124 Abs. 1 gilt dies sowohl für die **Offene**

---

153 BeckOK-HGB/*Schwartze* Rn 41; Ebenroth/Boujong/Joost/Strohn/*Kindler* Rn 67; *Fischinger* Rn 47; Heymann/*Förster* HGB Rn 57; Hopt/*Merkt* Rn 31; MünchKommHGB/*K. Schmidt* Rn 42; Oetker/*Körber* Rn 70.

154 BeckOK-HGB/*Schwartze* Rn 40; Heymann/*Förster* HGB Rn 56; MünchKommHGB/*K. Schmidt* Rn 40; Röhricht/v. Westphalen/Haas/*Ries* Rn 74; ebenso Oetker/*Körber* Rn 72.

155 Für die allg. Ansicht BeckOK-HGB/*Schwartze* Rn 41; Ebenroth/Boujong/Joost/Strohn/*Kindler* Rn 67; *Fischinger* Rn 47; Heymann/*Förster* HGB Rn 57; HK-HGB/*Ruß* Rn 18; Hopt/*Merkt* Rn 30; Koller/Kindler/Roth/Drüen/*Roth* Rn 28; MünchKommHGB/*K. Schmidt* Rn 40; Röhricht/v. Westphalen/Haas/*Ries* Rn 97.

156 BayObLG 23.7.1965 – BReg 2 Z 7/65 – NJW 1965, 2254 (2257); BeckOK-HGB/*Schwartze* Rn 41; Ebenroth/Boujong/Joost/Strohn/*Kindler* Rn 67; Heymann/*Emmerich*[2] HGB Rn 35; Staub/*Brüggemann*[4] Rn 28; in dieser Richtung auch Röhricht/v. Westphalen/Haas/*Ries* Rn 97 sowie i.E. MünchKommHGB/*K. Schmidt* Rn 40.

157 BeckOK-HGB/*Schwartze* Rn 41; Röhricht/v. Westphalen/Haas/*Ries* Rn 97.

158 BGH 13.2.1952 – II ZR 91/51 – BGHZ 5, 133 (134); BGH 28.1.1993 – IX 259/91 – BGHZ 121, 224 (228); BeckOGK-HGB/*Servatius* Rn. 59; BeckOK-HGB/*Schwartze* Rn 40, 55; Ebenroth/Boujong/Joost/Strohn/*Kindler* Rn 84; HaKo-HGB/*Keßler* Rn 52; Heymann/*Förster* HGB Rn 68; HK-HGB/*Ruß* Rn 16; Hopt/*Merkt* Rn 31; Koller/Kindler/Roth/Drüen/*Roth* Rn 23; *Lettl* § 2 Rn 31; MünchKommHGB/*K. Schmidt* Rn 66; Röhricht/v. Westphalen/Haas/*Ries* Rn 74; *Steinbeck* § 6 Rn 12.

159 So BGH 28.1.1993 – IX 259/91 – BGHZ 121, 224 (228), mit krit. Anm. *K. Schmidt* JR 1993, 321, 322; ebenso BeckOGK-HGB/*Servatius* Rn. 59; Ebenroth/Boujong/Joost/Strohn/*Kindler* Rn 85; HaKo-HGB/*Keßler* Rn 52; Heymann/*Förster* HGB Rn 68; Hopt/*Merkt* Rn 50; *Hübner* Rn 37; Röhricht/v. Westphalen/Haas/*Ries* Rn 74.

Handelsgesellschaft als auch über die Verweisungsnorm in § 161 Abs. 2 für die **Kommanditgesellschaft.**[160]

Bezüglich der **BGB-Gesellschaft** ist auf der Grundlage der höchstrichterlichen Rechtsprechung[161] zu differenzieren. Soweit sie danach rechtsfähig ist (BGB-Außengesellschaft), kann sie Betreiber eines Gewerbes sein. Damit steht ihr auch die Möglichkeit offen, jedenfalls über § 105 Abs. 2 i.V.m. § 2 den Rechtsstatus einer Offenen Handelsgesellschaft zu erlangen.[162] Erfordern Art und Umfang des Geschäftsbetriebes kaufmännische Einrichtungen, so ist die Gesellschaft *ipso iure* keine BGB-Gesellschaft, sondern wegen des Vorliegens eines Handelsgewerbes Offene Handelsgesellschaft (§ 105 Abs. 1), die über § 6 Abs. 1 den für Kaufleute geltenden Vorschriften unterliegt.[163] Diese Grundsätze gelten auch nach Inkrafttreten der reformierten §§ 705 ff. BGB mit dem 1.1.2024, wenn die BGB-Gesellschaft nach dem gemeinsamen Willen der Gesellschafter am Rechtsverkehr teilnehmen soll. In diesem Fall handelt es sich um eine rechtsfähige Gesellschaft (§ 705 Abs. 2 BGB n.F.), die Betreiber eines Gewerbes sein kann. 64

Obwohl die zum Betrieb des Gewerbes vorgenommenen Rechtsgeschäfte die rechtsfähige Personengesellschaft selbst verpflichten und im Namen der Personengesellschaft vorgenommen werden, sieht die bislang herrschende Meinung – abweichend von der Rechtslage bei der juristischen Person (s. Rn 62) – grundsätzlich auch die **Gesellschafter** als Betreiber des (Handels-)Gewerbes an, verlangt hierfür aber einschränkend deren Verpflichtung durch die von der Gesellschaft vorgenommenen Geschäfte. Wegen ihrer durch § 128 begründeten persönlichen Haftung für die Verbindlichkeiten der Gesellschaft sollen deshalb die Gesellschafter einer Offenen Handelsgesellschaft und wegen § 161 Abs. 2 i.V.m. § 128 auch die Komplementäre einer Kommanditgesellschaft zusätzlich zu der Gesellschaft als Betreiber des Gewerbes anzusehen sein und hierdurch den Kaufmannsstatus erlangen.[164] Wegen der von der Rechtsprechung des Bundesgerichtshofes bejahten analogen Anwendung des § 128[165] muss dies entsprechend für die Gesellschafter einer BGB-Außengesellschaft gelten, die von der Ausübung ihrer Option zur Eintragung (§ 105 Abs. 2)[166] abgesehen haben.[167] Die Kaufmannseigenschaft für die persönlich haftenden Gesellschafter soll dabei unabhängig davon anzuerkennen sein, ob der Gesellschafter der die Geschäfte der Gesellschaft führt, hiervon ausgeschlossen ist.[168] 65

Für die **Kommanditisten einer Kommanditgesellschaft** scheidet hingegen nach diesem Konzept die Kaufmannseigenschaft aus,[169] wenn er nicht mehr persönlich für die Verbindlich- 66

---

160 Für die allg. Ansicht BeckOK HGB/*Schwartze* Rn 42; Ebenroth/Boujong/Joost/Strohn/*Kindler* Rn 70; HaKo-HGB/*Keßler* Rn 46; Heymann/*Förster* HGB Rn 58; MünchKommHGB/*K. Schmidt* Rn 44; Oetker/*Körber* Rn 74; Röhricht/v. Westphalen/Haas/*Ries* Rn 75.

161 S. vor allem BGH 29.1.2001 – II ZR 31/00 – BGHZ 146, 341 ff.

162 MünchKommHGB/*K. Schmidt* Rn 45.

163 BeckOK-HGB/*Schwartze* Rn 43; Ebenroth/Boujong/Joost/Strohn/*Kindler* Rn 73; Heymann/*Förster* HGB Rn 61; Hopt/*Merkt* Rn 49; *Kindler* § 2 Rn 63; MünchKommHGB/*K. Schmidt* Rn 45; *Oetker*/*Körber* Rn 75.

164 BeckOK-HGB/*Schwartze* Rn 56; *Canaris* Handelsrecht § 2 Rn 20; *Fischinger* Rn 87; GK-HGB/*Ensthaler* Rn. 19; Heymann/*Förster* HGB Rn 69; HK-HGB/*Ruß* Rn 21; *Hübner* Rn 37; *Kindler* § 2 Rn 68; *Lettl* Rn 31; Röhricht/v. Westphalen/Haas/*Ries* Rn 75; *Steinbeck* § 6 Rn 12; im Grundsatz auch Pfeiffer/*Pfeiffer* Handbuch der Handelsgeschäfte, 1999, § 1 Rn 95.

165 BGH 29.1.2001 – II ZR 331/00 – BGHZ 146, 341 (358 f); ebenso z.B. *Steinbeck* § 6 Rn 12.

166 Zur unveränderten Fortführung des Optionsrechts für kleingewerbliche Gesellschaften ab dem 1.1.2024 s. § 107 HGB n.F.

167 Entsprechendes gilt ab dem 1.1.2024 für die rechtsfähige BGB-Gesellschaft. Wegen der in § 721 BGB n.F. angeordneten persönlichen Haftung der Gesellschafter für die Verbindlichkeiten der Gesellschaft bedarf es für die persönliche Haftung jedoch keines Analogieschlusses mehr.

168 So z.B. Ebenroth/Boujong/Joost/Strohn/*Kindler* Rn 86.

169 BeckOGK-HGB/*Servatius* Rn. 59; BeckOK-HGB/*Schwartze* Rn 55; *Canaris* Handelsrecht § 2 Rn 21; *Fischinger* Rn 47, 87; HaKo-HGB/*Keßler* Rn 53; Heymann/*Förster* HGB Rn 70; HK-HGB/*Ruß* Rn 21; *Hübner* Rn 37; *Kindler* § 2 Rn 68; *Lettl* Rn 31; *Röhricht*/v. Westphalen/Haas/*Ries* Rn 75; *Steinbeck* § 6 Rn 12; **aA** noch Staub/*Brüggemann*[4] Rn 35 f.

keiten der Gesellschaft haftet. Nimmt die Gesellschaft ihren Geschäftsbetrieb jedoch mit seiner Zustimmung bereits vor der Eintragung auf, müsste er zumindest bis zur Eintragung wegen § 176 als Betreiber des Gewerbes angesehen werden und über § 1 Abs. 1 vorübergehend die Stellung eines Kaufmannes erlangen.

67 Die in Rn 65 und 66 wiedergegebene herrschende Meinung ist seit längerem beachtlicher Kritik ausgesetzt.[170] Die hM steht vor allem im Widerspruch zu dem grundsätzlichen Ausgangspunkt, denjenigen zum Betreiber des Handelsgewerbes zu erklären, in dessen Namen der Betrieb geführt wird (s. Rn 52 f). So gesehen, scheint die Bewertung der persönlich haftenden Gesellschafter untrennbar mit den lange vorherrschenden Streitfragen zur dogmatischen Erfassung der Gesamthand verbunden zu sein. Wer dieser die Fähigkeit abspricht, selbst Träger von Rechten und Pflichten zu sein, kommt nicht umhin, die Betreibereigenschaft bei den einzelnen Gesamthändern anzusiedeln. Indem aber inzwischen sowohl den Personenhandelsgesellschaften als auch der BGB-Außengesellschaft die Rechtsfähigkeit zugesprochen wird (s. § 14 Abs. 2 BGB), werden die Geschäfte des (Handels-)Gewerbes ausschließlich im Namen und mit der Gesellschaft abgeschlossen.[171] Dies spricht für eine Abkehr von der tradierten Auffassung, so dass die Gesellschafter einer rechtsfähigen Personengesellschaft nicht zugleich neben dieser das Gewerbe betreiben und damit auch nicht allein aufgrund ihrer gesellschaftsrechtlichen Stellung die Eigenschaft eines Kaufmanns erlangen, unabhängig davon, ob sie für die Verbindlichkeiten der Gesellschaft aufgrund einer unmittelbaren oder entsprechenden Anwendung des § 128 einstehen müssen.[172]

68 **(2) Partnerschaft und Europäische Wirtschaftliche Interessenvereinigung.** Die **Partnerschaft** hat der Gesetzgeber als Zusammenschluss freiberuflich Tätiger konzipiert. Da der einzelne Freiberufler nach dem vorherrschenden Verständnis aus dem handelsrechtlichen Gewerbebegriff auszuklammern ist (s. dazu Rn 27 ff), hält auch § 1 Abs. 1 Satz 2 PartGG fest, dass die Partnerschaft kein Handelsgewerbe ausübt. Daher kann sie selbst als Betreiber gemeinsamer freiberuflicher Tätigkeit nicht Kaufmann sein.[173]

69 Vergleichbar mit der Partnerschaft zeichnet sich auch die **Europäische Wirtschaftliche Interessenvereinigung** (EWIV) dadurch aus, dass sie keine gewerbliche Tätigkeit ausüben darf (Art. 3 Abs. 2 EWIV-VO) und damit kein Handelsgewerbe betreibt.[174] Im Gegensatz zur Partnerschaft hat der Gesetzgeber die Europäische Wirtschaftliche Interessenvereinigung jedoch mittels einer Fiktion den Handelsgesellschaften gleichstellt (§ 1 EWIV-AG).[175] Gemäß § 6 Abs. 1 finden damit auf sie – im Gegensatz zur Partnerschaft – auch die für Kaufleute geltenden Vorschriften Anwendung. Wird § 6 Abs. 1 zugleich als Vorschrift bewertet, die indirekt die Kaufmannseigenschaft für Handelsgesellschaften begründet, dann ist die Europäische Wirtschaftliche Interessenvereinigung wegen § 1 EWIV-AG i.V.m. § 6 Abs. 1 Kaufmann.[176]

---

170 S. BeckOGK-HGB/*Servatius* Rn. 59; Koller/Kindler/Roth/Drüen/*Roth* Rn 23; *H.-F. Müller* JA 2021, 454 (457); MünchKommHGB/*K. Schmidt* Rn 67; Oetker/*Körber* Rn 90 sowie bereits *Landwehr* JZ 1967, 198 ff; *Lieb* DB 1967, 759 ff; *Zöllner* DB 1964, 795 (796).

171 Zur Aufgabe der Doppelverpflichtungslehre BGH 27.9.1999 – II ZR 371/98 – BGHZ 142, 315 (318) sowie BGH 29.1.2001 – II ZR 331/00 – BGHZ 146, 341 (358 f).

172 Wie hier HaKo-HGB/*Keßler* Rn 53; Koller/Kindler/Roth/Drüen/*Roth* Rn 23; MünchKommHGB/*K. Schmidt* Rn 67; Oetker/*Körber* Rn 90.

173 LG Kleve 22.4.2016 – 3 O 67/16 – BeckRS 2016, 10247; BeckOK-HGB/*Schwartze* Rn 45; Ebenroth/Boujong/Joost/Strohn/*Kindler* Rn 72; Heymann/*Förster* HGB Rn 60; *Kindler* § 2 Rn 62; MünchKommHGB/*K. Schmidt* Rn 48; Oetker/*Körber* Rn 77.

174 Ebenroth/Boujong/Joost/Strohn/*Kindler* Rn 71; MünchKommHGB/*K. Schmidt* Rn 47.

175 Mit dieser Regelungstechnik auch § 17 GenG: Gleichstellung der Genossenschaften mit Kaufleuten.

176 BeckOK-HGB/*Schwartze* Rn 42; Ebenroth/Boujong/Joost/Strohn/*Kindler* Rn 71; Heymann/*Förster* HGB Rn 59: Oetker/*Körber* Rn 78; *Treber* AcP 199 (1999), 525 (574).

(3) Nicht eingetragener Verein. Bezüglich nicht im Vereinsregister eingetragener Vereine ist zu beachten, dass die tradierte und in § 54 BGB zum Ausdruck gelangte Bezeichnung als „nicht rechtsfähiger Verein" in Folge der gewandelten höchstrichterlichen Judikatur zur BGB-Gesellschaft[177] und den vom Bundesgerichtshof für das Vereinsrecht inzwischen gezogenen Konsequenzen[178] Missverständnisse provoziert. Nimmt ein Verein trotz unterbliebener Eintragung unter eigenem Namen am Rechtsverkehr teil, dann ist ihm – nicht anders als der BGB-Außengesellschaft – die Rechtsfähigkeit zuzubilligen.[179] Damit verfügt ein derartiger nicht eingetragener Verein auch über die Fähigkeit, ein Gewerbe zu betreiben.[180] Erfordert der hierfür unterhaltene Geschäftsbetrieb nach Art und Umfang kaufmännische Einrichtungen, dann handelt es sich jedoch stets um ein Handelsgewerbe und damit um eine Offene Handelsgesellschaft.[181] Entsprechendes gilt, wenn der Geschäftsbetrieb zu gering ist und die Eintragungsoption (§ 105 Abs. 2 i.V.m. § 2) ausgeübt wird,[182] anderenfalls ist er eine BGB-Gesellschaft.[183] Deshalb kann ein nicht im Vereinsregister eingetragener Verein nicht als solcher die Kaufmannseigenschaft erlangen.[184] Das gilt auch unter der am 1.1.2024 in Kraft tretenden Neufassung des § 54 BGB. Dieser bezeichnet nicht im Vereinsregister eingetragene Vereine, die nicht auf einen wirtschaftlichen Geschäftsbetrieb gerichtet sind, zwar als „Vereine ohne Rechtspersönlichkeit", ohne hierdurch jedoch deren bislang anerkannte Rechtfähigkeit in Frage zu stellen. Damit verfügen nicht eingetragene Vereine auch ab 1.1.2024 über die Fähigkeit, ein Gewerbe zu betreiben. 70

(4) Rechtsfähige Stiftungen. Die Fähigkeit Träger eines handelsrechtlichen Gewerbes zu sein, kommt auch rechtsfähigen Stiftungen zu.[185] Allerdings ist die stiftungsrechtliche Zulässigkeit einer derartigen wirtschaftlichen Betätigung umstritten.[186] 71

(5) Partenreederei. Obwohl sich die Partenreederei dadurch auszeichnete, dass sich in dieser mehrere Personen zur Verfolgung eines gemeinsamen erwerbswirtschaftlichen Zweckes (Verwendung eines Schiffes zum Erwerb durch die Seefahrt für gemeinschaftliche Rechnung) zusammenschließen (§ 489 Abs. 1), und diese deshalb überwiegend nicht als Bruchteilsgemeinschaft, sondern als Gesamthand qualifiziert wurde,[187] sprach ihr eine verbreitete Auffassung die Fähigkeit ab, selbst die Eigenschaft eines Kaufmannes zu erlangen und in das Handelsregister eingetragen zu werden.[188] Auch nach Aufhebung der Bestimmungen zur Partenreederei durch das Gesetz zur Reform des Seehandelsrechts v. 20.4.2013 (BGBl. I 831) hat die Streitfrage prakti- 72

177 S. BGH 29.1.2001 – II ZR 331/00 – BGHZ 146, 341 ff.
178 BGH 2.7.2007 – II ZR 111/05 – WM 2007, 1933 (1938).
179 Statt aller für die hM MünchKommBGB/*Leuschner* § 54 Rn. 18 ff.
180 Zustimmend BeckOK-HGB/*Schwartze* Rn 44.
181 KG 6.1.2015 – 1 W 250, 251, 252/14 – NZG 2015, 1034 (1035); BeckOK-HGB/*Schwartze* Rn 44; Ebenroth/Boujong/Joost/Strohn/*Kindler* Rn 74; Heymann/*Förster* HGB Rn 62; Koller/Kindler/Roth/Drüen/*Roth* Rn 27; MünchKommHGB/*K. Schmidt* Rn 46; Röhricht/v. Westphalen/Haas/*Ries* Rn 96.
182 Koller/Kindler/Roth/Drüen/*Roth* Rn 27; Röhricht/v. Westphalen/Haas/*Ries* Rn 96.
183 Koller/Kindler/Roth/Drüen/*Roth* Rn 27; MünchKommHGB/*K. Schmidt* Rn 46.
184 Ebenroth/Boujong/Joost/Strohn/*Kindler* Rn 74.
185 LG Frankfurt a.M. 20.2.2019 – 2–14 O 425/18 – BeckRS 2019, 50000; BeckOK-HGB/*Schwartze* Rn 40; Heymann/*Förster* HGB Rn 56; Röhricht/v. Westphalen/Haas/*Ries* Rn 74.
186 S. dazu mwN MünchKommBGB/*Weitemeyer* § 80 Rn 201 ff.
187 S. statt aller *Rabe* Seehandelsrecht, 4. Aufl. 2000, § 489 Rn 6, mwN.
188 So Ebenroth/Boujong/Joost/Strohn/*Kindler* Rn 75; *Rabe* Seehandelsrecht, 4. Aufl. 2000, § 489 Rn 3; Schaps/*Abraham* Seerecht, 4. Aufl. 1978, § 498 Rn 7; **aA** vor allem *K. Schmidt* Die Partenreederei als Handelsgesellschaft, 1995, S. 44 ff, 131; MünchKommHGB/*K. Schmidt* Rn 49; wohl auch *Ruhwedel* DZWir 1996, 393 (394); s. ferner auch *Kaempfe* MDR 1982, 975 ff.

sche Bedeutung, da für Partenreedereien, die vor dem 25.4.2013 entstanden sind, die §§ 489–509 in der bis zu diesem Tage geltenden Fassung maßgebend bleiben (Art. 71 Abs. 1 EGHGB).

73 Richtigerweise war zwischen dem Betreiben eines Gewerbes und der Qualifizierung der Partenreederei als Handelsgesellschaft zu differenzieren. Bereits das Reichsgericht hatte die Partenreederei als eine Erwerbsgesellschaft nach bürgerlichem Recht qualifiziert,[189] was auch der Rechtsprechung des Bundesgerichtshofes entsprach.[190] Ihr fehlte zwar die Rechtssubjektivität,[191] im Hinblick auf das Außenverhältnis glich ihre Rechtstellung aber derjenigen einer Offenen Handelsgesellschaft.[192] Angesichts der auch vom Bundesgerichtshof mit Recht betonten Parallele zum Recht der BGB-Gesellschaft,[193] lag es im Lichte der inzwischen gefestigten gesellschaftsrechtlichen Doktrin nahe, die Partenreederei selbst als Betreiberin der Erwerbsgesellschaft zu qualifizieren.[194] Analog der vorherrschenden Auffassung zur Offenen Handelsgesellschaft (s. Rn 65) müsste die persönliche Haftung des Mitreeders (§ 507 Abs. 1) an sich dazu führen, dass auch dieser selbst Betreiber der Partenreederei ist. Nach der hier befürworteten gegenteiligen Ansicht (s. Rn 67), war dies hingegen konsequenterweise abzulehnen.[195]

74 Aus der Einstufung der Partenreederei als Betreiberin des Gewerbes folgte allerdings nicht zwingend, dass diese eine Handelsgesellschaft i.S.d. § 6 Abs. 1 war und damit als solche den für Kaufleute geltenden Vorschriften unterlag. Überwiegend wurde dies zu Recht abgelehnt.[196] Hierfür stritt die in § 489 Abs. 2 zum Ausdruck gelangte Vorstellung des historischen Gesetzgebers, dass die Partenreederei keine Handelsgesellschaft war.[197] Bekräftigt wird dies durch die ansonsten übliche Regelungstechnik im Gesellschaftsrecht, die Zuordnung der Gesellschaft zu den Handelsgesellschaften bzw. die Anwendung der handelsrechtlichen Vorschriften ausdrücklich klarzustellen (s. z.B. § 13 Abs. 3 GmbHG, § 1 Abs. 1 Satz 2 PartGG, § 1 EWIV-AG).[198] Allerdings schloss es die hier befürwortete Ansicht nicht aus, einzelne der für Kaufleute geltenden Vorschriften auf die Partenreederei analog anzuwenden. In dieser Richtung plädierte bereits *J. v. Girke* sehr weitgehend für eine analoge Anwendung der für Handelsgesellschaften geltenden Vorschriften, wenn die Partenreederei vollkaufmännisch betrieben wird.[199] Ob dem in dieser Allgemeinheit zuzustimmen war, kann hier dahingestellt bleiben, jedenfalls eröffnete der methodische Weg einer entsprechenden Anwendung der für Kaufleute geltenden Bestimmungen ein ausreichend flexibles Instrument, dass sowohl den Bedürfnissen des Handelsverkehrs als auch den spezifischen rechtlichen Rahmenbedingungen der Partenreederei Rechnung trug. Ob die Partenreederei nach Art und Umfang einen in kaufmännischer Weise eingerichteten Geschäftsbetrieb erforderte, sollte hierbei zumindest bei den Vorschriften über Handelsgeschäfte von untergeordneter Bedeutung sein, da auch für kleingewerbliche Unternehmen eine entsprechende Anwendung der für Kaufleute geltenden Bestimmungen punktuell in Betracht zu ziehen war (s. § 2 Rn 32 ff).

---

189 RG 17.4.1909 – I 218/08 – RGZ 71, 26 (27).

190 S. BGH 25.3.1991 – II ZR 13/90 – NJW 1991, 3148 (3149).

191 RG 17.4.1909 – I 218/08 – RGZ 71, 26 (27).

192 S. *Rabe* Seehandelsrecht, 4. Aufl. 2000, § 489 Rn 13 ff, 18 ff; Schaps/*Abraham* Seerecht, 4. Aufl. 1978, § 489 Rn 13 sowie bereits RG 17.4.1909 – I 218/08 – RGZ 71, 26 (27); s. ferner *Ruhwedel* Die Partenreederei, 1973, S. 164 ff.

193 BGH 25.3.1991 – II ZR 13/90 – NJW 1991, 3148 (3149).

194 Treffend *Rabe* Seehandelsrecht, 4. Aufl. 2000, § 489 Rn 3, wonach die Partenreederei ein Handelsgewerbe i.S.d. § 1 Abs. 2 betreibt.

195 So auch *K. Schmidt* Die Partenreederei als Handelsgesellschaft, 1985, S. 47; i.E. ferner für die mittlerweile vorherrschende Ansicht *Rabe* Seehandelsrecht, 4. Aufl. 2000, § 489 Rn 3 a.E., mwN; **aA** Schaps/*Abraham* Seerecht, 4. Aufl. 1978, § 489 Rn 7.

196 So z.B. *Rabe* Seehandelsrecht, 4. Aufl. 2000, § 489 Rn 3; *Ruhwedel* Die Partenreederei 1973, S. 159 f; Schaps/*Abraham* Seerecht 4. Aufl. 1978, § 489 Rn 13; **aA** *K. Schmidt* Die Partenreederei als Handelsgesellschaft, 1985, S. 10, 48 f; MünchKommHGB/*K. Schmidt* Rn 49; wohl auch *Ruhwedel* DZWir 1996, 393 (394).

197 Dagegen jedoch *K. Schmidt* Die Partenreederei als Handelsgesellschaft, 1985, S. 48 f.

198 S. auch *Ruhwedel* Die Partenreederei, 1973, S. 160, der eine gesetzliche Regelung fordert.

199 *J. v. Girke* § 82 I 2b, S. 597.

(6) Gütergemeinschaft. Die von Ehegatten gebildete Gütergemeinschaft begründet eine Gesamthand,[200] zu der auch ein handelsrechtliches Gewerbe gehören kann, die jedoch mangels organisatorischer Verselbständigung nicht eigenständig im Rechtsverkehr agiert. Die Rechte und Pflichten aus den für das Gesamtgut eingegangenen Rechtsgeschäften stehen nicht dem Gesamtgut, sondern den Ehegatten in ihrer gesamthänderischen Verbundenheit zu.[201] Deshalb ist nicht die Gütergemeinschaft selbst Betreiberin des Gewerbes, vielmehr sind dies die in der Gütergemeinschaft verbundenen Ehegatten.[202] Führt nur einer der Ehegatten das Gewerbe, so ist ausschließlich dieser Kaufmann.[203] 75

(7) Erbengemeinschaft. Mit der Gütergemeinschaft vergleichbare Rechtsfragen sind für die Erbengemeinschaft zu beantworten, da diese gleichermaßen als Gesamthand zu qualifizieren ist und zu dem Nachlass auch ein handelsrechtliches Gewerbe gehören kann. Die Fortführung des Geschäftsbetriebs durch die Erbengemeinschaft führt nach ständiger Rechtsprechung und vorherrschender Ansicht nicht dazu, dass sich die Erbengemeinschaft in eine Handelsgesellschaft umwandelt.[204] Ungeachtet dessen ist umstritten, ob die Erbengemeinschaft selbst Betreiberin des Gewerbes und damit zugleich Kaufmann ist. Von beachtlichen Stimmen im Schrifttum wird dies bejaht.[205] Hiergegen führt die Rechtsprechung sowie die vorherrschende Lehre an, dass der Erbengemeinschaft sowohl eine entsprechende Organstruktur als auch die Vergleichbarkeit mit der BGB-Gesellschaft wegen des auf Auseinandersetzung gerichteten Zwecks fehlt.[206] Deshalb sei nicht die Erbengemeinschaft Betreiberin des Unternehmens; vielmehr kommen ausschließlich die der Erbengemeinschaft angehörenden Erben als Betreiber des Gewerbes und damit als Kaufleute in Betracht.[207] 76

(8) Wohnungseigentümergemeinschaft. Die Gemeinschaft der Wohnungseigentümer (Wohnungseigentümergemeinschaft, § 9a Abs. 1 WEG) soll trotz ihrer Rechtsfähigkeit (§ 9a Abs. 1 Satz 1 WEG) nicht als Betreiber eines Handelsgewerbes in Betracht kommen.[208] Dem ist im Ausgangspunkt zuzustimmen, da die in der Wohnnungseigentümergemeinschaft zusammengeschlossenen Eigentümer eine Bruchteilsgemeinschaft bilden[209] und hierdurch für sich alleine 77

---

200 S. MünchKommBGB/*Münch* § 1416 Rn 3; Staudinger/*Thiele* § 1416 Rn 3 ff mwN.

201 S. statt aller RG 1.2.1917 – VI 366/16 – RGZ 89, 360 (364 f); MünchKommBGB/*Münch* § 1416 Rn 3, Staudinger/*Thiele* § 1416 Rn 6.

202 BeckOGK-HGB/*Servatius* Rn. 60; BeckOK-HGB/*Schwartze* Rn 46; Ebenroth/Boujong/Joost/Strohn/*Kindler* Rn 76, 86; Heymann/*Förster* HGB Rn 63; HK-HGB/*Ruß* Rn 9; Hopt/*Merkt* Rn 48; *Kindler* § 2 Rn 64; Koller/Kindler/Roth/Drüen/*Roth* Rn 22; MünchKommHGB/*K. Schmidt* Rn 51; Oetker/*Körber* Rn 81; Pfeiffer/*Pfeiffer* Handbuch der Handelsgeschäfte, 1999, § 1 Rn 97; Röhricht/v. Westphalen/Haas/*Ries* Rn 85.

203 BeckOGK-HGB/*Servatius* Rn. 60; Ebenroth/Boujong/Joost/Strohn/*Kindler* Rn 87; HK-HGB/*Ruß* Rn 9; Hopt/*Merkt* Rn 48; Koller/Kindler/Roth/Drüen/*Roth* Rn 22; MünchKommHGB/*K. Schmidt* Rn 51; Oetker/*Körber* Rn 81.

204 BGH 8.10.1984 – II ZR 223/83 – BGHZ 92, 259 (262 ff); KG 29.9.1998 – 1 W 4007/97 – DB 1998, 2591 (2592); BeckOK-HGB/*Schwartze* Rn 47; Ebenroth/Boujong/Joost/Strohn/*Kindler* Rn 77; Koller/Kindler/Roth/Drüen/*Roth* Rn 22; MünchKommHGB/*K. Schmidt* Rn 52; *K. Schmidt* NJW 1985, 2785 (2787 f).

205 So z.B. MünchKommHGB/*K. Schmidt* Rn 52; *K. Schmidt* NJW 1985, 2785 f; *Wolf* AcP 181 (1981), 480 (513) sowie auch Staub/*Brüggemann*[4] Rn 51 ff.

206 RG 26.3.1931 – IIb 5/31 – RGZ 132, 138 (142); BeckOGK-HGB/*Servatius* Rn. 61; BeckOK-HGB/*Schwartze* Rn 47; Ebenroth/Boujong/Joost/Strohn/*Kindler* Rn 77; Heymann/*Förster* HGB Rn 65; HK-HGB/*Ruß* Rn 13; Hopt/*Merkt* Rn 37; *Kindler* § 2 Rn 65; Oetker/*Körber* Rn 83; Röhricht/v. Westphalen/Haas/*Ries* Rn 86.

207 BeckOGK-HGB/*Servatius* Rn. 61; Ebenroth/Boujong/Joost/Strohn/*Kindler* Rn 77; *Fischinger* Rn 47; GK-HGB/*Ensthaler* Rn. 20; HaKo-HGB/*Keßler* Rn 55; Heymann/*Förster* HGB Rn 65; HK-HGB/*Ruß* Rn 13; Hopt/*Merkt* Rn 37; *Kindler* § 2 Rn 65; Koller/Kindler/Roth/Drüen/*Roth* Rn 22; Pfeiffer/*Pfeiffer* Handbuch der Handelsgeschäfte, 1999, § 1 Rn 97; Röhricht/v. Westphalen/Haas/*Ries* Rn 86.

208 So OLG Celle 22.12.2021 – 18 AR 27/21 – BeckRS 2021, 47918.

209 MünchKommBGB/*Krafka* Einl WEG Rn 37.

nicht die Voraussetzungen des handelsrechtlichen Gewerbebegriffs erfüllen. Allerdings schließt dies nicht aus, dass die Wohnungseigentümergemeinschaft eine wirtschaftliche Aktivität entfaltet, die als Gewerbe zu qualifizieren ist. Dies kommt z.B. in Betracht, wenn die Bruchteilsgemeinschaft Eigentümerin der Stellplätze im Haus geblieben ist und diese ganz oder teilweise an Außenstehende vermietet (s. aber Rn. 23 ff) oder aber erneuerbare Energie erzeugt, die auch zur Einspeisung in das Stromnetz bestimmt ist. Damit ist allerdings keine Aussage zu der Frage verbunden, ob der Gewerbebetrieb nach Art und Umfang kaufmännische Einrichtungen erfordert.

c) Drittverhalten

78 **aa) Allgemeines.** Nach dem allgemeinen Grundsatz ist derjenige Betreiber des Handelsgewerbes, in dessen Namen die mit dem Handelsgewerbe verbundenen Handelsgeschäfte abgeschlossen werden (s. Rn 53). Allerdings ist der Inhaber des Handelsgewerbes nicht selten außerstande, sämtliche Geschäfte selbst abzuschließen, sondern oftmals treten statt seiner Dritte auf, ohne dass dies den Betrieb des Handelsgeschäfts durch den Inhaber ausschließt bzw. seiner Kaufmannseigenschaft entgegensteht. Eine höchstpersönliche Tätigkeit ist für den Betrieb eines handelsrechtlichen Gewerbes und die Kaufmannseigenschaft nicht erforderlich. Handelt nicht der Inhaber selbst, sondern ein Dritter für diesen, dann ist zu beurteilen, ob das Drittverhalten dem Inhaber zuzurechnen oder evtl. der Dritte selbst als Betreiber des Gewerbes zu qualifizieren ist. Die relevanten Fallgestaltungen, die in diesem Zusammenhang zu diskutieren sind, sind äußerst vielfältig.

79 **bb) Vertretung.** In den Fällen einer rechtsgeschäftlich begründeten Vertretung treten die Rechtswirkungen für und gegen den Vertretenen ein (§ 164 Abs. 1 Satz 1 BGB). Deshalb ist nicht der Vertreter, sondern der Vertretene Kaufmann.[210] Entsprechendes gilt für Prokuristen und Handlungsbevollmächtigte[211] sowie für gesetzliche Vertreter, wenn diese im Namen des Vertretenen handeln.[212] Eine gegenteilige Würdigung gilt bei einer rechtsgeschäftlich begründeten Vertretungsmacht nur dann, wenn dem Vertreter die Vertretungsmacht fehlt; in diesem Fall ist der Vertreter ohne Vertretungsmacht wegen § 179 Abs. 1 BGB Betreiber des Gewerbes.

80 Gerade bei gesetzlichen Vertretern kann jedoch in Betracht kommen, dass dieser das Geschäft für fremde Rechnung, aber im eigenen Namen führt. Damit tritt er im Rechtsverkehr selbst als Betreiber des Handelsgewerbes auf und wird zum Kaufmann.[213] Entsprechendes gilt für den Kommissionär; er handelt zwar für fremde Rechnung, tritt dabei aber im eigenen Namen auf (s. noch § 1 Abs. 2 Nr. 6 a.F.).[214] Die vorgenannten Konstellationen sind Ausdruck eines allgemeinen Grundsatzes, der für alle mittelbaren Vertretungsverhältnisse gilt.[215] Da der mittelbare Vertreter unter eigenem Namen nach außen in Erscheinung tritt, ist ausschließlich dieser aus den abgeschlossenen Rechtsgeschäften berechtigt sowie verpflichtet und deshalb Betreiber des

210 *Bayer/Lieder* Rn 29; BeckOK-HGB/*Schwartze* Rn 49; HaKo-HGB/*Keßler* Rn 48; Heymann/*Förster* HGB Rn 73; *Hübner* Rn 34; Koller/Kindler/Roth/Drüen/*Roth* Rn 18; Röhricht/v. Westphalen/Haas/*Röhricht* Rn 77.

211 BeckOK-HGB/*Schwartze* Rn 49; Hopt/*Merkt* Rn 31; MünchKommHGB/*K. Schmidt* Rn 55; Röhricht/v. Westphalen/Haas/*Ries* Rn 76.

212 Ebenroth/Boujong/Joost/Strohn/*Kindler* Rn 80; *Fischinger* Rn 47; HaKo-HGB/*Keßler* Rn 48; HK-HGB/*Ruß* Rn 2; *Hübner* Rn 34; *Lettl* § 2 Rn 29; MünchKommHGB/*K. Schmidt* Rn 56; *Steinbeck* § 6 Rn 10.

213 Ebenroth/Boujong/Joost/Strohn/*Kindler* Rn 80; Hopt/*Merkt* Rn 30, 35; Röhricht/v. Westphalen/Haas/*Ries* Rn 78.

214 *Brox/Henssler* § 2 Rn 26; *Lettl* § 2 Rn 30.

215 Röhricht/v. Westphalen/Haas/*Ries* Rn 78.

Gewerbes. Das gilt insbesondere auch für den Treuhänder[216] und nach vorherrschender Ansicht für den sogenannten Strohmann.[217]

Darüber hinaus zeigt das Beispiel des Handelsvertreters, dass der Abschluss von Geschäften in fremden Namen nicht per se ausschließt, dass der Vertreter Kaufmann ist. Zwar wird das jeweilige Rechtsgeschäft dem Vertretenen zugerechnet, stellt die Vertretung für den Vertreter aber ein eigenes Gewerbe dar, dann erlangt er hierdurch bei entsprechendem Umfang des eigenen Geschäftsbetriebes – und entsprechend der früheren Rechtslage (s. § 1 Abs. 2 Nr. 7 a.F.) – die Kaufmannseigenschaft.[218] Das trifft auch für andere Geschäftsbesorgungsverhältnisse zu, bei denen der Geschäftsbesorger im Namen des Auftraggebers handelt. 81

cc) Insolvenzverwalter. Die streitige dogmatische Rechtstellung des Insolvenzverwalters (Vertreter oder Amtswalter) hat für die handelsrechtliche Bewertung seines Handelns im Ergebnis keine Bedeutung.[219] Wird dieser als gesetzlicher Vertreter des Schuldners angesehen, dann handelt er nicht im eigenen Namen, sodass sein rechtsgeschäftliches Handeln uneingeschränkt dem Schuldner zugerechnet wird und diesen insbesondere nicht zum Betreiber des in der Verwaltung befindlichen Gewerbes macht.[220] Auch die vorherrschende Gegenposition, die den Insolvenzverwalter als Amtswalter qualifiziert, gelangt zu diesem Ergebnis.[221] Zwar handelt der Insolvenzverwalter im eigenen Namen, dies geschieht aber für den Rechtsgeschäftsverkehr erkennbar mit Wirkung für und gegen die Insolvenzmasse. 82

Obwohl das Handeln des Insolvenzverwalters für die Insolvenzmasse für diesen nicht zur Kaufmannseigenschaft führt, gilt es auch insoweit die bereits bei dem Handelsvertreter sowie dem Kommissionär diskutierte Perspektive zu beachten, dass die fortwährende Übernahme von Insolvenzverwaltungen eine planmäßige und auf Dauer angelegte Tätigkeit auf wirtschaftlichem Gebiet begründen und damit die Voraussetzungen eines handelsrechtlichen Gewerbes erfüllen kann, sofern der Insolvenzverwalter nicht Angehöriger eines freien Berufes (z.B. Rechtsanwalt, Wirtschaftsprüfer, Steuerberater, vereidigter Buchprüfer, Steuerbevollmächtigter) ist. 83

dd) Stille Gesellschaft. Die stille Gesellschaft zeichnet sich dadurch aus, dass der Geschäftsinhaber bei der Führung des Geschäfts ausschließlich im eigenen Namen handelt (§ 230 Abs. 2). Die Rechtsstellung des stillen Gesellschafters beschränkt sich auf eine Beteiligung am wirtschaftlichen Ergebnis. Deshalb ist er in seiner Eigenschaft als stiller Gesellschafter nicht Betreiber des Handelsgewerbes und damit allein aufgrund seiner Beteiligung kein Kaufmann.[222] 84

216 *Bayer/Lieder* Rn 29; BeckOK-HGB/*Schwartze* Rn 51; *Bitter/Schumacher* Rn 19; *Brox/Henssler* § 2 Rn 26; *Canaris* Handelsrecht § 2 Rn 19; Ebenroth/Boujong/Joost/Strohn/*Kindler* Rn 84; HK-HGB/*Ruß* Rn 10; Hopt/*Merkt* Rn 30; Koller/Kindler/Roth/Drüen/*Roth* Rn 18; MünchKommHGB/*K. Schmidt* Rn 54; Oetker/*Körber* Rn 93; Röhricht/v. Westphalen/Haas/*Ries* Rn 78.

217 Wie hier BGH 20.12.1984 – III ZR 45/84 – WM 1985, 348; BeckOK-HGB/*Schwartze* Rn 51; *Canaris* Handelsrecht § 2 Rn 29; Koller/Kindler/Roth/Drüen/*Roth* Rn 18; Röhricht/v. Westphalen/Haas/*Ries* Rn 79; *Wassner* ZGR 1973, 427 (434 ff); im Grundsatz auch Hopt/*Merkt* Rn 30.

218 Treffend hervorgehoben von Ebenroth/Boujong/Joost/Strohn/*Kindler* Rn 80; ferner BeckOK-HGB/*Schwartze* Rn 54.

219 Ebenso BeckOK-HGB/*Schwartze* Rn 50.

220 Hierfür MünchKommHGB/*K. Schmidt* Rn 62.

221 *Fischinger* Rn 47; Heymann/*Förster* HGB Rn 71; HK-HGB/*Ruß* Rn 12; Hopt/*Merkt* Rn 47; *Hübner* Rn 35; Röhricht/v. Westphalen/Haas/*Ries* Rn 83; *Steinbeck* § 6 Rn 11; i.E. auch Ebenroth/Boujong/Joost/Strohn/*Kindler* Rn 81; HaKo-HGB/*Keßler* Rn 63; Koller/Kindler/Roth/Drüen/*Roth* Rn 20.

222 Ebenso Ebenroth/Boujong/Joost/Strohn/*Kindler* Rn 82; Hopt/*Merkt* Rn 50; MünchKommHGB/*K. Schmidt* Rn 67; Oetker/*Körber* Rn 76.

85 **ee) Nutzungsberechtigte.** Verfügt die den Geschäftsbetrieb führende Person nicht über das Eigentum an demselben, sondern kann sich diese lediglich auf ein Nutzungsrecht an diesem als **Pächter, Franchisenehmer** etc. stützen, so schließt dies nicht aus, ihn als Betreiber eines Handelsgewerbes und damit als Kaufmann anzusehen.[223] Entscheidend ist, wer den Geschäftsbetrieb organisiert und leitet sowie im Geschäftsverkehr namentlich in Erscheinung tritt. Dafür sind die Eigentumsverhältnisse bezüglich der Betriebsmittel ohne Bedeutung.[224] Angesichts dessen ist bei einem **Nießbrauch** nach inzwischen allgemeiner Ansicht zu differenzieren:[225] Beschränkt sich der Nießbrauch auf den Ertrag des Unternehmens, so tritt der Nießbraucher nicht in eigener Person im Geschäftsverkehr in Erscheinung und ist deshalb nicht der Betreiber des Gewerbes. Anders ist dies jedoch, wenn der Nießbraucher gleich einem Pächter oder Franchisenehmer das Gewerbe eigenverantwortlich leitet und für diese im Geschäftsverkehr auftritt.

86 **ff) Organpersonen.** Juristische Personen handeln im rechtsgeschäftlichen Verkehr durch ihre Organe. Dies steht weder der Eigenschaft der juristischen Person als Betreiberin des Handelsgewerbes entgegen (s. Rn 59) noch führt selbst die eigenverantwortliche Leitung der juristischen Person (so § 76 Abs. 1 AktG für die Aktiengesellschaft) dazu, dass die Organperson als Betreiberin bzw. Kaufmann zu qualifizieren ist.[226] Sie handelt stets im Namen der juristischen Person, die sie nach außen (gerichtlich und außergerichtlich) vertritt.

87 **gg) Testamentsvollstrecker.** Im Hinblick auf den Testamentsvollstrecker treten bezüglich der Kaufmannseigenschaft ähnliche Probleme wie bei dem Insolvenzverwalter (s. dazu Rn 82 f) auf. Allerdings verfügt der Testamentsvollstrecker über einen deutlich größeren Gestaltungsspielraum, wie er das im Nachlass befindliche Handelsgewerbe fortführt. Dafür stehen ihm vier Möglichkeiten zur Verfügung:[227]

88 Neben einer Freigabe des Handelsgeschäfts aus der Verwaltung (§ 2217 BGB)[228] kann der Testamentsvollstrecker das Handelsgeschäft auch im Namen des Erben führen, so dass nicht der Testamentsvollstrecker, sondern die Erben als Kaufleute in das Handelsregister einzutragen sind (Vollmachtslösung).[229] Als drittes bietet sich an, dass der Testamentsvollstrecker das Handelsgewerbe im eigenen Namen für Rechnung der Erben führt. In dieser Konstellation agiert er als Treuhänder wegen des Auftretens im eigenen Namen selbst als Betreiber des Gewerbes und

---

223 *Bayer/Lieder* Rn 29; BeckOK-HGB/*Schwartze* Rn 53; *Bitter/Schumacher* Rn 18; *Fischinger* Rn 47; HaKo-HGB/*Keßler* Rn 47; Heymann/*Förster* HGB Rn 72; *Lettl* § 2 Rn 28; MünchKommHGB/*K. Schmidt* Rn 54; Oetker/*Körber* Rn 86; Röhricht/v. Westphalen/Haas/*Ries* Rn 84; *Steinbeck* § 6 Rn 11; *Weller/Prütting* Rn 94. So für den Franchisenehmer OLG Schleswig 27.8.1986 – 4 U 27/85 – NJW-RR 1987, 220 (221 f); Ebenroth/Boujong/Joost/Strohn/*Kindler* Rn 83; Hopt/*Merkt* Rn 30; Koller/Kindler/Roth/Drüen/*Roth* Rn 18; Oetker/*Körber* Rn 87.

224 BeckOK-HGB/*Schwartze* Rn 53; *Bitter/Schumacher* Rn 18; Ebenroth/Boujong/Joost/Strohn/*Kindler* Rn 83; *Fischinger* Rn 47; HaKo-HGB/*Keßler* Rn 47; Heymann/*Förster* HGB Rn 72; Koller/Kindler/Roth/Drüen/*Roth* Rn 17.

225 S. BayObLG 3.7.1973 – BReg 2 Z 25/73 – BB 1973, 956 (956); BeckOK-HGB/*Schwartze* Rn 53; Ebenroth/Boujong/Joost/Strohn/*Kindler* Rn 83; HaKo-HGB/*Keßler* Rn 47; Heymann/*Förster* HGB Rn 72; Hopt/*Merkt* Rn 30; Oetker/*Körber* Rn 86; Röhricht/v. Westphalen/Haas/*Ries* Rn 84.

226 Für die allg. Ansicht OLG Düsseldorf 29.12.1993 – 18 U 105/93 – NJW-RR 1995, 93; Ebenroth/Boujong/Joost/Strohn/*Kindler* Rn 85; *Fischinger* Rn 91; HaKo-HGB/*Keßler* Rn 53; Heymann/*Förster* HGB Rn 68; Hopt/*Merkt* Rn 31; Koller/Kindler/Roth/Drüen/*Roth* Rn 19; MünchKommHGB/*K. Schmidt* Rn 55; *Röhricht*/v. Westphalen/Haas/*Ries* Rn 74.

227 S. auch Hopt/*Merkt* Rn 41 ff; MünchKommHGB/*K. Schmidt* Rn 59 f; Oetker/*Körber* Rn 94 ff.

228 S. BeckOGK-HGB/*Servatius* Rn. 62; HaKo-HGB/*Keßler* Rn 60; Heymann/*Förster* HGB Rn 79.

229 BeckOK-HGB/*Schwartze* Rn 50; *Fischinger* Rn 47; HaKo-HGB/*Keßler* Rn 58; Heymann/*Förster* HGB Rn 78; Hopt/*Merkt* Rn 41; Koller/Kindler/Roth/Drüen/*Roth* Rn 21; Röhricht/v. Westphalen/Haas/*Ries* Rn 81; *Steinbeck* § 6 Rn 11.

erlangt die Eigenschaft eines Kaufmanns,[230] der mit einem Testamentsvollstreckervermerk in das Handelsregister einzutragen ist.[231] Im Vordringen ist jedoch als viertes Modell die sogenannte echte Testamentsvollstreckerlösung, bei der der Erbe Geschäftsinhaber bleibt und als Kaufmann in das Handelsregister einzutragen ist.[232] Die Geschäftsführung übernimmt der Testamentsvollstrecker für den Erben, was im Handelsregister zu vermerken ist.

5. Art und Umfang des Geschäftsbetriebes (§ 1 Abs. 2)

a) Normstruktur. Den Status eines „Ist-Kaufmanns" erlangt der Inhaber eines Gewerbebetriebes nur, wenn es sich bei diesem um ein Handelsgewerbe handelt. Die hierfür notwendigen Voraussetzungen ergeben sich nicht aus § 1 Abs. 1, sondern aus Absatz 2 der Vorschrift. Danach muss der Geschäftsbetrieb des Gewerbebetriebes nach Art und Umfang kaufmännische Einrichtungen erfordern. Allerdings bedarf es hierfür – im Unterschied zu der früheren Regelung für Sollkaufleute (§ 2 a.F.) – keiner positiven Prüfung, sondern der Gesetzgeber des Handelsrechtsreformgesetzes hat in § 1 Abs. 2 bewusst eine negative Formulierung gewählt. Nach dieser führt die Existenz eines handelsrechtlichen Gewerbes grundsätzlich zum Handelsgewerbe, sofern nicht ausnahmsweise („es sei denn") Art oder Umfang des Geschäftsbetriebes keine kaufmännischen Einrichtungen erfordern. Damit hat der Gesetzgeber die Regelungstechnik der früheren Regelung für Minderkaufleute in § 4 Abs. 1 a.F. übernommen. 89

Die Systematik des § 1 Abs. 2 verdeutlicht hinreichend die Absicht des Gesetzgebers, dass das Vorliegen eines **Handelsgewerbes (widerlegbar) zu vermuten** ist[233] und derjenige, der sich auf die Entbehrlichkeit eines in kaufmännischer Weise eingerichteten Geschäftsbetriebes beruft, hierfür die **Darlegungs- und Beweislast** trägt.[234] Von praktischer Bedeutung ist dies vor allem, wenn der Inhaber eines Gewerbebetriebes von der Eintragung in das Handelsregister abgesehen hat und später Streit über die Frage entsteht, ob der Geschäftsbetrieb nicht doch bereits die Voraussetzungen eines Handelsgewerbes im Sinne des § 1 Abs. 2 erfüllt. So z.B. wenn er sich gegenüber einem Verkäufer darauf beruft, dass die Genehmigungsfiktion des § 377 Abs. 2 bzw. 3 nicht eingreift. In dieser Konstellation obliegt es dem nicht im Handelsregister eingetra- 90

230 BeckOGK-HGB/*Servatius* Rn. 62; BeckOK-HGB/*Schwartze* Rn 52; Ebenroth/Boujong/Joost/Strohn/*Kindler* Rn 90; *Fischinger* Rn 47; HaKo HGB/*Keßler* Rn 59; Heymann/*Förster* HGB Rn 77; Koller/Kindler/Roth/Drüen/*Roth* Rn 21; Röhricht/v. Westphalen/Haas/*Ries* Rn 80; *Steinbeck* § 6 Rn 11.

231 RG 26.3.1931 – IIb 5/31 – RGZ 132, 138 (142).

232 So im Anschluss an *Baur* FS Dölle, Bd. 1, 1963, S. 249 ff, z.B. *Canaris* Handelsrecht § 9 Rn 36 ff; Heymann/*Förster* HGB Rn 80 f; Hopt/*Merkt* Rn 44; *Muscheler* Die Haftungsordnung der Testamentsvollstreckung, 1994, S. 389 ff; *Schiemann* FS Medicus, 1999, S. 526 ff; ähnlich MünchKommHGB/*K. Schmidt* Rn 61, der jedoch – wie beim Insolvenzverwalter – eine gesetzlicher Vertreterlösung favorisiert; ablehnend indes *Dauner-Lieb* Unternehmen in Sondervermögen, 1998, S. 270 ff; Röhricht/v. Westphalen/Haas/*Ries* Rn 82.

233 Ebenso im Sinne einer widerlegbaren Vermutung OLG München 19.1.2022 – 7 U 2659 – NZG 2022, 553 (554); FG Berlin-Brandenburg 24.6.2021 – 2 K 5261/15 – BeckRS 2021, 50874; BeckOGK-HGB/*Servatius* Rn. 40; BeckOK-HGB/*Schwartze* Rn 30; *Bülow/Artz* Rn 54; *Fischinger* Rn 50; GK-HGB/*Ensthaler* Rn 30; Heymann/*Förster* HGB Rn 43; HK-HGB/*Ruß* Rn 44; Hopt/*Merkt* Rn 25; *Hübner* Rn 40; Koller/Kindler/Roth/Drüen/*Roth* Rn 39; *H.-F. Müller* JA 2021, 454 (456); MünchKommHGB/*K. Schmidt* Rn 75; Pfeiffer/*Pfeiffer* Handbuch der Handelsgeschäfte, 1999, § 1 Rn 107; Röhricht/v. Westphalen/Haas/*Ries* Rn 119; *Steinbeck* § 7 Rn 5; *Stöber* Rn. 42; *Weller/Prütting* Rn 98; im Grundsatz auch Reg. Begr., BT-Drucks. 13/8444, S. 2, 48.

234 Reg. Begr., BT-Drucks. 13/8444, S. 26, 48; OLG München 19.1.2022 – 7 U 2659 – NZG 2022, 553 (554); FG Berlin-Brandenburg 24.6.2021 – 2 K 5261/15 – BeckRS 2021, 50874; BeckOGK-HGB/*Servatius* Rn. 47; BeckOK-HGB/*Schwartze* Rn 30; *Bitter/Schumacher* Rn 15; *Bülow/Artz* Rn 54; *Canaris* Handelsrecht § 3 Rn 11; *Fischinger* Rn 57; GK-HGB/*Ensthaler* Rn 30; HaKo-HGB/*Keßler* Rn 42; Heymann/*Förster* HGB Rn 43; Hopt/*Merkt* Rn 25; *Hübner* Rn 40; *Kindler* § 2 Rn 51; Koller/Kindler/Roth/Drüen/*Roth* Rn 39, 46; *Kort* DB 2019, 771 (771); *Lettl* § 2 Rn 23; MünchKommHGB/*K. Schmidt* Rn 76; Oetker/*Körber* Rn 60; Pfeiffer/*Pfeiffer* Handbuch der Handelsgeschäfte, 1999, § 1 Rn 107; Röhricht/v. Westphalen/Haas/*Ries* Rn 119; *Steinbeck* § 7 Rn 5; *Stöber* Rn. 42; *Weller/Prütting* Rn 98.

genen Käufer, die Vermutung des § 1 Abs. 2 auszuräumen.[235] Gelingt es ihm im Prozess nicht, dem Gericht diesbezüglich die notwendige Gewissheit zu vermitteln, so geht ein *non liquet* zu seinen Lasten.[236] Entsprechendes gilt, wenn sich ein nicht eingetragener Gewerbetreibender darauf beruft, dass eine von ihm mündlich erklärte Bürgschaft nach § 766 Satz 2 BGB unwirksam ist, während umgekehrt die Vermutung des § 1 Abs. 2 für den Gläubiger streitet.

91 Bestritten ist die Anwendung der Vermutung in § 1 Abs. 2 in der umgekehrten Konstellation, in der sich der nicht eingetragene Gewerbetreibende auf die Vermutung des § 1 Abs. 2 stützt, um die Anwendung einer für ihn günstigen handelsrechtlichen Vorschrift zu begründen.[237] Als Beispiel ist erneut der Handelskauf anzuführen, wenn der nicht eingetragene Gewerbetreibende auf der Verkäuferseite steht und sich seinerseits gegenüber dem Käufer auf die Genehmigungsfiktion in § 377 Abs. 2 bzw. 3 stützen will. Verbreitet wird ihm dies mit der Begründung abgeschnitten, dass § 1 Abs. 2 lediglich zu Lasten des Rechtsverkehrs wirken und nicht zu Gunsten des pflichtwidrig (§ 29) nicht eingetragenen Gewerbetreibenden gelten soll.[238] Einen anderen konzeptionellen Weg befürwortet in dieser Konstellation der historische Gesetzgeber; er hielt § 15 Abs. 1 für einschlägig.[239] Da der Weg einer einschränkenden Auslegung des § 1 Abs. 2[240] mangels hinreichender Anhaltspunkte im Normtext nur schwer gangbar ist, bietet sich ein Rückgriff auf § 242 BGB und den Einwand des *venire contra factum proprium* an.[241] Hat der Inhaber des Handelsgewerbes von einer Eintragung in das Handelsregister abgesehen, so setzt er sich hierzu in Widerspruch, wenn er später das Vorliegen eines Handelsgewerbes behauptet und damit zugleich Vorteile aus seinem pflichtwidrigem Verhalten (Verletzung der Anmeldepflicht, § 29) ziehen will. Das gilt nicht nur, wenn er die Genehmigungsfiktion des § 377 Abs. 2 bzw. 3 in Anspruch nehmen will, sondern auch, wenn er den erhöhten Zinssatz für Verzugszinsen (§ 288 Abs. 2 BGB: 9 Prozentpunkte; § 352 Abs. 1: 5 Prozentpunkte) beansprucht.

92 Die durch die Systematik des § 1 Abs. 2 zum Ausdruck gelangte Verknüpfung mit der Darlegungs- und Beweislast verdeutlicht, dass die Vermutung bzw. die Beweislastregelung an sich keine Anwendung in Verfahren findet, in denen der Sachverhalt von Amts wegen aufzuklären ist. Wegen § 26 FamFG (früher: § 12 FGG) soll das insbesondere das **Registerverfahren** betreffen.[242] Will das Registergericht ein Zwangsgeldverfahren (§ 14) wegen eines Verstoßes gegen die Anmeldepflicht nach § 29 einleiten, so kann es sich hierfür nicht auf die Vermutung des § 1 Abs. 2 stützen, sondern hat den Sachverhalt vollständig aufzuklären. Entsprechendes gilt, wenn es die Löschung aus dem Handelsregister nach § 2 Satz 3 mit der Begründung ablehnen will, der Geschäftsbetrieb erfülle unverändert die Voraussetzungen eines Handelsgewerbes (s. auch § 2 Rn 20), oder aber – nach der hier befürworteten Auffassung (s. § 2 Rn 24) – eine Löschung aus dem Handelsregister vornehmen will, weil das (ursprüngliche) Handelsgewerbe zum kleingewerblichen Unternehmen herabgesunken ist. Obwohl das registergerichtliche Verfahren keine

---

235 Statt aller Reg. Begr., BT-Drucks. 13/8444, S. 48; *Bülow/Artz* Rn 54; Heymann/*Förster* HGB Rn 43; Hopt/*Merkt* Rn 25.

236 Ebenroth/Boujong/Joost/Strohn/*Kindler* Rn 43.

237 Zum Meinungsstand s. auch *Hübner* Rn 40.

238 So z.B. Ebenroth/Boujong/Joost/Strohn/*Kindler* Rn 43; **aA** Koller/Kindler/Roth/Drüen/*Roth* Rn 46; MünchKommHGB/*K. Schmidt* Rn 76; Oetker/*Körber* Rn 60; *Steinbeck* § 7 Rn 6.

239 Reg. Begr., BT-Drucks. 13/8444, S. 48; für diesen Ansatz auch *Canaris* Handelsrecht § 3 Rn 11; Heymann/*Förster* HGB Rn 43; HK-HGB/*Ruß* Rn 44; Hopt/*Merkt* Rn 25; Koller/Kindler/Roth/Drüen/*Roth* Rn 46; MünchKommHGB/*K. Schmidt* Rn 77; Oetker/*Körber* Rn 61; *Röhricht*/v. Westphalen/Haas/*Ries* Rn 121; *Steinbeck* § 7 Rn 6; **aA** GK-HGB/*Ensthaler* Rn 35.

240 Dies als Alternative befürwortend *Canaris* Handelsrecht § 3 Rn 11 sowie zuvor auch *Lieb* NJW 1999, 35 (36); Pfeiffer/*Pfeiffer* Handbuch der Handelsgeschäfte, 1999, § 1 Rn 110; in dieser Richtung ebenfalls HaKo-HGB/*Keßler* Rn 43.

241 Ablehnend jedoch *Fischinger* Rn 57; *Hübner* Rn 40.

242 Ebenso Reg. Begr., BT-Drucks. 13/8444, S. 25 f, 48; BeckOK-HGB/*Schwartze* Rn 31; *Bülow/Artz* Rn 54; Ebenroth/Boujong/Joost/Strohn/*Kindler* Rn 44; HaKo-HGB/*Keßler* Rn 45; Hopt/*Merkt* Rn 25; Koller/Kindler/Roth/Drüen/*Roth* Rn 46; Röhricht/v. Westphalen/Haas/*Ries* Rn 123.

Entscheidung nach Maßgabe der Darlegungs- und Beweislast kennt, trifft das Registergericht die Feststellungslast, wenn es das Vorliegen eines Handelsgewerbes bestreitet. Dem Zweck des § 1 Abs. 2 entspricht es, wenn der Rechtsgedanke der Vorschrift diesbezüglich zur Anwendung gelangt. Ist das Vorliegen eines Kleingewerbes nicht erwiesen, so gilt auch für das registergerichtliche Verfahren, dass der Gewerbebetrieb ein Handelsgewerbe ist.[243]

Aus der Gesetzessystematik folgt zudem, dass sich die aus § 1 Abs. 2 abzuleitende widerlegbare Vermutung auf das Vorliegen eines Handelsgewerbes beschränkt; keine Bedeutung hat sie deshalb für das Vorliegen eines Gewerbebetriebes.[244] Dieser ist stets positiv festzustellen. **92a**

b) Entbehrlichkeit kaufmännischer Einrichtungen

aa) Kaufmännische Einrichtungen. Bevor bei der Anwendung von § 1 Abs. 2 Art und Umfang des Unternehmens näher betrachtet werden, ist zunächst zu klären, auf welche kaufmännischen Einrichtungen im Rahmen der Erforderlichkeitsprüfung abzustellen ist. Erst wenn feststeht, wodurch sich ein in kaufmännischer Weise eingerichteter Geschäftsbetrieb auszeichnet, kann die Frage beantwortet werden, ob diese Einrichtungen wegen Art oder Umfang des Unternehmens entbehrlich sind. **93**

Ein kaufmännischer Geschäftsbetrieb erfordert jedenfalls Vorkehrungen, die ein Mindestmaß aufweisen, um eine zuverlässige Abwicklung der Geschäfte sicherzustellen.[245] Hierfür hat bereits die Denkschrift zum HGB auf die spezifische und mit der Kaufmannseigenschaft verknüpften Regelung zurückgegriffen.[246] Unverändert von Bedeutung ist für einen kaufmännisch geführten Geschäftsbetrieb die Beschäftigung von Hilfspersonen mit kaufmännischer Ausbildung (Handlungsgehilfen, §§ 59 ff) sowie spezifische Vertretungsregeln, die im Interesse des Geschäftsverkehrs Handlungsspielräume belassen (Handlungsvollmacht, Prokura; §§ 48 ff, 54 ff).[247] Entsprechendes gilt für den Schriftverkehr mit Kunden- und Geschäftspartnern (Aufbewahrungspflichten, § 257), eine Buchführung, die einen geordneten Überblick über die Geschäftsvorfälle und die Lage des Unternehmens gibt (§ 238 Abs. 1),[248] die Errichtung eines Inventars (§ 240) und schließlich die Erstellung eines aus Bilanz sowie Gewinn- und Verlustrechnung bestehenden Jahresabschlusses (§ 242). Schließlich zeichnet sich ein in kaufmännischer Weise geführter Geschäftsbetrieb dadurch aus, dass er im rechtsgeschäftlichen Verkehr unter einer eigenständigen Bezeichnung agiert, so dass für Dritte erkennbar ist, dass das jeweilige Handeln nicht die private, sondern die geschäftliche Sphäre betrifft. Dies geschah bei Schaffung des HGB durch die Firma (§ 17 Abs. 1: Name, unter dem der Kaufmann seine Geschäfte betreibt). Allerdings ist der Betreiber eines Gewerbes auch im Rahmen eines kaufmännischen Geschäftsverkehrs hierauf inzwischen nicht mehr angewiesen, da geschäftliche Bezeichnungen (§ 5 MarkenG) den Geschäftsbetrieb in vergleichbarer Weise von der Privatsphäre abgrenzen können.[249] **94**

---

243 So auch *Bülow/Artz* Rn 54; HaKo-HGB/*Keßler* Rn 45; HK-HGB/*Ruß* Rn 44; Hopt/*Merkt* Rn 25; Koller/Kindler/Roth/Drüen/*Roth* Rn 46; *Kort* DB 2019, 771 (771); MünchKommHGB/*K. Schmidt* Rn 76; Oetker/*Körber* Rn 62; Röhricht/v. Westphalen/Haas/*Ries* Rn 123; ähnlich *Canaris* Handelsrecht § 3 Rn 12: analoge Anwendung im Hinblick auf die Argumentationslast.

244 Treffend *Fischinger* Rn 50; HaKo-HGB/*Keßler* Rn 44.

245 In diesem Sinne auch BGH 28.4.1960 – II ZR 239/58 – WM 1960, 935 (935); *Fischinger* Rn 51; Heymann/*Förster* HGB Rn 46; *Kindler* § 2 Rn 53; Oetker/*Körber* Rn 50.

246 Denkschrift, S. 9 f; ebenso z.B. *Canaris* Handelsrecht § 3 Rn 9; *Lettl* § 2 Rn 24.

247 **AA** MünchKommHGB/*K. Schmidt* Rn 71.

248 So auch BGH 28.4.1960 – II ZR 239/58 – WM 1960, 935 (935); OLG Brandenburg 4.4.2007 – 7 U 170/06 – BeckRS 2009, 05899; BeckOK-HGB/*Schwartze* Rn 32; *Canaris* Handelsrecht § 3 Rn 9; *Fischinger* Rn 51; HaKo-HGB/*Keßler* Rn 29; Heymann/*Förster* HGB Rn 47; *Kindler* § 2 Rn 53; MünchKommHGB/*K. Schmidt* Rn 70; Pfeiffer/*Pfeiffer* Handbuch der Handelsgeschäfte, 1999, § 1 Rn 101; Röhricht/v. Westphalen/Haas/*Ries* Rn 105; zurückhaltend BeckOGK-HGB/*Servatius* Rn. 43.

249 Ablehnend deshalb mit Recht MünchKommHGB/*K. Schmidt* Rn 71.

95 **bb) Erforderlichkeitsprüfung.** Für das Vorliegen eines Handelsgewerbes ist nicht auf das tatsächliche Vorhandensein der kaufmännischen Einrichtungen, sondern – wie der Wortlaut des § 1 Abs. 2 unmissverständlich zeigt – auf deren Erforderlichkeit abzustellen.[250] Diese ist **objektiv** und nicht nach der subjektiven Einschätzung des Betreibers des Gewerbebetriebes zu beurteilen.[251] Deshalb gestattet der vollständige oder teilweise Verzicht auf die in Rn 94 beschriebenen kaufmännischen Einrichtungen keine Rückschlüsse auf deren Erforderlichkeit.[252] Das Erfordernis eines in kaufmännischer Weise eingerichteten Geschäftsbetriebes dient dem Schutz der Kunden und Geschäftspartner, der nicht zur Disposition des Gewerbetreibenden steht.

96 Eine andere Würdigung kommt allenfalls in der umgekehrten Richtung in Betracht. Das Vorhandensein kaufmännischer Einrichtungen kann deren Erforderlichkeit indizieren bzw. Rückschlüsse hierauf gestatten.[253] Allerdings ist insoweit Zurückhaltung geboten, da die Inanspruchnahme kaufmännischer Einrichtungen in der Regel rechtlich an den Kaufmannsstatus anknüpft. Es kann deshalb allenfalls auf die Inanspruchnahme vergleichbarer allgemeiner privatrechtlicher „Einrichtungen" ankommen.

97 **Die Erfüllung der steuerrechtlichen Buchführungspflicht** wird verbreitet als ungeeignet angesehen, um hieraus die Erforderlichkeit kaufmännischer Einrichtungen abzuleiten.[254] Dies kann nach der derzeit geltenden Rechtslage im Steuerrecht nur noch eingeschränkt überzeugen. Vielmehr ist zu differenzieren, ob die Pflicht zur Buchführung aufgrund des Umsatzes im Kalenderjahr (§ 141 Abs. 1 Satz 1 Nr. 1 AO) oder wegen des Gewinns im Geschäftsjahr (§ 141 Abs. 1 Satz 1 Nr. 5 AO) besteht. Während ein Umsatz von € 500.000 das Erfordernis kaufmännischer Einrichtungen nahelegt (s. auch Rn 102),[255] ist ein vergleichbarer Rückschluss bei einem Gewinn von € 50.000 im Wirtschaftsjahr nicht gerechtfertigt. In ähnlicher Weise sind die Schwellenwerte für die **handelsrechtliche Buchführungspflicht** (§ 241a) zu bewerten. Ein Überschreiten des Umsatzes von € 600.000 führt nicht nur zur Buchführungspflicht, sondern legt in der Regel auch das Erfordernis kaufmännischer Einrichtungen nahe, ohne dass hieraus jedoch ein zwingenden Gegenschluss gerechtfertigt ist.[256]

98 Die Erforderlichkeitsprüfung im Hinblick auf die in Rn 94 erzählten Merkmale ist nicht schematisch vorzunehmen, sondern bedarf einer **Gesamtwürdigung** des Betriebes.[257] So kann für den konkreten Geschäftsbetrieb zwar die Beschäftigung kaufmännischen Hilfspersonals ent-

---

250 Reg. Begr., BT-Drucks. 13/8444, S. 48; BGH 28.4.1960 – II ZR 239/58 – WM 1960, 935 (935); Ebenroth/Boujong/Joost/Strohn/*Kindler* Rn 47; GK-HGB/*Ensthaler* Rn 28; HaKo-HGB/*Keßler* Rn 29; HK-HGB/*Ruß* Rn 40; *Lettl* § 2 Rn 25; MünchKommHGB/*K. Schmidt* Rn 72; Oetker/*Körber* Rn 54; Pfeiffer/*Pfeiffer* Handbuch der Handelsgeschäfte, 1999, § 1 Rn 100; Röhricht/v. Westphalen/Haas/*Ries* Rn 106; *Stöber* Rn. 42.

251 BeckOGK-HGB/*Servatius* Rn. 45.

252 Treffend BeckOGK-HGB/*Servatius* Rn. 44; *Canaris* Handelsrecht § 3 Rn 10; Ebenroth/Boujong/Joost/Strohn/*Kindler* Rn 47; HaKo-HGB/*Keßler* Rn 29; *Kort* DB 2019, 771 (771); Oetker/*Körber* Rn 54; *Steinbeck* § 7 Rn 1.

253 BGH 28.4.1960 – II ZR 239/58 – WM 1960, 935 (935); BeckOGK-HGB/*Servatius* Rn. 44; BeckOK-HGB/*Schwartze* Rn 33; *Canaris* Handelsrecht § 3 Rn 10; GK-HGB/*Ensthaler* Rn 28; *Kort* DB 2019, 771 (771); MünchKommHGB/*K. Schmidt* Rn 72; Oetker/*Körber* Rn 54; *Pfeiffer* Handbuch der Handelsgeschäfte, 1999, § 1 Rn 100; Röhricht/v. Westphalen/Haas/*Ries* Rn 106; **aA** wohl *Bitter/Schumacher* Rn 14; *Bülow/Artz* Rn 50; *Fischinger* Rn 51.

254 So OLG Celle 20.9.1973 – 9 Wx 5/73 – MDR 1974, 235; OLG Stuttgart 13.12.1966 – 8 W 87/66 – Rpfleger 1968, 154 (155); Ebenroth/Boujong/Joost/Strohn/*Kindler* Rn 47; HK-HGB/*Ruß* Rn 43; Hopt/*Merkt* Rn 23; MünchKommHGB/*K. Schmidt* Rn 72.

255 S. Ebenroth/Boujong/Joost/Strohn/*Kindler* Rn 52; zurückhaltend BeckOK-HGB/*Schwartze* Rn 35.

256 Ebenso BeckOK-HGB/*Schwartze* Rn 35; Koller/Kindler/Roth/Drüen/*Roth* Rn 45; strenger *Kindler* § 2 Rn 54, wonach unterhalb des Schwellenwertes die Erforderlichkeit eines kaufmännischen Geschäftsbetriebes zu verneinen sei.

257 Reg. Begr., BT-Drucks. 13/8444, S. 48; BGH 28.4.1960 – II ZR 239/58 – WM 1960, 935 (935); *Canaris* Handelsrecht § 3 Rn 9; *Fischinger* Rn 51; Hopt/*Merkt* Rn 23; *Hübner* Rn 40; *Lettl* § 2 Rn 25; MünchKommHGB/*K. Schmidt* Rn 73; Oetker/*Körber* Rn 55; Pfeiffer/*Pfeiffer* Handbuch der Handelsgeschäfte, 1999, § 1 Rn 101; Röhricht/v. Westphalen/Haas/*Ries* Rn 101, 107; *Steinbeck* § 7 Rn 1; exemplarisch die bei Heymann/*Förster* HGB Rn. 51 aufgelisteten Sachverhalte.

behrlich sein, aufgrund Bedeutung und Tragweite der abgeschlossenen Geschäfte aber eine Aufbewahrung des Schriftwechsels notwendig sein.

cc) Art und Umfang des Geschäftsbetriebes. Mit Art und Umfang stellt § 1 Abs. 2 auf qualitative und quantitative Merkmale ab, wobei für ein Handelsgewerbe die kaufmännischen Einrichtungen sowohl qualitativ (Art) als auch quantitativ (Umfang) vorliegen müssen.[258] Umgekehrt genügt im Lichte der Systematik des § 1 Abs. 2 für den Nachweis eines kleingewerblichen Unternehmens, wenn dieses entweder wegen seiner Art oder aufgrund seines Umfanges keine kaufmännischen Einrichtungen erfordert.[259] 99

Mit der **Art des Unternehmens** rückt § 1 Abs. 2 den Gegenstand des Unternehmens in den Vordergrund, meint damit allerdings die mit dem Gegenstand in der Regel untrennbar verbundene Komplexität des Unternehmens und damit diie qualitative Seite des Geschäftsbetriebes.[260] Diese ist unabhängig von der jeweiligen Branche zu beurteilen und resultiert insbesondere aus der Vielfalt der Erzeugnisse, Leistungen und Geschäftsbeziehungen, darüber hinaus auch aus der Teilnahme am Kapitalmarkt zwecks Unterhaltung des Geschäftsbetriebes.[261] Verfehlt wäre es hingegen, aufgrund bestimmter Gegenstände des Unternehmens einen in kaufmännischer Weise eingerichteten Geschäftsbetrieb stets als erforderlich anzusehen. Anderenfalls hätte der Gesetzgeber in § 1 Abs. 2 den Geschäftsgegenstand ausdrücklich benennen können. Zudem entsprach es nicht der Absicht des Reformgesetzgebers in Umkehrung der früheren Systematik und in Rückkehr zu Art. 10 ADHGB bestimmte Gewerbebetriebe allein aufgrund ihres Gegenstandes aus dem Kreis der Handelsgewerbe auszuklammern. 100

Für den **Umfang des Unternehmens** sind ebenfalls unterschiedliche Faktoren prägend, die die quantitative Seite des Geschäftsbetriebes prägen.[262] Hierzu zählen neben dem Umsatz[263] und der Zahl der beschäftigten Arbeitnehmer[264] u.a. die Höhe des Betriebs- und Anlagekapitals, die Zahl der Betriebsstätten, die regionale Ausdehnung der Geschäftsaktivitäten, sowie die Zahl der Geschäftspartner.[265] Ob der Geschäftsbetrieb nach seinem Umfang kaufmännische Einrichtungen erfordert, beurteilt sich nicht anhand einzelner Faktoren, sondern wiederum aufgrund einer Gesamtschau.[266] Das gilt insbesondere für den Umsatz. Dieser kann aufgrund der Art des Unternehmens (Handel mit wertvollen Gemälden) sehr hoch sein, gleichwohl ohne Mitarbeiter und mit einer geringen Zahl von Geschäftsvorgängen erzielt worden sein, so dass ein kaufmännischer Geschäftsbetrieb in derartigen Sachverhalten zumeist entbehrlich ist.[267] Umgekehrt führt ein mit einer Vielzahl von Geschäftsvorgängen erzielter hoher Umsatz in der Regel zu 101

258 BeckOK-HGB/*Schwartze* Rn 33; *Bitter/Schumacher* Rn 14; *Canaris* Handelsrecht § 3 Rn 10; *Fischinger* Rn 52; GK-HGB/*Ensthaler* Rn 26; HaKo-HGB/*Keßler* Rn 29; Heymann/*Förster* HGB Rn 48; HK-HGB/*Ruß* Rn 40; Hopt/*Merkt* Rn 23; *Kindler* § 2 Rn 50; *Lettl* § 2 Rn 25; *H.-F. Müller* JA 2021, 454 (456); Röhricht/v. Westphalen/Haas/*Ries* Rn 100; *Steinbeck* § 7 Rn. 1.

259 Heymann/*Förster* HGB Rn 48; *Stöber* Rn. 42.

260 Statt aller jüngst FG Berlin-Brandenburg 24.6.2021 – 2 K 5261/15 – BeckRS 2021, 50874.

261 S. auch Reg. Begr. BT-Drucks. 13/8444, S. 48; FG Berlin-Brandenburg 24.6.2021 – 2 K 5261/15 – BeckRS 2021, 50874; BeckOK-HGB/*Schwartze* Rn 33, 34; *Fischinger* Rn 52; HaKo-HGB/*Keßler* Rn 31; *Kindler* § 2 Rn 54; Oetker/*Körber* Rn 52; Pfeiffer/*Pfeiffer* Handbuch der Handelsgeschäfte, 1999, § 1 Rn 102; Röhricht/v. Westphalen/Haas/*Ries* Rn 104; *Steinbeck* § 7 Rn. 2.

262 Statt aller jüngst FG Berlin-Brandenburg 24.6.2021 – 2 K 5261/15 – BeckRS 2021, 50874.

263 Hierauf maßgeblich abstellend FG Berlin-Brandenburg 24.6.2021 – 2 K 5261/15 – BeckRS 2021, 50874.

264 S. jüngst OLG München 19.1.2022 – 7 U 2659/20 – NZG 2022, 553 (555).

265 S. auch Reg. Begr. BT-Drucks. 13/8444, S. 48; OLG München 19.1.2022 – 7 U 2659/20 – NZG 2022, 553 (554 f); BeckOK-HGB/*Schwartze* Rn 36; *Fischinger* Rn 52; HaKo-HGB/*Keßler* Rn 32; *Kindler* § 2 Rn 54; *H.-F. Müller* JA 2021, 454 (456); Röhricht/v. Westphalen/Haas/*Ries* Rn 102; *Steinbeck* § 7 Rn 2.

266 OLG Dresden 26.4.2001 – 7 U 301/01 – NJW-RR 2002, 33; FG Berlin-Brandenburg 24.6.2021 – 2 K 5261/15 – BeckRS 2021, 50874; *Fischinger* Rn 52; Heymann/*Förster* HGB Rn 49.

267 S. *Bülow/Artz* Rn 50; *Canaris* Handelsrecht § 3 Rn 9.

der Notwendigkeit, den Geschäftsbetrieb nach kaufmännischen Grundsätzen zu organisieren. Entscheidend ist, ob es sich um ein einfach strukturiertes Unternehmen handelt, das noch mit einfachen Mitteln erfolgreich geführt werden kann.[268] Für den Betrieb eines Elektroinstallationshandwerks hat dies das FG Berlin-Brandenburg wegen der erheblichen Anforderungen an die Organisation des Unternehmens jüngst verneint,[269] während das OLG München für die Zurverfügungstellung von Räumen in einer Klause mit der Möglichkeit des Bezugs von Getränken umgekehrt entschied.[270]

102 In der registergerichtlichen Praxis, die im Ansatz auch von der Rechtsprechung gebilligt wird, liefert ungeachtet des Postulats einer Gesamtwürdigung der Umsatz eine zentrale Orientierungshilfe.[271] Insoweit wird verbreitet ein handelsrechtliches Gewerbe angenommen, wenn der Jahresumsatz die Schwelle von € 250.000 überschreitet.[272] Als Orientierungshilfe ist dieser Wert in der Praxis nicht von der Hand zu weisen,[273] darf jedoch nicht zu einem Schematismus verleiten, da anderenfalls die bewusste Entscheidung des Gesetzgebers gegen eine Fixierung auf bestimmte Merkmale[274] unterlaufen würde. Auch Betriebseinnahmen, die € 300.000 übersteigen, sprechen in der Regel sowohl für eine ehebliche Größe des Unternehmens als auch für die Notwendigkeit einer professionellen Organisation und Verwaltung.[275] Je deutlicher der Schwellenwert überschritten wird, umso schwerer müssen deshalb die anderen Faktoren wiegen, um gleichwohl kaufmännische Einrichtungen als entbehrlich zu erachten.[276] Entsprechendes gilt in der umgekehrten Richtung.[277] Keine Bedeutung hat in diesem Zusammenhang die Modalität der steuerrechtlichen Gewinnermittlung (Bilanzierung oder Einnahme-Überschussrechnung) sowie die aus steuerrechtlichen Gründen bestehende Pflicht Bücher zu führen.[278]

III. Rechtsfolgen aufgrund des Betreibens eines Handelsgewerbes

103 Nach dem Wortlaut des § 1 Abs. 1 führt das Betreiben eines Handelsgewerbes dazu, dass der Betreiber kraft Gesetzes die Eigenschaft eines Kaufmanns erlangt. Diese Rechtsfolge steht nicht zur Disposition der Parteien. Mit der Kaufmannseigenschaft ist die betreffende Person stets in den persönlichen Anwendungsbereich derjenigen Normen einbezogen, die an den Kaufmannsstatus anknüpfen. Der Wortlaut des § 1 Abs. 1 beschränkt dies zwar auf „dieses Gesetzbuch",

---

268 So jüngst FG Berlin-Brandenburg 24.6.2021 – 2 K 5261/15 – BeckRS 2021, 50874.

269 S. FG Berlin-Brandenburg 24.6.2021 – 2 K 5261/15 – BeckRS 2021, 50874.

270 S. OLG München 19.1.2022 – 7 U 2659/20 – NZG 2022, 553 (555).

271 S. die detaillierte Auflistung bei Röhricht/v. Westphalen/Haas/*Ries* Rn 113 f. sowie *Kort* DB 2019, 771 (773 f.); ebenso jüngst FG Berlin-Brandenburg 24.6.2021 – 2 K 5261/15 – BeckRS 2021, 50874.

272 So z.B. OLG Dresden 26.4.2001 – 7 U 301/01 – NJW-RR 2002, 33 (33); ebenso im Schrifttum z.B. Ebenroth/Boujong/Joost/Strohn/*Kindler* Rn 52; Pfeiffer/*Pfeiffer* Handbuch der Handelsgeschäfte, 1999, § 1 Rn 103; in dieser Richtung auch BeckOK-HGB/*Schwartze* Rn 35; *Heinemann* FS Fikentscher, 1998, S. 349 (377); ebenso HK-HGB/*Ruß* Rn 43, der die Schwelle jedoch bei € 500.000 ansetzt; in dieser Richtung auch Röhricht/v. Westphalen/Haas/*Ries* Rn 112 ff.

273 *Kindler* § 2 Rn 54; ähnlich HaKo-HGB/Keßler Rn 30: Indizwirkung; tendenziell entgegengesetzt BeckOGK-HGB/*Servatius* Rn. 45; *Canaris* Handelsrecht § 3 Rn 9; Hopt/*Merkt* Rn 23; *Hübner* Rn 39; MünchKommHGB/*K. Schmidt* Rn 73.

274 Reg. Begr., BT-Drucks. 13/8444, S. 25, 48; ebenso *Fischinger* Rn 52; *Steinbeck* § 7 Rn 3.

275 So FG Berlin-Brandenburg 24.6.2021 – 2 K 5261/15 – BeckRS 2021, 50874 für einen Betrieb des Elektroinstallationshandwerks.

276 S. Pfeiffer/*Pfeiffer* Handbuch der Handelsgeschäfte, 1999, § 1 Rn 104.

277 Exemplarisch OLG Celle 16.11.1962 – 9 Wx 8/62 – DB 1963, 166, für eine Bundeswehr-Kantine mit DM 500.000 Jahresumsatz sowie OLG München 19.1.2022 – 7 U 2659/20 – NZG 2022, 553 (555) bei einem Jahresumsatz von deutlich unter € 250.000.

278 So jüngst OLG München 19.1.2022 – 7 U 2659/20 – NZG 2022, 553 (555); FG Berlin-Brandenburg 24.6.2021 – 2 K 5261/15 – BeckRS 2021, 50874.

die Rechtsfolge des § 1 Abs. 1 erstreckt die allgemeine Ansicht jedoch mit Recht auch auf andere Kodifikationen, die auf den Kaufmannsstatus rekurrieren (z.B. § 95 Abs. 1 Nr. 1 GVG).[279]

Mit der Erlangung der Kaufmannseigenschaft trifft den Kaufmann zugleich nach § 29 die Pflicht, die Firma, unter der er das Handelsgewerbe betreibt, bei dem Registergericht zur Eintragung in das Handelsregister anzumelden. Die Eintragung ist jedoch – wie § 1 Abs. 1 zeigt – lediglich von **deklaratorischer Bedeutung.**[280] Führt er die Eintragung nicht herbei, so greift nach vorherrschendem Verständnis zum Schutz des Rechtsverkehrs § 15 Abs. 1 ein.[281] Zudem ist der Kaufmann erst mit der Eintragung in dem Handelsregister berechtigt, seiner Firma den Zusatz „eingetragener Kaufmann/-frau" (§ 19 Abs. 1 Nr. 1) anzufügen.[282] 104

IV. Beginn und Ende der Kaufmannseigenschaft

Da die Erlangung der Kaufmannseigenschaft nicht von der Eintragung in das Handelsregister 105
abhängt (s. Rn 104), ist die Kaufmannseigenschaft untrennbar mit dem Betreiben eines Handelsgewerbes verbunden. Diese ist jedoch nicht stets mit dem in Rn 45 bis 50 erläuterten Beginn und Ende des Gewerbes deckungsgleich. Bezüglich des **Beginns der Kaufmannseigenschaft** muss hinzukommen, dass der Gewerbebetrieb nach Art und Umfang bereits in kaufmännischer Weise eingerichtet ist. Dies kann indes mit dem Beginn des Gewerbes (s. Rn 45) zusammenfallen, wenn der Gewerbetrieb von vornherein auf eine entsprechende Größenordnung angelegt ist. In dieser Konstellation können selbst Vorbereitungsgeschäfte dazu führen, dass der „Betreiber" schon mit diesen die Kaufmannseigenschaft erlangt.[283] Ist diese Voraussetzung nicht erfüllt, so ist die Schwelle, ab der der (zunächst) Kleingewerbetreibende ein Handelsgewerbe führt, nur schwer exakt zu bestimmen. Im Regelfall ist dies jedoch zu bejahen, wenn er den Geschäftsbetrieb in kaufmännischer Weise eingerichtet hat (s. Rn 96). Sieht er hiervon jedoch ab, obwohl dies geboten ist, so mildert die aus § 1 Abs. 2 zu entnehmende Beweislastregel (s. Rn 90) die Abgrenzungsschwierigkeiten in der Regel ausreichend ab.

Auch bezüglich des **Verlustes der Kaufmannseigenschaft** besteht kein zwingender 106
Gleichlauf mit dem Ende des Gewerbetriebes. Fest steht lediglich, dass die endgültige Einstellung des Gewerbes (s. Rn 47) zum Verlust der Kaufmannseigenschaft führt.[284] Ein Fortbestand der Eintragung im Handelsregister steht dem wegen ihrer deklaratorischen Bedeutung (s. Rn 104) nicht entgegen. Auch der mit § 5 bezweckte Schutz des Rechtsverkehrs greift in dieser Konstellation nicht ein, da die Norm nur zur Anwendung gelangt, wenn zumindest ein handelsrechtliches Gewerbe betrieben wird (s. § 5 Rn 8 ff).

Schwieriger ist die rechtliche Würdigung, wenn der Gewerbebetrieb aufrechterhalten bleibt, 107
jedoch keinen in kaufmännischer Weise eingerichteten Geschäftsbetrieb mehr erfordert (Herabsinken zum Kleingewerbetreibenden). Vorherrschend ist die Auffassung, die wegen der fortbestehenden Eintragung im Handelsregister keine Konsequenzen für die Kaufmannseigenschaft zieht. Der Betreiber des Gewerbes sei nunmehr nach § 2 Satz 1 aufgrund der Handelsregistereintragung und dem hierdurch fingierten Handelsgewerbe unverändert Kaufmann im Sinne des

279 Oetker/*Körber* Rn 8; Röhricht/v. Westphalen/Haas/*Ries* Rn 126.

280 Für die allg. Ansicht statt aller Reg. Begr., BT-Drucks. 13/8444, S. 47; BeckOK-HGB/*Schwartze* Rn 8; *Bitter/Schumacher* § 2 Rn 3; *Bülow/Artz* Rn 42, 51; *Canaris* Handelsrecht § 3 Rn 13; *Fischinger* Rn 55; GK-HGB/*Ensthaler* Rn. 36; HK-HGB/*Ruß* Rn 45; Koller/Kindler/Roth/Drüen/*Roth* Rn 39, 46; MünchKommHGB/*K. Schmidt* Rn 78; Oetker/*Körber* Rn 109; Röhricht/v. Westphalen/Haas/*Ries* Rn 129; *Steinbeck* § 7 Rn 4; *Stöber* Rn. 41.

281 Zur Einbeziehung sog. Primärtatsachen in den Anwendungsbereich von § 15 Abs. 1 Satz 1 s. § 15 Rn 36 ff.

282 Für eine Vorverlagerung auf den Zeitpunkt der Anmeldung hingegen Röhricht/v. Westphalen/Haas/*Ries* Rn 126, sofern der Eintragung keine erkennbaren Bedenken entgegenstehen.

283 Ebenso BeckOGK-HGB/*Servatius* Rn. 65; BeckOK-HGB/*Schwartze* Rn 58; *Fischinger* Rn 53; HaKo-HGB/*Keßler* Rn 39; Heymann/*Förster* HGB Rn 83; *Steinbeck* § 7 Rn 3.

284 So auch BeckOGK-HGB/*Servatius* Rn. 66; GK-HGB/*Ensthaler* Rn. 37; HaKo-HGB/*Keßler* Rn 40; Heymann/*Förster* HGB Rn 84.

Handelsrechts. Die Gegenposition fordert indes für § 2 Satz 1 die Stellung eines eigenständigen Antrages und gelangt bei Fortbestand der Eintragung zu einem Schutz des Rechtsverkehrs über § 5 (s. näher § 2 Rn 23 f).

§ 2 [Kannkaufmann]

[1]Ein gewerbliches Unternehmen, dessen Gewerbebetrieb nicht schon nach § 1 Abs. 2 Handelsgewerbe ist, gilt als Handelsgewerbe im Sinne dieses Gesetzbuchs, wenn die Firma des Unternehmens in das Handelsregister eingetragen ist. [2]Der Unternehmer ist berechtigt, aber nicht verpflichtet, die Eintragung nach den für die Eintragung kaufmännischer Firmen geltenden Vorschriften herbeizuführen. [3]Ist die Eintragung erfolgt, so findet eine Löschung der Firma auch auf Antrag des Unternehmers statt, sofern nicht die Voraussetzung des § 1 Abs. 2 eingetreten ist.

Schrifttum

Kögel Der nach Art und Umfang in kaufmännischer Weise eingerichtete Geschäftsbetrieb – eine unbekannte Größe, DB 1998, 1802; *Mönkemöller* Die „Kleingewerbetreibenden" nach neuem Kaufmannsrecht, JuS 2002, 30; *K. Schmidt* „Deklaratorische" und „konstitutive" Registereintragung nach §§ 1 ff HGB, ZHR 136 (1999), 87; *Schmitt* Die Rechtsstellung der Kleingewerbetreibenden nach dem Handelsrechtsreformgesetz, 2003; *Schulze-Osterloh* Der Wechsel der Eintragungsgrundlagen der Kaufmannseigenschaft (§§ 1, 2, 105 Abs. 2 HGB) und der Anwendungsbereich des § 5 HGB, ZIP 2007, 2390; *Siems* Kaufmannsbegriff und Rechtsfortbildung, 2. Aufl. 2003; *Treber* Der Kaufmannsbegriff als Rechtsbegriff im Handels- und Verbraucherrecht, AcP 199 (1999), 525.

Übersicht

I. Allgemeines

Bis zum Inkrafttreten des Handelsrechtsreformgesetzes blieb dem Inhaber der von § 1 Abs. 1 erfassten Gewerbebetriebe, die nach Art oder Umfang keinen in kaufmännischer Weise eingerichteten Geschäftsbetrieb erforderten, der Weg in das Handelsregister versperrt; § 4 a.F. ordnete dies durch die Nichtanwendung der Vorschriften über die Firma und damit auch des § 29 für sog. Minderkaufleute ausdrücklich an.[1] Abgesehen von den nach § 4 a.F. expressis verbis ausgenommenen Bestimmungen waren die Regelungen des Handelsrechts jedoch (mit Ausnahme der §§ 348 bis 350 (s. § 351 a.F.) auch auf Minderkaufleute anzuwenden, galten wegen der tatbestandlichen Einschränkung jedoch nur für die Inhaber sog. Grundhandelsgewerbe im Sinne des § 1 Abs. 2 a.F.[2] 1

Den in Rn 1 skizzierten konzeptionellen Ansatz hat das Handelsrechtsreformgesetz verbunden mit der gleichzeitigen Abschaffung der „Sollkaufleute" aufgegeben und den Inhabern kleingewerblicher Unternehmen mittels eines Optionsrechts (§ 2 Satz 1) den Weg in das Handelsregister eröffnet, um letztlich auch einer Flucht in die juristische Person (Ein-Personen-GmbH) 2

1 Staub/*Brüggemann*[4] § 4 Rn 23; MünchKommHGB/*K. Schmidt* Rn 1.
2 S. Staub/*Brüggemann*[4] § 4 Rdn 3.

https://doi.org/10.1515/9783110564440-003

entgegenzuwirken.[3] Darüber hinaus erleichtert der konzeptionelle Ansatz des § 2 neu gegründeten Unternehmen, den rechtlichen Übergang zum Ist-Kaufmann nach § 1 ohne Friktionen herbeizuführen, da die Frage, ob das Unternehmen bereits einen in kaufmännischer Weise eingerichteten Geschäftsbetrieb erfordert, nicht stets zweifelsfrei beantwortet werden kann (s. auch Rn 22). Vor allem aber entlastet das zugunsten Kleingewerbetreibender geschaffene Optionsrecht die Tätigkeit der Registergerichte.[4] Meldet der Inhaber eines gewerblichen Unternehmens seine Firma zur Eintragung in das Handelsregister an, so ist das Registergericht – anders als früher nach § 2 a.F. – von der Sachprüfung entbunden, ob der Anmeldende seiner Verpflichtung aus § 29 nachkommt oder aber sein Optionsrecht nach § 2 Satz 2 ausübt und dessen Voraussetzungen vorliegen (s. dazu Rn 14).[5] Allerdings zeigt die rechtswissenschaftliche Auseinandersetzung um die Rechtsnatur bzw. die Rechtswirkungen der Registeranmeldung (s. Rn 10 f), dass der Gesetzgeber die gegenläufige Entwicklung, d.h. das Herabsinken des Ist-Kaufmannes zum Kleingewerbetreibenden nicht in den Blick genommen hat (s. dazu Rn 23 f).

3 Der Gesetzgeber hat den konzeptionellen Wechsel nicht auf Einzelpersonen beschränkt, sondern dieser gilt – entsprechend der ursprünglichen Absicht[6] – auch für **Personenmehrheiten**, denen wegen Art oder Umfang des Geschäftsbetriebes ihres Unternehmens nach der früheren Rechtslage (s. § 4 Abs. 2 a.F.) die Betätigung in der Rechtsform einer **Personenhandelsgesellschaft** verwehrt blieb. Gerade sie waren gezwungen, wollten sie nicht im Recht der BGB-Gesellschaft verharren, den Schritt zur Errichtung einer GmbH zu vollziehen. Aus diesem Grunde hat das Handelsrechtsreformgesetz neben § 2 zugleich § 105 Abs. 2 geändert und kleingewerblich tätigen Personenmehrheiten den Zugang zur offenen Handelsgesellschaft und über § 161 Abs. 2 auch zur Kommanditgesellschaft eröffnet.[7] Im Nachhinein hat die geänderte Rechtsprechung des BGH zur BGB-Gesellschaft[8] den Druck zur Anpassung des § 105 Abs. 2 zwar erheblich abgeschwächt, die in § 105 Abs. 2 vollzogene Änderung hat aber – abgesehen von der Ausdehnung auf die Verwaltung eigenen Vermögens (s. Rn 6) – unverändert noch erhebliche Bedeutung im Hinblick auf die Errichtung einer Kommanditgesellschaft und die hierdurch (bei den Kommanditgesellschaftern) ermöglichte Haftungsbeschränkung.[9] Dies gilt auch unter der Geltung des reformierten Personengesellschaftsrechts, da der ab dem 1.1.2024 geltende § 107 Abs. 1 S. 1 n.F. das Optionsrecht für kleingewerbliche offene Handelsgesellschaften fortführt und über § 161 Abs. 2 auch für die Kommanditgesellschaft gilt.

4 Ungeachtet der mit § 2 verbundenen Vorteile zwingt das Optionsrecht die Inhaber kleingewerblich tätiger Unternehmen zu einer nicht stets einfachen Abwägung zwischen den Vor- und Nachteilen, die mit der Erlangung des Kaufmannsstatus verbunden sind.[10] Dies vor allem deshalb, weil die Kaufmannseigenschaft zahlreiche Pflichten auslöst bzw. der Inhaber des Geschäftsbetriebes ein verändertes rechtliches Umfeld bedenken muss.[11] Zu nennen ist als nicht unerheblicher Nachteil die Belastung mit Buchführungspflichten (§§ 238 ff sowie § 140 AO); ferner sind diejenigen Bestimmungen anzuführen, die – wie vor allem § 15 – den Interessen des Handelsverkehrs Rechnung tragen. Hinzu tritt als Nachteil die Aufhebung des Schutzes durch

---

3 BeckOK-HGB/*Schwartze* Rn 1; Ebenroth/Boujong/Joost/Strohn/*Kindler* Rn 2; näher Reg. Begr., BT-Drucks. 13/8444, S. 31.

4 Reg. Begr., BT-Drucks. 13/8444, S. 32; BeckOK-HGB/*Schwartze* Rn 4; *Schmitt* Die Rechtsstellung der Kleingewerbetreibenden nach dem Handelsrechtsreformgesetz, 2003, S. 111; dagegen jedoch *Canaris* Handelsrecht § 3 Rn 23; *Hübner* Rn 46.

5 S. Ebenroth/Boujong/Joost/Strohn/*Kindler* Rn 2; MünchKommHGB/*K. Schmidt* Rn 12; Röhricht/v. Westphalen/Haas/*Ries* Rn 15; **aA** *Canaris* Handelsrecht § 3 Rn 23.

6 S. Reg. Begr., BT-Drucks. 13/8444, S. 31.

7 S. auch Reg. Begr., BT-Drucks. 13/8444, S. 39.

8 S. vor allem BGH 29.1.2001 – II ZR 331/00 – BGHZ 146, 341 ff.

9 Treffend *Canaris* Handelsrecht § 3 Rn 17; Hopt/*Merkt* Rn 2.

10 S. *Canaris* Handelsrecht § 3 Rn 18; Ebenroth/Boujong/Joost/Strohn/*Kindler* Rn 9 ff; Oetker/*Körber* Rn 9; *Schmitt* Die Rechtsstellung der Kleingewerbetreibenden nach dem Handelsrechtsreformgesetz, 2003, S. 106 ff.

11 Deshalb von der Ausübung des Optionsrechts für den Regelfall abratend *Lettl* § 2 Rn 42.

bürgerlich-rechtliche Formvorschriften (§ 350) sowie die Notwendigkeit, sich über die dispositiven Vorschriften zu den Handelsgeschäften Kenntnisse zu verschaffen. Vorteile aufgrund der Kaufmannseigenschaft sind demgegenüber nur wenige erkennbar und fallen aufgrund praktikabler Alternativen letztlich nicht nennenswert ins Gewicht.[12] So ist das Recht zur Erteilung einer Prokura angesichts des Umfangs des Geschäftsbetriebes sowie der durch das bürgerliche Recht ermöglichten Generalvollmacht allenfalls von theoretischem Interesse. Auch die Möglichkeit, das kleingewerbliche Unternehmen mittels einer Firma im Geschäftsverkehr zu kennzeichnen, ist wegen des Markenrechts und des Schutzes für das Unternehmenskennzeichen (§ 5 MarkenG) bei gleichzeitiger Liberalisierung des Firmenrechts kein allzu großer Anreiz für den Erwerb der Kaufmannseigenschaft.[13] Ob allein die Anfügung des Zusatzes „e.K." (§ 19 Abs. 1 Nr. 1) tatsächlich zu einem Ansehensgewinn führt[14] oder die Eintragung im Handelsregister die Eröffnung eines Bankkontos erleichtert,[15] mag dahingestellt bleiben. Unbestreitbar ist allerdings der Vorteil, dass der mit einer Ausweitung der Geschäftstätigkeit verbundenen Gefahr, unwissentlich kraft Gesetzes bereits den handelsrechtlichen Vorschriften zu unterliegen, durch frühzeitige Ausübung des Optionsrechts begegnet werden kann. Als größter Vorteil ist jedoch die durch § 105 Abs. 2 bzw. § 161 Abs. 2 eröffnete und in § 107 Abs. 1 Satz 1 n.F. fortschriebene Möglichkeit zu bewerten, kleingewerbliche Unternehmen in der Rechtsform einer offenen Handelsgesellschaft bzw. einer Kommanditgesellschaft betreiben zu können[16] sowie das Unternehmen einer kleingewerblichen offenen Handelsgesellschaft als einzelkaufmännisches Unternehmen fortführen zu können, wenn nach dem Ausscheiden von Gesellschaftern nur noch ein Gesellschafter übrig bleibt.[17] Ferner eröffnet erst der Schritt zum Einzelkaufmann dem Inhaber des Unternehmens die Möglichkeit, das Unternehmen oder Teile desselben nach Maßgabe der §§ 152 ff. UmwG auf einen anderen Rechtsträger und ggf. neu gegründeten Rechtsträger im Wege einer (partiellen) Gesamtrechtsnachfolge (§ 131 Abs. 1 Nr. 1 UmwG) auszugliedern.

II. Personeller Anwendungsbereich

Das Optionsrecht begründet § 2 Satz 1 nur für Inhaber gewerblicher Unternehmen, die nicht 5
bereits nach § 1 Abs. 2 ein Handelsgewerbe betreiben.[18] Wegen der Bezugnahme auf „gewerbliche" Unternehmen setzt § 2 Satz 1 voraus, dass die wirtschaftliche Betätigung des Inhabers die Voraussetzungen eines **handelsrechtlichen Gewerbes** erfüllt (s. dazu § 1 Rn 14 ff).[19] Zwar verlangt § 2 Satz 1 im Hinblick auf den Umfang der wirtschaftlichen Betätigung keine Mindestgröße,[20] dies entbindet aber nicht von einem Mindestmaß im Hinblick auf Planmäßigkeit und Dauerhaftigkeit der wirtschaftlichen Betätigung (s. dazu § 1 Rn 20 f).[21] Wegen der Anbindung an den

12 Treffend *Canaris* Handelsrecht § 3 Rn 18; s. aber mit abweichender Würdigung Reg. Begr., BT-Drucks. 13/8444, S. 31.
13 Ausführlich dazu *Schmitt* Die Rechtsstellung der Kleingewerbetreibenden nach dem Handelsrechtsreformgesetz, 2003, S. 196 ff.
14 Hierfür Ebenroth/Boujong/Joost/Strohn/*Kindler* Rn 10.
15 Reg. Begr., BT-Drucks. 13/8444, S. 31.
16 S. auch BeckOK-HGB/*Schwartze* Rn 3; Hopt/*Merkt* Rn 2; MünchKommHGB/*K. Schmidt* Rn 2.
17 S. Reg. Begr., BT-Drucks. 13/8444, S. 31.
18 BeckOGK-HGB/*Servatius* Rn. 5; BeckOK-HGB/*Schwartze* Rn 6; GK-HGB/*Ensthaler* Rn 9; Heymann/*Förster* HGB Rn 6; Oetker/*Körber* Rn 4, 6; Röhricht/v. Westphalen/Haas/*Ries* Rn. 5.
19 BeckOGK-HGB/*Servatius* Rn. 14; BeckOK-HGB/*Schwartze* Rn 6; *Canaris* Handelsrecht § 3 Rn 24; *Fischinger* Rn 60; GK-HGB/*Ensthaler* Rn 9; HaKo-HGB/*Keßler* Rn 3; Heymann/*Förster* HGB Rn 5; HK-HGB/*Ruß* Rn 2; Hopt/*Merkt* Rn 2; *Hübner* Rn 43; Koller/Kindler/Roth/Drüen/*Roth* Rn 2; *Lettl* § 2 Rn 37; MünchKommHGB/*K. Schmidt* Rn 9; Röhricht/v. Westphalen/Haas/*Ries* Rn 4; *Stöber* Rn. 47.
20 Treffend Ebenroth/Boujong/Joost/*Kindler* Rn 3; Heymann/*Förster* HGB Rn 6; Koller/Kindler/Roth/Drüen/*Roth* Rn 2; Oetker/*Körber* Rn 7; **aA** *Canaris* Handelsrecht § 3 Rn 24, der die Eigenschaft als Unternehmen verlangt.
21 In der Sache wie hier *Siems* Kaufmannsbegriff und Rechtsfortbildung, 2. Aufl. 2003, S. 79.

handelsrechtlichen Gewerbebegriff ist freiberuflich Tätigen auch nicht über § 2 der Erwerb der Kaufmannseigenschaft eröffnet (s. auch § 1 Rn 27 ff).[22]

6 Aufgrund der Verknüpfung von § 2 Satz 1 mit dem handelsrechtlichen Gewerbebegriff ermöglicht die **ausschließliche Verwaltung eigenen Vermögens** nicht den Weg zur Kaufmannseigenschaft; der Vermögensverwaltung fehlt in dieser Konstellation das für den Gewerbebegriff konstitutive Element einer nach außen gerichteten Betätigung am Markt (s. § 1 Rn 22 ff). In § 105 Abs. 2 hat der Gesetzgeber die bislang vorherrschende Ansicht ausdrücklich bestätigt.[23] Gerade die für die ausschließliche Verwaltung eigenen Vermögens einer Personenmehrheit eröffnete Option, in dem Rechtskleid einer Personenhandelsgesellschaft zu agieren,[24] hat im Schrifttum jedoch die Frage provoziert, ob die hierin im Verhältnis zu Einzelpersonen bestehende Ungleichbehandlung im Lichte des Art. 3 Abs. 1 GG gerechtfertigt ist, oder aber mangels hinreichend gewichtiger Gründe für die Differenzierung die Anwendung des § 2 erzwingt,[25] wofür es angesichts des Wortlauts der Vorschrift eines Analogieschlusses bedürfte.[26] Dem steht jedoch vor allem entgegen,[27] dass die spezifisch gesellschaftsrechtlichen Motive, die den Gesetzgeber zu der Ausweitung in § 105 Abs. 2 motiviert haben,[28] bei einer sich auf die Verwaltung eigenen Vermögens beschränkenden Einzelperson nicht eingreifen.[29] Zudem fehlt ein überzeugend dargelegtes berechtigtes Interesse, das im Hinblick auf die Erlangung der Kaufmannseigenschaft zugunsten vermögensverwaltender Einzelpersonen anzuführen ist. Das gilt auch für den Hinweis auf das Recht zur Führung einer Firma.[30] Insoweit beschränkt sich der sachliche Unterschied vor dem Hintergrund des Markenrechts (§ 5 MarkenG) vor allem darauf, dass der für das Unternehmen gewählten Bezeichnung nicht der Zusatz „e.K." hinzugefügt werden kann. Inwieweit durch dessen Inanspruchnahme bei der Verwaltung eigenen Vermögens für Einzelpersonen Vorteile entstehen würden, ist angesichts der gegenläufigen Bekundung des historischen Gesetzgebers[31] nicht mit der notwendigen Sicherheit erkennbar.

7 Die negativ formulierte Voraussetzung in § 2 Satz 1, dass das gewerbliche Unternehmen **nicht bereits nach § 1 Abs. 2 Handelsgewerbe** sein darf, ist in zweierlei Hinsicht für die Reichweite des Optionsrechts von Bedeutung. Erstens wird dieses damit den Inhabern aller Unternehmen verwehrt, deren Geschäftsbetrieb nach Art und Umfang kaufmännische Einrichtungen erfordert. Umgekehrt formuliert eröffnet § 2 Satz 1 das Optionsrecht nur, wenn das gewerbliche Unternehmen nach Art oder Umfang keinen in kaufmännischer Weise eingerichteten Geschäftsbetrieb erfordert (s. dazu § 1 Rn 89 ff), selbstverständlich auch, wenn es hieran kumulativ hinsichtlich Art und Umfang fehlt.[32] Zweitens setzt die Bezugnahme in § 2 Satz 1 auf § 1 Abs. 2 voraus, dass das gewerbliche Unternehmen im Übrigen, wenn also Art und Umfang des Geschäftsbetriebes dieses erfordern würden, nach § 1 Abs. 2 Handelsgewerbe sein kann. Aus diesem Grunde setzt § 2 Satz 1 denknotwendig voraus, dass § 1 Abs. 2 auf das gewerbliche Unternehmen anwendbar ist. Schließt der Gesetzgeber dies jedoch – wie in § 3 Abs. 1 – für sämtliche (!) Betriebe der Land- und Forstwirtschaft aus (s. zur Reichweite von § 3 Abs. 1 § 3 Rn 6), dann

22 BeckOGK-HGB/*Servatius* Rn. 14; BeckOK-HGB/*Schwartze* Rn 6; *Canaris* Handelsrecht § 3 Rn 24; *Fischinger* Rn 60; Heymann/*Förster* HGB Rn 5; Koller/Kindler/Roth/Drüen/*Roth* Rn 2; *Lettl* § 2 Rn 37; Röhricht/v. Westphalen/Haas/*Ries* Rn 4; *Stöber* Rn. 47.

23 S. Reg. Begr., BT-Drucks. 13/8444, S. 40.

24 Zur Fortführung dieser Konzeption ab dem 1.1.2024 s. § 107 Abs. 1 S. 1 n.F.

25 So Ebenroth/Boujong/Joost/Strohn/*Kindler* Rn 7.

26 **AA** Ebenroth/Boujong/Joost/Strohn/*Kindler* Rn 7, der eine erweiternde Auslegung fordert.

27 Ebenso ausdrücklich für einen Ausschluss vermögensverwaltender Einzelpersonen BeckOK-HGB/*Schwartze* Rn 8; HaKo-HGB/*Keßler* Rn 3; Heymann/*Förster* HGB Rn 5; Oetker/*Körber* Rn 5; Röhricht/v. Westphalen/Haas/*Ries* Rn 7.

28 S. Reg. Begr., BT-Drucks. 13/8444, S. 40 f.

29 So Reg. Begr., BT-Drucks. 13/8444, S. 41.

30 So Ebenroth/Boujong/Joost/Strohn/*Kindler* Rn 7.

31 S. Reg. Begr., BT-Drucks. 13/8444, S. 41.

32 Treffend *Fischinger* Rn 60; Röhricht/v. Westphalen/Haas/*Ries* Rn 5.

können die vom Gesetzgeber ausgeklammerten gewerblichen Unternehmen bei zu geringer Größe nicht als Kleingewerbetreibende über die Eintragung in das Handelsregister den Rechtsstatus eines „Handelsgewerbes" erlangen (s. auch § 3 Rn 37 f).[33] Im Hinblick auf kleingewerbliche Betriebe der Land- und Forstwirtschaft sowie für die mit einem Unternehmen der Land- oder Forstwirtschaft verbundenen kleingewerblichen Nebengewerbe vertritt indes eine beachtliche Strömung im Schrifttum die gegenteilige Ansicht (s. näher dazu § 3 Rn 35, 38).[34]

Kontrovers wird diskutiert, ob § 2 Satz 1 auch dann eingreift, wenn der Betrieb eines gewerblichen Unternehmens nicht mehr nach § 1 Abs. 2 Handelsgewerbe ist, weil dessen Voraussetzungen zwar anfänglich vorlagen, diese aber nachträglich (z.B. wegen verringerter Geschäftstätigkeit) entfallen sind (**Herabsinken des Ist-Kaufmanns zum Kleingewerbetreibenden**). Eine verbreitete Strömung im Schrifttum bejaht eine derartige dynamische Betrachtung.[35] Für die Fiktion als „Handelsgewerbe" komme es lediglich auf die objektiv erkennbare Eintragung im Handelsregister an. Solange der Unternehmer mit seinem gewerblichen Unternehmen in das Handelsregister eingetragen sei, behalte er die Kaufmannseigenschaft unabhängig davon, auf welchem Wege er diese erworben hat. Gegen diese Sichtweise sind indes wichtige Bedenken angemeldet worden. Diese können sich u.a. auf den durch das Handelsrechtsreformgesetz unverändert gebliebenen § 5 stützen,[36] der zuvor gerade diejenigen Sachverhalte erfasste, in denen zwar unverändert ein handelsrechtliches Gewerbe betrieben wird, die Voraussetzungen für ein Handelsgewerbe aber nicht (mehr) vorlagen (s. näher Rn 23 f).[37] 8

III. Erlangung der Kaufmannseigenschaft

Die Erlangung der Kaufmannseigenschaft hängt bei Kleingewerbetreibenden von zwei Voraussetzungen ab: Erstens der Anmeldung der Firma zur Eintragung in das Handelsregister und zweitens deren Vornahme seitens des zuständigen Registergerichts. Erst mit der Eintragung im Handelsregister „gilt" das vom Kleingewerbetreibenden betriebene gewerbliche Unternehmen als Handelsgewerbe (§ 2 Satz 1). Ob der Kleingewerbetreibende die Eintragung beantragt, steht in seinem Belieben;[38] dies stellt § 2 Satz 2 ausdrücklich klar. 9

Für die Anmeldung zur Eintragung der Firma gilt die allgemeine Vorschrift des § 12.[39] Streitig ist die **Rechtsnatur der Anmeldung** im Rahmen von § 2. Eine beachtliche Strömung im Schrifttum qualifiziert diese **ausschließlich als Verfahrenshandlung** (verfahrensrechtliche Theorie), da die materiell-rechtlichen Wirkungen (Erlangung der Kaufmannseigenschaft) nicht bereits durch die Anmeldung, sondern erst aufgrund der Registereintragung eintreten.[40] Demgegenüber überwiegen im Schrifttum Äußerungen, die einen darüber hinausgehenden materiell- 10

33 Wie hier z.B. GK-HGB/*Ensthaler* § 3 Rn 16; Koller/Kindler/Roth/Drüen/*Roth* Rn 2; Röhricht/v. Westphalen/Haas/*Ries* Rn 8.

34 So z.B. *Canaris* Handelsrecht § 3 Rn 36; Ebenroth/Boujong/Joost/Strohn/*Kindler* § 3 Rn 34 f; Hopt/*Merkt* § 3 Rn 2; Oetker/*Körber* Rn 4; *v. Olshausen* Rpfleger 2001, 53 (53 f); *K. Schmidt* ZHR 163 (1999), 87 (91); *Schmitt* Die Rechtsstellung der Kleingewerbetreibenden nach dem Handelsrechtsreformgesetz, 2003, S. 76 ff; *Siems* Kaufmannsbegriff und Rechtsfortbildung, 2. Aufl. 2003, S. 80 ff.

35 So z.B. Ebenroth/Boujong/Joost/Strohn/*Kindler* Rn 32; *Kindler* § 2 Rn 76; *K. Schmidt* ZHR 163 (1999), 87 (96 f); *Treber* AcP 199 (1999), 525 (582 ff).

36 S. *Canaris* Handelsrecht § 3 Rn 22; s. ferner auch Reg. Begr., BT-Drucks. 13/8444, S. 49.

37 S. Staub/*Brüggemann*[4] § 5 Rn 16.

38 BeckOGK-HGB/*Servatius* Rn. 16; *Bülow*/*Artz* Rn 57; GK-HGB/*Ensthaler* Rn 12; HaKo-HGB/*Keßler* Rn 6; Heymann/*Förster* HGB Rn 8; *Lettl* § 2 Rn 39; Oetker/*Körber* Rn 8; Röhricht/v. Westphalen/Haas/*Ries* Rn. 9.

39 BeckOGK-HGB/*Servatius* Rn. 24; BeckOK-HGB/*Schwartze* Rn 9; Ebenroth/Boujong/Joost/Strohn/*Kindler* Rn 16.

40 So Ebenroth/Boujong/Joost/Strohn/*Kindler* Rn 15; Heymann/*Förster* HGB Rn 10; *Kindler* § 2 Rn 73; MünchKommHGB/*K. Schmidt* Rn 13; *ders.* ZHR 163 (1999), 87 (91 ff); Oetker/*Körber* Rn 12; *Schmitt* Die Rechtsstellung der Kleingewerbetreibenden nach dem Handelsrechtsreformgesetz, 2003, S. 81 f; *Schulze-Osterloh* ZIP 2007, 2390 (2391 f); *Treber* AcP Bd. 199 (1999), 525 (583).

rechtlichen Gehalt befürworten und der Anmeldung dementsprechend eine **Doppelnatur** beimessen (gemischte Theorie).[41] In diesem Sinne wird die Anmeldung im Rahmen von § 2 teilweise ausdrücklich als **Willenserklärung,**[42] zum Teil jedenfalls als **geschäftsähnliche Handlung** eingeordnet.[43] Sehr weit reichend (aber nur vereinzelt) wird auch eine **ausschließlich materiell-rechtliche Sichtweise** vertreten (materiellrechtliche Theorie).[44]

11 Einer ausschließlich materiellrechtlichen Qualifizierung der Anmeldung steht entgegen, dass diese auf die Vornahme einer Verfahrenshandlung, nämlich die Eintragung der Firma durch das Registergericht und anschließende Bekanntmachung gerichtet ist. Andererseits kann auch die rein verfahrensrechtliche Einordung nicht überzeugen. Ihr steht entgegen, dass der Kleingewerbetreibende mit der Anmeldung im Rahmen von § 2 nicht lediglich – wie bei dem Ist-Kaufmann – eine kraft Gesetzes eingreifende Anmeldepflicht erfüllt, sondern mit dieser konstitutiv seinen bisherigen Rechtsstatus verändern will.[45] Diese materiellrechtliche Folge lässt es jedenfalls im Rahmen von § 2 als vorzugswürdig erscheinen, der Anmeldung durch den Kleingewerbetreibenden – wie bereits früher zu § 3 Abs. 2 a.F.[46] – eine Doppelnatur beizumessen. Allerdings ist die in diesem Zusammenhang befürwortete Einordnung als Willenserklärung zu weit gehend, da die mit der Anmeldung gewollte Rechtsfolge nicht bereits aufgrund der Willenserklärung eintritt, sondern hierfür die vom Registergericht vorzunehmende Eintragung hinzutreten muss, die das Gesetz mit der gewollten Rechtswirkung („gilt als Handelsgewerbe") versieht. Aufgrund dessen streiten die besseren Gründe dafür, die Anmeldung des Kleingewerbetreibenden als geschäftsähnliche Handlung zu qualifizieren.

12 Die in Rn 11 befürwortete dogmatische Einordnung der Anmeldung rechtfertigt zwar im Grundsatz die Anwendung der allgemeinen bürgerlich-rechtlichen Vorschriften über Willenserklärungen. Bei geschäftsähnlichen Handlungen beruht diese aber stets auf einem Analogieschluss[47] und steht deshalb unter dem Vorbehalt, dass deren Anwendung nicht dem verfahrensrechtlichen Charakter der Anmeldung widerspricht. Aus diesem Grunde finden zwar die §§ 104 ff BGB über die Geschäftsfähigkeit Anwendung,[48] nicht hingegen die §§ 158 ff BGB zur Bedingung.[49] Eine analoge Anwendung der §§ 119 ff BGB ist hingegen entbehrlich,[50] da die Anmeldung bis zur Eintragung jederzeit zurückgezogen werden kann[51] und eine Anfechtung aufgrund des Verkehrsschutzes durch das Handelsregisters ohnehin keine Rückwirkung (s. § 142 Abs. 1 BGB) entfalten dürfte.[52]

---

41 So BeckOGK-HGB/*Servatius* Rn. 20; *Canaris* Handelsrecht § 3 Rn 19; *Fischinger* Rn 61; Haag/Löffler/*Pelke* Rn 11; HaKo-HGB/*Keßler* Rn 6; Hopt/*Merkt* Rn 10; Koller/Kindler/Roth/Drüen/*Roth* Rn 3; *Lettl* § 2 Rn 39; Röhricht/v. Westphalen/Haas/*Ries* Rn 10; *Siems* Kaufmannsbegriff und Rechtsfortbildung, 2. Aufl. 2003, S. 85 ff; *Steinbeck* § 7 Rn 10.

42 Hierfür Hopt/*Merkt* Rn 4; Koller/Kindler/Roth/Drüen/*Roth* Rn 3; *Lettl* § 2 Rn 39; *Siems* Kaufmannsbegriff und Rechtsfortbildung, 2. Aufl. 2003, S. 89 ff.

43 Dies jedenfalls befürwortend *Canaris* Handelsrecht § 3 Rn 19; Röhricht/v. Westphalen/Haas/*Ries* Rn 10; *Steinbeck* § 7 Rn 10.

44 In diesem Sinne wohl *Lieb* NJW 1999, 35 (36).

45 Treffend *Hübner* Rn 44; Röhricht/v. Westphalen/Haas/*Ries* Rn 10; *Roth* Rn 108.

46 S. *v. Olshausen* ZHR 141 (1977), 93 (103); Staub/*Brüggemann*[4] § 3 Rn 22.

47 S. z.B. MünchKommBGB/*Armbrüster* Vor § 116 Rn 17 f; *Neuner* Allgemeiner Teil des Bürgerlichen Rechts, 12. Aufl. 2020, § 22 Rn 17.

48 BeckOK-HGB/*Schwartze* Rn 12; *Canaris* Handelsrecht § 3 Rn 19; Ebenroth/Boujong/Joost/Strohn/*Kindler* Rn 16; *Hübner* Rn 43; Röhricht/v. Westphalen/Haas/*Ries* Rn 10.

49 Ebenroth/Boujong/Joost/Strohn/*Kindler* Rn 17; Heymann/*Förster* HGB Rn 10; Oetker/*Körber* Rn 13; *Siems* Kaufmannsbegriff und Rechtsfortbildung, 2. Aufl. 2003, S. 91.

50 BeckOK-HGB/*Schwartze* Rn 12; Heymann/*Förster* HGB Rn 10; Oetker/*Körber* Rn 13; **aA** *Siems* Kaufmannsbegriff und Rechtsfortbildung, 2. Aufl. 2003, S. 90 f.

51 Treffend BeckOK-HGB/*Schwartze* Rn 12; Ebenroth/Boujong/Joost/Strohn/*Kindler* Rn 17; HaKo-HGB/*Keßler* Rn 6; Heymann/*Förster* HGB Rn 10; Oetker/*Körber* Rn 13.

52 S. auch *Schmitt* Die Rechtsstellung der Kleingewerbetreibenden nach dem Handelsrechtsreformgesetz, 2003, S. 82 f.

In dem Registerverfahrensrecht findet die besondere Rechtswirkung der Anmeldung indes keinen Niederschlag, insbesondere ist die Firma in Abteilung A des Handelsregisters ohne den Zusatz einzutragen, ob der Anmeldende seiner gesetzlichen Verpflichtung (§ 29) nachgekommen ist oder sein Optionsrecht (§ 2 Satz 2) ausgeübt hat (s. § 40 HRV).[53] Zum Prüfungsrecht des Registergerichts s. Rn 14. 13

Das Registergericht hat bezüglich der Anmeldung ein formelles und materielles Prüfungsrecht, dass sich bei entsprechenden Anhaltspunkten zu einer Prüfungspflicht verdichtet. Die Prüfung des Registergerichts erstreckt sich auf die Eintragungsvoraussetzungen, zu denen im Rahmen von § 2 jedenfalls das Vorliegen eines handelsrechtlichen Gewerbes,[54] dessen Betreiben durch den Anmeldenden[55] sowie die Zulässigkeit der angemeldeten Firma nach Maßgabe der §§ 18 ff[56] zählt. Da die Firma unabhängig davon eingetragen wird, ob der Anmeldende seiner Anmeldungspflicht aus § 29 nachkommen will oder sein in § 2 Satz 1 und 2 begründetes Optionsrecht ausübt, sprechen gute Gründe dafür, jedenfalls für die Eintragung im Handelsregister bezüglich Art und Umfang des Geschäftsbetriebes ein Prüfungsrecht des Registergerichts zu verneinen.[57] Erfolgt die Eintragung, obwohl es an einem Antrag fehlt oder die entsprechende Erklärung an einem Unwirksamkeits- oder Nichtigkeitsgrund leidet, so gewährleistet § 5 den Schutz des Rechtsverkehrs.[58] 14

Nach § 2 Satz 2 hängt die Fiktion des Handelsgewerbes und die damit über § 1 Abs. 1 eintretende Kaufmannseigenschaft **ausschließlich** von der **Eintragung** der Firma in das Handelsregister ab. Eine **Bekanntmachung** der Eintragung (§ 10) muss für die Erlangung der Kaufmannseigenschaft nicht hinzukommen.[59] Hätte der Gesetzgeber dies gewollt, dann hätte er dies ausdrücklich – wie anderenorts geschehen (§ 15 Abs. 1) – in den Wortlaut des § 2 Satz 1 aufnehmen müssen. Solange die Bekanntmachung jedoch noch nicht erfolgt ist, können sich Dritte **analog § 15 Abs. 1** auf die fehlende Kenntnis zur Kaufmannseigenschaft berufen.[60] Zu den Rechtswirkungen der Eintragung s. Rn 25 ff. 15

IV. Verlust der Kaufmannseigenschaft

1. Allgemeines

Die Besonderheit der Kaufmannseigenschaft von Kleingewerbetreibenden besteht in der Freiheit des Inhabers, jederzeit seine zuvor getroffene Entscheidung trotz Fortführung des gewerblichen 16

---

53 Ebenso BeckOGK-HGB/*Servatius* Rn. 30.

54 Baumbach/Hopt/*Merkt* Rn 7; Ebenroth/Boujong/Joost/Strohn/*Kindler* Rn 19; GK-HGB/*Ensthaler* Rn 13; HaKo-HGB/*Keßler* Rn 7; Heymann/*Förster* HGB Rn 11; Oetker/*Körber* Rn 16; Röhricht/v. Westphalen/Haas/*Ries* Rn 15.

55 Ebenroth/Boujong/Joost/Strohn/*Kindler* Rn 19; Heymann/*Förster* HGB Rn 11; Oetker/*Körber* Rn 14.

56 BeckOGK-HGB/*Servatius* Rn. 29; Ebenroth/Boujong/Joost/Strohn/*Kindler* Rn 19; GK-HGB/*Ensthaler* Rn 13; HaKo-HGB/*Keßler* Rn 7; Heymann/*Förster* HGB Rn 11; Hopt/*Merkt* Rn 7; Oetker/*Körber* Rn 16; Röhricht/v. Westphalen/Haas/*Ries* Rn 15.

57 Treffend im Grundsatz BeckOK-HGB/*Schwartze* Rn 13; GK-HGB/*Ensthaler* Rn 13; Röhricht/v. Westphalen/Haas/*Ries* Rn. 15; ebenso für die Vertreter der verfahrensrechtlichen Theorie Ebenroth/Boujong/Joost/Strohn/*Kindler* Rn 18; Heymann/*Förster* HGB Rn 11 sowie wenn keine besonderen Anhaltspunkte vorliegen Baumbach/Hopt/*Merkt* Rn 7; Oetker/*Körber* Rn 16; **aA** jedoch *Canaris* Handelsrecht § 3 Rn 23; ebenso BeckOGK-HGB/*Servatius* Rn. 28.

58 *Fischinger* Rn 61; Hopt/*Merkt* Rn 3; Koller/Kindler/Roth/Drüen/*Roth* Rn 3; Röhricht/v. Westphalen/Haas/*Ries* Rn 12, 21; in dieser Richtung auch *Canaris* Handelsrecht § 3 Rn 20; **aA** MünchKommHGB/*K. Schmidt* Rn 19, der für die Wirkung des § 2 Satz 1 selbst auf das Vorliegen eines wirksamen Eintragungsantrages verzichtet.

59 BeckOGK-HGB/*Servatius* Rn. 31; BeckOK-HGB/*Schwartze* Rn 15; *Fischinger* Rn 62; GK-HGB/*Ensthaler* Rn 14; Haag/Löffler/*Pelke* Rn 10; HaKo-HGB/*Keßler* Rn 5; Heymann/*Förster* HGB Rn 12; Koller/Kindler/Roth/Drüen/*Roth* Rn 2; Oetker/*Körber* Rn 19; Röhricht/v. Westphalen/Haas/*Ries* Rn. 20.

60 Ebenso BeckOK-HGB/*Schwartze* Rn 15; *Fischinger* Rn 62; HaKo-HGB/*Keßler* Rn 5; Heymann/*Förster* HGB Rn 12; Koller/Kindler/Roth/Drüen/*Roth* Rn 4; Oetker/*Körber* Rn 19; Röhricht/v. Westphalen/Haas/*Ries* Rn 20; **aA** GK-HGB/*Ensthaler* Rn 14.

Unternehmens revidieren zu können (§ 2 Satz 3).[61] Mit der Formulierung „auch" bringt § 2 Satz 3 zum Ausdruck, dass das Recht zum Opting-out neben den anderen Tatbeständen steht, in denen das Registergericht die Löschung aus dem Handelsregister von Amts wegen vornimmt. Zu unterscheiden ist deshalb für den Verlust der Kaufmannseigenschaft zwischen der Löschung auf Antrag (s. Rn 18 ff) sowie derjenigen von Amts wegen (s. Rn 21 ff).

17 Die **Rechtswirkungen der Löschung** aus dem Handelsregister treten *ex nunc* ein;[62] der Inhaber des gewerblichen Unternehmens verliert die Kaufmannseigenschaft und die hieran anknüpfenden Vorschriften sind nicht mehr anwendbar. Diese Rechtswirkungen sind ausschließlich mit der Eintragung im Handelsregister verknüpft, unabhängig von dem Zeitpunkt der Bekanntmachung.[63] Auch eine Rückwirkung auf den Zeitpunkt der Antragstellung kommt nicht in Betracht.[64] Den notwendigen Schutz des Rechtsverkehrs bis zur Bekanntmachung der Löschung übernimmt § 15 Abs. 1.[65] Rechtshandlungen des Inhabers, die vor der Löschung aus dem Handelsregister wirksam geworden sind, sind trotz des mit der Löschung verbundenen Verlusts der Kaufmannseigenschaft noch nach den Sonderregeln des Handelsrechts zu beurteilen.[66]

2. Löschung auf Antrag

18 Die **Rechtsnatur** des nach § 2 Satz 3 gestellten Antrages auf Löschung der Firma ist wegen der materiell-rechtlichen Wirkung der Löschung (Verlust der Kaufmannseigenschaft) nicht anders als die Anmeldung der Firma zur Eintragung im Handelsregister zu beurteilen (s. Rn 10 f).[67] Ob der Kleingewerbetreibende sein Antragsrecht ausübt, steht in seinem Belieben[68] ohne gegenüber dem Registergericht einem Begründungszwang zu unterliegen. Er muss jedoch in seinem Antrag an das Registergericht deutlich machen, dass er die Löschung der Firma auf § 2 Satz 3 stützt.

19 Auf Antrag des Inhabers darf die Löschung nach § 2 Satz 3 nur erfolgen, wenn das gewerbliche Unternehmen im Zeitpunkt der Antragstellung nach Art und Umfang keinen in kaufmännischer Weise eingerichteten Geschäftsbetrieb erfordert. Ist dieses hingegen nach der Eintragung der Firma im Handelsregister z.B. aufgrund ausgeweiteter Geschäftstätigkeit zum Handelsgewerbe aufgestiegen, dann versagt § 2 Satz 3 mit Recht die Möglichkeit, durch Löschung aus dem Handelsregister den mit der Eintragung kraft Fiktion eines Handelsgewerbes erlangten Rechtsstatus wieder abzustreifen. Dies ist konsequent, da die Eigenschaft des Unternehmens als „Handelsgewerbe" in dieser Konstellation nicht mehr auf der Fiktion des § 2 Satz 1, sondern auf § 1

61 S. Reg. Begr., BT-Drucks. 13/8444, S. 32; für eine Streichung der Option plädierte indes der Bundesrat in seiner Stellungnahme, s. BT-Drucks. 13/8444, S. 91 (s. insoweit auch *K. Schmidt* DB 1994, 515 [517]).

62 Reg. Begr., BT-Drucks. 13/8444, S. 49; BeckOGK-HGB/*Servatius* Rn. 45; BeckOK-HGB/*Schwartze* Rn 17; *Bülow/Artz* Rn 58; *Fischinger* Rn 63; GK-HGB/*Ensthaler* Rn 18; Haag/Löffler/*Pelke* Rn 14; Heymann/*Förster* HGB Rn 14; HK-HGB/*Ruß* Rn 4; Hopt/*Merkt* Rn 9; *Lettl* § 2 Rn 43; Oetker/*Körber* Rn 28; Röhricht/v. Westphalen/Haas/*Ries* Rn 24; *Steinbeck* § 7 Rn 11.

63 Oetker/*Körber* Rn 28.

64 Oetker/*Körber* Rn 28.

65 BeckOGK-HGB/*Servatius* Rn. 45; Ebenroth/Boujong/Joost/Strohn/*Kindler* Rn 23; *Fischinger* Rn 63; Heymann/*Förster* HGB Rn 14; Koller/Kindler/Roth/Drüen/*Roth* Rn 5; Oetker/*Körber* Rn 19, 28; Röhricht/v. Westphalen/Haas/*Ries* Rn 24; *Schmitt* Die Rechtsstellung der Kleingewerbetreibenden nach dem Handelsrechtsreformgesetz, 2003, S. 99; **aA** GK-HGB/*Ensthaler* Rn 18.

66 Ebenso BeckOK-HGB/*Schwartze* Rn 17; *Bülow/Artz* Rn 58; Ebenroth/Boujong/Joost/Strohn/*Kindler* Rn 23; Heymann/*Förster* HGB Rn 14; Hopt/*Merkt* Rn 9; *Lettl* § 2 Rn 43; Oetker/*Körber* Rn 20, 28; Röhricht/v. Westphalen/Haas/*Ries* Rn 24.

67 Für einen Gleichlauf ebenfalls BeckOGK-HGB/*Servatius* Rn. 44; Hopt/*Merkt* Rn 9; Oetker/*Körber* Rn 27; Röhricht/v. Westphalen/Haas/*Ries* Rn 22.

68 S. Reg. Begr., BT-Drucks. 13/8444, S. 49; Röhricht/v. Westphalen/Haas/*Ries* Rn. 22.

Abs. 2 beruht und damit kraft Gesetzes besteht, so dass ein Löschungsrecht des Inhabers im Widerspruch zur Anmeldepflicht nach § 29 stünde.[69]

Wegen der in § 2 Satz 3 negativ formulierten Voraussetzung in Rn 19 für die Zulässigkeit eines Antrages auf Löschung aus dem Handelsregister, muss das Registergericht – im Unterschied zu der Eintragung (s. Rn 14) – prüfen, ob das von dem Inhaber betriebene gewerbliche Unternehmen nach Art und Umfang keinen in kaufmännischer Weise eingerichteten Geschäftsbetrieb erfordert.[70] In diesem Rahmen findet zwar die Vermutung des § 1 Abs. 2 grundsätzlich keine Anwendung (s. § 1 Rn 92),[71] das Registergericht wird aber auf entsprechende Angaben vertrauen müssen, wenn keine gegenteiligen Anhaltspunkte erkennbar sind. 20

3. Löschung von Amts wegen

Die von dem Optionsrecht in § 2 Satz 3 unberührt bleibende Löschung von Amts wegen betrifft 21 zunächst die Sachverhalte, in denen bereits die Eintragung nicht hätte erfolgen dürfen. Ein Tätigwerden des Registergerichts nach § 395 FamFG kommt insbesondere dann in Betracht, wenn dem Unternehmen bereits im Zeitpunkt der Anmeldung die Voraussetzungen für ein handelsrechtliches Gewerbe fehlten (z.B. irrtümliche Eintragung eines freiberuflich Tätigen).[72] Entfällt die Gewerblichkeit des Unternehmens nach der Eintragung, so erfolgt die Löschung nach § 31 Abs. 2 Satz 2.[73]

Einer differenzierten Würdigung bedürfen nachträgliche Veränderungen hinsichtlich Art 22 oder Umfang des Geschäftsbetriebes. Unstreitig ist die rechtliche Bewertung, wenn das Unternehmen nach Art und Umfang nunmehr einen in kaufmännischer Weise eingerichteten Geschäftsbetrieb erfordert **(Aufstieg zum Handelsgewerbe).** In dieser Konstellation ist eine Tätigkeit des Registergerichts nicht erforderlich; eine Löschung auf Antrag kann ebenfalls nicht erfolgen (s. Rn 19).[74]

Kontrovers wird die Notwendigkeit einer Amtslöschung beurteilt, wenn das Unternehmen 23 zunächst als Handelsgewerbe betrieben wurde und dessen Inhaber die Kaufmannseigenschaft kraft Gesetzes erlangte, das Unternehmen später jedoch **zum Kleingewerbe herabgesunken** ist. Eine beachtliche Strömung im Schrifttum stellt in dieser Konstellation ausschließlich auf die sich objektiv aus dem Handelsregister ergebende Rechtslage ab.[75] Grundlage für diesen Standpunkt bildet vor allem die dogmatische Einordnung der Registeranmeldung im Rahmen des § 2 (s. dazu Rn 10 f). Wird diese als reine Verfahrenshandlung qualifiziert, ist es konsequent, nicht nach den verschiedenen Rechtsgrundlagen der Anmeldung (kraft Gesetzesbefehls [§ 29] oder Ausübung des Optionsrechts [§ 2 Satz 1 und 2]) zu differenzieren.

---

69 Treffend Reg. Begr., BT-Drucks. 13/8444, S. 32; ebenso BeckOGK-HGB/*Servatius* Rn. 43; BeckOK-HGB/*Schwartze* Rn 18; *Brox/Henssler* § 2 Rn 45; Ebenroth/Boujong/Joost/Strohn/*Kindler* Rn 24; *Fischinger* Rn 63; Haag/Löffler/*Pelke* Rn 14; HK-HGB/*Keßler* Rn 10; *Kindler* § 2 Rn 75; *Lettl* § 2 Rn 43; Oetker/*Körber* Rn 21; Röhricht/v. Westphalen/Haas/*Ries* Rn 22; *Steinbeck* § 7 Rn 12.

70 BeckOK-HGB/*Schwartze* Rn 18; GK-HGB/*Ensthaler* Rn 16; Heymann/*Förster* HGB Rn 13; Oetker/*Körber* Rn 27.

71 Hopt/*Merkt* Rn 8; **aA** Oetker/*Körber* Rn 27.

72 Zustimmend BeckOK-HGB/*Schwartze* Rn 19; *Kindler* § 2 Rn 76; Oetker/*Körber* Rn 30.

73 BeckOK-HGB/*Schwartze* Rn 19; Ebenroth/Boujong/Joost/Strohn/*Kindler* Rn 27; GK-HGB/*Ensthaler* Rn 17; Heymann/*Förster* HGB Rn 16; *Kindler* § 2 Rn 76; Koller/Kindler/Roth/Drüen/*Roth* Rn 5; Oetker/*Körber* Rn 24; Röhricht/v. Westphalen/Haas/*Ries* Rn 23.

74 Für die allg. Ansicht BeckOGK-HGB/*Servatius* Rn. 40; *Brox/Henssler* § 2 Rn 45; Ebenroth/Boujong/Joost/Strohn/*Kindler* Rn 29; Haag/Löffler/*Pelke* Rn 14; Heymann/*Förster* HGB Rn 16; Oetker/*Körber* Rn 21.

75 Für diese Ebenroth/Boujong/Joost/Strohn/*Kindler* Rn 32; HaKo-HGB/*Keßler* Rn 9; Heymann/*Förster* HGB Rn 17; *Kindler* § 2 Rn 76; *H.-F. Müller* JA 2021, 454 (458); Oetker/*Körber* Rn 22; *K. Schmidt* ZHR 163 (1999), 87 (96 f); *Schulze-Osterloh* ZIP 2007, 2390 (2392); *Treber* AcP 199 (1999), 525 (582 ff).

24 Eine abweichende Würdigung ist vorzugswürdig, wenn der Anmeldung – wie hier – im Rahmen von § 2 Satz 1 eine Doppelnatur zugesprochen wird (s. Rn 11).[76] Dann beinhaltet die Anmeldung der Firma zum Handelsregister zugleich die willentliche Ausübung des Optionsrechts. Mit anderen Worten kann die Fiktion in § 2 Satz 1 nur eingreifen, wenn eine entsprechende vom Willen des Inhabers getragene Erklärung vorliegt.[77] Wegen des hierin bestehenden Unterschieds zur Pflichtanmeldung nach § 29 reicht das Bestehenlassen der Eintragung nicht aus, um das gewerbliche Unternehmen als Handelsgewerbe zu fingieren. Nach diesem Ansatz ist das bislang als Handelsgewerbe im Sinne des § 1 Abs. 2 betriebene Unternehmen von Amts wegen zu löschen,[78] sofern dessen Inhaber keinen Antrag nach § 2 Satz 2 stellt;[79] ggf. ist dieser auch in einem Widerspruch gegen die angekündigte Löschung zu sehen.[80] Keinesfalls ist das Unterlassen eines Antrages auf Löschung mit einer Ausübung des Optionsrechts gleichzustellen.[81] Unterbleibt die Einleitung eines Löschungsverfahrens (insbesondere mangels Kenntnis des Registergerichts über die Veränderung des Geschäftsbetriebes), so ist die Firma wegen des fehlenden Antrages seitens des Inhabers zu Unrecht eingetragen, den Schutz des Rechtsverkehrs übernimmt in dieser Konstellation § 5.[82]

V. Rechtstellung des Kleingewerbetreibenden nach Eintragung im Handelsregister

25 Mit Eintragung der Firma, unter der der Inhaber das (klein-)gewerbliche Unternehmen betreibt, im Handelsregister gilt das Unternehmen als Handelsgewerbe. Da das Unternehmen ohne Eintragung kein Handelsgewerbe ist, jedoch diesem kraft Gesetzes (§ 2 Satz 1) gleichgestellt wird, ist § 2 Satz 1 – dem Wortlaut („gilt") entsprechend – eine **Fiktion.**[83] Zugleich erlangt der Inhaber mit der Eintragung und dem damit fingierten „Handelsgewerbe" über § 1 Abs. 1 die Kaufmannseigenschaft („Kaufmann [...] ist").[84] Diesbezüglich wirkt die Eintragung – im Unterschied zum Ist-Kaufmann – **konstitutiv.**[85]

26 Infolge der Eintragung unterliegt der Inhaber des Handelsgewerbes allen Vorschriften, die an den Kaufmannsstatus anknüpfen (z.B. §§ 343, 362, 366) oder das Vorliegen eines Handelsge-

---

76 So BeckOGK-HGB/*Servatius* Rn. 10, 38; *Canaris* Handelsrecht § 3 Rn 19; Hopt/*Merkt* Rn 6; *Hübner* Rn 45; Koller/Kindler/Roth/Drüen/*Roth* Rn 5; *Lettl* § 2 Rn 55; *Schmitt* Die Rechtsstellung der Kleingewerbetreibenden nach dem Handelsrechtsreformgesetz, 2003, S. 83 ff, 91 f; *Siems* Kaufmannsbegriff und Rechtsfortbildung, 2. Aufl. 2003, S. 100 ff.; *Steinbeck* § 7 Rn 13; *Weller/Prütting* Rn 110.

77 Treffend *Canaris* Handelsrecht § 3 Rn 23.

78 *Hübner* Rn 47 sowie auch Reg. Begr., BT-Drucks. 13/8444, S. 49.

79 So Reg. Begr., BT-Drucks. 13/8444, S. 49; Hopt/*Merkt* Rn 6; Koller/Kindler/Roth/Drüen/*Roth* Rn 5.

80 So auch Hopt/*Merkt* Rn 6; *Hübner* Rn 47; Koller/Kindler/Roth/Drüen/*Roth* Rn 5; Röhricht/v. Westphalen/Haas/*Röhricht* Rn 13; *Siems* Kaufmannsbegriff und Rechtsfortbildung, 2. Aufl. 2003, S. 103. Treffend insofern auch Ebenroth/Boujong/Joost/Strohn/*Kindler* § 2 Rn 33.

81 Treffend *Hübner* Rn 44; Röhricht/v. Westphalen/Haas/*Ries* Rn 14.

82 *Canaris* Handelsrecht § 3 Rn 22; Hopt/*Merkt* Rn 3, 6; *Hübner* Rn 45; *Schmitt* Die Rechtsstellung der Kleingewerbetreibenden nach dem Handelsrechtsreformgesetz, 2003, S. 87; *Steinbeck* § 7 Rn 13.

83 Treffend Reg. Begr., BT-Drucks. 13/8444, S. 26; *Bülow/Artz* Rn 56; *Kindler* § 2 Rn 71; *Lettl* § 2 Rn 38; Oetker/*Körber* Rn 18; *Schmitt* Die Rechtsstellung der Kleingewerbetreibenden nach dem Handelsrechtsreformgesetz, 2003, S. 108; **aA** *Canaris* Handelsrecht § 3 Rn 16; Koller/Kindler/Roth/Drüen/*Roth* Rn 4; MünchKommHGB/*K. Schmidt* Rn 17; kritisch auch Röhricht/v. Westphalen/Haas/*Ries* Rn 18; *Steinbeck* § 7 Rn 8: „irreführend" bzw „missverständlich".

84 Koller/Kindler/Roth/Drüen/*Roth* Rn 4; Röhricht/v. Westphalen/Haas/*Ries* Rn 18.

85 Für die allg. Ansicht Reg. Begr., BT-Drucks. 13/8444, S. 32, 49; BeckOK-HGB/*Schwartze* Rn 9; *Brox/Henssler* § 2 Rn 45; *Bülow/Artz* Rn 57; *Canaris* Handelsrecht § 3 Rn 19; Ebenroth/Boujong/Joost/Strohn/*Kindler* Rn 34; *Fischinger* Rn 62; GK-HGB/*Ensthaler* Rn 14; Haag/Löffler/*Pelke* Rn 10; HaKo-HGB/*Keßler* Rn 4; Heymann/*Förster* HGB Rn 8, 12; HK-HGB/*Ruß* Rn 3; Hopt/*Merkt* Rn 3; *Hübner* Rn 42; Koller/Kindler/Roth/Drüen/*Roth* Rn 4; *Lettl* § 2 Rn 38; *H.-F. Müller* JA 2021, 454 (457); MünchKommHGB/*K. Schmidt* Rn 24; Oetker/*Körber* Rn 18; Röhricht/v. Westphalen/Haas/*Ries* Rn 18; *Steinbeck* § 7 Rn 7; *Stöber* Rn. 46; *Weller/Prütting* Rn 105.

werbes voraussetzen (z.B. § 343).[86] Sachliche Einschränkungen, wie sie früher § 4 a.F. für den Minderkaufmann vorsah, ordnet § 2 Satz 1 nicht an.[87] Die Rechtswirkungen der Eintragung treten *ex-nunc* ein,[88] entfalten also keine Rückwirkung.[89]

Vor der Eintragung unterliegt der Inhaber grundsätzlich den bürgerlich-rechtlichen Vorschriften. Anwendung kann jedoch unter Umständen die Lehre vom Scheinkaufmann finden.[90] Darüber hinaus unterliegt er denjenigen Vorschriften, die in ihren Anwendungsbereich auch solche Kleingewerbetreibenden einbeziehen, die ihr Optionsrecht nicht ausgeübt haben (s. Rn 30 ff). Sofern für nicht eingetragene Kleingewerbetreibende die entsprechende Anwendung handelsrechtlicher Vorschriften in Betracht kommt (s. Rn 33 ff), gilt dies auch in der Phase bis zur Eintragung in das Handelsregister. Zur Rechtslage bis zur Bekanntmachung der Eintragung s. Rn 15. 27

Tritt nach der Eintragung eine **Rechtsnachfolge** ein, dann ist danach zu differenzieren, ob diese nicht nur das Unternehmen, sondern auch die Firma erfasst. In der letztgenannten Konstellation behält das gewerbliche Unternehmen wegen der fortbestehenden Eintragung (einschließlich Fortführung der Firma) seine Eigenschaft als Handelsgewerbe.[91] Der (neue) Inhaber des Unternehmens kann jedoch grundsätzlich die Löschung nach § 2 Satz 3 herbeiführen.[92] 28

VI. Rechtstellung nicht eingetragener Kleingewerbetreibender

Der Inhaber eines gewerblichen Unternehmens, der sein Optionsrecht nicht ausgeübt hat, betreibt kein Handelsgewerbe und ist damit kein Kaufmann. Für diesen gelten im Ausgangspunkt die bürgerlich-rechtlichen Vorschriften.[93] Bei deren Anwendung ist der nicht eingetragene Kleingewerbetreibende **Unternehmer im Sinne des § 14 BGB,** da es hierfür ausschließlich und unabhängig von deren Umfang auf eine gewerbliche Tätigkeit ankommt.[94] Umgekehrt können auf sie die Vorschriften über das **Verbraucherinsolvenzverfahren** zur Anwendung kommen, da ihre Vermögensverhältnisse regelmäßig überschaubar sind und sie keine Arbeitnehmer beschäftigen (§ 304 Abs. 1 Satz 2 InsO).[95] Auf die Eintragung im Handelsregister kommt es bei § 304 Abs. 1 Satz 2 InsO nicht an.[96] Ungeachtet dieser Grundsätze findet auch auf nicht eingetragene Kleingewerbetreibende in eingeschränktem Umfang Handelsrecht Anwendung. 29

Die Geltung des Handelsrechts für nicht eingetragene Kleingewerbetreibende beruht teilweise auf ausdrücklichen gesetzlichen Anordnungen.[97] Diese hat der Gesetzgeber insbesondere für kleingewerblich tätige **Handelsvertreter** (§ 84 Abs. 4) und **Handelsmakler** (§ 93 Abs. 3) getroffen, die damit an den entsprechenden Schutzvorschriften unabhängig von der Eintragung 30

86 Statt aller BeckOK-HGB/*Schwartze* Rn 15; Heymann/*Förster* HGB Rn 18; *Schmitt* Die Rechtsstellung der Kleingewerbetreibenden nach dem Handelsrechtsreformgesetz, 2003, S. 101 f.

87 S. *Schmitt* Die Rechtsstellung der Kleingewerbetreibenden nach dem Handelsrechtsreformgesetz, 2003, S. 102 f.

88 BeckOK-HGB/*Schwartze* Rn 15; Ebenroth/Boujong/Joost/Strohn/*Kindler* Rn 35; HaKo-HGB/*Keßler* Rn 5; Heymann/*Förster* HGB Rn 18; Hopt/*Merkt* Rn 3; Oetker/*Körber* Rn 19; Röhricht/v. Westphalen/Haas/*Ries* Rn 20.

89 Ebenso HaKo-HGB/*Keßler* Rn 5; Oetker/*Körber* Rn 19.

90 Ebenroth/Boujong/Joost/Strohn/*Kindler* Rn 35.

91 BeckOK-HGB/*Schwartze* Rn 16; HaKo-HGB/*Keßler* Rn 8; Hopt/*Merkt* Rn 11; Koller/Kindler/Roth/Drüen/*Roth* Rn 6; Oetker/*Körber* Rn 25; *Weller/Prütting* Rn 108; **aA** *Siems* Kaufmannsbegriff und Rechtsfortbildung, 2. Aufl. 2003, S. 96 f.

92 HaKo-HGB/*Keßler* Rn 8.

93 Für die allg. Ansicht statt aller *Canaris* Handelsrecht § 3 Rn 26; *Fischinger* Rn 62; HaKo-HGB/*Keßler* Rn 11; *Lettl* § 2 Rn 38; Oetker/*Körber* Rn 32; Röhricht/v. Westphalen/Haas/*Ries* Rn 28; *Steinbeck* § 7 Rn 15.

94 BeckOGK-HGB/*Servatius* Rn. 17; BeckOK-HGB/*Schwartze* Rn 21; Oetker/*Körber* Rn 33.

95 BeckOGK-HGB/*Servatius* Rn. 17; BeckOK-HGB/*Schwartze* Rn 21; HaKo-HGB/*Keßler* Rn 13; Oetker/*Körber* Rn 34.

96 BeckOK-HGB/*Schwartze* Rn 21; Ebenroth/Boujong/Joost/Strohn/Kindler Rn 36; Oetker/*Körber* Rn 34.

97 S. dazu auch Reg. Begr., BT-Drucks. 13/8444, S. 29 f.; Röhricht/v. Westphalen/Haas/*Ries* Rn 30.

im Handelsregister partizipieren.[98] Allerdings ist die Anwendung der handelsrechtlichen Vorschriften bei den vorgenannten Personengruppen auf diejenigen für den Handelsvertreter (§§ 84 bis 92) sowie den Handelsmakler (§§ 93 bis 104) beschränkt.

31 Entsprechendes gilt im Ausgangspunkt für **Kommissionäre, Frachtführer, Spediteure** und **Lagerhalter,** deren Unternehmen die Grenze eines Kleingewerbes nicht überschreitet (§§ 383 Abs. 2 Satz 1, 407 Abs. 2 Satz 2, 453 Abs. 3 Satz 2, 467 Abs. 3 Satz 2, 467 Abs. 3 Satz 2).[99] Bezüglich dieser Gewerbetreibenden hat der Gesetzgeber die Anwendung der handelsrechtlichen Normen jedoch zusätzlich auf die §§ 343 bis 372 ausgedehnt und hiervon lediglich die §§ 348 bis 350 ausgenommen. Diese Diskrepanz zu der Rechtslage für Handelsvertreter und Handelsmakler ist mit Recht auf Kritik gestoßen.[100] Da die genannten Personengruppen vor dem Handelsrechtsreformgesetz unabhängig von Art und Umfang des Gewerbes kraft Gesetzes Kaufleute waren (§ 1 Abs. 2 Nr. 7 a.F.) und damit vorbehaltlich der §§ 348 bis 350 (s. §§ 4, 351 a.F.) auch den allgemeinen Bestimmungen über Handelsgeschäfte unterlagen, sprechen gute Gründe für ein gesetzgeberisches Versehen, das mittels eines Analogieschlusses zu den §§ 383 Abs. 2 Satz 2, 407 Abs. 3 Satz 2, 453 Abs. 3 Satz 2, 467 Abs. 3 Satz 2, 467 Abs. 3 Satz 2 zu korrigieren ist.[101]

32 Die ausdrückliche Einbeziehung nicht eingetragener Kleingewerbetreibender in den Anwendungsbereich handelsrechtlicher Vorschriften rechtfertigt nicht den formalen Umkehrschluss, die Anwendung des Handelsrechts im Übrigen sei generell ausgeschlossen. Vielmehr hat der Gesetzgeber mit den in Rn 30 und 31 genannten Vorschriften lediglich geschlossene Normenkomplexe für einzelne gewerbliche Tätigkeiten im Hinblick auf ihre Anwendbarkeit überprüft, so dass eine Analogiebildung bezüglich einzelner Vorschriften möglich bleibt.[102] Anwendbar sind deshalb zusätzlich handelsrechtliche Grundsätze, die nicht mit Art oder Umfang des Geschäftsbetriebes verknüpft sind.

33 Das ist für die Lehre vom **Scheinkaufmann** allgemeine Ansicht,[103] gilt entsprechend auch für die Lehre vom **kaufmännischen Bestätigungsschreiben**[104] sowie für die Berücksichtigung von **Handelsbräuchen.**[105] Darüber hinaus kommt ein Analogieschluss bezüglich einzelner gesetzlicher Vorschriften in Betracht. Das betrifft insbesondere **§ 56,** dessen analoge Anwendung auf nicht eingetragene Kleingewerbetreibende verbreitet bejaht wird.[106] In Betracht kommt eine Analogie ferner im Hinblick auf **§ 354,**[107] auch zu **§ 366** bejahen beachtliche Stimmen im

---

98 Näher *Schmitt* Die Rechtsstellung der Kleingewerbetreibenden nach dem Handelsrechtsreformgesetz, 2003, S. 114 ff.

99 Dazu *Schmitt* Die Rechtsstellung der Kleingewerbetreibenden nach dem Handelsrechtsreformgesetz, 2003, S. 118 ff.

100 So Ebenroth/Boujong/Joost/Strohn/*Kindler* Rn 42.

101 Hierfür auch *Schmitt* Die Rechtsstellung der Kleingewerbetreibenden nach dem Handelsrechtsreformgesetz, 2003, S. 273 ff.

102 Treffend *Schmitt* Die Rechtsstellung der Kleingewerbetreibenden nach dem Handelsrechtsreformgesetz, 2003, S. 185 ff; ebenso Oetker/*Körber* Rn 115; gegenläufig *Kindler* § 2 Rn 77; Röhricht/v. Westphalen/Haas/*Ries* Rn. 31.

103 BeckOK-HGB/*Schwartze* Rn 21; Ebenroth/Boujong/Joost/Strohn/*Kindler* Rn 37; MünchKommHGB/*K. Schmidt* Rn 29.

104 Hopt/*Leyens* § 346 Rn 18; *Schmitt* Die Rechtsstellung der Kleingewerbetreibenden nach dem Handelsrechtsreformgesetz, 2003, S. 282 ff.

105 S. Hopt/*Leyens* § 346 Rn 4 f; Röhricht/v. Westphalen/Haas/*Röhricht* Rn 32; *Schmitt* Die Rechtsstellung der Kleingewerbetreibenden nach dem Handelsrechtsreformgesetz, 2003, S. 280 f.

106 So *Canaris* Handelsrecht § 14 Rn 10; Hopt/*Merkt* § 56 Rn 1; Koller/Kindler/Roth/Drüen/*Roth* § 56 Rn 3; MünchKommHGB/*Krebs* § 56 Rn 9; *K. Schmidt* Handelsrecht § 16 Rn 128; *Schmitt* Die Rechtsstellung der Kleingewerbetreibenden nach dem Handelsrechtsreformgesetz, 2003, S. 255 ff; Röhricht/v. Westphalen/Haas/*Ries* Rn 31; Röhricht/v. Westphalen/Haas/*Wagner*/*Wöstmann* § 56 Rn 4a; wohl auch Reg. Begr., BT-Drucks. 13/8444, S. 30; **aA** Heymann/*Sonnenschein*/*Weitemeyer*[2] HGB § 56 Rn 2; Ebenroth/Boujong/Joost/Strohn/*Weber* § 56 Rn 3.

107 Hierfür ThürOLG 8.12.2004 – 2 U 81/04 – OLG-NL 2005, 7 (10); ebenso *Schmitt* Die Rechtsstellung der Kleingewerbetreibenden nach dem Handelsrechtsreformgesetz, 2003, S. 289 ff.

Schrifttum eine entsprechende Anwendung;[108] der Wille des historischen Gesetzgebers ging bezüglich der Vorschriften des Vierten Buches über Handelsgeschäfte indes in eine gegenläufige Richtung.[109] In diesem Sinne wird für § 354a eine analoge Anwendung überwiegend ausdrücklich abgelehnt.[110]

Untrennbar mit der Verwendung der Firma ist indessen **§ 25** verbunden; dessen analoge Anwendung auf Kleingewerbetreibende, die unter einem Unternehmenskennzeichen im Geschäftsverkehr agieren, scheidet deshalb aus.[111] Bezüglich **§ 22** gilt dies entsprechend.[112] Ebenso scheidet eine Analogie bezüglich derjenigen Bestimmungen aus, die von der durch das Bürgerliche Gesetzbuch ausgeformte Rechtslage zu Lasten des Kaufmanns abweichen, wie z.B. die **§§ 348 bis 350**[113] sowie **§ 377.**[114] 34

Zu beachten bleibt allerdings, dass nur bei einer planwidrigen Unvollständigkeit des Gesetzes aus methodischer Sicht Raum für eine analoge Anwendung handelsrechtlicher Vorschriften ist. Hierfür ist in besonderem Maße die gesetzgeberische Grundkonzeption zu beachten und nicht auf dem Umweg über eine Analogie die früher durch § 4 a.F. geprägte Rechtslage wieder herzustellen.[115] Es würde zudem dem von dem Kleingewerbetreibenden ausdrücklich bekundeten Willen, nicht den handelsrechtlichen Normen unterliegen zu wollen, widersprechen, wenn mittels eines Analogieschlusses dieser Wille in sein Gegenteil verkehrt würde.[116] Ebenso ist es auch nicht angängig, die Analogie stets dann in Betracht zu ziehen, wenn diese die Rechtsstellung des Kleingewerbetreibenden verbessert. In diesem Fall würde er ungerechtfertigt gegenüber denjenigen Kleingewerbetreibenden privilegiert, die sich unter Inkaufnahme der Nachteile für den Erwerb der Kaufmannseigenschaft entschieden haben. Eine unbillige Benachteiligung des Kleingewerbetreibenden tritt schon deshalb nicht ein, weil er jederzeit durch die Ausübung des Optionsrechts die Grundlage für eine Anwendung der handelsrechtlichen Vorschriften schaffen kann.[117] 35

108 So *Canaris* Handelsrecht § 3 Rn 7; Koller/Kindler/Roth/Drüen/*Roth* § 1 Rn 38; Röhricht/v. Westphalen/Haas/*Ries* Rn 31; *Schmitt* Die Rechtsstellung der Kleingewerbetreibenden nach dem Handelsrechtsreformgesetz, 2003, S. 295 ff.

109 S. Reg. Begr., BT-Drucks. 13/8444, S. 30.

110 So jüngst FG Berlin-Brandenburg 24.6.2021 – 2 K 5261/15 – BeckRS 2021, 50874 sowie zuvor BGH 13.7.2006 – VII ZR 51/05 Rn 10 ff – NJW 2006, 3486; ebenso Ebenroth/Boujong/Joost/Strohn/*Wagner* § 354a Rn 10; Oetker/*Maultzsch* § 354a Rn 5; **aA** *Canaris* Handelsrecht § 26 Rn 35; Hopt/*Leyens* § 354a Rn 1; MünchKommHGB/*K. Schmidt*[4] § 354a Rn 8; offen jetzt MünchKommHGB/*K. Schmidt*/*Langenbucher* § 354a Rn. 10 ff.

111 LG Bonn 16.9.2005 – 15 O 193/05 – NJW-RR 2005, 1559 (1560 f); ebenso Koller/Kindler/Roth/Drüen/*Roth* § 1 Rn 38; Röhricht/v. Westphalen/Haas/*Ries* Rn 31; **aA** für die §§ 25 bis 28 *Schmitt* Die Rechtsstellung der Kleingewerbetreibenden nach dem Handelsrechtsreformgesetz, 2003, S. 237 ff.

112 LG Berlin 30.7.2004 – 102 T 42/04 – NZG 2005, 443 (443); **aA** Koller/Kindler/Roth/Drüen/*Roth* § 1 Rn 38.

113 Koller/Kindler/Roth/Drüen/*Roth* Rn 38; MünchKommHGB/*K. Schmidt* Rn 28; Röhricht/v. Westphalen/Haas/*Ries* Rn 31; **aA** *Schmitt* Die Rechtsstellung der Kleingewerbetreibenden nach dem Handelsrechtsreformgesetz, 2003, S. 298 ff.

114 So auch *Canaris* Handelsrecht § 29 Rn 47; Koller/Kindler/Roth/Drüen/*Roth* § 1 Rn 38; Röhricht/v. Westphalen/Haas/*Ries* Rn 31; **aA** wohl MünchKommHGB/*K. Schmidt* Rn 28.

115 Treffend insoweit Röhricht/v. Westphalen/Haas/*Ries* Rn 31; Oetker/*Körber* Rn 115.

116 Ebenso Röhricht/v. Westphalen/Haas/*Ries* Rn 31.

117 S. Reg. Begr., BT-Drucks. 13/8444, S. 30.

§ 3 [Land- und Forstwirtschaft; Kannkaufmann]

(1) Auf den Betrieb der Land- und Forstwirtschaft finden die Vorschriften des § 1 keine Anwendung.
(2) Für ein land- oder forstwirtschaftliches Unternehmen, das nach Art und Umfang einen in kaufmännischer Weise eingerichteten Geschäftsbetrieb erfordert, gilt § 2 mit der Maßgabe, daß nach Eintragung in das Handelsregister eine Löschung der Firma nur nach den allgemeinen Vorschriften stattfindet, welche für die Löschung kaufmännischer Firmen gelten
(3) Ist mit dem Betrieb der Land- oder Forstwirtschaft ein Unternehmen verbunden, das nur ein Nebengewerbe des land- oder forstwirtschaftlichen Unternehmens darstellt, so finden auf das im Nebengewerbe betriebene Unternehmen die Vorschriften der Absätze 1 und 2 entsprechende Anwendung.

Schrifttum

Hofmann Die Kaufmannseigenschaft von Land- und Forstwirten, NJW 1976, 1297; *ders.* Die Reformbedürftigkeit des neuen § 3 HGB, NJW 1976, 1830; *Horn* Die Eintragung landwirtschaftlicher Betriebe in das Handelsregister, AgrarR 2000, 356; *Kornblum* Vom Bauern zum Kaufmann, FS E. Kaufmann, 1993, S. 193; *Mahn* Ist zu wünschen, daß künftig Handelsrecht auf die Landwirtschaft Anwendung finde?, Diss. Köln 1967; *v. Olshausen* Die Kaufmannseigenschaft der Land- und Forstwirte, ZHR 141 (1977), 93; *ders.* Fragwürdige Redeweisen im Handelsrechtsreformgesetz, JZ 1998, 717; *ders.* Aufstieg und Ausstieg eines eingetragenen Kleinbauern, die Beweislastregel des § 1 Abs. 2 HGB und die Übergangsvorschrift Art. 38 Abs. 1 EGHGB, Rpfleger 2001, 53; *Raisch* Vereinigungen zum Betrieb landwirtschaftlicher Unternehmen auch in der Rechtsform der Offenen Handelsgesellschaft oder der Kommanditgesellschaft, BB 1969, 1361; *ders.* Bedeutung und Wandlung des Kaufmannsbegriff in der neueren Gesetzgebung, FS Ballerstedt, 1975, S. 443; *Storm* Zum Gesetz über die Kaufmannseigenschaft von Land- und Forstwirten, AgrarR 1976, 188. Zum älteren Schrifttum s. 4. Auflage.

Übersicht

https://doi.org/10.1515/9783110564440-004

I. Allgemeines

Mit § 3 trägt das Gesetz der historisch gewachsenen Sonderstellung land- und forstwirtschaftlicher Betriebe Rechnung, die mit der Schaffung des HGB fortgeführt[1] und vor allem auf die Wesensverschiedenheit gegenüber kaufmännischem Unternehmen gestützt wurde.[2] Die vom damaligen Gesetzgeber formulierte Begründung in Verbindung mit der von ihm vorgefundenen und durch das ADHGB ausgeformten Rechtslage[3] zeigt allerdings, dass die „Natur der Sache" im Unterschied zu der freiberuflichen Betätigung nicht als derart tief greifend bewertet wurde, um land- und forstwirtschaftlichen Betrieben bereits im Ansatz die Eigenschaft eines **handelsrechtlichen Gewerbes** abzusprechen (s. auch Rn 7 f).[4] Vielmehr wurden die für den kaufmännischen Verkehr im HGB geschaffenen Regelungen für die Betriebe der Land- und Forstwirtschaft damals als unpassend empfunden.[5] Deshalb hat der Ausschluss des § 1 in § 3 Abs. 1 keine deklaratorische, sondern konstitutive Bedeutung. Gerade weil das Betreiben von Land- und Forstwirtschaft ein „Gewerbe" ist (s. Rn 7 f), war es notwendig, die anderenfalls ggf. kraft Gesetzes eintretende Eigenschaft als Ist-Kaufmann auszuschließen. Zugleich gewährleistet diese Regelungstechnik, dass die Vorschriften des HGB auf den Betrieb eines land- oder forstwirtschaftlichen Unternehmens sowie seinen Inhaber keine Anwendung finden. Hätte der Gesetzgeber hingegen bereits die Gewerbeeigenschaft derartiger Betriebe ausschließen wollen, dann hätte er dies unmittelbar in § 1 Abs. 1 regeln können bzw. müssen. 1

Die Überzeugungskraft bezüglich der Wesensverschiedenheit war ursprünglich so stark, dass es der Gesetzgeber den Inhabern land- und forstwirtschaftlicher Betriebe auch nicht in Gestalt eines Optionsrechts überlassen wollte, selbst über die Anwendung der für ihr land- oder forstwirtschaftliches Unternehmen geltenden Vorschriften zu entscheiden. Lediglich im Hinblick auf branchenfremde Nebenbetriebe wich das Gesetz ursprünglich hiervon ab und ermöglichte ihren Inhabern, für ein als Nebengewerbe betriebenes Unternehmen unter eingeschränkten Voraussetzungen die Kaufmannseigenschaft zu erlangen, um damit für dieses die Anwendung der handelsrechtlichen Vorschriften herbeizuführen.[6] Anders als bei den früheren Sollkaufleuten (§ 2 a.F.) sollte es jedoch trotz der Erforderlichkeit eines in kaufmännischer Weise eingerichteten Geschäftsbetriebes der freien Entscheidung des Inhabers überlassen bleiben, ob er für das als Nebengewerbe zu einem land- oder forstwirtschaftlichen Unternehmen betriebene Unternehmen die Kaufmannseigenschaft erlangen wollte. Mit dem Terminus „Kann-Kaufmann" kommt dieser im Kern noch heute gültige konzeptionelle Ansatz in begrifflicher Hinsicht treffend zum Ausdruck. 2

Starken Wandlungen unterlag in den letzten Jahrzehnten die sachliche **Reichweite des Optionsrechts**. Während sich dieses ursprünglich nur auf branchenfremde Nebengewerbe bezog, dehnte der Gesetzgeber im Jahre 1976 das Optionsrecht auch auf den land- oder forstwirtschaftlichen Betrieb selbst aus, sofern dieser – nicht anders als bislang für das branchenfremde Nebenge- 3

1 Zu der hierfür ursächlichen Verankerung in der Vorstellung einer nach Ständen gegliederten Gesellschaft s. *Kornblum* FS E. Kaufmann, 1992, S. 193 (194 f), der auf den im Preußischen Allgemeinen Landrecht ausgeformten „Bauernstand" und den die „Kaufleute" einschließenden „Bürgerstand" hinweist.

2 Denkschrift zum HGB, 1896, S. 17; s. ausführlich *Kornblum* FS E. Kaufmann, 1993, S. 193 (200 ff); *Raisch* Geschichtliche Voraussetzungen, dogmatische Grundlagen und Sinnwandlungen des Handelsrechts, 1965, S. 220 ff; *ders.* BB 1969, 1361 (1362 f) sowie Heymann/*Förster* HGB Rn 1 ff; Röhricht/v. Westphalen/Haas/*Ries* Rn 1; exemplarisch aufgegriffen von BayObLG 6.6.1991 – Breg 3 Z 130/90 – NJW-RR 1991, 1382 (1385).

3 S. näher *Kornblum* FS E. Kaufmann, 1993, S. 193 (197 ff); *Raisch* Geschichtliche Voraussetzungen, dogmatische Grundlagen und Sinnwandlungen des Handelsrechts, 1965, S. 220 ff; ferner auch Ebenroth/Boujong/Joost/Strohn/*Kindler* Rn 2; MünchKommHGB/*K. Schmidt* Rn 2.

4 Treffend BeckOGK-HGB/*Servatius* Rn. 4, 29; Ebenroth/Boujong/Joost/Strohn/*Kindler* Rn 3; *v. Olshausen* JZ 1998, 717 (718); Röhricht/v. Westphalen/Haas/*Ries* Rn 2.

5 Denkschrift zum HGB, 1896, S. 17; *Raisch* Geschichtliche Voraussetzungen, dogmatische Grundlagen und Sinnwandlungen des Handelsrechts, 1965, S. 220 ff; dagegen jedoch später umfassend und detailliert *Mahn* Ist zu wünschen, daß künftig Handelsrecht auf die Landwirtschaft Anwendung finde?, Diss. Köln 1967.

6 S. Ebenroth/Boujong/Joost/Strohn/*Kindler* Rn 2.

werbe – nach Art und Umfang einen in kaufmännischer Weise eingerichteten Geschäftsbetrieb erfordert.[7] Das Handelsrechtsreformgesetz ließ § 3 weitgehend unverändert und passte diesen lediglich geringfügig im Hinblick auf den modifizierten § 2 an, indem den Inhabern land- und forstwirtschaftlicher Betriebe unter Fortschreibung der bisherigen Rechtslage das in § 2 Satz 3 neu geschaffene opting-out verwehrt wird. Nach erfolgter Ausübung des Optionsrechts darf die Löschung aus dem Handelsregister nur nach den allgemeinen Vorschriften erfolgen, die für die Löschung kaufmännischer Firmen gelten (s. Rn 29). Eine weitergehende Änderung der bisherigen Rechtslage strebte der Gesetzgeber des Handelsrechtsreformgesetzes nicht an[8] obwohl es hierfür nicht an Vorschlägen fehlte.[9] Sowohl die Regelungsstruktur selbst als aber auch die auf Bewahrung des Status quo abzielenden Bekundungen des Gesetzgebers[10] lösten indes zwangsläufig eine Kontroverse über die Rechtslage bei kleingewerblich geführten land- und forstwirtschaftlichen Betrieben sowie kleingewerblichen Nebenbetrieben aus (s. dazu Rn 34 ff).

4 Das den Inhabern land- und forstwirtschaftlicher Betriebe eröffnete Optionsrecht führt nach dessen Ausübung und der Eintragung im Handelsregister nicht nur zur Anwendung der für den kaufmännischen Betrieb geltenden Vorschriften zur Firma (§§ 17 ff), den Vertretungsregeln (§§ 48 ff) sowie den Handelsgeschäften (§§ 343 ff), sondern gestattet auch, den land- oder fortwirtschaftlichen Betrieb in der Rechtsform einer Personenhandelsgesellschaft zu führen (s. § 105 Abs. 2 Satz 1 sowie die Verweisung in § 161 Abs. 2)[11] und erweitert damit den gesellschaftsrechtlichen Aktionsspielraum für land- und forstwirtschaftliche Unternehmen.[12] Dies war vor der Reform im Jahre 1976 lediglich über die Errichtung einer juristischen Person möglich, für die entweder die tradierte Form der Genossenschaft (s. § 1 Abs. 1 GenG) oder auch die Rechtsform der Aktiengesellschaft und vor allem die der GmbH gewählt werden konnte.[13] Die spätere Öffnung des Aktienrechts sowie des GmbH-Rechts für Ein-Personen-Gesellschaften (s. § 2 AktG, § 1 GmbHG) erlaubt es nunmehr auch Einzelpersonen als Inhaber eines land- oder forstwirtschaftlichen Betriebes diesen Weg zu beschreiten.

5 Der Blick auf das Kapitalgesellschaftsrecht zeigt, dass die in § 3 für land- und forstwirtschaftliche Betriebe geschaffene Sonderbehandlung überholt und eine den Anschluss an das Kapitalgesellschaftsrecht nachvollziehende Streichung des § 3 geboten ist.[14] Wenn das GmbH-Recht einer oder mehreren Personen die „Option" eröffnet, ein land- und forstwirtschaftliches Unternehmen in der Rechtsform einer GmbH zu betreiben, und damit über § 6 die für das kaufmännische Unternehmen geltenden Vorschriften unabhängig von Art und Umfang des Geschäftsbetriebes zur Anwendung zu bringen, dann ist es sinnwidrig, den Inhabern land- und forstwirtschaftlicher Unternehmen diesen Weg außerhalb des Kapitalgesellschaftsrechts zu verschließen. Diese teleologisch nicht überzeugende Diskrepanz wird noch verschärft, nach dem der Gesetzgeber zusätzlich den Weg in die juristische Person durch Schaffung einer „Unternehmergesellschaft" (haftungsbeschränkt) (§ 5a GmbHG) erleichtert hat. Wenn das Kapitalgesellschaftsrecht für das land- und forstwirtschaftliche Unternehmen ohne einschränkende Voraussetzungen die „Option" für die Anwendung der handelsrechtlichen Vorschriften eröffnet, dann

---

7 S. Fn 12.

8 Reg. Begr. BT-Drucks. 13/8444, S. 34, 49; s. auch Röhricht/v. Westphalen/Haas/*Ries* Rn 3; krit. z.B. MünchKommHGB/*K. Schmidt* Rn 3.

9 S. Staub/*Brüggemann*[4] Rn 3 sowie *Raisch* BB 1969, 1361 (1363 f).

10 Kritisch insoweit Ebenroth/Boujong/Joost/Strohn/*Kindler* Rn 6; *K. Schmidt* ZHR 163 (1999), 87 (91).

11 Eingefügt durch das Gesetz über die Kaufmannseigenschaft von Land- und Forstwirten v. 13.5.1976 (BGBl. I S. 1197); dazu z.B. *Hofmann* NJW 1976, 1830; *v. Olshausen* ZHR 141 (1977), 93 ff; *Raisch* FS Ballerstedt, 1975, S. 443 (451 ff).

12 BeckOGK-HGB/*Servatius* Rn. 11; BeckOK-HGB/*Schwartze* Rn 2, 16; MünchKommHGB/*K. Schmidt* Rn 2; *v. Olshausen* ZHR 141 (1977), 93 (93).

13 Ebenroth/Boujong/Joost/Strohn/*Kindler* Rn 1; MünchKommHGB/*K. Schmidt* Rn 5.

14 Deutliche Kritik auch bei MünchKommHGB/*K. Schmidt* Rn 4, allerdings ohne die hier gezogene Parallelwertung zum Kapitalgesellschaftsrecht.

ist es nur konsequent, diese „Option" zu generalisieren, indem land- und forstwirtschaftliche Unternehmen durch Erweiterung des sachlichen Anwendungsbereichs von § 2 kleingewerblichen Unternehmen gleichgestellt werden.[15]

Unabhängig von den Bedenken in Rn 5 bedarf der **Wortlaut des § 3 Abs. 1** einer **Korrektur.** Die generelle Ausklammerung land- und forstwirtschaftlicher Betriebe von den „Vorschriften des § 1" geht über das gesetzgeberische Anliegen hinaus. Um zu verhindern, dass das land- oder forstwirtschaftliche Unternehmen kraft Gesetzes ein Handelsgewerbe wird, hätte es ausgereicht, in § 3 Abs. 1 die Anwendung von § 1 Abs. 2 auszuschließen. Die Eingrenzung des § 3 Abs. 1 auf die vorgenannte Rechtsfolge ist nicht nur die gebotene Korrektur eines gesetzgeberischen Versehens, sondern sogar zwingend erforderlich, weil sich die Kaufmannseigenschaft des Inhabers eines land- oder forstwirtschaftlichen Betriebes nach der Gesetzessystematik nicht aus § 2 S. 1, sondern erst aus § 1 Abs. 1 ergibt. Die Annahme, der Gesetzgeber habe über das Optionsrecht in § 3 Abs. 2 und 3 zwar die Fiktion als Handelsgewerbe zur Geltung bringen wollen, ohne zugleich auch den Erwerb der Kaufmannseigenschaft des Inhabers zu ermöglichen, ist nicht nur teleologisch verfehlt, sondern würde streng genommen zur Unanwendbarkeit derjenigen Vorschriften führen, deren personeller Anwendungsbereich auf Kaufleute beschränkt ist bzw. diesen Status voraussetzen. Dies hat der Gesetzgeber ersichtlich nicht gewollt, so dass § 3 Abs. 1 aufgrund einer teleologisch gebotenen Reduktion lediglich die Anwendung von § 1 Abs. 2 ausschließt.[16] 6

II. Betriebe der Land- und Forstwirtschaft als Gewerbe

Die heute nahezu einhellige Ansicht sieht Betriebe der Land- und Forstwirtschaft als Gewerbebetriebe an, denen § 3 Abs. 1 lediglich die Eigenschaft eines „Handels"-gewerbes abspricht.[17] Dem ist zuzustimmen; selbstverständlich ist dies aber nicht. Ebenso wie die Ausklammerung freiberuflicher Tätigkeiten aus dem handelsrechtlichen Gewerbebegriff auf den überwiegend künstlerischen oder wissenschaftlichen Charakter der Tätigkeiten gestützt wird (s. § 1 Rn 27 ff), ließe sich auch für die Land- und Forstwirtschaft eine entsprechende Ausnahme damit rechtfertigen, dass sich Betätigung der Land- und Forstwirte von gewöhnlichen erwerbswirtschaftlichen Tätigkeiten darin unterscheiden, dass die Bewirtschaftung des Bodens bzw. des Waldes eine über die Erwerbswirtschaft hinausgehende Funktion hat, indem Land- und Forstwirte durch ihre Tätigkeit zugleich zentrale Aufgaben im Rahmen des Landschafts- und Naturschutzes übernehmen und damit einen Beitrag zur Erhaltung der menschlichen Lebensgrundlagen leisten.[18] Zahlreiche Sondergesetze für die Land- und Forstwirtschaft bringen diese Besonderheit ausdrücklich zum Ausdruck, so z.B. für die Forstwirtschaft § 1 Bundeswaldgesetzes (BWaldG) v. 7

15 So in der Sache bereits das Plädoyer von *Mahn* Ist zu wünschen, dass künftig Handelsrecht auf die Landwirtschaft Anwendung finde?, Diss. Köln 1967, S. 153 f; ebenso *Siems* Kaufmannsbegriff und Rechtsfortbildung, 2. Aufl. 2003, S. 113.

16 Ebenso BeckOK-HGB/*Schwartze* Rn 1; Ebenroth/Boujong/Joost/Strohn/*Kindler* Rn 5 f; Heymann/*Förster* HGB Rn. 5 aE; MünchKommHGB/*K. Schmidt* Rn 6; *Weller/Prütting* Rn 112 sowie bereits *v. Olshausen* ZHR 141 (1977), 93 (101).

17 BeckOGK-HGB/*Servatius* Rn. 4, 29; BeckOK-HGB/*Schwartze* Rn 5; *Canaris* Handelsrecht § 3 Rn 30; Ebenroth/Boujong/Joost/Strohn/*Kindler* Rn 3; Haag/Löffler/*Pelke* Rn 5; HaKo-HGB/*Keßler* Rn 1; Heymann/*Förster* HGB Rn. 12 f; Hopt/*Merkt* Rn 3; MünchKommHGB/*K. Schmidt* Rn 10; Oetker/*Körber* Rn 3; *v. Olshausen* ZHR 141 (1977), 93 (97 ff); Röhricht/v. Westphalen/Haas/*Ries* Rn 2; **aA** noch GK-HGB/*Ensthaler* § 1 Rn 16; *Hofmann* NJW 1976, 1297 (1298); *Stöber* Rn. 48. Ebenso mit ausführlicher Begründung zu § 196 BGB a.F. BGH 7.7.1960 – VIII ZR 215/59 – BGHZ 33, 321 ff.

18 Zu den verfehlten Ansätzen, die Eigenschaft als „Gewerbe" unter Hinweis auf das Wesen des „Bauerntums" zu negieren, treffend BGH 7.7.1960 – VIII ZR 215/59 – BGHZ 33, 321 (334).

2.5.1975[19] sowie für die Landwirtschaft § 5 Abs. 2 Bundesnaturschutzgesetz v. 29.7.2009[20] und vor allem § 17 Bundes-Bodenschutzgesetz v. 17.3.1998[21] mit den jeweiligen Konkretisierungen einer „guten fachlichen Praxis" (§ 17 Abs. 2 BBodSchG).

8 Ohne die unverzichtbare und über das erwerbswirtschaftliche Eigeninteresse hinaus gehende Kulturleistung der Land- und Forstwirte in Frage zu stellen, rechtfertigt es diese jedoch – wie an sich auch bei freiberuflichen Tätigkeiten – nicht, sie aus dem handelsrechtlichen Gewerbebegriff auszuklammern. Hiergegen spricht – im Unterschied zur freiberuflichen Tätigkeit – vor allem die Entscheidung des Gesetzgebers in § 3 Abs. 1. Mit dieser Regelung negiert dieser nicht die Qualifizierung land- und forstwirtschaftlicher Betriebe als „Gewerbe", sondern schließt lediglich aus, das diese den Status eines „Handelsgewerbes" bereits kraft Gesetzes erlangen (s. auch Rn 1); diesen billigt das HGB land- und forstwirtschaftlichen Betrieben lediglich als Fiktion zu, wenn die Voraussetzungen des § 3 Abs. 2 erfüllt sind und der Inhaber des Betriebes aufgrund seiner Anmeldung mit der Firma in das Handelsregister eingetragen worden ist (s. § 2 S. 1: gilt als Handelsgewerbe). Die Qualifizierung der Land- und Forstwirtschaft als „Gewerbe" schafft zudem die notwenige Grundlage, um nur solche Betriebe dieser Branchen in den Anwendungsbereich des § 3 einzubeziehen, die die Voraussetzungen des handelsrechtlichen Gewerbebegriffes erfüllen (s. dazu näher § 1 Rn 18 ff).[22]

III. Land- und Forstwirtschaft sowie Nebengewerbe als Zentralbegriffe des § 3

1. Allgemeines

9 Den sachlichen Anwendungsbereich des § 3 umschreibt das Gesetz mit den Termini „Land- und Forstwirtschaft" sowie „Nebengewerbe". Ungeachtet der grammatikalischen Verknüpfung stellen „Land- und Forstwirtschaft" in § 3 Abs. 1 nicht als Begriffspaar eine Einheit dar, wie dies z.B. für die „Arbeits- und Wirtschaftsbedingungen" in Art. 9 Abs. 3 Satz 1 GG bejaht wird. Vielmehr handelt es sich bei der Verwendung von „und" (§ 3 Abs. 1) bzw. „oder" (§ 3 Abs. 2 und 3) um sprachliche Variationen ohne rechtlichen Bedeutungsgehalt. Erfasst sind von § 3 sowohl Unternehmen, die ausschließlich Land- oder Forstwirtschaft betreiben, als auch solche, die sich beiden Wirtschaftszweigen gleichermaßen widmen.

10 Stets ist jedoch erforderlich, dass die Land- bzw. Forstwirtschaft den Charakter des Betriebes **prägt.** Nur unter dieser Voraussetzung können **Mischbetriebe** das durch § 3 vermittelte Privileg in Anspruch nehmen.[23] Von Bedeutung ist dies insbesondere, wenn neben der Land- oder Forstwirtschaft weitere Tätigkeiten ausgeübt werden, ohne dass diese die Voraussetzungen eines „Nebengewerbes" im Sinne des § 3 Abs. 3 erfüllen. Unschädlich ist z.B., wenn im Rahmen des landwirtschaftlichen Betriebes zusätzlich auf dem Gelände eine Ferienpension unterhalten wird, sofern diese nicht den prägenden Charakter der landwirtschaftlichen Betätigung in Frage stellt. Umgekehrt erlangt der Betrieb eines Reiterhofes nicht den Charakter eines landwirtschaftlichen Betriebes, wenn das Futter für die Pferde sowie die Nahrungsmittel für die Gäste aus eigenem Anbau stammen.

---

19 BGBl. I S. 1037.
20 BGBl. I S. 2542.
21 BGBl. I S. 502.
22 *Canaris* Handelsrecht § 3 Rn 30; MünchKommHGB/*K. Schmidt* Rn 10.
23 Ebenso BeckOK HGB/*Schwartze* Rn 12; *Fischinger* Rn 68; Haag/Löffler/*Pelke* Rn 7; HaKo-HGB/*Keßler* Rn 6; Heymann/*Förster* HGB Rn. 10; MünchKommHGB/*K. Schmidt* Rn 13; Oetker/*Körber* Rn 13; **aA** *Weller/Prütting* Rn 113, wonach die kaufmännische Qualifikation bereits dann durchschlägt, wenn sie eine eigenständige Bedeutung gewonnen hat.

2. Landwirtschaft

Landwirtschaft unterscheidet sich von dem „Handel" vor allem durch den Gegenstand, der für die wirtschaftliche Nutzung in Anspruch genommen wird. Kennzeichnend für die Landwirtschaft ist die **Nutzung des Bodens,**[24] um unter dessen Inanspruchnahme Rohstoffe zu gewinnen, und mit deren Verarbeitung und/oder Veräußerung wirtschaftliche Vorteile zu erzielen. Der allgemeinen Ansicht, die unter Landwirtschaft die Gewinnung **pflanzlicher und/oder tierischer Rohstoffe** durch Bodennutzung, einschließlich der Weiterverarbeitung und des Weiterverkaufs versteht,[25] ist deshalb zuzustimmen. In § 585 Abs. 1 Satz 2 BGB hat der Gesetzgeber diese Umschreibung im Kern anerkannt.[26] Landwirtschaft ist danach, die „Bodenbewirtschaftung und die mit der Bodennutzung verbundene Tierhaltung, um pflanzliche oder tierische Erzeugnisse zu gewinnen, sowie die gartenbauliche Erzeugung". Mit diesem Kern stimmt auch die Definition der Landwirtschaft in § 201 Baugesetzbuch i.d.F. der Bekanntmachung v. 3.11.2017[27] überein,[28] die jedoch weiter gefasst und über diesen Bereich hinausgeht. Da sich Landwirtschaft über die Nutzung des Bodens definiert, ist das **Eigentum** an diesem für das Vorliegen eines landwirtschaftlichen Unternehmens ohne Bedeutung;[29] auch Pächter oder Nießbraucher unterhalten bei entsprechender Bodennutzung einen landwirtschaftlichen Betrieb.[30] Die Tätigkeit als Lohnunternehmen ist hingegen keine Landwirtschaft, da es sich hierbei um eine Dienstleistung für andere Landwirte handelt.[31] 11

Die **Art der pflanzlichen Rohstoffe** ist gleichgültig; erfasst wird der gesamte Ackerbau,[32] einschließlich des Weinbaus.[33] Eine Bodennutzung in diesem Sinne liegt auch vor, wenn **Gewächshäuser** die Gewinnung pflanzlicher Rohstoffe intensivieren bzw. erleichtern oder sogar erst ermöglichen. Abgrenzungsprobleme werfen in diesem Zusammenhang **Gärtnereien** auf. Sofern sich deren Betrieb (überwiegend) dem Anbau von Pflanzen widmet, sind diese selbst dann Landwirtschaft, wenn hierbei Hilfsmittel wie Gewächshäuser oder Behälter eingesetzt werden.[34] Die Einbeziehung der „gartenbaulichen Erzeugnisse" in die Landwirtschaft in § 585 Abs. 1 Satz 2 BGB bekräftigt diese Ansicht,[35] mag auch die Systematik der dortigen Umschreibung 12

---

24 Treffend OVG Lüneburg 14.9.2016 – 8 LB 107/15 – BeckRS 2016, 53490; BeckOK-HGB/*Schwartze* Rn 6; *Bülow/Artz* Rn 61; HaKo HGB/*Keßler* Rn 4; Heymann/*Förster* HGB Rn 7; *Lettl* § 2 Rn 46; MünchKommHGB/*K. Schmidt* Rn 12; Oetker/*Körber* Rn 8; *Raisch* FS Ballerstedt, 1975, S. 443 (457); *Steinbeck* § 7 Rn 17.

25 S. BAG 25.4.1995 – 3 AZR 528/94 – AP TVG § 1 Tarifverträge: Land- und Forstwirtschaft Nr. 5; BeckOGK-HGB/*Servatius* Rn. 14; *Bülow/Artz* Rn 61; *Canaris* Handelsrecht § 3 Rn 33; Ebenroth/Boujong/Joost/Strohn/*Kindler* Rn 7; *Fischinger* Rn 67; GK-HGB/*Ensthaler* Rn. 6; HaKo-HGB/*Keßler* Rn 4; Heymann/*Förster* HGB Rn 7; Hopt/*Merkt* Rn 4; *Kindler* § 2 Rn 79; Koller/Kindler/Roth/Drüen/*Roth* Rn 2; MünchKommHGB/*K. Schmidt* Rn 9; Oetker/*Körber* Rn 7; Röhricht/v. Westphalen/Haas/*Ries* Rn 4.

26 Mit diesem methodischen Rückgriff auch BGH 29.11.1996 – BLw 12/96 – BGHZ 134, 146 (149); ebenso zB BeckOGK-HGB/*Servatius* Rn. 14; BeckOK-HGB/*Schwartze* Rn 10; Oetker/*Körber* Rn 3.

27 BGBl. I S. 3634.

28 Vergleichbarer Rückgriff für die Auslegung von § 1 Abs. 1 HöfeO auch in BGH 29.11.1996 – BLw 12/96 – BGHZ 134, 146 (150).

29 BeckOK-HGB/*Schwartze* Rn 6; Ebenroth/Boujong/Joost/Strohn/*Kindler* Rn 11; *Fischinger* Rn 67; Haag/Löffler/*Pelke* Rn 8; HaKo-HGB/*Keßler* Rn 4; Heymann/*Förster* HGB Rn 7; Hopt/*Merkt* Rn 4; Koller/Kindler/Roth/Drüen/*Roth* Rn 2; *Lettl* § 2 Rn 47; Oetker/*Körber* Rn 8; Röhricht/v. Westphalen/Haas/*Ries* Rn 6.

30 BeckOGK-HGB/*Servatius* Rn. 23; BeckOK-HGB/*Schwartze* Rn 6; Ebenroth/Boujong/Joost/Strohn/*Kindler* Rn 11; Haag/Löffler/*Pelke* Rn 8; HaKo-HGB/*Keßler* Rn 4; Oetker/*Körber* Rn 8; Röhricht/v. Westphalen/Haas/*Ries* Rn 6.

31 OVG Lüneburg 14.9.2016 – 8 LB 107/15 – BeckRS 2016, 53490; BeckOGK-HGB/*Servatius* Rn. 21.

32 S. Ebenroth/Boujong/Joost/Strohn/*Kindler* Rn 7; Oetker/*Körber* Rn 10.

33 S. RG 12.11.1930 – I 208/30 – RGZ 130, 233 (236).

34 BeckOGK-HGB/*Servatius* Rn. 15; BeckOK-HGB/*Schwartze* Rn 8; Ebenroth/Boujong/Joost/Strohn/*Kindler* Rn 10; HaKo-HGB/*Keßler* Rn 4; Heymann/*Förster* HGB Rn 9; Hopt/*Merkt* Rn 4; Oetker/*Körber* Rn 8; Röhricht/v. Westphalen/Haas/*Ries* Rn 8. Ebenso zu § 1 Abs. 1 HöfeO BGH 29.11.1996 – BLw 12/96 – BGHZ 134, 146 (148 ff).

35 So auch Ebenroth/Boujong/Joost/Strohn/*Kindler* Rn 10. Wie § 585 Abs. 1 Satz 2 BGB ebenfalls § 201 BauGB. Mit der hiesigen Argumentation zu § 1 HöfeO BGH 29.11.1996 – BLw 12/96 – BGHZ 134, 146 (149, 150).

Zweifel wecken, ob es sich bei einer gartenbaulichen Erzeugung tatsächlich um eine Bodennutzung handelt. Zumindest liefern § 585 Abs. 1 Satz 2 BGB und § 201 BauGB ein gewichtiges systematisches Argument, um jedenfalls im Ergebnis die gartenbauliche Erzeugung auch im Rahmen von § 3 der Landwirtschaft zuzuordnen. Die Art der Pflanzen, deren Anbau sich die Gärtnerei widmet, ist für die Anwendung des § 3 unerheblich. Es kann sich um **Nutzpflanzen** (Obstgehölze, Gemüsepflanzen) sowie **Zierpflanzen** handeln.[36] Auch **Baumschulen** können deshalb unabhängig von der Art der Bäume zur Landwirtschaft zählen (s. aber auch Rn 16). Entscheidend für die Zuordnung von Gärtnereien zur Landwirtschaft ist jedoch stets die im Vordergrund stehende **Nutzung des Bodens** zur Gewinnung oder ggf. Kultivierung der Pflanzen.[37] Deshalb sind solche **Gärtnereien** aus der Landwirtschaft auszuklammern, die sich überwiegend dem **An- und Verkauf** von Pflanzen widmen.[38] In diesem Fall steht nicht die Erzeugung der Pflanzen, sondern der **Handel** mit denselben im Vordergrund. Der An- und Verkauf von Pflanzen steht einem landwirtschaftlichen Betrieb jedoch nicht entgegen, solange dieser von untergeordneter Bedeutung bleibt.[39]

13 Bei der Gewinnung **tierischer Rohstoffe** muss die Bodennutzung ebenfalls im Vordergrund stehen; in diesem Sinne zählt auch § 585 Abs. 1 Satz 2 BGB die Tierhaltung nicht generell, sondern nur dann zur Landwirtschaft, wenn diese mit einer Bodennutzung verbunden ist. Diese wird – wie die Definition in § 201 BauGB ausdrücklich hervorhebt – über die Fütterung der Tiere mittels im eigenen Betrieb gewonnener pflanzlicher Rohstoffe vermittelt, wobei eine sich im üblichen Rahmen haltende Zufütterung unschädlich ist.[40] Mast- und Zuchtbetriebe, Geflügelfarmen sowie Betriebe der Milchwirtschaft sind deshalb je nach Herkunft der überwiegend eingesetzten Futtermittel entweder landwirtschaftliche Unternehmen oder „gewöhnliche" Handelsgewerbe.[41] Landwirtschaftlicher Betrieb kann deshalb auch eine **Imkerei** sein (ebenso § 201 BauGB);[42] für die Kleintierzucht (z.B. Hunde und Katzen) wird dies indes zumeist generell verneint,[43] was jedenfalls dann überzeugt, wenn die erforderlichen Futtermittel überwiegend zugekauft werden. Mangels Bodennutzung ist jegliche Form der **Fischwirtschaft** keine Landwirtschaft (anders jedoch § 201 BauGB für die erwerbswirtschaftliche Binnenfischerei).[44]

14 **Andere Formen der Bodennutzung**, die weder der Gewinnung pflanzlicher noch tierischer Rohstoffe dienen, sind keine Landwirtschaft. Bei diesen Formen der **Urproduktion**, die

---

36 Ebenso für die Einbeziehung von Zierpflanzen BeckOGK-HGB/*Servatius* Rn. 19; BeckOK-HGB/*Schwartze* Rn 8; Ebenroth/Boujong/Joost/Strohn/*Kindler* Rn 13; Heymann/*Förster* HGB Rn 9; Hopt/*Merkt* Rn 4; MünchKommHGB/*K. Schmidt* Rn 11; Oetker/*Körber* Rn 10; Röhricht/v. Westphalen/Haas/*Ries* Rn 8 sowie zu § 1 Abs. 1 HöfeO BGH 26.11.1952 – V BLw 45/52 – BGHZ 8, 109 (112); BGH 29.11.1996 – BLw 12/96 – BGHZ 134, 146 (148).

37 BayObLG 6.6.1991 – BReg 3 Z 130/90 – NJW-RR 1991, 1382 (1385); OLG Düsseldorf 17.2.1993 – 18 U 168/92 – NJW-RR 1993, 1125 (1126 f); *Canaris* Handelsrecht § 3 Rn 33; GK-HGB/*Ensthaler* Rn 6; Heymann/*Emmerich*[2] HGB Rn 6; Hopt/*Merkt* Rn 4; Koller/Kindler/Roth/Drüen/*Roth* Rn 2; MünchKommHGB/*K. Schmidt* Rn 14.

38 Ebenso *Canaris* Handelsrecht § 3 Rn 33; Ebenroth/Boujong/Joost/Strohn/*Kindler* Rn 14; HaKo-HGB/*Keßler* Rn 4; Heymann/*Emmerich*[2] HGB Rn 6; Röhricht/v. Westphalen/Haas/*Ries* Rn. 8; *Steinbeck* § 7 Rn 17.

39 Treffend Röhricht/v. Westphalen/Haas/*Ries* Rn 8.

40 BeckOGK-HGB/*Servatius* Rn. 16; Ebenroth/Boujong/Joost/Strohn/*Kindler* Rn 8; GK-HGB/*Ensthaler* Rn. 6; HaKo-HGB/*Keßler* Rn 4; Heymann/*Förster* HGB Rn 8; Koller/Kindler/Roth/Drüen/*Roth* Rn 2; MünchKommHGB/*K. Schmidt* Rn 13; Oetker/*Körber* Rn 9; Röhricht/v. Westphalen/Haas/*Ries* Rn 5.

41 BeckOGK-HGB/*Servatius* Rn. 16; *Canaris* Handelsrecht § 3 Rn 33; *Fischinger* Rn 67; Heymann/*Förster* HGB Rn 8; Oetker/*Körber* Rn 9; MünchKommHGB/*K. Schmidt* Rn 14; Röhricht/v. Westphalen/Haas/*Ries* Rn. 5; *Steinbeck* § 7 Rn 17.

42 BeckOGK-HGB/*Servatius* Rn. 15; Ebenroth/Boujong/Joost/Strohn/*Kindler* Rn 8; GK-HGB/*Ensthaler* Rn. 6; HaKo-HGB/*Keßler* Rn 4; *Kindler* § 2 Rn 79; Koller/Kindler/Roth/Drüen/*Roth* Rn 2; MünchKommHGB/*K. Schmidt* Rn 14; Oetker/*Körber* Rn 8; Röhricht/v. Westphalen/Haas/*Ries* Rn 5.

43 BeckOK-HGB/*Schwartze* Rn 6; Ebenroth/Boujong/Joost/Strohn/*Kindler* Rn 8; HaKo-HGB/*Keßler* Rn 4; Hopt/*Merkt* Rn 4; MünchKommHGB/*K. Schmidt* Rn 15; Röhricht/v. Westphalen/Haas/*Ries* Rn 5.

44 BeckOGK-HGB/*Servatius* Rn. 17; Oetker/*Körber* Rn 9; BeckOK-HGB/*Schwartze* Rn 7; Ebenroth/Boujong/Joost/Strohn/*Kindler* Rn 8; GK-HGB/*Ensthaler* Rn. 6; HaKo-HGB/*Keßler* Rn 4; Heymann/*Förster* HGB Rn 8; Hopt/*Merkt* Rn 4; MünchKommHGB/*K. Schmidt* Rn 15; Oetker/*Körber* Rn 9; Röhricht/v. Westphalen/Haas/*Ries* Rn 5.

den Boden durch Abbau seiner Bestandteile nutzen (z.B. Kiesgruben, Torfbruch),[45] richtet sich die Kaufmannseigenschaft grundsätzlich nach den §§ 1 und 2.[46] Ebenso sind andere Formen der Bodennutzung, die nicht auf die Gewinnung pflanzlicher oder tierischer Erzeugnisse gerichtet sind, keine Landwirtschaft im Sinne von § 3 Abs 1. Keine Landwirtschaft liegt deshalb vor, wenn Räume als **Ferienpension** genutzt werden, Stallungen Dritten zur Nutzung überlassen werden,[47] auf dem Gelände ein **Reiterhof** oder eine Pferdepension[48] betrieben wird. Um eine außerhalb der „Land- oder Forstwirtschaft" liegende Bodennutzung handelt es sich auch, wenn der Boden als Standort für **alternative Energieerzeugung** (z.B. Photovoltaik-Anlagen, Biokraftanlagen) verwendet wird. Als Nebengewerbe zu einem land- oder forstwirtschaftlichen Unternehmen können diese Nutzungen nach herrschender Meinung jedoch in den Anwendungsbereich von § 3 (Abs. 3) fallen (s. Rn 21).[49] Entsprechendes gilt, wenn sie im Rahmen eines land- oder forstwirtschaftlichen Betriebes betrieben werden, ohne dessen prägenden Charakter in Frage zu stellen (s. Rn 10).

Nach der Umschreibung in Rn 11, die den allgemeinen handelsrechtlichen Gewerbebegriff in sich aufnimmt, führt die alleinige Gewinnung pflanzlicher oder tierischer Rohstoffe aus der Bodennutzung nicht per se zu einem landwirtschaftlichen Unternehmen. Im Unterschied zu § 585 Abs. 1 Satz 2 BGB, der die Erzeugung ausreichen lässt, muss im Rahmen von § 3 die Gewinnung der genannten Rohstoffe zu einem **erwerbswirtschaftlichen Zweck** erfolgen. Dies geschieht vor allem durch den **Verkauf** der Rohstoffe an Dritte, wobei es unerheblich ist, ob diese vor dem Verkauf in beliebiger Form verarbeitet worden sind. Stets muss bei der **Verarbeitung** der eingesetzte Rohstoff jedoch aus der eigenen Erzeugung stammen.[50] Deshalb ist die Verarbeitung selbst erzeugter Milch zu Butter, Käse, Sahne oder anderen Milchprodukten Teil der Landwirtschaft; anders hingegen, wenn der Rohstoff „Milch" – wie bei Molkereien – von Dritten zum Zweck der Verarbeitung angekauft wird.[51] Bei entsprechender Verselbständigung kann die Verkaufs- bzw. Verarbeitungstätigkeit ein „Nebengewerbe" im Sinne des § 3 Abs. 3 sein (s. Rn 20).[52] An einer erwerbswirtschaftlich ausgerichteten Gewinnung der Rohstoffe fehlt es, wenn die Bodennutzung lediglich der **Deckung des Eigenbedarfs** dient. 15

3. Forstwirtschaft

Die Forstwirtschaft grenzt sich von der Landwirtschaft durch den Gegenstand der Bewirtschaftung ab. Im Zentrum steht nicht die Nutzung des Bodens, sondern die des Waldes und die Gewinnung 16

45 BeckOGK-HGB/*Servatius* Rn. 19; BeckOK-HGB/*Schwartze* Rn 7; Ebenroth/Boujong/Joost/Strohn/*Kindler* Rn 12; *Fischinger* Rn 67; GK-HGB/*Ensthaler* Rn. 7; Haag/Löffler/*Pelke* Rn 6; HaKo-HGB/*Keßler* Rn 4; Heymann/*Förster* HGB Rn 7; Hopt/*Merkt* Rn 4; Koller/Kindler/Roth/Drüen/*Roth* Rn 2; MünchKommHGB/*K. Schmidt* Rn 11 und 15; Oetker/*Körber* Rn 11; Röhricht/v. Westphalen/Haas/*Ries* Rn 7.

46 Röhricht/v. Westphalen/Haas/*Ries* Rn 7.

47 OLG Düsseldorf 22.1.2002 – 24 U 111/01 – NJW-RR 2002, 1139 (1139).

48 OLG Düsseldorf 22.1.2002 – 24 U 111/01 – NJW-RR 2002, 1139 (1140); OLG München 14.1.2003 – 23 U 1830/02 – NJW-RR 2003, 1518 (1519).

49 BeckOGK-HGB/*Servatius* Rn. 19; BeckOK-HGB/*Schwartze* Rn 7; Ebenroth/Boujong/Joost/Strohn/*Kindler* Rn 12; Koller/Kindler/Roth/Drüen/*Roth* Rn 2; MünchKommHGB/*K. Schmidt* Rn 15; Oetker/*Körber* Rn 11; Röhricht/v. Westphalen/Haas/*Ries* Rn 7.

50 Statt aller BeckOK-HGB/*Schwartze* Rn 8; Oetker/*Körber* Rn 12; Röhricht/v. Westphalen/Haas/*Ries* Rn 9.

51 BeckOGK-HGB/*Servatius* Rn. 18, 20; BeckOK-HGB/*Schwartze* Rn 9; Ebenroth/Boujong/Joost/Strohn/*Kindler* Rn 14; *Fischinger* Rn 67; HaKo-HGB/*Keßler* Rn 4; Heymann/*Förster* HGB Rn 7; Hopt/*Merkt* Rn 4; MünchKommHGB/*K. Schmidt* Rn 14; Oetker/*Körber* Rn 12.

52 Zustimmend BeckOGK-HGB/*Servatius* Rn. 20; BeckOK-HGB/*Schwartze* Rn 9; Oetker/*Körber* Rn 12; Röhricht/v. Westphalen/Haas/*Ries* Rn. 9.

seines Rohstoffs Holz.[53] Deshalb können **Baumschulen** je nach der weiteren Nutzung der Bäume entweder landwirtschaftliche Unternehmen (so bei einem Verkauf der Bäume) oder auch forstwirtschaftliche Unternehmen (Holzgewinnung) sein. Eine exakte Abgrenzung ist im Rahmen von § 3 zwar ohne praktische Bedeutung,[54] richtet sich aber nach dem überwiegenden Zweck, zu dem die Bäume aufgezogen werden. Die wirtschaftliche Nutzung des Waldes darf sich zudem nicht auf die ausschließliche Gewinnung des Rohstoffes Holz beschränken, hinzutreten muss die Erhaltung des Waldes im Sinne einer planmäßigen Auf- und Abforstung (s. auch § 11 BWaldG).[55] Aus diesem Grunde ist das Abholzen eines angekauften Waldes keine Forstwirtschaft.[56]

4. Nebengewerbe zum land- oder forstwirtschaftlichen Unternehmen

17 **a) Allgemeines.** Die Anforderungen, die an das Vorliegen eines in § 3 Abs. 3 gesondert erfassten Nebengewerbes zu einem land- oder forstwirtschaftlichen Unternehmen zu stellen sind, lassen sich sowohl aus der durch den Wortbestandteil „Neben" vermittelten Beziehung zu dem land- oder forstwirtschaftlichen Unternehmen als auch aus der systematischen Verknüpfung des Absatzes 3 mit Absatz 1 und 2 der Vorschrift erschließen. Zudem kommt ein „Neben"-gewerbe nur bei der Existenz eines „Haupt"-gewerbes in Betracht.[57] Mit der Einstellung des „Haupt"-betriebes entfällt denknotwendig auch die Grundlage für die Privilegierung des „Neben"-betriebes,[58] dieser unterliegt sodann hinsichtlich der Kaufmannseigenschaft ausschließlich den §§ 1 und 2.

18 **b) Organisatorische Verselbständigung.** Da Absatz 3 den Betrieb der Land- oder Forstwirtschaft als „Unternehmen" qualifiziert und dies in gleicher Weise für das betriebene Nebengewerbe ausspricht, setzt die Vorschrift voraus, dass das Nebengewerbe von dem land- oder forstwirtschaftlichen Unternehmen abgrenzbar ist. Mit dem jeweils eingesetzten Begriff „Unternehmen" bringt das Gesetz zum Ausdruck, dass es sich um zwei Wirtschaftseinheiten handeln muss, was denknotwendig deren Trennung erfordert. Ein Nebengewerbe zu einem land- oder forstwirtschaftlichen Unternehmen liegt deshalb nur bei einer **organisatorisch abgrenzbaren wirtschaftlichen Einheit** vor.[59] Erst dies rechtfertigt es, für diesen „Geschäftsbetrieb" über die entsprechende Anwendung des § 3 Abs. 2 den Zugang zu den für Kaufleute geltenden Vorschriften zu eröffnen. Getrennte Buchführung, die Beschäftigung eigenen Personals sowie gegebenenfalls auch das Vorhandensein einer räumlich abgrenzbaren Betriebsstätte liefern für eine derartige Verselbständigung von den land- oder forstwirtschaftlichen Unternehmen regelmäßig hinreichende Anhaltspunkte.[60] Stets ist für das Vorliegen eines Neben„gewerbes" jedoch eine erwerbswirtschaftliche Betätigung erforderlich, die ungeachtet der Verknüpfung mit dem land- oder forstwirtschaftlichen

---

53 BeckOGK-HGB/*Servatius* Rn. 21; BeckOK-HGB/*Schwartze* Rn 11; *Bülow/Artz* Rn 61; Ebenroth/Boujong/Joost/Strohn/*Kindler* Rn 15; Heymann/*Förster* HGB Rn 11; Hopt/*Merkt* Rn 4; MünchKommHGB/*K. Schmidt* Rn 16; Oetker/*Körber* Rn 14; etwas weiter Koller/Kindler/Roth/Drüen/*Roth* Rn 2: Waldprodukte.

54 Treffend BeckOGK-HGB/*Servatius* Rn. 21.

55 BeckOK-HGB/*Schwartze* Rn 11; Ebenroth/Boujong/Joost/Strohn/*Kindler* Rn 15; *Fischinger* Rn 67; GK-HGB/*Ensthaler* Rn 8; HaKo-HGB/*Keßler* Rn 5; Heymann/*Förster* HGB Rn 11; Hopt/*Merkt* Rn 4; *Kindler* § 2 Rn 80; *Lettl* § 2 Rn 48; MünchKommHGB/*K. Schmidt* Rn 16; Oetker/*Körber* Rn 14.

56 BeckOK-HGB/*Schwartze* Rn 11; Ebenroth/Boujong/Joost/Strohn/*Kindler* Rn 15; MünchKommHGB/*K. Schmidt* Rn 17; Oetker/*Körber* Rn 15; **aA** BeckOGK-HGB/*Servatius* Rn. 22.

57 Ebenso BeckOGK-HGB/*Servatius* Rn. 59.

58 BeckOGK-HGB/*Servatius* Rn. 66; Oetker/*Körber* Rn 30.

59 BeckOGK-HGB/*Servatius* Rn. 60; BeckOK-HGB/*Schwartze* Rn 22; Ebenroth/Boujong/Joost/Strohn/*Kindler* Rn 21; *Fischinger* Rn 73; HaKo-HGB/*Keßler* Rn 15; Heymann/*Förster* HGB Rn 20; Oetker/*Körber* Rn 31; Röhricht/v. Westphalen/Haas/*Ries* Rn 13; *Steinbeck* § 7 Rn 21.

60 S. BeckOGK-HGB/*Servatius* Rn. 60; Ebenroth/Boujong/Joost/Strohn/*Kindler* Rn 21; Heymann/*Förster* HGB Rn 20; Oetker/*Körber* Rn 31; Röhricht/v. Westphalen/Haas/*Ries* Rn 13.

Unternehmen die Voraussetzungen eines Gewerbes im Sinne des Handelsrechts erfüllt (s. dazu Rn 8).[61]

c) Funktionale Abhängigkeit. Die Charakterisierung des Unternehmens als „Neben"gewerbe impliziert, dass die der Land- oder Forstwirtschaft dienende Wirtschaftseinheit „Haupt"gewerbe sein muss.[62] Dies setzt eine **Abhängigkeit** des „Neben"gewerbes von dem „Haupt"gewerbe voraus.[63] Für die hierdurch zum Ausdruck gebrachte Verknüpfung zweier Wirtschaftseinheiten ist die **Unterordnung** der einen unter die andere Einheit notwendig. Bei dem Betrieb zweier verselbständigter Wirtschaftseinheiten, zwischen denen dieses Über-/Unterordnungsverhältnis fehlt, scheidet die Trennung in Haupt- und Nebengewerbe aus (zu Mischbetrieben s. auch Rn 10); für das nicht der Land- oder Forstwirtschaft dienende Unternehmen richtet sich die Erlangung der Kaufmannseigenschaft ausschließlich nach den §§ 1 und 2.[64] 19

Die Abhängigkeit des Nebengewerbes von dem Hauptgewerbe wird durch die **Verknüpfung mit dem Zweck des Hauptgewerbes** vermittelt. Ein land- oder forstwirtschaftliches Nebengewerbe setzt deshalb voraus, dass dieses der wirtschaftlichen Nutzung des Bodens bzw. Waldes dient, was primär durch Verkauf bzw. Verarbeitung der aus der Boden- bzw. Waldnutzung gewonnen Rohstoffe geschieht. Als Beispiel seien die Milch- und Fleischverarbeitung, aber auch Brauereien und Branntweinbrennereien genannt.[65] Im Bereich der Forstwirtschaft kommt z.B. der Betrieb eines Sägewerks als Nebengewerbe in Betracht.[66] Auch der Verkauf der gewonnenen Rohstoffe kann bei Hinzutreten der Verselbständigung (s. Rn 18) die Voraussetzung eines Nebengewerbes erfüllen. Zu verneinen ist die Verknpfung mit einem landwirtschaftlichen Betrieb demgegenüber, wenn in diesem zugleich Energie erzeugt wird, wie z.B. bei einer Photovoltaikanlage auf dem Dach eines Schafstalles,[67] dem Betrieb einer Windkraftanlage[68] oder einer Biogasanlage, sofern nicht das erzeugte Biogas unmittelbar für den Verkauf bestimmt ist.[69] 20

Die Abhängigkeit des Neben- von dem Hauptgewerbe erfolgt ausschließlich funktional;[70] hierfür sind **Ertrags- oder Gewinnverhältnisse** ohne Aussagekraft.[71] Die herrschende Meinung versteht die Abhängigkeit zu dem Hauptgewerbe sehr großzügig und lässt scheinbar jede **Förde-** 21

61 Röhricht/v. Westphalen/Haas/*Ries* Rn 13.

62 Treffend Ebenroth/Boujong/Joost/Strohn/*Kindler* Rn 17; Heymann/*Förster* HGB Rn. 21; Röhricht/v. Westphalen/Haas/*Ries* Rn 14.

63 BeckOGK-HGB/*Servatius* Rn. 61; BeckOK-HGB/*Schwartze* Rn 23; Ebenroth/Boujong/Joost/Strohn/*Kindler* Rn 18; *Fischinger* Rn 73; HaKo-HGB/*Keßler* Rn 16; Heymann/*Förster* HGB Rn. 21; Koller/Kindler/Roth/Drüen/*Roth* Rn 4; Oetker/*Körber* Rn 32; *Steinbeck* § 7 Rn 21.

64 S. insoweit exemplarisch RG 12.11.1930 – I 208/30 – RGZ 130, 233 (235), für den selbständigen Betrieb eines Weinkommissionsgeschäftes.

65 S. auch Ebenroth/Boujong/Joost/Strohn/*Kindler* Rn 18; HaKo-HGB/*Keßler* Rn 16; Heymann/*Förster* HGB Rn 21; MünchKommHGB/*K. Schmidt* Rn 34 sowie exemplarisch BGH 16.11.1965 – V ZR 89/63 – WM 1966, 194 (195): Brauerei; BAG 25.4.1995 – 3 AZR 528/94 – AP TVG § 1 Tarifverträge: Land- und Forstwirtschaft Nr. 5: Brennerei; OLG Köln 27.8.1999 – 3 U 205/98 – NJW-RR 2001, 897 f: Umwickeln von Grasballen mit Folie für andere Landwirte aufgrund eines Lohnauftrages.

66 OLG Köln 27.8.1999 – 3 U 205/98 – NJW-RR 2001, 897 (898); ebenso BeckOGK-HGB/*Servatius* Rn. 62; Ebenroth/Boujong/Joost/Strohn/*Kindler* Rn 18; HaKo-HGB/*Keßler* Rn 16; MünchKommHGB/*K. Schmidt* Rn 34.

67 VG Karlsruhe 2.3.2017 – 10 K 4888/16 – BeckRS 2017, 106198.

68 VG Münster 11.8.2017 – 3 K 2093/15 – BeckRS 2017, 123469.

69 VG Münster 11.8.2017 – 3 K 2093/15 – BeckRS 2017, 123469.

70 Treffend BeckOK-HGB/*Schwartze* Rn 26; Ebenroth/Boujong/Joost/Strohn/*Kindler* Rn 20; Heymann/*Förster* HGB Rn. 21; Oetker/*Körber* Rn 32.

71 OLG Köln 27.8.1999 – 3 U 205/98 – NJW-RR 2001, 897 (898); Ebenroth/Boujong/Joost/Strohn/*Kindler* Rn 20; Heymann/*Förster* HGB Rn 22; Koller/Kindler/Roth/Drüen/*Roth* Rn 5; Oetker/*Körber* Rn 32; Röhricht/v. Westphalen/Haas/*Ries* Rn 14.

rung seines Zwecks ausreichen.[72] Dementsprechend soll auch der Abbau von Bodenbestandteilen als Nebengewerbe in Betracht kommen.[73] In diesem Fall wird die Abhängigkeit von dem Hauptgewerbe vor allem dadurch vermittelt, dass die erzielten Erträge letztlich auch dem Hauptbetrieb zugute kommen. Diese Auffassung birgt jedoch die Gefahr einer uferlosen Ausweitung, da sie letztlich bereits jede wirtschaftliche Förderung des Hauptgewerbes, die in verselbständigter Form durchgeführt wird, als Nebengewerbe qualifizieren muss (z.B. Reparatur landwirtschaftlicher Fahrzeuge für Dritte, Betreiben eines Landgasthofes oder einer Schankwirtschaft).[74] Damit würde die mit § 3 Abs. 3 bewirkte Privilegierung des „Nebengewerbes" durch die Freistellung von § 1 jedoch über ihren Zweck hinaus ausgedehnt. Obwohl eine trennscharfe Abgrenzung nur schwer möglich ist, kann bei der gebotenen funktionalen Betrachtung nicht darauf verzichtet werden, dass die im „Nebengewerbe" ausgeübte Tätigkeit nach der Verkehrsanschauung noch in einem sachlichen Zusammenhang mit der Land- oder Forstwirtschaft steht.[75] Dies kann z.B. bei einer Tätigkeit als Lohnunternehmen zu verneinen sein, wenn die eingesetzten Maschinen und Gerätschaften weit überwiegend nicht für den eigenen landwirtschaftlichen Betrieb eingesetzt werden.[76] Entsprechendes gilt, wenn in der organisatorisch abgrenzbaren wirtschaftlichen Einheit Energie erzeugt wird, wie z.B. bei einer Photovoltaikanlage auf dem Dach eines Schafsstalls,[77] dem Betrieb einer Windkraftanlage[78] oder einer Biogasanlage, sofern nicht das erzeugte Biogas unmittelbar für den Verkauf bestimmt ist.[79]

22 **d) Inhaberidentität.** Aus der Verknüpfung zweier Wirtschaftseinheiten zu Haupt- und Nebengewerbe folgt die Notwendigkeit einer **Identität der Inhaber.**[80] Diese muss – wie der handelsrechtliche Gewerbebegriff zeigt – nicht zwingend mit der Eigentümerstellung im Hinblick auf die Betriebsmittel korrespondieren.[81] Entscheidend ist die Identität bezüglich derjenigen Person, die die Wirtschaftseinheit organisiert und der die Erträge zugute kommen. Die Anwendung des § 3 Abs. 3 wird deshalb nicht dadurch in Frage gestellt, dass der für den Betrieb der Landwirtschaft benötigte Boden lediglich gepachtet ist.[82]

23 Andererseits fehlt es an der erforderlichen Identität, wenn das „Nebengewerbe" rechtlich verselbständig ist, was selbst dann gilt, wenn der Inhaber des Hauptbetriebes (Allein-)Gesellschafter der **juristischen Person** ist.[83] In der Praxis ist dies vor allem von Bedeutung, wenn mehrere Inhaber eines land- oder forstwirschaftlichen Betriebes die gewonnen Rohstoffe ge-

---

72 So z.B. BAG 25.4.1995 – 3 AZR 528/94 – AP TVG § 1 Tarifverträge: Land- und Forstwirtschaft Nr. 5: „der Förderung des Hauptzwecks zu dienen bestimmt ist"; Ebenroth/Boujong/Joost/Strohn/*Kindler* Rn 18.

73 Ebenroth/Boujong/Joost/Strohn/*Kindler* Rn 19; Heymann/*Emmerich*[2] HGB Rn 20; Hopt/*Merkt* Rn 10; Oetker/*Körber* Rn 32; Röhricht/v. Westphalen/Haas/*Ries* Rn 11.

74 Treffend im Ansatz deshalb MünchKommHGB/*K. Schmidt* Rn 36, der Gastwirtschaften, Beherbungsleistungen, Post- und Lottoannahmestellen etc. ausklammert; ebenso Heymann/*Emmerich*[2] HGB Rn 22; Röhricht/v. Westphalen/Haas/*Ries* Rn. 12.

75 In diesem Sinne bereits RG 12.11.1930 – I 208/30 – RGZ 130, 233 (235), das für den Betrieb eines Weinkommissionsgeschäftes eine unmittelbare Beziehung zum Weinanbau verneinte.

76 OVG Lüneburg 14.9.2016 – 8 LB 107/15 – BeckRS 2016, 53490.

77 VG Karlsruhe 2.3.2017 – 10 K 4888/16 – BeckRS 2017, 106198.

78 VG Münster 11.8.2017 – 3 K 2093/15 – BeckRS 2017, 123469.

79 VG Münster 11.8.2017 – 3 K 2093/15 – BeckRS 2017, 123469.

80 Ebenso BAG 25.4.1995 – 3 AZR 528/94 – AP TVG § 1 Tarifverträge: Land- und Forstwirtschaft Nr. 5; BeckOGK-HGB/*Servatius* Rn. 63; BeckOK-HGB/*Schwartze* Rn 21; Ebenroth/Boujong/Joost/Strohn/*Kindler* Rn 22; *Fischinger* Rn 73; HaKo-HGB/*Keßler* Rn 17; Heymann/*Förster* HGB Rn 23; Koller/Kindler/Roth/Drüen/*Roth* Rn 5; Oetker/*Körber* Rn 33: Röhricht/v. Westphalen/Haas/*Ries* Rn 15.

81 Treffend Ebenroth/Boujong/Joost/Strohn/*Kindler* Rn 22; Oetker/*Körber* Rn 33.

82 Ebenroth/Boujong/Joost/Strohn/*Kindler* Rn 22; Heymann/*Förster* HGB Rn 23.

83 In diesem Sinne auch Haag/Löffler/*Pelke* Rn 18; Heymann/*Förster* HGB Rn. 23; Hopt/*Merkt* Rn 10; Oetker/*Körber* Rn 33; Röhricht/v. Westphalen/Haas/*Ries* Rn 16.

meinsam durch Errichtung einer juristischen Person vermarkten oder verarbeiten.[84] Problematisch ist die Identität bei **Personenmehrheiten**, die Haupt- und/oder Nebengewerbe betreiben. In diesem Fall ist eine Identität jedenfalls insoweit erforderlich, dass die Inhaber des Nebengewerbes nicht von denen des Hauptgewerbes verschieden sein dürfen. Sind einzelne Personen zwar Inhaber des Nebenbetriebes, nicht zugleich aber auch Inhaber des Hauptgewerbes, dann soll die Anwendung des § 3 Abs. 3 ausgeschlossen sein.[85] Das gilt indes nicht für die umgekehrte Konstellation, wenn die Inhaberschaft bezüglich des Hauptgewerbes von einer Personenmehrheit gebildet wird, jedoch nicht alle Personen zugleich Inhaber des Nebengewerbes sind.[86]

IV. Erwerb und Verlust der Kaufmannseigenschaft, § 3 Abs. 2

Der Erwerb der Kaufmannseigenschaft tritt wegen § 3 Abs. 1 nicht kraft Gesetzes aufgrund des 24
Betreibens einer Land- oder Forstwirtschaft ein, sondern hierfür bedarf es – wie bei Kleingewerbetreibenden (s. § 2 Satz 1) – der Ausübung einer Option, die § 3 Abs. 2 jedoch nicht für alle land- oder forstwirtschaftlichen Unternehmen, sondern nur für solche begründet, die nach Art und Umfang einen in kaufmännischer Weise eingerichteten Geschäftsbetrieb erfordern (sog. Großbetriebe). Bezüglich der Begriffe Land- bzw. Forstwirtschaft s. oben Rn 11 ff, 16; hinsichtlich der Betreiberstellung gelten die Erläuterungen zu § 1 entsprechend (s. § 1 Rn 51 ff). Das Optionsrecht hat das Gesetz nicht mit einer zeitlichen Beschränkung versehen, es kann zu einem beliebigen Zeitpunkt ausgeübt werden.[87]

Die Geltung des § 2 für Betriebe der Land- und Forstwirtschaft hängt nach § 3 Abs. 2 davon 25
ab, dass diese nach Art und Umfang ihres Geschäftsbetriebes die in § 2 Satz 1 umschriebene Schwelle überschreiten. Schon wegen der Verweisung auf § 2 sind die Anforderungen an den Geschäftsbetrieb im Rahmen des § 3 Abs. 2 nicht anders als bei § 1 Abs. 2 zu definieren (s. dazu näher § 1 Rn 89 ff).

Erfüllt der Betrieb des land- oder forstwirtschaftlichen Unternehmens die von § 3 Abs. 2 26
geforderte Größe, dann steht dem Inhaber das Recht zu, die Eintragung in das Handelsregister durch Anmeldung der Firma zu beantragen (§ 2 Satz 1). Bezüglich der Einzelheiten zum Eintragungsantrag, insbesondere auch zu dessen Rechtsnatur gelten die Ausführungen zu § 2 entsprechend (s. § 2 Rn 10 ff). Da § 3 Abs. 2 die Vorschrift des § 2 vollständig in Bezug nimmt, gilt dies auch für die Klarstellung in § 2 Satz 2, dass das Optionsrecht in § 2 Satz 1 lediglich eine Berechtigung, aber **keine Verpflichtung** begründet (ebenso zuvor § 3 Abs. 2 Satz 1 a.F.).[88] Das gilt selbst dann, wenn der Umsatz des Unternehmens einen erheblichen Umfang aufweist (s. aber auch Rn 42).

Das Optionsrecht begründet § 3 Abs. 2 ausschließlich für den Betrieb des land- oder forst- 27
wirtschaftlichen Unternehmens. Betreibt dessen Inhaber darüber hinaus noch ein Nebengewerbe, dann ist die Kaufmannseigenschaft für das Nebengewerbe gesondert nach § 3 Abs. 3 zu beurteilen. Die regelungstechnische Aufspaltung hat zur Folge, dass der Inhaber seine jeweiligen Optionsrechte unabhängig von einander ausüben darf.[89] So kann er sich z.B. darauf beschränken, nur für das Hauptgewerbe die Kaufmannseigenschaft zu erlangen, für das Nebengewerbe

84 Exemplarisch BAG 25.4.1995 – 3 AZR 528/94 – AP TVG § 1 Tarifverträge: Land- und Forstwirtschaft Nr. 5, für eine Brennereigenossenschaft.

85 BeckOK-HGB/*Schwartze* Rn 21; Ebenroth/Boujong/Joost/Strohn/*Kindler* Rn 22; Oetker/*Körber* Rn 33.

86 BeckOK-HGB/*Schwartze* Rn 21 HaKo-HGB/*Keßler* Rn 17; Heymann/*Förster* HGB Rn 19; Oetker/*Körber* Rn 33; Röhricht/v. Westphalen/Haas/*Ries* Rn 16.

87 S. BeckOGK-HGB/*Servatius* Rn. 31; MünchKommHGB/*K. Schmidt* Rn 30; Oetker/*Körber* Rn 17.

88 *Bülow/Artz* Rn 61; GK-HGB/*Ensthaler* Rn 10; Haag/Löffler/*Pelke* Rn 11; HaKo-HGB/*Keßler* Rn 8; Oetker/*Körber* Rn 17; Röhricht/v. Westphalen/Haas/*Ries* Rn 23.

89 BeckOGK-HGB/*Servatius* Rn. 68; Heymann/*Förster* HGB Rn 17; Hopt/*Merkt* Rn 11; MünchKommHGB/*K. Schmidt* Rn 39; Röhricht/v. Westphalen/Haas/*Ries* Rn 27.

hingegen hiervon abzusehen, selbst wenn die gesetzlichen Voraussetzungen für das Optionsrecht gegeben sind. Entsprechendes gilt für die umgekehrte Konstellation (Ausübung des Optionsrechts für das Nebengewerbe, Verzicht hierauf bezüglich des land- oder forstwirtschaftlichen Betriebes).[90] Seine Rechtfertigung erfährt diese Aufspaltung aus dem Umstand, dass die mit der Eintragung verbundene Anwendung der handelsrechtlichen Vorschriften nicht nur Rechte, sondern vor allem auch Pflichten begründet (s. § 2 Rn 4).

28 Übt der Inhaber des land- oder forstwirtschaftlichen Unternehmens das Optionsrecht aus, dann gilt dieses mit der Eintragung im Handelsregister nach § 2 Satz 1 als **Handelsgewerbe,** mit der Folge, dass sein Betreiber nach § 1 Abs. 1 den Status eines Kaufmannes erlangt (zur insoweit notwendigen Einschränkung des § 3 Abs. 1 s. Rn 6) und alle Vorschriften des HGB zur Anwendung gelangen, die an diesen Status anknüpfen (s. näher § 2 Rn 26); die Eintragung in das Handelsregister hat **konstitutive Wirkung.**[91] Unterbleibt deren **Bekanntmachung** (s. § 10), dann ist dies für die Erlangung der Kaufmannseigenschaft unschädlich;[92] das Gesetz fordert ausschließlich und im Unterschied zu § 15 Abs. 1 nur die Eintragung im Handelsregister.

29 Im Unterschied zu Kleingewerbetreibenden verwehrt § 3 Abs. 2 den Inhabern land- oder forstwirtschaftlicher Unternehmen das **opting-out** durch die ausdrücklich aufgenommene und von § 3 Abs. 2 Satz 2 a.F. übernommene Maßgabe, dass die Firma nur nach den allgemeinen Vorschriften gelöscht werden kann. In Betracht kommt insbesondere die Amtslöschung nach § 31 Abs. 2 Satz 2 sowie nach § 395 FamFG (s. näher § 2 Rn 21 ff). Deren Voraussetzungen beurteilen sich ausschließlich nach den Verhältnissen des land- oder forstwirtschaftlichen Unternehmens und unabhängig von denen in einem zu diesem geführten Nebengewerbe.[93] Dies kann dazu führen, dass für das land- oder forstwirtschaftliche Unternehmen die Voraussetzungen für eine Löschung von Amts wegen vorliegen, dies jedoch für das gleichfalls eingetragene Nebengewerbe zu verneinen ist. In einem derartigen Fall muss sich die Löschung auf das land- oder forstwirtschaftliche Unternehmen beschränken. Hauptanwendungsfall einer **Löschung von Amts** wegen ist das Herabsinken des land- oder forstwirtschaftlichen Unternehmens unter die von § 3 Abs. 2 geforderte Schwelle, dieses also nach Art oder Umfang keinen in kaufmännischer Weise eingerichteten Geschäftsbetrieb mehr benötigt.[94] Entsprechendes gilt, wenn der Betrieb des Unternehmens nach Abschluss der notwendigen Abwicklungsgeschäfte endgültig eingestellt wird.[95]

30 Ob die Bindung an die erfolgte Eintragung auch für einen **Rechtsnachfolger** gilt, ist umstritten. Der Wortlaut des § 3 Abs. 2, der die Maßgabe zur Geltung des § 2 ohne Einschränkung anordnet, spricht für dessen Bindung.[96] Die Gegenauffassung, die bei unterbliebener *Firmenfortführung* eine Bindung des Rechtsnachfolgers verneint bzw. diesen nur bei Fortführung der Firma als gebunden ansieht,[97] kann allerdings auf den Zweck des Optionsrechts verweisen, wonach der Ausübungsberechtigte sich bewusst über die Anwendung der handelsrechtlichen Vorschriften unter Abwägung der damit verbundenen Vor- und Nachteile (s. § 2 Rn 4) entscheidet. Eine vergleichbare

---

90 Hopt/*Merkt* Rn 11; Röhricht/v. Westphalen/Haas/*Ries* Rn 27.

91 BeckOGK-HGB/*Servatius* Rn. 46; BeckOK-HGB/*Schwartze* Rn 16; *Bülow/Artz* Rn 61; *Fischinger* Rn 69; GK-HGB/*Ensthaler* Rn 11; Haag/Löffler/*Pelke* Rn 10; HaKo-HGB/*Keßler* Rn 7; Oetker/*Körber* Rn 21; Röhricht/v. Westphalen/Haas/*Ries* Rn 26; *Steinbeck* § 7 Rn 18; *Stöber* Rn. 49.

92 BeckOGK-HGB/*Servatius* Rn. 46; *v. Olshausen* ZHR 141 (1977), 93 (101); Oetker/*Körber* Rn 21; Röhricht/v. Westphalen/Haas/*Ries* Rn 26.

93 S. Heymann/*Emmerich*[2] HGB Rn 14.

94 GK-HGB/*Ensthaler* Rn 11; HaKo-HGB/*Keßler* Rn 12; Röhricht/v. Westphalen/Haas/*Ries* Rn 30; **aA** BeckOGK-HGB/*Servatius* Rn. 52; Oetker/*Körber* Rn 24.

95 BeckOGK-HGB/*Servatius* Rn. 56; *Bülow/Artz* Rn 64; GK-HGB/*Ensthaler* Rn 11; HaKo-HGB/*Keßler* Rn 12; Oetker/*Körber* Rn 25, 26.

96 So z.B. Ebenroth/Boujong/Joost/Strohn/*Kindler* Rn 31; MünchKommHGB/*K. Schmidt* Rn 28; i.E. auch *v. Olshausen* ZHR 141 (1977), 93 (119 f); *Steinbeck* § 7 Rn 19.

97 Für diese BeckOGK-HGB/*Servatius* Rn. 51; BeckOK-HGB/*Schwartze* Rn 19; GK-HGB/*Ensthaler* Rn 15; HaKo-HGB/*Keßler* Rn 11; Heymann/*Emmerich*[2] HGB Rn 16; Hopt/*Merkt* Rn 9; Koller/Kindler/Roth/Drüen/*Roth* Rn 7; Oetker/*Körber* Rn 23; Röricht/v. Westphalen/Haas/*Ries* Rn 34.

Willensentschließung liegt in der Person des Rechtsnachfolgers nicht vor, so dass eine vergleichbare Situation gegeben ist, wie bei einem Ist-Kaufmann, der nach erfolgter Eintragung zum Kleingewerbetreibenden herabsinkt (s. dazu § 2 Rn 23 f). Deshalb sprechen gute Gründe dafür, die Maßgabe in § 3 Abs. 2 zu § 2 in den Fällen einer Rechtsnachfolge teleologisch zu reduzieren und dem Rechtsnachfolger die Möglichkeit eines opting-out durch Anwendung von § 2 Satz 3 zu eröffnen. Allerdings setzt dies voraus, dass der Rechtsnachfolger als neuer Inhaber davon absieht, die bisherigen handelsrechtlichen Privilegien (z.B. Firma) in Anspruch zu nehmen.

V. Erwerb und Verlust der Kaufmannseigenschaft, § 3 Abs. 3

Im Hinblick auf den Betrieb des Nebengewerbes bezweckt § 3 Abs. 3 eine Gleichbehandlung mit dem land- oder forstwirtschaftlichen Unternehmen. Hierfür verweist Absatz 3 nicht nur auf Absatz 2, sondern auch auf Absatz 1 der Vorschrift, um klarzustellen, dass der Betrieb des Nebengewerbes nicht bereits wegen dessen Art und Umfang kraft Gesetzes ein Handelsgewerbe ist.[98] Zur Notwendigkeit einer einschränkenden Auslegung des § 3 Abs. 1 s. Rn 6. 31

Durch die entsprechende Anwendung des Absatzes 2 begründet § 3 Abs. 3 das Optionsrecht nur unter der dort genannten Voraussetzung eines Geschäftsbetriebes, der nach Art und Umfang kaufmännische Einrichtungen erfordert (s. dazu Rn 25). Ebenso führt die entsprechende Anwendung des Absatzes 2 dazu, dass § 2 nur mit der dort genannten Maßgabe gilt, d.h. der Inhaber des Nebengewerbes bleibt ebenfalls an die Ausübung seines Optionsrechts gebunden[99] und eine Löschung kann nur unter den in Absatz 2 genannten Voraussetzungen erfolgen (s. Rn 29). Dabei sind die Voraussetzungen für das Nebengewerbe selbständig und unabhängig davon zu beurteilen, ob auch bezüglich des Hauptgewerbes die Voraussetzungen für eine Löschung von Amts wegen vorliegen.[100] Dies kann dazu führen, dass sich die Löschung aus dem Handelsregister auf das als Nebengewerbe geführte Unternehmen beschränken muss.[101] 32

Die Möglichkeit die Kaufmannseigenschaft für das Nebengewerbe zu erlangen, eröffnet § 3 Abs. 3 für alle Inhaber eines land- oder forstwirtschaftlichen Unternehmens, unabhängig davon, ob dessen Inhaber für diesen das an sich eröffnete Optionsrecht nach Absatz 2 ausgeübt hat.[102] Es besteht selbst dann, wenn das land- oder forstwirtschaftliche Unternehmen nach Art oder Umfang keinen in kaufmännischer Weise eingerichteten Geschäftsbetrieb erfordert. Allerdings erstreckt sich die Rechtswirkung der Eintragung ausschließlich auf das Nebengewerbe; nur dieses gilt gemäß § 2 Satz 1 als Handelsgewerbe und nur für dieses erlangt der Inhaber den Kaufmannsstatus.[103] Dies führt dazu, dass sich die Zulässigkeit der gewählten Firma nach den Verhältnissen des Nebengewerbes richtet sowie auch die Vertretungsmacht einer u.U. erteilten Prokura auf das Nebengewerbe beschränkt ist. Entsprechendes gilt für die Vermutung zugunsten eines Handelsgeschäftes (s. § 344 Abs. 1). 33

VI. Eintragungsfähigkeit kleingewerblicher Unternehmen

1. Land- oder forstwirtschaftliche Unternehmen

Gegenstand einer tiefgreifenden Kontroverse ist die Rechtslage, wenn land- oder forstwirtschaftliche Unternehmen nach Art oder Umfang keinen in kaufmännischer Weise eingerichteten Ge- 34

98 S. Heymann/*Förster* HGB Rn. 24; MünchKommHGB/*K. Schmidt* Rn 37.
99 MünchKommHGB/*K. Schmidt* Rn 38.
100 HaKo-HGB/*Keßler* Rn 18; Heymann/*Förster* HGB Rn. 24; Oetker/*Körber* Rn 35.
101 Ebenroth/Boujong/Joost/Strohn/*Kindler* Rn 24; MünchKommHGB/*K. Schmidt* Rn 39.
102 Oetker/*Körber* Rn 35.
103 BeckOK-HGB/*Schwartze* Rn 3; GK-HGB/*Ensthaler* Rn 14; *Kindler* § 2 Rn 81; *Lettl* § 2 Rn 49; *Stöber* Rn. 52.

schäftsbetrieb erfordern, so dass § 3 Abs. 2 deren Inhabern die Option zur Erlangung der Kaufmannseigenschaft nicht eröffnet.

35 Eine verbreitete Auffassung im Schrifttum will auch den Inhabern kleingewerblicher land- oder forstwirtschaftlicher Betriebe den Weg in das Handelsregister eröffnen.[104] Argumentativ verweist diese vor allem auf die Gewerbeeigenschaft land- und forstwirtschaftlicher Betriebe (s. Rn 7 f) sowie die Begrenzung des Anwendungsausschlusses in § 3 Abs. 1 auf § 1. Damit sei § 2 auf kleingewerbliche land- und forstwirtschaftliche Unternehmen wegen deren Eigenschaft als Gewerbe anzuwenden;[105] ihre Inhaber könnten durch Ausübung des Optionsrechts die Kaufmannseigenschaft erlangen und – entgegen der Rechtslage bei Großbetrieben (s. Rn 29) – wegen § 2 Satz 3 auch jederzeit wieder aufgeben.[106] Bekräftigt werde dies zusätzlich durch den Gleichheitssatz (Art. 3 Abs. 1 GG).[107]

36 Die Gegenauffassung[108] bewertet § 3 Abs. 2 hingegen als abschließende Sonderregelung, unter welchen Voraussetzungen Inhaber land- oder forstwirtschaftlicher Betriebe die Kaufmannseigenschaft erlangen können. Erfüllen sie die dortigen Voraussetzungen nicht, so bleibt ihnen der Weg in das Handelsregister versperrt, wenn sie nicht den Ausweg über die Errichtung einer juristischen Person beschreiten, wofür in der Praxis die Gründung einer GmbH sowie einer Unternehmergesellschaft (haftungsbeschränkt) (§ 5a GmbHG) in Betracht kommt.

37 Der Wille des historischen Gesetzgebers des Handelsrechtsreformgesetzes stützt die Gegenauffassung, da die im Jahre 1998 vorgenommenen Änderungen in § 3 die Vorschrift lediglich an den geänderten § 2 anpassen, den bisherigen Rechtszustand indes nicht modifizieren wollten (s. Rn 3).[109] Insofern war vor dem Handelsrechtsreformgesetz anerkannt, dass ausschließlich den in § 3 Abs. 2 genannten land- und forstwirtschaftlichen Unternehmen der Zugang zum Handelsregister eröffnet war.[110] Solchen Unternehmen hingegen, die nach Art oder Umfang keinen in kaufmännischer Weise eingerichteten Geschäftsbetrieb benötigten, blieb der Weg in das Handelsrecht versperrt. Diese Rechtslage mag rechtspolitisch kritikwürdig sein (s. Rn 5), sollte jedoch im Rahmen des Handelsrechtsreformgesetzes nicht korrigiert werden. Zu diesem gesetzgeberischen Willen setzen sich zwangsläufig diejenigen Autoren in Widerspruch, die den Inhabern kleingewerblicher land- und forstwirtschaftlicher Unternehmen über eine unmittelbare Anwendung von § 2 das Recht einräumen wollen, für die Erlangung der Kaufmannseigenschaft zu optieren.[111]

38 Wenig überzeugend ist in diesem Kontext der Hinweis auf den auf § 1 beschränkten Anwendungsausschluss, den § 3 Abs. 1 anordnet. Dem hieraus gezogenen formallogischen Umkehrschluss, wegen der Gewerbeeigenschaft land- und forstwirtschaftlicher Betriebe bleibe deshalb § 2 anwendbar,[112] steht entgegen, dass § 3 Abs. 1 den Ausschluss der Anwendung von § 1 auf

---

104 So BeckOGK-HGB/*Servatius* Rn. 5; BeckOK-HGB/*Schwartze* Rn 14; *Brox/Henssler* § 2 Rn 46a; *Bülow/Artz* Rn 66; *Bydlinski* ZIP 1998, 1169 (1173 f); *Canaris* Handelsrecht § 3 Rn 36; Ebenroth/Boujong/Joost/Strohn/*Kindler* Rn 34 f; *Fischinger* Rn 70; Haag/Löffler/*Pelke* Rn 5; HaKo-HGB/*Keßler* Rn 3, 10; HK-HGB/*Ruß* Rn 2; Hopt/*Merkt* Rn 2; *Kindler* § 2 Rn 82; *Lettl* § 2 Rn 50; *H.-F. Müller* JA 2021, 454 (459); MünchKommHGB/*K. Schmidt* Rn 7 und 20; *ders.* ZHR 163 (1999), 87 (91); Oetker/*Körber* Rn 5; *v. Olshausen* Rpfleger 2001, 53 (53 f); *Schmitt* Die Rechtsstellung der Kleingewerbetreibenden nach dem Handelsrechtsreformgesetz, 2003, S. 76 ff; *Siems* Kaufmannsbegriff und Rechtsfortbildung, 2. Aufl. 2003, S. 80 ff.

105 So *K. Schmidt* ZHR 163 (1999), 87 (91); zu dieser Argumentation auch *v. Olshausen* JZ 1998, 717 (719).

106 BeckOK-HGB/*Schwartze* Rn 18; HaKo-HGB/*Keßler* Rn 13; BeckOGK-HGB/*Servatius* Rn. 5.

107 So *Canaris* Handelsrecht § 3 Rn 36.

108 Für diese GK-HGB/*Ensthaler* Rn 16; Heymann/*Förster* HGB Rn 16 sowie § 2 Rn 7; *Hübner* Rn 49; Koller/Kindler/Roth/Drüen/*Roth* Rn 1; Röhricht/v. Westphalen/Haas/*Ries* Rn 20 ff.; *Stöber* Rn. 50; in diesem Sinne auch *Bitter/Schumacher* Rn 26.

109 Kritisch dazu jedoch *K. Schmidt* ZHR 163 (1999) 87 (91), wonach sich die Regierungsbegründung ausschließlich auf die Rechtslage für Großbetriebe beziehen soll; s. auch *v. Olshausen* Rpfleger 2001, 53 (54).

110 S. Staub/*Brüggemann*[4] Rn 18.

111 Treffend und pointiert Röhricht/v. Westphalen/Haas/*Ries* Rn 22.

112 *K. Schmidt* ZHR 163 (1999), 87 (91).

dessen Absatz 2 bezieht (s. Rn 6). Mit der letztgenannten Vorschrift steht § 2 jedoch in einem untrennbaren inhaltlichen Zusammenhang. Bereits die Bezugnahme in § 2 Satz 1 auf § 1 Abs. 2 setzt zwingend voraus, dass der Gewerbebetrieb ungeachtet von Art und Umfang seines Geschäftsbetriebes als Handelsgewerbe im Sinne des § 1 Abs. 2 in Betracht kommen kann (s. auch § 2 Rn 5), was § 3 Abs. 1 für land- und forstwirtschaftliche Unternehmen gerade ausschließt. Deshalb sprechen die besseren Gründe auch unter der nunmehr geltenden Fassung des § 3 dafür, den Betrieben der Land- und Forstwirtschaft ausschließlich unter den in § 3 Abs. 2 genannten Voraussetzungen den Zugang zum Handelsregister und damit zur Anwendung der handelsrechtlichen Vorschriften zu eröffnen.

2. Kleingewerbliche Nebengewerbe zum land- und forstwirtschaftlichen Unternehmen

Die für kleingewerbliche land- und forstwirtschaftliche Unternehmen in Rn 34 bis 38 erörterte 39
Streitfrage tritt in gleicher Weise für das mit einem land- oder forstwirtschaftlichen Unternehmen verbundene Nebengewerbe auf, das nach Art oder Umfang keinen in kaufmännischer Weise eingerichteten Geschäftsbetrieb erfordert. Durch die Verweisung in § 3 Abs. 3 auf Absatz 1 und 2 der Vorschrift stellt sich auch für dieses die Frage, ob der Inhaber des Nebengewerbes für dieses ebenfalls über eine unmittelbare Anwendung des § 2 für den Kaufmannsstatus optieren kann. Aus den in Rn 35 dargelegten Gründen bejaht dies eine verbreitete Strömung im Schrifttum,[113] gegenüber der jedoch die in Rn 37 und 38 ausgeführten Bedenken ebenfalls Gültigkeit beanspruchen. Auch für das zu einem land- und forstwirtschaftlichen Unternehmen betriebene Nebengewerbe, dass nicht die von § 3 Abs. 2 geforderten Voraussetzungen erfüllt, ist deshalb der Zugang in das Handelsrecht versperrt, wenn dessen Inhaber nicht den Weg über eine rechtliche Verselbständigung (s. Rn 4) beschreitet.

VII. Rechtslage bezüglich der nicht im Handelsregister eingetragenen land- oder forstwirtschaftlichen Unternehmen und nebengewerblichen Unternehmen

Übt der Inhaber eines land- oder forstwirtschaftlichen Unternehmens nicht das ihm durch § 3 40
Abs. 2 begründete Optionsrecht aus oder ist ihm dieses wegen Art oder Umfang des Geschäftsbetriebes vorenthalten (s. Rn 34 ff), so gelten für sein Unternehmen die allgemeinen Vorschriften des Bürgerlichen Gesetzbuches,[114] einschließlich derjenigen, die an den Status als Unternehmer im Sinne des § 14 BGB anknüpfen.[115] Die handelsrechtlichen Normen sind für das Unternehmen grundsätzlich nicht anwendbar; das gilt wegen des Gegenstandes des Unternehmens selbst für diejenigen Bestimmungen, deren Anwendungsbereich sich auch auf kleingewerbliche Unternehmen erstreckt (z.B. § 84 Abs. 4).[116]

Von dem Grundsatz in Rn 40 sind jedoch Ausnahmen anzuerkennen. Diese betreffen zu- 41
nächst § 5,[117] wenn ein im Handelsregister eingetragenes land- oder forstwirtschaftliches Unternehmen im späteren Verlauf seiner Tätigkeit zu einem kleingewerblichen Unternehmen herabsinkt. Da dem Inhaber nach der in Rn 37 f befürworteten Auffassung in dieser Konstellation der Weg in das Handelsregister versperrt bleibt, ist die Rechtslage keine andere, als wenn der Inha-

113 So z.B. BeckOGK-HGB/*Servatius* Rn. 6; Ebenroth/Boujong/Joost/Strohn/*Kindler* Rn 25; HK-HGB/*Ruß* Rn 3.
114 BeckOK-HGB/*Schwartze* Rn 27; Ebenroth/Boujong/Joost/Strohn/*Kindler* Rn 39; Heymann/*Förster* HGB Rn 25; *Kindler* § 2 Rn 83; Oetker/*Körber* Rn 37; Röhricht/v. Westphalen/Haas/*Ries* Rn 25.
115 Ebenso Oetker/*Körber* Rn 38.
116 BeckOK-HGB/*Schwartze* Rn 28; Ebenroth/Boujong/Joost/Strohn/*Kindler* Rn 39; MünchKommHGB/*K. Schmidt* Rn 29; Oetker/*Körber* Rn 37.
117 Im Grundsatz auch Ebenroth/Boujong/Joost/Strohn/*Kindler* Rn 39.

ber eines kaufmännischen Unternehmens seinen Betrieb einstellt. Wegen des aufrechterhaltenen Gewerbebetriebes gelangt in der hier diskutierten Konstellation jedoch § 5 zur Anwendung.

42 Wie bei Kleingewerbetreibenden, die ihr durch § 2 Satz 1 begründetes Optionsrecht nicht in Anspruch nehmen, ist auch bei nicht eingetragenen land- oder forstwirtschaftlichen Unternehmen eine analoge Anwendung einzelner Bestimmungen des HGB zu erwägen.[118] Soweit dies für nicht im Handelsregister eingetragene Kleingewerbetreibende bejaht wird (s. § 2 Rn 32 ff), gilt dies in gleicher Weise für land- oder forstwirtschaftliche Unternehmen, wenn nicht deren spezifischer Unternehmensgegenstand einem Analogieschluss entgegensteht. Im Gegenteil ist eine analoge Anwendung handelsrechtlicher Vorschriften sogar umso eher zu erwägen, wenn dem Inhaber eines land- oder forstwirtschaftlichen Unternehmens das Optionsrecht nach § 3 Abs. 2 wegen Art und Umfang des Geschäftsbetriebes zusteht, er dieses jedoch nicht ausübt. Insbesondere in Fällen, in denen infolge Art und Umfang des land- oder forstwirtschaftlichen Unternehmens ein in kaufmännischer Weise organisierter Geschäftsbetrieb tatsächlich eingerichtet wird, gleichwohl aber die Option in § 3 Abs. 2 nicht ausgeübt wird (s. auch Rn 26), bleibt zudem die Lehre vom Scheinkaufmann zu beachten.[119]

43 Für das mit einem land- oder forstwirtschaftlichen Unternehmen als **Nebengewerbe** verbundene Unternehmen gelten die Ausführungen in Rn 40 bis 42 entsprechend, wenn dessen Inhaber das Optionsrecht nach § 3 Abs. 3 nicht ausübt oder ihm dieses nach hiesiger Auffassung (s. Rn 39) wegen Art oder Umfang des Geschäftsbetriebes verwehrt ist.[120]

118 Treffend MünchKommHGB/*K. Schmidt* Rn 29; zurückhaltend Oetker/*Körber* Rn 37; **aA** BeckOK-HGB/*Schwartze* Rn 28.

119 So i.E. auch Ebenroth/Boujong/Joost/Strohn/*Kindler* Rn 39; Heymann/*Förster* HGB Rn. 25; MünchKommHGB/*K. Schmidt* Rn 29.

120 Wie hier auch BeckOK-HGB/*Schwartze* Rn 27; Röhricht/v. Westphalen/Haas/*Ries* Rn 19.

§ 4 *(weggefallen)*

§ 5 [Kaufmann kraft Eintragung]

Ist eine Firma im Handelsregister eingetragen, so kann gegenüber demjenigen, welcher sich auf die Eintragung beruft, nicht geltend gemacht werden, dass das unter der Firma betriebene Gewerbe kein Handelsgewerbe sei.

Schrifttum

Axer Abstrakte Kausalität – Ein Grundsatz des Handelsrechts?, 1986; *Dachler* Handelsregisterpublizität und Verkehrsschutz, Diss. Tübingen 1977; *Hohmeister* Die Bedeutung des § 5 HGB seit der Handelsrechtsreform 1998, NJW 2000, 1921; *John* Fiktionswirkung oder Schutz typisierten Vertrauens durch das Handelsregister, ZHR 140 (1976), 236; *Schirrmeister* Der Kaufmannsbegriff: Die Bedeutung des Firmeneintrags für den Erwerb der Kaufmannseigenschaft, ZHR 49 (1900), 29; *K. Schmidt* Gilt § 5 HGB im „Unrechtsverkehr", DB 1972, 959; *ders.* „Deklaratorische" und „konstitutive" Registereintragungen nach §§ 1 ff HGB, ZHR 163 (1999), 87; *Schulze-Osterloh* Der Wechsel der Eintragungsgrundlagen der Kaufmannseigenschaft (§§ 1, 2, 105 Abs. 2 HGB) und der Anwendungsbereich des § 5 HGB, ZIP 2007, 2390.

Zur **Lehre vom Scheinkaufmann** neben den Vorstehenden: *Bilger* Zur Staub'schen Lehre vom Scheinkaufmann, Diss. Tübingen 1934; *Canaris* Die Vertrauenshaftung im deutschen Privatrecht, 1971, S. 180 ff; *Ehrichson* Die Geltung des Staub'schen Satzes vom Scheinkaufmann, Diss. Rostock 1934; *A. Hueck* Der Scheinkaufmann, ArchBürgR 43 (1919), 415; *Limbach* Die Lehre vom Scheinkaufmann, ZHR 134 (1970), 288; *Nickel* Der Scheinkaufmann, JA 1980, 566; *v. Olshausen* Wider den Scheinkaufmann des ungeschriebenen Rechts, FS Raisch, 1995, S. 147; *K. Schmidt* Sein-Schein-Handelsregister, JuS 1977, 209.

Übersicht

I. Allgemeines

Die Vorschrift dient der **Rechtssicherheit** und nicht dem Schutz gutgläubiger Dritter;[1] ist eine Firma in das Handelsregister eingetragen, so schneidet § 5 den Einwand ab, das unter der Firma 1

1 Für die allg. Ansicht BGH 19.5.1960 – II ZR 72/59 – BGHZ 32, 307 (314); BGH 6.7.1981 – II ZR 38/81 – NJW 1982, 45 (45); BeckOGK-HGB/*Servatius* Rn. 2; BeckOK-HGB/*Schwartze* Rn 1; *Canaris* Handelsrecht § 3 Rn 48; Ebenroth/

https://doi.org/10.1515/9783110564440-006

betriebene Gewerbe sei kein Handelsgewerbe. Damit steht die Norm in einem untrennbaren Zusammenhang mit dem Handelsgewerbe als Zentralbegriff für die Kaufmannseigenschaft. Konsequenterweise fehlte eine mit § 5 vergleichbare Vorschrift im ADHGB von 1870 noch. Nach diesem kam es ausschließlich darauf an, ob ein Handelsgeschäft objektiv gewerbsmäßig betrieben wurde (s. § 1 Rn 9).[2] Durch die mit dem HGB von 1897 eingeführte Differenzierung der Kaufmannseigenschaft nach Art und Umfang des Geschäftsbetriebes (s. § 1 Rn 8) konnte jedoch sowohl bei Sollkaufleuten (§ 2 a.F.) als auch bei Minderkaufleuten (§ 4 a.F.) die Situation eintreten, dass diese unter ihrer Firma im Handelsregister eingetragen waren, die hierfür im Hinblick auf Art und Umfang notwendigen Voraussetzungen indes objektiv nicht oder nicht mehr erfüllten. Vor allem in dieser Konstellation sollte sich im Interesse der Sicherheit des Geschäftsverkehrs die Registereintragung durchsetzen.[3] Angesichts dessen sind keine durchgreifenden Bedenken ersichtlich, wenn sich Vertragsparteien darauf einigen, dass einer der Beteiligten entgegen § 5 nicht den handelsrechtlichen Vorschriften unterliegen soll; § 5 begründet **kein zwingendes Recht**.[4]

2 Trotz der Anknüpfung an die Registereintragung handelt es sich bei § 5 – im Unterschied zu § 15 (s. § 15 Rn 18 ff) – um **keine Rechtsscheinsnorm**.[5] Dies folgt insbesondere aus dem Umstand, dass die Rechtsfolge des § 5 unabhängig von der Kenntnis der Beteiligten über die wahren Verhältnisse eintritt (s. auch Rn 13). Darüber hinaus entfaltet § 5 seine Rechtswirkungen unabhängig davon, ob hierdurch Dritte begünstigt werden (s. Rn 17). Wegen dieses besonderen dogmatischen Fundaments hat die **Lehre vom Scheinkaufmann** (s. Rn 24 ff) neben § 5 einen eigenen Anwendungsbereich, der nicht an der Eintragung im Handelsregister, sondern an das Auftreten im Geschäftsverkehr anknüpft (s. Rn 25). Aus diesem Grunde ist es missverständlich, für die von § 5 erfassten Sachverhalte den Begriff (eingetragener) „Scheinkaufmann" zu verwenden.[6] Die Lehre vom Scheinkaufmann greift vor allem ein, wenn die Voraussetzungen des § 5 nicht vorliegen. Ergänzt wird die Vorschrift durch § 15.

3 Da § 5 auf der Rechtsfolgenebene das objektive Fehlen eines Handelsgewerbes überwindet, wird der Vorschrift verbreitet die Kraft beigemessen, die Kaufmannseigenschaft zu fingieren **(Fiktivkaufmann)**.[7] Hieran ist zutreffend, dass § 5 den Betrieb eines Gewerbes voraussetzt, der kein Handelsgewerbe ist. Indem die Norm lediglich die Geltendmachung dieses Einwandes ausschließt, weicht ihr Wortlaut deutlich von § 2 Satz 1 ab, der ausdrücklich als Fiktion formuliert ist

---

Boujong/Joost/Strohn/*Kindler* Rn 1; *Fischinger* Rn 74; GK-HGB/*Ensthaler* Rn 2; Haag/Löffler/*Pelke* Rn 2; HaKo-HGB/*Keßler* Rn 1; Heymann/*Förster* HGB Rn 1; Hopt/*Merkt* Rn 1; *Kindler* § 2 Rn 85; Koller/Kindler/Roth/Drüen/*Roth* Rn 1; *Lettl* § 2 Rn 53; MünchKommHGB/*K. Schmidt* Rn 1; Oetker/*Körber* Rn 1; Röhricht/v. Westphalen/Haas/*Ries* Rn 27; *Steinbeck* § 7 Rn 23.

2 S. auch Ebenroth/Boujong/Joost/Strohn/*Kindler* Rn 5; MünchKommHGB/*K. Schmidt* Rn 4.

3 BGH 19.5.1960 – II ZR 72/59 – BGHZ 32, 307 (314); BGH 6.7.1981 – II ZR 38/81 – NJW 1982, 45 (45); s. auch *Canaris* Handelsrecht § 3 Rn 48; Ebenroth/Boujong/Joost/Strohn/*Kindler* Rn 6 ff; Heymann/*Förster* HGB Rn 2; *Hübner* Rn 63; MünchKommHGB/*K. Schmidt* Rn 4; Röhricht/v. Westphalen/Haas/*Ries* Rn 2.

4 BeckOGK-HGB/*Servatius* Rn. 13; BeckOK-HGB/*Schwartze* Rn 33; Haag/Löffler/*Pelke* Rn 14; Hopt/*Merkt* Rn 6; *Lettl* § 2 Rn 55; Oetker/*Körber* Rn 16; i.E. auch MünchKommHGB/*K. Schmidt* Rn 38.

5 *Bayer/Lieder* Rn 17; BeckOGK-HGB/*Servatius* Rn. 2; BeckOK-HGB/*Schwartze* Rn 2; Ebenroth/Boujong/Joost/Strohn/*Kindler* Rn 3; *Fischinger* Rn 74; GK-HGB/*Ensthaler* Rn 5; Haag/Löffler/*Pelke* Rn 2; HaKo-HGB/*Keßler* Rn 2; Heymann/*Förster* HGB Rn 1; Hopt/*Merkt* Rn 1; *Hübner* Rn 63; *Kindler* § 2 Rn 83. Koller/Kindler/Roth/Drüen/*Roth* Rn 2; MünchKommHGB/*K. Schmidt* Rn 2; *ders.* DB 1972, 959 (961); *Steinbeck* § 7 Rn 23; *Weller/Prütting* Rn 109; missverständlich OLG Dresden 29.1.2003 – 12 U 805/02 – StB 2003, 149: Vertrauen des Rechtsverkehrs auf die Kaufmannseigenschaft.

6 So noch BGH 19.5.1960 – II ZR 72/59 – BGHZ 32, 307 (Leitsatz 2); GK-HGB/*Ensthaler* Rn 1 f; *Hübner* Rn 61. Treffend dagegen *Canaris* Handelsrecht § 3 Rn 51; Ebenroth/Boujong/Joost/Strohn/*Kindler* Rn 3; Hopt/*Merkt* Rn 1; Koller/Kindler/Roth/Drüen/*Roth* Rn 2; MünchKommHGB/*K. Schmidt* Rn 8.

7 So z.B. BeckOGK-HGB/*Servatius* Rn. 2; *Canaris* Handelsrecht § 3 Rn 52; Haag/Löffler/*Pelke* Rn 4; *Hübner* Rn 62; *Kindler* § 2 Rn 85; *Lettl* § 2 Rn 54; *H.-F. Müller* JA 2021, 454 (459); Oetker/*Körber* Rn 1, 17; *Stöber* Rn. 58; *Weller/Prütting* Rn 109.

(s. § 2 Rn 25).[8] Trotzdem führt § 5 dazu, dass das Gewerbe aufgrund der Eintragung der Firma im Handelsregister als Handelsgewerbe zu behandeln ist, obwohl ein solches bei objektiver Betrachtung nicht vorliegt. Im Ergebnis handelt es sich deshalb um keine andere Rechtswirkung als sie § 2 Satz 1 anordnet, so dass aufgrund der Eintragung der Firma im Handelsregister stets ein Handelsgewerbe vorliegt. Bezüglich der Kaufmannseigenschaft trifft § 5 indes – entgegen der verbreiteten Wendung vom „Fiktivkaufmann" – keine unmittelbare Aussage.[9] Mittelbar wirkt sich jedoch die auf das Vorliegen eines Handelsgewerbes bezogene Rechtsfolge der Norm – nicht anders als bei § 2 Satz 1 (s. § 2 Rn 25) – auch auf die Kaufmannseigenschaft aus, da ein Handelsgewerbe im Sinne des § 1 Abs. 1 vorliegt und damit dessen Inhaber Kaufmann im Sinne des HGB ist. Aus den vorgenannten Gründen bezieht sich § 5 somit nicht auf die Kaufmannseigenschaft, sondern lediglich auf das Vorliegen eines Handelsgewerbes.[10]

Ihre **Hauptbedeutung** entfaltet die Vorschrift nach hiesiger Auffassung zur Reichweite von 4
§ 2 Satz 1 (s. § 2 Rn 23 ff), wenn dem betriebenen Gewerbe die Voraussetzungen für ein Handelsgewerbe fehlen. Hierzu kann es insbesondere kommen, wenn der Geschäftsbetrieb ursprünglich nach Art und Umfang kaufmännische Einrichtungen erforderte, dies jedoch später entfiel **(Herabsinken zum Kleingewerbetreibenden)**[11] oder aber ein **Betrieb der Land- oder Forstwirtschaft** nach § 3 Abs. 2 in das Handelsregister eingetragen worden ist, obwohl er nicht bzw. nicht mehr die Voraussetzungen hierfür erfüllt.[12] Im **Gesellschaftsrecht** ist § 5 deshalb nur relevant, wenn für die jeweilige Gesellschaftsform der Betrieb eines Handelsgewerbes konstitutiv ist. Dies ist wegen § 105 Abs. 1 bei der Offenen Handelsgesellschaft sowie über § 161 Abs. 2 bei der Kommanditgesellschaft der Fall.[13] Anders ist dies für die von § 6 Abs. 2 erfassten Formkaufleute, da diese unabhängig von dem Vorliegen eines Handelsgewerbes entstehen (s. § 6 Rn 24).[14] Da § 5 lediglich an die Eintragung der Firma im Handelsregister anknüpft, reicht die Vorschrift jedoch weiter und erfasst auch Sacherhalte, in denen es ohne Handelsregisteranmeldung zu einer Eintragung gekommen ist, z.B. weil diese zuvor widerrufen wurde (s. näher Rn 6).

II. Voraussetzungen für die Rechtswirkungen des § 5

1. Eintragung der Firma im Handelsregister

Ihre Rechtswirkung knüpft die Vorschrift ausschließlich an die Eintragung im Handelsregister. 5
Eine darüber hinausgehende Publizität fordert die Vorschrift nicht; insbesondere ist es im Unterschied zu § 15 Abs. 1 unerheblich, ob die Eintragung überhaupt bzw. mit welchem Inhalt diese bekannt gemacht wurde.[15]

---

8 Im Sinne einer Fiktion jedoch in Österreich § 3 UGB („gelten als Unternehmer kraft Eintragung").

9 So aber im konzeptionellen Ansatz die Rechtslage in Österreich. S. § 3 UGB, nach dem Personen, die zu Unrecht in das Firmenbuch eingetragen sind und unter ihrer Firma handeln, als Unternehmer kraft Eintragung gelten.

10 Treffend insoweit *Brox/Henssler* § 2 Rn 54; *Bülow/Artz* Rn. 92; Ebenroth/Boujong/Joost/Strohn/*Kindler* Rn 2; HK-HGB/*Ruß* Rn 2; im Ansatz auch MünchKommHGB/*K. Schmidt* Rn 9.

11 Dagegen jedoch MünchKommHGB/*K. Schmidt* Rn 14 sowie Heymann/*Förster* HGB Rn 4; Oetker/*Körber* Rn 4 f; *Schulze-Osterloh* ZIP 2007, 2390 (2392), vor dem Hintergrund eines extensiven Verständnisses zu § 2 Satz 1 (s. dazu § 2 Rn 24).

12 Heymann/*Förster* HGB Rn 4.

13 Exemplarisch für Kommanditgesellschaften BGH 6.7.1981 – II ZR 38/81 – NJW 1982, 45 (45); s. auch *Brox/Henssler* § 2 Rn 49; *Canaris* Handelsrecht § 3 Rn 50; Ebenroth/Boujong/Joost/Strohn/*Kindler* Rn 30; Heymann/*Förster* HGB Rn 10.

14 Ebenso Hopt/*Merkt* Rn 2; Röhricht/v. Westphalen/Haas/*Ries* Rn 28.

15 BeckOGK-HGB/*Servatius* Rn. 15; BeckOK-HGB/*Schwartze* Rn 5; *Bülow/Artz* Rn 97; Ebenroth/Boujong/Joost/Strohn/*Kindler* Rn 19; *Fischinger* Rn 78; GK-HGB/*Ensthaler* Rn 4; Haag/Löffler/*Pelke* Rn 8; HaKo-HGB/*Keßler* Rn 7; Heymann/*Förster* HGB Rn 5; Hopt/*Merkt* Rn 3; Koller/Kindler/Roth/Drüen/*Roth* Rn 4; *Lettl* § 2 Rn 53; MünchKommHGB/*K. Schmidt* Rn 27; Oetker/*Körber* Rn 13; Röhricht/v. Westphalen/Haas/*Ries* Rn 14; *Steinbeck* § 7 Rn 25.

6 Wegen der mit der Norm intendierten Rechtssicherheit bezieht sich diese mit der Eintragung auf ein für jedermann erkennbares Kriterium. Deshalb greift § 5 unabhängig davon ein, auf welche Weise bzw. warum es zu der Eintragung gekommen ist. Hierauf kann es im Hinblick auf den Normzweck nicht ankommen. Das gilt zunächst im Hinblick auf die Rechtsgrundlage der Eintragung, in gleicher Weise aber auch unabhängig davon, ob eine wirksame Anmeldung vorliegt. Einschlägig ist § 5 deshalb selbst dann, wenn ein Dritter die Anmeldung ohne Vertretungsmacht vorgenommen hat oder es irrtümlich bzw. versehentlich zu einer Eintragung gekommen ist.[16] Ebenso ist eine Veranlassung der Eintragung durch den Eingetragenen wegen der fehlenden teleologischen Fundierung der Norm in der Rechtsscheinslehre nicht erforderlich.[17] Maßgebend ist allein die objektive Tatsache der Eintragung. Zur Geschäftsfähigkeit des Eingetragenen s. Rn 14.

7 Die Vorschrift knüpft zwar an die eingetragene Firma an, setzt aber nicht voraus, dass die Firmenbildung den gesetzlichen Vorschriften entspricht.[18] Es reicht aus, dass der Eingetragene das Unternehmen unter der im Handelsregister eingetragenen Firma betreibt.

2. Betreiben eines Gewerbes durch den Eingetragenen

8 Nach dem Wortlaut setzt die Vorschrift voraus, dass unter der eingetragenen Firma ein Gewerbe betrieben wird („das unter der Firma betriebene Gewerbe"). Für dieses schließt § 5 den Einwand aus, es handele sich nicht um ein Handelsgewerbe. Diesen Gesetzeswortlaut versteht die herrschende Meinung mit Recht dahin, dass nur solche Unternehmen in die Norm einbezogen sind, die die Anforderungen des **handelsrechtlichen Gewerbebegriffs** erfüllen.[19] Dies ist auch bei **Betrieben der Land- oder Forstwirtschaft** der Fall (s. § 3 Rn 7 f), so dass § 5 bei ihnen ebenfalls eingreift.[20] Von Bedeutung ist die Notwendigkeit eines „Gewerbes" insbesondere, wenn die Tätigkeit des Unternehmens den freien Berufen zuzuordnen ist (s. § 1 Rn 27 ff) und aus diesem Grunde nicht hätte eingetragen werden dürfen. Der Einwand, unter der eingetragenen Firma werde in Wahrheit kein Gewerbe, sondern eine freiberufliche Tätigkeit ausgeübt, bleibt bei diesem Verständnis der Norm deshalb unverändert und trotz der Eintragung der Firma im Handels-

---

16 BeckOGK-HGB/*Servatius* Rn. 16; BeckOK-HGB/*Schwartze* Rn 5; *Brox/Henssler* § 2 Rn 50; *Canaris* Handelsrecht § 3 Rn 53; Ebenroth/Boujong/Joost/Strohn/*Kindler* Rn 16, 17; *Fischinger* Rn 78; GK-HGB/*Ensthaler* Rn 4; Hako-HGB/*Keßler* Rn 7; Heymann/*Förster* HGB Rn 5; Hopt/*Merkt* Rn 3, 4; *Kindler* § 2 Rn 86, 88; Koller/Kindler/Roth/Drüen/*Roth* Rn 6; *Lettl* § 2 Rn 57; MünchKommHGB/*K. Schmidt* Rn 20; Oetker/*Körber* Rn 13; Röhricht/v. Westphalen/Haas/*Ries* Rn 14.

17 BeckOGK-HGB/*Servatius* Rn. 16; BeckOK-HGB/*Schwartze* Rn 5; Ebenroth/Boujong/Joost/Strohn/*Kindler* Rn 17; HaKo-HGB/*Keßler* Rn 7; Heymann/*Förster* HGB Rn 5; Hopt/*Merkt* Rn 3; *Kindler* § 2 Rn 88; Oetker/*Körber* Rn 13; MünchKommHGB/*K. Schmidt* Rn 26; *Steinbeck* § 7 Rn 23, 25.

18 BeckOGK-HGB/*Servatius* Rn. 14; BeckOK-HGB/*Schwartze* Rn 6; Ebenroth/Boujong/Joost/Strohn/*Kindler* Rn 18; *Fischinger* Rn 78; Haag/Löffler/*Pelke* Rn 8; HaKo-HGB/*Keßler* Rn 7; Heymann/*Förster* HGB Rn 5; Hopt/*Merkt* Rn 3; *Hübner* Rn 64; Koller/Kindler/Roth/Drüen/*Roth* Rn 6; Oetker/*Körber* Rn 14; Röhricht/v. Westphalen/Haas/*Ries* Rn 14.

19 BGH 19.5.1960 – II ZR 72/59 – BGHZ 32, 307 (314); *Bayer/Lieder* Rn 20; BeckOGK-HGB/*Servatius* Rn. 17; BeckOK-HGB/*Schwartze* Rn 7; *Brox/Henssler* § 2 Rn 51; *Bülow/Artz* Rn 98; *Canaris* Handelsrecht § 3 Rn 56; Ebenroth/Boujong/Joost/Strohn/*Kindler* Rn 20; *Fischinger* Rn 78; GK-HGB/*Ensthaler* Rn 3; HaKo-HGB/*Keßler* Rn 8; Heymann/*Förster* HGB Rn 6; HK-HGB/*Ruß* Rn 4; Hopt/*Merkt* Rn 2, 3; *Hübner* Rn 64; *Kindler* § 2 Rn 89; Koller/Kindler/Roth/Drüen/*Roth* Rn 3; *Lettl* § 2 Rn 58; *H.-F. Müller* JA 2021, 454 (459); Oetker/*Körber* Rn 10; Röhricht/v. Westphalen/Haas/*Ries* Rn 15, 17; *Steinbeck* § 7 Rn 25; *Stöber* Rn. 62.

20 BeckOK-HGB/*Schwartze* Rn 7; Ebenroth/Boujong/Joost/Strohn/*Kindler* Rn 21; GK-HGB/*Ensthaler* Rn 3; HaKo-HGB/*Keßler* Rn 8; Hopt/*Merkt* Rn 3; Koller/Kindler/Roth/Drüen/*Roth* Rn 3; Röhricht/v. Westphalen/Haas/*Ries* Rn 18; i.E. auch Heymann/*Förster* HGB Rn 6; hierauf beschränkend *Hohmeister* NJW 2000, 1921, 1922.

register möglich.[21] Die hierdurch im Hinblick auf den Verkehrsschutz verbleibenden Defizite können teilweise durch den konkreten Verkehrsschutz abgemildert werden, den die Lehre vom Scheinkaufmann vermittelt (s. Rn 26).

Gegenüber der in Rn 8 befürworteten Auffassung wird mit Hilfe einer zweistufigen Rechtsfortbildung namentlich von *K. Schmidt* die These verfochten, § 5 sei erweiternd dahin auszulegen, dass es ausreicht, wenn der Eingetragene unter der Firma ein Unternehmen betreibt.[22] Damit würde die Vorschrift auf alle als Kaufmann eingetragene Rechtsträger und insbesondere auch auf die Sachverhalte des zu Unrecht eingetragenen Freiberuflers ausgedehnt. Dem ist jedoch zu widersprechen, da § 5 im Rahmen des Handelsrechtsreformgesetzes weitgehend unverändert blieb sowie ausdrücklich auf das „Gewerbe" abstellt und damit ein solches im Sinne des § 1 Abs. 1 meint. Auch eine entsprechende Anwendung der Norm auf die Voraussetzungen des handelsrechtlichen Gewerbebegriffs kommt angesichts der Diskussion zum Handelsrechtsreformgesetz nicht in Betracht.[23] Entsprechende Vorschläge in der Reformdiskussion, die für eine Ausdehnung des Anwendungsbereichs von § 5 plädierten,[24] hat der Gesetzgeber – im Unterschied zu dem Reformgesetzgeber in Österreich (s. § 3 UGB) – nicht aufgegriffen. Für eine Ausdehnung der Norm auf „das unter der Firma betriebene Unternehmen" fehlen deshalb die methodischen Voraussetzungen. 9

Die Verknüpfung des Anwendungsbereichs der Vorschrift mit dem Gewerbebegriff ist problematisch bei der ausschließlichen **Verwaltung eigenen Vermögens**, da diese grundsätzlich kein handelsrechtliches Gewerbe darstellt (s. § 1 Rn 23 ff). Erfolgte gleichwohl eine Eintragung in das Handelsregister, dann greift § 5 wegen des fehlenden Betreibens eines Gewerbes nicht ein.[25] Zweifelhaft ist diese Sichtweise jedoch im **Personengesellschaftsrecht**, da § 105 Abs. 2 für die Verwaltung ausschließlich eigenen Vermögens das Handelsregister öffnet.[26] Dies wirft die Frage auf, ob § 5 auch auf solche Sachverhalte anzuwenden ist, in denen die Voraussetzungen einer von § 105 Abs. 2 bzw. ab dem 1.1.2024 von § 107 Abs. 1 erfassten Vermögensverwaltungsgesellschaft zweifelhaft sind.[27] Der Zweck des § 5 spricht dafür, die Norm auf diesen Sachverhalt entsprechend anzuwenden. 10

Ohne dies ausdrücklich auszusprechen verlangt § 5 eine **Identität** zwischen dem **Eingetragenen** und dem **Inhaber** des Gewerbebetriebes.[28] Dies entspricht der zutreffenden allgemeinen Ansicht und ergibt sich indirekt aus der Anknüpfung in § 5 an die Firma, die den „Namen" desjenigen umschreibt, der das Gewerbe betreibt (s. § 17 Abs. 1). Dementsprechend schließt § 5 11

---

21 BeckOGK-HGB/*Servatius* Rn. 18; *Brox/Henssler* § 2 Rn 58; Ebenroth/Boujong/Joost/Strohn/*Kindler* Rn 20; *Fischinger* Rn 80; GK-HGB/*Ensthaler* Rn 9; HaKo-HGB/*Keßler* Rn 3, 8; Hopt/*Merkt* Rn 5; *Kindler* § 2 Rn 89; *Lettl* § 2 Rn 58; Röhricht/v. Westphalen/Haas/*Ries* Rn 17, 34.

22 So vor allem *K. Schmidt* ZHR 163 (1999), 93, 96 ff; MünchKommHGB/*K. Schmidt* Rn 22 ff; i.E. auch *Siems* Kaufmannsbegriff und Rechtsfortbildung, 2. Aufl. 2003, S. 122 f. Zu älteren Bestrebungen in dieser Richtung Staub/*Brüggemann*[4] Rn 21, mwN.

23 Ebenfalls ablehnend *Bayer/Lieder* Rn 20; BeckOK-HGB/*Schwartze* Rn 7; *Brox/Henssler* § 2 Rn 56; *Canaris* Handelsrecht § 3 Rn 56; Ebenroth/Boujong/Joost/Strohn/*Kindler* Rn 21; HaKo-HGB/*Keßler* Rn 3, 8; Heymann/*Förster* HGB Rn 6; Hopt/*Merkt* Rn 2; *Kindler* § 2 Rn 89; *Lettl* § 2 Rn 58; Oetker/*Körber* Rn 12. Im Grundsatz ebenso schon BGH 19.5.1960 – II ZR 72/59 – BGHZ 32, 307 (313 f), der eine „ausdehnende Anwendung" ausdrücklich verwirft; i.E. auch *Fischinger* Rn 75, 78; Haag/Löffler/*Pelke* Rn 7; Koller/Kindler/Roth/Drüen/*Roth* Rn 9; *Lettl* § 2 Rn 58; Röhricht/v. Westphalen/Haas/*Ries* Rn 13.

24 S. z.B. *K. Schmidt* DB 1994, 515 (517 f); *ders.* ZIP 1997, 909 (914).

25 So auch BeckOGK-HGB/*Servatius* Rn. 19; BeckOK-HGB/*Schwartze* Rn 8; Oetker/*Körber* Rn 11.

26 Ebenso die Rechtslage ab dem 1.1.2024, s. § 107 Abs. 1 n.F.

27 Bejahend BeckOGK-HGB/*Servatius* Rn. 19; BeckOK-HGB/*Schwartze* Rn 8; Ebenroth/Boujong/Joost/Strohn/*Kindler* Rn 23; HaKo-HGB/*Keßler* Rn 8; Hopt/*Merkt* Rn 4; Oetker/*Körber* Rn 11.

28 BeckOK-HGB/*Schwartze* Rn 10; *Bülow/Artz* Rn 98; Ebenroth/Boujong/Joost/Strohn/*Kindler* Rn 25; *Fischinger* Rn 78; Heymann/*Förster* HGB Rn 7; *Hübner* Rn 64; Koller/Kindler/Roth/Drüen/*Roth* Rn 5; Oetker/*Körber* Rn 15; Röhricht/v. Westphalen/Haas/*Ries* Rn 14; i.E auch Hopt/*Merkt* Rn 3; *Lettl* § 2 Rn 58; **aA** MünchKommHGB/*K. Schmidt* Rn 18, der das Vorhandensein des eingetragenen Rechtssubjekts ausreichen lässt.

nicht den Einwand aus, der im Handelsregister Eingetragene sei nicht der Betreiber des Gewerbes,[29] z.B. weil dieses nach der Eintragung an einen Dritten veräußert oder verpachtet wurde,[30] ohne dass dem eine entsprechende Änderung im Handelsregister nachfolgte.

12 Da § 5 ein „betriebenes Gewerbe" voraussetzt, muss für die Anwendung der Vorschrift ein handelsrechtliches Gewerbe bereits begonnen worden sein (s. § 1 Rn 45 ff) und darf auch nicht beendet sein.[31] Bedeutsam ist dies insbesondere in den Fällen einer Stilllegung des Betriebes ohne anschließende Löschung der Firma im Handelsregister. Den auf die Beendigung des Gewerbebetriebes gestützten Einwand schließt § 5 nicht aus.[32] Entsprechendes gilt für den eher theoretischen Einwand, ein Gewerbe sei trotz der Eintragung noch nicht begonnen worden.[33] Zur zeitlichen Reichweite der Rechtsfolge des § 5 s. näher Rn 23.

3. Subjektive Voraussetzungen

13 Da § 5 keine Rechtsscheinsnorm ist (s. Rn 2), greift diese unabhängig davon ein, ob der Dritte die wahre Sachlage kennt.[34] Insbesondere kommt es für die Anwendung der Vorschrift nicht auf die Gutgläubigkeit des Dritten oder dessen Schutzbedürftigkeit an.[35] Auch eine Kenntnis von der Eintragung in dem Handelsregister bei der Vornahme eines Rechtsgeschäfts (Kausalität) ist nicht erforderlich.[36]

14 Umgekehrt gebietet der auf Optimierung der Rechtssicherheit gerichtete Zweck des § 5, dass dessen Anwendung nicht von besonderen subjektiven Voraussetzungen in der Person des Eingetragenen abhängt. Deshalb greift die Vorschrift auch gegenüber **Geschäftsunfähigen** oder **beschränkt Geschäftsfähigen** ein.[37] Die hiermit verbundene Einbuße an Schutz für Geschäftsunfähige bzw. beschränkt Geschäftsfähige ist im Interesse der mit § 5 geschützten Rechtssicherheit hinzunehmen, da sich der Eingetragene trotz der Rechtswirkungen des § 5 auf die Nichtigkeit bzw. Unwirksamkeit eines Rechtsgeschäfts wegen Geschäftsunfähigkeit (§ 105 BGB) bzw. fehlender Zustimmung des gesetzlichen Vertreters (§ 108 BGB) berufen kann.[38]

---

29 Ebenso BeckOGK-HGB/*Servatius* Rn. 20; Ebenroth/Boujong/Joost/Strohn/*Kindler* Rn 32; Heymann/*Förster* HGB Rn 7; *Lettl* § 2 Rn 58; Röhricht/v. Westphalen/Haas/*Ries* Rn 38.

30 Röhricht/v. Westphalen/Haas/*Ries* Rn 17.

31 BeckOK-HGB/*Schwartze* Rn 9; Heymann/*Förster* HGB Rn 6; HK-HGB/*Ruß* Rn 4; *Lettl* § 2 Rn 58.

32 So ausdrücklich für diese Konstellation BGH 19.5.1960 – II ZR 72/59 – BGHZ 32, 307 (313 f); ebenso BeckOGK-HGB/*Servatius* Rn. 17; BeckOK-HGB/*Schwartze* Rn 9; *Bülow/Artz* Rn 98; *Canaris* Handelsrecht § 3 Rn 55; Ebenroth/Boujong/Joost/Strohn/*Kindler* Rn 32; Haag/Löffler/*Pelke* Rn 13; HaKo-HGB/*Keßler* Rn 13; Heymann/*Förster* HGB Rn 6; Hopt/*Merkt* Rn 5; *Lettl* § 2 Rn 58; Röhricht/v. Westphalen/Haas/*Ries* Rn 16, 35.

33 BeckOK-HGB/*Schwartze* Rn 9; Hopt/*Merkt* Rn 5.

34 BGH 6.7.1981 – II ZR 38/81 – NJW 1982, 45 (45); *Bayer/Lieder* Rn 17; BeckOK-HGB/*Schwartze* Rn 11; *Bülow/Artz* Rn 101; *Canaris* Handelsrecht § 3 Rn 51; Ebenroth/Boujong/Joost/Strohn/*Kindler* Rn 3; *Fischinger* Rn 23; HaKo-HGB/*Keßler* Rn 7; HK-HGB/*Ruß* Rn 2; Hopt/*Merkt* Rn 3; *Kindler* § 2 Rn 85; MünchKommHGB/*K. Schmidt* Rn 26.

35 Für die allg. Ansicht BGH 6.7.1981 – II ZR 38/81 – NJW 1982, 45 (45 f); BeckOGK-HGB/*Servatius* Rn. 21; BeckOK-HGB/*Schwartze* Rn 11; *Brox/Henssler* § 2 Rn 61; *Bülow/Artz* Rn 101; Ebenroth/Boujong/Joost/Strohn/*Kindler* Rn 26; *Fischinger* Rn 79; GK-HGB/*Ensthaler* Rn 5; Haag/Löffler/*Pelke* Rn 8; HaKo-HGB/*Keßler* Rn 7; Heymann/*Emmerich*[2] HGB Rn 6; HK-HGB/*Ruß* Rn 2; Hopt/*Merkt* Rn 3; *Hübner* Rn 64; Koller/Kindler/Roth/Drüen/*Roth* Rn 6; *Lettl* § 2 Rn 53; Röhricht/v. Westphalen/Haas/*Ries* Rn 14; *Steinbeck* § 7 Rn 25; *Stöber* Rn. 58; *Weller/Prütting* Rn 109.

36 BGH 6.7.1981 – II ZR 38/81 – NJW 1982, 45 (46); *Bülow/Artz* Rn 103; *Fischinger* Rn 79; HaKo-HGB/*Keßler* Rn 7; Hopt/*Merkt* Rn 3; Koller/Kindler/Roth/Drüen/*Roth* Rn 6; MünchKommHGB/*K. Schmidt* Rn 26; Röhricht/v. Westphalen/Haas/*Ries* Rn 14.

37 BeckOGK-HGB/*Servatius* Rn. 16; BeckOK-HGB/*Schwartze* Rn 19; *Canaris* Handelsrecht § 3 Rn 53; Hopt/*Merkt* Rn 5; *Hübner* Rn 54; MünchKommHGB/*K. Schmidt* Rn 26; Oetker/*Körber* Rn 18.

38 *Bülow/Artz* Rn 99; HaKo-HGB/*Keßler* Rn 13; Heymann/*Emmerich*[2] HGB Rn 9b; Hopt/*Merkt* Rn 5; Koller/Kindler/Roth/Drüen/*Roth* Rn 8; Röhricht/v. Westphalen/Haas/*Ries* Rn 36.

4. „Berufung" auf die Eintragung im Handelsregister

Nach dem Wortlaut schließt § 5 den Einwand, bei dem unter der Firma betriebenen Gewerbe handele es sich nicht um ein Handelsgewerbe, nur zu Gunsten desjenigen aus, der sich auf die Eintragung „beruft". Diese Fassung des Gesetzes provoziert das Missverständnis, dass diese Rechtsfolge nur dann eintritt, wenn sich ein anderer bei der Geltendmachung einer Rechtsposition ausdrücklich auf die Eintragung stützt. Einem derartigen Verständnis steht jedoch der Zweck der Norm gegenüber. Die mit § 5 erstrebte Rechtssicherheit soll dem Eingetragenen generell den Einwand abschneiden, unter der Firma werde kein Handelsgewerbe betrieben. Dieser Normzweck greift jedoch bereits ein, wenn die Anwendung von Vorschriften in Frage steht, die das Vorliegen eines Handelsgewerbes voraussetzen. Insofern ist der herrschenden Meinung im Grundsatz darin zuzustimmen, dass § 5 kein Berufen auf die Eintragung voraussetzt.[39] Vielmehr ist die Vorschrift von Amts wegen stets dann zu beachten, wenn ein Sachverhalt vorgetragen wird, dessen rechtliche Beurteilung davon abhängt, ob ein Handelsgewerbe vorliegt.[40] In dieser Konstellation trifft jedoch in der Regel denjenigen, der sich auf die Anwendung einer handelsrechtlichen Norm beruft, die Darlegungslast, die sich auch auf das Vorliegen eines Handelsgewerbes bezieht. Dafür ist es zumeist unabweisbar, die Eintragung im Handelsregister vorzutragen. Dies reicht für ein „Berufen" auf die Eintragung aus. § 5 begründet jedoch keine Einwendung im rechtstechnischen Sinne.[41] In extrem gelagerten Ausnahmefällen kann allerdings der Arglisteinwand (§ 242 BGB) die Anwendung des § 5 ausschließen.[42] 15

III. Rechtsfolgen des § 5

Die Rechtsfolge des § 5 beschränkt sich nach dem Wortlaut der Norm ausschließlich auf das Vorliegen eines Handelsgewerbes. Gleichwohl wird § 5 verbreitet dahin verstanden, dass die Vorschrift die Kaufmannseigenschaft fingiert bzw. diese unwiderlegbar zu vermuten ist (s. Rn 3).[43] Diese Ansicht übersieht jedoch, dass sich die Norm ausschließlich auf das Vorliegen eines Handelsgewerbes bezieht und die Kaufmannseigenschaft nach § 1 Abs. 1 hieran anknüpft.[44] Deshalb regelt die Vorschrift – wie § 2 Satz 1 (s. § 2 Rn 25) – ausschließlich, dass das gewerbliche Unternehmen einem Handelsgewerbe gleichzustellen ist (s. auch Rn 3). Ob es sich bei § 5 wie bei § 2 Satz 1 (s. § 2 Rn 25) um eine Fiktion[45] oder aber eine unwiderlegbare Vermu- 16

39 BeckOGK-HGB/*Servatius* Rn. 22; BeckOK-HGB/*Schwartze* Rn 12; *Canaris* Handelsrecht § 3 Rn 59; Ebenroth/Boujong/Joost/Strohn/*Kindler* Rn 26; *Fischinger* Rn 81; Haag/Löffler/*Pelke* Rn 8; HaKo-HGB/*Keßler* Rn 12; Heymann/*Förster* HGB Rn 8; MünchKommHGB/*K. Schmidt* Rn 28; *ders.* JuS 1977, 209 (211); *Steinbeck* § 7 Rn 26.

40 BeckOK-HGB/*Schwartze* Rn 12; *Brox/Henssler* § 2 Rn 59; Ebenroth/Boujong/Joost/Strohn/*Kindler* Rn 26; *Fischinger* Rn 81; HaKo-HGB/*Keßler* Rn 12; Heymann/*Förster* HGB Rn 8; Hopt/*Merkt* Rn 4; *Lettl* § 2 Rn 57; *Steinbeck* § 7 Rn 26; *Weller/Prütting* Rn 109 a.E.; wohl auch HK-HGB/*Ruß* Rn 5; Oetker/*Körber* Rn 16; im Ansatz ebenso Koller/Kindler/Roth/Drüen/*Roth* Rn 6.

41 Hopt/*Merkt* Rn 4.

42 Hierfür BeckOGK-HGB/*Servatius* Rn. 21; BeckOK-HGB/*Schwartze* Rn 11; *Brox/Henssler* § 2 Rn 61; GK-HGB/*Ensthaler* Rn 5; HK-HGB/*Ruß* Rn 2 a.E.; *Hübner* Rn 63; Oetker/*Körber* Rn 18 sowie OVG Nordrhein-Westfalen 23.10.1986 – 13 A 334/86 – BB 1987, 1130 (1131).

43 So BeckOGK-HGB/*Servatius* Rn. 21; *Fischinger* Rn 80; Hopt/*Merkt* Rn 1; Koller/Kindler/Roth/Drüen/*Roth* Rn 1; *Lettl* § 2 Rn 53; Oetker/*Körber* Rn 1, 17; Röhricht/v. Westphalen/Haas/*Ries* Rn 27; *Steinbeck* § 7 Rn 23, 27; i.E. auch Heymann/*Emmerich*[2] HGB Rn 1a, der jedoch § 5 als einen eigenständigen und selbständig neben den §§ 1 bis 3 stehenden Tatbestand zur Erlangung der Kaufmannseigenschaft ansieht.

44 Treffend deshalb *Bülow/Artz* Rn. 92; Ebenroth/Boujong/Joost/Strohn/*Kindler* Rn 27 f; *Kindler* § 2 Rn 90.

45 BeckOGK-HGB/*Servatius* Rn. 21; *Brox/Henssler* § 2 Rn 54; *Bülow/Artz* Rn. 92; *Canaris* Handelsrecht § 3 Rn 52; *Fischinger* Rn 80; HK-HGB/*Ruß* Rn 2; *Kindler* § 2 Rn 90; Koller/Kindler/Roth/Drüen/*Roth* Rn 2; abl. Heymann/*Emmerich*[2] HGB Rn 1a; MünchKommHGB/*K. Schmidt* Rn 10; Oetker/*Körber* Rn 1, 17.

tung[46] handelt, ist ohne praktische Bedeutung.[47] Die besseren Gründe streiten für eine unwiderlegbare Vermutung, da § 5 auch solche Sachverhalte erfasst, in denen objektiv ein Handelsgewerbe vorliegt, die Vorschrift jedoch die Überprüfung der hierfür nach § 1 Abs. 2 maßgeblichen Voraussetzungen außerhalb des registergerichtlichen Verfahrens grundsätzlich ausschließt.

17 Im Interesse der Rechtssicherheit will § 5 den Einwand, das Gewerbe sei kein Handelsgewerbe, jedermann[48] abschneiden. Deshalb wirkt die Eintragung nicht nur zu Lasten des Eingetragenen, sondern auch zu dessen Gunsten,[49] so z.B. wenn sich dieser auf die Genehmigungsfiktion des § 377 beruft oder aber einen Zinsanspruch auf die §§ 352, 353 stützt. In diesen Konstellationen verwehrt § 5 dem Vertragspartner den Einwand, die Anwendung der vorgenannten Normen scheitere, weil das Gewerbe seines Gegenübers nicht die Voraussetzungen eines Handelsgewerbes erfülle.

18 Die mit § 5 bezweckte Rechtssicherheit zielt auf den Geschäftsverkehr ab. Dieser soll wegen der Eintragung der Firma im Handelsregister von der im jeweiligen Einzelfall vorzunehmenden Prüfung entlastet werden, ob ein Unternehmen vorliegt, das nach Art und Umfang einen in kaufmännischer Weise eingerichteten Geschäftsbetrieb erfordert. Keine Geltung beansprucht dieser Zweck grundsätzlich im **registergerichtlichen Verfahren.**[50] Insbesondere bindet § 5 das Registergericht nicht an die einmal vorgenommene Eintragung, so dass die Vorschrift nicht einer Löschung entgegensteht, wenn das gewerbliche Unternehmen nach der Eintragung zum Kleingewerbe herabgesunken ist (s. auch § 2 Rn 23).[51]

19 Aufgrund seines Zwecks entfaltet § 5 seine Rechtswirkungen unstreitig im **Rechtsgeschäftsverkehr**, ist hierauf aber nicht beschränkt. Vielmehr gilt die Norm auch in dem hiermit zusammenhängenden **Prozessverkehr.**[52] Praktisch relevant war dies nach der älteren höchstrichterlichen Rechtsprechung insbesondere für die Offene Handelsgesellschaft bzw. die Kommanditgesellschaft, wenn diese infolge eines verringerten Geschäftsbetriebes nicht mehr die Voraussetzungen eines Handelsgewerbes erfüllte und damit eine Gesellschaft bürgerlichen Rechts wurde. In diesem Fall erhielt § 5 die Parteifähigkeit der Gesellschaft aufrecht.[53] Infolge der gewandelten höchstrichterlichen Judikatur zur BGB-Gesellschaft, die die Parteifähigkeit für die BGB-(Außen-)gesellschaft bejaht,[54] hat diese Problematik jedoch ihre praktische Relevanz

---

46 Hierfür GK-HGB/*Ensthaler* Rn 2, 6; Hopt/*Merkt* Rn 1; abl. jedoch Heymann/*Emmerich*[2] HGB Rn 1a.

47 Treffend MünchKommHGB/*K. Schmidt* Rn 30.

48 So ausdrücklich BGH 6.7.1981 – II ZR 38/81 – NJW 1982, 45 (45); ebenso BeckOK-HGB/*Schwartze* Rn 18; *Brox/Henssler* Rn 61; *Fischinger* Rn 81; Haag/Löffler/*Pelke* Rn 14; Koller/Kindler/Roth/Drüen/*Roth* Rn 8; MünchKommHGB/*K. Schmidt* Rn 31; Oetker/*Körber* Rn 18; Röhricht/v. Westphalen/Haas/*Ries* Rn 27.

49 BGH 6.7.1981 – II ZR 38/81 – NJW 1982, 45 (45); BeckOGK-HGB/*Servatius* Rn. 32; BeckOK-HGB/*Schwartze* Rn 18; *Brox/Henssler* § 2 Rn 61; *Bülow/Artz* Rn. 96; *Canaris* Handelsrecht § 3 Rn 51; Ebenroth/Boujong/Joost/Strohn/*Kindler* Rn 3, 30; *Fischinger* Rn 81; GK-HGB/*Ensthaler* Rn 5; HaKo-HGB/*Keßler* Rn 9a; Heymann/*Emmerich*[2] HGB Rn 6; HK-HGB/*Ruß* Rn 2; Hopt/*Merkt* Rn 6; *Kindler* § 2 Rn 85; Koller/Kindler/Roth/Drüen/*Roth* Rn 8; *Lettl* § 2 Rn 54; MünchKommHGB/*K. Schmidt* Rn 31; Oetker/*Körber* Rn 18; Röhricht/v. Westphalen/Haas/*Ries* Rn 27; *Steinbeck* § 7 Rn 23; *Weller/Prütting* Rn 109.

50 BeckOK-HGB/*Schwartze* Rn 28; Ebenroth/Boujong/Joost/Strohn/*Kindler* Rn 42; HaKo-HGB/*Keßler* Rn 10; Heymann/*Förster* HGB Rn 13; Hopt/*Merkt* Rn 1, 6; Koller/Kindler/Roth/Drüen/*Roth* Rn 8; Oetker/*Körber* Rn 30; Röhricht/v. Westphalen/Haas/*Ries* Rn 39.

51 Ebenroth/Boujong/Joost/Strohn/*Kindler* Rn 42; GK-HGB/*Ensthaler* Rn 8; Heymann/*Förster* HGB Rn 13; HK-HGB/*Ruß* Rn 3; Hopt/*Merkt* Rn 1; Oetker/*Körber* Rn 30; Röhricht/v. Westphalen/Haas/*Ries* Rn 39.

52 So für die Parteifähigkeit BGH 6.7.1981 – II ZR 38/81 – NJW 1982, 45 (45). Ebenso allg. BeckOGK-HGB/*Servatius* Rn. 27; BeckOK-HGB/*Schwartze* Rn 24; *Canaris* Handelsrecht § 3 Rn 57; Ebenroth/Boujong/Joost/Strohn/*Kindler* Rn 36; GK-HGB/*Ensthaler* Rn 8; HaKo-HGB/*Keßler* Rn 9b; Heymann/*Förster* HGB Rn 12; HK-HGB/*Ruß* Rn 3; Hopt/*Merkt* Rn 6; *Kindler* § 2 Rn 91; Koller/Kindler/Roth/Drüen/*Roth* Rn 8; *Lettl* § 2 Rn 55; MünchKommHGB/*K. Schmidt* Rn 41; Oetker/*Körber* Rn 21, 24; Röhricht/v. Westphalen/Haas/*Ries* Rn 29.

53 S. BGH 6.7.1981 – II ZR 38/81 – NJW 1982, 45 (45); s. auch Heymann/*Förster* HGB Rn 10.

54 S. BGH 29.1.2001 – II ZR 331/00 – BGHZ 146, 341 ff.

verloren.[55] Bedeutung kann § 5 im Prozessverkehr aber unverändert z.B. im Hinblick auf § 38 ZPO erlangen.

Soweit eine Gesellschaft trotz des verringerten Geschäftsbetriebes wegen § 5 als **Offene Handelsgesellschaft** bzw. **Kommanditgesellschaft** zu behandeln ist, strahlt dies auch auf das jeweils maßgebende Rechtsstatut für die Gesellschaft aus. Anzuwenden sind vor allem diejenigen Vorschriften, die die Haftung für die Verbindlichkeiten der Gesellschaft ausgestalten (Außenverhältnis), da auch insoweit die Sicherheit im Rechtsverkehr betroffen ist.[56] Anwendbar bleiben deshalb insbesondere die §§ 128 bis 130, aber auch § 139.[57] Entsprechendes gilt für das Verhältnis der Gesellschafter untereinander (Innenverhältnis).[58] Die tatbestandlich auf das Vorliegen eines Handelsgewerbes beschränkte Reichweite des § 5 führt für die Personenhandelsgesellschaften deshalb dazu, das sonstige Mängel, die ihrer wirksamen Errichtung entgegenstehen, nicht durch die Eintragung im Handelsregister und § 5 überwunden bzw. geheilt werden. Insbesondere sog. **Scheingesellschaften** unterliegen nicht über § 5 den Vorschriften für die Offene Handelsgesellschaft bzw. die Kommanditgesellschaft.[59] 20

Nicht abschließend ist bislang geklärt, ob § 5 für den sog. **Unrechtsverkehr** gilt.[60] Da die Norm nicht der Rechtsscheinhaftung zuzurechnen ist (s. Rn 2), sondern der Rechtssicherheit im Geschäftsverkehr dient, streiten gute Gründe dafür, die Rechtswirkungen des § 5 nur dann auf den sog. Unrechtsverkehr zu erstrecken, wenn dieser mit der geschäftlichen Tätigkeit im Zusammenhang steht. Unter dieser Voraussetzung gilt § 5 auch bei der Geltendmachung von Ansprüchen aus unerlaubter Handlung, ungerechtfertigter Bereicherung oder Geschäftsführung ohne Auftrag.[61] Außerhalb dieses Bereichs würde eine Anwendung der Vorschrift im sog. Unrechtsverkehr eine vom Normzweck nicht abgedeckte überschießende Wirkung entfalten. 21

Wegen der funktionalen Ausrichtung der Vorschrift auf den Geschäftsverkehr gilt diese nicht im **öffentlichen Recht** (z.B. für die IHK-Umlage[62]).[63] Das betrifft neben den dem öffentlichen Recht zuzurechnenden **§§ 238 ff, 242 ff**[64] auch die Vorschriften zum **registergerichtli-** 22

---

55 Treffend BeckOK-HGB/*Schwartze* Rn 24; Heymann/*Förster* HGB Rn 12; MünchKommHGB/*K. Schmidt* Rn 41; Röhricht/v. Westphalen/Haas/*Ries* Rn 29 mit Fn 19.

56 So auch BeckOK-HGB/*Schwartze* Rn 23; Ebenroth/Boujong/Joost/Strohn/*Kindler* Rn 35; Heymann/*Emmerich*² HGB Rn 9; Oetker/*Körber* Rn 23; Röhricht/v. Westphalen/Haas/*Ries* Rn 27; i.E. ferner MünchKommHGB/*K. Schmidt* Rn 34.

57 BGH 6.7.1981 – II ZR 38/81 – NJW 1982, 45 (45 f); ebenso BeckOK-HGB/*Schwartze* Rn 23; Oetker/*Körber* Rn 23.

58 Heymann/*Emmerich*² HGB Rn 9; Hopt/*Merkt* Rn 6; Koller/Kindler/Roth/Drüen/*Roth* Rn 8; Röhricht/v. Westphalen/Haas/*Ries* Rn 27; i.E. auch MünchKommHGB/*K. Schmidt* Rn 34.

59 Heymann/*Emmerich*² HGB Rn 9a; Röhricht/v. Westphalen/Haas/*Ries* Rn 37.

60 Offengelassen von BGH 6.7.1981 – II ZR 38/81 – NJW 1982, 45 (45); Heymann/*Förster* HGB Rn 11.

61 Wie hier BeckOGK-HGB/*Servatius* Rn. 29; *Canaris* Handelsrecht § 3 Rn 58; Ebenroth/Boujong/Joost/Strohn/*Kindler* Rn 37 f; Heymann/*Förster* HGB Rn 11; HK-HGB/*Ruß* Rn 3; Hopt/*Merkt* Rn 6; *Kindler* § 2 Rn 93; im Grundsatz auch Röhricht/v. Westphalen/Haas/*Ries* Rn 31; ohne die hiesige Einschränkung GK-HGB/*Ensthaler* Rn 8; Koller/Kindler/Roth/Drüen/*Roth* Rn 8; *Lettl* § 2 Rn 59; Oetker/*Körber* Rn 25; *K. Schmidt* JuS 1977, 209 (212); s. auch *dens.* DB 1972, 959 ff; generell **aA** für das Deliktsrecht *Brox/Henssler* § 2 Rn 62.

62 Ebenroth/Boujong/Joost/Strohn/*Kindler* Rn 46; HaKo-HGB/*Keßler* Rn 10; Hopt/*Merkt* Rn 6; Oetker/Körber Rn 27; *Röhricht*/v. Westphalen/Haas/*Ries* Rn 40; **aA** OVG Nordrhein-Westfalen 23.10.1986 – 13 A 334/86 – BB 1987, 1130 (1131); BeckOGK-HGB/*Servatius* Rn. 34.

63 BeckOK-HGB/*Schwartze* Rn 27, 30; HaKo-HGB/*Keßler* Rn 10; *Kindler* § 2 Rn 94; *Lettl* § 2 Rn 55; Oetker/*Körber* Rn 26.

64 OLG Dresden 29.1.2003 – 12 U 805/02 – StB 2003, 149; BeckOK-HGB/*Schwartze* Rn 29; *Canaris* Handelsrecht § 3 Rn 57; Ebenroth/Boujong/Joost/Strohn/*Kindler* Rn 45; GK-HGB/*Ensthaler* Rn 8; Haag/Löffler/*Pelke* Rn 14; HaKo-HGB/*Keßler* Rn 10; Hopt/*Merkt* Rn 6; Koller/Kindler/Roth/Drüen/*Roth* Rn 8; *Lettl* § 2 Rn 55; MünchKommHGB/*K. Schmidt* Rn 35; Oetker/*Körber* Rn 28; Röhricht/v. Westphalen/Haas/*Ries* Rn 40; *Steinbeck* § 7 Rn 27; **aA** BeckOGK-HGB/*Servatius* Rn. 33.

chen Verfahren (s. Rn 18). Entsprechendes gilt für das **Strafrecht** und das Verwaltungsunrecht **(Ordnungswidrigkeitenrecht)**[65] sowie für das **Steuerrecht.**[66]

23 Die durch § 5 begründete Rechtsfolge gilt für den gesamten **Zeitraum,** in dem die Eintragung im Handelsregister besteht.[67] Gerade im Rechtsgeschäftsverkehr kommt es jedoch darauf an, dass der Entstehungstatbestand in diesem Zeitraum vollständig begründet worden ist. War dies bereits vor der Eintragung der Fall, so greift § 5 nicht ein.[68] Entsprechendes gilt, wenn zuvor bereits eine Löschung aus dem Handelsregister erfolgte.[69]

IV. Die Lehre vom Scheinkaufmann

1. Allgemeines

24 Die Lehre vom Scheinkaufmann zählt zu den überkommenen handelsrechtlichen Instituten, die den Erwartungen des Geschäftsverkehrs Rechnung trägt und den Verkehrsschutz ergänzt, den die §§ 5, 15 auf unterschiedlicher dogmatischer Grundlage etablieren. Die Lehre vom Scheinkaufmann geht zurück auf die unmittelbar nach Inkrafttreten des HGB unterbreiteten Überlegungen von *Staub,*[70] der diese allerdings noch eng mit der Regelung in § 5 verknüpfte, indem er diese als Verkörperung eines allgemeinen Rechtsgedankens bewertete und für eine Gleichstellung des Scheins mit dem Sein plädierte („Wer als Kaufmann auftritt, gilt als Kaufmann. Wer sich als Vollkaufmann geriert, gilt als Vollkaufmann.").

25 Ungeachtet der historischen Verdienste von *Staub* um die dogmatische Herausbildung der Lehre vom Scheinkaufmann hat die nachfolgende wissenschaftliche Diskussion zum teleologischen Fundament des § 5 jedoch gezeigt, dass die letztgenannte Vorschrift mit den allgemeinen Kategorien der Rechtsscheinslehre nicht zu erfassen ist (s. Rn 3). Darüber hinaus steht die von *Staub* postulierte Gleichstellung des Scheins mit dem Sein im offenkundigen Widerspruch zu dem differenzierten normativen Konzept, das die §§ 1 ff für die Erlangung der Kaufmannseigenschaft etablieren.[71] Deshalb ist präzise zwischen dem durch § 5 bezweckten *allgemeinen* Verkehrsschutz (s. Rn 1) und dem *konkreten* Verkehrsschutz, den die insbesondere von *Canaris* fundierte allgemeine Lehre vom Rechtsschein bewirkt,[72] zu unterscheiden. In diesem Lichte erscheint die Lehre vom Scheinkaufmann nicht als Abstraktion eines in § 5 angelegten allgemeinen Rechtsgedankens, sondern weist vielmehr eine deutliche Nähe zu den ergänzend zu § 15

---

65 BeckOGK-HGB/*Servatius* Rn. 31; BeckOK-HGB/*Schwartze* Rn 32; *Canaris* Handelsrecht § 3 Rn 57; Ebenroth/Boujong/Joost/Strohn/*Kindler* Rn 46, 48; GK-HGB/*Ensthaler* Rn 8; HaKo-HGB/*Keßler* Rn 10; Heymann/*Förster* HGB Rn 14; Hopt/*Merkt* Rn 6; MünchKommHGB/*K. Schmidt* Rn 44; Oetker/*Körber* Rn 27; Röhricht/v. Westphalen/Haas/*Ries* Rn 40.

66 BeckOK-HGB/*Schwartze* Rn 31; Ebenroth/Boujong/Joost/Strohn/*Kindler* Rn 47; *Fischinger* Rn 82; GK-HGB/*Ensthaler* Rn 8; HaKo-HGB/*Keßler* Rn 10; Heymann/*Förster* HGB Rn 15; Hopt/*Merkt* Rn 6; MünchKommHGB/*K. Schmidt* Rn 42; Oetker/*Körber* Rn 29; Röhricht/v. Westphalen/Haas/*Ries* Rn 40.

67 BeckOGK-HGB/*Servatius* Rn. 23; BeckOK-HGB/*Schwartze* Rn 20; Haag/Löffler/*Pelke* Rn 11; HaKo-HGB/*Keßler* Rn 11; Heymann/*Förster* HGB Rn 16; MünchKommHGB/*K. Schmidt* Rn 31; Oetker/*Körber* Rn 20; Röhricht/v. Westphalen/Haas/*Ries* Rn 32.

68 BeckOK-HGB/*Schwartze* Rn 20; Ebenroth/Boujong/Joost/Strohn/*Kindler* Rn 31; HaKo-HGB/*Keßler* Rn 11; Heymann/*Förster* HGB Rn 16; Hopt/*Merkt* Rn 7; Röhricht/v. Westphalen/Haas/*Ries* Rn 32.

69 BeckOK-HGB/*Schwartze* Rn 20; Ebenroth/Boujong/Joost/Strohn/*Kindler* Rn 31; HaKo-HGB/*Keßler* Rn 11; Heymann/*Emmerich* [2] HGB Rn 10a; Hopt/*Merkt* Rn 7; Röhricht/v. Westphalen/Haas/*Ries* Rn 32.

70 *Staub* HGB, 6./.7. Aufl. 1900, Exkurs zu § 5 Anm. 1 (S. 80 ff).

71 Mit treffender Kritik deshalb *Brox/Henssler* § 2 Rn 63; *Canaris* Handelsrecht § 3 Rn 7; Oetker/*Körber* Anh. § 5 Rn 2; *v. Olshausen* FS Raisch, 1995, S. 147 (151 ff) sowie bereits *Ehrenberg* Handbuch des gesamten Handelsrechts Bd. II, 1918, S. 132; s. ferner *Nickel* JA 1980, 566 (568 f).

72 Speziell für die Lehre vom Scheinkaufmann *Canaris* Vertrauenshaftung, S. 180 f.

Abs. 1 entwickelten allgemeinen Rechtsscheinsgrundsätzen auf (s. dazu auch § 15 Rn 117 f).[73] Diese besagen, dass derjenige, der zurechenbar einen Rechtsscheinstatbestand geschaffen hat, von gutgläubigen Dritten, die im Vertrauen hierauf disponiert haben, nach deren Wahl an diesem festgehalten werden kann. Bezogen auf die Kaufmannseigenschaft bedeutet dies, dass derjenige, der ohne Kaufmann zu sein, durch sein Auftreten oder Verhalten einen entsprechenden Rechtsschein bei hierauf vertrauenden Dritten veranlasst hat, sich wie ein Kaufmann behandeln lassen muss. Allerdings wird hierdurch stets nur ein konkreter Schutz des Geschäftsverkehrs wegen der von Dritten getätigte Vertrauensdisposition vermittelt, niemals aber – wie mittelbar im Fall des § 5 – der *erga omnes* wirkende Rechtsstatus der Kaufmannseigenschaft begründet.[74]

2. Personenkreis

Die Lehre vom Scheinkaufmann ist im Hinblick auf den hiervon erfassten Personenkreis subsidiär zu den §§ 1 bis 5.[75] Soweit nach diesen Vorschriften die Kaufmannseigenschaft zu bejahen ist, bleibt für die Lehre vom Scheinkaufmann kein Raum. Das gilt insbesondere für Personen, die im Handelsregister eingetragen sind, so dass diese wegen der begrenzten Reichweite des § 5 nur dann als Adressat für die Lehre vom Scheinkaufmann in Betracht kommen, wenn sie ein Unternehmen betreiben, das nicht den Anforderungen des handelsrechtlichen Gewerbebegriffes entspricht (s. Rn 8).[76] Anders ist dies für Personen, die nicht im Handelsregister eingetragen sind. Neben denjenigen, deren Unternehmen nicht die Voraussetzungen des handelsrechtlichen Gewerbebegriffes erfüllt (z.B. freiberuflich Tätige[77]), ist die Lehre vom Scheinkaufmann bei solchen Kleingewerbetreibenden sowie Inhabern land- oder forstwirtschaftlicher Unternehmen anwendbar, die die ihnen eröffnete Option zur Eintragung in das Handelsregister nicht ausgeübt haben.[78] 26

3. Rechtsscheinstatbestand

Als Kaufmann muss sich nach der Lehre vom Scheinkaufmann nur derjenige behandeln lassen, der im Geschäftsverkehr den Eindruck erweckt hat, er sei ein Kaufmann. Aufgrund des funktionalen Kontextes der Lehre vom Scheinkaufmann ist der Schein des Kaufmanns nicht im allgemeinen bzw. umgangssprachlichen Sinne, sondern normativ im Sinne des HGB zu verstehen. Dieser Rechtsscheinstatbestand kann entweder durch ausdrückliche Erklärungen oder aber durch die tatsächliche Ausgestaltung des Geschäftsbetriebes verwirklicht werden, indem der Inhaber ihm nicht zustehende kaufmännische Rechtseinrichtungen in Anspruch nimmt oder seinen Geschäftsbetrieb mit einer kaufmännischen Organisationsstruktur versieht. 27

73 Ebenso für eine Verankerung der Lehre vom Scheinkaufmann in der allgemeinen Rechtsscheinlehre z.B. *Bayer/Lieder* Rn 33; BeckOGK-HGB/*Servatius* Rn. 36; BeckOK-HGB/*Schwartze* Rn 35; *Bitter/Schumacher* § 2 Rn 38; *Brox/Henssler* § 2 Rn 63; *Bülow/Artz* Rn 108; *Canaris* Handelsrecht § 6 Rn 8, 9; Ebenroth/Boujong/Joost/Strohn/*Kindler* Rn 50; *Fischinger* Rn 92; GK-HGB/*Ensthaler* Rn 10; Heymann/*Förster* HGB Rn 21; Hopt/*Merkt* Rn 9; *Hübner* Rn 68; *Lettl* § 2 Rn 68; *Nickel* JA 1980, 566 (570); Oetker/*Körber* Rn 32; Röhricht/v. Westphalen/Haas/*Ries* Anh. § 5 Rn 1; *Steinbeck* § 7 Rn 36 im Grundsatz auch MünchKommHGB/*K. Schmidt* Rn 2 f; kritisch dagegen *v. Olshausen*, FS Raisch, 1995, S. 147 (153 ff).

74 Treffend MünchKommHGB/*K. Schmidt* Anh. § 5 Rn 30; plastisch *Brox/Henssler* § 2 Rn 61: „Der Scheinkaufmann ist nicht Kaufmann; er bleibt, was er ist (Nichtkaufmann)".

75 *Bayer/Lieder* Rn 33; BeckOGK-HGB/*Servatius* Rn. 37; BeckOK-HGB/*Schwartze* Rn 37; *Canaris* Handelsrecht § 6 Rn 9; Ebenroth/Boujong/Joost/Strohn/*Kindler* Rn 52; *Fischinger* Rn 92; *Kindler* § 2 Rn 96; *Lettl* § 2 Rn 86; MünchKommHGB/*K. Schmidt* Anh. § 5 Rn 12; Oetker/*Körber* Rn 33; *Steinbeck* § 7 Rn 34.

76 BeckOK-HGB/*Schwartze* Rn 37; Ebenroth/Boujong/Joost/Strohn/*Kindler* Rn 53; Oetker/*Körber* Rn. 35.

77 So z.B. BeckOGK-HGB/*Servatius* Rn. 37, 45; *Fischinger* Rn 96.

78 Ebenroth/Boujong/Joost/Strohn/*Kindler* Rn 54; Oetker/*Körber* Rn 35.

28 Der Rechtsscheinstatbestand einer **ausdrücklichen Erklärung** liegt in der Regel vor, wenn jemand erklärt, Kaufmann zu sein, was sich jedoch stets auf die Kaufmannseigenschaft im Sinne des HGB beziehen muss. Dies soll nach vorherrschender Ansicht selbst dann gelten, wenn dies für Dritte erkennbar wegen Unschlüssigkeit nicht der Fall ist (z.B. Freiberufler erklärt, er sei Kaufmann).[79] Im Hinblick auf den erzeugten Rechtsschein ist diese Würdigung zwar nicht zweifelsfrei, regelmäßig jedoch unschädlich, da es in derartigen Sachverhalten in der Regel an der Gutgläubigkeit des Dritten fehlt (s. Rn 36). Ein durch ausdrückliche Erklärung erzeugter Rechtsschein liegt jedenfalls vor, wenn jemand als „eingetragener Kaufmann" (s. § 19 Abs. 1 Nr. 1) auftritt, ohne (bereits) im Handelsregister eingetragen zu sein.[80] Nicht stets ist in diesem Fall jedoch die Lehre vom Scheinkaufmann einschlägig. Erfüllt ein Unternehmen in diesem Fall die Voraussetzungen eines Handelsgewerbes im Sinne des § 1, dann erlangt dessen Betreiber bereits hierüber die Kaufmannseigenschaft. Dem Handelsrecht unterliegt der Inhaber nicht aufgrund eines von ihm erzeugten Rechtsscheins, sondern weil er Istkaufmann ist und die Registereintragung lediglich deklaratorische Bedeutung hat (s. § 1 Rn 104). Zudem bleibt auch bei ausdrücklichen Erklärungen zu beachten, dass die Bezeichnung „Kaufmann" nicht stets die Annahme rechtfertigt, der Erklärende habe hierdurch zu erkennen gegeben, er sei ein Kaufmann im Sinne des Handelsrechts.[81] Offensichtlich ist dies bei der Inanspruchnahme des akademischen Grades „Diplom-Kaufmann".[82] Schwieriger ist die Würdigung hingegen bei der ausschließlichen Verwendung des Wortes „Kaufmann", ohne diesem den Zusatz „e.K." oder Ähnliches (s. § 19 Abs. 1 Nr. 1) hinzuzufügen. Angesichts des nunmehr bestehenden Zwangs zur Aufnahme des vorgenannten Zusatzes kann der vor dem Handelsrechtsreformgesetz bestehende Meinungsstand nicht unreflektiert fortgeschrieben werden. Das gilt jedenfalls 30 Jahre nach dessen Inkrafttreten, da inzwischen die üblichen Firmenzusätze für Einzelkaufleute in weiten Kreisen des Geschäftsverkehrs bekannt sind.[83] Wer auf seine Briefbögen oder Visitenkarten das Wort „Kaufmann" vermerkt, gibt hierdurch nicht zwingend zu erkennen, dass er ein „Kaufmann" im Sinne des HGB ist. Vielmehr kommt auch eine Verwendung im Sinne einer Berufs- bzw. Tätigkeitsbeschreibung in Betracht. Entscheidend ist im Hinblick auf den Zweck der Lehre vom Scheinkaufmann, wie ein verständiger Dritter die Erklärung im Kontext der gesamten Umstände bewerten würde.

29 Durch die **Inanspruchnahme von Rechtsinstituten,** die Kaufleuten vorbehalten sind, wird gleichfalls Dritten gegenüber der Schein erzeugt, dass derjenige, der sich dieser Institute bedient, Kaufmann ist.[84] Praktisch relevant ist in diesem Kontext vor allem die **Erteilung einer Prokura**[85] durch nicht eingetragene Kannkaufleute oder Personen, deren Unternehmen nicht die Voraussetzungen des handelsrechtlichen Gewerbebegriffes erfüllen. Verbreitet wird zu dieser Fallgruppe auch der **Gebrauch einer Firma** gezählt.[86] Dies war vor dem Handelsrechtsre-

---

79 So Ebenroth/Boujong/Joost/Strohn/*Kindler* Rn 56; *Hübner* Rn 69; Oetker/*Körber* Rn 40; *Steinbeck* § 7 Rn 37; **aA** *Canaris* Handelsrecht § 6 Rn 12.

80 *Bayer/Lieder* Rn 35; BeckOK-HGB/*Schwartze* Rn 40; *Bitter/Schumacher* § 2 Rn 39; *Canaris* Handelsrecht § 6 Rn 13; Ebenroth/Boujong/Joost/Strohn/*Kindler* Rn 57; *Fischinger* Rn 94; HaKo-HGB/*Keßler* Rn 20; *Hübner* Rn 69; *Kindler* § 2 Rn 97; Koller/Kindler/Roth/Drüen/*Roth* § 15 Rn 45; *Lettl* § 2 Rn 71; *Lieder* FS 25 Jahre DNotI, 2018, 503 (514); Oetker/*Körber* Rn 38; *Steinbeck* § 7 Rn 37.

81 Treffend insoweit BeckOGK-HGB/*Servatius* Rn. 42; *Canaris* Handelsrecht § 6 Rn 11; Oetker/*Körber* Rn 39; **aA** wohl *Brox/Henssler* § 2 Rn 64.

82 BeckOGK-HGB/*Servatius* Rn. 42; *Canaris* Handelsrecht § 6 Rn 11; Oetker/*Körber* Rn 39.

83 Zustimmend BeckOK-HGB/Schwartze Rn 41; in diesem Sinne auch BeckOGK-HGB/*Servatius* Rn. 42.

84 BeckOK-HGB/*Schwartze* Rn 42; *Canaris* Handelsrecht § 6 Rn 16; Ebenroth/Boujong/Joost/Strohn/*Kindler* Rn 59; *Hübner* Rn 69; *Kindler* § 2 Rn 99; Koller/Kindler/Roth/Drüen/*Roth* § 15 Rn 46; MünchKommHGB/*K. Schmidt* Anh. § 5 Rn 18; Oetker/*Körber* Rn 41; Röhricht/v. Westphalen/Haas/*Ries* Anh. § 5 Rn 7; *Steinbeck* § 7 Rn 39.

85 *Bayer/Lieder* Rn 35; BeckOK-HGB/*Schwartze* Rn 42; *Bülow/Artz* Rn 109; *Canaris* Handelsrecht § 6 Rn 16; Ebenroth/Boujong/Joost/Strohn/*Kindler* Rn 59; Koller/Kindler/Roth/Drüen/*Roth* § 15 Rn 46; *Lettl* § 2 Rn 72; MünchKommHGB/*K. Schmidt* Anh. § 5 Rn 18; Oetker/*Körber* Rn 41; Röhricht/v. Westphalen/Haas/*Ries* Anh. § 5 Rn 7.

86 *Bülow/Artz* Rn 109; Ebenroth/Boujong/Joost/Strohn/*Kindler* Rn 60.

formgesetz zutreffend, da die damalige Anforderung durch § 18 a.F. (mindestens ein ausgeschriebener Vorname) Kaufleuten vorbehalten war. Infolge der Liberalisierung des Firmenrechts und der allgemein eröffneten Möglichkeit, das Unternehmen mittels einer geschäftlichen Bezeichnung (s. § 5 MarkenG) zu kennzeichnen, ist der Gebrauch einer Firma – abgesehen von dem Zusatz „e.K." – kaum noch geeignet, den Schein einer Kaufmannseigenschaft zu erzeugen.[87] Denkbar ist dies allenfalls noch bei der Verwendung einer Firma, die den Anforderungen der früheren Rechtslage entspricht. Hierdurch wird nicht nur der Schein erweckt, dass die Firma bereits vor dem Handelsrechtsreformgesetz bestand und folglich von Kaufleuten in Anspruch genommen werden konnte, sondern auch, dass der Inhaber des Unternehmens Kaufmann ist. Auf der Grundlage der vorherrschenden Ansicht kommt es – nicht anders als im Rahmen von § 5 – für den erzeugten Rechtsschein nicht auf die firmenrechtliche Zulässigkeit des gewählten „Namens" an.[88]

Sofern der Inhaber das Unternehmen mit einer **kaufmännischen Organisation** versieht, 30
hat die Lehre vom Scheinkaufmann nur einen geringen Anwendungsbereich, da das Vorliegen einer kaufmännischen Organisation in der Regel deren Erforderlichkeit indiziert[89] und bei einem handelsrechtlichen Gewerbe über § 1 Abs. 1 zur Kaufmannseigenschaft führt. Der Sachverhalt, dass ein Kleingewerbetreibender eine kaufmännische Organisation schafft, ohne zugleich die Eintragungsoption (§ 2 Satz 2) in Anspruch zu nehmen, ist allenfalls theoretisch vorstellbar.[90] Anders kann dies bei größeren Betrieben der Land- oder Forstwirtschaft sein. Sofern Nichtgewerbetreibende, wie z.B. Freiberufler, lediglich eine kaufmännische Organisation errichten, reicht dies in der Regel nicht für den Schein der Kaufmannseigenschaft aus, da die kaufmännische Organisation für sich allein lediglich auf eine Betriebsgröße hinweist, die die Schwelle zum Handelsgewerbe überschreitet.[91] Deshalb wird in dieser Fallgestaltung mit Recht zusätzlich gefordert, dass der Anschein der Gewerblichkeit hinzutreten muss.[92]

Nicht ausreichend für den Rechtsschein eines Kaufmanns ist hingegen ein Auftreten im 31
Geschäftsverkehr, das typischerweise auch bei Kaufleuten geschieht.[93] Aufwändig gestaltete Briefbögen, die Angabe von Geschäftskonten sowie die Verwendung Allgemeiner Geschäftsbedingungen[94] mögen bei Kaufleuten verbreitet sein, sind aber keineswegs auf diese Personengruppe beschränkt.

4. Veranlassung des Rechtsscheins

Wegen der Verankerung der Lehre vom Scheinkaufmann in der allgemeinen Dogmatik der 32
Rechtsscheinslehre ist – im Unterschied zu § 5 (s. Rn 13) – eine privatautonome Zurechnung des Rechtsscheins unverzichtbar. Die notwendige Verknüpfung wird dadurch hergestellt, dass der

87 Treffend *Canaris* Handelsrecht § 6 Rn 14; ebenso BeckOGK-HGB/*Servatius* Rn. 44; zurückhaltend auch BeckOK-HGB/*Schwartze* Rn 42; GK-HGB/*Ensthaler* Rn 13c; HaKo-HGB/*Keßler* Rn 20; Koller/Kindler/Roth/Drüen/*Roth* § 15 Rn 47; *Nickel* JA 1980, 566 (572); Oetker/*Körber* Rn 42; Röhricht/v. Westphalen/Haas/*Ries* Anh. § 5 Rn 10 sowie mit deutlicher Kritik auch *v. Olshausen* FS Raisch, 1995, S. 147 (156 f).

88 Ebenroth/Boujong/Joost/Strohn/*Kindler* Rn 61; *Hübner* Rn 69; Oetker/*Körber* Rn 42.

89 So auch Ebenroth/Boujong/Joost/Strohn/*Kindler* Rn 63; Koller/Kindler/Roth/Drüen/*Roth* § 15 Rn 49; Oetker/*Körber* Rn 43; ähnlich BeckOGK-HGB/*Servatius* Rn. 43; *Canaris* Handelsrecht § 6 Rn 17: kein zwingender Schluss auf die Erforderlichkeit; noch schwächer Röhricht/v. Westphalen/Haas/*Ries* Anh. § 5 Rn 8.

90 Treffend Ebenroth/Boujong/Joost/Strohn/*Kindler* Rn 64; MünchKommHGB/*K. Schmidt* Anh. § 5 Rn 19.

91 So mit Recht auch Ebenroth/Boujong/Joost/Strohn/*Kindler* Rn 65; ähnlich Oetker/*Körber* Rn 43.

92 Wie hier BeckOK-HGB/*Schwartze* Rn 45; Ebenroth/Boujong/Joost/Strohn/*Kindler* Rn 65; *Hübner* Rn 69.

93 S. BeckOGK-HGB/*Servatius* Rn. 43; BeckOK-HGB/*Schwartze* Rn 44; *Brox/Henssler* § 2 Rn 64; *Canaris* Handelsrecht § 6 Rn 17; Ebenroth/Boujong/Joost/Strohn/*Kindler* Rn 62; *Fischinger* Rn 94; GK-HGB/*Ensthaler* Rn 14; Hopt/*Merkt* Rn 10 a.E.; *Hübner* Rn 69; *Kindler* § 2 Rn 99; Koller/Kindler/Roth/Drüen/*Roth* § 15 Rn 48; *Nickel* JA 1980, 566 (573); Oetker/*Körber* Rn 44; Röhricht/v. Westphalen/Haas/*Ries* Anh. § 5 Rn 6.

94 Treffend hierzu *Fischinger* Rn 94; *Lettl* § 2 Rn 72; *Steinbeck* § 7 Rn 39.

Inhaber des Unternehmens den Rechtsschein veranlasst haben muss,[95] ohne dass es hierfür eines Verschuldens bedarf.[96] Neben den Sachverhalten einer aktiven Veranlassung sind hierbei auch diejenigen einzubeziehen, in denen der Inhaber einen von Dritten erzeugten Rechtsschein kennt und duldet[97] bzw. diesen bei pflichtgemäßer Sorgfalt[98] hätte erkennen und sodann unterbinden können.[99] Wer den Rechtsschein eines Kaufmanns nicht in vorstehender Weise veranlasst hat, dem kann dieser auch nicht zugerechnet werden und muss sich an diesem auch nicht festhalten lassen.

33 Die Zurechnung des Rechtsscheins ist mit der Privatautonomie zudem nur vereinbar, wenn dies im Einklang mit den allgemeinen Schranken der Privatautonomie steht. Eine Begrenzung erfährt das Veranlassungsprinzip deshalb durch den **Schutz geschäftsunfähiger sowie beschränkt geschäftsfähiger Personen.** Die hierfür von der Privatrechtsordnung gesetzten Schranken können deshalb durch die Lehre vom Scheinkaufmann nicht überwunden werden.[100] Liegt jedoch ein Fall sog. Teilgeschäftsfähigkeit vor (§ 112 BGB bzw. § 1903 Abs. 1 Satz 2 BGB), dann gelangt in dem hierdurch definierten Anwendungsbereich auch die Lehre vom Scheinkaufmann zur Anwendung.[101] Entsprechendes gilt, wenn ein konkretes Verhalten mit Zustimmung des gesetzlichen Vertreters erfolgte.[102]

34 Da die Zurechnung des Rechtsscheins nicht auf einer Willenserklärung des Scheinkaufmannes beruht, scheidet eine **„Anfechtung"** des Rechtsscheinstatbestandes grundsätzlich aus.[103] Das gilt jedenfalls für eine solche, die auf § 119 BGB gestützt wird. Eine andere Entscheidung kommt lediglich bei den von § 123 BGB erfassten Sachverhalten in Betracht.[104] Allerdings kann

---

95 *Bayer/Lieder* Rn 35; BeckOGK-HGB/*Servatius* Rn. 46; BeckOK-HGB/*Schwartze* Rn 46; *Bülow/Artz* Rn 111; *Canaris* Handelsrecht § 6 Rn 20; Ebenroth/Boujong/Joost/Strohn/*Kindler* Rn 66; *Fischinger* Rn. 95; GK-HGB/*Ensthaler* Rn 17; HaKo-HGB/*Keßler* Rn 23; HK-HGB/*Ruß* Rn 7; Hopt/*Merkt* Rn 11; *Hübner* Rn 70; *Kindler* § 2 Rn 100; MünchKommHGB/*K. Schmidt* Anh. § 5 Rn 21; *Lettl* § 2 Rn 74; *Lieder* FS 25 Jahre DNotI, 2018, 503 (514); Oetker/*Körber* Rn 45 f; Röhricht/v. Westphalen/Haas/*Ries* Anh. § 5 Rn 27; *Steinbeck* § 7 Rn 40.

96 BGH 26.9.1962 – VIII ZR 113/61 – NJW 1962, 2196 (2197 f); *Bayer/Lieder* Rn 35; BeckOGK-HGB/*Servatius* Rn. 46; BeckOK-HGB/*Schwartze* Rn 47; *Brox/Henssler* § 2 Rn 65; *Canaris* Handelsrecht § 6 Rn 20; Ebenroth/Boujong/Joost/Strohn/*Kindler* Rn 66; *Fischinger* Rn 95; HaKo-HGB/*Keßler* Rn 24; HK-HGB/*Ruß* Rn 7; Hopt/*Merkt* Rn 11; *Kindler* § 2 Rn 100; *Lettl* § 2 Rn 74; *Lieder* FS 25 Jahre DNotI, 2018, 503 (514); Oetker/*Körber* Rn 46; Röhricht/v. Westphalen/Haas/*Ries* Anh. § 5 Rn 27; *Steinbeck* § 7 Rn 40.

97 BeckOGK-HGB/*Servatius* Rn. 47; BeckOK-HGB/*Schwartze* Rn 46; *Brox/Henssler* § 2 Rn 65; *Bülow/Artz* Rn 112; Ebenroth/Boujong/Joost/Strohn/*Kindler* Rn 66; *Hübner* Rn 70; *Kindler* § 2 Rn 100; *Lieder* FS 25 Jahre DNotI, 2018, 503 (514); MünchKommHGB/*K. Schmidt* Anh. § 5 Rn 21; Oetker/*Körber* Rn 45; Röhricht/v. Westphalen/Haas/*Ries* Anh. § 5 Rn 27; *Steinbeck* § 7 Rn 41.

98 In diesem Fall leitet sich hieraus ein Verschuldensvorwurf ab; s. Röhricht/v. Westphalen/Haas/*Ries* Anh. § 5 Rn 27.

99 *Bayer/Lieder* Rn 35; BeckOGK-HGB/*Servatius* Rn. 47; *Bitter/Schumacher* Rn 40; *Brox/Henssler* Rn 65; Ebenroth/Boujong/Joost/Strohn/*Kindler* Rn 66; *Fischinger* Rn 95; *Hübner* Rn 70; *Lieder* FS 25 Jahre DNotI, 2018, 503 (514); Röhricht/v. Westphalen/Haas/*Ries* Rn 27; *Steinbeck* § 7 Rn 41.

100 *Bayer/Lieder* Rn 35; BeckOGK-HGB/*Servatius* Rn. 48; BeckOK-HGB/*Schwartze* Rn 49; *Brox/Henssler* Rn 65; *Bülow/Artz* Rn 113; Ebenroth/Boujong/Joost/Strohn/*Kindler* Rn 67 f; *Fischinger* Rn 96; GK-HGB/*Ensthaler* Rn 17; HaKo-HGB/*Keßler* Rn 23; Hopt/*Merkt* Rn 11; *Hübner* Rn 68, 70; *Kindler* § 2 Rn 101; *Lettl* § 2 Rn 76; *Lieder* FS 25 Jahre DNotI, 2018, 503 (514 f.); Oetker/*Körber* Rn 47; Röhricht/v. Westphalen/Haas/*Ries* Anh. § 5 Rn 29; *Steinbeck* § 7 Rn 40; im Grundsatz auch MünchKommHGB/*K. Schmidt* Anh. § 5 Rn 21.

101 BeckOGK-HGB/*Servatius* Rn. 48; BeckOK-HGB/*Schwartze* Rn 49; Ebenroth/Boujong/Joost/Strohn/*Kindler* Rn 67; *Hübner* Rn 70; *Kindler* § 2 Rn 101; Oetker/*Körber* Rn 47; **aA** *Bülow/Artz* Rn 113.

102 BeckOGK-HGB/*Servatius* Rn. 48; BeckOK-HGB/*Schwartze* Rn 49; *Hübner* Rn 70; **aA** *Bülow/Artz* Rn 113.

103 BeckOGK-HGB/*Servatius* Rn. 46; BeckOK-HGB/*Schwartze* Rn 48; *Brox/Henssler* § 2 Rn 65; *Fischinger* Rn 106 f; GK-HGB/*Ensthaler* Rn 17; Hopt/*Merkt* Rn 11; *Lettl* § 2 Rn 77; MünchKommHGB/*K. Schmidt* Anh. § 5 Rn 21; Oetker/*Körber* Rn 46; Röhricht/v. Westphalen/Haas/*Ries* Anh. § 5 Rn 30; **aA** Koller/Kindler/Roth/Drüen/*Roth* § 15 Rn 61, nach dem jedoch besondere Gründe des Verkehrsschutzes die Berufung auf die §§ 119 ff BGB ausschließen können.

104 S. *Fischinger* Rn 107.

auch bei diesen nicht der bereits gesetzte Rechtsschein (analog § 142 Abs. 1 BGB) rückwirkend beseitigt werden.[105]

5. Anforderungen an die Person des Dritten

a) Gutgläubigkeit des Dritten. Entsprechend den allgemeinen Maximen der Rechtsscheinslehre kommt der Dritte nur dann in den Genuss des konkreten Verkehrsschutzes durch die Lehre vom Scheinkaufmann, wenn dieser redlich ist. Dabei muss sich die Gutgläubigkeit des Dritten – wie sonst auch – auf den jeweiligen Tatbestand beziehen, der den Rechtsschein erzeugt, im Kontext der Lehre vom Scheinkaufmann daher auf die Kaufmannseigenschaft desjenigen, dem der Rechtsschein zugerechnet wird.[106] 35

Entsprechend der in § 15 Abs. 2 sowie in § 932 Abs. 2 BGB getroffenen Grundregel scheidet die Gutgläubigkeit des Dritten unstreitig aus, wenn er die fehlende Kaufmannseigenschaft entweder **kennt** oder er sich dieser Kenntnis **grob fahrlässig** verschließt.[107] Ob dies bereits stets der Fall ist, wenn ein Freiberufler seine Kaufmannseigenschaft behauptet (s. Rn 28), ist angesichts der Unschärfen bezüglich der aus dem Gewerbebegriff ausgeklammerten freiberuflichen Tätigkeiten (s. § 1 Rn 27 ff) jedoch zweifelhaft. In Betracht kommt eine grobe Fahrlässigkeit des Dritten allenfalls, wenn der Gesetzgeber die Freiberuflichkeit der Tätigkeit ausdrücklich festgelegt hat. Unstreitig kann es darüber hinaus nicht als grob fahrlässig bewertet werden, wenn der Dritte die fehlende Kaufmannseigenschaft aus dem Handelsregister hätte ersehen können, er von einer Einsichtnahme jedoch abgesehen hat.[108] Hiergegen spricht, dass eine auf diese Weise indirekt etablierte Obliegenheit zur vorherigen Einsicht in das Handelsregister den Erfordernissen des kaufmännischen Geschäftsverkehrs widerspricht, denen die Lehre vom Scheinkaufmann Rechnung tragen soll. Darüber hinaus beruht die Lehre vom Scheinkaufmann auf einem außerhalb des Handelsregisters gesetzten Rechtsschein. 36

Umstritten ist, ob auch **leichte Fahrlässigkeit** in der Person des Dritten bereits dazu führt, ihm die Berufung auf die Lehre vom Scheinkaufmann zu versagen.[109] Eine normative Stütze für diesen Ansatz findet sich in § 122 Abs. 2 BGB, dessen Maßstab auch für die „Rechtsscheinsnormen" der §§ 173, 405 BGB gilt.[110] Gegen eine derartige Verschärfung spricht allerdings der mit der Lehre vom Scheinkaufmann bezweckte Verkehrsschutz. Soll dieser nicht die Erfordernisse des kaufmännischen Geschäftsverkehrs konterkarieren, so dürfen die Anforderungen an die Redlichkeit des Dritten nicht zu streng gefasst werden. Im Lichte dessen fehlen hinreichende Sachgründe, die es rechtfertigen, an die Redlichkeit des Dritten strengere Anforderungen als in § 15 Abs. 2 oder § 932 Abs. 2 BGB zu formulieren. Zudem ist dieser Weg stringenter als im Ansatz jede Fahrlässigkeit als schädlich anzusehen, um sodann im Rahmen der Sorgfaltsanforderungen 37

---

105 S. auch Hopt/*Merkt* Rn 11.

106 Ebenroth/Boujong/Joost/Strohn/*Kindler* Rn 70; HaKo-HGB/*Keßler* Rn 25; *Hübner* Rn 71; *Kindler* § 2 Rn 102; *Lettl* § 2 Rn 78.

107 Für die allg. Ansicht statt aller *Bayer/Lieder* Rn 37; BeckOGK-HGB/*Servatius* Rn. 49; BeckOK-HGB/*Schwartze* Rn 50; *Bitter/Schumacher* § 2 Rn 42; *Brox/Henssler* § 2 Rn 66; *Bülow/Artz* Rn 117, 119; Ebenroth/Boujong/Joost/Strohn/*Kindler* Rn 71; *Fischinger* Rn 97; GK-HGB/*Ensthaler* Rn 19; *Kindler* § 2 Rn 102; *Lettl* § 2 Rn 78; *Lieder* FS 25 Jahre DNotI, 2018, 503 (515); MünchKommHGB/*K. Schmidt* Anh. § 5 Rn 22; *Nickel* JA 1980, 566 (575); Oetker/*Körber* Rn 48; Röhricht/v. Westphalen/Haas/*Ries* Anh. § 5 Rn 31; *Steinbeck* § 7 Rn 42.

108 BeckOGK-HGB/*Servatius* Rn. 50; BeckOK-HGB/*Schwartze* Rn 52; *Brox/Henssler* § 2 Rn 66; Ebenroth/Boujong/Joost/Strohn/*Kindler* Rn 73; HaKo-HGB/*Keßler* Rn 25; HK-HGB/*Ruß* Rn 8; Hopt/*Merkt* Rn 12; MünchKommHGB/*K. Schmidt* Anh. § 5 Rn 22; im Grundsatz auch Röhricht/v. Westphalen/Haas/*Ries* Anh. § 5 Rn 32.

109 Hierfür BeckOGK-HGB/*Servatius* Rn. 49; *Hübner* Rn 71; abl. jedoch *Bayer/Lieder* Rn 37; *Bitter/Schumacher* § 2 Rn 42; Ebenroth/Boujong/Joost/Strohn/*Kindler* Rn 72; Hopt/*Merkt* Rn 12; *Kindler* § 2 Rn 103; *Lieder* FS 25 Jahre DNotI, 2018, 503 (515); *Nickel* JA 1980, 566 (575); MünchKommHGB/*K. Schmidt* Anh. § 5 Rn 22; ebenso für den „Normalfall" Röhricht/v. Westphalen/Haas/*Ries* Anh. § 5 Rn 31.

110 So *Hübner* Rn 71.

im Hinblick auf die Bedürfnisse des Geschäftsverkehrs strengere Maßstäbe anzulegen und ein sorgfaltswidriges Verhalten des Dritten erst dann anzuerkennen, wenn die wahre Rechtslage für diesen evident ist.[111] Im Ergebnis dürfte sich die vorstehende Streitfrage jedoch regelmäßig nicht auswirken, da bei einer Evidenz der wahren Rechtslage eine grob fahrlässige Unkenntnis kaum zu widerlegen sein dürfte.[112]

38 **b) Vertrauensbetätigung des Dritten.** Analog den allgemeinen Rechtsscheingrundsätzen setzt der Schutz durch die Lehre vom Scheinkaufmann erst ein, wenn der Dritte im Hinblick auf den zurechenbar gesetzten Rechtsscheinstatbestand im Rechtsgeschäftsverkehr disponiert hat.[113] In Betracht kommen hierfür jegliche Entscheidungen, bei denen der Dritte im Vertrauen auf die Kaufmannseigenschaft des Unternehmensinhabers von der Anwendung derjenigen handelsrechtlichen Normen ausgehen konnte, die untrennbar mit der Kaufmannseigenschaft verknüpft sind. Das gilt insbesondere bei einem Vertragsschluss mit dem Scheinkaufmann, wenn die handelsrechtlichen Sonderbestimmungen Befreiungen von einem bürgerlich-rechtlichen Schriftformerfordernis vorsehen (§ 350)[114] oder aber die Herabsetzung einer Vertragsstrafe in Frage steht (§ 348).

39 **c) Kausalität des Rechtsscheins für die Vertrauensbetätigung.** Schließlich muss zwischen dem gesetzten Rechtsschein und der Vertrauensbetätigung ein ursächlicher Zusammenhang bestehen.[115] Dies setzt voraus, dass der Dritte Kenntnis von dem Rechtsschein hatte.[116] Nur unter dieser Voraussetzung ist der Dritte schutzwürdig. Hatte dieser von dem Scheintatbestand keine Kenntnis, dann ist bei diesem auch kein Vertrauen in die Kaufmannseigenschaft begründet worden, so dass es dem Dritten verwehrt sein muss, sich hierauf zu stützen. Zur Darlegungs- und Beweislast s. Rn 50 f.

6. Rechtswirkungen des Rechtsscheins

40 **a) Allgemeines.** Die Lehre vom Scheinkaufmann bewirkt, dass sich dieser entsprechend dem von ihm zurechenbar erzeugten Rechtsschein behandeln lassen muss. Allerdings gilt dies nicht – wie bei § 5 – gegenüber jedermann, sondern lediglich relativ im Verhältnis zu dem geschützten konkreten Dritten.[117] Gegenüber diesem wird der Scheinkaufmann so behandelt, als ob die von dem Dritten angenommene Rechtslage im Hinblick auf die Kaufmannseigenschaft tatsächlich besteht.[118] Beruft sich der Dritte deshalb gegenüber dem Scheinkaufmann auf Vor-

---

111 Mit dieser Konsequenz aber BeckOGK-HGB/*Servatius* Rn. 49; Hopt/*Merkt* Rn 12; *Hübner* Rn 71.

112 Treffend BeckOGK-HGB/*Servatius* Rn. 49; Hopt/*Merkt* Rn 12; *Steinbeck* § 7 Rn 42; in diesem Sinne auch Oetker/*Körber* 5 Rn 48.

113 BeckOGK-HGB/*Servatius* Rn. 49; *Bitter/Schumacher* § 2 Rn 41; Ebenroth/Boujong/Joost/Strohn/*Kindler* Rn 75; *Hübner* Rn 72; *Kindler* § 2 Rn 105; Oetker/*Körber* Rn 51; MünchKommHGB/*K. Schmidt* Anh. § 5 Rn 23.

114 So auch Ebenroth/Boujong/Joost/Strohn/*Kindler* Rn 75.

115 *Fischinger* Rn 99.

116 BeckOGK-HGB/*Servatius* Rn. 52; BeckOK-HGB/*Schwartze* Rn 53; *Brox/Henssler* § 2 Rn 67; Ebenroth/Boujong/Joost/Strohn/*Kindler* Rn 76; *Fischinger* Rn 98; GK-HGB/*Ensthaler* Rn 18; HaKo-HGB/*Keßler* Rn 26; Hopt/*Merkt* Rn 13; *Hübner* Rn 73; *Lettl* § 2 Rn 79; *Nickel* JA 1980, 566 (575); Oetker/*Körber* Rn 50; Röhricht/v. Westphalen/Haas/*Ries* Anh. § 5 Rn 33; *Steinbeck* § 7 Rn 43.

117 Treffend BeckOGK-HGB/*Servatius* Rn. 56; BeckOK-HGB/*Schwartze* Rn 57; *Bitter/Schumacher* § 2 Rn 43.

118 BeckOK-HGB/*Schwartze* Rn 57, 64; *Bitter/Schumacher* Rn 43; *Bülow/Artz* Rn 121; *Canaris* Handelsrecht § 6 Rn 21; Ebenroth/Boujong/Joost/Strohn/*Kindler* Rn 80; *Fischinger* Rn 101; Hopt/*Merkt* Rn 14; *Hübner* Rn 75; *Lettl* § 2 Rn 81; *Lieder* FS 25 Jahre DNotI, 2018, 503 (515); Oetker/*Körber* Rn 54; MünchKommHGB/*K. Schmidt* Rn 25; Röhricht/v. Westphalen/Haas/*Ries* Anh. § 5 Rn 35.

schriften, die ihren personellen Anwendungsbereich auf Kaufleute begrenzen, dann überwindet die Lehre vom Scheinkaufmann die objektiv fehlende Kaufmannseigenschaft. Umgekehrt führt die Lehre vom Scheinkaufmann dazu, dass es diesem in derartigen Konstellationen nach § 242 BGB (Rechtsgedanke des *venire contra factum proprium*) verwehrt ist, sich auf die objektiv fehlende Kaufmannseigenschaft zu berufen.

Da die Lehre vom Scheinkaufmann lediglich einen konkreten Verkehrsschutz bezweckt, muss es dem Dritten freistehen, ob er die Wirkungen des Scheintatbestandes für sich gelten lassen will. Wenn es diesem vorteilhafter erscheint, kann er sich auch auf die wahre Rechtslage und damit die fehlende Kaufmannseigenschaft stützen sowie die entsprechenden Rechtsfolgen geltend machen.[119] Soweit wegen dieses allgemein anerkannten Entscheidungsspielraums verbreitet von einem „Wahlrecht" des Dritten gesprochen wird,[120] ist dies missverständlich. Nicht die Entscheidung zwischen zwei verschiedenen Rechtspositionen steht zur Diskussion,[121] sondern dem Dritten wird die Möglichkeit eröffnet, auf den durch die Lehre vom Scheinkaufmann begründeten Schutz zu verzichten.[122] Nur in extrem gelagerten Ausnahmefällen kann ihm dies unter Rückgriff auf den allgemeinen Arglisteinwand verwehrt werden.[123] 41

Eine Einschränkung der mit der Lehre vom Scheinkaufmann begründeten Gleichstellung von Schein und Sein bewirkt die **Unteilbarkeit des Rechtsscheintatbestandes.**[124] Wer sich darauf beruft, dass der Tatbestand des Scheinkaufmannes vorliegt, muss dies einheitlich auf den gesamten jeweiligen Lebenssachverhalt beziehen. Dem Dritten ist es deshalb verwehrt, sich hinsichtlich einzelner Aspekte auf den Scheintatbestand zu stützen und bezüglich anderer Punkte die wahre Rechtslage geltend zu machen. Angesichts dessen wirkt die Lehre vom Scheinkaufmann auch nicht stets und nur zugunsten des Dritten. Vielmehr kann diese ihre Rechtswirkungen auch zu Lasten des Dritten entfalten. So ist z.B. derjenige, der sich als Verkäufer gegenüber dem Scheinkaufmann auf dessen Verletzung der Obliegenheit zur unverzüglichen Rüge (§ 377 Abs. 2 bzw. 3) stützt, an den von ihm in Anspruch genommenen Scheintatbestand gebunden ist und kann sich bei einem ihm gegenüber geltend gemachten Zinsanspruch nach den §§ 352, 353 nicht auf die objektiv fehlende Kaufmannseigenschaft seines Gegenüber berufen. Anderenfalls würde der Dritte durch die Lehre vom Scheinkaufmann besser gestellt, als wenn sein Gegenüber die Kaufmannseigenschaft besitzen würde.[125] Umgekehrt gilt dies jedoch nicht;[126] der Scheinkaufmann kann sich niemals allein oder von sich aus, sondern nur dann auf den Rechtsschein für die Anwendung handelsrechtlicher Normen stützen, wenn dies wegen der entsprechend geltend gemachten Rechtspositionen dem erkennbaren Willen des Dritten entspricht.[127] Anderenfalls würde der mit der Lehre vom Scheinkaufmann bezweckte Verkehrsschutz in sein Gegenteil verkehrt. Zugunsten des Scheinkaufsmanns finden die handelsrechtli- 42

119 BeckOGK-HGB/*Servatius* Rn. 54; BeckOK-HGB/*Schwartze* Rn 58; *Bitter/Schumacher* § 2 Rn 43; *Bülow/Artz* Rn 121; Ebenroth/Boujong/Joost/Strohn/*Kindler* Rn 80; *Fischinger* Rn 101; GK-HGB/*Ensthaler* Rn 21; Heymann/*Förster* HGB Rn 21; Hopt/*Merkt* Rn 15; *Kindler* § 2 Rn 107; *Lettl* § 2 Rn 83; *Lieder* FS 25 Jahre DNotI, 2018, 503 (515); Oetker/*Körber* Rn 55; Röhricht/v. Westphalen/Haas/*Ries* Anh. § 5 Rn 35.

120 So BeckOGK-HGB/*Servatius* Rn. 54; *Bitter/Schumacher* § 2 Rn 43; *Bülow/Artz* Rn 121; Ebenroth/Boujong/Joost/Strohn/*Kindler* Rn 80; Hopt/*Merkt* Rn 15; *Hübner* Rn 76; *Kindler* § 2 Rn 107; *Lettl* § 2 Rn 83; Oetker/*Körber* Rn 55; Röhricht/v. Westphalen/Haas/*Röhricht* Anh. § 5 Rn 35; *Steinbeck* § 7 Rn 46; ablehnend MünchKommHGB/*K. Schmidt* Anh. § 5 Rn 27.

121 Treffend insoweit BeckOGK-HGB/*Servatius* Rn. 54.

122 BeckOK-HGB/*Schwartze* Rn 58. Dies scheinbar ablehnend MünchKommHGB/*K. Schmidt* Anh. § 5 Rn 27.

123 So im Ansatz auch BeckOK-HGB/*Schwartze* Rn 61; Röhricht/v. Westphalen/Haas/*Ries* Anh. § 5 Rn 35.

124 BeckOGK-HGB/*Servatius* Rn. 55; BeckOK-HGB/*Schwartze* Rn 60; Ebenroth/Boujong/Joost/Strohn/*Kindler* Rn 80; *Fischinger* Rn 101; GK-HGB/*Ensthaler* Rn 23; Hopt/*Merkt* Rn 15; *Hübner* Rn 76; *Lettl* § 2 Rn 84; Oetker/*Körber* Rn 55; Röhricht/v. Westphalen/Haas/*Ries* Anh. § 5 Rn 42; *Steinbeck* § 7 Rn 46.

125 Treffend GK-HGB/*Ensthaler* Rn 23; *Nickel* JA 1980, 566 (577); *Steinbeck* § 7 Rn 46.

126 *Brox/Henssler* § 2 Rn 60; *Bitter/Schumacher* § 2 Rn 43, Heymann/*Emmerich*[2] HGB Rn 17; *Lettl* § 2 Rn 85; *Steinbeck* § 7 Rn 47.

127 So auch *Lettl* § 2 Rn 84.

chen Vorschriften deshalb nur als Reflex wegen der Berufung des Dritten auf die Lehre vom Scheinkaufmann Anwendung.[128]

43 **b) Verhältnis zum zwingenden Zivilrecht.** Die in Rn 40 dargelegten allgemeinen Rechtswirkungen der Lehre vom Scheinkaufmann treten jedoch in einen Zielkonflikt mit dem zwingenden Zivilrecht, wenn die handelsrechtlichen Normen dieses derogieren. Der mit der Lehre vom Scheinkaufmann verfolgte konkrete Verkehrsschutz zugunsten des Dritten könnte z.B. zur Konsequenz haben, dass zwingende Bestimmungen in den §§ 343, 766 Satz 1 BGB wegen den §§ 348, 350 nicht mehr zur Anwendung gelangen würden.

44 Die vorherrschende Ansicht erkennt zwar den Zielkonflikt mit dem zwingenden Zivilrecht, sieht jedoch die Schutzinteressen des Dritten als vorrangig an.[129] Dem hält eine abweichende Auffassung im Ansatz mit Recht entgegen, dass die hiermit verbundenen Erweiterungen der Privatautonomie nicht mit dem Zweck der jeweiligen zwingenden Normen harmonieren. Wenn der durch sie Geschützte nicht durch privatautonome Erklärungen über deren Geltung für die private Rechtsbeziehung disponieren könne, dann sei ihm dieses auch nicht durch die Veranlassung eines Rechtsscheins möglich.[130]

45 Um das zwingende Zivilrecht mit dem Verkehrsschutz zugunsten des Dritten zu harmonisieren, favorisiert namentlich *Canaris* einen differenzierenden Lösungsansatz.[131] Mit der Figur des Kannkaufmannes habe der Gesetzgeber anerkannt, dass dieser Personenkreis durch die Ausübung seines Optionsrechts seinen privatautonomen Gestaltungsspielraum erweitern kann. Damit habe der Gesetzgeber zugleich zu erkennen gegeben, dass diese Personen durch die allein von ihrem Willen abhängige Erlangung der Kaufmannseigenschaft über die Unterstellung unter das Handelsrecht auch den Schutz zwingender zivilrechtlicher Normen aufheben können. Wenn ihnen dies durch die Ausübung des Optionsrechts möglich sei, dann müsse dies auch gelten, wenn sie ohne Eintragung im Handelsregister den Rechtsschein der Kaufmannseigenschaft veranlassen. Hieraus folgt, dass bei nichteingetragenen Kleingewerbetreibenden sowie Inhabern von Betrieben der Land- oder Forstwirtschaft die Lehre vom Scheinkaufmann auch dann zur Anwendung handelsrechtlicher Vorschriften führt, wenn dies den Schutz durch zwingendes Zivilrecht für den Scheinkaufmann aufhebt.

46 Bei Nichtgewerbetreibenden greift die vorstehende Argumentation indes nicht ein, wenn diese den Rechtsschein der Kaufmannseigenschaft setzen. Bei ihnen muss sich der Zweck der zwingenden zivilrechtlichen Vorschriften an sich gegenüber dem konkreten Verkehrsschutz der Lehre vom Scheinkaufmann durchsetzen. Zumindest im Hinblick auf Freiberufler ist jedoch keine größere Schutzbedürftigkeit als bei Kannkaufleuten erkennbar, so dass nicht zuletzt im Hinblick auf den allgemeinen Gleichheitssatz (Art. 3 Abs. 1 GG) auch bei ihnen das (an sich anzuwendende) zwingende Gesetzesrecht zurücktreten muss.[132] In den verbleibenden Sachverhalten gestattet allenfalls die Einrede der unzulässigen Rechtsausübung eine geringfügige Korrektur, wenn sich der Scheinkaufmann auf den Schutz der zwingenden zivilrechtlichen Vorschriften beruft.[133] *Kindler* hat insoweit jedoch mit Recht betont, dass das Setzen des Rechtsscheins der

---

128 BeckOK-HGB/*Schwartze* Rn 60; *Hübner* Rn 76; Koller/Kindler/Roth/Drüen/*Roth* § 15 Rn 58; Röhricht/v. Westphalen/Haas/*Ries* Anh. § 5 Rn 42.

129 Hierfür z.B. *Bitter/Schumacher* § 2 Rn 44; *Brox/Henssler* § 2 Rn 68; *Fischinger* Rn 105; GK-HGB/*Ensthaler* Rn 22; *Hübner* Rn 77; MünchKommHGB/*K. Schmidt* Anh. § 5 Rn 25; Oetker/*Körber* Rn 60; *Steinbeck* § 7 Rn 45; generell **aA** *Bülow/Artz* Rn 115; HK-HGB/*Ruß* Rn 11; *Lettl* § 2 Rn 82.

130 S. bereits *Canaris* Vertrauenshaftung, S. 181; kritisch zu diesem Einwand Röhricht/v. Westphalen/Haas/*Ries* Anh. § 5 Rn 44.

131 *Canaris* Handelsrecht § 6 Rn 23; zustimmend *Bayer/Lieder* Rn 40; Ebenroth/Boujong/Joost/Strohn/*Kindler* Rn 83; *Kindler* § 2 Rn 109. Differenzierend und auf den jeweiligen Schutzzweck der zivilrechtlichen Vorschrift abstellend Baumbach/Hopt/*Merkt* Rn 16.

132 Ebenso *Canaris* Handelsrecht § 6 Rn 24; dem zustimmend Koller/Kindler/Roth/Drüen/*Roth* § 15 Rn 59.

133 S. *Canaris* Handelsrecht § 6 Rn 25.

Kaufmannseigenschaft für sich allein noch nicht den Vorwurf treuwidrigen Verhaltens rechtfertigt.[134]

c) Verhältnis zu Drittinteressen. Im Einzelfall kann die Anwendung des in Rn 40 dargelegten Grundsatzes in einen Konflikt mit Drittinteressen treten. Dies zeigt z.B. die Vorschrift des § 366, die einen gutgläubigen Erwerb gegenüber den §§ 932 bis 934 BGB erleichtert. In diesem Fall würde der Verkehrsschutz zugunsten des Geschäftspartners zugleich damit verbunden sein, dass bei einem Dritten ein Verlust des Eigentums eintritt, obwohl der Verfügende lediglich gegenüber dem Geschäftspartner den Rechtsschein der Kaufmannseigenschaft gesetzt hat. Im Hinblick auf den Vertrauensschutz des Geschäftspartners wird diese Rechtsfolge von dem überwiegenden Teil der Lehre jedoch hingenommen; sie erachtet insbesondere auch einen gutgläubigen Erwerb vom Scheinkaufmann nach § 366 für möglich.[135] Ohne Widerspruch ist dieser Ansatz indes nicht geblieben,[136] da die Lehre vom Scheinkaufmann nicht isoliert auf dem Vertrauenstatbestand des Geschäftspartners, sondern gleichermaßen auf dem vom Scheinkaufmann veranlassten Rechtsschein beruht, der nicht absolut, sondern lediglich relativ im Verhältnis zu dem Geschäftspartner wirkt. Für die vorherrschende Ansicht spricht indes die mit der Lehre vom Scheinkaufmann geschützte Vertrauensinvestition, die vorgenommen wird, ohne dass die Rechtsbeeinträchtigung bei anderen erkennbar ist. Deshalb verdient die Auffassung, die einen gutgläubigen Erwerb nach § 366 auch von einem Scheinkaufmann für möglich erachtet, den Vorzug. 47

d) Sachliche Grenzen der Rechtswirkungen. Da die Lehre vom Scheinkaufmann untrennbar mit einer Vertrauensbetätigung verbunden ist (s. Rn 38), gelangt diese insbesondere im rechtsgeschäftlichen Bereich zur Anwendung. Darüber hinaus gilt die Lehre vom Scheinkaufmann auch für außervertragliche Ansprüche, wenn diese im Zusammenhang mit der geschäftlichen Betätigung stehen.[137] Keine Bedeutung hat die Lehre vom Scheinkaufmann hingegen im öffentlichen Recht, insbesondere nicht im Strafrecht sowie im Steuerrecht.[138] 48

e) Zeitliche Grenzen. Die in Rn 40 bis 42 erläuterten Rechtswirkungen der Lehre vom Scheinkaufmann hängen untrennbar mit der zeitlichen Ausdehnung des Rechtsscheinstatbestandes zusammen. Deshalb ist der Scheinkaufmann jederzeit in der Lage die mit der Lehre vom Scheinkaufmann verbundenen Rechtswirkungen zu beseitigen, indem er den Rechtsschein der Kaufmannseigenschaft zerstört und dem Dritte dies zur Kenntnis gelangt.[139] Allerdings entfaltet dies sowie auch eine spätere Kenntnis von der wahren Rechtslage keine Rückwirkung.[140] Ansprüche 49

134 Ebenroth/Boujong/Joost/Strohn/*Kindler* Rn 84; ebenso *Lettl* § 2 Rn 82.

135 So ausdrücklich BeckOK-HGB/*Schwartze* Rn 62; *Canaris* Handelsrecht § 6 Rn 26; *ders.* Vertrauenshaftung, S. 182; *Hübner* Rn 78; Koller/Kindler/Roth/Drüen/*Roth* § 15 Rn 60; Röhricht/v. Westphalen/Haas/*Ries* Anh. § 5 Rn 47.

136 Abl. z.B. *Bayer/Lieder* Rn 43 f; BeckOGK-HGB/*Servatius* Rn. 56; *Brox/Henssler* § 2 Rn 68; Ebenroth/Boujong/Joost/Strohn/*Kindler* Rn 87; *Fischinger* Rn 104; Oetker/*Körber* Rn 56; *Steinbeck* § 7 Rn 49; wohl auch Hopt/*Merkt* Rn 16; kritisch ferner MünchKommHGB/*K. Schmidt* Anh. § 5 Rn 32.

137 Ebenso BeckOGK-HGB/*Servatius* Rn. 57; Ebenroth/Boujong/Joost/Strohn/*Kindler* Rn 88; Röhricht/v. Westphalen/Haas/*Ries* Anh. § 5 Rn 48; wohl auch Oetker/*Körber* Rn 58; **aA** (Ausklammerung des gesamten sog. Unrechtsverkehrs) Hopt/*Merkt* Rn 16; *Hübner* Rn 72.

138 BeckOGK-HGB/*Servatius* Rn. 58; Ebenroth/Boujong/Joost/Strohn/*Kindler* Rn 88; GK-HGB/*Ensthaler* Rn 24; Oetker/*Körber* Anh. § 5 Rn 28; Röhricht/v. Westphalen/Haas/*Ries* Anh. § 5 Rn 48.

139 BeckOGK-HGB/*Servatius* Rn. 59; BeckOK-HGB/*Schwartze* Rn 67; *Fischinger* Rn 103; *Hübner* Rn 79; Oetker/*Körber* Rn 61; Röhricht/v. Westphalen/Haas/*Ries* Anh. § 5 Rn 49; *Steinbeck* § 7 Rn 48.

140 BeckOGK-HGB/*Servatius* Rn. 59; BeckOK-HGB/*Schwartze* Rn 67; Hopt/*Merkt* Rn 17; MünchKommHGB/*K. Schmidt* Anh. § 5 Rn 29; Oetker/*Körber* Rn 61; Röhricht/v. Westphalen/Haas/*Ries* Anh. § 5 Rn 49.

die bereits während des bestehenden Rechtsscheins wirksam entstanden sind, werden nicht rückwirkend beseitigt.[141] Die Rechtswirkungen der Lehre vom Scheinkaufmann können deshalb lediglich für die Zukunft verhindert werden.

7. Darlegungs- und Beweislast

50 Nach den allgemeinen Grundsätzen zur Verteilung der Darlegungs- und Beweislast obliegt es demjenigen, der sich für die von ihm begehrte Rechtsfolge auf die Lehre vom Scheinkaufmann stützt, die hierfür erforderlichen Tatsachen darzulegen und – sofern diese nicht unstreitig sind – zu beweisen.[142] Hierzu zählt insbesondere auch die Kenntnis von dem Rechtsscheinstatbestand.[143] Von diesem Grundsatz gelten jedoch Ausnahmen.

51 Die erste Ausnahme bezieht sich auf die Gutgläubigkeit des Dritten. Hierfür spricht eine Vermutung,[144] so dass es dem prozessualen Gegenspieler obliegt, diese zu entkräften.[145] Die zweite Erleichterung betrifft die Ursächlichkeit des Rechtsscheinstatbestandes für die Vertrauensbetätigung. Diesbezüglich spricht zumindest im Sinne einer tatsächlichen Vermutung der erste Anschein dafür, dass das Rechtsgeschäft im Vertrauen auf den Rechtsschein vorgenommen wurde.[146] Teilweise wird weitergehend sogar eine Umkehr der Beweislast befürwortet.[147]

8. Der „Schein-Nichtkaufmann" als Ergänzung der Lehre vom Scheinkaufmann

52 Ebenso wie ein Nichtkaufmann den Rechtsschein der Kaufmannseigenschaft veranlassen kann, ist die Situation möglich, dass ein Istkaufmann durch den Verzicht auf die Eintragung im Handelsregister sowie die unterbliebene Führung des Firmenzusatzes „e.K." (§ 19 Abs. 1 Nr. 1) Dritten gegenüber den Anschein erweckt, er sei kein Kaufmann.[148] In Betracht kommt dies insbesondere bei Gewerbetreibenden, deren Betrieb zunächst kleingewerblich war, später jedoch zum Handelsgewerbe emporgewachsen ist und daher objektiv die Istkaufmannseigenschaft vorliegt. In diesem Fall stellt sich insbesondere für die Rügeobliegenheit nach § 377 die Frage, ob sich der Vertragspartner darauf berufen kann, dass der Istkaufmann den Schein eines Nichtkaufmannes gesetzt habe, so dass diesem die Berufung auf § 377 verwehrt ist und es bei der ausschließlichen Anwendung der bürgerlich-rechtlichen Vorschriften verbleibt. Analog den zur Lehre vom Scheinkaufmann anerkannten Grundsätzen verbliebe dem Dritten jedoch nach seiner Wahl

---

141 BeckOK-HGB/*Schwartze* Rn 67; *Hübner* Rn 79; Oetker/*Körber* Rn 61; *Steinbeck* § 7 Rn 48.

142 BeckOGK-HGB/*Servatius* Rn. 60; BeckOK-HGB/*Schwartze* Rn 54; HaKo-HGB/*Keßler* Rn 27; HK-HGB/*Ruß* Rn 12; MünchKommHGB/*K. Schmidt* Anh. § 5 Rn 24; Oetker/*Körber* Rn 52; Röhricht/v. Westphalen/Haas/*Ries* Anh. § 5 Rn 34.

143 *Hübner* Rn 73; Oetker/*Körber* Rn 53.

144 Ebenso BeckOGK-HGB/*Servatius* Rn. 60; Ebenroth/Boujong/Joost/Strohn/*Kindler* Rn 74 a.E.; MünchKommHGB/*K. Schmidt* Anh. § 5 Rn 24; Oetker/*Körber* Rn 53; im Ansatz auch Röhricht/v. Westphalen/Haas/*Ries* Anh. § 5 Rn 34.

145 Ebenso BeckOGK-HGB/*Servatius* Rn. 60; HK-HGB/*Ruß* Rn 12; Hopt/*Merkt* Rn 13.

146 Hierfür BGH 11.3.1955 – I ZR 82/53 – BGHZ 17, 13 (19); BeckOGK-HGB/*Servatius* Rn. 60; *Lettl* § 2 Rn 80; in dieser Richtung auch *Bayer/Lieder* Rn 36; *Fischinger* Rn 99; Heymann/*Förster* HGB Rn 21; Röhricht/v. Westphalen/Haas/*Ries* Anh. § 5 Rn 34.

147 So z.B. *Hübner* Rn 74; Koller/Kindler/Roth/Drüen/*Roth* § 15 Rn 57; *Lieder* FS 25 Jahre DNotI, 2018, 503 (515 f.); *Limbach* ZHR 134 (1970), 289 (319 f); *Steinbeck* § 7 Rn 43; tendenziell auch Hopt/*Merkt* Rn 13, bei bestimmten „starken" Rechtsscheintatbeständen; abl. jedoch MünchKommHGB/*K. Schmidt* Anh. § 5 Rn 24; widersprüchlich HK-HGB/*Ruß* Rn 12.

148 Gegen diese Bewertung jedoch *Canaris* Handelsrecht § 6 Rn 15, 19; anders demgegenüber BeckOGK-HGB/*Servatius* Rn. 61; *Fischinger* Rn 108.

auch die Möglichkeit, sich auf die handelsrechtlichen Vorschriften zu stützen, wenn sich dies für ihn als vorteilhafter darstellt (s. Rn 41).

Ein Teil des Schrifttums bejaht dies und wendet damit die Lehre vom Scheinkaufmann auch **53**
auf die umgekehrte Konstellation des „Schein-Nichtkaufmanns" an.[149] Dieses Ausweges bedarf es jedoch nur, wenn der Anwendungsbereich des § 15 auf sog. Sekundärtatsachen beschränkt wird. Wird dieser hingegen mit der vorherrschenden Ansicht auch auf eintragungspflichtige Primärtatsachen wie die Kaufmannseigenschaft erstreckt (s. § 15 Rn 36 f), dann verwehrt § 15 Abs. 1 dem „Schein-Nichtkaufmann" die Berufung auf die Kaufmannseigenschaft, so dass sich dieser wie ein Nichtkaufmann behandeln lassen muss, sofern der Dritte im Hinblick auf die fehlende Kaufmannseigenschaft gutgläubig ist.[150] Ebenso verbleibt dem Dritten auch bei einem Rückgriff auf § 15 Abs. 1 die Möglichkeit, sein Begehren auf die wahre Rechtslage zu stützen (s. Rn 41). Angesichts des durch § 15 Abs. 1 bewirkten Vertrauensschutzes ist für eine ergänzend entwickelte Lehre vom „Schein-Nichtkaufmann" kein Raum.

149 BeckOGK-HGB/*Servatius* Rn. 62; *Canaris* Handelsrecht § 6 Rn 18; Ebenroth/Boujong/Joost/Strohn/*Kindler* Rn 89; *Fischinger* Rn 108; Hopt/*Merkt* Rn 10; Koller/Kindler/Roth/Drüen/*Roth* § 15 Rn 48; *Lettl* § 2 Rn 88.

150 Wie hier im Grundsatz auch BeckOGK-HGB/*Servatius* Rn. 62; *Hübner* Rn 69; i.E. letztlich auch MünchKommHGB/*K. Schmidt* Anh. § 5 Rn 36, der freilich dem „Schein-Nichtkaufmann" die Berufung auf die handelsrechtlichen Vorschriften über § 242 BGB abschneiden will (so auch Oetker/*Körber* Rn 63).

§ 6 [Handelsgesellschaften; Formkaufmann]

(1) Die in betreff der Kaufleute gegebenen Vorschriften finden auch auf die Handelsgesellschaften Anwendung.
(2) Die Rechte und Pflichten eines Vereins, dem das Gesetz ohne Rücksicht auf den Gegenstand des Unternehmens die Eigenschaft eines Kaufmanns beilegt, bleiben unberührt auch wenn die Voraussetzungen des § 1 Abs. 2 nicht vorliegen.

Schrifttum

Schulze-Osterloh Kapitalgesellschaft und Co. – Handelsgesellschaft kraft Rechtsform?, NJW 1983, 1281.

Übersicht

I. Allgemeines

1 Die Vorschrift verbindet zwei Regelungsanliegen, die sachlich in keinem Zusammenhang stehen (s. Rn 2, 27). Formal haben diese gemeinsam, dass ein Teil der in Absatz 2 genannten Vereine auch nach Absatz 1 – dort neben anderen – zu den „Handelsgesellschaften" zählen. Verbreitet wird § 6 Abs. 1 zudem als eine Vorschrift begriffen, die für Handelsgesellschaften die Kaufmannseigenschaft begründet.[1] Auf den Gesetzeswortlaut lässt sich dies nicht stützen; die Rechtsfolge in Absatz 1 beschränkt sich darauf, die Anwendung der für Kaufleute geltenden Vorschriften anzuordnen (s. auch Rn 5).[2] Im Hinblick darauf will Absatz 1 Handelsgesellschaften wie Kaufleute behandelt wissen.[3] Auch die für die von Absatz 2 erfassten „Vereine" etablierte Kennzeichnung als „Formkaufleute"[4] hat keinen materiellrechtlichen Aussagegehalt. Zum Ausdruck bringt diese lediglich, dass die „Vereine" allein auf Grund ihrer Rechtsform der in Absatz 1 festgelegten Rechtsfolge unterliegen;[5] es kommt bei ihnen weder darauf an, welches Gewerbe sie betreiben, noch sind Art und Umfang des Unternehmens hierfür von Bedeutung (s. Rn 27).

---

1 Z.B. Heymann/*Förster* HGB Rn 1; *Kindler* § 2 Rn 111.
2 Ebenso BeckOGK-HGB/*Schmidt* Rn. 3.
3 Dies konstatiert auch Heymann/*Förster* HGB Rn 1.
4 So z.B. *Brox/Henssler* § 2 Rn 49; Heymann/*Förster* HGB Rn 2; Hopt/*Merkt* Rn 6; *Lettl* § 2 Rn 61; Oetker/*Körber* Rn 1; in der Sache ebenso *Canaris* Handelsrecht § 3 Rn 40: Kaufmann kraft Rechtsform; weitergehend *Hübner* Rn 51, 53, der alle von § 6 Abs. 1 erfassten Gesellschaften den Formkaufleuten zuordnet.
5 Ähnlich auch im österreichischen Recht die zum Unternehmer kraft Rechtsform in § 2 UGB getroffene Regelung, die jedoch im Unterschied zu § 6 Abs. 2 die erfassten Rechtsformen abschließend aufzählt.

https://doi.org/10.1515/9783110564440-007

II. Handelsgesellschaften, Abs. 1

1. Normzweck des Abs. 1

Durch Absatz 1 werden Handelsgesellschaften, d.h. **Zusammenschlüsse des Handelsrechts,** dem Modell des Einzelkaufmanns, das den §§ 1 bis 5 zugrunde liegt, gleichgestellt. Die Regelungstechnik in § 6 Abs. 1 ist notwendig, weil das Gesetz in den weiteren Vorschriften ausschließlich den „Kaufmann" zum Normadressaten erhebt (z.B. §§ 17 Abs. 1, 29, 238 Abs. 1, 343 Abs. 1, 366, 369), was bei (sachlich verfehlter) enger Auslegung des Gesetzeswortlautes lediglich den Einzelkaufmann erfassen würde. Ein derartiges und dem Zweck der handelsrechtlichen Normen zuwiderlaufendes Ergebnis verhindert die Gleichstellung in Absatz 1 (s. auch Rn 20).[6] Diese hängt nicht von Art und Umfang des Gewerbes ab, es genügt vielmehr, dass der Zusammenschluss als „Handelsgesellschaft" zu qualifizieren ist.[7] Dies mag es rechtfertigen, den Zweck von Absatz 1 in einer Vereinfachung für den Handelsverkehr zu sehen.[8] 2

Entgegen einer vereinzelten Ansicht im Schrifttum[9] ist die Vorschrift nicht überflüssig. „Handelsgesellschaften" im Sinne des Absatzes 1 ist ein Oberbegriff, unter dem **Personenhandelsgesellschaften und Kapital(handels)gesellschaften** zusammengefasst werden können. Für erstere ergibt sich das aus der Überschrift des Zweiten Buches, für Kapitalgesellschaften aus den für sie geltenden Gesetzen (z.B. § 3 AktG, § 13 Abs. 3 GmbHG). Dass für **Kapitalgesellschaften** das Recht für Kaufleute gilt, ist nicht selbstverständlich, da Aktiengesellschaften, Kommanditgesellschaften auf Aktien sowie Gesellschaften mit beschränkter Haftung keine gewerblichen Ziele verfolgen müssen (§§ 3, 278 Abs. 3 AktG, § 1 GmbHG). Handelsrecht findet auf sie nur kraft des § 6 Abs. 1 Anwendung, weil der Gesetzgeber sie an anderer Stelle zu Handelsgesellschaften bestimmt hat. Im Gegensatz dazu hat der Gesetzgeber die **Genossenschaft** nicht zur Handelsgesellschaft erklärt, sondern auf diese findet das Recht der Kaufleute über die Fiktion der Kaufmannseigenschaft in § 17 Abs. 2 GenG Anwendung (s. Rn 10). Für die **Personenhandelsgesellschaften** (Offene Handelsgesellschaft und Kommanditgesellschaft) wiederum empfahl sich die Vorschrift in § 6 Abs. 1 jedenfalls zur Klarstellung, da die Anwendung der für Kaufleute geltenden Bestimmungen nicht bereits aus den §§ 124 Abs. 1, 161 Abs. 2 folgt. Dort wird der in § 6 niedergelegte Grundsatz nur nochmals bekräftigt und näher verdeutlicht. 3

Die Klarstellung in § 6 Abs. 1 gilt für **Personenhandelsgesellschaften** allerdings nur mit **zwei Einschränkungen.** Die Pflicht zur Anmeldung zum Handelsregister sowie die Pflicht zur Unterzeichnung der Jahresbilanz treffen, abweichend von den §§ 29, 31, 245 Satz 1, nicht die Gesellschaft. Anderenfalls würden diese Pflichten jeweils durch die vertretungsberechtigten Gesellschafter erfüllt und die entsprechenden Zeichnungen hätten namens der Gesellschaft zu erfolgen. Demgegenüber bestimmt das Gesetz, dass die genannten Pflichten den bzw. alle Gesellschafter treffen, somit auch den nichtvertretungsberechtigten, und zwar persönlich in dieser Eigenschaft (die Pflicht zur Unterzeichnung der Bilanz allerdings nur den persönlich haftenden Gesellschafter), §§ 108 Abs. 1, 161 Abs. 2, 245 Satz 2. 4

Ob § 6 Abs. 1 die Kraft entfaltet, für alle von der Vorschrift erfassten Handelsgesellschaften die Kaufmannseigenschaft zu begründen,[10] ist von untergeordneter Bedeutung. Im Unterschied zu § 2 Satz 1 hat der Gesetzgeber Handelsgesellschaften jedenfalls nicht zu Kaufleuten erklärt, obwohl dies – wie die Fiktion des § 17 Abs. 2 GenG zeigt – regelungstechnisch unschwer möglich gewesen wäre (z.B. „Handelsgesellschaften gelten als Kaufleute im Sinne des Gesetzes"). Zudem beschränkt sich Absatz 1 nach seinem Wortlaut ausdrücklich darauf, die Anwendbarkeit der für 5

6 Wie hier im Anschluss BeckOK-HGB/*Schwartze* Rn 1.

7 S. BeckOGK-HGB/*Schmidt* Rn. 5; BeckOK-HGB/*Schwartze* Rn 1; Hopt/*Merkt* Rn 1.

8 So *Lettl* § 2 Rn 62.

9 So Schlegelberger/*Hildebrandt*/*Steckhan* Rn 2 a.E.

10 Hierfür *Canaris* Handelsrecht § 3 Rn 42; Ebenroth/Boujong/Joost/Strohn/*Kindler* Rn 1; Heymann/*Förster* HGB Rn 1; *Hübner* Rn 51; Koller/Kindler/Roth/Drüen/*Roth* Rn 3; MünchKommHGB/*K. Schmidt* Rn 1.

Kaufleute geltenden Vorschriften anzuordnen. Dies spricht dafür, dass Handelsgesellschaften keine Kaufleute sind und auch durch § 6 Abs. 1 nicht zu solchen erklärt werden.[11] Dann ist die Vorschrift indes auch nicht in der Lage, für Handelsgesellschaften die Kaufmannseigenschaft zu begründen.

2. Von Abs. 1 erfassten Handelsgesellschaften

6 Die Anwendung der für Kaufleute geltenden Vorschriften ordnet § 6 Abs. 1 für alle „Handelsgesellschaften" an. Hierzu zählen schon aus Gründen der Gesetzessystematik alle Gesellschaften, die das Zweite Buch des HGB unter der amtlichen Überschrift „Handelsgesellschaften" zusammenfasst. Da das Gesetz hiermit selbst bereits zu erkennen gibt, dass die stille Gesellschaft nicht hierzu zählt, gehören die **Offene Handelsgesellschaft** sowie die **Kommanditgesellschaft** als Personen(handels)gesellschaften zu den Handelsgesellschaften im Sinne des § 6 Abs. 1. Das gilt auch für die **GmbH & Co. KG,** da die Einsetzung einer juristischen Person als Komplementärin weder deren unbeschränkte persönliche Haftung noch die rechtliche Qualifizierung der Gesellschaft als Kommanditgesellschaft in Frage stellt.[12] Erforderlich ist allerdings stets, dass das Gewerbe von der Kommanditgesellschaft und nicht von der Komplementärgesellschaft betrieben wird.[13] Eine Handelsgesellschaft im Sinne von § 6 Abs. 1 liegt auch dann vor, wenn **Wirtschaftsprüfer** ihre Tätigkeit in der Rechtsform einer Offenen Handelsgesellschaft oder Kommanditgesellschaft betreiben und diese wegen der Treuhandtätigkeit in das Handelsregister eingetragen ist (§ 27 Abs. 2 WPO). Entsprechendes gilt für **Steuerberater** (§ 49 Abs. 2 StBerG). Handelsgesellschaft im Sinne des § 6 Abs. 1 ist auch die offene oder geschlossene **Investment-KG** (§§ 124 ff. KAGB, §§ 149 ff. KAGB). Bei ihr handelt es sich nicht um eine neue Rechtsform, sondern um eine Sonderform der Kommanditgesellschaft,[14] deren rechtlicher Rahmen von den spezifischen Zielsetzungen geprägt ist, die im Übrigen jedoch dem Recht der Kommanditgesellschaft unterliegt (§ 124 Abs. 1 Satz 2 KAGB, § 149 Abs. 1 Satz 2 KAGB).

7 Über die vom HGB selbst als Handelsgesellschaft qualifizierten Personenhandelsgesellschaften hinaus zählen zu den Handelsgesellschaften im Sinne des § 6 Abs. 1 alle Gesellschaften, für die der Gesetzgeber dies an anderer Stelle ausdrücklich angeordnet hat („gilt als Handelsgesellschaft"). Geschehen ist dies für die **Aktiengesellschaft** (§ 3 Abs. 1 AktG) sowie über § 278 Abs. 3 AktG für die **Kommanditgesellschaft auf Aktien (KGaA).** Nach Art. 9 Abs. 1 lit. c ii VO (EG) Nr. 2157/2001 (in Verbindung mit § 3 Abs 1 AktG) gilt Entsprechendes für die **Europäische Gesellschaft (SE)** mit Sitz in Deutschland.[15] Für die **GmbH** ergibt sich die Gleichstellung mit den Handelsgesellschaften aus § 13 Abs. 3 GmbHG. Dies gilt auch für die **Unternehmergesellschaft (UG),**[16] da es sich bei dieser um eine besonderen Rechtsvorschriften (s. § 5a GmbHG) unterliegende Sonderform der GmbH handelt.[17] Bei einer **Europäischen Wirtschaftlichen Interessenvereinigung (EWIV)**, die dem deutschen Recht unterliegt, folgt die Eigenschaft als Han-

11 Ebenso BeckOGK-HGB/*Schmidt* Rn. 3.

12 So auch die ganz vorherrschende Ansicht. Für diese BayObLG 13.11.1984 – Breg 3 Z 119/83 – NJW 1985, 982 (983); BeckOK-HGB/*Schwartze* Rn 4; Ebenroth/Boujong/Joost/Strohn/*Kindler* Rn 3; Haag/Löffler/*Pelke* Rn 6; Heymann/*Förster* HGB Rn 4; Hopt/*Merkt* Rn 1; Röhricht/v. Westphalen/Haas/*Ries* Rn 3, 10; **aA** MünchKommHGB/*K. Schmidt* Rn 18; *Raiser*/*Veil* Recht der Kapitalgesellschaften, 4. Aufl. 2006, § 42 Rn 1; *Schulze-Osterloh* NJW 1983, 1281 (1284 ff).

13 BayObLG 13.11.1984 – Breg 3 Z 119/83 – NJW 1985, 982 (983); Hopt/*Merkt* Rn 2.

14 So Begr. RegE, BT-Drucks. 17/12294, S. 241, 249; MünchKommHGB/*Grunewald*/*Brungs* § 161 Rn. 5; Oetker/*Oetker* § 161 Rn. 165; Ebenroth/Boujong/Joost/Strohn/*Paefgen* § 124 KAGB Rn. 1 m.w.N.

15 BeckOK-HGB/*Schwartze* Rn 7; Röhricht/v. Westphalen/Haas/*Ries* Rn 6.

16 BeckOK-HGB/*Schwartze* Rn 7; Röhricht/v. Westphalen/Haas/*Ries* Rn 6.

17 Für die allg. Ansicht statt aller MünchKommGmbHG/*Rieder* § 5a Rn. 1.

delsgesellschaft im Sinne des Absatzes 1 aus § 1 Abs. 2 EWIV-AG.[18] Aufgrund dieser gesetzlichen Anordnungen liegt eine Handelsgesellschaft auch dann vor, wenn in einer der vorgenanten Rechtsformen ein nicht von dem handelsrechtlichen Gewerbebegriff erfasster Zweck verfolgt wird.[19] In Betracht kommt dies unter anderem für eine **karitative Zweckverfolgung,**[20] sofern entgegen der hier befürworteten Auffassung (s § 1 Rn 39) für einen Gewerbebetrieb eine Gewinnerzielungsabsicht gefordert wird. Handelsgesellschaft im Sinne des § 6 Abs. 1 ist deshalb auch die gGmbH (§ 4 Satz 2 GmbHG). Entsprechendes gilt, wenn für eine **Tätigkeit mehrerer Freiberufler** eine der vorstehenden Rechtsformen gewählt wird. Dies kann bei Freiberuflern generell mittels Errichtung einer Europäischen Wirtschaftlichen Interessenvereinigung (EWIV) geschehen, da Art. 4 Abs. 1 lit. b EWIV-VO diese Rechtsform unter anderem auch für jede freiberufliche Tätigkeit natürlicher Personen eröffnet. Bei **Rechtsanwälten** kommt die Errichtung einer GmbH (§ 59c BRAO; „Rechtsanwaltsgesellschaft mbH") und einer Aktiengesellschaft[21] hinzu. Entsprechendes gilt für **Steuerberater** und **Wirtschaftsprüfer**, die in der Wahl der Rechtsform jedoch freier sind (§ 49 Abs. 1 und 2 StBerG, § 27 WPO) und unter der Voraussetzung einer Treuhandtätigkeit auch die Ausübung der Tätigkeit als Offene Handelsgesellschaft oder Kommanditgesellschaft ermöglicht (§ 49 Abs. 2 StBerG, § 27 Abs. 2 StBerG).

Gemeinsam ist den in Rn 6 und 7 aufgezählten Handelsgesellschaften, dass diese in das **Handelsregister** eingetragen werden (s. § 3 HRV). Hieraus folgt jedoch nicht ihre Eigenschaft als „Handelsgesellschaft", sondern vielmehr ergibt sich diese aus der vom Gesetzgeber an anderer Stelle zugesprochenen Eigenschaft. Die teilweise verfochtene und noch der in einem völlig anderen normativen Kontext eingebetteten Denkschrift zum HGB verhaftete Ansicht, die Eigenschaft als Handelsgesellschaft im Sinne des Absatz 1 folge aus der Eintragung der Gesellschaft im Handelsregister,[22] ist zudem nicht in der Lage, die Einbeziehung ausländischer Gesellschaften (s. Rn 9) überzeugend zu begründen,[23] und müsste konsequenter Weise wegen § 3 Abs. 2 HRV auch den Versicherungsverein auf Gegenseitigkeit zu den Handelsgesellschaften im Sinne des Absatz 1 zählen (s. aber Rn 10). 8

Das Gesetz differenziert nicht danach, welcher Rechtsordnung die „Handelsgesellschaft" unterliegt. Dies spricht dafür, dass nicht nur solche Gesellschaften mit deutschem Gesellschaftsstatut der Vorschrift des Absatz 1 unterliegen, sondern auch solche mit einem **ausländischen Gesellschaftsstatut.**[24] Auch für diese besteht in gleicher Weise die Notwendigkeit, sie im Hinblick auf die handelsrechtlichen Normen den Einzelkaufleuten gleichzustellen. Für ausländische Kapitalgesellschaften wird den wenigen bislang vorliegenden Stellungnahmen, die dies bejahen[25] – soweit ersichtlich – nicht widersprochen. 9

---

18 Ebenso BeckOGK-HGB/*Schmidt* Rn. 7; BeckOK-HGB/*Schwartze* Rn 7; Haag/Löffler/*Pelke* Rn 6; Heymann/*Förster* HGB Rn 5; *Kindler* § 2 Rn 115; Röhricht/v. Westphalen/Haas/*Ries* Rn 4; *Steinbeck* § 7 Rn 31; s. näher MünchKommHGB/*K. Schmidt* Rn 15.

19 OLG Frankfurt 9.11.2018 – 20 W 80/16 – ZIP 2019, 921 (923); *Lettl* § 2 Rn 64.

20 Treffend *Brox/Henssler* § 2 Rn 49.

21 Zu deren auf Art. 12 Abs. 1 GG und Art. 3 Abs. 1 GG zu stützenden Zulässigkeit BGH 10.1.2005 – AnwZ (B) 27/03 Rn 39 ff – BGHZ 161, 376 = NJW 2005, 1568.

22 So Ebenroth/Boujong/Joost/Strohn/*Kindler* Rn 2; Heymann/*Emmerich*² HGB Rn 2; *Hübner* Rn 53; Koller/Kindler/Roth/Drüen/*Roth* Rn 2; MünchKommHGB/*K. Schmidt* Rn 3; Oetker/*Körber* Rn 2. Zur Denkschrift zum HGB s. dort S. 89.

23 S. die Schwierigkeiten bei MünchKommHGB/*K. Schmidt* Rn 14.

24 So auch BeckOGK-HGB/*Schmidt* Rn. 8; BeckOK-HGB/*Schwartze* Rn 5, 7; Ebenroth/Boujong/Joost/Strohn/*Kindler* Rn 3; Haas/Löffler/*Pelke* Rn 7; Heymann/*Förster* HGB Rn 5; Oetker/*Körber* Rn 3.

25 OLG Düsseldorf 4.5.1995 – 6 U 93/94 – NJW-RR 1995, 1184 (1185); Hopt/*Merkt* Rn 3; wohl auch MünchKommHGB/*K. Schmidt* Rn 14.

3. Keine Handelsgesellschaften im Sinne von Abs. 1

10 Die **Genossenschaft** hat das GenG nicht zur Handelsgesellschaft erklärt,[26] sondern stellt sie in § 17 Abs. 2 GenG unmittelbar den Kaufleuten im Sinne des HGB gleich. Analog galt dies bis zum 1.1.1992 ebenfalls für **Landwirtschaftliche Produktionsgenossenschaften (LPG)** der ehem. DDR[27] sowie wegen Art. 8 Abs. 1 lit. c ii SCE-VO für die **Europäische Genossenschaft (SCE).**[28] Auch den **Versicherungsverein auf Gegenseitigkeit** sieht das VAG nicht als Handelsgesellschaft an;[29] § 172 Satz 1 VAG erklärt mit Ausnahme der §§ 1 bis 7 jedoch die Vorschriften des Ersten und Vierten Buches des HGB für „entsprechend" anwendbar, sofern es sich nicht um einen kleineren Verein handelt (s. zu diesem § 210 Abs. 1 Satz 1 VAG).

11 Nicht zu den Handelsgesellschafen im Sinne des Abs. 1 zählt die **Gesellschaft bürgerlichen Rechts** (§§ 705 ff BGB).[30] Sie wird aber zur Offenen Handelsgesellschaft oder zur Kommanditgesellschaft und damit zur Handelsgesellschaft, wenn sie ein Handelsgewerbe unter gemeinschaftlicher Firma betreibt und damit eintragungspflichtig wird (§§ 105, 106, 123 Abs. 2, 161 Abs. 2).[31] Dementsprechend ist bei der **ARGE des Baugewerbes** zu differenzieren; sie ist allenfalls dann Handelsgesellschaft, wenn sie selbst Handelsgeschäfte betreibt.[32] Für den **nicht eingetragenen Verein** (§ 54 BGB) gilt dies entsprechend.[33] Als solcher kann er – wie die BGB-Gesellschaft – keine Handelsgesellschaft im Sinne des Absatzes 1 sein.[34] Entsprechendes gilt für die rechtsfähige Stiftung,[35] die als Sondervermögen keine „Gesellschaft" ist.

12 Die **stille Gesellschaft** ist eine Sonderform der Gesellschaft bürgerlichen Rechts, die zwar im HGB (§§ 230 bis 236) geregelt, aber keine Handelsgesellschaft, sondern nach § 230 Abs. 1 Beteiligung an dem Handelsgewerbe ist, das „ein anderer" betreibt.[36] Dieser „andere" ist deshalb der alleinige Unternehmer des Handelsgewerbes. Dass die stille Gesellschaft selbst keine Handelsgesellschaft im Sinne des § 6 Abs. 1 ist, bestätigt treffend die amtliche Überschrift für das Zweite Buch des HGB, die die stille Gesellschaft ausdrücklich den Handelsgesellschaften gegenüberstellt.

13 Die **Partnerschaft** ist ein Zusammenschluss von Angehörigen freier Berufe (§ 1 Abs. 1 Satz 1 PartGG). Ihre Tätigkeit ist kein Handelsgewerbe (§ 1 Abs. 1 Satz 2 PartGG). Obwohl das PartGG zahlreiche Vorschriften der Offenen Handelsgesellschaft für entsprechend anwendbar erklärt (z.B. §§ 2 Abs. 2, 6 Abs. 3, 7 Abs. 2 und 3, 8 Abs. 1 und 9 Abs. 1 PartGG), ist die Partnerschaft

---

26 BeckOK-HGB/*Schwartze* Rn 8; *Bülow/Artz* Rn. 77; *Canaris* Handelsrecht § 3 Rn 47; Ebenroth/Boujong/Joost/Strohn/*Kindler* Rn 12; *Kindler* § 2 Rn 115; Koller/Kindler/Roth/Drüen/*Roth* Rn 2; *Lettl* § 2 Rn 63; Röhricht/v. Westphalen/Haas/*Ries* Rn 7.

27 I.E. auch BGH 30.3.2006 – III ZB 74/05 – NJW-RR 2006, 1267 (1268); ebenso Röhricht/v. Westphalen/Haas/*Ries* Rn 7. Für die Produktionsgenossenschaft des Handwerks (PGH) galt Entsprechendes.

28 BeckOK-HGB/*Schwartze* Rn 8; Röhricht/v. Westphalen/Haas/*Ries* Rn 7.

29 BeckOK-HGB/*Schwartze* Rn 8; *Canaris* Handelsrecht § 3 Rn 47; Ebenroth/Boujong/Joost/Strohn/*Kindler* Rn 13; Heymann/*Emmerich*[2] HGB Rn 2a; *Hübner* Rn 54; Röhricht/v. Westphalen/Haas/*Ries* Rn 7.

30 Statt aller BeckOGK-HGB/*Schmidt* Rn. 12; BeckOK-HGB/*Schwartze* Rn 6; *Brox/Henssler* § 2 Rn 50; Heymann/*Förster* HGB Rn 6; Hopt/*Merkt* Rn 1; MünchKommHGB/*K. Schmidt* Rn 6, 7.

31 BeckOGK-HGB/*Schmidt* Rn. 12.

32 Röhricht/v. Westphalen/Haas/*Ries* Rn 5a.

33 Ebenso BeckOGK-HGB/*Schmidt* Rn. 12.

34 BeckOK-HGB/*Schwartze* Rn 6; Haag/Löffler/*Pelke* Rn 7; Heymann/*Förster* HGB Rn 6.

35 BeckOK-HGB/*Schwartze* Rn 9; Hopt/*Merkt* Rn 1; *Lettl* § 2 Rn 63.

36 Allg. Ansicht, vgl. BeckOGK-HGB/*Schmidt* Rn. 13; BeckOK-HGB/*Schwartze* Rn 4; *Brox/Henssler* Rn 50; *Bülow/Artz* Rn. 72; Ebenroth/Boujong/Joost/Strohn/*Kindler* Rn 4; Haag/Löffler/*Pelke* Rn 7; Heymann/*Förster* HGB Rn 6; Hopt/*Merkt* Rn 1; Koller/Kindler/Roth/Drüen/*Roth* Rn 2; MünchKommHGB/*K. Schmidt* Rn 6; Röhricht/v. Westphalen/Haas/*Ries* Rn 3; *Stöber* Rn. 54.

keine Handelsgesellschaft im Sinne des § 6 Abs. 1,[37] da sie kein Handelsgewerbe betreibt, und auch im PartGG nicht den Handelsgesellschaften gleichgestellt ist. Dementsprechend ist die Partnerschaft nicht in das Handelsregister, sondern in das Partnerschaftsregister einzutragen (§§ 4, 5 PartGG). Allerdings hat die fehlende Einbeziehung der Partnerschaft in den Kreis der von § 6 Abs. 1 erfassten Gesellschaften zur Folge, dass die für Kaufleute geltenden Vorschriften des Vierten Buches auf die Gesellschaft an sich nicht anwendbar sind; zu erwägen bleibt jedoch – nicht anders als bei nicht im Handelsregister eingetragenen Kleingewerbetreibenden (s. § 2 Rn 32 ff) – die entsprechende Anwendung einzelner Bestimmungen. Die Ausklammerung der Partnerschaft aus dem Kreis der von § 6 Abs. 1 erfassten Handelsgesellschaften gilt unabhängig davon, ob für die Verbindlichkeiten der Gesellschaft nur das Gesellschaftsvermögen haftet (§ 8 Abs. 4 PartGG: Partnerschaft „mit beschränkter Berufshaftung") oder gesamtschuldnerisch auch die in der Partnerschaft zusammengeschlossenen Partner (§ 8 Abs. 1 PartGG), da die Haftungsbeschränkung auf das Gesellschaftsvermögen nicht die Rechtsform der Gesellschaft verändert.[38]

Die **Partenreederei** war eine im Seehandelsrecht beheimatete Vereinigung zum Erwerb durch die Seefahrt mittels eines gemeinsamen Schiffes und wurde in § 489 Abs. 2 a.F. den Handelsgesellschaften gegenübergestellt. Die vorherrschende Ansicht lehnte die Zuordnung der Partenreederei zu den Handelsgesellschaften im Sinne des § 6 Abs. 1 im Ergebnis zu Recht ab, was nicht ausschloss, einzelne handelsrechtliche Vorschriften entsprechend anzuwenden (s. näher § 1 Rn 74). Das gemeinsame Betreiben der Seeschifffahrt kann auch in der Rechtsform einer Handelsgesellschaft (ggf. als Offene Handelsgesellschaft oder Kommanditgesellschaft) erfolgen, ist dann aber keine Reederei im gesetzlichen Sinne. 14

4. Entstehung der Handelsgesellschaft

Voraussetzung für die Einbeziehung einer Gesellschaft in den Anwendungsbereich des § 6 Abs. 1 ist, dass diese als Handelsgesellschaft entstanden ist. Hierfür ist zwischen Personenhandelsgesellschaften und Kapital(handels)gesellschaften zu unterscheiden. 15

Bei den **Personenhandelsgesellschaften** ist die Entstehung als Handelsgesellschaft differenzierter geregelt als beim Einzelkaufmann. Betreiben sie **ein Handelsgewerbe,** ist die Gesellschaft im Verhältnis zu Dritten, unabhängig von der Aufnahme des Geschäftsbetriebs und unabhängig sogar von Vorbereitungsgeschäften (§ 1 Rn 45), in jedem Falle (§ 123 Abs. 1) und zwingend (§ 123 Abs. 3) mit der **Eintragung in das Handelsregister** entstanden.[39] Wird der Geschäftsbetrieb unter Einschluss der Vorbereitungsgeschäfte jedoch bereits vor der Eintragung aufgenommen, dann ist die Gesellschaft auch schon zu diesem Zeitpunkt „Handelsgesellschaft" (§ 123 Abs. 2);[40] über § 161 Abs. 2 gilt dies auch für die Kommanditgesellschaft.[41] 16

Im **kleingewerblichen** Bereich wird die Personengesellschaft erst zur Offenen Handelsgesellschaft (Kommanditgesellschaft) und damit in den Anwendungsbereich von § 6 Abs. 1 einbezogen, wenn die Voraussetzungen des § 2 erfüllt sind, also die Eintragung im Handelsregister erfolgt ist; § 123 Abs. 2 (§ 161 Abs. 2). Bis dahin ist der gesellschafterliche Zusammenschluss derjenigen, die das Unternehmen betreiben, eine Gesellschaft bürgerlichen Rechts. Im Bereich der **Land- und Forstwirtschaft** gilt dies entsprechend, da § 123 Abs. 2 mit der Verweisung auf § 2 auch § 3 – s. § 3 Abs. 2 – in Bezug genommen hat. Besteht die Tätigkeit der Gesellschaft aus- 17

37 Statt aller BeckOGK-HGB/*Schmidt* Rn. 16; BeckOK-HGB/*Schwartze* Rn 6; *Bülow/Artz* Rn. 72; *Canaris* Handelsrecht § 3 Rn 46; Heymann/*Förster* HGB Rn 6; Hopt/*Merkt* Rn 1; Koller/Kindler/Roth/Drüen/*Roth* Rn 2; *Lettl* § 2 Rn 63; MünchKommHGB/*K. Schmidt* Rn 8; Röhricht/v. Westphalen/Haas/*Ries* Rn 5.

38 Wie hier i.E. *Bülow/Artz* Rn 72; s. auch MünchKommBGB/*Schäfer* § 8 PartGG Rn. 41: Rechtsformvariante.

39 Zur übereinstimmenden Rechtslage ab 1.1.2024 s. § 123 Abs. 1 Satz 1 n.F.

40 Ebenso ab 1.1.2024 § 123 Abs. 1 Satz 2 n.F.

41 BeckOK-HGB/*Schwartze* Rn 7.

schließlich in der **Verwaltung eigenen Vermögens** (§ 105 Abs. 2), gelten die vorstehenden Ausführungen entsprechend.

18 Hinsichtlich des Endes der Gleichstellung, sei es durch Aufgabe des Gewerbes (nicht früher als durch Beendigung der Liquidation!), sei es durch Herabsinken des Betriebs auf kleingewerbliches Niveau, sei es im kann-kaufmännischen Bereich durch (auch zu Unrecht erfolgte) Löschung, gelten die Grundsätze zu § 2 (Rn 16 ff) und § 3 (Rn 31 ff). Das Absinken auf das Niveau eines Kleingewerbes belässt der Offenen Handelsgesellschaft bzw. Kommanditgesellschaft wegen § 5 bis zur Löschung ihren Status einer Handelsgesellschaft (s. auch § 5 Rn 20), während dieser bei der Aufgabe des Gewerbes durch Beendigung der Liquidation automatisch erlischt. In beiden Fällen ist jedoch bis zur Bekanntmachung der Löschung die Schutzwirkung des § 15 Abs. 1 und 2 zugunsten des gutgläubigen Verkehrs zu beachten. Die auf kleingewerbliches Niveau herabgesunkene Offene Handelsgesellschaft bzw. Kommanditgesellschaft wird in diesem Fall eine Gesellschaft bürgerlichen Rechts.

19 **Kapitalhandelsgesellschaften** entstehen erst mit der Eintragung (§§ 41 Abs. 1, 278 Abs. 3 AktG, § 11 Abs. 1 GmbHG). Die Eintragung ist durchweg konstitutiv; zu einer bis dahin bestehenden **Vorgesellschaft** s. § 1 Rn 60. Die Vor-AG bzw. Vor-GmbH ist als solche noch keine Handelsgesellschaft im Sinne des § 6 Abs. 1, sie kann jedoch unter Umständen über § 1 den für Kaufleute geltenden Bestimmungen unterliegen.[42] Weitere Voraussetzungen außer der rechtsgültigen Existenz der als solcher gegründeten kapitalgesellschaftlichen Organisation bestehen neben der Eintragung für die Anwendung des § 6 Abs. 1 nicht. Die Gesellschaft erlischt mit der Löschung, vorher nicht, auch nicht aufgrund rechtskräftiger Nichtigerklärung der Gesellschaft (arg. § 277 Abs. 1 AktG, § 77 GmbHG).

5. Anzuwendende Vorschriften

20 Der **erste Absatz** des § 6 bestimmt für Handelsgesellschaften, dass auf sie „die für Kaufleute gegebenen Vorschriften anwendbar sind", also nicht nur die §§ 1 bis 5, sondern das **gesamte im HGB geregelte Handelsrecht.** Das bedeutet für die Offene Handelsgesellschaft und die Kommanditgesellschaft, dass diese als solche den Vorschriften des Ersten und Dritten Buches unterliegen. Die Gesellschaft als solche wird in das Handelsregister eingetragen, führt eine Firma, hat Handelsbücher zu führen, kann Prokura und Handlungsvollmacht erteilen, Handlungsgehilfen beschäftigen, Handelsvertreter betrauen, Handelsmakler beauftragen und Handelsgeschäfte abschließen. Für die AG, die KGaA und die GmbH bedeutet § 6 Abs. 1, dass diese Handelsgesellschaften, auch wenn sie kein Handelsgewerbe nach den §§ 1 bis 3 betreiben, ebenfalls den Vorschriften des Ersten und Dritten Buches des HGB unterliegen, soweit für sie keine besonderen Bestimmungen gelten (vgl. für die Firma der AG § 4 AktG, der KGaA § 279 AktG, der GmbH § 4 GmbHG). Ihre Angestellten, soweit sie kaufmännische – oder, auf nichtgewerblichem Sektor, in der Parallelwertung den „kaufmännischen" vergleichbare – Dienste leisten, sind deshalb Handlungsgehilfen i.S.d. §§ 59 ff, unabhängig von dem Betätigungsfeld der Gesellschaft.[43]

21 Da nach § 343 Handelsgeschäfte alle Geschäfte eines Kaufmanns sind, die zum Betriebe seines Handelsgewerbes gehören, Kaufmannsbetrieb und Handelsgewerbe also Wechselbegriffe sind, folgt daraus für die Handelsgesellschaften, dass deren Betrieb ein Handelsgewerbe ist. Im Gegensatz zum Einzelkaufmann, der neben seinem Handelsgewerbe eine Privatsphäre hat, sind jedoch **alle Geschäfte,** die eine Handelsgesellschaft **nach außen** vornimmt – nicht innere Ver-

---

42 BeckOGK-HGB/*Schmidt* Rn 17; BeckOK-HGB/*Schwartze* Rn 7; *Canaris* Handelsrecht § 3 Rn 44; Haag/Löffler/*Pelke* Rn 8; *Kindler* § 2 Rn 116; *Lettl* § 2 Rn 64; Oetker/*Körber* Rn 10; Röhricht/v. Westphalen/Haas/*Ries* Rn 9; i.E. auch MünchKommHGB/*K. Schmidt* Rn 12.

43 BeckOGK-HGB/*Schmidt* Rn 27 f.; Heymann/*Emmerich*[2] HGB Rn 3.

waltungsgeschäfte, namentlich nicht solche, die nur die Beziehungen zu den Mitgliedern betreffen – stets **Handelsgeschäfte.**[44] Für Handelsgesellschaften ist deshalb § 344 gegenstandslos.[45]

Umstritten ist die Anwendung der wenigen noch verbliebenen **Vorschriften außerhalb des** 22 **HGB,** deren personeller Anwendungsbereich mit der Kaufmannseigenschaft verknüpft ist. Während die über das HGB hinausreichende Definitionskraft für § 1 allgemein anerkannt ist (s. § 1 Rn 103), ist dies hinsichtlich § 6 Abs. 1 anders. Diesbezüglich lehnt die herrschende Meinung die generelle Anwendung des außerhalb des HGB geregelten Kaufmannsrechts auf Handelsgesellschaften ab und zieht lediglich eine gesondert zu prüfende analoge Anwendung einzelner Bestimmungen in Betracht.[46] Demgegenüber wird verbreitet auf fehlende Anhaltspunkte für eine derartige Einschränkung im Gesetz sowie das Interesse an einer Einheit der Rechtsordnung verwiesen.[47] Im Grundsatz ist dieser Ansatz zutreffend, jedoch ist stets der konkrete normative Zusammenhang zu beachten, da sich aus diesem ergeben kann, dass die jeweilige Vorschrift nur Kaufleute als natürliche Personen erfasst (z.B. § 109 Abs. 1 Nr. 3 GVG).[48] Entbehrlich ist diese Einschränkung hingegen für § 95 Abs. 1 Nr. 1 GVG, der aufgrund seines Zwecks auf Handelsgesellschaften im Sinne des § 6 Abs. 1 anzuwenden ist.[49]

III. Formkaufleute, Abs. 2

1. Allgemeines

Absatz 2 spricht von dem **„Verein“,** dem das Gesetz ohne Rücksicht auf den Gegenstand des 23 Unternehmens die Rechte und Pflichten eines Kaufmanns beilegt. Die Diktion wirkt etwas altertümlich – vor Erlass des ADHGB hieß im frühen 19. Jahrhundert die heutige Aktiengesellschaft tatsächlich noch „Actien-Verein“ –, hat aber sachlich ihre Berechtigung.[50] Denn **alle Formkaufleute,** d.h. solche, denen das Gesetz ihrer Rechtsform wegen ohne Rücksicht auf den Gegenstand des Unternehmens die Eigenschaft eines Kaufmanns beilegt, sind **Unterarten des (rechtsfähigen) Vereins des BGB,**[51] so dass auch dessen Rechtsregeln, z.B. § 29, subsidiär auf diese Anwendung finden.

Ob ein „Verein“ Formkaufmann ist, ergibt sich – im Unterschied zur Rechtslage in Öster- 24 reich[52] – weder aus § 6 Abs. 2 noch aus dem HGB, sondern ausschließlich aus dem für den „Verein“ maßgebenden spezifischen Gesellschaftsrecht.[53] Zu den Formkaufleuten zählen die Aktiengesellschaft, die Kommanditgesellschaft auf Aktien, die GmbH sowie die Europäische Wirtschaftliche Interessenvereinigung und die Genossenschaft. Ihnen allen hat das Gesetz die Eigenschaft eines Kaufmanns ohne Rücksicht auf den Gegenstand ihres Unternehmens beigelegt; den handelsgesellschaftlichen Formkaufleuten durch § 6 in Verbindung mit den in Rn 7 genannten spezialgesetzlichen Vorschriften, der Genossenschaft unmittelbar (§ 17 Abs. 2 GenG), und auch

44 BeckOK-HGB/*Schwartze* Rn 10; Ebenroth/Boujong/Joost/Strohn/*Kindler* Rn 21; Heymann/*Förster* HGB Rn 7; Hopt/*Merkt* Rn 4; MünchKommHGB/*K. Schmidt* Rn 19, 22; Oetker/*Körber* Rn 16.

45 BeckOGK-HGB/*Schmidt* Rn 30; BeckOK-HGB/*Schwartze* Rn 10; Ebenroth/Boujong/Joost/Strohn/*Fest* § 344 Rn 4; Heymann/*Förster* HGB Rn 7; Hopt/*Merkt* Rn 4; MünchKommHGB/*K. Schmidt* Rn 19, 22; Oetker/*Körber* Rn 16.

46 So im Ansatz z.B. Haag/Löffler/*Pelke* Rn 9; Heymann/*Emmerich*² HGB Rn 4; Hopt/*Merkt* Rn 5; MünchKommHGB/*K. Schmidt* Rn 23.

47 Ebenroth/Boujong/Joost/Strohn/*Kindler* Rn 23; ebenso BeckOK-HGB/*Schwartze* Rn 11; Heymann/*Förster* HGB Rn 8; Oetker/*Körber* Rn 17; Röhricht/v. Westphalen/Haas/*Ries* Rn 11; im Grundsatz auch BeckOGK-HGB/*Schmidt* Rn 29.

48 Wie hier auch BeckOGK-HGB/*Schmidt* Rn 30; Röhricht/v. Westphalen/Haas/*Ries* Rn 11.

49 Treffend für die allg. Ansicht BeckOGK-HGB/*Schmidt* Rn 30.

50 Ebenso Röhricht/v. Westphalen/Haas/*Ries* Rn 12.

51 So auch BeckOK-HGB/*Schwartze* Rn 3.

52 S. die enumerative Aufzählung der erfassten Rechtsformen in § 2 UGB.

53 Hopt/*Merkt* Rn 6.

ihr die Kaufmannseigenschaft ohne Rücksicht darauf, dass sie mangels Gewinnabsicht kein Gewerbe betreibt, sondern ein Zusammenschluss zur wirtschaftlichen Selbsthilfe ist.[54] Zum Teil sind die von § 6 Abs. 2 erfassten „Vereine" zugleich Handelsgesellschaften, so die **AG, KGaA, GmbH;** zum Teil nicht, wie die **Genossenschaft** (s. Rn 10). Nicht zu den Formkaufleuten zählen hingegen die Vor-Gesellschaften zu den vorgenannten Rechtsformen.[55]

25 **Keine Formkaufleute** sind **Versicherungsvereine auf Gegenseitigkeit** (VVaG).[56] Als Selbsthilfeeinrichtungen ihrer Mitglieder stehen sie zwar in der Nähe der Genossenschaften. Beschränkt sich der VVaG aber auf die Versicherung seiner Mitglieder, so betreibt er begrifflich kein Handelsgewerbe. Sonst aber sind die VVaG, anders als die Genossenschaft, nicht zu Kaufleuten erklärt, auch wenn sie nach § 172 Satz 1 VAG in das Handelsregister einzutragen sind und ihnen aufgrund von § 2 Abs. 1 des Gesetzes zur vorläufigen Regelung des Rechts der Industrie- und Handelskammern in Verbindung mit § 2 Abs. 2 Nr. 2 des Gewerbesteuergesetzes sogar Kammermitgliedschaft zukommt. Jedenfalls hat die Eintragung hier keine konstitutive Wirkung; der Verein wird nach § 8 Abs. 1 VAG dadurch rechtsfähig, dass ihm die Aufsichtsbehörde die Erlaubnis erteilt, als VVaG Geschäfte zu betreiben (§ 171 VAG). Gleichwohl gelten für ihn nach § 172 Satz 1 VAG die Vorschriften des Ersten und Vierten Buches des HGB über Kaufleute außer den §§ 1 bis 7 (!) „entsprechend, soweit dieses Gesetz nichts anderes vorschreibt". Besonderes gilt bei größeren VVaG z.B. für die Firma (§ 174 VAG) und die Anmeldung zum Handelsregister (§§ 185 ff VAG). Für sog. kleinere Vereine (§ 210 Satz 1 VAG) kommt Handelsrecht auch in dem eingeschränkten Umfange nicht zur Anwendung, insbesondere werden sie nicht in das Handelsregister eingetragen.[57]

26 **Keine „Vereine"** im Sinne des § 6 Abs. 2 sind ferner **Personen(handels)gesellschaften**, da sie – anders als der Verein – keine körperschaftliche Struktur aufweisen. Offene Handelsgesellschaften und Kommanditgesellschaften sind keine Formkaufleute.[58] Das gilt nach h.M. auch für die **GmbH & Co. KG**, sofern die Kommanditgesellschaft das Gewerbe betreibt.[59] Die Eigenschaft der Komplementärgesellschaft als Formkaufmann strahlt nicht auf die Kommanditgesellschaft aus (s. auch Rn 6). Keine Formkaufleute sind ebenfalls die von **Steuerberatern** oder **Wirtschaftsprüfern** aufgrund ihrer treuhänderischen Tätigkeit errichteten Offenen Handelsgesellschaften und Kommanditgesellschaften (s. § 49 Abs. 2 StBerG, § 27 Abs. 2 WPO). Auch für eine **privatrechtliche Stiftung** wird die Eigenschaft als Formkaufmann verneint.[60] Zweifelhaft ist die Einordnung der **Europäischen Wirtschaftlichen Interessenvereinigung** (EWIV) sowie der **vermögensverwaltenden Personengesellschaft**, die nach § 105 Abs. 2 mit ihrer Eintragung zur Handelsgesellschaft wird. Beiden Gesellschaften fehlt die für „Vereine" konstitutive körperschaftliche Struktur, so dass eine unmittelbare Anwendung von § 6 Abs. 2 nicht in Betracht kommt. Die für die Euroäische Wirtschaftliche Interessenvereinigung (EWIV) geltende Entkopplung von den Voraussetzungen in § 1 Abs. 2 rechtfertigt jedoch die entsprechende Anwendung

---

54 Ebenso war die registrierte Landwirtschaftliche Produktionsgenossenschaft (LPG) der ehem. DDR bis zum 1.1.1992 als Formkaufmann im Sinne des § 6 Abs. 2 zu qualifizieren (BGH 30.3.2006 – III ZB 74/05 – NJW-RR 2006, 1267 [1268]).

55 BeckOGK-HGB/*Schmidt* Rn 20; *Fischinger* Rn 90; Heymann/*Förster* HGB Rn 10; *Lettl* § 2 Rn 61; Röhricht/v. Westphalen/Haas/*Ries* Rn 8 a.E.

56 Treffend BeckOGK-HGB/*Schmidt* Rn 26; BeckOK-HGB/Schwartze Rn 12; Haag/Löffler/*Pelke* Rn 12; Heymann/*Förster* HGB Rn 10; Koller/Kindler/Roth/Drüen/*Roth* Rn 6; MünchKommHGB/*K. Schmidt* Rn 11.

57 So auch BeckOGK-HGB/*Schmidt* Rn 26.

58 Für die nahezu allg. Ansicht OLG Dresden 29.1.2003 – 12 U 805/02 – StB 2003, 149; BeckOK-HGB/*Schwartze* Rn 15; Haag/Löffler/*Pelke* Rn 13; Heymann/*Förster* HGB Rn 10; Koller/Kindler/Roth/Drüen/*Roth* Rn 6; *Lettl* § 2 Rn 61; im Grundsatz auch Oetker/*Körber* Rn 21; **aA** MünchKommHGB/*K. Schmidt* Rn 17; in dieser Richtung ebenfalls BeckOGK-HGB/*Schmidt* Rn 24.

59 BeckOK-HGB/*Schwartze* Rn 15; Ebenroth/Boujong/Joost/Strohn/*Kindler* Rn 3; Haag/Löffler/*Pelke* Rn 13; Heymann/*Förster* HGB Rn 10; Hopt/*Merkt* Rn 7; Röhricht/v. Westphalen/Haas/*Ries* Rn 10.

60 LG Frankfurt a.M. 20.2.2019 – 2/14 O 425/18 – BeckRS 2019, 50000.

von § 6 Abs. 2.[61] Für die in das Handelsregister eingetragene vermögensverwaltende Personengesellschaft gilt dies wegen § 105 Abs 2 ebenfalls.[62]

2. Ausschluss der Kriterien für Kleingewerbe

Da Formkaufleute auch ein Kleingewerbe betreiben können, ist die **Unterscheidung zwischen Istkaufleuten und Kleingewerbetreibenden** für sie **gegenstandslos.** Das dafür aufgestellte Unterscheidungsmerkmal, das Erfordernis eines nach Art und Umfang des Unternehmens in kaufmännischer Weise eingerichteten Geschäftsbetriebs, würde hier nicht „greifen".[63] Andere, insoweit umfassendere stellt das Gesetz nicht auf. Es erklärt vielmehr die Formkaufleute, indem Absatz 2 die Bestimmung des § 1 Abs. 2 für nicht einschlägig erklärt, schlechthin zu Kaufleuten. Diesbezüglich geht § 6 Abs. 2 jedoch nicht über eine klarstellende Bedeutung hinaus.[64] Keine Bedeutung hat § 6 Abs. 2 im Hinblick auf den Gegenstand des Unternehmens, da § 1 Abs. 2 das Vorliegen eines handelsrechtlichen Gewerbes voraussetzt. Das gilt insbesondere, wenn eine freiberufliche Tätigkeit im Rahmen einer der von § 6 Abs. 1 erfassten Rechtsformen ausgeübt wird. 27

61 Ebenso i.E. BeckOGK-HGB/*Schmidt* Rn 19; BeckOK-HGB/*Schwartze* Rn 12, 15.

62 So auch Oetker/*Körber* Rn 21 sowie im Ergebnis BeckOGK-HGB/*Schmidt* Rn 5; zurückhaltend BeckOK-HGB/*Schwartze* Rn 15.

63 Treffend *Bülow/Artz* Rn. 75; Heymann/*Förster* HGB Rn 3; ebenso BeckOK-HGB/*Schwartze* Rn 12; *Fischinger* Rn 89; *Steinbeck* § 7 Rn 33.

64 Ebenso BeckOGK-HGB/*Schmidt* Rn 4; Ebenroth/Boujong/Joost/Strohn/*Kindler* Rn 1, 26; Heymann/*Förster* HGB Rn 3.

§ 7 [Kaufmannseigenschaft und öffentliches Recht]

Durch die Vorschriften des öffentlichen Rechtes, nach welchen die Befugnis zum Gewerbebetrieb ausgeschlossen oder von gewissen Voraussetzungen abhängig gemacht ist, wird die Anwendung der die Kaufleute betreffenden Vorschriften dieses Gesetzbuchs nicht berührt.

Schrifttum

Bodens Die Eintragung einer GmbH in die Handwerksrolle als Voraussetzung für die Eintragung der Gesellschaft in das Handelsregister, GmbHR 1984, 177; *Droste* Zur Frage der Eintragung unzulässig betriebener Handwerksunternehmen in das Handelsregister DB 1955, 1107 (1133); *Fröhlich* § 7 HGB: Entstehungsgeschichte, Bedeutungswandel und Vorschläge zur künftigen Gestaltung, 1941; *Winkler* Das Verhältnis zwischen Handwerksrolle und Handelsregister – Gedanken zum Beschluß des BGH vom 9.11.1987, ZGR 1989, 107.

Übersicht

I. Allgemeines

1 Die §§ 1 bis 6 regeln den Erwerb der Kaufmannseigenschaft für **Einzelkaufleute** und **Personenhandelsgesellschaften** – bei diesen ergänzt durch die §§ 123, 161 Abs. 2 – abschließend. Soweit hiernach der Betrieb eines Gewerbes vorausgesetzt ist, genügen bereits vorbereitende Akte für die demnächst erfolgende Eröffnung des Betriebs (§ 1 Rn 45 f). Sie ermöglichen auch **Kleingewerbetreibenden** die Eintragung in das Handelsregister und damit die Begründung der Kaufmannseigenschaft (§ 2). Nur bei den kraft Rechtsform entstandenen Kaufleuten **(Formkaufleuten)** kann die Kaufmannseigenschaft vorhanden sein noch ehe diese ihren Betrieb eröffnen; sie existieren bereits mit Eintragung in das Handelsregister (§ 6 Rn 23).

2 Erst mit der tatsächlichen Eröffnung des Gewerbes rückt dieses in das Blickfeld des **öffentlichen Rechts**, da dessen Ausübung in einzelnen Gewerbezweigen erlaubnispflichtig ist oder aus bestimmten, gesetzlich normierten Gründen des öffentlichen Wohls untersagt werden kann. Für diese Konstellation bedarf es einer Klarstellung, dass derartige öffentlich-rechtliche Schranken die im Handelsrecht als Privatrecht wurzelnde Kaufmannseigenschaft weder beeinflussen noch beeinträchtigen. Nicht nur, weil die Kaufmannseigenschaft schon vorher erworben sein kann und sich auch ihr Erlöschen nicht nach dem öffentlichen Recht, sondern allein nach dem HGB (AktG, GmbHG, GenG) richtet, sondern vor allem deshalb, weil es untragbar wäre, die Frage des Bestehens der Kaufmannseigenschaft an weitere als die Voraussetzungen in den §§ 1 bis 6 zu knüpfen, die der Geschäftsverkehr möglicherweise gar nicht kennen kann und die, wenn sie gleichwohl rechtserheblich wären, die Wirkung des § 5 und den Publizitätsschutz durch § 15

https://doi.org/10.1515/9783110564440-008

weitgehend unterlaufen würden. Deshalb trennt § 7 beide Bereiche. Der Rechtsgeschäftsverkehr soll sich darauf verlassen können, dass das, was sich diesem als Betrieb eines Gewerbes darstellt, den Betriebsinhaber unter den alleinigen Voraussetzungen der §§ 1 bis 6 zum Kaufmann macht, und es der zuständigen Behörde überlassen bleiben muss, eine nach öffentlichem Recht zu beanstandende Ausübung des Betriebes mit den ihr zur Verfügung gestellten Mitteln stilllegen zu lassen. Dies entspricht heute der allgemeinen Ansicht.[1]

II. Öffentlich-rechtliche Betriebszulassungs- und Betriebsuntersagungsgründe und erworbene Kaufmannseigenschaft

Die **rechtmäßig begründete und bestehende Kaufmannseigenschaft** wird nicht dadurch berührt, dass gegen die Ausübung des Gewerbes aus Sicht des öffentlichen Rechts Bedenken bestehen. Nur mittelbar können diese Bedeutung erlangen, indem die Behörde die Stilllegung des Betriebes erzwingt und dadurch einen – möglichen – Grund für den Verlust der Kaufmannseigenschaft (Aufgabe des Gewerbes, § 1 Rn 47 ff) schafft, dem sodann die Löschung im Register folgen kann.[2] Notwendig ist das aber nicht, weil der Unternehmensinhaber unter der bisherigen Firma im Einklang mit den öffentlich-rechtlichen Vorschriften ein anderes Gewerbe aufnehmen oder ein Zweitgewerbe weiterführen darf. Dies gilt für Kaufleute jeder Gattung und ohne Einschränkungen. Die Maßgeblichkeit der Handelsregistereintragung strahlt nicht nur auf die Erlangung der Kaufmannseigenschaft aus, sondern gilt auch für alle anderen Vorschriften des Gesetzes, die an die Kaufmannseigenschaft anknüpfen. So hängt die Eintragung einer Prokura ausschließlich davon ab, ob der Erteilende als Kaufmann in das Handelsregister eingetragen ist; ob hingegen der Prokuraerteilungen öffentlich-rechtliche Vorschriften (z.B. § 7 ApoG) entgegenstehen, ist vom Registergericht nicht zu prüfen.[3] 3

Die Formulierung des Gesetzes zielt vor allem auf **gewerberechtliche Verbote und Zulassungstatbestände** (z.B. Gewerbeordnung, Handwerksordnung, Gaststättengesetz, Kreditwesengesetz, Gesetz über den Verkehr mit Milch, Milcherzeugnissen und Fetten – Milch- und Fettgesetz – v. 10.12.1952 i.d.F. des Gesetzes v. 27.7.2021, Fleischgesetz v. 9.4.2008, Waffengesetz v. 11.10.2002, Sprengstoffgesetz i.d.F. der Bek. v. 10.9.2002). Daneben kommen die Untersagung der Berufsausübung im **Strafverfahren** (§§ 70 ff StGB) sowie die unzulässige – nicht genehmigte – gewerbliche Nebentätigkeit eines **Beamten** in Betracht. 4

Kein Anwendungsfall des § 7 sind diejenigen Vorschriften, die einzelnen Geschäften die **Gültigkeit versagen** (§ 1 Rn 40 ff). Insbesondere Verbotsgesetze im Sinne des § 134 BGB, die sich gegen den Inhalt einzelner Rechtsgeschäfte richten, berühren grundsätzlich nicht die Kaufmannseigenschaft.[4] Anders ist dies nach verbreiteter Auffassung erst, wenn das Gewerbe ausschließlich in der Vornahme derartiger Geschäfte besteht. In dieser Konstellation soll der Betrieb des Gewerbes rechtlich unmöglich sein.[5] 5

---

1 Für diese statt aller BGH 25.7.2017 – II ZB 8/16 Rn 8 – NZG 2017, 1226; OLG Frankfurt 9.11.2018 – 20 W 80/16 – ZIP 2019, 921 (922 f.); BeckOGK-HGB/*Schmidt* Rn 4; BeckOK-HGB/*Schwartze* Rn 1; Ebenroth/Boujong/Joost/Strohn/*Kindler* Rn 1; Haag/Löffler/*Pelke* Rn 1; Heymann/*Förster* HGB Rn 3; Hopt/*Merkt* Rn 1; MünchKommHGB/*Krafka* Rn 1; Oetker/*Körber* Rn 1; Röhricht/v. Westphalen/Haas/*Ries* Rn 1 f.; *K. Schmidt* HandelsR § 9 Rn 35.

2 Ebenso BGH 25.7.2017 – II ZB 8/16 Rn 12 – NZG 2017, 1226; BeckOK-HGB/*Schwartze* Rn 4.

3 Treffend BGH 25.7.2017 – II ZB 8/16 Rn 8 ff. – NZG 2017, 1226.

4 BeckOGK-HGB/*Schmidt* Rn 5, 8; BeckOK-HGB/*Schwartze* Rn 4; Ebenroth/Boujong/Joost/Strohn/*Kindler* Rn 8; Haag/Löffler/*Pelke* Rn 4; Heymann/*Förster* HGB Rn 5; Hopt/*Merkt* Rn 2; Oetker/*Körber* Rn 6.

5 BeckOK-HGB/*Schwartze* Rn 4; Haag/Löffler/*Pelke* Rn 4; Heymann/*Förster* HGB Rn 5; Hopt/*Merkt* Rn 2; Röhricht/v. Westphalen/Haas/*Ries* Rn 3; **aA** BeckOGK-HGB/*Schmidt* Rn 5.1; Ebenroth/Boujong/Joost/Strohn/*Kindler* Rn 6.

III. Betriebszulassungs- und Betriebsuntersagungsgründe im Eintragungsverfahren

1. Vorbemerkung

6 Das eigentliche Problem des § 7 betrifft den Einfluss öffentlich-rechtlicher Beanstandungsgründe auf das **Eintragungsverfahren,** d.h. die Frage, ob das Registergericht die Eintragung davon abhängig machen darf, dass der Zugang zu dem beabsichtigten Betrieb auch nach dem Gewerbe- und dem sonstigen öffentlichen Rechts gesichert ist, gegebenenfalls hierüber einen Nachweis verlangen kann und, wenn entsprechende Bedenken (z.B. wegen fehlender Konzession) nicht ausgeräumt sind, die Eintragung zu versagen hat. In diesem Fall könnten, wenn die Eintragung – wie bei Kann-Kaufleuten – konstitutiv ist, die aus dem öffentlichen Recht folgenden Bedenken jedenfalls das **Entstehen der Kaufmannseigenschaft verhindern**, wenn das Registergericht aus den vorgenannten Gründen die Eintragung ablehnt. Für die Lösung dieses Problems ist zwischen Formkaufleuten (Rn 7 ff) und anderen Kaufleuten (Rn 10 ff) zu unterscheiden.

2. Formkaufleute

7 Eine **Aktiengesellschaft**, eine **Kommanditgesellschaft auf Aktien** sowie eine **Gesellschaft mit beschränkter Haftung**, deren Betrieb eine gewerberechtliche Erlaubnis benötigt, hatte bis zum Inkrafttreten des Gesetzes zur Modernisierung des GmbH-Rechts und zur Bekämpfung von Missbräuchen (MoMiG) bei der Anmeldung zur Eintragung den **Nachweis der Konzessionserteilung** zu erbringen (§§ 37 Abs. 4 Nr. 5, 278 Abs. 3 AktG a.F.; § 8 Abs. 1 Nr. 6 GmbHG a.F.). Deren Vorliegen hatte das Registergericht zu prüfen und bei fehlendem Nachweis die Eintragung in das Handelsregister zu versagen.[6] Dabei war das Registergericht an die rechtliche Beurteilung seitens der Genehmigungsbehörde gebunden, insbesondere war es ihm verwehrt, die Genehmigungspflicht für das Gewerbe abweichend von der Rechtsansicht der Genehmigungsbehörde zu bejahen und wegen fehlender Konzession die Eintragung zu verweigern.[7] Wegen der Aufhebung von § 37 Abs. 4 Nr. 5 AktG sowie § 8 Abs. 1 Nr. 6 GmbHG verhindern die gewerberechtlichen Zulassungserfordernisse jedoch nicht mehr die Erlangung der Kaufmannseigenschaft bei den vorgenannten Gesellschaften und gleichen für diese die Rechtslage an diejenige für Einzelkaufleute und Personenhandelsgesellschaften an.[8] Zur Eintragung in die Handwerksrolle Rn 9.

8 Die in Rn 7 dargelegte frühere Auffassung gilt unverändert noch nach § 11a Abs. 2 GenG für die **Genossenschaft**, da deren Eintragung auch dann abzulehnen ist, „wenn nach den persönlichen und wirtschaftlichen Verhältnissen (...) der Genossenschaft eine Gefährdung der Belange der Genossen oder der Gläubiger zu besorgen ist".[9] Das dürfte stets dann der Fall sein, wenn der nicht konzessionierte Betrieb die Schließung oder Auflösung der Genossenschaft nach § 81 GenG zur Folge haben würde.[10] Entsprechendes gilt für alle **anderen juristischen Personen**,

---

6 Ebenroth/Boujong/Joost/Strohn/*Kindler* Rn 7; GK-HGB/*Ensthaler* Rn 2; Heymann/*Förster* HGB Rn 7; Hopt/*Merkt* Rn 5; Koller/Kindler/Roth/Drüen/*Roth* Rn. 2; MünchKommHGB/*Krafka* Rn 4; Röhricht/v. Westphalen/Haas/*Ries* Rn 5.

7 BayObLG 7.6.2000 – 3Z BR 26/00 – Rpfleger 2000, 458; ebenso MünchKommHGB/*Krafka* Rn 4.

8 Ebenso BeckOGK-HGB/*Schmidt* Rn 10; Röhricht/v. Westphalen/Haas/*Ries* Rn 5; s. näher *Leitzen* GmbHR 2009, 480 ff.

9 Wie hier BeckOK-HGB/*Schwartze* Rn 8; **aA** BeckOGK-HGB/*Schmidt* Rn 11.

10 Im Ergebnis wie hier Heymann/*Förster* HGB Rn 7; Hopt/*Merkt* Rn 5; MünchKommHGB/*Krafka* Rn 4; Röhricht/v. Westphalen/Haas/*Ries* Rn 5 sowie bereits KG 9.1.1936 – 1 Wx 586/35 – JW 1936, 942; KG 14.7.1938 – 1 Wr 266/38 – JFG 18, 88; OLG Neustadt 8.1.1954 – 3 W 121/53 – MDR 1954, 302.

die nach § 33 in das Handelsregister einzutragen sind,[11] sowie wegen § 43 KWG für Kreditinstitute.[12]

9 In den in Rn 8 genannten Fällen gewinnt daher das öffentliche Recht jedenfalls durch die gewerberechtlichen Zulassungserfordernisse auch für die Kaufmannseigenschaft Bedeutung. Es stellt die erworbene Kaufmannseigenschaft zwar nicht in Frage, wohl aber kann sie deren Erlangung verhindern. Das gilt auch für die Eintragung in die **Handwerksrolle**; diese steht einer staatlichen Genehmigung gleich.[13] Im Hinblick auf die in Rn 7 genannten Gesellschaften hat diese ihre Bedeutung als Voraussetzung für die Erlangung der Kaufmannseigenschaft jedoch verloren.[14] Mit dem Verzicht auf die behördliche Genehmigung als Eintragungsvoraussetzung ist auch der von der Rechtsprechung des Bundesgerichtshofes befürworteten Gleichstellung die dogmatische Grundlage entzogen.

3. Einzelkaufleute und Personenhandelsgesellschaften

10 Ob die Grundsätze in Rn 7 bis 9 auch für Einzelkaufleute und Personenhandelsgesellschaften gelten, ist streitig, wobei zwischen gewerberechtlichen und sonstigen Sperren repressiver Art sowie berufsrechtlichen Beschränkungen zu unterscheiden ist.

11 **a) Gewerberechtliche Sperren und Sperren sonstiger repressiver Art.** Für die Forderung, das Registergericht müsse bei jeder Anmeldung nach § 29 im Eintragungsverfahren ihm bekannte öffentlich-rechtliche Betriebsuntersagungs-, Gewerbehinderungsgründe oder fehlende Konzessionen berücksichtigen, um die Eintragung abzulehnen, wurde früher im Anschluss an eine Entscheidung des AG Hamburg[15] auf die „Einheit der Rechtsanordnung" verwiesen.[16] Das Registergericht dürfe nicht verpflichtet sein, gewerberechtlich verbietbaren Unternehmungen durch Eintragung in das Handelsregister zu ihrer vollen Legitimation oder – in den Fällen der §§ 2 und 3 – zur Kaufmannseigenschaft überhaupt zu verhelfen.

12 Die Auffassung verkennt den Zweck des Handelsregisters. Dieses soll dem eingetragenen Unternehmen nicht den „Anschein des Rechtmäßigen" verleihen,[17] sondern der Öffentlichkeit ein zugängliches Verzeichnis der tatsächlich betriebenen kaufmännischen Unternehmen zur Verfügung stellen, ohne zugleich Aussagen über die gewerberechtliche Zulässigkeit des Betriebes zu treffen.[18] Weder könnte das Registergericht durch Versagung der Eintragung den kaufmännischen Betrieb stets verhindern, noch könnte es die Eintragung die zuständige Verwaltungsbehörde verwehren, gegen den gewerberechtlich unzulässigen Betrieb einzuschreiten und diesen gegebenenfalls stillzulegen. Nicht das Registergericht hat den Gewerbezweig vor vorschriftswidrig betriebenen Unternehmen zu bewahren, sondern umgekehrt beeinflusst das Vor-

---

11 So Ebenroth/Boujong/Joost/Strohn/*Kindler* Rn 9; Hopt/*Merkt* Rn 5; MünchKommHGB/*Krafka* Rn 5; **aA** Röhricht/v. Westphalen/Haas/*Ries* Rn 5.

12 BeckOGK-HGB/*Schmidt* Rn 17; Ebenroth/Boujong/Joost/Strohn/*Kindler* Rn 9; Hopt/*Merkt* Rn 5; MünchKommHGB/*Krafka* Rn 5; Röhricht/v. Westphalen/Haas/*Ries* Rn 5.

13 BGH 9.11.1987 – II ZB 49/87 – BGHZ 102, 209 (211); zust. Ebenroth/Boujong/Joost/Strohn/*Kindler* Rn 7; Hopt/*Merkt* Rn 5; Röhricht/v. Westphalen/Haas/*Ries* Rn 5; ablehnend GK-HGB/*Ensthaler* Rn 1; *Winkler* ZGR 1987, 107; **aA** noch OLG Braunschweig 3.5.1977 – 2 Wx 3/77 – Rpfleger 1977, 363; OLG Frankfurt 18.10.1982 – 20 W 847/81 – OLGZ 1983, 25; OLG Schleswig 3.2.1982 – 2 W 100/81 – Rpfleger 1982, 186; OLG Stuttgart 10.12.1979 – 8 W 398/79 – GewArch. 1980, 232.

14 Ebenso Heymann/*Förster* HGB Rn 6; Oetker/*Körber* Rn 10.

15 28.5.1935 – 212 C 476/35 – JW 1936, 1226.

16 So zuletzt noch *J. v. Gierke* in der 8. Aufl. seines Lehrbuchs S. 49 (die 9. Aufl. ist darauf nicht mehr zurückgekommen).

17 *Full* DNotZ 1957, 643 sowie MünchKommHGB/*Krafka* Rn 2.

18 BGH 25.7.2017 – II ZB 8/16 Rn 24 – NZG 2017, 1226; Heymann/*Förster* HGB Rn 6.

gehen der Verwaltungsbehörde die Führung des Registers, indem es durch Stilllegung des Unternehmens dem Registergericht gegebenfalls (Rn 2, 3) ermöglicht, im Register die Löschung des Unternehmens herbeizuführen oder dies nach § 31 Abs. 2 S. 2 von Amts wegen zu bewirken.[19] Diese Grundsätze beanspruchen nicht nur bei der erstmaligen Eintragung, sondern auch für nachfolgende Eintragungen und Änderungen, insbesondere für mit der Ausübung der kaufmännischen Tätigkeit zusammenhängende Folgeeintragungen, Gültigkeit.[20]

13 Nach teilweise vertretener Auffassung soll eine Ausnahme bei einer „evidenten und nicht alsbald behebbaren gewerberechtlichen Unzulässigkeit" gelten.[21] Auch diese Einschränkung ist mit dem Zweck des Handelsregisters nicht vereinbar. Wollte man über § 7 Kaufleute, bei denen gewerbepolizeiliche Unstimmigkeiten hinsichtlich der Ausübung ihres Gewerbes bestehen, von der Eintragung (wenn auch nur einstweilen) ausnehmen, so würde dies das Gegenteil von Rechtsklarheit, der das Register dienen soll, erreichen.[22] Es würden zwei Klassen von Kaufleuten geschaffen: solche, die eingetragen sind, und solche, die trotz Kaufmannseigenschaft im Handelsregister rechtens nicht zu finden wären. Das aber liefe den Interessen des Rechtsverkehrs zuwider. Ob dem Registergericht gewerberechtliche Bedenken bekannt sind, kann vom Zufall abhängen. In immer größerem Umfange gehören solche Bedenken dem Landesrecht an, möglicherweise einem anderen als dem am Sitz des Registergerichts geltenden; landesrechtliche Aus- und Durchführungsbestimmungen werden ständig differenzierter und entziehen sich jeder Überschaubarkeit. Das würde letztlich bedeuten, dass das Registergericht Sondervorschriften, wie sie für die Aktiengesellschaft und die GmbH bislang galten (Rn 7), im Recht des Einzelkaufmanns und der oHG bzw. KG anwendet, wo sie ersichtlich keinen Platz haben und, wie die seit ihrer Schaffung unverändert gebliebene Fassung des § 7 erkennen lässt, auch nicht haben sollen. Diese Auffassung entspricht heute der überwiegenden Ansicht in der Rechtsprechung[23] und im Schrifttum.[24]

14 Aus den in Rn 13 genannten Gründen darf das Registergericht die Eintragung in keinem Falle von der Behebung öffentlich-rechtlicher Bedenken gegen die Ausübung des Betriebes abhängig machen, selbst wenn ihm diese amtlich bekannt geworden sind, geschweige denn aufgrund etwaiger Bedenken von Amts wegen ermitteln.

15 **b) Berufsrechtliche Barrieren als Problem des freien Zusammenschlusses zu Personenhandelsgesellschaften.** Ein Teilproblem aus dem in Rn 11 bis 14 behandelten betrifft die früher häufig diskutierte Frage, ob eine oHG oder KG zum Betrieb eines handwerklichen Unternehmens durch Zusammenschluss eines **in die Handwerksrolle eingetragenen Handwerkers** mit einer nichtrollenfähigen Persönlichkeit, etwa einem rein kaufmännischen Teilhaber begründet werden kann.[25] Bereits die Novelle der HandwO im Jahre 1965 hatte mit der Neufassung des damaligen § 7 Abs. 4 HandwO dieser Streitfrage den Boden entzogen. Seitdem sind Zusammen-

---

19 BGH 25.7.2017 – II ZB 8/16 Rn 12 – NZG 2017, 1226; KG 14.7.1938 – 1 Wr 266/38 – JFG 18, 93.

20 BGH 25.7.2017 – II ZB 8/16 Rn 10 – NZG 2017, 1226.

21 So BayObLG 18.3.1982 – Breg 1 Z 145/81 – BayObLGZ 1982, 153; OLG Düsseldorf 24.5.1985 – 3 W 71/85 – BB 1985, 1933; OLG Frankfurt 18.10.1982 – 20 W 847/81 – OLGZ 1983, 25; OLG Hamm 21.12.1984 – 15 W 181/84 – BB 1985, 1415; OLG Schleswig 3.2.1982 – 2 W 100/81 – Rpfleger 1982, 186; *K. Schmidt* HandelsR § 9 Rn 35; zustimmend Haag/Löffler/*Pelke* Rn 4.

22 Ebenso mit Recht BGH 25.7.2017 – II ZB 8/16 Rn 24 – NZG 2017, 1226.

23 BGH 25.7.2017 – II ZB 8/16 Rn 24 ff – NZG 2017, 1226 sowie zuvor BayObLG 24.2.1978 – Breg 1 Z 4/78 – MDR 1978, 759; OLG Celle 9.9.1971 – 9 Wx 7/71 – BB 1972, 145; OLG Frankfurt 15.8.1983 – 20 W 358/83 – OLGZ 1983, 416 (418); KG 25.8.1958 – 1 W 667/58 – NJW 1958, 1827 (1828).

24 BeckOGK-HGB/*Schmidt* Rn 21; BeckOK-HGB/*Schwartze* Rn 3; Ebenroth/Boujong/Joost/Strohn/*Kindler* Rn 5; Heymann/*Förster* HGB Rn 4; Hopt/*Merkt* Rn 6; Koller/Kindler/Roth/Drüen/*Roth* Rn 2; MünchKommHGB/*Krafka* Rn 6; Oetker/*Körber* Rn 11; Röhricht/v. Westphalen/Haas/*Ries* Rn 4 sowie aus dem älteren Schrifttum *Auweder* Rpfleger 1962, 48; *Droste* DB 1955, 1007; *Full* DNotZ 1957, 643 (645).

25 Näher zum Streitstand die 4. Aufl bei Rn 10f.

schlüsse zum Betrieb eines handwerklichen Gewerbes in der Rechtsform einer Personenhandelsgesellschaft auch handwerksrechtlich gestattet, sofern nur einer der persönlich haftenden Gesellschafter die Handwerksrollenfähigkeit besitzt. Entsprechendes legt § 7 Abs. 1 HandwO nach Aufhebung von § 7 Abs. 4 HandwO nunmehr in allgemeiner Form fest. Für verwandte Fragestellungen bleibt das Problem jedoch bestehen, so z.B. bei der **als Handelsgesellschaft betriebenen Apotheke,** wenn einer der Teilhaber nicht approbierter Apotheker ist, und der **Wirtschaftsprüfungsgesellschaft,** wenn eine ihr als persönlich haftender Gesellschafter angehörende Person (§ 28 Abs. 2 WPO) nicht über die behördliche Genehmigung zum Beitritt verfügt.

Die richtige Lösung folgt auch in derartigen Konstellationen aus § 7. Die Bedenken gegen eine allzu unkritische Heranziehung des § 134 BGB, hat bereits *Full*[26] überzeugend dargelegt. Nicht der Gesellschaftsvertrag als solcher, sondern erst sein Vollzug in der Ausschließlichkeit der konzessionspflichtigen Betätigung könnte gegen das Gesetz verstoßen; und selbst dann bliebe noch offen, ob nicht das „Betreiben des Gewerbes" im Sinne der einschlägigen gewerberechtlichen Bestimmungen etwas anderes wäre als das unternehmerische „Betreiben" der oHG im Sinne des HGB durch alle Gesellschafter. Die Versagung der Eintragung könnte jedenfalls, solange die fachlich-technische Betätigung durch den dafür zugelassenen Teilhaber geschieht, den **unternehmerischen Betrieb** nicht einmal verhindern; sie hätte im Ergebnis nichts anderes als eine Verlagerung des Problems auf den Scheinkaufmann zur Folge. Schwierigkeiten dieser Art treten bei richtiger Anwendung des § 7 nicht auf. Ist das Unternehmen groß genug, um einen kaufmännischen Geschäftsbetrieb zu erfordern, so wird es durch Hinzunahme des nicht „approbierten" Teilhabers zur oHG bzw. KG. Anderenfalls erwirbt es diesen Rechtsstatus durch die vollzogene Eintragung als oHG bzw. KG. Das Registergericht hat weder zu prüfen, ob jeder der Teilhaber für seine Person Zulassungsträger ist oder vom Zulassungserfordernis befreit ist, noch ob der Gesellschaftsvertrag absichert, dass der „technische" Betrieb des Unternehmens nur durch den Zulassungsträger erfolgt. Die Apotheken-oHG hat mithin einen gültigen Gesellschaftsvertrag und ist eintragungsfähig. Das gilt selbst dann, wenn dem Registergericht bekannt sein sollte, dass ein Teilhaber nicht die Approbation als Apotheker hat.[27] Entsprechendes gilt für die Wirtschaftsprüfungsgesellschaft-oHG/KG. Wenn das Gesetz diese als Zusammenschluss von Nichtkaufleuten zulässt (§ 27 Abs. 2 WPO), kann das Registergericht nicht den Nachweis der öffentlich-rechtlich vorbehaltenen Zulassung des einzelnen, nicht berufsständisch ausgewiesenen Teilhabers zur gemeinsamen Berufsausübung verlangen. 16

IV. Privatrechtliche Beschränkungen

Beschränkungen privatrechtlicher Art lassen, unabhängig davon, ob sie auf **Vertrag oder Gesetz** beruhen, ebenfalls die **Vorschriften des HGB über Kaufleute unberührt.**[28] **Gesetzliche Beschränkungen** enthalten z.B. § 60 und § 112, ferner die §§ 88, 284 AktG sowie § 34 VAG; durchweg handelt es sich um einen ohne Einwilligung unzulässigen Wettbewerb. **Vertragliche Beschränkungen** sind für das Registergericht ohnehin bedeutungslos. 17

26 DNotZ 1957, 639 ff.

27 KG 25.8.1958 – 1 W 667/58 – NJW 1958, 1827; in diesem Sinne auch BGH 25.7.2017 – II ZB 8/16 Rn 9 – NZG 2017, 1226.

28 BeckOK-HGB/*Schwartze* Rn 2; Ebenroth/Boujong/Joost/Strohn/*Kindler* Rn 4; Heymann/*Förster* HGB Rn 8; Hopt/*Merkt* Rn 4; MünchKommHGB/*Krafka* Rn 7; Röhricht/v. Westphalen/Haas/*Ries* Rn 6.

ZWEITER ABSCHNITT **Handelsregister; Unternehmensregister**

§ 8 Handelsregister

(1) Das Handelsregister wird von den Gerichten elektronisch geführt.
(2) Andere Datensammlungen dürfen nicht unter Verwendung oder Beifügung der Bezeichnung „Handelsregister" in den Verkehr gebracht werden.

Schrifttum

Adler Das Handelsregister, seine Öffentlichkeit und sein öffentlicher Glaube, 1908; *Ammon* Die Prüfungsbefugnisse des Registergerichts bei GmbH-Anmeldungen – besteht Reformbedarf? DStR 1995, 1311; *Apfelbaum* Wichtige Änderungen für Notare durch das EHUG jenseits der elektronischen Handelsregisteranmeldung, DNotZ 2007, 166; *Auer* Die antizipierte Anmeldung bei der GmbH, DNotZ 2000, 498; *Bärmann* Freiwillige Gerichtsbarkeit und Notarrecht, 1968; *Bärwaldt* Befreiung vom Verbot des Selbstkontrahierens, Rpfleger 1990, 102; *Baums* Eintragung und Löschung von Gesellschafterbeschlüssen, 1981; *Berkefeld* Ungelöste Probleme auf der Rechtsfolgenseite bei der „wirtschaftlichen Neugründung" von Vorrats- und Mantelgesellschaften, GmbHR 2018, 337; *Bezzenberger* Verfahrensgrundsätze aktienrechtlicher FG-Angelegenheiten, in FS Priester, 2007, S. 23; *Bock* Ein Anschlag auf das Handelsregister? ZRP 1995, 244; *Boesebeck* In-Sich-Geschäfte des Gesellschafter-Geschäftsführers einer Ein-Mann-GmbH, NJW 1961, 481; *Bokelmann* Anmeldung und Eintragung der Vertretungsbefugnis von Geschäftsführern und Vorstandsmitgliedern nach neuem EWG-Recht, NJW 1969, 2120; *ders.* Der Einblick in das Handelsregister, DStR 1991, 945; *ders.* Übernahme des Handelsregisters durch die Industrie- und Handelskammer? WM 1992, 1563; *ders.* Eintragung eines Beschlusses: Prüfungskompetenz des Registerrichters bei Nichtanfechtung, rechtsmissbräuchlicher Anfechtungsklage und bei Verschmelzung, DB 1994, 1341; *Brand* Das Prüfungsrecht und die Prüfungspflicht des Registerrichters, ZBlHR 1928, 97; *Brüggemann* Die neuen Aufgaben des Rechtspflegers im Handelsregisterrecht, Rpfleger 1970, 198; *Bühler* Die Befreiung des Geschäftsführers der GmbH von § 181 BGB, DNotZ 1983, 588; *Christ/Müller-Helle* Veröffentlichungspflichten nach dem neuen EHUG, 2007; *Clausnitzer/Blatt* Das neue elektronische Handels- und Unternehmensregister, GmbHR 2006, 1303; *Cohn* Das Handels- und Genossenschaftsregister, 3. Aufl., 1910; *Cunio* Das Handelsregister als Beweismittel, HansRGZ 1936, 215; *Dauner-Lieb/Linke* Digital gleich optional? DB 2006, 767; *DAV-Handelsrechtsausschuss* Stellungnahme zum Entwurf eines Gesetzes über elektronische Handelsregister- und Genossenschaftsregister sowie das Unternehmensregister (EHUG), NZG 2005, 586; *Dieckmann* Verbesserung durch Verlagerung? – Zur künftigen Führung des Handelsregisters, ZRP 2000, 44; *Dierck* Zum Recht auf Einsicht in das Handelsregister, CR 1991, 280; *Drischler* Verfügung über die Führung und Einrichtung eines Handelsregisters (Handelsregisterverfügung), 5. Aufl., 1983; *Ehrenberg* Rechtssicherheit und Verkehrssicherheit mit besonderer Rücksicht auf das Handelsregister, JherJb. 47 (1904), 273; *ders.* Handelsregistergericht und Prozessgericht, Prüfungspflicht und Prüfungsrecht des Registergerichts, JherJb. 61 (1912), 423; *Fehrenbacher* Registerpublizität und Haftung im Zivilrecht, 2004; *Fester* Die Bedeutung des Eintrags im Handelsregister, 1912; *Frels* Handelsregisterliche Fragen bei der Vorstandsbestellung, AG 1967, 227; *Frenz* Das Handelsregisterverfahren nach dem Handelsrechtsreformgesetz – Auswirkungen für die Notarpraxis, ZNotP 1998, 178; *Frey* Die Beteiligung der Industrie- und Handelskammern bei Eintragungen in das Handelsregister, BB 1965, 1208; *Gernoth* Das deutsche Handelsregister, telekommunikative Steinzeit im Zeichen des europäischen Wettbewerbs, BB 2004, 837; *Geßler* Harmonisierung des Rechts des Handelsregisters als Folge der Harmonisierung des Gesellschaftsrechts, Rpfleger 1967, 262; *Göppert* Eintragungen in das Handelsregister von besonderer Eigenart, 1934; *Groß* Eintragung und Anmeldung der Vertretungsbefugnis der Geschäftsführer der Gesellschaft m.b.H., Rpfleger 1970, 156; *ders.* Drei Einzelfragen zum Handelsregister, Rpfleger 1979, 175; *Gustavus* Handelsregister – quo vadis? GmbHR 1987, 253; *ders.* Möglichkeit zur Beschleunigung des Eintragungsverfahrens bei der GmbH, GmbHR 1993, 259; *ders.* Handelsregister-Anmeldungen, 6. Aufl., 2005; *Hager* Das Handelsregister, Jura 1992, 57; *Hinz* Die Reform des Handelsregisterrechts, in FS Helmrich, 1994, S. 795; *Hirte* Die kommerzielle Nutzung des Handelsregisters, CR 1990, 635; *Holzborn/Israel* Internationale Handelsregisterpraxis, NJW 2003, 3014; *Holzer* Das Registerverfahrensbeschleunigungsgesetz, NJW 1994, 481; *Kanzleiter* Registereintragung der Vertretungsbefugnis des GmbH-Geschäftsführers, Rpfleger 1984, 1; *Karsten* Das EHUG – ein weiterer Schritt auf dem Weg zu einem modernen Unternehmensrecht in Deutschland, GewArch 2007, 55; *Keilbach* Die Prüfungsaufgaben der Registergerichte, MittRhNotK 2000, 365; *Kirstein* Probleme des Handels- und Registerrechts, Rpfleger 1965, 131; *Klöhn* Dürfen Registergerichte Rechtsfragen offen lassen? ZIP 2003, 420; *Knaier/Wolff* Die Blockchain-Technologie als Entwicklungsoption für das Handelsregister? BB 2018, 2253; *J. Koch/Rudzio* Die Beweiskraft des Handelsregisters nach seiner Modernisierung, ZZP 122 (2009), 37; *Kögel* Aktuelle Handelsrechts-Entwicklung im europäischen Handlungsfeld, Rpfleger 2001, 277; *ders.* Die Bekanntmachung von Handelsregistereintragungen: Relikt aus dem vorvergangenen Jahrhundert, BB 2004,

https://doi.org/10.1515/9783110564440-009

844; *Kornblum* Zu den Änderungen des Registerrechts im Regierungsentwurf eines Handelsrechtsreformgesetzes, DB 1997, 1217; *Kort* Handelsregistereintragungen bei Unternehmensverträgen im GmbH-Konzernrecht – de lege lata und de lege ferenda, AG 1988, 369; *ders.* Paradigmenwechsel im deutschen Registerrecht: Das elektronische Handels- und Unternehmensregister – eine Zwischenbilanz, AG 2007, 801; *Krabbenhöft* Erbrechtliche Bestimmungen und Prüfungsrecht des Registergerichts in Firmensachen, Rpfleger 1948/49, 366; *Krafka* Das neue Handels- und Unternehmensregister, MittBayNot 2005, 290; *Kreutz* Die Bedeutung von Handelsregistereintragung und Handelsregisterbekanntmachung im Gesellschaftsrecht, Jura 1982, 626; *Kropff* Aufgaben des Registergerichts nach dem Aktiengesetz 1965, Rpfleger 1966, 33; *Lastig* Beiträge zur Geschichte des Handelsregisterrechts, ZHR 24 (1879), 387; *Lazarets/Becker* Zur Eintragungsfähigkeit des Nießbrauchs an eine Kommanditanteil im Handelsregister, NotBZ 2020, 289; *Liebscher/Scharff* Das Gesetz über elektronische Handelsregister und Genossenschaftsregister sowie das Unternehmensregister, NJW 2006, 3745; *Lindemann* Die Reichsgesetzgebung über die gerichtliche Registerführung, 1906; *Lindemeier* Die Eintragung des Nießbrauchs am Kommanditanteil im Handelsregister, RNotZ 2001, 155; *Lindthorst* Automation des Handelsregisters – ein Dauerthema? CR 1998, 590; *Lutter* Die Eintragung anfechtbarer Hauptversammlungsbeschlüsse im Handelsregister, NJW 1969, 1873; *Mattheus/Schwab* Kommanditistenhaftung und Registerpublizität, ZGR 2008, 65; *Melchior* Handelsregisteranmeldungen und EHUG – Was ist neu? NotBZ 2006, 409; *Melchior/Schulte* HandelsregisterVO, Online-Version 2008; abrufbar unter www.melchior-schulte.de (zuletzt abgerufen am 1. August 2008); *Menold* Das materielle Prüfungsrecht des Handelsregisterrichters, 1966; *Merkt* Unternehmenspublizität, 2001; *Meyding/Bödeker* Gesetzentwurf über elektronische Handelsregister und Genossenschaftsregister sowie das Unternehmensregister, BB 2006, 1009; *H. Meyer* Handelsregistererklärung und Widerruf der Prokura, ZHR 81 (1918), 365; *K. Müller* Zur Prüfungspflicht des Handelsregisterrichters und -rechtspflegers, Rpfleger 1970, 375; *Müller-Feldhammer* Grundzüge des Handelsregisterverfahrens, JA 1998, 873; *Müther* Die Rechtsprechung des EuGH und der Einfluss auf das deutsche Handelsregisterwesen, Rpfleger 2000, 316; *Nedden-Boeger* Das neue Registerrecht, FGPrax 2007, 1; *Noack* Online-Unternehmensregister in Deutschland und Europa – Bemerkungen zum Regierungsentwurf eines ERJuKoG, BB 2001, 1261; *ders.* Elektronische Publizität im Aktien- und Kapitalmarktrecht in Deutschland und Europa, AG 2003, 537; *ders.* Amtliche Unternehmenspublizität und digitale Medien, in FS Ulmer, 2003, S. 1245; *ders.* Das EHUG ist beschlossen – elektronische Handels- und Unternehmensregister ab 2007, NZG 2006, 801; *ders.* Die Publizitätswirkungen des Handelsregisters (§§ 11, 15 HGB) nach dem EHUG, in FS Eisenhardt, 2007, S. 477; *Pabst* Unzulässige, ungenaue und überflüssige Registereinträge, DNotZ 1957, 393; *Piorreck*, Unheilige Allianz, Zum Streit um die Führung des Handelsregisters, DRiZ 1993, 290; *Rawert/Endres* Anmeldepflichten beim Kommanditistenwechsel durch Spaltung, ZIP 2016, 1609; *Reithmann*, Die Aufgaben öffentlicher Register, DNotZ 1979, 67; *Richert* Die Heilbarkeit rechtlich mangelhafter Registeranmeldungen durch Eintragung, NJW 1958, 894; *ders.* Kann die Auflösung einer nicht eingetragenen OHG in das Handelsregister eingetragen werden? DRiZ 1955, 157; *Ries* Elektronische Handels- und Unternehmensregister, Rpfleger 2006, 233; *ders.* Das Handelsregister nach dem Inkrafttreten des EHUG, Rpfleger 2007, 252; *Ries/Schulte* Umstrittene Eintragungsfähigkeit bestimmter Veränderungen in das Handelsregister, GmbHR 2013, 345; *W. Roth* Handelsregistereintragung einer Testamentsvollstreckung bei Tod des Kommanditisten, NZG 2012, 499; *Säcker* Inhaltskontrolle von Satzungen mitbestimmter Unternehmen durch das Registergericht, in FS Stimpel, 1985, S. 867; *Scheel* Befristete und bedingte Handelsregistereintragungen bei Umstrukturierungen von Kapitalgesellschaften, DB 2004, 2355; *Schemmann* Die Neufassung der ersten gesellschaftsrechtlichen Richtlinie, GPR 2003/04, 92; *Schemmann/Solveen* Das elektronische Handelsregister im Echtbetrieb – Wirklichkeit und Vision, ZIP 2001, 1518; *Schlotter* Das EHUG ist in Kraft getreten: Das Recht der Unternehmenspublizität hat eine neue Grundlage, BB 2007, 1; *Schmahl* Der DIHT und das Handelsregister, ZRP 1995, 54; *Schmatz* Übersicht über die Rechtsprechung in Registersachen, DNotZ 1955, 478; 1956, 526; 1958, 231; *C. H. Schmidt* Digitalisierung der Registerführung und Neuregelung der Unternehmenspublizität: was bringt das EHUG? DStR 2006, 2272; *E. Schmidt* Die Überwachungspflicht des Rechtspflegers in Handelsregister-, Testaments- und Grundbuchsachen, Rpfleger 1950, 265; *K. Schmidt* Sein – Schein – Handelsregister, JuS 1977, 209; *Schmidt-Kessel* Die Gemeinschaftspraxis des Handelsregisters, GPR 2006, 6; *U.H. Schneider* Die Fortentwicklung des Handelsregisters zum Konzernregister, WM 1986, 181; *Schöpe* Rechtsprobleme der Reorganisation des Handelsregisters, ZRP 1999, 449; *Scholz* Die Einführung elektronischer Handelsregister im Europarecht, EuZW 2004, 172; *Schroeder/Oppermann* Die Eintragungsfähigkeit der kaufmännischen Generalvollmacht in das Handelsregister, JZ 2007, 176; *Schuhmacher* Handelsregisterliche Anmeldungen, die Minderjährige betreffen, Rpfleger 1948/49, 256; *Seibert/Decker* Das Gesetz über elektronische Handelsregister und Genossenschaftsregister sowie das Unternehmensregister (EHUG), DB 2006, 2446; *Seidel* Die Grenzen der registerlichen Aufsicht, DFG 1937, 173; *Siebelt* Der Entwurf eines Registerverfahrensbeschleunigungsgesetzes, NJW 1993, 2517; *Sikora/Schwab* Das EHUG in der notariellen Praxis, MittBayNot 2007, 1; *Spindler* Abschied vom Papier? Das Gesetz über elektronische Handelsregister und Genossenschaftsregister sowie das Unternehmensregister, WM 2006, 109; *Stober* Handelsregister und Selbstverwaltungskörperschaften der Wirtschaft, 1998, *ders.* Handelsregister und Kammern, ZRP 1998, 224; *Stumpf* Das Handelsregister nach der HGB-Reform, BB 1998, 2380; *Ulmer*

Handelsregisterführung durch die Industrie- und Handelskammern, ZRP 2000, 47; *Theusinger/Andrä* Die Aktivierung unternehmensloser Gesellschaften – Praktische Hinweise zur Verwendung von Vorrats- und Mantelgesellschaften, ZIP 2014, 1916; *Waldner* Handelsregisteranmeldungen auf Vorrat, ZNotP 2000, 188; *Vossius* Gesellschaftsrecht und Freiwillige Gerichtsbarkeit, ZGR 2009, 366; *Walter* Registerverfahren-Beschleunigungsgesetz: Die Zukunft hat auch im Handels- und Genossenschaftsregister begonnen, MDR 1994, 429; *Wedemann* Divergenzen bei der Ausgestaltung der Handelsregister in Europa – Herausforderungen de lege lata, Entwicklungsperspektiven de lege ferenda, in FS Seibert, 2019, S. 1073; *Wertenbruch* Handelsregistereintragung des Nießbrauchs am Kommanditanteil? NZG 2020, 641; *Wiener* Das Prüfungsrecht und die Prüfungspflicht des Registerrichters des Handelregisters, 1933; *Willer/Krafka* Die elektronische Einreichung von Handelsregisteranmeldungen aus Sicht der Registerpraxis, DNotZ 2006, 885; *Zöllner* Vereinheitlichung der Informationswege bei Aktiengesellschaften, NZG 2003, 354.

Übersicht

I. Funktionen des Handelsregisters

1. Das Handelsregister als Publizitätsmittel

1 Einzelkaufleute, Personenhandels- und Kapitalgesellschaften sowie juristische Personen i.S.d. § 33 werden unter Bezeichnung ihrer wesentlichen Rechtsverhältnisse in das Handelsregister eingetragen. Der Zweck dieser Eintragung erschließt sich aus §§ 9 und 10: Jeder kann das Handelsregister einsehen, ohne ein berechtigtes Interesse darlegen zu müssen. Das Handelsregister ist also in erster Linie ein **Publizitätsmittel**, das über zentrale Unternehmensdaten Auskunft geben und damit den Schutz des Rechtsverkehrs erhöhen soll.[1] Da dieser Schutz im öffentlichen Interesse liegt, wird die Anmeldung nicht in das Belieben des Betroffenen gestellt, sondern zum Gegenstand einer öffentlich-rechtlichen Pflicht erhoben.[2] Zum Inhalt des Registers vgl. noch Rn 31 ff.

2 Die **Verlässlichkeit** der eingetragenen Tatsachen und Rechtsverhältnisse wird vornehmlich durch zwei Instrumentarien gewährleistet: Zum einen ist der Eintragung eine notarielle und regis-

1 Zur Publizitätsfunktion vgl. Stellungnahme des BR, BT-Drucks. 18/10607, S. 105; OLG München NZG 2005, 850 (851); Ebenroth/Boujong/Joost/Strohn/*Schaub* Rn 44 ff; MünchKommHGB/*Krafka* Rn 4 ff; *Ehrenberg* in: Ehrenbergs Hdb., Band I, S. 531 ff; *Fehrenbacher* S. 147 ff; *Menold* S. 151 ff. Zu den Parallelen zu anderen Registerformen vgl. *Fehrenbacher* S. 25 ff; *Keilbach* MittRhNotK 2000, 365 ff; *Reithmann* DNotZ 1979, 67 ff.

2 Röhricht/v. Westphalen/Haas/*Ries* Rn 4.

tergerichtliche Kontrolle der angemeldeten Tatsachen vorgeschaltet (Rn 3), die in abgeschwächter Form auch noch nach erfolgter Eintragung fortdauert; zum anderen eröffnet die materiell-rechtliche Vorschrift des § 15 Abs. 1 und 3 einen **Gutglaubensschutz** hinsichtlich der Richtigkeit und Vollständigkeit des Handelsregisters (§ 15 Rn 2, 18 ff). Das Vertrauen des Rechtsverkehrs in eine Handelsregistereintragung wird also auch dann geschützt, wenn sie nicht den Tatsachen entspricht. Während der so gestaltete Verkehrsschutz vornehmlich aus der Perspektive des Rechtsverkehrs gedacht ist, eröffnet § 15 Abs. 2 auch dem Kaufmann die Möglichkeit, das Handelsregister als Publizitätsmittel zu nutzen, um dem Rechtsverkehr bestimmte Tatsachen kundzutun und auf diese Weise einen anderweitigen Rechtsschein zu zerstören (s. dazu noch ausführlich § 15 Rn 24, 74 ff).[3]

2. Das Registerverfahren als Kontrollverfahren

3 Neben dieser Publizitätsfunktion erfüllt das Registerverfahren auch eine Kontrollfunktion in der Weise, dass der Eintragung eine **gerichtliche Prüfung** der einzutragenden Tatsache in formeller und materieller Hinsicht vorgeschaltet ist (s. dazu noch ausführlich Rn 79 ff; zur notariellen Vorprüfung nach § 378 Abs. 3 S. 1 FamFG s. Rn 77).[4] Diese Kontrollfunktion steht nicht losgelöst neben der Publizitätsfunktion, sondern ergänzt sie. Die richterliche Kontrolle sorgt dafür, dass der Rechtsverkehr sich bis zu einem gewissen Grade auf die publizierten Tatsachen verlassen kann (Rn 2). Bei bestimmten Rechtsverhältnissen erschöpft sich die Kontrolle aber nicht in dieser dienenden Funktion, sondern geht noch darüber hinaus, und zwar in den Fällen, in denen die Eintragung als **konstitutive Wirksamkeitsvoraussetzung** zwingend vorgeschrieben ist (s. dazu Rn 38, 89 ff, 116 ff).[5] Diese Ausgestaltung dient im Regelfall dazu, eine richterliche Prüfung zu ermöglichen und damit zu gewährleisten, dass bestimmte Voraussetzungen der gewollten Rechtswirkung vorhanden sind.[6] In diesem Fall nimmt das Registergericht eine Rechtskontrolle in der Art einer **Rechtsaufsichtsbehörde** vor.[7] Dieser präventiven Kontrolle kommt besondere Bedeutung im Kapitalgesellschaftsrecht zu, wo die Eintragungsvoraussetzung sicherstellen soll, dass die gesetzlichen Normativbestimmungen für die Entstehung der Gesellschaft eingehalten worden sind.[8] Zu der aus der Kontrollfunktion folgenden Funktion der Registereintragung als Beweisträger vgl. noch Rn 123 ff.

II. Historische und aktuelle Entwicklung

1. Ursprünge des Handelsregisters

4 Als Ursprünge des Handelsregisters werden oft die mittelalterlichen Gilderollen erwähnt, die aber in erster Linie internen Zwecken dienten, indem sie die Zugehörigkeit zu einer bestimmten Gilde

---

3 S. auch MünchKommHGB/*Krafka* Rn 5. Für *Ehrenberg* in: Ehrenbergs Hdb., Band I, S. 531 ff liegt hier – und nicht im Verkehrsschutz – die zentrale Funktion des Registers. Diese Auffassung stützt sich allerdings auf die damals noch fehlende positive Publizität des Registers (a.a.O., S. 534), die mit der Ergänzung des § 15 Abs. 3 begründet wurde (s. § 15 Rn 4 ff).

4 Vgl. dazu auch Ebenroth/Boujong/Joost/Strohn/*Schaub* Rn 47 ff; MünchKommHGB/*Krafka* Rn 10 ff; *Ehrenberg* in: Ehrenbergs Hdb., Band I, S. 535 f; Fleischhauer/*Wochner* Kap. A Rn 7 ff; *Bokelmann* DStR 1991, 945 (947); *Ulmer* ZRP 2000, 47 (49).

5 Vgl. dazu MünchKommHGB/*Krafka* Rn 14 f; *Ulmer* ZRP 2000, 47 (49 mit Fn 26).

6 Allerdings lassen sich nicht sämtliche Fälle konstitutiv wirkender Eintragungen auf diese Funktion zurückführen; vgl. dazu bereits *Ehrenberg* in: Ehrenbergs Hdb., Band I, S. 535 f; *Göppert* S. 24 f; aus neuerer Zeit auch *Baums* S. 53 ff.

7 Ebenroth/Boujong/Joost/Strohn/*Schaub* Rn 51; GroßkommAktG/*Wiedemann* § 181 Rn 25; Fleischhauer/*Wochner* Kap. A Rn 9.

8 *Baums* S. 53 ff; *Ehrenberg* in: Ehrenbergs Hdb., Band I, S. 535 f; *Ulmer* ZRP 2000, 47 (49).

dokumentierten.[9] Ähnliches gilt für die im 13. Jahrhundert in Italien geschaffenen Zunftmatrikel, in denen Informationen über erteilte Vollmachten, Handelsgesellschaften und Marken publiziert wurden, ohne dass diesen Informationen eine drittschützende Wirkung zugeordnet war.[10] Ein erster sicherer Ausgangspunkt für die Schaffung des heutigen Handelsregisters ist daher erst in den Verzeichnissen wechselfähiger Personen sowie in den Gesellschafts- und Prokurenregistern zu sehen, die im **17. Jahrhundert** zunächst in Frankreich, ab dem 18. Jahrhundert auch partikularrechtlich in einzelnen deutschen Staaten eingeführt wurden.[11] Die Einrichtung dieser Register diente nicht einer internen Zunftdokumentation, sondern dem **Publizitätsinteresse des Rechtsverkehrs** und kann deshalb als Vorläufer des heutigen Handelsregisters aufgefasst werden.[12]

Eine allgemeine gesetzliche Verankerung erhielten die registerrechtlichen Regelungen im deutschen Rechtsraum erstmals in den **Art. 12–14 ADHGB von 1861**. Auch hier hat die Errichtung des Handelsregisters aber keine erschöpfende Regelung gefunden. Namentlich die einzelnen anmeldepflichtigen Tatbestände waren über das gesamte Gesetz verstreut. Dieser **fragmentarische Charakter**, der bis heute erhalten geblieben ist, erklärt sich zum einen aus der Herkunft des Handelsregisters aus Verzeichnissen unterschiedlichen Zuschnitts. Zum anderen ist er aber auch darauf zurückzuführen, dass die damals noch zuständigen Einzelstaaten des Deutschen Bundes sich nur in beschränktem Umfang zu einer bundeseinheitlichen Parallelgesetzgebung bereit fanden.[13] Trotz der zwischenzeitlich herbeigeführten Einigung des Reiches hat aber auch die Einführung des HGB zu keiner umfassenderen Regelung geführt. **Registerrechtliche Vorschriften** finden sich in den einschlägigen Sachgesetzen, im FamFG, aber auch in der Handelsregisterverordnung (s. noch Anh.), die auf der Grundlage des § 387 Abs. 2 FamFG erlassen worden ist. 5

2. Digitalisierung des Registerwesens durch EHUG

Von den zahlreichen Änderungen des Handelsrechts in den letzten Jahrzehnten ist § 8 selbst lange Zeit unberührt geblieben.[14] Reformen der Registerführung wurden nicht durch Änderung der grundlegenden Vorschrift des § 8 a.F., sondern durch die Anfügung weiterer (§§ 8a, 9a) oder die Neufassung bestehender Vorschriften (z.B. § 9) durchgeführt (s. die Erläuterungen dort), die unmittelbar die Art der Registerführung betrafen. Auch Vereinfachungen der registergerichtlichen Kontrolle, wie sie namentlich durch das Handelsrechtsreformgesetz vom 22.6.1998 (HRefG)[15] eingeführt wurden, beeinflussten selbstverständlich die in § 8 generell geregelte Registerführung, ohne dass die Bestimmung selbst eine Änderung erfuhr. 6

Erst durch das **EHUG vom 10.11.2006**[16] ist der in seinen Grundzügen noch auf das ADHGB von 1861 zurückgehende und seit 1897 durchgängig unveränderte Wortlaut des § 8 a.F. neu ge- 7

9 *Fehrenbacher* S. 132; *Bokelmann* DStR 1991, 945; *Hinz* FS Helmrich, 1994, S. 795 (796); *Stober* ZRP 1998, 224 (225); zum Gildezwang vgl. *Rehme* in: Ehrenbergs Hdb., Band I, S. 213 f. Auch der Deutsche Industrie- und Handelstag verleiht seiner Forderung, die Registerführung auf die Industrie- und Handelskammern zu verlagern (s. noch Rn 13), unter Berufung auf diesen (vermeintlichen) Vorläufer den Anschein historischer Kontinuität.

10 Vgl. dazu *Adler* S. 5 ff; *Fehrenbacher* S. 133; *Fester* S. 46 f; *Rehme* in: Ehrenbergs Hdb., Band I, S. 98; ausführlich *Lastig* ZHR 14 (1879), 387 (400 f).

11 Vgl. dazu *Fester* S. 50 ff; ferner *Fehrenbacher* S. 133 f; *Merkt* S. 36 ff; *Rehme* in: Ehrenbergs Hdb., Band I, S. 214.

12 *Fester* S. 50; *Bokelmann* DStR 1991, 945.

13 Vgl. bereits Staub/*Hüffer*[4] Rn 6.

14 Zu den Reformen in Deutschland s. auch BeckOGK-HGB/*Beurskens* Rn 18 ff.

15 Gesetz zur Neuregelung des Kaufmanns- und Firmenrechts und zur Änderung handels- und gesellschaftsrechtlicher Vorschriften (Handeslrechtsreformgesetz – HRefG) v. 22.6.1998, BGBl. I, S. 590.

16 Gesetz über elektronische Handelsregister und Genossenschaftsregister sowie das Unternehmensregister (EHUG) v. 10.11.2006, BGBl. I, S. 2553.

fasst worden.[17] Die altertümliche Formulierung des § 8a a.F., wonach eine Führung des Registers „in maschineller Form als automatisierte Datei" zulässig sein soll, ist durch den Zusatz „elektronisch" ersetzt worden (zu den Motiven für die Ergänzung des § 8 Abs. 2 s. Rn 25). Durch diese Einfügung wird das Handelsregister vollständig **auf einen digitalen Betrieb umgestellt.**[18] Die Änderung des § 8 ist im weiteren Kontext des durch § 8b ebenfalls neu eingeführten **Unternehmensregisters** zu sehen, in dem die zersplitterten Unternehmensdaten aus dem Handelsregister und anderen Datenquellen in einem einheitlichen elektronischen Zugangsportal zusammengeführt werden (vgl. dazu noch die Ausführungen zu § 8b).[19]

8 Den maßgeblichen Impuls für diese Umstellung hat das deutsche Registerrecht von europäischer Ebene erhalten.[20] Bereits die **Publizitätsrichtlinie** von 1968,[21] die nunmehr in die **Gesellschaftsrechtsrichtlinie** von 2017[22] integriert wurde, schrieb für Kapitalgesellschaften umfangreiche Offenlegungspflichten vor, die durch Anmeldung zum Handelsregister zu erfüllen waren. Diese Vorgaben sind im Zuge der SLIM-Initiative (Simpler Legislation for the Internal Market)[23] der Kommission durch die **Offenlegungsrichtlinie** aus dem Jahr 2003[24] modernisiert worden, wobei auch die flächendeckende Einführung von elektronischen Handelsregistern bis 2007 verbindlich vorgeschrieben wurde (Art. 3 Abs. 2 Unterabs. 2 Publizitätsrichtlinie).[25] Da eine Zweiteilung des Registerwesens wenig sinnvoll gewesen wäre, hat der deutsche Gesetzgeber diese nur für Kapitalgesellschaften geltenden Vorschriften zum Anlass genommen, das gesamte Registerwesen im Zuge des EHUG (Rn 7) auf eine elektronische Registerführung umzustellen.[26] Diese

---

17 Diese Umstellung auf einen digitalen Betrieb war bereits durch das Registerverfahrensbeschleunigungsgesetz (RvBG) v. 20.12.1993 eingeleitet worden, BGBl. I, S. 2182; vgl. dazu *Holzer* NJW 1994, 481 ff; *Siebelt* NJW 1993, 2517 ff; *Walter* MDR 1994, 429 ff. Nach den Vorgaben dieses Gesetzes war den Ländern die Umstellung von dem bislang in Papierform geführten Handelsregister auf ein elektronisches Handelsregister zwar gestattet, aber nicht zwingend vorgeschrieben. Durch das Gesetz über elektronische Register und Justizkosten für Telekommunikation (ERJuKoG) v. 10.12.2001, BGBl. I, S. 3422 und das erste Justizmodernisierungsgesetz v. 24.8.2004, BGBl. I, S. 2198 wurde der Online-Abruf noch weiter erleichtert (vgl. zu dieser Entwicklung RegE EHUG, BT-Drucks. 16/960, S. 35). Trotzdem machten nicht alle Bundesländer von der Möglichkeit der Registerumstellung Gebrauch.

18 Zu den Zielen und Motiven des EHUG-Gesetzgebers s. Voraufl. Rn 7 f (*Koch*). Zu den weitergehenden Überlegungen, die Blockchain im Handelsregisterrecht einzusetzen, s. *Knaier/Wolff* BB 2018, 2253 (2256 ff).

19 Vgl. zum EHUG die Überblicksaufsätze von *Apfelbaum* DNotZ 2007, 166 ff; *Krafka* MittBayNot 2005, 290 ff; *Liebscher/Scharff* NJW 2006, 3745 ff; *Nedden-Boeger* FGPrax 2007, 1 ff; *Noack* NZG 2006, 801 ff; *Schlotter* BB 2007, 1 ff; *Seibert/Decker* DB 2006, 2446 ff; *Sikora/Schwab* MittBayNot 2007, 1 ff; *Willer/Krafka* DNotZ 2006, 885 ff.

20 Zum Einfluss des Europarechts auf das deutsche Handelsregisterwesen BeckOGK-HGB/*Beurskens* Rn 13 ff; *Krafka* Rn 6 ff. Rechtsvergleichende Analyse der Handelsregister in Europa bei *Wedemann*, FS Seibert, 2019, S. 1073 ff.

21 Erste Richtlinie 68/151/EWG des Rates v. 9.3.1968 zur Koordinierung der Schutzbestimmungen, die in den Mitgliedstaaten den Gesellschaften im Sinne des Artikels 58 Absatz 2 des Vertrages im Interesse der Gesellschafter sowie Dritter vorgeschrieben sind, um diese Bestimmungen gleichwertig zu gestalten, ABl. EG Nr. L 65, S. 8 v. 14.3.1968; umgesetzt in das deutsche Recht durch das Gesetz zur Durchführung der ersten Richtlinie des Rates der Europäischen Gemeinschaften zur Koordinierung des Gesellschaftsrechts v. 15.8.1969, BGBl. I, S. 1146. Zur Änderung s. noch Fn 28.

22 Richtlinie (EU) 2017/1132 des Europäischen Parlaments und des Rates v. 14.6.2017 über bestimmte Aspekte des Gesellschaftsrechts, ABl. EU Nr. L 169, S. 46 v. 30.6.2017.

23 Die Ergebnisse der SLIM-Arbeitsgruppe sind abgedruckt in ZIP 1999, 1944 mit Einführung von *Neye*; vgl. auch *Drygala* AG 2001, 291 ff.

24 Richtlinie 2003/58/EG des Europäischen Parlaments und des Rates v. 15.7.2003 zur Änderung der Richtlinie 68/151/EWG des Rates in Bezug auf die Offenlegungspflichten von Gesellschaften bestimmter Rechtsformen (Offenlegungsrichtlinie), ABl. EG Nr. L 221, S. 13 v. 4.9.2003.

25 Ausführlich zu den damaligen europarechtlichen Vorgaben *Schemmann* GPR 2003/04, 92 ff; *Scholz* EuZW 2004, 172 ff.

26 Neben der Offenlegungsrichtlinie waren auch die Transparenzrichtlinie (Richtlinie 2004/109/EG v. 15.12.2004, ABl. EG Nr. L 390, S. 38) und der Bericht der Regierungskommission Corporate Governance (*Baums* [Hrsg.] Bericht der Regierungskommission Corporate Governance, 2001; abgedruckt auch in BT-Drucks. 14/7515) für den Erlass des EHUG von Bedeutung. Die darauf zurückgehenden Änderungen betreffen allerdings nicht § 8, sondern vielmehr die Einführung des Unternehmensregisters in § 8b (vgl. deshalb § 8b Rn 1 f).

Praxis der **überschießenden Richtlinienumsetzung** wirft insbesondere bei § 15 erhebliche Probleme auf und wird deshalb dort näher erläutert (§ 15 Rn 12 ff).

3. Die Entwicklung nach EHUG, insb. DiRUG und DiREG

Nach den grundlegenden Reformen durch das EHUG hat der deutsche Gesetzgeber § 8 unangetastet gelassen und sich im Wesentlichen auf **punktuelle Änderungen** der Vorschriften im zweiten Abschnitt beschränkt (s. dazu § 8a Rn 2; § 8b Rn 6; § 12 Rn 2; § 13 Rn 4 f). Soweit es unionsrechtlich geboten war, hat er neue Regelungen eingeführt (s. dazu § 9b Rn 2 f; § 10a Rn 2 ff; § 13e Rn 3). Eine umfassendere Reform der registerrechtlichen Vorschriften geht abermals auf den europäischen Richtliniengeber zurück: Mit der **Digitalisierungsrichtlinie**[27] aus dem Jahr 2019, die die Gesellschaftsrechtsrichtlinie (Rn 8) modifiziert hat[28] und die der deutsche Gesetzgeber 2021 mit dem DiRUG[29] umgesetzt hat, geht ein weiterer Modernisierungsschub einher, der im Zuge des DiREG[30] ausgeweitet wurde. Zwar lassen das DiRUG und das DiREG § 8 selbst unangetastet, gestalten aber die registerrechtlichen Grundsätze neu (s. insb. § 12 Rn 2, 22 ff). 9

Das bisherige System der Handelsregisterpublizität, das bislang auf drei Säulen beruhte (Handelsregister nach § 8 HGB, Unternehmensregister nach § 8b und Bekanntmachungen i.S.d § 10 a.F.), wird erheblich modifiziert: Mit dem **DiRUG** entfällt die **Bekanntmachung als separates Publizitätsmedium**. Ihr kommt nach § 10 Abs. 1 S. 1 n.F. nur insoweit eine Funktion zu, als sie den Vorgang umschreibt, mit dem zu einem bestimmten Zeitpunkt die Handelsregistereintragung für Außenstehende so zugänglich gemacht wird, dass der Rechtsverkehr von ihr potentiell Kenntnis nehmen kann (s. dazu § 10 Rn 7 ff). Dieser Begriffswandel bedingt eine Änderung des § 15 Abs. 3: Die **positive Handelsregisterpublizität** knüpft nunmehr nicht an die unrichtige Bekanntmachung, sondern an die unrichtige Eintragung an (s. dazu § 15 Rn 11, 99 ff). Durch § 10 Abs. 3 n.F. neu geschaffen wurde die **Registerbekanntmachung**, die namentlich in Fällen eine Rolle spielt, in denen eine Verlautbarung nicht in das Handelsregister eingetragen wird (s. dazu § 10 Rn 12 ff). Ebenfalls neu ist § 9c, der den **Informationsaustausch über disqualifizierte Personen** über das Europäische System der Registervernetzung regelt (s dazu § 9c Rn 1 ff). Weitere Änderungen betreffen die Einsichtnahme in das Handelsregister (s. dazu § 9 Rn 2), den Inhalt und die Führung des Unternehmensregisters (s. dazu § 8b Rn 6, § 9a Rn 1 und § 9b Rn 3), das Auskunftsrecht nach Art. 15 DSGVO (§ 10a Rn 12), die öffentliche Beglaubigung mittels Videokommunikation (s. dazu § 12 Rn 25 ff), die Form der eingereichten Dokumente (s. dazu § 12 Rn 71 ff) und die registerrechtliche Behandlung von Zweigniederlassungen (s. dazu den Überblick in § 13 Rn 9). Gesteigerte praktische Bedeutung dürften die §§ 8 ff HGB ab dem 1.1.2024 über den Verweis in § 707b Nr. 2 BGB i.d.F. des **MoPeG**[31] erlangen, der sich auf die registerrechtliche Behandlung einer im **Gesellschaftsregister** eingetragenen GbR (s. § 707 Abs. 1 BGB i.d.F. des MoPeG) und die Führung des Gesellschaftsregisters bezieht. 10

27 Richtlinie (EU) 2019/1151 des Europäischen Parlaments und des Rates v. 20.6.2019 zur Änderung der Richtlinie (EU) 2017/1132 im Hinblick auf den Einsatz digitaler Werkzeuge und Verfahren im Gesellschaftsrecht, ABl. EU Nr. L 186, S. 80.

28 Krit. zur unübersichtlichen Regelungstechnik des europäischen Richtliniengebers *Lieder* NZG 2018, 1081 (1091).

29 Gesetz zur Umsetzung der Digitalisierungsrichtlinie (DiRUG) v. 5.7.2021, BGBl. I, S. 3338.

30 Gesetz zur Ergänzung der Regelungen zur Umsetzung der Digitalisierungsrichtlinie und zur Änderung weiterer Vorschriften v. 15.7.2022, BGBl. I, S. 1146.

31 Gesetz zur Modernisierung des Personengesellschaftsrechts (Personengesellschaftsrechtsmodernisierungsgesetz – MoPeG) v. 10.8.2021, BGBl. I, S. 3436.

III. Gesetzliche Grundlagen

11 Die gesetzlichen Grundlagen des Registerrechts sind **auf viele Regelungsbereiche verteilt** (zu den Gründen s. Rn 5). Die Einrichtung und die Führung des Handelsregisters ist teils in den §§ 8–14, 16, teils in den §§ 374 ff FamFG geregelt. Von praktischer Bedeutung ist daneben auch die **Handelsregisterverordnung** vom 12.8.1937 (Abdruck im Anh. zu § 8),[32] die in Form einer Rechtsverordnung mit Gesetzeskraft die allgemeinen Bestimmungen der §§ 8 ff zur Einrichtung und Führung des Handelsregisters konkretisiert. Die vollständige Umstellung auf eine elektronische Registerführung erlaubte es, den zuvor bestehenden zweischichtigen Aufbau der HRV für Papierregister einerseits und elektronische Register andererseits im Zuge des EHUG aufzugeben und die Regelung auf einen deutlich übersichtlicheren einschichtigen Aufbau zurückzuführen.[33]

12 Die **Anmeldepflicht** ist in einer Vielzahl von handelsrechtlichen Vorschriften außerhalb des zweiten Abschnitts, aber auch in anderen Gesetzen normiert (vgl. dazu noch Rn 35 ff). Dort finden sich auch zahlreiche Vorschriften, die an die Eintragung im Handelsregister materielle Rechtsfolgen knüpfen (z.B. § 11 Abs. 1 GmbHG, § 41 Abs. 1 AktG, §§ 2, 3 Abs. 2, 105 Abs. 2 S. 1 [= § 107 HGB i.d.F. des MoPeG (Rn 10)], § 176 Abs. 1 S. 1). Innerhalb des zweiten Abschnitts hat **§ 15 materiell-rechtliche Bedeutung**, der das Gewicht aber nicht auf den Regelfall einer ordnungsgemäßen Eintragung und Bekanntmachung legt (§ 15 Abs. 2), sondern auf den Ausnahmefall fehlender oder unrichtiger Eintragung (§ 15 Abs. 1 und 3).

IV. Das Registergericht

1. Sachliche Zuständigkeit

13 Die Registerführung ist nach § 8 Aufgabe der Rechtspflege, nicht der Verwaltung.[34] Sie gehört nach § 374 Nr. 1 FamFG zu den Registersachen i.S.d. Freiwilligen Gerichtsbarkeit (§§ 374 ff FamFG).[35] Sachlich zuständig sind gem. § 23a Abs. 2 Nr. 3 GVG die **Amtsgerichte**. Die Anregung des Deutschen Industrie- und Handelstages, die Registerführung – ausländischen Vorbildern folgend – auf die **Industrie- und Handelskammern** zu verlagern, hat zu einer kontroversen Diskussion geführt, in deren Verlauf zahlreiche Missstände des gerichtlichen Registerwesens aufgedeckt wurden.[36] Ein Gesetzesentwurf des Bundesrates, wonach es den Ländern überlassen bleiben sollte, die für die Führung zuständigen Stellen zu bestimmen, ist jedoch nicht umgesetzt worden.[37] Der Gesetzgeber hat sich im Zuge des EHUG (Rn 7) damit begnügt, strukturelle Defizite des gerichtlichen Systems zu beseitigen, von einem grundlegenden Systemwechsel aber abgesehen. Im Hinblick auf die staatliche **Kontrollfunktion**, die das Handelsregister erfüllt, ist diese Grundsatzentscheidung zu begrüßen. Das rechtspolitische Bedürfnis nach einer generellen Zuständigkeitsverlagerung ist damit entfallen, entsprechende Forderungen sind mittlerweile weit-

---

32 RMBl., S. 515; zuletzt geändert durch das EHUG (Rn 15).

33 Zu der Neufassung der HRV im Einzelnen *Nedden-Boeger* FGPrax 2007, 1 (4).

34 Zu den Motiven dieser grundlegenden Zuständigkeitsaufteilung vgl. *Bärmann* S. 37; *Reithmann* DNotZ 1979, 67 f; *Stober* ZRP 1998, 224 (225).

35 Zu sonstigen Aufgaben des Registergerichts s. noch *Bezzenberger* FS Priester, 2007, S. 23 ff sowie die veraltete, aber die Systemzusammenhänge erhellende Darstellung bei *Ehrenberg* in: Ehrenbergs Hdb., Band I, S. 524 ff.

36 Vgl. *Ammon* DStR 1995, 1311 ff; *Dieckmann* ZRP 2000, 44 ff; *Gustavus* GmbHR 1993, 259 ff; *Hinz* FS Helmrich, 1994, S. 795 ff; *Schmahl* ZRP 1995, 54 ff; *Schöpe* ZRP 1999, 449 ff; *Stober* ZRP 1998, 224 ff; *Ulmer* ZRP 2000, 47 ff.

37 Entwurf des Bundesrates v. 2.2.2006 über ein Gesetz zur Führung des Handelsregisters, des Genossenschaftsregisters, des Partnerschaftsregisters und des Vereinsregisters durch von den Ländern bestimmte Stellen (Register-Führungsgesetz – RFüG), BT-Drucks. 16/515; vgl. auch den im Gesetzgebungsverfahren des EHUG (Rn 7) geäußerten Vorschlag des Bundesrates, eine Öffnungsklausel aufzunehmen, die den Ländern die Einschaltung der IHKs als obligatorische Anmelde- und Vorprüfungsstelle zwischen Einreichendem und Registergericht gestatten sollte.

gehend verklungen.[38] Zur Mitwirkung berufsständischer Organe nach § 380 FamFG s. noch Rn 20.

2. Örtliche Zuständigkeit

Für die örtliche Zuständigkeit bestehen **unterschiedliche Anknüpfungspunkte**. Für den Einzelkaufmann und die juristische Person (§ 33) ist der Ort der Hauptniederlassung (§ 29), für Handelsgesellschaften und den VVaG ihr Sitz maßgeblich (§§ 106 Abs. 1, 161 Abs. 2 HGB, §§ 14, 278 Abs. 3 AktG, § 7 Abs. 1 GmbHG, § 30 Abs. 1 VAG; ausführlich zu Niederlassung und Sitz § 13 Rn 12 ff). In dem so ermittelten Landgerichtsbezirk fällt die Zuständigkeit **ausschließlich** dem Amtsgericht zu, in dessen Bezirk das Landgericht seinen Sitz hat (§ 23a Abs. 2 Nr. 3 GVG i.V.m. § 377 Abs. 1 FamFG). 14

Die Landesregierungen sind nach § 376 Abs. 2 FamFG ermächtigt, im Wege der **Rechtsverordnung** die Registerführung bei einzelnen Amtsgerichten zu **konzentrieren** oder die Bezirke der Registergerichte abweichend von § 376 Abs. 1 FamFG festzulegen, wenn dies einer schnelleren und rationelleren Führung des Handelsregisters dient. Da bei einer elektronischen Registerführung der Standort des Registergerichts keine wesentliche Rolle mehr spielt, haben die meisten Bundesländer von dieser Möglichkeit Gebrauch gemacht, um auf diese Weise das vorhandene Sach- und Fachwissen bei einzelnen Gerichten zu bündeln.[39] Über das gemeinsame Registerportal der Länder (www.handelsregister.de – s. dazu noch § 9 Rn 13 f) können die neu geschaffenen Zuständigkeitsbereiche abgefragt werden.[40] Die in § 376 Abs. 2 S. 3 FamFG vorgesehene Möglichkeit, die Zuständigkeit eines Amtsgerichts auch über die Landesgrenzen auszudehnen, bildet einen Ansatz, um diesen sinnvollen Konzentrationsprozess künftig noch weiter voranzutreiben, wobei derzeit allerdings noch die unterschiedlichen EDV-Systeme (AUREG und REGISTAR) ein Hemmnis darstellen.[41] Ein bundesweites Registergericht nach englischem Vorbild wird es in Deutschland aber auch weiterhin nicht geben. Zur Behandlung von Zweigniederlassungen vgl. noch die Erläuterungen zu § 13; zur Behandlung eines Doppelsitzes s. noch § 13 Rn 50 ff; zur Zuständigkeit für Fälle, die seit dem 8. Mai 1945 nicht mehr der deutschen Gerichtsbarkeit unterfallen (§§ 14, 15 ZustErgG) vgl. noch 4. Aufl. Rn 2 (*Hüffer*). 15

3. Funktionelle Zuständigkeit

Die funktionelle Zuständigkeit ist aufgabenspezifisch unterteilt.[42] Grundsätzlich sind die Handels- und Registersachen nach § 3 Nr. 2d RPflG im Wege der **Vorbehaltsübertragung** dem **Rechtspfleger** zugeteilt. Diese Anordnung verdrängt die mittlerweile überholte Zuständigkeitsanordnung des § 4 HRV und begründet eine grundsätzliche Vermutung für die Zuständigkeit des Rechtspflegers. Diese Zuweisung wird allerdings wiederum in § 17 RPflG eingeschränkt. Danach bleibt für besonders anspruchsvolle Prüfungen – namentlich bei Eintragungen mit konstitutiver Wirkung (Rn 38, 89 ff, 116 ff) aus dem Bereich des Kapitalgesellschaftsrechts – der **Richter** zuständig.[43] Diese Ausnahme betrifft ausschließlich einzelne Prüfungsbereiche aus der 16

38 Der Entwurf des RFüG (Fn 37) wurde im Bundesjustizministerium nach der Verabschiedung des EHUG als „chancenlos“ angesehen (vgl. *Seibert* DB 2006, 2446) und nicht wieder aufgegriffen; s. auch *Krafka* Rn 9.

39 *Clausnitzer/Blatt* GmbHR 2006, 1303; weitergehend halten *Seibert/Decker* DB 2006, 2446 ein Register pro Bundesland für „völlig ausreichend“; zust. MünchKommHGB/*Krafka* Rn 3.

40 Ausführliche Übersicht (auch zu den landesgesetzlichen Grundlagen) bei *Krafka* Rn 13.

41 *Ries* Rpfleger 2006, 233 (236); vgl. auch *dens.* Rpfleger 2007, 252.

42 Ausführlich zum Folgenden *Melchior/Schulte* § 4 Rn 2 ff; *Krafka* Rn 18 ff.

43 Vgl. zu dieser Aufteilung *Ulmer* ZRP 2000, 47 (48 ff).

Abteilung B des Handelsregisters, so dass die Abteilung A (Einzelkaufleute, OHG, KG u.a.) allein dem Rechtspfleger obliegt (zu den Abteilungen s. Rn 21).

17 Die Aufgaben des Registergerichts sind auch von dem **Urkundsbeamten** der Geschäftsstelle zu erfüllen.[44] Während der Urkundsbeamte den Antrag vorerfasst, nimmt der Richter die Eintragung unmittelbar im DV-System selbst vor.[45] Dies kommt in § 27 HRV zum Ausdruck, wonach der Richter die Eintragung entweder selbst vornimmt oder sie optional im Verfügungswege auf den Rechtspfleger übertragen kann.

18 In die Zuständigkeit des Urkundsbeamten fällt gem. § 29 HRV ferner die Erteilung von Ausdrucken und Abschriften (§ 9 Abs. 4 S. 1 und 2) sowie deren Beglaubigung (§ 9 Abs. 3 S. 1). Schließlich ist er auch für die elektronische Übermittlung der Eintragungen und der zum Register eingereichten Schriftstücke und Dokumente einschließlich der Bescheinigungen nach § 9 Abs. 5 zuständig (§ 29 HRV). Die genaue **Kompetenzabgrenzung** erfolgt über den § 4 Abs. 1 S. 2 HRV, der bestimmt, dass auf den Urkundsbeamten §§ 5 bis 8 RPflG entsprechend anwendbar sind. Daraus folgt insbesondere, dass der Urkundsbeamte dem Richter unter bestimmten Voraussetzungen einzelne Geschäfte vorlegen kann (§ 5 RPflG), dass umgekehrt aber auch der Richter die Aufgaben des Urkundsbeamten jederzeit mit erledigen kann (§ 6 RPflG), wozu es auch hier namentlich dann kommen wird, wenn die dem Urkundsbeamten zugewiesene Aufgabe von dem durch den Richter bedienten EDV-Programm automatisch mit ausgeführt wird.[46]

4. Mitwirkung sonstiger Organe

19 Um den Gerichten die Registerführung zu erleichtern, sind nach § 379 FamFG auch andere Gerichte, die Staatsanwaltschaften, Polizei- und Gemeindebehörden sowie die Notare verpflichtet, den Registergerichten Mitteilung zu machen, wenn sie von unrichtigen, unvollständigen oder unterlassenen Anmeldungen zum Handelsregister Kenntnis erlangen. Finanzbehörden trifft nach § 379 Abs. 2 FamFG eine Pflicht zur Auskunft über die steuerlichen Verhältnisse von Kaufleuten oder Unternehmungen. In Abweichung von der bisherigen Rechtslage wurde diese Pflicht durch § 379 Abs. 2 FamFG auch auf Auskünfte ausgedehnt, die zur Löschung von Eintragungen im Register benötigt werden. Auf diese Weise soll insbesondere die Ermittlung der Vermögensverhältnisse von Kaufleuten und Unternehmen im Rahmen von Löschungsverfahren wegen Vermögenslosigkeit (§ 394 FamFG) erleichtert werden.[47]

20 Daneben sind nach § 380 FamFG auch **berufsständische Organe**[48] verpflichtet, die Registergerichte bei der Vermeidung unrichtiger Eintragungen, bei der Berichtigung und Vervollständigung des Handelsregisters, der Löschung von Eintragungen sowie beim Einschreiten gegen unzulässigen Firmengebrauch zu unterstützen (vgl. dazu auch §§ 23, 37 HRV).[49] Um diese Aufgabe sachgerecht erfüllen zu können, werden sie nach § 37 HRV von jeder Änderung des Registers benachrichtigt und sind berechtigt, Anträge bei den Registergerichten zu stellen und gegen

44 Detaillierte Beschreibung der Aufgaben des Urkundsbeamten bei *Melchior/Schulte* § 29.

45 Vor dem EHUG (Rn 7) wurde traditionell zwischen der gerichtlichen Verfügung und ihrer Ausführung unterschieden. Während die Verfügungen von Richter oder Rechtspfleger getroffen wurden (Rn 16), oblag die Ausführung der Eintragungsverfügung gemäß § 28 HRV dem Urkundsbeamten der Geschäftsstelle. Diese starre Aufgabenverteilung ist durch das EHUG (Rn 7) im Hinblick auf die realtypischen Verfahrensabläufe von Datenverarbeitungsvorgängen aufgelockert worden.

46 *Nedden-Boeger* FGPrax 2007, 1 (4).

47 RegE FGG-RG, BT-Drucks. 16/6308, S. 285.

48 S. die Legaldefinition in § 380 Abs. 1 FamFG: z.B. Industrie- und Handelskammern, Handwerks-, Landwirtschafts- und Rechtsanwaltskammern.

49 Vgl. zu dieser Beteiligung *Melchior/Schulte* § 23 Rn 1 ff; *Frey* BB 1965, 1208 ff.

Verfügungen der Registergerichte Beschwerde einzulegen.[50] Nach § 380 Abs. 2 FamFG sind sie anzuhören, soweit dies zu den genannten Zwecken erforderlich erscheint und auf ihren Antrag als Beteiligte hinzuzuziehen. Dieses Mitwirkungsrecht hatte früher insbesondere auf dem Gebiet des Firmenrechts eine erhebliche Bedeutung. Diese Bedeutung ist allerdings zurückgegangen, nachdem im Zuge des HRefG (Rn 6) das firmenrechtliche Irreführungsverbot wesentlich abgeschwächt (s. dazu noch Rn 113) und überdies auch die früher schematisch erfolgende Einholung von Kammergutachten durch die Neufassung des § 23 HRV stark eingeschränkt wurde.[51] Bei Kreditinstituten ergibt sich eine entsprechende Berechtigung der Bundesanstalt für Finanzdienstleistungsaufsicht aus § 43 Abs. 3 KWG.

V. Das Handelsregister

1. Aufgliederung des Handelsregisters

Die Einrichtung des Handelsregisters ist in ihren Einzelheiten in der Handelsregisterverordnung (HRV – Abdruck im Anh.) geregelt, die durch das EHUG (Rn 7) ebenfalls in weiten Zügen neu gefasst worden ist.[52] Es besteht nach § 3 HRV aus **zwei Abteilungen.** In Abteilung A sind die Einzelkaufleute, die juristischen Personen des § 33, die Personenhandelsgesellschaften sowie die Europäischen wirtschaftlichen Interessenvereinigungen (EWiV) aufzunehmen. Dagegen werden AG, SE, KGaA, GmbH und VVaG in Abteilung B eingetragen. Innerhalb der Abteilungen sind gem. § 13 HRV für jeden Einzelkaufmann, jede juristische Person sowie jede Handelsgesellschaft jeweils einzelne **Registerblätter** unter einer in derselben Abteilung fortlaufenden Nummer anzulegen. Den Inhalt dieser Registerblätter legt für die Abteilung A § 40 HRV, für die Abteilung B § 43 HRV fest.[53] Die Art der Eintragung regelt § 14 HRV (fortlaufende Nummerierung); Änderungen und Löschungen sind nach Maßgabe des § 16 HRV vorzunehmen (zur Berichtigung reiner Schreibversehen s. § 17 HRV). 21

Ergänzend zu jedem Registerblatt werden eine Registerakte (§ 8 HRV) und ein Registerordner (§ 9 HRV) angelegt. Die **Registerakte** enthält namentlich Dokumente zur gerichtsinternen Bearbeitung eines Registerblattes (z.B. Schriftwechsel zwischen Gericht und Beteiligten, Verfügungen des Gerichts, Gutachten der Industrie- und Handelskammern). Dritte können nur unter den Voraussetzungen des § 13 Abs. 2 FamFG, also beim Nachweis eines berechtigten Interesses, Einsicht in die Registerakte nehmen. In den **Registerordner** werden dagegen die zum Handelsregister eingereichten und nach § 9 Abs. 1 der unbeschränkten Einsicht unterliegenden Dokumente aufgenommen (z.B. Anmeldungen, Satzungen, Gesellschaftsverträge, Gesellschafterlisten, Hauptversammlungsprotokolle).[54] Die Registerakte ist an die Stelle des früheren Hauptbandes, der Registerordner an die Stelle des früheren Sonderbandes des Handelsregisters getreten. 22

2. Elektronische Registerführung

Die Bezeichnung als Register-„blätter" erinnert an die ursprüngliche Registerführung in gebundenen Bänden, die später durch die Karteiform ersetzt wurde. Ungeachtet dieses etwas anti- 23

50 Daneben bieten die Industrie- und Handelskammern den Unternehmen und Notaren Hilfestellungen bei der Anmeldung an, namentlich in Gestalt einer firmenrechtlichen Vorabstellungnahme; vgl. *Clausnitzer/Blatt* GmbHR 2006, 1303 (1304).

51 Zu den Gründen vgl. RegE HRefG, BT-Drucks. 13/8444, S. 95; zur neuerlichen Einschränkung durch das EHUG vgl. RegE EHUG, BT-Drucks. 16/960, S. 58; *Melchior/Schulte* § 23 Rn 4 ff.

52 Vgl. *Krafka* Rn 38 ff.

53 Ausführlich dazu *Krafka* Rn 57 ff.

54 Zu Registerakte und -ordner im Einzelnen *Krafka* Rn 41 ff; *Nedden-Boeger* FGPrax 2007, 1 (2).

quierten Sprachgebrauchs wird das Register seit den Änderungen des EHUG (Rn 7) ausschließlich in **elektronischer Form** geführt (§ 8 Abs. 1 HGB i.V.m. § 7 HRV).[55] Der Begriff des elektronisch geführten Handelsregisters wird in § 48 HRV konkretisiert. Daraus folgt, dass die Registereintragungen künftig nicht nur in elektronischer Form vorbereitet und erstellt werden, sondern dass die elektronisch erstellten Daten selbst ohne weiteren Ausdruck „das Handelsregister" im Sinne des Registerrechts sind.[56] Nach § 12 sind auch die Anmeldungen zur Eintragung in das Register sowie sonstige Dokumente in elektronischer Form einzureichen.[57]

24 Vorhandene Schriftstücke des **Registerordners** können nach § 9 Abs. 2 HRV ebenfalls in ein elektronisches Dokument übertragen werden. Zwingend erforderlich ist dies nach § 9 Abs. 2 S. 2 HRV, sobald ein entsprechender Antrag auf elektronische Übermittlung (§ 9 Abs. 2) vorliegt, wobei die bloße Betätigung des Online-Abrufs noch keinen Antrag iS dieser Vorschrift darstellt.[58] Die **Registerakten** müssen aufgrund ihrer Zweckbestimmungen für den internen gerichtlichen Gebrauch noch nicht elektronisch geführt werden, doch kann die Landesjustizverwaltung eine entsprechende Anordnung erlassen (§ 8 Abs. 3 HRV).[59] Selbst wenn die Umstellung erfolgt, muss der Inhalt der Registerakten aufgrund ihrer internen Funktionsbestimmung dennoch nicht dem Online-Zugriff eröffnet werden.[60] Vorgaben zur Datensicherheit enthalten die §§ 47 ff HRV. Zur Einsichtnahme und zur Erteilung von Registerausdrucken vgl. noch die Erläuterungen zu § 9.

3. Bezeichnungsschutz des Handelsregisters (§ 8 Abs. 2)

25 **a) Normzweck und Schutzgehalt.** Auch § 8 Abs. 2 geht auf das EHUG (Rn 7) zurück und soll den Begriff „Handelsregister" schützen. Dieser Schutz wird für erforderlich gehalten im Hinblick auf die zunehmende Verbreitung **privater Datensammlungen**, die ähnlich dem Handelsregister im Internet Unternehmensinformationen gegen Entgelt anbieten.[61] Der BGH hat den Aufbau derartiger Register auf der Grundlage des § 9 Abs. 1 nicht grundsätzlich für unzulässig erklärt. Allerdings hat er die Beschaffung der zum Aufbau einer solchen Sammlung erforderlichen Daten wesentlich erschwert, indem er einen Anspruch auf Einsichtnahme des Registers verweigert hat, wenn sie erfolgt, um zu kommerziellen Zwecken eine Mikroverfilmung des gesamten Bestandes des Handelsregisters vorzunehmen.[62] In der Regierungsbegründung zum EHUG war die gegenläufige Tendenz erkennbar, die Existenz derartiger professioneller Informationsdienstleister zu gestatten, um den Wettbewerb im Zweitverwertungsmarkt zu intensivieren.[63] Mit der **Einschränkung des Einsichtsnahmerechts** aus § 9 Abs. 1 S. 1 im Zuge des DiRUG (Rn 9) hat der

---

55 Die in Papierform geführten Registerblätter mussten bis zum 1.1.2007 umgeschrieben werden (§ 51 HRV).

56 *Schemmann/Solveen* ZIP 2001, 1518.

57 Die mit Handelsregistersachen befassten Richter haben keinen Anspruch gegenüber der Dienststelle, ihnen die elektronisch eingereichten Eingaben zum Handelsregister in ausgedruckter Form zur Bearbeitung vorzulegen, s. BGH NJOZ 2011, 1461.

58 RegE EHUG, BT-Drucks. 16/960, S. 51. Auf diese Weise sollte der Umstellungsdruck auf die Registergerichte etwas gemindert wurden, ohne dass die zum Handelsregister eingereichten Dokumente von der Online-Auskunftserteilung ausgeklammert werden; vgl. dazu *Baums* (Hrsg.) Bericht der Regierungskommission Corporate Governance, 2001, Rn 253 f (abgedruckt auch in BT-Drucks. 14/7515); *Noack* FS Ulmer, 2003, S. 1245 (1248); *Zöllner* NZG 2003, 354 (355); speziell zur Gesellschaftssatzung auch *Reiner* AG 2006, 93 ff.

59 S. hierzu BeckOGK-HRV/*Szalai* § 8 Rn 8 ff. Die derzeit eingesetzen IT-Fachverfahren AUREG und RegisSTAR (s. Röhricht/v. Westphalen/Haas/*Ries* § 8a Rn 1; *Mödl/Schmidt* ZIP 2008, 2332 Fn. 14) zur elektronischen Führung des Handelsregisters sollen perspektivisch durch eine bundeseinheitliche Registersoftware AuRegis ersetzt werden, s. etwa *Müller/Gomm* jM 2021, 266 (269); *M. Noack* BB 2021, 643 (647).

60 *Nedden-Boeger* FGPrax 2007, 1 (2).

61 Zur Verbreitung privater Datensammlungen vgl. *K. Schmidt* UnternehmensR I § 13 I 3; *Lindhorst* CR 1998, 590 (594 f).

62 BGHZ 108, 32 ff = NJW 1989, 2818; krit. *Dierck* CR 1991, 279; *Hirte* CR 1990, 631 ff; *Lindhorst* CR 1998, 590 (595).

63 RegE EHUG, BT-Drucks. 16/960, S. 36.

Gesetzgeber den Aufbau privater Register wesentlich erschwert (s. dazu § 9 Rn 20 ff), aber nicht gänzlich unterbunden.

Wird ein Informationsdienstleister trotz der Hürden des § 9 Abs. 1 S. 1 tätig, muss es für den Rechtsverkehr klar ersichtlich sein, dass die private Datensammlung **nicht mit dem Handelsregister** identisch und deshalb weder mit einer staatlichen Richtigkeitsgewähr noch mit einem Gutglaubensschutz (§ 15) ausgestattet ist.[64] Diese **Unterscheidungskraft** soll durch den Schutz der Bezeichnung „Handelsregister" gewährleistet werden. Andere Datensammlungen dürfen nicht unter Verwendung oder Beifügung dieser Bezeichnung in den Verkehr gebracht werden. Damit werden auch Wortverbindungen ausgeschlossen. Die Regierungsbegründung weist darauf hin, dass dieser Bezeichnungsschutz bereits nach der alten Rechtslage durch das Verbot irreführender Werbung nach § 5 UWG gewährleistet wurde.[65] § 8 Abs. 2 soll diesen Schutz aber noch verstärken, indem er ein ausdrückliches Verbot ausspricht. Da dieses Verbot ein absatzförderndes Wettbewerbsverhalten betrifft, handelt es sich dabei um eine **marktverhaltensregelnde Vorschrift i.S.d. § 3a UWG**,[66] deren Missachtung den Vorwurf unlauteren Verhaltens i.S.d. § 3 UWG begründet, ohne dass die Eignung zur Irreführung nach § 5 UWG festgestellt werden muss.[67] 26

Eine dem § 8 Abs. 2 vergleichbare Regelung hat der Gesetzgeber in § 10 Abs. 2 GenG für das Genossenschaftsregister geschaffen. Auf § 8 Abs. 2 wird in § 5 Abs. 2 PartGG für das Partnerschaftsregister und in § 707b Nr. 2 BGB i.d.F. des MoPeG (Rn 10) für das Gesellschaftsregister verwiesen. Dem **Unternehmensregister** wird ein gleichwertiger Bezeichnungsschutz nicht eingeräumt, da es anders als die genannten Register nicht mit dem besonderen Gutglaubensschutz nach § 15 verknüpft und deshalb nicht gleichermaßen schutzwürdig ist (vgl. dazu noch § 8b Rn 13).[68] Der Schutz des § 5 UWG bleibt von diesem Regelungsverzicht allerdings unberührt.[69] Bei einer Vervielfältigung des Registers greift überdies auch der Schutz des Datenbankherstellers nach **§ 87b UrhG** ein.[70] 27

b) Rechtsfolgen bei Verstoß. Wird gegen § 8 Abs. 2 verstoßen, so liegt ein unlauteres Verhalten i.S.d. §§ 3, 3a UWG vor; im Regelfall wird auch ein Verstoß gegen § 5 UWG zu bejahen sein (Rn 26). Die Rechtsfolgen des Verstoßes ergeben sich aus §§ 8–11 UWG. Es entsteht also namentlich ein Beseitigungs- und Unterlassungsanspruch nach § 8 UWG, ferner kommt ein Schadensersatzanspruch nach § 9 UWG in Betracht. Die Durchsetzung erfolgt nach den Regeln der §§ 12 ff UWG, also durch ein Verfahren vor den Landgerichten im Zivilprozess.[71] 28

Ein Teil des Schrifttums überträgt diesen Schutz des Handelsregisters über §§ 134, 823 Abs. 2 BGB auch auf die privaten Nutzer derartiger Datensammlungen. Ein Vertrag mit einem privaten Anbieter, der gegen § 8 Abs. 2 verstoße, sei gem. **§ 134 BGB** nichtig. Falschangaben in einem solchermaßen bezeichneten Register könnten einen Schadensersatzanspruch irregeführter Nutzer über **§ 823 Abs. 2 BGB** begründen, da eine Einbeziehung auch dieser Sachverhalte im Sinne 29

---

64 RegE EHUG, BT-Drucks. 16/960, S. 38. Über die Verwendung einer derartigen irreführenden Bezeichnung hatte etwa das LG Deggendorf WRP 2000, 659 zu entscheiden.

65 Daher hielt man es – entgegen der Konzeption des RegE EHUG (BT-Drucks. 16/960, S. 33, 72) – auch nicht für erforderlich, den Unternehmen durch ein verspätetes Inkrafttreten des § 8 Abs. 2 Vertrauensschutz zu gewähren (Stellungnahme des Bundesrates, BT-Drucks. 16/960, S. 88; Gegenäußerung der Bundesregierung, ebenda, S. 96).

66 Zu den Anforderungen an ein solches Verbot vgl. *Köhler*/Bornkamm/Feddersen UWG, 40. Aufl., 2022, § 3a Rn 1.52 ff.

67 RegE EHUG, BT-Drucks. 16/960, S. 38.

68 RegE EHUG, BT-Drucks. 16/960, S. 39; krit. gegenüber dieser Begründung die Stellungnahme des Bundesrates, BT-Drucks. 16/960, S. 73 f; MünchKommHGB/*Krafka* Rn 98; *Nedden-Boeger* FGPrax 2007, 1 (4).

69 RegE EHUG, BT-Drucks. 16/960, S. 39.

70 Vgl. dazu auch BGHZ 164, 37 ff = GRUR 2005, 857.

71 Vgl. auch Koller/Kindler/Roth/Drüen/*Roth* Rn 32.

einer effektiven Umsetzung des Normzwecks geboten sei.[72] Die Anwendung des § 134 BGB ist nicht unproblematisch, weil die Falschbezeichnung den Geschäftsinhalt nicht unmittelbar berührt. Da § 8 Abs. 2 als verbotene Handlung aber nicht auf die Falschbezeichnung als solche, sondern auf das „In-den-Verkehr-Bringen" der Sammlung abstellt, kann in der Tat angenommen werden, dass das Rechtsgeschäft gegen ein gesetzliches Verbot verstößt. Eine solche Lesart erscheint auch unter teleologischen Gesichtspunkten sachgerecht, um eine effektive Durchsetzung des Bezeichnungsschutzes zu gewährleisten.

30 Auch der Einordnung des § 8 Abs. 2 als **Schutzgesetz i.S.d. § 823 Abs. 2 BGB** ist zuzustimmen, da der Bezeichnungsschutz gerade den guten Glauben des einzelnen Nutzers in die Seriosität des Handelsregisters schützen soll. Da die Gefahr der Irreführung nur bei denjenigen besteht, die die Information entgeltlich abrufen, ist die für die Anwendung des § 823 Abs. 2 BGB erforderliche Eingrenzung des Adressatenkreises gewährleistet. Schließlich spricht viel dafür, dem Kunden einen Anspruch aus **§§ 280 Abs. 1, 241 Abs. 4, 311 Abs. 2 BGB** zu gewähren.[73]

VI. Die eintragungsfähigen Tatsachen

1. Begriff und Bedeutung

31 Damit das Handelsregister seine zentrale Publizitätsfunktion (Rn 1 f) erfüllen kann, muss das darin enthaltene **Informationsangebot übersichtlich und vergleichbar** sein. Beides wäre nicht gewährleistet, wenn es im Belieben der Betroffenen oder im Ermessen des Gerichts stünde, was in das Register einzutragen ist. Aus diesem Grund hat der Gesetzgeber den Registerinhalt in der Weise **standardisiert**, dass die Möglichkeit der Eintragung auf zentrale Unternehmensdaten beschränkt wird, die für den Rechtsverkehr von wesentlicher Bedeutung sind.[74] Man spricht insofern von **eintragungsfähigen Tatsachen.** Eintragungsfähig sind grundsätzlich nur diejenigen Tatsachen, deren Eintragung durch das HGB oder handelsrechtliche Nebengesetze zugelassen ist (zu Ausnahmen s. Rn 45 ff).[75] Es gilt insofern das **Enumerationsprinzip**, auch wenn die einschlägigen Vorschriften nicht gebündelt im Registerrecht zusammengefasst, sondern über mehrere Gesetze verstreut sind (Rn 5).[76]

32 Der Begriff der eintragungsfähigen **Tatsache** ist nicht im strengen Wortsinn zu verstehen. Nicht nur Tatsachen, sondern auch und gerade Rechtsverhältnisse, wie etwa die vom Gesetz abweichende Vertretungsregelung in einer Gesellschaft, können einzutragen sein.[77] Ob die Eintragungsfähigkeit vorliegt, hat das Gericht **von Amts wegen** zu prüfen. Fehlt sie, so ist die Anmeldung zurückzuweisen.[78]

---

72 Grundlegend MünchKommHGB/*Krafka* Rn 97; dem folgend Oetker/*Preuß* Rn 165; die Haftung nach § 823 Abs. 2 BGB vorsichtig bejahend auch Ebenroth/Boujong/Joost/Strohn/*Schaub* Rn 43 Fn 41. Für eine Haftung nach § 823 Abs. 2 BGB, aber gegen Anwendung des § 134 BGB BeckOGK-HGB/*Beurskens* Rn 227 f, der sich zudem für Schadensersatzansprüche wegen c.i.c. (§§ 280 Abs. 1, 241 Abs. 2, 311 Abs. 2 BGB) und die Anfechtungsmöglichkeit nach §§ 142 Abs. 1, 123 Abs. 1 BGB ausspricht.

73 Dafür BeckOGK-HGB/*Beurskens* Rn 227 f.

74 Vgl. OLG Hamm NJW-RR 1997, 415; MünchKommHGB/*Krafka* Rn 8; *Krafka* Rn 2; *Fehrenbacher* S. 144 ff.

75 RGZ 132, 138 (140).

76 *Canaris* HandelsR § 4 Rn 10. Vgl. auch BeckOGK-HGB/*Beurskens* Rn 99, der das Enumerationsprinzip im Hinblick auf den mit der Digitalisierung einhergehenden technischen Fortschritt für überholt hält.

77 Vgl. auch Ebenroth/Boujong/Joost/Strohn/*Schaub* Rn 59; Koller/Kindler/Roth/Drüen Rn 5; *Bokelmann* DStR 1991, 945 (948).

78 BayObLGZ 1987, 449 (452).

2. Eintragungs- und Anmeldepflicht

Hinsichtlich der gesetzlichen Vorgaben wird üblicherweise weiter zwischen solchen Bestimmungen unterschieden, bei denen eine Eintragung zwingend erfolgen muss, und solchen, die ohne gesetzlichen Zwang die Eintragung nur gestatten. Im ersten Fall spricht man von **eintragungspflichtigen** Tatsachen, im zweiten Fall von **nur eintragungsfähigen** Tatsachen. Diese herkömmliche Terminologie erweist sich jedoch in einem doppelten Sinne als missverständlich. Zunächst ist zu bemängeln, dass der Begriff der eintragungspflichtigen Tatsache nicht dem gesetzlichen Sprachgebrauch entspricht, weil die einschlägigen Vorschriften für den Betroffenen keine Eintragungs-, sondern ausschließlich eine **Anmeldepflicht** begründen. Zur Eintragung ist allein das Gericht verpflichtet, und zwar immer dann, wenn eine eintragungsfähige Tatsache (unabhängig vom Bestehen einer Anmeldepflicht) ordnungsgemäß zur Eintragung angemeldet wird.[79] 33

Daneben erweist sich der Begriff der eintragungspflichtigen Tatsache aber auch deshalb als doppeldeutig, weil nicht klar unterschieden wird zwischen solchen Anmeldungen, die mithilfe des Registerzwangs nach § 14 durchgesetzt werden können, und solchen, bei denen die Vornahme der Anmeldung im Belieben der Betroffenen steht und nur ein **faktischer Anmeldezwang** dadurch entsteht, dass das Gesetz der nicht eingetragenen Tatsache die Rechtswirkung versagt. Sie sind zwar eintragungsfähig, aber nicht anmeldepflichtig (Rn 40 ff).[80] 34

3. Gesetzlich normierte Fälle einer erzwingbaren Anmeldepflicht

a) Handelsrecht. Gegenstand einer erzwingbaren Anmeldepflicht sollen grundsätzlich nur die zentralen Unternehmensdaten sein. Für den **Einzelkaufmann** ist zunächst **§ 29** maßgeblich: Der Kaufmann ist verpflichtet, sich unter der Firma als seinem Handelsnamen (§ 17) zum Handelsregister anzumelden; zugleich hat er den Ort seiner Handelsniederlassung zu bezeichnen. Weil die Vorschrift den Kaufmann und seine Firma bereits voraussetzt, gilt sie nur für die Istkaufleute i.S.d. § 1.[81] Für die Kannkaufleute nach §§ 2 Abs. 2, 3 Abs. 2 ist die Anmeldung hingegen als nur eintragungsfähige Wirksamkeitsvoraussetzung formuliert (s. noch Rn 41). § 31 betrifft dieselben Grunddaten wie § 29: **Änderung** und Erlöschen der Firma, Inhaberwechsel und Verlegung der Niederlassung sind anmeldepflichtig. Für **juristische Personen** finden sich Parallelvorschriften zu §§ 29, 31 in §§ 33 f. 35

Eröffnet der Kaufmann eine **Zweigniederlassung**, die sich begrifflich gerade dadurch auszeichnet, dass sie in nicht unerheblichem Umfang am unternehmerischen Rechtsverkehr teilnimmt (§ 13 Rn 25), so ist dies ein wirtschaftlich relevantes Datum, das nach § 13 ebenfalls in das Handelsregister einzutragen ist (vgl. die Ausführungen zu §§ 13 ff). Für Unternehmen mit Sitz oder Hauptniederlassung im Ausland sehen die §§ 13d ff besondere Eintragungsregeln vor; für die Sitzverlegung gilt § 13h. Zur Eintragung anzumelden sind schließlich die Erteilung und das Erlöschen der **Prokura** (§ 53 Abs. 1 und 3). Das entspricht der traditionellen Bedeutung des Prokuristen als des sog. alter ego des Geschäftsinhabers mit umfassender, gegenüber Dritten grundsätzlich nicht beschränkbarer Vertretungsmacht (§§ 49, 50). 36

Bei der OHG begegnet **dieselbe Grundstruktur** wie beim Einzelkaufmann. Ebenso wie in § 29 ist auch in § 106 die Anmeldung und Eintragung zentraler **individualisierender Unternehmensdaten** vorgesehen, zu denen aufgrund des Verbandscharakters auch die für den Rechtsverkehr besonders bedeutsamen Vertretungsverhältnisse gehören (§ 106 Abs. 2 Nr. 4). Für die 37

79 Ebenroth/Boujong/Joost/Strohn/*Schaub* Rn 61; MünchKommHGB/*Krafka* Rn 36; *Ehrenberg* in: Ehrenbergs Hdb., Band I, S. 531; *Bokelmann* DStR 1991, 945 (948).

80 Wie hier auch die Terminologie bei Ebenroth/Boujong/Joost/Strohn/*Schaub* Rn 61; *Krafka* Rn 85 ff; *Bokelmann* DStR 1991, 945 (948); im Grundsatz auch Hopt/*Merkt* Rn 5.

81 Speziell zu kommunalwirtschaftlichen Eigen- und Regelbetrieben *N.C. Klein* MittBayNot 2016, 291 ff.

Änderung der in § 106 genannten Tatsachen gilt in Parallele zu § 31 die Vorschrift des § 107, wobei allerdings der Sonderfall des Erlöschens im fünften Titel über die Liquidation der Gesellschaft eine spezielle Regelung gefunden hat. Anmeldepflichtig sind hier der Beginn des Liquidationsstadiums nach § 143 Abs. 1, die Vertretungsverhältnisse durch die Liquidatoren nach § 148 Abs. 1 sowie das Ende dieses Stadiums durch Erlöschen (§ 157) oder durch einen Fortsetzungsbeschluss, der die aufgelöste Gesellschaft wieder zu einer werbenden macht (§ 144 Abs. 2). **Im Recht der KG** finden die für die OHG geltenden Vorschriften über § 161 Abs. 2 ebenfalls Anwendung. Sie werden durch die §§ 162, 175 ergänzt. Danach muss die Anmeldung die Kommanditisten und den Betrag ihrer jeweiligen Hafteinlage bezeichnen (§ 162 Abs. 1). Anmeldepflichtig sind ferner der Eintritt oder das Ausscheiden eines Kommanditisten (§ 162 Abs. 3) sowie Veränderungen der Hafteinlage (§ 175). Die Bestimmungen über die Errichtung von **Zweigniederlassungen** und über die **Prokura** (Rn 36) finden auch auf die Personenhandelsgesellschaften Anwendung.

38 **b) Aktienrecht und GmbH-Recht.** Das Auftreten einer Kapitalgesellschaft ist aufgrund des mit dieser Organisationsform verbundenen Ausschlusses der persönlichen Haftung und aufgrund der Anonymität des Zusammenschlusses sowohl für den Rechtsverkehr als auch für die einzelnen Mitglieder ungleich gefährlicher als das Handeln eines Einzelkaufmanns oder einer Personengesellschaft. Deshalb rückt im Recht der Kapitalgesellschaften neben der Publizitätsfunktion des Handelsregisters verstärkt auch die damit verbundene **Kontrollfunktion** in den Vordergrund, die durch die Registergerichte ausgeübt wird. Dieser Kontrolle misst der Gesetzgeber eine so zentrale Funktion bei, dass er zahlreichen Rechtsakten erst dann Wirksamkeit zuspricht, wenn die Eintragung erfolgt und damit der Abschluss der registergerichtlichen Kontrolle dokumentiert ist. Handelsregistereintragungen im Kapitalgesellschaftsrecht haben daher häufig **konstitutive Wirkung**, so dass sie nicht einer erzwingbaren Anmeldepflicht unterfallen und somit nach der hier verwandten Terminologie (Rn 34) den „nur eintragungsfähigen Tatsachen“ zuzuordnen sind (s. dazu noch unter Rn 40 ff).

39 Eine erzwingbare Anmeldepflicht wird im **Aktiengesetz** in folgenden Vorschriften normiert: § 81 (Änderung des Vorstands), § 201 (Ausgabe von Bezugsaktien), § 227 (Durchführung der ordentlichen Kapitalherabsetzung), § 239 (Durchführung der Kapitalherabsetzung durch Aktieneinziehung), § 263 (Auflösung), § 266 (Anmeldung der Abwickler), § 273 (Beendigung der Abwicklung), § 298 (Beendigung eines Unternehmensvertrages). Aus dem **GmbHG** sind zu nennen: § 39 Abs. 1 (Veränderung bei der Geschäftsführung),[82] § 65 Abs. 1 (Auflösung der Gesellschaft), § 67 (Anmeldung der Liquidatoren), § 74 (Beendigung der Liquidation). Für die **SE** gelten nach § 3 SEAG die für die Aktiengesellschaft geltenden Eintragungsbestimmungen entsprechend.

4. Gesetzlich normierte Fälle nur eintragungsfähiger Tatsachen

40 Neben diesen erzwingbar anmeldepflichtigen Tatsachen gibt es eine große Gruppe von bloß eintragungsfähigen Tatsachen. Hierbei handelt es sich in erster Linie (aber nicht nur[83]) um solche Tatsachen, bei denen die Eintragung eine **konstitutive Wirkung** entfaltet (s. dazu noch Rn 116 ff). Bei ihnen bedarf es keiner mit Zwangsgeld (§ 14) erzwingbaren Anmeldepflicht, da

---

82 Im Hinblick auf die Publizitätsfunktion des Handelsregisters (Rn 1 f) spricht viel dafür, dass die Bestellung eines noch vor der Handelsregisteranmeldung abberufenen Geschäftsführers eintragungspflichtig ist, s. *Ries/Schulte* GmbHR 2013, 345 f; **aA** KG DNotZ 2012, 388 (389).

83 Eintragungsfähigkeit ohne Anmeldepflicht wird daneben insbes. dann erwogen, wenn die Eintragungsfähigkeit im Analogieweg hergeleitet wird, etwa bei der Ermächtigung des Prokuristen zur Veräußerung von Grundstücken; vgl. Rn 69. Auch in diesen Fällen ist aber meist streitig, ob Eintragungsfähigkeit und Anmeldepflicht unterschiedlich beurteilt werden können.

die bis dahin bestehende Unwirksamkeit den Rechtsverkehr hinreichend schützt und die Richtigkeit des Handelsregisters gewährleistet. Die Anmeldung wird nur mittelbar erzwungen, indem anderenfalls den Beteiligten die Wirksamkeit der von ihnen gewollten Rechtsänderung versagt wird.[84] In diesem Fall kann eine (nicht erzwingbare) öffentlich-rechtliche Anmeldepflicht auch nicht aus § 15 Abs. 1 hergeleitet werden,[85] da der Begriff der „einzutragenden Tatsache" nicht nur in der Weise verstanden werden kann, dass die Tatsache eingetragen werden muss, weil eine entsprechende Pflicht besteht; vielmehr kann eine Tatsache auch deshalb einzutragen sein, weil sie sonst keine Wirksamkeit erlangt (s. noch § 15 Rn 33 f).[86] Von einer Anmeldepflicht kann deshalb hier nur im Sinne einer aus dem Gesellschaftsverhältnis erwachsenden **privatrechtlichen Pflicht** zur Anmeldung die Rede sein. Sie entsteht aber nicht aufgrund staatlichen Zwangs, weshalb auch ihre Erfüllung nur auf dem Zivilrechtsweg durchgesetzt werden kann.[87]

In einigen wenigen Vorschriften ist die mit einer konstitutiven Wirkung verbundene **Wahl-** 41
möglichkeit explizit festgeschrieben. So besagt etwa § 2 S. 2 ausdrücklich, dass der Kannkaufmann nur „berechtigt, aber nicht verpflichtet" sei, die Eintragung herbeizuführen. Über § 3 Abs. 2 findet diese Bestimmung auch auf land- oder forstwirtschaftliche Unternehmen, über § 105 Abs. 2 auf den Übergang vom kleingewerblichen Unternehmen zur OHG (bzw. zur KG – § 161 Abs. 2) Anwendung. Häufiger ergibt sich die Eintragungsfähigkeit aber nur mittelbar aus der Anordnung einer **Wirksamkeitsbestimmung.** Im HGB fallen nur noch § 25 Abs. 2 (Haftungsausschluss bei Firmenfortführung) und § 28 Abs. 2 (Haftungsausschluss bei Eintritt in ein einzelkaufmännisches Unternehmen) in diese Fallgruppe eintragungsfähiger Tatsachen, wobei hier allerdings die Besonderheit besteht, dass der Eintragung in diesen beiden Fällen nicht ohne weiteres konstitutive Wirkung beigemessen werden kann. Konstitutiv wirkt die Eintragung nur im Außenverhältnis; im Innenverhältnis ist der Haftungsausschluss auch ohne die Eintragung wirksam (vgl. noch ausführlich Rn 122).

Die meisten dieser Wirksamkeitsvoraussetzungen sind außerhalb des HGB angesiedelt, und 42
zwar namentlich im **Kapitalgesellschaftsrecht** (vgl. Rn 38 f). Hier wäre die Normierung einer zwangsweise durchsetzbaren Anmeldepflicht schon deshalb verfehlt, weil die Anmeldung nur erfolgen darf, wenn bestimmte Anforderungen erfüllt sind, und es zunächst den Gesellschaftsorganen überlassen bleiben muss, sich darüber ein positives Urteil zu bilden und dafür zivilrechtlich einzustehen (vgl. etwa §§ 48, 399 AktG, §§ 9a, 82 GmbHG). Wollte man den Registerrichter ermächtigen und verpflichten, die Anmeldung durch Festsetzung von Zwangsgeld zu erzwingen, so würde die Meinungsbildung in den Gesellschaftsorganen durch sein Urteil ersetzt, was um so weniger einleuchtet, als ihn die spezifisch gesellschaftsrechtliche Verantwortlichkeit nicht treffen kann.[88] Die einzelnen Bestimmungen sind enumerativ aufgezählt in den §§ 407 Abs. 2 AktG, 79 Abs. 2 GmbHG, 316 Abs. 2 UmwG, die festlegen, dass es aufgrund der konstitutiven Wirkung der Eintragung einer zwangsweisen Durchsetzung durch Festsetzung eines Zwangsgeldes bei diesen Tatsachen nicht bedarf (zu diesem Zusammenhang vgl. bereits Rn 38 und § 14 Rn 8).

---

84 S. schon die Denkschrift zum HGB – *Hahn/Mugdan* S. 211; ferner BGHZ 105, 324 (341) = NJW 1989, 295; Röhricht/v. Westphalen/Haas/*Ries* § 14 Rn 6, 9; Ebenroth/Boujong/Joost/Strohn/*Schaub* § 14 Rn 11; MünchKommHGB/*Krafka* § 14 Rn 3; *Wieland* S. 222.

85 So aber noch Staub/*Hüffer*[4] Rn 48.

86 Gegen eine Anmeldepflicht im Ergebnis auch Hopt/*Merkt* Rn 5; Ebenroth/Boujong/Joost/Strohn/*Schaub* Rn 71 ff; MünchKommHGB/*Krafka* § 14 Rn 3; Fleischhauer/*Wochner* Kap. A Rn 14; vgl. auch die Denkschrift zum HGB – *Hahn/Mugdan* S. 211, in der von „fakultativen Rechtsakten" die Rede ist, die nicht durch Strafen erzwungen werden könnten.

87 Vgl. im Einzelnen *Koch* § 36 Rn 5; MünchKommAktG/*Pentz* § 36 Rn 12 ff.

88 Staub/*Hüffer*[4] Rn 47 f., der entgegen der hier vertretenen Auffassung aber dennoch eine öffentlich-rechtliche Anmeldepflicht bejaht (vgl. dazu bereits Rn 40).

43 Entsprechende Regelungen enthalten im **AktG** die folgenden Vorschriften: § 36 (Ersteintragung), § 45 (Sitzverlegung), § 52 Abs. 6 (Nachgründung), § 181 (Satzungsänderung), § 184 (Beschluss über die Erhöhung des Grundkapitals), § 188 (Durchführung der Kapitalerhöhung), § 195 (Beschluss einer bedingten Kapitalerhöhung), § 210 (Kapitalerhöhung aus Gesellschaftsmitteln), § 223 (ordentliche Kapitalherabsetzung), § 237 Abs. 4 (Kapitalherabsetzung durch Einziehung von Aktien), § 274 Abs. 3 (Fortsetzung einer aufgelösten Gesellschaft), § 294 Abs. 1 (Abschluss eines Unternehmensvertrages), § 319 Abs. 3 (Eingliederung), § 327e (Squeeze-Out).[89]

44 Aus dem **GmbHG** sind zu nennen: § 7 (Ersteintragung), § 54 (Satzungsänderung), § 57 Abs. 1 (Erhöhung des Stammkapitals), § 58 Abs. 1 Nr. 3 (Herabsetzung des Stammkapitals). Aus dem **UmwG** können angeführt werden: § 16 Abs. 1 (Verschmelzung), § 38 (Verschmelzung zur Neugründung), §§ 122k und l (grenzüberschreitende Verschmelzung), § 129 (Spaltung), § 137 (Spaltung zur Neugründung), §§ 176 Abs. 1, 177 Abs. 1, 178 Abs. 1, 179 Abs. 1, 180 Abs. 1, 184 Abs. 1, 186, 188 Abs. 1, 189 Abs. 1 (Vermögensübertragung), §§ 198, 222, 235, 246, 254, 265, 278 Abs. 1, 286, 296 (Formwechsel). Die Handelsregistereintragung ist auch dann erforderlich, wenn eine der in Rn 43 f genannten Maßnahmen im **Insolvenzplan** getroffen wurde (vgl. § 254a Abs. 2 S. 3 InsO, der implizit von der Eintragungsbedürftigkeit ausgeht).[90] Zur registergerichtlichen Prüfung im Fall des Insolvenzplans s. noch Rn 87.

5. Eintragungsfähigkeit und Anmeldepflicht ohne gesetzliche Anordnung

45 **a) Fälle ungeschriebener Eintragungsfähigkeit.** Grundsätzlich sind nur solche Tatsachen eintragungsfähig, deren Eintragung gesetzlich zugelassen ist. Diese Restriktion muss mit Rücksicht auf die **strenge Formalisierung** des Registerrechts ernst genommen werden (Rn 31). Aus diesem Grund wurde in der älteren Rechtsprechung die Eintragung einer Tatsache nur dann zugelassen, wenn dies in einer Gesetzesbestimmung explizit vorgesehen war.[91] Je mehr Zeit seit dem Erlass des HGB verging, desto mehr zeigte sich indes, dass dieses strenge Enumerationsprinzip (Rn 31) den Anforderungen der Rechtspraxis nicht mehr gerecht wurde. Unter diesem Eindruck setzte sich die Auffassung durch, dass das Registerrecht nicht mehr als andere Rechtsgebiete vor einer überholenden Rechtspraxis oder gesetzgeberischen Anschauungslücken beim Gesetzeserlass gefeit sei und deshalb die Eintragungsfähigkeit in Einzelfällen auch im Wege eines **Analogieschlusses** begründet werden könne.[92]

46 Um die angestrebte Standardisierung des Registerinhalts nicht zu verwässern, darf von dieser Möglichkeit aber nur mit großer Zurückhaltung Gebrauch gemacht werden. Eine planwidrige Regelungslücke ist deshalb nur dann anzunehmen, wenn für die Eintragung ein **unabweisbares Bedürfnis** besteht. Ob dies der Fall ist, muss im Lichte des Zwecks des Handelsregisters beurteilt werden, der darin besteht, die eingetragenen Rechtsverhältnisse zutreffend wiederzugeben und die Sicherheit des Rechtsverkehrs zu gewährleisten (zu einzelnen Anwendungsfällen vgl. Rn 54 ff).[93] Keines Analogieschlusses bedarf es bei den bereits oben erwähnten Vorschrif-

---

89 Dass diese Norm in § 407 Abs. 2 AktG nicht genannt ist, beruht auf einem Redaktionsversehen; vgl. *Koch* § 327e Rn 2.

90 Vgl. RegE ESUG, BT-Drucks. 17/5712, S. 36 f; Oetker/*Preuß* Rn 119; Uhlenbruck/*Lüer*/*Streit* § 254a Rn 11.

91 So unter Berufung auf Art. 12 ADHGB („die in diesem Gesetzbuch angeordneten Eintragungen") RGZ 85, 138 (141 f); KGJ 25 A 250 (252); KGJ 29 A 91 f; KGJ 35 A 152 (154 f); zweifelnd aber bereits RGZ 132, 138 (141).

92 RG DNotZ 1944, 195 (196); BGHZ 87, 59 (60 ff) = NJW 1983, 1676; BGHZ 105, 324 (337 ff) = NJW 1989, 295; BGHZ 116, 37 (43 ff) = NJW 1992, 505; BGH NJW 1992, 1452 (1453 f); BGH NJW-RR 2012, 730 Rn 16; BayObLGZ 1978, 182 (185 f); BayObLGZ 1987, 449 (451 f); KG DR 1943, 981 (982); Hopt/*Merkt* Rn 5; Ebenroth/Boujong/Joost/Strohn/*Schaub* Rn 57; MünchKommHGB/*Krafka* Rn 39; Röhricht/v. Westphalen/Haas/*Ries* Rn 18; *Canaris* HandelsR § 4 Rn 8 f; *Bokelmann* DStR 1991, 945 (948 ff).

93 BGH NJW 1992, 1452 (1454); BGH NJW 1998, 1071; KG NJW-RR 1996, 227; KG NJW-RR 2014, 858 f; OLG Hamburg NZG 2009, 957; OLG München NJW-RR 2012, 614; BeckOGK-HGB/*Beurskens* Rn 113 f; MünchKommHGB/*Krafka* Rn 38.

ten, bei denen eine Anmeldepflicht nicht explizit normiert, die Eintragung aber als Wirksamkeitsvoraussetzung ausgestaltet ist (Rn 40). Hier ergibt sich die Eintragungsfähigkeit schon im Wege der Auslegung.

b) Weitergehende Anerkennung einer ungeschriebenen Anmeldepflicht. Größere Bedenken bestehen, wenn im Wege des Analogieschlusses nicht nur die Eintragungsfähigkeit, sondern darüber hinaus auch eine **Anmeldepflicht** begründet werden soll. Die Sanktionsmöglichkeit des § 14 steht einem solchen Analogieschluss nicht zwingend entgegen, da es sich dabei nur um ein Zwangsgeld und nicht um eine Strafe handelt, so dass Art. 103 Abs. 2 GG hier nicht gilt (s. dazu noch § 14 Rn 2, 7).[94] Der Betroffene kann die Belastung abwehren, indem er seiner Pflicht nachkommt. Dennoch sind an die Verletzung einer Anmeldepflicht **gravierende Rechtsfolgen** geknüpft (namentlich in Gestalt der Haftung nach § 15), mit denen der Betroffene nicht leichtfertig belastet werden darf. 47

Ungeachtet dieser Belastungen geht die heute hM zu Recht davon aus, dass an die Annahme der Eintragungsfähigkeit im Regelfall auch eine Anmeldepflicht geknüpft werden muss.[95] Lässt man die Herleitung der Eintragungsfähigkeit im Analogieschluss in erster Linie deshalb zu, weil ohne die Eintragung die im Handelsregister enthaltenen Informationen unvollständig oder irreführend erscheinen (Rn 46), so darf die Behebung dieses Mangels **nicht in das Belieben des Betroffenen** gestellt werden. Damit wären nicht nur die Aussagekraft und Verlässlichkeit des Registers, sondern auch die Standardisierung und die damit bezweckte Vergleichbarkeit seines Inhalts in Frage gestellt.[96] Die drohende Haftung nach § 15 gebietet es allerdings, von der Möglichkeit des Analogieschlusses nur mit Zurückhaltung Gebrauch zu machen. Der BGH schützt den Anmeldepflichtigen überdies noch dadurch, dass die Anwendung des § 15 erst dann greift, wenn die entsprechende Pflicht **höchstrichterlich anerkannt** ist und seit dieser Anerkennung eine angemessene Umstellungsfrist verstrichen ist (s. § 15 Rn 32).[97] Schon zuvor ist es aber möglich, die Eintragung im Wege des § 14 zu erzwingen. 48

Der Schluss von der Eintragungsfähigkeit auf die Anmeldepflicht darf allerdings dann nicht gezogen werden, wenn es sich bei dem im Analogieweg hergeleiteten Eintragungserfordernis um ein **konstitutives Wirksamkeitserfordernis** handelt. Als Beispiel dafür ist in erster Linie das ungeschriebene Eintragungserfordernis beim Abschluss eines Beherrschungs- und Gewinnabführungsvertrages zwischen zwei Gesellschaften mbH zu nennen (vgl. dazu noch Rn 65 ff). Hier bedarf es keiner öffentlich-rechtlichen Anmeldepflicht, da die bis zur Eintragung bestehende Unwirksamkeit der einzutragenden Tatsache den Rechtsverkehr hinreichend schützt und die Richtigkeit des Handelsregisters gewährleistet (Rn 38).[98] 49

---

94 KG FGPrax 1999, 156; Ebenroth/Boujong/Joost/Strohn/*Schaub* § 14 Rn 8; Koller/Kindler/Roth/Drüen/*Roth* Rn 8, § 14 Rn 2; MünchKommHGB/*Krafka* Rn 39, § 14 Rn 2; Röhricht/v. Westphalen/Haas/*Ries* § 14 Rn 2.

95 BGHZ 87, 59 (60 ff) = NJW 1983, 1676; BGHZ 105, 324 (337 ff) = NJW 1989, 295; BGHZ 116, 37 (43 ff) = NJW 1992, 505; Hopt/*Merkt* Rn 5; Ebenroth/Boujong/Joost/Strohn/*Schaub* Rn 67; MünchKommHGB/*Krafka* Rn 39; Röhricht/v. Westphalen/Haas/*Ries* Rn 18; *Canaris* HandelsR § 4 Rn 10 f; *Bokelmann* DStR 1991, 945 (947); **aA** noch OLG Hamm BB 1983, 858 f.

96 Schon die Denkschrift zum HGB – *Hahn/Mugdan* S. 207 bezeichnet die Eintragungsfähigkeit ohne Anmeldepflicht als eine Art der Regelung, „die nicht geeignet erscheint, die Zuverlässigkeit des Handelsregisters und damit die Rechtssicherheit zu erhöhen."

97 BGHZ 116, 37 (44 ff) = NJW 1992, 505; Koller/Kindler/Roth/Drüen/*Roth* § 15 Rn 6; MünchKommHGB/*Krebs* § 15 Rn 29.

98 MünchKommHGB/*Krafka* Rn 39; Ebenroth/Boujong/Joost/Strohn/*Schaub* Rn 68.

6. Nicht eintragungsfähige Tatsachen

50 Sieht das Gesetz keine ausdrückliche (oder zumindest implizite) Anordnung der Eintragungsfähigkeit vor und lässt sich auch kein unabweisbares Eintragungsbedürfnis feststellen, das einen Analogieschluss tragen könnte (Rn 46), so ist im Hinblick auf die angestrebte **Standardisierung** des Registerinhalts (Rn 31) eine Eintragung auch dann nicht möglich, wenn die Tatsache für den Rechtsverkehr durchaus von Bedeutung sein könnte (z.B. das haftende Kapital eines Einzelkaufmanns oder einer OHG, die Konzernstruktur oder die Unternehmenshierarchie).[99] Nicht eintragungsfähig sind daher nähere Auskünfte über die **Vertretungs- und Verfügungsbefugnisse**, etwa über den gesetzlichen Vertreter eines Minderjährigen,[100] über die Verfügungsbeschränkungen eines Einzelkaufmanns,[101] über die Vertretungsbefugnis einzelner Miterben einer Erbengemeinschaft,[102] über einen Einwilligungsvorbehalt nach § 1903 BGB[103] oder in Gestalt eines Nacherbenvermerks.[104] Auch privatrechtliche Treuhandverhältnisse[105] und güterrechtliche Beschränkungen[106] können nicht in das Handelsregister eingetragen werden. Dasselbe gilt für die Erteilung einer Handlungsvollmacht (vgl. Voraufl. § 54 Rn 27 – *Joost*),[107] und zwar auch dann, wenn sie zur gemeinsamen Vertretung mit einem Prokuristen berechtigt.[108] Zur Generalvollmacht s. noch Rn 70.

51 Nicht eintragungsfähig sind ferner der **Unternehmensgegenstand** einer OHG oder KG,[109] der **Nießbrauch** an einem Kommanditanteil,[110] die einem Kommanditisten im Gesellschaftsvertrag eingeräumte **Vertretungsmacht**[111] sowie die Gesellschafter von Gesellschaftern (wenn also eine Gesellschaft persönlich haftender Gesellschafter oder Kommanditist ist).[112] Eine Ausnahme von der letztgenannten Fallgruppe gilt gem. § 162 Abs. 1 S. 2 nur für die Gesellschafter einer GbR.[113] Grundsätzlich abgelehnt wird schließlich auch eine Eintragung von in der Zukunft liegenden Tatsachen.[114] Zu weiteren Einzelfällen vgl. die in Rn 54 ff angeführten Fallgruppen. Soweit **versehentlich** dennoch eine **Eintragung erfolgt**, so löst sie keine Haftung nach § 15 aus

99 OLG Hamburg NZG 2009, 957 (959); *Hager* Jura 1992, 57 (58).

100 OLG Dresden SächsOLG 1932, 333; Ebenroth/Boujong/Joost/Strohn/*Schaub* Rn 75; Röhricht/v. Westphalen/Haas/*Ries* Rn 24.

101 KGJ 35 A 152 (156); Hopt/*Merkt* Rn 5; Koller/Kindler/Roth/Drüen/*Roth* Rn 10.

102 KGJ 35 A 152 (156); KG RJA 15 (51/52 f); Ebenroth/Boujong/Joost/Strohn/*Schaub* Rn 75.

103 Koller/Kindler/Roth/Drüen/*Roth* Rn 10.

104 OLG München JFG 22, 89 (91 f); Ebenroth/Boujong/Joost/Strohn/*Schaub* Rn 75; MünchKommHGB/*Krafka* Rn 64.

105 BSG NZS 2021, 557 Rn 21; OLG Hamm NJW 1963, 1554 (1555); Hopt/*Merkt* Rn 5; Koller/Kindler/Roth/Drüen/*Roth* Rn 10; Röhricht/v. Westphalen/Haas/*Ries* Rn 24; eintragungsfähig ist dagegen nach hM die Verwaltung durch die Treuhandanstalt; OLG Naumburg ZIP 1993, 1500 (1501 f); Hopt/*Merkt* Rn 5; Röhricht/v. Westphalen/Haas/*Ries* Rn 24; **aA** LG Münster Rpfleger 1992, 439; Ensthaler/*Gesmann-Nuissl* Rn 18.

106 RG JW 1906, 405; Ebenroth/Boujong/Joost/Strohn/*Schaub* Rn 75.

107 BayObLGZ 1924, 55 (56); OLG Frankfurt aM BB 1976, 569; KGJ 35 A 152 (155 f); Röhricht/v. Westphalen/Haas/*Ries* Rn 24; *Bokelmann* DStR 1991, 945 (947).

108 OLG Karlsruhe RJA 17, 102 (104); Ebenroth/Boujong/Joost/Strohn/*Schaub* Rn 75; *Bokelmann* DStR 1991, 945 (950).

109 KG JW 1934, 1730; Hopt/*Merkt* Rn 5; MünchKommHGB/*Krafka* Rn 64; *Bokelmann* DStR 1991, 945 (950).

110 OLG Köln NZG 2020, 64; OLG München NZG 2016, 1064 ff; MünchKommHGB/*Krafka* Rn 64; *Klose* DStR 1999, 807 ff; *Lazarets*/*Becker* NotBZ 2020, 289 (291 f); *Wertenbruch* NZG 2020, 641 ff; **aA** OLG Oldenburg NZG 2015, 643 Rn 4 ff; OLG Stuttgart NZG 2013, 432 f; LG Köln RNotZ 2001, 170; Röhricht/v. Westphalen/Haas/*Ries* Rn 23; *Lindemeier* RNotZ 2001, 155 (157 f); *Wachter* GmbHR 2016, 1271 ff.

111 OLG Frankfurt aM FGPrax 2006, 82 f; MünchKommHGB/*Grunewald* § 170 Rn 14; **aA** Ebenroth/Boujong/Joost/Strohn/*Weipert* § 170 Rn 5 ff, 9.

112 *Krafka* Rn 104.

113 § 162 Abs. 1 S. 2 wurde im Zuge des MoPeG (Rn 10) mit Wirkung ab dem 1.1.2024 gestrichen.

114 OLG Düsseldorf NJW-RR 2000, 702, 703 (Bestellung zum künftigen Geschäftsführer einer GmbH); Koller/Kindler/Roth/Drüen/*Roth* Rn 10.

(„einzutragende Tatsache"), kann aber möglicherweise Grundlage einer Rechtsscheinhaftung nach allgemeinen Grundsätzen sein (vgl. § 15 Rn 120 f).[115]

7. Befristete und bedingte Handelsregistereintragung

52 Das Handelsregister soll grundsätzlich nur über gegenwärtige Tatsachen und Rechtsverhältnisse Auskunft geben.[116] Nach **hM** sind daher befristete und bedingte Handelsregistereintragungen **generell unzulässig** (zu der davon zu unterscheidenden Frage nach der Zulässigkeit befristeter oder bedingter Anmeldungen s. noch § 12 Rn 18).[117] Die Gegenauffassung lässt Ausnahmen dann zu, wenn der Eintritt der Bedingung offenkundig ist oder sich aus dem Handelsregister selbst ergibt; dasselbe soll bei einer Befristung gelten, deren Eintritt aus dem Kalender ersichtlich ist.[118] Für den **Sonderfall einer aufschiebend befristeten Satzungsänderung** entspricht dies im Kapitalgesellschaftsrecht der ganz hM.[119] Das Problem stellt sich namentlich bei der Bestellung und Abberufung von Geschäftsleitern einer Kapitalgesellschaft.[120] Daneben gibt es speziell bei Umstrukturierungsmaßnahmen von Kapitalgesellschaften für derartige Gestaltungsmöglichkeiten ein großes praktisches Bedürfnis.[121]

53 Der gegen bedingte und befristete Eintragungen vereinzelt angeführte Einwand, das Register werde dadurch zumindest vorübergehend mit irrelevanten Inhalten belastet,[122] steht solchen Gestaltungsformen nicht entgegen. Dieser Nachteil wird dadurch aufgewogen, dass der Rechtsverkehr sich rechtzeitig auf die Änderung einstellen kann.[123] Schwerer fällt ins Gewicht, dass der bis zum Wirksamwerden der Eintragung bestehende Schwebezustand die **Gefahr einer Falscheintragung erhöht**, etwa weil die gerichtliche Prüfung dem Eintritt der Wirksamkeit deutlich vorgelagert ist oder weil die Gesellschaft die in Frage stehende Maßnahme zwischenzeitlich durch einen actus contrarius rückgängig gemacht hat.[124] Die Befürworter einer Bedingung oder Befristung versuchen diese Gefahren dadurch abzumindern, dass sie eine eng bemessene Zeitspanne bis zum Bedingungseintritt,[125] eine Prüfung der Wahrscheinlichkeit des Bedingungseintritts[126] oder eine Bindung des Anmelders an die einmal beantragte Anmeldung[127] befürworten. Die ersten beiden Ansätze sind indes derart vage, dass sie der angestrebten Rechtssicherheit des Registerverkehrs kaum gerecht werden; der dritte Ansatz ist rechtspolitisch erwägenswert, findet aber im geltenden Recht keine Grundlage.

---

115 BGH WM 1991, 1466 f; Koller/Kindler/Roth/Drüen/*Roth* Rn 14; Röhricht/v. Westphalen/Haas/*Ries* Rn 26.
116 So bereits OLG München JFG 22, 89 (91). Aus neuerer Zeit OLG Frankfurt FGPrax 2022, 69.
117 RGZ 22, 58 (59); BGH Rpfleger 1983, 254; BGH DNotZ 2006, 214 (215); BayObLG DNotZ 1993, 197; BayObLG GmbHR 2003, 476 (477); OLG Frankfurt FGPrax 2022, 69 (70 f); OLG Düsseldorf GmbHR 2000, 232 (233); OLG Hamm FGPrax 2007, 186 (187); Koller/Kindler/Roth/Drüen/*Roth* Rn 10; MünchKommBGB/*Westermann* § 158 Rn 35; *Krafka* Rn 31; *Bühler* DNotZ 1983, 588 (598); *Waldner* ZNotP 2005, 188 (189). Vgl. dazu auch BeckOGK-HGB/*Beurskens* Rn 144 ff.
118 Dafür namentlich *Scheel* DB 2004, 2355 f, vgl. ferner Ebenroth/Boujong/Joost/Strohn/*Schaub* Rn 129; *Frels* AG 1967, 237 (238 f); für eine auflösend bedingte und befristete Vertretungsregel auch MünchKommHGB/*Krafka* Rn 52.
119 KGJ 28 A 216 (224); Noack/Servatius/Haas/*Noack* GmbHG § 53 Rn 58 f; *Koch* § 179 Rn 25; MünchKommAktG/*Stein* § 179 Rn 47 f; Rowedder/Pentz/*Schnorbus* § 53 Rn 52 f; KölnKomm-AktG/*Zetzsche* § 179 Rn 430, § 181 Rn 119; *Eckardt* NJW 1967, 369 (372); *Lutter* FS Quack, 1991, S. 301 (311); *Säcker* DB 1977, 1791 (1792). Vgl. ferner OLG Frankfurt FGPrax 2022, 69 f.
120 Vgl. dazu *Frels* AG 1967, 227 ff; *Scheel* DB 2004, 2355.
121 Ausführlich dazu *Scheel* DB 2004, 2355 (2358).
122 *Krafka* Rn 31.
123 *Säcker* DB 1977, 1791 (1792); *Scheel* DB 2004, 2355 (2359).
124 Vgl. zu diesen Gefahren auch *Scheel* DB 2004, 2355 (2359 f).
125 *Scheel* DB 2004, 2355 (2360); ähnlich bereits *Eckardt* NJW 1967, 369 (372); *Frels* AG 1967, 227 (229).
126 *Scheel* DB 2004, 2355 (2361).
127 KölnKomm-AktG/*Zetzsche* § 179 Rn 430.

8. Spezielle Fallgruppen

a) Ausnahmen vom Verbot des Selbstkontrahierens

54 **aa) Grundsätzliche Anmeldepflicht für GmbH-Geschäftsführer.** Die Vertretungsbefugnis eines GmbH-Geschäftsführers ist nach § 10 Abs. 1 S. 2 GmbHG in das Handelsregister einzutragen, und zwar auch dann, wenn der einzige Geschäftsführer allein zur Vertretung berechtigt ist.[128] Wird der Geschäftsführer vom Verbot des Selbstkontrahierens befreit, muss auch dies nach heute ganz hM eingetragen werden.[129] Die früher hM hatte diese Frage noch verneint.[130] Nach Auffassung des EuGH war diese Sichtweise jedoch zumindest für die Geschäftsleiter einer Kapitalgesellschaft mit den **Vorgaben der Publizitätsrichtlinie**, die in die Gesellschaftsrechtsrichtlinie überführt wurden (Rn 9), nicht zu vereinbaren. Obwohl sich aus dem Wortlaut des insofern einschlägigen Art. 2 Abs. 1 lit. d S. 2 der Publizitätsrichtlinie (s. nunmehr Art. 14 lit. d Gesellschaftsrechtsrichtlinie) ein solches Eintragungserfordernis nicht unmittelbar ergibt, hält der EuGH eine Eintragung mit Blick auf den **Zweck der Richtlinie** für zwingend erforderlich. Dieser liege darin, die Rechtssicherheit in den Beziehungen zwischen der Gesellschaft und Dritten im Hinblick auf eine Intensivierung des Geschäftsverkehrs zwischen den Mitgliedstaaten zu gewährleisten. Dazu gehöre auch, dass jeder, der Geschäftsverbindungen zu Gesellschaften in anderen Mitgliedstaaten zu knüpfen gedenkt, sich über die Befugnisse der mit der Vertretung betrauten Personen unschwer Kenntnis verschaffen könne.[131]

55 Der BGH hat diese verbindliche (Art. 19 Abs. 1 UAbs. 1 S. 2 EUV) Interpretation der europarechtlichen Bestimmung im Wege der **richtlinienkonformen Auslegung** für den Geschäftsführer einer GmbH (Entsprechendes gilt für den Liquidator[132]) in § 10 Abs. 1 S. 2 GmbHG hineingelesen.[133] Da der wenig präzise Wortlaut der Vorschrift für ein solches Verständnis einen hinreichenden Spielraum lässt und auch teleologische Erwägungen des nationalen Rechts nicht entgegenstehen, ist diese Vorgehensweise unbedenklich.[134] Unterbleibt die Eintragung, so wird die Befreiung damit nicht unwirksam, da es sich bei der Eintragung grundsätzlich nur um eine solche mit **deklaratorischer Bedeutung** handelt. Der Gutglaubensschutz erfolgt allein über § 15 Abs. 1.[135] Etwas anderes kann allerdings dann gelten, wenn die Befreiung vom Verbot des Selbstkontrahierens durch eine **Satzungsänderung** erfolgt, bei der die Eintragung nach § 54 Abs. 3 GmbHG konstitutive Wirkung hat. Inwiefern die nachträgliche Befreiung vom Verbot des Selbstkontrahierens bei fehlender Ermächtigung in der Satzung grundsätzlich eine Satzungsänderung erfordert, ist sehr umstritten,[136] wird von der hM im Lichte des besonderen Schutzzwecks des § 35

---

128 BGHZ 63, 261 (264 f) = NJW 1975, 213; BayObLG GmbHR 1981, 59; OLG Düsseldorf NJW 1989, 3100; Habersack/Casper/Löbbe/*Ulmer*/*Casper* § 8 Rn 44; Rowedder/Pentz/*Wöstmann* § 10 Rn 12; Scholz/*Veil* § 10 Rn 11.

129 BGHZ 87, 59 (60 ff) = NJW 1983, 1676; BGHZ 114, 167 (170 f) = NJW 1991, 1731; BGH NJW 2000, 664 f; BayObLGZ 1979, 182 (183 ff); BayObLGZ 1982, 41 (44 ff); OLG Düsseldorf NJW-RR 1995, 488 f; OLG Köln GmbHR 1980, 129 (130 f); Ebenroth/Boujong/Joost/Strohn/*Schaub* Rn 77 ff; Habersack/Casper/Löbbe/*Ulmer*/*Habersack* § 10 Rn 14; MünchKommHGB/*Krafka* Rn 48 ff; Röhricht/v. Westphalen/Haas/*Ries* Rn 23, 25; Rowedder/Pentz/*Wöstmann* § 10 Rn 13; Scholz/*Veil* § 10 Rn 13; *Krafka* Rn 996 ff; *Bühler* DNotZ 1983, 588 (592 ff). Vgl. dazu auch den rechtsformübergreifenden Überblick bei BeckOGK-HGB/*Beurskens* Rn 115 ff.

130 BGHZ 33, 189 (191 f) = NJW 1960, 2285; OLG Frankfurt aM BB 1993, 2113; OLG Karlsruhe GmbHR 1964, 78; LG Köln DB 1980, 922 f; LG Oldenburg BB 1972, 769.

131 EuGH v. 12.11.1974 – Rs. 32/74 (Haaga), Slg. 1974, 1201, 1207 (Rn 6).

132 Ebenroth/Boujong/Joost/Strohn/*Schaub* Rn 84.

133 BGHZ 87, 59 (60 ff) = NJW 1983, 1676.

134 Zur Zustimmung im Schrifttum vgl. bereits Fn 124.

135 Vgl. dazu etwa *Altmeppen* § 39 Rn 6 f.

136 Grundsätzlich gegen ein solches Erfordernis KG Berlin GmbHR 2002, 327; LG Köln RNotZ 2001, 402 mit zust. Anm. von *Lohr* RNotZ 2001, 403 ff; *Altmeppen* § 35 Rn 90; Habersack/Casper/Löbbe/*Paefgen* § 35 Rn 79; Noack/Servatius/Haas/*Beurskens* GmbHG § 35 Rn 57; Lutter/Hommelhoff/*Kleindiek* § 35 Rn 52; Michalski/Heidinger/Leible/J. Schmidt/*Lenz* § 35 Rn 101; Rowedder/Pentz/*Belz* § 35 Rn 60; *Altmeppen* NJW 1995, 1182 ff; *Bühler* DNotZ 1983, 588

Abs. 3 GmbHG richtigerweise aber zumindest dann bejaht, wenn sie zugunsten des Gesellschaftergeschäftsführers in einer Einmann-GmbH erteilt wird.[137]

bb) Geltung auch bei beschränkter Befreiung. Hinsichtlich der gegenständlichen Reichwei- 56
te der Befreiung ist anerkannt, dass die Anmeldepflicht selbstverständlich bei jeder Vollbefreiung des Geschäftsführers besteht, nicht aber, wenn die Befreiung **auf einen Einzelvorgang beschränkt** ist.[138] Diese letztgenannte Ausnahme erklärt sich daraus, dass die Aufnahmefähigkeit und damit auch die Übersichtlichkeit des Handelsregisters gefährdet wäre, wollte man jede für ein einzelnes Geschäft ausgesprochene Befreiung von § 181 BGB der Anmeldepflicht unterwerfen.[139]

Nicht ganz einheitlich wird hingegen der zwischen diesen beiden Extremen liegende Graube- 57
reich beurteilt, in dem eine Befreiung für mehrere Geschäfte ausgesprochen wird, der Kreis dieser Geschäfte aber doch beschränkt bleibt, etwa auf eine bestimmte Gruppe von Rechtsgeschäften (z.B. Grundstücksgeschäfte), auf ein bestimmtes Geschäftsvolumen (z.B. bis 100.000 Euro) oder auf Rechtsgeschäfte mit einem bestimmten Geschäftspartner.[140] Im Hinblick auf den Verkehrsschutzgedanken der Gesellschaftsrechtsrichtlinie, der auf das Verständnis des § 10 Abs. 1 S. 2 GmbHG ausstrahlt (Rn 54 f), beseitigen auch derartige **generalisierende Beschränkungen** die Anmeldepflicht nicht, denn auch sie eröffnen die Gefahr, dass zwischen der Gesellschaft und dem Geschäftsführer Vermögen verlagert und die rechtliche Zuordnung damit bewusst unklar gehalten wird.[141] Eine andere Sichtweise wäre schon aufgrund der daraus erwachsenden Umgehungsmöglichkeiten kaum wünschenswert.[142] Eine Ausnahme ist nur dann anzuerkennen, wenn die Befreiung für mehrere konkrete Rechtsgeschäfte ausgesprochen wird, da sich diese Gestaltung auch als eine Reihe einzelner Befreiungen auffassen lässt.[143]

cc) Inhaltliche Ausgestaltung. Eine Befreiung nach § 181 BGB darf nur dann in das Handels- 58
register eingetragen werden, wenn sie aus sich selbst heraus verständlich ist. Es genügt nicht, wenn Umstände außerhalb der Satzung und des Registers herangezogen werden müssen, die

---

(595 ff); *Goette* DStR 2000, 697; **aA** Beck'sches Notarhandbuch/*Mayer* 2006, D I. Rn 45; *Ekkenga* AG 1985, 40 (46 ff); zumindest für die generelle und dauerhafte Gestaltung auch BayObLGZ 1980, 209 (212 ff); BayObLGZ 1981, 132 (135 ff); OLG Frankfurt aM OLGZ 1983, 182 ff; OLG Köln OLGZ 1993, 167 (168 f); Scholz/*U.H. Schneider*/*S.H. Scheider* § 35 Rn 147; *Krafka* Rn 997, 999; *K. Schmidt* GesR § 36 II 3b; *Priester* DStR 1992, 254 (255 f); *Tiedtke* GmbHR 1993, 385 (388 f).

137 Vgl. etwa BFHE 181, 328 (330 ff) = BStBl. II 1999, 35; BGHZ 33, 189 ff = NJW 1960, 2285; BGHZ 87, 59 (60 f) = NJW 1983, 1676; BayObLGZ 1981, 132 (135 ff); OLG Hamm NZG 1998, 598; Habersack/Casper/Löbbe/*Paefgen* § 35 Rn 80, 82; Noack/Servatius/Haas/*Beurskens* GmbHG § 35 Rn 58; Lutter/Hommelhoff/*Kleindiek* § 35 Rn 53; Rowedder/Pentz/*Belz* § 35 Rn 55 f; Scholz/*U. H. Schneider*/*S. H. Scheider* § 35 Rn 166; *K. Schmidt* GesR, § 40 III 2b; *ders.* NJW 1980, 1769 (1775); *Ekkenga* AG 1985, 40 (46); *Goette* DStR 2000, 697 f; *Tiedtke* GmbHR 1993, 385 (387 f); **aA** *Altmeppen* § 35 Rn 91; *ders.* NJW 1995, 1182 (1185 f); *Bühler* DNotZ 1983, 588 (596 ff).

138 OLG Düsseldorf WM 1994, 2113; OLG Düsseldorf NZG 2005, 131 (132); Ebenroth/Boujong/Joost/Strohn/*Schaub* Rn 89, 92; Habersack/Casper/Löbbe/*Ulmer*/*Habersack* § 10 Rn 15; MünchKommHGB/*Krafka* Rn 51; Röhricht/v. Westphalen/Haas/*Ries* Rn 25; Scholz/*Veil* § 10 Rn 13; *Bühler* DNotZ 1983, 588, 593; *Kanzleiter* Rpfleger 1984, 1 (3 f).

139 MünchKommHGB/*Krafka* Rn 51.

140 Weitere Beispiele bei *Kanzleiter* Rpfleger 1984, 1 (3 f).

141 OLG Düsseldorf NJW-RR 1995, 488; Habersack/Casper/Löbbe/*Ulmer*/*Habersack* § 10 Rn 15; MünchKommHGB/*Krafka* Rn 51; Rowedder/Pentz/*Wöstmann* § 10 Rn 13; *Krafka* Rn 996; *Bühler* DNotZ 1983, 588 (593); *Kanzleiter* Rpfleger 1984, 1 (4); **aA** LG Berlin Rpfleger 1981, 309 (310).

142 So auch *Kanzleiter* Rpfleger 1984, 1 (4), der allerdings die Beurteilung der Anmeldepflicht davon abhängig machen will, inwiefern im konkreten Fall ein Publizierungsbedürfnis besteht.

143 So *Kanzleiter* Rpfleger 1984, 1 (4); zust. Ebenroth/Boujong/Joost/Strohn/*Schaub* Rn 92; MünchKommHGB/*Krafka* Rn 51.

dem Rechtsverkehr in der Regel nicht zugänglich sind.[144] So soll nach der grundlegenden Entscheidung des BGH von 1983 die Befreiung nicht an die **Stellung als Alleingesellschafter** geknüpft werden können, da sich diese nicht aus dem Register selbst ergebe.[145] Die gem. § 40 GmbHG einzureichende Gesellschafterliste soll insofern nicht genügen, weil sie nicht an der Publizitätswirkung des Handelsregisters nach § 15 HGB teilnimmt.[146] Zur Möglichkeit einer bedingten oder befristeten Befreiungsbestimmung vgl. Rn 52 f.

59 Auch bei Beschränkungen auf Geschäfte mit bestimmten Personen kann die Eintragung an der fehlenden Bestimmtheit scheitern, wenn der **Geschäftspartner nur abstrakt umschrieben** wird und nicht allein anhand des Handelsregisters konkretisiert werden kann. Das ist etwa der Fall, wenn die Befreiung auf sämtliche Geschäfte mit nahen Angehörigen oder mit nicht näher individualisierten Mutter- oder Tochtergesellschaften erstreckt wird.[147]

60 Die fehlende Bestimmtheit kann nicht nur aus dem Erfordernis herrühren, weitere Erkenntnisquellen hinzuzuziehen, sondern auch aus einer **nicht hinreichend deutlichen Formulierung** der Freistellung. Gerade im Hinblick auf die internationale Zielrichtung der Gesellschaftsrechtsrichtlinie (Rn 10) sind an die Verständlichkeit des Registereintrags hohe Anforderungen zu stellen. So wird es zu Recht als unzulässig angesehen, wenn die Befreiung in der Weise formuliert wird, dass der Geschäftsführer „von den Beschränkungen des § 181 BGB befreit" sei, da diese Formulierung für einen nicht Gesetzeskundigen, der möglicherweise noch aus dem Ausland stammt, nur unter großem Informationsaufwand verständlich sei.[148] Die Registergerichte tendieren teilweise dazu, bei einer solchermaßen formulierten Anmeldung den gesamten Gesetzeswortlaut miteinzutragen.[149]

61 Nicht an der fehlenden Bestimmtheit, sondern an der fehlenden Relevanz für die Vertretungsbefugnis scheitert die Eintragungsfähigkeit, wenn die Befreiung noch nicht ausgesprochen worden ist, sondern der Gesellschaftsvertrag lediglich eine **künftige Befreiung** gestattet. In diesem Fall ist die gesetzliche Vertretungsbefugnis vorerst noch nicht modifiziert, so dass auch § 10 Abs. 1 S. 2 GmbHG noch nicht berührt ist. Erst mit der aufgrund dieser Öffnungsklausel ausgesprochenen Befreiung entstehen Eintragungsfähigkeit und Anmeldepflicht.[150]

62 **dd) Übertragbarkeit auf andere Gesellschaftsformen.** Diese Grundsätze gelten entsprechend auch für andere Gesellschaftsformen.[151] Für die **AG** folgt dieses Ergebnis schon daraus, dass sie ebenfalls in den Anwendungsbereich der Gesellschaftsrechtsrichtlinie fällt und daher die vom EuGH formulierten Vorgaben auch für sie gelten.[152] Allerdings ist hier allein die Gestattung einer Mehrvertretung zulässig, da für ein Selbstkontrahieren schon nach § 112 AktG kein Raum bleibt.[153] Für die **Personenhandelsgesellschaften** gelten die europäischen Vorgaben der

144 BGHZ 87, 59 (62 f) = NJW 1983, 1676; Habersack/Casper/Löbbe/*Ulmer*/*Habersack* § 10 Rn 14; Röhricht/v. Westphalen/Haas/*Ries* Rn 25.

145 BGHZ 87, 59 (62) = NJW 1983, 1676; OLG Frankfurt aM BB 1984, 238 (239); Habersack/Casper/Löbbe/*Ulmer*/*Habersack* § 10 Rn 14.

146 Vgl. MünchKommGmbHG/*Herrler* § 10 Rn 20.

147 Ebenroth/Boujong/Joost/Strohn/*Schaub* Rn 95 f; *Fleischhauer*/Wochner Kap. I Rn 7 (9) f; *Simon* GmbHR 1999, 588 (590).

148 OLG Hamm WM 1987, 405; Lutter/Hommelhoff/*Bayer* § 8 Rn 22; *Fleischhauer*/Wochner Kap. I Rn 7 (9) f.

149 *Fleischhauer*/Wochner Kap. I Rn 7 (9) f.

150 BayObLGZ 1982, 41 (45); BayObLGZ 1989, 375 (378); OLG Frankfurt aM BB 1984, 238; OLG Frankfurt aM BB 1993, 2113; OLG Hamm NJW-RR 1997, 415; OLG Karlsruhe BB 1984, 238; Habersack/Casper/Löbbe/*Ulmer*/*Habersack* § 10 Rn 14; MünchKommHGB/*Krafka* Rn 52; Röhricht/v. Westphalen/Haas/*Ries* Rn 25; *Fleischhauer*/Wochner Kap. I Rn 7 (9) f; *Krafka* Rn 997; **aA** LG Köln GmbHR 1993, 501 f.

151 S. dazu auch BeckOGK-HGB/*Beurskens* Rn 123 ff.

152 GroßkommAktG/*Röhricht*/*Schall* § 37 Rn 53; *Koch* § 37 Rn 8; MünchKommAktG/*Pentz* § 37 Rn 61.

153 *Koch* § 78 Rn 7; MünchKommAktG/ *Spindler* § 78 Rn 103; MünchKommHGB/*Krafka* Rn 54; *Canaris* HandelsR § 4 Rn 11.

Gesellschaftsrechtsrichtlinie nicht, so dass die deutsche Rechtsanwendung nach rein nationalen Maßstäben zu erfolgen hat. Da die Annahme der Eintragungsfähigkeit unter dem Gesichtspunkt der Verkehrssicherheit und der Zuverlässigkeit des Handelsregisters aber auch hier geboten erscheint und das Gesetz zumindest seit der Einfügung des § 106 Abs. 2 Nr. 4 für ein entsprechendes Verständnis Raum lässt,[154] sind die zur GmbH entwickelten Grundsätze auf die Personenhandelsgesellschaften zu übertragen.[155] Zur Bedeutung des § 181 BGB bei den Geschäftsleitern der Zweigniederlassung einer ausländischen Gesellschaft s. § 13f Rn 10 ff.

ee) Befreiung des Prokuristen. Bei einer **Prokura** fehlt es an einer Vorschrift, wonach die Vertretungsbefugnis des Prokuristen anzugeben ist. Dennoch können die vorstehend gewonnenen Erkenntnisse zur richtlinienkonformen Auslegung der Vertretungseintragungen im Gesellschaftsrecht als Analogiebasis nutzbar gemacht werden, um auch für die Befreiung eines Prokuristen vom Verbot des § 181 BGB eine Anmeldepflicht zu begründen, vgl. Voraufl. § 53 Rn 9, 19 (*Joost*).[156] Ein entsprechendes Informationsbedürfnis des Rechtsverkehrs ist auch hier nicht zu verkennen. 63

ff) Sonderfall: GmbH & Co. KG. Bei der GmbH & Co. KG sind zwei unterschiedliche Gestaltungsformen vorstellbar. Unproblematisch ist der Fall, dass die **Komplementär-GmbH** selbst von den Beschränkungen des § 181 BGB befreit wird.[157] Daneben wird es in der Rechtsprechung aber auch zugelassen, dass in das Handelsregister der KG eine Befreiung der **Geschäftsführer** der persönlich haftenden GmbH eingetragen wird.[158] Auch hier ist es allerdings erforderlich, dass die Befreiung aus sich heraus verständlich ist, ohne dass auf andere Register zurückgegriffen werden muss (Rn 58). Daher genügt es nicht, wenn der Geschäftsführer namentlich benannt wird, weil auch in diesem Fall noch Einsicht in das Handelsregister der GmbH genommen werden müsste, um festzustellen, ob der namentlich Benannte noch Geschäftsführer ist. Nur wenn generell „der jeweilige" Geschäftsführer der konkret bezeichneten Komplementär-GmbH von den Beschränkungen des § 181 BGB befreit wird, ist den registerrechtlichen Bestimmtheitsanforderungen Genüge getan.[159] 64

b) Unternehmensverträge. Ein Unternehmensvertrag i.S.d. § 291 AktG ist nach § 294 Abs. 1 AktG vom Vorstand der abhängigen Gesellschaft zur Eintragung in das Handelsregister anzumelden; anmeldepflichtig sind auch etwaige Vertragsänderungen.[160] Allerdings erfasst § 291 AktG nur solche Unternehmensverträge, bei denen abhängiges Unternehmen eine AG oder KGaA ist. Nach Auffassung des BGH soll dennoch auch der zwischen **zwei Gesellschaften mbH** geschlossene Beherrschungs- und/oder Gewinnabführungsvertrag zu seiner Wirksamkeit der 65

154 Anders vor der Einfügung dieser Vorschrift noch LG Berlin Rpfleger 1982, 427.
155 OLG Hamburg DNotZ 1986, 571 f; LG Augsburg Rpfleger 1983, 28; Koller/Kindler/Roth/Drüen/*Kindler* § 106 Rn 2; MünchKommHGB/*Krafka* Rn 55; für die Eintragungsfähigkeit, aber gegen eine Anmeldepflicht OLG Hamm BB 1983, 858 f.
156 BayObLGZ 1980, 195 (201); Koller/Kindler/Roth/Drüen/*Roth* Rn 8; MünchKommHGB/*Krafka* Rn 55; *Canaris* HandelsR § 4 Rn 11; für die Eintragungsfähigkeit, aber gegen eine Anmeldepflicht OLG Hamm OLGZ 83, 195.
157 Ebenroth/Boujong/Joost/Strohn/*Schaub* Rn 99; *Krafka* Rn 810.
158 OLG Frankfurt aM FGPrax 2006, 273 f; BayObLGZ 1999, 349 (350 f); BayObLGZ 2000, 106 (107 f); Ebenroth/Boujong/Joost/Strohn/*Schaub* Rn 100; Rowedder/Pentz/*Wöstmann* § 10 Rn 13; *Krafka* Rn 810; **aA** LG München I MittBayNot 1998, 197 f.
159 BayObLGZ 1999, 349 (352); BayObLGZ 2000, 106 (109); MünchKommHGB/*Krafka* Rn 56; *Krafka* Rn 810.
160 GroßkommAktG/*Mülbert* § 294 Rn 11, 63 (zur Gesamtrechtsnachfolge); *Koch* § 294 Rn 3; aA *Arens* NZG 2021, 223 (224).

Eintragung in das Handelsregister der abhängigen Gesellschaft bedürfen.[161] Hergeleitet wird dies aus der für eine Satzungsänderung geltenden Vorschrift des § 54 GmbHG. Auch wenn der Unternehmensvertrag nicht selbst eine Satzungsänderung darstelle,[162] so werde durch den damit erfolgenden Eingriff in den Gesellschaftszweck, in die Zuständigkeitskompetenz der Gesellschafter und in ihr Gewinnbezugsrecht doch satzungsgleich die rechtliche Grundstruktur der abhängigen GmbH verändert. Diese Vergleichbarkeit rechtfertige es, **analog § 54 Abs. 1 und 3 GmbHG** die Wirksamkeit des Vertrages an seine Eintragung im Handelsregister zu koppeln. Da diesem im Analogieweg begründeten Eintragungserfordernis konstitutive Wirkung zukommt, handelt es sich nach den oben dargelegten Grundsätzen (Rn 40, 46) nur um eine eintragungsfähige, nicht aber um eine anmeldepflichtige Tatsache.[163] Keiner Eintragung in das Handelsregister bedarf hingegen ein Unternehmensvertrag mit einer **abhängigen Personengesellschaft**: Der Gesellschaftsvertrag einer Personengesellschaft kann formfrei abgeschlossen werden; für eine Analogie fehlt eine mit § 54 GmbHG vergleichbare Norm.[164]

66 Eine Eintragung in das **Handelsregister der herrschenden Gesellschaft** wird überwiegend zu Recht abgelehnt, da sich aus dem Abschluss des Unternehmensvertrages zwar auch für sie bedeutsame Rechtsfolgen ergeben können, diese aber – anders als bei der beherrschten Gesellschaft – nicht von derart einschneidend strukturändernder Wirkung sind, dass eine Parallele zur Satzungsänderung gezogen werden könnte.[165] Da entscheidend danach allein die Situation der abhängigen Gesellschaft ist, sind die vom BGH zu Unternehmensverträgen zwischen zwei Gesellschaften mbH auch auf den Fall zu übertragen, dass das herrschende Unternehmen eine **andere Rechtsform** aufweist.[166]

67 Um zu verhindern, dass der Kreis der einzutragenden Tatsachen allzu weit gefasst wird, ist allerdings der von einer GmbH abgeschlossene **Teilgewinnabführungsvertrag** nach richtiger Ansicht nicht eintragungsfähig.[167] Ein Analogieschluss zu § 294 Abs. 1 und 2 AktG[168] scheitert daran, dass Organisationsverfassung und Kapitalbindung in der GmbH grundlegend anders geregelt sind als in der AG und daher keine vergleichbare Interessenlage vorliegt.[169] Auch eine Analogie zu §§ 53, 54 GmbHG[170] ist abzulehnen, da ein Teilgewinnabführungsvertrag als schuld-

---

161 Vgl. zum Folgenden BGHZ 105, 324 (337 ff, 342 ff) = NJW 1989, 295; BGHZ 116, 37 = NJW 1992, 505; BayObLG NZG 2003, 479; OLG München DNotZ 2011, 949 (950); LG Frankfurt aM GmbHR 1997, 75; AG Erfurt GmbHR 1997, 859; Noack/Servatius/Haas/*Beurskens* GmbHG Anh. KonzernR Rn 94; Ebenroth/Boujong/Joost/Strohn/*Schaub* Rn 106; MünchKommHGB/*Krafka* Rn 43; Röhricht/v. Westphalen/Haas/*Ries* Rn 27; *Krafka* Rn 1111. Zu den Anforderungen an die Beendigung des Vertrages vgl. BayObLG NZG 2003, 479 (480).

162 Anders noch *Priester* in: Entwicklungen im GmbH-Konzernrecht, ZGR Sonderheft 6, S. 151 (167 f).

163 So auch Ebenroth/Boujong/Joost/Strohn/*Schaub* Rn 106; MünchKommHGB/*Krafka* Rn 43.

164 Vgl. dazu OLG München RNotZ 2011, 365 (366); MünchKommHGB/*Krafka* Rn 44; MünchKommHGB/*Mülbert* KonzernR Rn 159; **aA** Voraufl. Anh § 105 Rn 70 (*C. Schäfer*); BeckOGK-HGB/*Beurskens* Rn 143; Ebenroth/Boujong/Joost/Strohn/*Nagel* Anh § 105 Rn 51; Hopt/*Roth* § 105 Rn 105; *Otte-Gräbener*/*Deilmann* NZG 2016, 1361 (1363 f).

165 So auch LG Frankfurt aM GmbHR 1997, 75; AG Duisburg DB 1993, 2522; AG Erfurt GmbHR 1997, 859; Ebenroth/Boujong/Joost/Strohn/*Schaub* Rn 106; MünchKommHGB/*Krafka* Rn 65; Rowedder/Pentz/*Schnorbus* Anh. zu § 52 Rn 103; *Krafka* Rn 1111; *Kort* AG 1988, 369 (372 f); *E. Vetter* AG 1994, 110 (113 f); zumindest für Eintragungsfähigkeit LG Düsseldorf RNotZ 2001, 171; für Anmeldepflicht LG Bonn MittRhNotK 2000, 78 f; *U. H. Schneider* WM 1986, 181 (186 f).

166 BGH NJW 1992, 1452; Ebenroth/Boujong/Joost/Strohn/*Schaub* Rn 106; MünchKommHGB/*Krafka* Rn 44.

167 BayObLGZ 2003, 21 (22 f); KG NJW-RR 2014, 858 (859); OLG München DNotZ 2011, 949 (950 f); Ebenroth/Boujong/Joost/Strohn/*Schaub* Rn 106; Heymann/*Förster* HGB Rn 25; MünchKommHGB/*Krafka* Rn 44; *Krafka* Rn 1111, 1596; *Morshäuser*/*Dietz-Vellmer* NZG 2011, 1135 (1137); **aA** *Emmerich*/Habersack Aktien- und GmbH-KonzernR § 292 Rn 37; *Schulte*/*Waechter* GmbHR 2002, 189 (190); *Weigl* GmbHR 2003, 536 f; krit. auch *Munzig* FGPrax 2006, 139 (140 f); *K. Schmidt* NZG 2014, 881 (882 ff).

168 Einen solchen zieht *Munzig* FGPrax 2006, 139 (140 f) in Betracht.

169 Vgl. dazu näher LG Darmstadt AG 2005, 488 (489); *Altmeppen* Anh § 13 Rn 112.

170 Dafür z.B. *Emmerich*/Habersack Aktien- und GmbH-KonzernR § 292 Rn 37.

rechtlicher Austauschvertrag keinen Organisationsvertrag darstellt[171] und daher einer Satzungsänderung nicht gleichgestellt werden kann.[172] Damit fehlt es an dem für die Annahme einer planwidrigen Regelungslücke erforderlichen **unabweisbaren Bedürfnis** des Rechtsverkehrs für die Eintragung (vgl. Rn 46).[173]

c) Vermerke bei Kommanditanteilen. Vor Herausforderungen steht die Registerpraxis im Zusammenhang mit Kommanditanteilen, insbesondere bei Testamentsvollstrecker- und Rechtsnachfolgevermerken. Ob die Anordnung einer **Testamentsvollstreckung** für ein zum Nachlass gehörendes Handelsgeschäft eintragungsfähig ist, beurteilen Registerrechtsprechung und Schrifttum uneinheitlich.[174] Auch bei der vom BGH als grundsätzlich zulässig erachteten Testamentsvollstreckung an einem Kommanditanteil[175] ist die Eintragungsfähigkeit umstritten.[176] Aus der zentralen Funktion des Handelsregisters als **Publizitätsmittel** (vgl. dazu Rn 1 f) ergibt sich in beiden Fällen, dass die Eintragung des Testamentsvollstreckervermerks nicht nur zu gestatten ist, sondern weitergehend eine **Anmeldepflicht** besteht.[177] Der Vermerk im Handelsregister macht zum einen auf die dinglichen Wirkungen der Testamentsvollstreckung aufmerksam;[178] dabei weist er insbesondere mittelbar darauf hin, dass nach § 2214 BGB ein Zugriff von Eigengläubigern auf den Nachlass nicht möglich ist.[179] Zum anderen ist die Testamentsvollstreckung von ganz erheblicher Bedeutung für die Verwaltungsbefugnisse und Haftungsverhältnisse, von denen das Handelsregister bei der uneingeschränkten Eintragung der Erben ein irreführendes Bild abgeben würde.[180] Deshalb besteht ein dringendes Bedürfnis des Rechtsverkehrs, den Testamentsvollstreckervermerk in das Handelsregister einzutragen. Ebenfalls eintragungsfähig sind **Rechtsnachfolgevermerke**, die auf den (rechtsgeschäftlichen oder erbrechtlichen) Übergang von Kommanditanteilen hinweisen (zum Nachweis der Rechtsnachfolge im Rahmen 68

171 Daher sind die Grundsätze des „Supermarkt-Beschlusses", BGHZ 105, 324 ff = NJW 1989, 295, für Beherrschungs- und Gewinnabführungsverträge nicht auf Teilgewinnabführungsverträge übertragbar.

172 Vgl. BayObLGZ 2003, 21 (24); KG NJW-RR 2014, 858 (859); OLG München DNotZ 2011, 949 (950 f); *Schmidt-Ott* GmbHR 2002, 784 (785 f); **aA** MünchHdbGesR III/*Decher* § 70 Rn 51.

173 Vgl. auch BayObLGZ 2003, 21 (22). S. aber *Ries/Schulte* GmbHR 2013, 345 (347), die darauf hinweisen, dass eine Eintragung aus steuerrechtlichen Gründen geboten sein kann.

174 Für Anmeldepflicht Ebenroth/Boujong/Joost/Strohn/*Schaub* Rn 124; *Canaris* HandelsR § 4 Rn 11, § 9 Rn 38; *Mayer* ZIP 1990, 976 (978 f); *Plank* ZEV 1998, 325 (327 ff); *Reimann* DNotZ 1990, 190 (194); *Schaub* ZEV 1994, 71 (78); *Schiemann* FS Medicus, 1999, S. 527; für bloße Eintragungsfähigkeit *Muscheler* Die Haftungsordnung der Testamentsvollstreckung, 1994, S. 418 ff; Röhricht/v. Westphalen/Haas/*Ries* Rn 24; gegen Eintragungsfähigkeit RGZ 132, 138 (140 ff); KG NJW-RR 1996, 227 f; Hopt/*Merkt* Rn 5; Ensthaler/*Gesmann-Nuissl* Rn 18; Koller/Kindler/Roth/Drüen/*Roth* Rn 10; *Bokelmann* DStR 1991, 945 (950).

175 BGHZ 108, 187 (191 ff) = NJW 1989, 3152; BGH NJW-RR 2012, 730 Rn 14.

176 Für Anmeldepflicht BGH NJW-RR 2012, 730 Rn 15 ff (für Dauertestamentsvollstrecker); Hopt/*Merkt* § 162 Rn 9; Ebenroth/Boujong/Joost/Strohn/*Strohn* § 177 Rn 22; Koller/Kindler/Roth/Drüen/*Kindler* § 177 Rn 7; MünchKommHGB/*K. Schmidt/Grüneberg* § 177 Rn 37; *Reimann* DNotZ 1990, 190 (194); *W. Roth* NZG 2012, 499 f; *Ulmer* NJW 1990, 73 (82); *Wertenbruch* NZG 2020, 641 (646); offengelassen in BGHZ 108, 187 (190) = NJW 1989, 3152; gegen Eintragungsfähigkeit KG NJW-RR 1996, 227 f; MünchKommBGB/*Zimmermann* § 2205 Rn 47; Fleischhauer/Wochner/*Kallrath* Kap. F Rn 20; *Krafka* Rn 769; *Damrau* BWNotZ 1990, 69 f; *Marotzke/Kick* EWiR 1992, 981 f; *Ries/Schulte* GmbHR 2013, 345 (346).

177 Vgl. MünchKommHGB/*K. Schmidt/Grüneberg* § 177 Rn 37: „wegen der Publizitätserfordernisse unentbehrlich"; *Brandner* FS Kellermann, 1991, S. 37 (49); *Mayer* ZIP 1990, 976 (978); *W. Roth* NZG 2012, 499 (500); *Ulmer* NJW 1990, 73 (82).

178 *Plank* ZEV 1998, 325 (328); *Reimann* DStR 1990, 190 (194); *Schaub* ZEV 1994, 71 (78).

179 Vgl. BGH NJW-RR 2012, 730 Rn 19; *Lorz* in: Münchener AnwHdb Erbrecht, 2. Aufl., 2007, § 19 Rn 66; *Plank* ZEV 1998, 325 (328); *Wertenbruch* NZG 2020, 641 (646).

180 Vgl. *Canaris* HandelsR § 9 Rn 38; *Wertenbruch* NZG 2020, 641 (646). S. ferner *W. Roth* NZG 2012, 499.

der Anmeldung s. noch § 12 Rn 62 ff).[181] Die Rechtsprechung fordert in diesen Fällen die Vorlage einer sog. **Abfindungsversicherung.**[182]

69 **d) Erweiterung der Prokura.** Nach heute hM muss die einem Prokuristen erteilte Befugnis, Grundstücke zu veräußern und zu belasten (sog. Immobiliarklausel – § 49 Abs. 2), ebenso wie eine Beschränkung gem. § 50 Abs. 3 (Filialprokura) in das Handelsregister eingetragen werden. Die Prokura ist im Unterschied zur Handlungsvollmacht (§ 54) deshalb eintragungsfähig, weil die damit verliehene Vertretungsmacht einen abstrakt festgelegten Umfang hat (§ 49 Abs. 1). Das Register ergäbe ein falsches Bild, wenn die **vom gesetzlichen Regelfall abweichende Erweiterung** nicht gleichfalls eingetragen würde; vgl. auch Voraufl. § 53 Rn 19 (*Joost*).[183]

70 **e) Generalvollmacht.** Umstritten ist die Eintragungsfähigkeit einer Generalvollmacht, also einer über den Umfang der Prokura hinausgehenden Vollmacht, wie sie namentlich in großen Industrieunternehmen und Banken weit verbreitet ist.[184] Ihre Eintragungsfähigkeit wird **überwiegend verneint,** da es an einer entsprechenden Gesetzesvorschrift fehle; vgl. auch Voraufl. § 49 Rn 50 (*Joost*).[185] Andere befürworten hingegen eine Analogie zu § 53, um die Umgehung von Publizitätsvorschriften durch Erteilung einer Generalvollmacht anstelle der Erteilung einer anmeldepflichtigen Prokura zu verhindern.[186] Angesichts der zunehmenden Verbreitung einer Generalvollmacht und ihrer rechtlichen Tragweite wäre es rechtspolitisch durchaus erwägenswert, ihre Eintragung verbindlich vorzuschreiben. Allerdings wird auch von den Befürwortern eines Eintragungserfordernisses eingeräumt, dass die **terminologischen Konturen** des Begriffs „Generalvollmacht" noch sehr verschwommen sind.[187] Solange die daraus resultierende Unbestimmtheit nicht durch eine gesetzliche Klarstellung beseitigt wird, erscheint es nicht sinnvoll, die Eintragungsfähigkeit zu bejahen. Ein anderes Ergebnis lässt sich nicht mit dem Argument begründen, die Eintragung der Generalvollmacht diene der Darstellung der Konzernstrukturen bzw. der internen Unternehmenshierarchie.[188]

71 **f) Stellvertretender Geschäftsleiter; Sprecher der Geschäftsleitung.** Die Stellung als stellvertretender Geschäftsführer einer GmbH oder eines stellvertretenden Vorstandsmitglieds ist **nicht eintragungsfähig.** Eine andere Handhabung würde die Gefahr einer Irreführung des

---

181 Vgl. OLG Düsseldorf ZIP 2017, 1111 f; OLG Hamm NJW-RR 2005, 629 ff; MünchKommHGB/*Grunewald* § 162 Rn 16 ff; *Oetker* § 162 Rn 21 ff; *Ries/Schulte* GmbHR 2013, 345 (346 f). Zum Sonderfall des Kommanditistenwechsels durch Spaltung *Rawert/Endres* ZIP 2016, 1609 (1610 ff), die mit beachtlichen Argumenten teleologische Reduktion der Eintragungspflicht befürworten.

182 BGH NJW-RR 2006, 107 Rn 5 ff mwN zur RG- und OLG-Rechtsprechung.

183 BayObLG NJW 1971, 810 f; KG RJA 3, 331; Ebenroth/Boujong/Joost/Strohn/*Schaub* Rn 113; Koller/Kindler/Roth/Drüen/*Roth* Rn 8; MünchKommHGB/*Krafka* Rn 58; Röhricht/v. Westphalen/Haas/*Ries* Rn 23; zumindest Eintragungsfähigkeit wird auch bejaht von *Canaris* HandelsR § 4 Rn 9; gegen Eintragungsfähigkeit *K. Schmidt* UnternehmensR I § 16 III 2 f.

184 Zu der rechtstatsächlichen Ausgestaltung vgl. *Schroeder/Oppermann* JZ 2007, 176.

185 BayObLGZ 1924, 55 (56); OLG Frankfurt aM BB 1976, 569 f; OLG Hamburg NZG 2009, 957 ff; BeckOGK-HGB/*Beurskens* Rn 148; Ebenroth/Boujong/Joost/Strohn/*Weber* vor § 48 Rn 7; MünchKommHGB/*Krafka* Rn 64; MünchKommHGB/*Krebs* § 53 Rn 4; *Krafka* Rn 104.

186 Hopt/*Merkt* vor § 48 Rn 2; Koller/Kindler/Roth/Drüen/*Roth* Rn 8, vor §§ 48–52 Rn 2; *Canaris* HandelsR § 4 Rn 11; *Leiner* Die Generalvollmacht im Recht der Kapital- und Personengesellschaften, 1998, S. 57; *Schroeder/Oppermann* JZ 2007, 176 (180 ff).

187 Vgl. dazu nur *Schroeder/Oppermann* JZ 2007, 176 (177 f); auch *K. Schmidt* (HandelsR § 16 II 1b) empfiehlt jedem, der von einer Generalvollmacht spricht, klarzustellen, „was er mit dieser Vokabel meint".

188 OLG Hamburg NZG 2009, 957 (959).

Rechtsverkehrs begründen, da der Stellvertreterzusatz zu dem Missverständnis einer nachrangigen Vertretungsbefugnis Anlass geben könnte. Diese Gefahr wird durch den entgegenstehenden Vorteil einer deutlicheren Darstellung der Befugnisse innerhalb des Unternehmens nicht hinreichend kompensiert, da es nicht Aufgabe des Handelsregisters ist, betriebsinterne Hierarchien zu verlautbaren.[189] Nicht eintragungsfähig ist ferner die Stellung als Vorstandsprecher oder Sprecher der Geschäftsführung.[190]

g) Veränderungen in den Personalien der Gesellschafter. Praktisch bedeutsam, aber auch umstritten ist das Bestehen einer Anmeldepflicht weiterhin bei Veränderungen in den Personalien der Gesellschafter einer Personenhandelsgesellschaft (§ 106 Abs. 2 Nr. 1).[191] Die **Sicherheit des Rechtsverkehrs** spricht für eine analoge Anwendung des § 107 BGB; diese Sicherheit könnte zwar auch auf anderen Wegen (z.B. Einwohnermeldeamtsanfrage) erzielt werden,[192] doch würde der dadurch entstehende Ermittlungsaufwand den Anforderungen des Handelsverkehrs nicht genügen. Da es sich aber nicht um eine Änderung des Gesellschaftsvertrages handelt, sondern der Gesellschafterkreis unverändert bleibt, reicht es aus, wenn die Korrektur in Abweichung von § 108 nicht von allen, sondern **nur von dem betroffenen Gesellschafter** angemeldet wird.[193] Nur gegen ihn kann daher auch das gem. § 14 zu verhängende Zwangsgeld gerichtet werden. 72

h) Berufsbezeichnungen und Titel. Berufsbezeichnungen sind grundsätzlich nicht in das Handelsregister aufzunehmen.[194] Die früher in § 40 Nr. 4 AktG a.F. enthaltene Ausnahme für Aufsichtsratsmitglieder einer AG ist im Zuge des EHUG (Rn 7) entfallen. Dennoch wird die Eintragungsfähigkeit bejaht, wenn die Berufsbezeichnung aufgrund gesetzlicher Vorgaben im beruflichen Verkehr geführt werden muss, wie es namentlich für Steuerberater (§ 43 Abs. 1 S. 3 StBerG) und Wirtschaftsprüfer (§ 18 Abs. 1 WPO) der Fall ist.[195] Auch in diesem Fall besteht allerdings nur eine Eintragungsmöglichkeit, aber keine Anmeldepflicht, so dass § 15 nicht zur Anwendung gelangt.[196] Titel und akademische Grade sind nicht Namensbestandteil,[197] ihre Eintragungsfähigkeit richtet sich deshalb nach der tatsächlichen Übung.[198] Gewohnheitsrechtlich 73

---

189 BGH NJW 1998, 1071 f; BayObLGZ 1997, 107 (109 ff); zust. *Bokelmann* EWiR 1997, 523 f; Heymann/*Förster* HGB Rn 26; Röhricht/v. Westphalen/Haas/*Ries* Rn 24.

190 OLG München NJW-RR 2012, 614 f; MünchKommHGB/*Krafka* Rn 66; *Ries*/*Schulte* GmbHR 2013, 345 (347 f).

191 Für Anmeldepflicht BayObLGZ 1920, 63 (64); Hopt/*Merkt* Rn 5; Ebenroth/Boujong/Joost/Strohn/*Schaub* Rn 121, § 14 Rn 8; HK-HGB/*Ruß* § 14 Rn 1; Koller/Kindler/Roth/Drüen/*Roth* Rn 8; MünchKommHGB/*Krafka* Rn 46; Röhricht/v. Westphalen/Haas/*Ries* Rn 23, § 14 Rn 2; Schlegelberger/*Hildebrandt*/*Steckhan* Rn 19; **aA** KGJ 29 A 213 ff; OLG Hamburg KGJ 36 A 263 f; BeckOGK-HGB/*Sanders* § 107 Rn 14; Ebenroth/Boujong/Joost/Strohn/*Born* § 107 Rn 13; MünchKommHGB/*Fleischer* § 107 Rn 19; Röhricht/v. Westphalen/Haas/*Haas* § 107 Rn 12; Schlegelberger/*Martens* § 107 Rn 10.

192 So der Vorschlag von BeckOGK-HGB/*Sanders* § 107 Rn 14; MünchKommHGB/*Fleischer* § 107 Rn 19.

193 So auch MünchKommHGB/*Krafka* Rn 46; *Krafka* Rn 182; vgl. ferner MünchKommHGB/*Fleischer* § 107 Rn 19 und Voraufl. § 107 Rn 10 (*C. Schäfer*), die allerdings beide davon ausgehen, dass es sich nur um eine bloß eintragungsfähige Änderung handelt.

194 MünchKommHGB/*Krafka* Rn 35; Röhricht/v. Westphalen/Haas/*Ries* Rn 24. Erst recht gilt dies für unzulässige Berufsbezeichnungen – vgl. dazu BayObLG MDR 1971, 307: „Diplomdetektiv". Vgl. ferner den Überblick bei BeckOGK-HGB/*Beurskens* Rn 157 ff.

195 LG Augsburg BB 1989, 1074; ausführlich *Grziwotz* DB 1989, 565 ff mwN zur älteren Rspr. und Literatur; vgl. ferner Ebenroth/Boujong/Joost/Strohn/*Schaub* Rn 112; MünchKommHGB/*Krafka* Rn 45.

196 MünchKommHGB/*Krafka* Rn 45.

197 Ganz hM, s. nur MünchKommBGB/*Säcker* § 12 Rn 13; Soergel/*Heinrich* § 12 Rn 66, jeweils mwN.

198 So BGHZ 38, 380 (384) = NJW 1963, 581 zu Personenstandsurkunden; zust. MünchKommBGB/*Säcker* § 12 Rn 13.

anerkannt ist die Eintragungsfähigkeit beim Doktortitel, eine Anmeldepflicht besteht aber nach wohl hM nicht;[199] dies gilt auch für Professorentitel.[200]

74 **i) Anmeldungen in der Insolvenz; Fortsetzungsbeschlüsse nach Auflösung von OHG oder KG.** Nach Auffassung des BGH ist die Rückkehr zum satzungsmäßigen **Geschäftsjahresrhythmus** einer insolventen Gesellschaft eintragungsfähig,[201] was allerdings im Hinblick auf die in Rn 45 ff dargestellten Grundsätze nicht unbedenklich bedenklich ist, weil sich die Geschäftsjahresregelung nicht unmittelbar aus dem Handelsregister ergibt.[202] Folgt man dem BGH, ist der Insolvenzverwalter für die Anmeldung zuständig (s. dazu noch § 12 Rn 61).[203] Für die **Fortsetzung** einer aufgelösten OHG oder KG ist ein Anmeldeerfordernis ausschließlich bei Fortsetzung nach Insolvenz der Gesellschaft in **§ 144 Abs. 2** vorgesehen.[204] Diese Vorschrift wird von der ganz hM jedoch zu Recht im Analogiewege auch auf andere Fortsetzungssituationen ausgedehnt, da der Rechtsverkehr über das für die gesamte Unternehmensführung maßgebliche Faktum aufgeklärt werden muss, ob der Verbandszweck noch weiterhin durch den Liquidationzweck überlagert wird.[205] Die Gesellschaft ist daher **von allen Gesellschaftern** zur Eintragung anzumelden; die Eintragung erfolgt nach § 40 Nr. 5b dd HRV.[206]

75 **j) Vor-GmbH & Co. KG.** Nach heute ganz hM kann auch eine Vor-GmbH persönlich haftende Gesellschafterin einer KG sein.[207] In diesem Fall ist die Vor-GmbH nach § 40 Nr. 3b HRV in das Register einzutragen, wobei durch einen Zusatz (z.B. „in Gründung“) signalisiert werden muss, dass die GmbH als solche noch nicht entstanden ist (§ 11 Abs. 1 GmbHG).[208] Kommt es später zur Eintragung der GmbH, so muss auf Antrag der Beteiligten eine entsprechende Berichtigung erfolgen.[209]

76 **k) Ausländische Kapitalgesellschaft & Co. KG.** Nach heute ganz hM kann auch eine ausländische juristische Person persönlich haftender Gesellschafter einer Kommanditgesellschaft

---

199 BGHZ 38, 380 (382) = NJW 1963, 581; BGH NZG 2017, 734 (zum Partnerschaftsregister); BayObLGZ 1990, 41 (43); BayObLGZ 1995, 140 (143); MünchKommGmbHG/*Stephan*/*Tieves* § 39 Rn 6; Rowedder/Pentz/*Görner* § 39 Rn 5; Scholz/*U. H. Schneider*/*Sven H. Schneider* § 39 Rn 4; *Krafka* Rn 86; für Eintragungspflicht aber *Altmeppen* § 39 Rn 2; Habersack/Casper/Löbbe/*Paefgen* § 39 Rn 29; Lutter/Hommelhoff/*Kleindiek* § 39 Rn 3; vgl. ferner BeckOGK-HGB/*Beurskens* Rn 157: Einzutragen sei, was auf dem Ausweis stehe.

200 BeckOGK-HGB/*Beurskens* Rn 157; Habersack/Casper/Löbbe/*Paefgen* § 39 Rn 29; MünchKommGmbHG/*Stephan*/*Tieves* § 39 Rn 6; *Krafka* Rn 86.

201 BGH NJW-RR 2015, 245 Rn 13 ff; BGH FGPrax 2017, 117 Rn 10; s. ferner OLG Frankfurt NZI 2016, 275 (276 f); OLG Frankfurt BeckRS 2016, 110991 Rn 2. S. auch *Melchior* GmbHR 2015, 135 f: neuer Eintragungsstatbestand.

202 Vgl. BeckOK-HGB/*Müther* Rn 13a.

203 BGH NJW-RR 2015, 245 Rn 13; BGH FGPrax 2017, 117 Rn 10. Erläuterungen zur praktischen Umsetzung bei *Melchior* GmbHR 2015, 135 (136).

204 Allgemein zur Fortsetzung aufgelöster Verbände Voraufl. § 131 Rn 60 ff (*C. Schäfer*); *K. Schmidt* GesR § 11 V 5.

205 Ebenroth/Boujong/Joost/Strohn/*Lorz* § 131 Rn 38; Ebenroth/Boujong/Joost/Strohn/*Schaub* Rn 115; MünchKommHGB/*Krafka* Rn 59; *Krafka* Rn 682 ff; *A. Hueck* OHG § 23 V 1 Fn 46a.

206 Zum Wortlaut der Eintragung vgl. *Krafka* Rn 684.

207 BGHZ 80, 129 (132) = NJW 1981, 1373; BGH NJW 1985, 736 (737); BGHZ 117, 323 (326) = NJW 1992, 1824; Ebenroth/Boujong/Joost/Strohn/*Henze*/*Notz* Anh. 1 § 177a Rn 38 ff; *K. Schmidt* GesR § 56 III 2; *Ulmer* ZGR 1981, 593 (617).

208 BGH NJW 1985, 736 (737); Ebenroth/Boujong/Joost/Strohn/*Henze*/*Notz* Anh. 1 § 177a Rn 42; Ebenroth/Boujong/Joost/Strohn/*Schaub* Rn 123; *Krafka* Rn 818.

209 Ebenroth/Boujong/Joost/Strohn/*Schaub* Rn 123; MünchKommHGB/*Krafka* Rn 60.

sein.[210] In diesem Fall wird nach den Vorschriften des HGB zwar die juristische Person selbst als Komplementär in das Handelsregister eingetragen, nicht aber ihre Organe. Um die Vertretungsverhältnisse dennoch transparent zu gestalten, wird vorgeschlagen, auch die **vertretungsberechtigten Organe** in das Register einzutragen. Als dogmatische Grundlage wird insofern ein Analogieschluss herangezogen, der z.T. auf § 33, z.T. auf §§ 13d ff gestützt wird.[211] Andere lehnen eine Analogie unter Berufung auf den abschließenden Charakter des § 106 ab.[212] Im Hinblick auf die **Informationsinteressen des Rechtsverkehrs** ist das Anliegen gesteigerter Transparenz gerechtfertigt, da dem Komplementär eine herausragende Bedeutung sowohl bei Geschäftsführung und Vertretung als auch bei der Haftung zukommt. Die erforderliche Anschauungslücke kann daraus abgeleitet werden, dass es sich bei der Auslandsgesellschaft & Co. KG um eine erst in neuerer Zeit auftretende Erscheinung handelt, so dass § 106 insofern kein abschließender Charakter zugesprochen werden kann. § 33 erscheint als Analogiegrundlage indes nur bedingt geeignet, weil gewerbetreibendes Unternehmen die KG und nicht die ausländische juristische Person ist.[213] Stärker sind die Parallelen zu **§§ 13d ff**, die ebenfalls Sachverhalte regeln, in denen sich eine ausländische Kapitalgesellschaft im Inland unternehmerisch betätigt, und insofern eine registergerichtliche Dokumentation vorschreiben. Zum vergleichbaren Problem geschäftsführender ausländischer juristischer Personen im Zweigniederlassungsrecht s. noch § 13f Rn 8.

VII. Das Eintragungsverfahren

1. Antragsverfahren und Amtsverfahren

Das Eintragungsverfahren wird im Regelfall **durch eine Anmeldung** eingeleitet, die nach **§ 378 Abs. 3 S. 1 FamFG**[214] durch einen Notar auf ihre Eintragungsfähigkeit zu prüfen ist[215] und in der Form des § 12 zu erfolgen hat (zur Anmeldungsberechtigung sowie zur Rechtsnatur, zur Form und zum Widerruf der Anmeldung vgl. die Erläuterungen zu § 12); zudem muss die Anmeldung nach § 378 Abs. 3 S. 2 FamFG bei einem Notar zur Weiterleitung an die für die Eintragung zuständige Stelle eingereicht werden.[216] § 378 Abs. 3 FamFG greift gem. **§ 486 Abs. 3 FamFG** nicht ein, wenn ein Bundesland von der Möglichkeit des § 68 BeurkG Gebrauch gemacht hat, 77

---

210 Vgl. nur BayObLGZ 1986, 61 ff (66); OLG Frankfurt aM FGPrax 2006, 273; OLG Saarbrücken NJW 1990, 647 (648); *Leible* in: Hirte/Bücker Grenzüberschreitende Gesellschaften, 2. Aufl., 2006, § 11 Rn 39a; vgl. auch noch Fn 194 ff.

211 Für § 33 BayObLGZ 1986, 61 (72); *Binz/Sorg* Die GmbH & Co. KG, 10. Aufl., 2005, § 25 Rn 87; *Binz/Mayer* GmbHR 2003, 249 (250); *Schmidt-Hermesdorf* RIW 1990, 707 (713); für § 13d *Grothe* Die ausländische Kapitalgesellschaft & Co., 1989, S. 260 noch zu § 13b a.F.; ohne nähere Angaben zur Analogiebasis LG Chemnitz GmbHR 2007, 263 (264); LG Stade GmbHR 2007, 1160; *Bokelmann* DStR 1991, 945 (951); *Mödl* RNotZ 2008, 1 (5); *Wachter* GmbHG 2007, 265 f.

212 LG Berlin GmbHR 2008, 431 mit zust. Anm. von *Melchior/Rudolph* GmbHR 2008, S. 433; vgl. ferner Ebenroth/Boujong/Joost/Strohn/*Reuschle* § 33 Rn 1; MünchKommHGB/*Krafka* Rn 61; § 33 Rn 7.

213 *Ebenroth/Eyles* DB Beilage Nr. 2/88 S. 17; *Ebke* ZGR 1987, 245 (268); *Großfeld* IPRax 1986, 351 (354); *Großfeld/Strotmann* IPRax 1990, 298 (300).

214 Die Vorschrift wurde eingeführt durch Art. 4 Nr. 5 des Gesetzes zur Neuordnung der Aufbewahrung von Notariatsunterlagen und zur Einrichtung des Elektronischen Urkundenarchivs bei der Bundesnotarkammer sowie zur Änderung weiterer Gesetze v. 1.6.2017, BGBl. I, S. 1396. Sie geht auf einen Vorschlag des Bundesrates zurück, s. Stellungnahme des BR, BT-Drucks. 18/10607, S. 104. Eine Parallelvorschrift im Grundbuchrecht ist in § 15 Abs. 3 S. 1 GBO vorgesehen; hierzu statt vieler DNotI-Report 2017, 89 ff.

215 Vgl. im Einzelnen die Kommentierungen zu § 378 FamFG und Heymann/*Förster* HGB Rn 41 ff; *Attenberger* MittBayNot 2017, 335 ff; *Diehn/Rachlitz* DNotZ 2017, 487 (491 ff); *Eickelberg/Böttcher* FGPrax 2017, 145 (146 ff); *Krafka* NZG 2017, 889 ff; *Ott* BWNotZ 2017, 146 ff; *Weber* RNotZ 2017, 427 (435 f).

216 Hierzu neben der Kommentarliteratur zu § 378 FamFG etwa *Krafka* NZG 2017, 889 (892 f); *Stelmaszczyk* notar 2022, 84 (86). Zu den Kosten Bumiller/*Harders*/Schwamb § 378 Rn 12; *Diehn/Rachlitz* DNotZ 2017, 487 (498 ff); *Ott* BWNotZ 2017, 146 (151); *Weber* RNotZ 2017, 427 (436).

die Zuständigkeit für die öffentliche Beglaubigung auch anderen Personen oder Stellen zu übertragen.[217] Der Zweck der **notariellen Vorprüfung** liegt in ihrer Filter- und Entlastungsfunktion: Nur eintragungsfähige Anmeldungen sollen das Registergericht erreichen.[218] Ein **Prüfvermerk** des Notars ist nicht erforderlich.[219] Nach bislang einhelliger Auffassung, die durch Autoren aus dem deutschen Notariat entwickelt wurde, können nur **deutsche Notare** die Vorgaben des § 378 Abs. 3 FamFG erfüllen.[220] Zur Begründung wird auf die Gesetzesmaterialien verwiesen,[221] die aber eine solche Beschränkung der Zuständigkeit nicht ausdrücklich vorsehen,[222] sondern sich nur auf § 1 BNotO beziehen und damit die Notare als Träger eines öffentlichen Amtes adressieren.[223] Diese Ausführungen in den Materialien, die keinen Niederschlag im Gesetzeswortlaut gefunden haben,[224] sind keine tragfähige Grundlage, um die Zuständigkeit ausländischer Notare für die Prüfung nach § 378 Abs. 3 FamFG zu verneinen. Aus dem Umstand, dass der Gesetzgeber mit § 378 Abs. 3 FamFG eine Amtspflicht der deutschen – und nicht der ausländischen – Notare geschaffen hat, kann nicht gefolgert werden, dass ein ausländischer Notar keine Befugnis hat, die in § 378 Abs. 3 FamFG geregelten Tätigkeiten auszuführen.[225] Dies gilt zum einen im Hinblick darauf, dass das **Registergericht** an das Ergebnis der notariellen Vorprüfung **nicht gebunden** ist;[226] es hat die Anmeldung in eigener Verantwortung nach Maßgabe der Erläuterungen in Rn 79 ff zu prüfen.[227] Zum anderen ist zu berücksichtigen, dass das Gericht nach überzeugender Ansicht die angemeldete Tatsache in das Handelsregister auch dann eintragen kann, wenn die Vorprüfung gänzlich **unterblieben** ist, etwa wenn die Anmeldung ohne weiteres vollzugsfähig

---

217 Vgl. hierzu etwa Bumiller/*Harders*/Schwamb § 378 Rn 11; krit. BeckOK-FamFG/*Otto* § 378 Rn 30; Keidel/*Heinemann* FamFG § 378 Rn 23; *Krafka* NZG 2017, 889 (890); *Ott* BWNotZ 2017, 146.

218 Stellungnahme des BR, BT-Drucks. 18/10607, S. 106; Keidel/*Heinemann* FamFG § 378 Rn 20; MünchKomm-FamFG/*Krafka* Rn 15; *Ott* BWNotZ 2017, 146; *Weber* RNotZ 2017, 427 (428). Krit. zur Sinnhaftigkeit einer solchen Regelung Prütting/Helms/*Holzer* FamFG § 378 Rn 19.

219 Zutr. Dutta/Jacoby/Schwab/*Müther* § 278 Rn 19.1; Keidel/*Heinemann* FamFG § 378 Rn 33 ff; MünchKomm-FamFG/*Krafka* Rn 24; *Attenberger* MittBayNot 2017, 335 (341 f); *Zimmer* NJW 2017, 1909 (1912 f); so wohl auch *Diehn/Rachlitz* DNotZ 2017, 487 (497 f); *Eickelberg/Böttcher* FGPrax 2017, 145 (147); *Ott* BWNotZ 2017, 146 (149 f); s. ferner die Stellungnahme des BR, BT-Drucks. 18/10607, S. 109: Die Vorprüfung könne dem Registergericht insbesondere – also gerade nicht ausschließlich – durch Beifügung eines Prüfvermerks nachgewiesen werden; **aA** BeckOK-FamFG/*Otto* § 378 Rn 63 ff; Bumiller/*Harders*/Schwamb § 378 Rn 13; Heymann/*Förster* HGB Rn 43; *Weber* RNotZ 2017, 427 (433 f); für das Grundbuchrecht auch OLG Celle FGPrax 2018, 5 (6 f); OLG Schleswig NJW 2017, 3603 Rn 7 ff.

220 BeckOK-FamFG/*Otto* § 378 Rn 54; Bumiller/*Harders*/Schwamb § 378 Rn 9; Keidel/*Heinemann* FamFG § 378 Rn 24; MünchKommFamFG/*Krafka* Rn 16; *ders.* NZG 2017, 889 (890); Scholz/*Priester*/*Tebben* § 54 Rn 11a; *Attenberger* MittBayNot 2017, 335 (340); *Eickelberg/Böttcher* FGPrax 2017, 145 (146); *Ott* BWNotZ 2017, 146 (149); *Stelmaszczyk* notar 2022, 84 (85). Aus der Richterschaft Dutta/Jacoby/Schwab/*Müther* § 278 Rn 20.

221 Vgl. etwa Bumiller/*Harders*/Schwamb § 378 Rn 9; *Ott* BWNotZ 2017, 146 (149). Ohne Nennung der konkreten Stelle aus den Gesetzesmaterialien *Krafka* NZG 2017, 889 (890); die bei MünchKommFamFG/*Krafka* Rn 16 in Fn 38 genannte Stelle belegt die Aussage im Text nicht. Ohne jegliche Begründung Keidel/*Heinemann* FamFG § 378 Rn 24.

222 Insoweit zutr. *Weber* RNotZ 2017, 427 (432).

223 Stellungnahme des BR, BT-Drucks. 18/10607, S. 109. Darauf abstellend Bumiller/*Harders*/Schwamb § 378 Rn 9.

224 Insoweit zutr. DNotI-Report 2017, 89 (91); *Weber* RNotZ 2017, 427 (432).

225 **AA** Bumiller/*Harders*/Schwamb § 378 Rn 9; *Attenberger* MittBayNot 2017, 335 (340); *Eickelberg/Böttcher* FGPrax 2017, 145 (146); *Ott* BWNotZ 2017, 146 (149).

226 AllgA, s. Stellungnahme des BR, BT-Drucks. 18/10607, S. 110; Heymann/*Förster* HGB Rn 44; Keidel/*Heinemann* FamFG § 378 Rn 36 f; MünchKommFamFG/*Krafka* Rn 25; *Attenberger* MittBayNot 2017, 335 (339, 344); *Diehn/Rachlitz* DNotZ 2017, 487 (493).

227 Deshalb überzeugt das Argument nicht, es bestehe keine hinreichende Vermutung, dass ein ausländischer Notar über gesicherte Kenntnisse des deutschen Handelsregisterrechts verfüge, so dass mit einer Prüfpflicht auch keine besondere Stärkung der materiellen Richtigkeit des Handelsregisters zu erwarten sei; so aber BeckOK-FamFG/*Otto* § 378 Rn 54; *Eickelberg/Böttcher* FGPrax 2017, 145 (146); für das Grundbuchrecht auch DNotI-Report 2017, 89 (91); *Weber* RNotZ 2017, 427 (432).

ist.[228] Vor diesem Hintergrund spricht nichts dagegen, dass ein ausländischer Notar die Anmeldung auf ihre Eintragungsfähigkeit prüft und an das Registergericht weiterreicht,[229] das in eigener Verantwortung kontrolliert, ob die angemeldeten Tatsachen eintragungsfähg sind.

Erhält das Gericht Kenntnis von einer anmeldepflichtigen, aber nicht angemeldeten Tatsache, so kann es die Eintragung nicht von Amts wegen vornehmen; eine Zwangseintragung in diesem Sinne gibt es nicht. Vielmehr ist die Anmeldung regelmäßig, wenn auch nicht durchgängig, durch Festsetzung von Zwangsgeld zu erzwingen (§ 14).[230] **Von Amts wegen** wird das Gericht nur ausnahmsweise in den vom Gesetz vorgesehenen Fällen,[231] namentlich bei **Löschungen**, tätig (s. dazu noch Rn 144 f). Außerhalb von Amtslöschungen sind Eintragungen von Amts wegen etwa in folgenden Fällen vorgesehen: Eintragung der **Insolvenzeröffnung** und der weiteren Verfahrensentscheidungen (§ 32),[232] Eintragung gerichtlich bestellter Organmitglieder und Liquidatoren (vgl. etwa §§ 34 Abs. 4, 148 Abs. 2 HGB, § 266 Abs. 4 AktG, § 67 Abs. 4 GmbHG, § 204 Abs. 3 S. 1 VAG, §§ 29, 48 Abs. 1, 67 Abs. 2 BGB),[233] Eintragung einer dem gesetzlichen Regelfall entsprechenden Vertretungsmacht gemäß der Übergangsvorschrift des Art. 52 EGHGB. **Folgeänderungen**, die aufgrund einer amtswegigen Eintragung erforderlich werden, um eine Irreführung des Rechtsverkehrs zu vermeiden, können auf der Grundlage des im Zuge des EHUG (Rn 7) neu eingefügten § 384 Abs. 2 FamFG erfolgen.[234] Amtswegige Eintragungen sind den Beteiligten idR nach § 384 Abs. 1 i.V.m. § 383 Abs. 1 FamFG **mitzuteilen** und gem. § 10 Abs. 1 bekanntzumachen.[235] 78

2. Die Prüfung durch das Gericht

a) Formelle Prüfung. Recht und Pflicht des Registergerichts zur Prüfung des Eintragungsantrags in formeller Hinsicht sind Bestandteil der allgemeinen Pflicht, ein **ordnungsgemäßes Verfahren** einzuhalten, und bedürfen daher keiner weiteren Begründung.[236] Sie sind zu Recht seit jeher anerkannt. Die Prüfung umfasst zunächst die sachliche und örtliche Zuständigkeit des Gerichts (Rn 13 f) sowie die Wahrung der Form des § 12 für die Anmeldung. Um die Ordnungsmäßigkeit der Anmeldung festzustellen, müssen auch die Identität, die Rechts- und Geschäftsfähigkeit des Anmeldenden sowie beim Handeln im fremden Namen seine Vertretungsbefugnis (durch amtlichen Registerausdruck oder Notarbescheinigung; ggf. auch familien- oder vormundschaftsgerichtliche Genehmigung) geprüft werden.[237] Schließlich muss das Gericht die Eintragungsfähigkeit (Rn 31 ff) der angemeldeten Tatsache konstatieren und sicherstellen, dass alle gesetzlich vorgesehenen Angaben (z.B. § 8 Abs. 2 bis 4 GmbHG) gemacht und die der An- 79

---

228 Zutr. Keidel/*Heinemann* FamFG § 378 Rn 21, 36; *Krafka* NZG 2017, 889 (891); vgl. ferner Oetker/*Preuß* § 12 Rn 4; **aA** BeckOK-FamFG/*Otto* § 378 Rn 75; *Attenberger* MittBayNot 2017, 335 (341); *Ott* BWNotZ 2017, 146; *Stelmaszczyk* notar 2022, 84 (85): Vorprüfung als Eintragungsvoraussetzung; wohl auch Heymann/*Förster* HGB Rn 42; vgl. ferner *Diehn/Rachlitz* DNotZ 2017, 487 (492) mit Fn 14, die eine ohne notarielle Vorprüfung vorgenommene Eintragung als rechtswidrig, aber immerhin wirksam bezeichnen, ähnlich *Weber* RNotZ 2017, 427 (432 f), der gleichwohl von einer Eintragungsvoraussetzung spricht. Unklar Prütting/Helms/*Holzer* FamFG § 378 Rn 20.

229 Gleichwohl wird die Einreichung faktisch lediglich deutschen Notaren möglich sein, weil nur sie über die nötige technische Ausstattung verfügen; vgl. Prütting/Helms/*Holzer* FamFG § 378 Rn 21.

230 S. dazu auch BeckOGK-HGB/*Beurskens* Rn 27.

231 Aufschlussreicher Überblick bei BeckOGK-HGB/*Beurskens* Rn 47 ff.

232 Ausführlich dazu *Krafka* Rn 404 ff.

233 Vgl. *Krafka* Rn 401.

234 Vgl. RegE EHUG, BT-Drucks. 16/960, S. 53 f; ferner *Krafka* Rn 450a ff; *Ries* Rpfleger 2006, 233 (236).

235 *Krafka* Rn 403.

236 Ebenroth/Boujong/Joost/Strohn/*Schaub* Rn 133; MünchKommHGB/*Krafka* Rn 67; Röhricht/v. Westphalen/Haas/*Ries* Rn 32.

237 MünchKommHGB/*Krafka* Rn 67; Röhricht/v. Westphalen/Haas/*Ries* Rn 32; *Krafka* Rn 131, 155. Zur Prüfungspflicht hinsichtlich Richtigkeit der beurkundeten Erklärungen s. etwa KG FGPrax 2012, 122.

meldung beizufügenden Dokumente (z.B. Gesellschaftsvertrag oder behördliche Genehmigungen) vollständig und in der vorgeschriebenen Form des § 12 Abs. 2 eingereicht wurden.[238]

b) Materielle Prüfung

80 **aa) Inhaltliche Richtigkeit der Anmeldung als Eintragungsvoraussetzung.** Noch immer nicht vollständig geklärt ist die Frage, in welchem Umfang das Registergericht auch eine materielle Prüfung vorzunehmen hat. Die **ältere Rechtsprechung** hatte das Erfordernis und die Zulässigkeit einer solchen Prüfung noch generell verneint.[239] Diese Ablehnung resultierte aus einem damals noch abweichenden Verständnis der **Funktion des Handelsregisters.** Sie wurde nicht darin gesehen, bestimmte Tatsachen und Rechtsverhältnisse kundzumachen, sondern ausschließlich darin, die Abgabe einer Erklärung des Anmeldenden zu dokumentieren. Von diesem Standpunkt war die Annahme folgerichtig, das Gericht habe ausschließlich die Gesetzmäßigkeit der Anmeldung ohne Rücksicht auf ihre inhaltliche Richtigkeit zu prüfen.

81 Diese Sichtweise ist heute überwunden. Die Aufgabe des Handelsregisters wird im Hinblick auf seine **verkehrsschützende Publizitätsfunktion** (Rn 1 f) nunmehr allgemein darin gesehen, materiell zutreffende Tatsachen und Verhältnisse zu publizieren.[240] Als Begründung wird überwiegend angeführt, dass ein Register, das nicht auch zumindest eine gewisse materielle Gewähr für die Richtigkeit der Eintragung biete, diese verkehrsschützende Funktion nicht erfüllen könne.[241] Diese Begründung ist indes nicht zwingend. Man könnte durchaus erwägen, ob der Verkehrsschutz nicht auch bei materiell unrichtigen Eintragungen hinreichend durch die Vertrauensschutznorm des § 15 geleistet werden könnte.[242] Gerade die in **§§ 378 Abs. 3, 379, 380 FamFG** normierten Mitwirkungsbefugnisse anderer Behörden und Organe (s. dazu Rn 19 f, 77) belegen jedoch, dass der Gesetzgeber den Verkehrsschutz nicht allein in Gestalt der Rechtsscheinhaftung nach § 15 bewirken wollte, sondern dass er vorrangig darauf abzielte, die materielle Richtigkeit der im Handelsregister publizierten Tatsachen sicherzustellen.[243] Auch in der Regierungsbegründung zum EHUG (Rn 7) ist ausdrücklich von der „staatlichen Richtigkeitsgewähr" des Registers die Rede.[244] Sieht man die Funktion des Handelsregisters demnach darin, materiell zutreffende Tatsachen zu publizieren, so spricht dies dafür, die **inhaltliche Richtigkeit** der Anmeldung als **Voraussetzung der Eintragung** anzusehen. Dann muss sie aber auch der materiell-rechtlichen Kontrolle durch das Registergericht unterliegen.

82 **bb) Rechtsgrundlage.** Uneinheitlich wird allerdings auch weiterhin die **Rechtsgrundlage dieser materiellen Prüfung** bestimmt. Nach einer verbreiteten Meinung ist sie im Amtsermitt-

---

238 BeckOGK-HGB/*Beurskens* Rn 32; Ebenroth/Boujong/Joost/Strohn/*Schaub* Rn 134; *Krafka* Rn 155. Die bis zum Inkrafttreten des EHUG (Rn 7) erforderliche Zeichnung der Namensunterschrift (§ 12 Abs. 1 a.F.) war schon bislang keine Eintragungsvoraussetzung, sondern eine gesondert durchzusetzende Pflicht (MünchKommHGB/*Krafka* Rn 58); mit dem EHUG ist sie vollständig entfallen.

239 Vgl. zum Folgenden RGZ 1, 241 (243 ff); KGJ 8, 12 (15 f); *H. Meyer* ZHR 81 (1918), 365 (382 ff); einen Überblick über diese Rechtsprechung bietet *Menold* S. 8 ff.

240 RGZ 127, 153 (156); RGZ 140, 174 (181); BGH NJW 1977, 1879 f; KGJ 23 A 89 (91 f); ausführlich zum Umschwung der Rechtsprechung *Menold* S. 1 ff; für ein materielles Prüfungsrecht auch das ganz herrschende Schrifttum, vgl. Ebenroth/Boujong/Joost/Strohn/*Schaub* Rn 136; Koller/Kindler/Roth/Drüen/*Roth* Rn 23a; *Canaris* HandelsR § 4 Rn 21; *K. Schmidt* UnternehmensR I § 13 I 1b.

241 Vgl. statt vieler MünchKommHGB/*Krafka* Rn 71.

242 Vgl. zu entsprechenden Überlegungen *Menold* S. 151 ff.

243 Ausführlich zu diesen Vorschriften (und anderen Bestimmungen mit indiziellem Charakter) *Menold* S. 177 ff.

244 RegE EHUG, BT-Drucks. 16/960, S. 38.

lungsgrundsatz des § 26 FamFG zu verorten.[245] Diese Vorschrift besagt allerdings nichts darüber, was zu ermitteln ist, sondern trifft lediglich darüber eine Aussage, wie zu ermitteln ist, nämlich von Amts wegen.[246] Tatsächlich folgt die dogmatische Basis der materiellen Prüfung zwanglos aus der zutreffenden Umschreibung, welche Funktion die Handelsregistereintragung zu erfüllen hat. Wenn man mit der heute ganz hM nicht nur die Abgabe der Anmeldungserklärung als Gegenstand der registergerichtlichen Dokumentation betrachtet, sondern die publizierte Tatsache als solche (Rn 80 f), dann wird die **sachliche Richtigkeit** der einzutragenden Tatsache zur **Eintragungsvoraussetzung**. Bei einem solchen Verständnis bedarf das inhaltliche Prüfungsrecht des Gerichts **keiner gesonderten gesetzlichen Ableitung** mehr, sondern erklärt sich schlicht aus der selbstverständlichen Pflicht des Gerichts, die Vorschriften und Grundsätze des materiellen Rechts zu beachten.[247]

cc) Prüfungsgegenstand. Ausgehend von der Zielsetzung eines inhaltlich korrekten Handelsregisters muss sich die Prüfung des Registergerichts auf die **Rechtmäßigkeit und die materielle Richtigkeit** der angemeldeten Tatsachen erstrecken.[248] Die Prüfung ist reine Rechtsprüfung, so dass Zweckmäßigkeits- und Wirtschaftlichkeitserwägungen vom Gericht nicht anzustellen sind (speziell zur Gründung einer Kapitalgesellschaft vgl. noch Rn 102).[249] Was konkreter Gegenstand der Prüfung ist, ergibt sich aus der einschlägigen Norm des materiellen Rechts. Anforderungen, die sich daraus nicht entwickeln lassen, darf das Gericht nicht stellen. Als häufig wiederkehrendes Anwendungsbeispiel dieser Restriktion begegnen in der Rechtsprechung etwa die Erteilung und der Widerruf einer Prokura ohne eine dafür erforderliche Zustimmung (§§ 46 Nr. 7 GmbHG, 111 Abs. 4 S. 2 AktG). Diesen Mangel darf das Gericht nicht rügen, da das Beschlusserfordernis nur im Innenverhältnis gilt, die Wirksamkeit des Rechtsaktes im Außenverhältnis aber unberührt lässt.[250] 83

Erst recht unzulässig ist es, die Eintragung zu verweigern, um damit die Erfüllung anderer Pflichten zu erzwingen (s. § 14 Rn 12). Von der Prüfung ausgenommen ist des Weiteren die **öffentlich-rechtliche Zulässigkeit des Gewerbes** (§ 7).[251] Das gilt nach der Aufhebung der §§ 8 Abs. 1 Nr. 6 GmbHG, 37 Abs. 4 Nr. 5 AktG im Zuge des MoMiG vom 23.10.2008[252] auch im Recht der Kapitalgesellschaften. Schließlich ist auch ein Eingriff in **Rechte Dritter**, etwa unter dem Gesichtspunkt des Namens-, Wettbewerbs- oder Markenrechts (§ 37 Abs. 2 HGB, § 12 BGB, § 3 84

245 Schlegelberger/*Hildebrandt/Steckhan* Rn 22; *Canaris* HandelsR § 4 Rn 21; *K. Schmidt* UnternehmensR I § 13 III 1a.

246 So *Säcker* FS Stimpel, 1985, S. 867 (870); vgl. ferner Ebenroth/Boujong/Joost/Strohn/*Schaub* Rn 136; Röhricht/v. Westphalen/Haas/*Ries* Rn 34; *Menold* S. 85 ff; *Ammon* DStR 1995, 1311 (1312); *Keilbach* MittRhNotK 2000, 365 (369).

247 So zutr. Staub/*Hüffer*[4] Rn 54; vgl. ferner Hopt/*Merkt* Rn 8; Ebenroth/Boujong/Joost/Strohn/*Schaub* Rn 136; *Menold* S. 65 ff.

248 Ebenroth/Boujong/Joost/Strohn/*Schaub* Rn 138; Koller/Kindler/Roth/Drüen/*Roth* Rn 23a; MünchKommHGB/*Krafka* Rn 71. Überblick bei *Heinemann* FGPrax 2015, 1 (4).

249 BayObLGZ 1982, 368 (373); BayObLGZ 1992, 318 (322); OLG Köln NJW 1992, 1048; Ebenroth/Boujong/Joost/Strohn/*Schaub* Rn 145; *Koch* § 38 Rn 3; MünchKommHGB/*Krafka* Rn 73, 81; *Krafka* Rn 1322; *Keilbach* MittRhNotK 2000, 365 (370).

250 RGZ 86, 262 (265); RGZ 134, 303 (307); BGHZ 62, 166 (169) = NJW 1974, 1194; KG NJW-RR 1992, 34 (35); OLG Düsseldorf NJW-RR 1999, 107; Ebenroth/Boujong/Joost/Strohn/*Schaub* Rn 142; MünchKommHGB/*Krafka* Rn 72, 77; *Brand* ZBlHR 1928, 97 (105); zur evtl. abweichenden Beurteilung bei Missbrauch der Vertretungsmacht statt vieler Noack/Servatius/Haas/*Noack* GmbHG § 46 Rn 55.

251 BayObLGZ 1978, 44 (46); KG NJW 1958, 1827 (1828); OLG Celle BB 1972, 145; OLG Frankfurt aM GmbHR 1983, 241; OLG Hamm BB 1985, 1415; Hopt/*Merkt* Rn 9; Ebenroth/Boujong/Joost/Strohn/*Kindler* § 7 Rn 2; **aA** OLG Düsseldorf BB 1985, 1933.

252 Gesetz zur Modernisierung des GmbH-Rechts und zur Bekämpfung von Missbräuchen (MoMiG) v. 23.10.2008, BGBl. I, S. 2026.

UWG, §§ 14, 15 MarkenG), vom Prüfungsrecht des Registerrichters nicht umfasst, so dass sie die Wahrung ihrer Rechte selbständig durchsetzen müssen.[253]

dd) Prüfungstiefe

85 **(1) Grundsätzliches.** Im Lichte des Amtsermittlungsgrundsatzes des § 26 FamFG müsste das Gericht regelmäßig eine umfassende Tatsachen- und Rechtsprüfung vornehmen. Bereits in der **Denkschrift** zum HGB von 1897 wurde allerdings festgestellt, dass der Registerrichter sich im allgemeinen mit den Erklärungen des Anmelders begnügen müsse, „wenn sich nicht besondere Zweifel und Anstände ergeben". So habe er „beispielsweise, wenn die Eintragung einer neuen Firma oder der Verlegung des Sitzes des Geschäftes nachgesucht wird, in Ermangelung besonderer Umstände nicht nachzuforschen, ob der Anmeldende in der Tat das Geschäft eröffnet oder verlegt" habe.[254]

86 Aufgrund dieser Vorgabe des historischen Gesetzgebers ist es heute in Rechtsprechung und Schrifttum weitgehend anerkannt, dass das Registergericht grundsätzlich darauf vertrauen darf, dass die angemeldeten Tatsachen der Wahrheit entsprechen.[255] Es soll sich damit begnügen dürfen, die Anmeldung auf ihre **Plausibilität** hin zu untersuchen, also darauf, ob das, was Inhalt der Eintragung sein soll, schlüssig dargelegt und nach der **Lebens- und Geschäftserfahrung** in sich glaubwürdig ist. Ergeben sich auf dieser Basis keine Anhaltspunkte für mögliche sachliche Unrichtigkeiten der Anmeldung, so könne und müsse der Richter von weiteren Ermittlungen absehen und die Eintragung verfügen. Habe er Zweifel an der Richtigkeit, so müsse er diesen Zweifeln im Wege der Amtsermittlung nach § 26 FamFG nachgehen. Zu diesem Zweck könne er den zur Mitwirkung verpflichteten Anmelder auffordern, seine Angaben zu ergänzen und Unterlagen zu vervollständigen; unter Umständen könne auch ein Gutachten der Industrie- und Handelskammer eingeholt werden (§ 23 S. 2 HRV). Diese **erhebliche Lockerung der Prüfungsintensität**, von der in der Praxis auch großzügig Gebrauch gemacht wird,[256] lässt sich methodisch nicht ohne weiteres mit herkömmlichen verfahrensrechtlichen Grundsätzen in Einklang bringen.[257] Das Gericht bildet keine eigene Überzeugung, sondern verlässt sich ausschließlich auf die **Angaben des Anmelders.** Inwiefern diese Praxis Zustimmung verdient, lässt sich nicht einheitlich beurteilen, sondern es muss zwischen Eintragungen mit deklaratorischer Bedeutung und solchen mit konstitutiver Wirkung unterschieden werden (vgl. dazu noch Rn 88 ff, 116 ff).[258]

87 Die registergerichtliche Prüfung wird noch weitergehend gelockert, wenn das Registergericht eine im **Insolvenzplan** getroffene Maßnahme einträgt (zum Eintragungserfordernis s. Rn 44). Wie intensiv das Registergericht eine solche Maßnahme kontrollieren darf, hängt davon ab, wie man dessen Aufgaben von den Prüfungsbefugnissen des Insolvenzgerichts abgrenzt.[259] Während zahlreiche Stimmen aus dem insolvenzrechtlichen Schrifttum mit einem Verweis auf die Gesetzesmaterialien zum ESUG,[260] wonach den Registergerichten vor allem eine

---

253 Hopt/*Merkt* Rn 9; MünchKommHGB/*Krafka* Rn 78; Röhricht/v. Westphalen/Haas/*Ries* Rn 39.

254 Denkschrift zum HGB – *Hahn*/*Mugdan* S. 209.

255 Vgl. zum Folgenden RGZ 140, 174 (181); BGHZ 113, 335 (352) = NJW 1991, 1758; BayObLGZ 1977, 78 f; KG ZIP 2022, 1009 (1010); OLG Düsseldorf GmbHR 1995, 592; Ebenroth/Boujong/Joost/Strohn/*Schaub* Rn 140; MünchKommHGB/*Krafka* Rn 73; *Keilbach* MittRhNotK 2000, 365 (367).

256 *Krafka* Rn 159 berichten aus der Praxis, dass eine sachliche Prüfung „in der Regel" nicht erfolgt.

257 Vgl. dazu *Ehrenberg* JherJb. 47 (1904), 273 (296); *Menold* S. 100 f.

258 So auch BayObLGZ 1973, 158 (159 f); BayObLGZ 1977, 76 (78 f); KGJ 30 A 109 (112); KGJ 39 A 122 ff; KG RJA 11, 222 (223); OLG Düsseldorf Rpfleger 1995, 166; OLG Hamm NJW-RR 1997, 418; Hopt/*Merkt* Rn 8; Koller/Kindler/Roth/Drüen/*Roth* Rn 23a; Röhricht/v. Westphalen/Haas/*Ries* Rn 35; *Brand* ZBlHR 1928, 97 (100 ff); *H. Meyer* ZHR 81 (1918), 365 (419); *K. Müller* Rpfleger 1970, 375 (376 ff); **aA** OLG Hamm DB 2001, 2396; OLG Düsseldorf DB 2001, 1408; *Krafka* Rn 1025; *Keilbach* MittRhNotK 2000, 365 (367 f); *Menold* S. 107 f, 120 ff mwN.

259 Zum Meinungsstand s. auch Oetker/*Preuß* Rn 120.

260 Gesetz zur weiteren Erleichterung der Sanierung von Unternehmen v. 7.12.2011, BGBl. I, S. 2582.

beurkundende Funktion zukommt,[261] lediglich eine äußerst eingeschränkte registergerichtliche Kontrolle gestatten wollen,[262] plädieren manche Autoren für großzügigere Kontrollbefugnisse der Registergerichte.[263] Die Registergerichte lassen sich augenscheinlich nicht zu einer bloßen Beurkundungsstelle degradieren und nehmen trotz ihre Kontrollaufgabe selbstbewusst auch in inhaltlicher Hinsicht wahr.[264] Diese Praxis ist nicht unbedenklich, weil sie die **Kompetenzverteilung** zwischen den Insolvenz- und Registergerichten sowie den in den Gesetzesmaterialien deutlich zum Ausdruck gekommenen Willen des Gesetzgebers außer Acht lässt.[265] Das Insolvenzplanverfahren dient gerade dazu, die widerstreitenden Interessen der von der Insolvenz betroffenen Personen in einem geordneteren Prozess in Ausgleich zu bringen.[266] Die Ergebnisse dieses Prozesses können nicht durch Registergerichte in Frage gestellt werden, indem die Eintragung der Maßnahme in das Handelsregister verweigert wird. Deshalb ist die registergerichtliche Kontrolle auf Umstände beschränkt, die im Insolvenzplanverfahren nicht berücksichtigt werden.[267] Hierzu zählen Maßnahmen, die als Gegenstand eines Gesellschafter- bzw. Hauptversammlungsbeschlusses nicht getroffen werden könnten, weil sie zur Nichtigkeit des Beschlusses wegen Unvereinbarkeit mit dem **Wesen der Gesellschaft** (§ 241 Nr. 3 Var. 1 AktG) führten.[268] Solche Maßnahmen sind der Dispositionsbefugnis der Gesellschafter entzogen und können auch nicht wirksam im Insolvenzplanverfahren beschlossen werden. Sind sie Bestandteil des Insolvenzplans, darf das Registergericht die Eintragung verweigern.[269] Dies gilt ebenfalls für Maßnahmen, die gegen Vorschriften zum Schutz des **öffentlichen Interesses** verstoßen (§ 241 Nr. 3 Var. 3 AktG).[270] Dagegen darf das Registergericht die Eintragung nicht mit dem Argu-

---

261 Vgl. RegE ESUG, BT-Drucks. 17/5712, S. 37, der von einer eingeschränkten Prüfungskompetenz der Registergerichte spricht und darauf verweist, dass das wirksame Zustandekommen des Insolvenzplans bereits durch Insolvenzgerichte überprüft wird.

262 Nerlich/Römermann/*Rühle/Ober* § 254a Rn 6 f; Uhlenbruck/*Lüer/Streit* § 254a Rn 11; *Klausmann* NZG 2015, 1300 (1305); *Madaus* ZIP 2012, 2133 (2138 f). Vgl. ferner MünchKommInsO/*Eidenmüller* § 225a Rn 76 ff.

263 BeckOGK-UmwG/*Gontschar* § 1 Rn 408 ff; Keidel/*Heinemann* FamFG § 381 Rn 21a; *Horstkotte* ZInsO 2015, 416 ff. So wohl auch K. Schmidt/*Spliedt* § 254a Rn 8.

264 So etwa AG Berlin-Charlottenburg NZG 2015, 1326 f. In der Praxis empfiehlt es sich deshalb, die gesellschaftsrechtlichen Maßnahmen im Insolvenzplan mit dem Registergericht abzustimmen, s. BeckOGK-UmwG/*Gontschar* § 1 Rn 411; MünchKommInsO/*Madaus* § 254a Rn 23; Oetker/*Preuß* Rn 120; Uhlenbruck/*Lüer/Streit* § 254a Rn 11; *Horstkotte* ZInsO 2015, 416 (428). Zur Zulässigkeit informeller Abstimmungen mit dem Registergericht, um mangelhafte Anmeldungen zu vermeiden, s. *Schulz* NJW 2016, 1483 (1484 ff). Vgl. ferner § 9 Rn 45 f.

265 Krit. zum Beschluss des AG Berlin-Charlottenburg NZG 2015, 1326 deshalb Nerlich/Römermann/*Rühle/Ober* § 254a Rn 7; *Brünkmans/Greif-Werner* ZInsO 2015, 1585 (1589); *Klausmann* NZG 2015, 1300 (1303 ff). Zust. aber *Horstkotte* ZInsO 2015, 416 ff; *Ströhmann/Harder* NZI 2015, 417 (418 f).

266 Zum Zweck des Insolvenzplanverfahrens etwa Braun/*Ludwig* § 1 Rn 8 f. Im Zusammenhang mit gesellschaftsrechtlichen Maßnahmen *Brünkmans/Greif-Werner* ZInsO 2015, 1585 (1587 ff).

267 Vgl. *Haas/Kolmann/Kurz* in: Gottwald/Haas InsolvenzR-Hdb., 6. Aufl., 2020, § 90 Rn 356; *Ströhmann/Harder* NZI 2015, 417 (418). Zu weitgehend aber *Klausmann* NZG 2015, 1300 (1305). Zur materiellen Kontrolle des Insolvenzplans instruktiv *Brünkmans/Greif-Werner* ZInsO 2015, 1585 (1587 ff); *H.-F. Müller* KTS 2012, 419 (438 f). Fallmaterial zur Prüfungspraxis bei *Horstkotte* ZInsO 2014, 1297 ff.

268 Hierzu zählen insbes. Beschlüsse, deren Gegenstand gegen den Grundsatz der Satzungsstrenge (§ 23 Abs. 5 S. 1 AktG) verstößt, s. *Koch* § 241 Rn 17.

269 Ebenfalls BeckOGK-UmwG/*Gontschar* § 1 Rn 336. In diese Richtung wohl auch Noack/Servatius/Haas/*Noack* GmbHG § 54 Rn 20a: Es sei zu fragen, ob die angemeldete Regelung zulässig wäre, wenn und soweit sie (fiktiv) in der Satzung getroffen oder von ihr abgeleitet werde. S. auch das plastische Beispiel bei *Horstkotte/Martini* ZInsO 2012, 557 (567 Fn 67): Kapitalerhöhung durch Ausgabe neuer Geschäftsanteile im Nennwert von € 0,50. Vgl. ferner *Haas/Kolmann/Kurz* in: Gottwald/Haas InsolvenzR-Hdb., 6. Aufl., 2020, § 90 Rn 356: „technisches Gesellschaftsrecht"; insoweit zutr. *Klausmann* NZG 2015, 1300 (1304). Für eine Orientierung an § 241 Nr. 3 AktG zudem BeckOGK-UmwG/*Gontschar* § 1 Rn 411; Oetker/*Preuß* Rn 120; K. Schmidt/*Spliedt* § 254a Rn 8.

270 So auch im konkreten Fall AG Berlin-Charlottenburg NZG 2015, 1326 f, das im Anschluss an die hM im aktienrechtlichen Schrifttum (s. nur *Koch* § 237 Rn 42 mwN) einen Beschluss über die Zwangseinziehung ohne Satzungsermächtigung als nach § 241 Nr. 3 Var. 3 AktG nichtig eingestuft hat; dem folgend *Horstkotte* ZInsO 2015, 416.

ment ablehnen, eine Maßnahme verletze eine Vorschrift, die ausschließlich oder überwiegend zum Schutze der Gläubiger der Gesellschaft gegeben sei (§ 241 Nr. 3 Var. 2 AktG), weil die Gläubigerinteressen gerade im Rahmen des Insolvenzplanverfahrens berücksichtigt werden. Erst recht ist die Verweigerung der Eintragung unzulässig, wenn sich das Registergericht auf einen Inhaltsfehler beruft, der die Schwelle des § 241 AktG nicht erreicht. Insbesondere die Verletzung von Vorschriften, die nur dem Schutz der Gesellschafter dienen, kann durch das Registergericht nicht beanstandet werden.[271]

88 **(2) Deklaratorische Eintragungen.** Gegenstand deklaratorischer Eintragungen sind in der Regel Rechtsverhältnisse, bei denen der Gesetzgeber das Risiko einer (irrtümlich oder bewusst) fehlerhaften Anmeldung ebenso wie die daraus resultierenden Gefahren für den Rechtsverkehr eher gering einschätzt. Die **Publizitätsfunktion** hat deshalb hier deutlichen Vorrang vor der Kontrollfunktion (Rn 1 ff), was auch in der funktionellen Zuständigkeit des Rechtspflegers (Rn 16) zum Ausdruck kommt. Der mit der Publizität bezweckte Verkehrsschutz wird bei inhaltlich falschen Eintragungen noch hinreichend durch § 15 gewährleistet.[272] Durch die aus dieser Vorschrift erwachsende Haftung wird überdies der ohnehin meist nur geringe Anreiz zu einer fehlerhaften Anmeldung noch weiter gemindert.[273] Angesichts des solchermaßen reduzierten Missbrauchsrisikos und der geringen Gefahren für den Rechtsverkehr darf der Rechtspfleger, der nicht an die typisierten Beweismittel der ZPO gebunden ist,[274] die **Angaben des Anmelders als Erkenntnisquelle** heranziehen und im allgemeinen Interesse der Verfahrensbeschleunigung auf ihre Richtigkeit vertrauen.[275] Zum besonderen Prüfungsmaßstab nach § 18 Abs. 2 S. 2 vgl. noch Rn 113.

89 **(3) Konstitutive Eintragungen.** Anders stellt sich die Beurteilung dar, wenn der Eintragung eine **konstitutive Wirkung** zukommt. Die Anordnung einer konstitutiven Wirkung wird vom Gesetzgeber oftmals gewählt, um zu gewährleisten, dass die vom Gesetzgeber aufgestellten Normativbestimmungen für die Entstehung oder Fortentwicklung einer juristischen Person eingehalten werden (Rn 3). Hier dient das Eintragungserfordernis gerade der **Kontrollfunktion,** die zu diesem Zweck auch von dem sonst grundsätzlich zuständigen Rechtspfleger auf den Richter verlagert wird (Rn 16). Eine solche Kontrolle wird hier für erforderlich gehalten, weil es um die Eintragung von Rechtsverhältnissen geht, bei denen das Risiko einer fehlerhaften Anmeldung und die daraus resultierenden Gefahren für den Rechtsverkehr höher eingeschätzt werden. Diese weitergehende Kontrollaufgabe verbietet es, dass der als **Rechtsaufsichtsbehörde** handelnde Richter sich auch hier als einzige Erkenntnisquelle vollumfänglich auf die Angaben des Anmelders verlässt, dessen Verhalten er kontrollieren soll. Wenn die Anordnung konstitutiver Wirkung also die **Einhaltung von Normativbestimmungen gewährleisten** soll, sind an die Prüfungsintensität des Gerichts höhere Anforderungen zu stellen. Für konstitutive Eintragungen

---

271 Insoweit zutr. *Brünkmans/Greif-Werner* ZInsO 2015, 1585 (1589).

272 Vgl. zu diesem Zusammenhang zwischen materieller Prüfung und § 15 *Menold* S. 131 ff, der allerdings noch von einer rein negativen Registerpublizität ausgeht, da zu diesem Zeitpunkt § 15 Abs. 3 noch nicht eingefügt war (s. § 15 Rn 4 ff).

273 De lege ferenda wäre es hier auch erwägenswert, auf eine Prüfung vollständig zu verzichten; dafür *Menold* S. 202 f.

274 Keidel/*Sternal* FamFG § 30 Rn 3.

275 Bedenken verbleiben, wenn die Beurteilung der Eintragungsvoraussetzungen (z.B. Kaufmannseigenschaft) eine rechtliche Wertung voraussetzt, aus der das gesteigerte Risiko einer fehlerhaften Anmeldung erwächst (*Menold* S. 90 ff). Unbedenklich sind Fälle, in denen mit der Erklärung selbst die einzutragende Rechtstatsache geschaffen wird (z.B. Prokuraerteilung).

ohne eine solche Kontrollfunktion (vgl. etwa §§ 2, 3) gelten hingegen die für deklaratorische Eintragungen entwickelten Grundsätze (Rn 88).[276]

Einer solchen Differenzierung zwischen unterschiedlich wirkenden Eintragungsformen wird zwar entgegengehalten, dass die allein maßgebliche Überzeugung des Gerichts nicht von den Rechtswirkungen der Eintragung abhängen könne;[277] dieser Einwand ist jedoch deshalb nicht gerechtfertigt, weil der Einordnung als deklaratorische oder konstitutive Eintragung gerade auch eine Prognose zugrunde liegt, welche **Verlässlichkeit** den Erklärungen des Anmelders beigemessen werden kann. Bei deklaratorischen Eintragungen birgt das zugrunde liegende Rechtsverhältnis üblicherweise geringere Missbrauchs- und Irrtumsgefahren, so dass den Aussagen des Anmelders eher vertraut werden darf als bei Eintragungen mit konstitutiver Wirkung im Rahmen eines Systems der Normativbestimmungen. Selbst wenn man dieser Sichtweise nicht folgen wollte, dürfte daraus keinesfalls die Konsequenz gezogen werden, die Prüfungsintensität bei konstitutiven Eintragungen im Rahmen des Systems der Normativbestimmungen noch weiter abzusenken. Die größeren dogmatischen Bedenken bestehen gegen die mit prozessualen Grundsätzen nur schwer zu vereinbarende großzügige Prüfungspraxis bei deklaratorischen Eintragungen, die aber angesichts der anderweitigen Sicherung des Rechtsverkehrs (§ 15) aus Praktikabilitätsgründen hingenommen wird. 90

Aus der Kontrollfunktion des Gerichts bei konstitutiven Eintragungen darf allerdings nicht der Schluss gezogen werden, dass das Gericht jede einzelne Eintragungsvoraussetzung eingehend prüfen muss. Insofern ist zunächst zu berücksichtigen, dass viele Vorschriften, die eine Eintragung mit konstitutiver Wirkung vorsehen, durch detaillierte **Nachweis- und Dokumentationsregeln** ergänzt werden, die die Prüfungsaufgabe des Gerichts formalisieren und damit erleichtern sollen (vgl. etwa für die Gründung einer AG die notarielle Beglaubigung einer Vollmachterteilung nach § 23 Abs. 1 S. 2 AktG oder die schriftliche Einzahlungsbestätigung eines Kreditinstituts nach § 37 Abs. 1 S. 3 AktG – vgl. noch Rn 98). Werden diese Nachweise erbracht, kann das Gericht auf eine eigene Prüfung verzichten. Daneben wird sich der Richter auch bei solchen Erklärungen auf die Angaben des Anmelders verlassen dürfen, bei denen das **Kontrollbedürfnis** entweder aufgrund der geringeren Bedeutung für den Rechtsverkehr oder des geringeren Risikos einer Falschangabe **weniger dringlich** erscheint (etwa bei Angaben über die ordnungsgemäße Bestellung der Organmitglieder). 91

Wenn es indes gerade um die Gefahren geht, deretwegen die Kontrolle des Richters statuiert wurde, so darf er nicht ausschließlich den Angaben des Anmelders vertrauen. Insofern können auch die vom Gesetz geforderten **Anlagen zur Anmeldung** Bedeutung erlangen (z.B. nach § 37 Abs. 4 AktG). Sie signalisieren dem Richter oftmals, auf welche Umstände er sein besonderes Augenmerk zu lenken hat, geben ihm aber zugleich auch ein Hilfsmittel an die Hand, um seine Kontrolle auszuüben. So indizieren etwa die bei einer Sachgründung einzureichenden Berichte, dass hier eine intensivere Prüfung des Gerichts stattzufinden hat, die aber gerade durch diese Berichte auch wesentlich erleichtert wird (s. dazu noch Rn 99 f).[278] Wenn die Berichte und die ergänzend einzureichenden Unterlagen inhaltlich plausibel sind, darf der Richter von einer weitergehenden Werthaltigkeitsprüfung absehen. Überdies sieht das Gesetz auch bei Eintragungen mit konstitutiver Wirkung teilweise ausdrückliche **Präzisierungen des Prüfungsmaßstabes** vor, die den erforderlichen Ermittlungsaufwand des Richters konkretisieren und vereinzelt aus Beschleunigungsgründen auch eine grobmaschigere Prüfung erlauben (z.B. §§ 9c Abs. 2 GmbHG, 38 Abs. 3 AktG). 92

---

276 Nicht alle konstitutiven Eintragungen können auf denselben Rechtsgedanken zurückgeführt werden (s. bereits Fn 6).

277 *Menold* S. 107 f, 120 ff.

278 Vgl. zu derartigen Rückschlüssen von den einzureichenden Unterlagen auf die Prüfungsintensität bereits *Ehrenberg* in: Ehrenbergs Hdb., Band I, S. 568 f; *dens.* JherJb. 61 (1912), 423 (431 f); ferner *K. Müller* Rpfleger 1970, 375 (379).

93 **ee) Prüfungsrecht und Prüfungspflicht.** Ebenfalls nicht einheitlich beantwortet wird die Frage, ob mit der Prüfungspflicht des Registergerichts auch ein Prüfungsrecht gleichen Umfangs korrespondiert. Namentlich in der älteren Literatur wurde vertreten, das Recht zur materiellen Prüfung gehe über die Prüfungspflicht hinaus, da der Richter sich sonst unabsehbaren Amtshaftungsansprüchen wegen wahlweise unterbliebener oder überzogener Prüfungstätigkeit ausgesetzt sehe.[279] Die heute ganz hM lehnt eine solche Differenzierung zu Recht ab.[280] Prüfungsrecht und Prüfungspflicht sind **in ihrem Umfang deckungsgleich**, so dass die Anmelder einen Anspruch auf unverzügliche Eintragung haben, wenn keine Anhaltspunkte für inhaltliche Mängel der Anmeldung vorliegen.[281] Vor übermäßigen Amtshaftungsansprüchen (s. noch Rn 139 ff) wird der Richter hinreichend dadurch geschützt, dass das Prüfungsziel an seinem eigenen subjektiven Maßstab der persönlichen Überzeugung zu beurteilen ist. Erst wenn er hinreichend davon überzeugt ist (zum Grad der Überzeugung s. Rn 85 ff), dass die erforderlichen Entscheidungsgrundlagen vorliegen, darf er die Prüfung beenden und eine Entscheidung treffen; er muss es aber auch tun, um den Anmelder nicht unnötig zu belasten (zur unzulässigen Verknüpfung mit der Erfüllung anderer Pflichten s. noch § 14 Rn 12).[282]

94 **ff) Abgeschwächter Prüfungsmaßstab bei Rechtsprüfung?** Abstriche hinsichtlich des dem Gericht zumutbaren Ermittlungsaufwandes können ausschließlich hinsichtlich der Tatsachenermittlung, nicht aber hinsichtlich der rechtlichen Prüfung zugelassen werden. Das Registergericht kann sich deshalb nicht darauf berufen, eine Rechtsfrage könne „bei realistischem Prüfungsaufwand" nicht beantwortet werden.[283] Zwar kann es in der Tat nicht Aufgabe des Registerrichters sein, umstrittene handels- oder gesellschaftsrechtliche Detailfragen im Rahmen des Eintragungsverfahrens einer abschließenden Lösung zuzuführen. Es kann aber erwartet werden, dass er auf der Grundlage einer vielleicht nicht erschöpfenden, aber doch **rational begründeten Argumentation** eine Entscheidung trifft, die dem Anmelder zumindest die Möglichkeit einer tiefergehenden Prüfung im Rechtsmittelverfahren eröffnet.[284] Eine andere Sichtweise würde eine Klärung der Rechtslage gänzlich verhindern und damit gegen das aus Art. 20 Abs. 3 GG folgende **Rechtsverweigerungsverbot** verstoßen.[285]

95 **gg) Zeitpunkt der Prüfung.** Ziel der registergerichtlichen Kontrolle ist es, die Richtigkeit des Handelsregisters zu gewährleisten. Danach muss die Prüfung des Gerichts grundsätzlich darauf ausgerichtet sein, dass die Eintragungsvoraussetzungen im Zeitpunkt der Eintragung vorliegen.[286] Das ist allerdings insofern problematisch, als es sich bei der Prüfung zwangsläufig **an den Anmeldungsunterlagen orientiert**, die (bestenfalls) den Sachstand zur Zeitpunkt der Anmeldung dokumentieren (vgl. auch den in § 38 Abs. 1 AktG formulierten Prüfungsauftrag: „ordnungsgemäß errichtet und angemeldet").[287] Diesem Konflikt wird in der Weise Rechnung getragen, dass das Gericht die Eintragungsvoraussetzungen zunächst nur zum Zeitpunkt der Anmeldung prüft,

---

279 *Ehrenberg* in: Ehrenbergs Hdb., Band I, S. 569 f; *ders.* JherJb. 61 (1912), 423 (432 f); Hachenburg/*Schilling* GmbHG, 6. Aufl., 1956, § 10 Anm. 1; Staub/*Bondi*, 14. Aufl., 1932, Anh. zu § 8 Anm. 10 f.

280 OLG Köln NJW 1989, 173 (174); Ebenroth/Boujong/Joost/Strohn/*Schaub* Rn 137; Koller/Kindler/Roth/Drüen/*Roth* Rn 23a; MünchKommHGB/*Krafka* Rn 70; *Menold* S. 67 ff; *Ammon* DStR 1995, 1311 (1312); *Keilbach* MittRhNotK 2000, 365 (368).

281 Vgl. auch MünchKommHGB/*Krafka* Rn 74.

282 *Menold* S. 67 ff.

283 So aber das OLG Stuttgart ZIP 2002, 1807 zur Frage, ob § 192 Abs. 2 AktG analog auf die bedingte Kapitalerhöhung zur Bedienung von naked warrants angewandt werden kann.

284 *Krafka* Rn 976; *Klöhn* ZIP 2003, 420 (425).

285 Ausführlich *Klöhn* ZIP 2003, 420 ff; zust. Koller/Kindler/Roth/Drüen/*Roth* Rn 23b.

286 OLG Hamm FGPrax 2002, 126 (127); Koller/Kindler/Roth/Drüen/*Roth* Rn 23e.

287 Ebenroth/Boujong/Joost/Strohn/*Schaub* Rn 147; MünchKommAktG/*Pentz* § 38 Rn 20.

später auftretenden sachlich berechtigten Zweifeln am Fortbestand der Eintragungsvoraussetzungen aber auch noch zu einem späteren Zeitpunkt nachgehen muss.[288] Um diese Kontrolle zu erleichtern, legt die hM dem Anmelder z.T. nachträgliche Berichtigungspflichten auf, die sodann der Prüfung zugrunde gelegt werden können.[289] Umgekehrt darf das Registergericht die Anmeldung allerdings auch dann nicht ablehnen, wenn eine zunächst noch unvollständige Anmeldung nachträglich ergänzt wird, so dass im Eintragungszeitpunkt sämtliche Voraussetzungen erfüllt sind.[290]

3. Einzelne Sachbereiche der Prüfung

a) Gründungsprüfung

aa) Allgemeines. Für den Bereich der Gründungsprüfung bei einer Kapitalgesellschaft ist der Gegenstand und der Maßstab der registergerichtlichen Prüfung in §§ 9c GmbHG, 38 AktG festgeschrieben. Danach muss das Gericht prüfen, ob die Gesellschaft ordnungsgemäß errichtet und angemeldet ist. Bei der **ordnungsgemäßen Anmeldung**[291] ist zu beachten, dass zahlreiche Gründungsvoraussetzungen bereits Gegenstand schriftlicher Versicherungen (z.B. § 37 Abs. 2 AktG), Dokumentation (z.B. § 37 Abs. 1 S. 2 und 3 AktG) oder Anlagen (z.B. § 37 Abs. 4 AktG) sind, die in die Anmeldung aufzunehmen sind und damit zugleich die Gründungsprüfung entlasten (Rn 91 f).[292] 96

Unter die **ordnungsgemäße Errichtung** der Gesellschaft fallen etwa:[293] die Wirksamkeit des Gesellschaftsvertrages, insbes. die Beachtung der notariellen Form (§§ 2 Abs. 1 GmbHG, 23 Abs. 1 AktG); das Vorhandensein der nach §§ 3 Abs. 1 GmbHG, 23 Abs. 2 AktG erforderlichen Pflichtangaben (zur Inhaltskontrolle s. noch Rn 101) einschließlich der zusätzlichen Erfordernisse bei einer qualifizierten Gründung (§§ 26, 27 AktG); die ordnungsgemäße Bestellung der Organe; die ordnungsgemäße Vertretung eines Gründers und (namentlich bei einer ausländischen Gesellschaft) auch dessen Rechtsfähigkeit; die Firma (§ 4 GmbHG, § 4 AktG). Die Erteilung einer staatlichen Genehmigung ist seit der Aufhebung der §§ 8 Abs. 1 Nr. 6 GmbHG, 37 Abs. 4 Nr. 5 AktG im Zuge des MoMiG (Rn 84) nicht mehr Gegenstand der registergerichtlichen Prüfung.[294] 97

Vom Prüfungsrecht des Registerrichters ist auch die Aufbringung des satzungsmäßig verlautbarten Mindestkapitals, einschließlich der **Mindesteinzahlung** nach §§ 36 Abs. 2, 36a Abs. 1 AktG, 7 Abs. 2 S. 1 GmbHG, umfasst.[295] Bei der AG darf sich das Registergericht insofern allerdings mit der Bescheinigung eines Kreditinstituts nach § 37 Abs. 1 S. 3 AktG begnügen. Bei der GmbH ist eine solche Bescheinigung bei der Anmeldung nicht einzureichen; es genügt insofern die Versicherung der Geschäftsführer nach § 8 Abs. 2 S. 1 i.V.m. § 7 Abs. 2 GmbHG. Nach zutreffender, wenngleich umstrittener Auffassung darf das Registergericht auch einer solchen Versi- 98

288 *Koch* § 38 Rn 4; MünchKommAktG/*Pentz* § 38 Rn 20; GroßkommAktG/*Röhricht*/*Schall* § 38 Rn 9.

289 Zu diesen sehr umstrittenen Berichtigungspflichten vgl. Noack/Servatius/Haas/*Servatius* GmbHG § 8 Rn 14; Lutter/Hommelhoff/ *Bayer* § 8 Rn 6; *Ulmer* ZGR 1981, 594 (605 ff); ablehnend Ebenroth/Boujong/Joost/Strohn/*Schaub* Rn 148 mit Fn 249.

290 OLG Hamm FGPrax 2002, 126 (127); OLG Hamm FGPrax 2007, 186 (187).

291 Zum Fehlen einer inländischen Anschrift (§ 37 Abs. 3 Nr. 1 AktG, § 8 Abs. 4 Nr. 1 GmbHG) als Ablehnungsgrund s. KG FGPrax 2021, 261 f.

292 Ausführlicher Überblick über die erforderlichen Unterlagen für die AG etwa bei MünchKommAktG/*Pentz* § 37 Rn 60 ff.

293 Ausführlich zu den Errichtungsvoraussetzungen Noack/Servatius/Haas/*Servatius* GmbHG § 9c Rn 5a; *Koch* § 38 Rn 7.

294 Vgl. dazu noch BGHZ 102, 209 (216 f) = NJW 1988, 1087; Ebenroth/Boujong/Joost/Strohn/*Schaub* Rn 141.

295 Dazu ausführlich *Keilbach* MittRhNotK 2000, 365 (369 ff). Vgl. ferner den Überblick bei *Vossius* ZGR 2009, 366 (395 ff).

cherung ohne weitere Nachprüfung vertrauen.[296] Zwar ist die ordnungsgemäße Kapitalaufbringung **zentrale Normativvoraussetzung** für die Entstehung der GmbH, so dass das Gericht sich hier grundsätzlich nicht auf die Angaben des Anmelders verlassen darf (Rn 89 ff). Wenn der Gesetzgeber aber für die GmbH bewusst von einer Parallelregelung zu § 37 Abs. 1 S. 3 AktG absieht und sich stattdessen mit einer bloßen Versicherung zufrieden gibt, dann darf diese Entscheidung nicht durch übermäßig strenge Nachweisanforderungen der Registergerichte unterlaufen werden. Einem **Missbrauch** wird zumindest teilweise durch die Haftungsvorschrift des § 9a Abs. 1 GmbHG sowie durch die Strafbewehrung nach § 82 Abs. 1 GmbHG vorgebeugt. Bestehen Zweifel an der Richtigkeit der Versicherung oder sonstige Anhaltspunkte für eine den gesetzlichen Anforderungen nicht genügende **Kapitalaufbringung,** muss das Gericht diesen aber selbstverständlich nachgehen.[297] Namentlich für den Fall einer **verdeckten Sacheinlage** wurde durch die Einfügung des § 19 Abs. 4 S. 4 GmbHG im Zuge des MoMiG (Rn 84) bzw. des § 27 Abs. 3 S. 4 AktG im Zuge des ARUG[298] klargestellt, dass der Registerrichter die Eintragung auch weiterhin abzulehnen hat, wenn er einen solchen Sachverhalt erkennt; die Anrechungsmöglichkeit der § 19 Abs. 4 S. 3 GmbHG, § 27 Abs. 3 S. 3 AktG greift erst nach der Eintragung ein. Außerdem sehen § 19 Abs. 5 S. 2 GmbHG, § 27 Abs. 4 S. 2 AktG vor, dass ein Fall des Hin- und Herzahlens in der Anmeldung anzugeben ist, damit das Registergericht die nach § 19 Abs. 5 S. 1 GmbHG, § 27 Abs. 4 S. 1 AktG maßgebliche Werthaltigkeit des Rückgewähranspruchs überprüfen kann.

99 **bb) Gründungsprüfung und Sachgründung.** Bei der AG wird das Ablehnungsrecht des Gerichts durch § 38 Abs. 2 AktG ausdrücklich auch auf den Fall erstreckt, dass die Gründungsprüfer (§§ 33 Abs. 2, 34 AktG) erklären, dass der Gründungsbericht nach § 32 AktG oder der Prüfungsbericht nach § 33 Abs. 1 AktG den gesetzlichen Vorschriften nicht entspricht. Das Gericht muss die Feststellung der Gründungsprüfer aber auch einer eigenen **Plausibilitätskontrolle** unterwerfen und kann die Eintragung ablehnen, wenn eine offensichtliche Unrichtigkeit vorliegt, was nach ganz hM dahingehend zu verstehen ist, dass die Fehlerhaftigkeit nach der Überzeugung des Gerichts zweifelsfrei feststehen muss.[299]

100 Als Fehlerhaftigkeit in diesem Sinne gilt es nach § 38 Abs. 2 S. 2 AktG, § 9c Abs. 1 S. 2 GmbHG auch, wenn bei einer **Sachgründung** der Wert einer Sacheinlage oder Sachübernahme (§ 27 AktG) nicht unwesentlich hinter dem geringsten Ausgabebetrag zurückbleibt. Nach der Regierungsbegründung zum MoMiG (Rn 84), mit dem der Passus **„nicht unwesentlich"** in § 9c Abs. 1 S. 2 GmbHG eingeführt wurde, soll die Ablehnungsmöglichkeit nicht nur – wie es dem Wortlaut entspräche – auf Fälle einer erheblichen Überbewertung beschränkt bleiben, sondern das Gericht soll die Bewertung im Regelfall nur dann näher untersuchen, wenn sich auf der Grundlage der mit der Anmeldung eingereichten Unterlagen **begründete Zweifel** ergeben, die auf eine wesentliche Überbewertung der Sacheinlage hindeuten.[300]

101 **cc) Prüfung von Satzungsregeln.** Besondere Vorgaben enthalten § 9c Abs. 2 GmbHG, § 38 Abs. 4 AktG für die Ablehnung einer nicht den gesetzlichen Vorschriften entsprechenden Sat-

---

296 BGHZ 113, 335 (352) = NJW 1991, 1754; OLG Frankfurt aM NJW-RR 1992, 1253 (1254 f); *Altmeppen* § 8 Rn 12; Habersack/Casper/Löbbe/*Ulmer*/*Casper* § 8 Rn 23; Lutter/Hommelhoff/*Bayer* § 8 Rn 9; *Baumann* MittRhNotK 1982, 224 f; *Keilbach* MittRhNotK 2000, 365 (372); **aA** BayObLGZ 1979, 458 ff m. krit. Anm. *Kanzleiter* MittBayNot 1980, 36 f; OLG Hamm WM 1987, 405.

297 *Koch* § 38 Rn 7.

298 Gesetz zur Umsetzung der Aktionärsrechterichtlinie (ARUG) v. 30.7.2009, BGBl. I, S. 2479.

299 GroßkommAktG/*Röhricht*/*Schall* § 38 Rn 44; *Koch* § 38 Rn 8; MünchKommAktG/*Pentz* § 38 Rn 57.

300 RegE MoMiG, BT-Drucks. 16/6140, S. 36. S. auch MünchKommGmbHG/*Wicke* § 9c Rn 35; Noack/*Servatius*/Haas GmbHG § 9c Rn 7.

zungsregelung. Durch diese (gesetzestechnisch unglücklichen[301]) Bestimmungen wird der Prüfungsauftrag des Registergerichts auf abschließend aufgezählte **besonders schwerwiegende Satzungsmängel** eingeengt.[302] Der Prüfung unterliegen danach nur Satzungsbestimmungen, die zum notwendigen Satzungsinhalt gehören und deren Fehlerhaftigkeit aufgrund ihrer Außenwirkung zu Unzuträglichkeiten für den Rechts- und Handelsverkehr führen könnte. Andere Satzungsmängel können die Ablehnung auch dann nicht begründen, wenn sie gegen zwingende Schutzvorschriften verstoßen, missverständlich oder inhaltlich widersprüchlich sind.[303] Mit dieser Einschränkung soll zum Ausdruck gebracht werden, dass die Aufgabe des Registergerichts lediglich darin besteht, zur Entstehung einer nach außen wirksamen juristischen Person beizutragen; es soll aber nicht im Sinne einer vorbeugenden Rechtspflege als staatliche Stelle zur Vorab-Verhütung unzulässiger Vertragsklauseln zwischen Privaten tätig werden.[304] Derartige Mängel sollen zur Beschleunigung des Verfahrens und zur Entlastung der Gerichte von der abstrakt-generellen Inhaltskontrolle im Eintragungsverfahren ausgeklammert und erst der **späteren gerichtlichen Kontrolle auf Initiative der Beteiligten** vorbehalten bleiben, wenn sie tatsächlich virulent werden.[305]

dd) Keine Prüfung der Zweckmäßigkeit und der Kapitalausstattung. Die registergerichtliche Prüfung ist eine Rechtsprüfung, keine Zweckmäßigkeitsprüfung. Dem Gericht ist es daher untersagt, nachzuprüfen, ob die Gründung wirtschaftlich erfolgversprechend ist oder einzelne Satzungsbestimmungen interessengerecht sind.[306] Aufgrund dieses eingeschränkten Prüfungsauftrags dürfen auch die wirtschaftlichen Grundlagen der Gesellschaft keiner Prüfung unterzogen werden. Auch wenn das Gericht also der Auffassung ist, die Gesellschaft sei **materiell unterkapitalisiert**, darf es die Eintragung nicht ablehnen.[307] Das folgt schon daraus, dass der Gesetzgeber sich bewusst darauf beschränkt hat, einen betragsmäßig fixierten Haftungsfonds in Gestalt des Grund- bzw. Stammkapitals festzulegen, auf einen weitergehende Präventivschutz in Gestalt einer – kaum zuverlässig bestimmbaren[308] – Mindestkapitalausstattung jedoch zu verzichten. Eine Ausnahme wird von der (nicht unumstrittenen) hM nur für extrem gelagerte Fälle zugelassen, in denen die Gesellschaftsgründung wegen offensichtlicher Unterkapitalisierung augenscheinlich auf eine Schädigung der Gläubiger angelegt ist.[309] 102

b) Mantelgründung und -verwendung. Als Mantelgesellschaft wird eine wirtschaftlich nicht (mehr) aktive Gesellschaft bezeichnet, die aber im Handelsregister eingetragen ist und deshalb 103

---

301 Ebenroth/Boujong/Joost/Strohn/*Schaub* Rn 154; *Koch* § 38 Rn 11.

302 Zu den umstrittenen Prüfungsbefugnissen vor der Einführung des abgeschwächten Prüfungsmaßstabes im Zuge des HRefG (Rn 6) vgl. *Ammon* DStR 1995, 1311 ff; *Säcker* FS Stimpel, 1985, S. 867 (879 ff).

303 Zu den Einzelheiten vgl. die Kommentare zum AktG und zum GmbHG. S. ferner den Überblick bei *Vossius* ZGR 2009, 366 (386 ff).

304 BT-Drucks. 13/8444, S. 77.

305 BT-Drucks. 13/8444, S. 77; krit. Ebenroth/Boujong/Joost/Strohn/*Schaub* Rn 155.

306 Vgl. bereits die Nachw. in Fn 215.

307 BayObLG NZG 1999, 666 (668); OLG Braunschweig OLGR 43, 294 (295); Noack/Servatius/Haas/*Servatius* GmbHG § 9c Rn 7; Ebenroth/Boujong/Joost/Strohn/*Schaub* Rn 145; *Koch* § 38 Rn 3; MünchKommAktG/*Pentz* § 38 Rn 46; MünchKommHGB/*Krafka* Rn 81; *Altmeppen* § 9c Rn 7; Rowedder/Pentz/*Wöstmann* § 9c Rn 32 f.

308 Zur schwierigen Feststellung einer materiellen Unterkapitalisierung s. *Eckhold* Materielle Unterkapitalisierung, 2002, S. 11 ff.

309 BayObLG NZG 1999, 666 (668); Habersack/Casper/Löbbe/*Raiser* § 13 Rn 130 ff; GroßkommAktG/*Röhricht*/*Schall* § 38 Rn 26; MünchKommAktG/*Pentz* § 38 Rn 46; MünchKommGmbHG/*Wicke* § 9c Rn 10; Rowedder/Pentz/*Wöstmann* § 9c Rn 32 f.; Scholz/*Veil* § 9c Rn 36; *K. Schmidt* GesR §§ 18 II 4a, 27 II 2 f, 34 II 3b; **aA** Noack/Servatius/Haas/*Servatius* GmbHG § 5 Rn 5 f, § 9c Rn 6.

als juristische Person besteht.[310] Dieser „Mantel" der juristischen Person kann als Rechtskleid eines neu entstehenden Unternehmens genutzt werden, ohne dabei eine formelle Neugründung vornehmen zu müssen.[311] Wird eine Kapitalgesellschaft von vornherein in der Absicht errichtet, vorerst keinen Geschäftsbetrieb aufzunehmen und den Mantel erst im Bedarfsfall zu verwenden, spricht man von einer **Mantel- oder Vorratsgründung.**[312] Sie ist nach heute allgemeiner Auffassung zulässig, wenn der Charakter als Vorratsgründung durch die Angabe eines entsprechend gefassten Unternehmensgegenstandes (z.B. „Verwaltung eigenen Vermögens") **offengelegt** wird.[313] Eine verdeckte Vorratsgründung, deren angegebener vom tatsächlichen Unternehmensgegenstand abweicht, ist hingegen nach § 117 BGB unwirksam.[314] Sollte das Registergericht also Hinweise auf eine solche Verschleierung erkennen, muss es die Eintragung ablehnen.[315]

104 Die lange umstrittene Frage, ob auch bei der anschließenden **Mantelverwendung** eine registergerichtliche Prüfung anhand der Gründungsvorschriften zu erfolgen hat,[316] hat der BGH für die Praxis weitgehend geklärt.[317] Zunächst hat er festgestellt, dass die Verwendung des Mantels bei der Vorratsgründung wirtschaftlich eine Neugründung darstelle. Die Gründungsvorschriften einschließlich der registerrechtlichen Kontrolle seien deshalb analog anzuwenden, um eine Umgehung der Vorschriften, die die Kapitalausstattung gewährleisten, zu verhindern.[318] Diese Rechtsprechung hat der BGH in einer weiteren Entscheidung bestätigt und auf die Reaktivierung einer Mantelgesellschaft ausgedehnt.[319] Das Prüfungserfordernis soll dem Registergericht dabei durch die mit der Aktivierung des Mantels typischerweise verbundene **Satzungsänderung** signalisiert werden.[320] Legen die Gesellschafter die wirtschaftliche Neugründung[321] ordnungsgemäß nicht offen, **haften** sie den Gesellschaftsgläubigern gegenüber im Umfang der Unterbilanz, die in dem Zeitpunkt besteht, zu dem die wirtschaftliche Neugründung nach außen in Erscheinung tritt.[322] Diese Grundsätze sind auch in der Liquidationsphase anwendbar.[323] Haben die Gründer einer Vorratsgesellschaft den Gründungsaufwand ausschließlich selbst getra-

---

310 Vgl. statt vieler *Koch* § 23 Rn 25.

311 Vgl. Habersack/Casper/Löbbe/*Ulmer/Löbbe* § 3 Rn 128. Zu den durch die Entwicklung der höchstrichterlichen Rspr. teilweise überholten Motiven einer solchen Vorgehensweise vgl. BGHZ 117, 323 (330) = NJW 1992, 1824; *Koch* § 23 Rn 25; *Raiser/Veil* § 26 Rn 32; *Kraft* DStR 1993, 101; *Zwissler* GmbHR 1999, 856 f.

312 Vgl. BGHZ 117, 323 (330) = NJW 1992, 1824; Rowedder/Pentz/*Raff* § 3 Rn 22; Scholz/*Cziupka* § 3 Rn 22.

313 BGHZ 117, 323 (330 ff) = NJW 1992, 1824; BGHZ 153, 158 ff = NJW 2003, 892; *Koch* § 23 Rn 25; Lutter/Hommelhoff/*Bayer* § 3 Rn 79; *Altmeppen* § 3 Rn 56; Rowedder/Pentz/*Raff* § 3 Rn 24; Scholz/*Cziupka* § 3 Rn 22.

314 Habersack/Casper/Löbbe/*Ulmer/Löbbe* § 3 Rn 131; Scholz/*Cziupka* § 3 Rn 22; *K. Schmidt* GesR § 4 III 2b aa.

315 Erfolgt die Registereintragung trotz verdeckter Vorratsgründung, sind eine Nichtigkeitsklage nach § 275 AktG, § 57 GmbHG und eine Amtslöschung nach § 397 GmbHG möglich, s. MünchKommAktG/*Pentz* § 23 Rn 91; MünchKommGmbHG/*Wicke* § 3 Rn 29.

316 Vgl. ausführlich und mwN zum Streitstand Noack/Servatius/Haas/*Servatius* GmbHG § 3 Rn 13a f.

317 BGHZ 153, 158 ff = NJW 2003, 892; BGHZ 155, 318 ff = NJW 2003, 3198; BGH NJW 2010, 1459 ff; BGHZ 192, 341 ff = NJW 2012, 1875; BGH NJW-RR 2014, 416. Zu den Folgefragen vgl. *Koch* § 23 Rn 26 ff; *Berkefeld* GmbHR 2018, 337 (339 ff); *Geißler* DZWIR 2017, 151 (154 ff.).

318 BGHZ 153, 158 (160 f) = NJW 2003, 892. Zur Abgrenzung der Mantelverwendung von (nicht anmeldepflichtiger) Fortführung der Gesellschaft BGH NJW 2010, 1459 Rn 6 ff.; Rowedder/Pentz/*Raff* § 3 Rn 25.

319 BGHZ 155, 318 (322 f) = NJW 2003, 3198. Zu den Einzelheiten der Prüfung vgl. Lutter/Hommelhoff/*Bayer* § 3 Rn 88; Scholz/*Cziupka* § 3 Rn 38 ff; *Heidinger* ZGR 2005, 101 ff; *Wicke* NZG 2005, 409 (412 ff). Zu den Anforderungen an die Gesellschafter *Theusinger/Andrä* ZIP 2014, 1916 (1917 ff).

320 Vgl. dazu Habersack/Casper/Löbbe/*Ulmer/Löbbe* § 3 Rn 150 ff. Zu den registerrechtlichen Schwächen der Rspr.-Lösung *Heinze* GmbHR 2011, 962 (964 ff).

321 Zur „wirtschaftlichen Erstgründung" *Mayer/Knaier* GmbHR 2021, 1013 ff.

322 BGHZ 192, 341 Rn 14 ff = NJW 2012, 1875 mit Ausführungen zur Darlegungs- und Beweislast in Rn 41 ff; zur Handelndenhaftung analog 11 Abs. 2 GmbHG BGH NZG 2011, 1066 Rn 8 ff; zur Haftung bei wirtschaftlicher Neugründung ausf. MünchKommGmbHG/*Merkt* § 11 Rn 204 ff; *Geißler* DZWIR 2017, 151 (157 ff); *Habersack* AG 2010, 845 (847 ff); zu den Handlungsmöglichkeiten der Gesellschafter bei nicht ordnungsgemäßer Offenlegung *Theusinger/Andrä* ZIP 2014, 1916 (1922).

323 BGH NJW-RR 2014, 416 Rn 10; hierzu etwa *Priester* GmbHR 2021, 1327 Rn 7 ff.

gen und übernimmt die Mantelgesellschaft den Aufwand der wirtschaftlichen Neugründung, kann die Satzungsänderung im Hinblick auf § 26 Abs. 2 AktG in das Handelsregister eingetragen werden.[324]

c) Prüfung von Hauptversammlungsbeschlüssen

aa) Grundsätzliches. Beschlüsse der Hauptversammlung einer AG bedürfen zu ihrer Wirksamkeit in den meisten Fällen nicht einer Eintragung in das Handelsregister. Etwas anderes gilt aber für solche Beschlüsse, mit denen die rechtlichen oder wirtschaftlichen Grundlagen der Gesellschaft neu geordnet werden. Als Beispiele sind zu nennen: Satzungsänderung (§ 181 AktG) einschließlich Kapitalerhöhung und -herabsetzung (§§ 184, 195, 202 Abs. 2, 207, 223, 229 Abs. 3, 237 Abs. 2 S. 1 AktG), Auflösungs- und Fortsetzungsbeschlüsse (§§ 263, 274 Abs. 3 AktG), Zustimmung zum Abschluss und zur Änderung von Unternehmensverträgen (§§ 294, 295 AktG), Eingliederung (§§ 319 Abs. 4, 320 Abs. 1 S. 1 AktG), Squeeze-out (§ 327e AktG), Umwandlungsmaßnahmen (§§ 16, 36 Abs. 1, 125, 176 Abs. 1, 198 UmwG). Vor der Eintragung muss der Registerrichter die **Wirksamkeit des Beschlusses** prüfen.[325] Sie kann deshalb zu verneinen sein, weil dem Beschluss die gewollten Rechtswirkungen aufgrund eines Gesetzesverstoßes versagt bleiben oder weil die gesetzlichen Beschlussvoraussetzungen nicht vollständig erfüllt sind. Im ersten Fall spricht man von der Nichtigkeit, im zweiten Fall von der Unwirksamkeit eines Beschlusses.[326] Daneben kennt das Aktienrecht aber auch die Kategorie der Anfechtbarkeit, bei der der Beschluss nicht unmittelbar unwirksam ist, sondern nur auf Initiative Einzelner durch rechtskräftiges Urteil vernichtet werden kann. Da diese Rechtsfolge die Rechtssicherheit am ehesten fördert, ist die Anfechtbarkeit die regelmäßige Rechtsfolge eines Gesetzesverstoßes.[327] Die vorstehenden Erläuterungen gelten grundsätzlich auch für Beschlüsse der GmbH-Gesellschafterversammlung entsprechend.[328] 105

bb) Nichtigkeit und Unwirksamkeit. Nichtige Hauptversammlungsbeschlüsse sind angesichts der Regelung in §§ 241, 242 AktG eine Rarität, und auch Fälle von Unwirksamkeit (vgl. etwa §§ 179 Abs. 3, 180, 293 Abs. 2 AktG) sind nicht häufig. Liegt das eine oder das andere vor, so ergibt sich bereits im Rückschluss aus § 398 FamFG (Amtslöschung nichtiger Beschlüsse), dass der Registerrichter die Anmeldung zurückweisen muss, und zwar auch dann, wenn mit der Eintragung eine Heilung nach § 242 Abs. 1 AktG erfolgt.[329] Ist die Beurteilung streitig, so kann er zuvor die Eintragung gem. §§ 21, 381 FamFG aussetzen (s. dazu noch Rn 131). 106

cc) Anfechtbarkeit

(1) Angefochtener Beschluss. In der Regel bewirken Mängel von Hauptversammlungsbeschlüssen lediglich deren Anfechtbarkeit (§§ 243 ff AktG). Welche Reaktionsmöglichkeiten das Registergericht in diesen Fällen hat, hängt einerseits davon ab, ob der Beschluss angefochten oder nur anfechtbar ist, im zweiten Fall weiterhin davon, ob die Anfechtungsfrist noch läuft 107

---

324 OLG Stuttgart NJW-RR 2013, 368 (369).

325 RGZ 148, 175 (187); GroßkommAktG/*Wiedemann* § 181 Rn 21; zu den dogmatischen Grundlagen s. *Baums* S. 21 ff.

326 Vgl. zu dieser Differenzierung MünchKommAktG/*C. Schäfer* § 241 Rn 14, 16.

327 MünchKommAktG/*C. Schäfer* § 241 Rn 15; *Lutter* NJW 1969, 1873.

328 Zur analogen Anwendung des aktienrechtlichen Beschlussmängelrechts auf GmbH-Beschlüsse s. etwa MünchKommGmbHG/*Wertenbruch* Anh. § 47 Rn 1 ff.

329 Ebenroth/Boujong/Joost/Strohn/*Schaub* Rn 168; GroßkommAktG/*Wiedemann* § 181 Rn 23; Röhricht/v. Westphalen/Haas/*Ries* Rn 37; *Keilbach* MittRhNotK 2000, 365 (377); *Lutter* NJW 1969, 1873 (1876); **aA** *Säcker* FS Stimpel, 1985, S. 867 (882) unter Verweis darauf, dass § 398 FamFG nur bei einem zusätzlichen „öffentlichen Interesse" eingreife.

oder verstrichen ist. Ist der Beschluss durch Klage **angefochten** (§ 246 AktG), so ist die Eintragung von der Beurteilung eines streitigen Rechtsverhältnisses abhängig. Das führt nach § 21 FamFG dazu, dass der Registerrichter nach **pflichtgemäßem Ermessen** entscheiden muss, ob er die Eintragung aussetzt oder verfügt (s. noch Rn 131). Dabei sind die Erfolgsaussichten der Klage und das Interesse der Gesellschaft an baldiger Eintragung gegeneinander abzuwägen.[330] Lassen sich die Erfolgsaussichten nicht zuverlässig beurteilen, wird sich der Registerrichter, der nicht dem Spruchrichterprivileg des § 839 Abs. 2 BGB unterliegt (s. noch Rn 139), idR vorsichtshalber für eine Aussetzung entscheiden.

108 Die daraus entstehende **faktische Registersperre** kann die anmeldende AG bei besonders anfechtungsanfälligen strukturändernden Beschlüssen im Wege eines sog. **Freigabeverfahrens** überwinden. Dieses zunächst auf Eingliederungs- und Umwandlungsbeschlüsse (§§ 319 Abs. 6 AktG, 16 Abs. 3 UmwG) beschränkte Verfahren ist im Zuge des UMAG[331] durch den neuen § 246a AktG auch auf Kapitalmaßnahmen (§§ 182–240 AktG) und Unternehmensverträge (§§ 291–307 AktG) ausgedehnt[332] und durch das ARUG (Rn 98) reformiert worden.[333] Es ermöglicht die Durchsetzung einer Eintragung im Eilverfahren. Das Freigabeverfahren lässt die Ermessensentscheidung des Registerrichters zunächst unberührt, zielt aber auf einen **beschleunigten Beschluss des Oberlandesgerichts** (§ 246a Abs. 1 S. 3 AktG) ab, der unanfechtbar (§ 246a Abs. 3 S. 4 AktG) und für den Registerrichter bindend ist (vgl. § 246a Abs. 3 S. 5, 1. Hs. AktG). Hat dieser die Eintragung noch nicht vorgenommen, kann er sie jetzt nicht mehr mit Hinweis auf die schwebende Klage und den damit geltend gemachten Beschlussmangel verweigern;[334] zugleich genießt der eingetragene Beschluss gemäß § 246a Abs. 4 S. 2, 1. Hs. AktG **Bestandschutz.**

109 Hat die **Anfechtungsklage** vor dem Prozessgericht **Erfolg**, so ist das Registergericht – vorbehaltlich eines Freigabebeschlusses (Rn 108)[335] – an diese Entscheidung aufgrund ihrer Gestaltungswirkung gebunden. Der angefochtene Beschluss wird für nichtig erklärt und kann damit nicht mehr eingetragen werden.[336] Das **abweisende Urteil** entfaltet hingegen keine Gestaltungswirkung, sondern gilt ausschließlich inter partes.[337] Das Registergericht ist daher an die Entscheidung des Prozessgerichts nicht gebunden, wird von der Möglichkeit einer abweichenden Entscheidung aber nur mit größter Zurückhaltung Gebrauch machen, z.B. wenn das Gericht wegen Versäumung der Ausschlussfrist nach § 246 Abs. 1 AktG nicht zur Prüfung der Anfechtungsgründe vorgedrungen ist oder die Sachprüfung wegen offenkundigen Rechtsmissbrauchs abgelehnt hat.[338]

---

330 AG Dresden ZIP 1995, 285 (286); GroßkommAktG/*Wiedemann* § 181 Rn 28; GroßkommAktG/*K. Schmidt* § 243 Rn 72; *Koch* § 243 Rn 53; MünchKommAktG/*C. Schäfer* § 243 Rn 135; *Keilbach* MittRhNotK 2000, 365 (377).

331 Gesetz zur Unternehmensintegrität und Modernisierung des Anfechtungsrechts (UMAG) v. 22.9.2005, BGBl. I, S. 2802; vgl. dazu statt vieler den Überblick bei *J. Koch* ZGR 2006, 769 ff.

332 Für eine weitergehende Ausdehnung de lege ferenda *J. Koch* FS Seibert, 2019, S. 481 ff; *Seibert/Bulgrin* FS Marsch-Barner, 2018, S. 525 ff.

333 Auf Gesellschafterbeschlüsse in der GmbH ist § 246a AktG nicht analog anwendbar, s. KG NZG 2011, 1068 f; *Koch* § 246a Rn 3; Noack/Servatius/Haas/*Noack* GmbHG § 54 Rn 28; **aA** *Bayer/Lieder* NZG 2011, 1170 (1171 ff).

334 Auf andere Gründe, die nicht Gegenstand des Freigabeverfahrens waren, darf er seine Ablehnung dagegen stützen, vgl. RegE EHUG, BT-Drucks. 15/5092, S. 27.

335 Ist ein Freigabebeschluss ergangen und erweist sich die Beschlussmängelklage als begründet, stehen den Aktionären gemäß § 246 Abs. 4 S. 1 AktG nur Schadensersatzansprüche gegen die Gesellschaft zu, s. dazu *Koch* § 246a Rn 26.

336 Ebenroth/Boujong/Joost/Strohn/*Schaub* Rn 173; GroßkommAktG/*Wiedemann* § 181 Rn 23; *Koch* § 243 Rn 54; MünchKommAktG/*C. Schäfer* § 243 Rn 136; MünchKommHGB/*Krafka* Rn 85; zur registerrechtlichen Behandlung eines schon eingetragenen Beschlusses vgl. MünchKommAktG/*C. Schäfer* § 243 Rn 136, § 248 Rn 30.

337 Ebenroth/Boujong/Joost/Strohn/*Schaub* Rn 174; *Koch* § 243 Rn 55; MünchKommAktG/*C. Schäfer* § 243 Rn 137; MünchKommHGB/*Krafka* Rn 86; *Keilbach* MittRhNotK 2000, 365 (377 f).

338 *Koch* § 243 Rn 55; MünchKommAktG/*C. Schäfer* § 243 Rn 137; MünchKommHGB/*Krafka* Rn 86; *Bokelman* DB 1994, 1341 (1346); *Keilbach* MittRhNotK 2000, 365 (378).

(2) Nicht angefochtener Beschluss. Ist noch keine Anfechtung erfolgt, so stellt sich zunächst die Frage, ob der Registerrichter den **Ablauf der einmonatigen Anfechtungsfrist** (§ 246 Abs. 1 AktG) abzuwarten hat. Bei einzelnen strukturändernden Beschlüssen sieht das Gesetz eine ausdrückliche Regelung vor, wonach der Anmeldende eine sog. **Negativerklärung** abzugeben hat, aus der sich ergibt, dass innerhalb der Frist des § 246 Abs. 1 AktG keine Anfechtung erfolgt ist (z.B. §§ 319 Abs. 5, 320 Abs. 1 S. 3, 327e Abs. 2 AktG, §§ 16 Abs. 2, 176 Abs. 1 UmwG). Da diese Erklärung erst nach Ablauf der Anfechtungsfrist wirksam abgegeben werden kann,[339] darf die Eintragung vor diesem Zeitpunkt nicht vorgenommen werden. Bei anderen Beschlüssen, die eine solche Negativerklärung nicht vorsehen, kann daraus nicht der Umkehrschluss gezogen werden, dass das Registergericht die Eintragung umgehend vorzunehmen hat.[340] Vielmehr gilt in diesen Fällen in Ermangelung einer speziellen Regelung die allgemeine Bestimmung des § 21 FamFG, wonach die Aussetzung im **pflichtgemäßen Ermessen** des Gerichts steht.[341] Im Rahmen der Ermessensausübung ist das Interesse der Gesellschaft an einem schnellen Vollzug des Beschlusses abzuwägen gegen das Interesse potenzieller Kläger, die konstitutive Eintragung eines rechtswidrigen Beschlusses zu verhindern. Im Regelfall wird es sich empfehlen, den Ablauf der vom Gesetzgeber ohnehin recht knapp bemessenen Anfechtungsfrist abzuwarten.[342] 110

Ist die **Anfechtungsfrist ohne Klageerhebung abgelaufen**, so ist umstritten, ob das Registergericht den Beschluss nunmehr ohne weitere Prüfung einzutragen hat. In der älteren Rechtsprechung des Kammergerichts wurde diese Frage bejaht, weil der Beschluss trotz des Gesetzes- oder Satzungsverstoßes nicht mehr vernichtet werden könne. Lehne das Gericht die Eintragung ab, so greife es damit in die Verfügungsbefugnis der Aktionäre ein.[343] Namentlich im gesellschaftsrechtlichen Schrifttum hat sich hingegen eine differenzierende Auffassung durchgesetzt, wonach zumindest eine Prüfung zu erfolgen hat, ob durch den Beschlussmangel **Interessen der Gläubiger, künftiger Aktionäre oder der öffentlichen Ordnung** betroffen sein können.[344] In diesen Fällen wird in der Regel schon ein Nichtigkeitsgrund nach § 241 Nr. 3 AktG vorliegen, der auch vom Registerrichter zwingend zu beachten ist (Rn 106). Auch nach dieser Auffassung verbleiben für eine registergerichtliche Kontrolle also nur diejenigen Fälle, in denen Drittinteressen betroffen sind, ohne die Nichtigkeit nach § 241 Nr. 3 AktG auszulösen. Das ist im Wesentlichen nur in der Konstellation denkbar, dass eine Vorschrift verletzt wird, die zwar dem Gläubigerschutz dient, ohne dass dieser Schutz, wie es § 241 Nr. 3 AktG voraussetzt, ausschließlich ist oder andere Interessen überwiegt. Auch in dieser differenzierenden Lösung bleibt die registergerichtliche Kontrolle also auf wenige Ausnahmefälle beschränkt.[345] Darüber weit hinaus geht eine dritte Meinungsgruppe, die auch eine Prüfung im Lichte der Interessen gegenwärtiger Aktionäre gestattet.[346] 111

Entgegen der letztgenannten Auffassung scheidet eine registergerichtliche Kontrolle aus, wenn die verletzte Vorschrift nur den rechtlich geschützten Individualinteressen der gegenwärtigen Aktionäre dient und diese von ihrem Anfechtungsrecht keinen Gebrauch gemacht haben. In diesem Fall ist es nicht Aufgabe des Registergerichts, diese Entscheidung zu korrigieren.[347] 112

---

339 BGH NJW 2007, 224 (225); OLG Karlsruhe NJW-RR 2001, 1326 (1327).

340 So aber Ebenroth/Boujong/Joost/Strohn/*Schaub* Rn 169 ff; tendenziell auch GroßkommAktG/*K. Schmidt* § 243 Rn 72; Koller/Kindler/Roth/Drüen/*Roth* Rn 23d; Röhricht/v. Westphalen/Haas/*Ries* Rn 38.

341 So MünchKommHGB/*Krafka* Rn 85.

342 *Koch* § 243 Rn 52; MünchKommAktG/*C. Schäfer* § 243 Rn 134; für eine Pflicht zur Aussetzung Schlegelberger/*Hildebrandt*/*Steckhan* Rn 25.

343 KGJ 12, 37 (39 f); KGJ 34 A 136 (139 ff); KGJ 35 A 162 (166); KG RJA 15, 140 (141); vgl. aus aktuellerer Zeit auch OLG Köln BB 1982, 579; Koller/Kindler/Roth/Drüen/*Roth* Rn 23d.

344 Grundlegend *Lutter* NJW 1969, 1873 ff; zust. *Koch* § 243 Rn 56; MünchKommAktG/*C. Schäfer* § 243 Rn 139; MünchKommHGB/*Krafka* Rn 86; Röhricht/v. Westphalen/Haas/*Ries* Rn 38; *Keilbach* MittRhNotK 2000, 365 (378).

345 Ausführlich zu den verbleibenden Fallgruppen *Lutter* NJW 1969, 1873 ff.

346 GroßkommAktG/*Wiedemann* § 181 Rn 25; *Baums* S. 64 ff; *Bokelmann* DB 1994, 1341 (1344).

347 Ausführlich zu diesem Grundgedanken des Beschlussmängelrechts *J. Koch* ZHR 182 (2018), 378 (382 ff).

Schwerer fällt die Entscheidung zwischen den beiden erstgenannten Meinungsgruppen. Die herrschende differenzierende Ansicht hat den Vorzug, dass sie – anders als die Lösung des Kammergerichts – der **Kontrollfunktion** des Registerverfahrens Rechnung trägt, die es verbietet, dass der Registerrichter über einen Gesetzesverstoß hinwegsieht. Gerade bei Regelungen, die überwiegend im öffentlichen Interesse bestehen, kann die Geltendmachung eines Verstoßes nicht allein in die Hände des einzelnen Aktionärs gelegt werden, da diesem für ein Tätigwerden oft der persönliche Anreiz fehlen wird. Die Folge wäre eine **Untersicherung von Normativbestimmungen**, welche die allgemeine Ordnung des Aktienwesens mitbestimmen.[348] Auch kann es aus Gründen der Rechtssicherheit durchaus sinnvoll erscheinen, die Grenzen des § 241 Nr. 3 AktG nicht übermäßig auszudehnen und die Legalitätskontrolle jedenfalls dort, wo Drittinteressen unterhalb der Nichtigkeitsschwelle berührt sind, stattdessen in die Hände des Registerrichters zu legen.[349] Nicht zu verkennen ist jedoch, dass mit dieser Differenzierung die **Überforderung des Registerrichters** im beschlussmängelrechtlichen System der Rechtsfolgendifferenzierung noch zusätzlich verstärkt wird. Die Registerpraxis wird damit nicht nur mit der Aufgabe konfrontiert, den Rechtsverstoß als solchen zu identifizieren und ihn in die ohnehin schon nicht trennscharf voneinander abzugrenzenden Kategorien der Anfechtbarkeit oder Nichtigkeit einzuordnen, sondern überdies auch noch die divergierenden Schutzzwecke gläubigerschützender Vorschriften gegeneinander abzuwägen. Dass diese Auffassung gerade in der Registerpraxis auf Skepsis stößt, ist deshalb nachzuvollziehen. Auch hier zeigt sich abermals die schon früher konstatierte stiefmütterliche Behandlung der Rolle des Registergerichts in der sonst so umfassenden beschlussmängelrechtlichen Diskussion.[350] Sie muss in der Gesetzgebung ebenso wie in der Gesetzesanwendung dringend überdacht und bei dieser Gelegenheit auch die Abstimmung mit dem Freigabeverfahren systematisch stimmig nachjustiert werden.

113 **d) Firmenzulässigkeit.** Eine ausdrückliche Einschränkung der Prüfungskompetenz des Registerrichters ist im HGB in § 18 Abs. 2 S. 2 vorgesehen. Die Eignung einer Firma zur **Irreführung** wird bei ihrer Eintragung oder Änderung (§§ 29, 31 Abs. 1) im Rahmen eines Missbrauchs- (§ 37 Abs. 1) oder Amtslöschungsverfahrens (§ 395 FamFG) nur dann vom Registergericht berücksichtigt, wenn sie „ersichtlich" ist.[351] Mit dieser durch das HRefG (Rn 6) eingeführten Änderung sollte einer in der Vergangenheit als übermäßig penibel empfundenen Prüfungspraxis der Registergerichte entgegengewirkt werden, die zu den tatsächlich existierenden Irreführungsgefahren für den Rechtsverkehr in keinem Verhältnis mehr stand.[352] Nunmehr soll sich das Registergericht darauf beschränken, „nur ein gewisses **Grobraster** an die Prüfung der Irreführungseignung" anzulegen, um zu verhindern, dass solche Firmenbestandteile zur Eintragung gelangen, „bei denen die Täuschungsabsicht nicht allzu fern liegt und ohne umfangreiche Beweisaufnahme bejaht werden kann."[353] Zur nur noch eingeschränkten Einbeziehung der Industrie- und Handelskammer vgl. Rn 20.

114 Da zu dieser verfahrensrechtlichen Einschränkung auch noch die materiell-rechtliche Einschränkung tritt, dass eine Eignung zur Irreführung nur dann beanstandet werden darf, wenn sie „für die angesprochenen Verkehrskreise wesentlich ist", ist die präventive registergerichtliche Kontrolle insgesamt stark eingeschränkt worden. Dennoch könnte ihre Effizienz durch eine **Veränderung der tatsächlichen Rahmenbedingungen** insgesamt gesteigert worden sein, da es dem Registergericht im Rahmen einer Online-Registerführung wesentlich leichter möglich

348 *Lutter* NJW 1969, 1873 (1878).
349 *Lutter* NJW 1969, 1873 (1878).
350 Vgl. zu diesem Befund schon *J. Koch*, Gutachten F zum 72. Deutschen Juristentag, 2018, S. 67.
351 Zur Geltung dieser Vorschrift auch im Missbrauchs- und im Amtslöschungsverfahren vgl. RegE HRefG, BT-Drucks. 13/8444, S. 54; zur Parallele zu § 37 Abs. 3 MarkenG vgl. *Fezer* ZHR 161 (1997), 52 (63).
352 RegE HRefG, BT-Drucks. 13/8444, S. 36.
353 RegE HRefG, BT-Drucks. 13/8444, S. 54.

sein wird, bestehende und bereits eingetragene gleichartige Firmen zu ermitteln.[354] Die Verhinderung irreführender Firmen wird damit weitgehend der privaten Initiative überlassen, da zumindest die verfahrensrechtliche Einschränkung der Ersichtlichkeit in § 18 Abs. 2 S. 2 für **zivil- und wettbewerbsrechtliche Unterlassungsklagen** nach § 37 Abs. 2 oder nach § 8 UWG keine Geltung beansprucht.[355]

e) Ausländer als Organmitglieder. Umstritten ist, welche Prüfungen das Registergericht vorzunehmen hat, wenn ein Ausländer zum Organmitglied einer Kapitalgesellschaft bestellt wird. Für **Staatsangehörige eines EU-Mitgliedstaats** existieren wegen der Grundfreiheiten des Gemeinschaftsrechts von vornherein keine Bedenken.[356] Auch für sonstige Ausländer stellt das materielle Gesellschaftsrecht – nach den im Zuge des MoMiG (Rn 84) erfolgten Präzisierungen[357] – insofern keine einschränkenden Anforderungen auf. Dennoch standen mehrere Oberlandesgerichte auf dem Standpunkt, dass ein Geschäftsleiter zumindest aufgrund einer **Aufenthalts- oder Arbeitserlaubnis** in der Lage sein müsse, jederzeit nach Deutschland einzureisen, um seine Pflichten erfüllen zu können.[358] Die hM ist dem zu Recht nicht gefolgt.[359] Dafür spricht bereits, dass dem Gericht materiellrechtlich keine Macht über die Geschäftsführerbestellung zukommt, ihm vielmehr nur die erfolgte Bestellung mitgeteilt wird. Um ein Prüfungsrecht und die Verweigerung der Eintragung zu legitimieren, müsste also schon im Vorfeld die Unwirksamkeit der Bestellung begründet werden, indem man ein Bestellungshindernis analog § 76 Abs. 3 AktG, § 6 Abs. 2 GmbHG annimmt.[360] Ein solcher Analogieschluss ist jedoch im Hinblick auf den Ausnahmecharakter der Vorschriften bedenklich.[361] Überdies besteht dafür in der Sache kein dringendes Bedürfnis, da der Einsatz moderner Kommunikationsmittel es auch dem körperlich abwesenden Geschäftsleiter ermöglicht, seinen Pflichten nachzukommen.[362] 115

VIII. Die Rechtsfolgen der Eintragung

1. Deklaratorische Bedeutung und konstitutive Wirkung

a) Abgrenzung. Die Rechtsfolgen der Handelsregistereintragung sind nicht einheitlich, sondern im Gesetz in unterschiedlichster Form ausgestaltet. Nach einer geläufigen, wenn auch nicht unbestrittenen Einteilung sind namentlich Eintragungen mit deklaratorischer und mit konstitutiver Wirkung zu unterscheiden.[363] **Konstitutiv** wirkt eine Eintragung immer dann, wenn sie Tatbestandsvoraussetzung für den Eintritt einer bestimmten Rechtsfolge ist. So wird etwa eine Satzungsänderung bei einer Kapitalgesellschaft nach §§ 181 Abs. 3 AktG, 54 Abs. 3 116

354 Vgl. dazu auch RegE EHUG, BT-Drucks. 16/960, S. 58.
355 RegE HRefG, BT-Drucks. 13/8444, S. 54; die materiell-rechtlichen Maßstäbe sind hingegen mittlerweile angeglichen worden – vgl. dazu auch Ebenroth/Boujong/Joost/Strohn/*Reuschle* § 18 Rn 38, 69 ff.
356 EuGH NZG 1998, 809 (811); *Altmeppen* § 6 Rn 43.
357 Bestellhindernis bei Verurteilung im Ausland nach §§ 76 Abs. 3 S. 4 AktG, 6 Abs. 2 S. 4 GmbHG.
358 OLG Hamm ZIP 1999, 1919; OLG Köln GmbHR 1999, 182 (183); OLG Zweibrücken NJW-RR 2001, 1689 (1690).
359 OLG Dresden NZG 2003, 628; OLG Düsseldorf GmbHR 1978, 110; OLG Düsseldorf NZG 2009, 678 f; OLG München NZG 2010, 157 f; OLG Zweibrücken FGPrax 2010, 310 f; *Altmeppen* § 6 Rn 42; Noack/Servatius/Haas/*Beurskens* GmbHG § 6 Rn 11; Ebenroth/Boujong/Joost/Strohn/*Schaub* Rn 159 ff; Michalski/Heidinger/Leible/J. Schmidt/*Tebben* § 6 Rn 32; MünchKommHGB/*Krafka* Rn 82; Oetker/*Preuß* Rn 108; *Bohlscheid* RNotZ 2005, 505 (525 f); *Ries* NZG 2010, 298 (299 f); *Schaub* DStR 1999, 1746; *Wachter* ZIP 1999, 1577 (1581).
360 Vgl. nur OLG Zweibrücken NJW-RR 2001, 1689 (1690).
361 *Altmeppen* § 6 Rn 43; *Melchior* DB 1997, 413 (414 f); *Wachter* MittBayNot 1999, 534 (535) mwN.
362 *Altmeppen* § 6 Rn 43; Noack/Servatius/Haas/*Beurskens* GmbHG § 6 Rn 11.
363 Vgl. zum Folgenden Röhricht/v. Westphalen/Haas/*Ries* Rn 52 ff; Fleischhauer/*Wochner* Kap. A Rn 12 ff; *Hübner* Rn 117; *K. Schmidt* ZHR 163 (1999), 87 (88 ff); *Adler* S. 21 f.

GmbHG erst mit der Eintragung wirksam. Hier konstitutiert die Eintragung also erst die neue Satzungsregelung, sie verändert die materielle Rechtslage. Eine konstitutive Wirkung wird vom Gesetzgeber in der Regel (zu Ausnahmen vgl. Rn 3 mit Fn 6) in den Fällen angeordnet, in denen die Kontrolle durch das Gericht oder die ordnungsgemäße Publizierung als derart wichtig angesehen wird, dass die Eintragung schon in den die Rechtsfolgen begründenden Tatbestand aufgenommen wird.[364] Ihr kommt besondere Bedeutung im Kapitalgesellschaftsrecht zu, wo die Eintragungsvoraussetzung sicherstellen soll, dass die **gesetzlichen Normativbestimmungen** für die Entstehung der Gesellschaft eingehalten worden sind.[365]

117 Als **deklaratorisch** wird eine Eintragung dann bezeichnet, wenn das nach außen hin publizierte Rechtsverhältnis schon außerhalb des Registerverfahrens wirksam entstanden ist, weil die Eintragung keine Tatbestandsvoraussetzung ist. So setzt die Entstehung der Kaufmannseigenschaft nach § 1 nicht die Handelsregistereintragung voraus, sondern begründet vielmehr erst ihrerseits eine Anmeldepflicht (§ 29). Die Eintragung bewirkt insoweit nichts, sondern verlautbart nur, was ohnehin schon gilt. Deshalb sollte nicht von einer deklaratorischen „Wirkung", sondern von einer **deklaratorischen „Bedeutung"** gesprochen werden.[366]

118 Neben dieser terminologischen Ungenauigkeit hat die Unterscheidung zwischen deklaratorischer und konstitutiver Wirkung aber auch deshalb Kritik hervorgerufen, weil eine Eintragung **unterschiedliche Rechtsfolgen** auslösen kann und dabei in dem einen rechtlichen Kontext konstitutive Wirkung, in dem anderen hingegen nur deklaratorische Bedeutung haben kann.[367] So ist für das wirksame Ausscheiden eines Gesellschafters aus einer OHG die Eintragung nach § 143 Abs. 1 nicht erforderlich; der Eintragung kommt insofern also nur deklaratorische Bedeutung zu. Hinsichtlich des Verjährungsbeginns nach § 160 Abs. 1 S. 2 und des Ausschlusses der Rechtsscheinhaftung nach § 15 Abs. 2 kann hingegen bei derselben Eintragung von einer konstitutiven Wirkung gesprochen werden.[368]

119 Dieser berechtigten Kritik ist in der Weise Rechnung zu tragen, dass die Bezeichnung als deklaratorisch oder konstitutiv ausschließlich **am Maßstab der konkret eingetragenen Rechtstatsache**, nicht aber anhand sonstiger Rechtsfolgen beurteilt wird. Als deklaratorisch ist eine Eintragung also nicht erst dann zu bezeichnen, wenn sie überhaupt keine Rechtsfolgen auslöst,[369] sondern wenn speziell die eingetragene Rechtstatsache in ihrer Entstehung nicht von der Eintragung abhängig ist.[370] Damit werden zwar nicht sämtliche Abgrenzungszweifel beseitigt (s. noch Rn 121 f), doch erlaubt es dieses Begriffsverständnis, die Unterscheidung zwischen deklaratorischer Bedeutung und konstitutiver Wirkung als „hilfreiche Denkfigur"[371] in einer zumindest für den Regelfall gut handhabbaren Form aufrechtzuerhalten.

120 **b) Einzelfälle.** Nach dieser Maßgabe sind als **deklaratorisch** beispielsweise einzuordnen: die Eintragung eines Kaufmanns i.S.d. § 1, die Erteilung oder das Erlöschen der Prokura (§ 53), die Eintragung einer OHG nach § 105 Abs. 1 (nicht aber nach § 105 Abs. 2!), soweit der Geschäftsbeginn vor der Eintragung liegt (§ 123 – s. noch Rn 122), oder die Eintragung der Auflösung einer Gesellschaft (§ 143 Abs. 1). Weitere Beispiele aus dem Kapitalgesellschaftsrecht sind in Rn 39 aufgezählt. **Konstitutive Wirkung** kommt hingegen etwa den Eintragungen nach §§ 2, 3 Abs. 2

---

364 Röhricht/v. Westphalen/Haas/*Ries* Rn 53; *Ehrenberg* in: Ehrenbergs Hdb., Band I, S. 535.
365 *Ehrenberg* in: Ehrenbergs Hdb., Band I, S. 535 f.
366 Staub/*Hüffer*[4] Rn 78.
367 Fleischhauer/*Wochner* Kap. A Rn 14; *K. Schmidt* UnternehmensR I § 13 II 2; *ders.* ZHR 163 (1999), 87 (88); *Hager* Jura 1992, 57 (58); *Kreutz* Jura 1982, 626 (629 f).
368 Beispiel nach *Hager* Jura 1992, 57 (58).
369 Ein solches Verständnis müsste regelmäßig schon an § 15 scheitern.
370 *Canaris* HandelsR § 4 Rn 13; von diesem Vorschlag nicht überzeugt *K. Schmidt* ZHR 163 (1999), 87 (88 Fn 5).
371 *K. Schmidt* UnternehmensR I § 13 II 2.

und 105 Abs. 2 zu (vgl. Rn 41). Weitere Beispiele aus dem Kapitalgesellschaftsrecht sind in Rn 42 ff. genannt.

121 Bei einigen Fallgruppen lässt sich **keine klare Zuordnung** als konstitutiv oder deklaratorisch durchführen, weshalb diese Sachverhalte z.T. auch als „Eintragungen von besonderer Eigenart"[372] oder Fälle „potenzieller Konstitutivität"[373] bezeichnet werden. So ist die **Eintragung einer KG** nicht Tatbestandsvoraussetzung für deren Entstehen und hat insofern nur deklaratorische Bedeutung. Die Beschränkung der Kommanditistenhaftung greift aber wegen § 176 erst mit der Eintragung ein, so dass ihr aus diesem Blickwinkel konstitutive Wirkung zukommt.[374] Hinsichtlich der Haftung ist weiterhin zwischen **Innen- und Außenverhältnis** zu unterscheiden.[375] Der bloße Vertragswille reicht aus, um die Haftung im Innenverhältnis auf den vereinbarten Betrag zu beschränken, also dem Kommanditisten einen Freistellungsanspruch oder bei Inanspruchnahme einen Ausgleichsanspruch gegen seine Mitgesellschafter zu gewähren. Im Außenverhältnis besteht der Tatbestand, an den das Gesetz den Eintritt der Haftungsbeschränkung knüpft, dagegen aus dem Vertrag und alternativ aus der Eintragung oder der Kenntnis des Gläubigers von der Haftungsbeschränkung.

122 Nicht anders liegt es in den Fällen der **§§ 25 Abs. 2, 28 Abs. 2**: Der Haftungsausschluss hat nur dann Außenwirkung, wenn zu der Vereinbarung ihre Eintragung mit Bekanntmachung oder ihre Mitteilung hinzutritt. Ähnlich gelagert ist schließlich auch die **Eintragung einer OHG** nach § 105 Abs. 1. Im Innenverhältnis entsteht die Gesellschaft bereits mit dem Vertragsschluss nach § 105 Abs. 1, während für die Entstehung im Außenverhältnis alternativ an die Eintragung im Handelsregister oder die Aufnahme des Geschäftsbetriebs abgestellt wird (§ 123). Zu § 5 s. die Ausführungen dort unter Rn 5 f.

2. Die beweisrechtliche Bedeutung des Registereintrags

123 Die inhaltliche Richtigkeit des Registereintrags ist als **fremde Behauptung von Rechtstatsachen im Prozess** am Maßstab allgemeiner Grundsätze zu beweisen.[376] Nach einer Auffassung folgt aus dem Registereintrag eine Beweislastumkehr;[377] andere sprechen ihm die Wirkung eines Anscheinsbeweises oder einer tatsächlichen Vermutung zu.[378] Zu folgen ist der Einordnung als **Anscheinsbeweis.**[379] Dem Institut der tatsächlichen Vermutung ist ohnehin die Berechtigung als eigenständige Kategorie der Beweiserleichterung generell abzusprechen.[380] Auch die Annahme einer Beweislastumkehr überzeugt nicht, weil es dafür an einer hinreichend tragfähigen Rechtsgrundlage fehlt. Aus Spezialregelungen wie § 32 GBO und § 9 Abs. 3 a.F. lässt sich keine allgemeine Vermutungswirkung herleiten, da sie explizit auf den Nachweis gegenüber Behörden beschränkt worden sind.[381] Auch die richterliche Anmeldungsprüfung ist nicht hinreichend tragfähig, um eine Vermutung zu begründen, weil an die materielle Prüfung in der Praxis nur

372 *Göppert* Eintragungen in das Handelsregister von besonderer Eigenart, 1934; dagegen *Hager* Jura 1992, 57 (58).
373 *K. Schmidt* JuS 1977, 209 (210 f); wieder anders Koller/Kindler/Roth/Drüen/*Roth* Rn 13: „(an sich) rechtsbekundende Eintragungen mit rechtsbegründender Wirkung".
374 Fleischhauer/*Wochner* Kap. A Rn 14; *K. Schmidt* UnternehmensR *I* § 13 II 2.
375 Ausführlich zum Folgenden *Mattheus/Schwab* ZGR 2008, 65 (67).
376 Vgl. zum Folgenden *J. Koch/Rudzio* ZZP 122 (2009), 37 (40 ff).
377 Ensthaler/*Gesmann-Nuissl* Rn 32; Röhricht/v. Westphalen/Haas/*Ries* Rn 57; *Brand* ZBlHR 1928, 97 (98 f); *Kuttner* JherJb. 61 (1912), 109 (169 f).
378 Für einen Anscheinsbeweis Heymann/*Förster* HGB Rn 32; Hopt/*Merkt* § 9 Rn 4; Koller/Kindler/Roth/Drüen/*Roth* Rn 15; MünchKommHGB/*Krafka* § 9 Rn 20; Schlegelberger/*Hildebrandt* Rn 29; *Canaris* HandelsR § 4 Rn 14; *Krafka* Rn 3; *J. Koch/Rudzio* ZZP 122 (2009), 37 (40 ff). Für eine tatsächliche Vermutung BayObLGZ 1928 A 772 (774); KG OLGR 9, 246 (248); *Thöne* Der öffentliche Glaube des Handelsregisters, 1911, S. 34.
379 Vgl. zum Folgenden bereits *J. Koch/Rudzio* ZZP 122 (2009), 37 (40 ff).
380 Vgl. dazu MünchKommZPO/*Prütting* § 292 Rn 28; Zöller/*Greger* Vor § 284 Rn 33.
381 *Menold* S. 148; **aA** *Ehrenberg* in: Ehrenbergs Hdb., Band I, S. 622.

geringe Anforderungen gestellt werden (vgl. dazu ausführlich unter Rn 79 ff, 85 ff).[382] Der **Anscheinsbeweis** fügt sich dagegen systemgerecht in die Beweiswürdigung ein. Da Eintrag und Wirklichkeit im Regelfall übereinstimmen, erscheint es sachgerecht, einen entsprechenden Erfahrungssatz anzunehmen.

124 Im **Behördenverkehr** hat der Gesetzgeber u.a. mit § 32 GBO, § 69 BGB und § 26 Abs. 2 GenG ausdrückliche Regelungen zur Nachweiswirkung eines Registerzeugnisses erlassen. Die in § 9 Abs. 3 a.F. vorgesehene allgemeinere Form des Zeugnisses wurde im Zuge des EHUG (Rn 7) gestrichen. Zur Nachweiskraft des Registerzeugnisses gegenüber Behörden wird vertreten, es erbringe den Beweis des ersten Anscheins; die Behörde könne aber weitere Nachweise fordern.[383] Nach der Gegenauffassung muss sich die Behörde mit dem Zeugnis zufrieden geben und darf nur dann weitere Nachweise fordern, wenn sie Zweifel hat, die sich auf konkrete Tatsachen stützen.[384] Nicht nur der Wortlaut der einschlägigen Vorschriften, sondern auch die teleologische Einordnung als Nachweiserleichterungen sprechen für eine **umfassende Beweiswirkung.**[385]

125 Die **spezifische Beweiswirkung**, die bislang dem Registerzeugnis im Behördenverkehr zugewiesen wurde (Rn 124), soll künftig auch schon der **Registereintragung als solcher** zukommen.[386] Den Gesetzesmaterialien zum EHUG (Rn 7) kann entnommen werden, dass die Streichung des § 9 Abs. 3 a.F. (Rn 124) nicht dazu führen sollte, den erleichterten Nachweis im Behördenverkehr einzuschränken; es sollte allein die nicht mehr zeitgemäße Nachweisform des Registerzeugnisses abgeschafft werden.[387] Der Behörde wird nicht nur gestattet, auf die online zugänglichen Daten ebenso zu vertrauen wie auf das frühere Registerzeugnis, sondern sie wird auch in der Pflicht gesehen, sich diese Einsicht zu verschaffen. Im Behördenverkehr erbringt daher auch der bloße Registereintrag den vollen Beweis für den bezeugten Umstand.

3. Heilung

126 In einzelnen Vorschriften des materiellen Rechts wird aus Gründen der **Rechtssicherheit** angeordnet, dass mit der Registereintragung etwaige Mängel des zugrunde liegenden Rechtsverhältnisses geheilt werden können.[388] Als Beispiele sind etwa §§ 20 Abs. 1 Nr. 4, 202 Abs. 1 Nr. 3 UmwG oder § 242 AktG zu nennen, der im GmbH-Recht entsprechende Anwendung findet.[389] Umstritten ist, ob die Registereintragung allein genügt, um einen Personengesellschaftsvertrag im Sinne der Lehre von der **fehlerhaften Gesellschaft** „in Vollzug zu setzen". Richtigerweise ist diese Frage zu verneinen, da die besonderen Schwierigkeiten in der Rückabwicklung noch nicht allein durch die Registereintragung begründet werden.[390] Es ist daher erforderlich, dass die Gesellschaft ihre Tätigkeit nach außen hin aufnimmt, was durch die Registereintragung allenfalls indiziert werden kann.[391]

382 **AA** Röhricht/v. Westphalen/Haas/*Ries* Rn 57.
383 MünchKommHGB/*Krafka* § 9 Rn 20.
384 Röhricht/v. Westphalen/Haas/*Ries* § 9 Rn 15; Schlegelberger/*Hildebrandt* § 9 Rn 8; *J. Koch*/*Rudzio* ZZP 122 (2009), 37 (47 ff).
385 Vgl. *J. Koch*/*Rudzio* ZZP 122 (2009), 37 (47 ff).
386 Ausführlich zum Folgenden *J. Koch*/*Rudzio* ZZP 122 (2009), 37 (49 ff).
387 Vgl. Stellungnahme des Bundesrates zum RegE EHUG, BT-Drucks. 16/960, S. 75.
388 Vgl. zum Folgenden *Krafka* Rn 191.
389 Vgl. etwa *Altmeppen* Anh. § 47 Rn 29; *Noack*/Servatius/Haas Anh. § 47 Rn 73 ff; ausführlich *Casper* Die Heilung nichtiger Beschlüsse im Kapitalgesellschaftsrecht, 1998, S. 325 ff.
390 Ausführlich zu diesen Schwierigkeiten *C. Schäfer* Die Lehre vom fehlerhaften Verband, 2002, S. 22 ff.
391 So zutr. BeckOGK-HGB/*Sanders* § 105 Rn 542; Ebenroth/Boujong/Joost/Strohn/*Wertenbruch* § 105 Rn 314; MünchKommHGB/*Fleischer* § 105 Rn 492; Röhricht/v. Westphalen/Haas/*Haas* § 105 Rn 41; *C. Schäfer* Die Lehre vom fehlerhaften Verband, 2002, S. 149 ff, 157 ff; *Goette* DStR 1996, 266 (268); **aA** Ensthaler/*Ensthaler* § 105 Rn 23; Koller/Kindler/Roth/Drüen/*Kindler* § 105 Rn 26; *Krafka* Rn 191; *A. Hueck* OHG § 7 III 6.

IX. Die Entscheidungen des Registergerichts; Rechtsmittel und Rechtsbehelfe

1. Die Entscheidungen des Registergerichts

Das Registergericht kann **vier Entscheidungen** treffen: Es kann die beantragte Eintragung selbst vornehmen oder die Eintragung durch den Urkundsbeamten verfügen (§§ 25 Abs. 1, 27 Abs. 1 HRV); es kann den Eintragungsantrag ablehnen (§ 26 HRV); es kann den Antragsteller durch Zwischenverfügung auffordern, Mängel der Anmeldung zu beseitigen oder zusätzliche Informationen zu geben (§ 382 Abs. 4 S. 1 FamFG); schließlich ist es unter den Voraussetzungen des § 21 FamFG berechtigt, das Verfahren auszusetzen (vgl. § 16 Rn 6 ff).[392] 127

Bei **ordnungsgemäßer Anmeldung** hat das Registergericht kein Ermessen; es muss die Eintragung unverzüglich vornehmen.[393] Die Vorgabe der „unverzüglichen" Eintragung ist durch das EHUG (Rn 7) in § 25 Abs. 1 S. 2 HRV übernommen worden.[394] Aus der Pflicht zur unverzüglichen Eintragung folgt, dass es dem Registerrichter auch verwehrt ist, durch die Verweigerung der Eintragung **faktischen Registerzwang** auszuüben, um den Betroffenen zur Erfüllung weiterer Pflichten zu veranlassen (vgl. dazu noch ausführlich § 14 Rn 12). Für Änderung eingetragener Angaben sieht § 26 HRV eine Höchstfrist von 21 Tagen vor (s. dazu noch § 9b Rn 17). Weist die Anmeldung Mängel auf, so hängt der weitere Verfahrensgang davon ab, ob der Mangel behebbar ist oder nicht.[395] 128

Im Regelfall ist ein **Anmeldungsmangel behebbar**, etwa weil eine Anmeldung lediglich unvollständig ist. In diesem Fall darf die Anmeldung nicht sofort zurückgewiesen werden, sondern es ist grundsätzlich eine **Zwischenverfügung** zu erlassen, mit der das der Eintragung entgegenstehende Hindernis bezeichnet und dem Antragsteller die Möglichkeit zu seiner Beseitigung eingeräumt wird (§ 382 Abs. 4 S. 1 FamFG).[396] Die **dogmatische Einordnung** der Zwischenverfügung ist umstritten: Während einige Instanzgerichte und ein Teil des Schrifttums einen Beschluss i.S.d. § 38 FamFG für erforderlich halten,[397] gehen andere von einer schlichten Verfügung aus.[398] Die **Wirksamkeit** der Zwischenverfügung gem. § 382 Abs. 4 S. 1 FamFG setzt ebenso wie im Grundbuchverfahren (§ 18 Abs. 1 S. 1 GBO) voraus, dass das Gericht dem Antragsteller eine **angemessene Frist** zur Beseitigung des Hindernisses setzt; das Schrifttum hält eine Frist von mindestens vier Wochen für erforderlich.[399] Unzulässig ist eine Zwischenverfügung, die darauf abzielt, den Antragsteller zur Rücknahme der Anmeldung zu bewegen.[400] Dies gilt auch für Zwischenverfügungen, die auf eine inhaltliche Abänderung der eingereichten Abmel- 129

392 Vgl. dazu auch BeckOGK-HGB/*Beurskens* Rn 37 ff, der in Rn 42 zusätzlich die Möglichkeit einer formlosen Beanstandung (Hinweis nach § 28 FamFG) erwähnt.

393 BGHZ 113, 335 (352) = NJW 1991, 1754; Ebenroth/Boujong/Joost/Strohn/*Schaub* Rn 177; *Melchior/Schulte* § 25 Rn 14 ff.

394 Der Regierungsentwurf sah für Bargründungen von Kapitalgesellschaften noch weitergehend eine Fristverkürzung auf fünf Werktage vor (RegE EHUG, BT-Drucks. 16/960, S. 18 und 58 f), die allerdings als zu starr empfunden und deshalb nicht in den Verordnungstext übernommen wurde (Bericht Rechtsausschuss, BT-Drucks. 16/2781, S. 86 f).

395 Zur Zulässigkeit informeller Abstimmungen mit dem Registergericht, um mangelhafte Anmeldungen zu vermeiden, s. *Schulz* NJW 2016, 1483 (1484 ff). Vgl. ferner § 9 Rn 45 f.

396 Vgl. auch OLG Hamburg NJW 1960, 870 (872); OLG Düsseldorf NJW-RR 2018, 166 Rn 12; Fleischhauer/*Wochner* Kap. A Rn 160 ff; *Holzer* ZNotP 2009, 210 ff; *Krafka* NZG 2019, 9 ff; *Vossius* ZGR 2009, 366 (405 ff). Zur Möglichkeit, Zwischenverfügungen mehrfach zu erlassen, s. OLG Hamm NJW-RR 2021, 1340 Rn 8; AG Aachen BeckRS 2011, 21098 (im Zusammenhang mit einem Ablehnungsantrag wegen Besorgnis der Befangenheit).

397 So etwa OLG Düsseldorf NJW-RR 2012, 1124; NZG 2014, 109; NZG 2017, 663; FGPrax 2019, 175; OLG Schleswig RNotZ 2011, 314; Keidel/*Heinemann* FamFG § 382 Rn 25.

398 Dafür etwa OLG Karlsruhe NZG 2019, 864; *Krafka* NZG 2019, 9 (11).

399 S. Keidel/*Heinemann* FamFG § 382 Rn 26; *Holzer* ZNotP 2009, 210 (215).

400 BayObLGZ 1987, 449 (450 f); Hopt/*Merkt* Rn 10.

dung abzielen.[401] Das Registergericht darf auch nicht in Form der Zwischenverfügung entscheiden, wenn der Anmeldende ernsthaft und endgültig zu erkennen gibt, dass er nicht gewillt ist, die Anmeldung entsprechend den vom Registergericht genannten Anforderungen zu ergänzen.[402]

130 Eine **Zurückweisung** erfolgt nur in den seltenen Fällen, in denen eine vorangegangene Zwischenverfügung nicht zur Beseitigung des Hindernisses geführt hat oder in denen ein **unbehebbarer Mangel** vorliegt, was namentlich dann eintreten kann, wenn die Eintragung einer nicht eintragungsfähigen Tatsache beantragt wurde.[403] In diesem Fall erlässt das Gericht einen (begründeten) **Zurückweisungsbeschluss** nach § 26 HRV. Alternativ hat es allerdings auch die – in der Praxis oft genutzte – Möglichkeit, dem Antragsteller auf informellem Wege die (kostengünstige) Rücknahme seines Antrags nahezulegen.[404] Eine nur teilweise Zurückweisung ist nicht möglich; insofern muss auf das Instrument der Zwischenverfügung (Rn 129) zurückgegriffen werden.[405]

131 Zur **Aussetzung** der Entscheidung nach § 21 FamFG wird sich das Gericht entschließen, wenn die Entscheidung von der Beurteilung eines streitigen Rechtsverhältnisses abhängig ist. Da das Registergericht grundsätzlich die Sach- und Rechtslage selbst zu prüfen hat, darf es nicht nach freiem Belieben aussetzen, sondern hat nach **pflichtgemäßem Ermessen** die sachlichen Gründe abzuwägen, die für oder gegen eine Aussetzung sprechen.[406] Dabei ist insbesondere das Interesse des Anmelders an einem beschleunigten Vollzug zu berücksichtigen.[407] Ist ein Rechtsstreit noch nicht anhängig, hat das Gericht auch die Möglichkeit, einem der Beteiligten nach pflichtgemäßem Ermessen eine angemessene Frist zur Erhebung der Klage zu setzen.[408] Wird die Klage innerhalb dieser Frist nicht erhoben, so muss das Gericht das Verfahren wieder aufnehmen und selbst in der Sache entscheiden.[409]

2. Rechtsmittel und Rechtsbehelfe

132 **a) Beschwerde als regulärer Rechtsbehelf.** Da das Registerverfahren der Freiwilligen Gerichtsbarkeit zugeordnet ist, gelten für Rechtsmittel grundsätzlich die §§ 58–75 FamFG. Nach § 58 Abs. 1 FamFG findet gegen die im ersten Rechtszug ergangenen Endentscheidungen der Amtsgerichte in Angelegenheiten nach dem FamFG die Beschwerde statt, für die gem. § 119 Abs. 1 Nr. 1b GVG das Oberlandesgericht zuständig ist. Die Beschwerde ist nach § 63 Abs. 1 FamFG innerhalb einer Frist von einem Monat einzulegen. Die Frist beginnt nach § 63 Abs. 3 FamFG jeweils mit der schriftlichen Bekanntgabe des Beschlusses, spätestens mit Ablauf von fünf Monaten nach Erlass des Beschlusses.[410] Nach § 64 Abs. 1 FamFG ist die Beschwerde bei dem Gericht einzulegen, dessen Beschluss angefochten wird. Auf diese Weise wird ihm die Möglichkeit gegeben, der Beschwerde abzuhelfen. Ist es dazu nicht bereit, hat es die Beschwerde unverzüglich dem Beschwerdegericht vorzulegen (§ 68 Abs. 1 FamFG). Seit dem dritten Gesetz

---

401 Vgl. BGH NZG 2021, 1564 Rn 11; OLG Düsseldorf NJW-RR 2018, 166 Rn 12; OLG Oldenburg NJW-RR 2017, 28 Rn 6.

402 KG BeckRS 2021, 50283 Rn 18 f; OLG Düsseldorf NJW-RR 2013, 746; NZG 2018, 381 Rn 10; NZG 2020, 222 Rn 10.

403 Fleischhauer/*Wochner* Kap. A Rn 158; *Krafka* Rn 192.

404 Fleischhauer/*Wochner* Kap. A Rn 160; *Krafka* Rn 192; vgl. zu den Kosten auch *Melchior/Schulte* § 26 Rn 2.

405 Hopt/*Merkt* Rn 10; Ensthaler/*Gesmann-Nuissl* Rn 27.

406 Zu den maßgeblichen Gesichtspunkten OLG Karlsruhe NZG 2016, 946 Rn 14 ff.

407 OLG Karlsruhe NZG 2016, 946 Rn 17; Fleischhauer/*Wochner* Kap. A Rn 165.

408 Ebenroth/Boujong/Joost/Strohn/*Schaub* Rn 178.

409 BayObLG DNotZ 1997, 81 (82 f); OLG Zweibrücken Rpfleger 1990, 77; Ebenroth/Boujong/Joost/Strohn/*Schaub* Rn 178; Röhricht/v. Westphalen/Haas/*Ries* Rn 44; Fleischhauer/*Wochner* Kap. A Rn 165.

410 Durch Einfügung des Wortes „jeweils" im Zuge des FGG-RG sollte klargestellt werden, dass bei mehreren Beteiligten die jeweilige individuelle Bekanntgabe ausschlaggebend ist; vgl. Bericht Rechtsausschuss, BT-Drucks. 16/9733, S. 288.

zur Änderung des Rechtspflegergesetzes vom 6.8.1998[411] ist die Beschwerde gem. § 11 Abs. 1 RpflG auch für Entscheidungen des **Rechtspflegers** der statthafte Rechtsbehelf (zur Zuständigkeitsverteilung vgl. Rn 16). Die früher gegen sämtliche Entscheidungen des Rechtspflegers zu erhebende **Erinnerung** zum Richter der gleichen Instanz ist nur noch gegen Entscheidungen zulässig, bei denen nach den allgemeinen verfahrensrechtlichen Vorschriften ein Rechtsmittel nicht gegeben ist (§ 11 Abs. 2 RpflG). Sie ist nach § 11 Abs. 2 S. 1 RpflG innerhalb einer Frist von zwei Wochen zu erheben. Als weitere Rechtsbehelfe sind im Zwangs- und Ordnungsgeldverfahren der Einspruch (§ 390 FamFG), im Amtslöschungsverfahren der Widerspruch (§§ 393 ff FamFG) zu nennen.

b) Beschwerdegegenstand. Gegenstand der Beschwerde können nach § 58 Abs. 1 FamFG alle im ersten Rechtszug ergangenen Endentscheidungen sein. Darunter fallen gemäß der Legaldefinition in § 38 Abs. 1 FamFG alle Entscheidungen, die über den Verfahrensgegenstand in der Instanz ganz oder teilweise abschließend entscheiden. Speziell für Registersachen wird nunmehr aber im Anschluss an die schon bislang ganz herrschende Meinung[412] durch § 383 Abs. 3 FamFG klargestellt, dass die **Eintragung in das Handelsregister** aus Gründen der Rechtssicherheit **nicht rechtsmittelfähig** ist, da eine ex tunc wirkende richterliche Aufhebung der Eintragung den Schutz des § 15 rückwirkend beseitigen würde. Der Betroffene ist daher auf die Einleitung eines **Amtslöschungsverfahrens** nach §§ 395, 396 FamFG mit dem Ziel der Beseitigung eingetretener Wirkungen für die Zukunft und notfalls auf eine Amtshaftungsklage (Rn 139 ff) verwiesen. In der Regel wird jedoch die Möglichkeit bestehen, eine dennoch erhobene Beschwerde in einen entsprechenden Löschungsantrag umzudeuten.[413] Wird ein explizit gestellter oder umgedeuteter Löschungsantrag abgelehnt, so ist die Beschwerde zulässig.[414] Daneben wurde früher eine Beschwerde ausnahmsweise auch in den Fällen zugelassen, in denen die Eintragung erst noch bevorsteht, dem Beteiligten jedoch die – als gerichtliches Internum einzuordnende – Eintragungsverfügung bereits bekannt gegeben worden ist, weil das Argument des Bestandsschutzes in diesem Fall nicht greife.[415] Dies ist aber im Hinblick auf den Charakter der Verfügung als vorbereitende Verfahrensmaßnahme, die nach der FGG-Reform 2008 grundsätzlich nicht mit einer Beschwerde angefochten werden kann, zweifelhaft geworden.[416] Schließlich gilt auch die sog. **Fassungsbeschwerde**, mit der die Abänderung eines nicht eindeutig formulierten Registereintrags verlangt wird, weiterhin als zulässig, da damit die Verständlichkeit im Interesse des Rechtsverkehrs erhöht wird, ohne dass die Korrektur auf den Inhalt der durch sie publizierten Rechtsverhältnisse Einfluss hat.[417] 133

Als **rechtsmittelfähige Verfügungen** verbleiben demnach in erster Linie die Ablehnung des Eintragungsantrags, die nach § 382 Abs. 3 FamFG durch einen Beschluss ergeht, sowie die Aussetzungsverfügung nach §§ 21, 381 FamFG (Rn 131). Ausdrücklich klargestellt wird in § 382 Abs. 4 S. 2 FamFG, dass entsprechend der bisherigen Rechtslage auch **Zwischenverfügungen** 134

411 BGBl. I, S. 2030.

412 BGHZ 104, 61 (63) = NJW 1988, 1840; BGH NJW 2007, 224 (226); BayObLGZ 1986, 540 (541); BayObLGZ 1991, 337 (339); OLG Köln FGPrax 2004, 88 (89); Keidel/*Heinemann* FamFG § 395 Rn 1; Koller/Kindler/Roth/Drüen/*Roth* Rn 25; Röhricht/v. Westphalen/Haas/*Ries* Rn 46; Fleischhauer/*Wochner* Kap. A Rn 184; *Krafka* Rn 2440.

413 BayObLG Rpfleger 1978, 181; BayObLG NJW-RR 1986, 1161 (1162); OLG Hamm NJW 1963, 1554; Ebenroth/Boujong/Joost/Strohn/*Schaub* Rn 184; Röhricht/v. Westphalen/Haas/*Ries* Rn 46; *Krafka* Rn 2441.

414 Ebenroth/Boujong/Joost/Strohn/*Schaub* Rn 184; Röhricht/v. Westphalen/Haas/*Ries* Rn 46.

415 OLG Stuttgart Rpfleger 1970, 283; s. ferner Heymann/*Förster* HGB Rn 78 mit Fn 240.

416 Keidel/*Heinemann* FamFG § 382 Rn 4.

417 RegE FGG-RG, BT-Drucks. 16/6308, S. 286; vgl. zu den Einzelheiten *Krafka* Rn 2442 ff; *Holzer* ZNotP 2008, 138 ff.

i.S.d. § 382 Abs. 4 S. 1 FamFG selbständig anfechtbar sind.[418] Allerdings wird man auch weiterhin die schon bislang geltenden Einschränkungen zu beachten haben, dass die Anfechtbarkeit nur dann anzunehmen ist, wenn sie nicht nur den inneren Dienstbereich betreffen, sondern die Rechtsstellung der Beteiligten berühren.[419] Anfechtbar sind danach Zwischenverfügungen, mit denen Beanstandungen ausgesprochen oder weitere Unterlagen angefordert werden (Rn 129), da im ersten Fall die Anmeldung zumindest teilweise zurückgewiesen und im zweiten Fall in die Rechtssphäre des Beteiligten eingegriffen wird.[420] Mehrere anmeldepflichtige Personen – wie etwa in Fällen der §§ 108, 143 Abs. 1 und 2 – können ihr Beschwerderecht grundsätzlich nur gemeinsam ausüben.[421]

135 **c) Rechtsbeschwerde.** Gegen die auf Grund der Beschwerde ergangene gerichtliche Entscheidung besteht die Möglichkeit der Rechtsbeschwerde zum BGH (§ 133 GVG), die allerdings unter dem Vorbehalt steht, dass sie das Beschwerdegericht **zugelassen** hat (§ 70 Abs. 1 FamFG).[422] Die Rechtsbeschwerde ist nach § 70 Abs. 2 FamFG zuzulassen, wenn die Rechtssache grundsätzliche Bedeutung hat oder die Fortbildung des Rechts oder die Sicherung einer einheitlichen Rechtsprechung eine Entscheidung des Rechtsbeschwerdegerichts erfordert. Sie kann nach § 72 FamFG nur darauf gestützt werden, dass die angefochtene Entscheidung auf einer Verletzung des Rechts beruht. Es handelt sich mithin um eine reine Rechtskontrollinstanz; das Vorbringen neuer Tatsachen und Beweise ist damit regelmäßig ausgeschlossen.[423] Rechtsverletzung im Sinne dieser Vorschrift ist auch der Verstoß gegen Bestimmungen der HRV, die seit der Verordnung vom 11.12.2001[424] nunmehr auch als Rechtsverordnung tituliert ist.[425]

136 **d) Beschwerdeberechtigte.** Die Beschwerde steht nach § 59 FamFG jedem zu, dessen Recht durch den Beschluss beeinträchtigt ist. Wird eine Registeranmeldung zurückgewiesen, so muss neben diese materielle Beschwer aber auch noch die sog. formelle Beschwer nach § 59 Abs. 2 FamFG hinzutreten. Danach darf die Beschwerde nur von demjenigen erhoben werden, der den Eintragungsantrag gestellt hat. Die Bestimmung des Anmelders kann z.T. Probleme aufwerfen. Unstreitig ist, dass die Anmeldung einer **Personenhandelsgesellschaft** gem. § 108 von allen Gesellschaftern gemeinsam vorzunehmen ist mit der Folge, dass ihnen auch die Beschwerdeberechtigung nur gemeinsam zusteht (ebenso in den Fällen der §§ 143, 148).[426] Kann die Anmeldung hingegen von Gesellschaftern in vertretungsberechtigter Zahl vorgenommen werden (z.B. §§ 13, 53), so ist die Gesellschaft als solche Anmeldende. Für sie können sodann auch andere Gesellschafter als die ursprünglich Handelnden in vertretungsberechtigter Zahl die Beschwerde erheben.[427]

137 Bei **Kapitalgesellschaften** erfolgt die Gründungsanmeldung durch die Vorgesellschaft, spätere Anmeldungen werden von der Gesellschaft selbst vorgenommen. Beschwerdeberechtigt

---

418 Dieser expliziten gesetzlichen Klarstellung bedurfte es, da gem. § 58 Abs. 1 FamFG die Beschwerde nur gegen Endentscheidungen stattfindet; vgl. RegE FGG-RG, BT-Drucks. 16/6308, S. 286 sowie *Krafka* FGPrax 2007, 51 (53). Zum Rechtsmittel gegen Zwischenverfügung bei Einreichung einer Gesellschafterliste s. auch KG NJW-RR 2012, 59; OLG Frankfurt BeckRS 2011, 3072; bei Bestellung und Abberufung von Gesellschaftsorganen KG ZIP 2022, 1009 f.

419 Umfassend zur Beschwerde gegen Zwischenverfügungen Keidel/*Heinemann* FamFG § 382 Rn 29 f mwN.

420 Vgl. dazu auch MünchKommHGB/*Krafka* Rn 91; *Krafka* Rn 2439.

421 OLG Schleswig NZG 2010, 957 (958).

422 Kritisch gegenüber der damit einhergehenden Streichung der bisher durch das LG repräsentierten mittleren Instanz *Krafka* FGPrax 2007, 51 (53).

423 RegE FGG-RG, BT-Drucks. 16/6308, S. 210.

424 BGBl. I, S. 3688.

425 MünchKommHGB/*Krafka* Rn 92; ebenso bereits zur Handelsregisterverfügung KG JW 1938, 2282 f.

426 Röhricht/v. Westphalen/Haas/*Ries* Rn 51; Fleischhauer/*Wochner* Kap. A Rn 191; *Krafka* Rn 2455.

427 *Krafka* Rn 2456; Fleischhauer/*Wochner* Kap. A Rn 191.

ist daher zumindest bei **konstitutiv** wirkenden Eintragungen nur die (Vor-)Gesellschaft selbst, nicht aber ihre Gesellschafter oder ihre Vertreter.[428] Bei der Ersteintragung ist neben der Gesellschaft allerdings auch ihren Gründern die Beschwerdeberechtigung zuzusprechen, da sie durch die Ablehnung jedenfalls in ihrem Recht aus Art. 9 Abs. 1 GG beeinträchtigt werden.[429] Ist Gegenstand der Anmeldung hingegen eine **deklaratorische Eintragung**, so erkennt die hM zu Recht auch den persönlich zur Anmeldung verpflichteten Organmitgliedern (s. dazu § 12 Rn 43 f) ein eigenes Beschwerderecht zu.[430]

Beschwerdeberechtigt sind nach § 380 Abs. 5 FamFG schließlich auch die **in § 380 FamFG genannten berufsständischen Organisationen** und zwar unabhängig von dem in § 59 Abs. 1 FamFG statuierten Erfordernis der eigenen Betroffenheit. Anwendung findet allerdings § 59 Abs. 2 FamFG, so dass eine Beschwerde gegen die Zurückweisung eines Eintragungsantrags nicht auf § 380 Abs. 5 FamFG gestützt werden kann.[431] 138

X. Amtshaftungsansprüche

Der Registerrichter übt ein ihm anvertrautes öffentliches Amt im Sinne des Art. 34 GG aus. Verursacht er in dieser Funktion durch eine vorsätzliche oder fahrlässige Pflichtverletzung einen Schaden, so kann dies einen Amtshaftungsanspruch nach § 839 Abs. 1 BGB auslösen. Das **Spruchrichterprivileg** des § 839 Abs. 2 BGB findet in Registersachen keine Anwendung, weil es sich dabei nicht um eine streitentscheidende Tätigkeit, sondern um eine solche aus dem Bereich der Freiwilligen Gerichtsbarkeit handelt.[432] § 839 Abs. 2 BGB schützt aber die Rechtskraft des Urteils, nicht den Richter.[433] Dennoch bedarf die schuldhafte Pflichtverletzung einer sorgfältigen Prüfung. Dazu muss zunächst **präzisiert** werden, welche konkreten Pflichten – namentlich hinsichtlich der Prüfungsintensität (vgl. Rn 85 ff) – den zuständigen Richter oder Rechtspfleger treffen. Eine Pflicht öffentlichen Rechts ist verletzt, wenn eine Eintragung trotz ordnungsgemäßer Anmeldung nicht oder verspätet erfolgt oder wenn umgekehrt eine Eintragung vorgenommen wird, die überhaupt nicht oder nicht in ihrer konkreten Form erfolgen durfte. 139

Bei der Rechtsanwendung ist auch außerhalb des § 839 Abs. 2 BGB der Verfassungsgrundsatz der **richterlichen Unabhängigkeit** zu beachten.[434] Er wirkt sich in der Weise aus, dass dem Richter bei der Rechtsanwendung und Gesetzesauslegung nur bei besonders groben Verstößen eine schuldhafte Amtspflichtverletzung vorgeworfen werden kann. Das wird nur dann angenommen, wenn die richterliche Rechtsansicht schlichtweg unvertretbar ist.[435] Diese Grundsätze gelten auch dann, wenn der **Rechtspfleger** tätig wird.[436] Dieser ist zwar kein Richter im verfassungsrechtlichen Sinne (Art. 92, 97 Abs. 1 GG),[437] doch ist er gem. § 9 RPflG in seiner Amtsausübung in gleicher Weise sachlich unabhängig und nur an Recht und Gesetz gebunden. Die 140

428 BGHZ 105, 324 (328) = NJW 1989, 295; BGHZ 117, 323 (325 f) = NJW 1992, 1844; KG NZG 2022, 215 Rn 8 ff; *Koch* § 36 Rn 3; MünchKommAktG/*Pentz* § 36 Rn 29; Fleischhauer/*Wochner* Kap. A Rn 192; *Krafka* Rn 2453.

429 Ebenroth/Boujong/Joost/Strohn/*Schaub* Rn 188; GroßkommAktG/*Schall* § 36 Rn 24; *Koch* § 36 Rn 3; MünchKommAktG/*Pentz* § 36 Rn 29; Röhricht/v. Westphalen/Haas/*Ries* Rn 51.

430 BayObLG FGPrax 2000, 40; KG FGPrax 2004, 45 (46); OLG Köln NJW-RR 2001, 1417 (1418); Lutter/Hommelhoff/*Kleindiek* § 78 Rn 8; Rowedder/Pentz/*Belz* § 78 Rn 20; **aA** Fleischhauer/*Wochner* Kap. A Rn 192.

431 OLG Oldenburg NJW 1957, 349 (350); Fleischhauer/*Preuß* Kap. A Rn 193; *Krafka* Rn 2464.

432 MünchKommBGB/*Papier*/*Shirvani* § 839 Rn 385; Scholz/*Veil* § 10 Rn 32; *Canaris* HandelsR § 4 Rn 24; *K. Schmidt* UnternehmensR I § 13 III 1, III 3.

433 S. nur MünchKommBGB/*Papier*/*Shirvani* § 839 Rn 382, die treffend von einem Richterspruchprivileg sprechen.

434 BGH NJOZ 2005, 3987 (3988 f); BGH NJW 2007, 224 (226).

435 BGH NJW-RR 1992, 919; BGHZ 155, 306 (309 f) = NJW 2003, 3052; BGH NJOZ 2005, 3987 (3989); BGH NJW 2007, 224 (226).

436 Vgl. zum Folgenden BGH NJW 2007, 224 (226).

437 BVerfGE 101, 397 (404 f) = NJW 2000, 1709.

an ihn im Rahmen seiner Zuständigkeit bei der Rechtsanwendung und Gesetzesauslegung anzulegenden Sorgfaltsmaßstäbe müssen dem ebenfalls Rechnung tragen.

141 Weiterhin ist zu prüfen, ob der Geschädigte auch in den Kreis der durch § 839 BGB **geschützten Dritten** fällt. Das ist nur dann der Fall, wenn dem Amtswalter die verletzte Amtspflicht gerade ihm gegenüber obliegt. Ähnlich wie bei § 823 Abs. 2 BGB ist demnach auch hier die schwierige Feststellung erforderlich, ob sich aus den die Amtspflicht begründenden und sie umreißenden Bestimmungen sowie aus der besonderen Natur des Amtsgeschäfts ergibt, dass der Geschädigte zu dem Personenkreis zählt, dessen Belange nach dem Zweck und der rechtlichen Bestimmung des Amtsgeschäfts geschützt und gefördert werden sollen.[438] Im Registerrecht sind nach diesem Maßstab bei einer fehlerhaften oder zu Unrecht unterlassenen Eintragung unstreitig der **anmeldende Verfahrensbeteiligte** selbst sowie – bei einer Gesellschaft – deren Mitglieder von § 839 BGB geschützt.[439] Nicht geschützt ist der Anmeldende hingegen durch die Amtspflicht des Registergerichts zur **Löschung** fehlerhafter Eintragungen (s. noch Rn 144 f), da diese Pflicht nur im öffentlichen Interesse an der Richtigkeit und Vollständigkeit des Handelsregisters besteht.[440]

142 Darüber hinaus hat bereits das RG festgestellt, dass die Amtspflicht des Registerrichters bei einer fehlerhaften Eintragung **nicht auf einen bestimmten Personenkreis beschränkt** sei, sondern gegenüber all denen bestehe, für die die Eintragung im Register vermöge ihrer damit bezweckten Verlautbarung an die Allgemeinheit von Bedeutung ist und sein kann.[441] Diese Sichtweise, die auch bei der Beurteilung im ähnlich gelagerten Grundbuch- und Beurkundungswesen vorherrschend ist,[442] hat im Schrifttum zu Recht Zustimmung gefunden.[443] Die mit der Eintragung verbundene Publizitätsfunktion dient gerade dem Vertrauensschutz einzelner Verkehrsteilnehmer (Rn 1 f). Da dieser Schutz durch § 15 aufgrund der tatbestandlichen Grenzen dieser Vorschrift nicht umfassend gewährleistet werden kann (z.B. durch die Einschränkung auf „einzutragende Tatsachen" – vgl. § 15 Rn 32 ff), muss das **durch die amtliche Verlautbarung in Anspruch genommene Vertrauen** zumindest durch eine ergänzend eingreifende Amtshaftung abgesichert werden.

143 Selbst wenn diese Voraussetzungen vorliegen, wird der Anspruch häufig noch an **§ 839 Abs. 3 BGB** scheitern, weil der Verletzte es schuldhaft unterlassen hat, den Schaden durch Gebrauch eines Rechtsmittels abzuwenden. Wird die Anmeldung zurückgewiesen oder stimmt die gem. § 383 Abs. 1 FamFG bekannt gemachte Eintragung nicht mit der Anmeldung überein, so ist von dem Rechtsmittel der einfachen Beschwerde (vgl. Rn 132 ff) Gebrauch zu machen, wenn der Ersatzanspruch nicht verloren gehen soll.[444]

XI. Löschung von Registereintragungen

144 Da grundsätzlich auch eine Änderung anmeldepflichtiger Tatsachen in das Handelsregister eingetragen werden muss (vgl. etwa § 31), erfolgt die Korrektur unrichtiger Eintragungen im Regel-

---

438 BGHZ 162, 49 (55) = NJW 2005, 742; vgl. dazu auch MünchKommBGB/*Papier/Shirvani* § 839 Rn 285 ff.

439 Ausführlich dazu bereits Staub/*Hüffer*[4] Rn 76 f.; vgl. ferner *Canaris* HandelsR § 4 Rn 25.

440 BGHZ 84, 285 (288) = NJW 1983, 222; zust. Hopt/*Merkt* Rn 15; Koller/Kindler/Roth/Drüen/*Roth* Rn 28; zweifelnd *K. Schmidt* UnternehmensR I § 13 III 3.

441 RGZ 140, 174 (184); vgl. auch bereits RGZ 127, 153 (156); RGZ 138, 309 (313).

442 Vgl. dazu MünchKommBGB/*Papier/Shirvani* § 839 Rn 296 mwN.

443 Vgl. dazu *Altmeppen* § 9c Rn 30; Koller/Kindler/Roth/Drüen/*Roth* Rn 28; *Canaris* HandelsR § 4 Rn 25; *K. Schmidt* UnternehmensR I § 13 III 3.

444 RGZ 131, 12 (14); RG JW 1938, 593; Habersack/Casper/Löbbe/*Ulmer/Habersack* § 10 Rn 32; Lutter/Hommelhoff/*Bayer* § 10 Rn 2; *Altmeppen* § 9c Rn 28, 30; Rowedder/Pentz/*Wöstmann* § 10 Rn 35; *K. Schmidt* UnternehmensR I § 14 V.

fall auf Antrag des durch die Anmeldung Betroffenen.[445] Ausnahmsweise kann das Gericht in diesen Fällen aber auch **von Amts wegen** tätig werden. Ein derartiges Einschreiten von Amts wegen ist nur dort zulässig, wo es das Gesetz ausdrücklich vorsieht.[446] Dazu zählen etwa: die Eintragung des Erlöschens einer Firma (§ 31 Abs. 2 S. 2 HGB, § 393 FamFG; s. noch die Erläuterungen zu § 31; zu einer unzulässig eingetragenen Firma vgl. die Erläuterungen zu § 37) oder einer vermögenslosen Gesellschaft (§ 394 FamFG), die Löschung von Kapitalgesellschaften nach § 397 FamFG unter den Voraussetzungen der §§ 275, 276 AktG, §§ 75, 76 GmbHG sowie die Löschung eines Hauptversammlungs- oder Gesellschafterbeschlusses einer Kapitalgesellschaft nach § 398 FamFG.

Die amtswegige **Löschung unzulässiger Eintragungen** nach §§ 395 f FamFG[447] erfolgt nur **145**
ausnahmsweise aufgrund einer Ermessensentscheidung des Registergerichts,[448] wenn das Fortbestehen der Eintragung Schädigungen Berechtigter zur Folge haben oder dem öffentlichen Interesse widersprechen würde.[449] Ein Anspruch auf Einleitung des Verfahrens besteht nicht.[450] Die Unzulässigkeit einer Eintragung kann sich in erster Linie aus ihrer sachlichen Unrichtigkeit ergeben, wobei es anerkanntermaßen auch genügt, wenn die Eintragung erst nachträglich unrichtig wird.[451] Bei konstitutiven Eintragungen kann die Amtslöschung überdies auch auf die Verletzung wesentlicher Verfahrensvorschriften gestützt werden; bei deklaratorischen Eintragungen vermag die verfahrensfehlerhafte Eintragung die Amtslöschung hingegen nicht zu rechtfertigen.[452] **Zuständig** für die Löschung ist das Registergericht, doch kann die Löschung nach § 396 FamFG auch von dem vorgeordneten Landgericht verfügt werden.[453] Die Löschung erfolgt nicht durch Unkenntlichmachung, sondern durch Eintragung eines Vermerks.[454] Zu etwaigen Amtshaftungsansprüchen s. Rn 141.

---

445 Es soll aber nicht möglich sein, einen abgeschlossenen Handelsregistereintrag dergestalt zu verändern, dass der (alte) Vorname einer Person nach einer Geschlechtsangleichung aus dem Register gelöscht wird, vgl. BGH NJW 2015, 2116 ff; BeckOGK-HGB/*Sanders* § 107 Rn 15; MünchKommHGB/*Fleischer* § 107 Rn 20.

446 Vgl. zu den folgenden Fallgruppen *Krafka* Rn 400 ff; ferner Ebenroth/Boujong/Joost/Strohn/*Schaub* § 12 Rn 5 ff; *Buchberger* Rpfleger 1992, 508 f sowie die Kommentierungen zum FamFG und zu den entsprechenden kapitalgesellschaftsrechtlichen Vorschriften.

447 Zu den Einzelheiten vgl. die Kommentare zu § 395 FamFG; ferner *Krafka* Rn 439 ff; zu Rechtsmitteln gegen die Amtslöschung s. noch Ebenroth/Boujong/Joost/Strohn/*Schaub* § 12 Rn 22 ff; *Krafka* Rn 430, 450. Zur Amtslöschung im Zusammenhang mit inländischen Zweigniederlassungen ausländischer Gesellschaften OLG Frankfurt NJW-RR 2011, 330 f.

448 Vgl. dazu BayObLG DB 1980, 71; Koller/Kindler/Roth/Drüen/*Roth* Rn 21.

449 BayObLGZ 1970, 269 (272); BayObLGZ 1971, 329; KG NJW 1965, 254 (255 f); OLG Hamm OLGZ 1974, 139 (144); Röhricht/v. Westphalen/Haas/*Ries* Rn 63.

450 Koller/Kindler/Roth/Drüen/*Roth* Rn 21; Röhricht/v. Westphalen/Haas/*Ries* Rn 59.

451 Vgl. RGZ 169, 147; BGHZ 65, 103 (105) = NJW 1976, 48; BayObLGZ 1994, 102 (104); OLG Düsseldorf FGPrax 1999, 70 (71); OLG Zweibrücken FGPrax 2002, 132; *Krafka* Rn 439.

452 BayObLGZ 1955, 333 (339); KG OLGZ 1986, 296 (299); OLG Düsseldorf FGPrax 1999, 70 (71); Ebenroth/Boujong/Joost/Strohn/*Schaub* § 12 Rn 12; Röhricht/v. Westphalen/Haas/*Ries* Rn 60 f; *Krafka* Rn 440 ff.

453 BayObLGZ 1969, 215; *Krafka* Rn 439, 446.

454 OLG Düsseldorf Rpfleger 2006, 327; Koller/Kindler/Roth/Drüen/*Roth* Rn 21.

§ 8a Eintragungen in das Handelsregister; Verordnungsermächtigung

(1) Eine Eintragung in das Handelsregister wird wirksam, sobald sie in den für die Handelsregistereintragungen bestimmten Datenspeicher aufgenommen ist und auf Dauer inhaltlich unverändert in lesbarer Form wiedergegeben werden kann.

(2) [1]Die Landesregierungen werden ermächtigt, durch Rechtsverordnung nähere Bestimmungen über die elektronische Führung des Handelsregisters, die elektronische Anmeldung, die elektronische Einreichung von Dokumenten sowie deren Aufbewahrung zu treffen, soweit nicht durch das Bundesministerium der Justiz und für Verbraucherschutz nach § 387 Abs. 2 des Gesetzes über das Verfahren in Familiensachen und in den Angelegenheiten der freiwilligen Gerichtsbarkeit entsprechende Vorschriften erlassen werden. [2]Dabei können sie auch Einzelheiten der Datenübermittlung regeln sowie die Form zu übermittelnder elektronischer Dokumente festlegen, um die Eignung für die Bearbeitung durch das Gericht sicherzustellen. [3]Die Landesregierungen können die Ermächtigung durch Rechtsverordnung auf die Landesjustizverwaltungen übertragen.

Schrifttum

S. die Angaben zu § 8.

Übersicht

I. Regelungsgegenstand und Vorgängerregelung

1 § 8a regelt Einzelheiten der elektronischen Registerführung. **Vor dem EHUG**[1] (s. dazu § 8 Rn 7) enthielt § 8a Abs. 1 S. 1 a.F. eine Ermächtigung der Landesregierung, die Führung des Handelsregisters „in maschineller Form als automatisierte Datei" anzuordnen. Dafür schrieb § 8a Abs. 1 S. 2 a.F. bestimmte Verfahrensgrundsätze vor. Die Wirksamkeit wurde in § 8a Abs. 2 a.F. geregelt. § 8a Abs. 3 und 4 erlaubten die elektronische Abgabe und Speicherung der zum Register eingereichten Schriftstücke; § 8a Abs. 5 schließlich ermächtigte die Landesjustizverwaltungen – vorbehaltlich einer bundesrechtlichen Regelung – zur näheren Ausgestaltung dieses Verfahrens.

2 In der **Neufassung des EHUG** – die durch das FGG-RG[2] und Art. 190 der 10. Zuständigkeitsanpassungs-VO[3] nur redaktionell geändert wurde – ist die Vorschrift deutlich verschlankt worden. Die Ermächtigung zur elektronischen Führung des Handelsregisters hat sich durch die generelle Anordnung des § 8 Abs. 1 erübrigt, die verfahrensrechtlichen Vorgaben wurden in die HRV ausgelagert (s. noch Rn 8) und die elektronische Einreichung von Dokumenten hat eine eigenständige Regelung in § 12 erhalten. Nunmehr trifft § 8a Abs. 1 eine Wirksamkeitsregelung

---

1 Gesetz über elektronische Handelsregister und Genossenschaftsregister sowie das Unternehmensregister (EHUG) v. 10.11.2006, BGBl. I, S. 2553.

2 Gesetz zur Reform des Verfahrens in Familiensachen und in den Angelegenheiten der freiwilligen Gerichtsbarkeit (FGG-Reformgesetz – FGG-RG) v. 17.12.2008, BGBl. I, S. 2586.

3 Zehnte Zuständigkeitsanpassungsverordnung v. 31.8.2015, BGBl. I, S. 1474.

https://doi.org/10.1515/9783110564440-010

(Rn 3 f), während § 8a Abs. 2 eine Ermächtigung der Landesregierung vorsieht. Das DiRUG[4] (s. dazu § 8 Rn 10) lässt die Regelung unangetastet.

II. Wirksamkeit der Registereintragung

§ 8a Abs. 1 bestimmt den Zeitpunkt, zu dem die Registereintragung wirksam wird, um auf diese Weise einen eindeutigen zeitlichen Bezugspunkt für die daran anknüpfenden Rechtsfolgen zu fixieren. Da die Eintragung vornehmlich einen Publizitätszweck verfolgt (§ 8 Rn 1 f), kann es anders als bei anderen Registerformen nicht darauf ankommen, wann die angemeldeten Daten eingegeben und gespeichert werden, sondern allein auf die **Möglichkeit ihres Abrufs.** § 8a Abs. 1 knüpft die Wirksamkeit deshalb daran, dass die Eintragung in den dafür bestimmten Datenspeicher aufgenommen ist und auf Dauer inhaltlich unverändert in lesbarer Form wiedergegeben werden kann. Darauf aufbauend ordnet **§ 10 Abs. 1 S. 1 n.F.** an, dass die Eintragung mit der erstmaligen Abrufbarkeit bekannt gemacht wird (s. dazu noch § 10 Rn 8 ff).[5] 3

Nach **§ 27 Abs. 3 HRV** soll die Wirksamkeit der Eintragung in geeigneter Weise überprüft werden. Die eintragende Person soll die Eintragung auf ihre Richtigkeit und Vollständigkeit sowie ihre Abrufbarkeit aus dem Datenspeicher prüfen; die Art und Weise der Prüfung liegt im Ermessen der eintragenden Person.[6] Es empfiehlt sich eine vom System erzeugte Bestätigungsanzeige,[7] wie sie in § 129 Abs. 1 S. 2 GBO und in § 55a Abs. 3 S. 2 BGB vorgesehen ist und bis zum EHUG (Rn 1 f) auch noch für das Handelsregisterrecht in § 56 Abs. 2 HRV a.F. ausdrücklich gefordert wurde. Sie verhindert, dass Eintragungen verloren gehen, weil das System einen Abspeicherungsbefehl nicht ausgeführt hat.[8] Nach § 27 Abs. 4 HRV muss der **Tag der Eintragung** angegeben werden. Dadurch lässt sich präzise feststellen, wann die Eintragung wirksam geworden ist;[9] gleichwohl handelt es sich bei der Vorgabe nach hM nicht um eine Wirksamkeitsvoraussetzung.[10] Nach § 27 Abs. 5 HRV i.d.F. des DiRUG (Rn 2) sind die Landesjustizverwaltungen ermächtigt, die Speicherung einer elektronischen Aufzeichnung des **genauen Zeitpunktes der erstmaligen Abrufbarkeit** einer Eintragung oder Tatsache im Registerordner des jeweiligen Registerblattes vorzuschreiben, was im Hinblick auf § 10 Abs. 4 HGB n.F. sinnvoll erscheint.[11] 4

III. Eintragungsnachricht und Mitteilungen

1. Eintragungsnachricht

Jede Eintragung in das Register soll dem Antragsteller durch den Urkundsbeamten der Geschäftsstelle bekannt gemacht werden, soweit er nicht auf die Benachrichtigung verzichtet hat (§ 383 Abs. 1 FamFG). Auf diese **Verzichtsmöglichkeit** ist er in geeigneten Fällen nach § 36 S. 2 HRV hinzuweisen. Ist der Antrag von einem Bevollmächtigten gestellt worden (§ 12 Abs. 1 S. 3), so ist die Benachrichtigung an diesen zu richten.[12] Entsprechend ist zu verfahren, wenn der Antrag gem. § 378 Abs. 2 FamFG von dem Notar gestellt worden ist (s. dazu § 12 Rn 50 ff), und 5

4 Gesetz zur Umsetzung der Digitalisierungsrichtlinie (DiRUG) v. 5.7.2021, BGBl. I, S. 3338.
5 Zum Unterschied zwischen Eintragung (§ 8a Abs. 1) und Bekanntmachung (§ 10 Abs. 1) s. auch *Linke* NZG 2021, 309 (313).
6 BeckOGK-HRV/*Szalai* § 27 Rn 10.
7 Dazu MünchKommHGB/*Krafka* Rn 3.
8 Vgl. zu dieser Funktion der Bestätigungsanzeige BeckOK-GBO/*Kral* § 129 Rn 4.
9 Hopt/*Merkt* Rn 2.
10 BeckOGK-HGB/*Beurskens* Rn 16; BeckOK-HGB/*Müther* Rn 3; Hopt/*Merkt* Rn 2.
11 Vgl. BeckOGK-HRV/*Szalai* § 27 Rn 12.
12 OLG Stuttgart OLGZ 1974, 113 = NJW 1974, 705; *Krafka* Rn 194.

zwar auch dann, wenn daneben noch ein anderer Antragsberechtigter einen Antrag gestellt hat.[13] Sind neben dem Antragsteller noch weitere Personen von der Eintragung betroffen, sind auch diese nach § 40 FamFG davon zu benachrichtigen.[14] Die in § 36 S. 1 HRV enthaltene Anordnung, der Urkundsbeamte der Geschäftsstelle habe die Benachrichtigung zu unterschreiben, ist praktisch bedeutungslos; nach § 38a Abs. 1 HRV kann die Unterschrift bei **maschinell erstellten Benachrichtigungen** durch den Vermerk ersetzt werden „Dieses Schreiben ist maschinell erstellt und auch ohne Unterschrift wirksam".[15]

6 Weil es sich bei § 383 Abs. 1 FamFG um eine **Ordnungsvorschrift** handelt, ist ihre Verletzung für die Wirksamkeit der Eintragung ohne Bedeutung.[16] Der Eintragungsnachricht kann aber im Hinblick auf etwaige **Amtshaftungsansprüche** nach Art. 34 GG, § 839 BGB Bedeutung zukommen (vgl. dazu noch § 15 Rn 118).[17] Erfolgt die Nachricht ordnungsgemäß, so werden dem von der Eintragung Betroffenen nach § 839 Abs. 3 BGB Amtshaftungsansprüche auch bei einer unrichtigen Bekanntmachung abgeschnitten sein, da er den Schaden bei sorgfältiger Lektüre der Benachrichtigung durch Einlegung von Rechtsmitteln hätte abwenden können. Unterbleibt die Nachricht dagegen, so kann dieser Einwand nicht erhoben werden. Es ist deshalb auch nicht empfehlenswert, auf einen Verzicht des Antragstellers (Rn 5) hinzuwirken.

2. Mitteilungen

7 Von der vollzogenen Eintragung ist nicht nur der Antragsteller zu benachrichtigen. Das Gericht ist vielmehr in vielfältiger Weise verpflichtet, anderen Behörden oder Körperschaften Mitteilung zu machen. Die Mitteilungspflichten sind zusammengestellt in der bundeseinheitlichen Justizverwaltungsanordnung über **Mitteilungen in Zivilsachen (MiZi)**, hier namentlich in Abschnitt XXI.[18] Hervorzuheben sind die Mitteilungspflichten des Registergerichts gegenüber der Industrie- und Handelskammer über jede Neuanlegung und Änderung eines Registerblatts (§ 37 Abs. 1 Nr. 1 HRV). Unter Umständen besteht diese Pflicht auch gegenüber der Handwerks- und Landwirtschaftskammer (§ 37 Abs. 1 Nr. 2 und 3 HRV). Daneben ist noch die Mitteilungspflicht bei einer **Sitzverlegung oder Verlegung der Hauptniederlassung** gegenüber dem neu und dem bisher zuständigen Registergericht zu nennen (§ 13h Abs. 2 S. 1 und 5 – vgl. noch § 13h Rn 14 und 19).[19]

IV. Einzelheiten der Registerführung

8 Die Grundsätze der Registerführung sind nunmehr auf der Grundlage des § 387 Abs. 2 FamFG in §§ 47 ff HRV geregelt. § 47 Abs. 1 HRV enthält besondere **Vorgaben für die Datenverarbeitung** und soll insbesondere die dauerhafte, unveränderliche Abrufbarkeit sicherstellen sowie einen Datenverlust verhindern. Wegen der Einzelheiten verweist § 47 Abs. 1 Nr. 3 HRV auf die Anlage zu § 126 Abs. 1 S. 2 Nr. 3 GBO, die besondere Vorkehrungen zum Schutz personenbezogener Daten vorsieht (z.B. Zugangs-, Datenträger-, Speicher-, Zugriffskontrolle etc.). Sollen einzelne register-

---

13 Ebenroth/Boujong/Joost/Strohn/*Schaub* § 10 Rn 21; MünchKommHGB/*Krafka* § 10 Rn 19.

14 Ebenroth/Boujong/Joost/Strohn/*Schaub* § 10 Rn 21; *Krafka* Rn 194.

15 S. hierzu BeckOGK-HRV/*Szalai* § 36 Rn 3 und § 38a Rn 3 ff.

16 Ebenroth/Boujong/Joost/Strohn/*Schaub* § 10 Rn 24; MünchKommHGB/*Krafka* § 10 Rn 19.

17 Vgl. zum Folgenden RGZ 138, 114 ff; BeckOGK-HRV/*Szalai* § 36 Rn 5; Ebenroth/Boujong/Joost/Strohn/*Schaub* § 10 Rn 23; *Krafka* Rn 194; *Melchior/Schulte* § 36 Rn 2; MünchKommHGB/*Krafka* § 10 Rn 20; Röhricht/v. Westphalen/Haas/*Ries* § 10 Rn 11.

18 Anordnung über Mitteilung in Zivilsachen (MiZi) v. 1.10.1967, BAnz 1967 Nr. 218; Neufassung v. 29.4.1998, Sonderbeilage zu BAnz 1998, Nr. 138 = NJW 1998, Beilage zu Heft 38; Abdruck bei *Melchior/Schulte* HRV, 2003, Anhang, S. 266 ff (in die Online-Version 2008 nicht übernommen). Es handelt sich dabei um eine Vereinbarung zwischen den Landesjustizverwaltungen und dem Bundesministerium der Justiz; vgl. dazu auch *Wullweber* SchlHA 1999, 69 ff.

19 Ausführlich zu weiteren Mitteilungspflichten *Krafka* Rn 196.

rechtliche Aufgaben vom zuständigen Amtsgericht **auf andere Stellen delegiert** werden, sind die Vorgaben des § 47 Abs. 2 und 3 HRV zu beachten.[20] § 49 HRV enthält Anforderungen an die **Sicherung** der Anlagen, Programme und Daten und verweist insofern auf §§ 64–66 der Grundbuchverfügung.[21] § 50 HRV schließlich regelt die **inhaltliche Gestaltung** des elektronisch geführten Registers auf dem Bildschirm und in Ausdrucken.[22]

V. Verordnungsermächtigung

Durch § 8a Abs. 2 werden die Landesregierungen ermächtigt, technische Einzelfragen der Registerführung in Form einer **Rechtsverordnung** näher zu bestimmen. Die Landesregierungen können diese **Ermächtigung** nach § 8a Abs. 2 S. 3 durch Rechtsverordnung auf die Landesjustizverwaltungen übertragen. Auf dieser Grundlage haben mittlerweile sämtliche Bundesländer entsprechende Rechtsverordnungen zur elektronischen Registerführung erlassen.[23] Inhaltlich erfasst die Ermächtigung nach § 8a Abs. 2 S. 1 die elektronische Führung des Handelsregisters, die elektronische Anmeldung, die elektronische Einreichung von Dokumenten sowie deren Aufbewahrung. Nach dem ursprünglichen Regierungsentwurf sollte sich die Ermächtigung pauschal auf die „Führung des Handelsregisters" erstrecken.[24] Auf die Initiative des Bundesrates hin wurde das Wort „elektronische" vorangestellt, um zu verdeutlichen, dass sich die Ermächtigung allein auf die Regelung technischer Einzelheiten der elektronischen Registerführung beschränkt und nicht auch den Inhalt und die Form der Registereintragungen betrifft.[25] Die Rückübermittlung von Dokumenten wird von dieser Ermächtigung nicht erfasst. 9

Durch **§ 8a Abs. 2 S. 2** können die Länder darüber hinaus auch die durch § 12 noch nicht abschließend geregelten **Einzelheiten der Datenübermittlung** sowie die Form zu übermittelnder elektronischer Dokumente festlegen, um die Eignung für die Bearbeitung durch das Gericht sicherzustellen (s. dazu auch § 12 Rn 71). Indem das Gesetz hier nicht auf bestimmte Datenformate,[26] sondern auf die Eignung zur Bearbeitung abstellt, soll es den Ländern ermöglicht werden, eine gegebenenfalls virenbehaftete Datei zurückzuweisen.[27] 10

Um die **Einheitlichkeit** der nunmehr bundesweit angeordneten elektronischen Registerführung (§ 8 Abs. 1) zu wahren, sollten länderspezifische Regelungen aber die Ausnahme bleiben. Diesem Anliegen wird zunächst dadurch Rechnung getragen, dass die Ermächtigung in § 8a Abs. 2 S. 1 unter den Vorbehalt gestellt wird, dass nicht bereits das Bundesjustizministerium entsprechende Vorschriften **auf der Grundlage des § 387 Abs. 2 FamFG** erlassen hat; darunter fallen namentlich die Bestimmungen der HRV. Darüber hinaus ist es aber auch jenseits der bundesrechtlichen Bestimmungen anzuraten, dass die zuständigen Landesbehörden von der Ermächtigung des § 8a Abs. 2 S. 1 nur nach vorheriger **Abstimmung** mit den anderen Ländern Gebrauch machen. So haben sich etwa die Länder im Rahmen der 73. Justizministerkonferenz auf die Einführung einheitlicher Standards für die zu verwendenden Datenformate verständigt.[28] 11

Länderspezifische Regelungen bleiben insbesondere da sinnvoll, wo die elektronische Kommunikation und der elektronische Dokumentenaustausch auf die jeweilige technische In- 12

20 Zu den Vorgaben des § 47 HRV BeckOGK-HRV/*Szalai* § 47 Rn 3 ff; Röhricht/v. Westphalen/Haas/*Ries* Rn 5 ff.
21 Hierzu im Einzelnen BeckOGK-HRV/*Szalai* § 49 Rn 3 ff.
22 Vgl. dazu BeckOGK-HRV/*Szalai* § 50 Rn 3 ff.
23 Die von den Ländern erlassenen Rechtsverordnungen können unter https://www.elrv.info/elektronischer-rechtsverkehr/uebersicht-verordnungen eingesehen werden (zuletzt abgerufen am 4.2.2022).
24 RegE EHUG, BT-Drucks. 16/960, S. 5.
25 Stellungnahme des Bundesrates, BT-Drucks. 16/960, S. 73.
26 So noch die ursprüngliche Fassung des Regierungsentwurfs, BT-Drucks. 16/960, S. 5.
27 Stellungnahme des Bundesrates, BT-Drucks. 16/960, S. 73.
28 RegE EHUG, BT-Drucks. 16/960, S. 39.

frastruktur der Gerichte innerhalb eines Bundeslandes abgestimmt werden müssen. So sehen etwa § 2 BayERVV[29] und § 7 RegisterVO NRW[30] die Adressierung elektronischer Dokumente an eine elektronische Poststelle der Gerichte vor und schreiben dafür eine qualifizierte elektronische Signatur sowie bestimmte Dateiformate vor (z.B. ASCII, Unicode, Microsoft RTF, Adobe PDF). § 3 BayErVV und § 8 RegisterVO NRW verweisen hinsichtlich der übrigen Bearbeitungsvoraussetzungen auf die jeweilige Internetseite der Landesjustizverwaltung.

29 Verordnung über den elektronischen Rechtsverkehr und elektronische Verfahren v. 15.12.2006, GVBl., S. 1084.
30 Verordnung über die elektronische Registerführung und die Zuständigkeit der Amtsgerichte in Nordrhein-Westfalen in Registersachen v. 8.5.2013, GV. NRW S. 248.

§ 8b Unternehmensregister

(1) Das Unternehmensregister wird vorbehaltlich einer Regelung nach § 9a Abs. 1 vom Bundesministerium der Justiz und für Verbraucherschutz elektronisch geführt.

(2) Über die Internetseite des Unternehmensregisters sind zugänglich:

1. Eintragungen im Handelsregister und zum Handelsregister eingereichte Dokumente;
2. Eintragungen im Genossenschaftsregister und zum Genossenschaftsregister eingereichte Dokumente;

2a. *Eintragungen im Gesellschaftsregister und zum Gesellschaftsregister eingereichte Dokumente;*[1]

3. Eintragungen im Partnerschaftsregister und zum Partnerschaftsregister eingereichte Dokumente;
4. Unterlagen der Rechnungslegung und Unternehmensberichte, die nach diesem Gesetz, dem Publizitätsgesetz, dem Eisenbahnregulierungsgesetz, dem Energiewirtschaftsgesetz, dem Entgelttransparenzgesetz, dem Kapitalanlagegesetzbuch, dem Telekommunikationsgesetz, dem Vermögensanlagengesetz oder dem Wertpapierhandelsgesetz offengelegt wurden, mit Ausnahme der zur dauerhaften Hinterlegung eingestellten Unterlagen;
5. gesellschaftsrechtliche Bekanntmachungen im Bundesanzeiger;
6. im Aktionärsforum veröffentlichte Eintragungen nach § 127a des Aktiengesetzes;
7. Veröffentlichungen von Unternehmen nach dem Wertpapierhandelsgesetz oder dem Vermögensanlagengesetz im Bundesanzeiger, von Bietern, Gesellschaften, Vorständen und Aufsichtsräten nach dem Wertpapiererwerbs- und Übernahmegesetz im Bundesanzeiger sowie Veröffentlichungen nach der Börsenzulassungs-Verordnung im Bundesanzeiger;
8. Bekanntmachungen und Veröffentlichungen von Kapitalverwaltungsgesellschaften und extern verwalteten Investmentgesellschaften nach dem Kapitalanlagegesetzbuch, dem Investmentgesetz und dem Investmentsteuergesetz im Bundesanzeiger;
9. Veröffentlichungen und sonstige der Öffentlichkeit zur Verfügung gestellte Informationen nach den §§ 5, 26 Absatz 1 und 2, § 40 Absatz 1, den §§ 41, 46 Absatz 2, den §§ 50, 51 Absatz 2 und § 127 des Wertpapierhandelsgesetzes, sofern die Veröffentlichung nicht bereits über Nummer 7 in das Unternehmensregister eingestellt wird;
10. Mitteilungen über kapitalmarktrechtliche Veröffentlichungen an die Bundesanstalt für Finanzdienstleistungsaufsicht, sofern die Veröffentlichung selbst nicht bereits über Nummer 7 oder Nummer 9 in das Unternehmensregister eingestellt wird;
11. Bekanntmachungen der Insolvenzgerichte nach § 9 der Insolvenzordnung, ausgenommen Verfahren nach dem Neunten Teil der Insolvenzordnung;
12. Registerbekanntmachungen aus dem Handels-, Genossenschafts- und Partnerschaftsregister;
13. Bekanntmachungen der Bundesanstalt für Finanzdienstleistungsaufsicht nach § 107 Absatz 1 Satz 6, § 109 Absatz 2 Satz 1 und 5, Absatz 3 Satz 2 des Wertpapierhandelsgesetzes und nach § 31 Absatz Absatz 4 des Vermögensanlagengesetzes.

(3) [1]Zur Einstellung in das Unternehmensregister sind dem Unternehmensregister zu übermitteln:

1. die Daten nach Absatz 2 Nummer 5 bis 8 durch den Betreiber des Bundesanzeigers;

---

1 Die Vorschrift tritt am 1.1.2024 in Kraft, s. Art. 137 des Gesetzes zur Modernisierung des Personengesellschaftsrechts (Personengesellschaftsrechtsmodernisierungsgesetz – MoPeG) v. 10.8.2021, BGBl. I, S. 3436.

https://doi.org/10.1515/9783110564440-011

2. **die Daten nach Absatz 2 Nummer 4, 9 und 10 sowie diejenigen Unterlagen, die dauerhaft hinterlegt werden sollen, durch den jeweils Offenlegungs- oder Veröffentlichungspflichtigen oder den von ihm mit der Veranlassung der Offenlegung oder Veröffentlichung beauftragten Dritten;**
3. **die Daten nach Absatz 2 Nummer 13 durch die Bundesanstalt für Finanzdienstleistungsaufsicht.**

[2]Die Landesjustizverwaltungen übermitteln die Daten nach Absatz 2 Nummer 1 bis 3, 11 und 12 zum Unternehmensregister, soweit die Übermittlung für die Eröffnung eines Zugangs zu den Originaldaten über die Internetseite des Unternehmensregisters erforderlich ist. [3]Die das Unternehmensregister führende Stelle stellt dem Betreiber des Bundesanzeigers die nach Satz 2 von den Landesjustizverwaltungen übermittelten Daten zur Verfügung, soweit dies für die Erfüllung der Aufgabe der Zuordnung von Einreichungen beim Betreiber des Bundesanzeigers nach Absatz 2 Nummer 5 bis 8 erforderlich ist. [4]Die Daten dürfen vom Betreiber des Bundesanzeigers nur für diese Zwecke verwendet werden. [5]Die Bundesanstalt für Finanzdienstleistungsaufsicht überwacht die Übermittlung der Veröffentlichungen und der sonstigen der Öffentlichkeit zur Verfügung gestellten Informationen nach den §§ 5, 26 Absatz 1 und 2, § 40 Absatz 1, den §§ 41, 46 Absatz 2, den §§ 50, 51 Absatz 2, § 114 Absatz 1 bis § 116 Absatz 2, den §§ 117, 118 Absatz 4 und § 127 des Wertpapierhandelsgesetzes an das Unternehmensregister zur Einstellung und kann Anordnungen treffen, die zu ihrer Durchsetzung geeignet und erforderlich sind. [6]Die Bundesanstalt kann die gebotene Übermittlung der in Satz 5 genannten Veröffentlichungen, der Öffentlichkeit zur Verfügung gestellten Informationen und Mitteilung auf Kosten des Pflichtigen vornehmen, wenn die Übermittlungspflicht nicht, nicht richtig, nicht vollständig oder nicht in der vorgeschriebenen Weise erfüllt wird. [7]Für die Überwachungstätigkeit der Bundesanstalt gelten § 6 Absatz Absatz 3 Satz 1 und 3, Absatz 15 und 16, die §§ 13, 18 und 21 des Wertpapierhandelsgesetzes entsprechend.

(4) Die Führung des Unternehmensregisters schließt die Erteilung von Ausdrucken sowie die Beglaubigung entsprechend § 9 Abs. 3 und 4 hinsichtlich der im Unternehmensregister eingestellten Unterlagen der Rechnungslegung und Unternehmensberichte im Sinn des Absatzes 2 Nr. 4 ein.

(5) Die Führung des Unternehmensregisters schließt auch den Informationsaustausch nach § 9c ein.

Schrifttum

Christ/Müller-Helle Veröffentlichungspflichten nach dem neuen EHUG, 2007; *Clausnitzer/Blatt* Das neue elektronische Handels- und Unternehmensregister, GmbHR 2006, 1303; *DAV-Handelsrechtsausschuss* Stellungnahme zum Entwurf eines Gesetzes über elektronische Handelsregister- und Genossenschaftsregister sowie das Unternehmensregister (EHUG), NZG 2005, 586; *Jeep/Wiedemann* Die Praxis der elektronischen Registeranmeldung, NJW 2007, 2439; *Karsten* Das EHUG – ein weiterer Schritt auf dem Weg zu einem modernen Unternehmensrecht in Deutschland, GewArch 2007, 55; *Kort* Paradigmenwechsel im deutschen Registerrecht: Das elektronische Handels- und Unternehmensregister – eine Zwischenbilanz, AG 2007, 801; *Krafka* Das neue Handels- und Unternehmensregister, MittBayNot 2005, 290; *Liebscher/Scharff* Das Gesetz über elektronische Handelsregister und Genossenschaftsregister sowie das Unternehmensregister, NJW 2006, 3745; *Meyding/Bödeker* Gesetzentwurf über elektronische Handelsregister und Genossenschaftsregister sowie das Unternehmensregister, BB 2006, 1009; *Mülbert/Steup* Das zweispurige Regime der Regelpublizität nach Inkrafttreten des TUG, NZG 2007, 761; *Nedden-Boeger* Das neue Registerrecht, FGPrax 2007, 1; *Noack* Online-Unternehmensregister in Deutschland und Europa – Bemerkungen zum Regierungsentwurf eines ERJuKoG, BB 2001, 1261; *ders.* Das EHUG ist beschlossen – elektronische Handels- und Unternehmensregister ab 2007, NZG 2006, 801; *ders.* Neue Publizitätspflichten und Publizitätsmedien für Unternehmen – eine Bestandsaufnahme nach EHUG und TUG, WM 2007, 377; *ders. (Hrsg.)* Das neue Gesetz über elektronische Handels- und Unternehmensregister – EHUG, 2007 (zitiert: *Bearbeiter* in: Noack); *Pirner/Lebherz* Wie nach dem Transparenzrichtlinie-Umsetzungsgesetz publiziert werden muss, AG 2007, 19;

Ries Elektronische Handels- und Unternehmensregister, Rpfleger 2006, 233; *Schlotter* Das EHUG ist in Kraft getreten: Das Recht der Unternehmenspublizität hat eine neue Grundlage, BB 2007, 1; *C.H. Schmidt* Digitalisierung der Registerführung und Neuregelung der Unternehmenspublizität: was bringt das EHUG? DStR 2006, 2272; *Seibert/Decker* Das Gesetz über elektronische Handelsregister und Genossenschaftsregister sowie das Unternehmensregister (EHUG), DB 2006, 2446; *Sikora/Schwab* Das EHUG in der notariellen Praxis, MittBayNot 2007, 1; vgl. auch die Nachweise zu § 8.

Übersicht

I. Regelungsgegenstand und Regelungszweck

1 Im Zuge des **EHUG**[2] hat der Gesetzgeber in § 8b neben dem Handelsregister ein weiteres Register geschaffen: das sog. Unternehmensregister. Über dieses Unternehmensregister kann eine Viel-

2 Gesetz über elektronische Handelsregister und Genossenschaftsregister sowie das Unternehmensregister (EHUG) v. 10.11.2006, BGBl. I, S. 2553.

zahl zentraler Unternehmensdaten abgerufen werden, die weit über den sachlichen Informationsgehalt des Handelsregisters hinausgehen (vgl. zum Inhalt noch Rn 18 ff). Anders als das Handelsregister hat das Unternehmensregister schwerpunktmäßig **keine unmittelbare Publizitätsfunktion** in dem Sinne, dass dort bestimmte Unternehmensdaten nach vorangehender staatlicher Prüfung exklusiv zu veröffentlichen sind. Vielmehr erfüllt es in erster Linie die Funktion einer **zentralen Informationsplattform**, auf der relevante Unternehmensdaten, die z.T. auch schon an anderer Stelle selbständig publiziert worden sind, gesammelt und dem Rechtsverkehr über ein **einheitliches Portal** gebündelt zugänglich gemacht werden. Auf diese Weise soll „die äußerliche Zersplitterung der Unternehmensdaten in Deutschland überwunden" und damit ihre Nutzbarkeit erheblich vereinfacht werden.[3] Das ist namentlich für ausländische Interessenten ein großer Fortschritt, denen damit der Zugang zu den bislang unübersichtlich verstreuten Unternehmensdaten deutscher Marktteilnehmer wesentlich erleichtert wird.[4]

2 Der deutsche Gesetzgeber musste für die Einrichtung eines solchen Registers im Wesentlichen zwei Regelungsaufgaben bewältigen: Zum einen musste er die **rechtlichen Rahmenbedingungen** festlegen, damit die technische Infrastruktur für eine solche Informationsplattform geschaffen werden kann. Zum anderen musste er gewährleisten, dass das Register über die notwendigen Unternehmensdaten verfügt. Um diese **Versorgung mit Informationen** sicherzustellen, zugleich aber die Unternehmen nur möglichst wenig mit zusätzlichen Informationspflichten zu belasten, hat der Gesetzgeber sich bemüht, das Unternehmensregister weitgehend **mit anderweitig verfügbaren Originaldatenbeständen zu vernetzen**.[5] So kann etwa über das Unternehmensregister auf die Datenbestände der Handels-, Genossenschafts- und Partnerschaftsregister (§ 8b Abs. 2 Nr. 1–3) zugegriffen werden, ohne dass diese Daten selbständig im Unternehmensregister vorgehalten werden; ab dem 1.1.2024 wird auch das Gesellschaftregister (s. §§ 707 ff BGB i.d.F. des MoPeG[6]) mit dem Unternehmensregister vernetzt.[7] Dem Unternehmensregister kommt hier lediglich eine **Navigationsfunktion** zu, indem es den Nutzer zu den einschlägigen Originaldatenbeständen lenkt. Ähnlich funktioniert der Zugriff auf die in § 8b Abs. 2 Nr. 11 genannten insolvenzrechtlichen Bekanntmachungen. Andere Informationen werden zwar selbständig in das Unternehmensregister eingestellt, doch ist diese Aufgabe zentral dem Betreiber des **Bundesanzeigers** zugewiesen, dem diese Daten ohnehin schon auf anderer rechtlicher Grundlage zur Verfügung gestellt werden müssen (zur faktischen Personalidentität des Betreibers des Bundesanzeigers und des Unternehmensregisters s. noch Rn 11 und 44). Auch insofern treffen die Unternehmen keine neuen Belastungen. Lediglich die in § 8b Abs. 2 Nr. 4, 9 und 10 aufgeführten Unterlagen der Rechnungslegung und Unternehmensberichte sowie die kapitalmarktrechtlichen Informationen sind dem Unternehmensregister unmittelbar durch die Unternehmen selbst zuzuführen (s. noch Rn 36 f und 46 ff).

II. Normursprung und Normentwicklung

3 Während andere Staaten die einschlägigen Unternehmensdaten schon seit geraumer Zeit über ein zentrales Internetportal zugänglich machen (vgl. etwa das österreichische Firmenbuch[8] oder

---

3 RegE EHUG, BT-Drucks. 16/960, S. 39.
4 RegE EHUG, BT-Drucks. 16/960, S. 39.
5 Zu alternativen technischen Konzeptionen vgl. *Beurskens* in: Noack S. 97, 104 f.
6 Gesetz zur Modernisierung des Personengesellschaftsrechts (Personengesellschaftsrechtsmodernisierungsgesetz – MoPeG) v. 10.8.2021, BGBl. I, S. 3436.
7 Im Rahmen des MoPeG wurde § 8b Abs. 2 um eine neue Nr. 2a ergänzt, die aber erst am dem 1.1.2024 gilt; s. Art. 137 S. 1 MoPeG.
8 www.jusline.at.

den schweizerischen Zentralen Firmenindex[9]),[10] hat sich diese Idee in Deutschland zunächst nur sehr zögerlich durchgesetzt. Einen Anstoß erhielt die Diskussion durch den Abschlussbericht der **Regierungskommission Corporate Governance** vom 10.7.2001. Darin wurde vorgeschlagen, ein einheitliches Zugangsportal unter dem Arbeitstitel „Deutsches Unternehmensregister" zu errichten, das dem Geschäftsverkehr und den Kapitalmarktteilnehmern den Zugang zu den amtlichen, zu Publizitätszwecken angelegten Unternehmensdateien eröffnet.[11]

Den maßgeblichen Impuls für die Einführung eines Unternehmensregisters hat der deutsche Gesetzgeber schließlich aber von europäischer Ebene erhalten. Mit der Neufassung der **Publizitätsrichtlinie** von 1968[12] im Zuge der **Offenlegungsrichtlinie** aus dem Jahr 2003[13] wurde in Art. 3 Abs. 1 und 2 die Pflicht eingeführt, sicherzustellen, dass die publikationspflichtigen Daten einer Kapitalgesellschaft über „eine Akte" zentral elektronisch abrufbar sind;[14] diese Pflicht folgt nunmehr aus Art. 16 Abs. 1 und 2 der Gesellschaftsrechtsrichtlinie von 2017.[15] Diese einheitliche Zugänglichkeit soll über das Unternehmensregister gewährleistet werden.[16] Zugleich soll damit noch eine weitere europäische Vorgabe aus Art. 21 Abs. 2 der **Transparenzrichtlinie**[17] erfüllt werden, wonach der Herkunftsmitgliedstaat für bestimmte kapitalmarktrechtliche Informationen sicherzustellen hat, dass es zumindest ein amtlich bestelltes System für die zentrale Speicherung der vorgeschriebenen Informationen gibt. 4

Der deutsche Gesetzgeber ist über den eng begrenzten Anwendungsbereich dieser beiden Richtlinien deutlich hinausgegangen. Damit das deutsche Recht der Unternehmenspublizität auch weiterhin **einheitlichen Grundsätzen** folgt, hat er darauf verzichtet, ein spezielles publizitätsrechtliches Regelungsregime für Kapitalgesellschaften oder für Kapitalmarktinformationen zu schaffen, sondern die für diese beiden Regelungsbereiche europarechtlich normierten Vorgaben im Wege der **richtlinienüberschießenden Umsetzung** auch auf andere Unternehmensdaten ausgedehnt. Zu den Motiven und Rechtsfolgen einer solchen überschießenden Umsetzung vgl. noch ausführlich § 15 Rn 12 ff. 5

Seit dem Inkrafttreten des § 8b am 1.1.2007 hat die Vorschrift zahlreiche Änderungen erfahren. Im Zuge des **Transparenzrichtlinie-Umsetzungsgesetzes (TUG)**[18] wurde § 8b Abs. 2 Nr. 9 6

---

9 www.zefix.ch.

10 Rechtsvergleichende Analyse bei *Wedemann*, FS Seibert, 2019, S. 1073 ff.

11 Bericht der Regierungskommission Corporate Governance, BT-Drucks. 14/7515 Rn 252 – auch in der Regierungsbegründung zum EHUG wird diese Anregung als wesentlicher Impuls für die Neuregelung erwähnt (vgl. BT-Drucks. 16/960, S. 39).

12 Erste Richtlinie 68/151/EWG des Rates v. 9.3.1968 zur Koordinierung der Schutzbestimmungen, die in den Mitgliedstaaten den Gesellschaften im Sinne des Artikels 58 Absatz 2 des Vertrages im Interesse der Gesellschafter sowie Dritter vorgeschrieben sind, um diese Bestimmungen gleichwertig zu gestalten, ABl. EG Nr. L 65, S. 8 v. 14.3.1968; umgesetzt in das deutsche Recht durch das Gesetz zur Durchführung der ersten Richtlinie des Rates der Europäischen Gemeinschaften zur Koordinierung des Gesellschaftsrechts v. 15.8.1969, BGBl. I, S. 1146.

13 Richtlinie 2003/58/EG des Europäischen Parlaments und des Rates v. 15.7.2003 zur Änderung der Richtlinie 68/151/EWG des Rates in Bezug auf die Offenlegungspflichten von Gesellschaften bestimmter Rechtsformen (Offenlegungsrichtlinie, ABl. EG Nr. L 221, S. 13 v. 4.9.2003; ausführlich zu den neu gefassten europarechtlichen Vorgaben *Schemmann* GPR 2003/04, 92 ff; *Scholz* EuZW 2004, 172 ff.

14 Vgl. auch insofern die Bezugnahme in der Regierungsbegründung, BT-Drucks. 16/960, S. 39.

15 Richtlinie (EU) 2017/1132 des Europäischen Parlaments und des Rates v. 14.6.2017 über bestimmte Aspekte des Gesellschaftsrechts, ABl. EU Nr. L 169, S. 46 v. 30.6.2017.

16 RegE EHUG, BT-Drucks. 16/960, S. 39.

17 Richtlinie 2004/109/EG v. 15.12.2004 zur Harmonisierung der Transparenzanforderungen in Bezug auf Informationen über Emittenten, deren Wertpapiere zum Handel auf einem geregelten Markt zugelassen sind, und zur Änderung der Richtlinie 2001/34/EG (Transparenzrichtlinie) ABl. EG Nr. L 390, S. 38); der RegE EHUG nimmt auf diese Vorgabe ausdrücklich Bezug (BT-Drucks. 16/960, S. 39; vgl. auch die Beschlussempfehlung Rechtsausschuss, BT-Drucks. 16/2781, S. 79).

18 Gesetz zur Umsetzung der Richtlinie 2004/109/EG des Europäischen Parlaments und des Rates v. 15.12.2004 zur Harmonisierung der Transparenzanforderungen in Bezug auf Informationen über Emittenten, deren Wertpapiere

und Abs. 3 S. 3–5 neu gefasst.[19] Durch die kapitalmarktrechtlichen, bilanzrechtlichen und insolvenzrechtlichen Reformen der Jahre 2011–2017 wurde der Wortlaut des § 8b mehrfach angepasst, wobei die Änderungen häufig nur redaktionellen Charakter hatten. In sachlicher Hinsicht hervorzuheben ist die Erweiterung des § 8b Abs. 3 S. 1 Nr. 1 a.F. auf die nach § 326 Abs. 2 von einer Kleinstkapitalgesellschaft hinterlegten Bilanzen im Rahmen des **MicroBilG**[20] (s. dazu auch § 9 Rn 51 mit Ausführungen zur aktuellen Rechtslage). Größere Änderungen des § 8b erfolgten im Zuge des **DiRUG**:[21] Die Umstellung des Systems zur Offenlegung von Rechnungslegungsunterlagen führte zu Änderungen des § 8b Abs. 2 Nr. 4, Abs. 3 Nr. 1 und 2 sowie Abs. 4 (s. dazu Rn 22 f, 42 ff und 60 ff). Der Katalog des § 8b Abs. 2 wurde um die Nr. 12 und 13 erweitert (dazu Rn 40 f); außerdem wurde die Nr. 9 an die Änderung der Nr. 4 angepasst (Nr. 36). Mit § 8b Abs. 3 S. 3 und 4 n.F. wurden die Pflichten der das Unternehmensregister führenden Stelle erweitert (Rn 46). Schließlich wurde in dem neu eingefügten § 8b Abs. 5 die Aufgabe des Unternehmensregisters auf den Informationsaustausch nach § 9c erstreckt (dazu Rn 63 und die Kommentierung des § 9c).

7 Eine **Konkretisierung** erhält die Regelung des § 8b über die auf der (kombinierten) Grundlage des § 9a Abs. 2 und 3 HGB und des § 9 Abs. 2 S. 2 InsO vom Bundesjustizministerium (im Einvernehmen mit dem Bundesfinanzministerium[22]) veröffentlichten **Verordnung über das Unternehmensregister (URV).**[23] Sie soll den für die Führung des Unternehmensregisters maßgeblichen Rahmen vorgeben, ohne den technischen Fortschritt durch übermäßig detaillierte Bestimmungen zu behindern.[24] Sie enthält namentlich Regelungen über die technischen Einzelheiten zu Aufbau und Führung des Unternehmensregisters (§§ 1–4 URV), über die Einzelheiten der Datenübermittlung (§§ 5–11 URV), über Zugänglichkeit, Berichtigung und Löschung der im Unternehmensregister gespeicherten Daten (§ 12 URV), über die Einsichtnahme und Suche (§§ 13 und 14 URV) und über die Zulässigkeit sowie Art und Umfang von Auskunftsleistungen mit den im Unternehmensregister gespeicherten Daten (§ 15 URV).[25] Zur Verordnung über die Übertragung der Registerführung s. noch Rn 11.

III. Rechtspolitische Würdigung

8 Im Schrifttum und in der Praxis ist die Einführung des Unternehmensregisters zu Recht ganz **überwiegend positiv gewürdigt** worden. Die zentrale Informationsplattform des Unternehmensregisters erhöht in entscheidender Weise die Transparenz und Publizität des privaten Wirtschaftsverkehrs, ohne die Unternehmen mit zusätzlichen Kosten oder Übermittlungspflichten wesentlich zu belasten (s. Rn 2; vgl. aber auch noch zur Kritik am unnötig kompliziert ausgestalteten Übermittlungsverfahren hinsichtlich kapitalmarktrechtlicher Informationen Rn 51; zu den

---

zum Handel auf einem geregelten Markt zugelassen sind, und zur Änderung der Richtlinie 2001/34/EG (Tranparenzrichtlinie-Umsetzungsgesetz – TUG) v. 10.1.2007, BGBl. I, S. 10.

19 Die Änderungen betreffen in erster Linie die Übermittlung und die Veröffentlichung zentraler kapitalmarktrechtlicher Unternehmensdaten (s. dazu im Einzelnen Rn 36 und 49). Zudem wurde in § 104a eine speziell auf § 8b zugeschnittene Bußgeldvorschrift eingefügt (s. dazu noch Rn 50 und § 104a Rn 1 ff).

20 Gesetz zur Umsetzung der Richtlinie 2012/6/EU des Europäischen Parlaments und des Rates vom 14.3.2012 zur Änderung der Richtlinie 78/660/EWG des Rates über den Jahresabschluss von Gesellschaften bestimmter Rechtsformen hinsichtlich Kleinstbetrieben (Kleinstkapitalgesellschaften-Bilanzrechtsänderungsgesetz – MicroBilG) v. 20.12.2012, BGBl. I, S. 2751.

21 Gesetz zur Umsetzung der Digitalisierungsrichtlinie (DiRUG) v. 5.7.2021, BGBl. I, S. 3338.

22 Zur Erforderlichkeit der Einbeziehung des Bundesfinanzministeriums s. § 9a Abs. 3 S. 2 und § 9a Rn 9.

23 Verordnung über das Unternehmensregister (Unternehmensregisterverordnung – URV) v. 26.2.2007, BGBl. I, S. 217 – Begründung in BR-Drucks. 11/07, S. 9 ff. Zu den Einzelheiten der Verordnungsermächtigung s. noch die Ausführungen zu § 9a.

24 Begründung zur URV (Rn 7), BR-Drucks. 11/07, S. 9.

25 Begründung zur URV (Rn 7), BR-Drucks. 11/07, S. 9.

Kosten s. noch Rn 65 ff).[26] Allerdings führt dieser unbestreitbare Qualitätssprung noch nicht dazu, dass die Unternehmenspublizität in Deutschland nunmehr gänzlich zufriedenstellend geregelt wäre. Auch nach der Schaffung des zentralen Unternehmensregisters zeigt sich gerade im Bereich des Kapitalmarktrechts eine **unerfreuliche Hypertrophie** unterschiedlichster Publikationsmodi, die mit dem durch das EHUG (Rn 1) verfolgten Ziel der Transparenz und Vereinfachung nicht zu vereinbaren ist.[27] Die Vielfalt der Veröffentlichungsmedien ist nach dem EHUG sogar noch insoweit gewachsen, als das Europäische Justizportal (dazu § 9b Rn 6 f) hinzugekommen ist, das aber nur auf eine Teilmenge der Informationen aus dem Handels- und Unternehmensregister verweist (zur Kritik an der Ausgestaltung des Systems der Registervernetzung s. § 9b Rn 4 f und 8).

Des Weiteren wurde kritisiert, dass im Unternehmensregister ausschließlich eine Datenerfassung ab dem 1.1.2007 erfolgt, **Altdaten** dem Rechtsverkehr hingegen nur dann zugänglich sind, wenn es sich um sog. Registerdaten i.S.d. § 8b Abs. 2 Nr. 1–3 handelt.[28] In der Tat führt dieser Umstand dazu, dass das im Unternehmensregister gespiegelte Bild der deutschen Unternehmenslandschaft unvollständig bleibt, doch hätte der Aufbau einer lückenlosen Datensammlung die Leistungsfähigkeit der beteiligten Institutionen womöglich überfordert. 9

IV. Führung des Unternehmensregisters (§ 8b Abs. 1)

1. Aufgabenzuweisung

§ 8b Abs. 1 bestimmt zunächst den **Betreiber des Unternehmensregisters.** Um sicherzustellen, dass alle im Unternehmensregister zu veröffentlichenden Daten tatsächlich zentral an einer Stelle zum Abruf zur Verfügung stehen, soll das Unternehmensregister in **bundeseigener Verwaltung** betrieben werden.[29] Die Aufgaben des Bundes sollen vom Bundesministerium der Justiz und für Verbraucherschutz wahrgenommen werden, da es Herausgeber des Bundesanzeigers ist, der wesentliche Inhalte des Unternehmensregisters liefert.[30] Die vom Bundesrat geäußerten Bedenken, ob im Rahmen bundeseigener Verwaltung eine unmittelbare Ministerialverwaltung zulässig ist,[31] wurde von der Bundesregierung mit dem Hinweis zurückgewiesen, dass dem Justizministerium keine neue Aufgabe übertragen, sondern lediglich ein ihm schon jetzt zugewiesener Tätigkeitsbereich neu strukturiert werde.[32] 10

Diese formale Aufgabenzuweisung steht allerdings unter dem Vorbehalt einer Regelung nach § 9a Abs. 1. Danach ist das Ministerium befugt, sich von dieser Aufgabe zu entlasten, indem es eine juristische Person des Privatrechts im Wege einer **Rechtsverordnung** mit dem Betrieb des Unternehmensregisters beauftragt. Schon während des EHUG-Gesetzgebungsverfahrens bestand Einigkeit darüber, dass auf der Grundlage der in § 9a Abs. 1 S. 5 festgelegten Voraussetzungen des Beleihungsaktes als Adressat allein die Bundesanzeiger Verlagsgesellschaft mbH mit Sitz in Köln in Betracht kommt,[33] die nunmehr als **Bundesanzeiger Verlag** 11

---

26 Vgl. etwa Hopt/*Merkt* Rn 1; *DAV-Handelsrechtsausschuss* NZG 2005, 586; *Clausnitzer/Blatt* GmbHR 2006, 1303 (1308); *Kort* AG 2007, 801 (807); *Liebscher/Scharff* NJW 2006, 3745 (3752); *Meyding/Bödeker* BB 2006, 1009 (1012); *Noack* NZG 2006, 801 (806); *Schlotter* BB 2007, 1 (5).

27 Anschaulich im zeitlichen Zusammenhang mit EHUG *Mülbert/Steup* NZG 2007, 761 ff; *Noack* WM 2007, 377 ff; vgl. auch *Beurskens* in: Noack S. 97, 119 f.

28 BeckOGK-HGB/*Beurskens* Rn 6; *ders.* in: Noack S. 97 (103); MünchKommHGB/*Krafka* Rn 2.

29 RegE EHUG, BT-Drucks. 16/960, S. 39.

30 RegE EHUG, BT-Drucks. 16/960, S. 39 f.

31 So die Stellungnahme des Bundesrates, BT-Drucks. 16/960, S. 73. Diese Bedenken werden gestützt auf Maunz/Dürig/*Lerche* GG (1992), Art. 87 Rn 168; *Sachs* GG, 3. Aufl., 2003, Art. 87 Rn 69; dagegen von Mangoldt/Klein/Starck/*Burgi* GG III, 5. Aufl., 2005, Art. 87 Rn 97.

32 Gegenäußerung der Bundesregierung, BT-Drucks. 16/960, S. 89.

33 *Beurskens* in: Noack S. 97 (111); *Noack* NZG 2006, 801 (805); *C.H. Schmidt* DStR 2006, 2272 (2274).

GmbH firmiert. Auf sie ist durch eine entsprechende Verordnung die Führung des Unternehmensregisters – bis 31.12.2026 befristet (§ 4 der VO) – übertragen worden (s. noch § 9a Rn 2 ff).[34]

2. Registerführung

12 Die Aufgabe der Registerführung stellt sich beim Unternehmensregister allerdings deutlich anders dar als beim Handelsregister. Dieser Unterschied erklärt sich aus der anders gelagerten Funktion der beiden Register. Während dem Handelsregister vornehmlich eine originäre Publizitäts- sowie eine Kontrollfunktion zugewiesen ist (§ 8 Rn 1 ff), erfüllt das Unternehmensregister in erster Linie eine **Navigationsfunktion** (s. bereits Rn 2). Daher steht hier die Aufgabe der registerführenden Stelle im Vordergrund, einen zentralen Zugang zu dem Register zu eröffnen und die Zugriffsverbindung auf die jeweiligen Unternehmensinformationen einzurichten und zu unterhalten.[35] Das Unternehmensregister wird **ausschließlich elektronisch geführt** und ist deshalb auch nur über das Internet zugänglich (§ 13 Abs. 1 S. 1 URV – s. Rn 7); eine daneben bestehende Druckausgabe ist im Gesetz nicht vorgesehen. Betrifft die Registerführung Unterlagen der Rechnungslegung und Unternehmensberichte nach § 8b Abs. 2 Nr. 4, so wird der registerführenden Stelle über § 8b Abs. 4 schließlich noch die Aufgabe zugewiesen, Ausdrucke zu erstellen und diese zu beglaubigen (s. dazu noch Rn 52). Zu den Kosten der Registerführung s. noch Rn 65 ff.

3. Kein Bezeichnungsschutz

13 Während das Handels-, das Genossenschafts- und das Partnerschaftsregister einen besonderen Bezeichnungsschutz genießen (§ 8 Abs. 2 HGB, § 10 Abs. 3 GenG, § 5 Abs. 2 PartGG – vgl. § 8 Rn 27),[36] ist ein solcher Schutz für das Unternehmensregister nicht vorgesehen. Eine entsprechende Regelung scheiterte daran, dass der Begriff „Unternehmensregister" bereits aufgrund europäischer Vorgaben[37] von den statistischen Ämtern genutzt wird.[38] Im Übrigen sah der Gesetzgeber für einen solchen Bezeichnungsschutz aber auch **keinen dringenden Anlass**, da das Unternehmensregister anders als die genannten Register nicht mit dem besonderen Gutglaubensschutz nach § 15 verknüpft (s. noch Rn 18) und deshalb nicht gleichsam schutzwürdig ist.[39] Soweit dennoch ein Schutzbedürfnis bestehe, könne dem über **§ 5 UWG** hinreichend Rechnung getragen werden.[40] Bei einer Vervielfältigung des Registers greift überdies auch der Schutz des Datenbankherstellers nach **§ 87b UrhG** ein.[41]

---

34 Verordnung über die Übertragung der Führung des Unternehmensregisters und die Einreichung von Dokumenten beim Betreiber des elektronischen Bundesanzeigers v. 15.12.2006, BGBl. I, S. 3202, geändert durch Verordnung zur Änderung der Verordnung über die Übertragung der Führung des Unternehmensregisters und die Einreichung von Dokumenten beim Betreiber des Bundesanzeigers v. 14.1.2015, BGBl. I, S. 16. Zur Kritik am Unterbleiben eines ordnungsgemäßen Vergabeverfahrens vgl. *Clausnitzer/Blatt* GmbHR 2006, 1303 (1304).

35 MünchKommHGB/*Krafka* Rn 4.

36 Ab dem 1.1.2024 erstreckt sich der Bezeichnungsschutz auch auf das Gesellschaftsregister, s. § 707b Nr. 2 i.F.d. MoPeG (Rn 2).

37 Verordnung (EWG) Nr. 2186/93 des Rates v. 22.7.1993 über die innergemeinschaftliche Koordinierung des Aufbaus von Unternehmensregistern für statistische Verwendungszwecke, ABl. EG Nr. L 196, S. 1.

38 Vgl. die Gegenäußerung der Bundesregierung, BT-Drucks. 16/960, S. 89 zu einem entsprechenden Vorschlag des Bundesrates, BT-Drucks. 16/960, S. 73 f.

39 BT-Drucks. 16/960, S. 39; krit. gegenüber dieser Begründung die Stellungnahme des Bundesrates, BT-Drucks. 16/960, S. 73; MünchKommHGB/*Krafka* § 8 Rn 98 im Hinblick auf § 8b Abs. 2 Nr. 1; *Nedden-Boeger* FGPrax 2007, 1 (4).

40 RegE EHUG, BT-Drucks. 16/960, S. 39.

41 Vgl. dazu auch Hopt/*Merkt* Rn 8; *Beurskens* in: Noack S. 97 (112) sowie BGHZ 164, 37 ff = GRUR 2005, 857; zur Rechtslage in Österreich vgl. auch OGH GRURInt 2004, 66 ff.

V. Zugang zum Unternehmensregister (§ 8b Abs. 2)

Nach § 8b Abs. 2 sind die dort aufgeführten Inhalte ausschließlich (vgl. § 13 Abs. 1 URV – Rn 7) über die Internetseite des Unternehmensregisters zugänglich. Die Internetseite des Unternehmensregisters lautet www.unternehmensregister.de (§ 1 Abs. 3 S. 1 URV); die Nutzung weiterer Domains steht dem Betreiber offen.[42] Mit dem Passus „zugänglich machen" soll verdeutlicht werden, dass das Unternehmensregister den Zugang zu diesen Inhalten nicht zwangsläufig in Form einer eigenen Datensammlung eröffnen muss, sondern dass auch eine **Vernetzung** (Link) mit den Originaldatenbeständen genügt (s. Rn 2).[43] Durch eine solche Vorgehensweise wird nicht nur der Aufwand einer doppelten Datenhaltung vermieden, sondern zugleich auch eine mögliche Fehlerquelle eliminiert.[44] Überdies wird auf diese Weise sichergestellt, dass der Nutzer unabhängig von dem gewählten Zugangsweg stets einen einheitlichen Auftritt im Internet vor sich hat.[45] Auch bei einem solchen mittelbaren Abruf soll aber durch eine enge Abstimmung zwischen den Landesjustizverwaltungen und dem Unternehmensregister gewährleistet werden, dass alle Informationen in einem **einheitlichen Erscheinungsbild** dargestellt werden. Eine Zusatzinformation soll deutlich machen, dass es sich um einen Datenabruf aus dem Originalbestand des Registers handelt (§ 13 Abs. 2 S. 3 URV). 14

Die Nutzung des Unternehmensregisters steht jedermann offen; es bestehen **weder Anmeldungs- noch Genehmigungserfordernisse** (vgl. auch § 13 Abs. 1 S. 2 URV – Rn 7).[46] Bei einer kostenpflichtigen Tätigkeit des Registernutzers dürfen die notwendigen Nutzerdaten für Zwecke der Entgelterhebung erfasst werden, soweit dies sachlich geboten ist (vgl. auch § 2 Abs. 2 S. 2 URV).[47] Nach dem Wegfall der Gebührenpflicht im Zuge des DiRUG (s. Rn 68 und § 9 Rn 52) ist die Bedeutung dieser Ermächtigungsgrundlage zwar geringer geworden, sie ist aber im Hinblick auf die kostenpflichtigen Ausdrucke und Beglaubigungen i.S.d. § 8b Abs. 4 nach wie vor relevant (zur Kostenpflicht s. Rn 69). Eine **Registrierung** gem. § 3 URV ist zum Zweck der Gebührenerhebung zwar zulässig (§ 15 Abs. 2 S. 2 URV), aber nicht zwingend erforderlich. Vielmehr kann der Betreiber auch einen „pay per view"-Zugriff mit Einzelbezahlung per Kreditkarte oder einem electronic cash-Verfahren ermöglichen;[48] auch der Einsatz von Zahlungsinstrumenten wie PayPal oder Sofortüberweisung ist unbedenklich (s. § 15 Abs. 1 S. 2 URV). Daneben erlaubt § 2 Abs. 2 S. 1 URV auch eine Dokumentation, die dazu dient, missbräuchliche Zugriffe auf das Unternehmensregister zu erkennen und zu unterbinden. 15

Der Zugang über das Unternehmensregister ist **nicht exklusiv**, sondern es besteht auch weiterhin noch die Möglichkeit, direkt auf das elektronische Handelsregister, den Bundesanzeiger etc. zuzugreifen. Das Unternehmensregister eröffnet neben diesen unmittelbaren Zugriffsmöglichkeiten nur noch eine zusätzliche mittelbare Zugriffsmöglichkeit, die den Vorteil besitzt, für jedes Unternehmen die zentralen Daten kompakt aus einer Hand anzubieten (one stop shop);[49] zu den Kosten vgl. Rn 58 ff. Die Einsichtnahme in das Unternehmensregister wird in § 9 Abs. 6 S. 1 noch näher geregelt (s. § 9 Rn 47 ff). 16

Bei einer derart umfassenden Datensammlung wie dem Unternehmensregister muss nicht nur gewährleistet sein, dass die Daten zugänglich sind, sondern auch, dass sie überhaupt aufgefunden werden können. Zu diesem Zweck soll nach § 14 URV (Rn 7) eine **Suchfunktion** einge- 17

---

42 Das folgt aus dem Wort „zumindest" in § 1 Abs. 3 S. 1 URV (Rn 7) und wird in der Begründung zur URV, BR-Drucks. 11/07, S. 10 f, noch einmal ausdrücklich betont.

43 RegE EHUG, BT-Drucks. 16/960, S. 40.

44 Vgl. auch Hopt/*Merkt* Rn 3; *Schlotter* BB 2007, 1 (5).

45 RegE EHUG, BT-Drucks. 16/960, S. 41.

46 Zu den technischen Einzelheiten der Suche vgl. *Christ*/Müller-Helle, S. 79 ff.

47 RegE EHUG, BT-Drucks. 16/960, S. 40. Speziell für das Handelsregister ergibt sich eine solche Protokollierungsmöglichkeit auch aus § 53 HRV.

48 Begründung zur URV (Rn 7), BR-Drucks. 11/07, S. 20 f; *Beurskens* in: Noack S. 97 (125).

49 Hopt/*Merkt* Rn 1; *Liebscher*/*Scharff* NJW 2006, 3745 (3749); *Seibert*/*Decker* DB 2006, 2446 (2449).

richtet werden, die die Suche nach allen eingestellten Daten sowie über Indexdaten (s. Rn 21) ermöglicht.[50] Die **Indexdaten** sind zwar selbst über das Unternehmensregister nicht zugänglich (§ 1 Abs. 2 S. 2 URV), aber dennoch Gegenstand der Suche. Auf diese Weise können auch Unternehmen gefunden werden, zu denen noch keine Daten im Unternehmensregister eingestellt sind (etwa Einzelkaufleute). Als Ergebnis werden dann die Originaldaten aus den jeweiligen Registern zugänglich gemacht.[51] Neben der Zugangs- und Suchfunktion kann der Betreiber nach § 15 Abs. 1 URV auch noch **weitergehende Auskunftsdienstleistungen** anbieten, namentlich etwa eine automatisierte Unterrichtung über neu zugängliche Daten (sog. Push-Dienste – etwa über die neusten Bekanntmachungen wichtiger Geschäftspartner) oder die Verknüpfung mit externen Informationen.[52] Da die Daten der Richtlinie über offene Daten und die Weiterverwendung von Informationen des öffentlichen Sektors[53] unterfallen, muss der Betreiber des Unternehmensregisters sie in dem Maße, in dem sie von ihm für Auskunftsdienstleistungen genutzt werden dürfen, auch interessierten Dritten für eigene Vermarktungszwecke zur Verfügung stellen.[54] Für die Originaldaten, zu denen das Unternehmensregister lediglich den Zugang vermittelt, gilt diese Regelung hingegen aus kompetenzrechtlichen Gründen nicht.[55]

VI. Inhalt des Unternehmensregisters (§ 8b Abs. 2)

1. Allgemeines

18 Die über das Unternehmensregister zugänglichen Daten werden in den elf Nummern des § 8b Abs. 2 aufgezählt.[56] Diese Aufzählung ist nicht abschließend, sondern umschreibt lediglich einen **Mindestinhalt**. Es steht den Betreibern des Registers frei, auch weitere unternehmensrelevante Informationen aufzunehmen, was sich allerdings nicht dem Gesetzestext, sondern ausschließlich der Regierungsbegründung entnehmen lässt.[57] Anders als beim Handelsregister genießen die über das Unternehmensregister zugänglichen Informationen nach dem klaren Wortlaut des § 15 **keinen öffentlichen Glauben.**[58] Der Schutz des § 15 greift nur dann ein, wenn über das Portal des Unternehmensregisters mittelbar auf das Handelsregister zugegriffen wird, dessen Datenbestand unabhängig von der konkreten Art des Zugriffs dem Schutz des § 15 unterfällt. Vertrauensträger ist aber auch hier allein das Handelsregister (zu etwaigen Diskrepanzen zwischen den beiden Registern s. § 15 Rn 30).

19 Der Inhalt des Unternehmensregisters wird grundsätzlich in **deutscher Sprache** wiedergegeben; dementsprechend sind die Inhalte auch zu übermitteln. Im Hinblick auf das langfristige Ziel, ein zentrales europäisches Register für alle Unternehmensinformationen zu schaffen, soll ausländischen Unternehmen aber auch die Möglichkeit eingeräumt werden, eine Eintragung

50 Ausführlich zur Suche nach § 14 URV *Beurskens* in: Noack S. 97 (125 f).

51 Begründung zur URV (Rn 7), BR-Drucks. 11/07, S. 19 f.

52 Begründung zur URV (Rn 7), BR-Drucks. 11/07, S. 20; vgl. ferner *Beurskens* in: Noack S. 97 (126); *Noack* NZG 2006, 801 (802) mit Fn 19); *dens.* in: Noack S. 21 (35); *Seibert/Decker* DB 2006, 2448 (2449).

53 Richtlinie (EU) 2019/1024 des Europäischen Parlaments und des Rates vom 20. Juni 2019 über offene Daten und die Weiterverwendung von Informationen des öffentlichen Sektors, ABl. EU Nr. L 172, S. 56.

54 S. zu der Vorgängerrichtlinie RegE EHUG, BT-Drucks. 16/960, S. 43.

55 Begründung zur URV (Rn 7), BR-Drucks. 11/07, S. 20. Die Originaldaten werden schon von der Ermächtigung nach § 9a Abs. 3 S. 1 nicht erfasst, da sonst auch diese Verordnungsermächtigung an die Zustimmung des Bundesrates hätte geknüpft werden müssen (vgl. dazu noch § 9a Rn 9 sowie die Stellungnahme des Bundesrates BT-Drucks. 16/960, S. 76 und die Gegenäußerung der Bundesregierung, ebenda, S. 91).

56 Kritisch zur Auswahl der im Unternehmensregister zu veröffentlichenden Informationen *Beurskens* in: Noack S. 97 (102).

57 RegE EHUG, BT-Drucks. 16/960, S. 40.

58 RegE EHUG, BT-Drucks. 16/960, S. 39; Hopt/*Merkt* Rn 3; Koller/Kindler/Roth/Drüen/*Roth* Rn 4; *Clausnitzer/Blatt* GmbHR 2006, 1303 (1304); *Kort* AG 2007, 801 (802); *Krafka* MittBayNot 2005, 290 (291).

ergänzend in einer anderen EU-Mitgliedssprache vorzunehmen.[59] Das wird in § 1 Abs. 1 S. 4 URV (Rn 7) angedeutet, wonach das Unternehmensregister erkennen lassen muss, in welcher Sprache die Daten im Unternehmensregister gespeichert werden. Diese Kennzeichnung soll insbesondere auch ausländischen Nutzern den Zugriff auf das Unternehmensregister vereinfachen. Zur Übermittlung der Daten an das Handelsregister in einer Amtssprache der EU s. § 11 und die Erläuterungen dort.

2. Registerdaten (Nr. 1–3)

Nach § 8b Abs. 2 Nr. 1–3 werden über das Unternehmensregister zunächst die Eintragungen in das Handels-, Genossenschafts- und Partnerschaftsregister einschließlich der jeweiligen Bekanntmachungen und der zum Register eingereichten Dokumente zugänglich gemacht. Mit dem Inkrafttreten des § 8b Abs. 2 Nr. 2a wird auch das Gesellschaftsregister nach §§ 707 ff. BGB i.d.F. des MoPeG (Rn 2) einbezogen. Das Unternehmensregister fungiert in Fällen der § 8b Abs. 1 Nr. 1–3 als reines Zugangsportal (s. Rn 2 und 14). Die Datenbestände werden nicht gespiegelt im Unternehmensregister vorgehalten, sondern es wird über das Unternehmensregister **auf die Originaldatenbestände zugegriffen.** Zu den Auswirkungen dieser verfahrenstechnischen Ausgestaltung auf die Registerpublizität nach § 15 s. Rn 18. 20

Um den Zugriff auf die Registerdaten zu ermöglichen, ist es erforderlich, dass die Landesjustizverwaltungen die sog. **Indexdaten** übermitteln (§ 8b Abs. 3 S. 2 – s. dazu noch Rn 40), die den Aufbau eines zentralen Zugangs mit Suchfunktion in den Originaldatenbanken der Länder ermöglichen.[60] Eine entsprechende Pflicht wird den Landesjustizverwaltungen deshalb in § 8b Abs. 3 S. 2 auferlegt (s. dazu noch Rn 42 ff); die Einrichtung einer Suchfunktion ist in § 14 URV (s. Rn 7) vorgesehen. Die Indexdaten dienen allerdings nur der Zugangsvermittlung, sind aber selbst nicht zugänglich zu machen (§ 1 Abs. 2 S. 2 URV). Vor dem DiRUG wurden die für den Abruf der Registerdaten bei einem Direktzugriff anfallenden Gebühren auch bei einem mittelbaren Zugriff über das Unternehmensregister unmittelbar von den Ländern erhoben.[61] Nach dem **Wegfall der Gebührenpflicht** für den Abruf der Registerdaten (s. Rn 68 und § 9 Rn 52) ist auch der mittelbare Zugang über das Unternehmensregister kostenfrei; allgemein zu den Kosten vgl. Rn 65 ff. 21

3. Rechnungslegungsdaten (Nr. 4)

§ 8b Abs. 2 Nr. 4 erweitert den Inhalt des Unternehmensregisters auf Rechnungslegungsdaten. Vor dem DiRUG (Rn 6) waren diese Daten beim Betreiber des Bundesanzeigers einzureichen und sodann im Unternehmensregister zugänglich zu machen.[62] Im Zuge des DiRUG hat der Gesetzgeber die Vorgabe des **Art. 16 Abs. 3 der Gesellschaftsrechtsrichtlinie** (Rn 4) umgesetzt.[63] Nach Art. 16 Abs. 3 S. 1 der Richtlinie sind die offenzulegenden Unterlagen der Rechnungslegung (s. Art. 14 lit. f der Richtlinie) in einem Register zugänglich zu machen; hinzukommen kann nach Art. 16 Abs. 3 S. 2 der Richtlinie die Veröffentlichung in einem Amtsblatt. Der Gesetzgeber hat sich entschieden, im Sinne eines **„one stop shops"** lediglich die Offenlegung im Unternehmensregister anzuordnen und auf die fakultative Übermittlung an den Bertreiber 22

59 Vgl. zum Folgenden die Begründung zur URV (Rn 7), BR-Drucks. 11/07, S. 10.
60 RegE EHUG, BT-Drucks. 16/960, S. 40.
61 RegE EHUG, BT-Drucks. 16/960, S. 40.
62 Zu den Einzelheiten, insb. zu den Änderungen im Zuge des EHUG (Rn 1), s. Voraufl. Rn 22 ff (*Koch*).
63 Zur Offenlegung der Rechnungslegungsunterlagen nach dem DiRUG s. *Leuering/Bläser* NJW-Spezial 2022, 335 f.

des Bundesanzeigers zu verzichten.[64] Die Vorschriften sind nach Art. 88 Abs. 2 EGHGB auf Rechnungslegungsdaten für das nach dem 21.12.2021 beginnende Geschäftsjahr anzuwenden.[65]

23 Der Verweis auf die „nach diesem Gesetz" offengelegten Rechnungslegungsunterlagen erfasst in erster Linie die in § 325 aufgezählten Unterlagen, insbesondere **Jahresabschlüsse, Lageberichte, Konzernabschlüsse und Konzernlageberichte**, sowie Unterlagen, die nach §§ 264 Abs. 3 S. 1 Nr. 5, 26b Nr. 4, 291 Abs. 1 S. 1, 292 Abs. 1 Nr. 1 offengelegt wurden, um eine **Befreiung** in Anspruch zu nehmen.[66] § 8b Abs. 2 Nr. 4 erstreckt sich ferner auf die Erklärungen nach § 2 Abs. 2 und § 12 Abs. 2 PublG, die Berichte nach § 2 Abs. 3 S. 6 PublG und § 12 Abs. 3 S. 2 PublG sowie die Unterlagen nach § 6b Abs. 4 EnWG, § 7 Abs. 2 TKG und § 7 Abs. 1 S. 1 ERgG. Zu den offenlegungspflichtigen **Unternehmensberichten** zählen die Jahresfinanzberichte nach § 114 WpHG und § 6 Abs. 1 TKG, die Halbjahresfinanzberichte nach § 115 WpHG, die Zahlungs- und Konzernzahlungsberichte nach § 116 WpHG und §§ 341s, 341v, die Jahresberichte nach § 23 VermAnlG, die Jahres- und Halbjahresberichte nach §§ 45 Abs. 1, 123 Abs. 2, 160 Abs. 1 KAGB sowie die Berichte zur Gleichstellung und Entgeltgleichheit nach § 22 Abs. 4 EntgTranspG. Von § 8b Abs. 2 Nr. 4 **nicht erfasst** sind die zur **dauerhaften Hinterlegung** eingestellten Unterlagen. Gleichwohl können sie nach § 9 Abs. 6 S. 3 auf Antrag durch Übermittlung einer Kopie zur Einsicht genommen werden (s. dazu § 9 Rn 51).

4. Daten im Bundesanzeiger (Nr. 5–8)

24 **a) Allgemeines.** § 8b Abs. 2 Nr. 5–8 erweitert den Inhalt des Unternehmensregisters um relevante Unternehmensdaten, die vom **Bundesanzeiger** verwaltet und veröffentlicht werden. Gerade diese Inhalte waren maßgeblich für die Entscheidung, die Registerführung auf die Bundesverlagsgesellschaft zu übertragen, die auch den Bundesanzeiger betreibt (s. Rn 11). Hierzu gehören die gesellschaftsrechtlichen Bekanntmachungen (Rn 25 ff), die Eintragungen im Aktionärsforum (Rn 31), manche kapitalmarktrechtlichen Veröffentlichungen (Rn 32) sowie investmentrechtliche Bekanntmachungen und Veröffentlichungen (Rn 33 ff). Vor dem DiRUG gehörten hierzu auch die Rechnungslegungsunterlagen, die aber nunmehr nicht beim Betreiber des Bundesanzeigers einzureichen sind (s. bereits Rn 22).

b) Gesellschaftsrechtliche Bekanntmachungen (Nr. 5)

25 **aa) Allgemeine Grundsätze.** Nach § 8b Abs. 2 Nr. 5 sind des Weiteren die gesellschaftsrechtlichen Bekanntmachungen im Bundesanzeiger über das Unternehmensregister zugänglich zu machen. Eine entsprechende **Bekanntmachungspflicht** ergibt sich in erster Linie aus zahlreichen Vorschriften des Kapitalgesellschaftsrechts. Ob diese Pflicht zwingend ausgestaltet ist oder unter dem Vorbehalt anderslautender Satzungsbestimmung steht (vgl. etwa § 63 Abs. 1 AktG, § 231 S. 2 UmwG), ist dabei für die Anwendung des § 8b Abs. 2 Nr. 5 irrelevant. Fehlt es in diesen

---

64 Vgl. im Kontext des § 325 HGB n.F. RegE DiRUG, BT-Drucks. 19/28177, S. 101. Aufschlussreiche Gegenüberstellung der alten und neuen Rechtslage bei *J. Schmidt* ZIP 2021, 112 (118); s. ferner *Leuering/Bläser* NJW-Spezial 2022, 335. Mit dieser Änderung ist das nach dem EHUG diskutierte Problem gelöst, ob es genügen soll, wenn von der Bekanntmachung im Bundesanzeiger Datum und Fundstelle im Unternehmensregister angezeigt werden (dafür RegE EHUG, BT-Drucks. 16/960, S. 40; Koller/Kindler/Roth/Drüen/*Roth* Rn 5; Röhricht/v. Westphalen/Haas/*Ries* Rn 1), oder ob der Nutzer wegen Art. 16 Abs. 1 und 2 der Gesellschaftsrechtsrichtlinie (Rn 4) über das Unternehmensregister unmittelbar auf die Rechnungslegungsdaten zugreifen können muss (MünchKommHGB/*Krafka* Rn 10); im letztgenannten Sinne und zu den Einzelheiten die Voraufl. Rn 24 (*Koch*).

65 Vgl. RegE DiRUG, BT-Drucks. 19/28177, S. 106: Die offenlegungspflichtigen Unternehmen sollen sich auf die neue Rechtslage einstellen können; s. ferner *Leuering/Bläser* NJW-Spezial 2022, 335 f; *Linke* NZG 2021, 309 (314).

66 Hierzu und zum Folgenden RegE DiRUG, BT-Drucks. 19/28177, S. 85.

Fällen an einer entsprechenden Satzungsbestimmung und erfolgt eine Bekanntmachung, so ist auch diese über das Unternehmensregister zugänglich zu machen.

bb) Bekanntmachungen mit Gesellschaftsbezug. Nicht eindeutig beantwortet das Gesetz die Frage, ob nur Verlautbarungen der Gesellschaft selbst in das Unternehmensregister aufzunehmen sind oder auch solche **Verlautbarungen, die die Gesellschaft lediglich betreffen** (z.B. die Veröffentlichungen gerichtlicher Entscheidungen im Zusammenhang mit der Zusammensetzung des Aufsichtsrats nach § 99 Abs. 2 S. 1, Abs. 4 S. 2 AktG oder die gerichtliche Erklärung über die Bestellung eines gemeinsamen Vertreters nach § 6 Abs. 1 S. 4 SpruchG). Während der Gesetzestext diese Frage für die Fälle des § 8b Abs. 2 Nr. 7 und 8 eindeutig im erstgenannten Sinne beantwortet, ist die Formulierung in § 8b Abs. 2 Nr. 5 deutlich weiter gewählt („gesellschaftsrechtliche Bekanntmachungen"). 26

Denkt man § 8b Abs. 2 Nr. 7 und 8 systematisch konsequent fort, wäre dieser weite Passus auch hier restriktiv als Verlautbarung der Gesellschaft zu verstehen.[67] Die Aussagekraft dieses systematischen Arguments wird allerdings dadurch relativiert, dass **§ 8b Abs. 2 Nr. 6** Verlautbarungen betrifft, die gerade nicht von der Gesellschaft selbst stammen. Das Unternehmensregister enthält also nicht nur Bekanntmachungen des Unternehmens, sondern bietet auch eine Plattform für sonstige Informationen, die das Unternehmen nur betreffen (s. noch die Ausführungen in Rn 31). Wenn das Unternehmensregister aber auch für derartige Informationen mit bloßem Unternehmensbezug offen ist, dann ist kein Grund ersichtlich, den weit gefassten Wortlaut des § 8b Abs. 2 Nr. 5 restriktiv auszulegen.[68] Vielmehr spricht der Gesetzeszweck gerade für eine dem Wortlaut entsprechende weite Auslegung, da das **Interesse des Rechtsverkehrs** an solchen Verlautbarungen mit Bezug zur Gesellschaft keineswegs zwangsläufig geringer sein muss als an einer eigenen Verlautbarung der Gesellschaft.[69] Nicht zu leugnen bleibt allerdings, dass der Aufzählung in § 8b Abs. 2 (nach beiden möglichen Lesarten) **kein in sich schlüssiges Veröffentlichungskonzept** zugrunde liegt.[70] 27

cc) Die einzelnen Veröffentlichungspflichten. Als Veröffentlichungspflichten sind aus dem **AktG** hier zu nennen: § 20 Abs. 6 (Beteiligungspublizität), § 63 Abs. 1 S. 2 (Aufforderung zur Einzahlung rückständiger Einlagen), § 64 Abs. 2 (Nachfrist beim Ausschluss säumiger Aktionäre), § 73 Abs. 2 S. 3 (Kraftloserklärung von Aktien – im Zuge einer Kapitalherabsetzung nach § 226 Abs. 2 S. 3), § 97 Abs. 1 (Zweifel an ordnungsgemäßer Zusammensetzung des Aufsichtsrats), § 99 Abs. 2 S. 1, Abs. 4 S. 2 (gerichtliche Entscheidungen im Zusammenhang mit der Zusammensetzung des Aufsichtsrats – s. Rn 26), §§ 121 Abs. 3, 124 Abs. 1 (Einberufung und Tagesordnung der Hauptversammlung), § 149 Abs. 1 (Bekanntmachungen zur Haftungsklage), § 186 Abs. 2 (Festlegung des Bezugsrechts), § 214 Abs. 1 und 2 (Aufforderung an die Aktionäre), § 221 Abs. 2 S. 3 (Beschluss über die Ausgabe von Wandelschuldverschreibungen), §§ 246, 248a (Erhebung und Beendigung von Anfechtungsklagen), §§ 259 Abs. 5, 260 Abs. 3 S. 3 (Sonderprüfung), 28

---

67 So wohl *Beurskens* in: Noack S. 97 (110).

68 Dem kann auch nicht entgegengehalten werden, dass bei einem weiten Verständnis § 8b Abs. 2 Nr. 6 überflüssig sei, da die Veröffentlichung im Aktionärsforum dann ohnehin schon von § 8b Abs. 2 Nr. 5 erfasst wäre; denn im Aktionärsforum wird keine Bekanntmachung, sondern eine „Aufforderung" veröffentlicht, die nicht unter § 8b Abs. 2 Nr. 5 fällt. Die gesonderte Erwähnung des Aktionärsforums ist daher also auch auf der Grundlage der hier vertretenen Auffassung sinnvoll.

69 Insoweit zustimmend *Beurskens* in: Noack S. 97 (110); deutlich für eine weite Auslegung inzwischen BeckOGK-HGB/*Beurskens* Rn 30.

70 So auch *Beurskens* in: Noack S. 97 (102).

§ 267 S. 2 (Gläubigeraufruf bei Abwicklung).[71] Für alle diese Bekanntmachungen ordnet § 25 AktG die Veröffentlichung im **Bundesanzeiger als Pflichtmedium** an, so dass sie auch von § 8b Abs. 2 Nr. 5 erfasst werden.

29 Aus dem **GmbHG** sind zu nennen: § 30 Abs. 2 S. 2 (Rückzahlungsbeschluss), § 58 Abs. 1 Nr. 1 und 3 (Herabsetzung des Stammkapitals), § 65 Abs. 2 (Auflösung). Als Gesellschaftsblätter, in denen diese Bekanntmachungen zu veröffentlichen sind, gilt auch hier nach § 12 GmbHG der Bundesanzeiger. Weitere gesellschaftsrechtliche Bekanntmachungen können sich etwa aus dem **UmwG** ergeben; vgl. dort § 26 Abs. 2 S. 2 (Aufforderung durch besonderen Vertreter), §§ 62 Abs. 3 S. 2, 104 Abs. 1 S. 1 (Hinweis auf bevorstehende Verschmelzung), §§ 186 ff (Vermögensübertragung), § 231 S. 2 (Abfindungsangebot), § 267 (Mitteilungen an Anteilsinhaber beim Formwechsel eingetragener Genossenschaften). Aus dem **SEAG** sind die Vorschriften über die Zusammensetzung und Änderung des Verwaltungsrates zu nennen (§§ 25 Abs. 1 S. 1, 46 Abs. 1 S. 1 SEAG). Aus dem **SpruchG** ist die Bestellung eines gesetzlichen Vertreters nach § 6 Abs. 1 S. 4 (vgl. Rn 26) sowie die Bekanntmachung der rechtskräftigen Entscheidung (§ 14 i.V.m. § 6 Abs. 1 S. 4 SpruchG) in das Unternehmensregister aufzunehmen. Schließlich fällt auch die Mitteilung über die Zusammensetzung des Aufsichtsrats nach § 19 S. 1 **MitbestG** unter § 8b Abs. 2 Nr. 5.

30 Nach der Regierungsbegründung sollen von § 8b Abs. 2 Nr. 5 auch die Bekanntmachungen von **Personengesellschaften und Genossenschaften** über das Register zugänglich sein. Da aber weder das Personengesellschafts- noch das Genossenschaftsrecht entsprechende Publizitätspflichten vorsehen,[72] können derartige Bekanntmachungen nur auf freiwilliger Basis (z.B. bei entsprechender Satzungsbestimmung) Eingang in den Bundesanzeiger und damit auch in das Unternehmensregister finden.[73]

31 **c) Aktionärsforum (Nr. 6).** Nach **§ 8b Abs. 2 Nr. 6** sind auch Eintragungen in das Aktionärsforum nach § 127a AktG über das Unternehmensregister zugänglich zu machen. Über dieses virtuelle Forum soll es Aktionären ermöglicht werden, die Kommunikation untereinander zu verbessern und auf diese Weise ihre mehrheitsabhängigen Verwaltungsrechte effizienter ausüben zu können.[74] Dieses Ziel hat der Gesetzgeber nicht erreicht; § 127a AktG spielt in der Praxis eine **geringe Rolle**.[75] Die Einbeziehung des Aktionärsforums wurde **vom Handelsrechtsausschuss des DAV kritisiert**, da es sich nicht um Mitteilungen des Unternehmens handele, die ihm deshalb auch nicht über das Unternehmensregister publizistisch zugerechnet werden dürften.[76] Der Gesetzgeber ist dem nicht gefolgt und hat damit implizit ein abweichendes Verständnis des Unternehmensregisters zum Ausdruck gebracht. Es handelt sich nicht um Verlautbarungen des Unternehmens, sondern um Verlautbarungen, die ein Unternehmen betreffen (s. Rn 26 f). Da sich auch die Eintragungen im Aktionärsforum stets auf eine bestimmte AG beziehen und das Forum auch nach den betroffenen Gesellschaften geordnet ist, fügt sich die Einbeziehung des Aktionärsforums in die so verstandene **unternehmensbezogene Ausgestaltung** des Unternehmensregisters ohne weiteres ein.[77] Von § 8b Abs. 2 Nr. 5 wird das Aktionärsforum noch nicht

---

71 Die von Baumbach/Hopt/*Merkt* Rn 4 ergänzend genannten Beispiele §§ 37 Abs. 4 Nr. 1, 106, 130 Abs. 5, 181 Abs. 1 und 294 AktG betreffen allesamt Eintragungen in das Handelsregister und sind deshalb nicht von § 8b Abs. 2 Nr. 5, sondern von § 8b Abs. 2 Nr. 1 erfasst.

72 Koller/Kindler/Roth/Drüen/*Roth* Rn 5 verweist insofern zwar auf § 156 GenG, der aber nur die Bekanntmachung von Eintragungen im Genossenschaftsregister erfasst. Diese finden jedoch schon über § 8b Abs. 2 Nr. 2 Eingang in das Unternehmensregister und sind von § 8b Abs. 2 Nr. 5 nicht erfasst (so zutreffend MünchKommHGB/*Krafka* Rn 11 Fn 17).

73 MünchKommErgbHGB/*Krafka* Rn 11.

74 Vgl. dazu statt vieler *Koch* § 127a Rn 1; *J. Koch* ZGR 2006, 769 (781).

75 Ausf. *Bayer/Hoffmann* AG 2013, 61; s. ferner *Koch* § 127a Rn 1; *Noack/Zetzsche* AG 2020, 71 Rn 48; *Seibt/Danwerth* AG 2021, 369 Rn 27 mit Fn 83.

76 *DAV-Handelsrechtsausschuss* NZG 2005, 586 (587); ähnlich die Kritik von *Ries* Rpfleger 2006, 233 (234).

77 RegE EHUG, BT-Drucks. 16/960, S. 40.

erfasst, da es sich nicht um eine „Bekanntmachung“ handelt, sondern um eine Aufforderung einzelner Aktionäre oder Aktionärsvereinigungen (vgl. § 127a Abs. 1 AktG – s. auch dazu bereits Rn 26 f mit Fn 66). **De lege ferenda** sollte erwogen werden, das Aktionärsforum zu einem echten Forum umzugestalten, das auf der Internetseite der AG betrieben wird.[78]

d) Kapitalmarktrechtliche Veröffentlichungen im Bundesanzeiger (Nr. 7). Nach § 8b Abs. 2 Nr. 7 umfasst das Unternehmensregister auch bestimmte kapitalmarktrechtliche Veröffentlichungen im Bundesanzeiger auf der Grundlage des WpHG, des VermAnlG, des WpÜG oder der BörsenZulV. Aus dem **Wertpapierhandelsrecht** werden Mitteilungen nach § 49 Abs. 1 und 2 WpHG erfasst. Im **Vermögensanlagenrecht** ist der Verkaufsprospekt nach § 9 Abs. 2 S. 1 VermAnlG im Bundesanzeiger zu veröffentlichen; damit wird der Prospekt auch im Unternehmensregister zugänglich gemacht. Außerdem dürfte sich § 8b Abs. 2 Nr. 7 auch auf die Berichte des Mittelverwendungskontrolleurs (§ 5c Abs. 3 VermAnlG) erstrecken. Der Kontrolleur ist zwar nicht das „Unternehmen“ i.S.d. § 8b Abs. 2 Nr. 7, er wird aber nach § 5c Abs. 1 S. 1 VermAnlG durch den Emittenten bestellt, so dass seine Tätigkeit dem Unternehmen zugerechnet werden kann. Aus dem **Übernahmerecht** werden nur solche Veröffentlichungen erfasst, die von Bietern, Gesellschaften, Vorständen und Aufsichtsräten stammen, also etwa die Veröffentlichung der Angebotsunterlage nach § 14 Abs. 3 S. 1 Nr. 2 WpÜG (gilt nach § 35 Abs. 2 S. 1 WpÜG auch für das Pflichtangebot) oder der Einberufung der Hauptversammlung nach § 16 Abs. 3 S. 3 WpÜG. Die im Regierungsentwurf noch nicht vorgesehene Ausdehnung auf Veröffentlichungen von Vorständen und Aufsichtsräten dient der Erfassung der durch das Übernahmerichtlinie-Umsetzungsgesetz[79] auf den Bundesanzeiger umgestellten Veröffentlichung der begründeten Stellungnahme nach § 27 Abs. 3 WpÜG.[80] Veröffentlichungen des Gerichts oder der BaFin, etwa nach §§ 39b, 43, 44 WpÜG, müssen nach dem klaren Wortlaut der Vorschrift nicht über das Unternehmensregister zugänglich gemacht werden (zur abweichenden Lesart des § 8b Abs. 2 Nr. 5 s. Rn 26 f). Schließlich wird die Börsenzulassung nach **§ 51 BörsZulV** im Bundesanzeiger veröffentlicht und damit auch über das Unternehmensregister zugänglich gemacht. 32

e) Investmentrechtliche Bekanntmachungen und Veröffentlichungen (Nr. 8). Nach **§ 8b Abs. 2 Nr. 8** müssen Bekanntmachungen und Veröffentlichungen von **Kapitalverwaltungsgesellschaften und extern verwalteten Investmentgesellschaften** nach dem KAGB, dem InvG und dem InvStG im Bundesanzeiger über das Unternehmensregister zugänglich sein. Aus dem **KAGB** sind erfasst: § 98 Abs. 2 S. 4 KAGB (Aussetzung und Wiederaufnahme der Anteilsrücknahme), § 99 Abs. 1 S. 1 KAGB (Kündigung des Verwaltungsrechts – eingeschränkt durch § 95 Abs. 5), § 100b Abs. 2 S. 1 KAGB (Übertragung des Sondervermögens oder des Verwaltungs- und Verfügungsrechts über das Sondervermögens auf eine andere Kapitalverwaltungsgesellschaft), § 107 Abs. 1 und 2 KAGB (Veröffentlichung des Jahres-, Halbjahres- und Auflösungsberichtes eines offenen inländischen Investmentvermögens), § 117 Abs. 2 S. 2 KAGB (Auflösung des Teilgesellschaftsvermögens), § 123 Abs. 2 KAGB (Halbjahresbericht einer Investmentaktiengesellschaft), § 163 Abs. 4 KAGB (Änderungen der Anlagebedingungen eines Publikumsinvestmentvermögens), § 178 Abs. 5 S. 1 Hs. 2 KAGB (Abwicklung eines Masterfonds bei Publikumsinvestmentvermögen), § 176 Abs. 6 S. 1 Hs. 2 KAGB (Verschmelzung und Spaltung eines Masterfonds bei Publikumsinvestmentvermögen), § 186 Abs. 3 S. 4 KAGB (Informationen über Verschmelzung von offenen Publikumsinvestmentvermögen), § 189 Abs. 4 S. 1 KAGB (Wirksamwerden der Verschmelzung von offenen Publikumsinvestmentvermögen), § 267 Abs. 2 S. 7 und Abs. 4 S. 1 KAGB (Änderungen der Anlagebedingungen bei einem geschlossenen inländischen Publikums-AIF), § 272g Abs. 5 S. 1 33

78 *Koch* § 127a Rn 1; *Noack/Zetzsche* AG 2020, 71 Rn 50.
79 Übernahmerichtlinie-Umsetzungsgesetz v. 8.7.2006, BGBl. I, S. 1426.
80 Beschlussempfehlung Rechtsausschuss, BT-Drucks. 16/2781, S. 79.

Hs. 2 KAGB (Abwicklung eines geschlossenen Masterfonds), § 299 Abs. 1 S. 1 Nr. 3 und 4 KAGB (Jahres- und Halbjahresbericht eines EU-AIF und eines ausländischen AIF), § 315 Abs. 1 S. 1 und Abs. 2 S. 2 KAGB (Einstellung des Vertriebs von AIF) sowie § 316 Abs. 5 KAGB (Änderung der Angaben oder Unterlagen im Zusammenhang mit Vertrieb von inländischen Publikums-AIF im Inland).

34 Vom Wortlaut des § 8b Abs. 2 Nr. 8 **nicht erfasst** sind die Bekanntmachungen und Übermittlungen durch die **BaFin**, die in § 12 Abs. 8 KAGB (Mitteilung über Kapitalverwaltungsgesellschaften und Investmentgesellschaften), § 21 Abs. 4 KAGB (Erlaubnisrteilung), § 311 Abs. 4 S. 3 KAGB (Untersagung des Vertriebs von EU-OGAW), § 314 Abs. 3 S. 1 KAGB (Untersagung des Vertriebs von AIF), § 319 Abs. 3 S. 1 KAGB (Bekanntmachung über Repräsentanten eines EU-AIF oder eines ausländischen AIF) sowie § 341a Abs. 5 S. 1 KAGB (Vertriebsuntersagungen nach § 5 Abs. 6 KAGB und §§ 11, 311, 314 KAGB) geregelt sind.

35 **Praktisch bedeutungslos** ist der Verweis auf Bekanntmachungen und Veröffentlichungen nach dem **InvG**, das 2013 außer Kraft getreten und durch das KAGB ersetzt worden ist. Der Gesetzgeber wollte seinerzeit dem Umstand Rechnung tragen, dass für manche Kapitalverwaltungsgesellschaft das InvG wegen der Übergangsregelungen in §§ 343, 345 KAGB weiterhin gelten kann und deshalb Bekanntmachungen und Veröffentlichungen nach dem InvG möglich sind.[81] Da dies inzwischen nicht mehr denkbar ist, sollte § 8b Abs. 2 Nr. 8 insoweit geändert werden. Dies gilt auch für den Verweis auf das **InvStG**, das derzeit keine Pflichten zur Veröffentlichung im Bundesanzeiger vorsieht.

5. Weitere kapitalmarktrechtliche Veröffentlichungen (Nr. 9)

36 Neben den bereits in § 8b Abs. 2 Nr. 7 genannten Veröffentlichungspflichten im Bundesanzeiger werden durch § 8b Abs. 2 Nr. 9 noch weitere enumerativ aufgeführte kapitalmarktrechtliche Pflichtpublikationen als Inhalt des Unternehmensregisters genannt. Dazu gehören Veröffentlichungen und sonstige der Öffentlichkeit zur Verfügung gestellte Informationen nach § 5 Abs. 1 S. 2 Nr. 1 WpHG (Wahl des Herkunftsstaates), § 26 Abs. 1 WpHG (Ad-Hoc-Mitteilungen),[82] § 26 Abs. 2 WpHG (Directors' Dealings), §§ 40 Abs. 1 S. 1, 41 Abs. 1 S. 3, 46 Abs. 2 S. 2 WpHG (Beteiligungspublizität), §§ 50 Abs. 1 S. 2, 51 Abs. 2 WpHG (Veröffentlichung zusätzlicher Angaben) und § 127 Abs. 5 S. 8 WpHG (Übergangsregelung für Beteiligungspublizität). Diese ursprünglich enger gefasste Regelung ist durch das **Transparenzrichtlinie-Umsetzungsgesetz** (Rn 6) deutlich erweitert worden, um sämtliche Informationen abzudecken, die nach Art. 9 ff, 21 Abs. 1 und 2 der Transparenzrichtlinie (Rn 4) dem Unternehmensregister als zentralem Speicherungssystem zur Verfügung gestellt werden müssen.[83] Im Zuge des DiRUG (Rn 6) wurde der Verweis auf die Regeln der Finanzberichterstattung gestrichen, da sie nunmehr von § 8b Abs. 2 Nr. 4 erfasst sind (s. Rn 23).[84]

37 Gegenüber den Veröffentlichungspflichten nach § 8b Abs. 2 Nr. 1–8 und 11–13 zeichnen sich die in § 8b Abs. 2 Nr. 9 und 10 enthaltenen Tatbestände dadurch aus, dass die Übermittlung hier nicht durch eine zentrale Stelle, sondern **durch die Unternehmen selbst** erfolgt (s. dazu noch Rn 48 ff). Die daraus resultierende Belastung der Unternehmen wird allerdings durch eine **Subsidiaritätsklausel** abgemildert. § 8b Abs. 2 Nr. 9 greift nur dann ein, sofern die Veröffentlichung nicht bereits über § 8b Abs. 2 Nr. 7 in das Unternehmensregister eingestellt wird. Zu einer solchen Überschneidung kann es deshalb kommen, weil die genannten Vorschriften des WpHG zwar eine Veröffentlichungspflicht vorsehen, das dafür zu nutzende Medium aber nicht eindeu-

81 RegE AIFM-UmsG, BT-Drucks. 17/12294, S. 307 f.

82 Berechtigte Zweifel an der Eignung des Unternehmensregisters als Ad-hoc-Informationssystem bei *Beurskens* in: Noack S. 97 (102).

83 RegE TUG (Rn 6), BT-Drucks. 16/2498, S. 54; *Mülbert/Steup* NZG 2007, 761 (763) vermuten hier also zu Unrecht ein Versehen des Gesetzgebers.

84 RegE DiRUG, BT-Drucks. 19/28177, S. 86.

tig festlegen. Die Auswahl dieses Mediums bleibt vielmehr nach **§ 3a WpAIV**[85] den betroffenen Unternehmen selbst überlassen, soweit nur die in dieser Vorschrift genannten Vorgaben beachtet werden.[86] Die Unternehmen können sich daher auch für eine Veröffentlichung im Bundesanzeiger entscheiden, so dass ein Fall des § 8 Abs. 2 Nr. 7 eintreten kann und die Subsidiaritätsklausel des § 8b Abs. 2 Nr. 9 greift.

6. Kapitalmarktrechtliche Veröffentlichungen an die BaFin (Nr. 10)

Nach § 8b Abs. 2 Nr. 10 werden Mitteilungen über kapitalmarktrechtliche Veröffentlichungen an die BaFin in das Unternehmensregister eingestellt, sofern sie nicht bereits über § 8b Abs. 2 Nr. 7 oder 9 erfasst sind. Anders als § 8 Abs. 2 Nr. 13 n.F. (Rn 41) erfasst § 8b Abs. 2 Nr. 10 nicht die Bekanntmachungen der BaFin, sondern die Veröffentlichungen der Unternernehmen, die der BaFin gemeldet werden. 38

7. Bekanntmachungen der Insolvenzgerichte (Nr. 11)

Schließlich werden nach § 8b Abs. 2 Nr. 11 Bekanntmachungen der Insolvenzgerichte nach § 9 InsO mit Ausnahme der im 9. Teil InsO (§§ 304–314 InsO – Verbraucherinsolvenzverfahren) vorgesehenen Verfahren in das Unternehmensregister einbezogen. Diese insolvenzrechtlichen Informationen werden bereits nach § 9 InsO zentral und länderübergreifend im Internet bekanntgemacht (www.insolvenzbekanntmachungen.de) und sind deshalb nach **§ 32 Abs. 2** von einer neuerlichen Bekanntmachung durch das Registergericht ausgenommen.[87] Da aber auch das Faktum des **Marktaustritts** für den Handelsverkehr ein wichtiges Datum ist,[88] werden diese Bekanntmachungen über § 8b Abs. 2 Nr. 11 in das Unternehmensregister einbezogen. Lediglich die Vorschriften des 9. Teils der InsO (§§ 304–314 InsO) werden von der Veröffentlichungspflicht ausgenommen, da sie Verbraucherinsolvenzverfahren und sonstige Kleinverfahren betreffen und dementsprechend in einem Unternehmensregister deplatziert wären. Nähere Vorgaben für die öffentliche Bekanntmachung enthält die Verordnung zu öffentlichen Bekanntmachungen in Insolvenzverfahren im Internet (InsoBekV),[89] deren Bestimmungen nach § 4a InsoBekV auch für den Datenabruf über das Unternehmensregister entsprechend gelten. Zur Lieferung der Indexdaten s. noch Rn 42ff. 39

8. Registerbekanntmachungen (Nr. 12)

Im Zuge des **DiRUG** (Rn 6) wurde in § 10 Abs. 3 n.F. das Instrument der Registerbekanntmachung geschaffen (s. dazu § 10 Rn 12 ff), das über die Verweise in § 5 Abs. 2 PartGG, § 156 GenG auch im Partnerschaftsgesellschafts- und Genossenschaftsrecht eingeführt wurde (s. § 10 Rn 1 a.E.). Systematisch konsequent hat der Gesetzgeber den Katalog des § 8b Abs. 2 erweitert, um den Zugang zu Registerbekanntmachungen sicherzustellen.[90] Im Zuge des **MoPeG** (Rn 2) hat er die Aufzählung in § 8b Abs. 2 Nr. 12 nicht um das **Gesellschaftsregister** ergänzt, obwohl § 707b 40

85 Verordnung zur Konkretisierung von Anzeige-, Mitteilungs- und Veröffentlichungspflichten sowie der Pflicht zur Führung von Insiderverzeichnissen nach dem Wertpapierhandelsgesetz (Wertpapierhandelsanzeige- und Insiderverzeichnisverordnung – WpAIV) v. 13.12.2004, BGBl. I, S. 3376.
86 Kritisch *Noack* WM 2007, 377 (380).
87 Vgl. dazu Ebenroth/Boujong/Joost/Strohn/*Reuschle* § 32 Rn 4.
88 MünchKommHGB/*Krafka* Rn 16.
89 Verordnung v. 12.2.2002, BGBl. I, S. 677.
90 RegE DiRUG, BT-Drucks. 19/28177, S. 86.

Nr. 2 BGB i.d.F. des MoPeG auch auf § 10 Abs. 3 verweist und die MoPeG-Gesetzesmaterialien im Zusammenhang mit der Erweiterung des § 8b Abs. 2 Nr. 3 um das Gesellschaftsregister (Rn 20) von Bekanntmachungen sprechen.[91] Dies dürfte zum einen daran liegen, dass sich die Gesetzgebungsverfahren überschnitten haben und die Änderungen des Bekanntmachungsregimes im Rahmen des DiRUG im MoPeG versehentlich nicht nachvollzogen wurden. Zum anderen dürften die Registerbekanntmachungen i.S.d. § 10 Abs. 3 n.F. im GbR-Recht ohnehin nicht vorkommen, so dass die fehlende Nennung des Gesellschaftsregisters in § 8b Abs. 2 Nr. 12 nach dem 1.1.2024 praktisch keine Rolle spielen wird. Sollten Registerbekanntmachungen auch im GbR-Recht doch notwendig sein, sind sie in **analoger Anwendung** des § 8b Abs. 2 Nr. 12 auch über das Unternehmensregister zugänglich zu machen.

9. Rechnungslegungsprüfung; naming and shaming (Nr. 13)

41 In § 8b Abs. 2 Nr. 13 n.F. wird der Inhalt des Unternehmensregisters auf **Bekanntmachungen der BaFin** im Zusammenhang mit der Rechnungslegung erstreckt.[92] So kann die BaFin nach Maßgabe des § 107 Abs. 1 S. 1–5 WpHG eine Rechnungslegungsprüfung anordnen und dies gem. **§ 107 Abs. 1 S. 6 WpHG** auf ihrer Internetseite bekanntmachen, soweit hieran ein öffentliches Interesse besteht; die Bekanntmachung hat sie nach **§ 107 Abs. 1 S. 10 WpHG** unverzüglich der das Unternehmensregister führenden Stelle zur Einstellung in das Unternehmensregister zu übermitteln. In einer vergleichbaren Weise gibt die BaFin die Ergebnisse der Rechnungslegungsprüfung bekannt, s. **§ 109 Abs. 2 und 3 WpHG**. Schließlich kann die BaFin nach § 31 Abs. 1 VermAnlG ein Ordnungsgeld wegen unzureichender Rechnungslegung durch **Emittenten von Vermögensanlagen** verhängen. Die Verhängung des Ordnungsgeldes kann die BaFin nach **§ 31 Abs. 4 VermAnlG** der das Unternehmensregister führenden Stelle zur Einstellung in das Unternehmensregister übermitteln, soweit dies zur Beseitigung oder Verhinderung von Missständen geboten ist. Den Fällen des § 8b Abs. 2 Nr. 13 ist gemein, dass die BaFin die Öffentlichkeitswirkung des Unternehmensregister als Steuerungsinstrument einsetzen kann. Die Regelungsadressaten sollen durch die Gefahr des **Reputationsverlustes** infolge der Bekanntmachung zu einer ordnungsgemäßen Rechnungslegung angehalten werden (naming and shaming).[93] Zudem wollte der Gesetzgeber die Stellung des Unternehmensregisters als zentrales Informationsportal für rechnungslegungsbezogene Informationen stärken; zugleich hat er für einen systematischen Gleichklang mit § 8b Abs. 2 Nr. 4 n.F. und § 325 n.F. gesorgt (zur Systemänderung im Rechnungslegungsrecht s. bereits Rn 22 f).[94]

VII. Datenübermittlung (§ 8b Abs. 3)

1. Daten nach § 8b Abs. 2 Nr. 1–3 sowie 11 und 12

42 Die Funktionsfähigkeit des Unternehmensregisters kann nur dann gewährleistet werden, wenn sichergestellt ist, dass die in § 8b Abs. 2 aufgeführten Daten an das Register übermittelt werden. Diese Übermittlung regelt § 8b Abs. 3, wobei **nach der unterschiedlichen Herkunft der Datensätze unterschieden** wird. Soweit auf bereits anderweitig gespeicherte Datenbestände zurückgegriffen werden kann, soll diese Möglichkeit genutzt werden, um die Unternehmen nicht mit

---

91 RegE MoPeG, BT-Drucks. 19/27635, S. 221.

92 Vor dem Inkrafttreten des DiRUG (Rn 6) waren die in § 8b Abs. 2 Nr. 13 genannten Bekanntmachungen der BaFin im Bundesanzeiger offenzulegen, s. §§ 107, 109 WpHG a.F. und § 31 Abs. 4 VermAnlG a.F.

93 Zum naming and shaming als rechtsgebietsübergreifenden Instrument zur Ahndung von Rechtsverstößen s. *Armbrüster/Böffel* ZIP 2019, 1885 ff.

94 RegE DiRUG, BT-Drucks. 19/28177, S. 155 und 157.

zusätzlichen Übermittlungspflichten zu belasten (s. Rn 2). So fungiert das Unternehmensregister namentlich hinsichtlich der in § 8b Abs. 2 Nr. 1–3 sowie 11 und 12 genannten Unternehmensdaten allein als Zugangsportal zu den Originaldatenbeständen. Um diesen Zugang zu eröffnen, müssen nicht die gesamten Datenbestände an das Unternehmensregister übermittelt werden, sondern es genügen die sog. **Indexdaten**, d.h. die Daten, die erforderlich sind, um den Zugang zu den Originaldaten über die Internetseite des Unternehmensregisters zu eröffnen.[95] § 8b Abs. 3 S. 2 verpflichtet die Landesjustizverwaltungen deshalb dazu, diese Indexdaten dem Unternehmensregister zu übermitteln. Die ursprünglich im EHUG-Gesetzgebungsverfahren vorgesehene Zuständigkeit der Gerichte wurde aufgegeben, um den Ländern eine größere organisatorische Flexibilität zu ermöglichen.[96] Die Landesjustizverwaltungen müssen die Datenübermittlung nicht selbst vornehmen. Sie tragen lediglich die Verantwortung für die Übermittlung, können aber für deren praktische Durchführung eine bestimmte Stelle festlegen.[97]

Von einer enumerativen gesetzlichen **Aufzählung der einschlägigen Indexdaten** wurde 43
bewusst abgesehen, um die Vorgaben für den dynamischen Prozess der Datenverarbeitung nicht allzu starr festzuschreiben.[98] Dass die zu übermittelnden Daten dennoch aus Gründen der Rechtsklarheit einheitlich festgelegt werden, wird durch eine Konkretisierung in §§ 6 ff URV (Rn 7) gewährleistet.[99] Danach zählen zu den zu übermittelnden Indexdaten für **Eintragungen** nach § 8b Abs. 2 Nr. 1–3 etwa: Registerart, Registergericht, Registernummer und die einheitliche europäische Kennung[100] (§ 6 S. 1 Nr. 1 URV), Firma oder Name (§ 6 S. 1 Nr. 2 URV), Rechtsform (§ 6 S. 1 Nr. 3 URV), Sitz und Anschrift (§ 6 S. 1 Nr. 4 URV), die Kennzeichnung als Neueintragung, Änderung oder Löschung (§ 6 S. 1 Nr. 5 URV), die Verfügbarkeit der näher unterteilten Dokumentenarten (§ 6 S. 1 Nr. 6 URV), Sitzwechsel und Rechtsnachfolge (§ 6 S. 1 Nr. 7 URV), Insolvenzverfahren (§ 6 S. 1 Nr. 8 URV) sowie Unternehmensliquidation (§ 6 S. 1 Nr. 9 URV). Ähnliche Daten sind mit nur geringfügigen Abweichungen nach § 7 URV zu **Bekanntmachungen** aus den Registern zu übermitteln.

Den einzelnen Daten sind bestimmte **Funktionen** zugewiesen:[101] So soll § 6 S. 1 Nr. 1 URV 44
(Rn 7) einen zuverlässigen Abruf gewährleisten, indem das einschlägige Registerblatt aufgrund konkreter Merkmale möglichst eindeutig identifiziert wird. § 6 S. 1 Nr. 2–4 URV sind für die Recherche erforderlich, da die Daten in der Regel nach der Firma des Unternehmens erfasst und gesucht werden. Schließlich sollen die Angaben nach § 6 S. 1 Nr. 5 und 6 URV der Darstellung dienen, welche Dokumente verfügbar sind und welchen Inhalt die jeweils übermittelten Daten haben. Die im Rahmen des DiRUG (Rn 6) neu eingefügten § 6 S. 1 Nr. 7–9 URV sollen es ermöglichen, Unternehmensbeziehungen besser zu verfolgen.[102]

Die **Form der Datenübermittlung** wird in §§ 4 f URV (Rn 7) konkretisiert. Sie erfolgt im 45
Wege der Datenfernübertragung (§ 4 URV); eine persönliche Abgabe oder ein Postversand scheidet ebenso aus wie etwa die Übermittlung auf körperlichen Datenträgern.[103] Im Zuge des DiRUG (Rn 6) weggefallen ist die für Ausnahmefälle vorgesehene Möglichkeit der Datenübermittlung

---

95 Ausführlich zu den drei Funktionen der Indexdaten (Recherche, Darstellung, Verknüpfung) die Begründung zur URV (Rn 7), BR-Drucks. 11/07, S. 10.

96 Vgl. dazu die Stellungnahme des Bundesrates, BT-Drucks. 16/960, S. 74, der sich die Bundesregierung angeschlossen hat, BT-Drucks. 16/960, S. 89; zust. auch die Beschlussempfehlung des Rechtsausschusses, BT-Drucks. 16/2781, S. 79.

97 Begründung zur URV (Rn 7), BR-Drucks. 11/07, S. 13.

98 Vgl. die Gegenäußerung der Bundesregierung, BT-Drucks. 16/960, S. 89 zu einem entsprechenden Vorschlag des Bundesrates, BT-Drucks. 16/960, S. 74.

99 Vgl. die Gegenäußerung der Bundesregierung, BT-Drucks. 16/960, S. 89.

100 Hierzu noch § 9b Rn 12.

101 Vgl. zum Folgenden die Begründung zur URV (Rn 7), BR-Drucks. 11/07, S. 14.

102 RegE DiRUG, BT-Drucks. 19/28177, S. 152.

103 Begründung zur URV (Rn 7), BR-Drucks. 11/07, S. 12. Die in der Begründung genannte Übermittlung auf Diskette oder CD-ROM dürfte heutzutage freilich keine Rolle mehr spielen. Praktisch relevant ist der Ausschluss aber etwa hinsichtlich USB-Sticks oder externen Festplatten.

durch Telefax nach § 4 S. 2 a.F.[104] Der Übertragungsakt muss in einem mit den Landesjustizverwaltungen vereinbarten strukturierten Format erfolgen (§ 5 Abs. 2 S. 1 URV) und aktuellen Sicherheitsstandards entsprechen (§ 5 Abs. 1 URV). Die Landesjustizverwaltungen haben sicherzustellen, dass die übermittelten Indexdaten ohne Aufbereitung oder Veränderungen den Zugang zu den Originaldaten und eine Suche im Unternehmensregister ermöglichen (§ 5 Abs. 2 S. 2 URV). Die dauerhafte Aktualisierung der Indexdaten wird durch § 5 Abs. 3 URV gewährleistet.[105]

46 Die das Unternehmensregister führende Stelle ist ihrerseits gem. § 8b Abs. 3 S. 3 verpflichtet, die Indexdaten dem **Betreiber des Bundesanzeigers** zur Verfügung zu stellen, soweit dies für die Erfüllung der Aufgabe der Zuordnung von Einreichungen beim Betreiber des Bundesanzeigers nach § 8b Abs. 2 Nr. 5–8 erforderlich ist. Die Übermittlung der Daten versetzt den Betreiber des Bundesanzeigers in die Lage, die Einreichungen nach § 8b Abs. 2 Nr. 5–8 zu den einzelnen Unternehmen zuzuordnen.[106] Dieses muss die **Verwendungsbeschränkung** des § 8b Abs. 3 S. 4 beachten: Die Indexdaten dürfen nur für Zuordnungszwecke verwendet werden.

2. Daten nach § 8b Abs. 2 Nr. 5–8

47 Die Daten nach § 8b Abs. 2 Nr. 5–8 zeichnen sich dadurch aus, dass sie allesamt vom Bundesanzeiger verwaltet und veröffentlicht werden. **§ 8b Abs. 3 S. 1 Nr. 1** verpflichtet deshalb den **Betreiber des Bundesanzeigers**, diese Daten zu übermitteln. Die Übermittlungspflicht wird durch § 10 URV (Rn 7) präzisiert. Dabei besteht allerdings die Besonderheit, dass sowohl das HGB als auch die URV von einem **abstrakten Regelungsmodell** ausgehen, in dem der Betreiber des Bundesanzeigers und der Betreiber des Unternehmensregisters personenverschieden sind. Angesichts der **tatsächlich bestehenden Personalunion** (Rn 11) führen diese abstrakt gedachten Anordnungen in der Rechtswirklichkeit aber teilweise zu merkwürdig anmutenden Rechtsfolgen.[107] So kann bereits die in § 8b Abs. 3 S. 1 Nr. 1 getroffene Übermittlungsanordnung praktisch nur als Anordnung verstanden werden, die entsprechenden Inhalte in das Unternehmensregister einzustellen. Auf die in § 10 S. 1 URV festgelegte **Höchstfrist** eines Arbeitstages wird sich der Bundesanzeigerverlag angesichts der Personenidentität nicht berufen können, sondern es gilt stattdessen die vorrangige Anordnung des „unverzüglichen" Handelns (§ 121 Abs. 1 S. 1 BGB). Schließlich erscheinen auch die umfangreichen Vorgaben des § 10 S. 2 URV zu Datenübermittlung und Datenformat hier obsolet. Sie sind aber wegen des Verweises in § 11 Abs. 3 S. 2 URV in Fällen des § 8b Abs. 2 Nr. 9 und 10 (Rn 36 ff) bedeutsam, weil danach die Übermittlung der Daten den Unternehmen selbst obliegt (Rn 48). Ist die Übermittlung erfolgt, sind die Daten gem. § 12 Abs. 1 S. 1 URV unverzüglich nach ihrer Übermittlung, spätestens bis zum Ablauf des auf die Übermittlung folgenden Arbeitstages im Unternehmensregister unmittelbar **zugänglich zu machen**; eine inhaltliche Prüfung im Vorfeld der Zugänglichmachung findet nicht statt.[108]

3. Daten nach § 8b Abs. 2 Nr. 4, 9 und 10

48 **a) Reichweite und Ausgestaltung des Tatbestandes.** Die in § 8b Abs. 2 Nr. 4, 9 und 10 angeführten Daten zeichnen sich dadurch aus, dass hier **keine zentrale Zulieferung** erfolgt. Vielmehr sollen sie dem Unternehmensregister nach **§ 8b Abs. 3 S. 1 Nr. 2** durch den jeweils

---

104 Der Gesetzgeber begründet die Streichung des § 4 S. 2 a.F. mit der fehlenden praktischen Relevanz der Übermittlung per Telefax und der Vorgabe, Unterlagen in einem strukturierten Format zu übermitteln, s. RegE DiRUG, BT-Drucks. 19/29177, S. 152.

105 Vgl. dazu auch die detaillierte Präzisierung in der Begründung zur URV (Rn 7), BR-Drucks. 11/07, S. 13 f.

106 RegE DiRUG, BT-Drucks. 19/28177, S. 86.

107 Vgl. zum Folgenden auch *Beurskens* in: Noack S. 97 (102, 109, 112): „teilweise etwas verwirrend".

108 Begründung zur URV (Rn 7), BR-Drucks. 11/07, S. 17.

Offenlegungs- oder Veröffentlichungspflichtigen oder durch den von ihm mit der Veranlassung der Offenlegung oder Veröffentlichung betrauten Dritten übermittelt werden. Diese Daten werden also nicht von einem anderen Offenlegungs- oder Veröffentlichungsorgan zur Verfügung gestellt, sondern **originär** in das Unternehmensregister eingegeben. Es handelt sich um die **Rechnungslegungsdaten** (§ 8b Abs. 2 Nr. 4 und Rn 22 f) und **kapitalmarktrechtliche** Veröffentlichungen (§ 8b Abs. 2 Nr. 9 und 10 sowie Rn 36 ff; zur Kritik s. noch Rn 51). Während die letztgenannte Kategorie in der Ursprungsfassung des § 8b Abs. 3 S. 1 Nr. 2 vorgesehen war, wurde die Norm erst im Zuge des DiRUG (Rn 6) auf die Rechnungslegungsdaten erstreckt. Diese Änderung hängt mit der Umstellung des Systems zur Offenlegung von Rechnungslegungsunterlagen: Da die Rechnungslegungsdaten nicht mehr beim Betreiber des Bundesanzeigers einzureichen sind (Rn 22), kann dieser nicht nach Maßgabe des § 8b Abs. 3 S. 1 Nr. 1 zu ihrer Übermittlung verpflichtet sein.[109]

Die Erweiterung auf „mit der Veröffentlichung betraute Dritte" trägt dem Umstand Rechnung, dass die Offenlegungs- und Veröffentlichungspflichten häufig nicht von den Unternehmen selbst, sondern – namentlich in kapitalmarktrechtlichen Fällen – in ihrem Auftrag von sog. **Service Providern** erfüllt werden. Daher erscheint es zweckmäßig, diese Mittler auch zur Datenübermittlung an das Unternehmensregister zu verpflichten, um auf diese Weise die Unternehmen zu entlasten.[110] 49

Die Pflicht zur Übermittlung der Rechnungslegungsdaten und kapitalmarktrechtlichen Veröffentlichungen wird nicht nur in § 8b Abs. 3 S. 1 Nr. 2, sondern darüber hinaus auch noch einmal ergänzend in den **einschlägigen Regelungen** festgeschrieben (vgl. etwa § 325 Abs. 1 S. 2 in Fällen des § 8b Abs. 2 Nr. 4 oder § 26 Abs. 1 und 2 WpHG in Fällen des § 8b Abs. 2 Nr. 9). Damit soll eine **Vereinfachung der Rechtsanwendung** erreicht werden, weil der Regelungsadressat auf diese Weise seine Pflichten hinsichtlich einer Information (Offenlegung oder Veröffentlichung, Übermittlung an das Unternehmensregister und – in kapitalmarktrechtlichen Fällen – an die BaFin) gebündelt an einer Stelle im Gesetz findet.[111] 50

Im Schrifttum ist die verfahrenstechnische Ausgestaltung des Übermittlungsverfahrens hinsichtlich der kapitalmarktrechtlichen Informationen auf **berechtigte Kritik** gestoßen. Die Unternehmen werden doppelt belastet, indem sie die Daten sowohl an die BaFin als auch an das Unternehmensregister übermitteln müssen. Es wäre vorzugswürdig gewesen, die **BaFin unmittelbar** mit der elektronischen Weiterübermittlung und nicht nur mit deren Überwachung zu betrauen.[112] Dies gilt umso mehr, als die BaFin nach § 8b Abs. 3 S. 1 Nr. 3, der im Zuge des DiRUG (Rn 6) neu eingeführt wurde, ohnehin zur Übermittlung mancher Daten an das Unternehmensregister verpflichtet ist (s. noch Rn 59). 51

b) Übermittlungsart. Hinsichtlich der **Art der Übermittlung** enthält § 11 URV (Rn 7) nähere Bestimmungen. In **kapitalmarktrechtlichen Fällen** (§ 8b Abs. 2 Nr. 9 und 10) gelten nach § 11 Abs. 1 S. 2 URV zunächst die technischen Vorgaben des § 10 S. 2 und 3 URV entsprechend. Außerdem kann den Veröffentlichungspflichtigen nach § 11 Abs. 1 S. 3 URV auch die Übermittlung über Formulare im Internet ermöglicht werden. Da die in § 8b Abs. 2 Nr. 9 und 10 genannten Daten nicht von einer zentralen Stelle übermittelt werden, muss sichergestellt werden, dass die übermittelnde Person auch tatsächlich **befugt** ist. Zu diesem Zweck ist gem. § 11 Abs. 1 S. 4 URV eine **Registrierung** des Veröffentlichungspflichtigen oder des mit der Veranlassung der 52

109 S. dazu RegE DiRUG, BT-Drucks. 19/28177, S. 86 und 101 ff.

110 RegE EHUG, BT-Drucks. 16/960, S. 41.

111 RegE TUG (Rn 6), BT-Drucks. 16/2498, S. 27 f.

112 MünchKommHGB/*Krafka* Rn 18; *Beurskens* in: Noack S. 97 (119); *Noack* NZG 2006, 801 (804); *ders.* AG 2007, 377 (380).

Veröffentlichung beauftragten Dritten nach § 3 Abs. 1 und 4[113] URV erforderlich. Damit der Übermittelnde zweifelsfrei erkennen kann, ob er seine Übermittlungspflicht erfüllt hat, wird nach § 11 Abs. 1 S. 5 URV eine **Bestätigung im Internet** angezeigt, die der Betreiber etwa durch automatisierte E-Mail oder als Bestätigungsseite im Internet gestalten kann.[114]

53 Geht es um die **Rechnungslegungsdaten** (§ 8b Abs. 2 Nr. 4), sieht § 11 Abs. 2 S. 1 und 2 URV die Standards für die elektronische Übermittlung vor, die mit Hilfe einer nach dem Stand der Technik gesicherten Verbindung erfolgen soll.[115] § 11 Abs. 2 S. 3 ordnet die Verwendung eines **Vertrauensdienstes nach der eIDAS-VO**[116] (s. dazu § 9 Rn 32 f). Daran hat der Gesetzgeber trotz verbreiteter Kritik während des Gesetzgebungsverfahrens festgehalten.[117] Schließlich erklärt § 11 Abs. 2 S. 4 die in Rn 52 dargestellten Vorgaben des § 11 Abs. 1 S. 3–5 URV sowie § 10 S. 3 URV für entsprechend anwendbar. Speziell für die **Registrierung** (§ 11 Abs. 1 Satz 4 URV) stellt § 3 Abs. 2 und 3 URV zusätzliche Anforderungen an den Nutzer auf. Auch diese Vorgaben wurden im DiRUG- und DiREG-Gesetzgebungsverfahren kritisiert. Namentlich wurde eine Bereichsausnahme für Berufsträger wie Rechtsanwälte, Steuerberater und Wirtschaftsprüfer sowie für genossenschaftliche Prüfungsverbände gefordert, da diese vertrauenswürdig seien und eine Registrierung deshalb nicht erforderlich sei.[118] Auch dieser Forderung ist der Gesetzgeber nicht nachgekommen, so dass sich auch Personen registrieren müssen, die typischerweise als vertrauenswürdig gelten.

54 **c) Prüfung, Zugänglichmachung und Berichtigung.** Ob die das Unternehmensregister führende Stelle die ihm übermittelten Daten prüft und wann es sie zugänglich zu machen hat, hängt von der **Datenkategorie** ab: In Fällen des **§ 8b Abs. 2 Nr. 9 und 10** (kapitalmarktrechtliche Veröffentlichungen, s. Rn 36 ff) findet **keine inhaltliche Prüfung** statt;[119] die Zugänglichmachung im Unternehmensregister hat nach § 12 Abs. 1 S. 1 URV unverzüglich nach der Datenübermittlung, spätestens bis zum Ablauf des auf die Übermittlung folgenden Arbeitstages zu erfolgen.

55 Werden **Rechnungslegungsdaten i.S.d. § 8 Abs. 2 Nr. 4** (s. Rn 23) übermittelt, hat die das Unternehmensregister führende Stelle gem. § 12 Abs. 1 S. 2 URV die Daten nach Maßgabe des § 329 Abs. 1–3 **unverzüglich zu prüfen**, soweit eine solche Prüfung gesetzlich vorgeschrieben ist. Die Prüfung erstreckt sich nach § 329 Abs. 1 S. 1 namentlich darauf, ob die zu übermittelnden Unterlagen **fristgemäß und vollzählig** übermittelt worden sind. Nach § 12 Abs. 1 S. 3 URV sind die Daten – mit Ausnahme der zur dauerhaften Hinterlegung eingestellten Unterlagen (s. dazu

113 Die Zählung der Absätze in § 3 URV beruhte bis zum 31.7.2022 auf einem Redaktionsversehen, das durch Art. 7 des Gesetzes zur Einführung virtueller Hauptversammlungen von Aktiengesellschaften und Änderung genossenschafts- sowie insolvenz- und restrukturierungsrechtlicher Vorschriften v. 20.7.2022, BGBl. I, S. 1166, berichtigt wurde.

114 Begründung zur URV (Rn 7), BR-Drucks. 11/07, S. 16.

115 Krit. hinsichtlich Zwangs zur Verwendung des XML-Formats nach § 11 Abs. 2 S. 1 Nr. 2 URV DAI, Stellungnahme zum DiRUG-RefE v. 15.1.2021, S. 3; DGRV, Stellungnahme zum DiRUG-RefE v. 15.1.2021, S. 4; GdW, Stellungnahme zum DiRUG-RefE v. 14.1.2021, S. 5 (alle abrufbar auf Seite des BMJ).

116 Verordnung (EU) Nr. 910/2014 des Europäischen Parlaments und des Rates vom 23.7.2014 über elektronische Identifizierung und Vertrauensdienste für elektronische Transaktionen im Binnenmarkt und zur Aufhebung der Richtlinie 1999/93/EG, ABl. (EU) Nr. L 257, S. 73.

117 Zur Kritik vgl. bitkom, Stellungnahme zum DiRUG-RefE v. 15.1.2021, S. 7; Bundessteuerberaterkammer, Stellungnahme zum DiRUG-RefE v. 15.1.2021, S. 2; BVI, Stellungnahme zum DiRUG-RefE v. 14.1.2021, S. 1 (alle abrufbar auf Seite des BMJ). S. ferner DGRV, Stellungnahme zum DiRUG-RefE v. 15.1.2021, S. 3 f; GdW, Stellungnahme zum DiRUG-RefE v. 14.1.2021, S. 4, die eine Bereichsausnahme für typischerweise vertrauenswürdige Personen fordern (abrufbar auf Seite des BMJ).

118 Dafür etwa DGRV, Stellungnahme zum DiRUG-RefE v. 15.1.2021, S. 3; GdW, Stellungnahme zum DiRUG-RefE v. 14.1.2021, S. 4 (alle abrufbar auf Seite des BMJ). S. ferner Bundessteuerberaterkammer, Stellungnahme zum DiREG-RefE v. 4.4.2022, S. 1 f.

119 Begründung zur URV (Rn 7), BR-Drucks. 11/07, S. 17.

Rn 23 und § 9 Rn 51) – unverzüglich nach ihrer Prüfung oder, falls eine Prüfung gesetzlich nicht vorgeschrieben ist, unverzüglich nach ihrer Übermittlung im Unternehmensregister unmittelbar zugänglich zu machen. Hat die das Unternehmensregister führende Stelle bei der Prüfung gem. § 329 Abs. 1 festgestellt, dass die offen zu legenden Unterlagen **nicht oder unvollständig übermittelt** wurden, muss sie nach § 329 Abs. 3 die jeweils für die Durchführung von Ordnungsgeldverfahren nach den §§ 335, 340o, 341o zuständige Verwaltungsbehörde unterrichten.

Hat die das Unternehmensregister führende Stelle die Daten i.S.d. § 8b Abs. 2 Nr. 4, 9 und 10 **56**
fehlerhaft eingestellt, können die Veröffentlichungs- oder Offenlegungspflichtigen gem. § 12 Abs. 1 S. 4 URV verlangen, dass die registerführende Stelle den Fehler **berichtigt**. Berichtigungen zugänglich gemachter Daten sind als solche zu kennzeichnen, § 12 Abs. 1 S. 5 URV.

d) Kontrolle durch die BaFin. Für die wertpapierhandelsrechtlichen Veröffentlichungspflich- **57**
ten ordnet § 8b Abs. 3 S. 5 eine **Überwachung durch die Bundesanstalt für Finanzdienstleistungsaufsicht** an. Die Aufzählung in § 8b Abs. 3 S. 5 erstreckt sich zum einen auf die kapitalmarktrechtlichen Rechnungslegungspflichten, die unter § 8b Abs. 2 Nr. 4 fallen (Rn 23), zum anderen auf die in § 8b Abs. 2 Nr. 9 aufgeführten Veröffentlichungspflichten (Rn 36 f).[120] und ermächtigt sie, Anordnungen zu treffen, die zur Durchsetzung der Übermittlung geeignet und erforderlich sind. Kommt der Veröffentlichungspflichtige diesen Anordnungen nicht oder nicht in ordnungsgemäßer Form nach, so kann die BaFin selbst nach § 8b Abs. 3 S. 6 die veröffentlichungspflichtigen Daten auf seine Kosten an das Unternehmensregister übermitteln. Damit die BaFin ihrer Überwachungsaufgabe nachkommen kann, räumt § 8b Abs. 3 S. 7 ihr bestimmte **Auskunftsrechte** nach § 6 Abs. 3 S. 1 und 3, Abs. 15 und 16 sowie § 13 WpHG ein und eröffnet ihr die Möglichkeit zur **Zusammenarbeit** mit Stellen im Ausland nach § 18 WpHG. Gleichzeitig werden die Mitarbeiter der Bundesanstalt über den ebenfalls in Bezug genommenen § 21 WpHG zur **Verschwiegenheit** verpflichtet. Diese durch das Transparenzrichtlinie-Umsetzungsgesetz (Rn 6) nachträglich eingefügten Bestimmungen sollen die europäischen Vorgaben des Art. 24 Abs. 1 der Transparenzrichtlinie (Rn 4) umsetzen, wonach die zuständige Behörde sicherstellen muss, dass die aufgrund der Richtlinie erlassenen Bestimmungen tatsächlich angewandt werden.[121]

Ebenfalls auf eine Vorgabe der Transparenzrichtlinie (Rn 4) geht die ergänzende **Bußgeld- 58**
vorschrift des § 104a zurück. Danach wird der BaFin die Befugnis eingeräumt, gegen Veröffentlichungspflichtige, die ihrer Pflicht nach § 8b Abs. 3 S. 1 Nr. 2 vorsätzlich oder fahrlässig nicht oder in fehlerhafter Weise nachkommen, eine **Geldbuße** von bis zu € 200.000 zu verhängen. Damit wird Art. 28 Abs. 1 der Transparenzrichtlinie umgesetzt, der die Schaffung von hinreichenden und angemessenen Verwaltungsmaßnahmen und Sanktionen verlangt, mit denen die Aufsichtsbehörde auf Verstöße gegen die auf Grundlage der Transparenzrichtlinie erlassenen Vorschriften reagieren kann.[122] Rechtstechnisch unbefriedigend ist, dass **§ 120 Abs. 2 Nr. 6 WpHG**[123] eine weitere Bußgeldvorschrift eingeführt hat, die sich in weiten Teilen mit der Regelung des § 104a überschneidet (zur dennoch verbleibenden Daseinsberechtigung der handelsrechtlichen Bußgeldvorschrift s. § 104a Rn 5).[124] Der Überschneidungsbereich hat sich vergrößert, nachdem der Katalog

---

120 In der Ursprungsfassung des § 8b Abs. 3 S. 5 (§ 8b Abs. 3 S. 3 a.F.) war die dort enthaltene Aufzählung mit der des § 8b Abs. 2 Nr. 9 identisch. Im Zuge des DiRUG wurden diejenigen Vorschriften des WpHG, die kapitalmarktrechtlichen Rechnugslegungspflichten vorsehen, aus dem Katalog des § 8b Abs. 2 Nr. 9 gestrichen, weil sie nunmehr unter § 8b Abs. 2 Nr. 4 fallen (s. Rn 36 und RegE DiRUG, BT-Drucks. 19/28177, S. 86).

121 RegE TUG, BT-Drucks. 16/2498, S. 54.

122 Vgl. dazu auch RegE TUG, BT-Drucks. 16/2498, S. 54.

123 Ursprünglich war der Bußgeldtatbestand in § 39 Abs. 2 Nr. 6 WpHG a.F. geregelt, der wie § 104a der auf das Transparenzrichtlinie-Umsetzungsgesetz zurückging.

124 So auch für die Vorgängervorschrift des § 39 Abs. 2 Nr. 6 WpHG a.F. *Beurskens* in: Noack S. 97 (123): kaum abgrenzbar.

des § 8b Abs. 3 S. 1 Nr. 2 im Zuge des DiRUG (Rn 6) auf die kapitalmarktrechtlichen Rechnungslegungspflichten (s. § 8b Abs. 2 Nr. 4 und Rn 22 f) erstreckt wurde.

4. Daten nach § 8b Abs. 2 Nr. 13

59 Im Rahmen des DiRUG (Rn 6) wurde der Katalog des § 8b Abs. 3 S. 1 um eine neue Nr. 3 erweitert. Nach § 8b Abs. 3 S. 1 Nr. 3 n.F. ist die **Bundesanstalt für Finanzdienstleistungsaufsicht** verpflichtet, die Daten nach § 8b Abs. 2 Nr. 13 n.F. (s. dazu Rn 41) dem Unternehmensregister zu übermitteln. Damit stellt der Gesetzgeber sicher, dass die Bekanntmachungen der BaFin im Zusammenhang mit der Rechnungslegung tatsächlich das Unternehmensregister erreichen.[125] Die **Art der Übermittlung** ist in § 11 Abs. 3 URV geregelt: Die BaFin übermittelt die Daten elektronisch über eine nach dem Stand der Technik gesicherte Internetverbindung.

VIII. Erstellung von Ausdrucken (§ 8b Abs. 4)

60 Nach § 8b Abs. 4 umfasst die Führung des Unternehmensregisters auch die **Erteilung von Ausdrucken** sowie die **Beglaubigung** entsprechend § 9 Abs. 3 und 4 hinsichtlich der im Unternehmensregister gespeicherten Rechnungslegungsdaten i.S.d. § 8b Abs. 2 Nr. 4. Damit wird mit § 8b Abs. 4 auch eine **Vorgabe der Gesellschaftsrechtsrichtlinie** (Rn 4) erfüllt. Nach Art. 16a Abs. 1 Unterabs. 1 der Richtlinie muss auf Antrag eine vollständige oder auszugsweise Kopie aus der in Art. 16 Abs. 2 geforderten zentralen Registerakte erhältlich sein. Da diese Akte in Deutschland das Unternehmensregister ist, war es erforderlich, die Führung des Unternehmensregisters in § 8b Abs. 4 um diese Aufgabe zu erweitern.[126] Aus § 9 Abs. 6 ergibt sich ein solcher Anspruch noch nicht, da sich diese Vorschrift allein auf die im Handelsregister enthaltenen Dokumente bezieht, nicht aber auf die des Unternehmensregisters (vgl. dazu § 9 Rn 50). Gerade dazu gehören die Rechnungslegungsunterlagen (s. Rn 22 ff).

61 Die dem Unternehmensregister durch § 8b Abs. 4 zugewiesene **Beglaubigungsaufgabe** ist eine hoheitliche Befugnis, die nach § 33 Abs. 1 VwVfG nur von einer Behörde, nicht aber von einer juristischen Person des Privatrechts ausgeübt werden kann. Auch der Betreiber des Unternehmensregisters ist derzeit statusmäßig ein Privatrechtssubjekt, das aber aufgrund des Beleihungsaktes funktionell in begrenztem Umfang hoheitlich handeln kann. Er tritt nach außen hin als selbständiger Hoheitsträger auf und ist damit auch Behörde i.S.d. § 1 Abs. 4 VwVfG.[127] Da eine Beglaubigung nach § 33 Abs. 3 Nr. 4 VwVfG ein Dienstsiegel voraussetzt, musste auch dem Betreiber des Unternehmensregisters das **Recht zur Führung eines Dienstsiegels** eingeräumt werden. Dies ist durch **§ 9a Abs. 1 S. 3** geschehen.

62 Im Rahmen des DiRUG (Rn 6) aufgehoben wurde **§ 8b Abs. 4 S. 2 a.F.**, wonach die Führung des Unternehmensregister auch die elektronische Übermittlung von zum Handelsregister eingereichten Schriftstücken nach § 9 Abs. 2 umfasste, soweit sich der Antrag auf Unterlagen der Rechnungslegung i.S.d. § 8b Abs. 2 Nr. 4 bezog.[128] Ebenfalls aufgehoben wurde **§ 9 URV a.F.**, der das Übermittlungsverfahren regelte.[129] Die Regelungen sind nach dem **Wegfall des Anspruchs auf Medienwechsel** bei Dokumenten in Papierform (s. dazu § 9 Rn 26 ff) überflüssig geworden.[130]

---

125 Vgl. RegE DiRUG, BT-Drucks. 19/28177, S. 86: Folgeänderung.
126 Vgl. dazu MünchKommHGB/*Krafka* Rn 21.
127 Vgl. dazu statt aller *Maurer/Waldhoff* Allgemeines Verwaltungsrecht, 20. Aufl., 2020, § 23 Rn 59.
128 Zu den Einzelheiten die Voraufl. Rn 52 (*Koch*).
129 Hierzu näher die Voraufl. Rn 53 (*Koch*).
130 RegE DiRUG, BT-Drucks. 19/28177, S. 87.

IX. Informationsaustausch hinsichtlich Disqualifikation der Geschäftsleiter

Im Zuge des DiRUG (Rn 6) hat der Gesetzgeber die Vorgabe des **Art. 13i der Gesellschaftsrechtsrichtlinie** (Rn 4) umgesetzt, die institutionellen Rahmenbedingungen für den Informationsaustausch in Bezug auf etwaige Disqualifikation der Geschäftsleiter vorzusehen. Dem Regelungsauftrag ist der Gesetzgeber in erster Linie mit der Einführung des **§ 9c** nachgekommen (s. hierzu § 9c Rn 6 ff). Klarstellend hat er in § 8b Abs. 5 n.F. festgeschrieben, dass die Führung des Unternehmensregisters auch den Informationsaustausch nach § 9c einschließt. Damit hat er die **Zuständigkeitsregelung** zugunsten der das Unternehmensregister führenden Stelle in § 9c Abs. 1 (s. dazu § 9c Rn 7) flankiert.[131] 63

X. Löschung von Daten

In § 8b nicht vorgesehen ist die Löschung von Daten.[132] § 9a Abs. 3 S. 1 enthält aber auch insofern eine Verordnungsermächtigung zugunsten des Bundesjustizministeriums, von der im Rahmen der URV (Rn 7) Gebrauch gemacht wurde. Wo das Unternehmensregister nur als **Zugangsportal** zu anderweitigen Originaldatenbeständen fungiert (§ 8b Abs. 2 Nr. 1–3 sowie 11–12), erfolgt die Löschung automatisch, wenn die Originaldaten gelöscht werden.[133] Für die nach **§ 8b Abs. 2 Nr. 5–8** zugänglich zu machenden Daten sieht § 12 Abs. 2 S. 1 URV ebenfalls eine an die Originaldatenbestände gekoppelte Löschung vor. Sobald die Originaldaten nicht mehr im Bundesanzeiger zugänglich sind, werden sie auch im Unternehmensregister gelöscht. Für Informationen, die durch Unternehmen oder die BaFin an das Unternehmensregister gem. **§ 8b Abs. 2 Nr. 9, 10 und 13** i.V.m. **§ 8b Abs. 3 S. 1 Nr. 2 und 3** übermittelt werden, schreibt § 12 Abs. 2 S. 2 URV vor, dass sie – vorbehaltlich gesetzlicher Löschungsregelungen (§ 12 Abs. 2 S. 3 URV) – zehn Jahre zugänglich zu halten und anschließend zu löschen sind. Durch eine solche Löschung wird zwar die mit dem Unternehmensregister angestrebte höhere Transparenz vermindert, der Verordnungsgeber hat diese Folge aber bewusst in Kauf genommen, um damit datenschutzrechtlichen Interessen der Betroffenen Rechnung zu tragen.[134] 64

XI. Kosten

1. Kosten der veröffentlichungspflichtigen Unternehmen

a) Kosten zur Deckung der Registerführung. Der deutsche Gesetzgeber teilt die Kosten zwischen den veröffentlichungspflichtigen Unternehmen und den Nutzern des Registers auf. Von Seiten der Unternehmen erfolgt die Finanzierung der Registerführung über eine **gestaffelte Jahresgebühr.** Diese Jahresgebühr ist nach § 16 Abs. 1 JVKostG von jedem Unternehmen zu erbringen, das seine **Rechnungslegungsunterlagen oder Unternehmensberichte** der das Unternehmensregister führenden Stelle zur Einstellung in das Unternehmensregister zu übermitteln hat (Nr. 1), und von jedem Unternehmen, das in dem betreffenden Kalenderjahr nach § 8b Abs. 2 Nr. 9 und 10, Abs. 3 S. 1 Nr. 2 selbst oder durch einen von ihm beauftragten Dritten Daten an das Unternehmensregister übermittelt hat (Nr. 2). Nach § 16 Abs. 2 JVKostG ist **Kostenschuldner** derjenige, der die Unterlagen selbst oder durch einen von ihm beauftragten Dritten an das Un- 65

131 Vgl. RegE DiRUG, BT-Drucks. 19/28177, S. 87. Überlegungen zur alternativen Aufgabenzuweisung im Vorfeld des Gesetzgebungsverfahrens *Knaier/Meier* GmbHR 2021, 77 Rn 23, 26.

132 Ausführlich zum Folgenden die Begründung zur URV (Rn 7), BR-Drucks. 11/07, S. 17 f.

133 Vgl. dazu auch MünchKommHGB/*Krafka* Rn 20.

134 Begründung zur URV (Rn 7), BR-Drucks. 11/07, S. 18.

ternehmensregister übermittelt hat.[135] Schließlich legt § 16 Abs. 3 JVKostG fest, dass der zu registrierende Nutzer die Gebühr für das Verfahren der Registrierung nach § 3 Abs. 2 und 3 URV (Rn 15) schuldet.

66 Die **Staffelung der Gebührenhöhe** richtet sich gem. § 4 Abs. 1 JVKostG nach dem **Kostenverzeichnis der Anlage zum JVKostG** (KV JVKostG). Einschlägig sind die Nr. 1410–1412 KV JKostG. Maßgeblich ist danach, ob das Unternehmen die für kleine Kapitalgesellschaften geltenden Erleichterungen gem. § 326 in Anspruch nehmen kann und deshalb das Unternehmensregister in geringerem Maße nutzt.[136] Entscheidend ist also letztlich die **Unternehmensgröße**. Danach beträgt die Gebühr für kleine Kapitalgesellschaften (§ 267 Abs. 1) und Kleinstkapitalgesellschaften (§ 267a) jeweils € 3, für mittelgroße und große Kapitalgesellschaften (§ 267 Abs. 2 und 3) jeweils € 6. Von Unternehmen, die – unabhängig von ihrer Größe – in einem Kalenderjahr nach § 8b Abs. 3 S. 1 Nr. 2 kapitalmarktrechtliche Daten an das Unternehmensregister liefern, wird aufgrund des damit verbundenen höheren Aufwands eine Gebühr von € 30 erhoben.

67 **b) Sonstige Kosten.** Nach der Umstellung des Systems zur Offenlegung von Rechnungslegungsunterlagen (Rn 22 f) entsteht bei der das Unternehmensregister führenden Stelle ein **zusätzlicher Aufwand**, der aus dem Umstand resultiert, dass die Rechnungslegungsdaten nicht mehr beim Betreiber des Bundesanzeigers eingereicht werden, sondern direkt der registerführenden Stelle übermittelt werden.[137] Dieser Aufwand wird hinsichtlich der **Einstellung von Rechnungslegungsunterlagen** durch die Gebührentatbestände in Nr. 1420–1429 KV JKostG abgegolten.[138] Für die **Einstellung von Unternehmensberichten** fallen Gebühren nach Nr. 1430–1438 KV JKostG an.[139] Die Gebühren für die Übermittlung zur Einsichtnahme von Unterlagen, die zur **dauerhaften Hinterlegung** eingestellt wurden (s. § 9 Abs. 6 S. 3 und die Ausführungen in § 9 Rn 51), richten sich nach Nr. 1440 KV JKostG.[140] Schließlich legt Nr. 1441 KV JKostG die Gebühren für die **Registrierung nach § 3 Abs. 2 und 3 URV** (s. dazu Rn 65) fest.

2. Kosten der Nutzer

68 Von den Nutzern können die über das Unternehmensregister zugänglichen Daten **grundsätzlich kostenfrei** abgerufen werden. Etwas anderes gilt allerdings dann, wenn das Unternehmensregister lediglich als Portal zu einem anderweitig gespeicherten Originaldatenbestand führt, der nur kostenpflichtig abgerufen werden kann. In diesem Fall bleibt die Kostenpflicht auch bei dem nur **mittelbaren Zugriff** über das Unternehmensregister bestehen. Nach dem **Wegfall der Gebührenpflicht** für die Einsichtnahme in das Handelsregister (s. § 9 Rn 52) entfällt auch die Kostenpflicht bei mittelbarem Zugriff über das Unternehmensregister.[141]

69 Erteilt die registerführende Stelle gem. § 8b Abs. 4 **Ausdrucke** der im Unternehmensregister eingestellten **Rechnungslegungsdaten** i.S.d. § 8b Abs. 2 Nr. 4 (Rn 23), fällt nach Nr. 2000 KV JVKostG eine **Dokumentenpauschale** an; für die **Beglaubigung** solcher Unterlagen und Berichte kommt die Gebühr nach Nr. 1500 KV JVKostG hinzu (€ 0,50/angefangene Seite, mindestens € 5). Vor dem DiRUG (Rn 6) war auch die **Übertragung von Unterlagen** der Rechnungslegung

135 Mit § 16 Abs. 2 JVKostG wollte der Gesetzgeber klarstellen, dass die Stellung als Kostenschuldner unabhängig von einer etwaigen Stellung als Antragsteller i.S.d. § 14 JVKostG ist, vgl. RegE DiRUG, BT-Drucks. 19/28177, S. 146.

136 Vgl. zum Folgenden auch die Erläuterungen im RegE EHUG, BT-Drucks. 16/960, S. 70, die sich zwar auf die JVKostO a.F. beziehen, die aber der Sache nach auf die geltende Rechtslage übertragbar sind.

137 Zu den kostenrechtlichen Folgen des Systemwechsels s. RegE DiRUG, BT-Drucks. 19/28177, S. 146 f.

138 Näher hierzu RegE DiRUG, BT-Drucks. 19/28177, S. 147 f.

139 Im Einzelnen RegE DiRUG, BT-Drucks. 19/28177, S. 148.

140 S. RegE DiRUG, BT-Drucks. 19/28177, S. 148.

141 S. RegE DiRUG, BT-Drucks. 19/28177, S. 146.

in ein elektronisches Dokument nach § 8b Abs. 4 S. 2 a.F. kostenpflichtig. Die Gebührenhöhe richtete sich nach Nr. 1123 KV JVKostG a.F. und betrug pro angefangene Seite € 3, mindestens jedoch € 30. Mit dem **Wegfall des Anspruchs auf Medienwechsel** (Rn 62 und § 9 Rn 26 ff) im Zuge des DiRUG ist auch der dazugehörige Gebührentatbestand – anders als der Gebührentatbestand für den Medienwechsel nach § 9 Abs. 2 in der Nr. 5007 des Gebührensverzeichnisses (GV) zur HRegGebV (s. auch § 58 Abs. 1 S. 1 Nr. 4 GNotKG und § 9 Rn 53) – gestrichen worden.[142]

Wird ein kostenpflichtiger Abruf vorgenommen, dürfen die **Nutzerdaten** zum Zwecke der Gebührenerhebung erfasst werden (s. Rn 15). Auch vor der Nutzung der zusätzlichen Auskunftsdienstleistungen (Rn 17) darf der Betreiber gem. § 15 Abs. 1 S. 2 URV (Rn 7) eine Registrierung nach § 3 URV verlangen. Als **Zahlungsmodalitäten** sieht § 15 Abs. 2 URV die Zahlung per Kreditkarte, elektronischem Lastschriftverfahren oder auf einem vergleichbaren vereinbarten Zahlungsweg vor.[143] 70

142 RegE DiRUG, BT-Drucks. 19/28177, S. 148.
143 Ausführlich dazu auch *Beurskens* in: Noack S. 97 (128).

§ 9 Einsichtnahme in das Handelsregister und das Unternehmensregister

(1) [1]Die Einsichtnahme in das Handelsregister sowie in die zum Handelsregister eingereichten Dokumente ist jedem zu Informationszwecken durch einzelne Abrufe gestattet. [2]Die Landesjustizverwaltungen bestimmen das elektronische Informations- und Kommunikationssystem, über das die Daten aus den Handelsregistern abrufbar sind, und sind für die Abwicklung des elektronischen Abrufverfahrens zuständig. [3]Die Landesregierung kann die Zuständigkeit durch Rechtsverordnung abweichend regeln; sie kann diese Ermächtigung durch Rechtsverordnung auf die Landesjustizverwaltung übertragen. [4]Die Länder können ein länderübergreifendes, zentrales elektronisches Informations- und Kommunikationssystem bestimmen. [5]Sie können auch eine Übertragung der Abwicklungsaufgaben auf die zuständige Stelle eines anderen Landes sowie mit dem Betreiber des Unternehmensregisters eine Übertragung der Abwicklungsaufgaben auf das Unternehmensregister vereinbaren.

(2) Sind Dokumente nur in Papierform vorhanden, kann die elektronische Übermittlung nur für solche Schriftstücke verlangt werden, die weniger als zehn Jahre vor dem Zeitpunkt der Antragstellung zum Handelsregister eingereicht wurden.

(3) [1]Die Übereinstimmung der übermittelten Daten mit dem Inhalt des Handelsregisters und den zum Handelsregister eingereichten Dokumenten wird auf Antrag durch das Gericht beglaubigt. [2]Dafür hat eine Authentifizierung durch einen Vertrauensdienst nach der Verordnung (EU) Nr. 910/2014 des Europäischen Parlaments und des Rates vom 23. Juli 2014 über elektronische Identifizierung und Vertrauensdienste für elektronische Transaktionen im Binnenmarkt und zur Aufhebung der Richtlinie 1999/93/EG (ABl. L 257 vom 28.8.2014, S. 73; L 23 vom 29.1.2015, S. 19; L 155 vom 14.6.2016, S. 44) zu erfolgen.

(4) [1]Von den Eintragungen und den eingereichten Dokumenten kann ein Ausdruck verlangt werden. [2]Von den zum Handelsregister eingereichten Schriftstücken, die nur in Papierform vorliegen, kann eine Abschrift gefordert werden. [3]Die Abschrift ist von der Geschäftsstelle zu beglaubigen und der Ausdruck als amtlicher Ausdruck zu fertigen, wenn nicht auf die Beglaubigung verzichtet wird.

(5) Das Gericht hat auf Verlangen eine Bescheinigung darüber zu erteilen, dass bezüglich des Gegenstandes einer Eintragung weitere Eintragungen nicht vorhanden sind oder dass eine bestimmte Eintragung nicht erfolgt ist.

(6) [1]Für die Einsichtnahme in das Unternehmensregister gilt Absatz 1 Satz 1 entsprechend. [2]Anträge nach den Absätzen 2 bis 5 können auch über das Unternehmensregister an das Gericht vermittelt werden. [3]Die Einsichtnahme in die beim Unternehmensregister zur dauerhaften Hinterlegung eingestellten Daten erfolgt nur auf Antrag durch Übermittlung einer Kopie.

Schrifttum

Adler Das Handelsregister, seine Öffentlichkeit und sein öffentlicher Glaube, 1908; *Barella* Das Recht auf Einsicht in das Handelsregister und auf Erteilung von Abschriften und Bescheinigungen, DB 1956, 321; *Bokelmann* Der Einblick in das Handelsregister, DStR 1991, 945; *Christ/Müller-Helle* Veröffentlichungspflichten nach dem neuen EHUG, 2007; *Dauner-Lieb/Linke* Digital gleich optional? DB 2006, 767; *DAV-Handelsrechtsausschuss* Stellungnahme zum Entwurf eines Gesetzes über elektronische Handelsregister- und Genossenschaftsregister sowie das Unternehmensregister (EHUG), NZG 2005, 586; *Friauf* Die Publizitätspflicht für Gesellschaften mit beschränkter Haftung aus verfassungsrechtlicher Sicht, GmbHR 1985, 245; *ders.* Registerpublizität und Verfassungsrecht, GmbHR 1991, 397; *Geiger* Kommerzielle Nutzung amtlich veröffentlichter Registereintragungen, CR 1992, 228; *Göttlich* Notar-Bescheinigungen in Handelsregistersachen, JurBüro 1970, 105; *Gustavus* Handelsregister-Datenbank – Pro und Contra, GmbHR 1990, 197; *Hildebrandt* Grenzen der Registereinsicht, DFG 1936, 126; *ders.* Rechtshilfe in Handelsregistersachen, DFG 1936, 249; *Hirte* Kommerzielle Nutzung des Handelsregisters, CR 1990, 631; *Kassau* Das Recht auf kommerzielle Nutzung des Handelsregisters, 1998; *J. Koch/Rudzio* Die Beweiskraft des Handelsre-

https://doi.org/10.1515/9783110564440-012

gisters nach seiner Modernisierung, ZZP 122 (2009), 37; *Kollhosser* Handelsregister und private Datenbanken, NJW 1988, 2409; *Kort* Paradigmenwechsel im deutschen Registerrecht: Das elektronische Handels- und Unternehmensregister – eine Zwischenbilanz, AG 2007, 801; *U. Mayer* Die Vertretungsbescheinigung des Notars nach § 21 BNotO in der Handelsregisterpraxis, NotBZ 2003, 344; *Melchior/Schulte* HandelsregisterVO, Online-Version 2008; abrufbar unter www.melchior-schulte.de (zuletzt abgerufen am 1. August 2008); *E.-M. Müller* Auf Schleichwegen doch noch zu einem privaten Handelsregister, CR 1992, 71; *Nedden-Boeger* Das neue Registerrecht, FGPrax 2007, 1; *Ries* Elektronische Handels- und Unternehmensregister, Rpfleger 2006, 233; *Sandvoss* Das Einsichtsrecht in das Handelsregister, Das Mitbestimmungsgespräch 1977, 155; *Schemmann/Solveen* Das elektronische Handelsregister im Echtbetrieb – Wirklichkeit und Vision, ZIP 2001, 1518; *Seibert/Decker* Das Gesetz über elektronische Handelsregister und Genossenschaftsregister sowie das Unternehmensregister (EHUG) – Der „Big Bang" im Recht der Unternehmenspublizität, DB 2006, 2446; *Seibert/Wedemann* Der Schutz der Privatanschrift im elektronischen Handels- und Unternehmensregister, GmbHR 2007, 17; *Sikora/Schwab* Das EHUG in der notariellen Praxis, MittBayNot 2007, 1; *Windbichler* Handelsrechtliche Publizität durch private Datenverarbeiter, CR 1988, 447. Vgl. auch schon die Nachweise zu § 8.

Übersicht

I. Regelungsinhalt und Regelungszweck

1 § 9 regelt in erster Linie die Einsichtnahme in das Handelsregister sowie in die dort eingereichten Dokumente und räumt interessierten Verkehrsteilnehmern überdies die Möglichkeit ein, sich diese Inhalte in verschiedenen Formen (Ausdruck, Abschrift, Negativattest) bescheinigen zu lassen. Die Regelung bezieht sich gleichermaßen auf den Regelfall der Online-Ansicht (Rn 9) und die Präsenzeinsicht in den Räumlichkeiten des Registergerichts (Rn 10 ff). In § 9 Abs. 6 wird die Gestattung der Einsichtnahme auch auf das Unternehmensregister (vgl. § 8b) ausgedehnt und zugleich angeordnet, dass Anträge auf Bescheinigung einzelner Inhalte auch zentral über das Unternehmensregister an die Registergerichte vermittelt werden können (s. noch Rn 47 ff). Über das Einsichtsrecht wird die **Öffentlichkeit des Handelsregisters** hergestellt, die entscheidend dafür ist, dass es seine Publizitätsfunktion (vgl. dazu § 8 Rn 1 f) erfüllen kann.[1] Die Bedeutung des Einsichtsrechts ist gestiegen, nachdem die Bekanntmachung im Zuge des DiRUG[2] als separates Publizitätsmedium abgeschafft wurde (s. dazu § 10 Rn 4 f). Über § 707b BGB i.d.F. des MoMiG,[3] § 5 Abs. 2 PartGG und § 156 Abs. 1 GenG findet § 9 auf Gesellschaftsregister, Partnerschaftsregister und Genossenschaftsregister entsprechende Anwendung.

II. Normentwicklung und europäische Grundlagen

2 Das Recht zur Einsichtnahme in das Handelsregister geht noch auf Art. 12 ADHGB zurück. Es wurde ursprünglich ohne jede Einschränkung gewährt, dann aber durch das **ERJuKoG**[4] von 2001 an das Erfordernis geknüpft, dass die Einsichtnahme „zu Informationszwecken" erfolgen muss, ohne dass der Gesetzgeber die Öffentlichkeit des Registers damit in nennenswertem Umfang einschränken wollte (Rn 17). Wesentlich einschneidendere Veränderungen hat die Vorschrift durch das **EHUG**[5] erfahren, das die Bestimmungen zur Einsichtnahme, einschließlich der Erteilung von Abschriften, Ausdrucken, Beglaubigungen etc., an die neuen Rahmenbedingungen der elektronischen Registerführung (§ 8) angepasst hat. Im Zuge des **DiRUG** (Rn 1) hat der Gesetzgeber das Einsichtsnahmerecht auf „einzelne Abrufe" beschränkt (s. dazu noch Rn 20 ff), die Formulierung des § 9 Abs. 3 S. 2 an die Vorgaben der Gesellschaftsrechtsrichtlinie[6] angepasst (s. dazu noch Rn 32 f) und die Regelung des § 9 Abs. 6 S. 3 verallgemeinert (s. dazu noch Rn 51).

3 Die Ausgestaltung des § 9 ist zum Teil europarechtlich geprägt. Maßgeblich war insofern zunächst in erster Linie die **Publizitätsrichtlinie** von 1968,[7] die durch die **Offenlegungsrichtli-**

1 Vgl. dazu etwa *Adler* S. 7 ff.

2 Gesetz zur Umsetzung der Digitalisierungsrichtlinie (DiRUG) v. 5.7.2021, BGBl. I, S. 3338.

3 Gesetz zur Modernisierung des Personengesellschaftsrechts (Personengesellschaftsrechtsmodernisierungsgesetz – MoPeG) v. 10.8.2021, BGBl. I, S. 3436.

4 Gesetz über elektronische Register und Justizkosten für Telekommunikation (ERJuKoG) v. 10.12.2001, BGBl. I, S. 3422.

5 Gesetz über elektronische Handelsregister und Genossenschaftsregister sowie das Unternehmensregister (EHUG) v. 10.11.2006, BGBl. I, S. 2553.

6 Richtlinie (EU) 2017/1132 des Europäischen Parlaments und des Rates v. 14.6.2017 über bestimmte Aspekte des Gesellschaftsrechts, ABl. EU Nr. L 169, S. 46 v. 30.6.2017.

7 Erste Richtlinie 68/151/EWG des Rates v. 9.3.1968 zur Koordinierung der Schutzbestimmungen, die in den Mitgliedstaaten den Gesellschaften im Sinne des Artikels 58 Absatz 2 des Vertrages im Interesse der Gesellschafter sowie Dritter vorgeschrieben sind, um diese Bestimmungen gleichwertig zu gestalten, ABl. EG Nr. L 65, S. 8 v. 14.3.1968; umgesetzt in das deutsche Recht durch das Gesetz zur Durchführung der ersten Richtlinie des Rates der Europäischen Gemeinschaften zur Koordinierung des Gesellschaftsrechts v. 15.8.1969, BGBl. I, S. 1146. Zur Änderung s. noch Fn 5.

nie aus dem Jahr 2003[8] modernisiert und im Jahr 2017 in die **Gesellschaftsrechtsrichtlinie** (Rn 2) integriert worden ist. Der europäische Richtliniengeber hat bereits in der Publizitätsrichtlinie die flächendeckende Einführung von elektronischen Handelsregistern vorgeschrieben (s. dazu § 8 Rn 8).[9] Diese Vorgabe hat er um das jedermann zustehende Recht ergänzt, eine vollständige oder auszugsweise Kopie aus dem Register zu erhalten und diese beglaubigen zu lassen,[10] das sich nunmehr aus Art. 16a der Gesellschaftsrechtsrichtlinie ergibt. Obwohl diese Regeln grundsätzlich nur für Kapitalgesellschaften gelten, hat der deutsche Gesetzgeber sie im Wege der überschießenden Richtlinienumsetzung auf das gesamte Handelsrecht übertragen, um auf diese Weise die systematische Einheit des Registerrechts zu bewahren (ausführlich zu dem Instrument der überschießenden Richtlinienumsetzung noch § 15 Rn 12 ff).

III. Verfassungsrechtliche Gesichtspunkte

Durch die Bestimmungen zur Registerpublizität wird das Recht des Eingetragenen auf **informationelle Selbstbestimmung** (Art. 2 Abs. 1 GG), das auch juristischen Personen zusteht, eingeschränkt.[11] Entgegen einer im Schrifttum vereinzelt vertretenen Auffassung[12] ist dieser Eingriff aber zulässig, da er durch ein verfassungsmäßiges Gesetz angeordnet wird, das insbesondere auch den Grundsatz der Verhältnismäßigkeit wahrt.[13] Die Veröffentlichungspflichten finden ihre **Rechtfertigung** in den Erfordernissen des Gläubigerschutzes und dem daraus resultierenden Informationsinteresse des Rechtsverkehrs.[14] Demgegenüber fallen die Geheimhaltungsinteressen der Eintragungspflichtigen nicht übermäßig ins Gewicht, da der Geheimhaltungsschutz **im geschäftlichen Verkehr** ohnehin nicht das gleiche Gewicht hat wie das Schutzinteresse eines Einzelnen an höchstpersönlichen Daten.[15] Aus denselben Gründen ist auch ein Verstoß gegen Art. 12 GG abzulehnen. Da demnach ein unzulässiger Eingriff in grundrechtlich geschützte Rechte nicht vorliegt, kommt es auf die früher in diesem Zusammenhang problematisierte Frage, inwiefern eine auf EU-Richtlinien beruhende Norm am deutschen Verfassungsrecht zu messen ist,[16] nicht an.[17] 4

IV. Das Recht zur Einsichtnahme (§ 9 Abs. 1)

1. Gegenstand des Einsichtsrechts

a) Registerblätter und Registerordner. Das durch § 9 Abs. 1 S. 1 gewährte Recht auf Einsichtnahme bezieht sich zunächst auf das **Handelsregister selbst**, d.h. auf die Registerblätter 5

8 Richtlinie 2003/58/EG des Europäischen Parlaments und des Rates v. 15.7.2003 zur Änderung der Richtlinie 68/151/EWG des Rates in Bezug auf die Offenlegungspflichten von Gesellschaften bestimmter Rechtsformen (Offenlegungsrichtlinie), ABl. EG Nr. L 221, S. 13 v. 4.9.2003.

9 Übersicht über die elektronisch abrufbaren Handels- und Unternehmensregister anderer EU-Mitgliedstaaten bei Christ/*Müller-Helle* S. 61 f.

10 Ausführlich zu den Vorgaben der Publizitätsrichtlinie *Schemmann* GPR 2003/04, 92 ff; *Scholz* EuZW 2004, 172 ff.

11 Grundlegend zum Recht auf informationelle Selbstbestimmung BVerfGE 65, 1 ff = NJW 1984, 419; zur Anwendbarkeit auch auf juristische Personen vgl. BVerfGE 66, 116 (130) = NJW 1984, 1741; BVerfG NJW 1994, 1784.

12 Insbes. *Friauf* GmbHR 1985, 245 (247 ff, 252); *ders.* GmbHR 1991, 397 ff; s. auch *Gustavus* GmbHR 1987, 253 (254).

13 So BayObLG NJW-RR 1995, 798; OLG Köln GmbHR 1991, 423; Ebenroth/Boujong/Joost/Strohn/*Schaub* Rn 2; Koller/Kindler/Roth/Drüen/*Roth* Rn 1; Röhricht/v. Westphalen/Haas/*Ries* Rn 1; *Canaris* HandelsR § 4 Rn 4; *Hirte* CR 1990, 631 ff; skeptisch wegen Missbrauchsgefahr bei elektronischem Abruf GK-HGB/*Gesmann-Nuissl* Rn 5; dagegen wiederum *K. Schmidt* Handelsrecht § 13 I 2.

14 Röhricht/v. Westphalen/Haas/*Ries* Rn 1.

15 OLG Köln GmbHR 1991, 423 (424).

16 Zum Grundrechtsschutz im europäischen Mehrebenensystem aus neuerer Zeit etwa *Kühling* NJW 2020, 275 ff.

17 Diese Frage wird etwa verneint von *de Weerth* BB 1998, 366 (369).

(zur Ausübung des Einsichtsrechts s. noch Rn 9 ff). Daneben erstreckt es sich auch auf sämtliche **zum Handelsregister eingereichten Dokumente.**[18] Es handelt sich dabei um solche Dokumente, die in den sog. **Registerordner** nach § 9 HRV aufgenommen werden (vgl. § 8 Rn 22),[19] wobei das Einsichtsrecht allerdings nicht von der Art und Weise der formellen Aktenführung im Einzelfall abhängt, sondern nur davon, ob es sich materiell um eingereichte Dokumente i.S.d. § 9 Abs. 1 S. 1 handelt.[20] Das Recht zur Einsichtnahme nach § 9 Abs. 1 S. 1 erfasst in erster Linie solche Dokumente, deren Einreichung **gesetzlich angeordnet** wird (vgl. dazu im Einzelnen noch die Aufzählung in Rn 6), ist darauf aber nicht beschränkt. So genügt es auch, wenn das Registergericht im Rahmen der Amtsermittlung nach § 26 FamFG Belege anfordert (etwa Bankbelege über die Einzahlung des Stammkapitals einer GmbH).[21] Ebenso fallen unter § 9 Abs. 1 S. 1 Niederschriften des Registergerichts über vor ihm abgegebene Erklärungen[22] sowie Belege und Unterlagen, die für eine Eintragung erforderlich sind, wie beispielsweise Erbscheine nach früheren Firmeninhabern.[23]

6 **Einreichungspflichten** ergeben sich aus zahlreichen Vorschriften des Handels- und Gesellschaftsrechts. Dazu gehören in erster Linie die Einreichungspflichten bei der Gründung (§§ 37 Abs. 4 AktG, 8 Abs. 1 GmbHG), Satzungsänderung (§§ 181 Abs. 1 AktG, 54 Abs. 1 S. 2 GmbHG) oder Kapitalerhöhung (§§ 184 Abs. 1 S. 2, 188 Abs. 3, 195 Abs. 2, 201 Abs. 2 S. 1 AktG, 57 Abs. 3 GmbHG) einer Kapitalgesellschaft sowie beim Abschluss eines Unternehmensvertrages (§ 294 Abs. 1 S. 2 AktG). Des Weiteren sind beispielhaft die Einreichungspflichten bei der aktienrechtlichen Nachgründung (§ 52 Abs. 6 S. 2 AktG), hinsichtlich der Hauptversammlungsniederschrift (§ 130 Abs. 5 AktG) sowie bei Veränderungen in den Geschäftsführungsorganen (§§ 81 Abs. 2 AktG, 39 Abs. 2 GmbHG), im Aufsichtsrat (§§ 106 AktG, 52 Abs. 2 S. 2 GmbHG) oder im Gesellschafterkreis einer GmbH (§ 40 Abs. 1 S. 1 GmbHG) zu nennen. Umfassende Einreichungspflichten sieht auch das UmwG vor, namentlich bei der Anmeldung einer Verschmelzung nach § 17 UmwG. Jahresabschlüsse werden nach § 325 nicht mehr beim Registergericht, sondern beim Unternehmensregister eingereicht, wo sie über § 8b Abs. 2 Nr. 4 ebenfalls der Allgemeinheit zugänglich gemacht werden (s. dazu die Ausführungen in § 8b Rn 22 ff, 52).

7 **b) Keine unbeschränkte Einsicht in Registerakte.** Nicht zum Handelsregister eingereicht und folglich nicht der unbeschränkten Einsichtnahme unterworfen sind die Dokumente, die auf die Tätigkeit des Registergerichts selbst zurückgehen und die deshalb in der Regel nach § 8 HRV in die **Registerakte** einbezogen werden (vgl. § 8 Rn 22).[24] Dazu gehören etwa der Schriftwechsel zwischen Gericht und Beteiligten, gerichtliche Verfügungen und sonstige Entscheidungen des Gerichts, namentlich in Rechtsbehelfs- und Rechtsmittelverfahren, sowie die zugrunde liegenden Anträge auf richterliche Entscheidungen. Des Weiteren sind vom Einsichtsrecht ausgenommen die vom Registergericht beigezogenen Gutachten und Auskünfte, etwa der Industrie- und Handelskammer, der Handwerkskammer oder von Behörden, ferner Kostenrechnungen, Belegblätter sowie Schriftstücke aus Zwangsverfahren nach § 14. Schließlich werden auch Anträge,

---

18 Wie in § 12 n.F. ist auch hier der bislang verwandte Begriff des Schriftstücks durch den des Dokuments ersetzt worden.

19 Zu Registerakte und -ordner im Einzelnen *Krafka* Rn 41 ff; *Nedden-Boeger* FGPrax 2007, 1 (2).

20 OLG Hamm GmbHR 2007, 158; vgl. auch bereits KGJ 42 A Nr. 30, S. 146.

21 OLG Hamm GmbHR 2007, 158.

22 KG RJA 2, 70; Hopt/*Merkt* Rn 1; Ebenroth/Boujong/Joost/Strohn/*Schaub* Rn 4; MünchKommHGB/*Krafka* Rn 6.

23 KGJ 42 A Nr. 30, S. 146; OLG Hamm GmbHR 2007, 158; Ebenroth/Boujong/Joost/Strohn/*Schaub* Rn 4; MünchKommHGB/*Krafka* Rn 6. Vgl. auch OLG Brandenburg FGPrax 2021, 115.

24 Vgl. zum Folgenden Ebenroth/Boujong/Joost/Strohn/*Schaub* Rn 5; MünchKommHGB/*Krafka* Rn 8; *Krafka* Rn 41 f; *Barella* DB 1956, 321. S. ferner KG NJR-RR 2019, 1516 Rn 5.

Schriftstücke und Entscheidungen in Verfahren nach § 375 FamFG zwar in die Registerakte einbezogen,[25] sind aber vom Einsichtsrecht nach § 9 Abs. 1 S. 1 nicht erfasst.[26]

Die vorstehend genannten Dokumente sind der Einsichtnahme allerdings nicht vollständig entzogen, sondern es steht nach **§ 13 Abs. 2 S. 1 FamFG** demjenigen ein Anspruch auf Einsichtnahme zu, der ein berechtigtes Interesse glaubhaft machen kann und schutzwürdige Interessen eines Beteiligten oder eines Dritten nicht entgegenstehen. Ein **berechtigtes Interesse** kann rechtlicher, tatsächlicher, wirtschaftlicher oder wissenschaftlicher Art sein.[27] Wie das berechtigte Interesse **glaubhaft zu machen** ist, wird nicht näher ausgeführt; zumeist wird aber nach § 31 FamFG eine eidesstattliche Versicherung genügen. Auskünfte, die den Registergerichten nach § 379 FamFG von den Steuerbehörden erteilt werden, sind kraft ausdrücklicher Anordnung in § 379 Abs. 2 S. 2 FamFG von dem Einsichtsrecht nach § 13 FamFG ausgenommen. Für den Fall einer **elektronischen Einsichtnahme** verweist § 13 Abs. 5 FamFG auf § 299 Abs. 3 ZPO.[28] 8

2. Die Ausübung des Einsichtsrechts

a) Online-Einsicht. Die Einsichtnahme ist im Wege der Online- und Präsenzeinsicht möglich. 9
Dabei korrespondiert die Möglichkeit der Online-Einsicht mit dem Umstand, dass eine elektronische Registerführung zwingend vorgeschrieben ist (§ 8 Abs. 1). Sie erstreckt sich auch auf die im **Registerordner** enthaltenen Dokumente (zum Gegenstand der Einsichtnahme s. Rn 5). Für die Einrichtung des zur Online-Einsicht erforderlichen Informations- und Kommunikationssystems werden in § 9 Abs. 1 S. 2–5 noch nähere Vorgaben gemacht (s. dazu Rn 13 f). Daneben kann der Nutzer aber auch mittelbar über das Unternehmensregister auf die Registerdatenbestände zugreifen (vgl. § 8b Rn 2, 20 f). Die Einsichtnahme erfolgt über die Internetseite www.handelsregister.de. Zur Suche im elektronischen Handelsregister s. noch Rn 15 f.

b) Präsenzeinsicht. Soweit **Papierregister** noch vorhanden sind (vgl. dazu § 8 Rn 23 f), können auch diese einschließlich der dazu gehörigen Registerordner eingesehen werden. Die Einsicht erfolgt in diesem Fall nach § 10 Abs. 1 HRV auf der Geschäftsstelle des Registergerichts während der Dienststunden (zur Zuständigkeit s. noch Rn 25). Aber auch wenn das **Register elektronisch geführt** wird, kann auf der Geschäftsstelle des Registergerichts über ein Datensichtgerät oder mittels eines aktuellen oder chronologischen Ausdrucks Einsicht genommen werden (§ 10 Abs. 2 S. 1 HRV).[29] Um die Vorgaben des Art. 19 Abs. 2 der Gesellschaftsrechtsrichtlinie umzusetzen, hat der Gesetzgeber im Zuge des DiRUG die Landesjustizverwaltungen in § 10 Abs. 2 S. 2 HRV dazu ermächtigt, weitere Formen der Einsicht in das elektronische Registerblatt zu ermöglichen.[30] 10

Neben dieser Einsichtnahme vor Ort besteht grundsätzlich kein Anspruch darauf, dass einem Antragsteller **Registerdokumente zur Einsicht übersandt** werden. Durch eine derart restriktive Praxis der Einsichtsgewährung sollen Akten- und Urkundenverluste vermieden und zugleich die 11

---

25 Vgl. dazu *Krafka* Rn 42.

26 Vgl. auch Ebenroth/Boujong/Joost/Strohn/*Schaub* Rn 5; *Barella* DB 1956, 321.

27 BayObLGZ 1954, 310 (314); BayObLGZ 1959, 420 (424); BayObLG FamRZ 1985, 208; BayObLG FamRZ 1998, 638 (639); KG NJR-RR 2019, 1516 Rn 6; OLG Frankfurt aM NJW-RR 1997, 581 (582); Ebenroth/Boujong/Joost/Strohn/*Schaub* Rn 6; Keidel/*Sternal* § 13 Rn 30; MünchKommHGB/*Krafka* Rn 9; *Barella* DB 1956, 321. Speziell zum berechtigten Interesse der Presse OLG Hamm ZUM-RD 2013, 455 (456 f).

28 S. hierzu Keidel/*Sternal* FamFG § 13 Rn 53 ff.

29 Die Gerichte haben zu diesem Zweck „Auskunftsterminals" eingerichtet, um eine solche Einsichtnahme vor Ort zu ermöglichen, s. *Schemmann*/*Solveen* ZIP 2001, 1518 (1519).

30 RegE DiRUG, BT-Drucks. 19/28177, S. 134.

Akten jederzeit verfügbar gehalten werden.[31] Eine Ausnahme wurde in der Vergangenheit zugelassen, wenn ein Anwalt zur Vermeidung eines unangemessenen Zeit- und Kostenaufwands die Versendung von Registerakten zur Einsichtnahme auf der Geschäftsstelle eines anderen Amtsgerichts verlangte.[32] Nach Einführung der Online-Einsicht als Regelfall ist ein Bedürfnis für eine solche Übersendung nur noch da anzuerkennen, wo ein Papierregister fortbesteht und der Antragsteller wegen Zeitablaufs keinen Anspruch auf einen Medienwechsel nach § 9 Abs. 2 hat (s. noch Rn 26).

12 Soweit das Einsichtsrecht reicht (Rn 5 und 7 f), ist es auch erlaubt, **Abschriften oder Auszüge** selbst zu fertigen oder Fotokopien herzustellen.[33] Das folgt freilich nicht schon aus dem Einsichtsrecht, sondern aus dem weiterreichenden, auch die Erteilung von gerichtlichen Ausdrucken und Abschriften (§ 9 Abs. 4) tragenden Prinzip der Öffentlichkeit des Handelsregisters. Die Einsicht ist nicht auf einen Einzeleintrag beschränkt, sondern schließt auch die **Durchsicht und Gesamteinsicht** ein (zum Sonderfall des Totalabrufs zu gewerblichen Zwecken s. noch Rn 20 ff).[34]

3. Die Organisation des elektronischen Abrufverfahrens

13 **a) Verwaltungsrechtliche Organisation.** Um einen elektronischen Abruf von Registerdaten und -dokumenten zu ermöglichen, bestimmen die **Landesjustizverwaltungen** nach § 9 Abs. 1 S. 2 das elektronische Informations- und Kommunikationssystem, über das die Daten aus den Handelsregistern abrufbar sind; überdies sind sie auch für die Abwicklung des elektronischen Abrufverfahrens zuständig. Nach § 9 Abs. 1 S. 3 können die Landesregierungen diese Zuständigkeit im Wege einer Rechtsverordnung abweichend regeln, wobei auch diese Regelungsermächtigung durch eine Rechtsverordnung auf die Landesjustizverwaltungen übertragen werden kann.

14 Diese Zuständigkeit gilt grundsätzlich für jedes einzelne Bundesland, doch eröffnet § 9 Abs. 1 S. 4 den Ländern die Möglichkeit, sich im Interesse eines benutzerfreundlichen einheitlichen Auftritts auf ein länderübergreifendes, **zentrales elektronisches Informations- und Kommunikationssystem** zu verständigen. Diese Verständigung wurde durch einen Beschluss auf der Justizministerkonferenz am 30.11.2006 erzielt.[35] Dabei wurde von der **Ermächtigung des § 9 Abs. 1 S. 5** gemacht, der es gestattet, die Abwicklungsaufgabe auf die zuständige Stelle eines anderen Landes oder auf das Unternehmensregister zu übertragen. Die einzelnen Bundesländer haben mit dem Land Nordrhein-Westfalen Staatsverträge zur Errichtung und zum Betrieb eines gemeinsamen Registerportals der Länder abgeschlossen.[36] Auf dieser Grundlage hat das Land Nordrhein-Westfalen ein bundesweites **Gemeinsames Registerportal der Länder** geschaffen, das unter der Internetadresse www.handelsregister.de betrieben wird, den Zugriff auf die automatisierten Registerabrufsysteme (§ 9 Abs. 1) der Länder eröffnet und darüber hinaus der Veröffentlichung von Registerbekanntmachungen nach § 10 Abs. 3 n.F. dient (s. noch § 10 Rn 12 ff).

---

31 BGH NJW 1961, 559; OLG Dresden NJW 1997, 667; OLG Köln RPfleger 1983, 325.

32 Vgl. dazu OLG Dresden NJW 1997, 667 f.

33 OLG Dresden NJW 1997, 667; Hopt/*Merkt* Rn 3; GK-HGB/*Gesmann-Nuissl* Rn 4; MünchKommHGB/*Krafka* Rn 14; *Barella* DB 1956, 321; *Kollhosser* NJW 1988, 2409 (2410); hinsichtlich des Einsatzes moderner technischer Reproduktionsgeräte offenlassend BGHZ 108, 32 (36) = NJW 1989, 2818.

34 OLG Köln NJW-RR 1991, 1255 (1256); Hopt/*Merkt* Rn 3; MünchKommHGB/*Krafka* Rn 10; ausführlich *Kollhosser* NJW 1988, 2409 (2410 f).

35 Die Beschlüsse der Justizministerkonferenz können ebenfalls über das gemeinsame Registerportal unter www.handelsregister.de abgerufen werden (zuletzt abgerufen am 1.8.2008).

36 Vgl. etwa den Staatsvertrag zwischen dem Freistaat Bayern und dem Land Nordrhein-Westfalen über die Übertragung von Aufgaben nach § 9 Abs. 1 und § 10 Handelsgesetzbuch zur Errichtung und zum Betrieb eines gemeinsamen Registerportals der Länder v. 27.12.2006, GV. NRW 2007, S. 152.

b) Suchfunktion und Datenschutz. Über das Gemeinsame Registerportal der Länder (Rn 14) kann die gewünschte Registerauskunft über die Parameter Registerart, Registernummer, Registergericht und Firma gesucht werden.[37] Grobangaben zum Unternehmensträger können sodann unter dem Kürzel „UT" abgefragt werden. Die Einsichtnahme in eine aktuelle, chronologische oder historische Darstellung erfolgt über die Kürzel „AD", „CD" und „HD". Unter dem Kürzel „DK" kann eine Dokumentenansicht abgerufen werden, welche Dokumente zum Handelsregister eingereicht wurden. Im Zuge des DiRUG (Rn 1) ist das Kürzel „SI" hinzugekommen, das für den strukturierten Inhalt steht (zu den Kürzeln s. § 6 S. 1 Nr. 6 URV[38]). 15

Für die Ausgestaltung des elektronischen Abrufverfahrens enthält **§ 52 S. 2 HRV**, der im Zuge des DiRUG (Rn 1) neu eingeführt wurde, eine inhaltliche Vorgabe: Für den Abruf im automatisierten Verfahren ist technisch sicherzustellen, dass **keine gezielte Suche nach natürlichen Personen** möglich ist. Die Regelung geht auf einen Vorschlag des Rechtsausschusses zurück, der damit einer Prüfbitte des Bundesrates[39] ensprechen und den Schutz der personenbezogenen Daten der Betroffenen gewährleisten wollte.[40] Ein ähnliches Petitum hat bereits der EHUG-Gesetzgeber in den Gesetzesmaterialien formuliert,[41] um damit den namentlich vom DAV-Handelsausschuss geäußerten Bedenken Rechnung zu tragen, Handels- und Unternehmensregister könnten von gewerblich organisierten oder kriminellen Einsichtnehmern als „Personenregister" missbraucht werden, um auf diese Weise Informationen über Einzelpersonen zu erlangen.[42] Selbst bei Beachtung des § 52 S. 2 HRV bleibt allerdings das weitere Problem bestehen, dass Handels- und Unternehmensregister derzeit die – ebenfalls kriminell nutzbare – Möglichkeit eröffnen, per Online-Recherche sicherheitsrelevante Daten, insbesondere die **Privatanschrift**, der eingetragenen Personen zu ermitteln, soweit die von ihnen eingereichten Dokumente entsprechende Angaben enthalten.[43] Zwar ist ohne eine personenbezogene Suchfunktion schwerer zu ermitteln, wo einzelne Personen unternehmerisch tätig sind. Soweit die Zugehörigkeit einer Person zu einem Unternehmen indes bekannt ist, kann etwa ihre Wohnanschrift ohne weiteres per Online-Recherche abgefragt werden. Dies gilt umso mehr, als nach den DiRUG-Gesetzesmaterialien die **Firmensuche mit Namensbestandteilen einer natürlichen Person** trotz der Einschränkung in § 52 S. 2 HRV weiterhin möglich bleiben soll.[44] Zu weiteren datenschutzrechtlichen Problemen s. Rn 23 und § 10a Rn 1 ff. 16

4. Einschränkungen des Einsichtnahmerechts

a) Allgemeine Grundsätze. Die unionsrechtliche Vorgabe des **Art. 16a der Gesellschaftsrechtsrichtlinie** (Rn 2) schreibt den Mitgliedstaaten ein **uneingeschränktes Einsichtrecht** vor. Im Hinblick darauf ist grundsätzlich davon auszugehen, dass die Einsichtnahme jedermann frei steht, ohne dass ein besonderes Interesse an der Einsichtnahme (etwa im Sinne des 13 Abs. 2 17

37 Vgl. dazu im Einzelnen die detaillierte Darstellung bei Christ/*Müller-Helle* S. 49 ff.

38 Verordnung über das Unternehmensregister (Unternehmensregisterverordnung – URV) v. 26.2.2007, BGBl. 2007, S. 217.

39 Stellungnahme des Bundesrates, BR-Drucks. 144/21 (B), S. 5 f.

40 Begr. RechtsA, BT-Drucks. 19/30523, S. 104.

41 RegE EHUG, BT-Drucks. 16/960, S. 42: Bei der Einrichtung der Suchmasken solle beachtet werden, dass die Vorhaltung einer rein personenbezogenen Suchfunktion nach Vor- und Nachname aus datenschutzrechtlichen Gründen nicht zulässig sei.

42 *DAV-Handelsrechtsausschuss* NZG 2005, 586 (587 f); krit. *Noack* S. 21 (37 mit Fn 63).

43 Vgl. *DAV-Handelsrechtsausschuss* NZG 2005, 586 (587 f); Christ/*Müller-Helle* S. 46; *Ries* Rpfleger 2006, 233 (234); ausführlich dazu *Seibert/Wedemann* GmbHR 2007, 17 ff.

44 Begr. RechtsA, BT-Drucks. 19/30523, S. 104.

FamFG – s. Rn 8) dargelegt werden müsste.[45] Diese Ausgestaltung des Einsichtsnahmerechts kann mitunter dazu führen, dass staatliche Behörden diejenigen Personen, die Informationsansprüche aus öffentlich-rechtlichen Informationsgesetzen (z.B. nach § 1 IFG[46] oder § 3 UIG[47]) geltend machen, auf das Handelsregister als **leicht zugängliche Informationsquelle** verweisen (s. etwa § 9 Abs. 3 IFG oder § 3 Abs. 2 S. 4 UIG).[48] Diese Tendenz dürfte nach dem Wegfall der Gebühren für die Einsichtnahme (s. noch Rn 52) künftig zunehmen. Trotz der weit formulierten Vorgabe in Art. 16a der Gesellschaftsrechtsrichtlinie enthält § 9 Abs. 1 S. 1 zwei Einschränkungen des Einsichtnahmerechts: Die Einsichtnahme ist nur zu **Informationszwecken** (s. noch Rn 18 f) und durch **einzelne Abrufe** (dazu Rn 20 ff) gestattet.

18 **b) Einsichtnahme zu Informationszwecken.** Bis zum Jahr 2001 wurde das Recht zur Einsichtnahme ohne jeden Vorbehalt gewährt. Im Jahr 2001 wurde das Einsichtnahmerecht durch das **ERJuKoG** (Rn 2) an das Erfordernis geknüpft, dass die Einsichtnahme „zu Informationszwecken" erfolgen muss. Der Gesetzgeber wollte diesen Passus aber **sehr weit verstanden** wissen,[49] was im Hinblick auf Art. 16a der Gesellschaftsrechtsrichtlinie unionsrechtlich geboten ist. Im Hinblick darauf ist es ohne Bedeutung, ob die Einsichtnahme zur Befriedigung eigener Informationszwecke oder zur Erfüllung der Informationsinteressen eines Dritten erfolgt.[50] Auch die Vertreter freier Berufe (Rechtsanwälte, Wirtschaftsprüfer) oder Auskunfteien können die Einsichtnahme nach § 9 Abs. 1 S. 1 verlangen.[51] Dass es sich um ein kommerzielles Informationsinteresse handelt, ist ebenfalls unschädlich.[52] Im Kern soll die Einschränkung deutlich machen, dass **missbräuchliche Einsichtnahmen** (s. dazu noch Rn 19) nicht von § 9 Abs. 1 S. 1 gedeckt sind.[53] Als missbräuchliche Einsichtnahme in diesem Sinne gilt etwa ein massenhafter Zugriff zur absichtlichen Lahmlegung des Registers, eine Datensabotage, das Einschleusen von Programmen oder ein Zugriff zur Übertragung von Software-Viren.[54]

19 Ob es bei einem derart weit gefassten Verständnis des Informationszwecks der Neufassung des § 9 Abs. 1 S. 1 bedurfte, darf bezweifelt werden, da missbräuchliche Einsichtnahmen nach **§§ 138, 826 BGB** abgewendet werden konnten.[55] Als besonders misslich erscheint, dass der Zusatz in § 9 Abs. 1 S. 1, durch den die Unzulässigkeit missbräuchlicher Einsichtnahme gesetzlich klargestellt werden soll, in einer Weise formuliert ist, die eher Verwirrung stiftet; denn bei unbefangener Lektüre kann er den Eindruck erwecken, es müsse ein besonderes Informationsinteresse nachgewiesen werden. Im Schrifttum wird deshalb auch bezweifelt, ob die Vorschrift in dieser Form überhaupt mit der **europarechtlichen Vorgabe der Gesellschaftsrechtsrichtlinie**

---

45 OLG Hamm GmbHR 2007, 158; VG Berlin BeckRS 2021, 12711 Rn 58; Hopt/*Merkt* Rn 1; Ebenroth/Boujong/Joost/Strohn/*Schaub* Rn 3; MünchKommHGB/*Krafka* Rn 6; Röhricht/v. Westphalen/Haas/*Ries* Rn 3; so bereits vor der Ergänzung des § 9 Abs. 1 S. 1 BGHZ 108, 32 (35 f) = NJW 1989, 2818; OLG Köln NJW-RR 1991, 1255 (1256).

46 Gesetz zur Regelung des Zugangs zu Informationen des Bundes (Informationsfreiheitsgesetz – IFG) v. 5.9.2005, BGBl. I, S. 2722.

47 Umweltinformationsgesetz (UIG) in der Fassung der Bekanntmachung v. 27.10.2014, BGBl. I, S. 1643.

48 So im Kontext des § 3 Abs. 2 S. 4 UIG VG Berlin BeckRS 2021, 12711 Rn 58 (das zugleich in Rn 24 feststellt, dass § 9 HGB dem Anspuch aus § 3 Abs. 1 S. 1 UIG nicht vorgeht).

49 RegE ERJuKoG, BT-Drucks. 14/6855, S. 17.

50 Beschlussempfehlung Rechtsausschuss zum ERJuKoG, BT-Drucks. 14/7348, S. 28; bestätigt in RegE EHUG, BT-Drucks. 16/960, S. 42.

51 Beschlussempfehlung des Rechtsausschusses zum ERJuKoG, BT-Drucks. 14/7348, S. 28.

52 Hopt/*Merkt* Rn 2; Koller/Kindler/Roth/Drüen/*Roth* Rn 2; MünchKommHGB/*Krafka* Rn 11.

53 RegE ERJuKoG, BT-Drucks. 14/6855, S. 17 mit Verweis auf datenschutzrechtliche Gründe.

54 Beispiele aus der Beschlussempfehlung des Rechtsausschusses zum ERJuKoG, BT-Drucks. 14/7348, S. 28 sowie aus dem RegE EHUG, BT-Drucks. 16/960, S. 43.

55 So zu Recht Staub/*Hüffer*[4] Rn 4; vgl. auch bereits OLG Köln NJW-RR 1991, 1255 (1256).

(Rn 3) vereinbar ist.[56] Diese Zweifel lassen sich zwar durch eine richtlinienkonforme Auslegung beseitigen. Dennoch wäre es vorzugswürdig gewesen, den einschränkenden Passus „zu Informationszwecken" zu streichen.

c) Einsichtnahme durch einzelne Abrufe. Im Zuge des **DiRUG** (Rn 1) hat der Gesetzgeber den Tatbestand des § 9 Abs. 1 S. 1 um ein weiteres Tatbestandsmerkmal ergänzt: Die Einsichtnahme ist nur durch einzelne Abrufe gestattet. Die Einschränkung geht auf einen Vorschlag des Rechtsausschusses zurück, der damit einer Prüfbitte des Bundesrates[57] nachgekommen ist.[58] Sie führt dazu, dass sich der Abruf nur auf Abdrucke, Informationen und Dokumente beziehen darf, die zu einem **einzelnen Rechtsträger** gehören und die im **Registerblatt**, im Registerordner und in den Registerbekanntmachungen enthalten sind. Die zu einem Rechtsträger gehörende Abdrucke, Informationen und Dokumente können auch gesammelt abgerufen werden. Einsichtnahmen, die einen weiteren Rechtsträger betreffen, bedürfen eines weiteren Abdrucks. 20

Im Einklang mit der Änderung des § 9 Abs. 1 S. 1 steht die Einführung der neuen Vorgabe zum Umfang des automatisierten Datenabrufs in **§ 52 S. 2 HRV**, wonach für den Abruf im automatisierten Verfahren technisch sicherzustellen ist, dass ein Abruf der der Einsicht unterliegenden Abdrucke, Dokumente und Informationen jeweils nur **einzeln für jedes Registerblatt** möglich ist.[59] Als ein technisches Instrument, mit dem ein Einzelabruf sichergestellt werden kann, kommen etwa Captchas in Betracht.[60] 21

Mit der ausdrücklichen Beschränkung des Einsichtnahmerechts auf einzele Abrufe dürfte der Gesetzgeber den Streit beendet haben, ob der **Totalabruf** des Handelsregisters zum Zwecke gewerblicher Verwertung gestattet ist.[61] Der **BGH** hat im Jahr 1989 entschieden, dass eine vollständige Ablichtung des Registers auf Mikrofilm nicht mehr von § 9 Abs. 1 gedeckt sei, da es dem Nutzer nicht um die bestimmungsgemäße Nutzung des Handelsregisters zur Informationsgewinnung gehe, sondern er den gesamten Registerbestand ablichten wolle, um diesen als eigene Datei in Konkurrenz zum Handelsregister gewerblich zu verwerten. Damit könne aber – so das Gericht – die Benutzung des Handelsregisters in weiten Teilen entbehrlich werden.[62] Die bisher **hM im Schrifttum** bezweifelte, dass diese Rechtsprechung auch noch unter den technischen Rahmenbedingungen eines elektronisch geführten und online abrufbaren Handelsregisters Bestand haben könne.[63] In der Voraufl. (Rn 22 f) wurde ausgeführt, dass ein Totalabruf des Handelsregisters zum Zwecke gewerblicher Verwertung im Hinblick auf die Gesetzesmaterialien zum ERJuKoG zwar nicht unproblematisch ist, aber im Lichte der Ziele, die der Gesetzgeber mit der **Einführung des Unternehmensregisters** im Zuge des EHUG verfolgt hat,[64] doch zu gestatten ist. Der Totalabruf war demnach nicht als rechtsmissbräuchlich einzustufen. 22

Diese Einordnung ist durch die Änderungen im Zuge des DiRUG hinfällig geworden: Schon der **Wortlaut** des § 9 Abs. 1 S. 1 n.F., der von der Einsichtnahme durch einzelne Abrufe spricht, ist ein deutliches Zeichen dafür, dass der Totalabruf des Handelsregisters nicht gestattet ist. 23

---

56 Zu Art. 3 der Publizitätsrichtlinie als Vorgängernorm des Art. 16a der Gesellschaftsrechtsrichtlinie vgl. *Hirte* NJW 2003, 1090 f.

57 Stellungnahme des Bundesrates, BR-Drucks. 144/21 (B), S. 5 f.

58 Vgl. dazu und zum Folgenden Begr. RechtsA, BT-Drucks. 19/30523, S. 100.

59 Begr. RechtsA, BT-Drucks. 19/30523, S. 104.

60 So im Zusammenhang mit § 9 Abs. 1 S. 1 Begr. RechtsA, BT-Drucks. 19/30523, S. 100.

61 Ausf. zum Folgenden die Voraufl. Rn 20 ff (*Koch*).

62 BGHZ 108, 32 (36) = NJW 1989, 2818; ebenso noch vor den Neuerungen des EHUG AG Karlsruhe GmbHR 1991, 201; *Geiger* CR 1992, 228 (232 ff, 234); *Smid* CR 1989, 986; zu den ablehnenden Stellungnahmen vgl. noch Fn 49.

63 Vgl. *Canaris* HandelsR § 4 Rn 6; *Dauner-Lieb/Linke* DB 2006, 767 (769 ff); *Kort* AG 2007, 801 (803 f); ebenso bereits vor der Neufassung des § 9 *Hirte* CR 1990, 631 ff; *Kollhosser* NJW 1988, 2409 ff; *E.M. Müller* CR 1992, 71 ff.

64 In den Gestzesmaterialien zum EHUG wurde die Einführung des Unternehmensregisters ua damit begründet, dass professionellen Informationsdienstleistern auf diese Weise ein einheitlicher Zugang zu allen Unternehmensdaten eröffnet wird, was den Wettbewerb im Zweitverwertungsmarkt intensiviere, s. BT-Drucks. 16/960, S. 36.

Auch die **Gesetzesmaterialien** legen dieses Ergebnis nahe: Der Rechtsausschuss hat in seiner Stellungnahme ausgeführt, durch die Einsichtnahme auf einzelne Abrufe werde zusammen mit der Beschränkung der Einsichtnahme auf Informationszwecke sichergestellt, dass ein Massenabruf von Registerdaten zu anderen hiervon nicht umfassten Zwecken, insbesondere einer kommerziellen Weiterverwendung der in den Registern enthaltenen **personenbezogenen Daten**, verhindert werde.[65] Diese Positionierung vermag rechtspolitisch hinsichtlich des Marktes für kommerzielle Register (s. bereits § 8 Rn 25) nicht restlos zu überzeugen, sie ist aber de lege lata zu akzeptieren. Im Hinblick auf ihre Stoßrichtung dürfte sie trotz der weitreichenden Vorgabe in Art. 16a der Gesellschaftsrechtsrichtlinie (Rn 2) **unionsrechtlich unbedenklich** sein: Der deutsche Gesetzgeber bemüht sich um eine datenschutzrechtskonforme Ausgestaltung der Einsichtnahme in das Handelsregister, was im Lichte des Art. 16 AEUV, Art. 8 GRCh und der Datenschutz-Grundverordnung[66] als ein legitimes Ziel erscheint, um eine Einschränkung des Einsichtnahmerechts nach Art. 16a der Gesellschaftsrechtsrichtlinie zu rechtfertigen. De lege ferenda wäre eine bessere Abstimmung der datenschutzrechtlichen Schranken einerseits und des Rechts der Unternehmenspublizität andererseits wünschenswert (s. dazu auch § 10a Rn 8).

5. Keine Pflicht zur Einsichtnahme

24 § 9 Abs. 1 S. 1 gewährt ein Recht zur Einsichtnahme, begründet aber nicht die Verpflichtung, von diesem Recht Gebrauch zu machen. Namentlich die Haftung auf Grund eines zurechenbar veranlassten Rechtsscheins wird also – außerhalb des Anwendungsbereichs des § 15 Abs. 2 – nicht dadurch ausgeschlossen, dass dem Dritten die wahre Rechtslage bekannt geworden wäre, wenn er von seinem Einsichtsrecht Gebrauch gemacht hätte.[67] Eine andere Beurteilung kann allerdings in Frage kommen, wenn besondere dem Dritten erkennbare Anhaltspunkte die Einsichtnahme nahelegten.[68]

6. Zuständigkeit und Rechtsbehelfe

25 Über die Gewährung der Einsicht entscheidet grundsätzlich der **Urkundsbeamte der Geschäftsstelle**.[69] Im Falle eines elektronischen Abrufs ist die Gestattung der Einsichtnahme automatisch daran geknüpft, dass die Registrierungsvoraussetzungen erfüllt werden. Die Einsichtnahme in das Papierregister wird der Urkundsbeamte i.d.R. ohne weiteres zulassen, da sie an keine besonderen Voraussetzungen geknüpft ist. Verweigert er sie dennoch, kann dagegen die Entscheidung des Richters nach § 29 Abs. 2 HRV verlangt werden. Gegen die richterliche Entscheidung kann eine Beschwerde nach § 58 FamFG sowie eine Rechtsbeschwerde nach § 70 FamFG erhoben werden (zu Rechtsmitteln im Registerverfahren s auch § 8 Rn 132 ff).[70] Nach älterer Auffassung des BGH endet die Zuständigkeit des Urkundsbeamten allerdings dort, wo es nicht mehr um eine Einsichtnahme zu Informationszwecken geht, sondern um eine **Komplettübernahme** zum Zwecke der gewerblichen Nutzung (s. Rn 22). In diesem Fall soll die Justizver-

65 BeschlussE DiRUG, BT-Drucks. 19/30523, S. 100.

66 Verordnung (EU) 2016/679 des Europäischen Parlaments und des Rates vom 27.4.2016 zum Schutz natürlicher Personen bei der Verarbeitung personenbezogener Daten, zum freien Datenverkehr und zur Aufhebung der Richtlinie 95/46/EG (Datenschutz-Grundverordnung), ABl. EU Nr. L 119, S. 1.

67 RG JW 1930, 3747 (3748); BGH NJW 1972, 1418 (1419); BGH WM 1976, 1084 (1085); BGH WM 1977, 1405 (1406 f); vgl. ferner MünchKommHGB/*Krafka* Rn 2.

68 MünchKommHGB/*Krafka* Rn 2.

69 MünchKommHGB/*Krafka* Rn 7; Röhricht/v. Westphalen/Haas/*Ries* Rn 8.

70 Koller/Kindler/Roth/Drüen/*Roth* Rn 7.

waltung zu entscheiden haben.[71] Diese Rechtsprechung dürfte nach den Änderungen des § 9 Abs. 1 S. 1 im Zuge des DiRUG (Rn 1) überholt sein: Da die Einsichtnahme nur durch einzelne Abrufe gestattet und der Totalabruf des Handelsregisters zu kommerziellen Zwecken unzulässig ist (s. Rn 23), spricht viel dafür, dass der Urkundsbeamte befugt ist, die Einsichtnahme ohne weiteres abzulehnen.

V. Medienwechsel (§ 9 Abs. 2)

Nach § 9 Abs. 2 kann die elektronische Übermittlung solcher Dokumente, die ausschließlich in Papierform vorhanden sind, nur verlangt werden, wenn seit der Einreichung weniger als zehn Jahre vergangen sind. Der Zweck der Bestimmung erschließt sich nicht auf den ersten Blick, weil sie die Einschränkung eines zuvor in § 9 nicht postulierten Grundsatzes formuliert. Tatsächlich ergab sich die mit dieser Einschränkung korrespondierende Regel aus dem im Jahr 2016 aufgehobenen[72] **Art. 61 Abs. 3 EGHGB**. Danach waren Schriftstücke auf Antrag in ein elektronisches Dokument zu übertragen, sofern sie innerhalb des dem Antrag vorausgehenden Zeitraums von zehn Jahren bei dem Registergericht in Papierform eingereicht worden waren.[73] 26

Der **positive Gehalt** dieser Regel – die Pflicht zum Medienwechsel – hatte nur bis 2017 Bedeutung, da nach dem Inkrafttreten des EHUG (Rn 2) sämtliche Dokumente in elektronischer Form einzureichen sind, so dass die Zehnjahresfrist für das letzte in Papierform eingereichte Dokument inzwischen verstrichen ist;[74] deshalb war die Aufhebung des Art. 61 Abs. 3 EGHGB konsequent. Die **negative Aussage**, dass bei vorhandenen Papierdokumenten nach Ablauf von zehn Jahren kein Anspruch auf einen Mediumswechsel besteht, hat hingegen dauerhafte Gültigkeit und ist deshalb in § 9 Abs. 2 übernommen worden. Damit macht der Gesetzgeber von der weitgehend inhaltsgleichen Gestattung in **Art. 16a Abs. 1 Unterabs. 2 S. 1 der Gesellschaftsrechtsrechtlinie** (Rn 3) Gebrauch, derartige Dokumente vom elektronischen Zugang auszunehmen. Die nationale wie die europäische Regelung dienen gleichermaßen dazu, die Registergerichte von einem unverhältnismäßigen Aufwand zu entlasten, dem kein angemessener Nutzen gegenübersteht.[75] 27

Trotz Ablauf der Zehnjahresfrist können die vorhandenen Schriftstücke nach § 9 Abs. 2 HRV auf eigene **Initiative des Gerichts** in ein elektronisches Dokument übertragen werden.[76] Eine durchsetzbare Pflicht zum Medienwechsel besteht insofern aber nicht (s. § 8 Rn 24). Außerdem bleibt dem interessierten Verkehrsteilnehmer die Möglichkeit, das Dokument **im Gericht** einzusehen und sich dort eine Abschrift oder eine Kopie zu fertigen (vgl. Rn 12).[77] Im Übrigen kann auch vom Registergericht eine **Abschrift** nach § 9 Abs. 4 S. 2 verlangt werden (s. dazu noch Rn 36).[78] Für die Übermittlung ist nach § 29 Abs. 1 Nr. 1 HRV der **Urkundsbeamte der Geschäftsstelle zuständig**. Verweigert er die Erteilung, kann dagegen die Entscheidung des Richters nach § 29 Abs. 2 HRV verlangt werden. Erst gegen seine Entscheidung kann eine Beschwerde nach § 58 FamFG sowie eine Rechtsbeschwerde nach § 70 FamFG erhoben werden, die aber wegen Wegfalls des Anspruchs auf Medienwechsel aussichtslos sein dürften.[79] 28

---

71 BGHZ 108, 32 (36) = NJW 1989, 2818; dagegen *Hirte* CR 1990, 631 (636 f).

72 S. Art. 57 des Zweiten Gesetzes über die weitere Bereinigung von Bundesrecht v. 8.7.2016, BGBl. I, S. 1594.

73 Die Registerakten müssen aufgrund ihrer Zweckbestimmungen für den internen gerichtlichen Gebrauch noch nicht elektronisch geführt werden, doch kann die Landesjustizverwaltung eine entsprechende Anordnung erlassen (§ 8 Abs. 3 HRV). Selbst wenn die Umstellung erfolgt, muss der Inhalt der Registerakten aufgrund ihrer internen Funktionsbestimmung dennoch nicht dem Online-Zugriff eröffnet werden; vgl. *Nedden-Boeger* FGPrax 2007, 1 (2).

74 Vgl. auch BeckOGK-HGB/*Beurskens* Rn 48.

75 RegE EHUG, BT-Drucks. 16/960, S. 42.

76 **AA** wohl BeckOGK-HGB/*Beurskens* Rn 48, 70.

77 RegE EHUG, BT-Drucks. 16/960, S. 42.

78 GK-HGB/*Gesmann-Nuissl* Rn 7; MünchKommHGB/*Krafka* Rn 14.

79 Koller/Kindler/Roth/Drüen/*Roth* Rn 7.

VI. Beglaubigung (§ 9 Abs. 3)

1. Anspruch auf Beglaubigung

29 Nach § 9 Abs. 3 S. 1 wird die Übereinstimmung der übermittelten Daten mit dem Inhalt des Handelsregisters und den zum Handelsregister eingereichten Dokumenten auf Antrag durch das Gericht beglaubigt. Die Vorschrift bezieht sich – obwohl der Wortlaut dies nicht eindeutig erkennen lässt – ausschließlich auf die **Beglaubigung einer Kopie in elektronischer Form**; die Beglaubigung einer auf Papier ausgestellten Kopie wird in § 9 Abs. 4 S. 3 gesondert geregelt (s. dazu noch Rn 34). Diese Trennung geht auf Art. 3 Abs. 3 Unterabs. 4 der Publizitätsrichtlinie a.F. (Rn 3) zurück, wonach die Richtigkeit der auf Papier ausgestellten Kopien beglaubigt wird, sofern der Antragsteller auf die Beglaubigung nicht verzichtet (S. 1). Die Richtigkeit der Kopien in elektronischer Form wird hingegen nach Art. 3 Abs. 3 Unterabs. 4 S. 2 der Publizitätsrichtlinie a.F. nicht beglaubigt, es sei denn, die Beglaubigung wird vom Antragsteller ausdrücklich verlangt. Für diesen Fall hat der deutsche Gesetzgeber die ursprünglichen unionsrechtlichen Vorgaben im Zuge des EHUG (Rn 2) in der Sache inhaltsgleich übernommen und lediglich die negative Fassung der Richtlinie in einen **positiv formulierten Beglaubigungsanspruch** umformuliert. Überdies hat er den in Art. 3 Abs. 3 Unterabs. 4 S. 2 der Publizitätsrichtlinie a.F. vorgesehenen Begriff des Verlangens durch ein **Antragserfordernis** ersetzt, um zu verdeutlichen, dass es sich um eine auf Antrag erfolgende kostenpflichtige Amtstätigkeit des Registergerichts handelt.[80]

30 Das DiRUG (Rn 1) ließ § 9 Abs. 3 S. 1 unangetastet, obwohl sich die unionsrechtlichen Grundlagen geändert haben:[81] Nach **Art. 16a Abs. 3 der Gesellschaftsrechtsrichtlinie** (Rn 2) wird die Richtigkeit der einem Antragsteller übermittelten elektronischen Kopien und Papierkopien bestätigt, sofern der Antragsteller auf diese Beglaubigung nicht verzichtet. Anders als nach Art. 3 Abs. 3 Unterabs. 4 der Publizitätsrichtlinie a.F. soll der Antragsteller eine beglaubigte Kopie augenscheinlich auch dann erhalten, wenn er dies **nicht verlangt**. Der Richtliniengeber wollte mit der Änderung die Mitgliedstaaten verpflichten, dafür zu sorgen, dass ein Antragsteller elektronische Auszüge aus den Registern erhalten kann, die mithilfe von Vertrauensdiensten authentifiziert wurden (zur Authentifizierung s. noch Rn 32 f).[82] Im Lichte dieser Vorgabe ist das Antragserfordernis des § 9 Abs. 3 S. 1 (Rn 29) **richtlinienkonform auszulegen**: Ein Antrag i.S.d. § 9 Abs. 3 S. 1 liegt bereits dann vor, wenn der Nutzer des Registerportals die Registerdaten abruft; eine weitergehende Initiative ist nicht erforderlich.[83] Um dem Nutzer im Einklang mit Art. 16a Abs. 3 der Gesellschaftsrechtsrichtlinie die Möglichkeit zu verschaffen, auf die Beglaubigung zu verzichten, sollten die Landesjustizverwaltungen im Registerportal eine entsprechende Schaltfläche einrichten. Zu den gebührenrechtlichen Folgen s. Rn 55.

31 **Gegenstand** der Beglaubigung ist allein die Übereinstimmung der übermittelten Daten mit dem Inhalt des Handelsregisters bzw. den zum Handelsregister eingereichten Dokumenten. Über die inhaltliche Richtigkeit des Registerinhalts oder der Dokumente wird mit der Beglaubigung keine Aussage getroffen.[84] **Zuständig** für die Beglaubigung ist nach § 29 Abs. 1 Nr. 2 HRV der Urkundsbeamte der Geschäftsstelle. Für Rechtsbehelfe gegen seine Entscheidung gelten die in Rn 25 und 28 dargestellten Grundsätze.

---

80 Beschlussempfehlung Rechtsausschuss, BT-Drucks. 16/2781, S. 79; anders noch RegE EHUG, BT-Drucks. 16/960, S. 6.

81 Auf die Notwendigkeit der Anpassung weist hin BeckOGK-HGB/*Beurskens* Rn 53; s. ferner *Harnos* GmbHR 2022, R135 (R136). **AA** *Braun*, DNotZ 2022, 725 (736).

82 Vorschlag der Europäischen Kommission für eine Richtlinie des europäischen Parlaments und des Rates zur Änderung der Richtlinie (EU) 2017/1132 im Hinblick auf den Einsatz digitaler Werkzeuge und Verfahren im Gesellschaftsrecht v. 25.4.2018, COM(2018) 239 final, S. 16.

83 Zu den methodischen Instrumenten *Harnos* GmbHR 2022, R135 (R136). **AA** *Braun*, DNotZ 2022, 725 (736), der davon ausgeht, dass sich § 9 Abs. 4 S. 3 Var. 2 auch auf elektronische Ausdrucke erstreckt. Dies lässt aber die in Rn 29 dargestellte Systematik des § 9 außer Acht und überzeugt deshalb nicht.

84 RegE DiRUG, BT-Drucks. 19/28177, S. 87.

2. Authentifizierung

Für die Beglaubigung nach § 9 Abs. 3 S. 1 schreibt § 9 Abs. 3 S. 2 eine Authentifizierung durch einen **Vertrauensdienst nach der eIDAS-Verordnung.**[85] Auch damit wird einer europäischen Vorgabe Rechnung getragen.[86] Art. 16a Abs. 4 der Gesellschaftsrechtsrichtlinie (Rn 3) gibt den Mitgliedstaaten auf sicherzustellen, dass vom Register übermittelte elektronische Kopien und Auszüge der Urkunden und Informationen über Vertrauensdienste nach der eIDAS-Verordnung authentifiziert wurden. Mit der Authentifizierung soll gewährleistet werden, dass die elektronischen Kopien oder Auszüge vom Register übermittelt wurden und dass ihr Inhalt eine gleichlautende Kopie der im Besitz des Registers befindlichen Urkunde ist oder dass er mit den darin enthaltenen Informationen übereinstimmt. 32

Ein Vertrauensdienst ist nach **Art. 3 Nr. 16 der eIDAS-Verordnung** ein elektronischer Dienst, der in der Regel gegen Entgelt erbracht wird und alternativ aus Folgendem besteht: (a) Erstellung, Überprüfung und Validierung von elektronischen Signaturen, elektronischen Siegeln oder elektronischen Zeitstempeln, und Diensten für die Zustellung elektronischer Einschreiben sowie von diese Dienste betreffenden Zertifikaten; (b) Erstellung, Überprüfung und Validierung von Zertifikaten für die Website-Authentifizierung; (c) Bewahrung von diese Dienste betreffenden elektronischen Signaturen, Siegeln oder Zertifikaten.[87] Für die Zwecke der Authentifizierung[88] i.S.d. § 9 Abs. 3 S. 2 kommen insbesondere eine **elektronische Signatur** nach Art. 25 ff der eIDAS-VO und ein **elektronisches Siegel** nach Art 35 ff eIDAS-VO in Betracht.[89] 33

VII. Ausdruck und Abschrift (§ 9 Abs. 4)

1. Ausdruck

Nach Art. 16 Abs. 1 Unterabs. 1 der Gesellschaftsrechtsrichtlinie (Rn 3) müssen die Mitgliedstaaten gewährleisten, dass eine vollständige oder auszugsweise Kopie der publizitätspflichtigen Urkunden und Informationen auf Antrag vom Register erhältlich sind und dass ein solcher Antrag beim Register entweder auf Papier oder in elektronischer Form eingereicht werden kann. Für die Eintragungen und diejenigen Dokumente, die bereits in elektronischer Form vorhanden sind, wird diese Kopie nach § 9 Abs. 4 S. 1 in Form eines Ausdrucks erteilt, ohne dass der Antragsteller ein berechtigtes Interesse glaubhaft machen muss.[90] Der Anwendungsbereich der Vorschrift ist mit dem des § 9 Abs. 1 S. 1 identisch und erstreckt sich demnach auf die Eintragungen und die im Registerordner enthaltenen Dokumente (s. dazu Rn 5); für andere Dokumente gilt auch hier § 13 FamFG (s. Rn 8). Nähere Vorgaben für die Ausgestaltung des Ausdrucks enthält **§ 30a HRV.** Danach können die Ausdrucke gem. § 30a Abs. 1 und 2 HRV als einfache oder amtliche Ausdrucke gekennzeichnet sein. Nach § 9 Abs. 4 S. 3 wird der Ausdruck als **amtlicher Ausdruck** gefertigt, wenn nicht auf die Beglaubigung verzichtet wird. Er muss in diesem Fall nach § 30a Abs. 3 HRV besondere authentifizierende Merkmale aufweisen, insbesondere muss er mit einem Dienstsiegel versehen sein, den Namen des Urkundsbeamten und einen Vermerk 34

---

85 Verordnung (EU) Nr. 910/2014 des Europäischen Parlaments und des Rates vom 23. Juli 2014 über elektronische Identifizierung und Vertrauensdienste für elektronische Transaktionen im Binnenmarkt und zur Aufhebung der Richtlinie 1999/93/EG, ABl. L 257 S. 73, ber. ABl. 2015 L 23 S. 19 und ABl. 2016 L 155 S. 44. S. hierzu im Überblick *Roßnagel* NJW 2014, 3686 ff.

86 RegE EHUG, BT-Drucks. 16/960, S. 42.

87 Zu den Unterschieden zwischen den einzelnen Vertrauensdiensten *Roßnagel* NJW 2014, 3686 (3688 ff).

88 S. hierzu die Legaldefinition in Art. 3 Nr. 5 der eIDAS-VO.

89 Zum Beweiswert der Vertrauensdienste nach der eIDAS-VO s. etwa *Jandt* NJW 2015, 1205 ff; *Roßnagel* NJW 2014, 3686 (3690 f); *ders.* MMR 2016, 647 ff.

90 Hopt/*Merkt* Rn 8.

enthalten, dass der Inhalt des Handelsregisters oder des Registerordners bezeugt wird. Einer gesonderten Beglaubigung bedarf es daneben nicht, die Bezeichnung als „amtlicher Ausdruck" und Dienstsiegel oder -stempel genügen.

35 Nach § 30a Abs. 4 S. 1, 3 und 4 HRV können **chronologische oder aktuelle Ausdrucke** erteilt werden (im elektronischen Handelsregister abrufbar über die Kürzel „CD" oder „AD").[91] Der chronologische Ausdruck gibt alle Eintragungen des Registerblatts nach der Umstellung auf die elektronische Registerführung wieder, wohingegen der aktuelle Ausdruck lediglich den letzten Stand der Eintragungen enthält.[92] Soweit der Antragsteller nicht ausdrücklich einen chronologischen Ausdruck wünscht, wird ein aktueller erteilt (§ 30a Abs. 4 S. 6 und 7 HRV). Darüber hinaus wird auch das vor Umstellung auf die elektronische Registerführung gültige Karteiblatt in gescannter Form als **historischer Ausdruck** zur Verfügung gestellt (Kürzel „HD").[93] Die im historischen Ausdruck enthaltenen Registerblätter werden nicht mehr fortgeführt und sind daher nicht mehr aktuell. Dennoch kann ein Interesse an einem solchen Ausdruck bestehen, wenn es darum geht, Sachverhalte aus der Vergangenheit rechtlich zu bewerten.[94] Der Ausdruck kann dem Antragsteller nach § 30a Abs. 5 S. 1 HRV auch elektronisch übermittelt werden. Bei einem amtlichen Ausdruck i.S.d. § 30a Abs. 3 HRV muss diese Übermittlung unter Verwendung einer Authentifizierung durch Vertrauensdienste nach der eIDAS-Verordnung (s. Rn 32 f) erfolgen. Nach § 30a Abs. 4 S. 2 HRV n.F. kann die Landesjustizverwaltung **weitere Formen von Ausdrucken** bestimmen. Diese Ermächtigungsgrundlage, die im Zuge des DiRUG (Rn 1) eingeführt wurde, flankiert § 10 Abs. 2 S. 2 HRV n.F., der die Landesjustizverwaltung dazu ermächtigt, weitere Formen der Einsicht in das elektronische Registerblatt zu ermöglichen (Rn 10).[95] Zur Zuständigkeit für die Erteilung von Abdrucken s. noch Rn 37.

2. Abschrift

36 Soweit das eingereichte Schriftstück nur in Papierform vorliegt, kann nach § 9 Abs. 4 S. 2 eine Abschrift gefordert werden. Diese Möglichkeit spielt nach dem Wegfall des Anspruchs auf einen Medienwechsel nach Art. 61 Abs. 3 EGHGB a.F. (s. dazu Rn 26 ff) für die älteren Schriftstücken eine praktische Rolle. Nähere Vorgaben für die **inhaltliche Ausgestaltung** der Abschrift finden sich in § 30 HRV. Hinsichtlich des Beglaubigungserfordernisses übernimmt der deutsche Gesetzgeber die Vorgabe aus Art. 16a Abs. 3 der Gesellschaftsrechtsrichtlinie (Rn 3): Die Richtigkeit der Abschrift wird auch ohne einen entsprechenden Antrag beglaubigt, sofern nicht ausdrücklich ein Verzicht erklärt wird; nähere Hinweise für die Ausgestaltung des Beglaubigungsvermerks enthält § 30 Abs. 2–4 HRV. Die Zulässigkeit einer eigenen Abschrift (Rn 12) bleibt durch die Möglichkeit der amtlichen Abschrift unberührt.

3. Zuständigkeit, Rechtsmittel und Beweiskraft

37 Für die Erteilung von Ausdrucken und Abschriften ist nach § 29 Abs. 1 Nr. 1 HRV der **Urkundsbeamte** der Geschäftsstelle zuständig. Diese Zuständigkeit ist ausschließlich.[96] Die beglaubigte Abschrift kann also nicht durch den Notar gefertigt werden.[97] Verweigert der Urkundsbeamte

---

91 Übersicht über die verschiedenen Ausdrucksformen einschließlich Musterausdrucken bei Christ/*Müller-Helle* S. 52 ff; vgl. ferner *Melchior/Schulte* § 30a Rn 6.
92 Christ/*Müller-Helle* S. 52 f.
93 RegE EHUG, BT-Drucks. 16/960, S. 70; *Krafka* Rn 53.
94 Christ/*Müller-Helle* S. 56.
95 RegE DiRUG, DT-Drucks. 19/28177, S. 138.
96 OLG Hamm OLGZ 1967, 333 (338 ff); Röhricht/v. Westphalen/Haas/*Ries* Rn 14.
97 MünchKommHGB/*Krafka* Rn 7.

die Erteilung, stehen dem Antragsteller die in Rn 25 und 28 dargestellten Rechtsmittel zur Verfügung. Ausdrucke und Abschriften dienen im Prozess als Beweismittel.[98] Für ihren Beweiswert im Hinblick auf die inhaltliche Richtigkeit der Registereinträge gelten die zu § 8 (Rn 123 ff) entwickelten Grundsätze. Zum Beweiswert des Negativattests s. noch Rn 38.

VIII. Negativattest (§ 9 Abs. 5)

1. Allgemeine Grundsätze

Nach § 9 Abs. 5 kann jedermann vom Registergericht eine Bescheinigung darüber verlangen, 38
dass bezüglich des Gegenstandes einer Eintragung weitere **Eintragungen nicht vorhanden** sind oder dass eine bestimmte Eintragung nicht erfolgt ist.[99] Anders als das positive Registerzeugnis (s. noch Rn 42) wurde das Negativattest auch nach der Umstellung auf eine elektronische Registerführung beibehalten. Ob dies zwingend erforderlich war, kann bezweifelt werden, da der Nachweis auch über einen aktuellen Auszug oder – bei vergangenen Eintragungen – über einen chronologischen oder historischen Auszug geführt werden könnte (vgl. dazu Rn 35).[100] Diesen gegenüber hat das Negativattest jedoch den Vorteil, dass es insbesondere bei mehreren relevanten Tatsachen mühsam sein kann, die entscheidenden Informationen aus diesen Auszugsformen hinauszufiltern. Das Negativattest bezieht sich allein auf Eintragungen, nicht aber auf die Existenz oder den Inhalt sonstiger Dokumente, selbst wenn in der Eintragung auf diese Bezug genommen wird.[101] Ein berechtigtes Interesse an der Bescheinigung muss weder dargelegt noch glaubhaft gemacht werden. Besondere Bedeutung kommt dieser Negativbescheinigung im Rahmen von **§ 15 Abs. 1** zu, dessen Rechtsscheinwirkung gerade auf einer fehlenden Eintragung und Bekanntmachung ruht. Nach **§ 31 HRV** ist die Bescheinigung vom Urkundsbeamten der Geschäftsstelle zu erstellen und kann auch in elektronischer Form (§ 126a BGB) übermittelt werden. Hinsichtlich der Rechtsmittel gelten die in Rn 25 und 28 dargestellten Grundsätze.

2. Beweiskraft des Negativattests

Die Frage der Beweiskraft einer registergerichtlichen Bescheinigung wurde in der Vergangenheit in 39
erster Linie nur für das Registerzeugnis gemäß § 9 Abs. 3 a.F. diskutiert, der mit der Neufassung entfallen ist (s. noch Rn 42). Einem solchen Zeugnis wurde überwiegend ein Anscheinsbeweis für die Richtigkeit der darin bezeugten Tatsache entnommen, wobei über die Einzelheiten keine Einigkeit bestand.[102] Für die Beweiskraft des Negativattests wurde zumeist darauf verwiesen, dass die **für das Zeugnis entwickelten Grundsätze** insofern entsprechende Geltung beanspruchen.[103]

Tatsächlich lassen sich diese Grundsätze aber **nicht auf das Negativattest übertragen.**[104] 40
Die Beweiswirkung des Zeugnisses konnte zumindest darauf gestützt werden, dass der Antragsteller eine entsprechende Eintragung beantragt und der zuständige Beamte die angemeldete Tatsache einer Plausibilitätskontrolle unterzogen hat. Beim Negativattest besteht darüber hi-

---

98 *K. Schmidt* HandelsR § 13 III 1b; für das Registerzeugnis ferner MünchKommHGB/*Krafka* Rn 21; Staub/*Hüffer*[4] Rn 16.
99 Vgl. dazu etwa *Adler* S. 10 ff.
100 Vgl. zum Folgenden *J. Koch/Rudzio* ZZP 122 (2009), 37 (51 f).
101 *Adler* S. 11; *Ehrenberg* in: Ehrenbergs Hdb., Band I, S. 549.
102 Baumbach/*Hopt*, 32. Aufl., 2006, Rn 4; MünchKommHGB/*Krafka* Rn 21.
103 MünchKommHGB/*Krafka* Rn 20; Röhricht/v. Westphalen/Haas/*Ries* Rn 15.
104 Vgl. zum Folgenden bereits *J. Koch/Rudzio* ZZP 122 (2009), 37 (51 f).

naus aber die keinesfalls fernliegende Alternative, dass ein Antrag von vornherein nicht gestellt worden ist. Angesichts dieser Möglichkeit erscheint es vorzugswürdig, dem Negativattest eine besondere **Beweiswirkung** hinsichtlich der **inhaltlichen Richtigkeit des Bezeugten** gänzlich abzusprechen. Wenn etwa eine Änderung der Vertretungsbefugnisse bei einer OHG nicht in das Handelsregister eingetragen ist, begründet ein Negativattest dieses Inhalts weder eine Vermutung noch einen prima-facie-Beweis dafür, dass eine Veränderung nicht eingetreten ist. Derjenige, der sich auf das Attest dennoch verlässt, wird dadurch nicht schutzlos gestellt, weil ihm der **Vertrauensschutz des § 15 Abs. 1** zugute kommt.

41 Eine Beweiswirkung kann dem Attest lediglich hinsichtlich der **Tatsache der Eintragung selbst** zukommen. Im Zivilprozess gilt es als erwiesen, dass die Eintragung nicht erfolgt ist. Bei einer **konstitutiven Eintragung** kann darauf auch die weitere Vermutung gestützt werden, dass das einzutragende Rechtsverhältnis nicht wirksam geworden ist.[105]

IX. Keine weitergehenden Zeugnis- und Auskunftsansprüche

1. Kein Zeugnisanspruch

42 Neben dem Anspruch auf ein Negativattest sah der Regierungsentwurf zum EHUG die Erteilung von gerichtlichen Zeugnissen über die Inhaberschaft einer Firma oder die Vertretungsbefugnis vor (§ 9 Abs. 5 RegE EHUG).[106] Diese Regelung ist nicht Gesetz geworden, da sie zu einem **Medienbruch** führt. Der Kontakt mit dem Handelsregister soll nur noch elektronisch abgewickelt werden. Durch Einsicht in das Handelsregister können die genannten Unternehmensdaten aber problemlos abgefragt werden, ohne dass es einer zusätzlichen Bescheinigung noch bedarf.[107] Den Behörden wird es nicht nur gestattet, auf die online zugänglichen Daten zu vertrauen, sondern sie werden darüber hinaus in der Pflicht gesehen, sich diese **Einsicht selbständig zu verschaffen.**[108] Wenn spezielle Sonderregeln (z.B. § 69 BGB, § 26 Abs. 2 GenG) aber weiterhin die Nachweismöglichkeit durch ein Registerzeugnis eröffnen, ergibt sich daraus auch ein entsprechender Zeugnisanspruch.[109]

2. Notarbescheinigung

43 Die Möglichkeit der Online-Einsichtnahme (Rn 9) und der Wegfall des Zeugnisanspruchs (Rn 42) wirken sich auf die Relevanz der Notarbescheinigung nach **§ 21 Abs. 1 BNotO.**[110] Danach sind auch Notare dafür zuständig, Bescheinigungen über eine Vertretungsberechtigung sowie über das Bestehen oder den Sitz einer juristischen Person oder Handelsgesellschaft, die Firmenänderung, eine Umwandlung oder sonstige rechtserhebliche Umstände auszustellen, wenn sich diese Umstände aus einer Eintragung im Handelsregister oder in einem ähnlichen Register ergeben. Nach § 21 Abs. 1 S. 2 BNotO soll diese Bescheinigung die gleiche **Beweiskraft** haben wie ein Zeugnis des Registergerichts.

---

105 So im Ergebnis auch Staub/*Hüffer*[4] Rn 20.

106 RegE EHUG, BT-Drucks. 16/960, S. 6. Ein solcher Anspruch ergab sich früher aus § 9 Abs. 3 i.d.F. vor EHUG.

107 Stellungnahme des Bundesrates, BT-Drucks. 16/960, S. 75; zur entsprechenden Rechtslage bis zum Änderungsgesetz v. 20.7.1933, RGBl. I, S. 520, vgl. bereits *Adler* S. 10 ff; *Ehrenberg* in: Ehrenbergs Hdb., Band I, S. 549.

108 Vgl. dazu die Stellungnahme des Bundesrates zum RegE EHUG, BT-Drucks. 16/960, S. 75. In der Gerichtspraxis wird auf diese Obliegenheit hingewiesen, s. etwa OLG Schleswig BeckRS 2015, 47659 unter 2.1 a) im Zusammenhang mit der kreislaufwirtschaftsrechtlichen Untersagungsverfügung.

109 Vgl. im Einzelnen *J. Koch/Rudzio* ZZP 122 (2009), 37 (53).

110 Ausführlich zum Folgenden *J. Koch/Rudzio* ZZP 122 (2009), 37 (58 ff).

Obwohl sich aus § 9 kein Anspruch auf Erteilung eines Zeugnisses durch das Registergericht ergibt (Rn 42), hat § 21 Abs. 1 BNotO seine Bedeutung nicht gänzlich eingebüßt, weil er neben dem Handelsregister auch für andere Registertypen gilt.[111] Auch Zeugnisse über das Handelsregister können weiterhin ausgestellt werden und sind in ihrer **Nachweiskraft nicht geschmälert** worden.[112] Durch die naheliegende Alternative, die Behörde auf die Online-Einsicht zu verweisen (Rn 42), dürfte die praktische Relevanz der notariellen Bescheinigung im Behördenverfahren allerdings stark geschmälert worden sein.[113] Zur Bedeutung der Vollmachtsbescheinigung nach § 21 Abs. 3 BNotO für die Handelsregisteranmeldung s. § 12 Abs. 1 S. 4 und § 12 Rn 37. 44

3. Weitergehende Auskunftspflichten

Das Gericht ist nicht verpflichtet, gegenüber **Privaten** Auskünfte zu erteilen, die über § 9 hinausgehen.[114] So besteht etwa kein Anspruch auf eine telefonische Auskunfterteilung.[115] Dennoch kann es für die Beteiligten zweckmäßig sein, bei komplexen Eintragungen zunächst das Gespräch mit dem Registergericht zu suchen, um die Erfolgsaussichten einer beabsichtigten Anmeldung abschätzen zu können.[116] Die Gerichte werden sich einer solchen Bitte im Regelfall auch ohne rechtliche Verpflichtung nicht verweigern. Ebenso entspricht es guter gerichtlicher Praxis, Anmeldungen, die nicht ordnungsgemäß sind, nicht sogleich kostenpflichtig zurückzuweisen, sondern den Mangel zu bezeichnen und auf seine Abhilfe zu dringen. Solche Auskünfte geben aber nur die **unverbindliche Rechtsauffassung** des jeweiligen Registerrichters wieder und können deshalb nicht mit der Beschwerde angegriffen werden. Rechtsmittel sind erst gegen die den Eintragungsantrag ablehnende Entscheidung möglich.[117] Zur Zwischenverfügung als Instrument zur Behebung von Anmeldungsfehlern s. § 8 Rn 129. 45

Eine Auskunftspflicht gegenüber **Behörden** kann sich aus Sondervorschriften ergeben, vgl. z.B. § 161 StPO. Daneben besteht für das Gericht auch eine **allgemeine Rechts- und Amtshilfepflicht**, aus der es anderen Gerichten und Verwaltungsbehörden Rechtshilfe zu leisten hat, indem es über den Inhalt des Registers und der Registerakten gebührenfrei Auskunft erteilt (vgl. etwa die einfachgesetzliche Präzisierung in §§ 93, 111 AO, 156–168 GVG). Das kann nach Art. 35 GG nicht zweifelhaft sein; denn Behörden im Sinne der Vorschrift sind auch Gerichte.[118] 46

X. Entsprechende Anwendung auf das Unternehmensregister (§ 9 Abs. 6)

1. Einsichtnahme

Nach § 9 Abs. 6 S. 1 gilt § 9 Abs. 1 S. 1 auch für die Einsichtnahme in das Unternehmensregister entsprechend. Damit wird Art. 16 Abs. 2 Unterabs. 2 der **Gesellschaftsrechtsrichtlinie** (Rn 3) erfüllt, wonach eine Stelle zu bestimmen ist, bei der die Dokumente der „einen Akte" i.S.d. Art. 16 Abs. 1 Unterabs. 1 der Richtlinie von dem Register elektronisch oder als Papierkopie an- 47

111 Vgl. z.B. § 69 BGB. Zur Anwendung für den Nachweis aus ausländischen Registern vgl. noch § 13d Rn 68.
112 Vgl. hierzu MünchKomm/*Krafka* Rn 25.
113 Relevanz hat die Notarbescheinigung etwa im Grundbuchverfahren, s. § 32 Abs. 1 S. 1 GBO. Zur Anwendung des § 32 GBO a.F. nach Wegfall des Zeugnisanspruchs s. noch die Voraufl. Rn 43 (*Koch*).
114 So ausdrücklich die Stellungnahme des Bundesrates, BT-Drucks. 16/960, S. 75, die insofern von der Bundesregierung vorbehaltlos akzeptiert wurde, BT-Drucks. 16/960, S. 90; vgl. zum Folgenden auch Ebenroth/Boujong/Joost/Strohn/*Schaub* Rn 18 ff; Koller/Kindler/Roth/Drüen/*Roth* Rn 10; MünchKommHGB/*Krafka* Rn 24; Röhricht/v. Westphalen/Haas/*Ries* Rn 16.
115 Ebenroth/Boujong/Joost/Strohn/*Schaub* Rn 18; *Kollhosser* NJW 1988, 2409.
116 Zu informellen Abstimmungen mit dem Registergericht s. *Schulz* NJW 2016, 1483 (1484 ff).
117 KG Recht 1906, Spalte 1085, Nr. 2530; Ebenroth/Boujong/Joost/Strohn/*Schaub* Rn 16; Heymann/*Förster* Rn 18.
118 Vgl. nur *Jarass*/Pieroth GG, 16. Aufl., 2020, Art. 35 Rn 3.

gefordert werden können (vgl. § 8b Rn 4).[119] Die Vorgabe, dass die Einsichtnahme nur **„zu Informationszwecken"** erfolgen darf, ist im europäischen Recht nicht enthalten, was dazu zwingt, sie auch im deutschen Recht ausgesprochen restriktiv zu interpretieren (s. Rn 19).

48 § 9 Abs. 6 S. 1 gilt unabhängig davon, ob in Datenbestände Einsicht genommen werden soll, die unmittelbar im Unternehmensregister gespeichert werden, oder in solche, die nur mittelbar über das Zugangsportal des Unternehmensregisters zugänglich gemacht werden (§ 8b Abs. 2 Nr. 1–3).[120] Die **organisatorische Ausgestaltung der Einsichtnahme** ist ausführlich bereits in § 8b Rn 14 ff dargestellt. Die Einsichtnahme erfolgt ausschließlich über das Internet, und zwar über die Internetseite www.unternehmensregister.de. Es bestehen **weder Anmeldungs- noch Genehmigungserfordernisse**, doch kann u.U. eine Registrierung verlangt werden.

2. Weiterleitung von Anträgen

49 Die Gesellschaftsrechtsrichtlinie (Rn 3) setzt nicht nur voraus, dass die dort genannten Urkunden und Angaben bei einer zentralen Stelle eingesehen werden können, sondern sie müssen dort auch als vollständige oder auszugsweise Kopie erhältlich sein, die zu beglaubigen ist (Art. 16a der Richtlinie). Daher eröffnet § 9 Abs. 6 S. 2 den Antragstellern die Möglichkeit, ihre Anträge nach § 9 Abs. 2–5 auch **direkt beim Unternehmensregister** einzureichen. Darunter fallen zunächst die Anträge auf Übermittlung von Dokumenten nach § 9 Abs. 2 und auf (beglaubigte) Ausdrucke und Abschriften aus dem Handelsregister nach § 9 Abs. 3 i.V.m. § 9 Abs. 4. Obwohl europarechtlich nicht gefordert, ist dieser Anspruch entgegen der ursprünglichen Konzeption des Regierungsentwurfs nachträglich auf das Negativattest erweitert worden, um auch für diesen Anspruch den Vereinfachungseffekt einer zentralen Einreichung nutzbar machen zu können.[121] Das Unternehmensregister leitet die entsprechenden Anträge **an das jeweils zuständige Registergericht** weiter. Für Unterlagen der Rechnungslegung nach § 8b Abs. 2 Nr. 4 gilt hingegen die Sonderregelung des § 8b Abs. 4 (s. § 8b Rn 52).

50 Zu beachten ist, dass die über das Unternehmensregister geltend gemachten Dokumentationsansprüche nach § 9 Abs. 2–5 ausschließlich die **im Handelsregister enthaltenen Dokumente** betreffen (vgl. Rn 5); über § 707b Nr. 2 BGB i.d.F. des MoMiG (Rn 1), § 156 GenG und § 5 Abs. 2 PartGG wird dieser Anwendungsbereich auf die in Gesellschafts-, Genossenschafts- und Partnerschaftsregistern enthaltenen Daten erstreckt.[122] Von den im Unternehmensregister selbst gespeicherten Daten können hingegen keine Ausdrucke, Abschriften und Beglaubigungen verlangt werden. Eine Ausnahme musste allein für die von der Gesellschaftsrechtsrichtlinie erfassten **Unterlagen der Rechnungslegung** (§ 8b Abs. 2 Nr. 4) gemacht werden, die aber nicht in § 9 Abs. 6, sondern in § 8b Abs. 4 enthalten ist (vgl. die Erläuterungen in § 8b Rn 60 f).

3. Einsichtnahme bei dauerhafter Hinterlegung der Bilanzen

51 Nach § 9 Abs. 6 S. 3 erfolgt die Einsichtnahme in die beim Unternehmensregister zur dauerhaften Hinterlegung eingestellten Daten nur auf **Antrag** durch **Übermittlung einer Kopie**. Die

119 RegE EHUG, BT-Drucks. 16/960, S. 42.
120 RegE EHUG, BT-Drucks. 16/960, S. 43.
121 Vgl. die Stellungnahme des Bundesrates, BT-Drucks. 15/960, S. 75; anders noch RegE EHUG, BT-Drucks. 16/960, S. 75.
122 RegE EHUG, BT-Drucks. 16/960, S. 43.

Vorschrift ist ursprünglich im Zuge des MicroBilG[123] eingeführt[124] und im Rahmen des DiRUG (Rn 1) neu formuliert worden. Sie ist im Zusammenhang mit §§ 326 Abs. 2, 339 zu lesen, wonach **Kleinstkapitalgesellschaften und Kleinstgenossenschaften** die Möglichkeit haben, ihren bilanzrechtlichen Offenlegungspflichten dadurch nachzukommen, dass sie die Bilanz der das Unternehmensregister führenden Stelle elektronisch übermitteln (s. § 325 Abs. 1 S. 2) und dabei die Einstellung in das Unternehmensregister durch dauerhafte Hinterlegung verlangen.[125] Machen sie von dieser Option Gebrauch, kann die Bilanz nicht – wie bei Unterlagen der Rechnungslegung (s. dazu auch § 8b Abs. 2 Nr. 4 und § 8b Rn 22 f) sonst – nach § 9 Abs. 6 S. 1 i.V.m. Abs. 1 S. 1 elektronisch in Einsicht genommen werden. Vielmehr müssen die interessierten Personen einen Antrag auf **kostenpflichtige** Übermittlung einer Kopie stellen (zu den Gebühren § 8b Rn 69).[126]

XI. Gebühren

1. Einsichtnahme

Bis zum Inkrafttreten des DiRUG (Rn 1) war hinsichtlich der Gebührenhöhe zwischen den unterschiedlichen Formen von Einsichtnahme und Bescheinigungen zu unterscheiden. Die Einsichtnahme auf der Geschäftsstelle des Registergerichts nach § 90 KostO a.F.[127] war kostenfrei, die Online-Einsichtnahme gebührenpflichtig.[128] Durch die Streichung des § 1 Abs. 2 S. 1 Nr. 4 JVKostG[129] a.F.[130] im Zuge des DiRUG ist die Grundlage der Gebührenerhebung für die Online-Einsichtnahme weggefallen, so dass nunmehr **alle Formen** der Einsichtnahme **kostenfrei** möglich sind. Mit dieser Änderung trägt der deutsche Gesetzgeber den Vorgaben des **Art. 19 Abs. 2 der Gesellschaftsrechtsrichtlinie** Rechnung. Nach Art. 19 Abs. 2 der Richtlinie müssen die Mitgliedstaaten dafür sorgen, dass eine Reihe von Informationen über das **Europäische System der Registervernetzung** (s. § 9b und die Kommentierung dort) kostenlos zugänlich sein müssen. Diesen Regelungsauftrag hat der DiRUG-Gesetzgeber zum Anlass genommen, eine gebüh- 52

123 Art. 1 Nr. 2 des Gesetzes zur Umsetzung der Richtlinie 2012/6/EU des Europäischen Parlaments und des Rates vom 14. März 2012 zur Änderung der Richtlinie 78/660/EWG des Rates über den Jahresabschluss von Gesellschaften bestimmter Rechtsformen hinsichtlich Kleinstbetrieben (Kleinstkapitalgesellschaften-Bilanzrechtsänderungsgesetz – MicroBilG) v. 20.12.2012, BGBl. I, S. 2751.

124 § 9 Abs. 6 S. 3 a.F. lautete: „Die Einsichtnahme in die Bilanz einer Kleinstkapitalgesellschaft (§ 267a), die von dem Recht nach § 326 Absatz 2 Gebrauch gemacht hat, erfolgt nur auf Antrag durch Übermittlung einer Kopie."

125 S. hierzu MünchKommHGB/*Fehrenbacher* § 326 Rn 18.

126 Das Zusammenspiel zwischen Registerrecht und Rechnungslegungsrecht kam in § 9 Abs. 6 S. 3 a.F., der auf die Ausübung des Rechts aus § 326 Abs. 2 ausdrücklich Bezug nahm, deutlicher zum Ausdruck (s. dazu RegE MicroBilG, BT-Drucks. 17/11292, S. 16). Im Zuge des DiRUG hat der Gesetzgeber die Vorschrift verallgemeinert und sie dadurch auf die Bilanzen der Kleinstgenossenschaften erstreckt (s. RegE DiRUG, BT-Drucks. 19/28177, S. 87, wo zwar von einer Klarstellung die Rede ist – im Hinblick auf den eindeutigen Wortlaut des § 9 Abs. 6 S. 3 a.F. dürfte es sich aber um eine Gesetzesänderung handeln), die systematischen Zusammenhänge aber verschleiert.

127 Die KostO wurde durch Art. 45 Nr. 1 des Zweiten Gesetz zur Modernisierung des Kostenrechts v. 23.7.2013, BGBl. I, S. 2586, mit Wirkung zum 1.8.2013 aufgehoben.

128 Zu den Einzelheiten s. Voraufl. Rn 51 (*Koch*).

129 Gesetz über Kosten in Angelegenheiten der Justizverwaltung (Justizverwaltungskostengesetz – JVKostG) v. 23.7.2013, BGBl. I, S. 2586.

130 Vor dem DiRUG bezog sich § 1 Abs. 2 S. 1 Nr. 4 JVKostG a.F. auf die Gebührenerhebung für automatisiertes Abrufverfahren in Handels-, Partnerschafts-, Genossenschafts- und Vereinsregisterangelegenheiten. Im Zuge des DiRUG wurde § 1 Abs. 2 S. 1 Nr. 5a JVKostG a.F., der sich auf die Einstellung von Schutzschriften in das Schutzschriftenregister bezog, an die freigewordene Stelle in § 1 Abs. 2 S. 1 Nr. 4 JVKostG verschoben, s. RegE DiRUG, BT-Drucks. 19/28177, S. 145.

renfreie Einsichtnahme in das Handelsregister unabhängig von ihrer Form zu ermöglichen,[131] was auf Beifall im Schrifttum gestoßen ist.[132] Zur Kostenkompensation durch die neu eingeführte Bereitstellungsgebühr s. noch § 12 Rn 85.

2. Medienwechsel

53 Kosten fallen an, wenn das abgerufene Dokument bislang ausschließlich in Papierform und noch nicht in elektronischer Form vorhanden ist. In diesem Fall bedarf es der **Umwandlung des Dokuments,** die der Nutzer nach der Aufhebung des Art. 61 Abs. 3 EGHGB a.F. zwar nicht mehr beanspruchen kann, die das Registergericht aber auf **eigene Initiative** durchführen kann (s. Rn 26 ff). Für diese Umwandlung wird gem. § 58 Abs. 1 S. 1 Nr. 4 GNotKG eine Gebühr auf der Grundlage der nach § 58 Abs. 2 GNotKG erlassenen Handelsregistergebührenverordnung (HRegGebV) erhoben. Nach dem Gebührentatbestand Nr. 5007 des Gebührensverzeichnisses (GV) zur HRegGebV beträgt diese Gebühr für jede angefangene Seite € 2, mindestens aber € 25. Die Gebühr wird für die Dokumente jedes Registerblatts gesondert erhoben. Gehören die Dokumente zu ein und demselben Registerblatt, soll die Gebühr hingegen nur einmal entstehen.[133] Mit der Gebühr wird zugleich auch die einmalige elektronische Übermittlung der Dokumente an den Antragsteller abgegolten (Nr. 5007 S. 2 und 3 GV HRegGebV).

3. Ausdrucke, Abschriften und Negativatteste

54 Die Gebühren für die Erteilung von Ausdrucken, Abschriften und Negativattesten richtet sich gem. § 3 Abs. 2 GNotKG nach dem **Kostenverzeichnis der Anlage 1 zum GNotKG** (KV GNotKG). Für den **Ausdruck eines Eintrags** nach § 9 Abs. 4 wird eine Gebühr von € 10 erhoben (Nr. 17000 KV GNotKG). Da ein Ausdruck nach § 9 Abs. 4 S. 3 i.d.R. als **amtlicher Ausdruck** ausgefertigt wird (s. Rn 34), fällt zumeist allerdings die dafür vorgesehene höhere Gebühr von € 20 gem. Nr. 17001 KV GNotKG an. Das gilt auch dann, wenn der Empfänger die Beglaubigung nicht beantragt hat, sondern sie automatisch gem. § 9 Abs. 4 S. 3 erfolgt. Vermieden werden kann sie also nur durch eine ausdrückliche Verzichtserklärung (s. Rn 34).[134] Unabhängig davon, ob ein einfacher oder amtlicher Ausdruck erteilt wird, stellt die Anmerkung zu Nr. 17000 und 17001 KV GNotKG klar, dass eine **Dokumentenpauschale** nicht erhoben wird.[135] Wird der Ausdruck **elektronisch übermittelt** (§ 30a Abs. 5 HRV und Rn 35), beträgt die Gebühr bei einer unbeglaubigten Datei € 5 (Nr. 17002 KV GNotKG); bei einer beglaubigten Datei sind für die Übermittlung € 10 zu entrichten (Nr. 17003 KV GNotKG). Für ein **Negativattest** nach § 9 Abs. 5 fällt nach Nr. 17004 KV GNotKG eine Gebühr von € 20 an.

4. Beglaubigung eines elektronischen Auszugs

55 Für eine Beglaubigung eines elektronischen Auszugs nach **§ 9 Abs. 3 S. 1** (Rn 29 ff) richten sich die Gebühren gem. § 4 Abs. 1 JVKostG nach dem **Kostenverzeichnis der Anlage zum JVKostG** (KV JVKostG). So beträgt die Gebühr nach Nr. 1500 KV JVKostG € 0,50 für jede angefangene

---

131 Auch die Einsichtnahme in das Vereins-, Partnerschafts- und Genossenschaftsregister ist nunmehr kostenfrei möglich; vgl. zum Ganzen RegE DiRUG, BT-Drucks. 19/28177, S. 63; *Bock* RNotZ 2021, 326 (336 f); *Linke* NZG 2021, 309 (314).

132 S. nur *Bock* RNotZ 2021, 326 (336 f); *Linke* NZG 2021, 309 (314); *Scholz/Hoffmann* AG 2021, 227 Rn 3.

133 RegE EHUG, BT-Drucks. 16/960, S. 69.

134 RegE EHUG, BT-Drucks. 16/960, S. 70; kritisch dazu *Nedden-Boeger* FGPrax 2007, 1 (2 f).

135 S. auch BeckOGK-HGB/*Beurskens* Rn 68.

Seite, mindestens aber € 5.[136] Die Gebühr wird allerdings nur erhoben, wenn die Beglaubigung beantragt ist (s. die Anmerkung zu Nr. 1500 KV JVKostG). Da nach der hier vertretenen Auffassung der elektronische Auszug im Hinblick auf Art. 16a Abs. 3 der Gesellschaftsrechtsrichtlinie (Rn 2) auch **ohne einen gesonderten Antrag** beglaubigt wird (Rn 30), erhält der Nutzer des Registerportals im Lichte des Wortlauts der Anmerkung zu Nr. 1400 KV JVKostG einen beglaubigten elektronischen Auszug **kostenfrei**. Ob der Gesetzgeber eine solche Verschiebung der Lage im Kostenrecht tatsächlich intendiert hat, ist allerdings zweifelhaft.[137]

5. Kostenschuldner

Kostenschuldner ist gem. § 22 Abs. 1 GNotKG, § 14 Abs. 1 JVKostG derjenige, der die gebühren- **56**
pflichtige Handlung beantragt hat.

6. Kosten für die Nutzung des Unternehmensregisters

Die **Einsichtnahme** in das Unternehmensregister ist grundsätzlich gebührenfrei. Dies gilt nach **57**
dem Wegfall der Gebühren für die Einsichtnahme in das Handelsregister (Rn 52) auch dann, wenn auf die Originaldatenbestände des Handelsregisters mittelbar über das Unternehmensregister zugegriffen wird (s. § 8b Rn 68). Wird gem. § 9 Abs. 6 über das Unternehmensregister ein Antrag auf **Ausdruck, Abschrift oder Erteilung eines Negativattests** gestellt, gelten die in Rn 54 skizzierten Grundsätze. Eine eigenständige Kostenerhebung durch das Unternehmensregister erfolgt nur dann, wenn **Unterlagen der Rechnungslegung** betroffen sind (s. zu den Einzelheiten § 8b Rn 69 f).

136 Vgl. Röhricht/v. Westphalen/Haas/Haas/*Ries* Rn 17.

137 S. dazu *Harnos* GmbHR 2022, R135 (R136). Das kostenrechtliche Problem verneint aber *Braun*, DNotZ 2022, 725 (736).

§ 9a Übertragung der Führung des Unternehmensregisters; Verordnungsermächtigung

(1) [1]Das Bundesministerium der Justiz und für Verbraucherschutz wird ermächtigt, durch Rechtsverordnung mit Zustimmung des Bundesrates einer juristischen Person des Privatrechts die Aufgaben nach § 8b Abs. 1 zu übertragen. [2]Der Beliehene erlangt die Stellung einer Justizbehörde des Bundes. [3]Zur Erstellung von Beglaubigungen führt der Beliehene ein Dienstsiegel; nähere Einzelheiten hierzu können in der Rechtsverordnung nach Satz 1 geregelt werden. [4]Die Dauer der Beleihung ist zu befristen; sie soll fünf Jahre nicht unterschreiten; Kündigungsrechte aus wichtigem Grund sind vorzusehen. [5]Eine juristische Person des Privatrechts darf nur beliehen werden, wenn sie grundlegende Erfahrungen mit der Veröffentlichung von kapitalmarktrechtlichen Informationen und gerichtlichen Mitteilungen, insbesondere Handelsregisterdaten, hat und ihr eine ausreichende technische und finanzielle Ausstattung zur Verfügung steht, die die Gewähr für den langfristigen und sicheren Betrieb des Unternehmensregisters bietet.

(2) [1]Das Bundesministerium der Justiz und für Verbraucherschutz wird ermächtigt, durch Rechtsverordnung mit Zustimmung des Bundesrates Einzelheiten der Datenübermittlung zwischen den Behörden der Länder und dem Unternehmensregister einschließlich Vorgaben über Datenformate zu regeln. [2]Abweichungen von den Verfahrensregelungen durch Landesrecht sind ausgeschlossen.

(3) [1]Das Bundesministerium der Justiz und für Verbraucherschutz wird ermächtigt, durch Rechtsverordnung ohne Zustimmung des Bundesrates die technischen Einzelheiten zu Aufbau und Führung des Unternehmensregisters, die technischen Einzelheiten zur Anmeldung und Identifikation von Nutzern des Unternehmensregisters, Einzelheiten der Datenübermittlung einschließlich Vorgaben über Datenformate, die nicht unter Absatz 2 fallen, Einzelheiten der Prüfung der übermittelten Daten, Löschungsfristen für die im Unternehmensregister gespeicherten Daten, Überwachungsrechte der Bundesanstalt für Finanzdienstleistungsaufsicht gegenüber dem Unternehmensregister hinsichtlich der Übermittlung, Einstellung, Verwaltung, Verarbeitung und des Abrufs kapitalmarktrechtlicher Daten einschließlich der Zusammenarbeit mit amtlich bestellten Speicherungssystemen anderer Mitgliedstaaten der Europäischen Union oder anderer Vertragsstaaten des Abkommens über den Europäischen Wirtschaftsraum im Rahmen des Aufbaus eines europaweiten Netzwerks zwischen den Speicherungssystemen, die Zulässigkeit sowie Art und Umfang von Auskunftsdienstleistungen mit den im Unternehmensregister gespeicherten Daten, die über die mit der Führung des Unternehmensregisters verbundenen Aufgaben nach diesem Gesetz hinausgehen, zu regeln. [2]Soweit Regelungen getroffen werden, die kapitalmarktrechtliche Daten berühren, ist die Rechtsverordnung nach Satz 1 im Einvernehmen mit dem Bundesministerium der Finanzen zu erlassen. [3]Die Rechtsverordnung nach Satz 1 hat dem schutzwürdigen Interesse der Unternehmen am Ausschluss einer zweckändernden Verwendung der im Register gespeicherten Daten angemessen Rechnung zu tragen.

Schrifttum

S. die Nachweise zu § 8b.

https://doi.org/10.1515/9783110564440-013

Übersicht

I. Regelungsgegenstand und Regelungszweck

Vor dem EHUG[1] regelte § 9a a.F. das „automatisierte Verfahren" des Registerbetriebs als einen optionalen Ausnahmetatbestand. Mit der generellen Umstellung des Handelsregisters auf einen elektronischen Betrieb (vgl. § 8 Rn 7 ff) ist dieser Ausnahmetatbestand obsolet geworden. Seit dem EHUG enthält § 9a eine **Verordnungsermächtigung nach Art. 80 Abs. 1 GG** zugunsten des Bundesjustizministeriums zur Übertragung der Führung des Unternehmensregisters. Das Ministerium wird ermächtigt, im Verordnungswege die Führung des Unternehmensregisters durch Beleihung einer juristischen Person des Privatrechts zu übertragen (§ 9a Abs. 1), die Einzelheiten der Datenübermittlung (§ 9a Abs. 2) und die technischen Einzelheiten der Registerführung festzulegen (§ 9a Abs. 3). Im Zuge des **DiRUG**[2] wurde § 9a Abs. 3 erweitert, um die Vorgaben in Art. 13g Abs. 3 lit. b, 13j Abs. 4 und Art. 28a Abs. 3 lit. b, 28b Abs. 2 der **Gesellschaftsrechtsrichtlinie**[3] hinsichtlich der Anmeldung und Identifikation von Nutzern des Unternehmensregisters umzusetzen. Außerdem hat der Gesetzgeber klargestellt, dass die Verordnung auch die Einzelheiten der Prüfung nach § 329 HGB regeln kann.[4] 1

II. Beleihungsermächtigung (§ 9a Abs. 1)

1. Beleihungsakt

§ 9a Abs. 1 enthält zunächst eine grundlegende Regelung darüber, wem die Führung des Unternehmensregisters übertragen werden kann. Die Führung des Registers umfasst dabei die in § 8b umschriebenen Aufgaben. Schon während des EHUG-Gesetzgebungsverfahrens bestand Einigkeit darüber, dass diese Aufgabe nicht staatlich organisiert, sondern auf einen Privaten übertragen werden soll.[5] Die grundlegende Ermächtigung, eine solche **Beleihung** vorzunehmen, enthält § 9a Abs. 1 S. 1. Das Bundesjustizministerium hat von dieser Ermächtigung in der Verordnung über die Übertragung der Führung des Unternehmensregisters und die Einreichung von Dokumenten beim Betreiber des elektronischen Bundesanzeigers (im Folgenden: Übertra- 2

1 Gesetz über elektronische Handelsregister und Genossenschaftsregister sowie das Unternehmensregister (EHUG) v. 10.11.2006, BGBl. I, S. 2553.

2 Gesetz zur Umsetzung der Digitalisierungsrichtlinie (DiRUG) v. 5.7.2021, BGBl. I, S. 3338.

3 Richtlinie (EU) 2017/1132 des Europäischen Parlaments und des Rates v. 14.6.2017 über bestimmte Aspekte des Gesellschaftsrechts, ABl. EU Nr. L 169, S. 46 v. 30.6.2017.

4 RegE DiRUG, BT-Drucks. 19/28177, S. 87.

5 Vgl. MünchKommHGB/*Krafka* Rn 1.

gungsVO) Gebrauch gemacht.[6] Durch § 1 ÜbertragungsVO wurde die Führung des Unternehmensregisters auf die Bundesanzeiger Verlagsgesellschaft mbH mit Sitz in Köln übertragen, die nunmehr als **Bundesanzeiger Verlag GmbH** firmiert (s. bereits § 8b Rn 11).[7]

3 Gegen diese Ausgestaltung der Beleihungsermächtigung sind im EHUG-Gesetzgebungsverfahren von Seiten des Bundesrates **staatsorganisationsrechtliche Bedenken** erhoben worden. Nach Art. 87 Abs. 3 GG könne der Bund Angelegenheiten, für die ihm die Gesetzgebung zustehe, nur in Form eines Bundesgesetzes, nicht aber im Verordnungswege auf andere Behörden oder Körperschaften übertragen.[8] Die Bundesregierung hat diese Bedenken zurückgewiesen, da der eigentliche Beleihungsakt i.S.d. Art. 87 Abs. 3 S. 1 GG durchaus in einem Bundesgesetz enthalten sei, nämlich in § 8b Abs. 1, der die Führung des Unternehmensregisters dem Bundesjustizministerium übertrage. Erst in einem nachgelagerten zweiten Schritt werde diese Aufgabe auf einen privaten Dritten weiterübertragen. Dieser Beleihungsakt müsse aber nicht erneut den Anforderungen des Art. 87 Abs. 3 GG genügen, sondern der verfassungsrechtliche Prüfungsmaßstab sei hier **Art. 80 GG** zu entnehmen.[9]

4 Die unmittelbare Folge des Beleihungsaktes umschreibt § 9a Abs. 1 S. 2: Der Beliehene erlangt die Stellung einer **Justizbehörde des Bundes.** Für Streitigkeiten über seine **Gebührenforderungen** sah § 9a Abs. 1 S. 2, 2. Hs. in der Fassung des EHUG-Regierungsentwurfs noch den Rechtsweg zu den ordentlichen Gerichten vor.[10] Zur Entlastung der Gerichte wurde diese Regelung aber gestrichen. Die Gebührenforderungen unterliegen dem Justizbeitreibungsgesetz und können demnach im Wege eines Gebührenbescheides vollstreckt werden. Vollstreckungsbehörde ist dabei nach § 2 Abs. 2 JBeitrG das Bundesamt für Justiz.[11]

2. Dienstsiegel (§ 9a Abs. 1 S. 3)

5 Nach § 8b Abs. 4 S. 1 schließt die Führung des Unternehmensregisters auch die **Beglaubigung** entsprechend § 9 Abs. 3 und 4 hinsichtlich der im Unternehmensregister gespeicherten Unterlagen der Rechnungslegung und Unternehmensberichte i.S.d. § 8b Abs. 2 Nr. 4 ein (s. § 8b Rn 60 ff). Diese Beglaubigungsaufgabe kann auch von einem Beliehenen ausgeübt werden, der aufgrund des Beleihungsaktes funktionell in begrenztem Umfang hoheitlich handeln kann (s. bereits § 8b Rn 61).[12] Da eine Beglaubigung nach § 33 Abs. 3 Nr. 4 VwVfG überdies aber auch ein Dienstsiegel voraussetzt, musste dem Betreiber des Unternehmensregisters das **Recht zur Führung eines Dienstsiegels** eingeräumt werden. Die entsprechende Ermächtigung zur Verleihung des Dienstsiegels ist in **§ 9a Abs. 1 S. 3** enthalten. Auf dieser Grundlage wurde dem Betreiber des elektronischen Bundesanzeigers durch § 2 ÜbertragungsVO (Rn 2) die Berechtigung verliehen, das sog. kleine Bundessiegel zu führen, das ausschließlich zur Beglaubigung von Ausdrucken aus dem Unternehmensregister eingesetzt werden darf.

---

6 Verordnung v. 15.12.2006, BGBl. I, S. 3202, geändert durch Verordnung zur Änderung der Verordnung über die Übertragung der Führung des Unternehmensregisters und die Einreichung von Dokumenten beim Betreiber des Bundesanzeigers v. 14.1.2015, BGBl. I, S. 16. Zur Kritik am Unterbleiben eines ordnungsgemäßen Vergabeverfahrens vgl. *Clausnitzer/Blatt* GmbHR 2006, 1303 (1304).

7 S. auch die Anpassung des § 1 ÜbertragungsVO durch Verordnung zur Änderung der Verordnung über die Übertragung der Führung des Unternehmensregisters und die Einreichung von Dokumenten beim Betreiber des Bundesanzeigers v. 14.1.2015, BGBl. I, S. 16.

8 Stellungnahme des Bundesrates, BT-Drucks. 16/960, S. 75; vgl. zu dieser Frage auch Jarass/Pieroth/*Kment* GG, 16. Aufl., 2020, Art. 87 Rn 9 und 13; von Mangoldt/Klein/Starck/*Burgi* GG III, 7. Aufl., 2018, Art. 87 Rn 95; Dürig/Herzog/Scholz GG, 95. Aufl., 2021, Art. 87 Rn 240; *Sachs* GG, 9. Aufl., 2021, Art. 87 Rn 71 f.

9 Gegenäußerung der Bundesregierung, BT-Drucks. 16/960, S. 90 f mit weiteren Beispielen zur entsprechenden bisherigen Staatspraxis.

10 RegE EHUG, BT-Drucks. 16/960, S. 6.

11 Vgl. dazu die Stellungnahme des Rechtsausschusses, BT-Drucks. 16/2781, S. 80 (noch zur JBeitrO a.F.).

12 Vgl. dazu statt aller *Maurer/Waldhoff* Allgemeines Verwaltungsrecht, 20. Aufl., 2020, § 23 Rn 59.

3. Dauer der Beleihung (§ 9a Abs. 1 S. 4)

§ 9a Abs. 1 S. 4 enthält eine **zeitliche Vorgabe** für die Beleihung. Ihre Dauer ist zu befristen, doch soll die Frist fünf Jahre nicht unterschreiten. Durch diese **Mindestlaufzeit** soll dem beliehenen Unternehmen die notwendige Sicherheit hinsichtlich der für den Betrieb des Unternehmensregisters zu tätigenden Investitionen gegeben werden.[13] Die ÜbertragungsVO (Rn 2) ist gemäß ihrem § 5 a.F. am 1.1.2007 in Kraft getreten und war ursprünglich bis zum 31.12.2016 befristet. Mit der Verordnung v. 14.1.2015[14] wurde sie um weitere **zehn Jahre** verlängert und wird nach ihrem § 4 – vorbehaltlich einer außerordentlichen Kündigung – am 31.12.2026 außer Kraft treten. In § 3 ÜbertragungsVO ist die Vorgabe des § 9a Abs. 1 S. 4, 2. Hs. umgesetzt worden, wonach bei der Beleihung auch **Kündigungsrechte aus wichtigem Grund** vorzusehen sind. Ein Kündigungsgrund liegt nach § 3 der Verordnung dann vor, wenn dem Kündigenden die Fortsetzung des Auftragsverhältnisses unzumutbar ist. Die Behauptung der Unzumutbarkeit kann namentlich gestützt werden auf die drohende Überschuldung, die Insolvenz oder ein Fehlverhalten des Beliehenen, das den ordnungsgemäßen Betrieb des Unternehmensregisters gefährden kann. 6

4. Voraussetzungen der Beleihung (§ 9a Abs. 1 S. 5)

§ 9a Abs. 1 S. 5 schließlich enthält **organisatorische Voraussetzungen** für die Beleihung. Als vergangenheitsbezogene Voraussetzung wird verlangt, dass der Beliehene bereits **grundlegende Erfahrungen** mit der Veröffentlichung von kapitalmarktrechtlichen Informationen und gerichtlichen Mitteilungen, insbesondere Handelsregisterdaten, hat. Die Erfahrungen in der Vergangenheit sollen eine Gewähr für die zuverlässige Aufgabenerfüllung in der Zukunft bieten. Vor diesem Hintergrund drängte sich die **Bundesanzeiger Verlag GmbH** als Adressatin des Beleihungsaktes geradezu auf.[15] Sie erfüllt auch die zweite in § 9a Abs. 1 S. 5 genannte organisationsbezogene Voraussetzung, dass ihr eine **ausreichende technische und finanzielle Ausstattung** zur Verfügung steht, die die Gewähr für den langfristigen und sicheren Betrieb des Unternehmensregisters bietet. Durch die Kündigungsmöglichkeit nach § 3 ÜbertragungsVO (Rn 6) wird gewährleistet, dass diese Voraussetzungen auch während des weiteren Betriebs durchgängig erfüllt sind. 7

III. Einzelheiten der Datenübermittlung (§ 9a Abs. 2)

Die Beleihungsermächtigung aus § 9a Abs. 1 wird in § 9a Abs. 2 ergänzt durch die weitere Ermächtigung des Bundesjustizministeriums, Einzelheiten der Datenübermittlung zwischen den Behörden der Länder und dem Unternehmensregister einschließlich Vorgaben über Datenformate zu regeln. Von den Ländern werden dem Unternehmensregister ausschließlich die sog. **Indexdaten** zugeliefert, über die der Zugang zu den Originalregisterbeständen nach § 8b Abs. 2 Nr. 1–3 eröffnet wird. Die Zulieferung dieser Daten muss **einheitlich** erfolgen, damit das Unternehmensregister seine Funktion als zentrales Zugangsportal erfüllen kann. Diese Einheitlichkeit kann das Bundesjustizministerium auf der Grundlage des § 9a Abs. 2 herstellen. 8

Da durch eine solche vereinheitlichende Regelung auch das **Verwaltungsverfahren in den Ländern** geregelt wird, bedurfte es zu dieser Verordnung der Zustimmung des Bundesrates. 9

13 RegE EHUG, BT-Drucks. 16/960, S. 43.

14 Verordnung zur Änderung der Verordnung über die Übertragung der Führung des Unternehmensregisters und die Einreichung von Dokumenten beim Betreiber des Bundesanzeigers v. 14.1.2015, BGBl. I, S. 16.

15 Vgl. zur Alternativlosigkeit dieser Auswahl im Kontext des EHUG-Gesetzgebungsverfahrens *Beurskens* in: Noack (Hrsg.), S. 97 (111); *Noack* NZG 2006, 801 (805); *C.H. Schmidt* DStR 2006, 2272 (2274).

Daraus erklärt sich die Trennung der Absätze 2 und 3: Die Verordnungsermächtigung in § 9a Abs. 3 berührt nach Auffassung des Gesetzgebers nicht das Verwaltungsverfahren in den Ländern, so dass auf dieser Grundlage eine Verordnung ohne die Zustimmung des Bundesrates ergehen kann.[16] Das Bundesjustizministerium hat von der Erleichterung des § 9a Abs. 3 indes keinen Gebrauch gemacht und gestützt auf die zwei separierten Ermächtigungsgrundlagen in § 9a Abs. 2 und 3 mit Zustimmung des Bundesrates eine einheitliche Rechtsverordnung erlassen, die **Verordnung über das Unternehmensregister (URV)**.[17] Nach § 9a Abs. 3 S. 2 ist die Verordnung zusätzlich noch im Einvernehmen mit dem **Bundesfinanzministerium** zu erlassen, soweit darin Regelungen getroffen werden, die kapitalmarktrechtliche Daten berühren. Da auch diese Daten von der URV erfasst sein sollten, wurde die gesamte Verordnung vollumfänglich im Einvernehmen mit dem Bundesfinanzministerium erlassen. Das führt dazu, dass auch künftige Änderungen nur mit Zustimmung des Bundesrates und im Einvernehmen mit dem Bundesfinanzministerium möglich sein werden, selbst wenn sie weder unter § 9a Abs. 2 noch unter § 9a Abs. 3 S. 2 fallen.

10 Hinsichtlich der Übermittlung der Indexdaten enthält die URV (Rn 9) folgende Vorgaben (s. auch § 8b Rn 42 ff): Nach § 4 URV erfolgt die Datenübermittlung im Wege der **Datenfernübertragung**. Der Übertragungsakt muss in einem mit den Landesjustizverwaltungen vereinbarten strukturierten **Format** erfolgen (§ 5 Abs. 2 S. 1 URV) und aktuellen Sicherheitsstandards entsprechen (§ 5 Abs. 1 URV). Die Landesjustizverwaltungen haben sicherzustellen, dass die übermittelten Indexdaten ohne Aufbereitung oder Veränderungen den Zugang zu den Originaldaten und eine Suche im Unternehmensregister ermöglichen (§ 5 Abs. 2 S. 2 URV). Die dauerhafte Aktualisierung der Indexdaten wird durch § 5 Abs. 3 URV gewährleistet.[18] Der Inhalt der Indexdaten wird in §§ 6 f URV festgeschrieben.

IV. Technische Einzelheiten der Registerführung (§ 9a Abs. 3)

11 Die dritte in § 9a Abs. 3 enthaltene Verordnungsermächtigung betrifft technische Einzelheiten der Registerführung. Eine solche Verordnung hätte nach § 9a Abs. 3 S. 1 ohne Zustimmung des Bundesrates erlassen werden dürfen, doch hat das Bundesjustizministerium davon keinen Gebrauch gemacht (s. bereits Rn 9). Die entsprechenden Regelungen finden sich in der mit Zustimmung des Bundesrates erlassenen URV (Rn 9) und wurden schon bei § 8b Rn 14 ff, 42 ff in ihren Einzelheiten dargestellt. Von der Ermächtigung des § 9a Abs. 3 S. 1 sind erfasst:

- technische Einzelheiten zu **Aufbau und Führung** des Unternehmensregisters (§§ 1 ff URV),
- technische Einzelheiten zur **Anmeldung und Identifikation von Nutzern** des Unternehmensregisters (§ 3 URV),
- Einzelheiten der **Datenübermittlung** einschließlich Vorgaben über Datenformate, die nicht bereits unter § 9a Abs. 2 (s. Rn 8 ff) fallen (§§ 4 ff URV – vgl. § 8b Rn 42 ff),
- Einzelheiten der **Prüfung der übermittelten Daten** (§ 12 Abs. 1 S. 2 URV – s. § 8b Rn 54),
- **Löschungsfristen** für die im Unternehmensregister gespeicherten Daten (§ 12 Abs. 2 URV – s. § 8b Rn 64),
- **Überwachungsrechte der BaFin** gegenüber dem Unternehmensregister hinsichtlich der Verwaltung kapitalmarktrechtlicher Daten einschließlich der Zusammenarbeit mit amtlich bestellten Speicherungssystemen anderer EU-Mitgliedstaaten oder anderer EWR-Vertrags-

---

16 Vgl. dazu die Stellungnahme des Bundesrates, BT-Drucks. 16/960, S. 76 und die anschließende Gegenäußerung der Bundesregierung, ebenda, S. 91.

17 Verordnung über das Unternehmensregister v. 26.2.2007 (Unternehmensregisterverordnung – URV), BGBl. I, S. 217, Begründung in BR-Drucks. 11/07, S. 9 ff.

18 Vgl. dazu auch die detaillierte Präzisierung in der Begründung zur URV (Fn 12), BR-Drucks. 11/07, S. 13 f.

staaten[19] im Rahmen des Aufbaus eines europaweiten Netzwerks zwischen den Speicherungssystemen (§ 16 URV),
- Zulässigkeit sowie Art und Umfang von **Auskunftsdienstleistungen** mit den im Unternehmensregister gespeicherten Daten, die über die mit der Führung des Unternehmensregisters verbundenen Aufgaben nach diesem Gesetz hinausgehen (§ 15 Abs. 1 URV – s. § 8b Rn 17).

Schließlich muss die Verordnung nach § 9a Abs. 1 S. 3 auch den **berechtigten Datenschutzinteressen** der Unternehmen Rechnung tragen. Der Gesetzgeber hatte dabei insbesondere die Fälle im Blick, in denen der Betreiber des Unternehmensregisters die von ihm verwalteten Daten in einer Weise nutzen will, die über die gesetzlich vorgeschriebenen Aufgaben hinausgeht.[20] Diesen auf das Grundrecht auf informationelle Selbstbestimmung gestützten Datenschutzbelangen trägt die URV (Rn 9) an mehreren Stellen Rechnung. So schreibt etwa § 12 Abs. 2 URV die **Löschung** bestimmter Daten vor und nimmt dabei aus Gründen des Datenschutzes in Kauf, dass die durch das Unternehmensregister hergestellte Transparenz geschmälert wird (vgl. dazu bereits § 8b Rn 64). Ebenso wurden bei der Ausgestaltung der **Suchfunktion** innerhalb des Unternehmensregisters nicht alle technischen Recherchemöglichkeiten ausgenutzt, um auch hier datenschutzrechtlichen Belangen Rechnung zu tragen (s. dazu bereits § 9 Rn 16). Des Weiteren ist in diesem Zusammenhang auch § 2 Abs. 2 URV zu nennen, der allgemein **missbräuchliche Zugriffe** Dritter auf das Unternehmensregister unterbinden soll. Auch dadurch sollen die datenschutzrechtlichen Interessen der Beteiligten gewahrt werden. 12

19 Vgl. dazu das Abkommen über den Europäischen Wirtschaftsraum (EWR-Abkommen) v. 2.5.1992, BGBl. II, S. 266.

20 RegE EHUG, BT-Drucks. 16/960, S. 43.

§ 9b Europäisches System der Registervernetzung; Verordnungsermächtigung

(1) [1]Die Eintragungen im Handelsregister und die zum Handelsregister eingereichten Dokumente sowie die Unterlagen der Rechnungslegung nach § 325 sind, soweit sie Kapitalgesellschaften betreffen oder Zweigniederlassungen von Kapitalgesellschaften, die dem Recht eines anderen Mitgliedstaates der Europäischen Union oder eines anderen Vertragsstaates des Abkommens über den Europäischen Wirtschaftsraum unterliegen, auch über das Europäische Justizportal zugänglich. [2]Hierzu übermitteln die Landesjustizverwaltungen die Daten des Handelsregisters und die das Unternehmensregister führende Stelle übermittelt die Daten der Rechnungslegungsunterlagen jeweils an die zentrale Europäische Plattform nach Artikel 22 Absatz 1 der Richtlinie (EU) 2017/1132 des Europäischen Parlaments und des Rates vom 14. Juni 2017 über bestimmte Aspekte des Gesellschaftsrechts (ABl. L 169 vom 30.6.2017, S. 46), die zuletzt durch die Richtlinie (EU) 2019/2121 (ABl. L 321 vom 12.12.2019, S. 1; L 20 vom 24.1.2020, S. 24) geändert worden ist, soweit die Übermittlung für die Eröffnung eines Zugangs zu den Originaldaten über den Suchdienst auf der Internetseite des Europäischen Justizportals erforderlich ist.

(2) [1]Das Registergericht, bei dem das Registerblatt einer Kapitalgesellschaft oder Zweigniederlassung einer Kapitalgesellschaft im Sinne des Absatzes 1 Satz 1 geführt wird, nimmt am Informationsaustausch zwischen den Registern über die zentrale Europäische Plattform teil. [2]Den Kapitalgesellschaften und Zweigniederlassungen von Kapitalgesellschaften im Sinne des Absatzes 1 Satz 1 ist zu diesem Zweck eine einheitliche europäische Kennung zuzuordnen. [3]Das Registergericht übermittelt nach Maßgabe der folgenden Absätze an die zentrale Europäische Plattform die Information über

1. die Eintragung der Eröffnung, Einstellung oder Aufhebung eines Insolvenzverfahrens über das Vermögen der Gesellschaft,
2. die Eintragung der Auflösung der Gesellschaft und die Eintragung über den Schluss der Liquidation oder Abwicklung oder über die Fortsetzung der Gesellschaft,
3. die Löschung der Gesellschaft,
4. das Wirksamwerden einer Verschmelzung nach § 122a des Umwandlungsgesetzes,
5. die Eintragung der Errichtung der Zweigniederlassung und die Eintragung der Aufhebung der Zweigniederlassung sowie
6. die Änderung folgender Daten der Gesellschaft oder der Zweigniederlassung:
   a) der Firma der Gesellschaft oder der Zweigniederlassung,
   b) des Sitzes der Gesellschaft oder der Geschäftsanschrift der Zweigniederlassung,
   c) der Rechtsform der Gesellschaft,
   d) der Eintragungsnummer der Gesellschaft oder der Zweigniederlassung,
   e) der Personen, die als gesetzlich vorgesehenes Gesellschaftsorgan oder als Mitglieder eines solchen Organs befugt sind, die Gesellschaft gerichtlich und außergerichtlich zu vertreten, oder die an der Verwaltung, Beaufsichtigung oder Kontrolle der Gesellschaft teilnehmen.

[4]Die Informationsübermittlung erfolgt nach Maßgabe der Bestimmungen der Durchführungsverordnung (EU) 2020/2244 der Kommission vom 17. Dezember 2020 mit Durchführungsbestimmungen zur Richtlinie (EU) 2017/1132 des Europäischen Parlaments und des Rates in Bezug auf technische Spezifikationen und Verfahren für das System der Registervernetzung und zur Aufhebung der Durchführungsverordnung (EU) 2015/884 der Kommission (ABl. L 439 vom 29.12.2020, S. 1).

(3) [1]Die Landesjustizverwaltungen bestimmen das elektronische Informations- und Kommunikationssystem, über das die Daten aus dem Handelsregister zugänglich ge-

https://doi.org/10.1515/9783110564440-014

macht (Absatz 1) und im Rahmen des Informationsaustauschs zwischen den Registern übermittelt und empfangen werden (Absatz 2), und sie sind, vorbehaltlich der Zuständigkeit der das Unternehmensregister führenden Stelle nach Absatz 1 Satz 2, für die Abwicklung des Datenverkehrs nach den Absätzen 1 und 2 zuständig. [2]§ 9 Absatz 1 Satz 3 bis 5 gilt entsprechend.

(4) [1]Die das Unternehmensregister führende Stelle übermittelt nach den Vorgaben der Durchführungsverordnung (EU) 2020/2244 eine Änderung der Unterlagen der Rechnungslegung, die eine Kapitalgesellschaft mit Sitz im Inland offengelegt hat (§ 325 Absatz 1b Satz 1), unverzüglich an die zentrale Europäische Plattform, wenn die Kapitalgesellschaft eine Zweigniederlassung errichtet hat, die dem Recht eines anderen Mitgliedstaates der Europäischen Union oder eines anderen Vertragsstaates des Abkommens über den Europäischen Wirtschaftsraum unterliegt. [2]Empfängt die das Unternehmensregister führende Stelle über das Europäische System der Registervernetzung Daten zu einer Änderung der Unterlagen der Rechnungslegung einer Kapitalgesellschaft, die dem Recht eines anderen Mitgliedstaates der Europäischen Union oder eines anderen Vertragsstaates des Abkommens über den Europäischen Wirtschaftsraum unterliegt und die eine inländische Zweigniederlassung errichtet hat, so bestätigt die registerführende Stelle den Eingang der Daten über das Europäische System der Registervernetzung.

Schrifttum

Bock Verknüpfung der Handels- und Gesellschaftsregister in Europa, GmbHR 2018, 281; *Holzborn/Israel* Internationale Handelsregisterpraxis, NJW 2003, 3014; *Kilian* EU-Richtlinie zur Verknüpfung der Handelsregister verabschiedet, FGPrax 2012, 185; *Linke* Gesetz zur Umsetzung der Digitalisierungsrichtlinie (DiRUG), NZG 2021, 309; *Omlor/Blöcher* DiRUG-Neuerungen im Beurkundungs- und Registerrecht, DStR 2021, 2352; *Ries* Die europaweite Verknüpfung der Handelsregister – Risiken und Chancen, ZIP 2013, 866; *Stiegler* Die Regelung zur europäischen Registervernetzung im deutschen Recht, NotBZ 2015, 329.

Übersicht

I. Regelungsgegenstand und Regelungszweck

§ 9b ist in erster Linie eine **Organisationsvorschrift**, die die institutionellen Rahmenbedingungen für das europäische System der Registervernetzung schafft. Sie adressiert Landesjustizverwaltungen (§ 9b Abs. 1 S. 2, Abs. 3; dazu Rn 10 und 19 f), Registergerichte (§ 9b Abs. 2; dazu 1

Rn 11 ff) und die das Unternehmensregister führende Stelle (§ 9b Abs. 1 S. 2, Abs. 4; dazu Rn 10 und 21 f),[1] deren Mitwirkung erforderlich ist, um die Daten aus dem deutschen Handels- und Unternehmensregister in das europäische **System der Registervernetzung** (Business Registers Interconnection System – **BRIS**) einzuspeisen (näher zum BRIS in Rn 2). Die Erfüllung der in § 9b festgelegten Pflichten soll zur Verwirklichung des europäischen Binnenmarktes beitragen: Die Mitgliedstaaten sollen zum Aufbau einer **zentralen Europäischen Plattform** (s. Rn 9) beitragen, die einen Austausch von Unternehmensdaten zwischen den nationalen registerführenden Stellen ermöglicht und als Datenbasis des **Europäischen Justizportals** (s. Rn 7 f) dient. Dieses Portal dient den Rechtsverkehrsteilnehmern als ein Instrument für einen leichten Zugang zu grenzüberschreitenden Unternehmensinformationen. Im Hinblick auf Zweigniederlassungen ausländischer Kapitalgesellschaften wird § 9b durch § 13e Abs. 6 und 7 ergänzt (dazu § 13e Rn 47 ff).

II. Normursprung und Normentwicklung

2 § 9b geht auf die Vorgaben der Verknüpfungsrichtlinie a.F.[2] zurück, die der deutsche Gesetzgeber 2014 umgesetzt hat[3] und die mittlerweile in **Art. 18 ff der Gesellschaftsrechtsrichtlinie**[4] eingegangen sind. Nach Art. 18 Abs. 1 S. 1 der Richtlinie werden die in Art. 14 der Richtlinie bezeichneten Informationen und Unterlagen über das **System der Registervernetzung** („Business Registers Interconnection System" – **BRIS**) öffentlich zugänglich gemacht. Das BRIS setzt sich nach Art. 22 Abs. 2 der Richtlinie zusammen aus den Registern der Mitgliedstaaten,[5] der zentralen Europäischen Plattform (s. dazu Art. 22 Abs. 1 der Richtlinie und Rn 9) und dem Portal, das als europäischer Zugangspunkt für den elektronischen Zugang dient (Europäisches Justizportal, s. dazu noch Rn 7 f).[6] Es löst weitgehend die bisherigen privaten Bestrebungen ab, die auf eine Vernetzung der Unternehmensregister abzielen.[7]

3 Im Zuge des **DiRUG**[8] wurde § 9b Abs. 1 S. 2 redaktionell geändert: Zum einen ist nicht mehr vom Betreiber des Unternehmensregisters, sondern von der das Unternehmensregister führenden Stelle die Rede, um dem Gebot der geschlechterneutralen Formulierung gerecht zu werden.[9] Zum anderen hat der Gesetzgeber die Verweise auf die unionsrechtlichen Referenznormen aktualisiert.[10] Der Katalog des § 9b Abs. 2 S. 1 wurde angepasst und erweitert, um die Vorgaben des Art. 28a Abs. 7 S. 1, 28c S. 1, 30a Unterabs. 1 lit. a bis e Var. 1 der Gesellschaftsrechtsrichtlinie umzusetzen (dazu noch Rn 14). Die in § 9b Abs. 4 a.F. enthaltene Verordnungsermächtigung wurde in § 387 Abs. 6 FamFG verschoben (Rn 23 f). An ihre Stelle getreten sind Pflichten im Zusammenhang mit der Änderung von Unterlagen der Rechnungslegung (Rn 21 f). Die Regelun-

1 Zu den Adressaten *Stiegler* NotBZ 2015, 329 (333, 338 f).

2 Richtlinie 2012/17/EU des Europäischen Parlaments und des Rates vom 13.6.2012 zur Änderung der Richtlinie 89/666/EWG des Rates sowie der Richtlinien 2005/56/EG und 2009/101/EG des Europäischen Parlaments und des Rates in Bezug auf die Verknüpfung von Zentral-, Handels- und Gesellschaftsregistern, ABl. EU Nr. L 156, S. 1.

3 Und zwar mit Art. 1 Nr. 1 des Gesetzes zur Umsetzung der Richtlinie 2012/17/EU in Bezug auf die Verknüpfung von Zentral-, Handels- und Gesellschaftsregistern in der Europäischen Union v. 22.12.2014, BGBl. I, S. 2409.

4 Richtlinie (EU) 2017/1132 des Europäischen Parlaments und des Rates v. 14.6.2017 über bestimmte Aspekte des Gesellschaftsrechts, ABl. EU Nr. L 169, S. 46 v. 30.6.2017.

5 Auflistung der über Internet zugänglichen Handelsregister bei Ebenroth/Boujong/Joost/Strohn/*Schaub* Rn 5.

6 Ausf. zum Aufbau s. auch BeckOGK-HGB/*Beurksens* Rn 4 ff.

7 Zum Aufbau eines Europäischen Handelsregisters (European Business Register – EBR) vgl. noch *Holzborn*/*Israel* NJW 2003, 3014 (3015); *Nedden-Boeger* FGPrax 2007, 1 (6). S. ferner BeckOGK-HGB/*Beurskens* Rn 3; Röhricht/v. Westphalen/Haas/*Ries* Rn 1.

8 Gesetz zur Umsetzung der Digitalisierungsrichtlinie (DiRUG) v. 5.7.2021, BGBl. I, S. 3338.

9 Diese Änderung betrifft auch § 9 Abs. 3 S. 1.

10 RegE DiRUG, BT-Drucks. 19/28177, S. 88.

gen werden durch die technischen Vorgaben VO (EU) 2021/1042[11] ergänzt (hierzu, insbesondere zum überholten Wortlaut des § 9b, s. noch Rn 15).

III. Rechtspolitische Kritik

4 Der Vorstoß des europäischen Gesetzgebers, den unionsweiten Zugang zu Unternehmensdaten über das europäische Justizportal und die zentrale Europäische Plattform zu erleichtern, ist **grundsätzlich zu begrüßen.**[12] Allerdings ist die Umsetzung dieser Idee auf europäischer wie deutscher Ebene nur bedingt gelungen. Wenig überzeugend ist die Beschränkung des **Anwendungsbereichs** auf Kapitalgesellschaften und Zweigniederlassungen von Kapitalgesellschaften (s. Rn 6).[13] Außerdem leuchtet es nicht ein, wieso die im Unternehmensregister gespeicherten Kapitalmarktinformationen (§ 8b Abs. 2 Nr. 9 und 10) nicht über die zentrale europäische Plattform zugänglich sind. Im Hinblick auf die internationale Dimension des Kapitalmarktes dürften gerade diese Informationen für die ausländischen Nutzer des Portals aufschlussreich sein.[14] Bemängelt werden auch die Ausgestaltung der Suchfunktion und die Darstellung der Rechercheergebnisse.[15] Die im Schrifttum geäußerte Sorge um die niedrigen Qualitätsstandars innerhalb des Systems der Registervernetzung und deren negativen indirekten Einfluss auf die deutsche Handelsregisterpraxis[16] dürfte sich nicht bestätigt haben.

5 Wenig überzeugend ist ferner die vom europäischen Gesetzgeber eingesetzte Regelungstechnik, die nicht zur **Übersichtlichkeit** des Handelsregisterrechts beiträgt: Die institutionellen Rahmenbedingungen der Registervernetzung beruhen zum einen auf einer Richtlinie, die in das Recht der Mitgliedstaaten umgesetzt werden muss, wobei sich der nationale Gesetzgeber unterschiedlicher Regelungsinstrumente bedienen kann (in Deutschland: § 9b als formelles Gesetz, § 26 HRV als Rechtsverordnung). Zum anderen erlässt der europäische Gesetzgeber aber auch Durchführungsverordnungen, die unmittelbar gelten und auf die das nationale Umsetzungsrecht Bezug nimmt (in Deutschland: § 9b Abs. 2 S. 4 und Abs. 4 S. 1). Dieses **Regelungsdickicht** ist nicht von sich aus verständlich. Diese unschöne Tendenz wird noch dadurch verstärkt, dass die europäischen Durchführungsakte laufend überarbeitet werden, so dass die nationalen Verweisungen ins Leere laufen (s. noch Rn 15).

IV. Europäisches Justizportal und zentrale Europäische Plattform

1. Schaffung des Europäischen Justizportals

6 § 9b Abs. 1 S. 1 hat einen **deklaratorischen Charakter**. Die Vorschrift bestimmt, dass die Eintragungen im Handelsregister und die zum Handelsregister eingereichten Dokumente sowie die Unterlagen der Rechnungslegung nach § 325 – insbesondere der Jahresabschluss, der Bestätigungsvermerk und der Lagebericht[17] – auch über das Europäische Justizportal zugänglich

11 Durchführungsverordnung (EU) 2021/1042 der Kommission vom 18.6.2021 mit Durchführungsbestimmungen zur Richtlinie (EU) 2017/1132 des Europäischen Parlaments und des Rates in Bezug auf technische Spezifikationen und Verfahren für das System der Registervernetzung und zur Aufhebung der Durchführungsverordnung (EU) 2020/2244 der Kommission, ABl. EU Nr. L 225, S. 7.

12 So auch *Kilian* FGPrax 2012, 185 (186).

13 Für eine Erweiterung de lege ferenda BeckOGK-HGB/*Beurksens* Rn 10; *Stiegler* NotBZ 2015, 329 (333 f).

14 Vor diesem Hintergrund ist es überraschend, dass die Gesetzesmaterialien im Kontext der Kapitalmarktinformationen auf die nationalen Nutzer abstellen, s. RegE VerknüpfungsRL-UmsG, BT-Drucks. 18/2137, S. 11.

15 Ausf. *Bock* GmbHR 2018, 281 (283 ff); s. ferner BeckOGK-HGB/*Beurksens* Rn 14.

16 Vgl. etwa *Kilian* FGPrax 2012, 185 (186 f); *Ries* ZIP 2013, 866 (869 f); *Stiegler* NotBZ 2015, 329 (331 f); *Terbrack* DStR 2015, 236 (237).

17 S. Ebenroth/Boujong/Joost/Strohn/*Schaub* Rn 9.

sind,[18] soweit sie zwei Gruppen von Unternehmensträgern betreffen: (1) Kapitalgesellschaften oder (2) Zweigniederlassungen von Kapitalgesellschaften, die dem Recht eines EU- oder EWR-Staates unterliegen. Die Beschränkung auf diese Unternehmensträger entspricht zwar dem **Anwendungsbereich der Gesellschaftsrechtsrichtlinie**,[19] fügt sich aber nicht nahtlos in das System der Handelsregisterpublizität nach §§ 8 ff ein: Wie in § 8 Rn 8 erläutert, hat sich der deutsche Gesetzgeber entschlossen, die Vorgaben der Gesellschaftsrechtsrichtlinie überschießend umzusetzen und die Vorschriften des Handelsregisterrechts auch auf Unternehmensträger zu erstrecken, die in der Gesellschaftsrechtsrichtlinie nicht adressiert sind. Aus dieser Perspektive stellt § 9b einen **Fremdkörper** im Gefüge der §§ 8 ff dar.

7 Das **Europäische Justizportal** wurde 2017 in Betrieb genommen.[20] Es ist über die Seite https://e-justice.europa.eu zugänglich und ermöglicht die **Recherche** zu unterschiedlichen Fragen des Unionsrechts in 23 Sprachen.[21] Unter anderem schafft es die Möglichkeit, nach Unternehmensdaten zu suchen. Dabei steht – insoweit mit dem Unternehmensregister vergleichbar (s. § 8b Rn 2)[22] – die **Navigationsfunktion** im Vordergrund: Das Europäische Justizportal ist keine eigenständige Registerdatenbank, sondern es ermöglicht den Zugriff auf Daten, die in den nationalen Registern gespeichert sind.[23] Im Vergleich zum Unternehmensregister ist aber der Umfang der durchsuchbaren Informationen deutlich geringer: § 9b Abs. 1 S. 1 bezieht sich nur auf Handelsregister- und Rechnungslegungsdaten, während das Unternehmensregister den Zugriff auf weitere Bestände ermöglicht (s. den umfassenden Katalog des § 8b Abs. 2 und § 8b Rn 18 ff).

8 Im Hinblick auf die beschränkten Recherchemöglichkeiten liegt es aus der Perspektive der **deutschen Nutzer** fern, auf das Europäische Justizportal zuzugreifen, um Informationen über inländische Unternehmensträger zu suchen.[24] Für diese Zwecke sind die Handels- und Unternehmensregister die geeigneteren Informationsmedien. Mehr Nutzen bringt das Portal, wenn es als eine erste Informationsquelle zu ausländischen Unternehmensträgern verwendet wird, wobei die Suchergebnisse als eine Grundlage für eine vertiefte Recherche in den nationalen Registern dienen können.[25] Dies gilt auch für **ausländische Nutzer**, die über das Portal nach Informationen über deutsche Unternehmensträger suchen; sie sollten aber jedenfalls den weiteren Umfang des Handels- und Unternehmensregisters im Blick behalten.[26]

2. Übermittlungspflichten

9 Damit die Unternehmensdaten über das Europäische Justizportal auffindbar sind, muss das Portal mit Informationen aus den nationalen Registern versorgt werden. Dies stellt in Deutschland zunächst § 9b Abs. 1 S. 2 in Umsetzung des Art. 18 Abs. 2 der Gesellschaftsrechtsrichtlinie (Rn 2) sicher. Danach müssen die Landesjustizverwaltungen und die das Unternehmensregister führende Stelle bestimmte Daten (s. dazu noch Rn 10) an die zentrale Europäische Platt-

---

18 Zu den erfassten Daten s. auch *Stiegler* NotBZ 2015, 329 (334).

19 Von der Ermächtigung des Art. 18 Abs. 1 S. 2 der Gesellschaftsrechtsrichtlinie, die Vorgaben auch auf Personengesellschaften zu erstrecken, hat der deutsche Gesetzgeber keinen Gebrauch gemacht. Für eine solche Erstreckung etwa Hopt/*Merkt* Rn 4; *Stiegler* NotBZ 2015, 329 (333 f).

20 BeckOGK-HGB/*Beurksens* Rn 25; Heymann/*Förster* HGB Rn 1.

21 Zur Ausgestaltung der Suchfunktion und der Darstellung der Rechercheergebnisse *Bock* GmbHR 2018, 281 (283 f); s. ferner BeckOGK-HGB/*Beurksens* Rn 14.

22 S. RegE VerknüpfungsRL-UmsG, BT-Drucks. 18/2137, S. 12.

23 Zur Funktionsweise des Europäischen Justizportals s. auch MünchKommHGB/*Krafka* Rn 4.

24 Deutlich BeckOGK-HGB/*Beurksens* Rn 12: „Für die Nutzung des Registerportals spricht praktisch nichts." Optimistischer *Bock* GmbHR 2018, 281 (282 f), der dem Portal auf S. 288 f ein langfristig großes Potential bescheinigt.

25 Zu den Fallstricken *Bock* GmbHR 2018, 281 (284).

26 Zur Bedeutung des Europäischen Justizportals für den internationalen Geschäftsverkehr *Stiegler* NotBZ 2015, 329 (334).

form i.S.d. Art. 22 Abs. 1 der Gesellschaftsrechtsrichtlinie übermitteln, soweit die Übermittlung für die Eröffnung eines Zugangs zu den Originaldaten über den Suchdienst auf der Internetseite des Europäischen Justizportals erforderlich ist. Die **zentrale Europäische Plattform** wurde geschaffen, um den **grenzüberschreitenden Informationsaustausch** zwischen den nationalen Registern zu ermöglichen. Sie ist – anders als das Europäische Justizportal (Rn 7 f) – für die Rechtsverkehrsteilnehmer nicht unmittelbar sichtbar, sondern wird im Hintergrund als das Instrument betrieben, mit dem die Register miteinander verknüpft werden.[27] Nach Art. 23 Abs. 1 der Gesellschaftsrechtsrichtlinie kann die Europäische Kommission die Plattform selbst entwickeln und betreiben oder diese Aufgaben auf einen (privatrechtlich organisierten) Dritten übertragen.[28]

Die Übermittlungspflicht betrifft zum einen die **Landesjustizverwaltungen** und bezieht 10
sich insoweit auf die Daten des Handelsregisters. Gemeint sind damit alle Daten, die dem Einsichtnahmerecht aus § 9 Abs. 1 und 6 unterliegen (s. dazu § 9 Rn 5 ff, 47 ff).[29] Hinsichtlich dieser Daten greift die Publizitätswirkung des § 15 ein.[30] Außerdem ist die **das Unternehmensregister führende Stelle** – also die Bundesanzeiger Verlag GmbH (s. § 8b Rn 11) – nach § 9b Abs. 1 S. 2 verpflichtet, die Daten der Rechnungslegungsunterlagen i.S.d. § 325 zu übermitteln (zur Übertragung der Rechnungslegungsdaten an das Unternehmensregister s. bereits § 8b Rn 48 ff, 53). Wie bei dem Unternehmensregister sind lediglich die **Indexdaten** zu übermitteln, mit deren Hilfe die nationalen Register über das Europäische Justizportal erreicht werden können (zur Funktion der Indexdaten s. bereits § 8b Rn 17).[31] Dies steht mit dem Charakter des Europäischen Justizportals zusammen, das keine zusätzliche Registerdatenbank ist, sondern nur ein Navigationsportal (s. bereits Rn 7). Die Übermittlung erfolgt in deutscher Sprache.[32]

V. Vorgaben für Registergerichte

1. Teilnahme am Informationsaustausch

Um die zentrale Europäische Plattform mit weiteren Informationen zu versorgen, bestimmt § 9b 11
Abs. 2 S. 1, dass **Registergerichte**, bei denen das Registerblatt einer Kapitalgesellschaft oder Zweigniederlassung einer Kapitalgesellschaft i.S.d. § 9b Abs. 1 S. 1 geführt wird, am Informationsaustausch teilnehmen. Diese Teilnahmeverpflichtung zielt zum einen auf die Vergabe einer einheitlichen europäischen Kennung (dazu noch Rn 12) und zum anderen auf die Informationsübermittlung (dazu noch Rn 13 ff) ab.

---

27 Vgl. Oetker/*Preuß* Rn 1. Zu den Unterschieden zwischen der zentralen Europäischen Plattform und dem Europäischen Justizportal aufschlussreich *Stiegler* NotBZ 2015, 329 (335).

28 Die im deutschen Schrifttum geübte Kritik an der Übertragungsbefugnis (s. etwa Röhricht/v. Westphalen/Haas/*Ries* Rn 4; *Kilian* FGPrax 2012, 185 [187]; *Stiegler* NotBZ 2015, 329 [332]) überzeugt nicht, wenn man bedenkt, dass Art. 23 Abs. 3 der Gesellschaftsrechtsrichtlinie die Vorgaben zum Betriebsmanagement aufgreift und die Europäische Kommission zur Überwachung des Plattformbetriebs anhält. Zudem wird auch das deutsche Unternehmensregister durch ein privatrechtlich organisiertes Unternehmen betrieben (s. § 8b Rn 10 f), ohne dass dies zur Verwerfung geführt hat; vgl. auch MünchKommHGB/*Krafka* Rn 7.

29 Vgl. Oetker/*Preuß* Rn 4.

30 RegE VerknüpfungsRL-UmsG, BT-Drucks. 18/2137, S. 12; BeckOGK-HGB/*Beurksens* Rn 13; Koller/Kindler/Roth/Drüen/*Roth* Rn 2. Ausf. aus unionsrechtlicher Perspektive mit Überlegungen de lege ferenda *Bock* GmbHR 2018, 281 (286 ff).

31 BeckOGK-HGB/*Beurksens* Rn 16 f; Oetker/*Preuß* Rn 4. S. auch *Stiegler* NotBZ 2015, 329 (334), der vor diesem Hintergrund den Wortlaut des § 9b Abs. 1 kritisiert, weil die Originaldaten nicht übermittelt werden.

32 RegE VerknüpfungsRL-UmsG, BT-Drucks. 18/2137, S. 12; BeckOGK-HGB/*Beurksens* Rn 14.

2. Einheitliche europäische Kennung

12 Nach § 9b Abs. 2 S. 2 ist den Kapitalgesellschaften und Zweigniederlassungen von Kapitalgesellschaften i.S.d. § 9b Abs. 1 S. 1 eine einheitliche europäische Kennung zuzuordnen. Diese Pflicht dient der Umsetzung des Art. 16 Abs. 1 Unterabs. 2 und Art. 29 Abs. 4 der Gesellschaftsrechtsrichtlinie und richtet sich an die **Registergerichte** als Teilnehmer des Systems der europäischen Registervernetzung. Die Kennung setzt sich aus Elementen zusammen, die es den nationalen Registern ermöglichen, den Mitgliedstaat des Registers, das inländische Herkunftsregister und die Nummer der Gesellschaft in diesem Register zu ermitteln; die Einzelheiten zur Struktur der Kennung ergeben sich aus Nr. 9 des Anhangs zur VO (EU) 2021/1042.[33] Als ein **reines Internum**, das der Kommunikation zwischen den nationalen Registern dient, muss sie durch die Unternehmen nicht im Rechtsverkehr offengelegt werden.[34]

3. Übermittlungspflichten

13 Für die Versorgung des europäischen Systems der Registervernetzung mit relevanten Informationen spielt § 9b Abs. 2 S. 3 eine zentrale Rolle. Danach müssen die Registergerichte eine Reihe von Informationen an die zentrale Europäische Plattform übermitteln. Anders als bei § 9b Abs. 1 handelt es sich nicht nur um Indexdaten (zum Bezugspunkt des § 9b Abs. 1 s. bereits Rn 10).[35] Der **Katalog des § 9b Abs. 2 S. 3** bezog sich ursprünglich auf Insolvenzverfahren (Nr. 1), Auflösung, Abwicklung und Fortsetzung[36] (Nr. 2), Löschung[37] (Nr. 3) sowie grenzüberschreitende Verschmelzung nach § 122a UmwG (Nr. 4). Die Übermittlung der Informationen nach § 9b Abs. 2 S. 3 Nr. 1–3 stellt sicher, dass ein Registergericht über die Auflösung eines ausländischen Unternehmensträgers Kenntnis erlangt, um die **Löschung einer Zweigniederlassung** aus „seinem" Register zu veranlassen.[38] § 9b Abs. 2 S. 3 Nr. 4 fördert die Kommunikation zwischen den Registergerichten im Zusammenhang mit grenzüberschreitenden Verschmelzungen, indem er die Mitteilungspflicht aus § 122l Abs. 3 UmwG ergänzt;[39] hinsichtlich grenzüberschreitender Vorhaben ist die Nr. 6 des Anhangs der VO (EU) 2021/1042 (Rn 3) zu berücksichtigen. § 9b Abs. 2 S. 3 Nr. 4 erstreckt sich nicht auf die Verschmelzungsbescheinigung nach § 122k Abs. 2 UmwG.[40]

14 Im Zuge des **DiRUG** (Rn 3) wurde § 9b Abs. 2 S. 3 erweitert um die Errichtung und Aufhebung der Zweigniederlassung (Nr. 5) sowie die Änderung unterschiedlicher Daten einer Kapitalgesellschaft oder einer Zweigniederlassung i.S.d § 9b Abs. 1 S. 1 (Nr. 6).[41] Mit der Erweiterung wollte der Gesetzgeber die Vorgaben des Art. 28a Abs. 7 S. 1, 28c S. 1, 30a Unterabs. 1 lit. a bis e Var. 1 der Gesellschaftsrechtsrichtlinie umsetzen.[42] Die Daten i.S.d. § 9b Abs. 2 S. 3 Nr. 6 sind in **Nr. 5 des Anhangs der VO (EU) 2021/1042** (Rn 3) näher aufgelistet. Außerdem sieht **§ 13a**

---

33 S. auch BeckOGK-HGB/*Beurksens* Rn 5, 20 mit einem Beispiel. Vgl. ferner Röhricht/v. Westphalen/Haas/*Ries* Rn 6; *Stiegler* NotBZ 2015, 329 (332). Außerdem ist die Verordnungsermächtigung in § 387 Abs. 6 Nr. 1 FamFG n.F. zu beachten; s. noch Rn 23.

34 RegE VerknüpfungsRL-UmsG, BT-Drucks. 18/2137, S. 12; BeckOK-HGB/*Müther* Rn 5; *Kilian* FGPrax 2012, 185 (186).

35 *Stiegler* NotBZ 2015, 329 (335).

36 §§ 263, 289, 273, 274, 278 AktG, §§ 65, 74 GmbHG.

37 §§ 394 ff FamFG.

38 *Stiegler* NotBZ 2015, 329 (336), der zutreffend darauf hinweist, dass die Übermittlungspflicht unabhängig davon eingreift, ob die inländische Kapitalgesellschaft tatsächlich eine Zweigniederlassung hat. S. ferner Heymann/*Förster* HGB Rn 10; *Krafka* Rn 337c; *Bock* GmbHR 2018, 281 (282).

39 S. RegE VerknüpfungsRL-UmsG, BT-Drucks. 18/2137, S. 13; Oetker/*Preuß* Rn 11. Näher zum Zusammenspiel zwischen Verschmelzungsrecht und § 9b Abs. 2 S. 3 Nr. 4 *Stiegler* NotBZ 2015, 329 (337 f).

40 Ausf. *Stiegler* NotBZ 2015, 329 (337).

41 Zur Beschränkung des § 9b Abs. 2 S. 3 Nr. 6 auf diese Unternehmensträger RegE DiRUG, BT-Drucks. 19/28177, S. 88. Zu den einzelnen Informationen *Linke* NZG 2021, 309 (315).

42 Vgl. RegE DiRUG, BT-Drucks. 19/28177, S. 88.

Pflichten der Landesjustizverwaltungen und Registergerichte hinsichtlich des Umgangs mit Informationen vor, die über das Europäische System der Registervernetzung empfangen werden (s. dazu noch die Erläuterungen dort).[43] Die vorstehenden Vorgaben werden durch **§ 11 HRV n.F.** ergänzt, der in Abs. 2 eine Liste von Informationen enthält, die an die zentrale Europäische Plattform zu übermitteln sind (zu § 11 HRV n.F. im Zusammenhang mit der Verordnungsermächtigung nach § 387 Abs. 6 FamFG n.F. s. noch Rn 23).[44]

Hinsichtlich der **Einzelheiten der Informationsübermittlung** verweist § 9b Abs. 2 S. 4 auf die VO (EU) 2020/2244,[45] die allerdings schon wenige Tage nach der Verabschiedung des DiRUG außer Kraft getreten ist und durch die **VO (EU) 2021/1042** (Rn 3) ersetzt wurde; dieser Verweis ins Leere wurde im Zuge des DiREG[46] nicht berichtigt. Im Anhang der VO (EU) 2021/1042 sind **technische Spezifikationen** hinsichtlich der Kommunikationsmethoden (Nr. 1), Übertragungsprotokolle (Nr. 2) und Sicherheitsstandards (Nr. 3) sowie des Verfahrens des Informationsaustauschs zwischen dem Register der Gesellschaft und dem Register der Zweigniederlassung (Nr. 4) festgelegt. Das Verfahren nach der Nr. 4.1 des Anhangs der VO (EU) 2021/1042 betrifft Fälle des Art. 20 und 34 der Gesellschaftsrechtsrichtlinie, d.h. die Eröffnung und Beendigung von Verfahren zur Abwicklung oder Insolvenz und über die Löschung einer Gesellschaft aus dem Register (s. Rn 13). Die Nr. 4.2 und 4.3 des Anhangs der VO (EU) 2021/1042 beziehen sich auf die Eintragung und Aufhebung einer Zweigniederlassung (s. auch § 13a Rn 7). In Nr. 7 wird die Struktur des standardisierten Nachrichtenformats festgelegt, in Nr. 8 die für die Plattform bereitzustellenden Daten aufgelistet. Die weiteren Vorgaben betreffen die Struktur des standardisierten Nachrichtenformats (Nr. 10), die Suchkriterien (Nr. 11), die Zahlungsmodalitäten (Nr. 12), erläuternde Hinweise zu den übermittelten Daten (Nr. 13), die Verfügbarkeit der Dienste (Nr. 14) und optionale Zugangspunkte (Nr. 15). 15

4. Bearbeitungszeit bei Änderungen

Nach § 26 HRV ist die Änderung eingetragener Angaben in der Regel innerhalb von **21 Tagen** nach Eingang der vollständigen Anmeldung einzutragen und bekannt zu machen; im Fall eines durch den Antragsteller behebbaren Eintragungshindernisses gilt nach dessen Behebung dieselbe Frist.[47] Mit dieser Anordnung hat der Gesetzgeber die Vorgabe des **Art. 15 Abs. 1 der Gesellschaftsrechtsrichtlinie** umgesetzt, wobei er – anders als in § 9b (s. Rn 6) – die Richtlinie insoweit überschießend umgesetzt hat: § 26 HRV gilt für alle handelsregisterpflichtigen Unternehmensträger.[48] 16

§ 26 HRV statuiert eine **Höchstfrist**, was darin zum Ausdruck kommt, dass sie „unbeschadet des § 25 Absatz 1 Satz 2" gilt. Das Registergericht ist also gem. § 25 Abs. 1 S. 2 HRV gehalten, über die Eintragung **unverzüglich** (§ 121 Abs. 1 S. 1 BGB) nach Eingang der Anmeldung zu ent- 17

---

43 Zum Zusammenhang zwischen § 9b Abs. 2 S. 3 und § 13a s. etwa *Omlor/Blöcher* DStR 2021, 2352 (2355). Vgl. ferner *Linke* NZG 2021, 309 (314 f).

44 S. hierzu RegE DiRUG, BT-Drucks. 19/28177, S. 135 f; BeckOGK-HRV/*Szalai* § 11 Rn 5 ff.

45 Durchführungsverordnung (EU) 2020/2244 der Kommission vom 17.12.2020 mit Durchführungsbestimmungen zur Richtlinie (EU) 2017/1132 des Europäischen Parlaments und des Rates in Bezug auf technische Spezifikationen und Verfahren für das System der Registervernetzung und zur Aufhebung der Durchführungsverordnung (EU) 2015/884 der Kommission, ABl. EU Nr. L 439, S. 1. Allerdings soll der Wortlaut des § 9b im Zuge des Gesetzes zur Umsetzung der Richtlinie (EU) 2021/2101 im Hinblick auf die Offenlegung von Ertragsteuerinformationen durch bestimmte Unternehmen und Zweigniederlassungen aktualisiert werden; der RefE vom 30.9.2022 ist unter https://www.bmj.de/SharedDocs/Gesetzgebungsverfahren/Dokumente/RefE_Offenlegung_Ertragssteuerinformationen.pdf;jsessionid=B5CC44009B8A854E2171267A55BAAC9D.2_cid297?__blob=publicationFile&v=3 abrufbar (s. dort Art. 1 Nr. 1).

46 Gesetz zur Ergänzung der Regelungen zur Umsetzung der Digitalisierungsrichtlinie und zur Änderung weiterer Vorschriften v. 15.7.2022, BGBl. I, S. 1146.

47 Zur Fristberechnung im Einzelnen BeckOGK-HRV/*Szalai* § 26 Rn 6.

48 Vgl. RegE VerknüpfungsRL-UmsG, BT-Drucks. 18/2137, S. 14; *Stiegler* NotBZ 2015, 329 (333).

scheiden (s. bereits § 8 Rn 128).[49] Die Frist des § 26 HRV wird nur durch eine vollständige Anmeldung ausgelöst. Sie **beginnt** erst mit dem Abschluss der registergerichtlichen Rechtmäßigkeitsprüfung (s. dazu § 8 Rn 79),[50] was zwar nicht unmittelbar in § 26 HRV zum Ausdruck kommt, sich aber aus Art. 15 Abs. 1 der Gesellschaftsrechtsrichtlinie ergibt, der im Rahmen richtlinienkonformer Auslegung zu berücksichtigen ist. Bei unvollständigen oder unrichtigen Anmeldungen hat das Gericht eine Zwischenverfügung nach § 382 Abs. 4 FamFG zu erlassen (hierzu bereits § 8 Rn 129). Es spricht viel dafür, dass die Frist des § 26 HRV auch für den Erlass der Zwischenverfügung gilt.[51] Für die **Erstanmeldung** gilt § 26 HRV nicht.[52]

18 Die **Überschreitung** der Höchstfrist ist in atypischen Sonderfällen denkbar („in der Regel").[53] Liegt ein solcher Ausnahmefall nicht vor, verletzt das Registergericht seine Amtspflicht.[54]

VI. Bestimmung des elektronischen Informations- und Kommunikationssystems

19 § 9b Abs. 3 richtet sich an die **Landesjustizverwaltungen.** Diese sind nach § 9b Abs. 3 S. 1 verpflichtet, das elektronische Informations- und Kommunikationssystem zu bestimmen, über das die Daten aus dem Handelsregister zugänglich gemacht (§ 9b Abs. 1) und im Rahmen des Informationsaustauschs zwischen den Registern übermittelt und empfangen werden (§ 9b Abs. 2). Nach § 9b Abs. 3 S. 2 gilt § 9 Abs. 1 S. 3–5 entsprechend. Das bedeutet, dass das Gemeinsame Registerportal der Länder oder das Unternehmensregister als das maßgebliche Informations- und Kommunikationssystem i.S.d. § 9b Abs. 3 S. 1 bestimmt werden kann.[55]

20 Überdies sind die Landesjustizverwaltungen nach § 9b Abs. 3 S. 1 für die **Abwicklung des Datenverkehrs** nach § 9b Abs. 1 und 2 **zuständig**, wobei der Austausch der Rechnungslegungsdaten in der Zuständigkeit der das Unternehmensregister führenden Stelle verbleibt.

VII. Übermittlung einer Änderung der Unterlagen der Rechnungslegung

21 § 9b Abs. 4 S. 1 bestimmt, dass die das **Unternehmensregister** führende Stelle eine Änderung der Unterlagen der Rechnungslegung, die eine Kapitalgesellschaft mit Sitz im Inland offengelegt hat (§ 325 Abs. 1b S. 1), unverzüglich an die **zentrale Europäische Plattform** (Rn 9) übermittelt, wenn die Kapitalgesellschaft eine Zweigniederlassung errichtet hat, die dem Recht eines EU- oder EWR-Staates unterliegt. Damit hat der Gesetzgeber die Vorgaben des Art. 30a Unterabs. 1 lit. e Var. 2 der Gesellschaftsrechtsrichtlinie umgesetzt.[56] Die Übermittlung erfolgt nach den Vorgaben der VO (EU) 2021/1042 (Rn 3; zur Notwendigkeit der Wortlautkorrektur Rn 15).

22 Empfängt die das Unternehmensregister führende Stelle über das **Europäische System der Registervernetzung** (s. Rn 2) Daten zu einer Änderung der Unterlagen der Rechnungslegung einer Kapitalgesellschaft, die dem Recht eines EU- oder EWR-Staates unterlieget und die eine inländische Zweigniederlassung errichtet hat, ist die registerführende Stelle nach § 9b Abs. 4

---

49 Deutlich insoweit RegE VerknüpfungsRL-UmsG, BT-Drucks. 18/2137, S. 14: Die neu eingefügte Vorschrift solle dort, wo Eintragungen und Bekanntmachungen in kürzerer Frist erfolgen, nicht zu einer Verlängerung der Erledigungszeit führen, dem europaweit vorgegebenen Standard aber, wo er noch nicht erreicht werde, zur Geltung verhelfen. Deshalb ist die Sorge von *Terbrack* DStR 2015, 236 unberechtigt.

50 *Kilian* FGPrax 2012, 185 (186); *Stiegler* NotBZ 2015, 329 (332 f).

51 Dafür BeckOGK-HRV/*Szalai* § 26 Rn 4.

52 BeckOGK-HRV/*Szalai* § 26 Rn 3 f.

53 RegE VerknüpfungsRL-UmsG, BT-Drucks. 18/2137, S. 14.

54 BeckOGK-HRV/*Szalai* § 26 Rn 9.

55 Vgl. auch RegE VerknüpfungsRL-UmsG, BT-Drucks. 18/2137, S. 13; BeckOGK-HGB/*Beurskens* Rn 23 f; Ebenroth/Boujong/Joost/Strohn/*Schaub* Rn 13.

56 RegE DiRUG, BT-Drucks. 19/28177, S. 88.

S. 2 verpflichtet, den Eingang der Daten über das Europäische System der Registervernetzung zu bestätigen. Damit wird Art. 30a Unterabs. 2, 1. Hs. der Gesellschaftsrechtsrichtlinie umgesetzt. Eine ergänzende Regelung, die der Umsetzung des Art. 30a Unterabs. 2, 2. Hs. der Gesellschaftsrechtsrichtlinie dient, findet sich in § 325a Abs. 4.

VIII. Verordnungsermächtigung

§ 9b Abs. 4 a.F. enthielt eine Verordnungsermächtigung zugunsten des Bundesjustizministeriums, die im Zuge des DiRUG in **§ 387 Abs. 6 FamFG n.F.** verschoben wurde. Mit der Verschiebung will der Gesetzgeber eine gemeinsame Regelung in der HRV ermöglichen.[57] Die Ermächtigung bezieht sich auf die Struktur, Zuordnung und Verwendung der einheitlichen europäischen Kennung nach § 9b Abs. 2 S. 2 (Nr. 1; s. bereits dazu Rn 12), den Umfang der Mitteilungspflicht im Rahmen des Informationsaustauschs zwischen den Registern sowie über die Liste der dabei zu übermittelnden Daten (Nr. 2) und die Einzelheiten des elektronischen Datenverkehrs nach § 9b Abs. 1 und 2 einschließlich der Vorgaben für Datenformate und Zahlungsmodalitäten (Nr. 3). 23

Gestützt auf § 387 Abs. 6 Nr. 2 FamFG n.F. hat der Verordnungsgeber **§ 11 HRV n.F.** eingeführt, der in Umsetzung des Art. 19 Abs. 2 der Gesellschaftsrechtsrichtlinie die **Bereitstellung von Unternehmensdaten** über das Europäische System der Registervernetzung regelt. Die Vorschrift schließt die Lücken hinsichtlich der Informationsübermittlung, die die VO (EU) 2021/1042 enthält.[58] Von der Ermächtigung in § 387 Abs. 6 Nr. 1 und 3 FamFG n.F. hat der Verordnungsgeber bislang keinen Gebraucht gemacht. 24

IX. Kosten

Nach der Aufhebung der Gebührenpflicht für die Einsichtnahme in das Handelsregister (s. § 9 Rn 52) ist auch die Nutzung des Europäischen Justizportals hinsichtlich deutscher Datenbestände **kostenfrei**.[59] 25

57 RegE DiRUG, BT-Drucks. 19/28177, S. 88.
58 S. RegE DiRUG, BT-Drucks. 19/28177, S. 135.
59 Vgl. im Kontext des Europäischen Systems der Registervernetzung RegE DiRUG, BT-Drucks. 19/28177, S. 134 f. S. ferner *Linke* NZG 2021, 309 (314); *J. Schmidt* ZIP 2021, 112 (119 f).

§ 9c Informationsaustausch über disqualifizierte Personen über das Europäische System der Registervernetzung

(1) [1]Die das Unternehmensregister führende Stelle ist die zuständige Stelle für die Beantwortung eines über die zentrale Europäische Plattform gemäß § 9b Absatz 1 Satz 2 eingehenden Ersuchens eines anderen Mitgliedstaates der Europäischen Union oder eines anderen Vertragsstaates des Abkommens über den Europäischen Wirtschaftsraum nach Artikel 13i der Richtlinie (EU) 2017/1132 um Informationen, die relevant sind für die Disqualifikation einer Person

1. als Geschäftsführer einer Gesellschaft mit beschränkter Haftung gemäß § 6 Absatz 2 Satz 2 Nummer 2 und 3 des Gesetzes über die Gesellschaften mit beschränkter Haftung oder
2. als Mitglied des Vorstands einer Aktiengesellschaft gemäß § 76 Absatz 3 Satz 2 Nummer 2 und 3 des Aktiengesetzes.

[2]Auf Anfrage eines Registergerichts führt die zuständige Stelle ein Ersuchen nach Artikel 13i der Richtlinie (EU) 2017/1132 gegenüber anderen Mitgliedstaaten der Europäischen Union oder anderen Vertragsstaaten des Abkommens über den Europäischen Wirtschaftsraum durch und leitet die erhaltenen Antworten an das anfragende Registergericht weiter.

(2) Die zuständige Stelle erhält zum Zweck der Beantwortung eines Ersuchens die für die Beantwortung erforderliche Auskunft aus dem Bundeszentralregister nach § 57a Absatz 4 des Bundeszentralregistergesetzes und aus dem Gewerbezentralregister nach § 150c Absatz 3 der Gewerbeordnung.

(3) Die Beantwortung und die Durchführung eines Ersuchens erfolgen gemäß den Bestimmungen der Durchführungsverordnung (EU) 2020/2244 sowie einer nach Absatz 6 erlassenen Verordnung.

(4) [1]Die Beantwortung eines Ersuchens ist beschränkt auf die Angabe gemäß Artikel 13i Absatz 4 Satz 1 der Richtlinie (EU) 2017/1132,

1. ob die betroffene Person disqualifiziert ist
   a) gemäß § 6 Absatz 2 Satz 2 Nummer 2 und 3 des Gesetzes über die Gesellschaften mit beschränkter Haftung als Geschäftsführer einer Gesellschaft mit beschränkter Haftung oder
   b) gemäß § 76 Absatz 3 Satz 2 Nummer 2 und 3 des Aktiengesetzes als Mitglied des Vorstands einer Aktiengesellschaft oder
2. ob entsprechende Informationen im Bundeszentralregister oder Gewerbezentralregister enthalten sind.

[2]Weitergehende Informationen über eine Disqualifikation der betroffenen Person werden durch die das Unternehmensregister führende Stelle über die zentrale Europäische Plattform nicht übermittelt.

(5) [1]Die zuständige Stelle darf die von einem ersuchenden Mitgliedstaat, von einem Registergericht oder nach Absatz 2 übermittelten personenbezogenen Daten der betroffenen Personen für die Zwecke der Beantwortung und der Durchführung eines Ersuchens verarbeiten. [2]Die personenbezogenen Daten der betroffenen Personen sind von der zuständigen Stelle unverzüglich zu löschen, sobald und soweit diese nicht mehr für die Beantwortung oder die Durchführung des Ersuchens erforderlich sind.

(6) Durch Rechtsverordnung nach § 9a Absatz 3 können auch die erforderlichen Bestimmungen in Bezug auf die Beantwortung und die Durchführung der Ersuchen durch die zuständige Stelle getroffen werden, einschließlich der Bestimmungen über

1. Inhalt, Frist, Form und Umfang der Beantwortung der Ersuchen,
2. die technischen Einzelheiten zum Empfang, zur Verarbeitung und zur Weitergabe der erforderlichen Daten für die Beantwortung und die Durchführung der Ersuchen,

https://doi.org/10.1515/9783110564440-015

3. **die technischen Vorgaben zur Speicherung, Löschung, Berichtigung und Verarbeitung von Daten über die betroffenen Personen durch die zuständige Stelle,**
4. **die Prüfung der vom Bundeszentralregister oder vom Gewerbezentralregister erhaltenen Daten im Hinblick auf die Erfüllung der Voraussetzungen einer Disqualifikation gemäß § 6 Absatz 2 Satz 2 Nummer 2 und 3 des Gesetzes über die Gesellschaften mit beschränkter Haftung oder gemäß § 76 Absatz 3 Satz 2 Nummer 2 und 3 des Aktiengesetzes,**
5. **die Voraussetzungen, Formalien, Fristen und Inhalte der Durchführung der Ersuchen.**

Schrifttum

Knaier Die Digitalisierung des deutschen Gesellschaftsrechts durch den Referentenentwurf eines Gesetzes zur Umsetzung der Digitalisierungs-RL im Gesellschaftsrecht und Handelsregisterrecht (RefE-DiRUG), GmbHR 2021, 169; *Knaier/Meier* Geschäftsführerinhabilität in Deutschland und der EU – was bringt die Umsetzung des Company Law Packages? (Teil I), GmbHR 2020, 1336; *dies.* Geschäftsführerinhabilität in Deutschland und der EU – was bringt die Umsetzung des Company Law Packages? (Teil II), GmbHR 2021, 77; *Linke* Gesetz zur Umsetzung der Digitalisierungsrichtlinie (DiRUG), NZG 2021, 309; *Omlor/Blöcher* DiRUG-Neuerungen im Beurkundungs- und Registerrecht, DStR 2021, 2352; *J. Schmidt* DiRUG-RefE: Ein Digitalisierungs-Ruck für das deutsche Gesellschafts- und Registerrecht, ZIP 2021, 112; *Stöhr* Bestellungshindernisse für GmbH-Geschäftsführer in grenzüberschreitenden Zusammenhängen, EuZW 2020, 654.

Übersicht

I. Regelungsgegenstand und Regelungszweck

1 § 9c ist eine **Organisationsvorschrift**, die auf institutioneller Ebene die Voraussetzungen für einen grenzüberschreitenden Austausch der Informationen über Geschäftsleiterdisqualifikation schafft. Sie ist im Kontext der materiell-rechtlichen Disqualifikationstatbestände zu lesen, die in Deutschland in § 76 Abs. 3 S. 2–4 AktG, § 6 Abs. 2 S. 2–4 GmbHG geregelt sind.[1] Nach § 76 Abs. 3 S. 2 Nr. 2 AktG, § 6 Abs. 2 S. 2 Nr. 2 GmbHG können Personen, die durch ein Urteil oder einen Verwaltungsakt mit einem **Berufsverbot** belegt wurden, keine Geschäftsleiter einer AG oder einer GmbH sein.[2] Dies gilt nach § 76 Abs. 3 S. 3 AktG, § 6 Abs. 2 S. 3 GmbHG – die zwar gem. Art. 31 DiRUG[3] am 1.8.2022 in Kraft getreten, aber gem. § 26m Abs. 1 AktG, § 11 Abs. 1 GmbHG erst ab dem 1.8.2023 anzuwenden sind – auch für Personen, die in einem EU- oder EWR-Staat einem vergleichbaren Berufsverbot unterliegen.[4] § 76 Abs. 3 S. 2 Nr. 3 AktG, § 6 Abs. 2 S. 2 Nr. 3 GmbHG statuiert ein Bestellungshindernis für Personen, die wegen der dort genannten

1 Rechtshistorischer Überblick bei *Knaier/Meier* GmbHR 2020, 1336 Rn 2 ff.
2 Dazu etwa *Koch* § 76 Rn 61.
3 Gesetz zur Umsetzung der Digitalisierungsrichtlinie (DiRUG) v. 5.7.2021, BGBl. I, S. 3338.
4 Hierzu RegE DiRUG, BT-Drucks. 19/28177, S. 159 f, 162. Zu den Schwierigkeiten bei der Beurteilung der Vergleichbarkeit *Knaier* GmbHR 2021, 169 Rn 28. S. ferner *Linke* NZG 2021, 309 (315); *J. Schmidt* ZIP 2021, 112 (120).

Straftaten verurteilt wurden.[5] § 76 Abs. 3 S. 4 AktG, § 6 Abs. 2 S. 4 GmbHG erstrecken das Hindernis auf Personen, die wegen einer vergleichbaren Straftat im Ausland[6] verurteilt wurden.[7]

2 Ob ein Disqualifikationstatbestand vorliegt, wird vom Registergericht im Ausgangspunkt nicht geprüft, sondern die Geschäftsleiter müssen nach §§ 37 Abs. 2 S. 1, 81 Abs. 3 S. 1 AktG, §§ 8 Abs. 3 S. 1, 39 Abs. 3 S. 1 GmbHG **versichern**, dass keine Umstände vorliegen, die ihrer Bestellung nach § 76 Abs. 3 S. 2 Nr. 2 und 3 sowie S. 3 und 4 AktG, § 6 Abs. 2 S. 2 Nr. 2 und 3 sowie S. 3 und 4 GmbHG entgegenstehen, und dass sie über ihre unbeschränkte Auskunftspflicht gegenüber dem Gericht belehrt worden sind.[8] Bei Anhaltspunkten für die Unrichtigkeit der Versicherung kann das Gericht allerdings im Wege der **Amtsermittlung** nach § 26 FamFG unter Rückgriff auf die Beweismittel des § 29 FamFG der Frage nachgehen, ob ein Bestellungshindernis gegeben ist.[9] Denkbar sind insbesondere Auskünfte aus dem Bundeszentralregister und dem Gewerbezentralregister (s. dazu im Kontext des § 9c Rn 10).

3 Die Ermittlungsbefugnisse des Registergerichts enden an den Grenzen der Bundesrepublik, so dass etwaige Disqualifizierungstatbestände nach § 76 Abs. 3 S. 3 und 4 AktG, § 6 Abs. 2 S. 3 und 4 GmbHG dem Gericht verborgen bleiben können, insbesondere wenn der prospektive Geschäftsleiter seine bisherige Tätigkeit schwerpunktmäßig im Ausland ausgeübt hat. Umgekehrt können ausländischen Stellen Informationen über Berufsverbote und Verurteilungen fehlen, die in Deutschland ausgesprochen wurden. Diese **Informationsdefizite** können disqualifizierte Personen dazu verleiten, die Möglichkeit der unionsweiten Unternehmensgründung auszunutzen, um nationale Bestellungshindernisse zu umgehen.[10] Um die mit dem europäischen Binnenmarkt verbundenen **Umgehungsmöglichkeiten** zu unterbinden, schafft § 9c in Umsetzung des Art. 13i der Gesellschaftsrechtsrichtlinie[11] (s. dazu noch Rn 4) institutionelle Rahmenbedingungen für einen Informationsaustausch innerhalb des Europäischen Systems der Registervernetzung (s. bereits § 9b Rn 2), der sich auf Disqualifizierungstatbestände bezieht. Dabei legt § 9c Abs. 1 die Zuständigkeit für den Informationsaustausch fest (Rn 6 ff). § 9c Abs. 2 regelt die Informationsquellen, die im Rahmen des Informationsaustausches ausgewertet werden können (Rn 10). § 9c Abs. 3 verweist hinsichtlich des Verfahrens auf ergänzende Rechtsakte (Rn 11 ff). Wie ein Informationsersuchen eines anderen Teilnehmers des Europäischen Systems der Registervernetzung zu beantworten ist, wird in § 9c Abs. 4 bestimmt (Rn 14 ff). Schließlich stellt § 9c Abs. 5 datenschutzrechtliche Vorgaben auf (Rn 17 ff), während § 9c Abs. 6 eine Verordnungsermächtigung enthält (Rn 21). Zu den Folgeänderungen in §§ 13e Abs. 3 S. 2, 13f Abs. 2 S. 2, 13g Abs. 2 S. 2 n.F. vgl. § 13e Rn 39 f.

II. Regelungsursprung

4 Während die materiell-rechtlichen Disqualifikationstatbestände in § 76 Abs. 3 AktG, § 6 Abs. 2 GmbHG in ihrer Ursprungsform durch die GmbH-Novelle 1980[12] eingeführt und durch das Mo-

---

5 Vgl. im Einzelnen *Koch* § 76 Rn 62.

6 Anders als bei ausländischen Berufsverboten i.S.d. § 76 Abs. 3 S. 3 AktG, § 6 Abs. 2 S. 3 GmbHG muss der Geschäftsleiter für Auslandsstraftat i.S.d. § 76 Abs. 3 S. 4 AktG, § 6 Abs. 2 S. 4 GmbHG nicht in einem EU- oder EWR-Staat verurteilt worden sein; s. *Böhringer/Melchior* GmbHR 2022, 177 Rn 10; *Knaier* GmbHR 2021, 169 Rn 28.

7 Statt vieler *Altmeppen* § 6 Rn 22; MünchKommAktG/*Spindler* § 76 Rn 137.

8 Hierzu ausf. *Schulte* NZG 2019, 646. S. ferner *Koch* § 37 Rn 6 ff, § 81 Rn 8; Noack/Servatius/Haas/*Servatius* GmbHG § 8 Rn 16 ff; Noack/Servatius/Haas/*Beurskens* GmbHG § 39 Rn 22; *Knaier* GmbHR 2021, 169 Rn 30. Zur Formulierung der Versicherung nach dem DiRUG *Böhringer/Melchior* GmbHR 2022, 177 Rn 12.

9 Vgl. RegE DiRUG, BT-Drucks. 19/28177, S. 90.

10 Rechtstatsächliches Fallmaterial bei *Bormann/Stelmaszczyk* ZIP 2018, 764 (771 f); *Stöhr* EuZW 2020, 654; *Teichmann* GmbHR 2018, 1 (10); *dems.* ZIP 2018, 2451 (2454).

11 Richtlinie (EU) 2017/1132 des Europäischen Parlaments und des Rates v. 14.6.2017 über bestimmte Aspekte des Gesellschaftsrechts, ABl. EU Nr. L 169 S. 46.

12 Gesetz zur Änderung des Gesetzes betreffend die Gesellschaften mit beschränkter Haftung und anderer handelsrechtlicher Vorschriften v. 4.7.1980, BGBl. I, S. 836.

MiG[13] teilweise erweitert worden sind, hat § 9c erst im Zuge des DiRUG Eingang ins Gesetz gefunden, um die Vorgaben des **Art. 13i der Gesellschaftsrechtsrichtlinie** umzusetzen.[14] Der deutsche Gesetzgeber ist dem Umsetzungsauftrag zum einen dadurch nachgekommen, dass er die Bestellungshindernisse nach § 76 Abs. 3 AktG, § 6 Abs. 2 GmbHG in Einklang mit Art. 13i Abs. 1 der Richtlinie gebracht hat.[15] Zum anderen hat er den in Art. 13i Abs. 3–7 der Richtlinie vorgesehenen Informationsaustausch mit Einführung des § 9c ermöglicht.

III. Rechtspolitische Kritik

Im Ausgangspunkt ist es **zu begrüßen**, dass der Richtliniengeber das Europäischen Systems der Registervernetzung als ein Instrument nutzt, mit dem etwaige Bestellungshindernisse unionsweit durchgesetzt werden können.[16] Nicht restlos überzeugend ist aber die Umsetzung des Art. 13i der Gesellschaftsrechtsrichtlinie: Zunächst ist zu bemängeln, dass der deutsche Gesetzgeber die Umsetzungsoption des Art. 13i Abs. 4 S. 2 der Gesellschaftsrechtsrichtlinie nicht aufgegriffen und die **Antwortmöglichkeiten** auf ein ausländisches Informationsersuchen durch § 9c Abs. 4 S. 2 beschränkt hat (s. noch Rn 14), obwohl es dem deutschen Registergericht frei steht, weitergehende Informationen zu erfragen (s. Rn 8).[17] Überlegenswert wäre ferner die Schaffung eines zentralen **Inhabilitätsregisters.**[18] Dies hätte die Möglichkeit einer automatisierten Abfrage der Disqualifikationsgründe eröffnet, die nach dem derzeitigen Stand händisch erfolgen muss – ein Verfahren, dass ausgerechnet nach der Umsetzung einer Digitalisierungsrichtlinie[19] ausgesprochen altbacken erscheint.[20] Zudem sollte der Gesetzgeber evaluieren, ob das auf strafbewehrte Versicherungen der Geschäftsleiter basierende System (Rn 2) den Herausforderungen des europäischen Binnenmarkts gewachsen ist.[21] Auf europäischer Ebene ist über eine weitergehende **Harmonisierung der Disqualifikationstatbestände** nachzudenken,[22] was sich aber freilich in praktischer Umsetzung als außerordentlich schwierig erweisen könnte.[23] 5

13 Gesetz zur Modernisierung des GmbH-Rechts und zur Bekämpfung von Missbräuchen (MoMiG) v. 23.10.2008, BGBl. I, S. 2026.
14 Überblick über die Richtlinienvorgaben bei *Knaier/Meier* GmbHR 2021, 77 Rn 19 f; *Stöhr* EuZW 2020, 654 (655).
15 Während die Vorgabe des Art. 13i Abs. 1 S. 1 der Richtlinie, generell Disqualifikationstatbestände vorzusehen, mit § 76 Abs. 3 AktG, § 6 Abs. 2 GmbHG bereits erfüllt war, hat der Gesetzgeber im Zuge des DiRUG die Bestellungshindernisse bei vergleichbaren ausländischen Berufsverboten in § 76 Abs. 3 S. 3 AktG n.F., § 6 Abs. 2 S. 3 und 4 GmbHG n.F. eingeführt, um Art. 13i Abs. 1 S. 2 der Richtlinie umzusetzen; s. dazu RegE DiRUG, BT-Drucks. 19/28177, S. 159 f, 162; *Koch* § 76 Rn 62a; Noack/Servatius/Haas/*Beurskens* GmbHG § 6 Rn 22a zur Richtlinienkonformität des deutschen Rechts auch *Knaier* GmbHR 2021, 169 Rn 29.
16 *Stöhr* EuZW 2020, 654 (656).
17 Zu Recht krit. hinsichtlich dieser Diskrepanz *J. Schmidt* ZIP 2021, 112 (121): „Echte europäische Kooperation stellt man sich anders vor."
18 Dafür etwa DGB, Stellungnahme zum DiRUG-RefE v. 15.1.2021, S. 3 f; *J. Schmidt* ZIP 2021, 112 (121); s. ferner *Omlor/Blöcher* DStR 2021, 2352 (2355). Zurückhaltend aber *Knaier/Meier* GmbHR 2021, 77 Rn 22, 24.
19 Richtlinie (EU) 2019/1151 des Europäischen Parlaments und des Rates vom 20.6.2019 zur Änderung der Richtlinie (EU) 2017/1132 im Hinblick auf den Einsatz digitaler Werkzeuge und Verfahren im Gesellschaftsrecht, ABl. EU Nr. L 186, S. 80.
20 Vgl. auch *J. Schmidt* ZIP 2021, 112 (121), die die Umständlichkeit der deutschen Lösung bemängelt. S. ferner DGB, Stellungnahme zum DiRUG-RefE v. 15.1.2021, S. 3 f.
21 S. die Vorbehalte bei *Stöhr* EuZW 2020, 654 (656); *Teichmann* ZIP 2018, 2451 (2454); vgl. ferner DGB, Stellungnahme zum DiRUG-RefE v. 15.1.2021, S. 4. Die Beibehaltung der Versicherungslösung aber begrüßend *Knaier* GmbHR 2021, 169 Rn 28. Zu Gestaltungen in anderen EU-Mitgliedstaaten s. *Knaier/Meier* GmbHR 2021, 77 Rn 2 ff.
22 Vgl. *J. Schmidt* ZIP 2021, 112 (120): „wichtiges rechtspolitisches Desiderat".
23 Zu den Herausforderungen anschaulich *Stöhr* EuZW 2020, 654 (656).

IV. Bearbeitung eines Informationsersuchens

1. Zuständigkeit

6 § 9c Abs. 1 regelt die Zuständigkeit für die Durchführung eines Informationsersuchens. Während § 9c Abs. 1 S. 1 die Situation betrifft, in der eine **ausländische Stelle** in Deutschland um Informationen über etwaige Bestellungshindernisse ersucht, legt § 9c Abs. 1 S. 1 die Zuständigkeiten für ein Informationsersuchen eines **deutschen Registergerichts** fest.

7 § 9c Abs. 1 S. 1 legt fest, dass die das **Unternehmensregister** führende Stelle für die Beantwortung eines Informationsersuchens aus einem anderen EU-Mitgliedstaat zuständig ist. Diese Aufgabenzuweisung leuchtet ein, weil das Unternehmensregister ohnehin gem. **§ 9b Abs. 1 S. 2** an das Europäische System der Registervernetzung angebunden ist (s. dazu § 9b Rn 10).[24] Sie liegt auch im Lichte des **§ 8b** nahe: Da die das Unternehmensregister führende Stelle schon im rein nationalen Kontext mit der Aufgabe betraut ist, eine Vielzahl von Informationen aus unterschiedlichen Quellen zu bündeln und zur Verfügung zu stellen, spricht im Hinblick auf ihre Expertise viel dafür, ihr die Zuständigkeit für die Beantwortung der Informationsersuchen hinsichtlich der Bestellungshindernisse einzuräumen. Zur Beantwortung des Ersuchens s. noch Rn 14 ff.

8 Die das Unternehmensregister führende Stelle ist nach § 9c Abs. 1 S. 2 auch dann involviert, wenn sich ein nationales **Registergericht** über etwaige ausländischen Bestellungshindernisse eines prospektiven Geschäftsleiters informieren will. Obwohl die Registergerichte nach § 9b Abs. 2 S. 1 am Informationsaustausch über die zentrale Europäische Plattform teilnehmen, hat sich der Gesetzgeber entschlossen, die Zuständigkeiten in Fällen des § 9c in einer Hand zu **bündeln**.[25] Auch insoweit ist die Wahl der das Unternehmensregister führenden Stelle im Hinblick auf ihre Expertise einleuchtend. In sachlicher Hinsicht steht es dem Registergericht offen, nur das „Ob" einer Disqualifikation oder darüber hinaus auch den **Disqualifikationsgrund** zu erfragen. Die letztgenannte Vorgehensweise wird i.d.R. empfehlenswert sein, wenn das Registergericht bestimmen will, ob ausländische Berufsverbote bzw. Straftaten mit den inländischen Tatbeständen vergleichbar sind (s. § 76 Abs. 3 S. 3 und 4 AktG, § 6 Abs. 2 S. 3 und 4 GmbHG und Rn 1).[26]

9 Ergänzend erweitert **§ 8b Abs. 5** die Aufgaben der das Unternehmensregister führenden Stelle um den Informationsaustausch nach § 9c (s. dazu bereits § 8b Rn 63). Aus der Zuständigkeit der das Unternehmensregister führenden Stelle nach § 9c Abs. 1 folgt zugleich, dass die Stelle die für die **internationale Amtshilfe** zuständige Behörde i.S.d. § 57a Abs. 4 S. 2 BZRG, § 150c Abs. 3 S. 2 GewO ist (vgl. dazu noch sogleich in Rn 10).[27]

2. Informationsquellen

10 Erreicht ein Informationsersuchen die das Unternehmensregister führende Stelle, kann diese gem. § 9c Abs. 2 beim Bundeszentralregister nach § 57a Abs. 4 BZRG und beim Gewerbezentralregister nach § 150c Abs. 3 GewO **Auskunft** darüber einholen, ob die betreffende Person disqualifiziert ist. Dies wird i.d.R. erforderlich sein, um das Informationsersuchen zu beantworten, weil sich die Bestellungshindernisse nicht aus dem Unternehmensregister ergeben. Die Tatbestandsmerkmale der § 57a Abs. 4 BZRG, § 150c Abs. 3 GewO sind erfüllt: Zum anderen handelt es sich bei Ersuchen i.S.d. § 9c um ein solches eines EU-Mitgliedstaates, das nicht strafrechtlichen Zwecken

---

24 S. RegE DiRUG, BT-Drucks. 19/28177, S. 90. Für die Zuständigkeit des Bundesamtes für Justiz im Vorfeld des DiRUG-Gesetzgebungsverfahrens *Knaier/Meier* GmbHR 2021, 77 Rn 23.

25 Zur Möglichkeit, das Registergericht unmittelbar einzubinden, s. *Knaier/Meier* GmbHR 2021, 77 Rn 26.

26 Vgl. RegE DiRUG, BT-Drucks. 19/28177, S. 90.

27 S. auch *Knaier* GmbHR 2021, 169 Rn 32.

dient, wobei Art und Umfang der Registerauskunft weder in BZRG noch in der GewO vorgesehen ist. Zum anderen ist eine besondere fachliche Bewertung zur **Beschränkung** der Auskunft erforderlich, weil die das Unternehmensregister führende Stelle prüfen muss, ob ein Bestellungshindernis i.S.d. § 76 Abs. 3 S. 2 Nr. 2 und 3 AktG, § 6 Abs. 2 S. 2 Nr. 2 und 3 GmbHG vorliegt.[28]

3. Verfahren

Der Gesetzgeber hat in § 9c nur ein Grundgerüst für den Informationsaustausch innerhalb des Europäischen Systems der Registervernetzung geschaffen. Die Einzelheiten können sich gem. § 9c Abs. 3 zum einen aus den Bestimmungen der VO (EU) 2020/2244,[29] zum anderen aus einer Verordnung nach § 9c Abs. 6 (s. dazu noch Rn 21) ergeben. Der Verweis auf die VO (EU) 2020/2244 ist irreführend. Dieser Durchführungsrechtsakt ist schon wenige Tage nach der Verabschiedung des DiRUG außer Kraft getreten und durch die **VO (EU) 2021/1042**[30] ersetzt worden, die nunmehr auf den Informationsaustausch unmittelbar anzuwenden ist; dieser Verweis ins Leere wurde im Zuge des DiREG[31] nicht berichtigt. 11

Wie die Teilnehmer des Systems der Registervernetzung die Informationen über etwaige Disqualifikationstatbestände austauschen können, ergibt sich aus der **Nr. 16 des Anhangs** zur VO (EU) 2021/1042. Dort wird insbesondere bestimmt, dass die Abfragen und Antworten unter Verwendung einer Ende-zu-Ende-Verschlüsselung über das System der Registervernetzung übertragen werden (Nr. 16.2). Dabei wird zwischen **zwei Ebenen des Informationsaustausches** unterschieden (s. Nr. 16.2.1 und Nr. 16.2.2).[32] Auf der ersten Ebene werden Informationen darüber ausgetauscht, ob eine Person disqualifiziert oder in einem Register eingetragen ist, das Informationen darüber enthält, die für die Disqualifikation von Geschäftsleitern relevant sind (in Deutschland also das Bundeszentralregister und das Gewerbezentralregister, s. dazu bereits Rn 10). Liegt ein Disqualifikationsgrund vor, können auf der zweiten Ebene weitere Informationen über die betroffene Person ausgetauscht werden. Dies setzt allerdings voraus, dass der Mitgliedstaat, an den das Informationsersuchen adressiert ist, eine entsprechende Öffnungsklausel vorgesehen hat;[33] dies ist in Deutschland gem. § 9c Abs. 4 S. 2 nicht der Fall (s. noch Rn 14). Die **Liste der relevanten Informationen** auf erster und zweiter Ebene ist in Nr. 16.3 des Anhangs zur VO (EU) 2021/1042 festgelegt. Etwaige Schwierigkeiten im Rahmen des Informationsaustausches müssen die Mitgliedstaaten gem. Nr. 16.4 des Anhangs zur VO (EU) 2021/1042 der Kommission melden, damit diese die Gelegenheit hat, das System des Informationsaustausches zu optimieren. 12

---

28 RegE DiRUG, BT-Drucks. 19/28177, S. 90 f.

29 Durchführungsverordnung (EU) 2020/2244 der Kommission vom 17.12.2020 mit Durchführungsbestimmungen zur Richtlinie (EU) 2017/1132 des Europäischen Parlaments und des Rates in Bezug auf technische Spezifikationen und Verfahren für das System der Registervernetzung und zur Aufhebung der Durchführungsverordnung (EU) 2015/884 der Kommission, ABl. EU Nr. L 439, S. 1.

30 Durchführungsverordnung (EU) 2021/1042 der Kommission vom 18.6.2021 mit Durchführungsbestimmungen zur Richtlinie (EU) 2017/1132 des Europäischen Parlaments und des Rates in Bezug auf technische Spezifikationen und Verfahren für das System der Registervernetzung und zur Aufhebung der Durchführungsverordnung (EU) 2020/2244 der Kommission, ABl. EU Nr. L 225, S. 7.

31 Gesetz zur Ergänzung der Regelungen zur Umsetzung der Digitalisierungsrichtlinie und zur Änderung weiterer Vorschriften v. 15.7.2022, BGBl. I, S. 1146. Allerdings soll der Wortlaut des § 9c Abs. 3 im Zuge des Gesetzes zur Umsetzung der Richtlinie (EU) 2021/2101 im Hinblick auf die Offenlegung von Ertragsteuerinformationen durch bestimmte Unternehmen und Zweigniederlassungen aktualisiert werden; der RefE vom 30.9.2022 ist unter https://www.bmj.de/SharedDocs/Gesetzgebungsverfahren/Dokumente/RefE_Offenlegung_Ertragssteuerinformationen.pdf;jsessionid=B5CC44009B8A854E2171267A55BAAC9D.2_cid297?__blob=publicationFile&v=3 abrufbar (s. dort Art. 1 Nr. 2).

32 Zur Vorgängerregelung s. *J. Schmidt* ZIP 2021, 112 (120 f).

33 *J. Schmidt* ZIP 2021, 112 (121).

13 Von der **Verordnungsermächtigung** aus § 9c Abs. 6 hat der deutsche Gesetzgeber bislang keinen Gebrauch gemacht, so dass das Verfahren des Informationsaustausches auf nationaler Ebene nicht näher konkretisiert wird. Eine solche Konkretisierung erscheint im Hinblick auf den hohen Detallierungsgrad der Nr. 16 des Anhangs zur VO (EU) 2021/1042 derzeit nicht erforderlich.

4. Beantwortung des Ersuchens

14 Die das Unternehmensregister führende Stelle darf ein Informationsersuchen einer ausländischen Stelle nicht nach Belieben beantworten. Vielmehr sind ihre Antwortmöglichkeiten in **§ 9c Abs. 4** vorgegeben. In Umsetzung des Art. 13i Abs. 4 S. 1 der Gesellschaftsrechtsrichtlinie sieht § 9c Abs. 4 S. 1 vor, dass sich die Antwort auf ein ausländisches Ersuchen auf die Angaben beschränkt, ob eine Person nach § 76 Abs. 3 S. 2 Nr. 2 und 3 AktG, § 6 Abs. 2 S. 2 Nr. 2 und 3 GmbHG disqualifiziert ist (Nr. 1) oder ob entsprechende Informationen im Bundeszentralregister oder Gewerbezentralregister enthalten sind (Nr. 2). Nicht ausreichend ist es, wenn die ausländische Stelle lediglich darüber informiert wird, dass der Geschäftsleiter keine falsche **Versicherung** i.S.d. §§ 37 Abs. 2 S. 1, 81 Abs. 3 S. 1 AktG, §§ 8 Abs. 3 S. 1, 39 Abs. 3 S. 1 GmbHG abgegeben hat; die Information muss sich vielmehr auf die Inhabilitätsgründe beziehen.[34]

15 Die Auskunft über den Inhalt des Bundeszentralregisters und des Gewerbezentralregisters (§ 9c Abs. 4 S. 1 Nr. 2) ist namentlich dann relevant, wenn ein Geschäftsleiter einem **Berufsverbot** unterliegt, das nur dann zu einer Disqualifikation führt, wenn der Unternehmensgegenstand ganz oder teilweise mit dem Verbotsgegenstand übereinstimmt.[35] Da die das Unternehmensregister führende Stelle im Rahmen des Informationsersuchens keine Angaben zum Gegenstand des Unternehmens erhält, dessen Geschäftsleiter die betroffene Person werden soll, kann sie nur eine abstrakte Auskunft zum Bestehen eines Berufsverbots erteilen. Die Subsumtion unter den ausländischen Disqualifikationstatbestand obliegt allein der zuständigen Stelle im Ausland.[36]

16 Obwohl der Richtliniengeber in Art. 13i Abs. 4 S. 2 der Gesellschaftsrechtsrichtlinie einen **weitergehenden Informationsaustausch** über das System der Registervernetzung ausdrücklich gestattet hat, hat der deutsche Gesetzgeber von dieser Möglichkeit keinen Gebrauch gemacht, was in § 9c Abs. 4 S. 2 unterstrichen wird. Gleichwohl bleibt der Informationsaustausch auf einem anderen Wege möglich, etwa über das Europäische justizielle Netz für Zivil- und Handelssachen.[37]

V. Datenschutz

17 Der auf Disqualifikationstatbestände bezogene Informationsaustausch hat naturgemäß personenbezogene Daten der betroffenen Geschäftsleiter zum Gegenstand, wie etwa auf den Vor- und Nachnamen oder das Geburtsdatum.[38] Da die Verwendung personenbezogener Daten zur Erfüllung öffentlicher Aufgaben dient, ist der Informationsaustausch nach **Art. 6 Abs. 1 Unterabs. 1 lit. e DSGVO** zulässig. In Umsetzung des Art. 13i Abs. 7 der Gesellschaftsrechtsrichtlinie hat der deutsche Gesetzgeber in § 9c Abs. 5 weitere Vorgaben für den Umgang mit personenbezogenen Daten der betroffenen Personen vorgesehen, die unabhängig davon gelten, ob eine ausländi-

34 Zutr. *Knaier* GmbHR 2021, 169 Rn 31; *Stöhr* EuZW 2020, 654 (655).
35 Zu den Einzelheiten *Koch* § 76 Rn 61; Noack/Servatius/Haas/*Beurskens* GmbHG § 6 Rn 15.
36 Hierzu RegE DiRUG, BT-Drucks. 19/28177, S. 91 f.
37 RegE DiRUG, BT-Drucks. 19/28177, S. 92.
38 Zu den betroffenen Daten RegE DiRUG, BT-Drucks. 19/28177, S. 92.

sche Stelle (§ 9c Abs. 1 S. 1 und Rn 6 f) oder ein deutsches Registergericht (§ 9c Abs. 1 S. 2 und Rn 8) um Informationen ersuchen.[39]

Um den mit der Datenverarbeitung verbundenen Eingriff in das Recht auf informationelle Selbstbestimmung möglichst gering zu halten, sieht § 9c Abs. 5 S. 1 eine **Verwendungsbeschränkung** vor: Die das Unternehmensregister führende Stelle darf die von einem ersuchenden Mitgliedstaat, von einem Registergericht oder nach § 9c Abs. 2 übermittelten personenbezogenen Daten der betroffenen Personen für die Zwecke der Beantwortung und der Durchführung eines Ersuchens verarbeiten. Diese Vorgabe erinnert an den Grundsatz der Datenminimierung aus Art. 5 Abs. 1 lit. c DSGVO. 18

Die Verwendungsbeschränkung wird durch den **Löschungstatbestand** in § 9c Abs. 5 S. 2 flankiert. Danach sind die personenbezogenen Daten der betroffenen Personen von der das Unternehmensregister führenden Stelle unverzüglich zu löschen, sobald und soweit diese nicht mehr für die Beantwortung oder die Durchführung des Ersuchens erforderlich sind. Dies ist i.d.R. dann der Fall, wenn der Informationsaustausch, der sich auf eine betroffene Person bezieht, insgesamt abgeschlossen ist. Es kann aber auch erforderlich sein, die Informationen aus dem Bundeszentralregister und dem Gewerbezentralregister schon vor dem **Abschluss des Informationsaustausches** zu löschen, wenn sie für die Abwicklung des Vorgangs nicht zwingend erforderlich sind.[40] 19

Die datenschutzrechtlichen Vorgaben des § 9c Abs. 5 führen dazu, dass die das Unternehmensregister führende Stelle bei jedem Informationsersuchen eines EU- oder EWR-Staats (§ 9c Abs. 1 S. 1) und eines nationalen Registergerichts (§ 9c Abs. 1 S. 2) die ihr zustehenden Informationsquellen **neu auswerten** muss; eine dauerhafte Speicherung der Daten auf **Vorrat** ist unzulässig.[41] Allerdings ist es unbedenklich, wenn die das Unternehmensregister führende Stelle auf Ersuchen eines nationalen Registergerichts mehrere ausländische Stellen um Informationen bitten und die Antworten in einer **gebündelten Form** an das Registergericht weiterleitet.[42] 20

VI. Verordnungsermächtigung

§ 9c Abs. 6 erstreckt die Verordnungsermächtigung nach **§ 9a Abs. 3** (s. dazu bereits § 9a Rn 11) auf die erforderlichen Bestimmungen in Bezug auf die Beantwortung und die Durchführung der Ersuchen durch die das Unternehmensregister führende Stelle. Von der Ermächtigung hat der Verordnungsgeber bislang keinen Gebrauch gemacht. 21

---

39 Zur Geltung in beiden Fällen des § 9c Abs. 1 RegE DiRUG, BT-Drucks. 19/28177, S. 92.

40 Im Einzelnen RegE DiRUG, BT-Drucks. 19/28177, S. 92.

41 Deutlich RegE DiRUG, BT-Drucks. 19/28177, S. 91.

42 Zu einer solchen Vorgehensweise RegE DiRUG, BT-Drucks. 19/28177, S. 91.

§ 10 Bekanntmachung der Eintragungen; Registerbekanntmachungen

(1) [1]Die Eintragungen in das Handelsregister sowie Registerbekanntmachungen nach Absatz 3 werden durch ihre erstmalige Abrufbarkeit über das nach § 9 Absatz 1 bestimmte elektronische Informations- und Kommunikationssystem bekannt gemacht. [2]§ 9 Absatz 1 Satz 4 und 5 gilt entsprechend.

(2) Die Eintragungen in das Handelsregister und die eingereichten Dokumente, die gemäß § 9 der unbeschränkten Einsichtnahme unterliegen, sind unverzüglich nach der Eintragung in das Handelsregister zum Abruf über das nach § 9 Absatz 1 bestimmte elektronische Informations- und Kommunikationssystem bereitzustellen.

(3) Das Registergericht kann in den gesetzlich bestimmten Fällen in dem nach § 9 Absatz 1 bestimmten elektronischen Informations- und Kommunikationssystem sonstige oder zusätzliche Tatsachen bekannt machen (Registerbekanntmachungen).

(4) [1]Eine Eintragung gilt mit dem Ablauf des Tages der Eintragung und eine Registerbekanntmachung gilt mit dem Ablauf des Tages der Registerbekanntmachung als bekannt gemacht. [2]Dies gilt nicht, wenn der Nachweis erbracht wird, dass der Abruf der Eintragung oder der Registerbekanntmachung
   1. bereits zu einem früheren Zeitpunkt möglich war oder
   2. erstmalig erst zu einem späteren Zeitpunkt möglich war.

Schrifttum

Bock Online-Gründung von GmbHs und veränderte Registerpublizität – der Entwurf eines Gesetzes zur Umsetzung der Digitalisierungsrichtlinie, RNotZ 2021, 326; *Knaier* Die Digitalisierung des deutschen Gesellschaftsrechts durch den Referentenentwurf eines Gesetzes zur Umsetzung der Digitalisierungs-RL im Gesellschaftsrecht und Handelsregisterrecht (RefE-DiRUG), GmbHR 2021, 169; *Lieder* Die Publizität des Handelsregisters nach dem DiRUG, DNotZ 2021, 830; *Linke* Gesetz zur Umsetzung der Digitalisierungsrichtlinie (DiRUG), NZG 2021, 309; *Omlor/Blöcher* DiRUG-Neuerungen im Beurkundungs- und Registerrecht, DStR 2021, 2352; *J. Schmidt* DiRUG-RefE: Ein Digitalisierungs-Ruck für das deutsche Gesellschafts- und Registerrecht, ZIP 2021, 112; *Scholz/Hoffmann* Die Rechtstatsachenforschung im toten Winkel des DiRUG-Regierungsentwurfs, AG 2021, 227. Vgl. im Übrigen auch die Angaben zu §§ 8 und 15.

Übersicht

I. Regelungsinhalt und Regelungszweck

1 § 10 führt das Instrument der **Registerbekanntmachungen** (Abs. 3 und Rn 12 ff) ein und regelt die Bekanntmachung von Registereintragungen und Registerbekanntmachungen (Abs. 1, 2 und 4). Bis

https://doi.org/10.1515/9783110564440-016

zum Inkrafttreten des DiRUG[1] lag der Zweck der Bekanntmachungen darin, neben dem Handelsregister die wesentlichen Rechtsverhältnisse der Kaufleute und der Handelsgesellschaften offenzulegen (s. dazu noch Rn 2 f). Im Zuge des DiRUG hat der Gesetzgeber den Bekanntmachungsbegriff mit einem neuen Inhalt gefüllt: Die Bekanntmachung erfüllt **keine eigenständige Publizitätsfunktion**, sondern markiert nunmehr lediglich den Zeitpunkt, zu dem eine Registereintragung erstmalig abrufbar ist und dadurch eine Wirkung im Außenverhältnis entfaltet (s. dazu Rn 7 ff). Die herkömmliche Publizitätsfunktion erfüllen dagegen auch weiterhin die Registerbekanntmachungen i.S.d. § 10 Abs. 3 (s. dazu Rn 12 ff). Über die Verweise in § 5 Abs. 2 PartGG, § 156 GenG gilt das neue Bekanntmachungsregime auch im Partnerschaftsgesellschafts- und Genossenschaftsrecht. Mit dem Inkrafttreten des MoPeG[2] ist es gem. § 707b BGB i.F.d. MoPeG auch im Zusammenhang mit dem Gesellschaftsregister zu beachten.

II. Historische und aktuelle Entwicklung

1. Das Bekanntmachungsregime vor und nach dem EHUG

Bis zur Umstellung der Registerführung auf einen elektronischen Betrieb im Zuge des EHUG[3] war die Einsicht in das Handelsregister nur auf dem beschwerlichen Weg der Präsenzeinsicht in den Räumlichkeiten des Registergerichts möglich (vgl. § 8 Rn 7 f). Deshalb sollte die angestrebte **Publizität** der Eintragungen zusätzlich noch dadurch gefördert werden, dass sie vom Registergericht auch öffentlich bekannt gemacht werden. Dieses Ziel versuchte das Gesetz dadurch zu erreichen, dass die Bekanntmachungen durch den Bundesanzeiger und mindestens ein anderes Blatt publiziert wurden. 2

Diese doppelgleisige Ausgestaltung der Publizität hat mit dem Inkrafttreten des EHUG ihre Rechtfertigung weitgehend verloren,[4] sie war aber dennoch beizubehalten, da die Bekanntmachung in **Art. 3 Abs. 4 und 6 der Publizitätsrichtlinie a.F.**[5] vorgeschrieben war und damit die Grundlage für die mit dem Handelsregister verknüpften Publizitätsfolgen bildete. Sie und nicht die Registereintragung sollten nach der europäischen Regelungskonzeption die **Vertrauensbasis** für den Rechtsverkehr schaffen.[6] Auch wenn die Bekanntmachungen als solche beibehalten wurden, haben sie eine neue Gestalt erhalten: Sie waren über das bundesweite **gemeinsame Registerportal der Länder** zugänglich und direkt unter www.handelsregisterbekanntmachungen.de abrufbar. Daneben konnte auch über das **Unternehmensregister** auf die Bekanntmachungen zugegriffen werden.[7] Im Hinblick auf die Steigerung der Publizitätswirkung, die mit der Umstellung auf ein internetbasiertes Bekanntmachungssystem einherging, und die Verrin- 3

1 Gesetz zur Umsetzung der Digitalisierungsrichtlinie (DiRUG) v. 5.7.2021, BGBl. I, S. 3338.

2 Gesetz zur Modernisierung des Personengesellschaftsrechts (Personengesellschaftsrechtsmodernisierungsgesetz – MoPeG) v. 10.8.2021, BGBl. I, S. 3436.

3 Gesetz über elektronische Handelsregister und Genossenschaftsregister sowie das Unternehmensregister (EHUG) v. 10.11.2006, BGBl. I, S. 2553.

4 Vgl. dazu auch *K. Schmidt* ZIP 2002, 413 (419).

5 Erste Richtlinie 68/151/EWG des Rates v. 9.3.1968 zur Koordinierung der Schutzbestimmungen, die in den Mitgliedstaaten den Gesellschaften im Sinne des Artikels 58 Absatz 2 des Vertrages im Interesse der Gesellschafter sowie Dritter vorgeschrieben sind, um diese Bestimmungen gleichwertig zu gestalten, ABl. EG Nr. L 65, S. 13 v. 14.3.1968; modernisiert durch die Richtlinie 2003/58/EG des Europäischen Parlaments und des Rates v. 15.7.2003 zur Änderung der Richtlinie 68/151/EWG des Rates in Bezug auf die Offenlegungspflichten von Gesellschaften bestimmter Rechtsformen (Offenlegungsrichtlinie), ABl. EG Nr. L 221, S. 8 v. 4.9.2003. Zur Maßgeblichkeit dieser Vorgabe für die Ausgestaltung des deutschen Rechts vgl. auch RegE EHUG, BT-Drucks. 16/960, S. 44.

6 S. dazu die Voraufl. § 15 Rn 6 ff und 98 ff (*Koch*).

7 Zu den Einzelheiten vgl. die Voraufl. Rn 14 f (*Koch*).

gerung des Verwaltungsaufwands auf Seiten der Gerichte und Unternehmen sind die EHUG-Reformen auf eine positive Resonanz gestoßen.[8]

2. Die Reform im Zuge des DiRUG

4 Trotz der Fortschritte durch das EHUG blieb das Nebeneinander von Handelsregistereintragungen und Bekanntmachungen im Internetzeitalter doch fraglich.[9] Die gesteigerte Bedeutung des elektronischen Handelsregisters hat den europäischen Richtliniengeber dazu veranlasst, das Verhältnis zwischem dem Register und den Bekanntmachungen umzukehren: Nach **Art. 16 Abs. 3 S. 1 der Gesellschaftsrechtsrichtlinie**[10] müssen die Mitgliedstaaten dafür sorgen, dass die Art. 14 der Richtlinie bezeichneten Urkunden und Informationen im Register i.S.d. Art. 16 Abs. 3 der Richtlinie öffentlich zugänglich gemacht werden; die Publizität im Wege einer Bekanntmachung ist für die Mitgliedstaaten nach Art. 16 Abs. 3 S. 2 der Richtlinie nur noch optional.[11]

5 Aufgrund dieser Verschiebungen auf unionsrechtlicher Ebene hat der deutsche Gesetzgeber das Publizitätssystem grundlegend geändert[12] und im Rahmen des DiRUG die Bekanntmachung als **eigenständiges Publizitätsmedium abgeschafft.**[13] Stattdessen wird mit der Bekanntmachung gem. § 10 Abs. 1 S. 1 der Zeitpunkt umschrieben, zu dem Handelsregistereintragungen und Registerbekanntmachungen erstmalig elektronisch abrufbar sind (dazu noch Rn 7 ff). Dieser Begriffswandel hat zum einen eine Anpassung des § 15 Abs. 3 erforderlich gemacht: Die **positive Publizität** knüpft nunmehr nicht an die unrichtige Bekanntmachung (die begrifflich gar nicht vorliegen kann), sondern an die unrichtige Eintragung an (s. dazu noch § 15 Rn 11, 99 ff). Zum anderen hat die Umgestaltung des § 10 zu einer **Streichung der §§ 162 Abs. 2, 175 S. 2 a.F.** geführt, die bislang vorgesehen haben, dass bei der Bekanntmachung der Eintragung einer Kommanditgesellschaft bzw. der Änderung der Einlage keine Angaben zu den Kommanditisten zu machen sind. Gestrichen wurde ferner § 32 Abs. 2 S. 1 a.F., wonach Eintragungen mit insolvenzrechtlichem Bezug nicht bekanntgemacht werden. Nach dem Wegfall der Bekannmachung als Publizitätsmedium sind diese Vorschriften obsolet geworden.[14] Mit dem Instrument der **Registerbekanntmachung** i.S.d. § 10 Abs. 3 hat der Gesetzgeber ein neues Publizitätsmedium für Fälle geschaffen, in denen Tatsachen ohne oder neben Registereintragungen bekannt gemacht werden sollen (dazu noch Rn 12 ff).

III. Rechtspolitische Würdigung

6 Aus der Perspektive des Handelsregisterrechts sind die Änderungen im Zuge des DiRUG zu **begrüßen.**[15] Es leuchtete im Internetzeitalter nicht mehr ein, die eintragungsfähigen Tatsachen zum einen im Handelsregister offenzulegen und zum anderen mit Hilfe der Bekanntmachung zu verlautbaren. Dies galt umso mehr, als die Einsichtnahme in das Handelsregister praktikabler

---

8 Vgl. Voraufl. Rn 3 f (*Koch*).

9 Vgl. dazu *Bock*, Der Harmonisierungserfolg der Publizitätsrichtlinie, 2016, 66 ff; *Noack* NZG 2006, 801 (802 f); *Omlor/Blöcher* DStR 2021, 2352 (2354); *Tebben* FS Hopt, 2020, S. 1237 (1238 ff); *Wedemann* FS Seibert, 2019, S. 1073 (1084 f).

10 Richtlinie (EU) 2017/1132 des Europäischen Parlaments und des Rates v. 14.6.2017 über bestimmte Aspekte des Gesellschaftsrechts, ABl. EU Nr. L 169, S. 46 v. 30.6.2017.

11 Zu den unionsrechtlichen Grundlagen s. etwa RegE DiRUG, BT-Drucks. 19/28177, S. 93.

12 Zum Regelungskonzept RegE DiRUG, BT-Drucks. 19/28177, S. 93.

13 Vgl. bereits *Koch* § 39 Rn 8 ff.

14 S. RegE DiRUG, BT-Drucks. 19/28177, S. 100.

15 So auch die ganz hM im Schrifttum, s. *Bock* DNotZ 2018, 643 (656); *Knaier* GmbHR 2021, 169 Rn 36; *Lieder* NZG 2020, 81 (87); *Omlor/Blöcher* DStR 2021, 2352 (2354); *J. Schmidt* ZIP 2021, 112 (118).

war als die Suche im Bekanntmachungsportal.[16] Der Publizitätszweck (s. § 8 Rn 2 f) wird nur durch die Handelsregistereintragungen erreicht, insbesondere nachdem die Gebühren für die Einsichtnahme abgeschafft wurden (s. dazu bereits § 9 Rn 52). Insoweit war die Abschaffung der Bekanntmachung als eigenständiges Publizitätsmedium ein richtiger Schritt. Dabei ist es dem Gesetzgeber gelungen, im Sinne einer minimalinvasiven Lösung den Begriff der Bekanntmachung im Gesetz zu belassen, aber mit neuem Inhalt zu füllen. Durch diesen legislatorischen Kunstgriff[17] ist die begriffliche Handhabung zum Teil erschwert worden (vgl. dazu noch die Ausführungen in Rn 7 f), doch konnte damit auf zahlreiche redaktionelle Folgeänderungen verzichtet werden, die eine vollständige Streichung der Bekanntmachung nach sich gezogen hätte (zur Anpassungsbedarf bei der positiven Publizität nach § 15 Abs. 3 s. noch § 15 Rn 11, 99 ff).[18] Rechtspolitische Kritik an der Abschaffung des Bekanntmachungswesens wurde aber aus der Perspektive der **Rechtstatsachenforschung** geäußert: Die bisherige Bekanntmachungspraxis erlaube die einfache Durchführung von breit angelegten suchstringbasierten Längs- bzw. Zeitreihenerhebungen und von Querschnittsanalysen zu Registereintragungen, die allein mit Hilfe des strukturierten Registerinhalts im XML-Format[19] nicht möglich sei. Mit der Abschaffung der klassischen Bekanntmachungen sei der Boden für die zahlreichen Facetten der tradierten, niederschwelligen Rechtstatsachenforschung zum Unternehmensrecht entzogen.[20]

IV. Bekanntmachung als erstmalige Abrufbarkeit

1. Bekanntmachungsbegriff nach DiRUG

§ 10 Abs. 1 S. 1 ordnet an, dass Handelsregistereintragungen und Registerbekanntmachungen 7
(s. noch Rn 12 ff) mit der **erstmaligen Abrufbarkeit** über das nach § 9 Abs. 1 bestimmte elektronische Informations- und Kommunikationssystem bekanntgemacht werden. Dabei gilt § 9 Abs. 1 S. 4 und 5 nach § 10 Abs. 1 S. 2 entsprechend, d.h. die Länder können ein länderübergreifendes, zentrales elektronisches Informations- und Kommunikationssystem bestimmen und eine Übertragung der Abwicklungsaufgaben auf die zuständige Stelle eines anderen Landes sowie mit dem Betreiber des Unternehmensregisters eine Übertragung der Abwicklungsaufgaben auf das Unternehmensregister vereinbaren. Aus der Zusammenschau dieser Regelungen folgt, dass in § 10 Abs. 1 S. 1 die Abrufbarkeit der Handelsregistereintragung bzw. der Registerbekanntmachung über das **Gemeinsame Registerportal der Länder** (s. dazu § 9 Rn 14) gemeint ist; das Registerportal ist über die Seite www.handelsregister.de zugänglich.[21] Der Rechtsverkehr kann auch die Navigationsfunktion des Unternehmensregisters (www.unternehmensregister.de) nutzen (s. dazu § 8b Rn 14 ff). Das Bekanntmachungsportal www.handelsregisterbekanntmachungen.de ist abgeschafft.[22]

Die Neugestaltung des § 10 Abs. 1 führt dogmatisch dazu, dass zwischen der Handelsregis- 8
tereintragung als einem Akt im **Innenverhältnis** und der Bekanntmachung mit Wirkung im **Außenverhältnis** zu unterscheiden ist:[23] Während die Eintragung den Zeitpunkt markiert, in

16 Im Einzelnen dazu *Tebben* FS Hopt, 2020, S. 1237 (1240).
17 *J. Schmidt* ZIP 2021, 112 (118).
18 *Koch* § 39 Rn 9; *Bock* RNotZ 2021, 326 (335); *Knaier* GmbHR 2021, 169 Rn 36; *Lieder* DNotZ 2021, 830 (832); *Linke* NZG 2021, 309 (313); *Omlor/Blöcher* DStR 2021, 2352 (2354); *J. Schmidt* ZIP 2021, 112 (118).
19 Hierzu § 12 Rn 72 m. Nachw. in Fn 272.
20 *Scholz/Hoffmann* AG 2021, 227 Rn 7 ff.
21 S. *J. Schmidt* ZIP 2021, 112 (118).
22 RegE DiRUG, BT-Drucks. 19/28177, S. 93.
23 In praktischer Hinsicht dürften die Unterschiede weitgehend irrelevant sein, weil Handelsregistereintragungen automatisch an das Registerportal übermittelt werden (s. noch Rn 11), so dass die Zeitspanne zwischen Eintragung und Abrufbarkeit gering sein dürfte; s. *Bock* RNotZ 2021, 326 (335).

dem ein offenlegungspflichtiges Datum im Registersystem gespeichert und dadurch wirksam wird (s. dazu § 8a Abs. 1 und § 8 Rn 3), bezieht sich die Bekanntmachung auf den Zeitpunkt, in dem eine Registertatsache nach außen verlautbart wird.[24] Folgerichtig knüpft die Publizitätswirkung des § 15 Abs. 1 und 2 weiterhin auch an die Bekanntmachung an, die aber nunmehr nicht als eine separate registerrechtliche Verlautbarung zu verstehen ist.

9 Bemüht man sich um eine **genauere begriffliche Konturierung**, zeigt sich jedoch, dass der legislatorische Kunstgriff, einen Rechtsterminus kurzerhand mit einem ganz neuen Inhalt zu füllen, zum Teil auch sprachliche Reibungsverluste nach sich gezogen hat. Ihr Ursprung liegt darin, dass „Bekanntmachung" eine Handlung auf Seiten des Registergerichts umschreibt, während „Abrufbarkeit" eine Option aus der Perspektive des Nutzers formuliert und diese mit der Zeitpunktangabe „erstmalig" verknüpft. Dieser **Perspektivwechsel** macht sich besonders im Rahmen des § 15 Abs. 1–3 bemerkbar, wenn die Bekanntmachung dort als Verb in Partizipform verwendet wird und dabei wiederum an das Registergericht als Handelnden angeknüpft wird. Hier kann das in § 10 Abs. 1 vorgeschriebene Verständnis als „erstmalige Abrufbarkeit" nicht bruchlos fortgeschrieben werden. Vielmehr ist die Bekanntmachung in diesem Kontext als ein **Vorgang** zu verstehen, mit dem zu einem bestimmten Zeitpunkt die Handelsregistereintragung **für Außenstehende so zugänglich gemacht** wird, dass der Rechtsverkehr von ihr potentiell Kenntnis nehmen kann (s. dazu noch § 15 Rn 50).[25]

10 Als ebenfalls nicht ganz glücklich erweist sich die begriffliche Ausfüllung des Bekanntmachungsbegriffs als „Abrufbarkeit", wenn der Zeitpunkt festgelegt werden soll, zu dem **Registerbekanntmachungen** abrufbar sind (§ 10 Abs. 3 und 4). Nach der neuen gesetzlichen Begrifflichkeit gilt es dann, die sprachlich unschöne Doppelung in Kauf zu nehmen, dass eine „Registerbekanntmachung bekannt gemacht" wird, wobei man sich bewusst sein muss, dass der Terminus Bekanntmachung hier einmal im alten Sinne (Registerbekanntmachung), einmal im neuen Sinne des § 10 Abs. 1 (bekannt gemacht) verwendet wird. Das erfordert vom Rechtsanwender gleichermaßen eine gesteigerte sprachliche und gedankliche Disziplin.

2. Vorgaben für Registergerichte und Justizverwaltungen

11 Damit das Handelsregister seine **Publizitätsfunktion** (s. § 8 Rn 2 f) effektiv erfüllen kann, muss sichergestellt werden, dass die Registerdaten dem Rechtsverkehr möglichst rasch zugänglich gemacht werden. Deshalb ordnet § 10 Abs. 2 n.F. an, dass die Handelsregistereintragungen und die eingereichten Dokumente, die nach § 9 der unbeschränkten Einsichtnahme unterliegen (s. dazu § 9 Rn 5 ff), **unverzüglich** (§ 121 Abs. 1 BGB) nach der Eintragung zum Abruf über das Registerportal (Rn 7) bereitzustellen sind; diese Vorgabe wird in § 32 HRV n.F. bekräftigt. Diese Vorgabe richtet sich unmittelbar an die Registergerichte, die zu einer zügigen Abwicklung des Eintragungs- und Bekanntmachungsverfahrens angehalten werden. Mittelbar adressiert § 10 Abs. 2 die Landesjustizverwaltungen, die ein technisch funktionierendes Registersystem bereitstellen müssen, um den Registergerichten die Erfüllung ihrer Aufgaben zu ermöglichen.[26] In der Praxis dürfte diese Vorgabe in der Regel schon dadurch erfüllt sein, dass eine Handelsregistereintragung **automatisch** zur Übermittlung an das Registerportal führt.[27] Funktioniert dieser Vorgang technisch einwandfrei, ist die unverzügliche Bekanntmachung sichergestellt.

---

24 Vgl. auch *Lieder* DNotZ 2021, 830 (833); *Linke* NZG 2021, 309 (313).

25 In die gleiche Richtung Oetker/*Preuß* § 15 Rn 57a: „das öffentliche Zugänglichmachen des Registerinhalts"; ähnlich *Bock* RNotZ 2021, 326 (334 f).

26 Zu dieser doppelten Stoßrichtung des § 10 Abs. 2 s. RegE DiRUG, BT-Drucks. 19/28177, S. 94; *Linke* NZG 2021, 309 (312 f).

27 *Bock* RNotZ 2021, 326 (335).

V. Registerbekanntmachung

1. Rechtliche Rahmenbedingungen

Das materielle Recht sieht einige Fälle vor, in denen eine Tatsache ohne Eintragung ins Handelsregister verlautbart wird. Hierzu zählen etwa die **gesellschaftsrechtlichen Veröffentlichungspflichten** im Zusammenhang mit der Aufsichtsratsbesetzung nach § 106 AktG, § 52 Abs. 3 S. 2, 2. Hs. GmbHG, im Kontext umwandlungsrechtlicher Maßnahmen nach §§ 61 S. 2, 111 S. 2, 122d S. 2 UmwG, § 5 SEAG sowie bei einer Sitzverlegung nach § 4 EWIVAG. Außerdem ordnen §§ 225 Abs. 1 S. 2, 233 Abs. 2 S. 4, 303 Abs. 1 S. 2, 321 Abs. 1 S. 2 AktG, § 58d Abs. 2 S. 4 und § 22 Abs. 1 S. 3 UmwG im Sinne des **Gläubigerschutzes** an, dass die Gläubiger auf ihre Rechte im Zusammenhang mit Kapital- und Umwandlungsmaßnahmen in einer zusätzlichen Bekanntmachung hinzuweisen sind.[28] Auch das Verfahrensrecht enthält Vorschriften, die eine Information des Rechtsverkehrs jenseits des Handelsregisters anordnen, wie etwa die **Verlautbarung der Absicht zur Amtslöschung** nach § 394 Abs. 2 S. 2, 1. Hs. FamFG.[29] Der Wegfall der Bekanntmachung als separates Publizitätsmedium (s. Rn 5) zwang den Gesetzgeber dazu, ein **neues Publizitätsinstrument** einzurichten, um den Normadressaten die Veröffentlichung der im Gesetz vorgesehenen Informationen zu ermöglichen. Diese Regelungsaufgabe hat der Gesetzgeber mit der Einführung der Registerbekanntmachung in § 10 Abs. 3 erfüllt, der durch § 33 HRV konkretisiert wird.[30] Mangels Eintragung ist **§ 15 HGB** auf bloße Registerbekanntmachungen nicht anwendbar (§ 15 Rn 93), doch bleibt insofern der Rückgriff auf die allgemeine Rechtsscheinhaftung möglich (§ 15 Rn 32, 93, 120 f).[31] 12

2. Veröffentlichungspflicht

Nach § 10 Abs. 3 kann das Gericht in gesetzlich bestimmten Fällen (s. dazu bereits die Aufzählung in Rn 12) in dem nach § 9 Abs. 1 bestimmten elektronischen Informations- und Kommunikationssystem – also dem **Gemeinsamen Registerportal der Länder** (www.handelsregister.de) – sonstige oder zusätzliche Tatsachen bekannt machen. Auch für die Registerbekanntmachung hält die neue Vorschrift also konsequent daran fest, dass eine Veröffentlichung im separaten Bekanntmachungsportal nicht erforderlich (und auch nicht möglich) ist.[32] 13

Der **Wortlaut** des § 10 Abs. 3 ist **irreführend**: Die Verwendung des Begriffs „kann" suggeriert, dass die Veröffentlichung der Registerbekanntmachung über das Registerportal im Ermessen des Gerichts liegt. Ein solches Verständnis des § 10 Abs. 3 würde aber die gesellschaftsrechtlichen Vorgaben (Rn 12) konterkarieren, die allesamt eine Pflicht des Gerichts formulieren. Danach hat das Gericht bestimmte Tatsachen bekanntzumachen bzw. die Gläubiger sind auf ihre Rechte hinzuweisen. Auch der Gesetzgeber scheint von einer **Bekanntmachungspflicht** der Gerichte auszugehen: In den Gesetzesmaterialien wird ausgeführt, dass die sonstigen und zusätzlichen Tatsachen im Registerportal zum Abruf bereitgestellt werden müssen.[33] Vor diesem Hintergrund ist das „kann" als „muss" zu lesen. 14

---

28 S. hierzu etwa *Koch* § 225 Rn 14.

29 Zu § 394 Abs. 2 S. 2, 1. Hs. FamFG a.F., der sich noch auf § 10 a.F. bezog, s. etwa OLG Düsseldorf RNotZ 2016, 331 (335); NJW-RR 2017, 674 Rn 21 ff.

30 Im aktienrechtlichen Kontext s. bereits *Koch* § 106 Rn 4, § 225 Rn 14.

31 Vgl. dazu – bezogen auf § 106 AktG – BGHZ 225, 198 Rn 63 ff = AG 2020, 545 in Anlehnung an § 171 Abs. 2 BGB; zustimmend und vertiefend *Wachter* BB 2020, 1474 (1477 ff); s. auch *Lübke* ZGR 2021, 156 (166 ff).

32 S. *Linke* NZG 2021, 309 (314).

33 Vgl. RegE DiRUG, BT-Drucks. 19/28177, S. 93.

3. Inhalt und Form

15 Nach § 33 Abs. 3 HRV n.F. sollen Registerbekanntmachungen **knapp und leicht verständlich** sein und nach § 33 Abs. 4 HRV n.F. das Gericht bezeichnen. Steht die Registerbekanntmachung im Zusammenhang mit einer Eintragung (s. §§ 225 Abs. 1 S. 2, 233 Abs. 2 S. 4, 303 Abs. 1 S. 2, 321 Abs. 1 S. 2 AktG, § 58d Abs. 2 S. 4 und § 22 Abs. 1 S. 3 UmwG), ist gem. § 33 Abs. 4 HRV n.F. auch der Tag der Handelsregistereintragung anzugeben; der Tag der Registerbekanntmachung selbst ist nach § 33 Abs. 5 S. 2 HRV n.F. beizufügen. § 35 HRV sieht darüber hinaus im Falle einer Firmenlöschung eine besondere **Angabe des Löschungsgrundes** vor. Erfolgt die Löschung, weil die Voraussetzungen des § 1 Abs. 2 (Erfordernis eines in kaufmännischer Weise eingerichteten Gewerbebetriebs) nicht mehr vorliegen, so kann auf Antrag des Inhabers in der Registerbekanntmachung der Löschungsgrund erwähnt werden. Handelt es sich um einen Handwerker, der bereits in die Handwerksrolle eingetragen ist, so kann neben der Angabe des Grundes der Löschung in der Registerbekanntmachung auch auf diese Eintragung hingewiesen werden (§ 35 S. 2 HRV).

16 Um eine **gleichförmige Bekanntmachungspraxis** zu fördern, schreibt § 33 Abs. 5 S. 1 HRV vor, dass die Registerbekanntmachungen möglichst nach dem **Muster in Anlage 3 zu HRV** abzufassen sind.[34] Da diese Vorgabe nach dem Wortlaut nicht zwingend ist, führt die Wahl einer anderen Bekanntmachungsform nicht zur Unwirksamkeit der Registerbekanntmachung.[35]

4. Verfahren und Zuständigkeit

17 Die Registerbekanntmachungen werden nach § 33 Abs. 1 HRV n.F. in der zeitlichen Folge ihrer Bekanntmachung für jedes Registerblatt gesondert als Veröffentlichung zum Abruf bereitgestellt. Für die Vornahme der Registerbekanntmachung ist nach § 33 Abs. 2 S. 1 HRV n.F. der **Registerrichter** funktional zuständig. Wie im Zusammenhang mit der Eintragung (s. § 8 Rn 16) wird diese Bestimmung allerdings durch §§ 3 Nr. 2d, 17 RPflG überlagert, wonach der **Rechtspfleger** auch für die Vornahme der Registerbekanntmachung zuständig ist. Durch besondere Verfügung kann die funktionale Zuständigkeit aber nach § 33 Abs. 2 S. 1 HRV auf den **Urkundsbeamten der Geschäftsstelle** übertragen werden. Für die sachliche und örtliche Zuständigkeit gelten die Ausführungen in § 8 Rn 13 ff.

VI. Vermutung der Bekanntmachung

1. Technische Rahmenbedingungen

18 In § 10 Abs. 4 S. 1 hat der Gesetzgeber eine widerlegliche Vermutung[36] des Zeitpunkts vorgesehen, in dem eine Handelsregistereintragung und Registerbekanntmachung bekannt gemacht wird (vgl. zu dieser eigentümlichen sprachlichen Doppelung schon die Ausführungen in Rn 10). Die Regelung ist vor dem Hintergrund zu sehen, dass der **genaue Zeitpunkt der erstmaligen Abrufbarkeit** einer Eintragung und Registerbekanntmachung aus technischen Gründen nicht unmittelbar im Handelsregister abgebildet werden kann; nach §§ 27 Abs. 4, 33 Abs. 5 S. 2 HRV ist nur der Tag der Eintragung bzw. der Registerbekanntmachung anzugeben. Im Hinblick darauf lässt sich allein anhand des Handelsregisters nicht bestimmen, wann eine Eintragung oder Registerbekanntmachung ihre Wirksamkeit im Außenverhältnis (Rn 8) entfaltet. Die Landesjus-

---

34 Vgl. BeckOGK-HRV/*Szalai* § 33 Rn 8.

35 So auch BeckOGK-HRV/*Szalai* § 33 Rn 8.

36 Zur dogmatischen Einordnung als Vermutung s. RegE DiRUG, BT-Drucks. 19/28177, S. 94; **aA** *Bock* RNotZ 2021, 326 (335): Fiktion.

tizverwaltungen können aber nach § 27 Abs. 5 HRV n.F. anordnen, dass eine **elektronische Aufzeichnung** des genauen Zeitpunktes der erstmaligen Abrufbarkeit einer Eintragung oder Tatsache im Registerordner des jeweiligen Registerblattes gespeichert wird.[37] Um die Rechtssicherheit zu fördern, sollten die Landesjustizverwaltungen von dieser Ermächtigungsgrundlage Gebrauch machen.[38]

2. Vermutungstatbestand

Nach § 10 Abs. 4 S. 1 gelten eine Eintragung mit dem Ablauf des Tages der Eintragung und eine 19
Registerbekanntmachung mit dem Ablauf des Tages der Registerbekanntmachung als bekannt gemacht. Da der Tag der Eintragung und der Registerbekanntmachung nach §§ 27 Abs. 4, 33 Abs. 5 S. 2 HRV angegeben wird (s. Rn 15), lässt sich unter Rückgriff auf § 10 Abs. 4 S. 1 in Zweifelsfällen bestimmen, zu welchem Zeitpunkt die Eintragungen und Registerbekanntmachungen im Außenverhältnis ihre Wirksamkeit entfalten.

3. Widerlegung der Vermutung

Da Situationen denkbar sind, in denen eine Eintragung oder Registerbekanntmachung vor oder 20
nach dem in § 10 Abs. 4 S. 1 festgelegten Zeitpunkt abrufbar ist, schreibt § 10 Abs. 4 S. 2 vor, dass die Vermutung des § 10 Abs. 4 S. 1 widerlegt werden kann. Kann eine Person beweisen, dass der Abruf einer Eintragung oder Registerbekanntmachung bereits **vor dem Ablauf des Tages** der Eintragung und der Registerbekanntmachung möglich war, so ist nach § 10 Abs. 4 S. 2 Nr. 1 dieser Zeitpunkt maßgeblich. Der Nachweis kann etwa mit Hilfe einer Aufzeichnung i.S.d. § 27 Abs. 5 HRV (s. Rn 18) oder eines Handelsregisterausdrucks, auf dem der genaue Zeitpunkt der Eintragung und des Abrufs dokumentiert ist, geführt werden; der Nachweis der erstmaligen Abrufbarkeit ist nicht erforderlich.[39] Da Handelsregistereintragungen **automatisch** an das Registerportal übermittelt werden (s. bereits Rn 11),[40] dürfte § 10 Abs. 2 S. 2 Nr. 1 nicht selten zur Anwendung gelangen, wenn die interessierten Personen tatsächlich am Eintragungstag in das Register Einsicht nehmen und den jeweiligen Registerstand dokumentieren.

Für den umgekehrten Fall, dass es jemandem zu beweisen gelingt, dass der erstmalige Ab- 21
ruf einer Eintragung oder Registerbekanntmachung erst **nach dem Ablauf des Tages** der Eintragung und der Registerbekanntmachung möglich war, ist nach § 10 Abs. 4 S. 2 Nr. 2 dieser spätere Zeitpunkt maßgeblich. Der Nachweis kann auch hier durch eine Aufzeichnung i.S.d. § 27 Abs. 5 HRV (Rn 18) geführt werden. Außerdem kommt es in Betracht, die technische Störung der Abrufbarkeit zu beweisen.[41] Im Hinblick auf die automatische Übermittlung der Handelsregistereintragungen an das Registerportal[42] (s. Rn 11) dürfte die praktische Relevanz des § 10 Abs. 4 S. 2 Nr. 2 gering sein.

VII. Kosten

Die Abfrage der Registerbekanntmachungen ist – wie die Einsichtnahme in das Registerportal 22
sonst (s. § 9 Rn 52) – kostenfrei.

37 S. RegE DiRUG, BT-Drucks. 19/28177, S. 94, 137.
38 Zutr. *Bock* RNotZ 2021, 326 (335).
39 RegE DiRUG, BT-Drucks. 19/28177, S. 95.
40 *Bock* RNotZ 2021, 326 (335).
41 RegE DiRUG, BT-Drucks. 19/28177, S. 95; *Lieder* DNotZ 2021, 830 (832).
42 Vgl. *Bock* RNotZ 2021, 326 (335).

§ 10a Anwendung der Verordnung (EU) 2016/679

(1) [1]Das Auskunftsrecht nach Artikel 15 Absatz 1 und das Recht auf Erhalt einer Kopie nach Artikel 15 Absatz 3 der Verordnung (EU) 2016/679 des Europäischen Parlaments und des Rates vom 27. April 2016 zum Schutz natürlicher Personen bei der Verarbeitung personenbezogener Daten, zum freien Datenverkehr und zur Aufhebung der Richtlinie 95/46/EG (Datenschutz-Grundverordnung) (ABl. L 119 vom 4.5.2016, S. 1; L 314 vom 22.11.2016, S. 72) wird dadurch erfüllt, dass die betroffene Person Einsicht in das Handelsregister und in die zum Handelsregister eingereichten Dokumente nehmen kann. [2]Eine Information der betroffenen Person über konkrete Empfänger, gegenüber denen die im Register, in Registerbekanntmachungen oder in zum Register einzureichenden Dokumenten enthaltenen personenbezogenen Daten offengelegt werden, erfolgt nicht.

(2) Hinsichtlich der im Handelsregister, in Registerbekanntmachungen oder in zum Handelsregister einzureichenden Dokumenten enthaltenen personenbezogenen Daten kann das Recht auf Berichtigung nach Artikel 16 der Verordnung (EU) 2016/679 nur unter den Voraussetzungen ausgeübt werden, die in den §§ 393 bis 395 und §§ 397 bis 399 des Gesetzes über das Verfahren in Familiensachen und in den Angelegenheiten der Freiwilligen Gerichtsbarkeit sowie der Rechtsverordnung nach § 387 Absatz 2 des Gesetzes über das Verfahren in Familiensachen und in den Angelegenheiten der Freiwilligen Gerichtsbarkeit für eine Löschung oder Berichtigung vorgesehen sind.

(3) Das Widerspruchsrecht gemäß Artikel 21 der Verordnung (EU) 2016/679 findet in Bezug auf die im Handelsregister, in Registerbekanntmachungen oder in zum Handelsregister einzureichenden Dokumenten enthaltenen personenbezogenen Daten keine Anwendung.

Schrifttum

S. die Angaben zu § 8.

Übersicht

I. Regelungsinhalt und Regelungszweck

1 Im Handelsregister wird eine Vielzahl von personenbezogenen Daten[1] (insbesondere Name, Geburtsdatum und Adresse) gespeichert und offengelegt. Diese Daten werden durch die **Daten-**

1 S. die Legaldefinition in Art. 4 Nr. 1 der DSGVO und BeckOK-DSR/*Schild* Art. 4 DSGVO Rn 3 ff.

https://doi.org/10.1515/9783110564440-017

schutz-Grundverordnung (DSGVO) geschützt,[2] deren Regelungen in einem latenten Spannungsverhältnis mit §§ 8 ff stehen. Mit § 10a will der deutsche Gesetzgeber die **praktische Konkordanz** zwischen dem Handelsregisterrecht einerseits und Datenschutzrecht andererseits herstellen. Zu diesem Zweck trifft § 10a – gestützt auf die Ermächtigung in Art. 23 DSGVO – Sonderregelungen im Hinblick auf das Auskunftsrecht nach Art. 15 der DSGVO (dazu Rn 9 ff), das Berichtigungsrecht nach Art. 16 der DSGVO (dazu Rn 14 f) und das Widerspruchsrecht nach Art. 21 der DSGVO (dazu Rn 16).

II. Regelungsumfeld und Normentwicklung

Anders als sonstige Vorschriften des zweiten Abschnitts dient § 10a zwar nicht der Umsetzung einer EU-Richtlinie, die Vorschrift ist aber dennoch im System des Unionsrechts eingebettet. Sie ist im Kontext der Vorgaben der DSGVO zu lesen: Nach Art. 6 der DSGVO bedarf die Verarbeitung personenbezogener Daten, die im Handelsregister gespeichert und offengelegt werden, einer Rechtsgrundlage. Die Führung des Handelsregisters ist eine Aufgabe im **öffentlichen Interesse,**[3] die nach Art. 6 Abs. 1 Unterabs. 1 lit. e der DSGVO gerechtfertigt ist.[4] Das Handelsregister ist ein Publizitätsmittel, das dem Schutz des Rechtsverkehrs dient (zu den Zwecken des Handelsregisters s. bereits § 8 Rn 1 f). Dass auch der europäische Gesetzgeber von der grundsätzlichen Zulässigkeit der Datenverarbeitungsvorgänge im Zusammenhang mit der Registerpublizität ausgegangen ist, machen nicht zuletzt Art. 14 ff der Gesellschaftsrechtsrichtlinie[5] deutlich, die die Mitgliedstaaten dazu anhalten, personengezogene Daten in einem Register zu speichern und offenzulegen (zu den unionsrechtlichen Grundlagen des Registerrechts s. bereits § 8 Rn 8). 2

Die im Ausgangspunkt zulässige Datenverarbeitung im Zusammehang mit der Registerführung führt allerdings dazu, dass die betroffenen Personen grundsätzlich die Rechte aus Art. 12 ff der DSGVO geltend machen können. So ist die betroffene Person nach Maßgabe der Art. 13, 14 der DSGVO bei der Erhebung personenbezogener Daten über eine Reihe von Umständen zu **informieren.** Im Fall einer sog. **Dritterhebung,** also wenn die Daten nicht bei der betroffenen Person erhoben wurden (Art. 14 der DSGVO), sieht Art. 14 Abs. 5 lit. c der DSGVO eine Ausnahme vor, wenn die Erlangung oder Offenlegung durch Rechtsvorschriften der EU oder der Mitgliedstaaten, denen der Verantwortliche unterliegt und die geeignete Maßnahmen zum Schutz der berechtigten Interessen der betroffenen Person vorsehen, ausdrücklich geregelt ist. Dieser **Ausnahmetatbestand** ist im Zusammenhang mit dem Handelsregister erfüllt:[6] Die Registerführung ist unionsrechtlich vorgegeben (s. bereits Rn 2). Wie schon in § 9 Rn 16, 23 erläutert, hat der deutsche Gesetzgeber bei der Ausgestaltung des Einsichtnahmerechts Vorkehrungen getroffen, die dem Schutz personenbezogener Daten dienen. 3

Eine Reihe von Rechten greift wegen des Vorbehalts für Datenverarbeitung im **öffentlichen Interesse** nicht ein, wozu auch die Führung des Handelsregisters gehört (s. bereits Rn 2).[7] Hierzu zählen das Recht auf **Vergessenwerden** nach Art. 17 der DSGVO (Ausnahme in Art. 17 Abs. 3 lit. b der DSGVO),[8] das Recht auf **Einschränkung der Verarbeitung** nach Art. 18 der DSGVO 4

2 Verordnung (EU) 2016/679 des Europäischen Parlaments und des Rates vom 27.4.2016 zum Schutz natürlicher Personen bei der Verarbeitung personenbezogener Daten, zum freien Datenverkehr und zur Aufhebung der Richtlinie 95/46/EG (Datenschutz-Grundverordnung), ABl. EU Nr. L 119, S. 1.

3 Davon geht augenscheinlich auch der Verordnungsgeber aus, s. Erwägungsgrund 73 der DSGVO. S. ferner im Kontext des § 10a BeschlussE BVG-ÄG, BT-Drucks. 18/126611, S. 67.

4 Auf diese Ermächtigungsgrundlage stellt auch BeckOGK-HGB/*Beurskens* Rn 2 ab.

5 Richtlinie (EU) 2017/1132 des Europäischen Parlaments und des Rates v. 14.6.2017 über bestimmte Aspekte des Gesellschaftsrechts, ABl. EU Nr. L 169, S. 46 v. 30.6.2017.

6 So auch im Ergebnis BeckOGK-HGB/*Beurskens* Rn 17.

7 Zum Folgenden BeschlussE BVG-ÄG, BT-Drucks. 18/126611, S. 69; BeckOGK-HGB/*Beurskens* Rn 18 ff; MünchKommHGB/*Krafka* Rn 14; Röhricht/v. Westphalen/Haas/*Ries* Rn 3.

8 Hierzu im Zusammenhang mit § 10a Abs. 2 (dazu noch Rn 14 f) auch BeckOGK-HGB/*Beurskens* Rn 14.

(Ausnahme in Art. 18 Abs. 2 der DSGVO) und das Recht auf **Datenübertragbarkeit** nach Art. 20 der DSGVO (Ausnahme in Art. 20 Abs. 3 S. 2 der DSGVO). Da die Art. 16–18 der DSGVO nicht eingreifen,[9] läuft ferner die Mitteilungspflicht aus Art. 19 der DSGVO ins Leere.[10]

5 Vergleichbare Ausnahmetatbestände sind für das Auskunftsrecht nach Art. 15 der DSGVO, das Berichtigungsrecht nach Art. 16 der DSGVO und das Widerspruchsrecht nach Art. 21 der DSGVO nicht unmittelbar in der Verordnung selbst vorgesehen. Gleichwohl hat es der Verordnungsgeber den Mitgliedstaaten in **Art. 23 der DSGVO** gestattet, die Rechte der betroffenen Personen aus Art. 12 ff der DSGVO zu beschränken, sofern eine solche Beschränkung den Wesensgehalt der Grundrechte und Grundfreiheiten achtet, in einer demokratischen Gesellschaft eine notwendige und verhältnismäßige Maßnahme darstellt und eines der in Art. 23 Abs. 1 lit. a–j der DSGVO genannten Ziele verfolgt. Art. 23 Abs. 2 der DSGVO enthält nähere Vorgaben zur Ausgestaltung der beschränkenden Vorschrift.[11]

6 Von dieser Ermächtigung hat der deutsche Gesetzgeber mit der Einführung des § 10a Gebrauch gemacht,[12] wobei er sich auf Art. 23 Abs. 1 lit. e der DSGVO gestützt hat,[13] wonach eine Beschränkung zum Schutz sonstiger wichtiger Ziele des allgemeinen **öffentlichen Interesses** gestattet ist (zu Registerführung und öffentlichem Interesse s. bereits Rn 2).[14] Da der Gesetzgeber in § 10a versucht, in die Rechte der Betroffenen nach Art. 15, 16 und 21 der DSGVO auf eine möglichst schonende Art und Weise einzugreifen, hat er die Schranken des Art. 23 Abs. 1 der DSGVO gewahrt: Die Rechte aus Art. 15, 16 der DSGVO werden nicht völlig ausgeschlossen, sondern nur modifiziert (s. im Einzelnen Rn 9 ff und Rn 14 f). Der gänzliche Ausschluss des Widerspruchsrechts aus Art. 21 der DSGVO ist wegen der Zwecke der – unionsrechtlich gebotenen (Rn 2 und § 8 Rn 8) – Handelsregisterpublizität alternativlos (Rn 16).

7 Im Zuge des DiRUG[15] wurde § 10a an die Änderungen des Bekanntmachungswesens (dazu § 10 Rn 4 f), insbesondere die Einführung der Registerbekanntmachung (s. bereits § 10 Rn 12 ff), redaktionell angepasst.[16]

III. Rechtspolitische Kritik

8 Es ist positiv zu würdigen, dass der deutsche Gesetzgeber versucht, das deutsche Handelsregisterrecht mit den datenschutzrechtlichen Anforderungen der DSGVO in Einklag zu bringen. Auch wenn die in § 10a gegossene Lösung punktuell dogmatische Schwäche aufweist, ist dies eher dem Umstand geschuldet, dass die Vorgaben der DSGVO an einigen Stellen verunglückt sind und die Besonderheiten des Registerrechts nicht berücksichtigen. Der europäische Verordnungsgeber hat es bislang versäumt, das – unionsrechtlich geprägte – Recht der Unternehmenspublizität und das Datenschutzrecht aufeinander abzustimmen (s. dazu bereits § 9 Rn 16, 23). Insoweit ist § 10a ein Schritt in die richtige Richtung. Eine stimmige Lösung kann nur auf der europäischen Ebene erfolgen.

---

9 Art. 16 der DSGVO wird durch § 10a erheblich modifiziert, s. dazu noch Rn 14 f.

10 Vgl. BeckOGK-HGB/*Beurskens* Rn 20, der ergänzend darauf hinweist, dass die individuelle Information aller Empfänger nicht möglich ist und deshalb die Information über das Handelsregister selbst ausreichend sein muss.

11 S. hierzu etwa BeckOK-DSR/*Stender-Vorwachs/Wolff* Art. 23 DSGVO Rn 61 ff.

12 Art. 7 des Gesetzes zur Änderung des Bundesversorgungsgesetzes und anderer Vorschriften v. 17.7.2017, BGBl. I, S. 2541.

13 BeschlussE BVG-ÄG, BT-Drucks. 18/126611, S. 67 mit weitergehenden Ausführungen zu Art. 23 Abs. 1 der DSGVO.

14 Zu dieser Zielvorgabe BeckOK-DSR/*Stender-Vorwachs/Wolff* Art. 23 DSGVO Rn 34 ff.

15 Gesetz zur Umsetzung der Digitalisierungsrichtlinie (DiRUG) v. 5.7.2021, BGBl. I, S. 3338.

16 Vgl. RegE DiRUG, BT-Drucks. 19/28177, S. 95: Folgeänderungen.

IV. Recht auf Auskunft und Kopie aus Art. 15 der DSGVO

1. Unionsrechtliche Grundlagen

Nach Art. 15 Abs. 1, 1. HS der DSGVO hat die betroffene Person das Recht, eine Bestätigung darüber zu verlangen, ob sie betreffende personenbezogene Daten verarbeitet werden. Ist dies der Fall, räumt Art. 15 Abs. 1, 2. Hs. der DSGVO der betroffenen Person einen Anspruch auf **Auskunft** über diese personenbezogenen Daten und auf weitere Informationen, die in Art. 15 Abs. 1, 2. Halbs. lit. a–h der DSGVO aufgezählt sind, ein. Hierzu zählt nach Art. 15 Abs. 1, 2. Hs. lit. c der DSGVO insbesondere die Information über die Empfänger oder Kategorien von Empfängern, gegenüber denen die personenbezogenen Daten offengelegt worden sind oder noch offengelegt werden, insbesondere bei Empfängern in Drittländern oder bei internationalen Organisationen (zur Weitergabe an Empfänger in Drittländern und an internationale Organisationen s. auch Art. 15 Abs. 2 der DSGVO). Flankiert wird dieser Anspruch durch das Recht auf Erhalt einer **Kopie** der personenbezogenen Daten, die Gegenstand der Verarbeitung sind, s. Art. 15 Abs. 3 der DSGVO. 9

2. Ausgestaltung des allgemeinen Auskunfts- und Kopierechts

Da die betroffenen Personen nach § 9 Einsicht in das Handelsregister und in die zum Handelsregister eingereichten Dokumente nehmen und auf diese Weise feststellen können, ob ihre personenbezogenen Daten im Register verarbeitet werden, legt § 10a Abs. 1 S. 1 fest, dass die bloße Möglichkeit der Einsichtnahme zur Erfüllung des Auskunfts- und Kopieanspruchs aus Art. 15 Abs. 1 und 3 der DSGVO führt. Zwar können die betroffenen Personen nicht nach ihrem Namen, sondern nur nach der Firma recherchieren,[17] doch dient diese **Begrenzung der Rechercheoptionen** auch dazu, die personenbezogenen Daten vor dem Zugriff Dritter so weit wie möglich zu schützen (s. § 52 S. 2 HRV und § 9 Rn 16), so dass der Verweis auf das Einsichtnahmerecht aus § 9 insgesamt unbedenklich erscheint. 10

In den Gesetzesmaterialien wurde zudem hervorgehoben, dass die betroffenen Personen i.d.R. wissen, dass ihre Daten im Handelsregister gespeichert und offengelegt werden.[18] Im Schrifttum wird in Zweifel gezogen, ob ein solches **„sachgedankliches Begleitbewusstsein“** den Verordnungsvorgaben genügt.[19] Die Kritik ist aus der Perspektive der DSGVO systematisch stichhaltig, lässt aber außer Betracht, dass Art. 23 der DSGVO, auf dem § 10a Abs. 1 beruht (s. Rn 5 f), gerade dazu dient, die hohen datenschutzrechtlichen Standards punktuell herabzusetzen. Vor diesem Hintergrund erscheint die vom deutschen Gesetzgeber gewählte Gestaltung **unionsrechtskonform**; das Einsichtnahmerecht aus § 9 muss das Auskunfts- und Kopierecht aus Art. 15 der DSGVO nicht vollständig substituieren. Die früher geäußerten Bedenken, ob der Verweis auf die Möglichkeit der Einsichtnahme im Hinblick auf die mit der Einsichtnahme verbundenen Kosten den Anforderungen des Art. 15 der DSGVO entspricht,[20] sind nach dem Wegfall der Einsichtnahmegebühren (s. § 9 Rn 52) jedenfalls ausgeräumt. 11

§ 10a a.F. stellte auch auf die Möglichkeit der Einsichtnahme „in das für die Bekanntmachungen der Eintragungen bestimmte elektronische Informations- und Kommunikationssystem“ ab; gemeint waren damit Bekanntmachungen i.S.d. § 10 a.F. (zum Bekanntmachungswesen vor dem DiRUG s. § 10 Rn 2 f). Der Gesetzgeber hat diese Passage im Zuge des DiRUG ersatzlos gestrichen. Anders als in § 10a Abs. 1 S. 2, Abs. 2 und 3 n.F. hat er in § 10a Abs. 1 S. 1 n.F. die 12

17 Aus diesem Grund krit. BeckOGK-HGB/*Beurskens* Rn 6. S. ferner BeschlussE BVG-ÄG, BT-Drucks. 18/126611, S. 68; Koller/Kindler/Roth/Drüen/*Roth* Rn 2; MünchKommHGB/*Krafka* Rn 4.

18 BeschlussE BVG-ÄG, BT-Drucks. 18/126611, S. 69. S. ferner Ebenroth/Boujong/Joost/Strohn/*Schaub* Rn 3.

19 BeckOGK-HGB/*Beurskens* Rn 7 f.

20 BeckOGK-HGB/*Beurskens* Rn 10.

Registerbekanntmachungen i.S.d. § 10 Abs. 3 (s. dazu § 10 Rn 12 ff) nicht erwähnt. Dabei dürfte es sich um ein Redaktionsversehen handeln. Der Auskunfts- und Kopieanspruch aus Art. 15 Abs. 1 und 3 der DSGVO ist also auch dann erfüllt, dass die betroffene Person Einsicht in die Registerbekanntmachung nehmen kann.

3. Ausschluss des Auskunftsrechts hinsichtlich Empfänger

13 § 10a Abs. 1 S. 2 erklärt, dass eine Information der betroffenen Person über konkrete Empfänger, gegenüber denen die im Register, in Registerbekanntmachungen oder in zum Register einzureichenden Dokumenten enthaltenen personenbezogenen Daten offengelegt werden, nicht erfolgt. Damit ist das Recht auf Information über Datenempfänger aus **Art. 15 Abs. 1, 2. Hs. lit. c der DSGVO** (s. dazu Rn 9) ausgeschlossen.[21] Dieser Ausschluss ist aus pragmatischen Gründen geboten: Zwar wird der Abruf der Registerdaten nach § 53 Abs. 1 HRV protokolliert,[22] eine Auskunft über die abrufenden Personen wäre aber im Hinblick auf die hohe Anzahl der Einsichtnahmen in das Handelsregister unzumutbar.[23]

V. Recht auf Berichtigung nach Art. 16 der DSGVO

14 Sind die personenbezogenen Daten unrichtig, hat die betroffene Person nach Art. 16 S. 1 der DSGVO einen Berichtigungsanspruch; Art. 16 S. 2 der DSGVO räumt ihr einen Vervollständigungsanspruch ein. **§ 10 Abs. 2** modifiziert diese Ansprüche dahingehend, dass die betroffene Person eine Berichtigung oder Löschung nur unter den Voraussetzungen der §§ 393–395, 397–399 FamFG und der HRV geltend machen kann. Damit stimmt der Gesetzgeber das Datenschutzrecht und das Handelsregisterrecht aufeinander ab. Eine solche **Abstimmung** ist erforderlich, weil eine vollständige Löschung und Berichtigung der Daten den Zwecken des Registerrechts zuwiderlaufen würde. Der Rechtsverkehr muss die Möglichkeit haben, sich dauerhaft über den (ggf. fehlerhaften) Inhalt des Handelsregisters zu informieren,[24] etwa um sich auf die Publizitätswirkung des § 15 berufen zu können.

15 Der Verweis des § 10a Abs. 2 auf die Löschungstatbestände der §§ 393 ff FamFG im Zusammenspiel mit Art. 16 der DSGVO führt dazu, dass die betroffene Person gegenüber dem Registergericht eine zukunftsbezogene Löschung erzwingen kann, wenn die Voraussetzungen der §§ 393 ff FamFG vorliegen (zur Löschung s. bereits § 8 Rn 144 f).[25] Die Löschung erfolgt gem. § 16 HRV dergestalt, dass die ursprüngliche Eintragung kenntlich bleibt, aber rot unterstrichen und durch eine neue Eintragung ersetzt wird;[26] bei einer Löschung von Amts wegen wird nach § 19 HRV ein entsprechender Vermerk eingetragen.[27] Außerdem können nach § 17 HRV i.V.m. § 10a Abs. 2 **Schreibversehen** und ähnliche offenbare Unrichtigkeiten von Amts wegen berich-

---

21 Oetker/*Preuß* Rn 4.

22 In der Kommentarliteratur wird der Eindruck erweckt, dass die Einsichtnahme keine Registrierung erfordert (s. etwa Hopt/*Merkt* Rn 2; BeckOGK-HGB/*Beurskens* Rn 9; MünchKommHGB/*Krafka* Rn 3). Dies traf für die Einsichtnahme in die Bekanntmachungen i.S.d. 10 a.F. zu (dazu auch BeschlussE BVG-ÄG, BT-Drucks. 18/126611, S. 68); der elektronische Abruf der Handelsregisterdaten erfordert hingegen eine Registrierung (s. § 9 Rn 25).

23 BeschlussE BVG-ÄG, BT-Drucks. 18/126611, S. 68; MünchKommHGB/*Krafka* Rn 5.

24 BeschlussE BVG-ÄG, BT-Drucks. 18/126611, S. 68; Hopt/*Merkt* Rn 3; BeckOGK-HGB/*Beurskens* Rn 12; Ebenroth/Boujong/Joost/Strohn/*Schaub* Rn 4; MünchKommHGB/*Krafka* Rn 6, 10; Oetker/*Preuß* Rn 5; Röhricht/v. Westphalen/Haas/*Ries* Rn 6.

25 Vgl. MünchKommHGB/*Krafka* Rn 8, der davon spricht, dass das Ermessen des Registergerichts reduziert wird, und in Rn 9 darauf hinweist, dass der Verweis auf §§ 393 f FamFG irreführend ist. Zur geringen Relevanz des Verweises auf §§ 393 ff FamFG s. ferner Oetker/*Preuß* Rn 5.

26 S. auch Oetker/*Preuß* Rn 6.

27 Vgl. BeckOGK-HGB/*Beurskens* Rn 14.

tigt werden,[28] wobei sich das Ermessen des Registergerichts auf Null reduziert.[29] Will die betroffene Person eine Handelsregistereintragung oder die zum Handelsregister eingereichten Dokumente an **geänderte tatsächliche Umstände** (etwa eine Namensänderung) anpassen, kann sie keinen Berichtigungsanspruch nach Art. 16 der DSGVO geltend machen, sondern sie muss eine **Anmeldung nach § 12** einreichen.[30]

VI. Ausschluss des Widerspruchsrechts nach Art. 21 der DSGVO

Nach Art. 21 der DSGVO kann die betroffene Person der Verarbeitung ihrer personenbezogenen Daten widersprechen. Die Durchsetzung dieses Rechts im Kontext des Handelsregisters würde dazu führen, dass die Registerdaten nicht mehr offengelegt werden dürften.[31] Dies liefe dem Zweck des Handelsregisterrechts (s. Rn 2 und § 8 Rn 1 f) zuwider, so dass der Gesetzgeber in **§ 10a Abs. 3** das Widerspruchsrecht gänzlich ausgeschlossen hat.[32] **16**

28 Einzelheiten bei BeckOGK-HRV/*Szalai* § 17 Rn 3 ff. S. ferner Oetker/*Preuß* Rn 6.
29 MünchKommHGB/*Krafka* Rn 11.
30 MünchKommHGB/*Krafka* Rn 7. S. auch ohne Bezugnahme auf § 12 BeschlussE BVG-ÄG, BT-Drucks. 18/126611, S. 68.
31 BeckOGK-HGB/*Beurskens* Rn 15.
32 Zu den Gründen s. auch BeschlussE BVG-ÄG, BT-Drucks. 18/126611, S. 68 f; BeckOGK-HGB/*Beurskens* Rn 16; MünchKommHGB/*Krafka* Rn 12; Röhricht/v. Westphalen/Haas/*Ries* Rn 7.

§ 11 Offenlegung in der Amtssprache eines Mitgliedstaats der Europäischen Union

(1) [1]Die zum Handelsregister einzureichenden Dokumente sowie der Inhalt einer Eintragung können zusätzlich in jeder Amtssprache eines Mitgliedstaats der Europäischen Union übermittelt werden. [2]Auf die Übersetzungen ist in geeigneter Weise hinzuweisen. [3]§ 9 ist entsprechend anwendbar.

(2) Im Fall der Abweichung der Originalfassung von einer eingereichten Übersetzung kann letztere einem Dritten nicht entgegengehalten werden; dieser kann sich jedoch auf die eingereichte Übersetzung berufen, es sei denn, der Eingetragene weist nach, dass dem Dritten die Originalfassung bekannt war.

Schrifttum

Christ/Müller-Helle Veröffentlichungspflichten nach dem neuen EHUG, 2007; *DAV-Handelsrechtsausschuss* Stellungnahme zum Entwurf eines Gesetzes über elektronische Handelsregister- und Genossenschaftsregister sowie das Unternehmensregister (EHUG), NZG 2005, 586; *Nedden-Boeger* Das neue Registerrecht, FGPrax 2007, 1; *Paefgen* Handelsregisterpublizität und Verkehrsschutz im Lichte des EHUG, ZIP 2008, 1653; *Ries* Elektronisches Handels- und Unternehmensregister, Rpfleger 2006, 233; *Noack* (Hrsg.) Das neue Gesetz über elektronische Handels- und Unternehmensregister – EHUG, 2007; *ders.* in FS Eisenhardt, 2007, S. 475; *Schlotter* Das EHUG ist in Kraft getreten: Das Recht der Unternehmenspublizität hat eine neue Grundlage, BB 2007, 1; *Schmidt-Kessel* Das Gemeinschaftsrecht des Handelsregisters, GPR 2006, 6; *O. Scholz* Die Einführung elektronischer Handelsregister im Europarecht, EuZW 2007, 172; *Seibert/Decker* Das Gesetz über elektronische Handelsregister und Genossenschaftsregister sowie das Unternehmensregister (EHUG), DB 2006, 2446.

Übersicht

I. Regelungsinhalt und Regelungszweck

1 Die Vorschrift des § 11 dient der Umsetzung des Art. 21 Abs. 2 Unterabs. 1 der **Gesellschaftsrechtsrichtlinie**[1] (s. dazu § 8 Rn 9), wonach die freiwillige Offenlegung der in Art. 14 genannten „Urkunden und Angaben" zusätzlich zur regulären Offenlegung in jeder anderen Amtssprache eines Mitgliedstaats der Gemeinschaft zuzulassen ist. Zwar betrifft Art. 21 der Gesellschaftsrechtsrichtlinie allein Kapitalgesellschaften und die für ihre unternehmerische Betätigung zentralen Dokumente, doch hat sich der Gesetzgeber im Interesse der Einheit des registerrechtlichen Regelungssystems

1 Richtlinie (EU) 2017/1132 des Europäischen Parlaments und des Rates v. 14.6.2017 über bestimmte Aspekte des Gesellschaftsrechts, ABl. EU Nr. L 169, S. 46 v. 30.6.2017. Vorgänger des Art. 21 der Gesellschaftsrechtsrichtlinie war Art. 3a der Publizitätsrichtlinie (s. § 8 Rn 9), auf den sich die Gesetzesmaterialien beziehen, vgl. RegE EHUG, BT-Drucks. 16/960, S. 44.

https://doi.org/10.1515/9783110564440-018

in zweifacher Hinsicht für eine **überschießende Richtlinienumsetzung** entschieden (ausführlich dazu noch § 15 Rn 12 ff). Der Anwendungsbereich des neu eingefügten § 11 erstreckt sich auf sämtliche Kaufleute und Handelsgesellschaften und erfasst alle Registereintragungen sowie die zum Register einzureichenden Dokumente.[2]

Der **Zweck der Regelung** liegt darin, die durch die Umstellung auf eine elektronische Re- 2
gisterführung (§ 8) gewonnene erleichterte Zugänglichkeit des Handelsregisters auch für ausländische Interessenten nutzbar zu machen, die der deutschen Sprache nicht mächtig sind. Ob die einzelnen Unternehmen einen solchen Service anbieten, wird ihnen allerdings nicht vom Gesetzgeber vorgeschrieben, sondern bleibt ihrer **eigenen unternehmerischen Entscheidung** vorbehalten.[3] Wenn sie sich dafür entscheiden, sind die Registergerichte nach § 11 dazu verpflichtet, Übersetzungen von Registerinhalten zugänglich zu machen. Die praktische Bedeutung der Vorschrift ist gering.[4]

II. Anwendungsbereich

Welche Dokumente i.S.d. § 11 zum Handelsregister einzureichen sind, ergibt sich aus zahlrei- 3
chen Vorschriften des Handels- und Gesellschaftsrechts (beispielhafte Aufzählung in § 9 Rn 6). Es handelt sich dabei um solche Dokumente, die in den sog. **Registerordner** nach § 9 HRV aufgenommen werden (vgl. § 8 Rn 22).[5] Allerdings hängt die Anwendung des § 11 nicht von der Art und Weise der formellen Aktenführung im Einzelfall ab, sondern nur davon, ob es sich materiell um einzureichende Dokumente handelt.[6] Anders als in § 9 Abs. 1 ist in § 11 Abs. 1 S. 1 nicht von den eingereichten, sondern von den **einzureichenden Dokumenten** die Rede. Dennoch sollte es dem Anmelder auch im Hinblick auf solche Dokumente, die eingereicht werden, ohne dass dies gesetzlich angeordnet ist (z.B. auf Anordnung des Registergerichts im Zuge der Amtsermittlung – s. § 9 Rn 5), unbenommen bleiben, eine Übersetzung zu übermitteln, wenn ihm daran gelegen ist, den Rechtsverkehr umfassend zu informieren.

Neben den Dokumenten erfasst § 11 Abs. 1 S. 1 auch den **Inhalt einer Eintragung**. Damit 4
weicht der deutsche Gesetzestext vom Wortlaut der Gesellschaftsrechtsrichtlinie (Rn 1) ab, der sich allein auf „Urkunden und Angaben" bezieht. Für diese Abweichung hat der Gesetzgeber sich bewusst entschieden, da sich in Deutschland der Registerinhalt nicht aus einer Bezugnahme auf die einzureichenden Angaben ergibt, sondern aus den eigenen Formulierungen des Registerrichters.[7] Gegenstand der Übersetzung ist also der von ihm verfügte Text. Auf das **Unternehmensregister** findet § 11 keine Anwendung.[8] Nur beim mittelbaren Zugriff auf das Handelsregister über das Zugangsportal des Unternehmensregisters (s. dazu § 8b Rn 1 f) kann der Rechtsverkehr also die vom Anmeldepflichtigen zur Verfügung gestellten Übersetzungen einsehen. Darüber hinaus verweist aber auch § 325 Abs. 6 hinsichtlich der Unterlagen der Rechnungslegung, die nach den Änderungen im Zuge des DiRUG[9] an die das Unternehmensregister führende Stelle zur Einstellung in das Unternehmensregister zu übermitteln sind (§ 8b Rn 22), auf § 11.

---

2 RegE EHUG, BT-Drucks. 16/960, S. 44.

3 Angesichts der weitreichenden materiell-rechtlichen Folgen (s. noch Rn 12) wird vielerorts davon abgeraten, Übersetzungen anzubieten; vgl. etwa Christ/*Müller-Helle* S. 48; dagegen wiederum *Noack* FS Eisenhardt, 2007, S. 475 (487).

4 Röhricht/v. Westphalen/Haas/*Ries* Rn 1 aE.

5 Zu Registerakte und -ordner im Einzelnen *Krafka* Rn 41 ff; *Nedden-Boeger* FGPrax 2007, 1 (2).

6 So die auf § 11 übertragbaren Grundsätze zu § 9 (s. § 9 Rn 5) – vgl. OLG Hamm GmbHR 2007, 158; vgl. auch bereits KGJ 42 A Nr. 30, S. 146.

7 RegE EHUG, BT-Drucks. 16/960, S. 44.

8 Ebenroth/Boujong/Joost/Strohn/*Schaub* Rn 3; Koller/Kindler/Roth/Drüen/*Roth* Rn 1.

9 Gesetz zur Umsetzung der Digitalisierungsrichtlinie (DiRUG) v. 5.7.2021, BGBl. I, S. 3338.

III. Übersetzung

1. Allgemeine Grundsätze

5 Nach § 184 GVG wird das Handelsregister in deutscher Sprache geführt. Davon weicht § 11 nicht ab, sondern es wird lediglich die Option einer **zusätzlichen Publikation** in weiteren Sprachen angeboten. Anmeldung, Dokumente und Eintragung müssen daher in jedem Fall in deutscher Sprache verfasst sein; § 11 Abs. 2 spricht insofern – missverständlich, aber im Kontext doch eindeutig – von der „Originalfassung".[10] Die Übersetzungen der deutschen Originalfassung können nur in einer anderen **Amtssprache** eines EU-Mitgliedstaats angeboten werden. Von der durch Art. 21 Abs. 3 der Gesellschaftsrechtsrichtlinie (Rn 1) eröffneten Möglichkeit, überdies auch noch die Offenlegung in jeder anderen Sprache zuzulassen, hat der deutsche Gesetzgeber keinen Gebrauch gemacht.[11]

2. Amtssprache

6 Ausweislich des Wortlautes des § 11 Abs. 1 können die Übersetzungen in jeder **Amtssprache eines Mitgliedstaats der EU** übermittelt werden. Die Amtssprachen der einzelnen EU-Mitgliedstaaten sind allerdings etwas anderes als die **Amtssprachen der EU** selbst. Die Amtssprachen der EU-Mitgliedstaaten werden durch die jeweils einschlägigen nationalen Gesetzgebungsakte festgelegt, wohingegen die Amtssprachen der EU nach Art. 342 AEUV einstimmig vom Rat festgelegt werden. Dies ist durch die VO Nr. 1 vom 15.4.1958[12] geschehen, die sodann mit jeder EU-Erweiterung fortgeschrieben wurde. Es deutet einiges darauf hin, dass der Gesetzgeber tatsächlich die Amtssprachen der EU im letztgenannten Sinne gemeint hat. Darauf weisen nicht nur die Gesetzesmaterialien, sondern auch die Konkretisierung des § 11 in § 13 Abs. 4 HRV hin, wo jeweils von den Amtssprachen der Europäischen Union die Rede ist. Entscheidend spricht für diese Lesart schließlich der **Wille zur Richtlinienumsetzung**: Art. 21 Abs. 2 Unterabs. 1 der Gesellschaftsrechtsrichtlinie spricht ebenfalls von den „Amtssprachen der Union". Durch den Widerspruch zwischen Gesetzeswortlaut und Gesetzesmaterialien eröffnet das deutsche Recht einen Interpretationsspielraum, der es zulässt, auch § 11 Abs. 1 S. 1 entgegen seinem Wortlaut richtlinienkonform dahingehend zu verstehen, dass Übersetzungen in jeder Amtssprache der EU zulässig sind.[13]

7 Die **Amtssprachen der EU** werden in Art. 1 VO Nr. 1 von 1958 (Rn 6) enumerativ aufgezählt.[14] Es fallen derzeit darunter: Bulgarisch, Dänisch, Deutsch, Englisch, Estnisch, Finnisch, Französisch, Griechisch, Irisch, Italienisch, Kroatisch, Lettisch, Litauisch, Maltesisch, Niederländisch, Polnisch, Portugiesisch, Rumänisch, Schwedisch, Slowakisch, Slowenisch, Spanisch, Tschechisch und Ungarisch.[15] Die Aufzählung folgt dem Grundsatz, dass jede Sprache Amtssprache der EU ist, die den **Status einer Amtssprache auf dem gesamten Gebiet** des jeweiligen Mitgliedstaats innehat, so dass die beiden in Rn 6 aufgezeigten Lesarten nicht wesentlich voneinander abweichen. Eine Ausnahme gilt jedoch für das Luxemburgische, das keine Amtssprache der EU ist. Obwohl es nach dem Wortlaut des § 11 Abs. 1 S. 1 ebenfalls erfasst wäre, ist

---

10 Koller/Kindler/Roth/Drüen/*Roth* Rn 2.

11 BeckOGK-HGB/*Beurskens* Rn 3.

12 ABl. EG 1958 Nr. 17, S. 385.

13 Zwingend geboten ist dieses Verständnis europarechtlich nicht, da auch hier eine überschießende Richtlinienumsetzung selbstverständlich möglich wäre (s. dazu bereits Rn 1). Die Gesetzesmaterialien legen allerdings die Vermutung nahe, dass sie hier nicht gewollt war; so auch Heymann/*Förster* HGB Rn 2.

14 Vgl. zum Folgenden statt aller Calliess/Ruffert/*Wichard* EUV/AEUV, 6. Aufl., 2022, Art. 342 AEUV Rn 10.

15 S. dazu die aufschlussreiche Übersicht zur Entwicklung unter https://european-union.europa.eu/principles-countries-history/languages_de.

eine Eintragung in dieser Sprache nach dem hier vertretenen richtlinienkonformen Verständnis unzulässig.

3. Keine Kontrolle der Übersetzung und späterer Änderungen

Die Übersetzung in eine Amtssprache ist durch den Anmeldepflichtigen selbst einzureichen. Eine **inhaltliche Überprüfung** der Übersetzung erfolgt nicht,[16] wozu die Gerichte mangels entsprechender Sprachkenntnisse auch in den meisten Fällen kaum in der Lage wären. Ihre Aufgabe soll sich darin erschöpfen, die Übersetzung entgegenzunehmen und sie nach § 13 Abs. 4 HRV dem Registerblatt und der jeweiligen Eintragung zuzuordnen.[17] Um dennoch die sachliche Richtigkeit des Registers zu gewährleisten, eröffnet Art. 21 Abs. 2 Unterabs. 2 der Gesellschaftsrechtsrichtlinie (Rn 1) die naheliegende Möglichkeit, eine Beglaubigung der Übersetzung zu verlangen. Der deutsche Gesetzgeber hat von dieser Option keinen Gebrauch gemacht, da ihm die Einschaltung eines beeidigten Übersetzers i.S.d. § 142 Abs. 3 ZPO zu aufwändig erschien.[18] Den **Anreiz zu einer korrekten Übersetzung** hat er vielmehr über die **Gutglaubensvorschrift** des § 11 Abs. 2, 2. Hs. geschaffen (s. dazu noch Rn 14 ff).[19] 8

Aus demselben Grund konnte auch darauf verzichtet werden, von Amts wegen sicherzustellen, dass **spätere Änderungen** der eingereichten deutschen Urkunden eine Übersetzung erfahren. Der Rechtsverkehr wird allerdings nach **§ 9 Abs. 1 S. 4 HRV** (Dokumente) und **§ 15 S. 1 HRV** (Eintragung) darauf hingewiesen, dass die Übersetzung nicht mehr dem aktuellen Stand der Registereintragung entspricht. Ein solcher Hinweis kann von den Registergerichten auch ohne besondere Sprachkenntnisse gegeben werden (s. Rn 8). Es genügt festzustellen, dass zwar die deutsche „Originalfassung" (s. Rn 5), nicht aber die Übersetzung geändert wurde. Wie dieser Hinweis erfolgt, wird nicht näher vorgegeben. Es genügt aber bereits, wenn sich die eingereichte Übersetzung erkennbar auf einen bestimmten Stand des Registerinhalts bezieht und daneben kenntlich gemacht wird, wann das Register zuletzt durch Eintragung geändert wurde.[20] Die Aktualisierung der Übersetzung muss **in derselben Sprache** erfolgen, um die materiell-rechtliche Publizitätswirkung der früheren Fassung aufzuheben (s. noch Rn 12 ff).[21] 9

4. Zugang zu den Übersetzungen

Auf die Übersetzung ist gemäß § 11 Abs. 1 S. 2 „in geeigneter Weise" **hinzuweisen.** Eine solche Eignung ist dann anzunehmen, wenn auch jemand, der nicht der deutschen Sprache mächtig ist, über den Hinweis zuverlässig zu den Übersetzungen geleitet wird. Die Regierungsbegründung schlägt insofern beispielhaft eine Schaltfläche auf dem Bildschirm mit einem Flaggensymbol oder mit dem Landesnamen in der jeweiligen Landessprache vor. Über diesen Hinweis muss sodann nach § 11 Abs. 1 S. 3 ein Zugang zu den Übersetzungen nach **Maßgabe des § 9** eröffnet werden. Die Übersetzungen sind dadurch in gleicher Weise online zugänglich wie die Originaldokumente. Jeder Interessent kann also in die Übersetzungen Einsicht nehmen (§ 9 Abs. 1); es können Beglaubigungen und Ausdrucke verlangt werden (§ 9 Abs. 3 und 4).[22] Durch die Einstel- 10

16 RegE EHUG, BT-Drucks. 16/960, S. 44.
17 *Krafka* Rn 135.
18 RegE EHUG, BT-Drucks. 16/960, S. 45.
19 S. auch BeckOGK-HGB/*Beurskens* Rn 7.
20 RegE EHUG, BT-Drucks. 16/960, S. 58; vgl. auch *Nedden-Boeger* FGPrax 2007, 1 (3).
21 *Noack* FS Eisenhardt, 2007, S. 475 (487); *Schmidt-Kessel* GPR 2006, 6 (9); **aA** *Schemmann* GPR 2003/04, 92 (94).
22 **AA** hinsichtlich des Beglaubigungserfordernisses *Ries* Rpfleger 2006, 233 (235), dessen Äußerung aber möglicherweise dahingehend verstanden werden soll, dass das Gericht keine Beglaubigung der Übersetzung anfordert (s. dazu bereits Rn 8); unklar auch Röhricht/v. Westphalen/Haas/*Ries* Rn 2 aE.

lung der Übersetzungen in das Handelsregister sind sie nach § 8b Abs. 2 Nr. 1 automatisch auch über das Unternehmensregister zugänglich.[23]

11 Diese Form der Publikation genügt den **Anforderungen des Art. 21 Abs. 2 Unterabs. 1 der Gesellschaftsrechtsrichtlinie** (Rn 1), da der dort gewählte Begriff der „Offenlegung" im Sinne eines **Zugänglichmachens** zu verstehen ist.[24] Ein solcher Zugang ist durch den Verweis auf § 9 in § 11 Abs. 1 S. 3 gewährleistet. Ebenfalls ist es nicht erforderlich, dass neben den freiwillig eingereichten Übersetzungen auch sonstige Registerinhalte oder gar das vollständige Registersystem (z.B. die Zugangsmasken) in anderen Sprachfassungen angeboten werden.[25] Dadurch würde ausländischen Interessenten der Zugang zu deutschen Registerdaten zwar erheblich erleichtert; den damit verbundene Mehraufwand wollte der Gesetzgeber den Registergerichten aber nicht zumuten.[26]

IV. Materiell-rechtliche Relevanz der Übersetzung (§ 11 Abs. 2)

1. Keine rechtsscheinzerstörende Wirkung der Übersetzung

12 § 11 Abs. 2 regelt in enger Anlehnung an die europäische Vorgabe des Art. 21 Abs. 4 besondere materiell-rechtliche Rechtsfolgen der Übersetzung. Sie sind so ausgestaltet, dass **Übersetzungsfehler** sich grundsätzlich zu Lasten desjenigen auswirken, der die Übersetzung eingereicht hat. Nach diesem Prinzip wird in § 11 Abs. 2, 1. Hs. zunächst festgelegt, dass dem Dritten eine von der deutschen Originalfassung abweichende Übersetzung nicht entgegengehalten werden kann. Diese Bestimmung hat im Wesentlichen eine **nur klarstellende Bedeutung**. Weicht die Übersetzung von der tatsächlichen Rechtslage ab, während die Eintragung sie richtig wiedergibt, so enthält die Vorschrift die wenig überraschende Klarstellung, dass der Anmeldepflichtige sich gegenüber der vom Dritten angeführten wahren Rechtslage nicht auf einen von ihm selbst gesetzten fehlerhaften Rechtsschein berufen kann.

13 Aber auch in der umgekehrten Konstellation, dass die Eintragung fehlerhaft ist, die davon abweichende Übersetzung die Rechtslage hingegen zutreffend wiedergibt, erhält § 11 Abs. 2, 1. Hs. keine eigenständige Bedeutung. Der Übersetzung könnte hier allenfalls eine **rechtsscheinzerstörende Wirkung** im Kontext der registerrechtlichen Vertrauenshaftung nach § 15 Abs. 1 und 3 HGB zukommen. Beide Vertrauenstatbestände setzen dafür aber ohnehin schon nach ihrem Wortlaut eine **positive Kenntnis** der tatsächlichen Rechtslage voraus, die durch die bloße Abrufbarkeit einer Übersetzung noch nicht begründet wird; bloßes Kennenmüssen i.S.d. § 122 Abs. 2 BGB genügt noch nicht. Wenn dem Anmeldepflichtigen der Nachweis positiver Kenntnis ausnahmsweise gelingen sollte, dann besteht allerdings kein Grund, diesen Nachweis deshalb zu entkräften, weil sich die positive Kenntnis auch auf eine Übersetzung stützt. Eine solche Rechtsfolge lässt sich auch aus § 11 Abs. 2, 1. Hs. nicht herleiten, weil der Rechtsscheinhaftung nicht die Übersetzung, sondern der Einwand positiver Kenntnis entgegengehalten wird, die in der Übersetzung nur eine Stütze findet. Auch hier erlangt § 11 Abs. 2, 1. Hs. also keine eigenständige Bedeutung.

2. Gutglaubensschutz zugunsten Dritter

14 **a) Rechtsscheinträger.** Größere Bedeutung kommt der in § 11 Abs. 2, 2. Hs. enthaltenen positiven Aussage zu, dass ein Dritter sich auf die eingereichte Übersetzung berufen darf, solange ihm die Originalfassung nicht bekannt war. Diese Regelung steht **der Publizitätsvorschrift des**

23 Ebenroth/Boujong/Joost/Strohn/*Schaub* Rn 8; Koller/Kindler/Roth/Drüen/*Roth* Rn 2.
24 RegE EHUG, BT-Drucks. 16/960, S. 45. So auch MünchKommHGB/Krafka Rn 7; **aA** *Paefgen* ZIP 2008, 1653 (1658).
25 Vgl. dazu *O. Scholz* EuZW 2004, 172 (176).
26 RegE EHUG, BT-Drucks. 16/960, S. 45.

§ 15 Abs. 3 nahe, doch lassen sich die hier zu erfassenden Sachverhalte nicht unter diese Bestimmung subsumieren, weil es hier nicht um eine Diskrepanz zwischen dem Publizitätsakt einerseits und der tatsächlichen Rechtslage andererseits geht, sondern um eine Diskrepanz zwischen zwei Sprachfassungen der Eintragung.[27] Der Träger des positiven Vertrauensschutzes ist eine fehlerhafte Übersetzung. Der durch sie begründete Rechtsschein bleibt auch von der entgegenstehenden Aussage abweichender Publizitätsakte (korrekte Eintragung) unberührt. Auch wenn von **mehreren Übersetzungen** nur eine fehlerhaft ist, kann der Dritte sich auf die fehlerhafte Übersetzung berufen.[28] Ein zweiter wesentlicher Unterschied zu § 15 Abs. 3 ist darin zu erblicken, dass sich der durch die Vorschrift gewährte Vertrauensschutz nicht allein auf die Registereintragung, sondern **auch auf die eingereichten Dokumente** erstreckt.[29]

Schließlich unterscheidet sich § 11 Abs. 2, 2. Hs. auch darin von § 15 Abs. 3, dass es sich bei § 11 Abs. 2, 2. Hs. nicht um eine anmeldepflichtige Tatsache (vgl. dazu § 8 Rn 33 f) handeln muss, sondern die **bloße Eintragungsfähigkeit** genügt. Angesichts des weit gefassten Wortlauts der Vorschrift ließe sich eine Eingrenzung auf anmeldepflichtige Tatsachen nur im Wege der teleologischen Reduktion begründen; eine entsprechende Regelungslücke lässt sich allerdings nicht nachweisen, da auch bei nur eintragungsfähigen Tatsachen der Rechtsverkehr schutzbedürftig sein kann. 15

b) Geschützter Personenkreis. Trotz dieser Unterschiede können die zu § 15 Abs. 3 entwickelten Grundsätze angesichts der übereinstimmenden europäischen Wurzeln (s. oben Rn 1 und § 15 Rn 6 ff) und der weitgehend identischen Normstruktur teilweise auch auf § 11 Abs. 2, 2. Hs. übertragen werden. Daraus folgt insbesondere eine Einschränkung hinsichtlich der Person des Dritten, der sich auf § 11 Abs. 2, 2. Hs. berufen darf. **Dritter** in diesem Sinne ist nur derjenige, der von der einzutragenden Tatsache **nicht selbst betroffen** wird. Damit werden nicht nur die anmeldepflichtigen Unternehmensträger selbst, sondern auch ihre Gesellschafter und Organpersonen aus dem Schutzbereich des § 11 Abs. 2, 2. Hs. ausgeschlossen.[30] Etwas anderes gilt nach umstrittener, aber zutreffender Auffassung nur dann, wenn der Gesellschafter mit seiner Gesellschaft wie ein Dritter in rechtsgeschäftliche Beziehungen tritt (s. dazu § 15 Rn 56 f, 117). Dass der Dritte Ausländer ist, wird in § 11 Abs. 2 nicht vorausgesetzt, so dass sich auch ein Deutscher auf eine fehlerhafte Übersetzung berufen kann.[31] 16

c) Subjektive Voraussetzungen in der Person des Dritten. Dem Dritten ist die Berufung auf die fehlerhafte Übersetzung verwehrt, wenn ihm die Originalfassung bekannt war. Wie bei § 15 Abs. 1 und 3 liegt darin auch hier eine **widerlegbare Vermutung der Unkenntnis** (s. noch § 15 Rn 58, 115). Der Eingetragene muss also beweisen, dass dem Dritten die Originalfassung positiv bekannt war.[32] Fahrlässige Unkenntnis genügt nicht. Ebenso ist die bloße Kenntnis einer abweichenden anderen Übersetzung nicht ausreichend.[33] Die Kenntnis der Originalfassung zu beweisen, erscheint auf den ersten Blick kaum möglich, doch kann insofern gegebenenfalls die 17

---

27 Ähnlich RegE EHUG, BT-Drucks. 16/960, S. 45, der § 15 Abs. 3 aber als eine Regelung der Diskrepanz zwischen Bekanntmachung und Eintragung auffasst und nicht – entsprechend dem hier vertretenen Verständnis, § 15 Rn 102 f – der Diskrepanz zwischen Bekanntmachung und tatsächlicher Rechtslage; mittlerweile auch Ebenroth/Boujong/Joost/Strohn/*Schaub* Rn 9; Koller/Kindler/Roth/Drüen/*Roth* Rn 3.

28 Koller/Kindler/Roth/Drüen/*Roth* Rn 3; MünchKommHGB/*Krafka* Rn 10; *Schemmann* GPR 2003/04, 92 (94).

29 *Noack* FS Eisenhardt, 2007, S. 475 (484 mit Fn 40).

30 Vgl. dazu auch Ebenroth/Boujong/Joost/Strohn/*Schaub* Rn 10; MünchKommHGB/*Krafka* Rn 10 sowie *O. Scholz* EuZW 2004, 172 (176) unter Hinweis auf einen schon im Primärrecht angelegten europarechtlichen Sprachgebrauch.

31 *Noack* FS Eisenhardt, 2007, S. 475 (483); zweifelnd Christ/*Müller-Helle* S. 47.

32 Koller/Kindler/Roth/Drüen/*Roth* Rn 3; MünchKommHGB/*Krafka* Rn 11.

33 *Schemmann* GPR 2003/04, 92 (94); *Schmidt-Kessel* GPR 2006, 6 (15).

neue Technik der Online-Abfrage hilfreich sein. Die einzelnen Abfragen werden nämlich vom Registerbetreiber dokumentiert, so dass nachvollziehbar ist, ob der Dritte in die Originalfassung Einsicht genommen hat.[34] Inwiefern sich derartige Daten allerdings in einem Zivilprozess verwerten lassen, ist derzeit noch gänzlich ungeklärt.

18 Zweifelhaft ist, wann die Originalfassung dem Dritten bekannt war.[35] Entgegen einer teilweise vertretenen Ansicht kann es insofern nicht darauf ankommen, ob dem Dritten generell die **Existenz einer Originalfassung** bekannt war.[36] Bei einem solchen Verständnis würde der von § 11 Abs. 2 bestrebte Schutz weitgehend ins Leere gehen, denn schon der in § 11 Abs. 1 S. 2 geforderte Hinweis auf eine Übersetzung impliziert das Vorliegen einer Originalfassung. Überdies würde auch das Ziel verfehlt, ausländischen Interessenten den Zugang zu deutschen Registerdaten zu erleichtern (s. oben Rn 2). Sie könnten zwar auf eine Übersetzung zugreifen, müssten die Originalfassung aber trotzdem noch übersetzen lassen, um sicherzugehen, dass die eingereichte Übersetzung damit inhaltlich übereinstimmt. Um die Vermutung zu widerlegen, ist es deshalb erforderlich, dass dem Dritten der **Inhalt der übersetzten Originaldaten bekannt** war und dass er sprachlich dazu in der Lage war, ihn zu erfassen.[37] Wenn allerdings nachweisbar ist, dass der Dritte diesen Inhalt kannte, ohne daraus den Rückschluss auf die wahre Rechtslage zu ziehen, so erscheint es angemessen, ihm die Berufung auf die falsche Übersetzung nach § 242 BGB zu versagen (vgl. dazu die entsprechende Behandlung bei § 15 Abs. 3 – s. § 15 Rn 115 mwN).

19 Dagegen schließt der Nachweis, dass der Dritte die Übersetzung nicht kannte oder sie für seine Entschließung irrelevant war, die Haftung nach § 11 Abs. 2, 2. Hs. nicht aus. Ebenso wie § 15 Abs. 3 ist auch § 11 Abs. 2, 2. Hs. eine **Vorschrift des abstrakten Vertrauensschutzes**, was aus Sicht des Dritten eine bedeutsame Erleichterung gegenüber den allgemeinen Grundsätzen der Vertrauenshaftung darstellt.[38] Die insofern zu § 15 Abs. 1 und 3 angestellten Überlegungen beanspruchen auch hier Gültigkeit (§ 15 Rn 18 ff).

3. Beseitigung der Publizitätswirkung

20 Angesichts der weitreichenden materiell-rechtlichen Wirkungen einer Übersetzung muss sich der Eingetragene um eine **fortlaufende Aktualisierung** der Übersetzung bemühen, und zwar in derselben Sprache, in der auch die Übersetzung selbst gefasst ist (s. Rn 9). Will er sich auch dieser Belastung entziehen, muss er die vollständige **Löschung** der Übersetzung veranlassen. Sie ist im Gesetz zwar nicht ausdrücklich vorgesehen, doch da die Veröffentlichung auf freiwilliger Basis erfolgt, muss auch ihre nachträgliche Beseitigung möglich sein.[39]

---

34 *Noack* FS Eisenhardt, 2007, S. 475 (485).

35 So bereits der vom Gesetzgeber nicht beachtete Hinweis des *DAV-Handelsrechtsausschusses* NZG 2005, 586 (588).

36 So aber Ebenroth/Boujong/Joost/Strohn/*Schaub* Rn 10; Koller/Kindler/Roth/Drüen/*Roth* Rn 3.

37 So überzeugend Hopt/*Merkt* Rn 5; MünchKommHGB/*Krafka* Rn 11; *Nedden-Boeger* FGPrax 2007, 1 (3); *Paefgen* ZIP 2008, 1653 (1659).

38 Ebenso Ebenroth/Boujong/Joost/Strohn/*Schaub* Rn 10; Koller/Kindler/Roth/Drüen/*Roth* Rn 3; MünchKommHGB/*Krafka* Rn 11.

39 *Noack* FS Eisenhardt, 2007, S. 475 (487); *Paefgen* ZIP 2008, 1653 (1658).

§ 12 Anmeldungen zur Eintragung und Einreichungen

(1) [1]Anmeldungen zur Eintragung in das Handelsregister sind elektronisch in öffentlich beglaubigter Form einzureichen. [2]Die öffentliche Beglaubigung mittels Videokommunikation gemäß § 40a des Beurkundungsgesetzes ist zulässig. [3]Die gleiche Form ist für eine Vollmacht zur Anmeldung erforderlich. [4]Anstelle der Vollmacht kann die Bescheinigung eines Notars nach § 21 Absatz 3 der Bundesnotarordnung eingereicht werden. [5]Rechtsnachfolger eines Beteiligten haben die Rechtsnachfolge soweit tunlich durch öffentliche Urkunden nachzuweisen.

(2) [1]Dokumente sind elektronisch in einem maschinenlesbaren und durchsuchbaren Datenformat einzureichen. [2]Ist eine Urschrift oder eine einfache Abschrift einzureichen oder ist für das Dokument die Schriftform bestimmt, genügt die Übermittlung einer elektronischen Aufzeichnung; ist ein notariell beurkundetes Dokument oder eine öffentlich beglaubigte Abschrift einzureichen, so ist ein mit einem einfachen elektronischen Zeugnis (§ 39a des Beurkundungsgesetzes) versehenes Dokument zu übermitteln.

Schrifttum

Altschul Die Formvorschrift des § 12 Abs. 1 HGB, DNotV 1925, 241; *Ammon* Die Anmeldung zum Handelsregister, DStR 1993, 1025; *Apfelbaum/Bettendorf* Die elektronisch beglaubigte Abschrift im Handelsregisterverkehr, RNotZ 2007, 89; *Auer* Die antizipierte Anmeldung bei der GmbH, DNotZ 2000, 498; *Bärwaldt* Mitwirkung des Prokuristen bei der Handelsregisteranmeldung der ihm erteilten Prokura, NJW 1997, 1404; *ders.* Die Anmeldung „zukünftiger" Tatsachen zum Handelsregister, GmbHR 2000, 421; *Beck* Die Richtigkeit der Firmenzeichnung zur Aufbewahrung bei Gericht, BB 1962, 1265; *Bettendorf/Apfelbaum* Elektronischer Rechtsverkehr und das Berufsrecht des Notars, DNotZ 2008, 19; *dies.* Die persönliche Erzeugung der Signatur bei der Erstellung elektronischer notarieller Urkunden, DNotZ 2008, 85; *Bindseil* Internationaler Urkundenverkehr, DNotZ 1992, 275; *Böcker* Anmeldung einer in der Zukunft liegenden Geschäftsführerbestellung, MittRhNotK 2000, 61; *Bohrer* Notarielle Form, Beurkundung und elektronischer Rechtsverkehr, DNotZ 2008, 39; *Böhringer/Melchior* Auswirkungen der Reform des Vormundschafts- und Betreuungsrechts und des DiRUG auf die notarielle Praxis bei Anmeldungen in Registersachen – Zugleich Ergänzung und Aktualisierung „des Gustavus", Handelsregisteranmeldungen, 10. Aufl. 2020, GmbHR 2022, 177; *Bormann/Apfelbaum* Der Einfluss signaturrechtlicher Anforderungen auf die Wirksamkeit der elektronischen notariellen Urkunde, RNotZ 2007, 15; *Braun* Die Ausweitung des notariellen Online-Verfahrens durch das DiREG in Konkurrenz zu Formvorschriften, die weiterhin eine Präsenzbeurkundung verlangen, DNotZ 2022, 725; *Britz* Noch einmal: Anmeldung einer in der Zukunft liegenden Geschäftsführerbestellung, MittRhNotK 2000, 197; *Christ/Müller-Helle* Veröffentlichungspflichten nach dem neuen EHUG, 2007; *DAV-Handelsrechtsausschuss* Stellungnahme zum Entwurf eines Gesetzes über elektronische Handels- und Genossenschaftsregister sowie das Unternehmensregister (EHUG), NZG 2005, 586; *Gassen* Die Form der elektronischen Notarurkunde, RNotZ 2007, 142; *Grau/Kirchner* Der Notar als Stellvertreter bei Handelsregisteranmeldungen in gesellschaftsrechtlich geprägten Sachverhalten GWR 2021, 23; *Gustavus* Die Vollmacht zu Handelsregister-Anmeldungen bei Personengesellschaften und Gesellschaften mit beschränkter Haftung, GmbHR 1978, 219; *Heckschen/Knaier* Weitere Digitalisierung des Gesellschaftsrechts (DiREG), NZG 2022, 885; *Heinze* Die Abtretung von Gesellschaftsanteilen an Personengesellschaften und der Registervollzug unter Berücksichtigung des § 12 I 3 HGB, NZG 2011, 647; *ders.* Handelsregisteranmeldungen bei im Anmeldungszeitpunkt nicht vorhandenen Geschäftsleitern – § 378 II FamFG hilft!, NZG 2018, 1170; *Heneweer* Das Erfordernis öffentlicher Beglaubigung im Handelsregisterverkehr (§ 12 HGB), FGPrax 2004, 259; *Ising* Handelsregisteranmeldungen durch den beurkundenden Notar, NZG 2012, 289; *Jeep/Wiedemann* Die Praxis der elektronischen Handelsregisteranmeldung, NJW 2007, 2439; *Joost* Die Vertretungsmacht des Prokuristen bei der Anmeldung zum Handelsregister, ZIP 1992, 463; *Krafka* Die gesellschafts- und registerrechtliche Bedeutung des geplanten FamFG, FGPrax 2007, 51; *ders.* Der Grundstein zur Digitalisierung des Privatrechts – Überblick zu wesentlichen gesellschafts- und verfahrensrechtlichen Neuerungen durch das DiRUG, DRi 2022, 86; *Krug* Unternehmensrecht und Handelsregister, ZEV 2001, 51; *Malzer* Die öffentliche Beglaubigung – Wesen, Funktion, Bedeutung und Perspektive einer zivilrechtlichen Formvorschrift, DNotZ 2000, 169; *ders.* Elektronische Beglaubigung und Medientransfer durch den Notar nach dem Justizkommunikationsgesetz, DNotZ 2006, 9; *Melchior* Handelsregisteranmeldungen und EHUG – Was ist neu? NotBZ 2006, 409; *Melchior/Schulte* HandelsregisterVO, Online-Version 2008; abrufbar unter www.melchior-schulte.de (zuletzt abgerufen am 1. August 2008); *Nedden-Boeger* Das neue Registerrecht, FGPrax 2007, 1; *Noack* Das EHUG ist beschlossen – elektronische Handels- und Unternehmensregister ab 2007,

https://doi.org/10.1515/9783110564440-019

NZG 2006, 801; *ders.* (Hrsg.) Das neue Gesetz über elektronische Handels- und Unternehmensregister – EHUG, 2007; *Reithmann* Substitution bei Anwendung der Formvorschriften des GmbH-Gesetzes, NJW 2003, 385; *Renaud* Handelsregisteranmeldung durch Prokuristen, GmbHR 2012, 1128; *Renaud/Heinsen* Die Vertretungsbefugnis des Prokuristen für Anmeldungen zum Handelsregister bei einer GmbH und einer GmbH & Co. KG, GmbHR 2008, 687; *Ries* Elektronisches Handels- und Unternehmensregister, Rpfleger 2006, 233; *Schaub* Die Rechtsnachfolge von Todes wegen im Handelsregister bei Einzelunternehmen und Personenhandelsgesellschaften, ZEV 1994, 71; *ders.* Stellvertretung bei Handelsregisteranmeldungen, DStR 1999, 1699 = MittBayNot 1999, 539; *ders.* Ausländische Handelsgesellschaften und deutsches Registerverfahren, NZG 2000, 953; *Schlotter/Reiser* Ein Jahr EHUG – die ersten Praxiserfahrungen, BB 2008, 118; *Schwerin* Die Behandlung der Urschrift einer Handelsregisteranmeldung nach Einführung des elektronischen Registerverkehrs durch das EHUG, RNotZ 2007, 27; *Seebach* Die Mitwirkung des Prokuristen bei Handelsregisteranmeldungen des Prinzipals, RNotZ 2015, 68; *Seibert/Decker* Das Gesetz über elektronische Handelsregister und Genossenschaftsregister sowie das Unternehmensregister (EHUG), DB 2006, 2446; *Sikora/Schwab* Das EHUG in der notariellen Praxis, MittBayNot 2007, 1; *Stelmaszczyk/Strauß* Die Ergänzung der Regelungen zur Umsetzung der Digitalisierungsrichtlinie nach dem Gesetzentwurf der Bundesregierung zum DiREG – eine erste Einordnung, ZIP 2022, 1077; *Streicher* Das Antragsrecht der Notare – eine Möglichkeit, Handelsregisteranmeldungen zu vereinfachen, GmbHG 2016, 686; *Waldner* Die Handelsregisteranmeldung auf Vorrat, ZNotP 2000, 188; *v. Werder/Hobuß* Handelsregisteranmeldung der Gründung einer Kapitalgesellschaft sowie späterer Kapitalmaßnahmen: Kompetenzen des Notars nach § 378 FamFG, BB 2018, 1031; *Willer/Krafka* Die elektronische Einreichung von Handelsregisteranmeldungen aus Sicht der Registerpraxis, DNotZ 2006, 885.

Übersicht

I. Regelungsinhalt, Regelungszweck, Reform

1. Identitätsprüfung im Zuge der Anmeldung

1 Eintragungen in das Handelsregister und die mit ihnen korrespondierenden Löschungen werden im Regelfall nur aufgrund einer Anmeldung vollzogen (zum Ausnahmefall eines Eintragungsverfahrens von Amts wegen, namentlich bei Löschungen, s. § 8 Rn 78, 144 f). Da das Handelsregister seiner **Funktion als Publizitätsmittel** (§ 8 Rn 1 f) nur dann genügen kann, wenn für die Verlässlichkeit der darin eingetragenen Tatsachen Sorge getragen wird, ist das Registergericht dazu verpflichtet, die formellen und materiellen Voraussetzungen der Anmeldung zu prüfen. Dazu gehört insbesondere auch die materielle Berechtigung des Anmeldenden. Um diese Prüfung vornehmen zu können, muss zunächst die Identität des Anmeldenden festgestellt werden.[1] Diese **Identitätsprüfung** wird nicht vom Registergericht selbst durchgeführt, sondern der vorsorgenden Rechtspflege durch die Notare zugewiesen (s. dazu noch Rn 22). Die Zuweisung erfolgt dergestalt, dass § 12 Abs. 1 S. 1 die Anmeldung an die Form einer öffentlichen Beglaubigung knüpft.[2]

2. Elektronische Registerführung

2 Bis zum EHUG[3] erfolgten Anmeldung und Beglaubigung auf dem Papierwege. Mit der Umstellung auf eine elektronische Registerführung (§ 8 Rn 6 ff, 23 f) ist auch für den Rechtsverkehr mit dem Registergericht ausschließlich die **elektronische Form** vorgeschrieben worden, so dass die Gerichte die vom Anmeldenden bereits in elektronisch aufbereiteter Form eingereichten Daten ohne größeren Transformationsaufwand in das Handelsregister übernehmen können (s. dazu noch Rn 31).[4] Das soll nicht nur zu einer Arbeitsentlastung der Gerichte führen, sondern überdies auch dazu beitragen, die Dauer registergerichtlicher Verfahren abzukürzen.[5] Die solchermaßen neu gestaltete Anmeldung muss auch durch eine **neue Form des Identitätsnach-**

1 Vgl. zu dieser Funktion des § 12 Heymann/*Förster* HGB Rn 1; Röhricht/v. Westphalen/Haas/*Ries* Rn 1; *Malzer* DNotZ 2000, 169 (171).
2 Allgemein zu Wesen und Funktion einer öffentlichen Beglaubigung *Malzer* DNotZ 2000, 169 ff.
3 Gesetz über elektronische Handelsregister und Genossenschaftsregister sowie das Unternehmensregister (EHUG) v. 10.11.2006, BGBl. I, S. 2553.
4 Im Zuge des EHUG ist zudem das Erfordernis weggefallen, der Handelsregisteranmeldung Namenszeichnungen beizufügen; hierzu und zu den Übergangsregelungen Voraufl. Rn 3 f (*Koch*).
5 *Noack* NZG 2006, 801 (802); *Seibert/Decker* DB 2006, 2446 (2447); *Sikora/Schwab* MittBayNot 2007, 1 (3).

weises ergänzt werden. Der Gesetzgeber greift hier auf die Form der elektronisch zu übermittelnden öffentlichen Beglaubigung nach § 39a BeurkG zurück (s. dazu Rn 24 ff). Im Zuge des **DiRUG**[6] hat der Gesetzgeber in Umsetzung der Vorgaben der Gesellschaftsrechtsrichtlinie[7] mit § 12 Abs. 1 S. 2 n.F. für bestimmte Anmeldeverfahren die **öffentliche Beglaubigung mittels Videokommunikation** nach § 40a BeurkG ermöglicht (s. dazu noch Rn 29 f). Diese Formvorgaben sind gem. § 12 Abs. 1 S. 3 auch auf die Vollmacht zur Anmeldung anzuwenden, wobei der 2013 eingeführte § 12 Abs. 1 S. 4[8] eine Erleichterung für notarielle Bescheinigungen nach § 21 Abs. 3 BNotO schafft (s. hierzu Rn 37 ff). Schließlich überträgt § 12 Abs. 2 diese Formen des elektronischen Registerverkehrs auf die Einreichung von Dokumenten (s. dazu Rn 71 ff). Im Zuge des **DiREG**[9] wurde die Möglichkeit der Beglaubigung mittels Videokommunikation ausgeweitet (s. Rn 29 a.E.).

II. Rechtsnatur der Anmeldung

1. Meinungsstand

3 Gegenstand der Anmeldung ist das an das Registergericht adressierte Begehren, eine Eintragung im Handelsregister vorzunehmen.[10] Hinsichtlich der Rechtsnatur der Anmeldung besteht heute dahingehend Einigkeit, dass ihr **in erster Linie eine verfahrensrechtliche Bedeutung** als Eintragungsantrag zukommt.[11] Umstritten ist, ob sie daneben noch weitere Elemente aufweist. Als solche werden eine rechtsgeschäftliche Komponente, ein organisationsrechtliches Element und schließlich eine Garantieerklärung diskutiert (Nachw. im Folgenden). Die Annahme einer **rechtsgeschäftlichen Komponente** wird namentlich für die Anmeldung eines Kannkaufmanns nach § 2 befürwortet und darauf gestützt, dass sie darauf abziele, eine materielle Statusänderung des Anmeldenden herbeizuführen (s. dazu noch Rn 12).[12] Die ergänzende Einordnung als **Organisationsakt** wird damit begründet, dass der Anmeldung speziell im Gründungsrecht der Kapitalgesellschaften auch eine konstituierende materielle Bedeutung zukomme, die ihr ein besonderes organschaftliches Gepräge verleihe (s. dazu noch Rn 10 f).[13] Die Annahme einer **Garantieerklärung** schließlich geht auf das BayObLG zurück und soll gewährleisten, dass das Registergericht darauf vertrauen könne, dass die angemeldeten Tatsachen inhaltlich richtig seien (s. dazu noch Rn 4).[14]

---

6 Gesetz zur Umsetzung der Digitalisierungsrichtlinie (DiRUG) v. 5.7.2021, BGBl. I, S. 3338.

7 Richtlinie (EU) 2017/1132 des Europäischen Parlaments und des Rates v. 14.6.2017 über bestimmte Aspekte des Gesellschaftsrechts, ABl. EU Nr. L 169, S. 46 v. 30.6.2017.

8 S. Art 11 des Gesetzes zur Übertragung von Aufgaben im Bereich der freiwilligen Gerichtsbarkeit auf Notare v. 26.6.2013, BGBl. I, S. 1800 (damals als § 12 Abs. 1 S. 3 a.F.).

9 Gesetz zur Ergänzung der Regelungen zur Umsetzung der Digitalisierungsrichtlinie und zur Änderung weiterer Vorschriften v. 15.7.2022, BGBl. I, S. 1146.

10 OLG Hamm FGPrax 2002, 126 (127); Koller/Kindler/Roth/Drüen/*Roth* Rn 2; *Krafka* Rn 75.

11 BayOblG Rpfleger 1970, 288; BayObLGZ 1985, 82 (83); BayObLG GmbHR 1992, 672; OLG Hamm OLGZ 1981, 419 (422); Ebenroth/Boujong/Joost/Strohn/*Kindler* § 2 Rn 16; Heymann/*Förster* HGB Rn 5 ff; MünchKommHGB/*Krafka* Rn 4 f; Röhricht/v. Westphalen/Haas/*Ries* Rn 2; Rowedder/*Schmidt-Leithoff* § 7 Rn 4; Scholz/*Veil* § 7 Rn 12.

12 Hopt/*Merkt* Rn 1, § 2 Rn 4; Koller/Kindler/Roth/Drüen/*Roth* Rn 2, § 2 Rn 3; Röhricht/v. Westphalen/Haas/*Ries* § 2 Rn 10; *Siems* Kaufmannsbegriff und Rechtsfortbildung, 2003, S. 81 ff; *Canaris* HandelsR § 3 Rn 19; *Hübner* Rn 43 ff; *v. Olshausen* ZHR 141 (1977), 93 (103 f); *ders.* JZ 1998, 717 (718); Nachw. zur Gegenauffassung in Fn 18; die noch weitergehende Annahme eines ausschließlich rechtsgeschäftlichen Charakters (vgl. *Lieb* NJW 1999, 35 [36]) trägt der verfahrensrechtlichen Bedeutung der Anmeldung nicht hinreichend Rechnung und hat sich daher zu Recht nicht durchgesetzt.

13 Vgl. etwa KölnKomm-AktG/*A. Arnold* § 36 Rn 4; MünchKommAktG/*Pentz* § 36 Rn 6, § 37 Rn 13; Rowedder/*Schmidt-Leithoff* § 7 Rn 4; Scholz/*Veil* § 7 Rn 10; Habersack/Casper/Löbbe/*Ulmer*/*Casper* § 7 Rn 19.

14 BayObLGZ 1982, 198 (202); BayObLGZ 1984, 29 (32); BayObLGZ 1985, 82 (87); zustimmend *Gustavus* GmbHR 1978, 219 (223); zur ganz herrschenden Gegenmeinung s. die Nachw. in Fn 16.

2. Keine Garantieerklärung

Die weitestgehenden praktischen Auswirkungen würde die Einordnung als Garantieerklärung auslösen. Diese Konstruktion wurde vom BayObLG herangezogen, um zu begründen, dass ein Prokurist nicht dazu ermächtigt sei, Registeranmeldungen für das von ihm vertretene Unternehmen abzugeben.[15] Eine solche Aussage findet aber weder im Erklärungswillen des Anmeldenden noch im Gesetz eine Stütze und ist deshalb auch zu Recht **vom BGH verworfen** worden.[16] Daher wird heute auch eine entsprechende Vertretungsmacht des Prokuristen ganz überwiegend anerkannt (s. dazu noch Rn 40 ff). 4

3. Rechtsgeschäftliche Komponente

a) Praktische Auswirkungen. Ordnet man der Anmeldung auch eine rechtsgeschäftliche Komponente zu, so wirkt sich das vornehmlich in der Weise aus, dass die **Regeln über Willenserklärungen** grundsätzlich Anwendung finden können. Die Unterschiede zu einem rein verfahrensrechtlichen Verständnis sind allerdings nur gering. Auch die Vertreter eines rein verfahrensrechtlichen Ansatzes unterwerfen die Anmeldung zumindest dann rechtsgeschäftlichen Regeln, wenn diese lediglich einen allgemeinen, auch im Verfahrensrecht geltenden Rechtsgedanken ausdrücken.[17] Auf der anderen Seite kommen auch die Befürworter eines rechtsgeschäftlichen Verständnisses nicht umhin, die Anwendung der §§ 104 ff BGB so anzupassen, dass sie zugleich auch dem daneben bestehenden verfahrensrechtlichen Charakter der Anmeldung Rechnung tragen (vgl. noch Rn 9). In den **praktischen Ergebnissen** stimmen die beiden Auffassungen daher weitgehend überein (s. Rn 12 ff). 5

Unterschiede ergeben sich namentlich bei der rechtlichen Behandlung von **Fehlern im Erklärungstatbestand.** Das zeigt sich am deutlichsten am Beispiel eines Kannkaufmanns (§ 2), der sich irrtümlich für einen Istkaufmann (§ 1) hält, seiner Anmeldung deshalb keine statusändernde Wirkung beimisst und folglich ohne Erklärungsbewusstsein handelt. Bei einem rein verfahrensrechtlichen Verständnis würde dies die Wirksamkeit des Erklärungsaktes unberührt lassen,[18] wohingegen die Anmeldung bei einem (auch) materiell-rechtlichen Verständnis als Willenserklärung die Kaufmannseigenschaft nicht begründen könnte; der Rechtsverkehr wäre ausschließlich über § 5 geschützt (vgl. dazu noch Rn 12).[19] 6

b) Differenzierende Betrachtungsweise. Bemüht man sich trotz der weitgehenden Übereinstimmung im Ergebnis um eine dogmatische Einordnung der Anmeldung, so muss im Hinblick auf die Bewusstseinslage des Erklärenden zwischen deklaratorischen und konstitutiven Eintragungen unterschieden werden.[20] Eine rechtsgeschäftliche Komponente ist der Anmeldung zumindest dann abzusprechen, wenn sie auf eine rein **deklaratorische Eintragung** abzielt. Hier will der Erklärende seiner Anmeldepflicht nachkommen, geht aber nicht davon aus, die Rechts- 7

15 Vgl. dazu bereits die Nachw. in Fn 14.

16 BGHZ 116, 190 (198) = NJW 1992, 975; zust. Ebenroth/Boujong/Joost/Strohn/*Schaub* Rn 27; MünchKommHGB/*Krafka* Rn 6.

17 Ebenroth/Boujong/Joost/Strohn/*Kindler* § 2 Rn 16; Ebenroth/Boujong/Joost/Strohn/*Schaub* Rn 29; Ensthaler/*Steinhauer* Rn 3; Koller/Kindler/Roth/Drüen/*Roth* Rn 2.

18 So etwa Ebenroth/Boujong/Joost/Strohn/*Kindler* § 2 Rn 15; *K. Schmidt*, ZHR 163 (1999), 87 (91 ff); *Treber* AcP 199 (1999), 525 (582).

19 Zu diesem Ergebnis kommen etwa Hopt/*Merkt* § 2 Rn 4; Koller/Kindler/Roth/Drüen/*Roth* § 2 Rn 3; Röhricht/v. Westphalen/Haas/*Ries* § 2 Rn 10; *Canaris* HandelsR § 3 Rn 19; *Hübner* HandelsR Rn 43 ff; *Lieb* NJW 1999, 35 (36); *v. Olshausen* ZHR 141 (1977), 93 (103 f); *ders.* JZ 1998, 717 (718).

20 Ausdrücklich gegen eine solche Differenzierung *K. Schmidt* ZHR 163 (1999), 87 (92).

lage damit selbständig zu beeinflussen. Es handelt sich also um eine reine Verfahrenshandlung ohne materiell-rechtliche Elemente.[21]

8 Bei **konstitutiven Eintragungen**, wie etwa der Anmeldung eines Kannkaufmanns zum Handelsregister (§ 2), finden die dadurch ausgelösten Rechtsfolgen ihren Geltungsgrund ebenfalls nicht unmittelbar in der Erklärung, sondern treten kraft Gesetzes und in dem vom Gesetz vorgezeichneten Umfang ein. Es handelt sich also auch hier nicht um eine vollständig privatautonome Regelung eines Rechtsverhältnisses, so dass eine **Einordnung als Willenserklärung ausscheidet.**[22] Andererseits geht eine solche Erklärung aber auch deutlich über eine reine Verfahrenshandlung hinaus, da sie gerade darauf abzielt, eine Änderung der materiellen Rechtslage herbeizuführen. Der Anmeldende will mit der Anmeldung aufgrund eines Willensentschlusses seine eigene Rechtsstellung in der Weise ändern, dass ihm künftig die Kaufmannseigenschaft zukommt.[23] Diesem unmittelbaren Ursprung der Rechtsänderung in einem Erklärungstatbestand wird man am ehesten dadurch gerecht, dass man der Anmeldung – ähnlich wie der verzugsbegründenden Mahnung[24] – in diesen Fällen neben ihrer verfahrensrechtlichen Komponente auch den Charakter einer **geschäftsähnlichen Handlung** beimisst.[25] Eine solche Handlung zeichnet sich gerade dadurch aus, dass die Rechtsfolgen zwar qua Gesetzes eintreten, aber durch einen Erklärungstatbestand ausgelöst werden.[26]

9 Für die konkrete rechtliche Behandlung ist damit freilich noch nicht viel gewonnen, da auch die geschäftsähnliche Handlung nur dort den rechtsgeschäftlichen Regeln unterworfen wird, wo die ratio der jeweiligen Vorschrift dies nahelegt.[27] Untersucht man aber für die jeweiligen rechtsgeschäftlichen Einzelbestimmungen, inwiefern sie sich im Wege eines **Analogieschlusses** auf die geschäftsähnliche Anmeldung einer konstitutiven Eintragung übertragen lassen, so steht dem oftmals die **verfahrensrechtliche Komponente** im Wege und erweist sich damit für die Zulässigkeit einer Analogie als ausschlaggebend. Aus diesem Grund ist es sowohl bei deklaratorischen als auch bei konstitutiven Eintragungen letztlich doch dieses verfahrensrechtliche Element, das die rechtliche Behandlung der Anmeldung maßgeblich prägt (vgl. dazu und zu den verbleibenden Unterschieden Rn 12 ff).

4. Organisationsrechtliches Element

10 Speziell für die Anmeldung einer Kapitalgesellschaft wird der Anmeldung neben ihrer verfahrensrechtlichen Komponente verbreitet auch die Eigenschaft als besonderer – nicht rechtsgeschäftlicher – organschaftlicher Akt zugewiesen (zur entsprechenden Geltung dieser Grundsätze auch bei bestimmten Kapitalmaßnahmen vgl. die Ausführungen in Rn 43 f).[28] Obwohl diese Einordnung an sich in erster Linie nur einen **funktional-deskriptiven Erkenntniswert** vermittelt, hat sie sich als schlagwortartige Umschreibung zumindest im Kapitalgesellschaftsrecht durchgesetzt und wird in ihrem Ursprung und in ihren konkreten Auswirkungen zumeist nicht näher erläutert.[29]

---

21 Vgl. auch *Lieb* NJW 1999, 35 (36).

22 Vgl. Ebenroth/Boujong/Joost/Strohn/*Schaub* Rn 29 sowie die übrigen in Fn 18 genannten Autoren.

23 Röhricht/v. Westphalen/Haas/*Ries* § 3 Rn 28; *v. Olshausen* ZHR 141 (1977), 93 (103); *ders.* JZ 1998, 717 (718).

24 Vgl. dazu statt aller MünchKommBGB/*Ernst* § 286 Rn 63. Das geschäftsähnliche Element ist bei der Anmeldung einer konstitutiven Eintragung noch stärker ausgeprägt als bei der Mahnung, da diese auch ohne das Bewusstsein rechtlicher Konsequenzen abgegeben werden kann, während die Anmeldung gerade darauf abzielt, eine Rechtsfolge auszulösen.

25 Für einen „zumindest rechtsgeschäftsähnlichen Charakter" auch Röhricht/v. Westphalen/Haas/*Ries* § 2 Rn 10; *Canaris* HandelsR § 3 Rn 19; zurückhaltend aber Heymann/*Förster* HGB Rn 7.

26 Vgl. insbes. *Ulrici* NJW 2003, 2053 mwN; ferner *Brox/Walker* Allgemeiner Teil des BGB, 45. Aufl., 2021, § 4 Rn 27.

27 BGH NJW 2001, 289 (290); MünchKommBGB/*Ernst* § 286 Rn 63; *Brox/Walker* Allgemeiner Teil des BGB, 45. Aufl., 2021, § 4 Rn 27; *Ulrici* NJW 2003, 2053 (2054).

28 Vgl. dazu bereits die Nachw. in Fn 27.

29 Ausführlich aber noch Staub/*Hüffer*[4] § 8 Rn 43 f.

Bemüht man sich, die Anmeldung in ein allgemeineres dogmatisches Konzept einzuordnen, ist zunächst festzustellen, dass sie auch hier auf eine **konstitutive Eintragung** abzielt, was ihr neben ihrer verfahrensrechtlichen Bedeutung eine geschäftsähnliche Wirkung verleiht (s. Rn 8). Ein spezielleres Gepräge erhält die Anmeldung einer Kapitalgesellschaft zusätzlich aber noch dadurch, dass sie mit **besonderen Erklärungspflichten** verbunden ist (§ 37 AktG, § 8 Abs. 2 GmbHG), an die eine straf- und zivilrechtliche Haftung anknüpft (§§ 46, 48, 399 AktG, §§ 9a, 82 GmbHG). Über diese schon unmittelbar gesetzlich angeordneten Rechtsfolgen hinaus wirkt sich das Hinzutreten dieser Erklärung auf die rechtliche Behandlung der Anmeldung in der Weise aus, dass sie einen **höchstpersönlichen Charakter** erhält, der nach allgemeinen Grundsätzen eine Stellvertretung ausschließt (vgl. noch Rn 43 f). 11

5. Rechtsfolgen der dogmatischen Einordnung

a) Anmeldung des Kannkaufmanns. Praktische Auswirkungen löst die dogmatische Einordnung in erster Linie bei der Behandlung des Kannkaufmanns aus. Hält der Anmeldende sich nur irrtümlich für anmeldungspflichtig, handelt er **ohne Erklärungsbewusstsein**, so dass die Kaufmannseigenschaft nicht entsteht und die Eintragung folglich sachlich unrichtig wird. Für die Zwischenzeit sorgt § 5 dafür, dass Dritte geschützt sind, begründet aber **keine Kaufmannseigenschaft.**[30] Diese verschiedenen Konstruktionen sind nicht nur von rechtssystematischer Bedeutung, sondern begründen auch praktische Unterschiede in der rechtlichen Behandlung, da § 5 im Gegensatz zu § 2 etwa nicht zur Anwendbarkeit der §§ 238 ff, 242 ff und damit auch nicht zur Gefahr einer Strafbarkeit nach den §§ 283 ff StGB führt.[31] 12

b) Sonstige Rechtsfolgen. Daneben besteht über die rechtliche Behandlung der Anmeldung weitgehende Einigkeit. Sie wird – auch bei der Annahme einer Doppelnatur konstitutiver Eintragungen (s. dazu Rn 8 f) – vornehmlich von ihrer **Einordnung als Verfahrensakt** geprägt. Als solche kann sie weder unter eine Bedingung oder Befristung gestellt (§§ 158 ff BGB – s. dazu noch unten Rn 18) noch zum Gegenstand einer Anfechtung gemacht werden (§§ 119 ff BGB – zur Möglichkeit einer Umdeutung s. noch Rn 19).[32] Der Ausschluss der Anfechtbarkeit wird allerdings dadurch ausgeglichen, dass die Anmeldung bis zur Eintragung noch **frei widerruflich** ist (s. dazu noch Rn 19 ff).[33] Das gilt auch dann, wenn ihr aufgrund materiell-rechtlicher Elemente ein rechtsgeschäftsähnlicher Gehalt zukommt (s. oben Rn 8 f). Da die Anmeldung bis zu diesem Zeitpunkt ausschließlich an das Registergericht adressiert ist und noch keine Außenwirkung entfaltet, kann sie kein Vertrauensträger sein, so dass kein Anlass besteht, analog § 130 Abs. 1 S. 2 BGB eine Bindungswirkung ab Zugang beim Gericht anzunehmen. Auch insofern setzt sich daher der verfahrensrechtliche Charakter der Anmeldung durch.[34] 13

Auf der anderen Seite werden aber auch rein deklaratorische Eintragungen der entsprechenden Anwendung der für Willenserklärungen geltenden Bestimmungen unterworfen, wo 14

30 Vgl. dazu bereits die Nachw. in Fn 19.

31 Röhricht/v. Westphalen/Haas/*Ries* § 2 Rn 11; *Canaris* HandelsR § 3 Rn 20.

32 BayObLG DB 1990, 168 (169); BayObLG GmbHR 1992, 672 (674); Hopt/*Merkt* Rn 2; Ebenroth/Boujong/Joost/Strohn/*Schaub* Rn 32; Heymann/*Förster* HGB Rn 8; Röhricht/v. Westphalen/Haas/*Ries* Rn 2; *Krafka* Rn 32, 75.

33 BayObLG GmbHR 1992, 672; KG OLGR 43, 204 (205); Hopt/*Merkt* Rn 2; Ebenroth/Boujong/Joost/Strohn/*Schaub* Rn 31; MünchKommHGB/*Krafka* Rn 5; Röhricht/v. Westphalen/Haas/*Ries* Rn 2; *Krafka* Rn 75, 83.

34 Konstruktive Zweifel insofern bei Ebenroth/Boujong/Joost/Strohn/*Kindler* § 2 Rn 17 mit Fn 34, der allerdings das Verständnis der Gegenauffassung als Willenserklärung zugrunde legt, was eine teleologische Reduktion des § 130 Abs. 1 S. 2 BGB erforderlich machen würde. Nimmt man eine geschäftsähnliche Handlung an (Rn 8), genügt es, die Voraussetzungen eines Analogieschlusses zu verneinen, was seine Rechtfertigung in der besonderen verfahrensrechtlichen Einbindung der Anmeldung findet.

diese lediglich einen allgemeinen, **auch im Verfahrensrecht geltenden Rechtsgedanken** ausdrücken und der höchstpersönliche Charakter der Anmeldung nicht entgegensteht.[35] Daraus folgt zunächst, dass die Fähigkeit, eine Anmeldung abzugeben, entsprechend **§§ 104 ff BGB** beurteilt wird.[36] Ferner wird auf den **Zugang beim Registergericht** § 130 Abs. 1 S. 1 BGB analog angewandt.[37] Die Anmeldung als empfangsbedürftige Erklärung muss dem Gericht zugehen und entfaltet erst mit dem Zugang Wirksamkeit. Für den Zugang im Sinne dieser Vorschrift genügt dabei die Zuleitung an einen zentralen Server; auf die anschließende Weiterleitung an das jeweils zuständige Registergericht kommt es nicht an.[38] Daneben findet auch § 130 Abs. 2 BGB auf die Registeranmeldung analog Anwendung, so dass sie auch dann wirksam bleibt, wenn der Absender stirbt oder geschäftsunfähig wird.[39] Zur Anwendung der Vertretungsregeln s. noch Rn 36 ff; zur Anwendung des § 181 BGB s. noch Rn 59.

III. Anmeldeberechtigter und Inhalt der Anmeldung

15 Mit der Anmeldung wird gegenüber dem Registergericht beantragt, eine bestimmte Eintragung im Handelsregister vorzunehmen.[40] Wer die Anmeldung vorzunehmen hat, ergibt sich aus den einschlägigen gesetzlichen Regelungen, die die Anmeldung vorschreiben oder zulassen (vgl. dazu § 8 Rn 31 ff; zur Vertretung bei der Anmeldung s. noch unten Rn 36 ff; zur Rechtsnachfolge s. noch Rn 62 ff).[41] So ist z.B. nach § 53 Abs. 1 S. 1 der Inhaber des Handelsgeschäftes zur Anmeldung der Prokura verpflichtet, nicht der, dem die Prokura erteilt wurde. Ebenso wird auch der Inhalt der Anmeldung in erster Linie durch den Gegenstand der begehrten Eintragung und damit durch die Vorschriften über die **Anmeldepflicht und Eintragungsfähigkeit** vorgegeben (vgl. auch dazu § 8 Rn 31 ff).[42] Hinsichtlich des Wortlauts der Anmeldung sind keine konkreten Formulierungen vorgeschrieben. Auch muss die anmeldende Person weder bestimmte Formulierungen des Gesetzes übernehmen[43] noch ist sie verpflichtet, die Anmeldung so abzufassen, dass diese unverändert als Eintragungstext übernommen werden kann.[44] Erforderlich ist nur, dass das Gericht – zumindest im Wege der Auslegung – **zweifellos feststellen** kann, was in das Handelsregister eingetragen werden soll.[45] Da die Anmeldungen im absoluten Regelfall unter notarieller Mitwirkung erstellt werden, wirft dieses Erfordernis in der Praxis nur selten Probleme

---

35 Vgl. bereits die Nachw. in Fn 17.

36 So allgemein für den Bereich der Freiwilligen Gerichtsbarkeit RGZ 145, 284 (286); BayObLGZ 1952, 17 (19 f); Ebenroth/Boujong/Joost/Strohn/*Schaub* Rn 30; Heymann/*Förster* HGB Rn 8; Röhricht/v. Westphalen/Haas/*Ries* Rn 3.

37 Ebenroth/Boujong/Joost/Strohn/*Schaub* Rn 30; MünchKommHGB/*Krafka* Rn 7; Röhricht/v. Westphalen/Haas/*Ries* Rn 3.

38 MünchKommHGB/*Krafka* Rn 7; *Ries* Rpfleger 2007, 252.

39 OLG Dresden OLGR 4, 22 (23); MünchKommHGB/*Krafka* Rn 7; Röhricht/v. Westphalen/Haas/*Ries* Rn 3.

40 Vgl. bereits die Nachw. in Fn 10.

41 Einzelaufzählung bei *Krafka* Rn 105 ff.

42 Heymann/*Förster* HGB Rn 15; MünchKommHGB/*Krafka* Rn 8; Röhricht/v. Westphalen/Haas/*Ries* Rn 4.

43 BayObLG DNotZ 1971, 107 (109); BayObLG DNotZ 1978, 660 (661); OLG Düsseldorf GmbHR 1997, 903 f; OLG Hamm FGPrax 2005, 39 (40); Ebenroth/Boujong/Joost/Strohn/*Schaub* Rn 38; MünchKommHGB/*Krafka* Rn 9; *Ammon* DStR 1993, 1025 (1026).

44 BayObLG DNotZ 1978, 660; OLG Düsseldorf GmbHR 1997, 903 f; OLG Hamm FGPrax 2005, 39 (40); OLG Köln FGPrax 2004, 88 (89); Ebenroth/Boujong/Joost/Strohn/*Schaub* Rn 38; *Krafka* Rn 76.

45 BayObLG Rpfleger 1970, 288 (289); BayObLG DNotZ 1978, 660 (661); BayObLGZ 1985, 82 (85); KG NJW-RR 2018, 1441 Rn 8; NZG 2020, 198 Rn 7; FGPrax 2022, 116 (117); OLG Düsseldorf GmbHR 1997, 903 f; NZG 2020, 222 Rn 15; OLG Frankfurt aM GmbHR 2003, 1273; Ebenroth/Boujong/Joost/Strohn/*Schaub* Rn 36; MünchKommHGB/*Krafka* Rn 9.

auf.[46] Nach der Einführung der Pflicht zur notariellen Vorprüfung in § 378 Abs. 3 S. 1 FamFG (s. dazu § 8 Rn 77) dürften Auslegungsprobleme im System der vorsorgenden Rechtspflege (s. noch Rn 22) theoretisch nicht auftreten, wenn die Notare ihren Kontrollaufgaben ordnungsgemäß nachkommen. Im Zweifel ist die Anmeldung so auszulegen, dass sie Erfolg hat.[47] Bei Widersprüchen zwischen der als elektronisches Dokument übermittelten Handelsregisteranmeldung und einer damit verknüpften XML-Datei mit Strukturdaten ist die Anmeldung ausschlaggebend.[48]

Für einzelne Eintragungen, namentlich bei der Gesellschaftsgründung, enthält das Gesetz noch nähere Angaben dazu, was Inhalt der Anmeldung sein muss, vgl. §§ 106 f HGB,[49] § 37 AktG, § 8 GmbHG. Weitere inhaltliche Vorgaben sind in **§ 24 HRV** vorgesehen. Nach § 24 Abs. 1 HRV muss bei der Anmeldung natürlicher Personen zur Eintragung in das Handelsregister deren **Geburtsdatum** angegeben werden; § 24 Abs. 2 HRV sieht überdies vor, dass die Lage der **Geschäftsräume** angegeben wird (entsprechend bei Zweigniederlassungen nach § 24 Abs. 3 HRV). Da die Pflicht, eine inländische Geschäftsanschrift anzumelden, für sämtliche im Handelsregister eingetragenen Gesellschaften und Kaufleute gilt (vgl. § 37 Abs. 3 Nr. 1 AktG, § 8 Abs. 4 Nr. 1 GmbHG, §§ 29, 106 Abs. 2 Nr. 2[50]), besteht die Mitteilungspflicht nach § 24 Abs. 2 S. 1 HRV nur, wenn die Lage der Geschäftsräume mit der inländischen Geschäftsanschrift nicht identisch ist.[51] Auf die Angabe des **Unternehmensgegenstands** hat das Gericht nach § 24 Abs. 4 HRV zumindest hinzuwirken, wenn er sich nicht bereits aus der Firma ergibt. 16

Von der Anmeldung abzugrenzen sind **bloße Anzeigepflichten** gegenüber dem Registergericht, die außerhalb des HGB statuiert und zum Teil missverständlich als Anmeldepflicht bezeichnet sind.[52] Beispielhaft sei etwa die Anmeldung nach § 107 Abs. 1 S. 2 AktG genannt, wonach der Vorstand zum Handelsregister anzumelden hat, welche Aufsichtsratsmitglieder zum Vorsitzenden und Stellvertreter gewählt wurden. Obwohl hier der Begriff der Anmeldung verwandt wird, handelt es sich nicht um eine Anmeldung „zur Eintragung", so dass die Anmeldung nicht der Form des § 12 Abs. 1 S. 1 bedarf, sondern die **einfache Schriftform** genügt.[53] Lediglich für die einzureichende Liste ist die Form des § 12 Abs. 2 zu beachten. 17

IV. Befristung und Bedingung der Anmeldung

Nach der hier vertretenen Auffassung ist eine befristete oder bedingte Eintragung grundsätzlich unzulässig (s. § 8 Rn 52 ff). Davon zu unterscheiden ist die Frage, ob die Anmeldung befristet oder bedingt werden kann.[54] Die hM lehnt dies unter Hinweis auf die Eigenschaft als **bedin-** 18

46 Ensthaler/*Steinhauer* Rn 7; nach *Heneweer* FGPrax 2004, 259 (260) entwirft der Notar in mindestens 95 % der Fälle den Text der Registeranmeldung. S. aber KG NJW-RR 2018, 1441 Rn 8 zu einer Anmeldung, die sich nach Ansicht des Gerichts nicht als Erklärung einer Amtsniederlegung auslegen ließ.

47 OLG Nürnberg FGPrax 2015, 22 (24); MünchKommHGB/*Krafka* Rn 8.

48 OLG Nürnberg FGPrax 2015, 22 (24); Röhricht/v. Westphalen/Haas /*Ries* Rn 6; *Heinemann* FGPrax 2015, 1 (3).

49 Mit dem Inkrafttreten des MoPeG am 1.1.2024 (Gesetz zur Modernisierung des Personengesellschaftsrechts v. 10.8.2021, BGBl. I, S. 3436) wird der Regelungsgehalt der §§ 106 f in § 106 n.F. gebündelt.

50 Mit dem Inkrafttreten des MoPeG (s. vorherige Fn) folgt aus § 106 Abs. 2 Nr. 1 lit. c n.F. die Pflicht, in der Anmeldung die Geschäftsanschrift in einem Mitgliedstaat der EU anzugeben.

51 Vgl. dazu *Wachter* GmbHR 2006, 793 (799).

52 Ebenroth/Boujong/Joost/Strohn/*Schaub* Rn 4.

53 KG JW 1938, 2281 (2282); Hopt/*Merkt* Rn 1; Ebenroth/Boujong/Joost/Strohn/*Schaub* Rn 4, 44 f; Ensthaler/*Steinhauer* Rn 4; *Koch* § 107 Rn 14; KölnKomm-AktG/*Mertens*/*Cahn* § 107 Rn 26; **aA** noch LG Frankfurt aM JW 1938, 1397 (1398).

54 Von der bedingten Anmeldung abzugrenzen ist die unbedingte Anmeldung, bei deren Einreichung noch nicht alle Eintragungsvoraussetzungen erfüllt sind. Das soll nach OLG Hamm (FGPrax 2002, 126 (127); FGPrax 2007, 186 (187); NZG 2021, 1071 Rn 12 ff) unschädlich sein, solange der Mangel bis zur Eintragungsentscheidung behoben wurde; dem folgend OLG Jena MittBayNot 2018, 58 Rn 8; obiter dictum wohl auch OLG Frankfurt FGPrax 2022, 69 (70 f). Unzulässig ist es nach OLG Düsseldorf GmbHR 2000, 232 ff, wenn die Anmeldung auf einer inhaltlich

gungsfeindliche Verfahrenshandlung (s. Rn 13) ab.[55] Nach der Gegenauffassung soll aus Gründen der Verfahrensökonomie eine zeitnahe Befristung (bis zu 15 Tagen) ausnahmsweise zulässig sein.[56] Zu folgen ist der herrschenden Auffassung; die Gegenansicht würde dazu führen, dass das Gericht den Bedingungs- oder Fristeintritt selbständig überwachen müsste, um sodann die Eintragung vorzunehmen. Ein zwingendes praktisches Bedürfnis für eine derartige Durchbrechung prozessualer Grundsätze besteht indes nicht, da den Belangen der Beteiligten im Regelfall auch durch eine **informelle Absprache** mit dem Registergericht im Vorfeld der Eintragung Rechnung getragen werden kann.[57] Die Anmeldung kann dem Gericht bereits vor der offiziellen Einreichung formlos zugänglich gemacht werden. Auf dieser Grundlage ist schon vorab eine Prüfung der Eintragungsvoraussetzungen möglich, so dass die Eintragung am Tag der offiziellen Anmeldung unmittelbar erfolgen kann. In Anlehnung an die Figur der innerprozessualen Bedingung[58] spricht aber viel dafür, im Registerrecht die Zulässigkeit einer **innenverfahrensrechtlichen Bedingung** zu bejahen.[59]

V. Widerruf der Anmeldung

19 Die Anmeldung ist **bis zur Eintragung frei widerruflich.**[60] Zu einem solchen Widerruf kann sich der Anmeldende etwa dann entschließen, wenn bei der Gründung einer Kapitalgesellschaft Fehler unterlaufen sind und er das Eintragungsverfahren unterbrechen möchte, um der Gründungshaftung zu entgehen.[61] Erklärungsadressat ist das Registergericht. Für den Widerruf ist **keine Form** vorgeschrieben;[62] namentlich muss er nicht den Vorgaben des § 12 Abs. 2 (dazu noch Rn 71 ff) entsprechen.[63] Als Verfahrenshandlung kann die Anmeldung nicht Gegenstand einer Anfechtungs- oder Rücktrittserklärung sein (Rn 13), doch können diese in einen Widerruf umgedeutet werden.[64] Ein Widerruf liegt aber nur vor, wenn sich ergibt, dass die Eintragungsabsicht endgültig aufgegeben ist. Wird der **Antrag nur zurückgezogen**, weil kurzfristig ein Eintragungshindernis zu beheben ist, so liegt darin kein Widerruf. Soll das Verfahren fortgesetzt werden, so bedarf es lediglich eines neuen formlosen Vollzugsantrags für die alte Anmeldung, nicht einer Wiederholung der Anmeldung in der Form des § 12.[65]

20 Auch die Anmeldung von **anmeldungspflichtigen Vorgängen** (§ 8 Rn 33 ff) ist frei widerruflich.[66] Ist der Widerruf unbegründet oder geht das Gericht entgegen der Begründung von der

---

unzutreffenden, da verfrüht notariell beurkundeten Erklärung beruht; **aA** *Auer* DNotZ 2000, 498 ff; *Bärwaldt* GmbHR 2000, 421 ff; Gestaltungsalternativen bei *Waldner* ZNotP 2000, 188 (190 f).

55 BayObLG GmbHR 1992, 672 (674); OLG Düsseldorf GmbHR 2000, 232 (233 f); OLG Frankfurt FGPrax 2022, 69; OLG Hamm FGPrax 2007, 186 (187); OLG Jena MittBayNot 2018, 58 Rn 7; Hopt/*Merkt* Rn 2; Ebenroth/Boujong/Joost/Strohn/*Schaub* Rn 33; Ensthaler/*Steinhauer* Rn 3; Heymann/*Förster* HGB Rn 8; Koller/Kindler/Roth/Drüen/*Roth* Rn 2; Röhricht/v. Westphalen/Haas/*Ries* Rn 2; *Waldner* ZNotP 2000, 188 (189).

56 MünchKommHGB/*Krafka* Rn 10.

57 Vgl. dazu Ebenroth/Boujong/Joost/Strohn/*Schaub* Rn 33; *Waldner* ZNotP 2000, 188 (189). Zur Zulässigkeit informeller Abstimmungen mit dem Registergericht, um mangelhafte Anmeldungen zu vermeiden, s. *Schulz* NJW 2016, 1483 (1484 ff).

58 Vgl. dazu etwa BGH NJW-RR 2010, 1199 Rn 7; NJW-RR 2012, 503 Rn 13.

59 So für den Antrag, die Firma einzutragen, soweit sie zulässig ist OLG Bremen GRUR-RR 2011, 97; *Heinemann* FGPrax 2015, 1 (2); s. ferner MünchKommHGB/*Krafka* Rn 10.

60 Vgl. bereits die Nachw. in Fn 33.

61 MünchKommAktG/*Pentz* § 36 Rn 21.

62 BayObLG GmbHR 1992, 672 (674); MünchKommHGB/*Krafka* Rn 23; *Ammon* DStR 1993, 1025 (1027).

63 OLG Frankfurt NJW-RR 2013, 1052 f; MünchKommHGB/*Krafka* Rn 23; *Heinemann* FGPrax 2015, 1 (2).

64 BayObLG DB 1990, 168 (169); Ebenroth/Boujong/Joost/Strohn/*Schaub* Rn 33; MünchKommHGB/*Krafka* Rn 5; *Ammon* DStR 1993, 1025 (1026).

65 BayObLGZ 1966, 337 (342).

66 Staub/*Hüffer*[4] § 8 Rn 50; **aA** noch *Ehrenberg* in: Ehrenbergs Hdb., Band I, S. 576.

Fortdauer eines anmeldungspflichtigen Sachverhalts aus, so hat es nach § 14 HGB i.V.m. § 388 FamFG durch Androhung eines Zwangsgeldes einzuschreiten, kann aber nicht eine Anmeldung als fortbestehend behandeln, an der der Anmelder erklärtermaßen nicht mehr festhält.[67] Sinnvoll ist allerdings, die Beteiligten zuvor über die Rechtslage zu belehren und ihnen die Rücknahme des Widerrufs in bestimmter Frist anheimzustellen. Der Rücknahme des Widerrufs kommt verfahrensrechtlich die Bedeutung einer neuen Anmeldung zu, so dass sie dem **Formerfordernis des § 12** zu genügen hat.[68]

Ist die **Anmeldung mit der Eintragung erledigt**, so ist ein jetzt erklärter Widerruf gegen- 21 standslos. Er kann je nach Sachlage als Anregung zur Einleitung des Amtslöschungsverfahrens gem. § 395 FamFG oder, sofern die Form des § 12 gewahrt ist, als Löschungsantrag aufzufassen sein.[69] Zweckmäßig ist es, wenn das Gericht eine unzweideutige Erklärung der Parteien herbeiführt.

VI. Form und Übermittlung der Anmeldung

1. Beglaubigungserfordernis

Die Anmeldung zur Eintragung in das Handelsregister ist nach § 12 Abs. 1 S. 1 elektronisch in 22 öffentlich beglaubigter Form einzureichen. Aufgrund des Beglaubigungserfordernisses, das die Authentizität der Handelsregisteranmeldung gewährleisten soll, wird der Anmeldungsvorgang i.d.R. auch in Zukunft weiterhin einer **notariellen Mitwirkung** bedürfen (vgl. § 129 Abs. 1 BGB, § 20 Abs. 1 S. 1 BNotO – zu anderen zuständigen Stellen s. noch Rn 23). Die im Vorfeld des EHUG (Rn 2) angestellten Überlegungen, die Anmeldung aus Kostengründen allein den Betroffenen zu überlassen, haben sich nicht durchgesetzt.[70] Grund dafür war die Erwägung, dass die Notare den **Registerverkehr erheblich entlasten**, indem sie als „externe Rechtsantragsstelle des Gerichts" die Kommunikation mit dem Anmeldenden wahrnehmen und dessen Eintragungsanliegen in einer „gefilterten" und rechtlich sorgfältig aufbereiteten Form an das Gericht weiterleiten.[71] Die Bedeutung der Notare für das System der vorsorgenden Rechtspflege wurde auch im Kontext der Digitalisierungsrichtlinie[72] und des DiRUG (Rn 2) betont.[73] Dass das Unionsrecht die tradierte Rolle der Notare akzeptiert, kommt in Erwägungsgrund 19 der Digitalisierungsrichtlinie und Art. 13g Abs. 4 der Gesellschaftsrechtsrichtlinie (Rn 2) deutlich zum Ausdruck.[74] Positivrechtlich aufgewertet wurde die Tätigkeit der Notare im registerrechtlichen Kontext durch **§ 378**

---

67 *Krafka* Rn 83.

68 BayObLGZ 1966, 337 (341); KG OLGR 43, 299 (301); Ebenroth/Boujong/Joost/Strohn/*Schaub* Rn 31, 43; MünchKommAktG/*Pentz* § 36 Rn 24; MünchKommHGB/*Krafka* Rn 23; Röhricht/v. Westphalen/Haas/*Ries* Rn 2; *Krafka* Rn 83; *Ammon* DStR 1993, 1025 (1027).

69 Hopt/*Merkt* Rn 2; Röhricht/v. Westphalen/Haas/*Ries* Rn 2.

70 Zur späteren Diskussion über die Rolle der Notare im Gesellschafts- und Handelsregisterrecht im Zusammenhang mit der (gescheiterten) SUP-Richtlinie s. etwa *Beurskens* GmbHR 2014, 738 (744 ff); *Eickelberg* NZG 2015, 81 ff; *Ries* NZG 2014, 569 f; *Seibert* GmbHR 2014, R209 (R210); *Wicke* ZIP 2014, 1414 (1415).

71 *Apfelbaum/Bettendorf* RNotZ 2007, 89 (93); *Heneweer* FGPrax 2004, 259 (260).

72 Richtlinie (EU) 2019/1151 des Europäischen Parlaments und des Rates v. 20.6.2019 zur Änderung der Richtlinie (EU) 2017/1132 im Hinblick auf den Einsatz digitaler Werkzeuge und Verfahren im Gesellschaftsrecht, ABl. EU Nr. L 186, S. 80.

73 Vgl. nur *Bormann/Stelmaszczyk* NZG 2019, 601 (602 ff); *Heckschen* NotBZ 2020, 241 ff; *Lieder* NZG 2018, 1081 (1087 ff); *Meier/Szalai* ZNotP 2021, 306 (309 ff); *Teichmann* GmbHR 2021, 1237 ff. Augenfällig ist dabei allerdings, dass namentlich die Notare selbst die Bedeutung der vorsorglichen Rechtspflege betonen.

74 S. dazu auch *Lieder* NZG 2018, 1081 (1090 f). Vgl. ferner im Zusammenhang mit dem Grundstücksrecht EuGH NJW 2017, 1455 Rn 58; zur Übertragung auf das Handelsregisterrecht *Diehn/Rachlitz* DNotZ 2017, 487 (493 f).

Abs. 3 S. 1 FamFG, der 2017 Eingang ins Gesetz gefunden hat.[75] Danach sind Anmeldungen in Registersachen vor ihrer Einreichung für das Registergericht **von einem Notar auf Eintragungsfähigkeit zu prüfen** (s. bereits § 8 Rn 77). Zur Abgrenzung der formbedürftigen Anmeldepflichten gegenüber bloßen Anzeigepflichten s. bereits Rn 17.

23 Die Anforderungen an eine öffentliche Beglaubigung ergeben sich aus **§ 129 BGB i.V.m. §§ 39 ff BeurkG** (s. dazu noch Rn 25 ff). Beglaubigungen im Ausland können nach § 10 Abs. 1 KonsularG auch von Konsulatsbeamten vorgenommen werden (zur Beglaubigung durch ausländische Stellen s. Rn 82 f).[76] **Gegenstand der Beglaubigung** ist nicht die Erklärung als solche, sondern allein der Vollzug oder die Anerkennung einer Unterschrift. Zu diesem Zweck muss der Notar eine **Identitätsprüfung** vornehmen (s. § 10 Abs. 1 BeurkG). Eine Prüfung der materiellen Berechtigung obliegt ihm nicht, sondern diese ist vom Registergericht im Rahmen seiner Prüfungskompetenzen vorzunehmen.[77] Bei Zweifeln über die Identität der Beteiligten ist eine Beglaubigung unzulässig, weil § 40 Abs. 4 BeurkG nicht auf § 10 Abs. 3 S. 2 BeurkG verweist.[78] Neben der Beglaubigung der Unterschrift muss der Beglaubigungsvermerk die Person erkennen lassen, welche die Unterschrift vollzogen und anerkannt hat (§ 40 Abs. 3 S. 1 BeurkG).

2. Erfordernis einer elektronischen Beglaubigung

24 Eine traditionelle Papierbeglaubigung nach § 129 BGB setzt gem. § 39 BeurkG des Weiteren voraus, dass die Erklärung mit Unterschrift und Dienstsiegel der Urkundsperson versehen wird. Daneben gestattet § 39a BeurkG[79] aber auch die **elektronische Errichtung einer Beglaubigung** unter Verwendung einer qualifiziert elektronischen Signatur (zum Zusammenspiel der beiden Vorschriften s. noch Rn 26). § 12 Abs. 1 S. 1 schreibt eine solche elektronische Beglaubigung nicht unmittelbar vor. Allerdings muss die öffentlich beglaubigte Anmeldung **elektronisch zum Handelsregister eingereicht** werden. Die Einhaltung dieses Übertragungsweges ist in Gestalt der Papierbeglaubigung nicht möglich. Aus dieser Vorgabe zum Übertragungsweg ergibt sich also mittelbar, dass die Beglaubigung in Form eines elektronischen Zeugnisses nach § 39a BeurkG zu erstellen ist, das als Einziges eine elektronische Übermittlung erlaubt.[80] Das führt allerdings dazu, dass nicht mehr die Originalanmeldung, sondern lediglich eine damit **inhaltlich übereinstimmende Abschrift** an das Registergericht übersandt wird.[81]

---

75 S. Art. 4 Nr. 5 des Gesetzes zur Neuordnung der Aufbewahrung von Notariatsunterlagen und zur Einrichtung des Elektronischen Urkundenarchivs bei der Bundesnotarkammer sowie zur Änderung weiterer Gesetze v. 1.6.2017, BGBl. I, S. 1396.

76 Allerdings können Konsularbeamte die im Zuge des DiRUG geschaffenen neuen Instrumente (elektronische Niederschriften nach §§ 16a–16e BeurkG und elektronische einfache Zeugnisse nach § 39a BeurkG) nicht nutzen, s. dazu RegE DiRUG, BT-Drucks. 19/28177, S. 113. Überdies können sie nach hM die Anmeldungen nicht gem. § 378 Abs. 3 S. 1 FamFG auf die Eintragungsfähigkeit prüfen, s. Bumiller/*Harders*/Schwamb § 278 Rn 9; Keidel/*Heinemann* FamFG § 378 Rn 24. Gleichwohl spricht viel dafür, die Ausnahmevorschrift des § 486 Abs. 3 FamFG auf Konsularbeamte analog anzuwenden; so wohl *Eickelberg/Böttcher* FGPrax 2017, 145 (146); offen lassend *Weber* RNotZ 2017, 427 (430).

77 Ebenroth/Boujong/Joost/Strohn/*Schaub* Rn 53; MünchKommHGB/*Krafka* Rn 12; Röhricht/v. Westphalen/Haas/*Ries* Rn 1, 6.

78 Ebenroth/Boujong/Joost/Strohn/*Schaub* Rn 53; Röhricht/v. Westphalen/Haas/*Ries* Rn 6.

79 Eingeführt durch das Justizkommunikationsgesetz v. 1.4.2005, BGBl. I, S. 837.

80 Vgl. auch *Gassen* in: Noack (Hrsg.) Das neue Gesetz über elektronische Handels- und Unternehmensregister – EHUG, 2007, S. 71, 72; *Jeep/Wiedemann* NJW 2007, 2439.

81 Schon vor dem EHUG (Rn 2) war anerkannt, dass eine solche Vorgehensweise möglich ist (BayObLGZ 1975, 137 [140 f]; *Ammon* DStR 1993, 1025 [1027]), so dass an ihrer Zulässigkeit unter den Rahmenbedingungen einer elektronischen Einreichung erst recht keine Bedenken bestehen; ausführlich zur Zulässigkeit *Apfelbaum/Bettendorf* RNotZ 2007, 89 (92 ff); zweifelnd noch *DAV-Handelsrechtsausschuss* NZG 2005, 586 (588).

3. Erstellung der elektronischen Beglaubigung

a) Vorgaben des § 129 Abs. 1 BGB. Wie das elektronisch zu beglaubigende Dokument zu erstellen ist, ergibt sich aus § 129 Abs. 1 BGB i.V.m. den Vorschriften des BeurkG. Nach dem EHUG (Rn 2) ließ sich der Erstellungsprozess dem Gesetz nicht zweifelsfrei entnehmen, da die einschlägigen Vorschriften – § 129 BGB a.F. einerseits und § 39a BeurkG a.F. andererseits – nicht hinreichend sorgfältig aufeinander abgestimmt waren.[82] Diese Zweifel wurden im Zuge des DiRUG (Rn 1) durch die **Neufassung des § 129 BGB** teilweise behoben. Nach § 129 Abs. 1 S. 1 BGB n.F. sind **zwei Arten der öffentlichen Beglaubigung** möglich: In der **Nr. 1** ist der herkömmliche Weg geregelt. Danach muss die Erklärung in schriftlicher Form abgefasst und die Unterschrift des Erklärenden von einem Notar beglaubigt werden; eine solche Erklärung muss sodann in die von § 12 Abs. 1 S. 1 vorgesehen Form gebracht werden (s. dazu Rn 26). Nach der **Nr. 2** muss die Erklärung in elektronischer Form abgefasst und die qualifizierte elektronische Signatur des Erklärenden von einem Notar beglaubigt werden (s. dazu Rn 27). Dabei kann das Gesetz gem. § 129 Abs. 1 S. 2 BGB vorsehen, dass eine Erklärung nur nach § 129 Abs. 1 S. 1 Nr. 1 oder Nr. 2 BGB öffentlich beglaubigt werden kann. Da § 12 eine solche Anordnung nicht trifft, kann eine Anmeldung **in beiden Formen** zur Eintragung in das Handelsregister eingereicht werden.[83] 25

b) Beglaubigung nach § 129 Abs. 1 S. 1 Nr. 1 BGB. Entscheidet sich der Anmeldende für den herkömmlichen Weg des § 129 Abs. 1 S. 1 Nr. 1 BGB, hat zunächst eine klassische Papierbeglaubigung der Unterschrift des Anmeldenden zu erfolgen.[84] Um eine solche Anmeldung in der Form des § 12 Abs. 1 S. 1 zur Eintragung in das Handelsregister einreichen zu können, muss sodann eine beglaubigte Abschrift der Anmeldung nach § 39a BeurkG erstellt werden.[85] Das Zeugnis nach § 39a BeurkG ist allein ein **elektronisches Vehikel**, um die klassische Papierbeglaubigung zu transportieren. Der Notar hat zwei Möglichkeiten, um dieses Vehikel zu nutzen: Er kann zum einen die Anmeldung in Papierform erstellen und diese sodann **elektronisch einscannen.**[86] Zum anderen kann er unmittelbar aus der Textverarbeitung oder der Notarsoftware eine **eigenständige Bilddatei** erstellen.[87] Diese muss mit der Urschrift inhaltlich übereinstimmen, aber keine mit dem Original bildlich identische Abbildung enthalten; insbesondere müssen die Unterschriften und das Dienstsiegel nicht in der Bilddatei abgebildet werden.[88] Die solchermaßen erstellte Datei ist sodann um einen **elektronischen Beglaubigungsvermerk** zu ergänzen. In ihm wird – ebenso wie mit dem Beglaubigungsvermerk bei einer Papierbeglaubigung – die Übereinstimmung der übermittelten Bilddatei mit dem Papierdokument bezeugt, das dem Notar vorliegt.[89] Schließlich ist das Dokument gem. § 39a S. 2 26

82 Ausführlich dazu Voraufl. Rn 27 (*Koch*).

83 S. auch RegE DiRUG, BT-Drucks. 19/28177, S. 150; *Böhringer/Melchior* GmbHR 2022, 177 Rn 55; *Meier/Szalai* ZNotP 2021, 306 (314).

84 Zu diesem Weg etwa OLG Brandenburg NotBZ 2022, 40 (41); OLG Düsseldorf NZG 2021, 36 Rn 14.

85 OLG Brandenburg NotBZ 2022, 40 (41); Ebenroth/Boujong/Joost/Strohn/*Schaub* Rn 58; MünchKommHGB/*Krafka* Rn 17; *Apfelbaum/Bettendorf* RNotZ 2007, 89 (90); *Bormann/Apfelbaum* RNotZ 2007, 15 (18); *Malzer* DNotZ 2006, 9 (13 f); *Melchior* NotBZ 2006, 409 (411 mit Fn 22); *Sikora/Schwab* MittBayNot 2007, 1 (3); *Stelmaszczyk* notar 2022, 84.

86 LG Hagen DStR 2007, 1880; *Stelmaszczyk* notar 2022, 84 (85).

87 *Jeep/Wiedemann* NJW 2007, 2439 (2440). S. ferner BGH NJW-RR 2013, 632 Rn 8; OLG Brandenburg NotBZ 2022, 40 (41); OLG Düsseldorf NZG 2021, 36 Rn 19 f; OLG Nürnberg FGPrax 2015, 22 (23).

88 OLG Brandenburg NotBZ 2022, 40 (41); LG Chemnitz RNotZ 2007, 165; LG Hagen DStR 2007, 1880; LG Regensburg MittBayNot 2007, 522; LG Regensburg RNotZ 2008, 306 (307 f); Oetker/*Preuß* Rn 61; ausführlich dazu *Apfelbaum/Bettendorf* RNotZ 2007, 89 (94 ff); **aA** *Melchior* NotBZ 2006, 409 (411).

89 Vgl. dazu OLG Brandenburg NotBZ 2022, 40 (41); *Apfelbaum/Bettendorf* RNotZ 2007, 89 (96 f); *Jeep/Wiedemann* NJW 2007, 2439 (2441 f); krit. aber *Stelmaszczyk* notar 2022, 84 Fn 29.

BeurkG mit einer qualifizierten elektronischen Signatur zu versehen (s. Art. 3 Nr. 12 i.V.m. Art. 28 ff eIDAS-VO[90]).[91]

27 **c) Beglaubigung nach § 129 Abs. 1 S. 1 Nr. 2 BGB.** Wählt der Anmeldende die elektronische Beglaubigung nach § 129 Abs. 1 S. 1 Nr. 2 BGB, muss die Anmeldung zunächst in elektronischer Form abgefasst (§ 126a BGB) und mit der qualifizierten elektronischen **Signatur des Erklärenden** nach Art. 3 Nr. 12 i.V.m. Art. 28 ff eIDAS-VO (Rn 26) versehen werden. Sodann ist die Anmeldung von einem Notar zu beglaubigen,[92] wobei die Vorgaben des **§ 40a BeurkG** zu beachten sind. Nach § 40a Abs. 1 S. 1 BeurkG stehen den Beteiligten zwei Möglichkeiten offen: Die qualifizierte elektronische Signatur des Erklärenden kann entweder i.S.d. **Präsenzverfahrens** in Gegenwart des Notars anerkannt werden (Var. 1; s. noch Rn 28) oder die Beteiligten entscheiden sich für eine **Fernbeglaubigung** mittels Videokommunikation (Var. 2; s. noch Rn 29 f).[93] In beiden Fällen muss die Signatur dem Anmeldenden zugeordnet sein.[94] Zudem muss der **Beglaubigungsvermerk** nach § 40a Abs. 2 BeurkG die Person bezeichnen, welche die qualifizierte elektronische Signatur anerkannt hat (S. 1), und eine Angabe darüber enthalten, ob die qualifizierte elektronische Signatur in Gegenwart des Notars oder mittels Videokommunikation anerkannt worden ist (S. 2). Durch die letztgenannte Anordnung will der Gesetzgeber sicherstellen, dass die elektronische Vermerkurkunde ihre Beweisfunktion auch im Hinblick auf den gewählten Verfahrenstyp erfüllt.[95] Schließlich sind nach § 40a Abs. 3 S. 1 BeurkG die Vorgaben des § 10 Abs. 1, 2 und 3 S. 1 BeurkG sowie des § 40 Abs. 2 und 5 BeurkG zu beachten. Damit schafft der Gesetzgeber einen Gleichlauf zwischen den Prüfungspflichten bei der Belaubigung einer Signatur und einer Unterschrift.[96]

28 Die Anerkennung der qualifizierten elektronischen Signatur in **Gegenwart des Notars** (§ 40a Abs. 1 S. 1 Var. 1 BeurkG) ist nicht auf Handelsregisteranmeldungen beschränkt.[97] Sie ist nach dem gesetzlichen Leitbild der **Regelfall**[98] und kann dergestalt erfolgen, dass die Handelsregisteranmeldung, die der Anmeldende dem Notar in elektronischer Form (§ 126a BGB) zuleitet, bereits mit einer qualifizierten elektronischen Signatur des Anmeldenden versehen ist oder vor Ort versehen wird, und diese sodann in Gegenwart des Notars anerkannt wird.[99]

---

90 Verordnung (EU) Nr. 910/2014 des Europäischen Parlaments und des Rates vom 23.7.2014 über elektronische Identifizierung und Vertrauensdienste für elektronische Transaktionen im Binnenmarkt und zur Aufhebung der Richtlinie 1999/93/EG, ABl. (EU) Nr. L. 257, S. 73.

91 Zu qualifizierten elektronischen Signaturen s. etwa *Roßnagel* NJW 2014, 3686 (3691); *dens.* MMR 2016, 647 (648 f).

92 Zur Sinnhaftigkeit der Verwendung einer qualifizierten elektronischen Signatur durch den Anmeldenden und der anschließenden Anerkennung durch den Notar s. *Meier/Szalai* ZNotP 2021, 306 (314); *J. Schmidt* ZIP 2021, 112 (118).

93 Anders als bei der Beglaubigung einer Unterschrift nach § 40 Abs. 1 BeurkG reicht nicht aus, dass der Signierungsvorgang in Gegenwart des Notars vollzogen wird, weil der Notar zwar den Vorgang des Eingebens einer zur Erzeugung der Signatur notwendigen PIN durch den Anmeldenden sinnlich wahrnehmen könnte, nicht aber die Erzeugung der Signatur selbst, bei der es sich um einen rein elektronischen Vorgang handelt, vgl. RegE DiRUG, BT-Drucks. 19/28177, S. 127; *Kienzle* DNotZ 2021, 590 (603).

94 RegE DiRUG, BT-Drucks. 19/28177, S. 127.

95 RegE DiRUG, BT-Drucks. 19/28177, S. 128.

96 RegE DiRUG, BT-Drucks. 19/28177, S. 128.

97 So augenscheinlich auch *Freier* NotBZ 2021, 161 (163); *Kienzle* DNotZ 2021, 590 (602); *Meier/Szalai* ZNotP 2021, 306 (314); **aA** *Krafka* RDi 2022, 86 Rn 4, der zu übersehen scheint, dass sich die Einschränkung in § 40a Abs. 1 S. 2 BeurkG allein auf die Beglaubigung „mittels Videokommunikation" bezieht. Insoweit kann nicht von „einer gewissen Irreführung des Publikums" gespochen werden (so aber *Krafka* RDi 2022, 86 Rn 4).

98 Vgl. *Kienzle* DNotZ 2021, 590 (602); *Meier/Szalai* ZNotP 2021, 306 (314).

99 RegE DiRUG, BT-Drucks. 19/28177, S. 127; *Freier* NotBZ 2021, 161 (163); *Knaier* GmbHR 2021, 169 Rn 19; *Meier/Szalai* ZNotP 2021, 306 (314).

Die Fernbeglaubigung (§ 40a Abs. 1 S. 1 Var. 2 BeurkG) muss mittels eines von der Bundesnotarkammer nach § 78p BNotO betriebenen **Videokommunikationssystems** erfolgen.[100] Sie war ursprünglich nach § 40a Abs. 1 S. 2 BeurkG i.d.F. des DiRUG (Rn 2) auf Fälle des § 12 i.d.F. des DiRUG beschränkt. Dabei sah § 12 Abs. 1 S. 2 i.d.F. des DiRUG die Möglichkeit der Fernbeglaubigung für die Anmeldung durch Einzelkaufleute (Nr. 1), für GmbH, AG und KGaA (Nr. 2) sowie für Zweigniederlassungen von GmbH, AG, KGaA oder von Kapitalgesellschaften, die dem Recht eines anderen EU-Mitgliedstaates oder eines anderen EWR-Vertragsstaates unterliegen (Nr. 3). Mit dieser Aufzählung setzte der Gesetzgeber die Vorgaben der **Art. 13j, 28a, 28b der Gesellschaftsrechtsrichtlinie** (Rn 2) und des **Art. 6 Abs. 1 i.V.m. Anhang II der SDG-VO**[101] 1:1 um.[102] Demnach erstreckte sich § 12 Abs. 1 S. 2 i.d.F. des DiRUG (Rn 2) nicht auf Anmeldungen für Personenhandelsgesellschaften,[103] was namentlich bei Kapitalgesellschaften & Co. KG zu systematisch und praktisch merkwürdigen Ergebnissen geführt hätte: Während die Anmeldung der GmbH als Komplementärin vollständig im Wege des Online-Verfahrens hätte erfolgen können, erforderte die Anmeldung der KG das persönliche Erscheinen vor dem Notar.[104] Sachliche Gründe für eine solche Einschränkung leuchteten nicht ein, so dass im Schrifttum und in den Stellungnahmen zum DiRUG-RefE die berechtigte Forderung erhoben wurde, der Gesetzgeber solle den Anwendungsbereich des § 12 Abs. 1 S. 2 auf sämtliche Rechtsträger erweitern.[105] Der Gesetzgeber reagierte schnell auf diese Kritik und öffnete im Zuge des **DiREG** (Rn 2) die Fernbeglaubigung für **Unternehmensträger aller Rechtsformen**, indem er mit **Wirkung zum 1.8.2022**[106] den Rechtsformkatalog des § 12 Abs. 1 S. 2 i.d.F. des DiRUG strich[107] und § 40a Abs. 1 S. 2 BeurkG auf alle Fälle der gesetzlich zugelassenen Beglaubigung mittels Videokommunikation erstreckte.[108] Nunmehr können also auch Registeranmeldungen der Personenhandelsgesell- 29

---

100 Zu den Anforderungen an das Videokommunikationssystem und der praktischen Umsetzung RegE DiRUG, BT-Drucks. 19/28177, S. 110 ff.

101 Verordnung (EU) 2018/1724 des Europäischen Parlaments und des Rates vom 2. Oktober 2018 über die Einrichtung eines einheitlichen digitalen Zugangstors zu Informationen, Verfahren, Hilfs- und Problemlösungsdiensten und zur Änderung der Verordnung (EU) Nr. 1024/2012 (Single Digital Gateway-Verordnung – SDG-VO) v. 2.8.2018, ABl. EU Nr. L 295, S. 1.

102 RegE DiRUG, BT-Drucks. 19/28177, S. 95 f.

103 RegE DiRUG, BT-Drucks. 19/28177, S. 96.

104 Vgl. RegE DiREG, BT-Drucks. 20/1672, S. 12; *Bock* RNotZ 2021, 326 (333); *Böhringer/Melchior* GmbHR 2022, 177 Rn 56; *Freier* NotBZ 2021, 161 (163); *Omlor/Blöcher* DStR 2021, 2352 (2358); *Stelmaszczyk/Kienzle* GmbHR 2021, 849 Rn 77; *Stelmaszczyk/Strauß* ZIP 2022, 1077 (1078). S. ferner DAI, Stellungnahme zum DiRUG-RefE v. 15.1.2021, S. 8 (abrufbar auf Seite des BMJ); *Knaier* GmbHR 2021, 169 Rn 10.

105 Vgl. bitkom, Stellungnahme zum DiRUG-RefE v. 15.1.2021, S. 5 (abrufbar auf Seite des BMJ); *Bock* RNotZ 2021, 326 (333); DAI, Stellungnahme zum DiRUG-RefE v. 15.1.2021, S. 7 f (abrufbar auf Seite des BMJ); *Heckschen/Knaier* NZG 2021, 1093 f; *Knaier* GmbHR 2021, 169 Rn 10; *Omlor/Blöcher* DStR 2021, 2352 (2357 f); *J. Schmidt* ZIP 2021, 112 (118); in diese Richtung auch *Stelmaszczyk/Kienzle* GmbHR 2021, 849 Rn 77; s. ferner *Wicke* GmbHR 2022, 516 Rn 17. Diese Forderung wurde auch für Genossenschaften erhoben, die nach § 40a Abs. 1 S. 2 BeurkG und § 157 GenG i.d.F. des DiRUG-RegE noch erfasst gewesen war (RegE DiRUG, BT-Drucks. 19/28177, S. 128; dies begrüßend etwa *Knaier* GmbHR 2021, 169 Rn 10), die der Rechtsausschuss aber aus dem aus dem Anwendungsbereich des § 40a Abs. 1 S. 2 BeurkG wieder herausgenommen hatte (vgl. Bericht Rechtsausschuss DiRUG, BT-Drucks. 19/30523, S. 100 und 106).

106 S. Art. 10 Abs. 2 DiREG. Die Fernbeglaubigung der Anmeldungen zum Vereinsregister nach § 77 Abs. 2 BGB i.d.F. des DiRUG ist aber nach Art. 10 Abs. 3 DiREG erst ab dem 1.8.2023 möglich; s. dazu *Stelmaszczyk/Strauß* ZIP 2022, 1077 (1078); *Wicke* GmbHR 2022, 516 Rn 17.

107 S. dazu RegE DiREG, BT-Drucks. 20/1672, S. 18. Diesen Schritt begrüßend Bundesnotarkammer, Stellungnahme zum DiREG-RefE v. 4.4.2022, S. 5; DBI, Stellungnahme zum DiREG-RefE v. 4.4.2022, S. 3; bitkom, Stellungnahme zum DiREG-RefE v. 4.4.2022, S. 1; Deutscher Notarverein, Stellungnahme zum DiREG-RefE v. 4.4.2022, S. 4 f (alle abrufbar auf Seite des BMJ); *Heckschen/Knaier* NZG 2022, 885 (892); *Lieder* ZRP 2022, 102; *Stelmaszczyk/Strauß* ZIP 2022, 1077 (1078); *Wicke* GmbHR 2022, 516 Rn 17.

108 Vgl. RefE DiREG, BT-Drucks. 20/1672, S. 22. Die Erweiterung auf Genossenschaft und Verein begrüßend *Braun* DNotZ 2022, 725 (736); GdW, Stellungnahme zum DiREG-RefE v. 31.3.2022, S. 2 f; DGRV, Stellungnahme zum DiREG-RefE v. 23.3.2022, S. 1 (abrufbar auf Seite des BMJ).

schaften mittels Videokommunikation nach § 40a Abs. 1 S. 2 BeurkG beglaubigt werden. Ab dem 1.1.2024 steht die Fernbeglaubigung gem. § 707b Nr. 2 BGB i.d.F. des MoPeG[109] i.V.m. § 12 Abs. 1 S. 2 HGB ebenfalls für Anmeldungen der Gesellschaften bürgerlichen Rechts zum Gesellschaftsregister.[110]

30 § 12 Abs. 1 S. 2 erfasst sowohl die Erstanmeldung als auch etwaige Folgeanmeldungen,[111] und zwar unabhängig davon, wer die zur Anmeldung berufene Person ist.[112] Der Notar, der eine Fernbeglaubigung i.S.d. § 12 Abs. 1 S. 2 i.V.m. § 129 Abs. 1 S. 1 Nr. 2 BGB und § 40a BeurkG durchführt, muss die Vorgaben der § 10a Abs. 3 BNotO zum **Amtsbereich** beachten.[113] Eine **Signaturenprüfung** i.S.d. § 39a Abs. 3 BeurkG muss er nicht durchführen.[114] Hinsichtlich der **Identitäsprüfung** ordnet § 40a Abs. 4 S. 2 BeurkG die entsprechende Anwendung des § 16c BeurkG an,[115] so dass der Notar das elektronisch ausgelesene Lichtbild mit dem im Rahmen der Videokommunikation übermittelten Abbild des Anmeldenden abgleichen muss.[116] Nach § 40a Abs. 5 BeurkG soll der Notar die Beglaubigung einer mittels Videokommunikation anerkannten qualifizierten elektronischen Signatur **ablehnen**, wenn er die Erfüllung seiner Amtspflichten auf diese Weise nicht gewährleisten kann, insbesondere wenn er sich auf diese Weise **keine Gewissheit** über die Person verschaffen kann, welche die qualifizierte elektronische Signatur anerkannt hat.[117]

4. Vorgaben für die Übermittlung

31 Die Anmeldung ist elektronisch zu übermitteln, wobei sie nach § 378 Abs. 3 S. 2 FamFG bei einem Notar zur Weiterleitung an die für die Eintragung zuständige Stelle einzureichen ist (s. dazu bereits § 8 Rn 77). Eine persönliche Abgabe scheidet damit ebenso aus wie eine Einreichung in Papierform.[118] Für die Art der elektronischen Übermittlung sieht das Gesetz keine weiteren Bestimmungen vor (zur Anwendung des § 12 Abs. 2 S. 2, 2. Hs. auf die Anmeldung s. aber noch Rn 79). Damit ist durch die Vorgaben des Handelsgesetzbuchs noch nicht sichergestellt, dass die elektronisch übermittelten Daten auch ohne weiteres **vom Registergericht übernommen** werden können. Eine solche Möglichkeit ist aber wünschenswert, weil nur dann gewährleistet ist, dass die Ergänzung der elektronischen Registerführung durch eine elektronische Anmeldung und Einreichung auch tatsächlich zu einer signifikanten **Arbeitsentlastung** der Registergerichte und damit auch zu einer Beschleunigung registergerichtlicher Verfahren

109 Gesetz zur Modernisierung des Personengesellschaftsrechts (Personengesellschaftsrechtsmodernisierungsgesetz – MoPeG) v. 10.8.2021, BGBl. I, S. 3436.

110 *Braun* DNotZ 2022, 725 (735 f); *Lieder* ZRP 2022, 102; *Wicke* GmbHR 2022, 516 Rn 17.

111 Im Schrifttum werden als Beispiel Satzungsänderungen (§ 181 AktG, § 54 GmbHG) und Kapitalmaßnahmen (s. etwa §§ 184, 188, 189, 201, 210, 211, 223, 227, 238, 239 AktG, §§ 57, 57i, 58 Abs. 1 Nr. 3 GmbHG) genannt, vgl. *Omlor/Blöcher* DStR 2021, 2352 (2355). In Betracht kommen aber auch etwa: Anmeldung der Prokuraerteilung und des Prokuraentzugs (§ 53) oder Unternehmensverträge (s. § 294 AktG bzw. § 54 GmbHG analog, dazu § 8 Rn 65).

112 Vgl. RegE DiRUG, BT-Drucks. 19/28177, S. 96, der den Rechtsträger selbst, die Gesellschafter und die vertretungsberechtigten Organe nennt.

113 Hierzu *Bock* RNotZ 2021, 326 (329 f); *Linke* NZG 2021, 309 (310); *Meier/Szalai* ZNotP 2021, 306 (315).

114 Zu den Gründen dieser verfahrensrechtlichen Erleichterung RegE DiRUG, BT-Drucks. 19/28177, S. 128.

115 Zu den damit verbundenen Einschränkungen in persönlicher Hinsicht *Krafka* RDi 2022, 86 Rn 5.

116 Zu den Einzelheiten der zweistufigen Identifizierung nach § 16c BeurkG s. RegE DiRUG, BT-Drucks. 19/28177, S. 119 ff und 128 f; *Bock* RNotZ 2021, 326 (330); *Kienzle* DNotZ 2021, 590 (597 f, 603) *Knaier* GmbHR 2021, 169 Rn 22 ff; *Meier/Szalai* ZNotP 2021, 306 (313 f).

117 Die Geschäftsfähigkeit des Anmeldenden hat der Notar nicht zu prüfen, s. RegE DiRUG, BT-Drucks. 19/28177, S. 129. Zum Gegenstand der Beglaubigung s. bereits Rn 23.

118 Die Möglichkeit einer persönlichen Einreichung wurde durch das BeurkG v. 28.8.1969, BGBl. I, S. 1513 abgeschafft. Zum Ausschluss der nicht-elektronischen Einreichung s. auch OLG Düsseldorf NZG 2021, 36 Rn 13.

führt.[119] Überdies wird durch eine solche Übernahmemöglichkeit auch eine potenzielle Fehlerquelle eliminiert, weil Tippfehler beim Abschreiben der Anmeldung nicht mehr vorkommen können.[120] Es bedarf also einer Übermittlungsform, die auf die jeweilige Registersoftware abgestimmt ist.[121]

Diese Abstimmung ist auf dem Verordnungswege erfolgt. § 8a Abs. 2 ermächtigt die Landes- 32
regierungen, technische Einzelfragen der Registerführung in Form einer **Rechtsverordnung** näher zu bestimmen. Auf dieser Grundlage haben die Bundesländer entsprechende **Rechtsverordnungen** zur elektronischen Registerführung erlassen.[122] Darin finden sich auch Vorgaben zu den zulässigen Dateiformaten und deren bearbeitbaren Versionen.[123] Diese Vorgaben sind von den einreichenden Notaren zu beachten, so dass ihnen die Aufgabe obliegt, die Daten in einem unmittelbar **registergerichtlich verwertbaren Format** aufzubereiten.[124] Eine sonstige Übermittlung, etwa über ein herkömmliches E-Mail-Programm oder den Einwurf oder Versand von Datenträgern, ist nicht zulässig.[125]

5. Ersatzformen

Zu § 12 i.d.F. vor EHUG war anerkannt, dass die öffentliche Beglaubigung nach allgemeinen 33
Grundsätzen auch durch eine notarielle Beurkundung (§ 129 Abs. 2 BGB), durch einen protokollierten gerichtlichen Vergleich (§ 127a i.V.m. § 129 Abs. 2 BGB) oder durch die von einer öffentlichen Behörde ausgestellte öffentliche Urkunde ersetzt werden kann.[126] Unter der geltenden Fassung des § 12 Abs. 1 wird diese Ansicht weiterhin von zahlreichen Stimmen vertreten.[127] Gleichwohl verschiebt sich die Beurteilung, weil es nicht genügt, eine beglaubigte Abschrift elektronisch an das Registergericht zu transportieren, sondern auch der Übermittlungsakt selbst von der notariellen Beglaubigung mitumfasst werden muss. Die genannten Akte können also zwar die Unterschriftenbeglaubigung ersetzen, nicht aber die **Abschriftenbeglaubigung.** Für diese bedarf es der elektronischen Übermittlung in öffentlich beglaubigter Form.

6. Form- und Übermittlungsfehler

a) Formfehler. Die Einhaltung der Form ist keine Wirksamkeitsvoraussetzung der Anmeldung, 34
sondern ausschließlich eine **Vollzugsvoraussetzung** für das Registerverfahren. Die Anmeldung ist also auch dann wirksam beim Gericht eingegangen, wenn sie nicht der Form des § 12 genügt.

---

119 Vgl. dazu auch *Sikora/Schwab* MittBayNot 2007, 1 (3).
120 *Nedden-Boeger* FGPrax 2007, 1 (2).
121 Vgl. dazu *Jeep/Wiedemann* NJW 2007, 2439 f.
122 Die von den Ländern erlassenen Rechtsverordnungen können über die Homepage des vom Bundesfinanzhof und vom Bundesverwaltungsgericht bereitgestellten Elektronischen Gerichts- und Verwaltungspostfachs abgerufen werden (www.egvp.bund.de/grundlagen/gerichte.htm – zuletzt abgerufen am 1.8.2008); vgl. auch die Übersicht bei *Schlotter/Reiser* BB 2008, 118 (119).
123 Ausführlich dazu *Gassen* RNotZ 2007, 142 (144 ff).
124 Sehr anschaulich dazu *Jeep/Wiedemann* NJW 2007, 2439 (2440); vgl. auch *Sikora/Schwab* MittBayNot 2007, 1 (3); *Stelmaszczyk* notar 2022, 84 (85). Zu diesem Zweck wurde im Auftrag der Bundesnotarkammer eine spezielle Notariatssoftware entwickelt, die sowohl die Bereitstellung der einzutragenden Daten (XNotar) als auch die elektronische Beglaubigung (SigNotar) erlaubt, vgl. *Krafka* Rn 138 ff; *Apfelbaum/Bettendorf* RNotZ 2007, 89 (96 f); *Jeep/Wiedemann* NJW 2007, 2439 (2440); *Schlotter/Reiser* BB 2008, 118 (120 ff); *Sikora/Schwab* MittBayNot 2007, 1 (3); *Willer/Krafka* DNotZ 2006, 885 (886 ff).
125 MünchKommHGB/*Krafka* Rn 24; *Sikora/Schwab* MittBayNot 2007, 1 (3).
126 Vgl. zum letztgenannten Fall BayObLGZ 1975, 227 (230); Staub/*Hüffer*[4] Rn 4.
127 Vgl. zur öffentlichen Urkunde OLG Stuttgart FGPrax 2009, 129 (130); Ebenroth/Boujong/Joost/Strohn/*Schaub* Rn 57; MünchKommHGB/*Krafka* Rn 17; Oetker/*Preuß* Rn 23; Röhricht/v. Westphalen/Haas/Haas/*Ries* Rn 7.

Das Gericht wird das Registerverfahren allerdings nicht fortsetzen, solange der Formmangel nicht behoben ist.[128]

35 **b) Technische Übermittlungsfehler.** Die Rechtsfolgen eines Übermittlungsfehlers aufgrund technischer Probleme sind gesetzlich nicht geregelt.[129] Nur für den Fall, dass elektronische Anmeldungen und Dokumente **vorübergehend nicht entgegengenommen** werden können, sieht § 54 Abs. 3 HRV vor, dass die nach Landesrecht zuständige Stelle die Möglichkeit anordnen kann, die jeweiligen Dokumente **in Papierform** einzureichen.[130] Die eingereichten Schriftstücke sind sodann nach § 54 Abs. 3 S. 2 HRV unverzüglich (§ 121 Abs. 1 S. 1 BGB) in elektronische Dokumente zu übertragen. Diese Vorschrift betrifft allerdings nur einen Übermittlungsfehler auf Seiten des Registergerichts, nicht aber technische Probleme auf Seiten des Anmelders.[131] Die bewusst einseitige Ausgestaltung des § 54 Abs. 3 HRV lässt für die Annahme einer durch Analogie zu schließenden Regelungslücke keinen Raum.[132] Darüber hinaus sehen die auf der Grundlage des § 8a Abs. 2 erlassenen **Landesverordnungen** (s. Rn 32) aber zum Teil noch weitergehende Regelungen vor, die von der bloßen Möglichkeit einer Ersatzeinreichung in Papierform (§ 9 E-Register-VO NRW[133]) bis zu einer Wiedereinsetzung in den vorigen Stand für den Fall einer unverschuldeten Fristversäumnis (§ 10 BayERVV[134]) reichen.[135]

VII. Vertretung bei der Anmeldung

1. Bevollmächtigte

36 **a) Grundsätzliche Zulässigkeit; Vollmachtsbescheinigung.** Auch wenn die Anmeldung keine Willenserklärung ist (Rn 8), ergibt sich doch aus **§ 10 Abs. 2 S. 1 FamFG**, dass sie grundsätzlich durch einen Bevollmächtigten vorgenommen werden kann. Diese Möglichkeit wird auch in § 12 Abs. 1 S. 3 vorausgesetzt und ist lediglich im Bereich höchstpersönlicher Anmeldungen eingeschränkt (s. dazu noch Rn 43 f).[136] Entsprechend § 167 Abs. 1 BGB ist die Erklärung gegenüber dem Bevollmächtigten selbst (Innenvollmacht) oder gegenüber dem Registergericht (Außenvollmacht) abzugeben.[137] Als Bevollmächtigte kommen sowohl natürliche als auch juristische Personen in Betracht. Da **juristische Personen** nicht selbst handlungsfähig sind, ist eine solche Vollmacht in der Weise zu verstehen, dass die jeweiligen gesetzlichen Vertreter (in vertretungsberechtigter Zahl) als zur Anmeldung bevollmächtigt anzusehen sind.[138]

37 Eine **Erleichterung** für den registergerichtlichen Verkehr hat der Gesetzgeber in § 12 Abs. 1 S. 4 vorgesehen, wonach anstelle der Vollmacht die **Bescheinigung eines Notars** nach § 21 Abs. 3 BNotO eingereicht werden kann.[139] Eine solche Bescheinigung erzeugt aus der Perspekti-

128 OLG Jena NJW-RR 2003, 99 (100); Koller/Kindler/Roth/Drüen/*Roth* Rn 3.

129 Zu möglichen Fehlerquellen vgl. *Melchior* NotBZ 2006, 409 (412 ff).

130 Zu den entsprechenden landesrechtlichen Regelungen vgl. *Schlotter/Reiser* BB 2008, 118 (119, 121 f).

131 Klarstellend RegE EHUG, BT-Drucks. 16/960, S. 61.

132 Für eine Ausdehnung auf den Notar *Jeep/Wiedemann* NJW 2007, 2439 (2445); *Sikora/Schwab* MittBayNot 2007, 1 (2).

133 Verordnung über die elektronische Registerführung und die Zuständigkeit der Amtsgerichte in Nordrhein-Westfalen in Registersachen (Registerverordnung Amtsgerichte – RegisterVO) v. 8.5.2013, GV. NRW S. 30.

134 Verordnung über den elektronischen Rechtsverkehr und elektronische Verfahren v. 15.12.2006, GVBl. S. 1084.

135 Vgl. zu diesem Problem auch *Schlotter/Reiser* BB 2008, 118 (121 f).

136 Speziell zur Gesamtvertretung *Seebach* RNotZ 2015, 68 (78 ff).

137 Ebenroth/Boujong/Joost/Strohn/*Schaub* Rn 67; Röhricht/v. Westphalen/Haas/*Ries* Rn 10.

138 BayObLGZ 1975, 137 (140); Heymann/*Förster* HGB Rn 19; MünchKommHGB/*Krafka* Rn 31.

139 § 21 Abs. 3 BNotO und § 12 Abs. 1 S. 4 (damals als § 12 Abs. 1 S. 3 a.F.) wurden eingeführt durch das Gesetz zur Übertragung von Aufgaben im Bereich der freiwilligen Gerichtsbarkeit auf Notare, BGBl. I, S. 1800.

ve der Unternehmensträger eine Bündelungswirkung und entlastet das Registergericht von der Prüfung der Vollmachtsketten.[140] Sie kann sich nach dem klaren Wortlaut der § 21 Abs. 3 S. 1 BNotO nur auf **rechtsgeschäftliche Vollmachten** beziehen, nicht auch auf organschaftliche Vertretungsverhältnisse, die aber nach § 21 Abs. 1 S. 1 Nr. 1 BNotO bescheinigt werden können (zur Notarbescheinigung nach § 21 Abs. 1 BNotO s. § 9 Rn 43 f).[141] Der Notar darf die Vollmachtsbescheinigung nur ausstellen, wenn er sich zuvor durch Einsichtnahme in eine öffentliche oder öffentlich beglaubigte Vollmachtsurkunde über die Begründung der Vertretungsmacht **vergewissert** hat (§ 21 Abs. 3 S. 2 BNotO).[142] In der Bescheinigung hat der Notar nach § 21 Abs. 3 S. 3 BNotO anzugeben, in welcher Form und an welchem Tag ihm die Vollmachtsurkunde vorgelegen hat;[143] dabei muss er sämtliche Schritte der **Vollmachtskette** bescheinigen.[144] Gleichwohl muss der Notar gegenüber dem Registergericht nicht versichern, dass die bescheinigten Vollmachten nicht widerrufen wurden.[145] Die Bescheinigung muss zudem keine Zusammenfassung der Vollmachtsurkunden enthalten.[146] Liegt eine ordnungsgemäße Vollmachtsbescheinigung vor, muss das Registergericht die Vertretungsmacht nicht prüfen.[147] Etwas anderes gilt aber hinsichtlich der Reichweite der Bescheinigung[148] und in Fällen, in denen konkrete Tatsachen auf eine Unrichtigkeit der Bescheinigung hindeuten.[149]

b) Umfang. Vom Umfang her bedarf es keiner Spezialvollmacht für die einzelne Anmeldung, 38
sondern es genügt grundsätzlich jede Vollmacht, sofern sich aus ihr ergibt, dass sie Registeranmeldungen der in Frage stehenden Art abdeckt. Eine Generalvollmacht ist daher in jedem Fall ausreichend;[150] dies gilt in der Regel auch für die Vorsorgevollmacht.[151] Um den konkreten Umfang zu ermitteln, ist eine **Auslegung der Vollmachtserklärung** zwar grundsätzlich zulässig, doch werden aus Gründen der durch die Registerführung bezweckten Verkehrssicherheit insoweit strengere Anforderungen als an die Auslegung einer Willenserklärung gestellt. Die Vollmacht muss aus sich selbst heraus verständlich sein, womit eine Auslegung über den Wortlaut hinaus unzulässig ist.[152] Die Gerichtspraxis ist durchaus streng und geht teilweise davon aus, dass im Zweifel der geringere Umfang der Vollmacht gilt.[153]

---

140 S. nur RegE, BT-Drucks. 17/1469, S. 14; BGH NZG 2017, 101 Rn 17; BeckOK-BNotO/*Sander* § 21 Rn 53 f.

141 Vgl. zur § 34 GBO, der ebenfalls auf § 21 Abs. 3 BNotO verweist, BGH NZG 2017, 101 Rn 16.

142 Es handelt sich um eine Amtspflicht, s. OLG Nürnberg NJW 2017, 2481 Rn 6 (zu § 34 GBO).

143 Zu den Einzelheiten BeckOK-BNotO/*Sander* § 21 Rn 63 ff.

144 BGH NZG 2017, 101 Rn 11 ff mit Hinweisen zur praktischen Handhabung in Rn 18.

145 OLG München NotBZ 2017, 196 (197).

146 OLG Nürnberg NJW 2017, 2481 Rn 7.

147 Vgl. BeckOK-BNotO/*Sander* § 21 Rn 73. Offen gelassen von BGH NZG 2017, 101 Rn 9. S. ferner OLG Düsseldorf NZG 2016, 665 Rn 7 ff.

148 BGH NZG 2017, 101 Rn 10.

149 OLG Nürnberg NJW 2017, 2481 Rn 8. S. auch BeckOK-BNotO/*Sander* § 21 Rn 73.

150 BayObLGZ 1975, 137 (140); OLG Karlsruhe ZEV 2014, 671 f; LG Frankfurt aM BB 1972, 512; Hopt/*Merkt* Rn 3; Ebenroth/Boujong/Joost/Strohn/*Schaub* Rn 63; Röhricht/v. Westphalen/Haas/*Ries* Rn 10; *Munzig* FGPrax 2006, 47 (48).

151 OLG Frankfurt ZEV 2013, 686 f; MünchKommHGB/*Krafka* Rn 28; BeckOK-HGB/*Müther* Rn 15. Vgl. ferner OLG Karlsruhe ZEV 2014, 671 f.

152 KG NZG 2004, 1172 (1173); FGPrax 2005, 173 (174); NZG 2022, 618 Rn 16; OLG Düsseldorf NJW-RR 2013, 746 (747); NZG 2014, 1066 (1067); OLG Hamm NZG 2010, 957 (958); Ebenroth/Boujong/Joost/Strohn/*Schaub* Rn 65; *Krafka* Rn 114; ähnlich auch OLG Hamm FGPrax 2005, 39 (40).

153 So OLG Düsseldorf NJW-RR 2013, 746 (747); *Heinemann* FGPrax 2015, 1 (3); zurückhaltend hierzu MünchKommHGB/*Krafka* Rn 28.

39 **c) Post- und transmortale Vollmacht.** Die Anmeldung kann auch aufgrund einer postmortalen Vollmacht erfolgen.[154] In diesem Fall kann der Bevollmächtigte nach dem Tod des Vollmachtgebers dessen Erben bei künftigen Anmeldungen gegenüber dem Registergericht vertreten, **ohne einen Erbschein** vorlegen zu müssen; die Vollmacht kann allerdings durch die Erben widerrufen werden.[155] Ebenso ist es möglich, dass eine Vollmacht ausschließlich für den Todesfall des Vollmachtgebers ausgestellt wird.[156] Hat ein Gesellschafter einer OHG oder KG eine post- oder transmortale Vollmacht wirksam erteilt, erstreckt sich die Vollmacht nicht auf die **Anmeldung des Rechtsnachfolgers** des (verstorbenen) Gesellschafters zum Handelsregister, da es sich um eine originäre Anmeldepflicht des Rechtsnachfolgers handelt;[157] der Rechtsnachfolger kann aber seinerseits eine Vollmacht für die Anmeldung erteilen (zu der Einschränkungen bei höchstpersönlichen Erklärungen im Gesellschaftsrecht s. noch Rn 43 f).[158] Stirbt der Bevollmächtigte, so erlischt damit regelmäßig die Vollmacht nach §§ 673, 675 BGB.[159]

40 **d) Prokura und Handlungsvollmacht.** Für den Prokuristen gilt die allgemeine **Maßgabe des § 49 Abs. 1.** Danach ist er zu allen Arten von gerichtlichen und außergerichtlichen Geschäften und Rechtshandlungen ermächtigt, die der Betrieb eines Handelsgewerbes mit sich bringt. Entgegen der früher herrschenden Ansicht ist der Prokurist hinsichtlich dieser Geschäfte auch zur Registeranmeldung befugt, da es sinnwidrig wäre, wenn seine Vollmacht zwar den Akt an sich, nicht aber dessen Anmeldung umfasst (zur Konstruktion der Gegenauffassung über eine Garantieerklärung s. Rn 3 f).[160] Eine **Grenze** findet diese Berechtigung allerdings in den **Grundlagengeschäften,** für die der Prokurist einer gesonderten Vollmacht des Prinzipals bedarf; folgerichtig ist auch für die Anmeldung eines solchen Geschäfts eine entsprechende Vollmacht erforderlich; vgl. dazu auch Voraufl. § 49 Rn 40 (*Joost*).[161] Da die meisten anmeldepflichtigen Vorgänge derartige Grundlagengeschäfte betreffen,[162] kommt der Anmeldebefugnis für das eigene Unternehmen keine gesteigerte Bedeutung zu (zu Beteiligungen s. noch Rn 41).[163] Als ein

---

154 Koller/Kindler/Roth/Drüen/*Roth* Rn 2; Röhricht/v. Westphalen/Haas/*Ries* Rn 9; vgl. auch noch die Nachw. in Fn 154.

155 RGZ 88, 346 (350); RGZ 106, 185 (187); OLG Hamburg DNotZ 1967, 30 (31); OLG Hamburg MDR 1974, 1022; Ebenroth/Boujong/Joost/Strohn/*Schaub* Rn 64; MünchKommHGB/*Krafka* Rn 29.

156 Heidel/Schall/*Lamsa* Rn 33.

157 KG NZG 2003, 122 (123 f); OLG München FGPrax 2018, 73; MünchKommHGB/*Krafka* Rn 29; Röhricht/v. Westphalen/Haas/*Ries* Rn 9; **aA** OLG Hamburg MDR 1974, 1022.

158 OLG München NotBZ 2017, 196 (197).

159 Ebenroth/Boujong/Joost/Strohn/*Schaub* Rn 78; Röhricht/v. Westphalen/Haas/*Ries* Rn 10.

160 BGHZ 116, 190 (194) = NJW 1992, 975; Ebenroth/Boujong/Joost/Strohn/*Weber* § 49 Rn 8; Koller/Kindler/Roth/Drüen/*Roth* Rn 5, § 49 Rn 4; MünchKommHGB/*Krebs* § 49 Rn 35; Röhricht/v. Westphalen/Haas/*Ries* Rn 10; *Canaris* HandelsR § 12 Rn 15; *Munzig* FGPrax 2006, 47 (48); *Seebach* RNotZ 2015, 68 (70); zur früher hM vgl. noch BayObLGZ 1982, 198 (201); BayObLGZ 1984, 29 (32); BayObLGZ 1985, 82 (72); OLG Colmar KGJ 47 A 242 (243); zu weitergehenden Eingrenzungen s. noch Fn 162.

161 Vgl. bereits die Nachw. in Fn 159. **AA** *Renaud/Heinsen* GmbHR 2008, 687 ff, die den materiellen Rechtsakt von der formalen Anmeldung trennen wollen, was aber schon im Hinblick auf die materiell-rechtliche Wirkung des § 15 nicht überzeugt; vgl. MünchKommHGB/*Krebs* § 49 Rn 8, 24.

162 MünchKommHGB/*Krebs* § 49 Rn 35. Beispiele aus der Rechtsprechungspraxis: das Ausscheiden eines GmbH-Geschäftsführers, s. OLG Düsseldorf NZG 2012, 1223 f (dagegen mit beachtlichen Argumenten aber *Renaud* GmbHR 2012, 1128 [1129 f]; krit. auch *Seebach* RNotZ 2015, 68 [75]); die Änderung der Geschäftsanschrift, s. KG NJW-RR 2016, 1054 Rn 11 ff; OLG Karlsruhe NJW-RR 2015, 94 Rn 7 ff; BeckOK-HGB/*Müther* Rn 15; Fleischhauer/*Wochner*/*Schemmann* Kap. A Rn 83; **aA** *Seebach* RNotZ 2015, 68 (76); so auch im Zusammenhang mit einem Handlungsbevollmächtigten (s. noch Rn 42) KG NZG 2014, 150 f.

163 Wohl aus diesem Grund wird die Anmeldebefugnis zum Teil übermäßig stark in der Weise eingegrenzt, dass der Prokurist generell zu Anmeldungen für die eigene Gesellschaft nicht berechtigt sei; vgl. etwa Hopt/*Merkt* Rn 3, § 49 Rn 2; *Krafka* Rn 116; *K. Schmidt* HandelsR § 16 III 30; *Ammon* DStR 1993, 1025 (1027). Krit. zu dieser Tendenz *Seebach* RNotZ 2015, 68 (74 ff).

verbleibender Anwendungsfall wird etwa die Anmeldung der **Errichtung einer Zweigniederlassung** genannt (vgl. dazu aber noch ausführlich § 13 Rn 59).[164] Hier wird man eine Vertretungsmacht hinsichtlich der Anmeldung auch dann bejahen müssen, wenn man die Befugnis des Prokuristen zur Errichtung der Zweigniederlassung gegen die ganz hM verneint, da es sich um eine deklaratorische Anmeldung handelt, zu der das Unternehmen verpflichtet ist. Zu Erweiterungen in den Fällen einer unechten Gesamtvertretung s. noch Rn 56.

Von größerer Bedeutung ist die Anmeldebefugnis des Prokuristen da, wo die Anmeldung 41 **nicht das eigene Unternehmen** betrifft, sondern lediglich vom Prinzipal gehaltene Beteiligungen. Deren Verwaltung fällt im Regelfall in den durch § 49 Abs. 1 gezogenen Rahmen der Vertretungsmacht und umfasst hier auch die **Grundlagengeschäfte**, so dass der Prokurist insofern auch zur Registeranmeldung befugt ist (Ausnahme bei höchstpersönlichen Anmeldungen – s. dazu noch Rn 43 f).[165] Bei der Anmeldung einer Prokura ist die Mitwirkung des neu bestellten Prokuristen ausgeschlossen; vgl. auch Voraufl. § 49 Rn 11 (*Joost*).[166]

Die dargestellten Grundsätze können nach zutreffender Auffassung gleichermaßen auch für 42 eine **Handlungsvollmacht i.S.d. § 54** nutzbar gemacht werden. Auch dem Handlungsbevollmächtigten sind Anmeldungen nicht grundsätzlich untersagt, sondern entscheidend ist, ob das anzumeldende Geschäft von seiner Vertretungsmacht umfasst ist. Ist das der Fall, so ergibt sich daraus auch eine Annexkompetenz für die Anmeldung dieses Geschäfts.[167]

e) Höchstpersönliche Erklärungen im Gesellschaftsrecht. Unzulässig ist eine Bevollmäch- 43 tigung nach der **hM im gesellschaftsrechtlichen Schrifttum** in den Fällen, in denen zum notwendigen Inhalt der Anmeldung Erklärungen gehören, für deren Richtigkeit die Anmelder in zivilrechtlicher (§§ 46, 48 AktG, § 9a GmbHG) und strafrechtlicher Hinsicht (§ 399 AktG, § 82 GmbHG) **persönlich verantwortlich** sind (vgl. schon § 8 Rn 42, 98).[168] Darunter fallen namentlich die Gründung einer AG oder GmbH (§ 37 Abs. 1 AktG, § 8 Abs. 2 GmbHG), die Kapitalerhöhung oder -herabsetzung in einer GmbH (§§ 57 Abs. 2, 58 Abs. 1 Nr. 4 GmbHG) sowie die Kapitalerhöhung in einer AG (§§ 184 Abs. 2, 188 Abs. 2 AktG).[169] Die **Gegenmeinung** argumentiert aus dem Wortlaut des § 12 Abs. 1 S. 3 und hält die gewillkürte Stellvertretung auch hier für zulässig. Der Schluss aus der zivil- und strafrechtlichen Verantwortlichkeit auf die Höchstpersönlichkeit wird abgelehnt, da die Abgabe der Versicherung als (unbestritten) höchstpersönlicher Akt von der Anmeldung getrennt werden könne.[170]

164 *Canaris* HandelsR § 12 Rn 15.

165 BGHZ 116, 190 (194) = NJW 1992, 975; LG Aachen MittRhNotK 2000, 354; Ebenroth/Boujong/Joost/Strohn/*Weber* § 49 Rn 8; MünchKommHGB/*Krafka* Rn 30; MünchKommHGB/*Krebs* § 49 Rn 35; Röhricht/v. Westphalen/Haas/*Ries* Rn 10; *Canaris* HandelsR § 12 Rn 15; Fleischhauer/*Wochner*/*Schemmann* Kap. A Rn 83; *Krafka* Rn 116; *Joost* ZIP 1992, 463 (464); *Seebach* RNotZ 2015, 68 (74). Offen gelassen von KG NJW-RR 2016, 1054 Rn 11.

166 BayObLGZ 1973, 158; OLG Frankfurt aM FGPrax 2005, 135; *Krafka* Rn 116; **aA** *Bärwaldt* NJW 1997, 1404 (1405 f); *Seebach* RNotZ 2015, 68 (75 f).

167 So zutr. Ebenroth/Boujong/Joost/Strohn/*Schaub* Rn 94; **aA** BGH WM 1969, 43 (im Rückschluss zur damals noch hM bei der Prokura – s. Rn 30).

168 BayObLGZ 1986, 203 (205); BayObLGZ 1986, 454 (457); KGJ 28 A 228; Noack/Servatius/Haas/*Servatius* GmbHG § 7 Rn 3; Ensthaler/*Steinhauer* Rn 8; GroßkommAktG/*Schall* § 36 Rn 20; *Koch* § 36 Rn 5; Koller/Kindler/Roth/Drüen/*Roth* Rn 5; MünchKommAktG/*Pentz* § 36 Rn 26; Röhricht/v. Westphalen/Haas/*Ries* Rn 11.

169 Es handelt sich dabei zumeist um Fälle, in denen ein Handeln sämtlicher Organmitglieder erforderlich ist (vgl. § 78 GmbHG, § 36 Abs. 1 AktG), doch zeigt gerade die Kapitalerhöhung in einer AG, dass dieser Zusammenhang nicht zwingend ist; so auch Hopt/*Merkt* Rn 3; Ebenroth/Boujong/Joost/Strohn/*Schaub* Rn 100.

170 KG JW 1932, 2626; OLG Köln NJW 1987, 135 f; Heymann/*Förster* HGB Rn 24; MünchKommHGB/*Krafka* Rn 35; Oetker/*Preuß* Rn 43. So auch im Ergebnis die hM im verfahrensrechtlichen Schrifttum zur Vertretung durch den Notar, s. Bumiller/*Harders*/Schwamb FamFG § 378 Rn 4; Keidel/*Heinemann* FamFG § 378 Rn 11; Prütting/Helms/*Holzer* FamFG § 378 Rn 9; *Ising* NZG 2012, 289 (290); *v. Werder*/*Hobuß* BB 2018, 1031 (1033 ff); vgl. ferner zur Vertretung durch einen Prokuristen; *Seebach* RNotZ 2015, 68 (71 ff).

44 Zu folgen ist der herrschenden Meinung im gesellschaftsrechtlichen Schrifttum. Die Übernahme der Verantwortung macht die Anmeldung zu einer **höchstpersönlichen organisationsrechtlichen Handlung,** bei der eine Bevollmächtigung nicht in Betracht kommt (s. Rn 10 f). Dieser Charakter kann auch nicht durch eine gedankliche Trennung zwischen der Versicherung und der Anmeldung in Abrede gestellt werden. Die Versicherung ist nicht nur tatsächlich, sondern auch nach dem Wortlaut der einschlägigen Vorschriften Bestandteil der Anmeldung, so dass die vorgeschlagene Trennung weder im tatsächlichen Geschehen noch im Gesetz eine Stütze findet.[171] Für die Anmeldung durch einen Bevollmächtigten besteht schließlich auch **kein praktisches Bedürfnis,** wenn man zwischen der Abgabe der Erklärung und ihrer Einreichung unterscheidet. Die Einreichung kann auch in der Weise erfolgen, dass ein befugter Dritter, namentlich der beurkundende Notar, die Anmeldung als **Bote** an das Gericht übermittelt. Als rein tatsächlicher Akt ist diese Übermittlung – anders als die Anmeldung – nicht höchstpersönlicher Natur, so dass die Botenschaft unproblematisch zulässig ist.[172] Diese Grundsätze lassen sich auf die Erklärung einer **Abfindungsversicherung** im Zusammenhang mit der Eintragung eines Rechtsnachfolgevermerks (s. dazu § 8 Rn 68 a.E.) übertragen.[173] Zur Anmeldung durch einen Notar s. Rn 49 ff.

45 **f) Vollmachtloser Vertreter.** Einen Vertreter ohne Vollmacht oder ohne ordnungsgemäßen Vollmachtsnachweis (s. dazu Rn 57) darf das Registergericht nicht zur Anmeldung zulassen.[174] Ist die Eintragung gleichwohl erfolgt, so ist entscheidend, ob sie **sachlich richtig** ist. Auf die sachlich richtige Eintragung hat der Verfahrensmangel keine Wirkung. Anderenfalls ist das Amtslöschungsverfahren nach § 395 FamFG einzuleiten.[175]

46 **g) Formfragen.** Während eine Vollmacht nach § 167 Abs. 2 BGB grundsätzlich auch dann formlos erteilt werden kann, wenn das Rechtsgeschäft, auf das sie sich bezieht, formbedürftig ist, verlangt § 12 Abs. 1 S. 3 die **öffentliche Beglaubigung** auch für die Anmeldungsvollmacht. Das ist folgerichtig, weil sonst die persönliche Identität des Anmelders bei gewillkürter Stellvertretung nicht nachgewiesen wäre. Die Vollmacht muss also ebenfalls in der in Rn 24 ff dargestellten Form übermittelt werden; dies gilt in Abweichung von § 182 Abs. 2 BGB auch für die **Genehmigung** einer Anmeldungsvollmacht.[176] Bei mehreren Bevollmächtigten müssen die Formvorgaben des § 12 Abs. 1 S. 3 bei jeder Vollmacht erfüllt sein.[177] Steht die Vollmacht unter einer **Bedingung,** spricht viel dafür, dass der Bedingungseintritt in Form des § 12 Abs. 1 S. 3 nachgewiesen werden muss.[178] Zum Nachweis der Vertretungsbefugnis bei inländischen Zweigniederlassungen ausländischer Unternehmen vgl. noch die Ausführungen in § 13d Rn 69 f.

47 Problematisch ist, ob die Registervollmacht im Rahmen des **Videokommunikationsverfahrens** nach § 40a BeurkG, § 12 Abs. 1 S. 2 öffentlich beglaubigt werden kann. Nach dem Regierungsentwurf des DiREG (Rn 2) findet § 12 Abs. 1 S. 2 auf die Beglaubigung von Registervollmachten nach § 12 Abs. 1 S. 3 keine Anwendung: § 12 Abs. 1 S. 3 beziehe sich ausweislich seines

171 BayObLGZ 1986, 203 (204 f); MünchKommAktG/*Pentz* § 36 Rn 26. Treffend auch GroßkommAktG/*Schall* § 36 Rn 21: Die Unterscheidung sei „überkonstruiert".

172 GroßkommAktG/*Schall* § 36 Rn 21; MünchKommAktG/*Pentz* § 36 Rn 27; MünchKommHGB/*Krafka* Rn 40.

173 Vgl. KG NZG 2009, 905; OLG Köln NJW-RR 2018, 169 Rn 5; DNotI-Report 2021, 49 (51 f); **aA** *Seebach* RNotZ 2015, 68 (71 f), der zwischen (höchstpersönlicher und deshalb vertretungsfeindlicher) Abgabe der Versicherungserklärung und Vertretung bei der Handelsregisteranmeldung differenzieren will.

174 Ebenroth/Boujong/Joost/Strohn/*Schaub* Rn 103; Koller/Kindler/Roth/Drüen/*Roth* Rn 5.

175 Ebenroth/Boujong/Joost/Strohn/*Schaub* Rn 103.

176 OLG Frankfurt GmbHR 2012, 751 (752 f): teleologische Reduktion des § 182 Abs. 2 BGB.

177 OLG München NJW-RR 2016, 1511 Rn 2 ff.

178 Zweifelnd, im Ergebnis aber offenlassend OLG Hamm NZG 2010, 957 (959).

Wortlauts nur auf die Form i.S.d. § 12 Abs. 1 S. 1 und nicht auf das Videokommunikationsverfahren nach § 12 Abs. 1 S. 2.[179] Der Verweis auf das **Wortlautargument** überzeugt nicht: § 12 Abs. 1 S. 3 verlangt für die Vollmacht zur Anmeldung „die gleiche Form". Damit ist die öffentlich beglaubigte Form i.S.d. § 12 Abs. 1 S. 1 gemeint. Die Formvorgabe des § 12 Abs. 1 S. 1 kann nach § 129 Abs. 1 S. 1 Nr. 2 BGB auch dadurch eingehalten werden kann, dass die Vollmacht in elektronischer Form abgefasst und die qualifizierte elektronische Signatur des Erklärenden von einem Notar beglaubigt wird. Die Beglaubigung der elektronischen Signatur erfolgt nach Maßgabe des § 40a BeurkG, der in Abs. 1 S. 2 den Einsatz des Videokommunikationsverfahrens gestattet, wenn dies durch Gesetz zugelassen ist. § 12 Abs. 1 S. 2 lässt eine öffentliche Beglaubigung mittels Videokommunikation nunmehr generell zu. Folgt man dem Wortlaut und dem **systematischen Zusammenspiel** der einschlägigen Vorschriften, kann auch eine Registervollmacht im Rahmen des Videokommunikationsverfahrens beglaubigt werden. Aus einer **teleologischen Perspektive** lässt sich dagegen einwenden, dass die nach § 129 Abs. 1 S. 1 Nr. 2 BGB beglaubigte Vollmacht nicht als eine Vollmachtsurkunde i.S.d. § 172 BGB fungieren kann, weil die mit der qualifizierten elektronischen Signatur versehene Datei beliebig vervielfältigbar ist. Dadurch kann mit Hilfe der Datei kein Nachweis geführt werden, dass die Vollmacht nicht widerrufen wurde.[180] Gleichwohl zeigt diese Überlegung lediglich, dass die elektronisch beglaubigte Registervollmacht im Rechtsverkehr nur eingeschränkt eingesetzt werden kann. Dies mag ihre praktische Bedeutung schmälern, führt aber nicht zwingend dazu, dass die Vollmacht nicht mittels Videokommunikationsverfahrens beglaubigt werden kann. Im Hinblick auf die Ausführungen in den Gesetzesmaterialien zum DiREG sollte die Registervollmacht gleichwohl aus Gründen **kautelarjuristischer Vorsicht** nicht im Wege der Videokommunikation beglaubigt werden.

h) Dauervollmachten. In der Vergangenheit war es namentlich bei Publikumspersonengesellschaften üblich, Registervollmachten in Urschrift zu den Registerakten zu **hinterlegen**, so dass bei weiteren Anmeldungen darauf verwiesen werden konnte.[181] Diese Praxis lässt sich unter den Rahmenbedingungen einer elektronischen Registerführung nicht ohne weiteres fortschreiben, da eine **Hinterlegung in Urschrift nicht mehr möglich** ist, sondern jeweils nur eine beglaubigte Vervielfältigung beim Gericht eingereicht wird.[182] Diese Form der Einreichung hindert den Vollmachtgeber aber nicht daran, die Vollmacht zu widerrufen, die Urschrift herauszuverlangen und auf diese Weise auch den von ihr ausgehenden Rechtsschein nach § 172 Abs. 2 BGB zu zerstören. Angesichts dieses Szenarios müsste sich das Gericht bei jeder Anmeldung erneut die Vollmacht in der Form des § 12 Abs. 1 S. 3 nachweisen lassen,[183] was insbesondere bei Publikumspersonengesellschaften sehr aufwändig sein könnte. Um dieses unpraktikable Ergebnis zu vermeiden, wurde in der Voraufl. Rn 46 vorgeschlagen, es für die Einhaltung des Formerfordernisses nach § 12 Abs. 1 S. 3 genügen zu lassen, dass die **Originalvollmacht beim Notar** aufbewahrt wird, der sodann bei den einzelnen Anmeldungen jeweils inzident die unveränderte Fortgeltung der ursprünglich eingereichten Vollmacht bestätigt.[184] Nach der Einführung des § 12 48

179 RegE DiREG, BT-Drucks. 20/1672, S. 18.

180 Ausf. dazu Bundesnotarkammer, Stellungnahme zum DiREG-RefE v. 4.4.2022, S. 6 (abrufbar auf Seite des BMJ).

181 *Jeep/Wiedemann* NJW 2007, 2439 (2445).

182 Vgl. zu diesem Problem auch MünchKommHGB/*Krafka* Rn 34; *Jeep/Wiedemann* NJW 2007, 2439 (2445); *Sikora/Schwab* MittBayNot 2007, 1 (6).

183 Vgl. zu einem Fall, in dem zwischen der Beglaubigung der Abschrift und der Anmeldung eine erhebliche Zwischenzeit vergangen ist, OLG Karlsruhe NJW-RR 2015, 420 Rn 9 ff.

184 So der Vorschlag von *Jeep/Wiedemann* NJW 2007, 2439 (2445); für eine Lösung über ein flexibles Verständnis des Amtsermittlungsgrundsatzes dagegen MünchKommHGB/*Krafka* Rn 34. Zum Fortbestand der Vollmacht bei Erweiterung des Kreises organschaftlicher Vertreter OLG Düsseldorf NZG 2018, 381 Rn 12 ff.

Abs. 1 S. 4 (s. Rn 37) ist das Problem insoweit entschärft, als der Notar eine **Vollmachtsbescheinigung** nach § 21 Abs. 3 BNotO ausstellen kann.[185]

2. Anmeldung durch den Notar

49 **a) Notar als Vertreter.** In der Praxis erfolgt die Anmeldung häufig durch einen Notar;[186] denkbar ist auch die Anmeldung durch einen Notarvertreter.[187] Er kann dabei wahlweise in der Funktion eines **Erklärungsboten** (vgl. § 53 BeurkG), aber auch in der eines **Stellvertreters** auftreten (zu Einschränkungen der Wahlfreiheit bei höchstpersönlichen Anmeldungen s. Rn 43 f, 53). Im ersten Fall überbringt er eine fremde Anmeldung, im zweiten Fall gibt er eine eigene Anmeldungserklärung ab. In beiden Fällen ist die Anmeldung wirksam, doch nur bei einem Handeln als Stellvertreter kann der Notar die Anmeldung auch selbständig wieder **widerrufen** (§ 24 Abs. 3 BNotO – s. dazu Rn 19 ff) oder gegen ihre Zurückweisung **Beschwerde** einlegen (s. dazu § 8 Rn 132).[188] Aus diesem Grund sollte der Notar immer eindeutig zum Ausdruck bringen, in welcher Funktion er tätig wird.[189] Wegen der zusätzlichen Befugnisse, die ihm als Vertreter zustehen, wird diese Lösung den Interessen der Beteiligten regelmäßig besser entsprechen als eine bloße Botenstellung. Bei einem Handeln als Stellvertreter ist allerdings die Form des § 12 Abs. 1 S. 2 zu beachten, die bei einem Handeln als Bote nicht eingehalten werden muss (s. noch Rn 49).[190] Nimmt der Notar in der Anmeldung auf die Vollmachtsvermutung des § 378 Abs. 2 FamFG Bezug (s. dazu Rn 50 ff), so genügt dies, um seine Vertretereigenschaft klarzustellen.

50 **b) Vollmachtsvermutung nach § 378 Abs. 2 FamFG.** § 378 Abs. 2 FamFG enthält eine Vollmachtsvermutung zugunsten des Notars.[191] Danach gilt der Notar, der die zu einer Eintragung erforderliche Erklärung **beurkundet oder beglaubigt** hat, als ermächtigt, die Eintragung in das Handelsregister im Namen des Anmeldepflichtigen zu beantragen.[192] Zum Teil wird diese Ermächtigung missverständlich als „Antragsrecht" des Notars umschrieben; tatsächlich ist er aber auch hier nicht berechtigt, eigene Anträge zu stellen, sondern darf die Eintragung nur als Stellvertreter im Namen des Anmeldepflichtigen beantragen.[193] Die Vertretungsmacht des Notars ist allerdings auf die beurkundeten oder beglaubigten Tatsachen beschränkt. Geht sein Antrag darüber hinaus, überschreitet er seine Vertretungsmacht.[194] Wird nach § 378 Abs. 2 FamFG die Bevollmächtigung vermutet, so führt das dazu, dass auch der **Vollmachtsnachweis** nicht in der Form des § 12 Abs. 1 S. 3 erbracht werden muss. Die Vertretungsmacht des Notars beruht

185 Vgl. im Kontext der Dauervollmacht MünchKommHGB/*Krafka* Rn 34.
186 Zu den Vorteilen einer solchen Gestaltung *Ising* NZG 2012, 289 (290). Beispiele bei *Streicher* GmbHR 2016, 686 (687 ff).
187 OLG Hamm NJW-RR 2011, 259.
188 Vgl. dazu BayObLGZ 1957, 279 (281); BayObLGZ 1959, 196 (197); Ebenroth/Boujong/Joost/Strohn/*Schaub* Rn 127; Keidel/*Heinmann* § 378 Rn 13 ff; Fleischhauer/*Wochner*/*Schemmann* Kap. A Rn 85 f; *Krafka* Rn 124 ff; die Stellung eines Löschungsantrags nach § 394 FamFG ist ihm hingegen verwehrt, vgl. KG NZG 2004, 1004 (zu § 141a FGG a.F.).
189 Vgl. dazu Hopt/*Merkt* Rn 3; Fleischhauer/*Wochner*/*Schemmann* Kap. A Rn 85; *Krafka* Rn 126.
190 Koller/Kindler/Roth/Drüen/*Roth* Rn 5.
191 OLG Frankfurt aM Rpfleger 1978, 411; Ebenroth/Boujong/Joost/Strohn/*Schaub* Rn 124; Heymann/*Förster* HGB Rn 32; Keidel/*Heinemann* FamFG § 378 Rn 2; Fleischhauer/*Wochner*/*Schemmann* Kap. A Rn 86.
192 Zur Bedeutung des § 378 Abs. 2 FamFG in Fällen, in denen vertretungsberechtigte Organe nicht oder nicht in vertretungsbefugter Zahl bestellt sind, vgl. *Heinze* NZG 2018, 1170 f. S. dazu ferner Keidel/*Heinemann* FamFG § 378 Rn 8; *Grau*/*Kirchner* GWR 2021, 23 (24).
193 KG NJW 1959, 1086 (1087); Hopt/*Merkt* Rn 3; Ebenroth/Boujong/Joost/Strohn/*Schaub* Rn 124; Heymann/*Förster* HGB Rn 33; MünchKommHGB/*Krafka* Rn 44; *Krafka* Rn 119; DNotI-Report 2010, 112 (113).
194 KGJ 31 A 220 f; Ebenroth/Boujong/Joost/Strohn/*Schaub* Rn 128.

nicht auf rechtsgeschäftlicher Bevollmächtigung, sondern steht ihm **kraft Amtes** zu.[195] Allerdings steht es dem Vertretenen auch bei einer derartigen Vollmacht kraft Amtes offen, die Vertretungsmacht durch eine formlose Erklärung gegenüber dem Registergericht einzuschränken oder auszuschließen.[196]

c) Voraussetzungen der Vollmachtsvermutung. § 378 Abs. 2 S. 1 FamFG fordert für die Vollmachtsvermutung, dass der Notar die **zur Eintragung erforderliche Erklärung** beurkundet hat. Darunter fällt jedenfalls die materiell-rechtliche Grundlage der Eintragung, also z.B. der Gesellschaftsvertrag, der Beschluss oder die sonstige Erklärung, deren Inhalt eingetragen werden soll.[197] Der Tatbestand des § 378 Abs. 2 S. 1 FamFG ist schon dann erfüllt ist, wenn **allein die Anmeldung** selbst beurkundet oder beglaubigt ist.[198] Entscheidend ist, ob die vorangegangene Notartätigkeit eine hinreichende Grundlage für die Anknüpfung eines Vermutungstatbestandes bildet. Das ist auch dann anzunehmen, wenn sich diese Tätigkeit nur auf die Anmeldung beschränkt.[199] Eine derart weite Sichtweise ist auch praktisch vorzugswürdig, weil sie für Änderungen und Ergänzungen der Anmeldung zu einer erleichterten und effektiven Abwicklung des Registerverfahrens führt.[200] Ob die Beurkundung verpflichtend war oder freiwillig erfolgte, spielt keine Rolle.[201] 51

Weiterhin war es früher umstritten, ob die Vollmachtsvermutung lediglich die Vertretung des Anmeldepflichtigen betrifft oder auch bei nur eintragungsfähigen Vorgängen (§ 8 Rn 33 ff, 40 ff) eingreift. Die hM zur Vorgängervorschrift des § 378 Abs. 2 FamFG (§ 129 FGG a.F.) beantwortete diese Frage im ersten Sinne.[202] Dies lag im Hinblick auf den **Wortlaut des § 129 FGG a.F.** nahe, der von Anträgen „im Namen des zur Anmeldung Verpflichteten" sprach. Durch die Änderungen im Zuge des **FGG-Reformgesetzes**[203] hat der Gesetzgeber dieser Auffassung die Grundlage entzogen, so dass die nunmehr hM § 378 Abs. 2 FamFG zu Recht auch auf **nur eintragungsfähige Vorgänge** anwendet.[204] Nach § 378 Abs. 2 FamFG gilt der Notar als berechtigt, Handelsregistereintragungen „im Namen des zur Anmeldung Berechtigten" zu beantragen. Mit der Wortlautänderung wollte der Gesetzgeber die Vollmachtsvermutung zugunsten der Notare dahingehend ausdehnen, dass diese auch dann antragsberechtigt sind, wenn keine Anmeldepflicht besteht; zugleich wollte er einen systematischen Gleichlauf mit **§ 15 GBO** schaffen.[205] 52

195 RGZ 93, 68 (70 f); KG NJW 1959, 295 (296); Ebenroth/Boujong/Joost/Strohn/*Schaub* Rn 124; Heymann/*Förster* HGB Rn 33; Keidel/Heinemann § 378 Rn 10; Koller/Kindler/Roth/Drüen/*Roth* Rn 5; MünchKommHGB/*Krafka* Rn 44.
196 OLG Frankfurt aM NJW 1984, 620; Ebenroth/Boujong/Joost/Strohn/*Schaub* Rn 125.
197 Beispiele bei *Streicher* GmbHR 2016, 686 (687 ff).
198 Ebenroth/Boujong/Joost/Strohn/*Schaub* Rn 127; Heymann/*Förster* HGB Rn 32; Keidel/*Heinemann* FamFG § 378 Rn 6; MünchKommHGB/*Krafka* Rn 42; *ders.* FGPrax 2007, 51 (55); Oetker/*Preuß* Rn 45; **aA** noch Staub/*Hüffer*[4] Rn 11; *Schaub* MittBayNot 1999, 539 (543).
199 So überzeugend Fleischhauer/*Wochner*/*Schemmann* Kap. A Rn 87.
200 *Krafka* FGPrax 2007, 51 (55).
201 Statt vieler *Grau*/*Kirchner* GWR 2021, 23 (24); *Streicher* GmbHR 2016, 686 (688).
202 Aus der Rechtsprechungspraxis: BayObLG Rpfleger 1978, 143; BayObLG NZG 2000, 1232 (1233); KG OLGZ 1969, 501 (502 f); ausführlich zum Meinungsstand s. die Voraufl. Rn 50 (*Koch*). Im Ergebnis wirkte sich der Meinungsstreit nicht spürbar aus, weil auch ohne die Vollmachtsvermutung eine rechtsgeschäftliche Vollmacht des Notars gegeben sein kann, von der das Registergericht auch nach der hM prima facie auszugehen hat, wenn er den Eintragungsantrag stellt, vgl. BayObLG NZG 2000, 1232 (1233); *Schaub* MittBayNot 1999, 539 (543); hierzu auch DNotI-Report 2021, 49 (51).
203 Gesetz zur Reform des Verfahrens in Familiensachen und in den Angelegenheiten der freiwilligen Gerichtsbarkeit (FGG-Reformgesetz – FGG-RG) v. 17.12.2008, BGBl. I, S. 2586.
204 OLG Oldenburg NZG 2011, 1233 f (Anmeldung einer Satzungsänderung einer GmbH); BeckOK-FamFG/*Otto* § 378 Rn 14; Bumiller/*Harders*/Schwamb § 378 Rn 4; Keidel/*Heinemann* FamFG § 378 Rn 8; *Krafka* Rn 121; Prütting/Helms/*Holzer* FamFG § 378 Rn 8; DNotI-Report 2010, 112 (113). So auch bereits die Voraufl. Rn 50 (*Koch*).
205 RegE FGG-RG, BT-Drucks. 16/6308, S. 285.

Schließlich ist unter teleologischen Gesichtspunkten kein Bedürfnis erkennbar, nur eintragungsfähige Tatsachen aus dem Tatbestand des § 378 FamFG auszuklammern, sondern die vorangegangene Notartätigkeit begründet ganz im Gegenteil auch hier eine **tragfähige Vermutungsgrundlage**. Zudem ist § 378 Abs. 2 FamFG auch dann anzuwenden, wenn Grundlage der Eintragung eine Maßnahme ist, an dem das zur Anmeldung verpflichtete Organ nicht mitgewirkt hat.[206] Allerdings gilt die Vollmachtsvermutung nicht für Anmeldungen, die infolge des beurkundeten Vorgangs auf Grund gesetzlicher Vorschriften von Dritten abzugeben sind, die weder Gesellschafter noch Organ der an der Errichtung der Urkunde beteiligten Gesellschaften sind.[207]

53 **d) Keine Notarvertretung bei höchstpersönlichen Anmeldungen.** Voraussetzung wirksamer Vertretung durch den Notar ist schließlich, dass die Anmeldung keine höchstpersönliche Handlung ist, wie namentlich die Anmeldung einer AG oder GmbH (Rn 43 f); denn auch § 378 Abs. 2 FamFG setzt voraus, dass es sich nicht um einen vertretungsfeindlichen Akt handelt. Bei der Anmeldung einer AG oder GmbH ist also nicht nur die Vertretung durch einen Bevollmächtigten, sondern auch die notarielle Vertretung ausgeschlossen.[208] Der Notar kann in diesen Fällen aber als Erklärungsbote auftreten (s. dazu bereits Rn 44 und 49).

3. Organschaftliche Vertretung

54 **a) Allgemeine Grundsätze.** Die als juristische Personen (AG, GmbH, Verein, SE, KGaA, Genossenschaft) oder als Gesamthand verselbständigten Verbände (OHG, KG, EWIV, Partnerschaft) können nur über ihre **Organe** tätig werden.[209] Das gilt auch für die **Gesellschaft bürgerlichen Rechts**, die zwar – vorbehaltlich § 899a BGB – nicht selbst Gegenstand registerrechtlicher Publizität ist,[210] sich aber an anderen Gesellschaften beteiligen und in dieser Rolle registerrechtlichen Anmeldungspflichten unterliegen kann (vgl. insbes. § 162 Abs. 1 S. 2).[211] Diesen Organen obliegt im Rahmen ihrer gesetzlich oder satzungsmäßig vorgeschriebenen Vertretungsmacht auch die

206 So zur Eintragung eines GmbH-Gesellschafterbeschlüsses, an dem der Geschäftsführer nicht mitgewirkt hat OLG Frankfurt BeckRS 2011, 20300; OLG Karlsruhe GmbHR 2011, 308 (309 f); DNotI-Report 2010, 112 (113 f); *Ising* NZG 2012, 289 (291 f); s. auch obiter dictum OLG München NJW 2015, 1616 Rn 6 f und *Heinze* NZG 2018, 1170 (1171).
207 Vgl. OLG München NJW 2015, 1616 Rn 7 im Fall eines Notars, der den Verschmelzungsvertrag zwischen einer Kommanditistin einer GmbH & Co. KG und einer anderen Gesellschaft beurkundet hat und die weiteren Gesellschafter der GmbH & Co. KG, die am Verschmelzungsvertrag nicht beteiligt waren, im Rahmen der Anmeldung nach §§ 108, 161 Abs. 2 aufgrund § 378 Abs. 2 FamFG vertreten wollte; s. dazu auch *Heinze* NZG 2018, 1170; *Lennert* NJW 2015, 1617 f. Zur Abgrenzung von Rechtsnachfolge im Fall der Anteilsübertragung mit Zustimmung aller Gesellschafter DNotI-Report 2021, 49 (50 f): Anwendung des § 378 Abs. 2 FamFG sei möglich.
208 BayObLGZ 1986, 203 (205) m. abl. Anm. *Winkler* DNotZ 1986, 692; Ebenroth/Boujong/Joost/Strohn/*Schaub* Rn 130, 134; Ensthaler/*Steinhauer* Rn 9; MünchKommAktG/*Pentz* § 36 Rn 26; *Streicher* GmbHR 2016, 686 (688); vgl. auch zum Personengesellschaftsrecht OLG Köln NJW-RR 2018, 169 Rn 5; *Heinze* NZG 2018, 1170; *Lennert* NJW 2015, 1617 f; DNotI-Report 2010, 112 (113); DNotI-Report 2021, 49 (51 f); **aA** Bumiller/*Harders*/Schwamb FamFG § 378 Rn 4; Keidel/*Heinemann* FamFG § 378 Rn 11; MünchKommHGB/*Krafka* Rn 45; Oetker/*Preuß* Rn 47; Prütting/Helms/*Holzer* FamFG § 378 Rn 9; *Grau*/*Kirchner* GWR 2021, 23 (25); *Ising* NZG 2012, 289 (290); *v. Werder*/*Hobuß* BB 2018, 1031 (1033 ff); – jeweils auf der Grundlage eines eingeschränkten Verständnisses höchstpersönlicher Anmeldungen (s. Rn 42).
209 Allgemein zu den Grundsätzen organschaftlicher Vertretung statt aller *K. Schmidt* GesR § 10 II.
210 Dies wird sich mit dem Inkrafttreten des MoPeG (Rn 29) am 1.1.2024 ändern: Nach §§ 707 ff BGB i.d.F. des MoPeG ist auch die GbR registerfähig.
211 Neben der nunmehr gesetzlich geregelten Beteiligtenstellung als Kommanditisten (§ 162 Abs. 1 S. 2) ist auch ihre Beteiligung an einer GmbH (BGHZ 78, 311 [313 f] = NJW 1981, 628) und an einer AG (BGHZ 116, 86 [88] = NJW 1992, 499) höchstrichterlich anerkannt; vgl. dazu auch noch Ebenroth/Boujong/Joost/Strohn/*Schaub* Rn 150 ff. Ebenfalls kann eine GbR als Komplementärin einer KG sein; ist ist dann mitsamt ihren Gesellschaftern ins Handelsregister anzumelden, s. OLG Celle NZG 2012, 667.

Anmeldung im Registerverfahren.[212] Dabei genügt i.d.R. eine Anmeldung durch das jeweilige Organ in vertretungsberechtigter Zahl.

Speziell wenn es um die Kapitalgrundlagen einer Kapitalgesellschaft geht, verlangt das Gesetz aber eine Anmeldung durch sämtliche Vorstandsmitglieder bzw. Geschäftsführer (§ 36 Abs. 1 AktG, § 78 GmbHG). Da diese Anmeldung sodann auch eine Versicherung umfasst, an die eine zivil- und strafrechtliche Haftung geknüpft ist, ist sie **höchstpersönlicher Natur** und kann deshalb nicht an rechtsgeschäftlich Bevollmächtigte delegiert werden (s. Rn 43 f). Müssen nicht die Geschäftsleiter, sondern die Gesellschaft selbst (als Beteiligte) eine derartige Erklärung abgeben, so steht die höchstpersönliche Natur der organschaftlichen Vertretung nicht entgegen, weil das Handeln der Organpersonen der Gesellschaft als ihr eigenes zuzurechnen ist.[213] Ist allerdings eine Gesellschaft bürgerlichen Rechts an der **Gründung einer AG** beteiligt, so müssen sämtliche Gesellschafter die Anmeldung nach § 36 Abs. 1 AktG gemeinsam vornehmen.[214] 55

b) Unechte Gesamtvertretung. Anmeldungen zum Handelsregister sind auch in unechter Gesamtvertretung zulässig.[215] Das gilt auch für die von einer Prokura grundsätzlich nicht erfassten Grundlagengeschäfte des eigenen Unternehmens (s. dazu Rn 41), da das Maß des rechtlichen Könnens des Prokuristen sich bei unechter Gesamtvertretung nicht nach der Prokura, sondern nach der Vertretungsmacht des Organs richtet.[216] Müssen **alle Organmitglieder** bei der Anmeldung zusammenwirken, bedarf es auch bei einer satzungsmäßig angeordneten unechten Gesamtvertretung nicht der Mitwirkung des Prokuristen, da das Handeln aller Organpersonen notwendig eine wirksame Vertretung darstellt. Eine Satzungsbestimmung, die eine wirksame organschaftliche Vertretung auch in diesem Fall von der Mitwirkung eines Prokuristen abhängig machen wollte, wäre nichtig; denn damit wäre die Gesellschaft in unzulässiger Weise von dem Prokuristen abhängig.[217] 56

c) Nachweis. Auch eine organschaftliche Vertretung muss dem Registergericht gegenüber nachgewiesen werden, ohne dass es insofern allerdings der besonderen Form des § 12 Abs. 1 S. 3 bedarf.[218] Für die Nachweisführung genügt es nicht nur bei Registerführung durch dasselbe Gericht, sondern generell, wenn durch Nennung des Rechtsträgers und seiner Registerstelle **auf das Register Bezug** genommen wird, aus dem sich die organschaftliche Vertretungsmacht ergibt (s. dazu bereits ausführlich § 8 Rn 124 f, § 9 Rn 42 ff).[219] In Betracht kommt auch der Einsatz einer **Notarbescheinigung** nach § 21 Abs. 1 S. 1 Nr. 1 BNotO (s. bereits § 9 Rn 43 f);[220] eine Vollmachtsbescheinigung nach § 21 Abs. 3 BNotO kann hingegen nicht ausgestellt werden (s. bereits Rn 37).[221] 57

212 Zu den Vertretungsregeln bei den einzelnen Gesellschaftsformen vgl. die Übersicht bei Ebenroth/Boujong/Joost/Strohn/*Schaub* Rn 137 ff.
213 Ebenroth/Boujong/Joost/Strohn/*Schaub* Rn 136; MünchKommHGB/*Krafka* Rn 46; *Krafka* Rn 117.
214 MünchKommHGB/*Krafka* Rn 47; Röhricht/v. Westphalen/Haas/*Ries* Rn 14.
215 RGZ 130, 303 (307); KG JW 1937, 890; Ebenroth/Boujong/Joost/Strohn/*Schaub* Rn 154; MünchKommHGB/*Krafka* Rn 47; *Gustavus* GmbHR 1978, 219 (223); allgemein zum Begriff der unechten Gesamtvertretung vgl. Voraufl. § 125 Rn 56 ff (*Habersack*).
216 Vgl. RGZ 134, 303 (306); BGHZ 13, 61 (64) = NJW 1954, 1158; BGHZ 62, 166 (170) = NJW 1974, 1194; Ebenroth/Boujong/Joost/Strohn/*Hillmann* § 125 Rn 41; Voraufl. § 125 Rn 61 (*Habersack*); Fleischhauer/*Wochner*/*Schemmann* Kap. A Rn 83; *Krafka* Rn 117.
217 KGJ 20 A 30, 35; Ebenroth/Boujong/Joost/Strohn/*Hillmann* § 125 Rn 38; Ebenroth/Boujong/Joost/Strohn/*Schaub* Rn 148; Voraufl. § 125 Rn 58 (*Habersack*).
218 Hopt/*Merkt* Rn 4.
219 Zutr. *Krafka* Rn 118; vgl. ferner Hopt/*Merkt* Rn 4 i.V.m. § 9 Rn 10. S. auch Stellungnahme des Bundesrates, BT-Drucks. 16/960, S. 75; zustimmende Gegenäußerung der Bundesregierung, BT-Drucks. 16/960, S. 90; ausführlich dazu *J. Koch*/*Rudzio* ZZP 122 (2009), 37 (49 ff).
220 Oetker/*Preuß* Rn 48.
221 BGH NZG 2017, 101 Rn 16.

58 Für die **Gesellschaft bürgerlichen Rechts** ist der Nachweis auf diesem Weg derzeit noch nicht zu führen. Daher bedarf es hier der Einsendung eines notariell beurkundeten Gesellschaftsvertrags oder – entsprechend dem Rechtsgedanken des § 12 Abs. 1 S. 3 – der Einsendung eines Gesellschaftsvertrags mit notariell beglaubigten Unterschriften.[222] Allerdings wird den Gesellschaften bürgerlichen Rechts mit dem Inkrafttreten des **MoPeG** (Rn 29) der Weg in das **Gesellschaftsregister** nach §§ 707 ff BGB i.d.F. des MoPeG eröffnet, das über den Verweis in § 707b Nr. 2 BGB i.d.F. des MoPeG in Einsicht genommen werden kann. Lässt sich eine Gesellschaft bürgerlichen Rechts in das Gesellschaftsregister eintragen, können ihre Organe ebenfalls auf das Register Bezug nehmen (Rn 54).

4. Gesetzliche Vertreter

59 Auch gesetzliche Vertreter können die Anmeldung zum Handelsregister kraft der ihnen verliehenen Vertretungsmacht vornehmen. Als gesetzliche Vertreter kommen in erster Linie die **Eltern nicht (unbeschränkt) geschäftsfähiger Kinder** (§§ 1626 Abs. 1, 1629 Abs. 1 BGB) in Betracht, ferner aber auch der Vormund (§ 1793 BGB), der Betreuer (§ 1902 BGB) sowie der Pfleger (§ 1915 i.V.m. § 1793 BGB). **§§ 181, 1795 (i.V.m. § 1629 Abs. 2 S. 1) BGB** finden insofern **keine Anwendung**; auch wenn der Vertreter selbst an der Gesellschaft beteiligt ist, kann er also die Anmeldung in Vertretung des Minderjährigen vornehmen.[223] Nicht verzichtet werden kann hingegen auf eine eventuell erforderliche Genehmigung des Familien- oder Vormundschaftsgerichts nach Maßgabe der §§ 1821, 1822 i.V.m. § 1643 BGB; auch sie ist gegenüber dem Registergericht nachzuweisen.[224] Ein Minderjähriger, der nach § 112 BGB zum selbständigen Betrieb eines Erwerbsgeschäfts ermächtigt ist, darf auch die Anmeldungen zum Handelsregister selbst vornehmen.[225]

60 Die gesetzlichen Vertreter müssen ihre Vertretungsmacht gegenüber dem Registergericht nachweisen,[226] unterliegen dabei aber nicht dem Formzwang des § 12 Abs. 1 S. 3.[227] Die Eltern können den **Nachweis** durch Vorlage von Personenstandsurkunden erbringen.[228] Für Vormund und Pfleger wird der Nachweis durch die Bestallungsurkunde (§ 1791 i.V.m. § 1915 BGB), für den Betreuer durch seine Bestellungsurkunde (§ 290 FamFG) erbracht.

5. Vertreter kraft Amtes

61 Ebenso wie die gesetzlichen Vertreter können auch die amtlich bestellten oder testamentarisch eingesetzten Vertreter kraft Amtes für die von ihnen vertretenen Personen Anmeldungen zum Handelsregister vornehmen.[229] Darunter fällt zunächst der **Insolvenzverwalter**. Seine Befugnis erstreckt sich allerdings nur auf solche Anmeldungen, die das zur Insolvenzmasse gehörende Vermögen betreffen.[230] Dies ergibt sich aus § 80 Abs. 1 InsO, wonach das Verwaltungs- und Verfügungsrecht über das zur Insolvenzmasse gehörende Vermögen auf den Insolvenzverwalter übergeht. So kann er etwa

---

222 Ebenroth/Boujong/Joost/Strohn/*Schaub* Rn 161; *Krafka* Rn 118.

223 BayObLGZ 1970, 133 (134); BayObLGZ 1977, 76 (78); Ebenroth/Boujong/Joost/Strohn/*Schaub* Rn 34; *Krafka* Rn 32.

224 KGJ 30 A 149, 150; KG JFG 3, 206 (209 f); Heymann/*Förster* HGB Rn 31; MünchKommHGB/*Krafka* Rn 49; Röhricht/v. Westphalen/Haas/*Ries* Rn 13; Fleischhauer/*Wochner*/*Schemmann* Kap. A Rn 81; *Krafka* Rn 111.

225 Hopt/*Merkt* Rn 4; Ebenroth/Boujong/Joost/Strohn/*Schaub* Rn 130; Röhricht/v. Westphalen/Haas/*Ries* Rn 13; *Krafka* Rn 111.

226 Heymann/*Förster* HGB Rn 31; Röhricht/v. Westphalen/Haas/*Ries* Rn 13; *Krafka* Rn 113.

227 Röhricht/v. Westphalen/Haas/*Ries* Rn 13.

228 *Krafka* Rn 113.

229 Zu den Unterschieden zwischen gesetzlichen Vertretern und Vertretern kraft Amtes vgl. *Wolf*/*Neuner* BGB-AT, 11. Aufl., 2019, § 49 Rn 31 f.

230 Ebenroth/Boujong/Joost/Strohn/*Schaub* Rn 132; MünchKommHGB/*Krafka* Rn 49; *Krafka* Rn 107, 112.

die Änderung des Geschäftsjahresrhythmus anmelden (zur nicht unproblematischen Anerkennung der Eintragungsfähigkeit dieser Tatsache s. § 8 Rn 74).[231] Personelle Entscheidungen über Veränderungen in der Geschäftsführung der insolventen Gesellschaft betreffen dagegen nicht die Insolvenzmasse der Gesellschaft; sie gehören zum durch das Insolvenzverfahren nicht verdrängten gesellschaftsrechtlichen Bereich und obliegen daher weiterhin den organschaftlichen Vertretern.[232] Ausnahmsweise ist der Insolvenzverwalter allerdings dann zur Anmeldung personeller Entscheidungen verpflichtet, wenn alle organschaftlichen Vertreter ausgeschieden sind und damit keine andere Möglichkeit zur Herbeiführung einer Registeranmeldung besteht.[233] Der Insolvenzverwalter weist seine Berechtigung durch Vorlage seiner Bestellungsurkunde (§ 56 Abs. 2 InsO) aus. Ebenso können als Vertreter kraft Amtes auch der **Testamentsvollstrecker** und der **Nachlassverwalter** im Rahmen ihrer jeweiligen Verwaltungsbefugnisse[234] zur Vornahme von Registeranmeldungen berechtigt und verpflichtet sein; als Nachweis dient im ersten Fall das Testamentsvollstreckerzeugnis (§ 2368 BGB), im zweiten Fall die Bestallungsurkunde (§ 1791 BGB analog).[235]

VIII. Rechtsnachfolge bei der Anmeldung

1. Zweck und Anwendungsbereich des § 12 Abs. 1 S. 5

In den Fällen der Rechtsnachfolge[236] geht auch die Anmeldepflicht auf den Nachfolger über. 62
Verstirbt etwa der Gesellschafter einer OHG oder KG, haben seine Erben das Ausscheiden anzumelden, unabhängig davon, ob sie selbst nachfolge- oder eintrittsberechtigt sind.[237] Der Rechtsnachfolger hat seine Nachfolge gem. § 12 Abs. 1 S. 5 soweit tunlich durch öffentliche Urkunden nachzuweisen. Anders als in anderen Bereichen der freiwilligen Gerichtsbarkeit soll hier also nicht der Freibeweis genügen (§ 29 FamFG), sondern der Nachweis der Rechtsnachfolge soll – zumindest „soweit tunlich" – durch öffentliche Urkunden geführt werden.[238] Auf diese Weise soll gewährleistet werden, dass Anmeldungen zum Handelsregister von den **richtigen Personen** vorgenommen werden.[239] Der **Begriff Rechtsnachfolge** bezeichnet deshalb jeden Vorgang, der einen Wechsel im Beteiligungsverhältnis bewirkt, gleichgültig, ob Einzelnachfolge oder Ge-

231 S. hierzu BGH NJW-RR 2015, 245 Rn 13 in einem Fall, in dem der Insolvenzverwalter zum satzungsmäßigen Geschäftsjahresrhythmus zurückgekehrt ist. In einem solchen Fall ist nach dem BGH eine förmliche Handelsregisteranmeldung nicht erforderlich, sondern es ist auch eine sonstige Mitteilung an das Registergericht ausreichend. S. dazu auch OLG Frankfurt NZI 2016, 275 (276 f); BeckRS 2016, 110991 Rn 2. Formulierungsvorschlag und Hinweise zur Umsetzung durch das Registergericht bei *Melchior* GmbHR 2015, 135 (136). Krit. schon im Hinblick auf die Eintragungsfähigkeit BeckOK-HGB/*Müther* Rn 5a.

232 OLG Köln NJW-RR 2001, 1417 f; OLG Rostock Rpfleger 2003, 444 f; Noack/Servatius/Haas/*Beurskens* GmbHG § 39 Rn 11; Ebenroth/Boujong/Joost/Strohn/*Schaub* Rn 132; MünchKommHGB/*Krafka* Rn 49; Rowedder/Schmidt-Leithoff/*Baukelmann* § 78 Rn 12; Scholz/*U. H. Schneider*/*S. H. Schneider* § 39 Rn 16; Habersack/*Casper*/Löbbe § 78 Rn 17; *Krafka* Rn 107; **aA** AG Charlottenburg NJW-RR 1996, 31 (32); *Altmeppen* § 39 Rn 7, § 78 Rn 8.

233 OLG Rostock Rpfleger 2003, 444 (445); LG Baden-Baden GmbHR 1996, 682; Noack/Servatius/Haas/*Beurskens* GmbHG § 39 Rn 11; Lutter/Hommelhoff/*Kleindiek* § 39 Rn 7; Uhlenbruck/*Hirte* InsO § 11 Rn 119; offengelassen vom OLG Köln NJW-RR 2001, 1417 (1418 f); **aA** Habersack/*Casper*/Löbbe § 78 Rn 17.

234 Speziell zu den Befugnissen des Testamentsvollstreckers OLG Düsseldorf NJW-RR 2018, 166 Rn 19 ff; OLG Hamm NZG 2011, 437 f.

235 Vgl. MünchKommBGB/*Küpper* § 1981 Rn 8.

236 Es spricht viel dafür, dass die Vorgabe des § 12 Abs. 1 S. 5 bei Sonderrechtsnachfolge durch Abtretung von Gesellschaftsanteilen nicht erfüllt werden müssen; s. dazu ausführlich *Heinze* NZG 2011, 647 (648 ff); vgl. ferner BeckOK-HGB/*Müther* Rn 24, der § 12 Abs. 1 S. 5 in solchen Fällen für praktisch irrelevant hält.

237 BayObLG DB 1993, 474; OLG Düsseldorf NJW-RR 2018, 166 Rn 19; Röhricht/v. Westphalen/Haas/*Ries* § 14 Rn 12.

238 Hopt/*Merkt* Rn 5; Koller/Kindler/Roth/Drüen/*Roth* Rn 7; Röhricht/v. Westphalen/Haas/*Ries* Rn 15.

239 Ebenroth/Boujong/Joost/Strohn/*Schaub* Rn 162; Heymann/*Förster* HGB Rn 34; MünchKommHGB/*Krafka* Rn 50; Röhricht/v. Westphalen/Haas/*Ries* Rn 15.

samtnachfolge vorliegt.[240] Für das erste kommt die Veräußerung des Unternehmens in Betracht, für das zweite aus dem Bereich des Bürgerlichen Rechts der Erbgang, aus dem Bereich des Gesellschaftsrechts die Verschmelzung (§ 20 UmwG) sowie der Formwechsel (§ 202 UmwG).

2. Der urkundliche Nachweis

63 **a) Öffentliche Urkunde.** Die Rechtsnachfolge ist soweit tunlich durch **öffentliche Urkunden** nachzuweisen. Das sind nach der auch hier maßgebenden Definition des § 415 Abs. 1 ZPO Urkunden, die von einer öffentlichen Behörde innerhalb ihrer Amtsbefugnisse oder von einer mit öffentlichem Glauben versehenen Person innerhalb ihres Geschäftskreises aufgenommen sind. Die öffentliche Beglaubigung der Unterschrift genügt diesen Erfordernissen nicht.[241] Nach § 371a Abs. 3 ZPO kann die Urkunde auch in elektronischer Form präsentiert werden.[242]

64 **b) Nachweis der Erbfolge.** Für den Nachweis der Erbfolge als dem Hauptanwendungsfall des § 12 Abs. 1 S. 5 ist regelmäßig die **Vorlage des Erbscheins** (§ 2353 BGB) zu fordern (zur Form der Vorlage s. noch Rn 66, 68).[243] Er genügt auch dann, wenn er lediglich (in einer kostenrechtlich begünstigten Form) für Grundbuchzwecke erteilt wurde.[244] Der Nachweis über einen Erbschein ist indes **nicht zwingend.** Sind andere öffentliche Urkunden vorhanden, die die Erbfolge zur Überzeugung des Gerichts nachweisen, wie dies etwa bei einem eröffneten öffentlichen Testament oder einem europäischen Nachlasszeugnis (s. Art. 62 ff der Erbrechtsverordnung[245])[246] Fall sein kann, bedarf es der Vorlage eines Erbscheins nicht; sie kann grundsätzlich auch nicht durch das Registergericht verlangt werden.[247] Dies gilt allerdings nicht, wenn die Verfügung von Todes wegen **auslegungsbedürftig** und eine abschließende Beurteilung der Erbfolge deshalb nicht möglich ist, etwa weil außerhalb der Verfügung als solchen liegende Umstände zu berücksichtigen sind.[248]

65 Kann die Erbfolge nicht durch andere öffentliche Urkunden als den Erbschein dargelegt werden, darf das Gericht sich nicht allein auf die Angaben in der Anmeldung verlassen.[249] Es ist aber auch keinesfalls dazu verpflichtet, die Rechtsnachfolge selbständig zu prüfen; dies fällt vielmehr in den **Kompetenzbereich des Nachlassgerichts**, das hierüber im Erbscheinsverfahren nach den dort geltenden Bestimmungen zu befinden hat.[250] Auch die Vorlage eines **Testa-**

---

240 Ebenroth/Boujong/Joost/Strohn/*Schaub* Rn 163; Heymann/*Förster* HGB Rn 34; Koller/Kindler/Roth/Drüen/*Roth* Rn 7.

241 MünchKommHGB/*Krafka* Rn 51.

242 RegE EHUG, BT-Drucks. 16/960, S. 45 zu § 371a Abs. 2 ZPO a.F.

243 KG NZG 2000, 1167 (1168); NZG 2007, 101; OLG Köln NZG 2005, 37 (38); Hopt/*Merkt* Rn 5; MünchKommHGB/*Krafka* Rn 53; Fleischhauer/*Wochner*/*Schemmann* Kap. A Rn 115; *Krafka* Rn 128; *Krug* ZEV 2001, 51. Zum (zulässigen) Nachweis mit einem Erbschein mit einem maschinell aufgedruckten Dienstsiegel OLG Nürnberg MittBayNot 2019, 445 Rn 13 ff.

244 OLG Frankfurt aM NJW-RR 1994, 10; Ensthaler/*Steinhauer* Rn 11; MünchKommHGB/*Krafka* Rn 52; Röhricht/v. Westphalen/Haas/*Ries* Rn 16; *Krug* ZEV 2001, 51.

245 Verordnung (EU) Nr. 650/2012 des Europäischen Parlaments und des Rates vom 4.7.2012 über die Zuständigkeit, das anzuwendende Recht, die Anerkennung und Vollstreckung von Entscheidungen und die Annahme und Vollstreckung öffentlicher Urkunden in Erbsachen sowie zur Einführung eines Europäischen Nachlasszeugnisses, ABl. EU Nr. L 201, S. 107.

246 Speziell hierzu MünchKommHGB/*Krafka* Rn 53; *Schmitz* RNotZ 2017, 269 (285).

247 KG NZG 2007, 101; OLG Bremen NJW-RR 2014, 816; OLG Düsseldorf NZG 2020, 222 Rn 14; OLG Hamburg NJW 1966, 986; Hopt/*Merkt* Rn 5; MünchKommHGB/*Krafka* Rn 52; vgl. dazu auch allgemein BGH NJW 2005, 2779.

248 Vgl. KG NZG 2018, 1150 Rn 6 ff; OLG Bremen NJW-RR 2014, 816; OLG Düsseldorf NJW-RR 2018, 166 Rn 18, 23.

249 KG NZG 2000, 1167 (1168).

250 KG NZG 2000, 1167 (1168); NZG 2003, 122 (123); OLG Bremen NJW-RR 2014, 816; OLG Düsseldorf NJW-RR 2018, 166 Rn 18; OLG Köln NZG 2005, 37 (38); MünchKommHGB/*Krafka* Rn 53.

mentsvollstreckerzeugnisses (§ 2368 BGB) genügt nicht, da sich daraus allein die Rechtsstellung als Testamentsvollstrecker, nicht aber die mit dem Erbfall eingetretene Erbfolge ergibt.[251] Etwas anderes gilt hinsichtlich der Anmeldung des Ausscheidens eines verstorbenen Kommanditisten auch dann nicht, wenn der Testamentsvollstrecker darüber hinaus auch noch durch eine über den Tod hinaus erteilte Generalvollmacht zur Vertretung des Erblassers bevollmächtigt ist (zur post- oder transmortalen Vollmacht s. bereits Rn 39).[252] Zum Nachweis der Stellung als Testamentsvollstrecker s. bereits Rn 61.

Für die Vorlage des Erbscheins wurde im bisherigen Papierregisterverfahren die Vorlage in 66
Ausfertigung verlangt; eine bloße beglaubigte Abschrift sollte hingegen nicht genügen, denn im Falle einer Einziehung nach § 2361 BGB wären zwar nicht die Abschriften, wohl aber die Ausfertigung davon miterfasst.[253] Diese Übersendung papierförmiger Nachweise ist unzulässig. Stattdessen soll nach der EHUG-Regierungsbegründung künftig ein nach § 39a BeurkG beglaubigtes elektronisches Dokument übermittelt werden, das zur **Abbildung des Erbscheins** hergestellt worden ist.[254] Dem Risiko der Einziehung soll dadurch Rechnung getragen werden, dass der Beglaubigungsvermerk **zeitnah** zur anschließenden Übermittlung zum Handelsregister erstellt werden muss. Auf diese Weise sei hinreichend gewährleistet, dass zumindest eine Ausfertigung des Erbscheins bei der beglaubigenden Stelle vorgelegen habe und diese Ausfertigung nicht bereits eingezogen oder für kraftlos erklärt worden sei.[255] Um diese Gefahr zu minimieren, sollte der Zeitraum zwischen Beglaubigungsvermerk und Übermittlung allerdings eine Dauer von einer Woche nicht überschreiten.[256]

c) Untunlichkeit des Nachweises. Erforderlich ist die Vorlage öffentlicher Urkunden nur, 67
soweit sie **tunlich** ist. Das ist nur dann der Fall, wenn sie dem Antragsteller möglich und zumutbar ist.[257] Als untunlich kann ein Nachweis daher abgelehnt werden, wenn er zwar möglich, aber mit **besonderen Schwierigkeiten** verbunden ist und sich daraus eine erhebliche Verzögerung des Verfahrens ergibt. In diesem Fall kann das Gericht sich nach pflichtgemäßen Ermessen mit anderen Nachweisen begnügen.[258] Es kann den Beteiligten auch gem. § 31 FamFG zur eidesstattlichen Versicherung zulassen;[259] ausreichen kann auch eine vor dem Notar abgegebene eidesstaatliche Versicherung.[260] Die Beschaffung eines Erbscheins ist allerdings nicht schon infolge des damit verbundenen **Kosten- und Zeitaufwandes** untunlich i.S.d. § 12 Abs. 1 S. 5.[261] Zum Nachweis der Erbfolge durch ein öffentliches Testament s. bereits oben Rn 64.

Von noch größerer Bedeutung ist, dass ein Nachweis durch öffentliche Urkunden auch 68
dann als untunlich gilt, wenn das Gericht sich **auf wesentlich einfacherem Wege** über die

251 KG NZG 2000, 1167 (1169); NZG 2003, 122 (123); OLG Köln 2005, 37 (38); *Krafka* Rn 129.
252 KG NZG 2003, 122 (123); Hopt/*Merkt* Rn 5; Ebenroth/Boujong/Joost/Strohn/*Schaub* Rn 64.
253 KG OLGR 6, 479 (480); KGJ 26 A 92 (94 f); vgl. zu dieser Praxis auch MünchKommHGB/*Krafka* Rn 53.
254 RegE EHUG, BT-Drucks. 16/960, S. 45; s. ferner Heymann/*Förster* HGB Rn 38.
255 RegE EHUG, BT-Drucks. 16/960, S. 45.
256 So der Vorschlag von MünchKommHGB/*Krafka* Rn 53.
257 Heymann/*Förster* HGB Rn 36; Koller/Kindler/Roth/Drüen/*Roth* Rn 7; MünchKommHGB/*Krafka* Rn 52.
258 KG NZG 2000, 1167 (1168); OLG Hamburg NJW 1966, 986; Hopt/*Merkt* Rn 5; Ebenroth/Boujong/Joost/Strohn/*Schaub* Rn 168.
259 Ebenroth/Boujong/Joost/Strohn/*Schaub* Rn 168; Heymann/*Förster* HGB Rn 39; MünchKommHGB/*Krafka* Rn 52; Fleischhauer/*Wochner*/*Schemmann* Kap. A Rn 136.
260 OLG Bremen NJW-RR 2014, 816 (817).
261 KG NZG 2000, 1167 (1169); OLG Bremen NJW-RR 2014, 816; OLG Frankfurt aM NJW-RR 1994, 10; OLG Köln NZG 2005, 37 (38); OLG München ZEV 2018, 469 Rn 8 ff; Heymann/*Förster* HGB Rn 39; *Krug* ZEV 2001, 51. Missverständlich ist insoweit der redaktionelle Leitsatz zu OLG München MittBayNot 2016, 258, der eine Untunlichkeit bei unverhältnismäßig hohen Kosten für den Erbschein suggeriert, obwohl sich dies aus den Entscheidungsgründen nicht ergibt; s. dazu auch die Anmerkung von *Schreindorfer* MittBayNot 2016, 258 f, der sich aber auf die Ausführungen des Beschwerdeführers bezieht.

Berechtigung des Rechtsnachfolgers vergewissern kann. Als untunlich gilt der Nachweis daher insbesondere dann, wenn sich die Rechtsnachfolge aus den Akten des Registergerichts selbst oder den bei demselben Gericht geführten Nachlassakten ergibt.[262] Nach der Umstellung auf eine elektronische Registerführung wird man noch weitergehen können und das Registergericht generell auf sämtliche **über das elektronische Handelsregister abrufbaren Eintragungen und Dokumente** verweisen können, auch wenn es sich um die Akten eines anderen Gerichts handelt.[263] Erforderlich ist auch hier nur, dass durch Nennung des Rechtsträgers und seiner Registerstelle auf das Register Bezug genommen wird (s. dazu bereits Rn 57). Etwas anderes gilt dann, wenn es sich nicht um eine registerrechtlich nachweisbare Rechtsnachfolge im Gesellschaftsrecht, sondern um eine Rechtsnachfolge im Erbgang handelt. Hier ist der Urkundsnachweis nur dann untunlich i.S.d. § 12 Abs. 1 S. 5, wenn sich die Rechtsnachfolge aus den Nachlassakten des Gerichts selbst ergibt.[264]

3. Vor- und Nacherbfolge

69 Im Falle einer Vor- und Nacherbfolge (§§ 2100 ff BGB) wird der **Vorerbe** zunächst allein **Rechtsnachfolger des Erblassers.** Er muss sein Erbrecht regelmäßig durch Erbschein nachweisen (vgl. Rn 64). Die Anmeldungen zum Handelsregister sind von ihm allein zu bewirken, bei Eintritt oder Nachfolge in eine OHG oder KG von ihm und den übrigen Gesellschaftern. Ein Nacherbenvermerk gehört anders als nach § 51 GBO nicht in das Handelsregister.[265]

70 Der **Nacherbe** ist **Rechtsnachfolger des Erblassers**, nicht des Vorerben.[266] Auch er muss diese Nachfolge gem. § 12 Abs. 1 S. 5 nachweisen. Wurde die Nacherbfolge durch den Tod des Vorerben ausgelöst (vgl. § 2106 Abs. 1 BGB), genügt dafür nicht schon die Vorlage des für den Vorerben erteilten Erbscheins zusammen mit dem Nachweis, dass die Voraussetzungen der Nacherbfolge eingetreten sind. Vielmehr muss zusätzlich auch ein die Nacherbfolge nach dem Erblasser ausweisender Erbschein vorgelegt werden.[267] Die **Anmeldungen** zum Handelsregister müssen, weil der Rechtsträger mit dem Nacherbfall wechselt, durch den Nacherben und den Vorerben oder dessen Rechtsnachfolger vorgenommen werden; auch diese Rechtsnachfolge ist grundsätzlich durch öffentliche Urkunden nachzuweisen.[268]

IX. Form für die Einreichung von Dokumenten (§ 12 Abs. 2)

1. Elektronische Übermittlung

71 Um eine vollständige elektronische Registerführung zu ermöglichen, müssen auch die eingereichten Dokumente in elektronischer Form zugänglich sein. Der dazu erforderliche **Transformationsaufwand** wurde hinsichtlich der Dokumente aus den schon vorhandenen Registerordnern den Gerichten zugewiesen. Für neu einzureichende Dokumente wird er dem Anmelder

---

262 BayObLGZ 1983, 176 (179 f); KG NZG 2000, 1167 (1168); OLG Hamm Rpfleger 1986, 139 (140); OLG München ZEV 2018, 469 Rn 2; MünchKommHGB/*Krafka* Rn 52; Ebenroth/Boujong/Joost/Strohn/*Schaub* Rn 167; Koller/Kindler/Roth/Drüen/*Roth* Rn 7; *Krafka* Rn 128.

263 So auch Hopt/*Merkt* Rn 5.

264 Insofern auch *Krafka* Rn 128. Zur Untunlichkeit bei Zweifeln an der Echtheit des auf einem Erbschein maschinell gedruckten Dienstsiegels s. OLG Nürnberg MittBayNot 2019, 445 Rn 31.

265 OLG München JFG 22, 89; Ebenroth/Boujong/Joost/Strohn/*Schaub* Rn 170; *Krafka* Rn 129.

266 RGZ 75, 363 (364); Ebenroth/Boujong/Joost/Strohn/*Schaub* Rn 171.

267 BGHZ 84, 196 (198) = NJW 1982, 2499; Ebenroth/Boujong/Joost/Strohn/*Schaub* Rn 171; *Krafka* Rn 129.

268 Ebenroth/Boujong/Joost/Strohn/*Schaub* Rn 172; *Krafka* Rn 129; *Krug* ZEV 2001, 51 (52); s. auch *Langenbach* MittRhNotK 1965, 81, 106.

auferlegt.[269] Ebenso wie die Anmeldung selbst (s. dazu noch Rn 79) kann auch die Einreichung der Dokumente nach § 12 Abs. 2 S. 1 nur noch auf elektronischem Wege erfolgen. Das gilt nicht nur für die Dokumente, die für den Registerordner bestimmt sind, sondern auch für solche, die den **Registerakten** i.S.d. § 8 HRV zuzuordnen sind (vgl. zu dieser Differenzierung bereits § 8 Rn 22), da auch für diese nach § 8 Abs. 3 HRV eine elektronische Registerführung angeordnet werden kann.[270] Über § 325 Abs. 6 gilt die Vorschrift schließlich entsprechend auch für Rechnungsunterlagen, die an die das Unternehmensregister führende Stelle zur Einstellung in das Unternehmensregister zu übermitteln sind.

Um **Art. 16 Abs. 6 der Gesellschaftsrechtsrichtlinie**[271] (Rn 2) umzusetzen, wurde § 12 Abs. 2 S. 1 im Zuge des DiRUG (Rn 2) dahingehend ergänzt, dass die Dokumente in einem **maschinenlesbaren und durchsuchbaren Format** einzureichen sind. Obwohl sich die Richtlinie nur auf die Gründung einer Gesellschaft, die Eintragung einer Zweigniederlassung und die Einreichung durch eine Gesellschaft oder Zweigniederlassung bezieht, hat der deutsche Gesetzgeber das dort vorgeschriebene Format auf **alle Verfahren** erstreckt. Die überschießende Richtlinienumsetzung soll eine einheitliche Vorgehensweise gewährleisten.[272] Die technischen Einzelheiten können die Landesregierungen in Verordnungen nach § 8a Abs. 2 regeln (s. dazu § 8a Rn 9 ff). In Betracht kommt etwa die Übermittlung im **XML-Format** oder als **durchsuchbare Dateien im PDF-Format**.[273] Unzulässig ist jedenfalls eine ausschließliche Einreichung in einem nicht durchsuchbaren Bildformat.[274] Weicht die durchsuchbare Datei von der Bilddatei ab, ist nach den Gesetzesmaterialien die Datei im Bildformat maßgeblich.[275] Dies erscheint konsequent, wenn man den Grundsatz bedenkt, dass bei Widersprüchen zwischen der Handelsregisteranmeldung und einer damit verknüpften XML-Datei die Anmeldung ausschlaggebend ist (s. bereits Rn 15). 72

Im Übrigen werden hinsichtlich der Form der Einreichung in § 12 Abs. 2 S. 2 **zwei Fälle unterschieden**: § 12 Abs. 2 S. 2, 1. Hs. regelt die Einreichung einer Urschrift, einer einfachen Abschrift oder eines Dokuments in Schriftform, § 12 Abs. 2 S. 2, 2. Hs. die Einreichung eines notariell beurkundeten Dokuments oder einer öffentlich beglaubigten Abschrift andererseits. Im **ersten Fall** genügt die Übermittlung einer **elektronischen Aufzeichnung** (dazu Rn 74 ff), wohingegen im **zweiten Fall** ein mit einem einfachen **elektronischen Zeugnis** i.S.d. § 39a BeurkG versehenes Dokument zu übermitteln ist (dazu Rn 78 ff). Lässt eine Vorschrift – wie etwa §§ 39 Abs. 2, 67 Abs. 2 GmbHG – dem Anmeldenden die **Wahl** zwischen der Urschrift oder öffentlich beglaubigter Abschrift, ist § 12 Abs. 2 S. 2, 1. Hs. einschlägig, so dass die Übermittlung einer elektronischen Aufzeichnung ausreichend ist.[276] Wollte man die strengere Formvorgabe des § 12 Abs. 2 S. 2, 2. Hs. anwenden, würde man die durch § 12 Abs. 2 S. 2, 1. Hs. bezwecke Vereinfachung der Verfahrensabläufe (s. noch Rn 76) konterkarieren.[277] 73

269 Vgl. dazu auch RegE EHUG, BT-Drucks. 16/960, S. 45.

270 MünchKommHGB/*Krafka* Rn 51.

271 S. ferner Erwägungsgrund 27 der Digitalisierungsrichtlinie (Rn 22).

272 RegE DiRUG, BT-Drucks. 19/28177, S. 96.

273 RegE DiRUG, BT-Drucks. 19/28177, S. 96 mit Erläuterungen zu eingescannten Unterlagen, die mit einer Texterkennungssoftware (OCR) behandelt wurden. Die Ausführungen der Regierungsbegründung zur OCR-Software dürften eine Reaktion auf die Stellungnahme des Deutschen Notarvereins zum DiRUG-RefE v. 15.1.2021, S. 7, sein, der die Billigung der mit OCR-Software erstellen Dokumente gefordert hat; im RefE zum DiRUG war die OCR-Software noch nicht erwähnt. Zur Bedeutung des XML-Formats s. auch BGH NJW-RR 2013, 632 Rn 8 ff; OLG Nürnberg FGPrax 2015, 22 (23 f); *Krafka* Rn 139a f.

274 Eindeutig RegE DiRUG, BT-Drucks. 19/28177, S. 96.

275 So – augenscheinlich in Reaktion auf die Stellungnahme des Deutschen Notarvereins zum DiRUG-RefE v. 15.1.2021, S. 7 f – RegE DiRUG, BT-Drucks. 28177, S. 96.

276 OLG Düsseldorf BeckRS 2015, 127268 Rn 7 ff; OLG Jena RNotZ 2011, 121 (122); MünchKommHGB/*Krafka* Rn 60.

277 Zutr. OLG Düsseldorf BeckRS 2015, 127268 Rn 16 f.

2. Elektronische Aufzeichnung

74 Das nach § 12 Abs. 2 S. 2 unterscheidungsrelevante Kriterium, in welcher Form ein Dokument dem Register vorzulegen ist, bestimmt sich nach den jeweils **einschlägigen Einreichungsvorschriften**. So ist die Einreichung einer Urschrift etwa vorgesehen in §§ 81 Abs. 2, 266 Abs. 2, 294 Abs. 1 S. 2 AktG, §§ 39 Abs. 2, 40 Abs. 1,[278] 67 Abs. 2 GmbHG, § 33 Abs. 2 HGB oder § 199, 2. Hs. UmwG. Daneben lässt die letztgenannte Vorschrift des § 199, 2. Hs. UmwG aber auch die Vorlage einer einfachen Abschrift zu. Für die Vorlage eines Dokuments in Schriftform nennt die Gesetzesbegründung als Beispiele die §§ 130 Abs. 5, 2. Hs., 188 Abs. 3 Nr. 1 AktG; §§ 8 Abs. 1 Nr. 3, 40 Abs. 1 S. 1 GmbHG.[279] Diese Differenzierungen werden durch die **vereinheitlichende Regelung** des § 12 Abs. 2 S. 2, 1. Hs. weithin obsolet, da nunmehr in allen Fällen gleichermaßen die Übermittlung einer elektronischen Aufzeichnung genügen soll.[280] Diese Vereinheitlichung ist aber vom Gesetzgeber gewollt. Die **Generalklausel** des § 12 Abs. 2 S. 2, 1. Hs. soll es gerade ermöglichen, die über viele Gesetze verstreuten Einreichungsvorschriften erst „nach und nach und bei passender Gelegenheit auf elektronische Einreichung umzustellen".[281]

75 Der **Begriff der elektronischen Aufzeichnung** wird im Gesetz nicht näher definiert. Im Schrifttum wird er teilweise im Sinne einer Textform nach § 126a BGB verstanden.[282] Gerade dieser Begriff war aber noch im EHUG-Referentenentwurf[283] vorgesehen und ist in den EHUG-Regierungsentwurf bewusst nicht übernommen worden. Der stattdessen verwendete Begriff der Aufzeichnung deutet schon von seinem terminologischen Eigengehalt eher auf eine **bildlich inhaltsgleiche Abbildung** hin, die durch Einscannen des Originaldokuments produziert werden kann.[284] Ein solches Verständnis trägt auch dem Umstand Rechnung, dass die Aufzeichnung unter anderem auch an die Stelle der Einreichung einer Urschrift treten soll; dem kommt eine bildgleiche Abbildung am ehesten nahe. Lässt sich die elektronische Aufzeichnung nicht erstellen, muss der Einreichende ein mit einfachem elektronischem Zeugnis versehenes Dokument einreichen.[285]

76 Verzichtet wird allerdings auf eine sichere Form der Identitätsfeststellung des Einreichenden. Ausweislich der Regierungsbegründung hielt es der Gesetzgeber in diesen Fällen nicht für notwendig, zur Sicherung der Authentizität zu verlangen, dass das elektronische Dokument mit einer qualifizierten elektronischen Signatur versehen wird.[286] Um die Beteiligten nicht mit **übermäßigem Bürokratieaufwand** zu belasten, wurde deshalb hier vom Erfordernis einer notariellen Beteiligung abgesehen;[287] der Einreichende kann das Dokument auch selbst einscannen und an das Registergericht übermitteln.[288] Das ist insbesondere hinsichtlich der **Gesell-**

278 S. nur *Mayer* MittBayNot 2014, 24 (25). Dies gilt aber nicht aber in Fällen des § 40 Abs. 2 GmbHG, also wenn ein Notar an der Gesellschafterliste mitgewirkt hat, s. KG NJW-RR 2012, 59 f; OLG Jena NJW-RR 2010, 1190 (1191); OLG Nürnberg NZG 2018, 312 Rn 34; LG Gera RNotZ 2010, 67 f; vgl. dazu noch Rn 76.

279 RegE EHUG, BT-Drucks. 16/960, S. 45; ausführlich dazu *Sikora/Schwab* MittBayNot 2007, 1 (4 f).

280 Vgl. auch *Jeep/Wiedemann* NJW 2007, 2439 (2445).

281 RegE EHUG, BT-Drucks. 16/960, S. 46; *Seibert/Decker* DB 2006, 2446 (2447). S. ferner OLG Düsseldorf BeckRS 2015, 127268 Rn 14.

282 *Noack* NZG 2006, 801 (802).

283 Abrufbar unter https://www.gmbhr.de/heft/09_05/refe_ehug_890.pdf (zuletzt abgerufen am 31.4.2022); kritisch dazu *DAV-Handelsrechtsausschuss* NZG 2005, 586 (588).

284 So auch die hM – vgl. OLG Düsseldorf NZG 2019, 820 Rn 15; OLG Jena RNotZ 2011, 121 (122); MünchKommHGB/*Krafka* Rn 59; *Apfelbaum/Bettendorf* RNotZ 2007, 89 (97); *Jeep/Wiedemann* NJW 2007, 2439 (2445); *Karsten* GewArch 2007, 55 (56); *Sikora/Schwab* MittBayNot 2007, 1 (4). Vgl. ferner OLG Hamm BeckRS 2015, 1317: Bilddatei.

285 OLG Düsseldorf NJW-RR 2012, 1124 (1125).

286 RegE EHUG, BT-Drucks. 16/960, S. 45; *Seibert/Decker* DB 2006, 2446 (2447); krit. *Apfelbaum/Bettendorf* RNotZ 2007, 89 (97); *Jeep/Wiedemann* NJW 2007, 2439 (2445).

287 Reicht der Notar gleichwohl eine elektronische Aufzeichnung ein, ist er nicht verpflichtet zu erklären, in welcher Form ihm das Dokument vorgelegen hat; s. OLG Düsseldorf NZG 2019, 820 Rn 14 ff; BeckOK-HGB/*Müther* Rn 32; Oetker/*Preuß* Rn 63; *Wachter* GmbHR 2019, 892 (894).

288 OLG Düsseldorf NZG 2019, 820 Rn 14 ff; *Jeep/Wiedemann* NJW 2007, 2439 (2445).

schafterliste nach § 8 Abs. 1 Nr. 3 GmbHG nicht unbedenklich,[289] weil diese nach § 16 Abs. 3 GmbHG die Grundlage eines gutgläubigen Erwerbs von Gesellschaftsanteilen sein kann.[290]

Durch die Formulierung „genügt“ soll klargestellt werden, dass es den Unternehmen unbe- 77
nommen bleibt, von der Möglichkeit, eine elektronische Aufzeichnung einzureichen, **keinen Gebrauch zu machen**, sondern ein mit einer qualifizierten elektronischen Signatur versehenes elektronisches Dokument zu übermitteln.[291] Das kann dann von Vorteil sein, wenn es den Parteien darauf ankommt, die **Abbildung der Originalunterschriften zu vermeiden**. Das ist bei der bildlichen Aufzeichnung nach § 12 Abs. 2 S. 2, 1. Hs. nicht möglich, wohl aber bei der Verwendung eines einfachen elektronischen Zeugnisses nach § 39a BeurkG (s. dazu oben Rn 27 ff).[292] Die Wahl der strengeren Form kann auch geboten sein, wenn sich das Originaldokument (etwa aufgrund seiner Qualität) nicht einscannen lässt, so dass eine elektronische Abschrift nicht erstellt werden kann (s. bereits Rn 75 a.E.).[293]

3. Notariell beurkundete oder beglaubigte Dokumente

Strengere Übermittlungsstandards stellt das Gesetz für die Einreichung eines notariell beurkunde- 78
ten Dokuments oder einer öffentlich beglaubigten Abschrift auf.[294] Sie sind in Gestalt eines mit einem einfachen elektronischen Zeugnis (§ 39a BeurkG) versehenen Dokuments zu übermitteln (§ 12 Abs. 2 S. 2, 2. Hs.; zu § 39a BeurkG s. bereits Rn 24 und 26).[295] Als **notariell beurkundetes Dokument** kommen in erster Linie die Gründungsurkunden einer AG oder GmbH in Betracht (§ 8 Abs. 1 Nr. 1 GmbHG, § 37 Abs. 4 Nr. 1 AktG). Eine öffentlich beglaubigte Abschrift wird etwa von einem Hauptversammlungsprotokoll nach § 130 Abs. 5, Hs. 1 AktG gefertigt. Weitere Beispiele sind die Bescheinigung des Notars nach §§ 181 Abs. 1 S. 2, 248 Abs. 2 AktG, §§ 40 Abs. 2 S. 2, 54 Abs. 1 S. 2 GmbHG[296] oder ein Satzungsänderungsbeschluss in der GmbH (s. § 53 Abs. 2 S. 1 GmbHG).[297]

Nach Rechtsprechung des BGH ist auch die **Handelsregisteranmeldung** nach § 12 Abs. 1 79
ein Dokument i.S.d. § 12 Abs. 2 S. 2, 2. Hs., das für die Übermittlung mit einem einfachen elektronischen Zeugnis zu versehen ist:[298] Unter den Begriff der „Dokumente“ sei auch die schriftliche Anmeldungserklärung zu fassen. Zwar enthalte § 12 Abs. 1 Regelungen zur Anmeldungserklärung und deren Einreichung, die Publizitäts-, Verkehrsschutz- und Informationsfunktion des Handelsregisters (s. dazu § 8 Rn 1 f) erfordere aber eine besondere **Richtigkeitsgewähr** bei der elektronischen Übermittlung der Anmeldung, die allein durch § 12 Abs. 1 S. 1 nicht sichergestellt

289 Sehr krit. *Omlor/Spies* MittBayNot 2011, 353 (357), die eine teleologische Reduktion des § 12 Abs. 2 S. 2 verbunden mit einer analogen Anwendung des § 12 Abs. 1 S. 2 fordern, was aber im Hinblick auf die gesetzgeberische Entscheidung in Kenntnis des Problems nicht in Betracht kommt.

290 Vgl. *Noack* NZG 2006, 801 (802); *Seibert/Decker* DB 2006, 2446 (2447 Fn 20). Gerade hier könnte es für die Beteiligten aber aufgrund der u.U. häufig vorkommenden Änderungen aus Kostengründen besonders erwägenswert sein, auf die Einschaltung eines Notars zu verzichten; vgl. dazu Christ/*Müller-Helle* S. 36 (38). Hat ein Notar an der Gesellschafterliste mitgewirkt, ist wegen der Bescheinigung nach § 40 Abs. 2 S. 2 GmbHG die Einreichung in der Form des § 12 Abs. 2 S. 2 2. Hs. erforderlich; s. OLG Jena NJW-RR 2010, 1190 (1191); LG Gera RNotZ 2010, 67 f; *Mayer* MittBayNot 2014, 24 (25 f).

291 RegE EHUG, BT-Drucks. 16/960, S. 45. S. auch OLG Düsseldorf NJW-RR 2012, 1124 (1125).

292 MünchKommHGB/*Krafka* Rn 59. Im Kontext der Gesellschafterliste *Mayer* MittBayNot 2014, 24 (25 f).

293 Vgl. OLG Düsseldorf NJW-RR 2012, 1124 (1125); *Heinemann* FGPrax 2015, 1 (2).

294 Diese Vorgaben gelten aber nicht für die ebenfalls zu übermittelnden XML-Dateien, s. OLG Nürnberg FGPrax 2015, 22 (24); *Heinemann* PGPrax 2015, 1 (2).

295 Zur praktischen Umsetzung OLG Brandenburg NotBZ 2022, 40 (41); OLG Düsseldorf NZG 2021, 36 Rn 19 f.

296 MünchKommHGB/*Krafka* Rn 62; Oetker/*Preuß* Rn 66. Speziell zu § 40 Abs. 2 S. 2 GmbHG KG NJW-RR 2012, 59 f; OLG Jena NJW-RR 2010, 1190 (1191); OLG Nürnberg NZG 2018, 312 Rn 34.

297 Hierzu OLG Hamm NJW-RR 2011, 259.

298 Zum Folgenden s. BGH NZG 2021, 1564 Rn 16 ff. So augenscheinlich auch OLG Düsseldorf NZG 2021, 36 Rn 1 ff. Vgl. ferner *Stelmaszczyk* notar 2022, 84.

sei. Die nach § 12 Abs. 1 S. 1 vorgeschriebene öffentliche Beglaubigung der Anmeldung diente lediglich dem Nachweis, dass diese Erklärung von einer bestimmten Person abgegeben wurde. Sie besage aber noch nichts darüber, ob die Anmeldungserklärung in Papierform auch inhaltlich mit dem Dokument übereinstimme, das anschließend elektronisch bei Gericht eingereicht werde. Der **Medienwechsel** erfordere eine zusätzliche Bestätigung der inhaltlichen Übereinstimmung des Papierdokuments mit dem elektronisch übermittelten Dokument, die durch ein elektronisches Zeugnis nach § 39a BeurkG gewährleistet sei.

80 Nachdem im Zuge des DiRUG (Rn 2) in § 129 Abs. 1 S. 1 Nr. 2 BGB n.F., § 40a BeurkG n.F. die **originär elektronische Beglaubigung** einer qualifizierten elektronischen Signatur eingeführt wurde (dazu bereits Rn 27 ff), kann der Medienbruch vermieden und der Einreichungsvorgang vereinfacht werden: Entspricht die Form der Anmeldungserklärung den Vorgaben der § 129 Abs. 1 S. 1 Nr. 2 BGB n.F., § 40a BeurkG n.F., sind die Vorgaben des § 12 Abs. 2 S. 2, 2. Hs. jedenfalls erfüllt.[299]

X. Internationaler Verkehr

1. Geltung der lex fori

81 § 12 enthält Verfahrensvorschriften. Das ist deutlich für die Anmeldung als Eintragungsantrag sowie die Vollmacht zur Antragstellung, trifft aber auch für den Nachweis der Rechtsnachfolge zu, weil § 12 Abs. 1 S. 5 Sondervorschrift gegenüber dem Amtsermittlungsgrundsatz des § 26 FamFG ist. Die maßgebliche Rechtsordnung ist also weder gem. Art. 11 Rom I-VO[300] noch gem. Art. 11 EGBGB zu bestimmen; vielmehr entscheidet das **deutsche Recht als lex fori.**[301] Demnach ist für das Registergericht unerheblich, ob das durch den Sachverhalt berührte ausländische Recht für Registeranmeldungen besondere Formen und Nachweise fordert.

2. Gleichwertigkeit einer Beglaubigung im Ausland

82 Dass nach deutschem Recht eine bestimmte Form der Beurkundung notwendig ist, bedeutet nicht, dass die Beurkundung nur von den nach deutschem Recht zuständigen Stellen in dem dafür vorgesehenen Verfahren vorgenommen werden kann; dem Formerfordernis kann vielmehr auch durch eine Auslandsbeurkundung entsprochen werden, soweit die Voraussetzung der **Gleichwertigkeit** erfüllt ist.[302] Bei bloßen Beglaubigungsvermerken, wie sie § 12 für die Anmeldung, für die Vollmacht und für die Einreichung bestimmter Dokumente vorsieht, ist die Gleichwertigkeit grundsätzlich zu bejahen,[303] weil es nicht um die inhaltliche Richtigkeit der Urkunde, sondern um die **leicht feststellbare Identität** des Erklärenden geht. Die Beglaubigung im Ausland genügt also grundsätzlich der deutschen Formvorschrift.[304] Die Instanzgerichte verneinen

---

299 Vgl. auch *Knaier* GmbHR 2021, 1091 (1092); *Krafka* RDi 2021, 455.

300 Verordnung (EG) Nr. 593/2008 des Europäischen Parlaments und des Rates vom 17.6.2008 über das auf vertragliche Schuldverhältnisse anzuwendende Recht (Rom I), ABl. EU L 177, S. 6.

301 Hopt/*Merkt* Rn 8; Ebenroth/Boujong/Joost/Strohn/*Schaub* Anh. § 12 Rn 123; *Vossius* NotBZ 2021, 413.

302 Ebenroth/Boujong/Joost/Strohn/*Schaub* Anh. § 12 Rn 129; *Bausback* DNotZ 1996, 254 (255); *Reithmann* NJW 2003, 385 (386); *Roth* IPRax 1995, 86 (87).

303 Dies dürfte insbesondere im Lichte der BGH-Rechtsprechung zur Gleichwertigkeit der Beurkundung einer Hauptversammlung durch einen ausländischen Notar (s. BGHZ 203, 68 Rn 16 = NJW 2015, 336) nicht zu beanstanden sein. Dafür spricht ferner die Rechtsprechung zur Einreichung und Beurkundung einer Gesellschafterliste durch einen ausländischen Notar (s. BGHZ 199, 270 Rn 6 ff = NJW 2014, 2026).

304 KG NZG 2018, 1195 Rn 5 ff; OLG Naumburg NZG 2001, 853; Hopt/*Merkt* Rn 1; *Bausback* DNotZ 1996, 254 (255); *Reithmann* NJW 2003, 385 (386); s. auch KG NZG 2022, 926 Rn 10, das aber die Gleichwertigkeit im konkreten Fall verneint; ausführlich zu Registeranmeldungen mit Auslandsbezug Ebenroth/Boujong/Joost/Strohn/*Schaub* Anh. § 12.

die Gleichwertigkeit aber dann, wenn der ausländische Notar lediglich ihm vorgelegte Unterschriften mit anderen Unterschriften vergleicht, die ihm schon vorlagen; ein solches Verfahren entspricht nicht den Anforderungen des § 40 Abs. 1 BeurkG.[305] Selbst wenn man die Gleichwertigkeit einer Auslandsbeurkundung bejaht, wird deren Praxistauglichkeit wegen § 378 Abs. 3 FamFG relativiert, weil die – nicht übezeugende – herrschende Auffassung auf dem Standpunkt steht, dass nur ein deutscher Notar die in § 378 Abs. 3 S. 1 FamFG vorgeschriebene Vorprüfung durchführen und die Anmeldung i.S.d. § 378 Abs. 3 S. 2 FamFG an das Registergericht weiterleiten kann (s. hierzu § 8 Rn 77). Überdies ist zu beachten, dass die **Fernbeglaubigung** durch die ausländischen Notare nach § 40a Abs. 1 S. 2 BeurkG, der die Verwendung eines von der Bundesnotarkammer nach § 78p BNotO betriebenen **Videokommunikationssystems** vorschreibt (Rn 29), nicht möglich sein wird.[306]

3. Echtheitsnachweis

Die Echtheitsvermutung des § 437 ZPO gilt nur für inländische behördliche oder notarielle Urkunden. Die Echtheit ausländischer Urkunden muss das Registergericht prüfen.[307] Der Echtheitsnachweis erfolgt üblicherweise im Wege der sog. **Legalisation**, also durch Bestätigung der Echtheit durch das Konsulat des Staates, in dem die Urkunde verwendet werden soll (vgl. dazu auch § 13 Abs. 2 KonsularG).[308] Bei Staaten, die wie die Bundesrepublik dem **Haager Übereinkommen** zur Befreiung ausländischer öffentlicher Urkunden von der Legalisation vom 5.10.1961[309] beigetreten sind, wird auf die Legalisation verzichtet. An ihre Stelle tritt die sog. **Apostille.** Dabei handelt es sich um einen Echtheitsvermerk, mit dem die Urkunde durch die zuständige Behörde des Errichtungsstaates versehen wird.[310] Daneben hat die Bundesrepublik mit zahlreichen Staaten bilaterale Abkommen geschlossen, nach denen ebenfalls der Echtheitsnachweis im Wege der Legalisation durch eine bloße Apostille ersetzt wird; zum Teil wird der Echtheitsnachweis auch von jeglichen Formerfordernissen befreit.[311] 83

XI. Kosten der Handelsregistereintragung

1. Gerichtskosten

Gem. § 58 Abs. 1 GNotKG[312] werden für Handelsregistereintragungen Gebühren ausschließlich aufgrund der auf § 58 Abs. 2 GNotKG beruhenden **Handelsregistergebührenverordnung** 84

---

305 Vgl. KG NZG 2022, 926 Rn 10 zur Beglaubigung einer Übernahmeerklärung nach § 55 Abs. 1 GmbHG durch einen Luxemburger Notar; krit. dazu *Wachter* GmbHR 2022, 638 (640 f).

306 Deutlich RegE DiREG, BT-Drucks. 20/1672, S. 13; s. ferner *Heckschen/Knaier* NZG 2022, 885 (886 f); *Stelmaszczyk* notar 2022, 84 (87). Zur (unzureichenden) Fernbeglaubigung durch einen Schweizer Notar s. DNotI-Report 2022, 102 zu OLG Karlsruhe, Beschl. v. 20.4.2022 – 1 W 25/22 (Wx) (nv): keine formwahrende Substitution.

307 Übermäßig großzügig daher das LG Berlin NZG 2004, 1014 (1016), das auch ohne Apostille die Echtheit der ausländischen öffentlichen Urkunde nach „pflichtgemäßem Ermessen" bejaht; zu Recht krit. *Wachter* DB 2004, 2795 (2801).

308 Ausführlich zum Legalisationsverfahren *Bindseil* DNotZ 1992, 275 (276 ff).

309 BGBl. II, S. 876 = *Jayme/Hausmann* Nr. 250; in Kraft seit dem 13.2.1966.

310 Ausführlich dazu Ebenroth/Boujong/Joost/Strohn/*Schaub* Anh. § 12 Rn 148 ff; *Bindseil* DNotZ 1992, 275 (280 ff).

311 Ausführlich zu den einzelnen bilateralen Abkommen Ebenroth/Boujong/Joost/Strohn/*Schaub* Anh. § 12 Rn 136 ff; regelmäßig aktualisierte Angaben zu den einzelnen Ländern können über die Homepage des Deutschen Notarinstituts abgerufen werden.

312 Gesetz über Kosten der freiwilligen Gerichtsbarkeit für Gerichte und Notare (Gerichts- und Notarkostengesetz – GNotKG) v. 23.7.2013, BGBl. I, S. 2586.

(HRegGebV) erhoben,[313] der sich in der Anlage das amtliche **Gebührenverzeichnis (GV HRegGebV)** anschließt. Zum unionsrechtlichen Hintergrund dieser Regelungen s. Voraufl. Rn 79 (*Koch*). Daraus lassen sich die zu entrichtenden Gebühren detailliert entnehmen. So kostet etwa die Ersteintragung eines Einzelkaufmanns € 70 (Gebührentatbestand Nr. 1100 GV HRegGebV), einer Personengesellschaft oder Partnerschaft mit bis zu drei einzutragenden Gesellschaftern oder Partnern € 100 (Nr. 1101 GV HRegGebV),[314] einer GmbH bei Bargründung € 150, bei Sachgründung € 240 (Nr. 2100, 2101 GV HRegGebV) sowie die Eintragung einer AG bei Bargründung € 300 und bei Sachgründung € 360 (Nr. 2102, 2103 GV HRegGebV). Neben den Kosten der Ersteintragung sind im Gebührenverzeichnis auch die der weiteren in Betracht kommenden Registereintragungen berücksichtigt. Auch wenn jede Eintragung grundsätzlich einen **eigenen Gebührentatbestand** darstellt, bestimmt § 2 Abs. 1 HRegGebV, dass bei der Ersteintragung im Gegensatz zu späteren Anmeldungen zusätzliche Gebühren nur für die gleichzeitig angemeldete Eintragung einer Zweigniederlassung oder einer Prokura erhoben werden. Gem. §§ 3, 4 HRegGebV beträgt die Gebühr für die **Zurücknahme** einer Anmeldung vor der Eintragung 120 %, bei der **Zurückweisung** 170 % der für die Eintragung bestimmten Gebühr. Zur Verpflichtung, einen **Kostenvorschuss** zu leisten, s. § 13 GNotKG.[315] Wird der Vorschuss nicht geleistet, darf das Registergericht i.d.R. die Eintragung verweigern.[316]

85 Um den Wegfall der Einsichtnahmegebühren (s. § 9 Rn 52) zu kompensieren,[317] wurde § 58 Abs. 1 GNotKG im Zuge des **DiRUG** (Rn 2) um eine neue Nr. 5 ergänzt. Nach **§ 58 Abs. 2 Nr. 5 GNotKG i.V.m. § 2 Abs. 2 HRegGebV** ist die **Bereitstellung** von Registerdaten sowie von Dokumenten, die zum Register eingereicht wurden, zum Abruf gebührenpflichtig. Nach Nr. 6000 GV HRegGebV beträgt die Gebühr 1/3 der für die Eintragung oder Entgegennahme bestimmten Gebühr.[318] **Kostenschuldner** der Bereitstellungsgebühr ist nach § 22 Abs. 1 GNotKG ist in der Regel derjenige, der das gerichtliche Verfahren zur Eintragung bzw. Entgegennahme und anschließender Bereitstellung einleitet; bei einer Eintragung von Amts wegen greift § 23 Nr. 7 GNotKG ein.[319] Mit der Gebühr soll der entstehende Aufwand entgolten werden, der mit der Bereitstellung der Registerdaten und Dokumente einhergeht. Dieser Aufwand hängt namentlich mit dem gemeinsamen Registerportal der Länder zusammen.[320]

2. Notarkosten

86 Die Notarkosten werden auf Grundlage des **GNotKG** (Rn 78) berechnet.[321] Der **Geschäftswert** für **Anmeldungen** zum Handelsregister beträgt mindestens € 300.000 (s. § 105 GNotKG), der Höchstwert € 1 Mio. (s. § 106 S. 1 GNotKG). Der Geschäftswert für die **Beglaubigung** von Unterschriften,

313 Verordnung über Gebühren in Handels-, Partnerschafts- und Genossenschaftsregistersachen (Handelsregistergebührenverordnung – HRegGebV) v. 30.9.2004, BGBl. I, S. 2562.

314 Bei größeren Personengesellschaften oder Partnerschaften erhöht sich die Gebühr um 40 € pro weitere einzutragende Person (Nr. 1102).

315 Ausführlich dazu *Krafka* Rn 490 ff.

316 S. KG ZIP 2012, 2208 (2209); ZIP 2021, 2447 (2448); FGPrax 2021, 262 (263); *Krafka* Rn 492; **aA** OLG Hamm NJW-RR 2021, 1340 Rn 10 ff, das ein Ruhen des Verfahrens für den Regelfall und die Eintragungsverweigerung für die begründungsbedürftige Ausnahme hält; so auch zu § 8 KostO a.F. OLG Köln BeckRS 2013, 4027.

317 Diese Verschiebung der Kostenlast begrüßend *Bock* RNotZ 2021, 326 (336 f).

318 Die Anküpfung an die Eintragung bzw. Entgegennahme trägt dem Umstand Rechnung, dass der Aufwand für die Bereitstellung der Registerdaten oder Dokumente in den Fällen regelmäßig höher sein wird, in denen auch der Aufwand für die Eintragung oder Entgegennahme, an die die Bereitstellung anknüpft, höher ist, s. RegE DiRUG, BT-Drucks. 19/28177, S. 142.

319 Vgl. RegE DiRUG, BT-Drucks. 19/28177, S. 142.

320 Zum Hintergrund dieser Regelungen ausführlich RegE DiRUG, BT-Drucks. 19/28177, S. 141 f.

321 Ausführlich zum Folgenden RegE DiRUG, BT-Drucks. 19/28177, S. 143 ff. Zu den Notarkosten bei der Erstellung einer Gesellschafterliste s. etwa BGH NJW-RR 2019, 1002.

Handzeichen oder qualifizierten elektronischen Signaturen (§§ 40, 40a BeurkG) bestimmt sich gem. § 121 GNotKG nach den für die Beurkundung der Erklärung geltenden Vorschriften, mithin in Handelsregisterangelegenheiten nach § 105 GNotKG. Die **Beurkundungsgebühr** beträgt nach Nr. 21201 Nr. 5 GV HRegGebV 0,5 – mindestens € 30. Die Gebühr für die **Beglaubigung** einer Unterschrift, eines Handzeichens oder einer qualifizierten elektronischen Signatur beträgt nach Nr. 25100 GV HRegGebV 0,2 – mindestens € 30, höchstens € 70. In Fällen der Beglaubigung einer qualifizierten elektronischen Signatur mittels **Videokommunikationssystems** (§ 40a Abs. 1 S. 2 BeurkG und Rn 29 f) ist nach Nr. 32016 Nr. 1 GV HRegGebV eine Pauschale in Höhe von € 8 zu entrichten.

Die Gebühr für die **Erstellung einer XML-Datei** (Rn 72) richtet sich nach Nr. 22114, 22115 **87**
i.V.m. Vorbemerkung 2.2 des Kostenverzeichnisses zum GNotKG.[322] Unter Geltung des § 147 KostO a.F. fielen für die Erstellung der XML-Dateien als gebührenfreies Nebengeschäft i.S.d. §§ 35, 147 Abs. 3 KostO a.F. nach der Rechtsprechung keine Kosten an.[323] Mit der Einführung des GNotKG hat der Gesetzgeber dieser Rechtsprechung die Grundlage entzogen.[324]

---

322 Vgl. dazu LG Düsseldorf ZNotP 2019, 466 ff m. Anm. *Kersten*; LG Gera NotBZ 2021, 356 ff; Korintenberg/*Tiedke* KV 22114, KV 22115 GNotKG Rn 1 ff; Rohs/Wedewer/*Wudy* Vorbem. 2.2.1.1–22114 KV GNotKG Rn 453 ff. Zur Kostenreduzierung wegen der Änderungen durch Art. 4 Abs. 2 Nr. 27 des KostRÄG 2021 v. 20.12.2020, BGBl. I, S. 3229 s. Rohs/Wedewer/*Wudy* Vorbem. 2.2.1.1–22114 KV GNotKG Rn 449a f; *Wudy* NotBZ 2021, 90 ff.

323 BGH NJW-RR 2013, 632 Rn 4 ff; OLG Celle FGPrax 2009, 279; OLG Düsseldorf RNotZ 2009, 672 f; OLG Hamm NJW-RR 2009, 935 (936); OLG Stuttgart NZG 2010, 476 f; **aA** *Diehn* NotBZ 2009, 282 f; *Elsing* RNotZ 2009, 673 f.

324 S. RegE GNotKG, BT-Drucks. 17/11471, S. 223; LG Gera NotBZ 2021, 356 (357); Rohs/Wedewer/*Wudy* Vorbem. 2.2.1.1–22114 KV GNotKG Rn 450.

§ 13 Zweigniederlassungen von Unternehmen mit Sitz im Inland

(1) [1]Die Errichtung einer Zweigniederlassung ist von einem Einzelkaufmann oder einer juristischen Person beim Gericht der Hauptniederlassung, von einer Handelsgesellschaft beim Gericht des Sitzes der Gesellschaft, unter Angabe des Ortes und der inländischen Geschäftsanschrift der Zweigniederlassung und des Zusatzes, falls der Firma der Zweigniederlassung ein solcher beigefügt wird, zur Eintragung anzumelden. [2]In gleicher Weise sind spätere Änderungen der die Zweigniederlassung betreffenden einzutragenden Tatsachen anzumelden.

(2) Das zuständige Gericht trägt die Zweigniederlassung auf dem Registerblatt der Hauptniederlassung oder des Sitzes unter Angabe des Ortes sowie der inländischen Geschäftsanschrift der Zweigniederlassung und des Zusatzes, falls der Firma der Zweigniederlassung ein solcher beigefügt ist, ein, es sei denn, die Zweigniederlassung ist offensichtlich nicht errichtet worden.

(3) Die Absätze 1 und 2 gelten entsprechend für die Aufhebung der Zweigniederlassung.

Schrifttum

Bärmann Supranationale Aktiengesellschaften? AcP 156 (1957), 156; *ders.* Supranationale Aktiengesellschaften, NJW 1957, 613; *Balser* Der Doppelsitz von Kapitalgesellschaften, DB 1972, 2049; *Bayer/Hoffmann* Die Zweigniederlassung der AG, AG 2019, R148; *Blasche* Zweigniederlassungen in- und ausländischer Kapitalgesellschaften, GWR 2012, 169 *Bokelmann* Die Veräußerung einer Zweigniederlassung mit abgeleiteter Firma, GmbHR 1978, 265; *ders.* Nochmals: Zur Veräußerung einer Zweigniederlassung mit abgeleiteter Firma, GmbHR 1982, 153; *Borsch* Die Zulässigkeit des inländischen Doppelsitzes für Gesellschaften mbH, GmbHR 2003, 528; *Bungert* Sitzanknüpfung für Rechtsfähigkeit von Gesellschaften gilt auch nicht mehr im Verhältnis zu den USA, DB 2003, 1043; *Clausnitzer* Die Novelle des Internationalen Gesellschaftsrechts – Auswirkungen auf das deutsche Firmenrecht, NZG 2008, 321; *Dirksen/Volkers* Die Firma der Zweigniederlassung in der Satzung von AG und GmbH, BB 1993, 598; *Drouven* US-Gesellschaften mit Hauptverwaltungssitz in Deutschland im deutschen Recht, NZG 2007, 7; *Ebke* Überseering: Die wahre Liberalität ist Anerkennung, JZ 2003, 927; *Eidenmüller* (Hrsg.) Ausländische Kapitalgesellschaften im deutschen Recht, 2004; *ders.* Die GmbH im Wettbewerb der Rechtsformen, ZGR 2007, 168; *Fingerhuth/Rumpf* MoMiG und die grenzüberschreitende Sitzverlegung – Die Sitztheorie ein (lebendes) Fossil? IPRax 2008, 90; *Flesner* Die GmbH-Reform (MoMiG) aus Sicht der Akquisitions- und Restrukturierungspraxis, NZG 2006, 641; *Franz/Laeger* Die Mobilität deutscher Kapitalgesellschaften nach Umsetzung des MoMiG unter Einbeziehung des Referentenentwurfs zum internationalen Gesellschaftsrecht, BB 2008, 678; *Grasmann* System des Internationalen Gesellschaftsrechts, 1970; *Grohmann/Gruschinske* Die identitätswahrende grenzüberschreitende Satzungssitzverlegung in Europa – Schein oder Realität? GmbHR 2008, 27; *Grothe* Die „ausländische Kapitalgesellschaft & Co. KG“, 1989; *Hahnefeld* Neue Regelungen zur Offenlegung bei Zweigniederlassungen, DStR 1993, 1596; *Hirte/Bücker* Grenzüberschreitende Gesellschaften, 2. Aufl., 2006; *J. Hoffmann* Die stille Bestattung der Sitztheorie durch den Gesetzgeber, ZIP 2007, 1581; *Horn* Deutsches und europäisches Gesellschaftsrecht und die EuGH-Rechtsprechung zur Niederlassungsfreiheit – Inspire Art, NJW 2004, 893; *Karl* Zur Sitzverlegung deutscher juristischer Personen des privaten Rechts nach dem 8. Mai 1945, AcP 159 (1960), S. 193; *Katschinski* Die Begründung eines Doppelsitzes bei Verschmelzung, ZIP 1997, 620; *Kindler* Neue Offenlegungspflichten für Zweigniederlassungen ausländischer Kapitalgesellschaften, NJW 1993, 3301; *ders.* Der Wegzug von Gesellschaften in Europa, DK 2006, 811; *ders.* GmbH-Reform und internationales Gesellschaftsrecht, AG 2007, 721; *Klose-Mokroß* Die Eintragung der Zweigniederlassung einer englischen private limited company in das deutsche Handelsregister, DStR 2005, 971, 1013; *J. Koch* Freie Sitzwahl für Personenhandelsgesellschaften, ZHR 173 (2009), 101; *Köbler* Rechtsfragen der Zweigniederlassung, BB 1969, 845; *Kögel* Gründung einer ausländischen Briefkastenfirma: Wann ist eine Zweigniederlassung in Deutschland eine Zweigniederlassung? DB 2004, 1763; *ders.* Firmenbildung von Zweigniederlassungen in- und ausländischer Unternehmen, Rpfleger 1993, 8; *König* Doppelsitz einer Kapitalgesellschaft – Gesetzliches Verbot oder zulässiges Mittel der Gestaltung einer Fusion, AG 2000, 18; *Kussmaul/Richter/Ruiner* Die Sitztheorie hat endgültig ausgedient!, DB 2008, 451; *Leible/Hoffmann* Überseering und das (vermeintliche) Ende der Sitztheorie, RIW 2002, 925; *Lenz* Eintragungsverfahren bei Zweigniederlassungen und bei Sitzverlegung nach der zum 1. Oktober 1937 in Kraft tretenden Neuregelung, JW 1937, 2632; *ders.* Das Gesetz über die Eintragung von Handelsniederlassungen und das Verfahren in Handelsregistersachen vom 10.8.1937, DJ 1937, 1305; *Leuering*

https://doi.org/10.1515/9783110564440-020

Von Scheinauslandsgesellschaften hin zu „Gesellschaften mit Migrationshintergrund", ZRP 2008, 73; *Liese* Die Handelsregistereintragung Europäischer Auslandsgesellschaften in Deutschland – oder: Ceci n'est pas une pipe? NZG 2006, 201; *Lutter* (Hrsg.) Europäische Auslandsgesellschaften in Deutschland, 2005; *Melchior* Sitz und inländische Geschäftsanschrift: Anmeldung und neues Kostenrecht, GmbHR 2013, 853; *Mödl* Die ausländische Kapitalgesellschaft in der notariellen Praxis, RNotZ 2008, 1; *Peters* Verlegung des tatsächlichen Verwaltungssitzes der GmbH ins Ausland, GmbHR 2008, 245; *Plesse* Neuregelung des Rechts der Offenlegung von Zweigniederlassungen, DStR 1993, 133; *Pluskat* Die Zulässigkeit des Mehrfachsitzes und die Lösung der damit verbundenen Probleme, WM 2004, 601; *Preuß* Die Wahl des Satzungssitzes im geltenden Gesellschaftsrecht und nach dem MoMiG-Entwurf, GmbHR 2007, 57; *Priester* Zur Zulässigkeit eines Doppelsitzes einer Aktiengesellschaft, EWiR 1985, 335; *Reithmann/Martiny* Internationales Vertragsrecht, 6. Aufl., 2004; *Richert* Zur Eintragungsfähigkeit mehrerer Niederlassungen desselben Kaufmanns, Rpfleger 1956, 7; *ders.* Wie hat die Firma der Zweigniederlassung zu lauten? MDR 1957, 339; *Riegger* Centros – Überseering – Inspire Art: Folgen für die Praxis, ZGR 2004, 510; *Rotheimer* Referentenentwurf zum Internationalen Gesellschaftsrecht, NZG 2008, 181; *Schanze/Jüttner* Die Entscheidung für Pluralität – Kollisionsrecht und Gesellschaftsrecht nach der EuGH-Entscheidung „Inspire Art", AG 2003, 661; *Schilling* Zweigniederlassung und Tochtergesellschaft im deutschen Niederlassungsrecht, RIW 1954, 37; *Schmidt-Kessel* Das Gemeinschaftsrecht des Handelsregisters, GPR 2006, 6; *C. Schneider* Internationales Gesellschaftsrecht vor der Kodifizierung, BB 2008, 566; *Seibert* Die Umsetzung der Zweigniederlassungs-Richtlinie der EG in deutsches Recht, GmbHR 1992, 738; *ders.* Neuordnung des Rechts der Zweigniederlassung im HGB, DB 1993, 1705; *Spahlinger/Wegen* Internationales Gesellschaftsrecht in der Praxis, 2005; *Springer* Der Doppelsitz der Aktiengesellschaft, NJW 1949, 561; *Wachter* Der Entwurf des MoMiG und die Auswirkungen auf inländische Zweigniederlassungen von Auslandsgesellschaften, GmbHR 2006, 793; *ders.* Zweigniederlassungen englischer private limited companies im deutschen Handelsregister, ZNotP 2005, 122; *Walden* Das Kollisionsrecht der Personengesellschaften im deutschen, europäischen und US-amerikanischen Recht, 2001; *Weller* Inspire Art – Weitgehende Freiheiten beim Einsatz ausländischer Briefkastengesellschaften, DStR 2003, 1800; *Wendel* Das Handelsregisterrecht der Zweigniederlassungen, DB 1959, Beil. Nr. 1; *Wernicke* Die Niederlassung der ausländischen Gesellschaft als Hauptniederlassung, BB 2006, 843; *Wertenbruch* Der Abschluss des „Überseering"-Verfahrens durch den BGH, NZG 2003, 618; *Woite* Grundbucheintragungen für Zweigniederlassungen, NJW 1970, 548. S. auch noch die Nachweise zu § 13d.

Übersicht

I. Normzweck und Regelungsgehalt

1 Die §§ 13 ff regeln die materiellen Rechtsfragen der Unternehmensgliederung nicht umfassend, sondern legen ausschließlich die Pflichten fest, die dem Unternehmensträger in registerrechtlicher Hinsicht aus der Eröffnung einer Zweigniederlassung entstehen.[1] Dabei wird das Ziel verfolgt, die **registerrechtlichen Dokumentationspflichten** an die Besonderheiten einer Zweigniederlassung anzupassen. Diese zeichnet sich dadurch aus, dass sie zwar in einem nicht unerheblichen Umfang am wirtschaftlichen Rechtsverkehr teilnimmt, dabei aber zugleich von einer Hauptniederlassung abhängig ist (vgl. Rn 23 ff). Dem Umfang der wirtschaftlichen Betätigung tragen die §§ 13 ff dadurch Rechnung, dass sie die handelsrechtlichen Publizitätspflichten auf die Zweigniederlassung erstrecken. Zugleich werden die Unternehmen angesichts der engen Verbindung von Haupt- und Zweigniederlassung aber auch dadurch entlastet, dass ihnen die

1 Aufschlussreiche rechtstatsächliche Bestandsaufnahme bei *Bayer/Hoffmann* AG 2019, R148.

Möglichkeit eingeräumt wird, die Erfüllung der Publizitätspflichten **auf ein Registergericht zu konzentrieren.** Eine solche Konzentration hat nicht nur den Vorteil, dass die Registrierung vereinfacht wird, sondern sie dient auch der Kontroll- und Publizitätsfunktion des Handelsregisters (§ 8 Rn 1 ff), weil damit Fehlerquellen vermieden werden, die sich bei einer doppelten Dokumentation zwischen den einzelnen Registern ergeben könnten.[2]

Für die **Errichtung** einer inländischen Zweigniederlassung durch einen Einzelkaufmann, 2
eine juristische Person oder eine Handelsgesellschaft mit Hauptniederlassung oder Sitz im Inland wird in § 13 Abs. 1 S. 1 zunächst eine generelle **Anmeldepflicht** statuiert, die in § 13 Abs. 1 S. 2 auch auf **spätere Änderungen** der einzutragenden Tatsachen ausgedehnt wird. § 13 Abs. 2 präzisiert die aus der Anmeldung resultierende grundsätzliche **Eintragungspflicht des Gerichts**, durch die es nur dann nicht gebunden ist, wenn die Zweigniederlassung offensichtlich nicht errichtet ist. § 13 Abs. 3 schließlich ordnet die entsprechende Geltung der Vorschrift für die **Aufhebung** der Zweigniederlassung an.

Die Regelung gilt über § 5 Abs. 2 PartGG auch für die **Partnerschaftsgesellschaft** entspre- 3
chend, die aufgrund ihrer fehlenden Gewerbeeigenschaft nicht in den unmittelbaren Anwendungsbereich des HGB fällt. Die rechtliche Behandlung von Zweigniederlassungen weicht trotz dieses Verweises vereinzelt von den zu § 13 entwickelten Grundsätzen ab, da z.T. berufsrechtliche Sondervorschriften zu beachten sind.[3] Für die **Genossenschaft** enthält § 14 GenG eine eigenständige Regelung, deren Struktur der des § 13 angeglichen ist. § 707b Nr. 3 BGB i.d.F. des MoPeG,[4] der nach Art. 137 MoPeG am 1.1.2024 in Kraft tritt, schreibt für **Gesellschaften bürgerlichen Rechts** vor, dass auf die registerrechtliche Behandlung der Zweigniederlassung einer Gesellschaft die §§ 13 und 13d entsprechend anzuwenden sind, wobei eine Verpflichtung zur Anmeldung der Zweigniederlassung nicht besteht.[5] **Vereine** können keine Zweigniederlassung i.S.d. § 13 gründen.[6]

II. Abgrenzung zu §§ 13d ff

Da eine Verweisung auf ein anderes Register nur dann den Anforderungen des nationalen Regis- 4
terrechts genügen kann, wenn die Hauptniederlassung in einem **deutschen Handelsregister** eingetragen ist, unterscheidet das Gesetz zwischen solchen Unternehmen, die inländischen Registrierungspflichten unterworfen sind, und solchen, bei denen dies nicht der Fall ist. Diese Unterscheidung kommt zwar nicht im Wortlaut der Vorschrift, wohl aber in der (hier amtlichen[7]) Überschrift sowie in der systematischen Gegenüberstellung zu §§ 13d ff zum Ausdruck. Die **Abgrenzung** hat danach zu erfolgen, ob die Unternehmen ihren Sitz oder ihre Hauptniederlassung im Inland oder im Ausland haben. Nur für die erste Gruppe ordnet § 13 an, dass die registergerichtlichen Pflichten beim Gericht der Hauptniederlassung bzw. des Gesellschaftssitzes konzentriert werden. Für die Unternehmen mit Sitz oder Hauptniederlassung im Ausland war hingegen eine ausführlichere Regelung erforderlich, die in den §§ 13d ff enthalten ist. Die auf den ersten Blick scheinbar trennscharfe Abgrenzung zwischen in- und ausländischen Unternehmen erweist

2 Vgl. RegE EHUG, BT-Drucks. 16/960, S. 46; Ebenroth/Boujong/Joost/Strohn/*Pentz* Rn 4.

3 Vgl. dazu MünchKommBGB/*C. Schäfer* § 5 PartGG Rn 14.

4 Gesetz zur Modernisierung des Personengesellschaftsrechts (Personengesellschaftsrechtsmodernisierungsgesetz – MoPeG) v. 10.8.2021, BGBl. I, S. 3436.

5 Vgl. dazu RegE MoPeG, BT-Drucks. 19/27635, S. 136.

6 Ebenroth/Boujong/Joost/Strohn/*Pentz* Rn 21.

7 Die Überschriften der §§ 13–13g sind amtliche Überschriften, wohingegen im HGB ansonsten überwiegend nichtamtliche Überschriften verwendet werden; vgl. Hopt/*Merkt* Rn 2; Röhricht/v. Westphalen/Haas/*Ries* vor § 13 Rn 2.

sich tatsächlich als ausgesprochen anspruchsvolle Aufgabe, da der **Anknüpfungspunkt** für diese Beurteilung je nach der Unternehmensform und der Herkunft des Unternehmens unterschiedlich zu bestimmen ist (s. noch Rn 14 ff, Rn 32 ff).

III. Rechtsentwicklung und Reform

1. Ursprung einer erleichterten Registerführung im AktG 1937

5 Nach Art. 21, 86 ADHGB 1869 und den daran anknüpfenden §§ 13, 201 HGB 1897 wurde eine Zweigniederlassung registerrechtlich grundsätzlich ebenso behandelt wie die Hauptniederlassung.[8] Erst im Jahr 1937 wurde die Anmeldung von Zweigniederlassungen einer **Aktiengesellschaft** in der Weise erleichtert, dass nur noch am Ort der Hauptniederlassung eine Anmeldung gefordert wurde, die sodann an das Registergericht der Zweigniederlassung weitergeleitet wurde (§§ 35–37 AktG 1937). Diese Änderung wurde noch im gleichen Jahr auf die GmbH (§ 12 GmbHG a.F.) und die Genossenschaft (§§ 14 f GenG a.F.) übertragen und überdies in den §§ 13a–c HGB a.F. auf **sämtliche Kaufleute** ausgedehnt.[9]

2. Neuordnung aufgrund der Zweigniederlassungsrichtlinie

6 Die nächste grundlegende Neuordnung wurde durch die sog. **Zweigniederlassungsrichtlinie**[10] der EG angestoßen, deren Vorgaben inzwischen in Art. 29 der Gesellschaftsrechtsrichtlinie[11] zu finden sind. Um die Ausübung der Niederlassungsfreiheit durch Gesellschaften zu erleichtern, statuierte die Richtlinie für inländische Zweigniederlassungen ausländischer Kapitalgesellschaften bestimmte Offenlegungspflichten. Diese Vorgaben setzte der deutsche Gesetzgeber mit dem Gesetz zur Durchführung der Elften gesellschaftsrechtlichen EG-Richtlinie vom 22.7.1993[12] um und fasste bei dieser Gelegenheit das bisher auf mehrere Gesetze verstreute und deshalb als unübersichtlich empfundene Registerrecht der Zweigniederlassung **einheitlich im HGB**, und zwar dort in den §§ 13–13h a.F., zusammen.[13] Nach dieser bis zum Jahr 2006 geltenden Grundkonzeption sollte die Anmeldung zwar auf das Registergericht der Hauptniederlassung konzentriert werden; zwischen dem Gericht der Hauptniederlassung und dem der Zweigniederlassung sollte sodann jedoch eine **Abstimmung** in der Weise erfolgen, dass die registerrechtlich relevanten Vorgänge der Zweigniederlassung in den Registern beider Gerichte übereinstimmend dokumentiert wurden.

---

8 Zu den Einzelheiten vgl. *Makower* HGB, 12. Aufl., 1898, § 13 sowie die Denkschrift zum HGB – *Hahn/Mugdan* S. 209 f.

9 Gesetz über die Eintragung von Handelsniederlassungen und das Verfahren in Handelsregistersachen v. 10.8.1937, RGBl. I, S. 897 – Begründung abgedruckt in DJ 1937, 1302; vgl. dazu *Groschuff* JW 1937, 2425 ff; *Lenz* DJ 1937, 1305 ff; *dens.* JW 1937, 2632 ff.

10 Elfte Richtlinie des Rates der Europäischen Gemeinschaften auf dem Gebiet des Gesellschaftsrechts v. 21.12.1989 über die Offenlegung von Zweigniederlassungen, die in einem Mitgliedstaat von Gesellschaften bestimmter Rechtsformen errichtet wurden, die dem Recht eines anderen Staats unterliegen (89/666/EWG), ABl. EG Nr. L 395/36 v. 30.12.1989.

11 Richtlinie (EU) 2017/1132 des Europäischen Parlaments und des Rates v. 14.6.2017 über bestimmte Aspekte des Gesellschaftsrechts, ABl. EU Nr. L 169, S. 46 v. 30.6.2017.

12 BGBl. I, S. 1282.

13 Vgl. *Hahnefeld* DStR 1993, 1596 ff; *Kindler* NJW 1993, 3301 ff; *Plesse* DStR 1993, 133 ff; *Seibert* GmbHR 1992, 738 ff; *dens.* DB 1993, 1705 ff.

3. Neuordnung durch das EHUG

Nach kleineren Änderungen durch das NaStraG vom 18.1.2001[14] wurden die §§ 13 ff durch das EHUG vom 10.11.2006[15] vollständig neu gefasst.[16] Auslöser der Reform war die Überlegung, dass es angesichts der ebenfalls neu eingeführten Möglichkeit eines **distanzüberschreitenden Online-Abrufs** des Handelsregisters nicht mehr erforderlich sei, weiterhin eine doppelte registerrechtliche Dokumentation sowohl beim Gericht der Hauptniederlassung als auch beim Gericht der Zweigniederlassung fortzuführen.[17] Daher wurde das Recht der Zweigniederlassung in der Weise vereinfacht, dass die Registerführung für Haupt- und Zweigniederlassung künftig gleichermaßen beim Gericht der Hauptniederlassung bzw. des Sitzes **konzentriert** werden soll (§ 13 n.F.). Ein Gericht der Zweigniederlassung gibt es für inländische Zweiggesellschaften deutscher Unternehmen nicht mehr.[18] Auf diese Weise sollen doppelte Eintragungen und Abstimmungsschwierigkeiten zwischen den verschiedenen Registergerichten vermieden werden. Allerdings musste der Gesetzgeber dafür in Kauf nehmen, dass eine registergerichtliche Prüfung des Errichtungsaktes aufgrund der geographischen Entfernung nur noch in sehr abgeschwächter Form möglich sein wird (s. noch Rn 72 ff). Die für die Aktiengesellschaft und die GmbH geltenden Sondervorschriften in §§ 13a und 13b HGB a.F., die namentlich sicherstellen sollten, dass auch beim Registergericht der Zweigniederlassung die wesentlichen Informationen über die Hauptniederlassung verfügbar waren, sind folgerichtig aufgehoben worden. § 13c a.F., der die sog. laufenden Anmeldungen bei späteren Änderungen regelte, ist in verschlankter Form in § 13 Abs. 1 S. 2 aufgegangen (s. noch Rn 67). Im Schrifttum ist diese Neuerung auf berechtigte Zustimmung gestoßen.[19] 7

4. Reform im Zuge des MoMiG

Eine neuerliche Änderung hat das Recht der Zweigniederlassungen durch das **MoMiG** vom 23.10.2008[20] erfahren. In den Gesetzestext des § 13 wurde zwar nur in einem eher geringfügigen Maß eingegriffen (Erfordernis einer inländischen Geschäftsanschrift – s. dazu noch Rn 62 ff), doch ergibt sich eine weiterreichende mittelbare Änderung aus der Neufassung der §§ 5 AktG, 4a GmbHG. Damit wird die für Aktiengesellschaften und Gesellschaften mbH bislang geltende Regelung aufgegeben, wonach die Satzung i.d.R. den Ort als Sitz zu bestimmen hat, wo sich die Geschäftsführung befindet oder die Verwaltung geführt wird. Diese Einschränkung wurde namentlich im **grenzüberschreitenden Verkehr** als hinderlich empfunden. So war es etwa einem ausländischen Unternehmen nicht möglich, sich bei der Gründung einer Tochtergesellschaft für die Rechtsform einer deutschen Kapitalgesellschaft zu entscheiden, wenn die Geschäftstätigkeit ganz oder überwiegend aus dem Ausland geführt werden sollte. Ebenso war es einer deutschen Konzernmutter verwehrt, ihre ausländischen Tochtergesellschaften in einer deutschen Rechtsform (etwa der einer GmbH) zu organisieren.[21] Da umgekehrt ausländischen Gesellschaften durch die 8

14 Gesetz zur Namensaktie und zur Erleichterung der Stimmrechtsausübung (NaStraG) v. 18.1.2001, BGBl. I, S. 123.

15 Gesetz über elektronische Handelsregister und Genossenschaftsregister sowie das Unternehmensregister (EHUG) v. 10.11.2006, BGBl. I, S. 2553.

16 Zur Behandlung von Altfällen gem. Art. 61 Abs. 6 EGHGB a.F. s. Voraufl. Rn 90 (*Koch*).

17 Vgl. zum Folgenden Beschlussempfehlung Rechtsausschuss, BT-Drucks. 16/2781, S. 152, auf die §§ 13 ff in ihrer heutigen Fassung zurückgehen. Zu den noch deutlich höheren Anforderungen des Regierungsentwurfs (BT-Drucks. 16/960, S. 7 mit Begründung auf S. 46) vgl. die Kritik des Bundesrates, BT-Drucks. 16/960, S. 77; *Krafka* MittBayNot 2005, 290 (292).

18 Ebenroth/Boujong/Joost/Strohn/*Pentz* Rn 10.

19 Vgl. etwa *Koch* Anh. zu § 45 AktG § 13 HGB Rn 3; *Apfelbaum* DNotZ 2007, 166 (168); *Nedden-Boeger* FGPrax 2007, 1 (3 f); *Noack* NZG 2006, 801 (804).

20 Gesetz zur Modernisierung des GmbH-Rechts und zur Bekämpfung von Missbräuchen (MoMiG) v. 23.10.2008, BGBl. I, S. 2026.

21 Vgl. zu diesen Beispielen RegE MoMiG, BT-Drucks. 16/6140, S. 29; ferner *Peters* GmbHR 2008, 245 (248).

neuere Rechtsprechung des EuGH zur Niederlassungsfreiheit diese Freiheit eröffnet war (Centros, Überseering, Inspire Art),[22] sah der Gesetzgeber hier einen Wettbewerbsnachteil für deutsche Gesellschaften und das deutsche Gesellschaftsrecht.[23] Durch die Neuregelung wollte der Gesetzgeber die **Waffengleichheit** gegenüber funktional vergleichbaren Auslandsgesellschaften wieder herstellen und die GmbH exportfähig machen.[24] Es steht auch deutschen Gesellschaften offen, einen Verwaltungssitz zu wählen, der nicht notwendig mit dem Satzungssitz übereinstimmt. Diese Freiheit sollen deutsche Kapitalgesellschaften namentlich dafür nutzen können, um ihre Geschäftstätigkeit ausschließlich im Rahmen einer (Zweig-)Niederlassung, die alle Geschäftsaktivitäten erfasst, **außerhalb des deutschen Hoheitsgebiets** zu entfalten.[25] Im Lichte dieser Änderung müssen die in der Vergangenheit zur Abgrenzung von Sitz und Zweigniederlassung entwickelten Grundsätze neu überdacht werden. Zu den Einzelheiten s. noch Rn 32 ff, 38 ff; speziell zur internationalen Sitzverlegung vgl. auch die Ausführungen in § 13h Rn 25 ff.

5. Weitere Änderungen, insbesondere durch DiRUG

9 Nach dem MoMiG (Rn 8) wurden die §§ 13 ff nur punktuell geändert. Im Zuge der Umsetzung der Verknüpfungsrichtlinie,[26] deren Vorgaben mittlerweile in Art. 18 ff der Gesellschaftsrechtsrichtlinie (Rn 6) eingegangen sind, wurde § 13e um einen neuen Abs. 6 ergänzt, der die Kommunikation im Rahmen des **Europäischen Systems der Registervernetzung** (s. dazu § 9b Rn 2) sicherstellen soll (näher § 13e Rn 47). Im Zuge der Aktienrechtsnovelle 2016[27] wurde § 13f Abs. 2 S. 3 an die Änderungen der §§ 24, 25 AktG angepasst (s. § 13f Rn 3). Weitere Änderungen der §§ 13 ff brachte das DiRUG[28] mit sich. Zwar ist § 13 selbst unangetastet geblieben, doch hat der Gesetzgeber die folgenden Vorschriften an die Vorgaben der **Digitalisierungsrichtlinie**[29] angepasst, die ihrerseits die Gesellschaftsrechtsrichtlinie (Rn 6) geändert hat. So hat er mit § 13a die Möglichkeit geschaffen, europäische Zweigniederlassungen inländischer Kapitalgesellschaften in das Handelsregister einzutragen (s. § 13a Rn 1 ff). Der neue Abs. 7 in § 13e ergänzt das Europäische System der Registervernetzung (s. § 13e Rn 48 ff). Die Änderungen der §§ 13e Abs. 3 S. 2, 13f Abs. 2 und 5, 13g Abs. 2 und 5 betreffen die Bestellhindernisse (s. § 13e Rn 38 ff, § 13f Rn 6 f, 23 und § 13g Rn 4, 12).

IV. Europäische Vorgaben

10 Das deutsche Recht der Zweigniederlassung muss den europäischen Vorgaben der Gesellschaftsrechtsrichtlinie (s. Rn 6) genügen. Soweit den §§ 13–13h unmittelbare Richtlinienvorgaben zugrunde liegen, ist demnach das **Gebot der richtlinienkonformen Auslegung** zu beachten.[30] Dabei ist allerdings zu berücksichtigen, dass die Richtlinie ausschließlich Bestimmungen über die register-

---

22 EuGH v. 9.3.1999, Rs. C-212/97, Slg. 1999, I-1459, 1484 (Centros); EuGH v. 5.11.2002, Rs. C-208/00, Slg. 2002, 9919, 9943 (Überseering); EuGH v. 30.9.2003, Rs. C-167/01, Slg. 2003, I-10155, 10195 (Inspire Art).
23 RegE MoMiG, BT-Drucks. 16/6140, S. 29.
24 *Triebel/Otte* ZIP 2006, 1321 (1326); zweifelnd *Peters* GmbHR 2008, 245 (248).
25 RegE MoMiG, BT-Drucks. 16/6140, S. 29.
26 Richtlinie 2012/17/EU des Europäischen Parlaments und des Rates vom 13.6.2012 zur Änderung der Richtlinie 89/666/EWG des Rates sowie der Richtlinien 2005/56/EG und 2009/101/EG des Europäischen Parlaments und des Rates in Bezug auf die Verknüpfung von Zentral-, Handels- und Gesellschaftsregistern, ABl. EU Nr. L 156, S. 1.
27 Gesetz zur Änderung des Aktiengesetzes (Aktienrechtsnovelle 2016) v. 22.12.2015, BGBl. I, S. 2565.
28 Gesetz zur Umsetzung der Digitalisierungsrichtlinie (DiRUG) v. 5.7.2021, BGBl. I, S. 3338.
29 Richtlinie (EU) 2019/1151 des Europäischen Parlaments und des Rates vom 20.6.2019 zur Änderung der Richtlinie (EU) 2017/1132 im Hinblick auf den Einsatz digitaler Werkzeuge und Verfahren im Gesellschaftsrecht, ABl. EU Nr. L 186, S. 80.
30 Vgl. dazu statt vieler *Roth/Jopen* in: Riesenhuber, Europäische Methodenlehre, 4. Aufl. 2021, § 13; *Canaris* FS Bydlinski, 2002, S. 47 ff.

rechtliche Offenlegung von inländischen Zweigniederlassungen ausländischer Kapitalgesellschaften trifft, die nicht in § 13, sondern erst in §§ 13d ff geregelt sind. Daraus darf aber nicht zwangsläufig der Schluss gezogen werden, dass die Auslegung des § 13 von der Richtlinie unberührt bleibt.[31] Da der deutsche Gesetzgeber sich dazu entschlossen hat, die Vorgaben der Richtlinie einer **einheitlichen Regelung in §§ 13 ff** zuzuführen, kann sich daraus im Einzelfall die Folge ergeben, dass das europarechtlich geprägte Verständnis der §§ 13d ff auch auf die Auslegung des § 13 ausstrahlt.[32] Das zeigt sich etwa darin, dass für die Entscheidung, ob eine Zweigniederlassung unter § 13 oder unter § 13d fällt, eine trennscharfe Abgrenzung zwischen Unternehmen mit Sitz im Inland und solchen mit Sitz im Ausland durchgeführt werden muss. Hier müssen sich europäische Vorgaben zur Einordnung als Haupt- oder Zweigniederlassung in § 13d spiegelbildlich auch auf das Verständnis des § 13 auswirken (s. Rn 32 ff). Soweit es allerdings um grundlegende Strukturen des historisch gewachsenen deutschen Zweigniederlassungsrechts geht, ist diese – in erster Linie auf systematischen Praktikabilitätserwägungen beruhende – Entscheidung zugunsten einer einheitlichen Regelung nicht hinreichend aussagekräftig, um auch insofern die nationalen Grundsätze durch europäische Wertungen zu verdrängen (s. dazu noch Rn 21 f).

V. Begrifflichkeit

Regelungsgegenstand des § 13 ist nach der amtlichen Überschrift (s. Fn 4) die Zweigniederlassung von Unternehmen, wobei sich aus dem Norminhalt erschließt, dass der **Unternehmensbegriff** in dieser Vorschrift rechtsformneutral verwandt wird und sowohl den Einzelkaufmann als auch juristische Personen und Handelsgesellschaften umfasst.[33] Der Begriff der Zweigniederlassung wird in § 13 Abs. 1 nicht gesetzlich definiert (zu Ansätzen einer europäischen Begriffsbestimmung s. noch Rn 21 f),[34] sondern ihm wird lediglich ein **terminologisches Gegenstück** gegenübergestellt, nämlich bei Einzelkaufleuten und juristischen Personen die sog. Hauptniederlassung, bei Handelsgesellschaften der Gesellschaftssitz. 11

Diese **Unterscheidung ist nicht eindeutig**, da sich die Begriffe der Handelsgesellschaften und der juristischen Person überschneiden, namentlich bei der AG, der KGaA, der GmbH und beim VVaG.[35] Da aber auch diese Gesellschaften ebenso wie die Personenhandelsgesellschaften einen satzungsmäßig festgelegten Sitz haben, der nach den einschlägigen gesellschaftsrechtlichen Regelungen für die verfahrensrechtliche Behandlung der Gesellschaft, und zwar namentlich auch für die Zuständigkeit des Registergerichts, maßgebend ist (vgl. etwa § 14 AktG, § 7 GmbHG), muss auch hier auf den **Satzungssitz** abgestellt werden.[36] Als juristische Personen sind im Kontext des § 13 Abs. 1 nur solche i.S.d. § 33 aufzufassen, die ein Handelsgewerbe betreiben und deren Eintragung nicht bereits durch andere Vorschriften gesichert ist (s. dazu noch – *Joost* § 33 Rn 4 – *Burgard*).[37] Die Entscheidung, ob für die Gesellschaft der Sitz oder die Hauptniederlassung maßgeblich ist, hat auch für die spiegelbildliche Festlegung der Zweigniederlassung zentrale Bedeutung (s. noch Rn 19 ff, 32 ff). 12

---

31 So aber HK-HGB/*Ruß* Rn 1; ähnlich MünchKommHGB/*Krafka* Rn 2, § 13d Rn 3; *Kindler* NJW 1993, 3301 (3302); *Seibert* DB 1993, 1705.

32 Dem folgend Heymann/*Förster* HGB Rn 11. Vgl. allgemein zur Auslegung bei überschießender Richtlinienumsetzung *Mayer/Schürnbrand* JZ 2004, 545 ff. Zur Möglichkeit der gespaltenen Auslegung des Zweigniederlassungsrechts BGH NZG 2019, 775 Rn 23 ff.

33 Röhricht/v. Westphalen/Haas/*Ries* vor § 13 Rn 2; zum rechtsformneutralen Verständnis des Unternehmensbegriffs vgl. auch Hopt/*Merkt* Einl. v. § 1 Rn 48 ff; *K. Schmidt* UnternehmensR I § 3.

34 Zur Begründung vgl. die Denkschrift zum HGB – *Hahn/Mugdan* S. 209: „Zweifel, die sich unter Umständen erheben können, liegen mehr auf thatsächlichem Gebiete".

35 Vgl. dazu Hopt/*Merkt* § 6 Rn 1 und 3.

36 So auch *Koch* Anh. zu § 45 AktG § 13 HGB Rn 4; zur abweichenden Zuständigkeit bei juristischen Personen i.S.d. § 33 vgl. noch Rn 15.

37 Vgl. dazu etwa Ebenroth/Boujong/Joost/Strohn/*Reuschle* § 33 Rn 1; MünchKommHGB/*Krafka* § 33 Rn 2 f.

13 Daneben begegnet in anderen Vorschriften des HGB auch noch der allgemeinere Begriff der **(Handels-)Niederlassung** (z.B. §§ 29, 31 Abs. 1, 37a Abs. 1, 50 Abs. 3, 126 Abs. 3, 341 Abs. 2 und 3, 371 Abs. 4, 394 Abs. 1, 738 Abs. 1 Nr. 1), der überdies auch außerhalb des Handelsrechts verwendet wird, und zwar namentlich als verfahrensrechtlicher Anknüpfungspunkt einzelner Zuständigkeitsvorschriften (z.B. § 21 ZPO). Ein einheitlicher Bedeutungsgehalt lässt sich insofern allerdings nicht erkennen, sondern es werden damit teils die Hauptniederlassung, teils die Zweigniederlassung, teils beides umschrieben. Der **konkrete Bezugspunkt** ist durch Auslegung im Lichte des jeweiligen Normzwecks zu bestimmen.[38] Ansätze, aus einem übergeordneten Oberbegriff der Niederlassung inhaltliche Rückschlüsse auf den Bedeutungsgehalt von Haupt- und Zweigniederlassung zu ziehen, vermögen aufgrund der Konturlosigkeit dieses Begriffs nicht zu überzeugen.[39]

VI. Hauptniederlassung des Kaufmanns oder der juristischen Person im Inland

1. Bestimmung der Hauptniederlassung

14 In Ermangelung einer gesetzlichen Definition sind die Begriffe der Haupt- und Zweigniederlassung in Rechtsprechung und Literatur vornehmlich im Lichte ihrer rechtlichen Funktion sowie ihres terminologischen Eigengehalts mit Inhalt gefüllt worden. Beim **Einzelkaufmann** wird danach als Hauptniederlassung der **räumliche Mittelpunkt** des Unternehmens angesehen, der durch den auf Dauer angelegten Ort der Geschäftsleitung bestimmt wird (zur abweichenden Begriffsbestimmung bei Handelsgesellschaften vgl. noch Rn 32 ff).[40] Demnach befindet sich die Niederlassung im Sinne des Registerrechts an dem Ort, von dem aus die Geschäfte dauerhaft geleitet werden. Weil dieser Ort **frei bestimmbar** ist, entscheidet letztlich der Kaufmann selbst über den Ort der Niederlassung, nicht objektive Daten wie beispielsweise die Umsatzhöhe, die Beschäftigtenzahl oder der Wert des Betriebsvermögens.

15 Für die **juristische Person i.S.d. § 33** (Rn 12) wäre es grundsätzlich auch möglich gewesen – ebenso wie für die Kapitalgesellschaften (s. Rn 32) – als Anknüpfungspunkt den Satzungssitz der Gesellschaft zu wählen. Aus der klaren Gegenüberstellung des § 13 Abs. 1 von Einzelkaufleuten und juristischen Personen einerseits und Handelsgesellschaften andererseits ergibt sich aber, dass die juristische Person **dem Einzelkaufmann gleichgestellt** wird, so dass es auch hier auf den tatsächlichen Ort der Geschäftsleitung ankommt. Dieser Ort ist anerkanntermaßen auch für die Wahl des Registergerichts bei der originären Anmeldung der juristischen Person maßgeblich (s. § 33 Rn 28),[41] so dass für die Festlegung der Hauptniederlassung, bei der die Registerführung konzentriert werden soll, nichts anderes gelten kann.

2. Hauptniederlassung im Inland

16 Auch für die zur Abgrenzung von § 13d erforderliche Bestimmung, ob die Hauptniederlassung im In- oder Ausland angesiedelt ist (s. Rn 4), muss dementsprechend auf den räumlichen Mittelpunkt der Geschäftsleitung abgestellt werden. § 13 ist nur anwendbar, wenn dieser Ort im Inland liegt. Auf die Staatsangehörigkeit des Kaufmanns selbst kommt es nicht an. Daher fällt etwa ein

---

38 Ebenroth/Boujong/Joost/Strohn/*Pentz* Rn 20; MünchKommHGB/*Krafka* Rn 6; Röhricht/v. Westphalen/Haas/*Ries* Rn 1.

39 Ausführlich dazu noch Staub/*Hüffer*[4] vor § 13 Rn 5 f mwN zu entsprechenden früheren Ansätzen.

40 Vgl. zum Folgenden bereits Staub/*Hüffer*[4] vor § 13 Rn 7; ferner Ebenroth/Boujong/Joost/Strohn/*Pentz* Rn 20.

41 OLG Dresden OLGR 27, 304 (306 f); Ebenroth/Boujong/Joost/Strohn/*Reuschle* § 33 Rn 13; MünchKommHGB/*Krafka* § 33 Rn 15 i.V.m. § 29 Rn 13; Staub/*Hüffer*[4] § 33 Rn 8.

deutscher Kaufmann, dessen Unternehmen schwerpunktmäßig im Ausland angesiedelt ist und in Deutschland über eine Zweigniederlassung verfügt, nicht unter § 13, sondern unter § 13d.[42]

3. Mehrere Hauptniederlassungen

a) Bei mehreren Handelsgeschäften. Allgemein anerkannt ist, dass ein Kaufmann mehrere Hauptniederlassungen für verschiedene von ihm geführte Handelsgeschäfte haben kann.[43] Es ist seine Organisationsentscheidung, ob er mehrere Unternehmen unter seiner einheitlichen Leitung zusammenfasst und damit zu unselbständigen Teilen eines Handelsgeschäfts macht oder ob er jedes Unternehmen unabhängig von dem anderen führt, so dass sie nur durch die Person des Rechtsträgers verbunden sind. In diesem Fall kann der Kaufmann daher auch mehrere Hauptniederlassungen haben. Mehrere Handelsgeschäfte liegen allerdings nur dann vor, wenn die Organisationsentscheidung auch durch entsprechende Maßnahmen umgesetzt ist. Jedes Unternehmen muss also eine **in sich geschlossene Geschäftsorganisation** mit den dazugehörigen kaufmännischen und betriebstechnischen Einrichtungen aufweisen, getrennt Bücher führen und bilanzieren.[44] Regelmäßig werden diese Anforderungen sich auch in einer wenigstens teilweisen räumlichen Trennung der Unternehmen niederschlagen. Entscheidend ist nicht das eine oder das andere Merkmal, sondern die Gesamtwürdigung im Einzelfall. 17

b) Bei einem Handelsgeschäft. Umstritten ist hingegen, ob auch für ein einziges Handelsgeschäft eine doppelte Hauptniederlassung zulässig ist.[45] Dieses Problem stellt sich in erster Linie bei Kapitalgesellschaften und ist dort auch intensiv diskutiert worden mit dem Ergebnis, dass nach heute ganz hM ein Doppelsitz zumindest in Ausnahmefällen zulässig sein soll, wenn für seine Einrichtung gewichtige Gründe sprechen (s. dazu noch Rn 50 ff). Bei einem Einzelkaufmann wird sich ein entsprechendes **Bedürfnis nur in seltenen Fällen** darlegen lassen. Da überdies das Gesetz hier auch nicht an den privatautonom festzulegenden „Sitz", sondern an den **„Ort der Handelsniederlassung"** (§ 29) anknüpft,[46] sprechen die besseren Gründe dafür, eine doppelte Hauptniederlassung nicht zuzulassen. 18

VII. Zweigniederlassung des Kaufmanns oder der juristischen Person

1. Begriff und Abgrenzungen

Der Begriff der Zweigniederlassung ist ebenfalls aus den **Funktionen** zu erschließen, die er innerhalb des Gesetzes erfüllen soll (s. dazu Rn 1; zur Beeinflussung durch europäische Vorgaben s. Rn 10). Danach ist eine Zweigniederlassung nur dann anzunehmen, wenn sie in einem solchen Umfang selbständig am Rechtsverkehr teilnimmt, dass es gerechtfertigt ist, sie einer registerrechtlichen Dokumentation zu unterwerfen. Zugleich muss sie aber auch von einer Hauptniederlassung abhängig sein, da es nur in diesem Fall sinnvoll erscheint, die Publizitätspflichten am Ort der Hauptniederlassung zu konzentrieren (s. Rn 1). Im Lichte dieser teleologisch ermittelten Vorgaben muss der Begriff der Zweigniederlassung in zwei entgegengesetzte Richtungen abgegrenzt werden. Durch das Erfordernis einer selbständigen Geschäftstätigkeit wird die Zweigniederlassung 19

42 Ebenroth/Boujong/Joost/Strohn/*Pentz* § 13d Rn 7; Ensthaler/*Achilles*/*Haase* Rn 2.

43 Hopt/*Merkt* Rn 1; Ebenroth/Boujong/Joost/Strohn/*Pentz* Rn 20; MünchKommHGB/*Krafka* Rn 7; Röhricht/v. Westphalen/Haas/*Ries* Rn 2; *Richert* RPfleger 1956, 7 (8).

44 Zu den Voraussetzungen im Einzelnen vgl. *Richert* RPfleger 1956, 7 (8).

45 Dagegen LG Köln NJW 1950, 871 (872); *Richert* RPfleger 1956, 7 (8); dafür Hopt/*Merkt* Rn 1.

46 LG Köln NJW 1950, 871 (872).

von einer bloß räumlich abgetrennten **Betriebsabteilung** unterschieden. Die Zweigniederlassung darf sich nicht nur als untergeordnete und unselbständige Abteilung der Hauptniederlassung darstellen, sondern sie muss über ein solches Maß an wirtschaftlicher (nicht rechtlicher – s. noch Rn 23) Selbständigkeit verfügen, dass sie **einen weiteren Mittelpunkt** des Geschäfts bildet.[47] Durch das Erfordernis der fortbestehenden Abhängigkeit wird sie von einer **eigenständigen Hauptniederlassung** abgegrenzt.[48] Die Zweigniederlassung ist nicht das Zentrum der Geschäftsleitung, sondern diese ist vielmehr am Sitz der Hauptniederlassung angesiedelt, deren Unternehmenszielen die Zweigniederlassung in bestimmtem Maße untergeordnet wird.

20 Aus dieser doppelten Abgrenzung ergibt sich folgende **Definition:** Die Zweigniederlassung des Kaufmanns ist ein räumlich getrennter Teil seines Unternehmens, der unter seiner Leitung dauerhaft selbständig Geschäfte schließt und die dafür erforderliche Organisation in sachlicher und personeller Hinsicht aufweist.[49] Allerdings lassen sich aus dieser Definition **keine eindeutigen begrifflichen Vorgaben** für die Annahme einer Zweigniederlassung herleiten, sondern entscheidend muss letztlich stets die Frage sein, ob eine Behandlung als Zweigniederlassung im Lichte des Gesetzeszwecks als sachlich gerechtfertigt erscheint.[50]

2. Keine Beeinflussung durch europäische Vorgaben

21 Dieser traditionell handelsrechtliche Begriff der Zweigniederlassung bedarf auch **im Lichte der europäischen Gesellschaftsrechtsrichtlinie keiner Korrektur** (allgemein zur Bedeutung der Richtlinie im Anwendungsbereich des § 13 s. Rn 10). Die Richtlinie selbst enthält keine Definition der Zweigniederlassung. Die **Kommission** hat im Zuge der Vorarbeiten zur Zweigniederlassungsrichtlinie a.F. auf ein Urteil des EuGH verwiesen, um den Begriff mit Inhalt zu füllen. Danach ist eine Zweigstelle ein „Mittelpunkt geschäftlicher Tätigkeit, der auf Dauer als Außenstelle eines Stammhauses hervortritt, eine Geschäftsführung hat und sachlich so ausgestattet ist, dass er in der Weise Geschäfte mit Dritten betreiben kann, dass diese, obgleich sie wissen, dass möglicherweise ein Rechtsverhältnis mit dem im Ausland ansässigen Stammhaus begründet wird, sich nicht unmittelbar an dieses zu wenden brauchen, sondern Geschäfte an dem Mittelpunkt geschäftlicher Tätigkeit abschließen können, der dessen Außenstelle ist".[51]

22 Für die **von der Richtlinie allein erfassten Kapitalgesellschaften** (s. Rn 6, 10) ist der EuGH, dem hinsichtlich des europäischen Rechts ein Auslegungsmonopol zukommt (Art. 19 Abs. 1 UAbs. 1 S. 2 EUV), von dieser Definition aber selbst abgerückt. Im Zuge seiner neuen Rechtsprechung zur Niederlassungsfreiheit (s. Rn 8) hat er das Erfordernis einer Anbindung an ein Stammhaus aufgegeben und stattdessen die Zuordnung als Haupt- oder Zweigniederlassung allein am Satzungssitz gemessen (s. Rn 32 ff). Da sich diese Zuordnung auf Einzelkaufleute nicht übertragen lässt, kann ein unter systematischen Gesichtspunkten wünschenswertes einheitliches Verständnis des Zweigniederlassungsbegriffs innerhalb des deutschen Rechts nicht mehr erreicht werden (s. Rn 10). Eine **gespaltene Auslegung** des einheitlichen Begriffs „Zweigniederlassung" ist für die verschiedenen Unternehmensformen, die §§ 13 ff unterfallen, demnach unausweichlich. Aus diesem Grund ist das Verständnis der Kommission für die Auslegung der von

---

47 OLG Neustadt NJW 1962, 1205; Ebenroth/Boujong/Joost/Strohn/*Pentz* Rn 22; MünchKommHGB/*Krafka* Rn 9.

48 Zu dieser „Zwischenstellung" vgl. auch Ebenroth/Boujong/Joost/Strohn/*Pentz* Rn 22; MünchKommHGB/*Krafka* Rn 8 f; *K. Schmidt* UnternehmensR I § 3 III 3a.

49 So auch Ebenroth/Boujong/Joost/Strohn/*Pentz* Rn 22; ähnlich Heymann/*Förster* HGB Rn 18; MünchKommHGB/*Krafka* Rn 10.

50 Ebenroth/Boujong/Joost/Strohn/*Pentz* Rn 23; *K. Schmidt* UnternehmensR I § 3 III 3a.

51 EuGH v. 22.11.1978, C-33/78, Slg. 1978, 2183, 2193 Rn 12 (Somafer S.A.).

der Gesellschaftsrechtsrichtlinie nicht erfassten Unternehmensformen nicht verbindlich. Maßgeblich ist allein die traditionelle Definition des deutschen Handelsrechts.[52]

3. Die Voraussetzungen im Einzelnen

a) Abhängigkeit von der Hauptniederlassung. Um die Zweigniederlassung von einer weiteren Hauptniederlassung desselben Kaufmanns abzugrenzen, ist es zunächst erforderlich, dass die Zweigniederlassung ungeachtet eines gewissen Grades an tatsächlicher Selbständigkeit (s. dazu noch Rn 25) **in das Gesamtunternehmen eingebunden** ist und nicht unabhängig neben der Hauptniederlassung steht.[53] Daraus folgt zunächst, dass eine Einordnung als Zweigniederlassung ausscheidet, wenn sie von einem eigenständigen Rechtsträger (z.B. einer AG, GmbH, OHG oder KG) getragen wird, da die eigene Rechtspersönlichkeit dieser Gesellschaftsformen die **Identität des Unternehmens** aufhebt (zur fehlenden Rechtsträgerschaft der Zweigniederlassung s. noch Rn 79).[54] Etwas anderes ergibt sich auch dann nicht, wenn der Unternehmer an diesen Gesellschaften ganz oder doch zumindest maßgeblich beteiligt ist, da eine rein wirtschaftliche Abhängigkeit nicht genügt, um die Eigenschaft als Zweigniederlassung zu begründen.[55] Es bedarf vielmehr eines einheitlichen Gesamtunternehmens, dessen Träger durch sämtliche in der Haupt- oder Zweigniederlassung getätigten Geschäfte berechtigt und verpflichtet wird und dementsprechend auch im Prozess die Parteistellung einnimmt (s. noch Rn 80).[56] Aufgrund dieses Identitätserfordernisses kann auch die Niederlassung eines Handelsvertreters (§ 84) oder eines Kommissionärs (§ 383) nicht Zweigniederlassung des Unternehmens sein.[57] 23

Innerhalb des einheitlichen Gesamtunternehmens ist weiterhin zu fordern, dass die Zweigniederlassung der Hauptniederlassung nicht gleich-, sondern **nachgeordnet** ist.[58] Entscheidend ist dabei nicht das Geschäftsvolumen, sondern das Bestehen einer Unternehmensorganisation, bei der die Zweigniederlassung in den Dienst der von dem Kaufmann formulierten und verfolgten Unternehmensziele gestellt wird.[59] Die Oberleitung muss intern bei der Hauptniederlassung liegen.[60] Grundsätzlich zulässig ist auch ein gestuftes Abhängigkeitsverhältnis in dem Sinne, dass die Zweigniederlassung eine eigene Zweigniederlassung gründet. Registerrechtlich wird eine solche **Zweigniederlassung der Zweigniederlassung** jedoch wie eine gewöhnliche Zweigniederlassung behandelt.[61] 24

52 Im Übrigen geht die hM ohnehin davon aus, dass die europäische Definition mit der traditionell deutschen Begrifflichkeit weitgehend übereinstimmt; vgl. etwa Ebenroth/Boujong/Joost/Strohn/*Pentz* § 13d Rn 8; *Kindler* NJW 1993, 3301 (3302 f); *Rehberg* in Eidenmüller § 5 Rn 21; *Seibert* GmbHR 1992, 738 mit Fn 5.

53 Ebenroth/Boujong/Joost/Strohn/*Pentz* Rn 22.

54 BGHZ 4, 62 (65) = NJW 1952, 182; OLG Hamm RPfleger 2001, 190; OLG München NZG 2006, 513 (515); Ebenroth/Boujong/Joost/Strohn/*Pentz* Rn 22; Ensthaler/*Achilles*/*Haase* Rn 12; *K. Schmidt* UnternehmensR I § 3 III 3b; missverständlich BGH NJW 1998, 1322.

55 Ebenroth/Boujong/Joost/Strohn/*Pentz* Rn 22.

56 RGZ 96, 161 (163); RGZ 108, 265 (267); OLG Hamm RPfleger 2001, 190; Ensthaler/*Achilles*/*Haase* Rn 12; MünchKommHGB/*Krafka* Rn 16.

57 Vgl. auch Ensthaler/*Achilles*/*Haase* Rn 12.

58 MünchKommHGB/*Krafka* Rn 16.

59 Staub/*Hüffer*[4] vor § 13 Rn 12: „Leitungsabhängigkeit"; von anderen Autoren wird diese Voraussetzung ähnlich, aber doch nicht identisch gefasst; vgl. etwa Ensthaler/*Achilles*/*Haase* Rn 8: vom Gegenstand des Handelsgewerbes sachlich noch gedeckt; Hopt/*Merkt* Rn 3: Zweigniederlassung muss zumindest teilweise die gleichen Geschäfte erledigen; MünchKommHGB/*Krafka* Rn 9: es müssen für das Unternehmen wesentliche Geschäfte selbständig erledigt werden.

60 MünchKommHGB/*Krafka* Rn 16; *Köbler* BB 1969, 845.

61 Ausführlich dazu *Köbler* BB 1969, 845 ff; vgl. auch Ebenroth/Boujong/Joost/Strohn/*Pentz* Rn 37.

b) Personelle und organisatorische Selbständigkeit

25 **aa) Allgemeines.** In Abgrenzung von einer bloßen Betriebsabteilung muss eine Zweigniederlassung trotz ihrer rechtlichen Einbindung in das Gesamtunternehmen (Rn 23 f) aber auch eine gewisse Selbständigkeit aufweisen, die eine eigenständige registergerichtliche Dokumentation ihrer unternehmerischen Tätigkeit rechtfertigt (vgl. Rn 19).[62] Entscheidend ist dabei, ob die Zweigniederlassung trotz ihrer grundsätzlichen Abhängigkeit von der Hauptniederlassung **selbständig am Geschäftsverkehr teilnimmt.**[63] Während es sich bei der Abhängigkeit der Zweigniederlassung um ein reines Internum der Gesellschaft handeln kann (s. Rn 24), muss die Selbständigkeit der Gesellschaft **nach außen** hin zum Ausdruck kommen.[64] Dabei wird herkömmlich zwischen den personellen und den organisatorischen Voraussetzungen der Selbständigkeit unterschieden.

26 **bb) Personelle Selbständigkeit.** Die personelle Selbständigkeit der Zweigniederlassung findet zunächst darin ihren Ausdruck, dass sie über einen eigenen Leiter verfügt, der sie **nach außen hin selbständig vertritt.**[65] Dass er dabei im Innenverhältnis Weisungen der Hauptniederlassung zu befolgen hat, steht der Feststellung der Selbständigkeit nicht im Wege, sondern ist vielmehr charakteristisch für die innere Abhängigkeit der Zweigniederlassung von der Hauptniederlassung (s. Rn 24).[66] Die Selbständigkeit nach außen setzt voraus, dass der Leiter Zuständigkeiten innehat, die über bloße Hilfs- und Ausführungsgeschäfte hinausgehen.[67] Im Regelfall wird zu fordern sein, dass er zumindest über **Handlungsvollmacht** i.S.d. § 54 verfügt;[68] häufig wird aber auch eine auf die Zweigniederlassung beschränkte Filialprokura i.S.d. § 50 Abs. 3 erteilt (s. Voraufl. § 50 Rn 14 ff – *Joost*). Dagegen ist es nicht möglich, dem Leiter der Zweigniederlassung noch weitergehend die Stellung eines eigenständigen Geschäftsführers (GmbH) oder Vorstandsmitglieds (AG) zuzuweisen, da die Einrichtung eines solchen Organs die eigene Rechtsträgerschaft der Zweigniederlassung voraussetzen würde, die ihr begriffsnotwendig fehlt (s. Rn 23).[69] Zulässig ist es allenfalls, ein Geschäftsleitungsmitglied der Gesellschaft zugleich zum Leiter der Hauptniederlassung zu bestimmen.

27 **cc) Organisatorische Selbständigkeit.** Die organisatorische Selbständigkeit setzt zunächst eine **räumliche Trennung** voraus. Haupt- und Zweigniederlassung können nicht in demselben Gebäude angesiedelt sein.[70] Unbedenklich ist es dagegen, wenn sie an verschiedenen Orten innerhalb desselben Registerbezirks oder derselben Gemeinde residieren.[71] Das ergab sich vor dem EHUG aus § 13 Abs. 4 HRV a.F., der für diesen Fall ausdrücklich vorsah, dass ein besonderes Registerblatt zu verwenden sei. Durch die Neufassung des § 13 HRV im Zuge des EHUG (Rn 7) ist diese Regelung entfallen, ohne dass damit das Recht der Zweigniederlassung inhaltlich geändert werden sollte.

28 Überdies muss die Zweigniederlassung auch auf eine gewisse **Dauer** angelegt sein, so dass beispielsweise eine Projektgruppe, ein nur für die Dauer einer Messe eingerichteter Geschäftsbe-

---

62 Allgemeine Auffassung, vgl. nur MünchKommHGB/*Krafka* Rn 12.
63 Vgl. dazu *Richert* RPfleger 1956, 270 f.
64 Ebenroth/Boujong/Joost/Strohn/*Pentz* Rn 25.
65 RGZ 50, 428 (429 f); BFH BStBl. II 1977, 700 (701); Ebenroth/Boujong/Joost/Strohn/*Pentz* Rn 25; Ensthaler/*Achilles*/*Haase* Rn 10.
66 OLG Hamburg OLGE 27, 298 (299); Ebenroth/Boujong/Joost/Strohn/*Pentz* Rn 25.
67 KG OLGE 27, 297 f; Ensthaler/*Achilles*/*Haase* Rn 10; Röhricht/v. Westphalen/Haas/*Ries* Rn 4.
68 MünchKommHGB/*Krafka* Rn 13.
69 RGSt 47, 38 (42); Ebenroth/Boujong/Joost/Strohn/*Pentz* Rn 25; Ensthaler/*Achilles*/*Haase* Rn 12.
70 KG JW 1929, 671; Röhricht/v. Westphalen/Haas/*Ries* Rn 6.
71 KG JW 1929, 671 f; Ebenroth/Boujong/Joost/Strohn/*Pentz* Rn 24; MünchKommHGB/*Krafka* Rn 11; Röhricht/v. Westphalen/Haas/*Ries* Rn 6.

trieb oder ein sonstiger, örtlich ständig wechselnder Geschäftsbetrieb (z.B. Jahrmarktstand) noch keine Zweigniederlassung bildet.[72] Nicht erforderlich ist es dagegen, dass die Zweigniederlassung das ganze Geschäftsjahr betrieben wird, so dass auch ein Saisonbetrieb eine Zweigniederlassung sein kann.

Schließlich ist die Ausstattung der Zweigniederlassung mit **Betriebsmitteln** erforderlich, 29
die dem Zweck der Zweigniederlassung gewidmet sind und ihr die Teilnahme am Geschäftsverkehr ermöglichen. Die Zweigniederlassung muss über eine solche tatsächliche Autonomie verfügen, dass es ihr grundsätzlich möglich wäre, ihr Geschäft **auch ohne die Hauptniederlassung selbständig** weiterzuführen.[73] Das setzt zunächst voraus, dass ihr intern, d.h. ungeachtet der Rechtszuständigkeit des Unternehmensinhabers (Rn 23), ein abgesonderter Teil des Geschäftsvermögens zugewiesen wird, was im Regelfall auch ein eigenes Bankkonto voraussetzt.[74] Aus diesem Erfordernis der Vermögenssonderung hat die früher hM die weitere Voraussetzung einer **eigenen Buchführung** für die Zweigniederlassung hergeleitet.[75] Angesichts der zunehmenden Tendenz zur unternehmensinternen Zentralisierung muss diese Voraussetzung aber dahingehend aufgelockert werden, dass es sich zwar um eine gesonderte, nicht notwendigerweise aber auch um eine selbständige Buchführung handeln muss.[76] Im heutigen Regelfall der EDV-Buchführung genügt es vielmehr, wenn für die Zweigniederlassung ein besonderer Datenspeicher in der Anlage der Hauptniederlassung angelegt ist.[77] Zahlreiche Stimmen weichen dieses Kriterium noch weitergehend auf,[78] was aber nur dann zu befürworten ist, wenn eine von der Hauptniederlassung losgelöste organisatorische Weiterführung der Zweigniederlassung sichergestellt ist.

dd) Selbständige unternehmerische Betätigung. In diesem organisatorischen Rahmen 30
muss sich die Zweigniederlassung nach außen hin selbständig am Rechtsverkehr beteiligen. Dabei genügt es nicht, wenn sich ihre Tätigkeit auf bloße Hilfs- oder Ausführungstätigkeiten für die Hauptniederlassung beschränkt, sondern es muss sich um Geschäfte handeln, die für das Gesamtunternehmen **wesentlich** sind.[79] Daher wird gefordert, dass die Zweigniederlassung zwar nicht die gleichen, wohl aber **sachlich gleichartige Geschäfte** wie die Hauptniederlassung tätigt, die zumindest einen Ausschnitt aus dem Gegenstand des Unternehmens darstellen.[80] Als Zweigniederlassungen gelten daher typischerweise nicht (Ausnahmen im Einzelfall möglich): Verkaufsstellen ohne eigenen Einkauf,[81] Zahl- oder Annahmestellen,[82] Waren- und

72 KG OLGE 11, 375; FG Bremen EFG 1998, 438 (439); Hopt/*Merkt* Rn 3; *K. Schmidt* UnternehmensR I § 3 III 3a.
73 BGH NJW 1859, 1860; BayObLGZ 1979, 159 (162); KG OLGE 11, 375; KG OLGE 14, 332; KG OLGE 45, 97; zust. Ebenroth/Boujong/Joost/Strohn/*Pentz* Rn 25; Röhricht/v. Westphalen/Haas/*Ries* Rn 5; *Krafka* Rn 290; *Kögel* DB 2004, 1763 (1764).
74 KG OLGE 11, 375; KG OLGE 14, 332; KG OLGE 45, 97; *K. Schmidt* UnternehmensR I § 3 III 3a; speziell zum Bankkonto s. auch MünchKommHGB/*Krafka* Rn 14.
75 BGH NJW 1972, 1858; KG OLGE 11, 375; KG OLGE 45, 97; BayObLGZ 1979, 159 (161 f); Ebenroth/Boujong/Joost/Strohn/*Pentz* Rn 25; Ensthaler/*Achilles*/*Haase* Rn 11; Röhricht/v. Westphalen/Haas/*Ries* Rn 5; *Döllerer* BB 1981, 25; **aA** noch LG Mainz MDR 1969, 148.
76 BayObLGZ 1979, 159 (161 f); Ebenroth/Boujong/Joost/Strohn/*Pentz* Rn 25; Röhricht/v. Westphalen/Haas/*Ries* Rn 4 f; zu Gegenstimmen s. Fn. 78.
77 Oetker/*Preuß* Rn 42; Röhricht/v. Westphalen/Haas/*Ries* Rn 4.
78 Vgl. dazu MünchKommHGB/*Krafka* Rn 14: Es muss nur die „durchführbare Möglichkeit einer sofortigen Abtrennung" bestehen; s. ferner Hopt/*Merkt* Rn 3; BeckOK-HGB/*Müther* Rn 5; HK-HGB/*Ruß* Rn 2; in diese Richtung wohl auch Oetker/*Preuß* Rn 42.
79 ROHG 14, 401 (402); KG OLGE 11, 375; OLG Neustadt NJW 1962, 1205; MünchKommHGB/*Krafka* Rn 15; Röhricht/v. Westphalen/Haas/*Ries* Rn 4; *K. Schmidt* UnternehmensR I § 3 III 3a.
80 OLG Neustadt NJW 1962, 1205; ausführlich zu dieser Voraussetzung *Kögel* DB 2004, 1763 (1764 f); MünchKommHGB/*Krafka* Rn 15; Röhricht/v. Westphalen/Haas/*Ries* Rn 4.
81 OLG Hamburg OLGE 27, 298 (299).
82 BayObLG Recht 1907 Nr. 2814; KG OLGE 27, 297.

Auslieferungslager, Werkstätten, bloße Vermittlungsstellen (namentlich Versicherungsagenturen), Zulieferbetriebe, Ingenieurbüros von Bauunternehmen.[83] Dieses Erfordernis einer gleichartigen Geschäftstätigkeit muss zwar für Zweigniederlassungen von Unternehmen aus EU-Mitgliedstaaten aus **europarechtlichen Gründen** z.T. aufgegeben werden (s. Rn 49), doch sind keine Anzeichen dafür ersichtlich, dass der deutsche Gesetzgeber der einheitlichen Auslegung der §§ 13 ff ein solches Gewicht beimisst, dass er dafür eine völlige Neubestimmung des historisch gewachsenen Zweigniederlassungsbegriffs und damit auch der gesamten Unternehmensgliederung in Kauf nehmen wollte (s. Rn 10, 21 f). Für rein nationale Sachverhalte ist das Erfordernis sachlich gleichartiger Geschäfte also beizubehalten.[84]

31 Nach **Art und Umfang** muss es sich bei der Zweigniederlassung nicht notwendigerweise um einen kaufmännischen Gewerbebetrieb handeln, doch sollten zumindest die Voraussetzungen eines **Gewerbebetriebs** erfüllt sein (s. § 1 Rn 14 ff), da es anderenfalls nicht möglich wäre, die Zweigniederlassung auch ohne die Hauptniederlassung selbständig fortzuführen (s. Rn 29).[85] Umgekehrt steht es der Einordnung als Zweigniederlassung nicht entgegen, wenn der Umfang der von ihr getätigten Geschäfte den der Hauptniederlassung übersteigt.[86]

VIII. Sitz und Zweigniederlassung der Handelsgesellschaft

1. Sitz der Kapitalgesellschaft

32 **a) Satzungssitz.** Für Handelsgesellschaften verwendet das Gesetz anstelle des Begriffs Niederlassung den Ausdruck Sitz. Seine Festlegung ist nicht nur von Bedeutung, um innerhalb des § 13 das zuständige Registergericht zu identifizieren, sondern sie ist darüber hinaus bei grenzüberschreitenden Unternehmen maßgeblich, um den Anwendungsbereich des § 13 von dem der §§ 13d ff abzugrenzen. Dabei besteht Einigkeit darüber, dass zumindest bei **Kapitalgesellschaften** mit dem Begriff des Sitzes nicht wie beim Einzelkaufmann (Rn 14) der effektive Verwaltungssitz gemeint ist, sondern der gem. §§ 5, 23 Abs. 3 Nr. 1 AktG, §§ 3 Abs. 1 Nr. 1, 4a GmbHG festzulegende Satzungssitz.[87] Diese Sichtweise ist sowohl in der terminologischen Anknüpfung an den **Sitzbegriff der § 5 AktG, § 4a GmbHG** als auch in der **Gegenüberstellung** von Hauptniederlassung und Sitz in § 13 Abs. 1 angelegt.

b) Satzungssitz ohne Geschäftsaktivität?

33 **aa) Problemstellung.** Aufgrund der Anknüpfung an den Satzungssitz steht es der Qualifikation als Haupt- und Zweigniederlassung nach allgemeiner Auffassung nicht entgegen, wenn der Zweigniederlassung eine wirtschaftlich größere Bedeutung zukommt als der Hauptniederlassung.[88] Allerdings wurden gegen die Maßgeblichkeit des Satzungssitzes in der Vergangenheit z.T. in solchen Fällen Vorbehalte erhoben, in denen **am Satzungssitz überhaupt keine wirtschaftliche Tätigkeit** entfaltet wurde, sondern die gesamte Verwaltungstätigkeit über das for-

---

83 Vgl. zu diesen Beispielen etwa Röhricht/v. Westphalen/Haas/*Ries* Rn 5; *K. Schmidt* UnternehmensR I § 3 III 3a; *Kögel* DB 2004, 1763 (1765).

84 Offenlassend *Kögel* DB 2004, 1763 (1765).

85 Vgl. dazu Hopt/*Merkt* Rn 3; MünchKommHGB/*Krafka* Rn 15.

86 Ebenroth/Boujong/Joost/Strohn/*Pentz* Rn 26.

87 Ebenroth/Boujong/Joost/Strohn/*Pentz* Rn 20; MünchKommHGB/*Krafka* Rn 30; Röhricht/v. Westphalen/Haas/*Ries* Rn 2.

88 Vgl. statt aller Ebenroth/Boujong/Joost/Strohn/*Pentz* Rn 26.

mal als Zweigniederlassung deklarierte Gebilde abgewickelt wurde.[89] Diese Bedenken sind unter terminologischen Gesichtspunkten kaum von der Hand zu weisen. Stellt man sich auf den durchaus plausiblen Standpunkt, dass eine Zweigniederlassung **begriffsnotwendig eine Hauptniederlassung voraussetzt**, die mindestens die gleichen Voraussetzungen wie die Zweigniederlassung erfüllt (Geschäftsvermögen, räumliche und organisatorische Selbständigkeit), so kann in diesen Fällen von einer Zweigniederlassung keine Rede sein.[90]

bb) Rechtslage vor dem MoMiG

(1) Inländische Gesellschaften. Nach der Rechtslage vor dem MoMiG (Rn 8) stellte sich dieses Problem bei Gesellschaften, die nach deutschem Recht gegründet wurden, in der Regel nicht, weil hier bereits durch die in **§ 5 Abs. 2 AktG a.F., § 4a Abs. 2 GmbHG a.F.** statuierte Regelbindung des Satzungssitzes an den effektiven Verwaltungssitz eine derart vollständige Loslösung des Satzungssitzes von der Geschäftstätigkeit weitgehend ausgeschlossen war. Nach diesen Vorschriften sollte der Sitz i.d.R. am Betriebsort, am Ort der Geschäftsleitung oder der Verwaltung liegen, doch gestattete das Gesetz beim Vorliegen eines schutzwürdigen Interesses eine abweichende privatautonome Festlegung **bis zur Missbrauchsgrenze.** Diese Grenze galt als überschritten, wenn ein Ort gewählt wurde, der von der unternehmerischen Tätigkeit gänzlich abgekoppelt war, etwa um dem Gläubigerzugriff zu entgehen oder die Zuständigkeit eines eintragungsfreundlichen Registergerichts zu erschleichen.[91] 34

(2) Ausländische Gesellschaften. Bei ausländischen Gesellschaften konnte das deutsche Gesellschaftsrecht nicht gewährleisten, dass der Satzungssitz nicht von jeder Verwaltungstätigkeit entkleidet wurde, so dass sich hier die in Rn 33 dargestellten terminologischen Widersprüche ergaben. Unter der uneingeschränkten Geltung der traditionellen **Sitztheorie** konnten diese Schwierigkeiten allerdings dadurch aufgelöst werden, dass eine ausländische Gesellschaft, deren effektiver Verwaltungssitz nicht an ihrem Satzungssitz, sondern im Inland lag, die Anerkennung gänzlich versagt wurde.[92] Auch dieser Lösungsweg erwies sich indes zumindest für Gesellschaften aus EU-Mitgliedstaaten als nicht mehr gangbar, nachdem der EuGH entschieden hatte, dass aufgrund der **europäischen Niederlassungsfreiheit** auch derartige „Scheinauslandsgesellschaften" in ihrer originären Rechtsform anzuerkennen seien (s. Rn 8 mN in Fn. 22).[93] 35

Da das deutsche Registerrecht die Eintragung einer Hauptniederlassung in einer ausländischen Rechtsform nicht zulässt,[94] eine registerrechtliche Erfassung dieser Gesellschaften aber als unabdingbar betrachtet wurde, ordnete die ganz hM derartige Gebilde als Zweigniederlassung ein, obwohl ihnen das spiegelbildliche Gegenstück einer unternehmerisch selbständigen Hauptniederlassung fehlte. Das damit verbundene terminologische Unbehagen wurde überwunden, indem man den Begriff der Zweigniederlassung einer **gemeinschaftsrechtskonformen Auslegung** unterwarf; aus der Zweigniederlassungsrichtlinie a.F. und der neueren Rspr. des EuGH zur Niederlassungsfreiheit (Rn 8) ergebe sich nämlich, dass die Hauptniederlassung europarechtlich nur am Ort des Satzungssitzes bestehen könne und damit jede andere Niederlassung 36

---

89 LG Frankenthal NJW 2003, 762; *Liese* NZG 2006, 201 ff; *Wernicke* BB 2006, 843 (844); vgl. auch *Zöllner* GmbHR 2006, 1 (4 mit Fn 31).

90 Vgl. dazu auch *Lutter* S. 3 f; *Zöllner* GmbHR 2006, 1 (4): „sachwidrige, ja irreführende Bezeichnung".

91 S. die Voraufl. Rn 34 (*Koch*).

92 Zur Sitztheorie vgl. statt aller die Darstellung bei MünchKommBGB/*Kindler* IntGesR Rn 423 ff.

93 Zu dieser Entwicklung vgl. statt aller *Habersack*/*Verse* Europäisches Gesellschaftsrecht § 3 Rn 12 ff mwN.

94 Vgl. dazu etwa *Lutter* S. 2; *Mankowski*/*Knöfel* in: Hirte/Bücker § 13 Rn 11; *Klose-Mokroß* DStR 2005, 971; *Riegger* ZGR 2004, 510 (514).

als Zweigniederlassung zu qualifizieren sei.[95] Eine in einem EU-Mitgliedstaat gegründete Gesellschaft ist demnach in allen anderen Mitgliedstaaten als ausländische Gesellschaft anzuerkennen und unterfällt damit dem Anwendungsbereich der §§ 13d ff. Diese Entwicklung hat maßgeblich zu der **eindrucksvollen Renaissance des Zweigniederlassungsrechts** in den letzten Jahren beigetragen, da nunmehr auch rein nationale Unternehmungen sich über den Umweg einer ausländischen Hauptniederlassung die Wahlfreiheit zwischen unterschiedlichen europäischen Gesellschaftsformen eröffnen können (s. dazu noch § 13d Rn 7).[96]

37 Derselbe Weg wurde auch bei solchen Gesellschaften gewählt, die aus den EFTA-Staaten Island, Norwegen oder Liechtenstein stammen und nach Art. 31 des **EWR-Abkommens**[97] bei der Wahl ihrer Niederlassung keinen Beschränkungen unterworfen werden dürfen,[98] sowie bei Gesellschaften, die aufgrund **bilateraler Staatsverträge** in Deutschland anzuerkennen sind.[99] Als ein solcher bilateraler Vertrag gilt insbesondere auch die ausdrückliche Anerkennung des Gründungsrechts nach Art. XXV V 2 des Freundschaftsvertrages mit den USA von 1954.[100] Bei **Drittstaaten** außerhalb eines anerkennungsrechtlichen Sonderregimes sollte es hingegen auch weiterhin auf den effektiven Verwaltungssitz ankommen (s. zur Begründung noch die Ausführungen in Rn 41 f).[101] Liegt dieser in Deutschland, so sind bei der Gründung weiterer Zweigniederlassungen nicht §§ 13d ff anwendbar, sondern es gilt § 13.

cc) Rechtslage nach dem Inkrafttreten des MoMiG

38 **(1) Inhalt der Neuregelung.** Nach der Neufassung der § 5 AktG, § 4a GmbHG im Zuge des MoMiG (Rn 8) musste diese rechtliche Beurteilung neu überdacht werden. Durch die Streichung der § 5 Abs. 2 AktG a.F., § 4a Abs. 2 GmbHG a.F. wurde für Gesellschaften mit Satzungssitz in Deutschland die Bindung dieses Sitzes an die tatsächlichen Gegebenheiten aufgegeben. Damit wurde es deutschen Gesellschaften ermöglicht, einen **Verwaltungssitz** zu wählen, der nicht notwendig mit dem Satzungssitz übereinstimmt.[102] Der Gesetzgeber hat damit die europäisch gewährte Zuzugsfreiheit hinsichtlich des Verwaltungssitzes auch um eine nationale Wegzugsfreiheit ergänzt und in der Sache den Weg zur **Briefkasten-Kapitalgesellschaft** eröffnet.[103] Deutschen Kapitalgesellschaften ist es gestattet, ihre Geschäftstätigkeit ausschließlich über eine ausländische (auch außereuropäische) Niederlassung zu entfalten (ausführlich zu den Motiven Rn 8 f).[104]

---

95 OLG Jena FGPrax 2006, 127; OLG Zweibrücken NJW 2003, 537 (538); LG Trier NZG 2003, 778; *Koch* Anh § 45 AktG § 13 Rn 4; MünchKommHGB/*Krafka* § 13d Rn 12; *Krafka* Rn 313; *Lutter* S. 4 f; *Rehberg* in: Eidenmüller § 5 Rn 16 ff; *Klose-Mokroß* DStR 2005, 971 f; *Mödl* RNotZ 2008, 1 (2); *Riegger* ZGR 2004, 510 (513); *Schmidt-Kessel* GPR 2006, 6 (10); *Wachter* ZNotP 2005, 122 (124); *ders.* GmbHR 2006, 793 (794).

96 Vgl. dazu auch *Wachter* DStR 2005, 1817 (1820 f); *dens.* ZNotP 2005, 122.

97 Abkommen über den Europäischen Wirtschaftsraum, ABl. EG Nr. L 001 v. 3.1.1994, S. 3 ff. Die Abkürzung EFTA steht für European Free Trade Association. Ihre Mitgliedstaaten bilden mit Ausnahme der Schweiz gemeinsam mit den Mitgliedstaaten der EU den Europäischen Wirtschaftsraum (EWR). Auch von der besonderen staatsvertraglichen Anerkennung werden Gesellschaften aus der Schweiz daher nicht erfasst, was nach BGH NJW 2009, 289 Rn 13 ff zur Folge hat, dass der fremde Gründungsakt schweizerischer Gesellschaften in der BRD nicht anzuerkennen ist; anders noch OLG Hamm ZIP 2006, 1822 (1823) – s. dazu noch Fn 104.

98 BGH NJW 2005, 3351; Koller/Kindler/Roth/Drüen/*Roth* § 13d Rn 3.

99 Ebenroth/Boujong/Joost/Strohn/*Pentz* § 13d Rn 14a; Koller/Kindler/Roth/Drüen/*Roth* § 13d Rn 3.

100 S. dazu BGHZ 153, 353 (355) = NJW 2003, 1607; *Bungert* DB 2003, 1043 ff; *Drouven* NZG 2007, 7 ff.

101 Ebenroth/Boujong/Joost/Strohn/*Pentz* § 13d Rn 14a; *Koch* Anh § 45 AktG § 13d Rn 2.

102 Vgl. dazu *Eidenmüller* ZGR 2007, 168 (204 ff); *Fingerhuth/Rumpf* IPRax 2008, 90 ff; *Flesner* NZG 2006, 641 f; *Franz/Laeger* BB 2008, 678 ff; *J. Hoffmann* ZIP 2007, 1581 ff; *Kindler* DK 2006, 811 ff; *dens.* AG 2007, 721 f; *Leuering* ZRP 2008, 73 (76 f); *Peters* GmbHR 2008, 245 ff; *Preuß* GmbHR 2007, 57 ff.

103 *Kindler* DK 2006, 811 (816); *ders.* AG 2007, 721 (722).

104 *Kindler* DK 2006, 811 (815 f); *ders.* AG 2007, 721 (722).

(2) Konsequenzen der Neuregelung für das Verständnis des § 13. Neben dieser Befreiung bei der Wahl des Satzungssitzes ergibt sich aus der Neuregelung noch eine weitere wichtige Schlussfolgerung für das Verständnis des § 13: In den Gesetzesmaterialien wird klargestellt, dass **alle Niederlassungen außerhalb des Sitzes als Zweigniederlassungen** einzuordnen sind, auch wenn die Gesellschaft dort ihre gesamte Geschäftstätigkeit entfaltet. Das soll nicht nur für deutsche Kapitalgesellschaften gelten, sondern auch für Gesellschaften, die im Ausland registriert sind,[105] wobei sich der Regierungsbegründung allerdings nicht eindeutig entnehmen lässt, ob damit (in Fortschreibung der bisher hM – s. Rn 36 f) nur das EU-Ausland gemeint ist oder ob diese Freiheit auch für Drittstaaten gelten soll (s. dazu noch Rn 41).[106] Von einer „Scheinauslandsgesellschaft" soll insofern nicht mehr gesprochen werden, sondern es handele sich um eine normale Auslandsgesellschaft mit inländischer Geschäftsaktivität.[107] Es bedarf demnach keiner gemeinschaftsrechtskonformen Auslegung mehr, um zu begründen, dass eine Zweigniederlassung auch dann bestehen kann, wenn sie **keiner unternehmerisch tätigen Hauptniederlassung** zugeordnet werden kann. Im Bereich des Kapitalgesellschaftsrechts steht der Zweigniederlassung allein der Sitz als spiegelbildliches Gegenstück gegenüber; das sprachlich naheliegende Pendant einer Hauptniederlassung kann nicht mehr gefordert werden. 39

Dass der **Zweigniederlassungsrichtlinie a.F.** ausweislich der Materialien augenscheinlich ein abweichender Begriff der Zweigniederlassung zugrunde lag (Anbindung an ein Stammhaus – vgl. Rn 21), ist unbeachtlich, da der für die Auslegung europäischen Rechts ausschließlich zuständige **EuGH** (Art. 19 Abs. 1 UAbs. 1 S. 2 EUV) für die von der Richtlinie allein erfassten Kapitalgesellschaften von diesem Verständnis zugunsten der in Rn 22, 36 wiedergegebenen Lesart abgerückt ist.[108] Nur soweit es darum geht, die Zweigniederlassung (nach unten hin) zur Betriebsabteilung abzugrenzen, kann der in den Materialien zur Richtlinie festgelegte Zweigniederlassungsbegriff demnach noch Bedeutung erlangen; allerdings stimmt er insofern mit dem traditionellen nationalen Verständnis überein (vgl. die Nachweise in Rn 21 f mit Fn 43). 40

(3) Gesellschaften aus Drittstaaten. Diese ausschließliche Maßgeblichkeit des Satzungssitzes gilt jedenfalls für Gesellschaften aus EU-Mitgliedstaaten sowie für solche, die aufgrund des EWR-Abkommens oder qua bilateralen Staatsvertrages in der Bundesrepublik anzuerkennen sind (s. Rn 37). Fraglich ist hingegen, ob sie auch für **Drittstaaten**, die keinem anerkennungsrechtlichen Sonderregime unterliegen, Gültigkeit beansprucht. Geht man allein von dem im Zuge des MoMiG (Rn 8) mit neuem Inhalt gefüllten Begriff der Zweigniederlassung aus, so wäre die Frage zu bejahen. Zu beachten ist allerdings, dass der Anwendung des § 13 die kollisionsrechtliche Anerkennungsfrage vorgeschaltet ist. Ihre Beantwortung ist europarechtlich nicht in der Weise vorgezeichnet, dass derartige Gebilde auch dann in ihrer originären Rechtsform anzuerkennen sind, wenn ihr effektiver Verwaltungssitz in Deutschland liegt. Wendet man auf diese Gesellschaften weiterhin die **traditionelle Sitztheorie** an, ist die Gesellschaft, deren effektiver Verwaltungssitz in Deutschland liegt, nicht in ihrer originären Rechtsform anzuerkennen.[109] Die Gesellschaften werden am Maßstab des deutschen Rechts gemessen und dabei nicht als Zweig-, sondern als Hauptniederlassung behandelt.[110] 41

---

105 Diese Klarstellung erfolgt für inländische Gesellschaften auf S. 29, für ausländische Gesellschaften auf S. 49 der Regierungsbegründung zum MoMiG, BT-Drucks. 16/6140.

106 Vgl. die ambivalente Äußerung in RegE MoMiG, BT-Drucks. 16/6140, S. 49, wo z.T. pauschal von Auslandsgesellschaften die Rede ist, z.T. aber auch auf die Zweigniederlassungsrichtlinie a.F. abgestellt wird.

107 RegE MoMiG, BT-Drucks. 16/6140, S. 49.

108 Das ergibt sich mittelbar aus den Entscheidungen des EuGH v. 9.3.1999, Rs. C-212/97, Slg. 1999, I-1459, 1484 Rn 36, 38 (Centros) sowie v. 30.9.2003, Rs. C-167/01, Slg. 2003, I-10155, 10195 Rn 56 ff (Inspire Art); vgl. zu dieser Lesart des EuGH Koller/Kindler/Roth/Drüen/*Roth* § 13d Rn 5; *Lutter* S. 7 f.

109 Zu den Einzelheiten vgl. statt aller die Darstellung bei MünchKommBGB/*Kindler* IntGesR Rn 423 ff.

110 Vgl. dazu bereits MünchKommBGB/*Kindler* IntGesR Rn 223.

42 Die **Fortgeltung der Sitztheorie gegenüber Gesellschaften aus Drittstaaten** entspricht der höchstrichterlichen Rspr.[111] Ihr ist auch durch die Neufassung der § 5 AktG, § 4a GmbHG nicht die Grundlage entzogen worden. Zwar hat der Gesetzgeber sich damit noch einen Schritt weiter von der Sitztheorie entfernt, endgültig aufgegeben hat er sie aber noch nicht.[112] Der nur sehr geringe Aussagegehalt der tatsächlich im Gesetzeswortlaut vollzogenen Änderung legt es nahe, ihre rechtliche Tragweite nicht zu weit zu ziehen. Eine klarstellende Anmerkung in den Gesetzesmaterialien, die zur tatsächlichen Änderung nicht einmal in einem unmittelbaren Bezug steht, ist kein hinreichend festes Fundament, um darauf das Gesellschaftskollisionsrecht vollständig neu zu ordnen (s. dazu bereits Rn 39). Wendet man demnach auf Staaten, die **keinem anerkennungsrechtlichen Sonderregime** unterliegen, weiterhin die Sitztheorie an, so sind ihre inländischen Niederlassungen, an denen der effektive Verwaltungssitz verortet ist, unabhängig von ihrem Satzungssitz nicht als Zweig-, sondern als dem deutschen Recht unterfallende **Hauptniederlassungen** zu behandeln.[113]

43 **c) Festlegung des Satzungssitzes.** Der gem. § 13 für die Festlegung von Haupt- und Zweigniederlassung sowie für die Abgrenzung gegenüber den für ausländische Unternehmen geltenden §§ 13d ff maßgebliche Sitz einer Kapitalgesellschaft wird demnach ausschließlich durch die Gesellschaftssatzung bestimmt (vgl. §§ 5, 23 Abs. 3 Nr. 1 AktG, §§ 3 Abs. 1 Nr. 1, 4a GmbHG). Einzige materielle Anforderung für diese Bestimmung ist nunmehr, dass der Sitz für eine Eintragung in ein deutsches Handelsregister **innerhalb der Bundesrepublik** liegen muss. Das war schon bisher anerkannt[114] und ist im Zuge des MoMiG (Rn 8) durch die Einfügung des Passus „Ort im Inland" explizit gesetzlich geregelt worden. Bei fehlender oder nichtiger Satzungsbestimmung (z.B. Begründung eines unzulässigen Mehrfachsitzes, Benennung eines ausländischen Satzungssitzes) ist die Eintragung abzulehnen; erfolgt sie doch, so muss das Registergericht nach § 399 FamFG ein Amtsauflösungsverfahren einleiten.[115] Zur grenzüberschreitenden Verlegung des Satzungs- und Verwaltungssitzes s. noch § 13h Rn 25 ff.

2. Sitz der Personenhandelsgesellschaft

44 **a) Grundsätzliche Wahlfreiheit.** Bis zum MoPeG (Rn 3) war es umstritten, ob es auch den **Personenhandelsgesellschaften** gestattet ist, als Sitz einen Ort anzugeben, der vom tatsächlichen Verwaltungsschwerpunkt abweicht.[116] Der Gesetzgeber hat diese Frage in **§ 706 S. 2 BGB i.d.F. des MoPeG**, der am 1.1.2024 in Kraft tritt und nach § 105 Abs. 3 HGB i.d.F. des MoPeG auch für Personenhandelsgesellschaften gilt, zugunsten eines **Sitzwahlrechts** der Gesellschafter entschie-

---

111 Für eine Fortgeltung der Sitztheorie im Verkehr mit Drittstaaten BGH NJW 2009, 289 Rn 13 ff; BayObLG RIW 2003, 387 (388); OLG Hamburg NZG 2007, 597 (598); MünchKommBGB/*Kindler* IntGesR Rn 423; *Spahlinger*/Wegen Rn 73 ff; *Ebke* JZ 2003, 927 (930); *Horn* NJW 2004, 893 (897); *Mankowski* RIW 2005, 481 (486); *Weller* DStR 2003, 1800 -(1803); *Weng* EWS 2008, 264 (266); **aA** OLG Hamm ZIP 2006, 1822 für Gesellschaften aus der Schweiz; Koller/Kindler/Roth/Drüen/*Roth* Rn 4, 5.

112 So auch BGH NJW 2009, 289 Rn 22; *Eidenmüller* ZGR 2007, 168 (205 f) mit Fn 157; *Fingerhuth/Rumpf* IPRax 2008, 90 (92); *Franz/Laeger* BB 2008, 678 (681 f); *Peters* GmbHR 2008, 245 (249); sehr weitgehend *Seibert* BB 2007, Heft 23, Die Erste Seite „Aufgabe der Sitztheorie und Einführung der Gründungstheorie" (dagegen *Eidenmüller* a.a.O.).

113 So bereits zur alten Rechtslage Ebenroth/Boujong/Joost/Strohn/*Pentz* § 13d Rn 14; anders Koller/Kindler/Roth/Drüen/*Roth* Rn 2.

114 BGHZ 19, 102 (105) = NJW 1956, 183; BGHZ 29, 320 (328) = NJW 1959, 1126; Scholz/*Cziupka* § 4a Rn 8.

115 Noack/Servatius/Haas/*Servatius* GmbHG § 4a Rn 7; *Koch* § 5 Rn 9; MünchKommHGB/*Krafka* Rn 33; Rowedder/*Schmidt-Leithoff* § 4a Rn 15; Scholz/*Cziupka* § 4a Rn 15.

116 Ausführlich zur Diskussion bereits *J. Koch* ZHR 173 (2009), 101 ff. Zur Bedeutung dieser Frage für eine grundsätzliche Neuordnung des Gesellschaftskollisionsrechts vgl. noch Rn 46 f sowie *Fingerhuth/Rumpf* IPRax 2008, 90 (93 f); *J. Hoffmann* ZIP 2007, 1581 (1588).

den.[117] Damit hat er die **Rspr.** korrigiert, die – mit breiter Zustimmung im Schrifttum – eine solche Wahlfreiheit abgelehnt hat, da es an einer den § 5 AktG, § 4a GmbHG entsprechenden Regelung fehle; im Übrigen biete der formlose Gesellschaftsvertrag der Personenhandelsgesellschaften keinen hinreichend verlässlichen Anknüpfungspunkt für die Sitzbestimmung.[118] Bereits vor dem dem Inkrafttreten des § 706 S. 2 BGB i.d.F. des MoPeG konnte diese Auffassung nicht überzeugen, so dass die Korrektur zu begrüßen ist.[119] Spätestens nach der vollständigen Abkoppelung des Satzungssitzes vom effektiven Verwaltungssitz im Recht der Kapitalgesellschaften (s. Rn 38) ist es nicht zu rechtfertigen, die – für den Rechtsverkehr weniger gefährlichen und deshalb auch weniger engmaschig regulierten – Personenhandelsgesellschaften bei der Sitzwahl einem deutlich strengeren Regime zu unterstellen.[120] Dass die Möglichkeit der freien Sitzwahl im HGB nicht ausdrücklich erwähnt ist, muss nicht zwangsläufig dahingehend gedeutet werden, dass sie hier ausgeschlossen sein soll. Vielmehr fügt sich diese gesetzgeberische Zurückhaltung in das generelle **Regelungsmodell der §§ 105 ff** ein, das grundsätzlich keine inhaltlichen Vorgaben für die Ausgestaltung des Gesellschaftsvertrages enthält, sondern diese vielmehr dem privatautonomen Regelungswillen der Gesellschafter überlässt.[121] Insbesondere gilt diese Gestaltungsfreiheit für die sog. **Identitätsausstattung** der Gesellschaft, zu der auch ihr Sitz gehört.[122]

Auch der Umstand, dass der Gesellschaftsvertrag der Personenhandelsgesellschaft keiner **45**
Form bedarf und bei der Anmeldung nicht vorgelegt werden muss, rechtfertigt es nicht, ihr die freie Sitzwahl zu verwehren. Der vertraglich vereinbarte Sitz wird nach § 106 Abs. 2 Nr. 2 in das Handelsregister eingetragen, womit die **für den Rechtsverkehr notwendige Präzisierung** erfolgt; dass diese Angabe der getroffenen Vereinbarung auch tatsächlich entspricht, wird dadurch gewährleistet, dass nach § 108 Abs. 1 sämtliche Gesellschafter die Anmeldung zu bewirken haben.[123] Für künftige vertragliche Sitzverlegungen besteht zwar wegen der nur deklaratorischen Bedeutung der Registereintragung die Gefahr, dass der vertraglich vereinbarte und der im Register dokumentierte Sitz auseinanderfallen, doch wird der Rechtsverkehr insofern hinreichend durch **§ 15 Abs. 1** geschützt, der auch für den Prozessverkehr Geltung beansprucht (vgl. § 15 Rn 28).[124] Schließlich können auch die von den Vertretern der hM angeführten Erschwernis-

---

117 Vgl. RegE MoPeG, BT-Drucks. 19/27635, S. 126 f; Oetker/*Lieder* § 106 Rn 23a. Im originären Anwendungsbereich des § 706 S. 2 BGB i.d.F. des MoPeG besteht diese Wahlfreiheit freilich nur für Gesellschafter, die ihre GbR in das Gesellschaftsregister (§§ 707 ff BGB i.d.F. des MoPeG) eintragen lassen; die Eintragung ist nach § 707 Abs. 1 BGB i.d.F. des MoPeG fakultativ. Da Personenhandelsgesellschaften in das Handelsregister eingetragen werden müssen (s. §§ 106, 161 Abs. 2 und § 8 Rn 37), spielt diese Einschränkung für sie praktisch keine Rolle.

118 BGH WM 1957, 999 (1000); BGH WM 1969, 293 (294); KG OLGE 22, 2; KG WM 1955, 892 (893); KG WM 1956, 582; KG WM 1967, 150; KG FGPrax 2012, 172 (173); OLG Celle WM 1962, 1330; OLG Schleswig NZG 2012, 775 f; Ebenroth/Boujong/Joost/Strohn/*Born* § 106 Rn 14; Heymann/*Förster* HGB Rn 15 f; Koller/Kindler/Roth/Drüen/*Kindler* § 106 Rn 2; MünchKommHGB/*Krafka* Rn 27; Oetker/*Preuß* § 8 Rn 68 (die aber eine Ausnahme für GmbH & Co. KG erwägt); Röhricht/v. Westphalen/Haas/*Ries* Rn 1; *Melchior* GmbHR 2013, 853 (855 f); Schlegelberger/*Martens* § 106 Rn 12 f; *A. Hueck* OHG S. 103 f. Von dieser Auffassung ging auch der Gesetzgeber im Rahmen des MoPeG aus, s. RegE MoPeG, BT-Drucks. 19/27635, S. 126.

119 So auch Oetker/*Lieder* § 106 Rn 23a; *Otte-Gräbener* BB 2020, 1295 (1296). S. ferner BeckOGK-HGB/*Schaal* Rn 15; MünchKommHGB/*Fleischer* § 106 Rn 30.

120 Vgl. zum Folgenden LG Köln NJW 1950, 871 ff; Voraufl. § 106 Rn 19 (*C. Schäfer*); Hopt/*Roth* § 106 Rn 8; BeckOGK-HGB/*Sanders* § 106 Rn 26; Ebenroth/Boujong/Joost/Strohn/*Pentz* Rn 26; Koller/Kindler/Roth/Drüen/*Roth* Rn 2; Oetker/*Lieder* § 106 Rn 23; Röhricht/v. Westphalen/*Haas* § 106 Rn 11; *Grasmann* Rn 1169 ff; *Grothe* S. 37 ff; *John* Die organisierte Rechtsperson, 1977, S. 146; *Walden* S. 128 ff; *Wieland* HandelsR, Bd. 1, 1921, S. 171 f; *J. Koch* ZHR 173 (2009), 101 ff; *Paefgen* FS E. Vetter, 2019, S. 527 (534 f); *Pluskat* WM 2004, 601 (609); *Fingerhuth/Rumpf* IPRax 2008, 90 (93 f); *Zimmer/Naendrup* NJW 2009, 545 (548); sympathisierend BeckOGK-HGB/*Schaal* Rn 15; MünchKommHGB/*Fleischer* § 106 Rn 29 f. In Österreich ist diese Auffassung mittlerweile hM; s. nur ÖsterrOGH NZG 1998, 504 ff.

121 Vgl. auch ÖsterrOGH NZG 1998, 504 (505); *Grasmann* Rn 1169; *Grothe* S. 38 f; *Walden* S. 128.

122 Vgl. dazu namentlich *John* Die organisierte Rechtsperson, 1977, S. 92 ff; ferner auch Voraufl. § 106 Rn 19 (*C. Schäfer*); *Pluskat* WM 2004, 601 (609).

123 Voraufl. § 106 Rn 19 (*C. Schäfer*).

124 Ausführlich dazu *J. Koch* ZHR 173 (2009), 101 (107 f).

se der registerrechtlichen Kontrolle die Maßgeblichkeit des effektiven Verwaltungssitzes nicht begründen.[125] Gerade die im Recht der Zweigniederlassungen vollzogene Konzentration auf ein Hauptgericht (s. Rn 7) belegt, dass angesichts der mittlerweile auch im Registerrecht nutzbar gemachten Möglichkeiten virtueller Kommunikation die räumliche Nähe zum Registergericht nicht mehr zwingend vorausgesetzt wird.[126] Zu weiteren kollisionsrechtlichen Vorzügen vgl. die Ausführungen in Rn 46 f sowie in § 13h Rn 37 f.

46 **b) Sitzwahl im Ausland.** Fraglich ist allerdings, ob man bei den Personenhandelsgesellschaften so weit gehen kann, ihnen – wie den Kapitalgesellschaften (Rn 38) – auch die Wahl eines ausländischen Sitzes zu gestatten. Auch insofern ist zwischen Vertrags- und Verwaltungssitz zu differenzieren: Die Wahl eines **ausländischen Vertragssitzes** ist nach hM ohne materiellrechtliche Relevanz (Rn 44),[127] nach der hier vertretenen Auffassung unzulässig, da nur ein inländischer Vertragssitz die Zuständigkeit eines deutschen Registergerichts begründen kann (Rn 44 f).[128]

47 Liegt der Vertragssitz im Inland, der effektive **Verwaltungssitz im Ausland**, kann dies auf der Grundlage der bisherigen Rspr. (Rn 44) ebenfalls nicht zur Entstehung einer deutschen Gesellschaft führen.[129] Für den Bereich der grenzüberschreitenden Sitzverlegung hat sich im Kollisionsrecht mittlerweile allerdings eine differenzierende Betrachtung durchgesetzt, die auch im Handels- und Gesellschaftsrecht breite Zustimmung gefunden hat. Danach soll die grenzüberschreitende Verlegung des Verwaltungssitzes den Status als deutsche Personenhandelsgesellschaft zumindest dann unberührt lassen, wenn der **Zuzugsstaat der Gründungstheorie folgt.**[130] Schließt man sich dieser Auffassung an (ausführlich dazu § 13h Rn 37 f), liegt es nahe, den ausländischen Verwaltungssitz nicht nur infolge einer grenzüberschreitenden Verlegung, sondern auch schon bei der erstmaligen Aufnahme der Tätigkeit zu gestatten. Weder aus register- noch aus kollisionsrechtlicher Sicht weisen die beiden Sachverhalte Abweichungen auf, die ihre Ungleichbehandlung rechtfertigen.[131] Die hier vertretene Maßgeblichkeit des Vertragssitzes (Rn 44 f) schafft für eine solche Behandlung ein geeignetes registerrechtliches Fundament.[132] Jedenfalls ab dem 1.1.2024 ist es im Lichte des **§ 706 S. 2 BGB i.d.F. des MoPeG** (Rn 3) möglich, einen inländischen Vertragssitz zu wählen, den Schwerpunkt der Geschäftstätigkeit aber im Ausland zu entfalten.[133]

48 **c) Ausländische Personenhandelsgesellschaften in Deutschland.** Eine andere Beurteilung ist für solche Gesellschaften angezeigt, die im Ausland wirksam gegründet wurden, ihre

---

125 So aber Schlegelberger/*Martens* § 106 Rn 12.

126 So zu Recht der ÖsterrOGH NZG 1998, 504 (505); vgl. auch dazu bereits *J. Koch* ZHR 173 (2009), 101 (109 f).

127 Dies wird auch nach dem Inkrafttreten des § 706 S. 2 i.d.F. des MoPeG am 1.1.2024 geltend, s. BeckOGK-HGB/*Sanders* § 106 Rn 26.1.

128 So auch *Walden* S. 176 mit Fn 673 i.V.m. S. 112 ff sowie S. 191 mit Fn 725; vgl. ferner Staudinger/*Großfeld* IntGesR (1998), Rn 94.

129 Vgl. statt aller Staudinger/*Großfeld* IntGesR (1998) Rn 86 ff.

130 Hierzu Ebenroth/Boujong/Joost/Strohn/*Pentz* § 13h Rn 43; MünchKommBGB/*Kindler* IntGesR Rn 516 ff, 823 ff; Röhricht/v. Westphalen/Haas/*Ries* § 13h Rn 17 ff; Reithmann/Martiny/*Hausmann* Rn 6.101 ff; *Walden* S. 174 ff, 189 ff; *Mülsch/Nohlen* ZIP 2008, 1358 (1359); *Weng* EWS 2008, 264 (266); s. auch BGH WM 1969, 671 (672); ebenso für die Kapitalgesellschaften OLG Hamm NJW 2001, 2183; *Ebenroth/Auer* DNotZ 1993, 187 (192 f); *Ebenroth/Eyles* IPRax 1989, 1 (9); zu Gegenstimmen vgl. noch die Nachw. in § 13h Rn 42.

131 Für die Gleichbehandlung von Gründung und Sitzverlegung auch Röhricht/v. Westphalen/*Haas* § 106 Rn 11; *Walden* 174 ff; *Behme/Nohlen* NZG 2008, 496 (498); *Mülsch/Nohlen* ZIP 2008, 1358 (1359).

132 Vgl. dazu bereits *J. Koch* ZHR 173 (2009), 101 (113 ff).

133 RegE MoPeG, BT-Drucks. 19/27635, S. 126 f; BeckOGK-HGB/*Sanders* § 106 Rn 26.1; Oetker/*Lieder* § 106 Rn 23a. Vgl. auch Hopt/*Merkt* Rn 1.

Geschäftstätigkeit aber schwerpunktmäßig in Deutschland entfalten. Handelt es sich dabei um Gesellschaften aus EU-Mitgliedstaaten, wird man die ausländische Sitzwahl nicht ignorieren können, da sich auch Personengesellschaften auf die Niederlassungsfreiheit berufen können.[134] Ihre Niederlassung im Inland ist entsprechend den zu den Kapitalgesellschaften entwickelten Grundsätzen (Rn 36, 39) als **Zweigniederlassung** zu behandeln. Diese Behandlung ist auch jenseits des Anwendungsbereichs der Gesellschaftsrechtsrichtlinie (Rn 6) sachgerecht, da die Einordnung als Zweigniederlassung die einzige Möglichkeit ist, um den Transparenzbedürfnissen des inländischen Rechtsverkehrs zu genügen (vgl. Rn 36). Die Einzelheiten sind insofern noch ungeklärt. Bei Gesellschaften aus **Drittstaaten** findet – außerhalb eines anerkennungsrechtlichen Sonderregimes – hingegen auch weiterhin die Sitztheorie Anwendung. Auch wenn sie im Ausland gegründet wurden, werden sie als inländische Gesellschaften behandelt, wenn ihr effektiver Verwaltungssitz in Deutschland liegt (s. Rn 41 f).

3. Zweigniederlassung der Handelsgesellschaft

Weil die Niederlassung am Ort des Gesellschaftssitzes stets Hauptniederlassung ist (Rn 32 ff) **49**
und ein Unternehmen i.d.R. nur eine Hauptniederlassung haben kann (s. aber zum Doppelsitz noch Rn 50 ff), sind sämtliche Niederlassungen außerhalb des Gesellschaftssitzes Zweigniederlassungen.[135] Das gilt auch dann, wenn sich am Ort einer solchen Niederlassung die Geschäftsleitung befindet; die allgemeine Voraussetzung der Nachordnung der Zweigniederlassung (Rn 24) muss insoweit nicht erfüllt sein. Ebenso ist es anders als bei Einzelkaufleuten (s. Rn 30) unerheblich, ob die Zweigniederlassung sachlich gleichartige Geschäfte tätigt wie die Hauptniederlassung.[136] In der Gesellschaftsrechtsrichtlinie (Rn 6) ist ein derartiges Erfordernis nicht vorgesehen, so dass es zumindest für Kapitalgesellschaften aus EU-Mitgliedstaaten nicht gelten kann. Da der Gesetzgeber sich für eine richtlinienüberschießende Umsetzung entschieden hat, sollte aus Gründen der systematischen Einheit der Rechtsordnung zumindest für den Bereich der Handelsgesellschaften eine gleichförmige Auslegung erfolgen (s. Rn 10). Für die **Abgrenzung gegenüber bloßen Betriebsabteilungen** gelten die in Rn 25 ff entwickelten Grundsätze; entscheidend kommt es also auf die Selbständigkeit an. Zur Stellung der Zweigniederlassung im Rechtsverkehr vgl. Rn 79 ff.

4. Doppelsitz von Handelsgesellschaften

a) Problemaufriss und Meinungsstand. Von der organisatorischen Aufspaltung in Haupt- **50**
und Zweigniederlassung i.S.d. § 13 ist der Doppelsitz abzugrenzen. Bei Handelsgesellschaften wird das Problem des Doppelsitzes fast ausschließlich bei den **Kapitalgesellschaften** erörtert (zum Doppelsitz des Einzelkaufmanns s. Rn 18). Hier spricht man von einem Doppelsitz, wenn in der Satzung zwei Orte als Gesellschaftssitz festgelegt werden.[137] Während die Zulässigkeit einer solchen Gestaltung bis zum Ende des zweiten Weltkrieges überwiegend abgelehnt wurde,[138] änderte sich das Meinungsbild, nachdem durch die deutsche Teilung ein praktisches Bedürfnis nach zwei Satzungssitzen im Westen und Osten Deutschlands zutage getreten war.[139] Aus diesen praktischen Zwängen entstand die auch heute noch ganz hM, dass ein Doppelsitz

134 Reithmann/Martiny/*Hausmann* Rn 6.42; *Zimmer/Naendrup* NJW 2009, 545 (548).
135 Ebenroth/Boujong/Joost/Strohn/*Pentz* Rn 26; Ensthaler/*Achilles/Haase* Rn 5.
136 *Kögel* DB 2004, 1763 (1765).
137 Vgl. etwa *Koch* § 5 Rn 10.
138 Vgl. statt vieler Schlegelberger/*Quassowski* AktG, 2. Aufl., 1937, § 5 Rn 2.
139 Ausführlich zu dieser historischen Entwicklung BayObLGZ 1985, 111 (112 ff); GroßkommAktG/*Bachmann* § 5 Rn 30; MünchKommAktG/*Heider* § 5 Rn 35; *König* AG 2000, 18 f; *Pluskat* WM 2004, 601 f.

zumindest **in Ausnahmefällen zulässig** sei,[140] wenngleich über die Anforderungen an einen solchen Ausnahmefall teils unterschiedliche Vorstellungen bestehen und vereinzelt sogar von einer generellen Zulässigkeit ausgegangen wird.[141] Praktische Bedeutung kommt der Frage heute vornehmlich in Verschmelzungsfällen zu, wenn die Partner (aus oftmals rein psychologischen Gründen) daran interessiert sind, die Gleichrangigkeit der fusionierenden Unternehmen durch ein gerichtskundiges Bekenntnis zu beiden bisherigen Gesellschaftsstandorten in Gestalt eines Doppelsitzes zu dokumentieren.[142] Für die **Personenhandelsgesellschaften** lehnt die bisher hM eine privatautonome Sitzwahl grundsätzlich ab (Rn 44), womit auch die Möglichkeit eines Doppelsitzes zwangsläufig ausgeschlossen wird (s. dazu noch Rn 54).[143]

51 **b) Doppelsitz von Kapitalgesellschaften.** Speziell für die Kapitalgesellschaften steht der Gesetzeswortlaut der insofern einschlägigen §§ 5 AktG und 3 GmbHG der Zulässigkeit eines Doppelsitzes nicht zwangsläufig entgegen,[144] wenngleich er zumindest darauf hinzudeuten scheint, dass der Gesetzgeber im Regelfall von nur einem Gesellschaftssitz ausgeht. Der daraus erwachsende **interpretatorische Spielraum** ist nach Maßgabe der Regierungsbegründung zu § 5 AktG 1965 auszufüllen, in der die Frage des Doppelsitzes explizit erörtert wurde. Dabei wurde festgestellt, dass die Kriegsfolgenrechtsprechung (Rn 50) nur dadurch möglich gewesen sei, dass das AktG kein ausdrückliches Verbot des Doppelsitzes enthalte. Diese „Anpassungsfähigkeit des Gesetzes" wollten die Entwurfsverfasser aufrechterhalten, gingen aber davon aus, dass entsprechende Gestattungen auf **Ausnahmefälle** beschränkt blieben und es daher nicht erforderlich sei, sie im Gesetzestext ausdrücklich festzuschreiben.[145] Darin kommt die generelle Zulässigkeit eines Doppelsitzes, aber auch sein Ausnahmecharakter zum Ausdruck. Der hM ist also im Grundsatz zuzustimmen. Zur Anmeldung einer Zweigniederlassung durch eine Gesellschaft mit Doppelsitz s. Rn 60; zur registerrechtlichen Behandlung des Doppelsitzes selbst s. Rn 76.

52 Es bleibt die Aufgabe, die **Voraussetzungen eines solchen Ausnahmefalles** näher zu konturieren. Insofern ist zunächst zu verlangen, dass die Vorteile für das Unternehmen die Nachteile für die Allgemeinheit deutlich überwiegen. Diese Nachteile können namentlich darin liegen, dass ein Doppelsitz zu **registerrechtlichen Verfahrenserschwernissen** und möglicherweise auch zu Irritationen des Rechtsverkehrs führen kann. Diese Schwierigkeiten sind nicht von der Hand zu weisen, allerdings auch keinesfalls unüberwindbar, was sich schon darin zeigt, dass auch bei Zweigniederlassungen bis 1937 eine doppelte registerrechtliche Prüfung noch der gesetzliche Regelfall war (s. Rn 5).[146] Ein Verschmelzungsvorhaben an sich genügt noch nicht, um

---

140 BayObLGZ 1962, 107 (111 f); BayObLGZ 1985, 111 (115 ff); OLG Düsseldorf NJW-RR 1988, 354; OLG Frankfurt aM FGPrax 2001, 86; LG Essen AG 2001, 429 (430); LG Hamburg DB 1973, 2237; LG Köln NJW 1950, 352 und 871; AG Bremen DB 1976, 1810; Ebenroth/Boujong/Joost/Strohn/*Pentz* § 13h Rn 36; GroßkommAktG/*Bachmann* § 5 Rn 32 ff; *Koch* § 5 Rn 10; MünchKommAktG/*Heider* § 5 Rn 30 ff, 33 ff; Scholz/*Cziupka* § 4a Rn 13 f; Habersack/Casper/Löbbe/*Ulmer/Löbbe* § 4a Rn 29 ff; *Balser* DB 1972, 2049 f; *König* AG 2000, 18 ff; wN in der folgenden Fn.

141 Für eine generelle Zulässigkeit von Doppelsitzen bis zur Missbrauchsgrenze *Barz* AG 1972, 1 (4); *Borsch* GmbHR 2003, 258 ff; *Katschinski* ZIP 1997, 620 ff; *Pluskat* WM 2004, 601 (602 f); auch in der Nachkriegszeit noch gegen die Zulässigkeit Staudinger/*Coing* 12. Aufl., § 24 Rn 10; *Karl* AcP 159 (1960), 293 (302 ff); neuerdings auch Noack/Servatius/Haas/*Servatius* GmbHG § 4a Rn 6; *Krafka* Rn 355; etwas weniger streng MünchKommHGB/*Krafka* Rn 36: „nur in extrem seltenen Ausnahmefällen"; ebenso Rowedder/*Schmidt-Leithoff* § 4a Rn 7.

142 Vgl. dazu *König* AG 2000, 18 mit einer Aufzählung der praktischen Fallbeispiele auf S. 21 (mit Fn 28) und 29 f.

143 OLG Colmar OLGE 13 (73 f); OLG Frankfurt aM NJW-RR 1997, 868; Ebenroth/Boujong/Joost/Strohn/*Born* § 106 Rn 13; Ebenroth/Boujong/Joost/Strohn/*Pentz* Rn 20; Schlegelberger/*Martens* § 106 Rn 14; *Krafka* Rn 607; **aA** LG Köln NJW 1950, 871 ff; MünchKommHGB/*Fleischer* § 106 Rn 31 (Ausnahmen in engen Grenzen denkbar); *J. Koch* ZHR 173 (2009), 101 (116); *Pluskat* WM 2004, 601 (608 f); vgl. auch LG Düsseldorf BB 1966, 1036 für Spaltgesellschaft nach 1945; Hopt/*Merkt* Rn 1.

144 Zutr. LG Köln NJW 1950, 871.

145 Vgl. dazu BT-Drucks. IV/171, S. 96.

146 Ausführlich *König* AG 2000, 18 (24 ff).

einen Doppelsitz zu rechtfertigen. Vielmehr bedarf es **nicht unerheblicher wirtschaftlicher Vorteile**, die vom Anmelder darzulegen sind und über reine Prestige- und Affektionsinteressen hinausgehen müssen, so z.B. wenn mit der Aufgabe eines Standorts ein Verlust an Goodwill verbunden wäre.[147] Um zu verhindern, dass durch einen Doppelsitz die §§ 13 ff unterlaufen werden, ist weiterhin zu fordern, dass die Bedeutung des Standortes deutlich über den einer Zweigniederlassung hinausgeht und durch die Begründung einer Zweigniederlassung die mit dem Doppelsitz angestrebten Vorteile nicht erreicht werden könnten.[148]

Diese Grundsätze finden auch dann Anwendung, wenn eine grenzüberschreitend tätige Ge- 53
sellschaft einen **zweiten statutarischen Sitz im Ausland** begründen will, wobei allerdings die registerrechtlichen Schwierigkeiten größer sein können als bei einem inländischen Doppelsitz, da die Koordination zwischen den Registergerichten durch unterschiedlich ausgestaltete Verfahrensabläufe und möglicherweise auch durch Sprachbarrieren erschwert werden kann. Diese Schwierigkeiten sind bei der Abwägung der Vor- und Nachteile (Rn 52) zu berücksichtigen.[149]

c) Doppelsitz von Personenhandelsgesellschaften. Ob auch Personenhandelsgesellschaf- 54
ten einen Doppelsitz haben dürfen, ist angesichts der geringeren praktischen Bedeutung noch nicht vertieft erörtert worden. Da die bisher hM annimmt, dass die Personenhandelsgesellschaft ihren Sitz stets am Ort der Hauptverwaltung habe (Rn 44), scheidet ein Doppelsitz nach dieser Auffassung aus.[150] Nimmt man dagegen mit der hier vertretenen Ansicht an, dass auch eine Personenhandelsgesellschaft den Gesellschaftssitz im Rahmen ihrer Privatautonomie frei bestimmen kann, ist dieser Schluss nicht zwingend (Rn 45); dies gilt umso mehr im Lichte des **§ 706 S. 2 BGB i.d.F. des MoPeG** (s. dazu Rn 44). Für die Personenhandelsgesellschaft kann sich ebenso wie für die Kapitalgesellschaft ein (etwa firmenrechtliches) Interesse an einem Doppelsitz ergeben, so dass eine Ungleichbehandlung gegenüber den Kapitalgesellschaften nicht gerechtfertigt erscheint, wenn die Gesellschaft ein **hinreichend gewichtiges Bedürfnis** für einen Doppelsitz darlegen kann.[151]

IX. Errichtung, Anmeldung und Eintragung der Zweigniederlassung

1. Entstehung durch Errichtung

Die Zweigniederlassung entsteht durch den **tatsächlichen Vorgang** ihrer Errichtung; der Eintra- 55
gung in das Handelsregister kommt insofern nur deklaratorische Bedeutung zu.[152] Die Errichtung ist abgeschlossen, wenn sämtliche organisatorischen Maßnahmen für das Entstehen der Gesellschaft getroffen wurden.[153] Dazu gehört insbesondere, dass entsprechende Räumlichkeiten angemietet und mit den zur Geschäftsaufnahme erforderlichen Betriebsmitteln ausgestattet wurden. Darüber hinaus muss Personal vorhanden sein, das die Zweigniederlassung in selb-

147 BayObLGZ 1985, 111 (118); GroßkommAktG/*Bachmann* § 5 Rn 37; *Koch* § 5 Rn 10; MünchKommAktG/*Heider* § 5 Rn 35; *König* AG 2000, 18 (22 ff) mit weiteren Beispielen; zurückhaltender wohl MünchKommHGB/*Krafka* Rn 36; vgl. bereits die Nachweise zum Streitstand in Fn 142.

148 Vgl. zu dieser zweiten Voraussetzung *König* AG 2000, 18 (28 ff).

149 Ausführlich dazu *Beitzke* ZHR 127 (1965), 1 (44 ff); vgl. ferner MünchKommAktG/*Heider* § 5 Rn 35; *Bärmann* AcP 156 (1957), 156 ff; *dens.* NJW 1957, 613 ff.

150 Vgl. bereits die Nachw. in Fn 144.

151 LG Köln NJW 1950, 871 (872); vgl. auch bereits die weiteren Nachw. in Fn 144.

152 Allgemeine Auffassung – vgl. nur BayObLGZ 1992, 59 (60); KG FGPrax 2004, 45 (46); OLG Hamm RPfleger 2001, 190; OLG München NZG 2006, 513 (514); Ebenroth/Boujong/Joost/Strohn/*Pentz* Rn 31; *Koch* Anh. § 45 AktG § 13 HGB Rn 7.

153 Vgl. zum Folgenden Ebenroth/Boujong/Joost/Strohn/*Pentz* Rn 35; *Koch* Anh. § 45 AktG § 13 HGB Rn 7.

ständiger Weise führt (zur personellen Selbständigkeit vgl. Rn 26). Nicht erforderlich ist dagegen die Eröffnung des Geschäftsbetriebes.[154] Zur Aufhebung der Zweigniederlassung s. noch Rn 78.

2. Zuständigkeit zur Errichtung

56 **a) Errichtung durch AG-Vorstand.** Die Errichtung der Zweigniederlassung durch eine Handelsgesellschaft obliegt als Organisationsmaßnahme der Geschäftsführung. **Bei der AG** kann sie daher vom Vorstand ohne weiteres beschlossen und durchgeführt werden, wenn der Aufsichtsrat sich nicht gem. § 111 Abs. 4 AktG die Zustimmung vorbehalten hat.[155] Die Errichtung der Zweigniederlassung als solche bleibt von der Missachtung eines derartigen Vorbehalts jedoch schon deshalb unberührt, weil es sich dabei nur um einen tatsächlichen Akt handelt (s. Rn 55). Aber auch die **Anmeldung der Errichtung** darf vom Gericht nicht etwa deshalb zurückgewiesen werden, weil ihm ein entsprechendes Zustimmungserfordernis bekannt ist;[156] denn zum einen entfaltet ein **Zustimmungsvorbehalt nach § 111 Abs. 4 AktG** stets **nur interne Wirkung** und zum anderen schreibt das Gesetz ausdrücklich vor, dass der tatsächliche Errichtungsakt zwingend eine Anmeldung erforderlich macht, selbst wenn dabei gegen interne Beschränkungen verstoßen wurde.[157]

57 **b) Errichtung durch Personenhandelsgesellschaft.** Bei den Personenhandelsgesellschaften verfügt die Geschäftsleitung nicht über die weit gesteckten Freiheiten des § 76 AktG. Daher kann sich die Errichtung einer Zweigniederlassung hier als ein außergewöhnliches Geschäft darstellen, das **im Innenverhältnis** der Zustimmung der Gesellschafter bedarf, sofern es nicht bereits ausdrücklich im Gesellschaftsvertrag gestattet ist oder die Gesellschaft schon von ihrer Grundstruktur als Filialbetrieb ausgestaltet ist.[158] Ist die Gesellschaft ohne Beachtung dieser internen Zuständigkeitsverteilung errichtet worden, so darf allerdings auch hier das Gericht die Anmeldung angesichts der nur intern wirkenden Zuständigkeitsbeschränkung und der durch § 13 Abs. 1 statuierten Anmeldepflicht nicht zurückweisen (s. Rn 56).

58 **c) Errichtung durch eine GmbH.** Zweifelhaft ist die Rechtslage **bei der GmbH.** Aufgrund ihres personalistischen Charakters wird teilweise wie bei den Personenhandelsgesellschaften grundsätzlich eine Zustimmung der Gesellschafterversammlung gefordert.[159] Das erscheint jedoch überzogen, wenn man berücksichtigt, dass hier die Möglichkeit besteht, den Geschäftsführer bereits bei der Bestellung entsprechenden Einschränkungen zu unterwerfen, wovon in der Praxis regelmäßig Gebrauch gemacht wird. Grundsätzlich ist der Errichtungsakt daher vorbehaltlich einer abweichenden Satzungsregelung von der Geschäftsführungsbefugnis gedeckt.[160]

---

154 Ebenroth/Boujong/Joost/Strohn/*Pentz* Rn 35; *Koch* Anh. § 45 AktG § 13 HGB Rn 7; MünchKommHGB/*Krafka* Rn 12; Röhricht/v. Westphalen/Haas/*Ries* Rn 11; **aA** noch KölnKomm-AktG/*Kraft*, 2. Aufl., 1988, § 42 a.F. Rn 11.

155 BayObLGZ 1992, 59 (60); *Koch* Anh. § 45 AktG § 13 HGB Rdn 7; Röhricht/v. Westphalen/Haas/*Ries* Rn 11.

156 Ebenroth/Boujong/Joost/Strohn/*Pentz* Rn 34; zur entsprechenden Behandlung eines ausdrücklichen Satzungsverbots (das in der Praxis i.d.R. nicht vorkommt) s. ROHG 22, 277 (283 f); *Koch* Anh. 45 § 13 Rn 7.

157 Vgl. dazu auch schon Ebenroth/Boujong/Joost/Strohn/*Pentz* Rn 34.

158 So zutr. Voraufl. § 116 Rn 3, 9 (*C. Schäfer*); ähnlich MünchKommHGB/*Jickeli* § 116 Rn 27; Schlegelberger/*Martens* § 116 Rn 10; ohne die letztgenannte Einschränkung Hopt/*Roth* § 116 Rn 2; Ebenroth/Boujong/Joost/Strohn/*Pentz* Rn 33; *Michalski* OHG-Recht, 2000, § 116 Rn 6.

159 Ebenroth/Boujong/Joost/Strohn/*Pentz* Rn 33.

160 Röhricht/v. Westphalen/Haas/*Ries* Rn 11.

d) Errichtung durch Prokuristen. Im Schrifttum besteht weitgehende Einigkeit darüber, dass die Errichtung einer Zweigniederlassung durch eine Prokura gedeckt ist.[161] Diese Aussage ist präzisierungsbedürftig, da die Prokura eine handelsrechtliche Vollmacht ist, die eine **Vertretungsmacht im Außenverhältnis** begründet. Für die Errichtung einer Zweigniederlassung kommt es aufgrund des **tatsächlichen Charakters** des Errichtungsaktes aber nicht auf die Vertretungsmacht, sondern vornehmlich auf die **Geschäftsführungsbefugnis im Innenverhältnis** an. Darüber trifft § 49 Abs. 1 aber keine Aussage. Allerdings kann angenommen werden, dass die Geschäftsführungsbefugnis sich grundsätzlich mit dem Umfang der Prokura deckt, solange sie vom Geschäftsherrn nicht ausdrücklich oder konkludent eingeschränkt worden ist. Sind keine Indizien für eine derartige Einschränkung erkennbar, ist der Prokurist aufgrund des nicht zwangsläufig strukturändernden Charakters eines solchen Aktes zur Errichtung einer Zweigniederlassung befugt. Zur Anmeldung durch einen Prokuristen s. § 12 Rn 39 ff. 59

3. Anmeldung der Errichtung (§ 13 Abs. 1 S. 1)

§ 13 Abs. 1 S. 1 begründet für die inländische Zweigniederlassung eines Unternehmens, dessen Sitz ebenfalls im Inland liegt, eine Anmeldepflicht öffentlich-rechtlichen Ursprungs, die notfalls gem. § 14 durch Verhängung eines Zwangsgeldes durchgesetzt werden kann (zum Verfahren vgl. §§ 388 ff FamFG). Für Rechtsträger mit Sitz oder Hauptniederlassung im Ausland gelten die §§ 13d ff. Ausländische Zweigniederlassungen eines deutschen Rechtsträgers konnten vor dem DiRUG (Rn 9) nicht in ein deutsches Register eingetragen werden.[162] Dies ist nach Einführung des § 13a im Zuge des DiRUG nunmehr möglich (s. § 13a Rn 1 ff). Die Eintragung (s. § 13 Abs. 2 und Rn 74 f) ist **deklaratorisch**; die Zweigniederlassung ist bereits mit ihrer Errichtung entstanden (s. Rn 55). Ob die Anmeldung vor oder nach der Errichtung erfolgt, ist unbeachtlich.[163] Adressat der Anmeldung ist das für die Hauptniederlassung bzw. für den Gesellschaftssitz zuständige Gericht.[164] Diese Zuständigkeit ist ausschließlich.[165] Erfolgt die Anmeldung bei einem anderen Gericht, ist sie zurückzuweisen.[166] Hat eine Gesellschaft ausnahmsweise einen **Doppelsitz**, so muss die Eintragung nach den oben (Rn 52) dargelegten Grundsätzen bei beiden Gerichten angemeldet werden.[167] 60

Anmeldepflichtig und damit auch potenzieller Adressat eines Zwangsgeldes ist bei einem einzelkaufmännisch geführten Unternehmen der Inhaber. Bei einer Handelsgesellschaft obliegt die Anmeldepflicht den vertretungsberechtigten Organen. Dies sind bei einer OHG und KG die zur Vertretung berechtigten Gesellschafter (§§ 125, 161 Abs. 2, 170), nicht aber auch die davon ausgeschlossenen persönlich haftenden Gesellschafter und Kommanditisten, weil die Errichtung der Zweigniederlassung nicht die gesellschaftsvertragliche Basis berührt.[168] Für die AG handelt ihr Vorstand (§ 78 Abs. 1 AktG), für die GmbH die Geschäftsführer (§ 35 GmbHG),[169] für 61

161 Hopt/*Merkt* § 49 Rn 1; Ebenroth/Boujong/Joost/Strohn/*Weber* § 49 Rn 3; MünchKommHGB/*Krebs* § 49 Rn 29; Röhricht/v. Westphalen/Haas/*Wagner*/*Wöstmann* § 49 Rn 4; *Canaris* HandelsR § 12 Rn 14; **aA** allerdings *K. Schmidt* UnternehmensR I § 16 III 3a.

162 OLG Düsseldorf NJW-RR 2010, 107; LG Köln DB 1979, 984; Hopt/*Merkt* Rn 11; Ebenroth/Boujong/Joost/Strohn/*Pentz* Rn 48, § 13d Rn 28; *Blasche* GWR 2012, 169 (170). Vgl. ferner RegE DiRUG, BT-Drucks. 19/28177, S. 97.

163 *Koch* Anh. zu § 45 AktG § 13 Rn 8.

164 KG DR 1939, 1453 (1454); MünchKommHGB/*Krafka* Rn 40.

165 BayObLG NJW-RR 1990, 1510 (1512); Ebenroth/Boujong/Joost/Strohn/*Pentz* Rn 45; Ensthaler/*Achilles*/*Haase* Rn 19.

166 Ebenroth/Boujong/Joost/Strohn/*Pentz* Rn 45.

167 Vgl. dazu noch Ebenroth/Boujong/Joost/Strohn/*Pentz* Rn 46.

168 Vgl. Hopt/*Merkt* Rn 9.

169 § 78 GmbHG findet keine Anwendung, da es sich nicht um eine Anmeldepflicht handelt, die „in diesem Gesetz vorgesehen" ist; wie hier Ebenroth/Boujong/Joost/Strohn/*Pentz*, 1. Aufl., § 13b Rn 1, 4; Noack/Servatius/Haas/*Beurskens* GmbHG § 78 Rn 2; **aA** Ensthaler/*Achilles*/*Haase* Rn 18.

die übrigen juristischen Personen ihr Vertretungsorgan. §§ 13a Abs. 2 S. 1, 13b Abs. 2 S. 1 a.F., in denen die Vertretungsverhältnisse für AG und GmbH noch einmal ausdrücklich klargestellt wurden, sind ersatzlos gestrichen worden, da es sich von selbst versteht, dass ein solcher Rechtsakt von dem vertretungsberechtigten Organ vorzunehmen ist.[170] Erforderlich ist jeweils, dass das Geschäftsführungsorgan **in vertretungsberechtigter Zahl** auftritt. Daneben kann die Anmeldung der Zweigniederlassung aber auch in unechter Gesamtvertretung erfolgen, soweit diese in der Satzung vorgesehen ist.[171] Auch eine Anmeldung durch Bevollmächtigte ist zulässig, soweit die Form des § 12 Abs. 1 S. 3 eingehalten wird.[172] Zur Anmeldung durch einen Prokuristen s. § 12 Rn 39 ff; zur Errichtung durch einen Prokuristen s. Rn 59.

4. Inhalt und Form der Anmeldung

62 **a) Ort, Firmenzusatz, Geschäftsanschrift.** Einen besonderen Inhalt schreibt § 13 Abs. 1 nicht vor; es wird lediglich verlangt, dass der **Ort** der Zweigniederlassung und ein etwaiger **Firmenzusatz** bei der Anmeldung anzugeben sind.[173] Aufgrund der Neufassung des § 13 Abs. 2 im Zuge des MoMiG (Rn 8) muss überdies auch noch die **inländische Geschäftsanschrift** der Zweigniederlassung angegeben werden.[174] Dieser inländischen Geschäftsanschrift kommt bei Zustellungen und beim Zugang von Willenserklärungen an die Gesellschaft Bedeutung zu. Ihre Anmeldung und Eintragung bildet den zentralen Fixpunkt der neuen Zustellungs- und Zugangsregeln des auch insofern neu geordneten Kapitalgesellschaftsrechts.[175] Durch ihre Eintragung soll die Zustellung an den Unternehmensträger erleichtert werden, die unter bestimmten Voraussetzungen auch über die Zweigniederlassung erfolgen kann (s. dazu noch Rn 80).[176]

63 Die inländische Geschäftsanschrift muss mit dem Ort der Zweigniederlassung nicht identisch sein, sondern ihre **Auswahl** steht im Belieben der Gesellschaft, solange die Anschrift nur im Inland liegt. So kann beispielsweise die inländische Wohnanschrift eines Geschäftsführers oder eines Gesellschafters, aber auch die Anschrift eines als Zustellungsbevollmächtigten eingesetzten Vertreters (z.B. Steuerberater, Rechtsberater), zum Handelsregister angemeldet werden.[177] Die inländische Geschäftsanschrift muss die Angabe von Straße, Hausnummer, Postleitzahl und Ort beinhalten; die isolierte Nennung der Postleitzahl oder des Ortes genügt nicht,[178] ebenso wenig die bloße Angabe eines Postfachs.[179]

64 Besondere Bedeutung kommt dieser Regelung bei den Zweigniederlassungen von juristischen Personen zu, bei denen die Verpflichtung zur Anmeldung in §§ 185 Nr. 2 ZPO, 15a durch die Möglichkeit einer **öffentlichen Zustellung** ergänzt wird (s. dazu noch die Erläuterungen zu § 15a). Anlass für diese Regelung waren die seit Mitte der 90er Jahre namentlich im GmbH-Recht zu beobachtenden unlauteren „Firmenbestattungen",[180] die schwerpunktmäßig durch Änderungen und Erleichterungen im Bereich der Zustellung von Willenserklärungen und zivilprozes-

---

170 RegE EHUG, BT-Drucks. 16/960, S. 46; zur Frage, ob diese Regelungen tatsächlich rein deklaratorischer Natur waren, vgl. aber Ebenroth/Boujong/Joost/Strohn/*Pentz*, 1. Aufl., § 13b Rn 4.

171 RGZ 134, 303 (307).

172 Ebenroth/Boujong/Joost/Strohn/*Pentz* Rn 42.

173 Formulierungsbeispiel bei *Krafka* Rn 297 f.

174 Davor war die Angabe einer derartigen Anschrift in § 24 Abs. 2 HRV a.F. vorgesehen, doch wurde sie nicht in das Handelsregister eingetragen und in der registergerichtlichen Praxis auch nicht in ihrer fortlaufenden Richtigkeit kontrolliert, s. RegE MoMiG BT-Drucks. 16/6140, S. 35.

175 Vgl. dazu den Überblick bei *Steffek* BB 2007, 2077 ff.

176 RegE MoMiG, BT-Drucks. 16/6140, S. 35 f, 49.

177 So die Vorgaben für die Geschäftsanschrift der Hauptniederlassung in RegE MoMiG, BT-Drucks. 16/6140, S. 35 f, die augenscheinlich in gleicher Weise auch für die Zweigniederlassung gelten sollen.

178 *Steffek* BB 2007, 2077; *Wachter* GmbHR 2006, 793 (799).

179 Vgl. dazu Ebenroth/Boujong/Joost/Strohn/*Pentz* § 13e Rn 26.

180 Vgl. zu diesem Phänomen *Kleindiek* ZGR 2007, 276 (277 ff); *Seibert* FS Röhricht, 2005, S. 585 (589 ff).

sualen Erklärungen bekämpft werden sollen.[181] Demnach soll jedes Unternehmen über die im Handelsregister einsehbare Zustellungsadresse ebenso erreichbar sein wie eine natürliche Person über den beim Einwohnermeldeamt feststellbaren zustellungsfähigen Wohnsitz.[182]

b) Übergangsvorschrift. Die Pflicht zur Anmeldung der inländischen Geschäftsanschrift gilt seit dem Inkrafttreten des MoMiG (Rn 8) für sämtliche Neuanmeldungen. Art. 65 EGHGB trifft Regelungen für **bereits in das Handelsregister eingetragene Unternehmen;** die praktische Relevanz dieser Vorschriften dürfte über zehn Jahre nach dem Inkrafttreten des MoMiG äußerst gering sein.[183] 65

c) Form. Hinsichtlich der Form hat das EHUG (Rn 7) **erhebliche Erleichterungen** gebracht. Es gelten die allgemeinen Grundsätze des § 12 Abs. 1, so dass die Anmeldung elektronisch in öffentlich beglaubigter Form einzureichen ist; die Beglaubigung mittels Videokommunikation (§ 40a Abs. 1 S. 1 Var. 2, S. 2 BeurkG) ist nach § 12 Abs. 1 S. 2 n.F. möglich (hierzu § 12 Rn 27 ff).[184] Eine **gleichzeitige Anmeldung** von Haupt- und Zweigniederlassung ist möglich.[185] Die nach der Rechtslage vor EHUG für Kapitalgesellschaften (§§ 13a Abs. 2 S. 2, 13b Abs. 2 S. 2 a.F.) und sonstige juristische Personen (§ 33 Abs. 3 a.F.) geltende Vorgabe, dass der Anmeldung eine öffentlich beglaubigte Abschrift der Satzung beizufügen ist, wurde ersatzlos gestrichen, da diese Abschrift ausschließlich für das Gericht der Zweigniederlassung gedacht war, bei dem nach geltender Rechtslage jedoch keine Eintragung mehr erfolgt.[186] Aus demselben Grund hat sich die vor EHUG umstrittene Frage erledigt, ob die Anmelder auch das Gericht der Zweigniederlassung anzugeben haben.[187] 66

5. Spätere Änderungen (§ 13 Abs. 1 S. 2)

a) Allgemeines. Soweit sich hinsichtlich der eintragungsbedürftigen Verhältnisse der Zweigniederlassung Änderungen ergeben, sind auch diese nach § 13 Abs. 1 S. 2 beim Registergericht der Hauptniederlassung bzw. des Sitzes anzumelden.[188] Dieses ist für sämtliche Eintragungen zuständig, unabhängig davon, ob sie die Haupt- oder die Zweigniederlassung betreffen. Darunter fällt etwa auch eine Firmenänderung der Zweigniederlassung[189] sowie die Erteilung oder das Erlöschen einer Filialprokura i.S.d. § 50 Abs. 3.[190] Die **Konzentration auf das Registergericht der Hauptniederlassung** wird damit auch hinsichtlich der laufenden Anmeldungen fortgeschrieben. Demzufolge kann künftig auch auf die Einreichung von **Überstücken** verzichtet werden, die nach früherer Rechtslage zur Weiterleitung an das Registergericht der Zweigniederlassung bestimmt waren.[191] 67

---

181 *Seibert* ZIP 2006, 1157 (1164).
182 RegE MoMiG, BT-Drucks. 16/6140, S. 35.
183 Ausf. Voraufl. Rn 64 f (*Koch*) – noch zu Art. 64 EGBGB a.F.
184 Vgl. RegE DiREG, BT-Drucks. 20/1672, S. 18.
185 Röhricht/v. Westphalen/Haas/*Ries* Rn 14.
186 RegE EHUG, BT-Drucks. 16/960, S. 46 f.
187 Vgl. zu dieser Streitfrage noch *Hüffer* AktG 7. Aufl., 2006, Anh. § 45 AktG § 13 HGB Rn 8.
188 § 13 Abs. 1 S. 2 geht auf § 13c a.F. zurück; zur Normentwicklung im Einzelnen vgl. Ebenroth/Boujong/Joost/Strohn/*Pentz* 1. Aufl., § 13c Rn 5 f.
189 Zu dieser früher umstrittenen Frage vgl. RegE EHUG, BT-Drucks. 16/960, S. 46; ferner Ensthaler/*Achilles*/*Haase* Rn 20.
190 Vgl. Röhricht/v. Westphalen/Haas/Ries § 13 Rn 8.
191 Ebenso *Koch* Anh. § 45 AktG § 13 Rn 11; zur früheren Rechtslage vgl. noch MünchKommHGB/*Krafka*, 2. Aufl. 2005, § 13c Rn 4.

68 **b) Sitzverlegung.** Als Änderung in diesem Sinne gilt auch eine Verlegung der Zweigniederlassung.[192] Die Verlegung ist wie die Errichtung (s. Rn 55) ein **rein tatsächlicher Akt**, so dass sich die Frage der rechtlichen Zulässigkeit nicht stellt,[193] sondern allein die Frage nach der registerrechtlichen Behandlung. Die früher verbreitete Auffassung, wonach eine Verlegung als Auflösung und Neugründung zu behandeln sei,[194] hat weder eine gesetzliche Grundlage noch ist sie aus Sachgründen geboten.[195] In den Gesetzesmaterialien wird die Sitzverlegung daher ausdrücklich **unter § 13 Abs. 1 S. 2 subsumiert.**[196] Damit ist auch einer teilweise vertretenen Analogie zu § 13h[197] die Grundlage entzogen worden.[198] Sollte mit der Verlegung eine Firmenänderung einhergehen, kann die Anpassung etwaiger Filialprokuren und sonstiger Vertretungsbeschränkungen erforderlich werden.[199]

69 **c) Umwandlung.** Ändert der Rechtsträger des Unternehmens im Zuge eines **Umwandlungsvorgangs** seine Rechtsform, so bleibt die Zweigniederlassung davon unberührt. Es bedarf lediglich der Eintragung des Inhaberwechsels, die beim Sitzgericht des neuen Rechtsträgers vorzunehmen ist.[200] Die Fortführung der einzelnen Zweigniederlassungen muss nach richtiger, wenngleich umstrittener Ansicht nicht gesondert angemeldet werden. Die Gegenansicht, nach der die Zweigniederlassungen zu löschen und sodann als Neuerrichtung nach § 13 anzumelden sind,[201] wird dem tatsächlichen Charakter der Errichtung einer Zweigniederlassung (s. Rn 55) nicht gerecht und wäre auch aus Praktikabilitätsgründen kaum wünschenswert.[202]

6. Prüfung und Eintragung (§ 13 Abs. 2)

70 **a) Prüfung.** § 13 Abs. 2 regelt die Eintragung der Zweigniederlassung auf dem Registerblatt der Hauptniederlassung. Die Eintragung soll nur dann unterbleiben, wenn die Zweigniederlassung offensichtlich nicht errichtet worden ist. Damit wird dem Registergericht zwar eine Prüfungskompetenz zugewiesen, diese Kompetenz aber zugleich auch auf einen **engen Prüfungsgegenstand** beschränkt. Vorzunehmen sind Prüfung und Eintragung von dem ausschließlich zuständigen Gericht der Hauptniederlassung bzw. des Sitzes. Eine Einbeziehung des Registergerichts am Ort der Zweigniederlassung ist nicht mehr vorgesehen.

71 Das Gericht prüft die Anmeldung in formeller und materieller Hinsicht. Die **formelle Prüfung** beschränkt sich auf das Vorliegen eines formgemäßen Eintragungsantrags (§ 12 Abs. 1 S. 1; s. dort Rn 17), auf die eigene sachliche und örtliche Zuständigkeit sowie auf die Vertretungsbefugnis der anmeldenden Personen.[203] Vor der Zurückweisung einer Anmeldung aufgrund eines formellen Mangels ist dem Anmeldenden durch eine Zwischenverfügung Gelegenheit zu geben, den Mangel zu beseitigen (§ 382 Abs. 4 FamFG).[204]

---

192 Formulierungsbeispiel für eine Anmeldung bei *Krafka* Rn 309.
193 MünchKommHGB/*Krafka* Rn 11.
194 Vgl. etwa LG Köln NJW 1951, 75.
195 So auch bereits OLG Stuttgart NJW 1964, 112; ferner Ebenroth/Boujong/Joost/Strohn/*Pentz* Rn 60.
196 RegE EHUG, BT-Drucks. 16/960, S. 46.
197 Wieder anders OLG Stuttgart NJW 1964, 112: analoge Anwendung der §§ 13, 13c a.F.
198 So auch Ensthaler/*Achilles*/*Haase* § 13h Rn 6; ebenso noch vor der Neufassung MünchKommHGB/*Krafka*, 2. Aufl. 2005, § 13h Rn 11.
199 Ausführlich dazu *Krafka* Rn 310.
200 Ebenroth/Boujong/Joost/Strohn/*Pentz* Rn 61; *Koch* Anh. § 45 AktG § 13 Rn 1.
201 *Wendel* DB 1959, Beilage Nr. 1; vgl. aus neuerer Zeit auch noch *Krafka* Rn 303 ff.
202 Ausführlich bereits Staub/*Hüffer*[4] § 13a Rn 11.
203 Vgl. zu diesen allgemeinen Voraussetzungen *Krafka* Rn 155.
204 OLG Hamburg NJW 1960, 870 (872); *Krafka* Rn 161.

Die **materielle Prüfung** wird darauf beschränkt, ob die Zweigniederlassung ordnungsgemäß errichtet worden ist. Daran kann es etwa fehlen, wenn die angemeldete Zweigniederlassung tatsächlich als eigenständige Hauptniederlassung zu gelten hat oder lediglich als unselbständige Betriebsabteilung anzusehen ist. Von einer **firmenrechtlichen Prüfung** nach § 30, die dem Registergericht über eine Online-Recherche grundsätzlich möglich wäre,[205] hat der Gesetzgeber abgesehen, weil derartige Verstöße äußerst selten seien und überdies eine Abhilfe im Wege einer Unterlassungsklage möglich bleibe.[206] 72

Dieser ohnehin schon sehr enge Prüfungsauftrag wird noch weitergehend dahin eingeschränkt, dass der Eintragung nur **„offensichtliche" Errichtungsmängel** entgegenstehen. Auf diese Weise soll dem Umstand Rechnung getragen werden, dass es dem bezirksfremden Gericht am Ort der Hauptniederlassung bzw. des Sitzes nicht ohne weiteres möglich sein wird, die tatsächliche Errichtung anhand der örtlichen Verhältnisse zu überprüfen.[207] Der Prüfungsmaßstab ähnelt dem des § 18 Abs. 2 S. 2, so dass die zu dieser Vorschrift entwickelten Grundsätze herangezogen werden können.[208] Das Gericht hat das Registerverfahren danach auf ein **Grobraster** zu beschränken.[209] Es muss weder selbständig im Wege der Beweiserhebung die tatsächlichen Verhältnisse ermitteln noch ein Gutachten der Industrie- und Handelskammer (§ 23 S. 2 HRV) einholen.[210] Rechtlichen Bedenken hat es hingegen nachzugehen, worunter auch die Frage fällt, ob – unabhängig von § 30 – eine zulässige Zweigniederlassungsfirma gebildet wurde.[211] Nach dem Gesetzeswortlaut scheint die Prüfung auch insofern nur auf offensichtliche Mängel beschränkt zu sein. Unter teleologischen Gesichtspunkten erscheint eine solche Einschränkung indes nicht gerechtfertigt, da diese Prüfung durch die räumliche Distanz des Gerichts der Hauptniederlassung nicht erschwert wird. 73

b) Eintragung. Stellt das zuständige Gericht keine Errichtungsmängel fest, trägt es die Zweigniederlassung im elektronischen Verfahren nach § 8a in die Spalte 2b der Abteilungen A oder B des Handelsregisters ein, und zwar unter Angabe des Ortes samt Postleitzahl und eines etwaigen Firmenzusatzes (vgl. §§ 40 Nr. 2b; 43 Nr. 2b HRV). Aufgrund der Neufassung des § 13 Abs. 2 im Zuge des MoMiG (Rn 8) muss zur Erleichterung der Zustellung überdies auch noch die **inländische Geschäftsanschrift** der Zweigniederlassung angegeben werden (s. Rn 62 f).[212] Sofern die Vertretungsmacht eines Prokuristen anlässlich der Errichtung auf die Zweigniederlassung beschränkt werden soll (§ 50 Abs. 3), kann dies wegen § 16 Abs. 3 HRV nicht durch eine Teilrötung geschehen, sondern die alte Eintragung muss komplett gerötet und durch eine neue Eintragung ersetzt werden.[213] 74

Eine Eintragung beim Registergericht am **Ort der Zweigniederlassung** erfolgt nicht. Der Rechtsverkehr wird vielmehr auf die Möglichkeit verwiesen, sich beim Registergericht der Hauptniederlassung über die Rechtsverhältnisse der Zweigniederlassung zu informieren. Im Wege des elektronischen Informationsabrufs ist dies problemlos möglich, so dass der Rechtsverkehr nicht wesentlich beeinträchtigt ist. 75

---

205 Vgl. dazu RegE EHUG, BT-Drucks. 16/960, S. 46.

206 Vgl. dazu Beschlussempfehlung Rechtsausschuss, BT-Drucks. 16/2781, S. 153.

207 Vgl. dazu Beschlussempfehlung Rechtsausschuss, BT-Drucks. 16/2781, S. 152 f.

208 S. *Koch* Anh. § 45 AktG § 13 Rn 12 i.V.m. § 4 Rn 13; **aA** Ensthaler/*Achilles*/*Haase* Rn 21.

209 Hopt/*Merkt* § 18 Rn 20.

210 *Krafka* Rn 299.

211 So auch schon zur alten Rechtslage BayObLG NJW-RR 1995, 1370; OLG Neustadt NJW 1962, 1205; MünchKommHGB/*Krafka*, 2. Aufl. 2005, § 13a Rn 6.

212 RegE EHUG, BT-Drucks. 16/6140, S. 49.

213 *Krafka* Rn 300 f mit Formulierungsbeispiel.

7. Registerrechtliche Behandlung von Doppelsitzen

76 Weil der Doppelsitz von Handelsgesellschaften gesetzlich nicht vorgesehen ist, fehlt es auch an gesetzlichen Vorgaben für seine registerrechtliche Behandlung. Aus sinngemäßer Anwendung der auf den Regelfall eines einzigen Gesellschaftssitzes zugeschnittenen Bestimmungen folgt zunächst, dass die Gesellschaft zur Eintragung in das Handelsregister beider Sitzgerichte anzumelden ist (zur Anmeldung einer Zweigniederlassung durch eine Gesellschaft mit Doppelsitz s. Rn 60); ebenso ist bei der Anmeldung künftiger Veränderungen zu verfahren.[214] § 2 FamFG und § 13 finden hier (zu § 2 FamFG s. aber noch Rn 77) keine Anwendung, so dass es einer **doppelten registerrechtlichen Prüfung** der formellen und sachlichen Voraussetzungen bedarf, wobei die befassten Registergerichte in ihren Entscheidungen und in der von ihnen zu entfaltenden Kontrolltätigkeit (Gründungsprüfung) voneinander unabhängig sind.[215] Widersprechende Entscheidungen und zeitliche Differenzen bei der Eintragung sind also möglich, wenngleich sich die zuständigen Registergerichte in der Praxis um eine möglichst enge Abstimmung bemühen. Weil der Doppelsitz eine ausschließlich im Interesse der Gesellschaft zugelassene Ausnahme ist, muss sie die daraus resultierenden Nachteile – einschließlich der mit der Doppeleintragung verbundenen Kosten – tragen **(Schlechterstellungsprinzip).**[216] Dem kann sich die Gesellschaft auch nicht durch die satzungsmäßige Festlegung eines Hauptsitzes analog § 13e Abs. 5 entziehen,[217] da gerichtliche Zuständigkeiten im FamFG grundsätzlich nicht der Parteidisposition überlassen bleiben, soweit dies im Gesetz nicht ausdrücklich vorgesehen ist.[218]

77 Daraus folgt **im Einzelnen:** Hängt die Entstehung der Gesellschaft oder die Wirksamkeit von Rechtsänderungen von der Eintragung ab, so müssen beide Eintragungen erfolgt und nach § 10 Abs. 1 S. 1 bekannt gemacht worden sein (zur Bedeutung der Bekanntmachung s. § 10 Rn 7 ff);[219] entsprechend verhält es sich mit der **Publizitätswirkung** von Eintragung und Bekanntmachung nach § 15 Abs. 2.[220] Hinsichtlich des Vertrauensschutzes nach § 15 Abs. 1 und 3 wird zum Teil in analoger Anwendung des § 15 Abs. 4 als maßgeblich erachtet, zu welcher Niederlassung das streitige Rechtsverhältnis die engere Beziehung hat.[221] Es ist allerdings kein Grund ersichtlich, warum gerade bei der Anwendung des § 15 das ansonsten geltende Schlechterstellungsprinzip (Rn 76) keine Anwendung finden sollte. Es genügt demnach, wenn der Dritte auf die Angaben eines Registers vertraut, unabhängig davon, zu welcher Niederlassung die engere Verbindung besteht.[222] **Fristen,** die an die Eintragung und Bekanntmachung geknüpft sind, laufen zugunsten der Gesellschaft erst von der zweiten Eintragung und Bekanntmachung an, wohingegen gutgläubige Dritte sich hinsichtlich der zu ihren Gunsten laufenden Fristen auf den Zeitpunkt der ersten Eintragung berufen können.[223] Bei einer **Beschlussanfechtung** steht es

---

214 Vgl. auch BayObLGZ 1962, 107 (112); BayObLGZ 1985, 111 (116 f); MünchKommAktG/*Heider* § 5 Rn 38; Habersack/Casper/Löbbe/*Ulmer*/*Löbbe* § 4a Rn 31. Einzelheiten zum Verfahrensablauf bei *Pluskat* WM 2004, 601 (604 ff).
215 BayObLGZ 1962, 107 (112); OLG Düsseldorf NJW-RR 1988, 354; OLG Stuttgart NJW 1953, 748; LG Hamburg DB 1973, 2237; MünchKommAktG/*Heider* § 5 Rn 38; MünchKommHGB/*Krafka* Rn 38; Scholz/*Cziupka* § 4a Rn 13; Habersack/Casper/Löbbe/*Ulmer*/*Löbbe* § 4a Rn 31; speziell zur differenzierenden Anwendung des § 2 FamFG (§ 4 FGG a.F.) in allgemeinen Registersachen und bei rechtsgestaltenden Maßnahmen vgl. KG AG 1992, 29 (30 f).
216 BayObLGZ 1962, 107 (114); LG Essen AG 2001, 429 (430); LG Hamburg DB 1973, 2237; *Koch* § 14 Rn 4; MünchKommAktG/*Heider* § 5 Rn 38; Habersack/Casper/Löbbe/*Ulmer*/*Löbbe* § 4a Rn 31; *Pluskat* WM 2004, 601 (605).
217 So aber MünchKommHGB/*Krafka* Rn 38; *Krafka* Rn 356.
218 Vgl. dazu auch *Pluskat* WM 2004, 601 (604).
219 LG Hamburg DB 1973, 2237; Ebenroth/Boujong/Joost/Strohn/*Pentz* § 13h Rn 38; MünchKommHGB/*Krafka* Rn 38; Habersack/Casper/Löbbe/*Ulmer*/*Löbbe* § 4a Rn 31; *Pluskat* WM 2004, 601 (605).
220 Ebenroth/Boujong/Joost/Strohn/*Pentz* Rn 38; MünchKommAktG/*Heider* § 5 Rn 39; MünchKommHGB/*Krafka* Rn 38; *Pluskat* WM 2004, 601 (605).
221 Hopt/*Merkt* § 15 Rn 25; MünchKommHGB/*Krebs* § 15 Rn 100; Röhricht/v. Westphalen/Haas/*Ries* § 15 Rn 46.
222 Wie hier LG Hamburg DB 1973, 2237; MünchKommAktG/*Heider* § 5 Rn 41.
223 MünchKommAktG/*Heider* § 5 Rn 42.

dem Kläger offen, vor welchem Gericht er seine Klage erheben möchte;[224] einer Beschlussanfechtung bei mehreren Gerichten steht die anderweitige Rechtshängigkeit bzw. die Rechtskraft des Urteils entgegen.[225] Im FamFG-Verfahren ist bei rechtsgestaltenden Entscheidungen und Maßnahmen nach § 375 FamFG, die nur einmal getroffen werden können, § 2 FamFG einschlägig.[226] Danach ist das Gericht zuständig, welches zuerst mit der Angelegenheit befasst ist;[227] im Zweifelsfall entscheidet gem. § 5 FamFG das gemeinschaftliche oberste Gericht den Zuständigkeitskonflikt.[228]

X. Aufhebung der Zweigniederlassung (§ 13 Abs. 3)

Wird eine Zweigniederlassung aufgehoben, so gelten nach § 13 Abs. 3 die ersten beiden Absätze 78
des § 13 sinngemäß.[229] Spiegelbildlich zur Errichtung ist auch die Aufhebung ein **rein tatsächlicher Vorgang.**[230] Ihr Tatbestand ist erfüllt, wenn die Zweigniederlassung ihren Geschäftsbetrieb nicht nur vorübergehend einstellt oder in einer Weise verändert, dass die charakteristischen Merkmale einer Zweigniederlassung (s. Rn 19 ff) nicht mehr vorliegen.[231] Die Verlegung der Zweigniederlassung fällt ebenso wie ein Umwandlungsvorgang nicht unter den Begriff der Aufhebung (s. Rn 68 und 69). Die **Eintragung** erfolgt auch hier aufgrund einer Anmeldung gemäß den in Rn 74 genannten Grundsätzen in Spalte 2b der Abteilungen A oder B des Handelsregisters (§§ 40 Nr. 2b, 43 Nr. 2b HRV). Für den Prüfungsumfang gelten die in Rn 70 ff aufgestellten Grundsätze. Unterbleibt die Anmeldung, kann sie nach § 14 erzwungen werden; auch insofern liegt die ausschließliche Zuständigkeit beim Registergericht der Hauptniederlassung.[232]

XI. Rechtsstellung der Zweigniederlassung

1. Keine Rechts- und Parteifähigkeit

Mit der Errichtung einer Zweigniederlassung entsteht kein neues Rechtssubjekt (s. Rn 23).[233] 79
Rechtsträger ist allein der **Träger des Gesamtunternehmens,** so dass er auch Träger sämtlicher in der Zweigniederlassung begründeten Rechte und Pflichten ist. Dabei kommt es nicht darauf an, ob die Geschäfte der Zweigniederlassung unter der Firma der Hauptniederlassung oder unter einer ei-

---

224 Scholz/*Cziupka* § 4a Rn 14; Habersack/Casper/Löbbe/*Ulmer*/*Löbbe* § 4a Rn 31 a.E.; *Pluskat* WM 2004, 601 (606).

225 MünchKommAktG/*Heider* § 5 Rn 44; *Pluskat* WM 2004, 601 (606).

226 Überzeugend KG AG 1992, 29 (30 f); *Koch* § 14 Rn 4; MünchKommAktG/*Heider* § 5 Rn 46; Habersack/Casper/Löbbe/*Ulmer*/*Löbbe* § 4a Rn 31 a.E.; *König* AG 2000, 18 (26); *Pluskat* WM 2004, 601 (606); für das Spruchverfahren jetzt ausdrücklich in § 2 Abs. 1 S. 2 SpruchG vorgeschrieben.

227 Die frühere Abgrenzung danach, wann das Gericht tatsächlich tätig wurde, ist im Zuge des FGG-RG aus Gründen der höheren Transparenz zugunsten der „Befassung" aufgegeben worden; vgl. auch RegE FGG-RG, BT-Drucks. 16/6308, S. 175.

228 MünchKommAktG/*Heider* § 5 Rn 46; *Pluskat* WM 2004, 601 (606); vgl. auch GroßkommAktG/*Bachmann* § 5 Rn 35; für das Spruchverfahren s. auch *Koch* Anh. § 305 AktG § 2 SpruchG Rn 4; für eine weitergehende Anwendung des § 5 FamFG (§ 5 FGG a.F.) Röhricht/v. Westphalen/Haas/*Ries* Rn 3.

229 Formulierungsbeispiel bei *Krafka* Rn 308.

230 Ebenroth/Boujong/Joost/Strohn/*Pentz* Rn 56.

231 *Koch* Anh. § 45 AktG § 13 HGB Rn 15; ähnlich Ebenroth/Boujong/Joost/Strohn/*Pentz* Rn 56; MünchKommHGB/*Krafka* Rn 13.

232 Ebenroth/Boujong/Joost/Strohn/*Pentz* Rn 59.

233 BGHZ 4, 62 (65) = NJW 1952, 182; OLG Hamm RPfleger 2001, 190; OLG München NZG 2006, 513 (515); Ebenroth/Boujong/Joost/Strohn/*Pentz* Rn 63; Röhricht/v. Westphalen/Haas/*Ries* Rn 7; *K. Schmidt* UnternehmensR I § 3 III 3b.

genen Firma getätigt worden sind.[234] Für die Gläubiger ist es also gleichgültig, ob sie mit der Haupt- oder Zweigniederlassung kontrahiert haben;[235] in beiden Fällen haftet der Unternehmer mit seinem gesamten Vermögen, zu dem auch das intern der Zweigniederlassung zugewiesene Betriebsvermögen gehört.[236] Weil Haupt- und Zweigniederlassung eine vermögensrechtliche Einheit bilden, können zwischen ihnen oder zwischen mehreren Zweigniederlassungen auch **keine schuldrechtlichen Beziehungen** bestehen, und zwar auch dann nicht, wenn die Niederlassungen einzelne Vermögensbewegungen untereinander buchungstechnisch dokumentieren.[237] Diese Buchungen bringen nicht Forderungen und Verpflichtungen zum Ausdruck, sondern nur den wirtschaftlichen Anteil der Niederlassung am Gesamtgeschäft.[238] Da die Zweigniederlassung mangels Rechtsfähigkeit über kein Vermögen verfügt, das ihr rechtlich ausschließlich zugewiesen ist, muss auch ihre **Insolvenzfähigkeit** verneint werden. Sie unterliegt nicht als abgegrenzte Vermögensmasse dem Zugriff nur einer bestimmten Gläubigergruppe, sondern haftet allen Gläubigern des Unternehmers.[239]

80 Aus der Rechtsträgerschaft folgt die **prozessuale Zuständigkeit.** Mangels Rechtsfähigkeit kommt der Zweigniederlassung keine Parteifähigkeit (§ 50 ZPO) zu.[240] Allein der Träger des Gesamtunternehmens ist Partei des Rechtsstreits, allerdings kann er auch unter der Firma der Zweigniederlassung klagen und verklagt werden.[241] Eine gesonderte Firmenführung durch die Zweigniederlassung ist also prozessual nur für die Parteibezeichnung (§ 253 Abs. 2 Nr. 1 ZPO) von Bedeutung. Liegt ein unmittelbarer Bezug zur Zweigniederlassung vor, so besteht nach **§ 21 ZPO** (ähnliche Regelung für internationale Zuständigkeit in Art. 7 Nr. 5 Brüssel Ia-VO[242]) am Ort ihrer Niederlassung ein **weiterer Gerichtsstand des Unternehmers.**[243] Eine gegen den Unternehmer unter der Firma der Zweigniederlassung erhobene Klage kann dem Unternehmer dann auch im Geschäftslokal der Zweigniederlassung zugestellt werden.[244] Nach den Änderungen im Zuge des MoMiG (Rn 8) ist daneben auch eine Zustellung unter der inländischen Geschäftsanschrift der Zweigniederlassung nach § 13 Abs. 2 möglich (s. Rn 62 f). Ein unmittelbarer Bezug zur Zweigniederlassung i.S.d. § 21 ZPO kann auch bei einem Ersatzanspruch aus unerlaubter Handlung bestehen, sofern das Delikt im Betrieb der Niederlassung begangen wurde. Für Aktivprozesse des Unternehmens begründet § 21 ZPO die örtliche Zuständigkeit nicht;[245] das Gericht der Zweigniederlassung kann aber nach § 29 ZPO in Verbindung mit § 269 Abs. 2 BGB zuständig sein.[246]

---

234 RGZ 62, 7 (10); RGZ 107, 44 (45 f); BGHZ 4, 62 (65) = NJW 1952, 182; OLG Hamm RPfleger 2001, 190; Ebenroth/Boujong/Joost/Strohn/*Pentz* Rn 63; MünchKommHGB/*Krafka* Rn 16; *K. Schmidt* UnternehmensR I § 3 III 3b.

235 *K. Schmidt* UnternehmensR I § 3 III 3b.

236 Ebenroth/Boujong/Joost/Strohn/*Pentz* Rn 63.

237 OLG Hamm RPfleger 2001, 190; Ebenroth/Boujong/Joost/Strohn/*Pentz* Rn 63; Ensthaler/*Achilles/Haase* Rn 12; MünchKommHGB/*Krafka* Rn 19.

238 OLG Hamburg NJW 1949, 467 (469); Ensthaler/*Achilles/Haase* Rn 12; MünchKommHGB/*Krafka* Rn 19.

239 Vgl. auch Ebenroth/Boujong/Joost/Strohn/*Pentz* Rn 64; Röhricht/v. Westphalen/Haas/*Ries* Rn 7.

240 BGHZ 4, 62 (65) = NJW 1952, 182; Ebenroth/Boujong/Joost/Strohn/*Pentz* Rn 64; *Koch* Anh. § 45 AktG § 13 HGB Rn 6; MünchKommHGB/*Krafka* Rn 20; Röhricht/v. Westphalen/Haas/*Ries* Rn 7; *K. Schmidt* UnternehmensR I § 3 III 3b.

241 BGHZ 4, 62 (65) = NJW 1952, 182; OLG Hamm RPfleger 2001, 190; Ebenroth/Boujong/Joost/Strohn/*Pentz* Rn 64; Ensthaler/*Achilles/Haase* Rn 12; *Koch* Anh. § 45 AktG § 13 HGB Rn 6; MünchKommHGB/*Krafka* Rn 20; Röhricht/v. Westphalen/Haas/*Ries* Rn 7.

242 Verordnung (EU) Nr. 1215/2012 des Europäischen Parlaments und des Rates vom 12.12.2012 über die gerichtliche Zuständigkeit und die Anerkennung und Vollstreckung von Entscheidungen in Zivil- und Handelssachen, ABl. EU Nr. L 351, S. 1.

243 Zu Recht weist Staub/*Hüffer*[4] vor § 13 Rn 20 darauf hin, dass die gebräuchliche Formulierung „Gerichtsstand der Zweigniederlassung" (vgl. etwa BGH NJW 1998, 1322) ungenau ist.

244 RGZ 109, 265 (267); BGHZ 4, 62 (65) = NJW 1952, 182; Ebenroth/Boujong/Joost/Strohn/*Pentz* Rn 64.

245 Damit scheidet gem. § 689 Abs. 2 ZPO auch eine Zuständigkeit im Mahnverfahren aus – vgl. BGH NJW 1978, 321; BGH NJW 1998, 1322; Ebenroth/Boujong/Joost/Strohn/*Pentz* Rn 64.

246 MünchKommHGB/*Krafka* Rn 20.

2. Keine Grundbuchfähigkeit

Mangels Rechtsfähigkeit ist die Zweigniederlassung nicht grundbuchfähig, sondern auch insofern ist die **Person des Unternehmensträgers** maßgeblich.[247] Ist dieser ein Einzelkaufmann, kann er nach § 15 Abs. 1a der Grundbuchverfügung vom 8.8.1935[248] grundsätzlich nicht unter einer Firma in das Grundbuch eingetragen werden. Etwas anderes gilt für die Handelsgesellschaften, die keinen anderen Namen als ihre Firma tragen. Ihnen ist es gestattet, das Grundstück oder Grundstücksrecht unter der Firma der Zweigniederlassung (Rn 84 f) eintragen zu lassen, wenn es dem Geschäftsvermögen der Zweigniederlassung zugewiesen ist (s. Rn 29).[249] In diesem Fall genügt für die Angabe des Gesellschaftssitzes (§ 15 Abs. 1b GBVerf) ebenfalls die Angabe des Ortes der Zweigniederlassung.[250] Soll das Grundstück später von der Firma der Zweigniederlassung auf die Firma der Hauptniederlassung umgeschrieben werden, liegt kein Übertragungsakt vor, sondern lediglich eine Grundbuchberichtigung nach § 22 GBO.[251] 81

3. Zurechnung und Haftung

Für die in der Zweigniederlassung abgeschlossenen Geschäfte haftet der Träger des Gesamtunternehmens mit seinem ganzen Vermögen, wenn er beim Geschäftsabschluss wirksam vertreten worden ist. Das hängt von dem **Umfang der Vertretungsmacht** des Leiters der Zweigniederlassung ab. Im Regelfall wird er mindestens über eine Handlungsvollmacht i.S.d. § 54 HGB verfügen (s. Rn 26). Die Grundsätze der Anscheins- und Duldungsvollmacht finden auch hier Anwendung. Der vollmachtlose Vertreter haftet nach §§ 177 ff BGB. Bei Prokuristen (§ 50 Abs. 3) und Geschäftsführern einer Personenhandelsgesellschaft (§ 126 Abs. 3) kann die Vertretungsmacht auf die Zweigniederlassung beschränkt werden, solange diese eine eigene Firma hat; bei Vorständen einer AG und den Geschäftsführern einer GmbH ist eine solche Beschränkung im Außenverhältnis gem. § 82 Abs. 1 AktG und § 37 Abs. 2 GmbHG unzulässig. 82

Für **tatsächliche Handlungen** des Leiters einer Zweigniederlassung kann der Inhaber des Gesamtunternehmens gegebenenfalls unter den Voraussetzungen der §§ 278, 831 BGB zur Verantwortung gezogen werden. Wird das Unternehmen von einer Handelsgesellschaft betrieben, so erfolgt eine Zurechnung unter den Voraussetzungen der **§§ 30, 31 BGB**.[252] Dafür genügt es nach heute hM, wenn dem Leiter der Zweigniederlassung für seinen Bereich bedeutsame wesensmäßige Funktionen der juristischen Person zur selbständigen, eigenverantwortlichen Erfüllung zugewiesen sind.[253] 83

---

247 OLG Hamm RPfleger 2001, 190; Ebenroth/Boujong/Joost/Strohn/*Pentz* Rn 65; *Koch* Anh. § 45 AktG § 13 HGB Rn 6; MünchKommHGB/*Krafka* Rn 21; Röhricht/v. Westphalen/Haas/*Ries* Rn 7; ausführlich zum Folgenden *Woite* NJW 1970, 548 ff.

248 GBVerf. RMBl. S. 637; neu gefasst durch Gesetz v. 24.1.1995, BGBl. I, S. 114 ff.

249 RGZ 62, 7 (10); BayObLGZ 1972, 373 (377); KG JW 1937, 1743; LG Bonn NJW 1970, 570 (571); *Koch* Anh. § 45 AktG § 13 HGB Rn 6; MünchKommHGB/*Krafka* Rn 21; Röhricht/v. Westphalen/Haas/*Ries* Rn 7; noch weitergehend nahm das RG (a.a.O.) an, die Eintragung müsse notwendigerweise auf die Firma der Zweigniederlassung lauten.

250 LG Bonn NJW 1970, 570 (571); Ebenroth/Boujong/Joost/Strohn/*Pentz* Rn 65; *Woite* NJW 1970, 548 (549).

251 KG JW 1937, 1743 (1744); OLG Hamm RPfleger 2001, 190; Hopt/*Merkt* Rn 4; Ebenroth/Boujong/Joost/Strohn/*Pentz* Rn 65; Ensthaler/*Achilles*/*Haase* Rn 12; MünchKommHGB/*Krafka* Rn 21; Röhricht/v. Westphalen/Haas/*Ries* Rn 7.

252 Ebenroth/Boujong/Joost/Strohn/*Pentz* Rn 66; *Koch* Anh. § 45 AktG § 13 Rn 6; Röhricht/v. Westphalen/Haas/*Ries* Rn 10; zur analogen Anwendung des § 31 BGB auf die Kapitalgesellschaften vgl. statt aller *Koch* § 78 Rn 23; zur analogen Anwendung auf die Personenhandelsgesellschaften vgl. statt aller Hopt/*Roth* § 124 Rn 25 ff.

253 BGHZ 49, 19 (21) = NJW 1968, 391; BGH NJW 1977, 2259 (2260); BGH NJW 1984, 921 (922); Ebenroth/Boujong/Joost/Strohn/*Pentz* Rn 65; *Koch* Anh. § 45 AktG § 13 HGB Rn 6; *K. Schmidt* GesR § 10 IV 4.

4. Firma

84 **a) Grundsatz.** Aus dem Umstand, dass hinter der Haupt- und der Zweigniederlassung derselbe Unternehmensträger steht (s. Rn 23), zog die **ältere Praxis** den Schluss, dass beide unter derselben Firma auftreten müssten; ausschließlich ein Zweigniederlassungszusatz wurde für zulässig, wenn auch nicht für erforderlich gehalten.[254] Mittlerweile hat sich dagegen mit Blick auf die **Verselbständigung der Zweigniederlassung** im Außenverhältnis die Erkenntnis durchgesetzt, dass eine solche Firmenidentität mit oder ohne Zweigniederlassungszusatz zwar weiterhin selbstverständlich zulässig ist (zu Ausnahmen s. noch Rn 85), die Zweigniederlassung daneben aber auch eine von der Hauptniederlassung **abweichende Firma** führen darf.[255] Die Zulässigkeit einer derartigen Abweichung wird in Art. 30 Abs. 1 lit. d) der Gesellschaftsrechtsrichtlinie (Rn 6) vorausgesetzt und findet überdies auch im deutschen Recht eine positivrechtliche Stütze; § 50 Abs. 3 S. 1 liegt die Vorstellung zugrunde, dass eine „Niederlassung unter verschiedenen Firmen" betrieben wird.[256] Möglich ist es demnach auch, dass mehrere Zweigniederlassungen desselben Unternehmens unterschiedliche Firmen führen.[257] Zur Firma inländischer Zweigniederlassungen ausländischer Unternehmen s. noch § 13d Rn 22 ff.

85 **b) Einheitlicher Firmenkern.** Erforderlich ist nach dem Grundsatz der Firmenwahrheit und Firmeneinheit aber weiterhin, dass auch in der eigenständigen Firma der Zweigniederlassung der **Bezug zur Hauptniederlassung** noch zum Ausdruck kommt.[258] Außer durch die weiterhin zulässige Firmenidentität (Rn 84) kann dieser Bezug zunächst durch einen einheitlichen Firmenkern hergestellt werden, dem **unterscheidende Zusätze** beigefügt werden, um die Zweigniederlassung näher zu kennzeichnen.[259] Nach § 50 Abs. 3 S. 2 kann ein derartiger Zusatz eine Firmenverschiedenheit begründen, die gem. § 50 Abs. 3 S. 1 Voraussetzung einer gesonderten Niederlassungsprokura ist (entsprechende Geltung für Vertretungsbeschränkungen von Gesellschaftern nach §§ 126 Abs. 3, 161 Abs. 2). Bei **Niederlassungen am selben Ort** ist ein unterscheidungskräftiger Zusatz gem. § 30 Abs. 3 zwingend geboten. Während es für § 50 Abs. 3 S. 2 aber schon genügt, wenn der Hauptfirma ein Zusatz beigefügt wird, der sie als Firma der Zweigniederlassung bezeichnet (z.B. „Filiale" oder „Zweigniederlassung"), ist dies für § 30 Abs. 3 noch nicht ausreichend (vgl. dazu ausführlich § 30 Rn 46).

86 Tragen Haupt- und Zweigniederlassung dieselbe Firma, die allenfalls durch einen Zusatz ergänzt wird, so führt eine **Firmenänderung** der Hauptniederlassung automatisch auch zur Firmenänderung der rechtlich unselbständigen Zweigniederlassung, ohne dass es einer weiteren Anmeldung oder Eintragung bedarf.[260] Bei einer **Kapitalgesellschaft** muss die Firma der

---

254 Vgl. dazu RGZ 114, 318 (320); OLG Darmstadt OLGE 13, 38; OLG Dresden OLGE 2, 516; weitere Nachweise in BayObLGZ 1992, 59 (61).

255 BayObLGZ 1990, 151 (158); BayObLGZ 1992, 59 (61 f); Hopt/*Merkt* Rn 7; Ebenroth/Boujong/Joost/Strohn/*Pentz* Rn 27; Ebenroth/Boujong/Joost/Strohn/*Reuschle* § 17 Rn 13; HK-HGB/*Ruß* Rn 4; MünchKommHGB/*Heidinger* § 17 Rn 16; MünchKommHGB/*Krafka* Rn 24; *K. Schmidt* UnternehmensR I § 12 II 3a; *Kögel* Rpfleger 1993, 8; *Richert* MDR 1957, 339 f mN zum früheren Meinungsstand.

256 BayObLGZ 1992, 59 (61); vgl. auch Ebenroth/Boujong/Joost/Strohn/*Pentz* Rn 27.

257 Röhricht/v. Westphalen/Haas/*Ries* Rn 12.

258 Vgl. bereits die Nachw. in Fn 256; die Kritik am Grundsatz der Firmeneinheit (vgl. Koller/Kindler/Roth/Drüen/*Roth* § 17 Rn 12; *Canaris* HandelsR § 11 Rn 35 f) ist angesichts der anderenfalls drohenden Unklarheit über die Haftungsverhältnisse zurückzuweisen (zutr. Hopt/*Merkt* § 17 Rn 9; vgl. auch *K. Schmidt* UnternehmensR I § 12 II 2b.

259 BayObLGZ 1992, 59 (62); Hopt/*Merkt* Rn 7; Ebenroth/Boujong/Joost/Strohn/*Pentz* Rn 27; MünchKommHGB/*Heidinger* § 17 Rn 16; MünchKommHGB/*Krafka* Rn 24; *K. Schmidt* UnternehmensR I § 12 II 3a; *Kögel* Rpfleger 1993, 8; *Richert* MDR 1957, 339 (340).

260 BayObLGZ 1990, 151 (158 f); Ebenroth/Boujong/Joost/Strohn/*Pentz* 1. Aufl., § 13c Rn 4.

Zweigniederlassung, die sich nur durch einen Zusatz von der Firma der Hauptniederlassung unterscheidet, nicht in die Satzung aufgenommen werden (s. aber noch Rn 87).[261]

c) Selbständiger Firmenkern. Zulässig ist es schließlich auch, der Zweigniederlassung einen selbständigen Firmenkern zu geben und ihre Zugehörigkeit zur Hauptniederlassung lediglich durch einen **identitätsbildenden Zusatz** herauszustellen.[262] Auf diese Weise kann auch ein übernommenes Unternehmen unter der alten Firmenbezeichnung mit Filialzusatz weitergeführt werden.[263] Sowohl bei unterscheidenden als auch bei identitätsbildenden Zusätzen ist es jedoch erforderlich, dass ein etwaiger Rechtsformhinweis der Hauptniederlassung (§ 19 Abs. 1 bzw. § 4 GmbHG, § 4 AktG) auch in die Firma der Zweigniederlassung übernommen wird.[264] Bei Kapitalgesellschaften verlangt die hM zusätzlich, dass eine Firma mit einem selbständigen Firmenkern in die **Satzung** aufgenommen wird.[265] Dem ist zuzustimmen, da die Festlegung der Firma nach § 23 Abs. 3 Nr. 1 AktG, § 3 Abs. 1 Nr. 1 GmbHG ohne Einschränkung der laufenden Geschäftsführung entzogen ist.[266] Eine Veräußerung der Zweigniederlassung ist mitsamt ihrer Firma möglich, wobei durch entsprechenden Zusatz die neue Zuordnung klarzustellen ist.[267] 87

XII. Kosten

1. Gerichtskosten

Die Gebühr für die **Eintragung einer Zweigniederlassung** nach § 58 GNotKG i.V.m. dem Gebührenverzeichnis zur Handelsregistergebührenverordnung (HRegGebV) beträgt bei einer Kapitalgesellschaft € 120 (Nr. 2200 GV HRegGebV), bei einem Einzelkaufmann, einer Personengesellschaft und einer Partnerschaft € 40 (Nr. 1200 GV HRegGebV).[268] Die Kosten für **Folgeeintragungen** hängen davon ab, ob eine Tatsache von **wirtschaftlicher Bedeutung** einzutragen ist. In diesem Fall beträgt die Gebühr € 40 bei einem Einzelkaufmann (Nr. 1500 GV HRegGebV), € 60 bei einer Gesellschaft mit bis zu 50 eingetragenen Gesellschaftern oder einer Partnerschaft mit bis zu 50 eingetragenen Partnern (Nr. 1501 GV HRegGebV) und € 70 bei einer Gesellschaft mit mehr als 50 eingetragenen Gesellschaftern oder einer Partnerschaft mit mehr als 50 eingetragenen Partnern (Nr. 1502 GV HRegGebV). Betrifft die Eintragung eine Tatsache ohne wirtschaftliche Bedeutung, beträgt die Gebühr € 30 (Nr. 1504 GV HRegGebV). Für die Eintragung der zweiten und jeder weiteren Tatsache aufgrund derselben Anmeldung ist eine Gebühr von € 30 fällig, wobei Tatsachen ohne wirtschaftliche Bedeutung nicht als erste Tatsache zu behandeln sind (Nr. 1503 GV HRegGebV). Bei **Kapitalgesellschaften** beträgt die Gebühr bei Tatsachen mit wirtschaftlicher Bedeutung für die Eintragung der zweiten und jeder weiteren Tatsache aufgrund derselben Anmeldung € 40 (Nr. 2501 GV HRegGebV); bei Tatsachen ohne wirtschaftliche Bedeutung beträgt die Gebühr € 30 (Nr. 2502 GV HRegGebV). 88

---

261 BayObLGZ 1992, 59 (62 f); Ebenroth/Boujong/Joost/Strohn/*Pentz* Rn 28; MünchKommHGB/*Krafka*, 2. Aufl. 2005, § 13a Rn 3; Röhricht/v. Westphalen/Haas/*Ries* Rn 13.

262 Vgl. bereits die Nachw. in Fn 256.

263 RGZ 113, 213 (216 ff); Hopt/*Merkt* Rn 7; Ebenroth/Boujong/Joost/Strohn/*Pentz* Rn 29; Röhricht/v. Westphalen/Haas/*Ries* Rn 13; *K. Schmidt* UnternehmensR I § 12 II 3a.

264 Ebenroth/Boujong/Joost/Strohn/*Pentz* Rn 27; *K. Schmidt* UnternehmensR I § 12 II 3a.

265 BayObLGZ 1992, 59 (62 f); Ebenroth/Boujong/Joost/Strohn/*Pentz* Rn 28; *Koch* § 23 Rn 20; Röhricht/v. Westphalen/Haas/*Ries* Rn 13; Scholz/*Cziupka* § 4 Rn 87; **aA** *Dirksen*/*Volkers* BB 1993, 598 (599).

266 BayObLGZ 1992, 59 (63).

267 Ausführlich MünchKommHGB/*Krafka* Rn 27 f; vgl. auch Hopt/*Merkt* Rn 7.

268 Die frühere Differenzierung zwischen Einzelkaufleuten einerseits, Personengesellschaften und Partnerschaften andererseits wurde 2010 aufgegeben, s. Korintenberg/*Thamke* HRegGebV GV 1200 Rn 4. Zu den Gerichtskosten s. ferner Lutter/Hommelhoff/*Bayer* Anh. § 4a Rn 44.

2. Notarkosten

89 Für die Notargebühren richtet sich der **Geschäftswert** nach § 105 GNotKG, wobei der Höchstwert von € 1 Mio. nach § 106 GNotKG gilt.[269]

269 S. auch Lutter/Hommelhoff/*Bayer* Anh. § 4a Rn 43; *Bönner* RNotZ 2015, 253 (275).

§ 13a Europäische Zweigniederlassungen von Kapitalgesellschaften mit Sitz im Inland

(1) In Bezug auf Zweigniederlassungen, die dem Recht eines anderen Mitgliedstaates der Europäischen Union oder eines anderen Vertragsstaates des Abkommens über den Europäischen Wirtschaftsraum unterliegen und die von einer Kapitalgesellschaft mit Sitz im Inland errichtet wurden, gelten die folgenden Vorschriften.

(2) Die Landesjustizverwaltungen stellen sicher, dass die Daten der Zweigniederlassungen, die im Rahmen des Europäischen Systems der Registervernetzung gemäß § 9b empfangen werden, an dasjenige Registergericht weitergeleitet werden, das für die Gesellschaft zuständig ist.

(3) Das zuständige Registergericht bestätigt den Eingang der Daten über das Europäische System der Registervernetzung gemäß § 9b und trägt unverzüglich von Amts wegen die folgenden gemäß Absatz 2 erhaltenen Daten zu der Zweigniederlassung oder deren Änderung in das Registerblatt der Gesellschaft ein:

1. **Errichtung, Aufhebung oder Löschung der Zweigniederlassung,**
2. **Firma der Zweigniederlassung,**
3. **Geschäftsanschrift der Zweigniederlassung einschließlich des Staates,**
4. **Eintragungsnummer und einheitliche europäische Kennung der Zweigniederlassung.**

Schrifttum

Linke Gesetz zur Umsetzung der Digitalisierungsrichtlinie (DiRUG), NZG 2021, 309; *Omlor/Blöcher* DiRUG-Neuerungen im Beurkundungs- und Registerrecht, DStR 2021, 2352; *J. Schmidt* DiRUG-RefE: Ein Digitalisierungs-Ruck für das deutsche Gesellschafts- und Registerrecht, ZIP 2021, 112.

Übersicht

I. Regelungsgegenstand und Regelungszweck

§ 13a hat die registerrechtliche Behandlung von ausländischen Zweigniederlassungen deutscher Kapitalgesellschaften zum Gegenstand. Die Vorschrift schafft die Voraussetzungen für die **Eintragung ausländischer Zweigniederlassungen** von deutschen Unternehmen in das Handelsregister, was nach der bisherigen Rechtslage nicht möglich war.[1] § 13a richtet sich nicht unmittelbar an die Rechtsverkehrsteilnehmer, sondern an die Landesjustizverwaltungen und Registergerichte. Insoweit soll sie im Zusammenspiel mit § 9b die **institutionellen Rahmenbedingungen** für das Europäische System der Registervernetzung schaffen. 1

1 RegE DiRUG, BT-Drucks. 19/28177, S. 97; OLG Düsseldorf NJW-RR 2010, 107 f; Voraufl. § 13 Rn 60 (*Koch*); Hopt/*Merkt* § 13 Rn 11; *Blasche* GWR 2012, 169 (170).

https://doi.org/10.1515/9783110564440-021

II. Normursprung

2 Mit § 13a hat der deutsche Gesetzgeber im Zuge des DiRUG[2] die Vorgaben der **Gesellschaftsrechtsrichtlinie**[3] umgesetzt, die insoweit durch die Digitalisierungsrichtlinie[4] ergänzt wurde.[5] Nach Art. 19 Abs. 2 lit. h der Gesellschaftsrechtsrichtlinie müssen die Mitgliedstaaten dafür sorgen, dass Informationen über alle von der Gesellschaft **in anderen Mitgliedstaaten eingerichteten Zweigniederlassungen**, einschließlich des Namens, der Eintragungsnummer, der EUID (einheitliche europäische Kennung, s. § 9 Abs. 2 S. 2 und § 9b Rn 12) und des Mitgliedstaats, in dem die Zweigniederlassung eingetragen ist, über das **System der Registervernetzung** (s. § 9b Rn 2) kostenlos zugänglich sind. Zwar schreibt die Vorschrift die Erfassung ausländischer Zweigniederlassungen deutscher Gesellschaften im Handelsregister nicht unmittelbar vor, übt aber auf den nationalen Gesetzgeber mittelbar einen Anpassungsdruck aus: Damit die Informationen über das **Europäische Justizportal** als Bestandteil des Europäischen Systems der Registervernetzung (s. § 9b Rn 6 ff) abrufbar sind, müssen sie zunächst in einem nationalen Register gespeichert werden, dessen Inhalt sodann über das Justizportal zugänglich gemacht wird (zur Navigationsfunktion des Justizportals s. § 9b Rn 7).[6]

3 Außerdem sieht Art. 28a Abs. 7 der Gesellschaftsrechtsrichtlinie (Rn 2) Vorgaben an die Registergerichte für den Fall vor, dass diese eine Zweigniederlassung einer Gesellschaft, die nach den Rechtsvorschriften eines anderen Mitgliedstaats gegründet wurde, in das nationale Register eingetragen haben. In einem solchen Fall müssen die **Registergerichte** den Mitgliedstaat, in dem die Gesellschaft eingetragen wurde, über das System der Registervernetzung von der Eintragung der Zweigniederlassung unterrichten (S. 1). Der Mitgliedstaat, in dem die Gesellschaft eingetragen ist, muss den Eingang einer solchen Mitteilung bestätigen und die Informationen unverzüglich in seinem Register verzeichnen (S. 2). Entsprechende Pflichten gelten nach Art. 28c der Richtlinie für die Aufhebung einer Zweigniederlassung.

III. Rechtspolitische Kritik

4 Es ist zu begrüßen, dass der europäische Richtliniengeber mit Art. 19 Abs. 2 lit. h der Gesellschaftsrechtsrichtlinie die Mitgliedstaaten dazu angehalten hat, die ausländischen Zweigniederlassungen nationaler Gesellschaften im Register der Hauptniederlassung zu erfassen. Die Registrierung erleichtert namentlich dem inländischen Rechtsverkehr die Information über die wirtschaftlichen Verhältnisse der Gesellschaft und verbessert damit die **Transparenz**. Zudem ergänzen § 13a und die entsprechenden Umsetzungsnormen in den anderen EU-Mitgliedstaaten das Europäische System der Registervernetzung und tragen dadurch zum **Ausbau des europäischen Binnenmarktes** bei. Gleichwohl ist der Anwendungsbereich der Gesellschaftsrechtsrichtlinie und des § 13a auf Kapitalgesellschaften beschränkt, so dass Zweigniederlassungen von Einzelkaufleuten und Personengesellschaften registerrechtlich nicht erfasst werden können. Dies entspricht zwar dem sonstigen Harmonisierungskonzept der Richtlinie, führt aber zu systematischen Brüchen innerhalb des Systems der §§ 8 ff, die grundsätzlich rechtsformunabhängig gelten (s. § 8 Rn 8, 21 ff).

2 Gesetz zur Umsetzung der Digitalisierungsrichtlinie (DiRUG) v. 5.7.2021, BGBl. I, S. 3338.

3 Richtlinie (EU) 2017/1132 des Europäischen Parlaments und des Rates v. 14.6.2017 über bestimmte Aspekte des Gesellschaftsrechts, ABl. EU Nr. L 169, S. 46 v. 30.6.2017.

4 Richtlinie (EU) 2019/1151 des Europäischen Parlaments und des Rates v. 20.6.2019 zur Änderung der Richtlinie (EU) 2017/1132 im Hinblick auf den Einsatz digitaler Werkzeuge und Verfahren im Gesellschaftsrecht, ABl. EU Nr. L 186, S. 80.

5 Vgl. RegE DiRUG, BT-Drucks. 19/28177, S. 97.

6 Zu diesem mittelbaren Zwang RegE DiRUG, BT-Drucks. 19/28177, S. 97.

IV. Anwendungsbereich

§ 13a Abs. 1 ordnet an, dass in Bezug auf Zweigniederlassungen, die dem Recht eines EU- oder EWR-Staates unterliegen und die von einer **Kapitalgesellschaft** im Inland errichtet wurden, § 13a Abs. 2 und 3 gelten. Damit markiert die Vorschrift den Anwendungsbereich des § 13a und grenzt dabei zum einen Zweigniederlassungen aus, die in **Drittstaaten** errichtet wurden.[7] Zum anderen macht sie deutlich, dass ausländische Zweigniederlassungen von Einzelkaufleuten und Personengesellschaften registerrechtlich weiterhin nicht erfasst werden können. Sprachlich kommt diese Ausklammerung darin zum Ausdruck, dass § 13a – anders als § 13 – **nicht rechtsformneutral** von einem „Unternehmen" spricht (s. dazu § 13 Rn 11), um die Hauptniederlassung zu umschreiben, sondern von einer Gesellschaft. 5

V. Vorgaben für Landesjustizverwaltungen

§ 13a Abs. 2 adressiert die Landesjustizverwaltungen. Als organisationsrechtliches **Pendant zu § 13e Abs. 6** (s. dazu § 13e Rn 47)[8] und in Ergänzung des § 9b Abs. 1 S. 2, Abs. 3 (s. dazu § 9b Rn 10, 19 f) verpflichtet die Vorschrift die Landesjustizverwaltung zur Schaffung von **institutionellen Rahmenbedingungen**, die für das Funktionieren des Europäischen System der Registervernetzung erforderlich sind. Die Landesjustizverwaltungen müssen sicherstellen, dass die Daten der ausländischen Zweigniederlassungen, die über das Europäische System der Registervernetzung empfangen werden, an das für die deutsche Hauptniederlassung zuständige Registergericht **weitergeleitet** werden (zur Zuständigkeit s. bereits § 13 Rn 12, 60). Die organisatorische Umsetzung dieser Vorgabe gewährleistet den Informationsaustausch innerhalb des Systems der Registervernetzung. 6

VI. Vorgaben für Gerichte

1. Bestätigungspflicht

Erhält ein deutsches Registergericht eine Information über eine Zweigniederlassung aus einem EU- oder EWR-Staat, muss das Gericht dies gem. § 13a Abs. 3 über das **Europäische System der Registervernetzung** gem. § 9b bestätigen. Eine spiegelbildliche Vorgabe für ausländische Zweigniederlassungen von inländischen Kapitalgesellschaften regelt § 13e Abs. 7 S. 1 (s. § 13e Rn 48 ff). Auch wenn dies im Wortlaut des § 13a Abs. 3 nicht ausdrücklich angeordnet ist, richtet sich das Bestätigungsverfahren nach den Nr. 4.2–4.4 des Anhangs der VO (EU) 2021/1042.[9] 7

2. Eintragungspflicht

Überdies erlegt § 13a Abs. 3 den deutschen Registergerichten die Pflicht auf, die Daten über die Errichtung, Aufhebung oder Löschung der Zweigniederlassung (Nr. 1), die Firma der Zweigniederlassung (Nr. 2), die Geschäftsanschrift der Zweigniederlassung einschließlich des Staates (Nr. 3) sowie die Eintragungsnummer und einheitliche europäische Kennung der Zweignieder- 8

7 *Linke* NZG 2021, 309 (315).
8 Vgl. *Knaier* GmbHR 2021, 169 Rn 40.
9 Durchführungsverordnung (EU) 2021/1042 der Kommission vom 18.6.2021 mit Durchführungsbestimmungen zur Richtlinie (EU) 2017/1132 des Europäischen Parlaments und des Rates in Bezug auf technische Spezifikationen und Verfahren für das System der Registervernetzung und zur Aufhebung der Durchführungsverordnung (EU) 2020/2244 der Kommission, ABl. EU Nr. L 225, S. 7.

lassung (Nr. 4; zu EUID s. bereits § 9b Rn 12) in das Registerblatt der Hauptniederlassung unverzüglich einzutragen. Damit hat der deutsche Gesetzgeber die Vorgaben der Art. 19 Abs. 2 lit. h, 28a Abs. 7 S. 2 und 28c S. 2 der Gesellschaftsrechtsrichtlinie (Rn 2) umgesetzt.[10] Dabei bezieht sich die Eintragungspflicht nach § 13a Abs. 3 Nr. 2–4 nicht nur auf die ursprunglichen Informationen, sondern auch auf etwaige Aktualisierungen, die ebenfalls im deutschen Handelsregister zu vermerken sind.[11]

9 Die Eintragung erfolgt **von Amts wegen**; eine Anmeldung der betroffenen Gesellschaft ist nicht erfroderlich.[12] Die Eintragung muss zudem **unverzüglich** erfolgen. Ob diese Vorgabe i.S.d. § 121 Abs. 1 BGB zu verstehen ist, das Registergericht also ohne schuldhaftes Zögern handeln muss, erscheint im Lichte der unionsrechtlichen Vorgaben zweifelhaft. Die englische Sprachfassung der Art. 28a Abs. 7 S. 2 und 28c S. 2 der Gesellschaftsrechtsrichtlinie (Rn 2) verwendet den Begriff „without delay", der – anders als die Formulierung „without undue delay" – eine objektive Prägung hat.[13] In diese Richtung lässt sich auch die polnische Fassung der Richtlinie deuten („niezwłocznie"). Vor diesem Hintergrund spricht viel dafür, die Unverzüglichkeit i.S.d. § 13a Abs. 3 **unionsrechtlich autonom objektiv** auszulegen, ohne auf § 121 Abs. 1 BGB zurückzugreifen:[14] Die Eintragung soll unabhängig davon, ob dem Registergericht ein Verschulden zu Last fällt, **ohne Verzögerung** erfolgen.

10 Anders als bei herkömmlichen Handelsregisteranmeldungen gestaltet sich zudem die Prüfung der Daten im Vorfeld der Registereintragung (zu den Grundsätzen registerrechtlicher Prüfung s. § 8 Rn 79 ff): Das Registergericht hat die über das System der Registervernetzung übermittelten Informationen in das Handelsregister einzutragen, ohne sie zuvor inhaltlich zu kontrollieren. Ihm bleibt allein eine **formelle Prüfung** dahingehend vorbehalten, ob die übermittelten Daten unvollständig, offensichtlich unrichtig oder widersprüchlich sind.[15] Insoweit dürfte die registerrechtliche Kontrolle noch weniger intensiv ausfallen als im Rahmen des § 13 Abs. 2, der die Prüfung des Gerichts darauf beschränkt, ob eine Zweigniederlassung offensichtlich nicht errichtet wurde (s. dazu § 13 Rn 70 ff). Der Umstand, dass die deutschen Registergerichte die übermittelten Daten nicht inhaltlich überprüfen, hat den Gesetzgeber dazu veranlasst, in § 15 Abs. 5 n.F. die Vorschriften über die Handelsregisterpublizität für unanwendbar zu erklären.[16] S. hierzu im Einzelnen § 15 Rn 123.

11 Weder das Gesetz noch die Gesetzgebungsmaterialien äußern sich zu der Frage, wie das Registergericht zu verfahren hat, wenn es **Mängel** im Rahmen der formellen Prüfung feststellt; auch die Gesellschaftsrechtsrichtlinie schweigt. Da eine Anmeldung der betroffenen Person fehlt, kann das Gericht in einem solchen Fall nicht den üblichen Weg wählen und eine Zwischenverfügung nach § 382 Abs. 4 FamFG erlassen (zur Zwischenverfügung s. § 8 Rn 129). Da die Publizitätsfunktion des Handelsregisters (s. § 8 Rn 1 f) es nicht zulässt, das Register mit unvollständigen, offensichtlich unrichtigen oder widersprüchlichen Informationen zu füllen, muss das Gericht im Ausgangspunkt von einer Eintragung absehen. Gleichwohl darf es sich nicht damit begnügen, die Eintragung gänzlich zu unterlassen. Im Hinblick auf den primärrechtlich verankerten **Grundsatz der loyalen Zusammenarbeit** (Art. 4 Abs. 3 EUV), der alle alle mitgliedstaatlichen Träger öffentlicher Gewalt adressiert und auch die Mitgliedstaaten im Horizon-

---

10 Vgl. RegE DiRUG, BT-Drucks. 19/28177, S. 98.

11 RegE DiRUG, BT-Drucks. 19/28177, S. 98.

12 RegE DiRUG, BT-Drucks. 19/28177, S. 97.

13 Zum Bedeutungsgehalt der Begriffe „without delay", „without undue delay" und „as soon as possible", die in deutschen Sprachfassungen der europäischen Rechtsakte und in Umsetzungsgesetzen häufig einheitlich als „unverzüglich" übersetzt werden, im Kontext der Art. 17 Abs. 1 MAR, Art. 65 Abs. 5 DSGVO *Bekritsky*, Wissen und Ad-Hoc-Publizität, 2022, S. 209 ff; s. auch BeckOK-WpHR/*Buck-Heeb* Art. 17 MAR Rn 163.

14 Zum vergleichbaren Problem im europäischen Kapitalmarktrecht BeckOK-WpHR/*Bekritsky* Art. 34 MAR Rn 24; BeckOK-WpHR/*Weber/Harnos* Art. 24 MAR Rn 5; Schwark/Zimmer/*Kumpan/Grütze* Art. 24 MAR Rn 3.

15 RegE DiRUG, BT-Drucks. 19/28177, S. 97. Vgl. auch *J. Schmidt* ZIP 2021, 112 (122).

16 Vgl. RegE DiRUG, BT-Drucks. 19/28177, S. 100; *Knaier* GmbHR 2021, 169 Rn 40; *Omlor/Blöcher* DStR 2021, 2352 (2355); krit. dazu *Linke* NZG 2021, 309 (315).

talverhältnis bindet,[17] spricht viel für eine Pflicht des Registergerichts, das für die Zweigniederlassung zuständige ausländische Register über seine Bedenken in Kenntnis zu setzen und auf die Übermittlung ordnungsgemäßer Daten hinzuwirken. Eine solche Reaktion entspricht überdies der Stoßrichtung des § 13a, auf organisatorischer Ebene für einen Informationsaustausch innerhalb des Europäischen Systems der Registervernetzung zu sorgen (s. bereits Rn 1).

17 Calliess/Ruffert/*Kahl* EUV/AEUV, 6. Aufl., 2022, Art. 4 EUV Rn 109, 179 ff.

§ 13b und § 13c *(weggefallen)*

§ 13d Sitz oder Hauptniederlassungen im Ausland

(1) Befindet sich die Hauptniederlassung eines Einzelkaufmanns oder einer juristischen Person oder der Sitz einer Handelsgesellschaft im Ausland, so haben alle eine inländische Zweigniederlassung betreffenden Anmeldungen, Einreichungen und Eintragungen bei dem Gericht zu erfolgen, in dessen Bezirk die Zweigniederlassung besteht.

(2) Die Eintragung der Errichtung der Zweigniederlassung hat auch den Ort und die inländische Geschäftsanschrift der Zweigniederlassung zu enthalten; ist der Firma der Zweigniederlassung ein Zusatz beigefügt, so ist auch dieser einzutragen.

(3) Im Übrigen gelten für die Anmeldungen, Einreichungen, Eintragungen, Bekanntmachungen und Änderungen einzutragender Tatsachen, die die Zweigniederlassung eines Einzelkaufmanns, einer Handelsgesellschaft oder einer juristischen Person mit Ausnahme von Aktiengesellschaften, Kommanditgesellschaften auf Aktien und Gesellschaften mit beschränkter Haftung betreffen, die Vorschriften für Hauptniederlassungen oder Niederlassungen am Sitz der Gesellschaft sinngemäß, soweit nicht das ausländische Recht Abweichungen nötig macht.

Schrifttum

Altmeppen Schutz vor „europäischen" Kapitalgesellschaften, NJW 2004, 97; *ders.* Geschäftsleiterhaftung für Weglassen des Rechtsformzusatzes aus deutsch-europäischer Sicht, ZIP 2007, 889; *Altmeppen/Wilhelm* Gegen die Hysterie um die Niederlassungsfreiheit der Scheinauslandsgesellschaften, DB 2004, 1083; *Bärwaldt/Schabacker* Angaben auf Geschäftspapieren inländischer Zweigniederlassungen ausländischer Kapitalgesellschaften, AG 1996, 461; *Balser/Pichura* Zweigniederlassungen ausländischer Kapitalgesellschaften in Deutschland, 1958; *Bauer/Großerichter* Zur Durchsetzung deutscher Bestellungshindernisse von Geschäftsleitern gegenüber ausländischen Gesellschaften, NZG 2008, 253; *Bayer* Die EuGH-Entscheidung „Inspire Art" und die deutsche GmbH im Wettbewerb der europäischen Rechtsordnungen, BB 2003, 2357; *ders.* Aktuelle Entwicklungen im Europäischen Gesellschaftsrecht, BB 2004, 1; *ders.* Auswirkungen der Niederlassungsfreiheit nach den EuGH-Entscheidungen Inspire Art und Überseering auf die deutsche Unternehmensmitbestimmung, AG 2004, 534; *Bitter* Flurschäden im Gläubigerschutzrecht durch „Centros & Co."? – Eine Zwischenbilanz, WM 2004, 2190; *Blasche* Zweigniederlassungen in- und ausländischer Kapitalgesellschaften, GWR 2012, 169; *Bönner* Zweigniederlassungen ausländischer Gesellschaften in der notariellen Praxis, RNotZ 2015, 253; *Bokelmann* Die Gründung von Zweigniederlassungen ausländischer Gesellschaften in Deutschland und das deutsche Firmenrecht unter besonderer Berücksichtigung des EWG-Vertrages, DB 1990, 1021; *ders.* Zur Entwicklung des deutschen Firmenrechts unter den Aspekten des EG-Vertrages, ZGR 1994, 325; *Borges* Gläubigerschutz bei ausländischen Gesellschaften mit inländischem Sitz, ZIP 2004, 733; *Bumeder* Die inländische Zweigniederlassung ausländischer Unternehmen im deutschen Register- und Kollisionsrecht, 1971; *Clausnitzer* Deutsches Firmenrecht versus Europäisches Gemeinschaftsrecht, DNotZ 2008, 484; *Drygala* Stand und Entwicklung des europäischen Gesellschaftsrechts, ZEuP 2004, 337; *Ebert* Die sachrechtliche Behandlung einer GmbH mit ausländischem Verwaltungssitz, NZG 2002, 937; *Ebert/Levedag* Die zugezogene „private company limited by shares (Ltd.)" nach dem Recht von England und Wales als Rechtsformalternative für in- und ausländische Investoren in Deutschland, GmbHR 2003, 1337; *Eidenmüller* Wettbewerb der Gesellschaftsrechte in Europa, ZIP 2002, 2233; *ders.* Ausländische Kapitalgesellschaften im deutschen Recht, 2004; *ders.* Geschäftsleiter- und Gesellschafterhaftung bei europäischen Auslandsgesellschaften mit tatsächlichem Inlandssitz, NJW 2005, 1618; *Eidenmüller/Rehberg* Umgehung von Gewerbeverboten mittels Auslandsgesellschaften, NJW 2008, 28; *Eidenmüller/Rehm* Niederlassungsfreiheit versus Schutz des inländischen Rechtsverkehrs: Konturen des Europäischen Internationalen Gesellschaftsrechts, ZGR 2004, 159; *Fleischer/Schmolke* Die Rechtsprechung zum deutschen internationalen Gesellschaftsrecht seit 1991, JZ 2008, 223; *Franzen* Niederlassungsfreiheit, internationales Gesellschaftsrecht und Unternehmensmitbestimmung, RdA 2004, 257; *Geimer* Internationales Zivilprozessrecht, 5. Aufl., 2005; *Goette* Zu den Folgen der Anerkennung ausländischer Gesellschaften mit tatsächlichem Sitz im Inland für die Haftung ihrer Gesellschafter und Organe, ZIP 2006, 541; *Grundmann/Möslein* Die Goldene Aktie, ZGR 2003, 317; *Habersack/Verse* Wrongful Trading – Grundlage einer europäischen Insolvenzverschleppungshaftung?, ZHR 168 (2004), 174; *Hahnefeld* Neue Regelungen zur Offenlegung bei

https://doi.org/10.1515/9783110564440-023

Zweigniederlassungen, DStR 1993, 1596; *Heidenhain* Ausländische Kapitalgesellschaften mit Verwaltungssitz in Deutschland, NZG 2002, 1141; *Heidinger* Der „ständige Vertreter" der Zweigniederlassung einer ausländischen Kapitalgesellschaft, MittBayNot 1998, 72; *Heinze* Einreichungs- und Nachweispflichten bei nachträglichen Handelsregisteranmeldungen betreffend Zweigniederlassungen ausländischer Kapitalgesellschaften, RNotZ 2009, 586; *Herchen* „Checkliste" zur Eintragung einer Zweigniederlassung einer englischen private company limited by shares im Handelsregister, RIW 2005, 529; *Hirte/Bücker* Grenzüberschreitende Gesellschaften, 2. Aufl., 2006; *J. Hoffmann* Die stille Bestattung der Sitztheorie durch den Gesetzgeber, ZIP 2007, 1581; *Holzborn/Israel* Internationale Handelsregisterpraxis, NJW 2003, 3014; *Horn* Deutsches und europäisches Gesellschaftsrecht und die EuGH-Rechtsprechung zur Niederlassungsfreiheit – Inspire Art, NJW 2004, 893; *Kindler* Neue Offenlegungspflichten für Zweigniederlassungen ausländischer Kapitalgesellschaften, NJW 1993, 3301; *ders.* Niederlassungsfreiheit für Auslandgesellschaften? – Die „Centros"-Entscheidung des EuGH und das internationale Privatrecht, NJW 1999, 1993; *ders.* „Inspire Art" – Aus Luxemburg nichts Neues zum internationalen Gesellschaftsrecht, NZG 2003, 1086; *ders.* Auf dem Weg zur Europäischen Briefkastengesellschaft? – die „Überseering"-Entscheidung des EuGH und das internationale Privatrecht, NJW 2003, 1073; *ders.* Der Wegzug von Gesellschaften in Europa, DK 2006, 811; *ders.* Die Begrenzung der Niederlassungsfreiheit durch das Gesellschaftsstatut, NJW 2007, 1785; *ders.* GmbH-Reform und internationales Gesellschaftsrecht – Auswirkungen auf grenzüberschreitend strukturierte Kapitalgesellschaften, AG 2007, 721; *Klose-Mokroß* Die Eintragung der Zweigniederlassung einer englischen „private limited company" in das deutsche Handelsregister, DStR 2005, 971, 1013; *Kögel* EuGH-Rechtsprechung Centros, Überseering, Inspire Art – Auswirkungen auf die registergerichtliche Praxis, Rpfleger 2004, 325; *ders.* Gründung einer ausländischen Briefkastenfirma: Wann ist eine Zweigniederlassung in Deutschland eine Zweigniederlassung?, DB 2004, 1763; *ders.* Die deutsche Zweigniederlassung einer GmbH – überreguliert?, GmbHR 2006, 237; *Königе* Die Buchführungspflicht inländischer Zweigniederlassungen ausländischer privater Unternehmungen, LZ 1914, 1417; *Krüger* Die persönliche Haftung der handelnden Personen einer Private Limited Company im Überblick, ZInsO 2007, 861; *Kühn/Krafka* Die Handelsregistereintragung auf die Zweigniederlassung beschränkter Prokuren bei ausländischen Kapitalgesellschaften, NZG 2011, 209 *Lehmann* Registerrechtliche Anmeldepflicht für EU-Auslandsgesellschaften – ein zahnloser Tiger?, NZG 2005, 580; *Leible* Niederlassungsfreiheit und Sitzverlegungsrichtlinie, ZGR 2004, 531; *Leible/Hoffmann* Vom „Nullum" zur Personengesellschaft – Die Metamorphose der Scheinauslandsgesellschaft im deutschen Recht, DB 2002, 2203; *dies.* „Überseering" und das (vermeintliche) Ende der Sitztheorie, RIW 2002, 925; *dies.* „Überseering" und das deutsche Gesellschaftskollisionsrecht, ZIP 2003, 925; *dies.* Die Grundbuchfähigkeit der Scheinauslandsgesellschaft: (teilweise) Aufgabe der Sitztheorie?, NZG 2003, 259; *dies.* Wie inspiriert ist „Inspire Art"?, EuZW 2003, 677; *Lenz* Das Gesetz über die Eintragung von Handelsniederlassungen und das Verfahren in Handelsregistersachen vom 10.8.1937, DJ 1937, 1305; *Leuering* Die GmbH und der internationale Wettbewerb der Rechtsformen, ZRP 2006, 201; *Lutter* Europäische Auslandsgesellschaften in Deutschland, 2005; *Mankowski* Die deutsche Ltd.-Zweigniederlassung im Spannungsverhältnis von Gewerbe- und Registerrecht, BB 2006, 1173; *ders.* „Handwerker-Ltd.": Anmeldung einer Zweigniederlassung und Gewerbeuntersagungsverfügung gegen den Geschäftsführer (director) in Deutschland, ZIV 2006, 45; *Maul* Probleme im Rahmen von grenzüberschreitenden Unternehmensverbindungen, NZG 1999, 741; *Mock/Schildt* Insolvenz ausländischer Kapitalgesellschaften mit Sitz in Deutschland, ZInsO 2003, 396; *Mödl* Die ausländische Kapitalgesellschaft in der notariellen Praxis, RNotZ 2008, 1; *Müller* Insolvenz ausländischer Kapitalgesellschaften mit inländischem Verwaltungssitz, NZG 2003, 414; *Müller-Bonanni* Unternehmensbestimmung nach „Überseering" und „Inspire Art", GmbHR 2003, 1235; *Niemann* Die rechtsgeschäftliche und organschaftliche Stellvertretung und deren kollisionsrechtliche Einordnung, 2004; *Paefgen* Auslandsgesellschaften und Durchsetzung deutscher Schutzinteressen nach „Überseering", DB 2003, 487; *ders.* Gezeitenwechsel im Gesellschaftsrecht, WM 2003, 561; *ders.* Handelndenhaftung bei europäischen Auslandsgesellschaften, GmbHR 2005, 957; *Paulus* Änderungen des deutschen Insolvenzrechts durch die Europäische Insolvenzordnung, ZIP 2002, 729; *Plesse* Neuregelung des Rechts von Zweigniederlassungen, DStR 1993, 133; *Preuß* Die Wahl des Satzungssitzes im geltenden Gesellschaftsrecht und nach dem MoMiG-Entwurf, GmbHR 2007, 57; *Reithmann/Martiny* Internationales Vertragsrecht, 9. Aufl., 2022; *Riegger* Centros – Überseering – Inspire Art: Folgen für die Praxis, ZGR 2004, 510; *Rinne* Zweigniederlassungen ausländischer Unternehmen im deutschen Kollisions- und Sachrecht, 1997; *Römermann* Der Entwurf des „MoMiG" – die deutsche Antwort auf die Limited, GmbHR 2006, 673; *W.-H. Roth* „Centros": Viel Lärm um Nichts?, ZGR 2000, 311; *ders.* Internationales Gesellschaftsrecht nach Überseering, IPRax 2003, 117; *Saame* Die Zweigniederlassung eines ausländischen Unternehmens in Deutschland, 1994; *Sandrock* Gehören die deutschen Regelungen über die Mitbestimmung auf Unternehmensebene wirklich zum deutschen ordre public?, AG 2004, 57; *Sandrock* Gesellschafter- und Geschäftsführerlisten von englischen Limiteds im deutschen Rechtsverkehr, RIW 2011, 1; *Schack* Internationales Zivilverfahrensrecht, 4. Aufl., 2006; *Schanze* Gesellschafterhaftung für unlautere Einflussnahme nach § 826 BGB: Die Trihotel-Doktrin des BGH, NZG 2007, 681; *Schanze/Jüttner* Anerkennung und Kontrolle ausländischer Gesellschaften – Rechtslage und Perspektiven nach der Überseering-Entscheidung des EuGH, AG 2003, 30; *dies.* Die

Entscheidung für Pluralität: Kollisionsrecht und Gesellschaftsrecht nach der EuGH-Entscheidung „Inspire Art“, AG 2003, 661; *Schön* Zur „Existenzvernichtung“ der juristischen Person, ZHR 168 (2004), 268; *Schumann* Die englische Limited mit Verwaltungssitz in Deutschland: Kapitalaufbringung, Kapitalerhaltung und Haftung bei Insolvenz, DB 2004, 743; *Schwab* Wettbewerb der Gesellschaftsrechte: Auslandsgesellschaften im deutschen Recht, MittBayNot 2004, 340; *Seibert* Die Umsetzung der Zweigniederlassungs-Richtlinie der EG in deutsches Recht, GmbHR 1992, 738; *ders.* Neuordnung des Rechts der Zweigniederlassung im HGB, DB 1993, 1705; *ders.* GmbH-Reform: Der Referentenentwurf eines Gesetzes zur Modernisierung des GmbH-Rechts und zur Bekämpfung von Missbräuchen – MoMiG, ZIP 2006, 1157; *Spahlinger/Wegen* Internationales Gesellschaftsrecht in der Praxis, 2005; *Spindler/Berner* Der Gläubigerschutz im Gesellschaftsrecht nach Inspire Art, RIW 2004, 7; *Stadler* Inländisches Zwangsgeld bei grenzüberschreitender Handlungsvollstreckung, IPRax 2003, 430; *Steffek* Zustellungen und Zugang von Willenserklärungen nach dem Regierungsentwurf zum MoMiG – Inhalt und Bedeutung der Änderungen für GmbHs, AGs und ausländische Kapitalgesellschaften, BB 2007, 2077; *Süß* Häufige Probleme mit Zweigniederlassungen englischer Limited Companies, DNotZ 2005, 180; *Ulmer* Schutzinstrumente gegen die Gefahren aus der Geschäftstätigkeit inländischer Zweigniederlassungen von Kapitalgesellschaften mit fiktivem Auslandssitz, JZ 1999, 662; *ders.* Gläubigerschutz bei Scheinauslandsgesellschaften, NJW 2004, 1201; *ders.* Insolvenzrechtlicher Gläubigerschutz gegenüber Scheinauslandsgesellschaften ohne hinreichende Kapitalausstattung, KTS 2004, 291; *Veit/Wichert* Unternehmerische Mitbestimmung bei europäischen Kapitalgesellschaften mit Verwaltungssitz in Deutschland nach „Überseering“ und „Inspire Art“, AG 2004, 14; *Wachter* Errichtung, Publizität, Haftung und Insolvenz von Zweigniederlassungen ausländischer Kapitalgesellschaften nach „Inspire Art“, GmbHR 2003, 1254; *ders.* Auswirkungen des EuGH-Urteils in Sachen Inspire Art Ltd. auf Beratungspraxis und Gesetzgebung, GmbHR 2004, 88; *ders.* Ende der Wegzugbeschränkungen in Europa, GmbHR 2004, 161; *ders.* Existenz- und Vertretungsnachweise bei der englischen Private Limited Company, DB 2004, 2795; *ders.* Handelsregisteranmeldung der inländischen Zweigniederlassung einer englischen Private Limited Company, NotBZ 2004, 41; *ders.* Handelsregisteranmeldung der inländischen Zweigniederlassung einer private limited company, MDR 2004, 611; *ders.* Persönliche Haftungsrisiken bei englischen private limited companies mit inländischem Verwaltungssitz, DStR 2005, 1817; *ders.* Zweigniederlassungen englischer private limited companies im deutschen Handelsregister, ZNotP 2005, 122; *ders.* Der Entwurf des „MoMiG“ und die Auswirkungen auf inländische Zweigniederlassungen von Auslandsgesellschaften, GmbHR 2006, 793; *Weller* „Inspire Art“: Weitgehende Freiheiten beim Einsatz ausländischer Briefkastengesellschaften, DStR 2003, 1800; *ders.* Scheinauslandsgesellschaften nach Centros, Überseering und Inspire Art: Ein neues Anwendungsfeld für die Existenzvernichtungshaftung, IPRax 2003, 207; *ders.* Das Internationale Gesellschaftsrecht in der neuesten BGH-Rechtsprechung, IPRax 2003, 324; *ders.* Einschränkung der Gründungstheorie bei missbräuchlicher Auslandsgründung?, IPRax 2003, 520; *ders.* Europäische Rechtsformwahlfreiheit und Gesellschafterhaftung, 2004; *ders.* Die Neuausrichtung der Existenzvernichtungshaftung durch den BGH und ihre Implikationen für die Praxis, ZIP 2007, 1681; *Werner* Die Ltd. & Co. KG – eine Alternative zur GmbH & Co. KG?, GmbHR 2005, 288; *Westhoff* Die Verbreitung der englischen Limited mit Verwaltungssitz in Deutschland, GmbHR 2007, 474; *Wilms* Die Verschleppung der Insolvenz einer „deutschen Ltd.“, KTS 2007, 337; *Windbichler/Bachmann* Corporate Governance und Mitbestimmung als „wirtschaftsrechtlicher ordre public“, in FS Bezzenberger, 2000, S. 797; *Zimmer* Nach „Inspire Art“: Grenzenlose Gestaltungsfreiheit für deutsche Unternehmen?, NJW 2003, 3585; *Zöllner* Konkurrenz für inländische Kapitalgesellschaften durch ausländische Rechtsträger, insbesondere durch die englische Private Limited Company, GmbHR 2006, 1; vgl. auch die Nachweise zu § 13 und zu § 13h.

Übersicht

I. Regelungsinhalt und Regelungszweck

Nach der für die Behandlung von Zweigniederlassungen ohne Auslandsbezug maßgeblichen Vorschrift des § 13 wird die registerrechtliche Dokumentation der Zweigniederlassung beim Registergericht der Hauptniederlassung konzentriert. Diese Verweisung kann den Anforderungen des deutschen Registerrechts aber nur dann genügen, wenn die Hauptniederlassung in einem deutschen Handelsregister eingetragen ist. Der Anwendungsbereich des § 13 ist deshalb auf solche Unternehmen begrenzt, deren Sitz oder Hauptniederlassung im Inland angesiedelt ist. Für Unternehmen mit **Sitz oder Hauptniederlassung im Ausland** müssen hinsichtlich ihrer inländischen Zweigniederlassungen dagegen **eigenständige Registrierungspflichten** bei einem inländischen Registergericht begründet werden, damit der Rechtsverkehr sich auch über diese Akteure in gewohnter Form unterrichten kann. Sie sollen deshalb hinsichtlich ihrer registerrechtlichen Pflichten einer inländischen Hauptniederlassung weitgehend gleichgestellt werden. Diesem Zweck dienen die §§ 13d ff. Zur praktischen Relevanz s. noch Rn 7 f. 1

Trotz des internationalen Bezugs handelt es sich bei den §§ 13d ff nicht um Kollisionsnormen, die über das anwendbare Sachrecht entscheiden, sondern um **fremdenrechtliche Sachnormen**, die für Zweigniederlassungen ausländischer Unternehmen im Hinblick auf ihre Fremdeneigen- 2 schaft Sonderregeln aufstellen.[1] Die kollisionsrechtliche Beurteilung ist der Anwendung dieser Bestimmungen vorgeschaltet. Erst wenn die Maßgeblichkeit deutschen Rechts auf der Grundlage des Kollisionsrechts bejaht wird, können §§ 13d ff zur Anwendung gelangen.[2]

3 Innerhalb des Normenkomplexes der §§ 13d ff stellt **§ 13d die Grundregel** für inländische Zweigniederlassungen sämtlicher ausländischer Unternehmensformen auf: Alle sie betreffenden Anmeldungen, Einreichungen und Eintragungen haben nach § 13d Abs. 1 bei dem Gericht zu erfolgen, in dessen Bezirk die Zweigniederlassung besteht; für den Inhalt der Eintragung und die Firmenführung der Zweigniederlassung sieht § 13d Abs. 2 besondere Regeln vor. Im Übrigen wird in § 13d Abs. 3 auf das für Hauptniederlassungen geltende Recht verwiesen (s. dazu noch Rn 47 ff). Von diesem Verweis sind allerdings die **Kapitalgesellschaften mit Sitz im Ausland** ausdrücklich ausgenommen. Für sie findet sich stattdessen eine ergänzende Regelung in § 13e, die sodann für die Unterformen der AG in § 13f und der GmbH in § 13g noch einmal präzisiert wird. § 13h schließlich enthält eine Regelung für die Verlegung des Sitzes einer Hauptniederlassung im Inland. Ein Bezug zum Zweigniederlassungsrecht besteht insofern nicht; zu den Gründen für die systematische Verortung s. noch § 13h Rn 3; zum Begriff des ausländischen Sitzes/der ausländischen Niederlassung s. noch Rn 9. Diese aufwändige und ausgesprochen **unübersichtliche Regelungssystematik** ist im Schrifttum auf berechtigte Kritik gestoßen.[3] Auch der Fachmann kann dem Gesetz die einzelnen Verfahrensschritte zur Anmeldung einer Zweigniederlassung eines ausländischen Unternehmens nur mit größter Mühe entnehmen.

II. Normentwicklung und europäische Grundlage

4 Eine mit dem heutigen Regelungsgehalt weitgehend übereinstimmende Vorläufervorschrift des § 13d fand sich bereits in § 13b HGB in der Fassung des Jahres 1937 (s. § 13 Rn 5). Im Jahr 1993 wurde das Recht der Zweigniederlassungen aufgrund der europäischen Vorgaben der **Zweigniederlassungsrichtlinie,**[4] deren Vorgaben 2017 in die Gesellschaftsrechtsrichtlinie[5] integriert wurden, in weiten Zügen neu geordnet. Um die Ausübung der Niederlassungsfreiheit durch Gesellschaften zu erleichtern, statuiert die Richtlinie für inländische Zweigniederlassungen ausländischer Kapitalgesellschaften bestimmte Offenlegungspflichten. Diese Vorgaben setzte der deutsche Gesetzgeber mit dem Gesetz zur Durchführung der Elften gesellschaftsrechtlichen EG-Richtlinie vom 22.7.1993[6] um und fasste bei dieser Gelegenheit das bisher auf mehrere Gesetze verstreute und deshalb als unübersichtlich empfundene Registerrecht der Zweigniederlassung **einheitlich im HGB**, und zwar dort in den §§ 13–13h a.F., zusammen (s. § 13 Rn 6).[7] Soweit die §§ 13d–h von den Richtlinienvorgaben gedeckt sind, liegt in der damit verbundenen Sonderbe-

---

1 Ausführlich *Bumeder* Rn 46 ff mwN; ferner Ebenroth/Boujong/Joost/Strohn/*Pentz* Rn 6; MünchKommHGB/*Krafka* Rn 2; Röhricht/v. Westphalen/Haas/*Ries* Rn 3; zum Begriff des Fremdenrechts s. Staudinger/*Looschelders* (2019) Einl IPR Rn 454 ff.

2 *Bumeder* Rn 47.

3 *Koch* Anh. zu § 45 AktG § 13d HGB Rn 1; *Mödl* RNotZ 2008, 1 (17).

4 Elfte Richtlinie des Rates der Europäischen Gemeinschaften auf dem Gebiet des Gesellschaftsrechts v. 21.12.1989 über die Offenlegung von Zweigniederlassungen, die in einem Mitgliedstaat von Gesellschaften bestimmter Rechtsformen errichtet wurden, die dem Recht eines anderen Staats unterliegen (89/666/EWG), ABl. EG Nr. L 395/36 v. 30.12.1989.

5 Richtlinie (EU) 2017/1132 des Europäischen Parlaments und des Rates v. 14.6.2017 über bestimmte Aspekte des Gesellschaftsrechts, ABl. EU Nr. L 169, S. 46.

6 BGBl. I, S. 1282.

7 Vgl. dazu *Hahnefeld* DStR 1993, 1596 ff; *Kindler* NJW 1993, 3301 ff; *Plesse* DStR 1993, 133 ff; *Seibert* GmbHR 1992, 738 ff; *dens.* DB 1993, 1705 ff.

handlung ausländischer Unternehmen auch **kein Verstoß gegen die europäische Niederlassungsfreiheit.**[8]

5 Während die in §§ 13e–g geregelten Zweigniederlassungen ausländischer Kapitalgesellschaften unmittelbar in den Anwendungsbereich der Gesellschaftsrechtsrichtlinie (Rn 4) fallen, beruht der allgemeiner gefasste § 13d nicht direkt auf einer europäischen Vorgabe. Deshalb ist er **aus europarechtlichen Gründen** nicht zwingend der richtlinienkonformen Auslegung unterworfen.[9] Dennoch ergibt sich ein solches Erfordernis aber **aus systematisch-teleologischen Erwägungen des nationalen Rechts.**[10] Der Umstand, dass der Gesetzgeber die §§ 13d ff in einen einheitlichen Regelungskomplex zusammengeführt und terminologisch verwoben hat, spricht aus Gründen der systematischen Einheit des Rechts dafür, dass die zumindest im Bereich der §§ 13e ff gebotene richtlinienkonforme Auslegung (s. noch § 13e Rn 3) auch auf das Verständnis des § 13d ausstrahlen muss.[11]

6 Nach einer rein redaktionellen Korrektur im Zuge des Handelsrechtsreformgesetzes aus dem Jahr 1998[12] erfuhr die Vorschrift eine weitere Änderung durch das **EHUG** vom 10.11.2006.[13] Durch das **MoMiG** vom 23.10.2008[14] wurde § 13d Abs. 2 neuerlich dahingehend ergänzt, dass zu Zwecken einer erleichterten Zustellung künftig auch die inländische Geschäftsanschrift einer Zweigniederlassung einzutragen ist (s. § 13 Rn 62 ff). Überdies wurde der Verweis des § 13d Abs. 3 auf das ausländische Register der Hauptniederlassung auch auf Änderungen einzutragender Tatsachen erweitert (s. Rn 50). Im Zuge des **DiRUG** wurde § 13d nicht geändert.

III. Praktische Bedeutung des Zweigniederlassungsrechts

7 In der Vergangenheit gelangten die §§ 13d ff ausschließlich dann zur Anwendung, wenn sich ein ausländisches Unternehmen dazu entschloss, seine wirtschaftlichen Aktivitäten im Inland über eine unselbständige Zweigniederlassung und nicht über die **alternative Gestaltungsform einer Tochtergesellschaft** zu organisieren. Im Regelfall fiel die Entscheidung jedoch zugunsten der selbständigen Tochtergesellschaft aus. Auch wenn die Errichtung einer Zweigniederlassung unter verschiedenen gesellschafts- und steuerrechtlichen Gesichtspunkten vorteilhaft sein konnte, so galt doch namentlich ihre Registereintragung als kompliziert, zeit- und kostenaufwändig.[15]

8 In den letzten Jahren hat das Zweigniederlassungsrecht aber eine **unerwartete Renaissance** erlebt.[16] Die Gründe dafür sind in erster Linie in der neueren Rechtsprechung des EuGH zur europäischen Niederlassungsfreiheit zu sehen, mit der **auch inländischen Unternehmen die Wahlfreiheit** zwischen sämtlichen europäischen Gesellschaftsformen eröffnet wurde (s. dazu § 13 Rn 8, 35). Ein deutscher Unternehmensgründer kann eine ausländische Gesellschaft

8 EuGH v. 30.9.2003, Rs. C-167/01, Slg. 2003, I-10155, 10195 Rn 58 (Inspire Art); Hopt/*Merkt* Rn 1; Koller/Kindler/Roth/Drüen/*Roth* Rn 8; Röhricht/v. Westphalen/Haas/*Ries* Rn 4.

9 Vgl. dazu statt vieler *Canaris* FS Bydlinski, 2002, S. 47 ff; *Everling* ZGR 1992, 376 ff; *Lutter* JZ 1992, 593 ff.

10 Vgl. zu dem Gebot einer richtlinienkonformen Auslegung aus Gründen des nationalen Rechts statt vieler *J. Koch* JZ 2006, 277 (279 ff); *Mayer/Schürnbrand* JZ 2004, 545 ff.

11 So im Ergebnis auch Ebenroth/Boujong/Joost/Strohn/*Pentz* Rn 5.

12 Handelsrechtsreformgesetz v. 22.6.1998, BGBl. I, S. 1474: Die auf einem redaktionellen Versehen beruhende Überschrift „Sitz der Hauptniederlassung" wurde durch die korrekte Fassung „Sitz oder Hauptniederlassung" ersetzt; ausführlich dazu Ebenroth/Boujong/Joost/Strohn/*Pentz* Rn 3.

13 Gesetz über elektronische Handelsregister und Genossenschaftsregister sowie das Unternehmensregister (EHUG) v. 10.11.2006, BGBl. I, S. 2553.

14 Gesetz zur Modernisierung des GmbH-Rechts und zur Bekämpfung von Missbräuchen (MoMiG) v. 23.10.2008, BGBl. I, S. 2026.

15 So noch aus jüngerer Zeit das Fazit von *Kindler* NJW 2003, 3301 f; *Wachter* ZNotP 2005, 122; ausführlichere Darstellung der Vor- und Nachteile bei *Bumeder* Rn 1 ff; *Rinne* S. 39 ff; *Saame* S. 38 ff.

16 Vgl. zum Folgenden insbes. *Wachter* ZNotP 2005, 122 f.

errichten, deren Satzungssitz im Ausland, deren effektiver Verwaltungssitz jedoch in Deutschland liegt.[17] Dieser Verwaltungssitz wird in Deutschland nach heute fast einhelliger Meinung nicht als Haupt-, sondern als Zweigniederlassung gem. § 13d in das Handelsregister eingetragen (vgl. dazu § 13 Rn 33 ff). Mit der früher rasanten Ausbreitung der englischen Limited ist daher auch das Zweigniederlassungsrecht zwischenzeitlich in den Fokus der juristischen Diskussion getreten. Zwar ist die Anzahl der Limiteds namentlich wegen des Brexit, aber auch wegen der Einführung der UG (haftungsbeschränkt),[18] inzwischen stark rückläufig,[19] was jedoch aber die praktische Relevanz des § 13d nicht schmälert. Sein Hauptanwendungsfeld sind nicht mehr originär ausländische Unternehmen, sondern inländische Unternehmen, die ihren Satzungssitz im Ausland, ihren Verwaltungssitz jedoch im Inland haben. Der dafür häufig gebrauchte Begriff der **„Scheinauslandsgesellschaft"** soll nach der Regierungsbegründung zum MoMiG (Rn 6) keine Verwendung mehr finden. Es handele sich „um eine normale Auslandsgesellschaft, deren inländische Geschäftsaktivität aufgrund der Zweigniederlassungs-Richtlinie der EU und dem deutschen Umsetzungsrecht nach dem deutschen Handelsgesetzbuch zu beurteilen" sei.[20]

IV. Das ausländische Unternehmen

1. Haupt- oder Zweigniederlassung

9 Zur Abgrenzung gegenüber § 13 setzt § 13d Abs. 1 voraus, dass sich die Hauptniederlassung eines Einzelkaufmanns oder einer juristischen Person oder der Sitz einer Handelsgesellschaft im Ausland befindet. Um das festzustellen, sind zunächst **Haupt- und Zweigniederlassung zu identifizieren.** Nach den zu § 13 getroffenen Feststellungen folgt diese Einordnung keiner einheitlichen Definition, sondern es ist zwischen den verschiedenen **Unternehmensformen und Herkunftsländern** zu differenzieren (s. § 13 Rn 14 ff, 32 ff). Während bei **Einzelkaufleuten und juristischen Personen** der effektive Verwaltungssitz ausschlaggebend ist, muss bei Handelsgesellschaften eine Differenzierung nach dem Herkunftsland aufgestellt werden: Bei **Handelsgesellschaften**, die unabhängig vom effektiven Sitz ihrer Verwaltung aufgrund ihrer Herkunft aus einem Mitgliedstaat der EU, aufgrund des EWR-Abkommens oder aufgrund eines bilateralen Staatsvertrages in Deutschland in ihrer originären Rechtsform anzuerkennen sind, wird der Sitz durch die satzungsmäßige Festlegung bestimmt (§ 13 Rn 35 ff und 38 ff). Bei Handelsgesellschaften aus Drittstaaten, die keinem anerkennungsrechtlichen Sonderregime unterliegen (§ 13 Rn 36 f, 41 f), ist ein ausländischer Satzungssitz hingegen nur dann anzuerkennen, wenn dort auch der Schwerpunkt der effektiven Verwaltungstätigkeit liegt. Zum Nachweis der Existenz der Hauptniederlassung s. noch Rn 65 ff.

---

17 Früher wurden solche Briefkastengesellschaften in erster Linie als englische Private Limited Company by Shares (kurz: Limited) gegründet; zur Private Company Limited by guarantee OLG Dresden GmbHR 2016, 484 (486) mit Bespr. *Heckschen/Strnad* GmbHR 2016, 469 ff. Nach dem Brexit bietet sich die englische Limited allerdings praktisch nicht mehr als eine Briefkastengesellschaft an, weil sie nicht in den Anwendungsbereich der Niederlassungsfreiheit fällt, s. nur BGH NZG 2021, 775 Rn 7 ff; *Freitag/Korch* ZIP 2016, 1361 (1362 ff); *Leible/Galneder/Wißling* RIW 2017, 718 (720 ff); *Seeger* DStR 2016, 1817 (1818 ff); zu den Auswirkungen des Brexit vgl. ferner *Mohamed* ZVglRWiss 117 (2018), 189 ff. Denkbar, wenn auch im Hinblick auf die Möglichkeit der Gründung einer UG (haftungsbeschränkt) wenig sinnvoll, ist der Einsatz einer irischen Limited, s. dazu *Atta* GmbHR 2017, 567 (568).

18 Vgl. hierzu *Atta* GmbHR 2017, 567 (568); *Freitag/Korch* ZIP 2016, 1361 (1362 ff); *Seeger* DStR 2016, 1817 (1818 ff).

19 Vgl. *Kornblum* GmbHR 2021, 681 Rn 21 (ca. registrierte 5.000 Limiteds), der aber in Rn 22 darauf hinweist, dass sich zahlreiche Gesellschaften nicht in das deutsche Handelsregister eintragen lassen; s. dazu noch Rn 64.

20 RegE MoMiG, BT-Drucks. 16/6140, S. 49.

2. Einordnung des Unternehmenstyps

a) Allgemeines. § 13d erfasst die ausländischen Hauptniederlassungen eines Einzelkaufmanns oder einer juristischen Person sowie den Sitz einer Handelsgesellschaft. Diese Festlegung des Anwendungsbereichs ist nicht unproblematisch, da sie an die **Unternehmenstypen des deutschen Rechts** anknüpft, obwohl das Unternehmen im Ausland angesiedelt ist. Es ist daher erforderlich, die ausländischen Unternehmensformen unter die in § 13d genannten deutschen Kategorien zu subsumieren.[21] Das geschieht im Wege der sog. **Substitution**, durch die festgestellt wird, ob die fremde Rechtserscheinung der an sich in Bezug genommenen inländischen gleichgestellt werden darf (zur vorrangigen Prüfung europarechtlicher Vorgaben s. Rn 14).[22] Dabei wird keine vollständige Übereinstimmung gefordert, sondern es genügt, wenn die typusbestimmenden Merkmale weitgehend übereinstimmen.[23] 10

Obwohl § 13d für sämtliche Unternehmensformen übereinstimmende Registerpflichten begründet, darf sich der Substitutionsakt nicht in der pauschalen Feststellung erschöpfen, es liege ein „ausländisches Unternehmen" vor. Vielmehr bedarf es einer **konkreten Zuordnung** zu einem bestimmten Unternehmenstyp, da diese Zuordnung nicht nur über die Anwendung der §§ 13f und g entscheidet, sondern auch über den Inhalt und die Form der Anmeldung sowie darüber, in welcher Abteilung des Handelsregisters die Eintragung vorzunehmen ist (vgl. dazu § 8 Rn 21).[24] Bei der Vergleichbarkeitsprüfung ist am Maßstab der materiell-rechtlichen Strukturmerkmale der einzelnen Unternehmenstypen festzustellen, inwiefern die fremde Rechtserscheinung einer deutschen Gesellschaftsform verwandt ist. Dabei kommen insbesondere der **Organisationsstruktur** sowie der **Vermögens- und Haftungsordnung** zentrale Bedeutung zu.[25] 11

b) Die einzelnen Unternehmenstypen

aa) Einzelkaufleute. Einzelkaufleute fallen nicht in den Anwendungsbereich der Zweigniederlassungsrichtlinie (Rn 4). Ob die Zweigniederlassung einem Einzelkaufmann zugeordnet werden kann, ist daher nach den in Rn 10 f genannten Grundsätzen unmittelbar am **Maßstab des § 1 Abs. 2** zu messen und zu untersuchen, ob der ausländische Einzelunternehmer dem Kaufmannsbild des deutschen Rechts entspricht.[26] Die Eigenschaft als **Kaufmann kraft Eintragung** i.S.d. §§ 2 und 5 kann ebenfalls durch die Eintragung in ein entsprechendes ausländisches Register begründet werden, soweit dieses dem deutschen Handelsregister funktional vergleichbar ist.[27] Bei der Feststellung dieser **Funktionsäquivalenz** ist allerdings zu berücksichtigen, dass jenseits des durch europäisches Recht vereinheitlichten Registerrechts der Kapitalgesellschaften ein Registrierungswesen für andere Unternehmensformen nicht in sämtlichen Staaten existiert und auch die bestehenden Register in z.T. sehr unterschiedlicher Weise organisiert sind.[28] 12

---

21 Der Gesetzgeber hat diese Ungenauigkeit bei der Umsetzung der Zweigniederlassungsrichtlinie bewusst in Kauf genommen, da sich die Geltung für „vergleichbare" ausländische Gesellschaften ohne die Aufnahme einer expliziten „Entsprechensklausel" aus dem Sinnzusammenhang der Vorschrift ergebe, BT-Drucks. 12/3908, S. 15.

22 Vgl. dazu Hopt/*Merkt* Rn 3; MünchKommBGB/*Kindler* IntGesR Rn 202 ff.

23 MünchKommHGB/*Krafka* Rn 10; *Balser/Pichura* S. 13; *Rinne* S. 86.

24 *Koch* Anh. zu § 45 AktG § 13e HGB Rn 2; MünchKommHGB/*Krafka* Rn 9.

25 Ensthaler/*Achilles/Haase* Rn 8; Koller/Kindler/Roth/Drüen/*Roth* Rn 5a; MünchKommBGB/*Kindler* IntGesR Rn 208; MünchKommHGB/*Krafka* Rn 10. Synoptische Übersicht bei *Mellert* BB 2006, 8 ff.

26 Ebenroth/Boujong/Joost/Strohn/*Pentz* Rn 10; Ensthaler/*Achilles/Haase* Rn 3; MünchKommBGB/*Kindler* IntGesR Rn 203.

27 Ebenroth/Boujong/Joost/Strohn/*Pentz* Rn 10; Koller/Kindler/Roth/Drüen/*Roth* Rn 5a; MünchKommBGB/*Kindler* IntGesR Rn 204.

28 Vgl. dazu MünchKommHGB/*Krafka* Rn 6; *Kassau* Das Recht auf kommerzielle Nutzung des Handelsregisters, 1998, S. 243 ff; *Holzborn/Israel* NJW 2003, 3014 ff.

13 **bb) Juristische Personen.** Ebenso wie in § 13 werden auch in § 13d als juristische Personen lediglich solche i.S.d. § 33 angesprochen, während die Kapitalgesellschaften den Handelsgesellschaften zugeordnet sind (s. § 13 Rn 12). Die Vergleichbarkeitsprüfung im Rahmen der Substitution muss sich daher an den **von § 33 erfassten Kategorien** orientieren, dh am Idealverein mit wirtschaftlicher Nebenbetätigung, am wirtschaftlichen Verein, an der Stiftung sowie an der juristischen Person des öffentlichen Rechts i.S.d. § 89 BGB, soweit von diesen ein Handelsgewerbe betrieben wird (s. zu den Einzelheiten § 33 Rn 8).

14 **cc) Kapitalgesellschaften.** Auch bei den (hier als Handelsgesellschaften angesprochenen) ausländischen Kapitalgesellschaften ist im Wege der Substitution festzustellen, ob sie mit Kapitalgesellschaften deutschen Rechts vergleichbar sind (Einzelaufzählung der erfassten Gesellschaften in § 13e Rn 10 ff). Soweit es sich um **Gesellschaften aus EU-Mitgliedstaaten** handelt, wird diese Prüfung dadurch erleichtert, dass der Kreis der nach § 13d gleichzustellenden Gesellschaften bereits durch den Anhang II zur Gesellschaftsrechtsrichtlinie (Rn 4) vorgegeben ist. Bei **Kapitalgesellschaften aus Drittstaaten** gelten die allgemeinen Grundsätze (oben Rn 10 f; s. zu den Einzelheiten noch § 13e Rn 7). Besondere Bedeutung kommt der Vermögens- und Haftungsstruktur zu, nicht aber der Höhe des Mindestkapitals.[29] Ob die Gesellschaft einen wirtschaftlichen oder nichtwirtschaftlichen Geschäftsbetrieb zum Gegenstand hat, ist für die Einordnung unbeachtlich, da Vergleichsmaßstab auch insofern das deutsche Recht ist, das die Rechtsform der Kapitalgesellschaft für nicht gewerbliche Unternehmen eröffnet.[30]

15 **dd) Personengesellschaften.** Gegenstand der Substitutionsprüfung können auch **Personenhandelsgesellschaften** sein. Ihnen ist nach § 5 Abs. 2 PartGG die **Partnerschaftsgesellschaft** gleichgestellt, so dass auch sie im Rahmen des § 13d Abs. 1 als inländisches Referenzmodell in Betracht kommt.[31] Dasselbe gilt für die **EWIV** aufgrund der in § 1 EWIV-AusfG angeordneten subsidiären Geltung des OHG-Rechts. Die Vergleichbarkeitsfeststellung einer ausländischen EWIV hängt allerdings davon ab, welchem Gesellschaftstyp sie nach dortigem Recht auf der Grundlage des Art. 2 Abs. 1 EWIV-VO[32] subsidiär zugeordnet ist.[33]

V. Inländische Zweigniederlassung

1. Abgrenzung gegenüber der Hauptniederlassung

16 Aus der Festlegung der Hauptniederlassung bzw. des Sitzes (s. oben Rn 9) ergibt sich **spiegelbildlich die Festlegung der Zweigniederlassung**. Bei Handelsgesellschaften aus EU-Mitgliedstaaten oder solchen Staaten, mit denen ein entsprechender Anerkennungsvertrag geschlossen wurde, gilt jede außerhalb des Satzungssitzes liegende Niederlassung, die in ihrer organisatorischen Ausgestaltung über eine reine Betriebsabteilung hinausgeht, als Zweigniederlassung. Der nach herkömmlichem Begriffsverständnis erforderlichen tatsächlichen Unterordnung unter eine Hauptniederlassung bedarf es insofern also nicht (s. dazu § 13 Rn 33 ff). Dass auch der für die

---

29 Ensthaler/*Achilles*/*Haase* Rn 8.

30 So zutreffend MünchKommBGB/*Kindler* IntGesR Rn 209.

31 Ebenroth/Boujong/Joost/Strohn/*Pentz* Rn 12 mit Fn 21 nennt als vergleichbare Formen die französische société civile professionelle, die englische partnership, die österreichische Erwerbsgesellschaft und die spanische despacho colectivo.

32 Verordnung (EWG) Nr. 2137/85 des Rates v. 25.7.1985 über die Schaffung einer Europäischen wirtschaftlichen Interessenvereinigung (EWIV), ABl. EG Nr. L 199, S. 1.

33 Ebenroth/Boujong/Joost/Strohn/*Pentz* Rn 13; MünchKommBGB/*Kindler* IntGesR Rn 211.

Auslegung des § 13d unmittelbar maßgeblichen **Gesellschaftsrechtsrichtlinie** (Rn 4) ausweislich der Materialien ein abweichender Begriff der Zweigniederlassung zugrunde lag (Anbindung an ein Stammhaus – vgl. § 13 Rn 21), ist unbeachtlich, da der für die Auslegung europäischen Rechts ausschließlich zuständige **EuGH** (Art. 19 Abs. 1 UAbs. 1 S. 2 EUV) von diesem Verständnis zugunsten der hier wiedergegebenen Lesart abgerückt ist.[34] Nur soweit es darum geht, die Zweigniederlassung (nach unten hin) zur Betriebsabteilung abzugrenzen, kann der in den Materialien zur Richtlinie festgelegte Zweigniederlassungsbegriff noch Bedeutung erlangen (s. noch Rn 18).

Für **Einzelkaufleute, juristische Personen i.S.d. § 33** und solche **Handelsgesellschaften**, 17
die **keinem anerkennungsrechtlichen Sonderregime** unterliegen, gilt jede hinreichend verselbständigte Niederlassung außerhalb des effektiven Verwaltungssitzes als Zweigniederlassung. Bei Personenhandelsgesellschaften ist nach der hier vertretenen Auffassung zwar innerhalb Deutschlands der Satzungssitz maßgeblich; die Wahl eines ausländischen Satzungssitzes ist hingegen ausgeschlossen. Für die Abgrenzung in- und ausländischer Unternehmen ist daher auch hier der effektive Verwaltungssitz entscheidend (§ 13 Rn 44 ff). Die **Vorgaben der Gesellschaftsrechtsrichtlinie** (Rn 4) sind für diese Unternehmensformen **nicht ausschlaggebend.** Sie werden von der Richtlinie nicht unmittelbar erfasst, so dass sich ein richtlinienkonformes Verständnis nur aufgrund einer quasi-richtlinienkonformen Auslegung im Dienste der systematischen Einheit des nationalen Rechts ergeben könnte (s. dazu Rn 5, § 13 Rn 10). Da der für Kapitalgesellschaften entwickelte Zweigniederlassungsbegriff aber ohnehin nicht auf sämtliche anderen Unternehmensformen übertragen werden darf (s. § 13 Rn 21 f), kann diese systematische Einheit des Rechts auch durch eine solche quasi-richtlinienkonforme Auslegung nicht mehr erzielt werden. Es bleibt für diese Unternehmensformen daher bei dem traditionellen Zweigniederlassungsbegriff des nationalen Handelsrechts.

2. Abgrenzung gegenüber der Betriebsabteilung

Für jede dieser Unternehmensformen muss eine Abgrenzung nach unten hin gegenüber einer 18
bloß **räumlich abgetrennten Betriebsabteilung** vorgenommen werden. Diese Abgrenzung folgt den zum deutschen Recht entwickelten Kriterien, die insofern mit den Vorgaben der Gesellschaftsrechtsrichtlinie (Rn 4) übereinstimmen (s. § 13 Rn 19, 22).[35] Die Zweigniederlassung darf sich also nicht nur als untergeordnete und unselbständige Abteilung der Hauptniederlassung darstellen, sondern sie muss über ein solches Maß an wirtschaftlicher (nicht rechtlicher) Selbständigkeit verfügen, dass sie **einen weiteren Mittelpunkt** des Geschäfts bildet (vgl. dazu und zu den Kriterien im Einzelnen § 13 Rn 23 ff).

3. Errichtung einer Zweigniederlassung im Inland

Auch hinsichtlich der Errichtung der Zweigniederlassung im Inland gelten die zu § 13 entwickel- 19
ten Grundsätze: Die Zweigniederlassung entsteht also durch den **tatsächlichen Vorgang** ihrer Errichtung; der Eintragung in das Handelsregister kommt insofern nur deklaratorische Bedeutung zu (s. § 13 Rn 55).[36] Unternehmen mit einer eigenständigen Rechtspersönlichkeit kommen

---

34 Das folgt mittelbar aus den Entscheidungen des EuGH v. 9.3.1999, Rs. C-212/97, Slg. 1999, I-1459, 1484 Rn 36, 38 (Centros) sowie v. 30.9.2003, Rs. C-167/01, Slg. 2003, I-10155, 10195 Rn 56 ff (Inspire Art); s. zu dieser Lesart des EuGH auch Koller/Kindler/Roth/Drüen/*Roth* Rn 5; *Lutter* S. 7 f.

35 Vgl. etwa Ebenroth/Boujong/Joost/Strohn/*Pentz* Rn 8; *Rehberg* in: Eidenmüller § 5 Rn 21; *Kindler* NJW 1993, 3301 (3302 f); *Seibert* GmbHR 1992, 738 mit Fn 5.

36 Vgl. auch BayObLGZ 1986, 351 (360); KG FGPrax 2004, 45 (46); OLG München GmbHR 2006, 600 (601); Ensthaler/*Achilles*/*Haase* Rn 9; MünchKommHGB/*Krafka* Rn 12; *Rinne* S. 89; *Mödl* RNotZ 2008, 1 (2).

als Zweigniederlassung nicht in Betracht, da die eigene Rechtspersönlichkeit dieser Gesellschaftsformen die **Identität des Unternehmens** aufhebt (s. schon § 13 Rn 23).

VI. Rechtsstellung der Zweigniederlassung

1. Bindung an Rechtspersönlichkeit der Hauptniederlassung

20 Die Rechtsstellung der Zweigniederlassung kann hier nur grob skizziert werden. Weil die Zweigniederlassung **keine eigene Rechtspersönlichkeit** besitzt,[37] sondern zusammen mit der Hauptniederlassung das Unternehmen ihres Rechtsträgers bildet (s. § 13 Rn 23, 79), ist sie grundsätzlich derjenigen Rechtsordnung unterworfen, die für ihren Unternehmensträger gilt. Im Prinzip entscheidet also über die Rechtsverhältnisse der Zweigniederlassung eines Einzelkaufmanns dessen **Personalstatut** und über die Rechtsverhältnisse der Zweigniederlassung einer Handelsgesellschaft das **Gesellschaftsstatut**.[38] Die Festlegung des Gesellschaftsstatuts erfolgt nicht mehr einheitlich, sondern orientiert sich bei Gesellschaften aus EU-Mitgliedstaaten sowie bei Gesellschaften, deren ausländischer Gründungsakt aufgrund des EWR-Abkommens oder aufgrund eines zweiseitigen Staatsvertrages anzuerkennen ist, am Satzungssitz (§ 13 Rn 34 ff, 38 ff). Bei Drittstaaten soll nach hM hingegen weiterhin die Sitztheorie fortdauernde Gültigkeit beanspruchen, so dass hier der effektive Verwaltungssitz der Gesellschaft maßgeblich ist (§ 13 Rn 37, 41 ff).

2. Rechtsfähigkeit

21 Daraus ergibt sich im Einzelnen: Die Rechtsfähigkeit einer Gesellschaft richtet sich nach dem **Gesellschaftsstatut** und damit – je nach Unternehmensform und Herkunft – alternativ nach dem effektiven Verwaltungssitz oder nach dem Satzungssitz der Gesellschaft (s. Rn 9).[39] **Schuldner von Verbindlichkeiten** ist nicht die Zweigniederlassung, sondern der ausländische Unternehmensträger.[40] Eine **beschränkte Verpflichtungsfähigkeit** entsprechend der ultra-vires-Lehre anglo-amerikanischen Rechts ist grundsätzlich anzuerkennen, doch wird diese Anerkennung in analoger Anwendung des Art. 12 S. 1 EGBGB durch den Schutz des gutgläubigen inländischen Geschäftsverkehrs begrenzt.[41] Danach ist eine Beschränkung der Rechtsfähigkeit nach dem ausländischen Gesellschaftsstatut dann unbeachtlich, wenn nach dem Recht des Abschlussortes eine solche Beschränkung in Bezug auf vergleichbare Gesellschaftsformen des dortigen Rechts nicht besteht und der Vertragspartner die fehlende Rechtsfähigkeit weder kannte noch kennen musste.[42]

3. Firma der Zweigniederlassung

22 **a) Vorgaben des Internationalen Privatrechts.** Nach heute **ganz hM** richtet sich die Firma eines Einzelkaufmanns grundsätzlich nach dem **Personalstatut**, die Firma einer Gesellschaft

---

37 Zu den Folgen für die Amtslöschung wegen Vermögenslosigkeit OLG Frankfurt NJW-RR 2011, 330 f.

38 Ebenroth/Boujong/Joost/Strohn/*Pentz* Rn 20; MünchKommHGB/*Krafka* Rn 14.

39 MünchKommBGB/*Kindler* IntGesR Rn 423, 545; MünchKommHGB/*Krafka* Rn 15; Reithmann/*Martiny* Rn 2.289; *Spahlinger*/*Wegen* Rn 270.

40 RGZ 107, 44 (46).

41 Ebenroth/Boujong/Joost/Strohn/*Pentz* Rn 21; MünchKommBGB/*Kindler* IntGesR Rn 547 ff; Staudinger/*Großfeld* (1998) IntGesR Rn 276; *Spahlinger*/*Wegen* Rn 271.

42 MünchKommBGB/*Kindler* IntGesR Rn 547.

nach dem **Gesellschaftsstatut.**[43] Diese einheitliche Anknüpfung ermöglicht es Unternehmen, im weltweiten Wirtschaftsverkehr einen **einheitlichen Namen** zu führen, was den Aufbau einer internationalen Marktreputation wesentlich erleichtert.[44] Die **Gegenauffassung** befürwortet angesichts des auch ordnungsrechtlichen Charakters des Firmenrechts mit beachtlichen Argumenten eine **öffentlich-rechtliche Qualifizierung.**[45] Die hM verkennt dieses ordnungsrechtliche Regelungsanliegen ebenfalls nicht, trägt ihm aber durch die Gestattung einer Sonderanknüpfung Rechnung (s. Rn 23), so dass beide Auffassungen häufig zu übereinstimmenden Ergebnissen gelangen.[46] Den Vorzug verdient das **zweistufige Regelungsmodell** der hM, weil es sich nicht nur nahtlos in die Vorgaben des EuGH zur europäischen Niederlassungsfreiheit einfügen lässt,[47] sondern überdies das unternehmerische Interesse an einer einheitlichen Firma besser gegen die gegenläufigen Verkehrsinteressen auszutarieren vermag.[48]

b) Überlagerung durch das Marktrecht. Folgt man dieser Einordnung, so richtet sich auch 23
bei der **inländischen Zweigniederlassung** eines ausländischen Unternehmens die Firmenbildung zunächst nach dessen Personal- oder Gesellschaftsstatut, da sie – anders als eine Tochtergesellschaft – nicht über eine eigenständige Rechtspersönlichkeit verfügt und deshalb vom einheitlichen Gesellschaftsstatut erfasst wird.[49] Aufgrund ihrer Tätigkeit im Inland kann die Geltung des Personal-/Gesellschaftsstatuts jedoch durch das deutsche Marktrecht überlagert werden, wenn der **Schutz des Geschäftsverkehrs** dies erforderlich macht und europäisches Recht nicht entgegensteht.[50] Das ordnungsrechtliche Regelungsanliegen des Firmenrechts (s. Rn 22) gestattet insofern eine internationalprivatrechtliche **Sonderanknüpfung**, die seine zumindest partielle Anwendung weiterhin erlaubt.[51] So beanspruchen namentlich das **Irreführungsverbot** aus § 18 Abs. 2 sowie das Gebot der **Firmenunterscheidbarkeit** nach § 30 Abs. 1 und 3 auch für inländische Zweigniederlassungen ausländischer Unternehmen Gültigkeit.[52] Speziell bei Zweigniederlassungen aus EU-Mitgliedstaaten ist eine derartige Sonderanknüpfung jedoch nicht unbeschränkt möglich, sondern es werden ihr durch die neuere Rechtsprechung zur

---

43 RGZ 82, 164 (167); RGZ 117, 215 (218); BGH NJW 1971, 1522 (1523); BayObLGZ 1986, 61 (64); OLG München NZG 2007, 824 (825); MünchKommHGB/*Krafka* Rn 19; Röhricht/v. Westphalen/Haas/*Ries* Rn 13; Staudinger/*Großfeld* (1998) IntGesR Rn 319; *Mankowski*/*Knöfel* in: Hirte/Bücker § 13 Rn 48; *Rehberg* in: Eidenmüller § 5 Rn 28; *K. Schmidt* in: Lutter S. 27; *Spahlinger*/*Wegen* Rn 554.

44 *Mankowski*/*Knöfel* in: Hirte/Bücker § 13 Rn 48; *Römermann* GmbHR 2006, 262.

45 So insbes. MünchKommBGB/*Kindler* IntGesR Rn 240 f; *ders.* NJW 2003, 1073 (1079); ferner *Ebert*/*Levedag* GmbHR 2003, 1337 (1339); zu weiteren Zuordnungskonzepten vgl. auch *Mankowski*/*Knöfel* in: Hirte/Bücker § 13 Rn 50 mwN.

46 Unterschiede treten namentlich bei EU-ausländischen Gesellschaften mit inländischem Verwaltungssitz auf oder solchen, die kraft Staatsvertrages in Deutschland anzuerkennen sind (§ 13 Rn 37); zu diesen Unterschieden MünchKommBGB/*Kindler* IntGesR Rn 241.

47 Vgl. dazu auch MünchKommHGB/*Heidinger* vor § 17 Rn 34; *Rehberg* in: Eidenmüller § 5 Rn 29.

48 Ähnlich *Rehberg* in: Eidenmüller § 5 Rn 28; **aA** MünchKommBGB/*Kindler* IntGesR Rn 256.

49 KG HRR 1934, Nr. 1046; MünchKommHGB/*Heidinger* vor § 17 Rn 59; Staudinger/*Großfeld* (1998) IntGesR Rn 319; *Mankowski*/*Knöfel* in: Hirte/Bücker § 13 Rn 50; für die grundsätzliche Geltung des Firmenrechts am Ort der Zweigniederlassung hingegen KG FGPrax 2008, 35; LG Limburg/Lahn GmbHR 2006, 261; Ebenroth/Boujong/Joost/Strohn/*Reuschle* Anh. § 17 Rn 6; *Klose-Mokroß* DStR 2005, 971 (973); *Mödl* RNotZ 2008, 1 (8).

50 OLG München NZG 2007, 824 (825); *Mankowski*/*Knöfel* in: Hirte/Bücker § 13 Rn 51 ff; *Rehberg* in: Eidenmüller § 5 Rn 30; *K. Schmidt* in: Lutter S. 27; *Römermann* GmbHR 2006, 262 (263).

51 OLG München NZG 2007, 824 (825); *Mankowski*/*Knöfel* in: Hirte/Bücker § 13 Rn 51 ff; *Rehberg* in: Eidenmüller § 5 Rn 30; *Römermann* GmbHR 2006, 262 (263); *K. Schmidt* in: Lutter S. 27.

52 Allgemein zur Geltung dieser beiden Grundsätze BayObLGZ 1986, 351 (361); OLG Frankfurt aM FGPrax 2008, 165 (166); OLG Hamm WRP 1992, 354 (355); LG Limburg/Lahn GmbHR 2006, 261 (262); Ebenroth/Boujong/Joost/Strohn/*Pentz* Rn 21; Ensthaler/*Achilles*/*Haase* Rn 17; MünchKommBGB/*Kindler* IntGesR Rn 245; MünchKommHGB/*Heidinger* vor § 17 Rn 42, 45; *Krafka* Rn 272a; *Mankowski*/*Knöfel* in: Hirte/Bücker § 13 Rn 63, 70 ff; *Römermann* GmbHR 2006, 262.

europäischen Niederlassungsfreiheit Grenzen gezogen.[53] So muss etwa hinsichtlich des Irreführungsverbots beachtet werden, dass die Rechtsprechung des EuGH vom Leitbild eines mündigen und kritischen Verbrauchers geprägt wird, der Informationen sorgfältig lesen und auswerten kann.[54] Daraus ergibt sich eine **großzügigere europarechtskonforme Auslegung** als bei rein inländischen Sachverhalten.[55]

24 **c) Ausgestaltung der Firma.** Angesichts der weiterhin gespaltenen Festlegung des Gesellschaftsstatuts im derzeitigen deutschen Recht (vgl. § 13 Rn 32 ff) folgt daraus für inländische Zweigniederlassungen ausländischer Unternehmen: Soweit das Unternehmen seinen **effektiven Verwaltungsschwerpunkt außerhalb des Bundesgebietes** hat und daher nach den Grundsätzen der Sitztheorie als ausländisches Unternehmen anzuerkennen ist, richtet sich die Zulässigkeit der Firma zumindest im Ausgangspunkt nach ausländischem Recht (s. Rn 23).[56] Das äußert sich namentlich in scheinbar eher unbedeutenden Detailfragen, wie beispielsweise dem Inhalt des Rechtsformzusatzes und den Details seiner Schreibung und Abkürzung (s. dazu noch Rn 26 ff).[57] Ebenso wie ein rein inländisches Unternehmen (s. § 13 Rn 84 ff) kann auch die Zweigniederlassung einer ausländischen Gesellschaft die **Firma der Hauptniederlassung** übernehmen oder eine **eigenständige Firma** bilden,[58] wobei sie dann allerdings ihre Zugehörigkeit zur Hauptniederlassung aufgrund des aus dem Irreführungsverbot (Rn 23) zu folgernden Grundsatzes der Firmeneinheit zumindest über einen entsprechenden Zweigniederlassungszusatz (s. noch Rn 30) verdeutlichen muss.[59]

25 Dieselben Grundsätze gelten für solche Gesellschaften, deren **effektiver Verwaltungssitz im deutschen Inland** liegt, die aber kraft europäischen Rechts oder aufgrund eines bilateralen Staatsvertrages in ihrer originären Rechtsform in der Bundesrepublik anzuerkennen sind (Rn 9). Allerdings dürfen bei Unternehmen aus EU-Mitgliedstaaten aufgrund der europäischen Niederlassungsfreiheit an die **Unterscheidungskraft** der Firma nicht dieselben strengen Anforderungen gestellt werden, wie sie zum deutschen Recht entwickelt worden sind. Auch die Verwendung reiner Gattungs- und Branchenbezeichnungen ist zulässig, da insofern kein zwingendes Interesse des Allgemeinwohls besteht, ihren Gebrauch zu untersagen.[60] Unterfallen die Gesellschaften mit inländischem Verwaltungssitz **keinem anerkennungsrechtlichen Sonderregime**, gelten sie nach der fortdauernd gültigen Sitztheorie als inländische Gesellschaften und sind

---

53 MünchKommHGB/*Heidinger* vor § 17 Rn 36.

54 *Rehberg* in: Eidenmüller § 5 Rn 39.

55 OLG Frankfurt aM FGPrax 2008, 165 (166); *Rehberg* in: Eidenmüller § 5 Rn 41; *K. Schmidt* in: Lutter S. 29; vgl. auch Koller/Kindler/Roth/Drüen/*Roth* Rn 7; Röhricht/v. Westphalen/Haas/*Ries* Rn 14; *Bokelmann* DB 1990, 1021 (1027 f); *Mödl* RNotZ 2008, 1 (8); *Wachter* ZNotP 2005, 122 (138); krit. *Clausnitzer* DNotZ 2008, 484 (488 ff).

56 MünchKommHGB/*Heidinger* vor § 17 Rn 42; *Rehberg* in: Eidenmüller § 5 Rn 28; wohl auch *Krafka* Rn 272.

57 *Rehberg* in: Eidenmüller § 5 Rn 28; vgl. dazu auch *Krafka* Rn 272b. Auch der BGH (NJW 2007, 1529 Rn 11) zieht in Erwägung, ob die Niederlassungsfreiheit tangiert sein könne, wenn durch Haftungsvorschriften indirekt die Beachtung deutschen Firmenrechts erzwungen werde. Im konkreten Fall verwirft er diesen Ansatz, weil der Firmenzusatz auch nach dem einschlägigen niederländischen Recht zwingend zu führen sei.

58 LG Limburg/Lahn GmbHR 2006, 261; MünchKommHGB/*Heidinger* vor § 17 Rn 59 f; *Klose-Mokroß* DStR 2005, 971 (973 f); *Mödl* RNotZ 2008, 1 (8); *Wachter* MDR 2004, 611 (613). Auch in Art. 2 Abs. 1 lit. d) der Zweigniederlassungsrichtlinie (s. Rn 4) wird eine derartige Abweichung von der Firma der Hauptniederlassung ausdrücklich vorgesehen.

59 RGZ 113, 213 (218); LG Frankfurt aM GmbHR 2005, 1135; *Klose-Mokroß* DStR 2005, 971 (974); *Wachter* GmbHR 2003, 1254 (1256); **aA** *Mödl* RNotZ 2008, 1 (9).

60 OLG München RNotZ 2007, 824 (825): „Planung für Küche und Bad Ltd."; MünchKommHGB/*Heidinger* vor § 17 Rn 43; *K. Schmidt* in: Lutter S. 30 f; *Bokelmann* DB 1990, 1021 (1027 f); *Klose-Mokroß* DStR 2005, 971 (974); *Kögel* Rpfleger 2004, 325 (329); ähnlich *Rehberg* in: Eidenmüller § 5 Rn 41 mit Ausnahme für Scheinauslandsgesellschaften; **aA** *Mankowski/Knöfel* in: Hirte/Bücker § 12 Rn 71 f; *Wachter* GmbHR 2003, 1254 (1256); offenlassend KG FGPrax 2008, 35 f; zu dem strengeren Maßstab des deutschen Rechts vgl. BayObLG NJW-RR 2003, 1544 (1545): „Profi-Handwerker GmbH".

deshalb ausschließlich dem deutschen Firmenrecht unterworfen. Zum Prüfungsauftrag des Registergerichts s. noch Rn 72.

d) Sprachfassung. Schon nach den allgemeinen Grundsätzen des nationalen Firmenrechts wird eine Zweigniederlassung auch dann in ein deutsches Handelsregister eingetragen, wenn sie in einer **fremden Sprache** gehalten ist.[61] Nur wenn schon die Schriftzeichen als solche **nicht entzifferbar** sind, muss eine Umformulierung erfolgen, also etwa bei einer ausschließlich aus kyrillischen oder arabischen Buchstaben bestehenden Form.[62] Anderenfalls könnte die Firma keine Unterscheidbarkeit entfalten und würde überdies auch EDV-technische Probleme aufwerfen.[63] 26

e) Rechtsformzusatz

aa) Allgemeines. Weitgehend anerkannt ist, dass aus Gründen des Verkehrsschutzes auch von inländischen Zweigniederlassungen beschränkt haftender Gesellschaften ein Rechtsformzusatz entsprechend § 19 Abs. 2 sowie § 4 AktG, § 4 GmbHG gefordert werden kann.[64] Es genügt insofern allerdings die **Führung des ausländischen Rechtsformzusatzes.**[65] Eine deutsche Übersetzung kann nicht gefordert werden und wäre auch nicht wünschenswert, da die deutsche Fassung zu einer Täuschung der Verkehrsteilnehmer über die tatsächliche Rechtsform führen könnte.[66] Erst recht kann eine Bezeichnung als nur „formal ausländische Gesellschaft" nicht verlangt werden. Sie ist im deutschen Recht nicht vorgesehen und könnte zumindest für Unternehmen aus EU-Mitgliedstaaten wegen der mit einem solchen Zusatz verbundenen Stigmatisierung auch de lege ferenda nicht eingeführt werden.[67] Die Führung des ausländischen Rechtsformzusatzes genügt nur in den Fällen nicht, in denen eine **Verwechslungsgefahr mit inländischen Unternehmensformen** besteht (z.B. der Zusatz AG oder GmbH bei einer schweizerischen oder österreichischen Gesellschaft); hier kann dem Unternehmen auf der Grundlage 27

61 *K. Schmidt* in: Lutter S. 34; *Ebert/Levedag* GmbHR 2003, 1337 (1338); anders noch *Bärwaldt/Schabacker* AG 1996, 461 (462).

62 Koller/Kindler/Roth/Drüen/*Roth* Rn 7; MünchKommHGB/*Krafka* Rn 20; Röhricht/v. Westphalen/Haas/*Ries* Rn 12; *Rehberg* in: Eidenmüller § 5 Rn 37; *Klose-Mokroß* DStR 2005, 971 (974).

63 *Rehberg* in: Eidenmüller § 5 Rn 37.

64 BGH NJW 2007, 1529 (1530); LG Göttingen NotBZ 2006, 34 f; MünchKommBGB/*Kindler* IntGesR Rn 246; MünchKommHGB/*Heidinger* vor § 17 Rn 46; MünchKommHGB/*Krafka* Rn 25; *Krafka* Rn 272; *Mankowski/Knöfel* in: Hirte/Bücker § 13 Rn 52 ff, 68 f; *Rehberg* in: Eidenmüller § 5 Rn 52 ff.

65 Ebenroth/Boujong/Joost/Strohn/*Reuschle* Anh. § 17 Rn 28; MünchKommBGB/*Kindler* IntGesR Rn 246; MünchKommHGB/*Heidinger* vor § 17 Rn 47; Röhricht/v. Westphalen/Haas/*Ries* Rn 14; *Rehberg* in: Eidenmüller § 5 Rn 52; *Spahlinger/Wegen* Rn 557. Zu den Haftungsfolgen bei weggelassenem ausländischen Rechtsformzusatz BGH NJW 2007, 1529 sowie die Besprechungen von *Altmeppen* ZIP 2007, 889 ff; *Kindler* NJW 2007, 1785 ff; *Rehm* LMK 2007, 243100.

66 *Rinne* S. 173; *Altmeppen* ZIP 2007, 889 (891); *Kögel* Rpfleger 2004, 325 (329); *Wachter* ZNotP 2005, 122 (139); **aA** Staudinger/*Großfeld* (1998) IntGesR Rn 321.

67 EuGH v. 30.9.2003, Rs. C-167/01, Slg. 2003, I-10155, 10195 Rn 65 ff (Inspire Art); Ebenroth/Boujong/Joost/Strohn/*Reuschle* Anh. § 17 Rn 13; MünchKommHGB/*Krafka* Rn 24; *Mankowski/Knöfel* in: Hirte/Bücker § 13 Rn 68; *Rehberg* in: Eidenmüller § 5 Rn 66 f; *Weller* DStR 2003, 1800 (1802); bedenklich deshalb *Mödl* RNotZ 2008, 1 (9), der für eine finnische yksityinen osakeyhtiö – kurz: Oy – die Firmierung als „GmbH finnischen Rechts" oder „Haftungsbeschränkte Gesellschaft" verlangt. Gerade die erstgenannte Formulierung ist zweifelhaft, da sie das Substitionsergebnis bereits vorwegnimmt und eine deckungsgleiche Struktur der finnischen und der deutschen GmbH nahelegt; vgl. dazu auch MünchKommHGB/*Krafka* Rn 23.

des § 18 Abs. 2 die zusätzliche Angabe des Gründungsrechts aufgegeben werden.[68] Zu sonstigen Nationalitätennachweisen s. noch Rn 29.

28 **bb) Abkürzung.** Umstritten ist, ob der ausländische Rechtsformzusatz auch in einer vom Gründungsrecht gestatteten **abgekürzten Form** angefügt werden darf.[69] Das mag bei einer englischen Limited (Ltd.) mittlerweile hinnehmbar erscheinen, stößt aber bei weniger geläufigen Gesellschaftsformen (etwa der griechischen Etairia Periorismenis Efthynis – EPE) auf größere Bedenken. Hier wäre zwar auch die Langfassung für den inländischen Rechtsverkehr oftmals nicht verständlich, könnte aber eine deutlichere **Warnfunktion** erfüllen.[70] Zumindest im europäischen Kontext hat der EuGH den Nutzen derartiger Warnsignale aber grundsätzlich hinter die möglichst unproblematische Ausübung der Niederlassungsfreiheit zurückgestellt.[71] Legt man das (in diesem Zusammenhang wohl übermäßig anspruchsvolle) **Verbraucherleitbild des EuGH** zugrunde (s. Rn 23), so wird man vom Rechtsverkehr verlangen müssen, auch auf derartige Signale, die ihm zunächst unverständlich sind, mit Vorsicht zu reagieren. Die im Schrifttum z.T. alternativ vertretenen differenzierenden Lösungen zwischen gebräuchlichen und weniger gebräuchlichen Zusätzen[72] würde zu einer unerträglichen Rechtsunsicherheit führen.[73] Nur wenn die Abkürzung sich im Einzelfall als irreführend erweist (z.B. Stuttgarter Allgemeine Robotic- und Logistic S.A.R.L. – bei der der französische Rechtsformzusatz als nachgestellte Abkürzung des Firmennamens erscheint[74]), kann entsprechend den in Rn 23 genannten Grundsätzen die ausgeschriebene Langfassung gefordert werden.[75]

29 **cc) Nationalitätenhinweis.** Die Ergänzung des Rechtsformzusatzes um einen gesonderten Nationalitätenhinweis kann nach der zutreffenden hM de lege lata auch dann nicht gefordert werden, wenn sich dem Rechtsformzusatz zwar die ausländische Herkunft entnehmen lässt, nicht aber die **präzise Zuordnung zu einem konkreten Land** (Limited des englischen, schottischen oder irischen Rechts).[76] Daraus ergibt sich keine nennenswerte Schutzlücke, weil der Zusatz seine **Signalfunktion** schon dann erfüllt, wenn es dem Rechtsverkehr erkennbar ist, dass es sich nicht um eine Gesellschaft inländischen Rechts handelt. Ist der Geschäftspartner auf diese Weise gewarnt, so bieten ihm andere Instrumentarien, etwa die Angaben auf den Geschäftsbriefen, hinreichende Auskunft, wie er sich noch weitergehend über das Unternehmen informieren

---

68 LG Hagen NJW 1973, 2162; MünchKommHGB/*Krafka* Rn 22; Röhricht/v. Westphalen/Haas/*Ries* Rn 14; *Mankowski/Knöfel* in: Hirte/Bücker § 13 Rn 69; *Rehberg* in: Eidenmüller § 5 Rn 55; *Spahlinger/Wegen* Rn 556; *Eidenmüller/Rehm* ZGR 2004, 159 (183); **aA** MünchKommHGB/*Heidinger* vor § 17 Rn 46.

69 Dafür *Rehberg* in: Eidenmüller § 5 Rn 78; *Römermann* GmbHR 2006, 262 (263); *K. Schmidt* in: Lutter S. 38 f; **aA** LG Göttingen NotBZ 2006, 34 (35); MünchKommBGB/*Kindler* IntGesR 246; *ders.* NJW 2003, 1073 (1079); *Ulmer* JZ 1999, 662 (663); differenzierend zwischen etablierten (Ltd.) und nicht etablierten (EPE) Abkürzungen *Ebert/Levedag* GmbHR 2003, 1337 (1338); *Kögel* Rpfleger 2004, 325 (329); *Mödl* RNotZ 2008, 1 (9), der im zweiten Fall sehr weitgehend sogar eine deutsche Übersetzung verlangt (s. Fn 67); ähnlich MünchKommHGB/*Krafka* Rn 23 f und wohl auch *Krafka* Rn 272a.

70 MünchKommBGB/*Kindler* IntGesR Rn 246.

71 EuGH v. 30.9.2003, Rs. C-167/01, Slg. 2003, I-10155, 10195 Rn 135 (Inspire Art).

72 S. bereits die Nachw. in Fn 69 aE.

73 So zu Recht *K. Schmidt* in: Lutter S. 38 f.

74 Beispiel nach *Kögel* DB 2004, 1763 (1765).

75 So auch *K. Schmidt* in: Lutter S. 38 f.

76 LG Göttingen NotBZ 2006, 34 (35); MünchKommHGB/*Heidinger* vor § 17 Rn 47; MünchKommHGB/*Krafka* Rn 21; *Mankowski/Knöfel* in: Hirte/Bücker § 13 Rn 69; *K. Schmidt* in: Lutter S. 39 f; *Eidenmüller/Rehm* ZGR 2004, 159 (183); *Klose-Mokroß* DStR 2005, 971 (974); *Leible/Hoffmann* EuZW 2003, 677 (681); *Römermann* GmbHR 2006, 262 (263); *Schanze/Jüttner* AG 2003, 661 (663); *Wachter* MDR 2004, 611 (614); *ders.* ZNotP 2005, 122 (139); **aA** MünchKommBGB/*Kindler* IntGesR Rn 248 ff; *ders.* NJW 2003, 1073 (1079); *Krafka* Rn 272; *Ulmer* JZ 1999, 662 (663).

kann.[77] Die damit verbundenen **Transaktionskosten** können zwar im Einzelfall beträchtlich sein, erlauben aber allein keine generelle Gesetzeskorrektur.

dd) Zweigniederlassungszusatz. Umstritten ist, ob darüber hinaus zu fordern ist, dass sich aus der Firma auch der **Charakter als Zweigniederlassung** ergibt.[78] Für inländische Unternehmen wird ein solcher Zusatz nicht gefordert (§ 13 Rn 84 ff), so dass eine entsprechende Forderung als diskriminierend angesehen werden könnte,[79] wenngleich man einräumen muss, dass die Beeinträchtigung hier nur ausgesprochen gering wäre. Schwerer fällt ins Gewicht, dass durch einen solchen Zusatz möglicherweise mehr **Verwirrung gestiftet** als Transparenz hergestellt würde. Aufgrund der europäischen Vorgaben hat sich der Begriff der „Zweigniederlassung" vom herkömmlichen Sprachgebrauch ebenso wie vom historischen Sprachgebrauch des Gesetzgebers in der Weise entfernt, dass ihr **keine korrespondierende Hauptniederlassung** mehr gegenüberstehen muss (vgl. dazu § 13 Rn 33 ff). Die damit missverständlich gewordene Verwendung des Begriffs „Zweigniederlassung" sollte nicht noch gefördert werden, indem man einen entsprechenden Rechtsformzusatz verlangt.[80] Davon geht augenscheinlich auch § 13d Abs. 2, 2. Hs. aus, der eine Eintragung des Zusatzes nur verlangt, wenn ein solcher der Firma beigefügt ist. Wenn allerdings für die Zweigniederlassung eine **andere Firma** gewählt wurde als für die Hauptniederlassung (zur Zulässigkeit vgl. § 13 Rn 84), dann muss über einen derartigen Zusatz die Zugehörigkeit der Zweigniederlassung zu diesem Unternehmen zum Ausdruck gebracht werden.[81] 30

4. Inneres Organisationsrecht

a) Organisationsgefüge, Geschäftsführung und Vertretung. Das innere Organisationsrecht der Gesellschaft unterfällt ebenfalls dem **Gesellschaftsstatut.**[82] Dazu zählen etwa die Regeln über die Organstruktur der Gesellschaft, über die Kapitalgrundlagen, über die Ausgestaltung der Mitgliedschaft einschließlich der Art ihrer Verbriefung und Übertragung[83] sowie über Satzungsänderungen.[84] Insbesondere entscheidet das Gesellschaftsstatut auch über das allgemeine Organisationsgefüge der Gesellschaft, also darüber, welche Organe eine Gesellschaft hat und welche Befugnisse ihr zukommen. Dazu gehören namentlich auch Bestimmungen darüber, wer die Geschäfte der Gesellschaft führen und wer sie in welchem Umfang **organschaftlich vertreten** darf.[85] Allerdings muss auch insofern derselbe Vorbehalt gemacht werden wie bei der 31

77 Vgl. dazu auch *K. Schmidt* in: Lutter S. 39 f sowie (mit Vorbehalten) Koller/Kindler/Roth/Drüen/*Roth* Rn 7.

78 Dafür Ebenroth/Boujong/Joost/Strohn/*Reuschle* Anh. § 17 Rn 30; Ensthaler/*Achilles/Haase* Rn 17; MünchKommBGB/*Kindler* IntGesR Rn 255; *Mankowski/Knöfel* in: Hirte/Bücker § 13 Rn 67; *Spahlinger/Wegen* Rn 555; dagegen OLG Düsseldorf NJW-RR 2017, 742 Rn 14 ff; LG Frankfurt aM GmbHR 2005, 1135; Ebenroth/Boujong/Joost/Strohn/*Pentz* Rn 21 mit Fn 39; Hopt/*Merkt* Rn 4; Oetker/*Preuß* Rn 32; Koller/Kindler/Roth/Drüen/*Roth* Rn 7; *Rehberg* in: Eidenmüller § 5 Rn 69; *Klose-Mokroß* DStR 2005, 971 (974); *Mödl* RNotZ 2008, 1 (9); *Wachter* ZNotP 2005, 122 (139).

79 Darauf stellt etwa MünchKommHGB/*Krafka* Rn 21 maßgeblich ab.

80 Vgl. auch *Rehberg* in: Eidenmüller § 5 Rn 69.

81 Vgl. bereits die Nachw. in Fn 59.

82 RGZ 73, 366 (367); MünchKommBGB/*Kindler* IntGesR Rn 570; Staudinger/*Großfeld* (1998) IntGesR Rn 335 f; *Eidenmüller* § 4 Rn 39; *Spahlinger/Wegen* Rn 297 ff; *Wiedemann* GesR I § 14 IV 1b, S. 814 f; *Ebert/Levedag* GmbHR 2003, 1337 (1340).

83 Vgl. dazu MünchKommBGB/*Kindler* IntGesR Rn 591 f.

84 Ausführlich MünchKommBGB/*Kindler* IntGesR Rn 570.

85 BGHZ 32, 256 (258) = NJW 1960, 1569; BGHZ 40, 197 = NJW 64, 203; BGH NJW 1992, 618; BGH NJW 1993, 2744 (2745); BGH NJW 2003, 3270; OLG Celle NZG 2006, 273; OLG Dresden NZG 2008, 265 (266); OLG München NZG 2005, 850 f; MünchKommBGB/*Kindler* IntGesR 563; *Eidenmüller* § 4 Rn 43; *Spahlinger/Wegen* Rn 288; ausführlich *Niemann* Die rechtsgeschäftliche und organschaftliche Stellvertretung und deren kollisionsrechtliche Einordnung, 2004.

beschränkten Verpflichtungsfähigkeit (s. oben Rn 21): Soweit der inländische Vertragspartner annehmen durfte, dass die ausländische Gesellschaft durch ihren Vertreter wirksam verpflichtet werden konnte, gilt aus Gründen des Verkehrsschutzes der **Rechtsgedanke aus Art. 12 S. 1 EGBGB.**[86]

32 Wird auf rechtsgeschäftlichem Wege eine **Vollmacht** erteilt, so ist nicht das Personalstatut des Einzelkaufmanns oder das Gesellschaftsstatut maßgeblich, sondern das **Vollmachtsstatut**, und zwar auch dann, wenn es sich um eine Prokura oder Handlungsvollmacht handelt.[87] Das Vollmachtsstatut wird ganz überwiegend danach bestimmt, wo die Vollmacht dem Willen des Vollmachtgebers nach ihre Wirkung entfalten soll (Wirkungsland).[88] Auf diese Weise soll der Drittkontrahent geschützt werden, der sich bei der Prüfung der Wirksamkeit und des Umfangs der Vollmacht an das ihm vertraute materielle Vertretungsrecht halten kann.[89] Insbesondere wenn der Vertreter – wie regelmäßig bei einer Zweigniederlassung – von einer organisatorisch selbständigen Niederlassung aus handeln soll, ist demnach an den **Sitz** dieser Niederlassung anzuknüpfen, wenn er für den Drittkontrahenten erkennbar war.[90] Die Erteilung einer Vollmacht für den Betrieb einer inländischen Zweigniederlassung führt also zur Anwendung der §§ 164 ff BGB bzw. §§ 48 ff.[91] Zu gewerberechtlichen Anforderungen an die Geschäftsleiter s. noch Rn 44 und § 13e Rn 38 ff.

33 **b) Mitbestimmungsrecht; Geschlechterquote.** Als Bestandteil des internen Organisationsgefüges unterfällt auch die **unternehmerische Mitbestimmung** grundsätzlich dem Gesellschaftsstatut.[92] Soweit eine Kapitalgesellschaft aus einem EU-Mitgliedstaat stammt oder aufgrund des EWR-Abkommens oder eines bilateralen Staatsvertrages anzuerkennen ist (vgl. Rn 9), kann das Mitbestimmungsrecht nur über eine Sonderanknüpfung analog Art. 9 Rom I-VO zur Anwendung gelangen.[93] Mit den Vorgaben der europäischen Niederlassungsfreiheit ist eine solche Sonderanknüpfung indes nur schwer zu vereinbaren, da sich die Regeln der deutschen Mitbestimmung schon aufgrund ihrer internationalen Sonderstellung kaum als zwingendes Erfordernis des Gemeinwohls bezeichnen lassen.[94] Auch im nationalen Recht ist sie auf Großunternehmen in bestimmten Gesellschaftsformen beschränkt und wird unterhalb der in den jeweiligen Regelungs-

---

86 MünchKommBGB/*Kindler* IntGesR Rn 565; vgl. bereits die weiteren Nachw. in Fn 41.

87 Zur Eintragung einer auf die Zweigniederlassung beschränkten Prokura vgl. *Kühn/Krafka* NZG 2011, 209 f.

88 BGHZ 43, 21 (26) = NJW 1965, 487; BGHZ 64, 183 (192) = NJW 1975, 1220; BGH NJW 1982, 2733; BGH NJW 1990, 3088; BGH NJW 1993, 2744 (2745); OLG München DNotZ 2006, 871 (873); *Bönner* RNotZ 2015, 253 (256); *Knoche* MittRhNotK 1985, 165 (167 f).

89 OLG Düsseldorf IPRax 1996, 423 (425); Reithmann/Martiny/*Hausmann* Rn 6.423 ff.

90 BGH JZ 1963, 167 m. Anm. *Lüderitz*; BGHZ 43, 21 (26) = NJW 1965, 487; Reithmann/Martiny/*Hausmann* Rn 6.425; *von Lüderitz* FS Coing II, 1982, S. 305 (318 f); *Süß* DNotZ 2005, 180 (186).

91 MünchKommHGB/*Krafka* Rn 18.

92 MünchKommBGB/*Kindler* IntGesR Rn 573; *Spahlinger/Wegen* Rn 300. Zu der Frage, ob die im Ausland beschäftigte Arbeitnehmer bei der Feststellung der Mitbestimmungsschwelle mitzuzählen und wahlberechtigt sind, vgl. *Koch* § 96 Rn 4a mwN; speziell zur Wahlberechtigung auch EuGH NJW 2017, 2603; *Schanze* AG 2017, 573; krit. etwa *Habersack* NZG 2017, 1021 ff: „Zementierung eines Anachronismus".

93 Jung/Krebs/Stiegler/*Gössl* § 11 Rn 62 ff; *Spahlinger/Wegen* Rn 301; *Eidenmüller/Rehm* ZGR 2004, 159 (184); **aA** MünchKommBGB/*Kindler* IntGesR Rn 573, der es insofern bei der Verwaltungssitzanknüpfung belässt.

94 Sehr umstritten – so auch (z.T. zu Art. 34 EGBGB a.F.) *Koch* § 1 Rn 48; *Müller-Bonanni* in: Hirte/Bücker § 14 Rn 17 ff; *Spahlinger/Wegen* Rn 301 ff; *Eidenmüller* ZIP 2002, 2233 (2236 f); *Eidenmüller/Rehm* ZGR 2004, 159 (184 f); *Paefgen* DB 2003, 487 (491 f); *Sandrock* AG 2004, 57 (62 ff); *Zimmer* in: Lutter S. 365 (369 ff); *ders.* NJW 2003, 3585 (3590 f); *Zöllner* GmbHR 2006, 1 (10); gegen die Unionsrechtskonformität eines „Erstreckungsgesetzes" *Merkt* ZIP 2011, 1237 (1239 ff); **aA** MünchKommBGB/*Kindler* IntGesR Rn 570 ff; *ders.* NJW 2003, 1073 (1079); Jung/Krebs/Stiegler/*Gössl* § 11 Rn 62 ff; *Rehberg* in: Eidenmüller § 6 Rn 14 ff, 31 ff; *Bayer* BB 2003, 2357 (2365); *ders.* BB 2004, 1 (5); *ders.* AG 2004, 534 (537 f); *Franzen* RdA 2004, 257 (262, 263 f); *Grundmann/Möslein* ZGR 2003, 313 (350 f); *W.-H. Roth* IPRax 2003, 117 (125); *ders.* ZGR 2000, 311 (333); *Ulmer* JZ 1999, 662 (663); *Weller* IPrax 2017, 167 (174); in diese Richtung auch Ebenroth/Boujong/Joost/Strohn/*Pentz* Rn 21.

werken vorgesehenen Anwendungsschwellen offensichtlich nicht als dringendes Gemeinwohlanliegen betrachtet.[95] Die **betriebliche Mitbestimmung** innerhalb einer Zweigniederlassung richtet sich hingegen unstreitig nach deutschem Betriebsverfassungsrecht.[96] Wie bei der unternehmerischen Mitbestimmung sind auch die Vorschriften zu **Geschlechterquote und geschlechterspezifischen Zielvorgaben** in Leitungs- und Überwachungsorganen von Kapitalgesellschaften (§§ 76 Abs. 3a und 4, 96 Abs. 2 und 3, 111 Abs. 5 AktG, § 52 Abs. 2 GmbHG)[97] nur auf Gesellschaften mit inländischem Satzungssitz anwendbar.[98]

c) Kapitalgrundlagen. Ebenfalls vom **Gesellschaftsstatut** umfasst sind die Regeln über die Kapitalausstattung der Gesellschaft, also etwa über die Aufbringung, Erhaltung, Erhöhung, Herabsetzung des Kapitals sowie über etwaige Bezugsrechte der Gesellschafter.[99] Insbesondere die Anerkennung fremder Kapitalaufbringungsregime kann dazu führen, dass sich in Deutschland Gesellschaften unternehmerisch betätigen, bei denen der Ausschluss persönlicher Haftung in Abweichung von traditionellen nationalen Schutzstandards nicht durch den Aufbau eines nennenswerten Haftungsfonds kompensiert wird. Soweit diese Gesellschaften nach den Grundsätzen der europäischen Niederlassungsfreiheit oder aufgrund eines Staatsvertrages in Deutschland anzuerkennen sind (Rn 9), müssen die daraus für den inländischen Rechtsverkehr erwachsenden Gefahren aber auch dann hingenommen werden, wenn es sich um Gesellschaften mit einem **effektiven Verwaltungssitz im Inland** handelt.[100] Zu den Bestimmungen über die (früher als kapitalersetzend bezeichneten) Gesellschafterdarlehen in der Insolvenz s. Rn 41. Zur Durchgriffshaftung bei materieller Unterkapitalisierung s. Rn 36 f. 34

5. Gesellschafts-, Gesellschafter- und Geschäftsführerhaftung

a) Allgemeines. Das Gesellschaftsstatut ist auch dann maßgeblich, wenn es um die Haftung der Gesellschaft für die in ihrem Namen begründeten rechtsgeschäftlichen Verbindlichkeiten einschließlich der persönlichen Haftung ihrer Gesellschafter oder Geschäftsführer gegenüber den Gesellschaftsgläubigern geht.[101] Umstritten ist allerdings, ob dieser Grundsatz auch dann uneingeschränkt gilt, wenn es sich um Gesellschaften handelt, deren **effektiver Verwaltungssitz im Inland** liegt, die aber dennoch aufgrund der europäischen Niederlassungsfreiheit oder eines Staatsvertrages in ihrer ursprünglichen Rechtsform im Inland anzuerkennen sind (Rn 9). Die Diskussion dreht sich namentlich um die Haftungstatbestände der Handelndenhaftung im Falle einer unterlassenen Anmeldung der Zweigniederlassung (s. Rn 36 f), die Durchgriffshaf- 35

95 *Hirte*/Bücker § 1 Rn 51; *Müller-Bonanni* in: Hirte/Bücker § 14 Rn 22.
96 Ebenroth/Boujong/Joost/Strohn/*Pentz* Rn 21; vgl. ferner MünchKommBGB/*Martiny* Art. 8 ROM I-VO Rn 149 ff.
97 Vgl. hierzu statt vieler *Koch* § 76 Rn 66 ff, 72 ff, § 96 Rn 13 ff, § 111 Rn 80 ff; Noack/Servatius/Haas/*Noack* GmbHG § 52 Rn 331 ff; *Grobe* AG 2015, 289 ff.
98 *Koch* § 76 Rn 73, § 96 Rn 14; *Grobe* AG 2015, 289 (290 f); *Oetker* ZHR 179 (2015), 707 (712 f); *Seibt* ZIP 2015, 1193 (1194 f); **aA** konsequent Jung/Krebs/Stiegler/*Gössl* § 11 Rn 67 ff; *Weller* IPrax 2017, 167 (174).
99 Ausführlich dazu MünchKommBGB/*Kindler* IntGesR Rn 597 ff; vgl. ferner Ebenroth/Boujong/Joost/Strohn/*Pentz* Rn 26; MünchKommHGB/*Krafka* Rn 15; *Eidenmüller* § 4 Rn 10 ff; *Paefgen* DB 2003, 487 (490).
100 EuGH v. 30.9.2003, Rs. C-167/01, Slg. 2003, I-10155, 10195 Rn 135 (Inspire Art); BGH NJW 2005, 1648 (1649); BGHZ 164, 148 ff = NJW 2005, 3351; Ebenroth/Boujong/Joost/Strohn/*Pentz* Rn 26; MünchKommBGB/*Kindler* IntGesR Rn 597; *Fleischer* in: Lutter S. 114 ff; *Drygala* ZEuP 2004, 337 (347 f).
101 BGHZ 154, 185 (189 f) = NJW 2003, 1461; BGH NJW 2005, 1648 (1649); *Eidenmüller* § 4 Rn 15 f; zu der notwendigen Differenzierung zwischen den einzelnen Haftungstatbeständen im Innen- und Außenverhältnis vgl. MünchKommBGB/*Kindler* IntGesR Rn 614 ff.

tung wegen Unterkapitalisierung (Rn 36 f),[102] die Existenzvernichtungshaftung (Rn 38 f) sowie die Insolvenzverschleppungshaftung (Rn 41).

36 **b) Rechtsprechung.** Der **BGH** hat zumindest für die **Handelndenhaftung** im Falle einer unterlassenen Anmeldung der Zweigniederlassung und für die **Durchgriffshaftung wegen Unterkapitalisierung** eine Anwendung des deutschen Rechts abgelehnt. Aus der Anerkennung der Rechtsfähigkeit einer Gesellschaft folge zugleich, dass ihr Gesellschaftsstatut auch hinsichtlich der Haftung für in ihrem Namen begründete rechtsgeschäftliche Verbindlichkeiten maßgeblich sei.[103] Noch nicht höchstrichterlich entschieden wurde über die Anwendung der **Existenzvernichtungshaftung**, deren Zuordnung zum Gesellschaftsstatut zweifelhaft geworden ist, nachdem der BGH seine ursprünglich gesellschaftsrechtliche Qualifikation aufgegeben und die Haftung stattdessen auf die deliktsrechtliche Grundlage des § 826 BGB gestellt hat (s. noch Rn 38 f).[104] Auch zur Haftung wegen Insolvenzverschleppung hat sich der BGH noch nicht geäußert; nur auf instanzgerichtlicher Ebene wurde die Anwendung dieses Haftungstatbestandes auf europäische Auslandsgesellschaften bejaht (s. noch Rn 41).[105]

37 **c) Handelnden- und Durchgriffshaftung wegen Unterkapitalisierung.** Der Ablehnung einer **Handelndenhaftung** wird man auch dann zuzustimmen haben, wenn man mit den Vertretern der Gegenauffassung die „notorische Ineffizienz“[106] des Zwangsgeldverfahrens als alternativer Sanktionsmöglichkeit erkennt. Da eine solche Sanktion auch bei der Errichtung einer Zweigniederlassung durch ein inländisches Unternehmen nicht zur Verfügung stünde, läge darin eine Diskriminierung ausländischer Gesellschaften, die mit den Vorgaben der europäischen Niederlassungsfreiheit nicht zu vereinbaren wäre.[107] Das gilt insbesondere auch deshalb, weil die Konstruktion der Handelndenhaftung nur im Analogiewege möglich wäre, obwohl die Vergleichbarkeit des geregelten und ungeregelten Sachverhaltes sehr zweifelhaft ist; denn anders als im unmittelbaren Anwendungsbereich der § 41 Abs. 1 S. 2 AktG, § 11 Abs. 2 GmbHG geht es hier nicht um den erstmaligen Marktzugang einer Gesellschaft, sondern um die Etablierung einer Zweigniederlassung einer bereits bestehenden EU-Gesellschaft, die im Ausland registerrechtlich dokumentiert und im Inland europarechtlich anzuerkennen ist.[108] Ebenso ist es konsequent, eine **generelle Durchgriffshaftung wegen Unterkapitalisierung** zu verneinen, da nach den zur europäischen Niederlassungsfreiheit entwickelten Grundsätzen die Aufbringung eines Mindestkapitals nicht gefordert werden kann und damit die Existenz unterkapitalisierter Gesellschaften bewusst in Kauf genommen wird. Wenn die Unterkapitalisierung allerdings zugleich den Charakter einer **vorsätzlichen sittenwidrigen Schädigung** i.S.d. § 826 BGB annimmt, kann

---

102 Zu anderen Durchgriffstatbeständen vgl. MünchKommBGB/*Kindler* Rn 621 ff; *Fleischer* in: Lutter S. 121 ff; *Spahlinger/Wegen* Rn 336 ff.

103 BGH NJW 2005, 1648 (1649 f); zust. OLG Hamm NZG 2006, 826 (827); zu dem Meinungsbild im Schrifttum vgl. noch die Nachw. zu Rn 37.

104 BGHZ 173, 246 Rn 23 = NJW 2007, 2689; vgl. dazu *Altmeppen* NJW 2007, 2657 ff; *Schanze* NZG 2007, 681 ff; *Schwab* ZIP 2008, 341 ff; *Vetter* BB 2007, 1965 ff; *Weller* ZIP 2007, 1681 ff.

105 LG Kiel ZIP 2006, 1248 (1249 ff); mwN in Fn 123.

106 MünchKommBGB/*Kindler* IntGesR Rn 533.

107 So im Ergebnis auch Koller/Kindler/Roth/Drüen/*Roth* Rn 6; *Lutter* S. 1 (9 ff); *Rehberg* in: Eidenmüller § 5 Rn 82; *Eidenmüller* NJW 2005, 1618 (1619 f); *Lehmann* NZG 2005, 580 ff; **aA** MünchKommBGB/*Kindler* IntGesR Rn 531 ff; *Leible/Hoffmann* EuZW 2003, 677 (679); *dies.* RIW 2005, 544 f; *Paefgen* GmbHR 2005, 957 ff; *Wachter* DStR 2005, 1817 (1821).

108 *Eidenmüller* NJW 2005, 1618 (1619).

eine andere Lösung in Betracht gezogen werden.[109] Vgl. dazu auch noch die Ausführungen zur Existenzvernichtungshaftung in Rn 38 f.

d) Existenzvernichtungshaftung. Für die Zuordnung der Existenzvernichtungshaftung wurden in der Vergangenheit eine gesellschaftsrechtliche,[110] eine insolvenzrechtliche[111] und eine deliktsrechtliche Anknüpfung[112] vertreten.[113] Nachdem der BGH die dogmatische Grundlage der Existenzvernichtungshaftung in der **deliktsrechtlichen Vorschrift des § 826 BGB** verortet hat (s. Rn 36 mit Fn. 101), hat der letztgenannte Ansatz an Plausibilität gewonnen. Bei unerlaubten Handlungen der Gesellschaft gilt gem. Art. 4 Rom II-VO grundsätzlich nicht das Gesellschafts-, sondern das **Deliktsstatut** mit der Anknüpfung an den Erfolgsort (Abs. 1) oder – wenn für Schädiger und Geschädigten – den Ort des gewöhnlichen Aufenthalts (Abs. 2).[114] Auch mit der dogmatischen Festlegung des BGH ist die Diskussion indes auf europäischer Ebene noch keinesfalls beendet, da es sich trotz der deliktsrechtlichen Anspruchsgrundlage um einen Haftungstatbestand handelt, der den **Kern der Haftungsverfassung einer Gesellschaft** berührt, weil die typische Haftungskonzentration auf das Gesellschaftsvermögen durchbrochen wird.[115] In derartigen Fällen schien der BGH in Fällen, die der europäischen Niederlassungsfreiheit unterfallen, in der Vergangenheit dahin zu tendieren, die entsprechenden Ansprüche gegen Gesellschafter und Geschäftsführer generell dem Recht des Herkunftsstaates zu entnehmen (s. Rn 36).[116] Vor dem Hintergrund dieser Rechtsprechung halten Teile des Schrifttums auch die Anwendung der Existenzvernichtungshaftung für ausgeschlossen,[117] wohingegen die überwiegende Auffassung sie aus Gründen des Gläubigerschutzes befürwortet.[118] 38

Durch eine **Entscheidung des BGH** aus dem Jahr 2007 ist in diese Diskussion neue Bewegung gekommen. Darin stellt das Gericht im Zusammenhang mit der Rechtsscheinhaftung aufgrund fehlenden Rechtsformzusatzes fest, dass eine solche Haftung nicht an die Verletzung spe- 39

109 S. auch *Koch* § 1 Rn 47; ähnlich Reithmann/Martiny/*Hausmann* Rn 6.175; *Bayer* NJW 2003, 2357 (2364); *Leible/Hoffmann* RIW 2002, 925 (930); *Schanze/Jüttner* AG 2003, 661 (669); *Ulmer* NJW 2004, 1201 (1208); *Weller* IPRax 2003, 520 (523 f); *Zöllner* GmbHR 2006, 1 (7 f); ohne die letztgenannte Einschränkung *Eidenmüller* § 4 Rn 27; *ders.* NJW 2005, 1618 f; *Drygala* ZEuP 2004, 337 (347 mit Fn 59); *Wachter* GmbHR 2004, 88 (91); für eine weitergehende Haftung MünchKommBGB/*Kindler* IntGesR Rn 623; *Fleischer* in: Lutter S. 118 ff; *Spahlinger/Wegen* Rn 337; *Bitter* WM 2004, 2190 (2195 ff); *Borges* ZIP 2004, 733 (742); *Horn* NJW 2004, 893 (899).

110 *Altmeppen* NJW 2004, 97 (101); *Altmeppen/Wilhelm* DB 2004, 1083 (1088); *Eidenmüller* § 4 Rn 18 ff; *ders.* NJW 2005, 1618 (1620 f); *Eidenmüller/Rehm* ZGR 2004, 159 (182); *Schön* ZHR 168 (2004), 268 (292 f); *Schumann* DB 2004, 743 (748 f); *Ulmer* NJW 2004, 1201 (1207); *ders.* KTS 2004, 291 (303 f).

111 Ausführlich *Weller* Europäische Rechtsformwahlfreiheit und Gesellschafterhaftung, 2004, S. 223 ff; *ders.* IPRax 2003, 207 (209 f); *G.H. Roth* NZG 2003, 1081 (1085).

112 Vgl. dazu etwa MünchKommBGB/*Kindler* IntGesR Rn 624 ff, der ergänzend aber auch auf das insolvenzrechtliche Element hinweist; ferner Jung/Krebs/Stiegler/*Gössl* § 11 Rn 75, 129 ff (die aber über Art. 4 Abs. 3 Rom II-VO eine akzessorische Anknüpfung an das Gesellschaftsstatut befürwortet); Reithmann/Martiny/*Hausmann* Rn 6.175; *Bayer* BB 2003, 2357 (2364 f); *Haas* WM 2003, 1929 (1940 f); *F. Krüger* ZInsO 2007, 861 (869); *Schanze/Jüttner* AG 2003, 661 (669 f).

113 Monographisch dazu *Weller* Europäische Rechtsformwahlfreiheit und Gesellschafterhaftung, 2004.

114 Vgl. MünchKommBGB/*Kindler* IntGesR Rn 624. Allerdings ist zu bedenken, dass der Gesellschaftsvertrag ein Rechtsverhältnis i.S.d. Art. 4 Abs. 3 Rom II-VO ist und deshalb eine akzessorische Anknüpfung an das Gesellschaftsstatut in Betracht kommt; dafür Jung/Krebs/Stiegler/*Gössl* § 11 Rn 75, 129 ff.

115 *Eidenmüller* NJW 2005, 1618 (1620); *Schanze* NZG 2007, 681 (685); *Weller* ZIP 2007, 1681 (1688 f).

116 So auch die (kritische) Wahrnehmung von *Schanze* NZG 2007, 681, 686 („Gesamtpaket"), die sich namentlich auf BGH NJW 2005, 1648 (1649) stützt (s. bereits Rn 36).

117 *Eidenmüller* § 4 Rn 18 ff; *ders.* NJW 2005, 1618 (1621); *Meilicke* GmbHR 2003, 1271 (1272); *Ziemons* ZIP 2003, 1913 (1917).

118 MünchKommBGB/*Kindler* IntGesR Rn 624 ff; *ders.* NJW 2007, 1785 (1788); *Altmeppen* NJW 2004, 97 (101); *Altmeppen/Wilhelm* DB 2004, 1083 (1088); *Bayer* BB 2003, 2357 (2364 f); *Bitter* WM 2004, 2190 (2197); *Borges* ZIP 2004, 733 (741 f); *Schanze/Jüttner* AG 2003, 661 (669 f); *Weller* IPRax 2003, 207 ff; *Zimmer* NJW 2003, 3585 (3588).

zifischer Organpflichten anknüpfe und schon aus diesem Grund nicht dem Gesellschaftsstatut unterfalle; daher sei auch die Niederlassungsfreiheit nach Art. 43, 48 EG a.F. (= Art. 49, 54 AEUV) nicht berührt.[119] In dieser knappen Feststellung zeichnet sich eine **Neuorientierung** ab, die gerade auch die rechtliche Behandlung der Existenzvernichtungshaftung beeinflussen kann.[120] Wenn Art. 49, 54 AEUV tatsächlich nur vor solchen Beschränkungen schützen, die **im engeren Sinne gesellschaftsrechtlicher Natur** sind, wäre eine deliktisch verstandene Existenzvernichtungshaftung davon nicht erfasst.[121] Die Niederlassungsfreiheit bestünde nur im Rahmen des kollisionsrechtlich abzugrenzenden Gesellschaftsstatuts.[122] Ob eine solche Lesart, die den Schutzbereich der Niederlassungsfreiheit letztlich den Bestimmungen des nationalen Kollisionsrechts überlässt, den Vorgaben des EuGH gerecht wird, ist jedoch zweifelhaft.[123] Hinsichtlich der Existenzvernichtungshaftung muss dieser Frage nicht weiter nachgegangen werden, da ihre Anwendung auch bei einem weiteren Verständnis der Niederlassungsfreiheit zu bejahen ist. Selbst wenn man zugesteht, dass die Niederlassungsfreiheit auch durch eine deliktsrechtliche Haftung berührt werden kann, so ist auf der anderen Seite doch auch nicht zu verkennen, dass der **Eingriff eher geringfügig** ist: Weder der Marktzugang noch die Struktur der Gesellschaft werden unmittelbar beeinträchtigt. Berücksichtigt man überdies, dass die Haftung auf einem Verstoß gegen die guten Sitten beruht und damit in deutlicher Nähe des (keiner Rechtfertigung bedürftigen) allgemeinen deliktsrechtlichen Verkehrsschutzes angesiedelt ist, so spricht viel dafür, den damit verbundenen Eingriff in die Niederlassungsfreiheit durch den wichtigen Allgemeinbelang des Gläubigerschutzes als gerechtfertigt anzusehen.[124] Dies gilt insbesondere dann, wenn man mit einer verbreiteten Auffassung die insolvenzrechtliche Dimension der Existenzvernichtungshaftung anerkennt und ihre kollisionsrechtliche Einordnung im Lichte der Aussagen des EuGH im Kornhaas-Urteil (s. noch Rn 41) vornimmt.[125]

6. Insolvenz

40 Für die kollisionsrechtliche Behandlung insolvenzrechtlicher Sachverhalte gilt zwischen den Mitgliedstaaten der EU (mit Ausnahme von Dänemark) die **EuInsVO.**[126] Im Verhältnis zu Drittstaaten enthalten die §§ 335 ff InsO Bestimmungen des deutschen internationalen Insolvenzrechts. Sowohl nach Art. 3 Abs. 1 EuInsVO als auch nach § 335 InsO ist **Insolvenzstatut** das Recht des Staates, in dem das **Insolvenzverfahren eröffnet** wurde. Die Eröffnung soll grundsätzlich da vollzogen werden, wo der Schuldner den Mittelpunkt seiner Interessen hat (Centre of Main Interests – COMI), also am effektiven Verwaltungssitz.[127] Wird das Verfahren nicht eröffnet, etwa in den Fällen der Insolvenzverschleppung, so ist der **hypothetische Eröffnungsort** maßgeblich (Art. 4 Abs. 1 S. 1 EuInsVO, § 3 Abs. 1 S. 2 InsO analog).[128]

41 Dem Insolvenzstatut unterfallen nach zutreffender Auffassung auch die Haftungsvorschriften im Fall der **Insolvenzverschleppung.**[129] Der Gesetzgeber des MoMiG (Rn 6) hat sich bemüht, die-

---

119 BGH NJW 2007, 1529 Rn 10; vgl. ferner MünchKommBGB/*Kindler* IntGesR Rn 434 ff, 626.
120 So die übereinstimmende Wahrnehmung von *Kindler* NJW 2007, 1785 (1786 ff) und *Rehm* LMK 2007, 243100.
121 Das räumt als Vertreter der Gegenauffassung auch *Rehm* LMK 2007, 243100 ein.
122 *Kindler* NJW 2007, 1785 (1788).
123 Gewichtige Bedenken bei *Eidenmüller* § 3 Rn 8 f; *Rehm* in: Eidenmüller § 2 Rn 71 f; *dems.* LMK 2007, 243100.
124 Für eine Rechtfertigung nach einem „System fließender Übergänge" *Bitter*, WM 2004, 2190 (2192 f).
125 Vgl. hierzu *Schall* ZIP 2016, 289 (294).
126 Verordnung (EU) 2015/848 des Europäischen Parlaments und des Rates vom 20.5.2015 über Insolvenzverfahren, ABl. EU Nr. L 141, S. 19.
127 Vgl. dazu insbes. EuGH NZG 2015, 154.
128 Ebenroth/Boujong/Joost/Strohn/*Pentz* Rn 21.
129 Vgl. dazu LG Kiel ZIP 2006, 1248 ff; Ebenroth/Boujong/Joost/Strohn/*Pentz* Rn 21; MünchKommBGB/*Kindler* IntGesR Rn 638, Art. 7 EuInsO Rn 58 ff; *Borges* ZIP 2004, 733 (736 ff); *Habersack/Verse* ZHR 168 (2004), 174 (207); *Paefgen* DB 2003, 487 (490); *Schanze/Jüttner* AG 2003, 661 (670); *Wachter* DStR 2005, 1817 (1822); *Weller* IPRax 2003, 520

se Einordnung durch die Neufassung der §§ 91 AktG a.F., 64 GmbHG a.F. und die Verlagerung der Antragspflicht in § 15a InsO formal zu bekräftigen. Dadurch sollte es erleichtert werden, diese Vorschriften als insolvenzrechtliche Normen zu qualifizieren und sie so auch in Insolvenzverfahren über das Vermögen ausländischer Gesellschaften anzuwenden, deren Tätigkeitsmittelpunkt in Deutschland liegt.[130] In der Tat hat es der EuGH im Kornhaas-Urteil bestätigt, dass die Niederlassungsfreiheit der Anwendung des § 64 Abs. 2 GmbHG a.F., der die Haftung wegen Verstoßes gegen insolvenzrechtliches Zahlungsverbot regelte, nicht entgegensteht.[131] Diese Rechtsprechung ist auf § 15b InsO zu übertragen, der seit dem Inkrafttreten des SanInsFoG[132] die Zahlungsverbote rechtsformübergreifend regelt. Schließlich sind auch die früher als „kapitalersetzend" bezeichneten **Gesellschafterdarlehen** im Zuge des MoMiG in das Insolvenzrecht verlagert worden.[133] Da diese Einordnung nicht nur formal, sondern auch materiell-rechtlich dem insolvenzrechtlichen Charakter der Bestimmungen besser Rechnung trägt als die vormalige gesellschaftsrechtliche Einordnung,[134] ist auch hier deutsches Recht anwendbar, soweit die Insolvenz nach deutschem Recht abgewickelt wird.[135] Auch diese rechtliche Behandlung hat in den Gesetzesmaterialien zum MoMiG eine explizite Bestätigung gefunden.[136]

7. Zivilprozess

Aus der mangelnden Rechtsfähigkeit der Zweigniederlassung ergibt sich, dass ihr auch keine **Parteifähigkeit** (§ 50 ZPO) zukommt, sondern die prozessuale Zuständigkeit ausschließlich beim Unternehmensträger liegt.[137] Allein der Träger des Gesamtunternehmens ist Partei des Rechtsstreits, allerdings kann er auch unter der Firma der Zweigniederlassung klagen und verklagt werden (s. § 13 Rn 80).[138] Seine Parteifähigkeit ist nach dem Personal- oder Gesellschaftsstatut zu bestimmen.[139] Dabei steht spätestens seit der Überseering-Entscheidung des EuGH fest, 42

(522, 524); *ders.* DStR 2003, 1800 (1804); *Zöllner* GmbHR 2006, 1 (6 f); s. ferner *Schall* ZIP 2016, 289 (293); **aA** *F. Krüger* ZInsO 2007, 861 ff; *Mock/Schildt* ZInsO 2003, 396 (399 f); *Riegger* ZGR 2004, 510 (526 f); *Spindler/Berner* RIW 2004, 7 (11 ff); *Ulmer* NJW 2004, 1201 (1207); *ders.* KTS 2004, 291 (300 ff).

130 RegE MoMiG, BT-Drucks. 16/6140, S. 47, 55.

131 EuGH NJW 2016, 223 Rn 22 ff. Vgl. hierzu *Kindler* EuZW 2016, 136 ff; *Mankowski* NZG 2016, 281 (284 ff); *Mock* IPRax 2016, 237 (241 ff); *Schall* ZIP 2016, 289 (290 ff); *Scholz* ZEuP 2016, 963 (967 ff).

132 Gesetz zur Fortentwicklung des Sanierungs- und Insolvenzrechts (Sanierungs- und Insolvenzrechtsfortentwicklungsgesetz – SanInsFoG) v. 22.12.2020, BGBl. I, S. 3256.

133 Vgl. RegE MoMiG, BT-Drucks. 16/6140, S. 42, 56 (dort auch zur Aufgabe der Qualifizierung als „kapitalersetzend").

134 RegE MoMiG, BT-Drucks. 16/6140, S. 42.

135 Vgl. etwa MünchKommBGB/*Kindler* IntGesR Rn 601; *Schall* ZIP 2016, 289 (293 f). Schon bislang für eine insolvenzrechtliche Einordnung *Haas* NZI 2001, 1 (3 ff); *Paulus* ZIP 2002, 729 (734); *Ulmer* NJW 2004, 1201 (1207); *ders.* KTS 2004, 291 (298 ff); *Weller* IPRax 2003, 520 (524); **aA** *Eidenmüller* § 9 Rn 42 ff; *Altmeppen* NJW 2004, 97 (103); *Altmeppen/Wilhelm* DB 2004, 1083 (1088); *Schumann* DB 2004, 743 (748); *Zimmer* NJW 2003, 3585 (3589); differenzierend zwischen den auf Auslandsgesellschaften anwendbaren „Novellenregeln" und den nicht anwendbaren „Rechtsprechungsregeln" *U. Huber* in: Lutter S. 131 ff; *Zöllner* GmbHR 2006, 1 (5 f).

136 RegE MoMiG, BT-Drucks. 16/6140, S. 56 f.

137 BGHZ 4, 62 (65) = NJW 1952, 182; Ebenroth/Boujong/Joost/Strohn/*Pentz* § 13 Rn 64; *Koch* Anh. § 45 AktG § 13 HGB Rn 6; MünchKommHGB/*Krafka* § 13 Rn 20; Röhricht/v. Westphalen/Haas/*Ries* § 13 Rn 7; *K. Schmidt* HandelsR § 4 III 2.

138 BGHZ 4, 62 (65) = NJW 1952, 182; OLG Hamm RPfleger 2001, 190; Ebenroth/Boujong/Joost/Strohn/*Pentz* § 13 Rn 64; Ensthaler/*Achilles/Haase* § 13 Rn 12; MünchKommHGB/*Krafka* § 13 Rn 20; Röhricht/v. Westphalen/Haas/*Ries* § 13 Rn 7.

139 Zu den umstrittenen Einzelheiten vgl. MünchKommBGB/*Kindler* IntGesR Rn 568 f mwN.

dass die Parteifähigkeit von EU-Auslandsgesellschaften nicht verneint werden kann, soweit sie nach dem Recht eines EU-Mitgliedstaates wirksam gegründet worden sind.[140]

43 Auch für die Beurteilung der **Prozessfähigkeit** ist das Personal- oder Gesellschaftsstatut der Hauptniederlassung maßgeblich, doch wird einem auf dieser Grundlage nicht prozessfähigen Unternehmen gem. § 55 ZPO die Prozessfähigkeit zuerkannt, wenn vergleichbare Korporationen nach deutschem Recht prozessfähig sind.[141] Für **Passivprozesse** gegen den ausländischen Unternehmensträger eröffnet Art. 7 Nr. 5 EuGVVO im Anwendungsbereich der Verordnung den **Gerichtsstand der Zweigniederlassung**. Dieser Gerichtsstand ist allerdings kein ausschließlicher, sondern ein besonderer, dh er tritt neben den allgemeinen Gerichtsstand des Art. 4 Abs. 1 i.V.m. Art. 63 EuGVVO.[142] Für Unternehmen aus anderen Ländern sind die besonderen Gerichtsstände der §§ 21, 23 ZPO zu beachten. Für **Aktivprozesse** gilt die Pflicht zur Sicherheitsleistung gem. § 110 ZPO;[143] diese Verpflichtung entfällt allerdings, wenn der Rechtsträger seinen Sitz in einem EU-Mitgliedstaat hat oder Gegenseitigkeit verbürgt.[144]

8. Gewerberecht

44 Auch für inländische Zweigniederlassungen ausländischer Unternehmen beansprucht das deutsche Gewerberecht Geltung. Sie unterliegen damit der deutschen **Gewerbeaufsicht**, so dass mit Aufnahme der gewerblichen Tätigkeit auch die Anzeigepflicht nach § 14 GewO für sie gilt. Durch diese nicht diskriminierende, sondern gleichermaßen für In- und Ausländer geltende Regelung im Interesse des Verkehrsschutzes wird die europäische Niederlassungsfreiheit nicht verletzt.[145] Wurde gegen ein ausländisches Unternehmen eine Gewerbeuntersagungsverfügung ausgesprochen, so darf es im Inland keine Zweigniederlassung errichten; das Registergericht muss eine entsprechende Anmeldung zurückweisen.[146] Die früher umstrittene Frage, ob die Eintragung einer Zweigniederlassung in Deutschland verweigert werden darf, wenn ihrem Geschäftsführer durch vollziehbare Entscheidung einer deutschen Verwaltungsbehörde die **Tätigkeit als Vertretungsberechtigter eines Gewerbebetriebs untersagt** wurde, ist nach der Neufassung des § 13e im Zuge des MoMiG eindeutig zu bejahen (s. § 13e Rn 38 ff mwN).

9. Sonstiges

45 Auch die **Wechsel- und Scheckfähigkeit** sind grundsätzlich nach dem ausländischen Heimatrecht zu beurteilen (Art. 91 Abs. 1 S. 1 WG, Art. 60 Abs. 1 S. 1 ScheckG); für Wechsel und Schecks, die im Betrieb der inländischen Zweigniederlassung gezeichnet worden sind, genügt es jedoch, dass nach deutschem Recht die Wechsel- oder Scheckfähigkeit gegeben wäre (Art. 91 Abs. 2 WG, Art. 60 Abs. 2 ScheckG).[147] Nach umstrittener, aber zutreffender Auffassung ist das Personal- oder Gesellschaftsstatut auch maßgeblich für die Beurteilung der **Buchführungs- und Bilanzie-**

140 EuGH v. 5.11.2002, Rs. C-208/00, Slg. 2002, I-9919, 9943 Rn 80 f (Überseering); vgl. dazu auch *Wagner* in: Lutter S. 226 f.

141 MünchKommBGB/*Kindler* IntGesR Rn 663; Staudinger/*Großfeld* (1998) IntGesR Rn 295; *Rehberg* in: Eidenmüller § 5 Rn 127; *Spahlinger*/*Wegen* Rn 296.

142 *Wagner* in: Lutter S. 254; *Piltz* NJW 2002, 789 (792).

143 RGZ 38, 403 (406); OLG Frankfurt aM MDR 1973, 232.

144 Ebenroth/Boujong/Joost/Strohn/*Pentz* Rn 22; *Rehberg* in: Eidenmüller § 7 Rn 1 ff, 28 ff mwN.

145 BGHZ 172, 200 Rn 24 = NJW 2007, 2328; OVG Münster BB 2005, 2259 (2260); Eidenmüller/*Rehberg* NJW 2008, 28 (29); *Mankowski* BB 2006, 1173 (1175); *ders.* ZIV 2006, 45 ff; *Mödl* RNotZ 2008, 1 (5).

146 *Mödl* RNotZ 2008, 1 (5).

147 MünchKommHGB/*Krafka* Rn 15; *Rehberg* in: Eidenmüller § 5 Rn 4.

rungspflicht.[148] Spezialvorschriften für die Behandlung inländischer Zweigniederlassungen ausländischer Unternehmen finden sich schließlich noch für **einzelne Branchen**, nämlich für das Versicherungsrecht in §§ 61 ff VAG, für das Kreditwesenrecht in §§ 32, 53, 53b, 53c KWG und für das Investmentrecht in §§ 49 ff KAGB. Diese branchenspezifischen Regelungen betreffen in erster Linie Anforderungen des Aufsichtsrechts, enthalten daneben z.T. aber auch Bestimmungen über die registermäßige Behandlung.

VII. Registerrechtliche Behandlung

1. Zuständigkeit

Die deutschen Registergerichte besitzen die **internationale und örtliche Zuständigkeit**, die Anmeldung der inländischen Zweigniederlassung durch ein ausländisches Unternehmen entgegenzunehmen, sie notfalls zu erzwingen und das Registerverfahren zu betreiben.[149] Ausdrücklich regelt § 13d zwar nur die örtliche Gerichtszuständigkeit, doch darf man daraus nach dem allgemeinen Grundsatz der Doppelfunktionalität der örtlichen Zuständigkeitsnormen zugleich auch auf die internationale Zuständigkeit des Gerichts schließen.[150] Soweit ein Unternehmen über **mehrere Zweigniederlassungen** verfügt, sind alle betroffenen Gerichte international und örtlich zuständig. Die Anmeldung muss bei jedem Register erfolgen; nur für die Zweigniederlassungen ausländischer Kapitalgesellschaften ist eine Konzentrationsmöglichkeit auf ein Gericht in § 13e Abs. 5 vorgesehen (s. noch § 13e Rn 45 f).[151] Es ist daher insbesondere nicht zulässig, eine der Zweigniederlassungen als Hauptniederlassung zu behandeln und die registerrechtliche Dokumentation dort in analoger Anwendung des § 13 Abs. 1 zu konzentrieren.[152] 46

2. Maßgeblichkeit deutschen Registerrechts

Für das Verfahren gilt deutsches Registerrecht als **lex fori.**[153] Es beherrscht das gerichtliche Verfahren (einschließlich der Prüfung der Eintragungsvoraussetzungen und der Bekanntmachung vollzogener Eintragungen) sowie die Verfahrenshandlungen der Beteiligten, vor allem also Art und Weise der Anmeldung. Diese Einordnung entspricht dem Territorialitätsprinzip, da es sich bei der hier allein geregelten registerrechtlichen Dokumentation um einen schwerpunktmäßig inländischen Sachverhalt handelt. 47

Eine allgemeine gesetzliche Bestätigung hat diese Einordnung in **§ 13d Abs. 3** gefunden. Danach gelten für die registerrechtliche Behandlung von Zweigniederlassungen eines Einzelkaufmanns, einer Handelsgesellschaft oder einer juristischen Person mit Ausnahme von Aktiengesellschaften, Kommanditgesellschaften auf Aktien und Gesellschaften mbH die Vorschriften für Hauptniederlassungen oder Niederlassungen am Sitz der Gesellschaft sinngemäß. Aufgrund 48

148 Staudinger/*Großfeld* (1998) IntGesR Rn 362; *Rehberg* in: Eidenmüller § 5 Rn 106 ff; *Zimmer* Internationales Gesellschaftsrecht, 1996, S. 182 f; **aA** MünchKommBGB/*Kindler* IntGesR Rn 276 ff.

149 BGH NZG 2019, 775 Rn 10; BGH NZG 2021, 1564 Rn 23 (lex fori); Ebenroth/Boujong/Joost/Strohn/*Pentz* Rn 15; MünchKommBGB/*Kindler* IntGesR Rn 900; Röhricht/v. Westphalen/Haas/*Ries* Rn 10; Staudinger/*Großfeld* (1998) IntGesR Rn 988; *Mankowski*/*Knöfel* in: Hirte/Bücker § 13 Rn 6; *Spahlinger*/*Wegen* Rn 633. Vgl. ferner BGHZ 172, 200 Rn 6, 12 = NJW 2007, 2328.

150 Vgl. statt aller BGHZ 94, 156 (157) = NJW 1985, 2090.

151 OLG Schleswig NZG 2007, 918; *Koch* Anh. zu § 45 AktG § 13d HGB Rn 4; Röhricht/v. Westphalen/Haas/*Ries* Rn 10; *Spahlinger*/*Wegen* Rn 633; so auch bereits *Lenz* DJ 1937, 1305 (1308); **aA** *Mankowski*/*Knöfel* in: Hirte/Bücker § 13 Rn 6 in unzulässiger Verallgemeinerung des bewusst als Ausnahmevorschrift konzipierten § 13e Abs. 5.

152 OLG Schleswig NZG 2007, 918 f.

153 BGHZ 172, 200 Rn 12 = NJW 2007, 2328; KG FGPrax 2004, 45 (46); OLG Hamm FGPRax 2006, 276 (277); OLG Hamm GmbHR 2008, 545 (546); MünchKommHGB/*Krafka* Rn 25; *Mankowski*/*Knöfel* in: Hirte/Bücker § 13 Rn 2 f.

des **irreführenden Passus** „am Sitz der Gesellschaft" wird diese Anordnung z.T. als „Verweisung auf das Heimatrecht" aufgefasst,[154] doch ist tatsächlich das Gegenteil gemeint. Es wird auf die im Inland **für Hauptniederlassungen geltenden Bestimmungen** verwiesen (denen speziell bei Gesellschaften nach dem gesetzlichen Sprachgebrauch eben der „Sitz der Gesellschaft" entspricht). Dem ausländischen Heimatrecht wird nur im letzten Hs. des § 13d Abs. 3 durch die Anordnung einer subsidiären Geltung für den Fall Rechnung getragen, dass „das ausländische Recht Abweichungen nötig macht". Bei einer generellen Verweisung auf das Heimatrecht wäre dieser Passus sinnentleert.

49 Die Zweigniederlassung ist demnach in registerrechtlicher Hinsicht so zu behandeln, als ob sie eine **inländische Hauptniederlassung** wäre.[155] Das ist folgerichtig, weil die grundsätzlich in § 13 angeordnete Konzentrationswirkung (s. § 13 Rn 7, 60) die Existenz eines Registers der Hauptniederlassung voraussetzt, das hier jedenfalls im Inland nicht vorhanden ist. Ohne eine inländische Hauptniederlassung fehlt für die registerrechtlichen Erleichterungen bei Zweigniederlassungen der Anknüpfungspunkt, so dass es einer **eigenständigen Registerdokumentation** bedarf. Das gilt selbst dann, wenn auch das ausländische Recht eine entsprechende Einrichtung kennt, weil § 13 weder die ausländische Registerbehörde noch das deutsche Gericht in seinem Verhältnis zu dieser Behörde binden könnte (zum Vorbehalt zugunsten des ausländischen Rechts s. noch Rn 51).

50 Die in § 13d Abs. 3 angeordnete Gleichstellung von Zweig- und Hauptniederlassung erstreckt sich in der Sache auf **Anmeldungen, Einreichungen, Eintragungen und Bekanntmachungen** von Zweigniederlassungen der dort genannten Unternehmensträger (s. Rn 48). Im Zuge des MoMiG (Rn 6) wurde diese Aufzählung aus Klarstellungsgründen auch noch auf die **Änderungen** einzutragender Tatsachen ausgedehnt. Damit soll insbesondere die Änderung der inländischen Geschäftsanschrift (s. noch Rn 54 und § 13 Rn 62 ff) dem Handelsverkehr offengelegt werden. Gerade juristische Personen (iwS) sollten diese Pflicht beachten, da bei ihnen die Verletzung der Aktualisierungspflicht eine erleichterte öffentliche Zustellung nach § 15a auslösen kann.[156]

3. Vorbehalt zugunsten ausländischen Rechts

51 Nur insoweit ist die Zweigniederlassung als Hauptniederlassung zu behandeln, als nicht das ausländische Recht **Abweichungen nötig** macht (§ 13d Abs. 3, letzter Hs.). Bei der Beurteilung, ob eine solche Notwendigkeit besteht, ist davon auszugehen, dass es nicht Aufgabe des deutschen Registerrechts sein kann, in die vom ausländischen Recht vorgegebenen Verhältnisse des Unternehmens einzugreifen, etwa in seine **Organisationsstruktur**; denn die bereits getroffene kollisionsrechtliche Entscheidung darf nicht über das Verfahrensrecht zurückgenommen werden. Ein auch nur mittelbarer Anpassungszwang soll nicht ausgeübt werden.[157] Die Respektierung des fremden Organisationsgefüges schließt es aber nicht aus, **Anmeldungen** zu fordern und **Eintragungen** vorzunehmen, die der ausländischen Rechtsordnung unbekannt sind, sofern dadurch die Struktur des Unternehmens nicht berührt wird.[158]

154 Vgl. dazu Ebenroth/Boujong/Joost/Strohn/*Pentz* Rn 19; MünchKommAktG/*Pentz* Anh. zu § 45 AktG § 13d Rn 19.
155 Vgl. auch BayObLGZ 1986, 351 (355); Hopt/*Merkt* Rn 2; Ensthaler/*Achilles/Haase* Rn 13; Koller/Kindler/Roth/Drüen/*Roth* Rn 2, 6; MünchKommHGB/*Krafka* Rn 25; Röhricht/v. Westphalen/Haas/*Ries* Rn 11; *Krafka* Rn 312; *Mankowski/Knöfel* in: Hirte/Bücker § 13 Rn 2 f; *Mödl* RNotZ 2008, 1 (2).
156 RegE MoMiG, BT-Drucks. 16/6140, S. 36; zum Begriff der juristischen Person in diesem Kontext vgl. BT-Drucks. 16/6140, S. 50 f sowie die Ausführungen in § 15a Rn 3 ff.
157 BayObLGZ 1986, 351 (356); OLG Düsseldorf NJW-RR 1992, 1390 (1391); Hopt/*Merkt* Rn 6; Ensthaler/*Achilles/Haase* Rn 16; Koller/Kindler/Roth/Drüen/*Roth* Rn 6; Röhricht/v. Westphalen/Haas/*Ries* Rn 13; *Bumeder* Rn 59.
158 Ensthaler/*Achilles/Haase* Rn 16; Röhricht/v. Westphalen/Haas/*Ries* Rn 13; *Bumeder* Rn 58 ff.

4. Ausnahme für Kapitalgesellschaften

52 Die Kapitalgesellschaften sind nach § 13d Abs. 3 von der verfahrensrechtlichen Gleichstellung mit einer inländischen Hauptniederlassung ausgenommen. Das erklärt sich daraus, dass das Gesetz für diese Gesellschaften **in §§ 13e–g eigenständige Verweisnormen** vorsieht, die mit einer pauschalen Verweisung auf die für Hauptniederlassungen geltenden Vorschriften ebenso wenig zu vereinbaren sind wie die generelle subsidiäre Geltung des Heimatrechts nach § 13d Abs. 3, letzter Hs.[159] Sollten sich im Einzelfall jedoch Lücken ergeben, so sollte die generelle Anordnung des § 13d Abs. 3 auch hier – entsprechend der bis 1993 geltenden Rechtslage (vgl. § 13b Abs. 3 a.F.) – Anwendung finden.[160]

5. Die Anmeldung

53 **a) Inhalt und Form der Anmeldung.** Der allgemeine Grundsatz des § 13d Abs. 3 wird in § 13d Abs. 1 speziell für die Anmeldung der Zweigniederlassung (jeder Unternehmensform) konkretisiert.[161] Mit der Errichtung der inländischen Zweigniederlassung (Rn 19 sowie § 13 Rn 55) entsteht die Pflicht, sie bei dem örtlich zuständigen Registergericht anzumelden. Sind Zweigniederlassungen in den Bezirken verschiedener Gerichte vorhanden, so sind die Anmeldungen einzeln an jedes von ihnen zu richten (s. Rn 46). Das Gleiche gilt für die Einreichung von Unterlagen. Die Anmeldung ist in **deutscher Sprache** abzufassen (§ 184 GVG – zur Anwendung auf Unterlagen s. noch Rn 55); eine gemeinschaftsrechtswidrige Diskriminierung ist mit diesem Erfordernis nicht verbunden.[162] Nach § 11 Abs. 1 kann die Anmeldung ergänzend aber auch noch in jeder anderen Amtssprache der EU übermittelt werden (zum irreführenden und korrekturbedürftigen Wortlaut des § 11 Abs. 1, der von Amtssprachen der EU-Mitgliedstaaten handelt, s. § 11 Rn 6 f). Die Anmeldung muss – ebenso wie eine etwaige Anmeldungsvollmacht – der **Form des § 12** genügen, also elektronisch in öffentlich beglaubigter Form erfolgen (zu den Anforderungen an eine ausländische Beglaubigung vgl. § 12 Rn 82).[163]

54 Welchen **Inhalt** die Anmeldung hat und welche **Dokumente** mit der Anmeldung einzureichen sind, richtet sich nach den für die vergleichbare inländische Unternehmensform geltenden Bestimmungen.[164] Entspricht der Unternehmensträger also einer juristischen Person i.S.d. § 33, so sind die dort genannten Angaben zu übermitteln; entspricht er einer Personenhandelsgesellschaft, so gelten die in §§ 106 Abs. 2, 162 Abs. 1 genannten Vorgaben. Für die Kapitalgesellschaften finden sich zusätzliche Pflichten in §§ 13e ff (vgl. insbes. § 13e Rn 18 ff). In der Anmeldung sind stets die Firma einschließlich eines etwaigen Zweigniederlassungszusatzes, der Ort der Zweigniederlassung und die **inländische Geschäftsanschrift** anzugeben (vgl. zur Geschäftsanschrift § 13 Rn 62 ff). Zu den erforderlichen Nachweisen über die Existenz und Rechtsfähigkeit der Gesellschaft sowie zur Vertretungsbefugnis der Anmelder s. Rn 65 ff. Zur Angabe des Unternehmensgegenstandes vgl. § 13e Rn 22 ff.

55 Umstritten ist, ob auch die zusätzlich geforderten **Dokumente in deutscher Sprache** einzureichen sind. Teilweise wird dies mit der Begründung verneint, dass § 184 GVG die Anlagen zur Anmeldung nicht erfasse und nur für ausländische Kapitalgesellschaften in §§ 13f Abs. 2

159 RegE, BT-Drucks. 12/3908, S. 15.

160 Ebenroth/Boujong/Joost/Strohn/*Pentz* Rn 19 (allerdings auf der Grundlage eines von der hier vertretenen Lesart abweichenden Verständnisses des Verweisungsinhalts – s. dazu Rn 48).

161 Muster für die Erstanmeldung der Zweigniederlassung einer englischen Limited bei *Mödl* RNotZ 2008, 1 (14). Weitere Muster bei *Bönner* RNotZ 2015, 253 (268 ff).

162 *Mankowski*/*Knöfel* in: Hirte/Bücker § 13 Rn 15; *Klose-Mokroß* DStR 2005, 971 (973).

163 Vgl. im Kontext der Zweigniederlassung *Bönner* RNotZ 2015, 253 (263 f).

164 Ensthaler/*Achilles*/*Haase* Rn 12.

S. 1, 13g Abs. 2 S. 1 eine nicht verallgemeinerungsfähige Ausnahmevorschrift enthalten sei.[165] Das war aber ausweislich der Gesetzesmaterialien nicht der Standpunkt des Gesetzgebers, der die genannten Bestimmungen gerade aus den allgemeineren Vorschriften der § 8 FGG a.F., § 184 GVG hergeleitet hat.[166] Deshalb ist auch jenseits dieser Sondervorschriften neben der beglaubigten Abschrift des Originals eine zur Glaubhaftmachung geeignete Übersetzung vom Anmelder vorzulegen.[167] Um die Richtigkeit des Handelsregisters zu gewährleisten, wird man dazu die Übersetzung eines gerichtlich oder behördlich bestellten oder vereidigten Übersetzers fordern müssen.[168] Bei kurzen und einfach verständlichen Dokumenten, wie z.B. Vertretungsbescheinigungen und Beglaubigungsvermerken, darf und soll das Gericht aber davon absehen, eine Übersetzung einzufordern, wenn der Rechtspfleger oder Richter der Sprache hinreichend mächtig ist.[169] Nach § 11 Abs. 1 bleibt es den anmeldenden Personen unbenommen, die Dokumente zusätzlich auch noch in jeder anderen Amtssprache der EU einzureichen (s. dazu Rn 53 und § 11 Rn 6 f). Das Erfordernis einer gesonderten **Unterschriftenzeichnung** wurde im Zuge des EHUG (Rn 6) aufgehoben, da es sich in die auch für Zweigniederlassungen geltenden neuen Rahmenbedingungen einer elektronischen Registerführung nicht einfügen lässt.[170]

56 **b) Person des Anmeldepflichtigen.** Die Person des Anmeldepflichtigen ist nach dem Grundsatz des § 13d Abs. 3 zu bestimmen (Rn 48 f); anmeldepflichtig ist also, wer die Errichtung einer Hauptniederlassung anmelden müsste. Das ist das für die Hauptniederlassung **vertretungsberechtigte Organ**, das nach der fremden Rechtsordnung zu bestimmen ist. Eine anderweitige Festlegung würde in die Organisationsstruktur des fremden Unternehmens eingreifen und kann deshalb durch das deutsche Recht nicht getroffen werden (s. Rn 51).[171] Danach ist also der ausländische Einzelkaufmann als alleiniger Unternehmensträger selbst anmeldepflichtig, bei den juristischen Personen i.S.d. § 33 und den Kapitalgesellschaften sind es diejenigen, die nach der ausländischen Rechtsordnung Funktionen wahrnehmen, die in Deutschland dem Vorstand oder den Geschäftsführern zufallen würden.[172]

57 **Bevollmächtigte und Leiter einer Zweigniederlassung** sind nicht zur Anmeldung verpflichtet.[173] Ein insofern teilweise erwogener Analogieschluss[174] scheitert daran, dass zwar möglicherweise eine Regelungslücke besteht, es aber an der personellen Vergleichbarkeit des geregelten Personenkreises (Geschäftsführer des Unternehmensträgers) und des ungeregelten Personenkreises (Leiter einer Zweigniederlassung) fehlt. Zur Möglichkeit, ein Zwangsgeld gegen sie zu verhängen, s. noch Rn 62.

58 Soweit das deutsche Recht für juristische Personen und Personenhandelsgesellschaften eine Anmeldung durch **sämtliche Mitglieder** des Vorstands (§ 33 Abs. 1) bzw. durch alle Gesellschafter (§§ 108 Abs. 1, 161 Abs. 2) vorschreibt, gilt diese Vorgabe auch für ihre ausländischen

---

165 *Mankowski/Knöfel* in: Hirte/Bücker § 13 Rn 16.
166 RegE, BT-Drucks. 12/3908, S. 17.
167 So auch OLG Hamm GmbHR 2008, 545 (546 f); OLG Schleswig DNotZ 2008, 709 (711); Ensthaler/*Achilles/Haase* Rn 12; *Apfelbaum* DNotZ 2008, 711 (714); *Mödl* RNotZ 2008, 1 (14); *Wachter* ZNotP 2005, 122 (141).
168 Vgl. zu den Einzelheiten OLG Hamm GmbHR 2008, 545 (546 f); LG Leipzig NZG 2005, 759 (760); *Mankowski/Knöfel* in: Hirte/Bücker § 13 Rn 16; *Wachter* EWiR 2005, 655 (656).
169 OLG Schleswig DNotZ 2008, 709 (710); *Apfelbaum* DNotZ 2008, 711 (714).
170 S. dazu Voraufl. § 12 Rn 3 (*Koch*).
171 BayObLGZ 1985, 272 (277); KG FGPrax 2004, 45 (47); Ensthaler/*Achilles/Haase* Rn 11; Koller/Kindler/Roth/Drüen/*Roth* Rn 6.
172 KG FGPrax 2004, 45 (46); Ebenroth/Boujong/Joost/Strohn/*Pentz* Rn 17; Ensthaler/*Achilles/Haase* Rn 11; Koller/Kindler/Roth/Drüen/*Roth* Rn 6.
173 Ensthaler/*Achilles/Haase* Rn 11; *Koch* Anh. § 45 AktG § 13e HGB Rn 13; MünchKommHGB/*Krafka* Rn 27; Röhricht/v. Westphalen/Haas/*Ries* Rn 15; *Rehberg* in: Eidenmüller § 5 Rn 82.
174 Hopt/*Merkt* Rn 5; Staudinger/*Großfeld* (1998) IntGesR Rn 996; *Lenz* DJ 1937, 1305 (1308).

Äquivalente.[175] Eine solche Regelung kann das deutsche Recht treffen, ohne i.S.d. § 13d Abs. 3 letzter Hs. in die Organisationsstruktur des ausländischen Unternehmens einzugreifen (vgl. Rn 51). Bei den Kapitalgesellschaften ist eine Beteiligung sämtlicher Mitglieder des Geschäftsführungsorgans dagegen nicht erforderlich (s. dazu § 13e Rn 16 f).

c) Sanktion bei Verletzung der Anmeldepflicht

aa) Zwangsgeld gegen anmeldepflichtige Personen. In der Praxis wirft die Durchsetzung der Anmeldepflicht große Probleme auf. In vielen Fällen wird das Registergericht von der Existenz der Zweigniederlassung **keine Kenntnis** erhalten.[176] Selbst wenn es Kenntnis erlangt, gestaltet sich die zwangsweise Durchsetzung der Anmeldepflicht jedoch als problematisch. Das deutsche Recht sieht als regulären Sanktionsmechanismus die **Verhängung eines Zwangsgeldes** nach § 14 vor. Dieses ist nach allgemeinen Grundsätzen gegen die anmeldepflichtigen Personen zu richten. 59

Zwar soll nach wohl noch hM die Verhängung eines Zwangsgeldes nur gegenüber solchen Personen zulässig sein, die sich im Inland aufhalten.[177] Tatsächlich findet diese Einschränkung im Gesetz aber keine Grundlage, sondern beruht augenscheinlich nur auf den faktischen Schwierigkeiten, die sich bei der Durchsetzung der Sanktion ergeben können.[178] Richtigerweise ist zu unterscheiden zwischen der Festsetzung des Zwangsgeldes und dessen Vollstreckung im Falle der Nichterfüllung.[179] Nur der letztgenannte **Vollstreckungsakt** ist nach dem **Territorialitätsprinzip** unzulässig, wenn er durch deutsche Behörden im Ausland erfolgen soll.[180] Durch die bloße **Festsetzung** des Zwangsgeldes wird ebenso wenig wie durch die Zustellung auf fremdem Staatsgebiet in die Souveränität eines anderen Staates eingegriffen.[181] 60

Auf der **Vollstreckungsebene** besteht zunächst die Möglichkeit, das solchermaßen festgesetzte Zwangsgeld im Inland beizutreiben, etwa indem auf in Deutschland befindliches Vermögen des Anmeldepflichtigen zugegriffen wird oder indem ein Pfändungs- und Überweisungsbeschluss beim zuständigen deutschen Vollstreckungsgericht erwirkt wird, der von inländischen Drittschuldnern unmittelbar beachtet werden muss.[182] Aber auch eine Vollstreckung im Ausland ist nicht gänzlich ausgeschlossen, soweit entsprechende staatsvertragliche Vollstreckungsabkommen bestehen. Eine Vollstreckung auf der Grundlage des Art. 55 EuGVO ist allerdings nicht möglich, da es sich beim Zwangsgeldverfahren nicht um eine Zivilsache, sondern um die Ausübung hoheitlicher Befugnisse handelt, die nach Art. 1 Abs. 1 S. 2 EuGVO von der Verordnung nicht erfasst ist.[183] Die Verhängung eines Zwangsgeldes ist demnach **auch gegen im Ausland** 61

---

175 Ensthaler/*Achilles/Haase* Rn 11; Koller/Kindler/Roth/Drüen/*Roth* Rn 6; Röhricht/v. Westphalen/Haas/*Ries* Rn 15; Staudinger/*Großfeld* (1998) IntGesR Rn 993; *Spahlinger/Wegen* Rn 635.

176 *Wachter* DStR 2005, 1817 (1819); *ders.* GmbHR 2006, 793 (794).

177 BayObLGZ 1908, 340 (343); BayObLGZ 1978, 121 (127); *Krafka* Rn 2364; *Lutter* S. 9; *Mankowski/Knöfel* in: Hirte/Bücker § 13 Rn 31; *Spahlinger/Wegen* Rn 645; *Koenige* LZ 1914, 1417 (1429).

178 So bereits Staub/*Hüffer*⁴ § 13b Rn 22; vgl. auch *Koch* AktG Anh. § 45 AktG § 13e HGB Rn 13; Ebenroth/Boujong/Joost/Strohn/*Pentz* § 13e Rn 42; Röhricht/v. Westphalen/Haas/*Ries* § 13e Rn 14; *Rehberg* in: Eidenmüller § 5 Rn 82; *Maul* NZG 1999, 741 (745); *Zöllner* GmbHR 2006, 1 (4).

179 Vgl. dazu auch *Stadler* IPRax 2003, 430, 431 (zu einem Zwangsgeld nach § 888 ZPO).

180 *Maul* NZG 1999, 741 (745); *Zöllner* GmbHR 2006, 1 (4).

181 OLG Köln IPRax 2003, 446 f; *Stadler* IPRax 2003, 430 (431) – jeweils zu einem Zwangsgeld nach § 888 ZPO.

182 So zutreffend OLG Köln IPRax 2003, 446, 447 (zu einem Zwangsgeld nach § 888 ZPO); *Zöllner* GmbHR 2006, 1 (4).

183 Musielak/Voit/*Stadler* ZPO Art. 1 EuGVVO Rn 1 f; *Mankowski* in: Rauscher Europäisches Zivilprozessrecht, Art. 1 Brüssel Ia-VO Rn 1 ff.

befindliche Personen möglich, wird aufgrund der dabei auftretenden tatsächlichen Hindernisse aber häufig ins Leere laufen.[184]

62 **bb) Zwangsgeld gegen andere Personen.** Dem aus diesen Durchsetzungshindernissen entstehenden Sanktionsdefizit kann auch nicht dadurch abgeholfen werden, dass das Zwangsgeld gegen **bloße Bevollmächtigte** oder die **Leiter der Zweigniederlassung** gerichtet wird.[185] Diese unterliegen persönlich keiner Anmeldepflicht (s. Rn 57) und sind demnach auch nicht der Zwangsgelddrohung des § 14 unterworfen. Eine Ausdehnung des § 14 im Analogiewege scheitert zwar nicht an dem verfassungsrechtlichen Analogieverbot,[186] da dieses für § 14 nicht mehr gilt, seitdem er im Jahr 1974 in ein bloßes Beugemittel umgestaltet wurde (s. dazu § 14 Rn 2 und 7). Vielmehr ist der Analogieschluss deshalb abzulehnen, weil es an der dafür erforderlichen Vergleichbarkeit der Sachverhalte fehlt, wenn eine Person, die nicht zum Leitungsorgan des Unternehmensträgers zählt, einer Anmeldepflicht und einer daran anknüpfenden Beugemaßnahme unterworfen werden soll (s. Rn 57).

63 **cc) Handelndenhaftung.** Nach zutreffender Auffassung des BGH ist es schließlich auch nicht möglich, die Vertreter einer pflichtwidrig nicht angemeldeten Zweigniederlassung einer Kapitalgesellschaft einer **Handelndenhaftung** nach § 41 Abs. 2 AktG, § 11 Abs. 2 GmbHG analog zu unterwerfen (vgl. Rn 36 f mwN).[187]

64 **dd) Rechtspolitischer Ausblick.** Infolge dieser schwachen Durchsetzungsmöglichkeiten wird die Pflicht zur Anmeldung derzeit von der überwiegenden Zahl betroffener Auslandsunternehmen nicht beachtet.[188] Im Zuge des Gesetzgebungsverfahrens zum Erlass des MoMiG (Rn 6) hat die Bundesregierung auf Anregung des Bundesrats angekündigt, die Einführung verschärfter Sanktionen zu prüfen.[189] Im MoMiG ist diese Ankündigung noch nicht umgesetzt worden. In der Folgezeit hat der Gesetzgeber dieses Petitum nicht aufgegriffen.

6. Prüfung der Anmeldung durch das Gericht

65 **a) Existenz des ausländischen Unternehmens.** Die Prüfung der Anmeldung hat nach § 13d Abs. 3 grundsätzlich so zu erfolgen, als ob eine Hauptniederlassung angemeldet würde (vgl. § 8 Rn 79 ff). Die für Zweigniederlassungen inländischer Unternehmen geltenden Erleichterungen des § 13 Abs. 2 finden keine Anwendung.[190] Es gilt der Grundsatz der freien Beweiswürdigung.[191]

---

184 *Mankowski/Knöfel* in: Hirte/Bücker § 13 Rn 10; zu weiteren Vollzugshindernissen s. *Wachter* DStR 2005, 1817 (1819 f).

185 Ensthaler/*Achilles/Haase* Rn 11; Koller/Kindler/Roth/Drüen/*Roth* Rn 6; MünchKommAktG/*Wendt* § 407 Rn 10; MünchKommHGB/*Krafka* Rn 27; *Spahlinger/Wegen* Rn 645; **aA** *Lenz* DJ 1937, 1305 (1308).

186 So aber noch *Mankowski/Knöfel* in: Hirte/Bücker § 13 Rn 31.

187 BGH NJW 2005, 1648 (1649 f); zust. OLG Hamm NZG 2006, 826 (827).

188 Nach *Westhoff* GmbHR 2007, 474 (480) kommt schätzungsweise nur etwa ein Drittel der Anmeldepflicht nach; ähnlich *Leuering* ZRP 2006, 201 (204); *Mödl* RNotZ 2008, 1 (3); *Sandrock* RIW 2011, 1 (2); *Wachter* DStR 2005, 1817 (1819 f); *ders.* GmbHR 2006, 793 (794). Aus neuerer Zeit *Kornblum* GmbHR 2018, 669 (677); *ders.* GmbHR 2021, 681 Rn 22.

189 Vgl. dazu die Stellungnahme des Bundesrates, BT-Drucks. 16/6140, S. 70 sowie die Gegenäußerung der Bundesregierung, BT-Drucks. 16/6140, S. 78. Verschiedene rechtspolitische Instrumentarien erörtert *Wachter* DStR 2005, 1817 (1820 ff).

190 Ebenroth/Boujong/Joost/Strohn/*Pentz* Rn 18.

191 Hopt/*Merkt* Rn 2; *Wachter* ZNotP 2005, 122 (123).

Auch an ausländische Entscheidungen oder gerichtliche Registereintragungen ist das Gericht grundsätzlich nicht gebunden.[192] Anders als bei der Eintragung einer Hauptniederlassung muss das Registergericht seine Prüfung insbesondere auch auf die **Existenz und Rechtsfähigkeit des ausländischen Unternehmens** erstrecken.[193] Das ist in § 13e Abs. 2 S. 2 für Kapitalgesellschaften ausdrücklich angeordnet, muss aber auch für andere Unternehmensformen gelten.[194]

b) Nachweis der Existenz und Rechtsfähigkeit. Der Nachweis der Existenz und Rechtsfähigkeit (Rn 65) ist **vom Anmelder zu erbringen** und muss insbesondere die wirksame Gründung des Unternehmens umfassen. Ob die **Gründungsvoraussetzungen** tatsächlich vorlagen, ist vom deutschen Registergericht nicht zu prüfen, solange ein Gründungsmangel die Existenz des Unternehmens unberührt lassen würde. Deshalb kann das inländische Registergericht also etwa nicht verlangen, dass die Dokumente eingereicht werden, die dem Gründungsvorgang zugrunde lagen.[195] 66

Um den Nachweis der Existenz und Rechtsfähigkeit zu erbringen, genügt nicht jeder beliebige Privatnachweis, etwa durch Ausdruck einer Internetseite oder einer digitalen Erklärung, sondern die Gerichte verlangen **in der Regel amtliche Dokumente** aus dem Inkorporationsstaat.[196] Als solche kommen in erster Linie Auszüge aus dem Handelsregister in Betracht.[197] Wenn eine solche Bescheinigung nach dem Recht des ausländischen Staats nicht beigebracht werden kann, sind auch **vergleichbare Zeugnisse** seiner Behörden oder Bescheinigungen des deutschen Konsulats regelmäßig als genügend anzusehen, sofern von der Echtheit der ausländischen Urkunden ausgegangen werden kann.[198] Von den Anforderungen an die Nachweisurkunde selbst ist die Frage zu unterscheiden, wie ihre **Echtheit** nachgewiesen werden kann. Dieser Nachweis kann im Regelfall durch eine Legalisation erbracht werden, doch greift häufig die staatsvertraglich vereinbarte Erleichterung einer Apostille ein (vgl. § 12 Rn 83).[199] Bei sämtlichen Nachweisformen ist allerdings zu verlangen, dass sie der Anmeldung **zeitlich nicht zu weit vorgelagert** sind, da ansonsten Zweifel an ihrer fortdauernden Richtigkeit bestehen können.[200] 67

Daneben wird auch die Bescheinigung eines **ausländischen Notars**, etwa eines englischen notary public, als ausreichend angesehen, wobei allerdings verlangt wird, dass die Bescheinigung erkennen lässt, ob und wie der Notar sich eigene Kenntnis von den maßgebenden Tatsachen verschafft hat.[201] Die Bescheinigung eines **deutschen Notars** genügt nach § 21 BNotO nur dann, wenn sie auf einer Eintragung im Handelsregister oder in einem ähnlichen Register be- 68

192 Hopt/*Merkt* Rn 2; Röhricht/v. Westphalen/Haas/*Ries* Rn 12; *Spahlinger/Wegen* Rn 639; *Klose-Mokroß* DStR 2005, 971 (972); *Riegger* ZGR 2004, 510 (514).
193 OLG Jena FGPrax 2006, 127; OLG Karlsruhe NZG 2012, 553; OLG Zweibrücken NZG 2003, 537; *Mankowski/Knöfel* in: Hirte/Bücker § 13 Rn 75.
194 So auch Ensthaler/*Achilles/Haase* Rn 13.
195 BayObLGZ 1986, 351 (356); Ensthaler/*Achilles/Haase* Rn 13.
196 *Mankowski/Knöfel* in: Hirte/Bücker § 13 Rn 76; *Herchen* RIW 2005, 529 (530, 532); *Mödl* RNotZ 2008, 1 (11).
197 Speziell für die englische Limited wurde insbesondere auf sog. Certificate of Incorporation des Companies House verwiesen; Muster bei *Mankowski/Knöfel* in: Hirte/Bücker § 13 Rn 76 und *Wachter* ZNotP 2005, 122 (127); vgl. zu dieser Nachweisform ferner BayObLGZ 1985, 272 (276); OLG Hamm FGPrax 2006, 276 (277); *Krafka* Rn 314; *Bönner* RNotZ 2015, 253 (264 f); *Herchen* RIW 2005, 529 (530, 532); *Mödl* RNotZ 2008, 1 (11); *Süß* DNotZ 2005, 180 (184); *Wachter* DB 2004, 2795 (2799). Zur Bescheinigung der Gesellschafterstellung mit Hife der Gesellschafterlisten aus englischen Registern vg. *Sandrock* RIW 2011, 1 (5 ff).
198 Vgl. dazu *Blasche* GWR 2012, 169 (171).
199 Vgl. auch MünchKommHGB/*Krafka* Rn 5. S. ferner *Sandrock* RIW 2011, 1 (8 f), der hinsichtlich Kopien aus englischen Registern auf die Notwendigkeit einer Legalisierung hinweist.
200 OLG Dresden NZG 2008, 265 (266); *Mankowski/Knöfel* in: Hirte/Bücker § 13 Rn 78; *Herchen* RIW 2005, 529 (530).
201 Vgl. OLG Hamm FGPrax 2007, 276 (277); *Mankowski/Knöfel* in: Hirte/Bücker § 13 Rn 84; *Herchen* RIW 2005, 529 (530); *Mödl* RNotZ 2008, 1 (11); *Wachter* ZNotP 2005, 122 (127 f) mit einem Muster für eine entsprechende Bescheinigung.

ruht.[202] Nach zutreffender Auffassung ist die Ähnlichkeit mit dem deutschen Handelsregister nur dann anzunehmen, wenn die Anmeldung auf ihre materielle Richtigkeit geprüft wird und einem umfassenden Gutglaubensschutz unterliegt. Namentlich bei dem englischen Companies House ist zumindest die erste Voraussetzung nicht erfüllt, da hier eine **bloße Registrierung** stattfindet. In diesem Fall genügt die Bescheinigung eines deutschen Notars nicht.[203] Der Notar kann stattdessen eine gutachterliche Stellungnahme zu dem Bestehen der ausländischen Gesellschaft abgeben, die dann allerdings nicht die Beweiswirkung des § 21 Abs. 1 S. 2 BNotO hat, sondern nur im Rahmen der freien Beweiswürdigung berücksichtigt wird (zur Relevanz des § 21 Abs. 1 S. 2 BNotO nach dem Wegfall des Registerzeugnisses s. § 9 Rn 43 f).[204]

69 **c) Nachweis der Vertretungsbefugnis.** Damit das Registergericht die Befugnis zur Anmeldung überprüfen kann, muss ihm auch die Vertretungsbefugnis der anmeldenden Personen nachgewiesen werden (ausdrückliche Anordnung auch in § 13f Abs. 2 S. 3 i.V.m. § 37 Abs. 3 AktG und § 13g Abs. 2 S. 2 i.V.m. § 8 Abs. 4 GmbHG – s. noch § 13f Rn 8 f und § 13g Rn 5).[205] Der Bestellungsakt und der Umfang der Vertretungsbefugnis ist dabei anhand des ausländischen Rechts zu beurteilen (vgl. Rn 31). Ist eine **juristische Person Organmitglied** (was namentlich in angelsächsisch geprägten Gesellschaftsrechten zulässig ist), muss auch die Existenz dieser Gesellschaft und die Vertretungsbefugnis der für sie handelnden Personen nachgewiesen werden, um die Vertretungsmacht der anmeldenden Personen zu belegen.[206] Zur Anmeldung und Eintragung dieser Personen s. noch § 13f Rn 8 f.

70 Als Nachweisformen kommen der **Gesellschaftsvertrag** oder ein **Gesellschafterbeschluss** über die Organbestellung in Betracht,[207] wobei allerdings auch hier zu verlangen ist, dass die Anmeldung zeitnah zur Gründung bzw. zur Beschlussfassung erfolgt (Rn 67). Um die Wirksamkeit des Gesellschafterbeschlusses zu belegen, muss auch die Position als stimmberechtigter Gesellschafter nachgewiesen werden.[208] Daneben kann auch eine ausländische **Registerauskunft** genügen, allerdings nur dann, wenn das Register tatsächlich mit hinreichender Zuverlässigkeit über die Organmitglieder und den Umfang ihrer Befugnisse Auskunft gibt. Die letztgenannte Voraussetzung ist namentlich bei der Registrierung einer englischen Limited im Companies House nicht erfüllt, da sich ihr zwar die Person der vertretungsbefugten directors, nicht aber der Umfang ihrer Vertretungsbefugnis entnehmen lässt.[209] Ein allgemeiner Registerauszug genügt hier also nicht. Etwas anderes kann dann gelten, wenn eine Bescheinigung des Registrars of Companies vorgelegt wird, aus der eine gesonderte rechtliche Prüfung der hinter-

---

202 Vgl. im Kontext der Zweigniederlassung *Bönner* RNotZ 2015, 253 (265).

203 KG DNotZ 2012, 604 (605 f); OLG Düsseldorf NZG 2015, 199 Rn 9, 12; OLG Köln FGPrax 2013, 18 (19 f); OLG Nürnberg FGPrax 2015, 124 (125 f); BeckOK-BNotO/*Sander* § 21 Rn 12; *Blasche* GWR 2012, 169 (171); *Heckschen* NotBZ 2005, 24 (26); *Klose-Mokroß* DStR 2005, 1013 (1014); *Mödl* RNotZ 2008, 1 (12); *Süß* DNotZ 2005, 180 (184); *Wachter* DB 2004, 2795 (2799), *ders.* ZNotP 2005, 122 (128); **aA** *Krafka* Rn 314; *Mankowski/Knöfel* in: Hirte/Bücker § 13 Rn 79. Für das schwedische Handelsregister wurde die Vergleichbarkeit bejaht von OLG Schleswig DNotZ 2008, 709 (710) mit kritischer Anmerkung von *Apfelbaum*.

204 *Mödl* RNotZ 2008, 1 (12).

205 Dazu ausführlich *Mödl* RNotZ 2008, 1 (12). S. ferner OLG Karlsruhe NZG 2012, 553 f; *Sandrock* RIW 2011, 1 (11).

206 *Mödl* RNotZ 2008, 1 (4 f); *Süß* DNotZ 2005, 180 (184); *Wachter* ZNotP 2005, 122 (141).

207 Vgl. dazu auch KG FGPrax 2004, 45 (47); OLG Hamm FGPrax 2006, 276 (277); LG Berlin NZG 2004, 1014 (1015); *Mankowski/Knöfel* in: Hirte/Bücker § 13 Rn 89 ff; *Mödl* RNotZ 2008, 1 (12); *Süß* DNotZ 2005, 180 (183 f).

208 KG FGPrax 2004, 45 (47); OLG Dresden NZG 2008, 265 (266); *Mankowski/Knöfel* in: Hirte/Bücker § 13 Rn 92; *Klose-Mokroß* DStR 2005, 1013 (1014).

209 KG FGPrax 2004, 45 (47); OLG Dresden NZG 2008, 265 (266); OLG Köln FGPrax 2013, 18 (19); LG Berlin NZG 2004, 1014 (1015); *Klose-Mokroß* DStR 2005, 1013 (1014); *Mödl* RNotZ 2008, 1 (13); *Süß* DNotZ 2005, 180 (183); *Wachter* DB 2004, 2795 (2799); **aA** *Herchen* RIW 2005, 529 (530).

legten Gesellschaftsdokumente hervorgeht.[210] Hinsichtlich des Nachweises durch einen **Notar** gelten die Ausführungen in Rn 68 entsprechend;[211] zur Überprüfung der Echtheit der Nachweisurkunde vgl. Rn 67.

d) Nachweis des effektiven Verwaltungssitzes. Bei Gesellschaften, die weder aus einem EU-Mitgliedstaat stammen noch einem anerkennungsrechtlichen Sonderregime unterliegen (vgl. § 13 Rn 36 f, 41 f und oben Rn 9), bedarf es überdies noch des Nachweises, dass auch der **effektive Verwaltungssitz** tatsächlich im Ausland und nicht im Inland liegt, weil die Gesellschaft nach der insofern immer noch gültigen Sitztheorie anderenfalls als deutsche Hauptniederlassung zu behandeln wäre (§ 13 Rn 41 f).[212] Teilweise wird bei einer nach ausländischem Recht wirksam gegründeten Gesellschaft insofern eine **Vermutung** angenommen, dass auch ihr effektiver Verwaltungssitz im Ausland liege.[213] Dem ist aber zumindest dann nicht zu folgen, wenn der Nachweis eines effektiven Verwaltungssitzes in dem ausländischen Staat keine Gründungsvoraussetzung ist – wie es nunmehr beispielsweise auch im deutschen Kapitalgesellschaftsrecht der Fall ist (vgl. § 13 Rn 38 f, 43).[214] Soweit aufgrund der **europäischen Niederlassungsfreiheit** oder aufgrund eines Staatsvertrages eine Niederlassung auch dann als inländische Zweigniederlassung anzuerkennen ist, wenn ihr effektiver Verwaltungssitz tatsächlich im Bundesgebiet liegt, bedarf es weder eines Nachweises noch einer registerrechtlichen Prüfung.[215] 71

e) Firma der Zweigniederlassung. Da die Firma eines Unternehmens grundsätzlich auf der Grundlage des Personal- oder Gesellschaftsstatuts geprüft wird (Rn 22 f), hat das Registergericht zunächst die Zulässigkeit der Firma am **Maßstab des ausländischen Rechts** zu untersuchen.[216] Von einer vertieften Prüfung darf das Gericht hier allerdings absehen, wenn die Firma durch die am ausländischen Satzungssitz zuständige Stelle in das dort geführte staatliche Handelsregister eingetragen wurde.[217] Für die im Inland tätige **Zweigniederlassung** gelten aufgrund einer internationalprivatrechtlich zulässigen Sonderanknüpfung darüber hinaus weitgehend auch die Regeln des deutschen Firmenrechts, namentlich das Irreführungsverbot nach § 18 Abs. 2 sowie das Gebot der Firmenunterscheidbarkeit nach § 30 Abs. 1 und 3 (Rn 23). Die Einhaltung dieser Grundsätze hat das Gericht ebenfalls zu überprüfen.[218] Zum Inhalt der Prüfung vgl. Rn 22 ff. 72

7. Eintragung und Bekanntmachung

Nach dem in § 13d Abs. 3 niedergelegten Grundsatz ist für Eintragung und Bekanntmachung der Zweigniederlassung das für inländische Hauptniederlassungen geltende Recht maßgeblich. Die 73

210 LG Berlin NZG 2004, 1014 (1015); *Krafka* Rn 321; auch insofern krit. *Klose-Mokroß* DStR 2005, 1013 (1014); skeptisch auch *Mankowski/Knöfel* in: Hirte/Bücker § 13 Rn 100.
211 Speziell zur Vertretungsbefugnis auch OLG Hamm FGPrax 2006, 276 (277); *Mankowski/Knöfel* in: Hirte/Bücker § 13 Rn 104 ff; *Mödl* RNotZ 2008, 1 (13).
212 Ensthaler/*Achilles/Haase* Rn 13; *Krafka* Rn 326.
213 OLG Oldenburg NJW 1990, 1422.
214 So zutr. Ensthaler/*Achilles/Haase* Rn 13; ausführlich zu dieser Vermutung *Werner* Der Nachweis des Verwaltungssitzes ausländischer juristischer Personen, 1997, S. 77 ff.
215 So auch Ensthaler/*Achilles/Haase* Rn 14.
216 MünchKommBGB/*Kindler* IntGesR Rn 254; MünchKommHGB/*Krafka* Rn 20; *Spahlinger/Wegen* Rn 555; *Bokelmann* DB 1990, 1021 (1022); *ders.* ZGR 1994, 325 (329 f); *Ebert/Levedag* GmbHR 2003, 1337 (1338).
217 MünchKommHGB/*Krafka* Rn 20; *Klose-Mokroß* DStR 2005, 971 (973).
218 OLG München NZG 2011, 157; MünchKommHGB/*Krafka* Rn 21; ebenso – auf abweichender kollisionsrechtlicher Grundlage (Rn 22) – MünchKommBGB/*Kindler* IntGesR Rn 255.

Eintragung hat nach § 13d Abs. 1 bei dem Gericht zu erfolgen, in dessen Bezirk die Zweigniederlassung besteht und hat – unabhängig von der Rechtsform des Unternehmensträgers – nur deklaratorische Wirkung (s. Rn 19, § 13 Rn 55). Nach § 13d Abs. 2, 1. Hs. ist der **Ort der Zweigniederlassung** und die **inländische Geschäftsanschrift** einzutragen. Auf diesem Wege soll eine Zustellungserleichterung zugunsten der Gläubiger geschaffen werden, um die leidigen Probleme im Zusammenhang mit einer Auslandszustellung zu vermeiden (vgl. § 13 Rn 62 ff).[219] Daneben muss gem. § 13d Abs. 2, 2. Hs. auch ein etwaiger Firmenzusatz der Zweigniederlassung eingetragen werden. **Besondere gesetzliche Vertreter**, wie etwa der Geschäftsleiter nach § 53 Abs. 2 Nr. 1 KWG oder Hauptbevollmächtigte nach § 68 VAG, sind nach § 43 Nr. 4 S. 3 HRV ebenfalls einzutragen, und zwar in Abteilung B, Spalte 4b. Der Inhalt der solchermaßen umrissenen Eintragung wird sodann nach Maßgabe des § 10 Abs. 1 S. 1 bekannt gemacht (zum gewandelten Bekanntmachungsbegriff s. § 10 Rn 4 f, 7 ff).

8. Kosten

74 **a) Gerichtskosten.** Bei der Eintragung der inländischen Zweigniederlassung eines Unternehmens mit Sitz im Ausland bleibt der Umstand, dass es sich um eine Zweigniederlassung handelt, **kostenrechtlich unberücksichtigt** (Vorbemerkung 1 Abs. 1 S. 1 und Vorbemerkung 2 Abs. 1 des Gebührenverzeichnisses zur HRegGebV); die allgemein für inländische Unternehmen geltenden Vorschriften sind anzuwenden (s. § 12 Rn 84 f). Die Forderung nach einem **Kostenvorschuss** stellt keine Beschränkung der europäischen Niederlassungsfreiheit dar, solange seine Höhe nur den zu erwartenden Verwaltungskosten entspricht.[220]

75 **b) Notarkosten.** Auch für den zur Berechnung der Notarkosten erforderlichen Geschäftswert von Zweigniederlassungen eines Unternehmens mit Sitz im Ausland können **die für Hauptniederlassungen inländischer Gesellschaften geltenden Grundsätze** (vgl. § 12 Rn 86 f) herangezogen werden.

---

219 RegE MoMiG, BT-Drucks. 16/6140, S. 35 f, 49; *Seibert* ZIP 2006, 1157 (1165).

220 EuGH v. 1.6.2006, Rs. C-453/04, Slg. I-4929 Rn 38, 40; vgl. auch die Anm. von *J. Schmidt* NZG 2006, 899 ff.

§ 13e Zweigniederlassungen von Kapitalgesellschaften mit Sitz im Ausland

(1) Für Zweigniederlassungen von Aktiengesellschaften und Gesellschaften mit beschränkter Haftung mit Sitz im Ausland gelten ergänzend zu § 13d die folgenden Vorschriften.

(2) [1]Die Errichtung einer Zweigniederlassung einer Aktiengesellschaft ist durch den Vorstand, die Errichtung einer Zweigniederlassung einer Gesellschaft mit beschränkter Haftung ist durch die Geschäftsführer zur Eintragung in das Handelsregister anzumelden. [2]Bei der Anmeldung ist das Bestehen der Gesellschaft als solcher nachzuweisen. [3]Die Anmeldung hat auch eine inländische Geschäftsanschrift und den Gegenstand der Zweigniederlassung zu enthalten. [4]Daneben kann eine Person, die für Willenserklärungen und Zustellungen an die Gesellschaft empfangsberechtigt ist, mit einer inländischen Anschrift zur Eintragung in das Handelsregister angemeldet werden; Dritten gegenüber gilt die Empfangsberechtigung als fortbestehend, bis sie im Handelsregister gelöscht und die Löschung bekannt gemacht worden ist, es sei denn, dass die fehlende Empfangsberechtigung dem Dritten bekannt war. [5]In der Anmeldung sind ferner anzugeben

1. das Register, bei dem die Gesellschaft geführt wird, und die Nummer des Registereintrags, sofern das Recht des Staates, in dem die Gesellschaft ihren Sitz hat, eine Registereintragung vorsieht;
2. die Rechtsform der Gesellschaft;
3. die Personen, die befugt sind, als ständige Vertreter für die Tätigkeit der Zweigniederlassung die Gesellschaft gerichtlich und außergerichtlich zu vertreten, unter Angabe ihrer Befugnisse;
4. wenn die Gesellschaft nicht dem Recht eines Mitgliedstaates der Europäischen Union oder eines anderen Vertragsstaates des Abkommens über den Europäischen Wirtschaftsraum unterliegt, das Recht des Staates, dem die Gesellschaft unterliegt.

(3) [1]Die in Absatz 2 Satz 5 Nr. 3 genannten Personen haben jede Änderung dieser Personen oder der Vertretungsbefugnis einer dieser Personen zur Eintragung in das Handelsregister anzumelden. [2]Wenn die Gesellschaft nicht dem Recht eines Mitgliedstaates der Europäischen Union oder eines anderen Vertragsstaates des Abkommens über den Europäischen Wirtschaftsraum unterliegt, gelten für die gesetzlichen Vertreter der Gesellschaft in Bezug auf die Zweigniederlassung § 76 Absatz 3 Satz 2 bis 4 des Aktiengesetzes sowie § 6 Absatz 2 Satz 2 bis 4 des Gesetzes betreffend die Gesellschaften mit beschränkter Haftung entsprechend.

(3a) [1]An die in Absatz 2 Satz 5 Nr. 3 genannten Personen als Vertreter der Gesellschaft können unter der im Handelsregister eingetragenen inländischen Geschäftsanschrift der Zweigniederlassung Willenserklärungen abgegeben und Schriftstücke zugestellt werden. [2]Unabhängig hiervon können die Abgabe und die Zustellung auch unter der eingetragenen Anschrift der empfangsberechtigten Person nach Absatz 2 Satz 4 erfolgen.

(4) Die in Absatz 2 Satz 5 Nr. 3 genannten Personen oder, wenn solche nicht angemeldet sind, die gesetzlichen Vertreter der Gesellschaft haben die Eröffnung oder die Ablehnung der Eröffnung eines Insolvenzverfahrens oder ähnlichen Verfahrens über das Vermögen der Gesellschaft zur Eintragung in das Handelsregister anzumelden.

(5) [1]Errichtet eine Gesellschaft mehrere Zweigniederlassungen im Inland, so brauchen die Satzung oder der Gesellschaftsvertrag sowie deren Änderungen nach Wahl der Gesellschaft nur zum Handelsregister einer dieser Zweigniederlassungen eingereicht zu werden. [2]In diesem Fall haben die nach Absatz 2 Satz 1 Anmeldepflichtigen zur Eintragung in den Handelsregistern der übrigen Zweigniederlassungen anzumelden,

https://doi.org/10.1515/9783110564440-024

welches Register die Gesellschaft gewählt hat und unter welcher Nummer die Zweigniederlassung eingetragen ist.

(6) Die Landesjustizverwaltungen stellen sicher, dass die Daten einer Kapitalgesellschaft mit Sitz im Ausland, die im Rahmen des Europäischen Systems der Registervernetzung (§ 9b) empfangen werden, an das Registergericht weitergeleitet werden, das für eine inländische Zweigniederlassung dieser Gesellschaft zuständig ist.

(7) [1]Das zuständige Registergericht bestätigt den Eingang der Daten über das Europäische System der Registervernetzung. [2]Sofern zum Zeitpunkt des Dateneingangs bei dem Registergericht keine Anmeldung in Bezug auf die mitgeteilten Tatsachen vorliegt, fordert es die Gesellschaft zur unverzüglichen Anmeldung der geänderten Tatsachen auf.

Schrifttum

Otte-Gräbener Anforderungen an die Anmeldung der Zweigniederlassung einer Limited zur Eintragung in das Handelsregister auf dem Prüfstand des EuGH, NZG 2019, 934; *Stelmaszczyk* Unionsrechtskonformität der Geschäftsführerversicherung bei der Anmeldung von Zweigniederlassungen, EuZW 2019, 819; *Stöhr* Bestellungshindernisse für GmbH-Geschäftsführer in grenzüberschreitenden Zusammenhängen, EuZW 2020, 654; vgl. ferner die Nachweise zu § 13d.

Übersicht

I. Allgemeines

1. Normzweck und Regelungsgehalt

1 Dem **Grundsatz fortschreitender Spezialität** folgend baut § 13e auf dem für sämtliche ausländischen Unternehmen geltenden § 13d auf (vgl. § 13e Abs. 1) und ergänzt die Vorschrift für die

Aktiengesellschaft und GmbH, für die sodann in § 13f und § 13g jeweils noch einmal gesonderte Vorgaben enthalten sind (zur Kritik an dieser aufwändigen Regelungssystematik vgl. § 13d Rn 3). Die dritte Form der Kapitalgesellschaft, die **KGaA**, wird hier nicht ausdrücklich genannt, doch ergibt sich aus § 13f Abs. 7 sowie aus der Übergangsvorschrift des Art. 34 Abs. 1 und 2 EGHGB, dass auch sie erfasst sein soll.[1] § 13a Abs. 4 a.F., der diese Gleichstellung noch ausdrücklich anordnete, ist im Zuge des EHUG vom 10.11.2006[2] (zu Unrecht) aufgehoben worden. Eine Ergänzung zu § 13e enthält § 325a, der für den Bereich der Rechnungslegung auch eine Offenlegungspflicht bei der inländischen Zweigniederlassung vorsieht.

Der Regelungszweck des § 13e liegt darin, **erhöhte Registertransparenz** für inländische Zweigniederlassungen ausländischer Kapitalgesellschaften herzustellen.[3] § 13e Abs. 1 stellt zu diesem Zweck zunächst die ergänzende Geltung neben § 13d klar. § 13e Abs. 2 normiert sodann die Anmeldepflicht, bestimmt die Anmeldepflichtigen und den näheren Inhalt der Anmeldung. Dabei wird die Möglichkeit eröffnet, einen ständigen Vertreter anzumelden (§ 13e Abs. 2 S. 5 Nr. 3). Treten in seiner Person Änderungen ein, müssen auch diese nach § 13e Abs. 3 S. 1 zum Handelsregister angemeldet werden. Für die gesetzlichen Vertreter der ausländischen Gesellschaft wird in § 13e Abs. 3 S. 2 auf die besonderen Bestellhindernisse des Kapitalgesellschaftsrechts verwiesen. § 13e Abs. 4 normiert eine Anmeldepflicht für den Insolvenzfall der Kapitalgesellschaft. § 13e Abs. 5 enthält Erleichterungen für den Fall, dass eine ausländische Kapitalgesellschaft mehrere inländische Zweigniederlassungen unterhält. § 13e Abs. 6 und 7 stellen sicher, dass das deutsche Handelsregister auch hinsichtlich inländischer Zweigniederlassungen von ausländischen Kapitalgesellschaften mit dem Europäischen System der Registervernetzung vernetzt ist. 2

2. Normentwicklung und europäische Prägung

Anders als der für sämtliche Unternehmensformen geltende § 13d beruht § 13e unmittelbar auf der nur Kapitalgesellschaften erfassenden **Zweigniederlassungsrichtlinie a.F.**,[4] deren Vorgaben 2017 in die Gesellschaftsrechtsrichtlinie[5] integriert und durch die Digitalisierungsrichtlinie[6] erweitert wurden. Um die Ausübung der Niederlassungsfreiheit durch Gesellschaften zu erleichtern, statuiert diese Richtlinie für inländische Zweigniederlassungen ausländischer Kapitalgesellschaften bestimmte Offenlegungspflichten. Diese Vorgaben setzte der deutsche Gesetzgeber mit dem Gesetz zur Durchführung der Elften gesellschaftsrechtlichen EG-Richtlinie vom 22.7.1993 durch die Einfügung der §§ 13d ff um (eine Übergangsvorschrift für Gesellschaften, die schon vor dem 1.11.1993 eingetragen waren, enthält Art. 34 EGHGB).[7] Schon vor diesem Zeitpunkt bestand für Aktiengesellschaften die Sonderregelung in § 44 AktG a.F. sowie die für alle ausländischen Unternehmen geltende allgemeine Vorschrift des § 13b,[8] deren Regelungsgehalt 3

1 Hopt/*Merkt* Rn 1; Ebenroth/Boujong/Joost/Strohn/*Pentz* Rn 1; Heymann/*Förster* HGB Rn 3; Koller/Kindler/Roth/Drüen/*Roth* Rn 2; MünchKommHGB/*Krafka* Rn 4; Röhricht/v. Westphalen/Haas/*Ries* Rn 1.

2 Gesetz über elektronische Handelsregister und Genossenschaftsregister sowie das Unternehmensregister (EHUG) v. 10.11.2006, BGBl. I, S. 2553.

3 *Koch* Anh. zu § 45 AktG § 13e HGB Rn 1; MünchKommHGB/*Krafka* Rn 1.

4 Elfte Richtlinie des Rates der Europäischen Gemeinschaften auf dem Gebiet des Gesellschaftsrechts v. 21.12.1989 über die Offenlegung von Zweigniederlassungen, die in einem Mitgliedstaat von Gesellschaften bestimmter Rechtsformen errichtet wurden, die dem Recht eines anderen Staats unterliegen (89/666/EWG), ABl. EG Nr. L 395, S. 36 v. 30.12.1989.

5 Richtlinie (EU) 2017/1132 des Europäischen Parlaments und des Rates v. 14.6.2017 über bestimmte Aspekte des Gesellschaftsrechts, ABl. EU Nr. L 169, S. 46 v. 30.6.2017.

6 Richtlinie (EU) 2019/1151 des Europäischen Parlaments und des Rates vom 20.6.2019 zur Änderung der Richtlinie (EU) 2017/1132 im Hinblick auf den Einsatz digitaler Werkzeuge und Verfahren im Gesellschaftsrecht, ABl. EU Nr. L 186, S. 80.

7 BGBl. I, S. 1282.

8 Vgl. dazu noch die Erläuterungen zu dieser Vorschrift in der 4. Aufl. (*Hüffer*).

z.T. in §§ 13e ff aufgegangen ist. Soweit die europäischen Vorgaben reichen, besteht eine Pflicht zur richtlinienkonformen Auslegung.[9] Eine umfassendere Änderung erfuhr die Regelung durch das **MoMiG** vom 23.10.2008.[10] Die Änderungen dienen insbesondere dazu, Zustellungserleichterungen zugunsten der Gläubiger zu schaffen (s. Rn 20 f, 26 ff, 41 f). Im Übrigen soll einer Umgehung inländischer Bestellungshindernisse vorgebeugt werden (s. dazu Rn 38 ff). Im Zuge der Umsetzung der **Verknüpfungsrichtlinie a.F.**,[11] deren Vorgaben mittlerweile in Art. 18 ff der Gesellschaftsrechtsrichtlinie integriert wurden, wurde § 13e Abs. 6 eingeführt,[12] um die institutionellen Rahmenbedingungen für die Verzahnung des Handelsregisters mit dem Europäischen System der Registervernetzung zu schaffen (s. Rn 47). Diese unionsweiten Verbindungen wurden im Rahmen des **DiRUG**[13] mit der Einführung des § 13e Abs. 7 verstärkt (s. Rn 48 ff); überdies wurde § 13e Abs. 3 S. 2 neu formuliert (Rn 38 ff).

II. Anmeldepflicht (§ 13e Abs. 2)

1. Zweigniederlassung und Sitz

4 Gegenstand der in § 13e Abs. 2 statuierten Anmeldepflicht ist die Errichtung einer Zweigniederlassung. Der Begriff der Zweigniederlassung ist in § 13e nicht mehr allein auf der Grundlage des traditionellen deutschen Zweigniederlassungsbegriffs (§ 13 Rn 19 ff), sondern nach dem europäischen Zweigniederlassungsverständnis zu interpretieren, das sich mit der Neufassung der § 5 AktG, § 4a GmbHG auch der deutsche Gesetzgeber nunmehr ausdrücklich zu Eigen gemacht hat (vgl. § 13 Rn 32 ff). Danach steht der Zweigniederlassung im Bereich des Kapitalgesellschaftsrechts **allein der Sitz als spiegelbildliches Gegenstück** gegenüber; das sprachlich naheliegende Pendant einer Hauptniederlassung kann nicht mehr gefordert werden. Die inländische Niederlassung einer Auslandsgesellschaft ist also auch dann als Zweigniederlassung zu behandeln, wenn dort 100 % ihrer geschäftlichen Aktivitäten entfaltet werden.[14] Voraussetzung ist allerdings, dass die Gesellschaft nach der **vorgeschalteten kollisionsrechtlichen Wertung** überhaupt in Deutschland anzuerkennen ist, was nach dem derzeitigen Stand allein bei Gesellschaften aus dem EU-Ausland oder auf der Grundlage eines entsprechenden Staatsvertrages bejaht werden kann (s. § 13 Rn 32 ff).

5 Für Kapitalgesellschaften aus **Drittstaaten** beansprucht hingegen nach hM die traditionelle Sitztheorie weiterhin Gültigkeit. Verfügt eine solche Gesellschaft nicht über einen effektiven Verwaltungssitz im Ausland, sondern ist sie dort nur gegründet oder registriert und übt ihre Geschäftstätigkeit tatsächlich im Inland aus, so gilt dieser inländische Verwaltungssitz nicht als Zweig-, sondern als inländische Hauptniederlassung (s. § 13 Rn 41 f mwN). Im Übrigen kann auf die zum deutschen Recht entwickelten Grundsätze auch weiterhin dann zurückgegriffen werden, soweit es um die **Abgrenzung gegenüber einer bloßen Betriebsabteilung** geht, da das europäische Recht insofern übereinstimmende Maßgaben enthält (s. § 13 Rn 19, 22).

---

9 Vgl. dazu statt vieler *Roth/Jopen* in: Riesenhuber, Europäische Methodenlehre, 4. Aufl. 2021, § 13; *Canaris* FS Bydlinski, 2002, S. 47 ff. Zur Möglichkeit gespaltener Auslegung des Zweigniederlassungsrechts s. BGH NZG 2021, 702 Rn 12 ff.

10 Gesetz zur Modernisierung des GmbH-Rechts und zur Bekämpfung von Missbräuchen (MoMiG) v. 23.10.2008, BGBl. I, S. 2026.

11 Richtlinie 2012/17/EU des Europäischen Parlaments und des Rates vom 13.6.2012 zur Änderung der Richtlinie 89/666/EWG des Rates sowie der Richtlinien 2005/56/EG und 2009/101/EG des Europäischen Parlaments und des Rates in Bezug auf die Verknüpfung von Zentral-, Handels- und Gesellschaftsregistern, ABl. EU Nr. L 156, S. 1.

12 S. Art. 1 Nr. 2 des Gesetzes zur Umsetzung der Richtlinie 2012/17/EU in Bezug auf die Verknüpfung von Zentral-, Handels- und Gesellschaftsregistern in der Europäischen Union v. 22.12.2014, BGBl. I, S. 2409.

13 Gesetz zur Umsetzung der Digitalisierungsrichtlinie (DiRUG) v. 5.7.2021, BGBl. I, S. 3338.

14 RegE MoMiG, BT-Drucks. 16/6140, S. 49.

2. Ausländische Aktiengesellschaft/GmbH

a) Kapitalgesellschaften aus EU-Mitgliedstaaten. § 13e erfasst seinem Wortlaut nach nur die Zweigniederlassungen ausländischer Aktiengesellschaften oder Gesellschaften mbH; über seinen Wortlaut hinaus gelten die hier enthaltenen Vorgaben aber auch für die KGaA (s. Rn 1). Ob das ausländische Gebilde den deutschen Kapitalgesellschaftsformen vergleichbar ist, wird grundsätzlich im Wege der sog. **Substitution** festgestellt (vgl. § 13d Rn 10 ff), wobei als Vergleichsmaßstab nicht nur die deutsche AG und GmbH dienen, sondern auch die ihnen in der Publizitätsrichtlinie als vergleichbar beschriebenen europäischen Gesellschaftsformen.[15] Soweit es sich um **Gesellschaften aus EU-Mitgliedstaaten** handelt, bedarf es einer inhaltlichen Substitutionsprüfung nicht, da der Kreis der nach §§ 13d ff gleichzustellenden Gesellschaften aufgrund der europarechtlichen Prägung der Vorschrift bereits durch den Anhang II zur Gesellschaftsrechtsrichtlinie (Rn 3) abgesteckt ist (s. die Aufzählung in Rn 10 ff). Zur Feststellung des Sitzes im Ausland s. § 13d Rn 9. 6

b) Kapitalgesellschaften aus Drittstaaten. Der Substitutionsprüfung bedarf es danach vornehmlich bei Kapitalgesellschaften aus Drittstaaten (vgl. auch Art. 36 Abs. 1 der Gesellschaftsrechtsrichtlinie [Rn 3]: „vergleichbar"). Dabei gelten für sämtliche Kapitalgesellschaften als zentrale Merkmale die **körperschaftliche Organisationsverfassung**, die eigenständige Rechtspersönlichkeit sowie das generelle Erfordernis eines Mindestkapitals;[16] auf die Höhe des Mindestkapitals oder der Mindesteinlagen kommt es nach allgemeiner Auffassung nicht an.[17] Lässt sich auf der Grundlage dieser Vorgaben der Charakter als Kapitalgesellschaft bejahen, bedarf es der weiteren Zuordnung zu den konkreten Gesellschaftsformen. Diese Zuordnung kann nicht offengelassen werden, da § 13f und § 13g für die einzelnen Gesellschaftsformen unterschiedliche verfahrensrechtliche Vorgaben vorsehen.[18] 7

Entscheidend für die **Abgrenzung zwischen AG und GmbH** sind namentlich die engere Verbundenheit der GmbH-Gesellschafter untereinander, die in einer Erschwerung der Übertragung der Geschäftsanteile durch strenge Formvorschriften zum Ausdruck kommt. Daneben spricht auch die rechtliche Ausgestaltung der Gesellschaft durch engmaschige Kontrollvorschriften bei der Gründung und schärfere Überwachungserfordernisse während des Bestehens der Gesellschaft für das Vorliegen einer Aktiengesellschaft.[19] Auch ein weiter Gesellschafterkreis deutet eher auf eine Aktiengesellschaft hin.[20] Sollte am Maßstab dieser Kriterien eine Vergleichbarkeit mit der **Aktiengesellschaft** anzunehmen sein, so steht es dieser Einordnung nicht entgegen, wenn die Gesellschaft abweichend vom deutschen Recht dem angelsächsischen Modell des board-Systems folgt, also eine einheitliche Unternehmensführung aufweist, die nicht in Geschäftsleitungs- und Kontrollorgan aufgespalten ist.[21] 8

Nach hM soll in Zweifelsfällen eine **Regelvermutung** bestehen, dass die ausländische Kapitalgesellschaft nicht als GmbH, sondern als AG einzuordnen ist.[22] Diese Vermutung kann sich in der Tat auf die Überlegung stützen, dass nur die AG das Produkt einer jahrhundertelangen internationalen Rechtsentwicklung ist, während die GmbH vom deutschen Gesetzgeber als eine 9

---

15 Koller/Kindler/Roth/Drüen/*Roth* Rn 2.
16 Ebenroth/Boujong/Joost/Strohn/*Pentz* Rn 9.
17 Ebenroth/Boujong/Joost/Strohn/*Pentz* Rn 9; Ensthaler/*Achilles*/*Haase* § 13d Rn 8.
18 *Koch* Anh. zu § 45 AktG § 13e HGB Rn 2; MünchKommHGB/*Krafka* § 13d Rn 9.
19 Ebenroth/Boujong/Joost/Strohn/*Pentz* Rn 10.
20 Ebenroth/Boujong/Joost/Strohn/*Pentz* Rn 10; Ensthaler/*Achilles*/*Haase* § 13d Rn 8.
21 Ebenroth/Boujong/Joost/Strohn/*Pentz* Rn 9.
22 Ensthaler/*Achilles*/*Haase* § 13d Rn 8; *Koch* Anh. zu § 45 AktG § 13e HGB Rn 2; Röhricht/v. Westphalen/Haas/*Ries* Rn 3.

völlig neue Organisationsform geschaffen wurde.[23] Infolgedessen ist die AG in ausländischen Rechtsordnungen stärker verbreitet als die teilweise unbekannte GmbH.[24] Angesichts der raschen internationalen Ausbreitung, die auch der „Exportschlager" GmbH erfahren hat,[25] sollte man von dieser Vermutung allerdings **nur behutsam Gebrauch** machen.[26]

10 Der **Aktiengesellschaft** werden schon aufgrund der Gleichstellung im Anhang II der **Gesellschaftsrechtsrichtlinie** (s. Rn 3) die folgenden europäischen Gesellschaftstypen gleichgestellt:
- Belgien: de naamloze vennootschap/la société anonyme
- Bulgarien: Акционерно дружество (akzionerno družestvo)
- Dänemark: aktieselskab
- Estland: aktsiaselts
- Finnland: julkinen osakeyhtiö/bublikt aktiebolag
- Frankreich: société anonyme
- Griechenland: ανώνυμη εταιρεία
- Irland: public company limited by shares, public company limited by guarantee and having a share capital
- Italien: società per azioni
- Lettland: akciju sabiedrība
- Litauen: akcinė bendrovė
- Luxemburg: société anonyme
- Malta: kumpanija pubblika
- Niederlande: de naamloze vennootschap
- Österreich: Aktiengesellschaft
- Polen: spółka akcyjna
- Portugal: sociedade anónima de responsabilidade limitada
- Rumänien: societate pe acţiuni
- Schweden: aktiebolag
- Slowakei: akciová spoločnosť
- Slowenien: delniška družba
- Spanien: sociedad anónima
- Tschechische Republik: akciová společnost
- Ungarn: részvénytársaság
- Zypern: Δημόσιες εταιρείες περιορισμένης ευθύνης με μετοχές ή με εγγύηση

11 Nicht von der Publizitätsrichtlinie erfasst, aber der deutschen **Aktiengesellschaft** dennoch anerkanntermaßen vergleichbar sind die folgenden Gesellschaftsformen:
- Brasilien: sociedade anônima
- Japan: kabushiki kaisha
- Kroatien: dioničko društvo
- Liechtenstein: Aktiengesellschaft
- Malaysia: Berhad
- Mexiko: sociedad anónima, sociedad anónima de capital variable
- Norwegen: aksjeselskap
- Paraguay: sociedad anonima
- Russland: Открытое Акционерное Общество (OAO, Offene Aktiengesellschaft), Закрытое Акционерное Общество (ЗАО, Geschlossene Aktiengesellschaft), Российское акционерное общество (PAO, Russische Aktiengesellschaft)
- Schweiz: Aktiengesellschaft

---

23 Zur Entstehungsgeschichte der GmbH vgl. Habersack/Casper/Löbbe/*Ulmer*/*Habersack* Einl. A Rn 3 ff.
24 Ebenroth/Boujong/Joost/Strohn/*Pentz* Rn 11.
25 Vgl. dazu Habersack/Casper/Löbbe/*Ulmer*/*Habersack* Einl. A Rn 7a mwN.
26 Skeptisch auch Ebenroth/Boujong/Joost/Strohn/*Pentz* Rn 11.

- Türkei: Anonim Şirket
- Ukraine: Акціонерне товариство
- USA: public corporation
- Venezuela: compañía anónima
- Vereinigtes Königreich: public company limited by shares, public company limited by guarantee and having a share capital

Der **GmbH** werden schon aufgrund der Gleichstellung im Anhang II der **Gesellschaftsrechtsrichtlinie** (s. Rn 3) die folgenden europäischen Gesellschaftstypen gleichgestellt: 12

- Belgien: de besloten vennootschap met beperkte aansprakelijkheid/la société à responsabilité limitée
- Bulgarien: Дружество с ограничена отговорност (druzhestvo s ogranichena otgovornost)
- Dänemark: anpartsselskab
- Estland: osaühing
- Finnland: yksityinen osakeyhtiö/privat aktiebolag
- Frankreich: société à responsabilité limitée
- Griechenland: εταιρία περιωρισμένης εύθύνης
- Irland: private company limited by shares or by guarantee
- Italien: società a responsabilità limitata
- Lettland: sabiedrība ar ierobežotu atbildību
- Litauen: uždaroji akcinė bendrovė
- Luxemburg: société à responsabilité limitée
- Malta: kumpanija privata
- Niederlande: de besloten vennootschap met beperkte aansprakelijkheid
- Österreich: Gesellschaft mit beschränkter Haftung
- Polen: spółka z ograniczoną odpowiedzialnością
- Portugal: sociedade por quotas de responsabilidade limitada
- Rumänien: societate cu răspundere limitată
- Slowakei: spoločnosť s ručením obmedzeným
- Slowenien: družba z omejeno odgovornostjo
- Spanien: sociedad de responsabilidad limitada
- Tschechische Republik: společnost s ručením omezeným
- Ungarn: korlátolt felelősségű társaság
- Zypern: ιδιωτικές εταιρείες περιορισμένης ευθύνης με μετοχές ή με εγγύηση

Nicht von der Publizitätsrichtlinie erfasst, aber der deutschen **GmbH** dennoch anerkanntermaßen vergleichbar sind die folgenden Gesellschaftsformen: 13

- Argentinien: sociedad de responsabilidad limitada
- Bosnien Herzegovina: društvo s ograničenom odgovornošću
- Brasilien: sociedade limitada
- Island: einkahlutafélag
- Japan: yūgen kaisha
- Kroatien: društvo s ograničenom odgovornošću
- Liechtenstein: Gesellschaft mit beschränkter Haftung
- Malaysia: Sendirian Berhad
- Mexiko: sociedad de responsabilidad limitada
- Paraguay: sociedad con responsabilidades limitadas
- Russland: общество с ограниченной ответственностью
- Schweiz: Gesellschaft mit beschränkter Haftung
- Serbien: društvo s ograničenom odgovornošću
- Türkei: Limited Şirket
- Ukraine: тобарисво з обмеженою відповідальністю
- USA: limited liability company
- Vereinigtes Königreich: private company limited by shares or by guarantee

14 Der **KGaA** werden schon aufgrund der Gleichstellung im Anhang II der **Gesellschaftsrechtsrichtlinie** (s. Rn 3) die folgenden europäischen Gesellschaftstypen gleichgestellt:
- Belgien: de commanditaire vennootschap op aandelen/la société en commandite par actions
- Bulgarien: командитно дружество с акции (komanditno družestvo s akzii)
- Dänemark: kommanditaktieselskab
- Frankreich: société en commandite par actions
- Griechenland: ετερόρρυθμη κατά μετοχές εταιρία
- Italien: società in accomandita per azioni
- Lettland: komanditsabiedrība
- Luxemburg: la société en commandite par actions
- Polen: spółka komandytowoakcyjna
- Portugal: sociedade em comandita por acções
- Rumänien: societate în comandită pe acţiuni
- Slowenien: komaditna delniška družba
- Spanien: sociedad commanditaria por acciones

3. Anmeldepflichtige Personen

15 Die schon aus § 13d folgende Anmeldepflicht wird in § 13e Abs. 2 zunächst hinsichtlich der anmeldepflichtigen Personen konkretisiert. Die Anmeldepflicht trifft bei einer ausländischen Aktiengesellschaft den Vorstand, bei einer ausländischen GmbH die Geschäftsführer. Wem diese Geschäftsleitungsfunktionen zufallen, ist nach den **Grundsätzen der fremden Rechtsordnung** zu bestimmen; eine anderweitige Festlegung würde in die Organisationsstruktur des fremden Unternehmens eingreifen und kann deshalb durch das deutsche Recht nicht getroffen werden (s. § 13d Rn 51).[27]

16 Nach § 44 Abs. 1 S. 1 AktG a.F. musste die Zweigniederlassung einer ausländischen AG durch **sämtliche Vorstandsmitglieder** angemeldet werden. Im Zuge der Umsetzung der Zweigniederlassungsrichtlinie a.F. (Rn 3) wurde diese Vorgabe bewusst aufgegeben,[28] so dass nach einhelliger Auffassung für AG und GmbH gleichermaßen ein Handeln des Geschäftsleitungsorgans in vertretungsberechtigter Zahl genügt.[29]

17 Möglich ist ferner eine Anmeldung durch **Prokuristen** oder **sonstige Bevollmächtigte**.[30] Dagegen ist ein ständiger Vertreter i.S.d. § 13e Abs. 2 S. 5 Nr. 3 nicht zur Anmeldung berechtigt, weil sich seine Vertretungsmacht auf die Zweigniederlassung beschränkt.[31] Nicht erforderlich ist die Beteiligung des Aufsichtsrats, da dessen Existenz bei einer ausländischen Kapitalgesellschaft nicht vorausgesetzt werden kann.

4. Nachweise und Angaben

18 **a) Errichtung und Bestehen der Gesellschaft (§ 13e Abs. 2 S. 2).** Unmittelbarer Gegenstand der Anmeldung ist nach § 13e Abs. 2 S. 1 die **Errichtung** der Zweigniederlassung einer

27 So im Ergebnis auch BayObLGZ 1985, 272 (277); KG FGPrax 2004, 45 (47); Ensthaler/*Achilles*/*Haase* § 13d Rn 11; Koller/Kindler/Roth/Drüen/*Roth* § 13d Rn 6.

28 BT-Drucks. 12/3908, S. 15.

29 Hopt/*Merkt* Rn 2; Ebenroth/Boujong/Joost/Strohn/*Pentz* Rn 18; *Koch* Anh. zu § 45 AktG § 13e Rn 3; Koller/Kindler/Roth/Drüen/*Roth* Rn 3; Röhricht/v. Westphalen/Haas/*Ries* Rn 4; *Krafka* Rn 314; **aA** noch Vorauf. Rn 16 (*Koch*).

30 Ebenroth/Boujong/Joost/Strohn/*Pentz* Rn 19; *Koch* Anh. zu § 45 AktG § 13e Rn 3; Röhricht/v. Westphalen/Haas/*Ries* Rn 5; *Mankowski*/*Knöfel* in: Hirte/Bücker § 13 Rn 13.

31 Ebenroth/Boujong/Joost/Strohn/*Pentz* Rn 20; *Koch* Anh. zu § 45 AktG § 13e Rn 3; Röhricht/v. Westphalen/Haas/*Ries* Rn 5; *Mankowski*/*Knöfel* in: Hirte/Bücker § 13 Rn 13. Differenzierend *Bönner* RNotZ 2015, 253 (263).

ausländischen Kapitalgesellschaft. Für den Errichtungszeitpunkt gelten die Ausführungen in § 13 Rn 55 entsprechend. Der weitere Inhalt der Anmeldung wird in § 13e Abs. 2 S. 2–5 näher umschrieben.[32] Gem. § 13e Abs. 2 S. 2 erfordert sie zunächst den Nachweis, dass die Gesellschaft „als solche" besteht. Diese Nachweispflicht umfasst nicht nur die **Existenz** der Gesellschaft als solcher, sondern auch ihre **Rechtsform.**[33] Der Anmeldende muss dem Gericht also die nötigen Informationen zukommen lassen, damit die angemeldete Gesellschaft wahlweise der Rechtsform der AG oder der GmbH zugeordnet werden kann (s. Rn 6 ff).[34] Für die Art des Nachweises gelten die in § 13d Rn 65 ff beschriebenen Grundsätze.

b) Kein Genehmigungsnachweis. Um die Gründung ausländischer Zweigniederlassungen zu **erleichtern**, wird seit dem MoMiG (Rn 3) nicht mehr verlangt, eine etwa erforderliche staatliche Genehmigung schon bei der Anmeldung nachzuweisen.[35] Diese Ausgestaltung des Gesetzes leuchtet aus unionsrechtlicher Perspektive ein, weil die Vereinbarkeit eines etwaigen Genehmigungserfordernisses mit der Gesellschaftsrechtsrichtlinie (Rn 3) zweifelhaft ist.[36] 19

c) Angabe einer inländischen Geschäftsanschrift. Im Zuge des MoMiG (Rn 3) wurde in **§ 13e Abs. 2 S. 3** die Vorgabe eingefügt, bei der Anmeldung eine inländische Geschäftsanschrift anzugeben. Diese Angabe soll einer **erleichterten Zustellung** dienen. Nach § 13e Abs. 3a können an bestimmte Vertreter der Gesellschaft unter dieser Anschrift Willenserklärungen abgegeben und Schriftstücke zugestellt werden (s. noch die Ausführungen zu Abs. 3a in Rn 41).[37] Zum Inhalt der Angabe und zur Festlegung der inländischen Geschäftsanschrift s. § 13 Rn 62 ff; zu Übergangsvorschriften vgl. § 13 Rn 64. Die Geschäftsanschrift wird nicht nur zu den Registerakten genommen, sondern zur Schaffung größerer Transparenz auch **in das Handelsregister eingetragen.** 20

Über § 13d Abs. 3 muss auch die **Änderung** der inländischen Geschäftsanschrift zur Eintragung in das Handelsregister angemeldet werden. Beachten die Geschäftsleiter der Kapitalgesellschaft diese Aktualisierungspflicht nicht und scheitert die Zustellung deshalb, besteht die Möglichkeit einer erleichterten öffentlichen Zustellung nach § 15a HGB, § 185 ZPO (s. noch die Ausführungen zu § 15a). Um den daraus resultierenden Gefahren zu entgehen, wird den Gesellschaften in § 13e Abs. 2 S. 4 ergänzend die Option eingeräumt, einen zusätzlichen Empfangsberechtigten zu bestellen (s. Rn 26 ff). 21

d) Gegenstand der Zweigniederlassung und des Unternehmens (§ 13e Abs. 2 S. 3). Weiter ist nach § 13e Abs. 2 S. 3 der Gegenstand der Zweigniederlassung in der Anmeldung anzugeben. Diese Vorgabe bezieht sich ausschließlich auf die **konkrete Tätigkeit** der Zweigniederlassung und muss deshalb nicht mit dem Unternehmensgegenstand der ausländischen Kapitalgesellschaft identisch sein (zu der Frage, inwieweit der Unternehmensgegenstand der Gesellschaft 22

32 Aufschlussreicher Überblick bei *Bönner* RNotZ 2015, 253 (264 ff).
33 Ebenroth/Boujong/Joost/Strohn/*Pentz* Rn 23; Heymann/*Förster* HGB Rn 8; *Koch* Anh. zu § 45 AktG § 13e Rn 4.
34 Ebenroth/Boujong/Joost/Strohn/*Pentz* Rn 23; *Koch* Anh. zu § 45 AktG § 13e Rn 4.
35 Zur Rechtslage vor dem MoMiG Voraufl. Rn 19 (*Koch*).
36 Zweifel bei an der Vereinbarkeit mit der Zweigniederlassungsrichtlinie a.F. (Rn 3) bei *Rehberg* in: Eidenmüller § 7 Rn 47 ff; *Wachter* MDR 2004, 611 (616); *dems.* GmbHR 2005, 100 (102); *dems.* ZNotP 2005, 122 (139 f); *dems.* GmbHR 2007, 205; *Werner* GmbHR 2005, 288 (291); für unbedenklich wurde die Regelung gehalten von OLG Celle GmbHR 2007, 203 (204); *Kallmeyer* DB 2004, 636 (637).
37 Vgl. dazu RegE MoMiG, BT-Drucks. 16/6140, S. 35 f, 49.

anzumelden und einzutragen ist, s. noch Rn 23 f).[38] Umstritten ist, ob der Registerrichter zu prüfen hat, ob die Tätigkeit der Zweigniederlassung vom Unternehmensgegenstand der Kapitalgesellschaft **gedeckt** ist.[39] Eine solche Pflicht ist zu verneinen, da die registerrechtliche Prüfung keine Ordnungsfunktion im Hinblick darauf hat, ob eine hier tätige Zweigniederlassung den satzungsrechtlichen Rahmen der ausländischen Kapitalgesellschaft wahrt.[40] Die angegebene Tätigkeitsumschreibung muss den **Schwerpunkt** der in der Zweigniederlassung betriebenen Geschäfte deutlich machen.[41] Die Angaben müssen so konkret sein, dass die interessierten Verkehrskreise erkennen können, in welchem Geschäftszweig und in welcher Branche sich die Zweigniederlassung betätigt.[42] Die pauschale Umschreibung von „Abwicklung von Geschäften als allgemeines kommerzielles Unternehmen" genügt insofern nicht.[43]

23 Vor dem MoMiG war der Gegenstand der Zweigniederlassung nicht in das Handelsregister einzutragen, weil sich die Verweisung in §§ 13f Abs. 3 a.F., 13g Abs. 3 a.F. allein auf § 13e Abs. 2 S. 4 a.F. bezog.[44] Dies hat sich im Zuge des **MoMiG** geändert: Nach §§ 13f Abs. 3, 13g Abs. 3 i.V.m. § 13e Abs. 2 S. 3 hat die **Eintragung** der Errichtung der Zweigniederlassung auch Gegenstand der Zweigniederlassung zu enthalten.[45]

24 Umstritten ist, ob über den Gegenstand der Zweigniederlassung hinaus auch der **Unternehmensgegenstand der Kapitalgesellschaft** selbst zur Eintragung anzumelden ist. Eine solche Pflicht lässt sich aus § 13f Abs. 3 HGB i.V.m. § 39 Abs. 1 S. 1 AktG, § 13g Abs. 3 HGB i.V.m. § 10 Abs. 1 S. 1 GmbHG herleiten (zu Meinungsstand und Einzelheiten s. noch Rn 25; vgl. ferner § 13f Rn 16 und § 13g Rn 7). Gleichwohl traten dem in der Vergangenheit zahlreiche Stimmen – ungeachtet der nationalen Auslegungsfragen – aus unionsrechtlichen Gründen entgegen: Die Pflicht zur Anmeldung des UnternehmensgegenstandsUnternehmensgegenstand der Gesellschaft sei mit **Art. 2 Abs. 1 lit. b der Zweigniederlassungsrichtlinie a.F.** (Rn 3; nunmehr Art. 30 Abs. 1 lit. b der Gesellschaftsrechtsrichtlinie [Rn 3]) nicht zu vereinbaren, der ausschließlich die Tätigkeit der Zweigniederlassung erfasse.[46] Diesem Argument hat der für die Auslegung des Europarechts ausschließlich zuständige EuGH (Art. 19 Abs. 1 UAbs. 1 S. 2 EUV) in der **Innoventif-Entscheidung** jedoch mit einem Verweis auf Art. 2 Abs. 2 lit. b der Zweigniederlassungsrichtlinie a.F. (nunmehr Art. 30 Abs. 2 lit. b der Gesellschaftsrechtsrichtlinie), wonach der Mitgliedstaat der Zweigniederlassung die Offenlegung des Errichtungsaktes und der Satzung vorschreiben

---

38 LG Bielefeld GmbHR 2005, 98 (99); Ebenroth/Boujong/Joost/Strohn/*Pentz* Rn 26; *Wachter* GmbHR 2005, 100 (101 f).

39 Dafür LG Bielefeld GmbHR 2005, 98 (99); LG Ravensburg GmbHR 2005, 489 (490); Ebenroth/Boujong/Joost/Strohn/*Pentz* Rn 26; *Klose-Mokroß* DStR 2005, 971 (974); *Wachter* GmbHR 2005, 100 (101 f); *Zöllner* GmbHR 2006, 1 (4).

40 Zutr. OLG Düsseldorf NZG 2006, 317 (318); OLG Hamm FGPrax 2006, 32 (33); OLG Hamm FGPrax 2006, 276 (277); zust. Ensthaler/*Achilles*/*Haase* Rn 12; *Krafka* Rn 327; *Mankowski*/*Knöfel* in: Hirte/Bücker § 13 Rn 20a f; *Bönner* RNotZ 2015, 253 (262); *Mödl* RNotZ 2008, 1 (7).

41 OLG Celle GmbHR 2007, 203 (204); OLG Frankfurt aM FGPrax 2006, 126 (127); Ebenroth/Boujong/Joost/Strohn/*Pentz* Rn 26; *Koch* Anh. zu § 45 AktG § 13e HGB Rn 5; *Wachter* GmbHR 2005, 100 (101); *ders.* GmbHR 2007, 205.

42 So auch OLG Celle GmbHR 2007, 203 (204); OLG Schleswig FGPrax 2008, 217; s. ferner Heymann/*Förster* HGB Rn 14.

43 OLG Celle GmbHR 2007, 203 (204); Heymann/*Förster* HGB Rn 14.

44 Zu den teleologischen und unionsrechtlichen Hintergründen s. Voraufl. Rn 25 (*Koch*).

45 Vgl. MünchKommHGB/*Krafka* Rn 10; Röhricht/v. Westphalen/Haas/*Ries* Rn 6; Fleischhauer/Wochner/*Solveen* Kap. N Rn 9 Anm 25; **aA** Voraufl. Rn 25 (*Koch*) – anders aber Voraufl. § 13f Rn 17 (*Koch*) und Voraufl. § 13g Rn 8 (*Koch*); Ebenroth/Boujong/Joost/Strohn/*Pentz* Rn 26, § 13f Rn 16 (der aber in § 13g Rn 12 von einer Eintragungspflicht auszugehen scheint); Heymann/*Förster* HGB Rn 13 (der aber in § 13f Rn 14 und in § 13g Rn 11 von einer Eintragungspflicht auszugehen scheint).

46 OLG Düsseldorf NZG 2006, 317 (318); OLG Frankfurt aM FGPrax 2006, 126 (127); LG Kassel GmbHR 2005, 1057 (1058); wohl auch OLG Hamm FGPrax 2006, 32 f; aus dem Schrifttum *Mankowski*/*Knöfel* in: Hirte/Bücker § 13 Rn 20a f; *Herchen* RIW 2005, 529 (531 f); *Klose-Mokroß* DStR 2005, 971 (974 f); *Kögel* GmbHR 2006, 237 (239); *Mödl* RNotZ 2008, 1 (7); *Wachter* GmbHR 2005, 100 f; *ders.* ZNotP 2005, 122 (136 f); *ders.* GmbHR 2007, 203 (205).

kann, eine klare Absage erteilt.[47] Deshalb kann die Pflicht zur Offenlegung des Unternehmensgegenstands der Kapitalgesellschaft nicht allein unter Berufung auf Art. 30 Abs. 1 lit. b der Gesellschaftsrechtsrichtlinie für unionsrechtswidrig erklärt werden.[48]

Dies bedeutet freilich nicht, dass Art. 30 der Gesellschaftsrechtsrichtlinie (Rn 3) die Anmeldung des Unternehmensgegenstands der Gesellschaft gebietet.[49] Eine solche Pflicht folgt aber aus der **Zusammenschau der §§ 13e Abs. 2 S. 3, 13f Abs. 3, 13g Abs. 3.**[50] Zwar bezieht sich § 13e Abs. 2 S. 3 nur auf den Gegenstand der Zweigniederlassung, die Pflicht zur Offenlegung des Unternehmensgegenstands der Gesellschaft der ergibt sich aber aus § 13f Abs. 3 HGB i.V.m. § 39 Abs. 1 S. 1 AktG, § 13g Abs. 3 HGB i.V.m. § 10 Abs. 1 S. 1 GmbHG. Danach hat die Eintragung der Errichtung der Zweigniederlassung zum einen die Angaben nach § 13e Abs. 2 S. 3 zu enthalten, also unter anderem den Gegenstand der Zweigniederlassung (s. bereits Rn 23). Zum anderen verweisen §§ 13f Abs. 3, 13g Abs. 3 auf **§ 39 Abs. 1 S. 1 AktG, § 10 Abs. 1 S. 1 GmbHG**, die unter anderem die Eintragung des Gegenstands des Unternehmens vorschreiben; die Eintragung setzt wiederum eine vorherige Anmeldung voraus. Dabei beziehen sich § 39 Abs. 1 S. 1 AktG, § 10 Abs. 1 S. 1 GmbHG auf die Kapitalgesellschaft. Im Hinblick auf die **Gesetzessystematik** wäre es wenig überzeugend, den Begriff des Unternehmens dahingehend zu deuten, dass die Zweigniederlassung gemeint ist und nicht ausländische Kapitalgesellschaft.[51] Ein solches Verständnis hätte zu einer eigentümlichen Doppelung der Vorgaben in §§ 13e Abs. 2 S. 3, 13f Abs. 3, 13g Abs. 3 geführt. Da § 13e als die allgemeine Vorschrift einerseits und §§ 13f, 13g als die speziellen Regelungen andererseits aufeinander abgestimmt sind,[52] kann dem Gesetzgeber nicht ohne weiteres unterstellt werden, redundate Normen geschaffen zu haben.[53] Schließlich überzeugt das Argument, die Anmelung und Eintragung des Unternehmensgegenstands der Gesellschaft führten zu hohen **Veröffentlichungskosten**,[54] jedenfalls nach der derzeitigen Rechtslage nicht mehr:[55] Bereits die Umstellung auf elektronische Bekanntmachungen im Zuge des EHUG (Rn 1; s. auch § 10 Rn 3) hat die Kostenbelastung erheblich gemindert.[56] Nach der Abschaffung der Bekanntmachung als eigenständiges Publizitätsinstrument im Zuge des DiRUG (Rn 3; s. dazu § 10 Rn 4 f, 7 ff) verfängt die kostenrechtliche Begründung erst recht nicht. 25

---

47 EuGH v. 1.6.2006, Rs. C-453/04 (Innoventif), Slg. I-4929, Rn 33 ff = NJW 2006, 3195 mit Anm. von *J. Schmidt* NZG 2006, 899 ff.

48 Fleischhauer/Wochner/*Solveen* Kap. N Rn 9 Anm 25; *Otte-Gräbener* NZG 2019, 934 (935); *J. Schmidt* NZG 2006, 899 ff.

49 Zutr. Heymann/*Förster* HGB Rn 13; *J. Schmidt* NZG 2006, 899 (901).

50 So auch im Ergebnis OLG Jena GmbHR 1999, 822; LG Berlin GmbHR 2005, 686 (688 f) mit zust. Anm. von *Melchior* GmbHR 2005, 689; Hopt/*Merkt* Rn 2; Lutter/Hommelhoff/*Bayer* Anh. § 4a Rn 24; *J. Schmidt* NZG 2006, 899 (901); *Seibert* GmbHR 1992, 738 (741); *Süß* DNotZ 2005, 180 (182); wohl auch Ebenroth/Boujong/Joost/Strohn/*Pentz* § 13f Rn 16, § 13g Rn 12; Oetker/*Preuß* Rn 33 ff; **aA** BeckOK-HGB/*Müther* Rn 10; Ensthaler/*Achilles/Haase* Rn 9; MünchKommHGB/*Krafka* Rn 10, § 13g Rn 6; Röhricht/v. Westphalen/Haas/*Ries* Rn 6; Fleischhauer/Wochner/*Solveen* Kap. N Rn 9 Anm 25; wohl auch Heidel/Schall/*Lamsa* Rn 14, § 13f Rn 22, § 13g Rn 15; zurückhaltend ferner *Bönner* RNotZ 2015, 253 (260).

51 So aber etwa *Mankowski/Knöfel* in: Hirte/Bücker § 13 Rn 20b; *Herchen* RIW 2005, 529 (531 f); *Wachter* ZNotP 2005, 122 (137).

52 Gleichwohl ist die Abstimmung nicht restlos gelungen, wie die Möglichkeit der Eintragung einer empfangsberechtigten Person zeigt: Sie folgt zum einen aus § 13e Abs. 2 S. 4, zum anderen aus § 13g Abs. 3 HGB i.V.m. § 10 Abs. 2 S. 2 GmbHG; vgl. hierzu MünchKommHGB/*Krafka* § 13g Rn 6.

53 In diese Richtung aber MünchKommHGB/*Krafka* Rn 10, § 13f Rn 7, der die Bezugnahme auf § 13e Abs. 2 S. 3–5 ohne nähere Begründung als überflüssig bezeichnet.

54 S. hierzu etwa *Herchen* RIW 2005, 529 (531); *Mödl* RNotZ 2008, 1 (7).

55 Freilich griff das Kostenargument aus einer rechtsökonomischen Perspektive von vornherein zu kurz: Die Kostenersparnisse der anmeldepflichtigen Gesellschaften hätten bei Lichte besehen mit den erhöhten Transaktionskosten auf Seiten des Rechtsverkehrs, der sich über den Unternehmensgegenstand der ausländischen Gesellschaft informieren will, aber keine Angaben im deutschen Handelsregister findet, verglichen werden müssen.

56 Vgl. Voraufl. Rn 23 (*Koch*); *J. Schmidt* NZG 2006, 899 (901). S. ferner BeckOK-HGB/*Müther* Rn 10; Fleischhauer/Wochner/*Solveen* Kap. N Rn 9 Anm 25.

26 **e) Empfangsberechtigter (§ 13e Abs. 2 S. 4).** § 13e Abs. 2 S. 4 wurde im Zuge des MoMiG (Rn 3) neu eingefügt. Er ist im Kontext der § 15a HGB, § 185 Nr. 2 ZPO zu sehen, die bei Kapitalgesellschaften unter bestimmten Voraussetzungen eine öffentliche Zustellung gestatten. Den daraus erwachsenden Gefahren kann die Gesellschaft dadurch begegnen, dass sie in der Anmeldung eine Person bestimmt, die **für Zustellungen an die Gesellschaft empfangsberechtigt** ist. Es handelt sich nicht um eine Pflichtanmeldung, sondern um eine reine Option, von der die Gesellschaft vernünftigerweise nur dann Gebrauch machen sollte, wenn sie Bedenken hat, ob die eingetragene Geschäftsanschrift tatsächlich ununterbrochen für Zustellungen geeignet sein wird.[57] In dieser Situation erhält die Gesellschaft mit der Anmeldung eines Empfangsberechtigten noch eine **zweite Chance**, um von einem zuzustellenden Schriftstück Kenntnis zu erlangen, bevor der Dritte den Schritt der öffentlichen Bekanntmachung gehen kann (vgl. § 15a HGB, § 185 Nr. 2 ZPO).[58] Der Dritte ist nicht verpflichtet, sondern ausschließlich berechtigt, die Zustellung an die empfangsberechtigte Person vorzunehmen, und zwar ohne dass er eine vorangehende erfolglose Zustellung an die gesetzlichen Vertreter nachzuweisen hätte.[59] Bevor er auch diese Zustellung versucht hat, bleibt ihm aber die Möglichkeit einer öffentlichen Zustellung nach Maßgabe des § 15a HGB, § 185 Nr. 2 ZPO verwehrt (zu den Einzelheiten vgl. die Erläuterungen zu § 15a).[60]

27 Ob es sich bei dem Empfangsberechtigten um einen Gesellschafter oder um eine sonstige rechtsgeschäftlich empfangsberechtigte Person (z.B. Steuerberater oder Notar) handelt, bleibt der Gesellschaft überlassen.[61] Auch muss es sich nicht um eine natürliche Person handeln, sondern Empfangsberechtigter kann auch eine juristische Person sein.[62] Der Empfangsberechtigte ist mit einer **inländischen Anschrift** zur Eintragung anzumelden. Seiner Mitwirkung bedarf es nicht. Weder muss er der Eintragung zustimmen noch muss er die Anmeldung unterzeichnen.[63] Seine Berechtigung erstreckt sich nicht nur auf Zustellungen, sondern erfasst auch den Empfang von Willenserklärungen.[64]

28 Ebenso wie in § 10 Abs. 2 S. 2 GmbHG gilt die Empfangsberechtigung Dritten gegenüber nach § 13e Abs. 2 S. 4, 2. Hs. als fortbestehend, bis sie im Handelsregister gelöscht und die Löschung bekannt gemacht worden ist. Dieser Ergänzung bedurfte es, da es sich bei der Angabe des Empfangsberechtigten um keine anmeldungspflichtige, sondern nur um eine anmeldungsfähige Tatsache handelt, so dass § 15 nicht unmittelbar zur Anwendung gelangt (vgl. zu dieser Differenzierung § 15 Rn 31 ff).[65] Die **Fiktion der fortbestehenden Empfangsbevollmächtigung** nutzt dem Dritten allerdings nur dann, wenn die in das Handelsregister eingetragene Person weiterhin erreicht werden kann und nur ihre rechtsgeschäftliche Vollmacht im Innenverhältnis erloschen ist. In den Fällen, in denen ein Zustellungsversuch an die eingetragene Person aus tatsächlichen Gründen nicht möglich ist, weil die Anschrift nicht mehr existiert, hilft die Fiktion der fortbestehenden Empfangsberechtigung nicht weiter. Der erfolglose Zustellungsversuch eröffnet dem Dritten nun aber die Möglichkeit der öffentlichen Zustellung nach § 15a HGB, § 185 Nr. 2 ZPO. Vgl. zur Erleichterung der Zustellung über die Vermutung des § 13e Abs. 3a noch die Ausführungen in Rn 41 f.

---

57 Überlegungen zur Zweckmäßigkeit bei *Steffek* BB 2007, 2077 (2081).

58 RegE MoMiG, BT-Drucks. 16/6140, S. 43. Aufgrund dieser engen Verknüpfung mit den erleichterten Zustellungsmöglichkeiten nach §§ 15a HGB, 185 Nr. 2 ZPO, die nur für juristische Personen gelten, wurde eine vom Bundesrat angeregte Ausdehnung auf alle eingetragenen Kaufleute (vgl. BT-Drucks. 16/6140, S. 69) nicht umgesetzt (vgl. dazu die Gegenäußerung der Bundesregierung, BT-Drucks. 16/6140, S. 77 f).

59 *Steffek* BB 2007, 2077 (2081).

60 RegE MoMiG, BT-Drucks. 16/6140, S. 43.

61 RegE MoMiG, BT-Drucks. 16/6140, S. 43.

62 *Wachter* GmbHR 2006, 793 (799 f).

63 *Wachter* GmbHR 2006, 793 (800).

64 Vgl. zu dieser von der ursprünglichen Fassung des Regierungsentwurfs abweichenden Erweiterung die Beschlussempfehlung des Rechtsausschusses, BT-Drucks. 16/9737, S. 96 (elektronische Vorabfassung).

65 Vgl. zum Folgenden RegE MoMiG, BT-Drucks. 16/6140, S. 36 f.

f) Register und Rechtsform (§ 13e Abs. 2 S. 5 Nr. 1 und 2). § 13e Abs. 2 S. 5 enthält weitere Angaben, die in der Anmeldung enthalten sein müssen. Dazu zählt nach § 13e Abs. 2 S. 5 Nr. 1 zunächst das **Register,** bei dem die Gesellschaft geführt wird, und die Registernummer, sofern das Recht des Staates, in dem die Gesellschaft ihren Sitz hat, eine Registereintragung vorsieht. Ist das nicht der Fall, sollte auch dies klargestellt werden.[66] Nach § 13e Abs. 2 S. 5 Nr. 2 ist die **Rechtsform** der Gesellschaft zu nennen, und zwar in der jeweiligen ausländischen Sprache.[67] Ihre Eintragung richtet sich sodann nach §§ 13f Abs. 3, 13g Abs. 3. 29

g) Ständiger Vertreter (§ 13e Abs. 2 S. 5 Nr. 3). Nach § 13e Abs. 2 S. 5 Nr. 3 sind die Personen anzugeben, die befugt sind, als ständige Vertreter für die Tätigkeit der Zweigniederlassung die Gesellschaft gerichtlich und außergerichtlich zu vertreten. Damit sind nicht etwa die gesetzlichen Organmitglieder zu verstehen, sondern Personen, die aufgrund einer **rechtsgeschäftlichen Bevollmächtigung**[68] nicht nur vorübergehend, sondern für eine gewisse Zeit zur gerichtlichen und außergerichtlichen Vertretung der Zweigniederlassung berechtigt sind (zur Bestellung eines gesetzlichen Vertreters zum ständigen Vertreter s. Rn 33).[69] Im Hinblick auf den klaren Wortlaut des § 13e Abs. 3 S. 2 gelten die gesellschaftsrechtlichen **Inhabilitätsvorschriften** (s. bereits Rn 38 ff) für den ständigen Vertreter von Gesellschaften aus Drittstaaten nicht.[70] Dies gilt jedenfalls für die Abgabe der Versicherungserklärung nach § 13f Abs. 2 S. 2 und 3 HGB i.V.m. § 37 Abs. 2 AktG, § 13g Abs. 2 S. 2 und 3 HGB i.V.m. § 8 Abs. 3 GmbHG (dazu § 13f Rn 6 f, § 13g Rn 4): Da die Versicherung nach § 399 Abs. 1 Nr. 6 AktG, § 82 Abs. 1 Nr. 5 GmbHG strafbewehrt ist, kommt eine Analogie in Fällen des ständigen Vertreters nicht in Betracht.[71] Zudem ist es nicht erforderlich, dass der ständige Vertreter seinen Wohnsitz, ständigen Aufenthalt oder Mittelpunkt seiner beruflichen Tätigkeit im Staat der Zweigniederlassung hat.[72] 30

Die Bestellung eines ständigen Vertreters wird in § 13e nicht vorgeschrieben;[73] sie kann aber dennoch sinnvoll sein, weil sie **Erleichterungen für den Rechtsverkehr** mit sich bringt.[74] Während sich die organschaftliche Vertretungsmacht der gesetzlichen Vertreter nach dem für Drittkontrahenten häufig unbekannten ausländischen Gesellschaftsstatut richtet, wird die rechtsgeschäftliche Bevollmächtigung nach dem **Wirkungslandprinzip** bestimmt, bei einer inländischen Zweigniederlassung also nach deutschem Recht (vgl. § 13d Rn 32).[75] Darüber hinaus ist für bestimmte Spezialbereiche die Bestellung eines ständigen Vertreters auch zwingend vor- 31

66 Ebenroth/Boujong/Joost/Strohn/*Pentz* Rn 29.

67 *Koch* Anh. zu § 45 AktG § 13e HGB Rn 7; *Mankowski/Knöfel* in: Hirte/Bücker § 13 Rn 19.

68 Von organschaftlichen Befugnissen des ständigen Vertreters geht OLG Bremen NZG 2013, 144 (145) aus; so auch Hopt/*Merkt* Rn 3; zutr. dagegen LG Landshut DGVZ 2022, 88; MünchKommHGB/*Krafka* Rn 16; s. ferner KG RNotZ 2013, 426 (428).

69 BT-Drucks. 12/3908, S. 16; Ebenroth/Boujong/Joost/Strohn/*Pentz* Rn 31; Ensthaler/*Achilles/Haase* Rn 9; *Krafka* Rn 317; *Heidinger* MittBayNot 1998, 72 (73 f); *Klose-Mokroß* DStR 2005, 1013 (1016).

70 So auch *Hoger* NZG 2015, 1219 (1224); **aA** Koller/Kindler/Roth/Drüen/*Roth* Rn 3; MünchKommBGB/*Kindler* IntGesR Rn 925.

71 Für eine Analogie aber MünchKommBGB/*Kindler* IntGesR Rn 925.

72 *Hoger* NZG 2015, 1219 (1224); **aA** MünchKommBGB/*Kindler* IntGesR Rn 925.

73 Ausführlich *Heidinger* MittBayNot 1998, 72 (73); s. ferner OLG München NZG 2008, 342; **aA** wohl MünchKommBGB/*Kindler* IntGesR Rn 925. S. ferner *Hoger* NZG 2015, 1219 (1221), der die Pflicht zur Bestellung eines eigenen – nicht ständigen – Vertretes aus dem Erfordernis der Selbständigkeit der Zweigniederlassung (s. § 13d Rn 18) herleitet, dabei jedoch die Reichweite dieses Erfordernisses überdehnt.

74 So auch *Blasche* GWR 2012, 169 (172). Allerdings kann ein Haftbefehl zur Erzwingung der Abgabe der Vermögenauskunft nicht gegen den ständigen Vertreter einer Zweigniederlassung einer juristischen Person erlassen werden; vielmehr muss sich der Haftbefehl gegen den organschaftlichen Vertreter richten, s. LG Landshut DGVZ 2022, 88.

75 OLG München FGPrax 2006, 174; MünchKommBGB/*Kindler* IntGesR Rn 927; *Süß* DNotZ 2005, 180 (186); *Willer/Krafka* NZG 2006, 495 (496).

gesehen, und zwar in § 53 Abs. 2 Nr. 1 KWG; § 168 Abs. 2 VAG; § 47 S. 1 WPO; §§ 34 Abs. 2, 72 Abs. 1 StBerG.

32 § 13e Abs. 2 S. 5 Nr. 3 soll ausweislich der Gesetzesbegründung in erster Linie **Handlungsbevollmächtigte** der Anmeldepflicht unterwerfen, die sonst nur gesetzliche Vertreter und Prokuristen trifft. Allerdings werden Handlungsbevollmächtigte nur dann als ständige Vertreter im Sinne dieser Vorschrift angesehen, wenn ihnen ausnahmsweise eine ständige Prozessführungsbefugnis (vgl. § 54 Abs. 2) und eine generelle Vertretungsmacht eingeräumt ist.[76] Daneben werden auch Generalbevollmächtigte von der Vorschrift erfasst.[77] Schließlich fallen auch **Prokuristen** unter § 13e Abs. 2 S. 5 Nr. 3, doch sollen insofern die bereits in §§ 53, 50 Abs. 3 S. 1 enthaltenen Anmeldepflichten unberührt bleiben.[78] Der ergänzenden Anmeldepflicht aus § 13e Abs. 2 S. 5 Nr. 3 kommt in diesem Fall also nur dann eigenständige Bedeutung zu, wenn dem Prokuristen in einer von der Prokura abweichenden Weise Vertretungsmacht erteilt wurde, etwa einem Gesamtprokuristen eine umfassende Einzelhandlungsvollmacht.[79] Anderenfalls ist eine Doppeleintragung als Prokurist und ständiger Vertreter nicht vorzunehmen, da sie zur Verwirrung des Rechtsverkehrs beitragen könnte, ohne dass sie zusätzliche Informationsgewinne mit sich bringt.[80]

33 Auch die Eintragung eines **gesetzlichen Vertreters** als ständiger Vertreter ist nach zutreffender Auffassung zumindest dann zulässig, wenn die Gesellschaft über mehrere gesetzliche Vertreter verfügt.[81] In diesem Fall kann die Bestellung eines gesetzlichen Vertreters zum ständigen Vertreter sinnvoll sein, um einem grundsätzlich nur **gemeinschaftlich vertretungsbefugten Organmitglied** die alleinige Zuständigkeit für die Zweigniederlassung zuzuweisen.[82] Die Bestellung dient hier einem nachvollziehbaren Gestaltungsbedürfnis der Rechtspraxis und sollte deshalb nicht registerrechtlich versperrt sein. Die Gefahr, dass eine derartige Zuweisung zur Verwirrung des Rechtsverkehrs führt,[83] ist zwar nicht gänzlich von der Hand zu weisen, wird jedoch auch bei einem Prokuristen hingenommen.[84] Lässt man demnach die Bestellung eines ständigen Vertreters bei mehrköpfigen Organen zu, so unterliegt seine Vertretungsmacht dem deutschen Recht (s. § 13d Rn 32). Daher kann er auch nach **§ 181 BGB** von dem Verbot der Selbstbeschränkung befreit werden,[85] was ansonsten für einen organschaftlichen Vertreter nach der hier vertretenen Auffassung nicht zulässig ist (vgl. noch § 13f Rn 10 ff). Das **alleingeschäftsfüh-**

76 BT-Drucks. 12/3908, S. 16.

77 Statt aller *Heidinger* MittBayNot 1998, 72 (73).

78 BT-Drucks. 12/3908, S. 16.

79 Ensthaler/*Achilles*/*Haase* Rn 9; MünchKommHGB/*Krafka* Rn 16; *Krafka* Rn 317; ohne diese Einschränkung Ebenroth/Boujong/Joost/Strohn/*Pentz* Rn 31; generell gegen eine Eintragung des Prokuristen *Klose-Mokroß* DStR 2005, 1013 (1016).

80 *Heidinger* MittBayNot 1998, 72 (75); *Hoger* NZG 2015, 1219 (1224); *Mödl* RNotZ 2008, 1 (6); **aA** *Wachter* ZNotP 2005, 122 (134 Fn 102).

81 OLG Hamm FGPrax 2006, 276 (278); OLG Karlsruhe NZG 2012, 553 (554); OLG München NZG 2011, 1072 (1073); LG Chemnitz NZG 2005, 760 (761); Koller/Kindler/Roth/Drüen/*Roth* Rn 3; *Krafka* Rn 317; *Blasche* GWR 2012, 169 (172); *Hoger* NZG 2015, 1219 (1223 f); *Klose-Mokroß* DStR 2005, 1013 (1016); *Mödl* RNotZ 2008, 1 (6); *Süß* DNotZ 2005, 180 (186); *Willer*/*Krafka* NZG 2006, 495 (496); **aA** MünchKommBGB/*Kindler* IntGesR Rn 925; *Mankowski*/*Knöfel* in: Hirte/Bücker § 13 Rn 32; *Heidinger* MittBayNot 1998, 72 (75); *Herchen* RIW 2005, 529 (532); *Wachter* ZNotP 2005, 122 (134); *ders.* NZG 2005, 338 (340 f); offengelassen in OLG München FGPrax 2006, 174 (175).

82 OLG Karlsruhe NZG 2012, 553 (554); *Krafka* Rn 317.

83 Vgl. dazu *Heidinger* MittBayNot 1998, 72 (75).

84 Für eine Gleichbehandlung dieser beiden Konstellationen auch *Mödl* RNotZ 2008, 1 (6); s. ferner *Hoger* NZG 2015, 1219 (1223 f); **aA** *Heidinger* MittBayNot 1998, 72 (75); *Wachter* ZNotP 2005, 122 (134).

85 Wie hier *Krafka* Rn 318; *Hoger* NZG 2015, 1219 (1223 f); *Süß* DNotZ 2005, 180 (186); *Willer*/*Krafka* NZG 2006, 495 f; wohl auch *Mödl* RNotZ 2008, 1 (4, 6); **aA** OLG Hamm FGPrax 2006, 276 (278); OLG München FGPrax 2006, 174 (175); Koller/Kindler/Roth/Drüen/*Roth* Rn 3.

rungsbefugte Organmitglied kann hingegen nicht zum ständigen Vertreter bestellt werden,[86] so dass auch § 181 BGB nicht anwendbar ist.

34 Wurde ein ständiger Vertreter bestellt, so sind sein Name, Geburts- und Wohnort zum Handelsregister anzumelden.[87] Daneben muss die Anmeldung auch Angaben zu seinen **konkreten Befugnissen** enthalten. Dazu gehört der Umfang der Vertretungsmacht, aber auch die Angabe, ob er zur alleinigen oder nur zur gemeinsamen Vertretung berechtigt ist.[88] Dem Registergericht muss die Bestellung des ständigen Vertreters nicht nachgewiesen werden; die Eintragung im Handelsregister wirkt insofern deklaratorisch.[89] Ist der ständige Vertreter nicht zugleich organschaftlich vertretungsbefugt (vgl. zu diesen Fällen Rn 33), ist seine Befreiung vom Verbot des Insichgeschäfts nach § 181 BGB unproblematisch zulässig.[90]

35 **h) Heimatrecht (§ 13e Abs. 2 S. 5 Nr. 4).** Schließlich ist nach § 13e Abs. 2 S. 5 Nr. 4 das Heimatrecht der Gesellschaft anzugeben, sofern sie nicht dem Recht eines EU-Mitgliedstaates oder eines anderen Vertragsstaates des EWR-Abkommens unterliegt (vgl. § 13 Rn 37). Wie das Heimatrecht zu ermitteln ist, hängt davon ab, ob gegenüber dem betreffenden Staat das Sitz- oder Gründungsrecht maßgeblich ist (s. § 13 Rn 32 ff).[91] Die Eintragung dieser Angaben richtet sich nach §§ 13f Abs. 3, 13g Abs. 3.

III. Änderungen (§ 13e Abs. 3 S. 1)

36 Nach § 13e Abs. 3 S. 1 haben **ständige Vertreter** i.S.d. § 13e Abs. 2 S. 5 Nr. 3 jede Änderung, die ihre Stellung oder ihre Vertretungsbefugnis betrifft, zur Eintragung in das Handelsregister anzumelden. Einer solchen Sonderregelung bedurfte es, weil die ansonsten einschlägigen § 81 Abs. 1 AktG, § 39 Abs. 1 GmbHG nur die gesetzlich vorgeschriebenen Organe der Gesellschaft erfassen, nicht aber auch andere ständige Vertreter der Zweigniederlassung.[92] Auch hier sollte jedoch nach dem Willen des Gesetzgebers Transparenz geschaffen werden, und zwar namentlich für den sonst nicht einzutragenden **Handlungsbevollmächtigen.**[93] Das Gesetz ordnet deshalb seine Erstanmeldung an, die notwendigerweise auch um eine Anmeldepflicht bei etwaigen Änderungen ergänzt werden muss.[94]

37 Zu beachten ist, dass die Pflicht zur Eintragung hier – abweichend von allgemeinen Grundsätzen – nicht die Organe der Gesellschaft trifft, sondern die ständigen Vertreter selbst. Damit wird die allgemeine Anmeldepflicht beim Erlöschen einer Prokura (§ 53 Abs. 3) dahingehend ergänzt, dass auch der Prokurist selbst nach § 13e Abs. 3 S. 1 zur Anmeldung verpflichtet wird.[95] Die Anmeldung ist von den in der Gesellschaft **verbleibenden ständigen Vertretern** vorzunehmen. Wenn daher der einzige ständige Vertreter ausscheidet, trifft die Anmeldepflicht den Vor-

---

86 OLG Karlsruhe NZG 2012, 553 (554); Hopt/*Merkt* Rn 3; Oetker/*Preuß* Rn 42; *Klose-Mokroß* DStR 2005, 1013 (1016); *Mödl* RNotZ 2008, 1 (6); *Süß* DNotZ 2005, 180 (186); **aA** LG Chemnitz NZG 2005, 760 (761); zu den Stimmen, die eine Bestellung von Geschäftsleitern generell ausschließen, vgl. bereits die Nachw. in Fn 81.

87 *Klose-Mokroß* DStR 2005, 1013 (1016).

88 BT-Drucks. 12/3908, S. 16.

89 MünchKommHGB/*Krafka* Rn 16; *Heidinger* MittBayNot 1998, 72 (75 f); *Klose-Mokroß* DStR 2005, 1013 (1016).

90 Hopt/*Merkt* Rn 2; Koller/Kindler/Roth/Drüen/*Roth* Rn 3; *Krafka* Rn 318; *Mankowski*/*Knöfel* in: Hirte/Bücker § 13 Rn 20j; *Klose-Mokroß* DStR 2005, 1013 (1016); *Wachter* NZG 2005, 338 (340).

91 Ebenroth/Boujong/Joost/Strohn/*Pentz* Rn 32 f.

92 BT-Drucks. 12/3908, S. 16.

93 BT-Drucks. 12/3908, S. 16.

94 *Koch* Anh. zu § 45 AktG § 13e HGB Rn 8.

95 Ebenroth/Boujong/Joost/Strohn/*Pentz* Rn 35; Heymann/*Förster* HGB Rn 28; Röhricht/v. Westphalen/Haas/*Ries* Rn 12; **aA** *Heidinger* MittBayNot 1998, 72 (74).

stand oder die Geschäftsführer;[96] wenn ein neuer ständiger Vertreter hinzutritt, ist er selbst unmittelbar zur Eintragung verpflichtet.[97]

IV. Bestellhindernisse (§ 13e Abs. 3 S. 2)

38 Nach dem im Zuge des DiRUG (Rn 3) neu gefassten § 13e Abs. 3 S. 2 gelten für die gesetzlichen Vertreter der Gesellschaft in Bezug auf die Zweigniederlassung § 76 Abs. 3 S. 2 bis 4 AktG sowie § 6 Abs. 2 S. 2 bis 4 GmbHG entsprechend, wenn die Gesellschaft nicht dem Recht eines EU- oder ERW-Staates unterliegt. Damit stehen die **Bestellhindernisse** im Fall der Betreuung, eines Berufs- oder Gewerbeverbots oder wegen bestimmter Straftatbestände (Insolvenzverschleppung, Insolvenzstraftaten etc.) in der Person des Geschäftsleiters der Kapitalgesellschaft aus einem Drittstaat auch der Eintragung einer inländischen Zweigniederlassung entgegen (zu den Disqualifikationstatbeständen s. § 9c Rn 1). Speziell im Bereich der Zweigniederlassungen von Kapitalgesellschaften aus Drittstaaten kommt den Gleichstellungsklauseln in § 76 Abs. 3 S. 4 AktG, § 6 Abs. 3 S. 4 GmbHG Bedeutung zu, wonach ein Bestellhindernis auch durch eine **Verurteilung im Ausland** ausgelöst werden kann, wenn die Tat einer der in § 76 Abs. 3 S. 2 Nr. 3 AktG, § 6 Abs. 3 Nr. 3 GmbHG genannten vergleichbar ist. Überdies werden die gesetzlichen Vertreter gem. § 13f Abs. 2 S. 2 HGB i.V.m. § 37 Abs. 2 AktG, § 13g Abs. 2 S. 2 HGB i.V.m. § 8 Abs. 3 GmbHG dazu verpflichtet, eine **Versicherung** abzugeben, dass in ihrer Person kein Bestellhindernis vorliegt (zu dieser Pflicht s. § 13f Rn 6 f; s. auch § 9c Rn 2).[98] Ist eine Gesellschaft zum gesetzlichen Vertreter der Kapitalgesellschaft bestellt, was in ausländischen Jurisdiktionen in Betracht kommt,[99] müssen sämtliche Geschäftsleiter des gesetzlichen Vertreters die Versicherung abgeben.[100] Die Vorschriften der §§ 13e Abs. 3 S. 2, 13f Abs. 2 S. 2, 13g Abs. 2 S. 2 sind mit Art. 37 der Gesellschaftsrechtsrichtlinie (Rn 3) zu vereinbaren, der es im Sinne einer Mindestharmonisierung den Mitgliedstaaten erlaubt, über den dort vorgeschriebenen Katalog hinaus weitere Offenlegungspflichten vorzusehen.[101] Zur Zulässigkeit einer unmittelbar gegen die ausländische Gesellschaft gerichteten Gewerbeuntersagungsverfügung s. § 13d Rn 59 ff.

39 Vor dem **DiRUG** (Rn 3) erstreckten sich §§ 13e Abs. 3 S. 2, 13f Abs. 2 S. 2, 13g Abs. 2 S. 2 a.F. auch auf gesetzliche Vertreter der Gesellschaften aus EU- und EWR-Staaten, die eine Zweigniederlassung in Deutschland gegründet haben.[102] Die Unionsrechtskonformität dieser Regelungen war umstritten.[103] Der BGH hat ihre Vereinbarkeit mit Art. 30 der Gesellschaftsrechtsrichtlinie (Rn 3) und der Niederlassungsfreiheit (Art. 49, 54 AEUV) in der Rechtssache **„All in One Star Limited“**, die eine Gesellschaft englischen Rechts betraf, dem EuGH nach Art. 267 AEUV zur Vorabentscheidung vorgelegt. Dabei bezog sich die Vorlagefrage nicht auf die Disqualifikationstatbestände, sondern auf die Versicherungspflicht der ausländischen Geschäftsleiter (s. dazu

---

96 BT-Drucks. 12/3908, S. 16; Ebenroth/Boujong/Joost/Strohn/*Pentz* Rn 35; Ensthaler/*Achilles/Haase* Rn 10; Heymann/*Förster* HGB Rn 28; *Koch* Anh. zu § 45 AktG § 13e HGB Rn 8.

97 Ebenroth/Boujong/Joost/Strohn/*Pentz* Rn 35.

98 Zu den Vorbehalten auf Seiten der betroffenen Geschäftsleiter s. *Bönner* RNotZ 2015, 253 (258).

99 Vgl. *Fleischer* RIW 2004, 16 (17 f).

100 Zutr. *Hoger* NZG 2015, 1219 (1220 f); **aA** *Wachter* GmbHR-Sonderheft 10/2008, 80 (84): nur Geschäftsleiter, die tatsächlich mittelbar die Geschäfte der Zweigniederlassung führen.

101 BGH NJW 2021, 1564 Rn 45; *Otte-Gräbener* NZG 2019, 934 (936).

102 S. hierzu, insbes. zum Ziel des § 13e Abs. 3 S. 2 a.F., Voraufl. Rn 39 f (*Koch*). Vgl. ferner BGHZ 172, 200 Rn 7 ff = NJW 2007, 2328.

103 Für einen Verstoß gegen unionsrechtliche Vorgaben *Meilicke* GmbHR 2019, 821 f; *Otte-Gräbener* NZG 2019, 934 (935); starke Bedenken auch bei *Bauer/Großerichter* NZG 2008, 253 (256); *Wachter* GmbHR 2008, 793 (798 f); dagegen *Bayer/J. Schmidt* BB 2019, 2178 (2191 f); *J. Schmidt* ZIP 2021, 112 (122); *Stelmaszczyk* EuZW 2019, 819 (822 ff); *Stöhr* EuZW 2020, 654 (657 f). Vgl. auch RegE MoMiG, BT-Drucks. 16/6140, S. 50, der sich ausführlich mit der Vereinbarkeit mit der Zweigniederlassungsrichtlinie a.F. (Rn 3) auseinandersetzt. S. ferner Voraufl. § 13f Rn 7 (*Koch*).

§ 9c Rn 2, § 13f Rn 6 f).[104] Bevor der EuGH ein Urteil fallen konnte,[105] war die Vorabentscheidung in der konkreten Rechtssache wegen des Brexits nicht mehr erforderlich.[106] Da sich § 13e Abs. 3 S. 2 n.F. nur auf gesetzliche Vertreter der Gesellschaften aus Drittstaaten bezieht (Rn 38), stellt sich das Problem künftig generell nicht.[107]

Der Gesetzgeber hat den Anwendungsbereich des § 13e Abs. 3 S. 2 eingeschränkt, weil aufgrund des **grenzüberschreitenden Informationsaustausches** über die Disqualifikation einer Person als Geschäftsleiter (s. § 9c und die Kommentierung dort) bereits die Bestellung zum Geschäftsleiter der Kapitalgesellschaft im Ausland durch den jeweiligen Mitgliedstaat verhindert werden könne. Damit sei es im Anwendungsbereich der Gesellschaftsrechtsrichtlinie (Rn 3) nicht mehr erforderlich, § 13e Abs. 3 S. 2 auf gesetzliche Vertreter der Gesellschaften aus EU- und EWR-Staaten zu erstrecken.[108] Dies überzeugt **rechtspolitisch** nicht: Die Bestellhindernisse und das Verfahren zur Feststellung etwaiger Disqualifikation sind bislang nicht harmonisiert. Art. 13i Abs. 1 S. 1 der Gesellschaftsrechtsrichtlinie ordnet nur an, dass Mitgliedstaaten Disqualifikationstatbestände einführen müssen; die konkrete Ausgestaltung liegt im **Umsetzungsermessen** der Mitgliedstaaten. Art. 13i Abs. 1 S. 2 der Richtlinie schreibt nur vor, dass die Disqualifikationstatbestände die Möglichkeit vorsehen müssen, eine in einem anderen Mitgliedstaat geltende Disqualifikation zu berücksichtigen bzw. Informationen zu berücksichtigen, die für eine Disqualifikation in einem anderen Mitgliedstaat relevant sind. Gleichwohl ist es nach Art. 13i Abs. 2 Unterabs. 2 der Richtlinie nicht zwingend, dass die Mitgliedstaaten die Ernennung einer Person als Geschäftsleiter einer Gesellschaft ablehnen, wenn diese in einem anderen Mitgliedstaat für diese Tätigkeit disqualifiziert ist.[109] Vor diesem Hintergrund ist es denkbar, dass eine Person in Deutschland einem Bestellhindernis unterliegt, das aber in einem anderen Mitgliedstaat nicht berücksichtigt wurde. In einem solchen Fall könnte diese Person den Gründungsstaat gezielt so auswählen, dass sie dort zum Geschäftsleiter einer ausländischen Kapitalgesellschaft bestellt werden und sodann eine deutsche Zweigniederlassung errichten kann.[110] Diese **Umgehungsmöglichkeit** ist misslich,[111] der Motivirrtum des Gesetzgebers erscheint aber nicht gewichtig genug, um den im Wortlaut der §§ 13e Abs. 3 S. 2, 13f Abs. 2 S. 2, 13g Abs. 2 S. 2 n.F. und in den Gesetzesmaterialien zum Ausdruck gekommenen Willen im Wege der Rechtsfortbildung zu korrigieren. 40

V. Zugang und Zustellung (§ 13e Abs. 3a)

Der durch das MoMiG (Rn 3) neu eingefügte § 13e Abs. 3a besagt, dass unter der im Handelsregister eingetragenen inländischen Geschäftsanschrift der Zweigniederlassung an deren **ständigen Vertreter** i.S.d. § 13e Abs. 2 S. 5 Nr. 3 Willenserklärungen abgegeben und Schriftstücke zugestellt 41

104 BGH NZG 2019, 775 Rn 35 ff. Zwar betraf das Verfahren eine Limited und damit nur §§ 13e Abs. 3 S. 2 a.F., 13g Abs. 2 S. 2 a.F., das Problem stellte sich aber gleichermaßen im Rahmen des § 13f Abs. 2 S. 2 a.F.

105 S. aber die Schlussanträge des *GA Szpunar* BeckRS 2020, 37167 Rn 48 ff, der von der Unionsrechtskonformität der Regelungen ausgeht; vgl. dazu auch BGH NZG 2021, 1564 Rn 44; Lutter/Hommelhoff/*Bayer* Anh. § 4a Rn 28.

106 Vgl. BGH NZG 2021, 702 Rn 5 ff; zur Streichung der Rechtssache im Register des EuGH s. EuGH BeckRS 2021, 5796; zur Zulässigkeit der Aufhebung des Vorlagebeschlusses *Knaier* GmbHR 2021, 488 (489).

107 RegE DiRUG, BT-Drucks. 19/28177, S. 98. Selbst wenn der Gesetzgeber den Anwendungsbereich der §§ 13e Abs. 3 S. 2, 13f Abs. 2 S. 2, 13g Abs. 2 S. 2 nicht eingeschränkt hätte und man sich auf den Standpunkt stellen würde, dass die Versicherungspflicht in den Anwendungsbereich der Gesellschaftsrechtsrichtlinie (Rn 3) fällt, dürfte die Versicherungspflicht im Lichte des Art. 13i Abs. 2 Unterabs. 1 der Gesellschaftsrechtsrichtlinie unionsrechtskonform sein; vgl. dazu ausf. *Stelmaszczyk* EuZW 2019, 819 (823 f); so auch Lutter/Hommelhoff/*Bayer* Anh. § 4a Rn 28.

108 RegE DiRUG, BT-Drucks. 19/28177, S. 98.

109 Vgl. *J. Schmidt* ZIP 2021, 112 (120).

110 Darauf im Gesetzgebungsverfahren hinweisend *J. Schmidt* ZIP 2021, 112 (122).

111 Rechtstatsächliches Fallmaterial zur Ausnutzung der Umgehungsoptionen bei *Bormann/Stelmaszczyk* ZIP 2018, 764 (771 f); *Stöhr* EuZW 2020, 654; *Teichmann* GmbHR 2018, 1 (10); *dems.* ZIP 2018, 2451 (2454).

werden können. Daneben ist auch die Abgabe oder die Zustellung unter der eingetragenen Anschrift der **empfangsberechtigten Person** i.S.d. § 13e Abs. 2 S. 4 möglich, wenn die Gesellschaft eine solche benannt hat.[112] Mit Zustellung oder Zugang an die angegebenen Adressen entfaltet die Erklärung gegenüber der Gesellschaft Wirksamkeit, und zwar bei der Zustellung an einen Empfangsbevollmächtigten aufgrund der Fiktion der fortbestehenden Empfangsberechtigung auch dann, wenn die entsprechende Vollmacht im Innenverhältnis bereits erloschen ist (s. Rn 28).

42 Von dieser Fiktion zu unterscheiden ist die **Vermutungswirkung** des § 13e Abs. 3a, die unmittelbar den Zugang und die Zustellung selbst betrifft. Ausweislich der Gesetzesbegründung soll die Regelung die „unwiderlegliche Vermutung" begründen, dass unter der eingetragenen Adresse ein Vertreter der Gesellschaft erreicht werden kann.[113] Die Existenz der § 15a HGB, § 185 Nr. 2 ZPO zeigt aber, dass nicht schon der bloße Zustellungsversuch den Zugang/die Zustellung bewirkt.[114] Vielmehr muss die Erklärung zumindest in den **Machtbereich** der Gesellschaft gelangen; die Vermutungswirkung beschränkt sich auf die Möglichkeit der Kenntnisnahme.[115] Scheitert die Zustellung schon an der ersten Voraussetzung, bleibt der Weg der öffentlichen Zustellung nach § 15a HGB, § 185 Nr. 2 ZPO (zum Unterschied zwischen diesen Vorschriften vgl. § 15a Rn 1). Ob § 13e Abs. 3a tatsächlich nennenswerte **Erleichterungen** bringt, ist **zweifelhaft**, da die darin angeordnete Vermutungswirkung an die Personengruppen der Empfangsberechtigten und der ständigen Vertreter anknüpft, deren Bestellung für die Gesellschaft grundsätzlich fakultativ ist (zu Ausnahmen s. Rn 31).[116]

VI. Anmeldung eines Insolvenzverfahrens (§ 13e Abs. 4)

43 Nach § 13e Abs. 4 müssen die **ständigen Vertreter** i.S.d. § 13e Abs. 2 S. 5 Nr. 3 die Eröffnung oder die Ablehnung der Eröffnung eines ausländischen Insolvenzverfahrens oder ähnlichen Verfahrens über das Vermögen der Kapitalgesellschaft zur Eintragung in das Handelsregister anmelden. Die Einbeziehung des „ähnlichen Verfahrens" soll unterschiedlichen Verfahrensausgestaltungen in fremden Rechtsordnungen Rechnung tragen, die nur unter der Voraussetzung der Vergleichbarkeit unter § 13e Abs. 4 zu subsumieren sind.[117] Hat die Gesellschaft keine ständigen Vertreter, so trifft die Anmeldepflicht **hilfsweise die gesetzlichen Vertreter** der Gesellschaft, wobei es abweichend vom Gesetzeswortlaut vernünftigerweise nicht auf die Anmeldung der ständigen Vertreter ankommen kann, sondern allein auf ihre wirksame Bestellung; die Eintragung erleichtert nur den Nachweis dieser Bestellung.[118]

44 Der Regelung des § 13e Abs. 4 bedurfte es, weil sich die insolvenzrechtlichen Pflichten hinsichtlich der ausländischen Kapitalgesellschaft nach dem für sie geltenden Recht bestimmen. Deshalb wäre nicht gewährleistet, dass das zuständige deutsche Registergericht **von einem Insolvenzverfahren Kenntnis** erlangt.[119] Ist ein ständiger Vertreter eingetragen, wird die Anmeldung aber dennoch von den gesetzlichen Vertretern vorgenommen, so ist § 13e Abs. 4 trotz des subsidiären Charakters der sie treffenden Anmeldepflicht Genüge getan. Der Zweck der Anmel-

---

112 Die ursprünglich noch vorgesehene Beschränkung dieser zweiten Variante auf die Zustellung wurde auf Anregung des Rechtsausschusses aufgegeben; vgl. dazu Beschlussempfehlung des Rechtsausschusses, BT-Drucks. 16/9737, S. 96 (elektronische Vorabfassung).

113 RegE MoMiG, BT-Drucks. 16/6041, S. 43 (zur Parallelvorschrift des § 35 Abs. 2 GmbHG n.F.).

114 Vgl. dazu auch *Steffek* BB 2007, 2077 (2078 ff); ferner *Seibert* ZIP 2006, 1157 (1165).

115 *Steffek* BB 2007, 2077 (2078 ff); dort auch zu den erforderlichen Differenzierungen für den Bereich der Zustellung.

116 *Mödl* RNotZ 2008, 1 (10).

117 Ensthaler/*Achilles*/*Haase* Rn 11; Röhricht/v. Westphalen/Haas/*Ries* Rn 13.

118 Röhricht/v. Westphalen/Haas/*Ries* Rn 13; *Mankowski*/*Knöfel* in: Hirte/Bücker § 13 Rn 38 mit Fn 222; **aA** Ebenroth/Boujong/Joost/Strohn/*Pentz* Rn 37.

119 BT-Drucks. 12/3908, S. 16.

depflicht ist damit erfüllt, so dass es sinnlos wäre, die ständigen Vertreter weiterhin daran zu binden.[120]

VII. Mehrere Zweigniederlassungen (§ 13e Abs. 5)

Verfügt die Gesellschaft über mehrere Zweigniederlassungen im Inland, so muss jede von ihnen gesondert am Ort der Zweigniederlassung angemeldet werden. Für die (nach §§ 13f, 13g erforderliche) Einreichung der Satzung oder des Gesellschaftsvertrages sowie deren Änderungen sieht das Gesetz in § 13e Abs. 5 jedoch eine gewisse **Verfahrenserleichterung** in Form einer **Konzentrationswirkung** auf ein Register vor. Nach Wahl der Gesellschaft genügt es, wenn die Einreichung nur beim Handelsregister einer dieser Zweigniederlassungen erfolgt. Eine Parallelregelung enthält für den Bereich der Rechnungslegung § 325a Abs. 1 S. 2. Ob die Gesellschaft von dieser Erleichterung Gebrauch macht, steht in ihrem **Belieben**; die Ausübung des Wahlrechts kann nicht erzwungen werden.[121] 45

Die Ausübung des Wahlrechts wird gem. § 13e Abs. 5 S. 2 dadurch nach außen kommuniziert, dass zur Eintragung in den Handelsregistern der übrigen Zweigniederlassungen angemeldet wird, welches **„Hauptregister"** und welche Registernummer dort für die Gesellschaft gelten sollen;[122] Parallelregelung enthält für den Bereich der Rechnungslegung § 325a Abs. 1 S. 3. Gegenüber dem Hauptregister selbst ist keine gesonderte Mitteilung erforderlich, weil sich für dieses keine Besonderheiten ergeben.[123] Die Wahl des Hauptregisters kann bei jeder Ersteintragung einer neuen Zweigniederlassung ausgeübt werden. Ist die Zweigniederlassung, bei der nunmehr auf das Hauptregister verwiesen werden soll, indes bereits eingetragen, ohne dass von den Verfahrenserleichterungen des § 13e Abs. 5 Gebrauch gemacht wird, ist zweifelhaft, ob die Gesellschaft noch **nachträglich** diese Option ausüben darf. Im Hinblick auf die Übergangsvorschrift des Art. 34 Abs. 2 EGHGB, der auch bei schon bestehenden mehreren Zweigniederlassungen die Bestimmung eines Hauptregisters zulässt, dürfte diese Frage zu bejahen sein.[124] 46

VIII. Daten aus dem Europäischen System der Registervernetzung (§ 13e Abs. 6 und 7)

Um den grenzüberschreitenden Austausch der Informationen über ausländische Zweigniederlassungen sicherzustellen, hat der Gesetzgeber im Rahmen der Umsetzung **Verknüpfungsrichtlinie a.F.** (Rn 3), deren Vorgaben mittlerweile in Art. 18 ff der Gesellschaftsrechtsrichtlinie (Rn 3) integriert wurden, § 13e Abs. 6 neu eingeführt. Die Vorschrift schafft die institutionellen Rahmenbedingungen, die erforderlich sind, um das deutsche Handelsregisterwesen mit dem Europäischen System der Registervernetzung (s. § 9b Rn 2) zu verknüpfen. In Ergänzung des § 9b verpflichtet § 13e Abs. 6 die **Landesjustizverwaltungen** sicherzustellen, dass die Daten einer Kapitalgesellschaft mit Sitz im Ausland, die im Rahmen des Europäischen Systems der Registervernetzung empfangen werden, an das Registergericht weitergeleitet werden, das für eine inländische Zweigniederlassung dieser Gesellschaft zuständig ist. Hierzu zählen im Lichte der **Art. 20, 34 der Gesellschaftsrechtsrichtlinie** Informationen über die Eröffnung und Beendigung von Verfahren zur Abwicklung oder Insolvenz der Gesellschaft sowie über die Löschung der Gesellschaft aus dem Register im Mitgliedstaat der Hauptniederlassung.[125] Im Hinblick auf 47

120 Ebenroth/Boujong/Joost/Strohn/*Pentz* Rn 37; *Koch* Anh. zu § 45 AktG § 13e HGB Rn 9.
121 Ebenroth/Boujong/Joost/Strohn/*Pentz* Rn 45; MünchKommHGB/*Krafka* Rn 25.
122 BT-Drucks. 12/3908, S. 16.
123 Ebenroth/Boujong/Joost/Strohn/*Pentz* Rn 46; *Krafka* Rn 336.
124 Ebenroth/Boujong/Joost/Strohn/*Pentz* Rn 47.
125 Auf die Vorgängervorschriften bezieht sich RegE VerknüpfungsRL-UmsG, BT-Drucks. 18/2137, S. 14.

Art. 30a Unterabs. 1 der Richtlinie kann es sich überdies um den Namen, den Sitz, die Eintragungsnummer, die Rechtsform, die Organe und die Rechnungslegungsunterlagen der Gesellschaft handeln. Auf Grundlage dieser Informationen kann das Registergericht prüfen, ob es ein Verfahren von Amts wegen nach § 395 FamFG einleitet oder zu Zwangsmitteln nach § 14 greift.[126] Eine Parallelvorschrift für europäische Zweigniederlassungen deutscher Kapitalgesellschaften ist in § 13a Abs. 2 enthalten (s. § 13a Rn 6).

48 Die **Registergerichte** werden durch § 13e Abs. 7 adressiert, der im Zuge des **DiRUG** (Rn 3) neu eingeführt wurde. Die Vorschrift setzt Art. 30a Unterabs. 2 der Gesellschaftsrechtsrichtlinie (Rn 3) um und wird in § 13a Abs. 3 für europäische Zweigniederlassungen deutscher Kapitalgesellschaften gespiegelt (§ 13a Rn 7 ff). Nach § 13e Abs. 7 S. 1 **bestätigt** das Registergericht den Eingang der Daten über das Europäische System der Registervernetzung (s. § 9b Rn 2). Anders als in § 13a Abs. 3 vorgesehen, trägt das Registergericht die Daten allerdings nicht unverzüglich von Amts wegen in das Registerblatt der Gesellschaft ein, sondern nach § 13e Abs. 7 S. 2 hängt das weitere Vorgehen davon ab, ob dem Registergericht zum Zeitpunkt des Dateneingangs eine Anmeldung in Bezug auf die mitgeteilten Tatsachen vorliegt. Liegt eine solche Anmeldung nicht vor, muss das Gericht gem. § 13e Abs. 7 S. 2 die Gesellschaft zur unverzüglichen Anmeldung der geänderten Tatsachen **auffordern**. Dabei ist die Unverzüglichkeit nicht i.S.d. § 121 Abs. 1 BGB, sondern unionsrechtlich autonom als objektiv zu verstehen (s. bereits § 13a Rn 9). Kommt die Gesellschaft dieser Aufforderung nach, trägt das Registergericht die Daten in das Registerblatt ein. Meldet die Gesellschaft die Eintragung nicht an, kann das Gericht die Zwangsmittel des § 14 einsetzen. Liegt die Anmeldung bereits im Zeitpunkt der Übermittlung vor, ist eine Aufforderung entbehrlich und das Registergericht kann die Eintragung unmittelbar vornehmen. Zur registergerichtlichen Prüfung s. noch Rn 50.

49 Dieses **umständliche Verfahren** rechtfertigt der Gesetzgeber mit einem Verweis auf den unterschiedlichen Wortlaut der unionsrechtlichen Vorgaben: Während Art. 28a Abs. 7 S. 2 und Art. 28 S. 2 der Gesellschaftsrechtsrichtlinie (Rn 3) – deren Umsetzung § 13a dient (s. § 13a Rn 3) – davon sprechen, dass das Register die übermittelten Informationen unverzüglich in seinem Register verzeichnet,[127] schreibt Art. 30a Unterabs. 2 der Richtlinie vor, dass das Register dafür sorgt, dass die Informationen unverzüglich aktualisiert werden.[128] Ob diese sprachlichen Differerenzen eine unterschiedliche Ausgestaltung des registergerichtliches Verfahrens in § 13a Abs. 3 einerseits und in § 13e Abs. 7 andererseits tragen, ist sehr zweifelhaft:[129] Im Hinblick auf die **Publizitätsfunktion des Handelsregisters** (hierzu § 8 Rn 1 f) sollte das Verfahren so ausgestaltet werden, dass das Register möglichst schnell Auskunft über die geltende Lage gibt. Dies dürfte auch das Ziel des Richtliniengebers gewesen sein, der eine unverzügliche Aktualisierung des Registers anstrebt.[130] Deshalb wäre es mit Art. 30a Unterabs. 2 der Richtlinie zu vereinbaren, wenn § 13e Abs. 7 S. 2 wie § 13a Abs. 3 eine gerichtliche Eintragung von Amts wegen vorsehen würde. Gleichwohl stehen der Wortlaut und der Regelungswille, der sehr deutlich in den Gesetzesmaterialien zum Ausdruck gekommen ist, einer rechtsfortbildenden Korrektur des § 13e Abs. 7 S. 2 entgegen.

50 Die in § 13e Abs. 7 S. 2 erwähnte **Anmeldung** muss der Form des § 12 entsprechen (s. bereits § 13d Rn 53). Ob und inwieweit das Registergericht die Anmeldung zu prüfen hat, wird – anders als bei § 13a Abs. 3 (s. § 13a Rn 10) – weder im Gesetz noch in den Materialien erläutert. Der Umstand, dass § 13e Abs. 7 S. 2 und § 13a Abs. 3 spiegelbildliche Normen sind (s. Rn 47), spricht dafür, dieselben Anforderungen an die **registergerichtliche Prüfung** zu stellen. Dies führte dazu, dass das Gericht lediglich auf formeller Ebene zu kontrollieren hätte, ob die übermittelten

---

126 RegE VerknüpfungsRL-UmsG, BT-Drucks. 18/2137, S. 14.

127 Zwar adressiert Art. 28a Abs. 7 S. 2 der Richtlinie den Mitgliedstaat und Art. 28c S. 2 der Richtlinie unmittelbar „das Register“, in der Sache sind die Vorgaben aber gleich.

128 Vgl. RegE DiRUG, BT-Drucks. 19/28177, S. 98.

129 Krit. auch *J. Schmidt* ZIP 2021, 112 (122).

130 In diese Richtung wohl auch *J. Schmidt* ZIP 2021, 112 (122), die den Effektivitätsgrundsatz heranzieht.

Daten unvollständig, offensichtlich unrichtig oder widersprüchlich sind. Eine solche Prüfungsintensität würde allerdings den (strengeren) Grundsätzen widersprechen, die in § 13d Rn 65 ff für die registerrichtliche Kontrolle bei Anmeldungen von inländischen Zweigniederlassungen ausländischer Gesellschaften entwickelt wurden. Da die Eintragungspflicht aus § 13e Abs. 7 S. 2 in den **systematischen Kontext** der §§ 13d ff eingebettet ist, liegt es nahe, die in § 13d Rn 65 ff entwickelten Grundsätze auf § 13e Abs. 7 S. 2 zu übertragen. Dafür spricht überdies, dass der Gesetzgeber die **Publizitätswirkung des § 15** nur für Fälle des § 13a, nicht aber für § 13e Abs. 7 ausgeschlossen hat (s. § 15 Abs. 5; dazu § 13a Rn 10 und § 15 Rn 123). Den Ausschluss hat der Gesetzgeber mit der eingeschränkten registerrechtlichen Kontrolle begründet.[131] Wenn § 15 für die nach § 13e Abs. 7 S. 2 eingetragenen Informationen – insbesondere über die Vertretungsorgane der Gesellschaft – gilt, ist dieselbe Intensität der gerichtlichen Kontrolle geboten wie in den sonstigen Fällen der §§ 13d ff. Anderenfalls fehlte die teleologische Grundlage für die Anwendung des § 15.

IX. Erzwingung der Anmeldungen

Werden die Anmeldepflichten nach § 13e nicht erfüllt, kann ihre Einhaltung über § 14 erzwungen werden. Sanktionsadressat sind die anmeldepflichtigen Organmitglieder, und zwar nach richtiger Auffassung auch dann, wenn sie sich im Ausland aufhalten (s. § 13d Rn 59 ff). Gegen Geschäftsleiter und Bevollmächtigte können die Anmeldepflichten nur dann durchgesetzt werden, wenn sie ausnahmsweise als ständige Vertreter i.S.d. § 13e Abs. 2 S. 5 Nr. 3 selbst zur Anmeldung bestimmter Umstände verpflichtet sind.[132] 51

131 RegE DiRUG, BT-Drucks. 19/28177, S. 100.
132 Röhricht/v. Westphalen/Haas/*Ries* Rn 14.

§ 13f Zweigniederlassungen von Aktiengesellschaften mit Sitz im Ausland

(1) Für Zweigniederlassungen von Aktiengesellschaften mit Sitz im Ausland gelten ergänzend die folgenden Vorschriften.

(2) [1]Der Anmeldung ist die Satzung in öffentlich beglaubigter Abschrift und, sofern die Satzung nicht in deutscher Sprache erstellt ist, eine beglaubigte Übersetzung in deutscher Sprache beizufügen. [2]Die Vorschriften des § 37 Abs. 2 und 3 des Aktiengesetzes finden Anwendung. [3]§ 37 Absatz 2 des Aktiengesetzes ist nicht anzuwenden auf Aktiengesellschaften, die dem Recht eines Mitgliedstaates der Europäischen Union oder eines anderen Vertragsstaates des Abkommens über den Europäischen Wirtschaftsraum unterliegen. [4]Soweit nicht das ausländische Recht eine Abweichung nötig macht, sind in die Anmeldung die in § 23 Abs. 3 und 4 des Aktiengesetzes vorgesehenen Bestimmungen und Bestimmungen der Satzung über die Zusammensetzung des Vorstandes aufzunehmen; erfolgt die Anmeldung in den ersten zwei Jahren nach der Eintragung der Gesellschaft in das Handelsregister ihres Sitzes, sind auch die Angaben über Festsetzungen nach den §§ 26 und 27 des Aktiengesetzes und der Ausgabebetrag der Aktien sowie Name und Wohnort der Gründer aufzunehmen. [5]Der Anmeldung ist die für den Sitz der Gesellschaft ergangene gerichtliche Bekanntmachung beizufügen.

(3) Die Eintragung der Errichtung der Zweigniederlassung hat auch die Angaben nach § 39 des Aktiengesetzes sowie die in § 13e Abs. 2 Satz 3 bis 5 vorgeschriebenen Angaben zu enthalten.

(4) [1]Änderungen der Satzung der ausländischen Gesellschaft sind durch den Vorstand zur Eintragung in das Handelsregister anzumelden. [2]Für die Anmeldung gelten die Vorschriften des § 181 Abs. 1 und 2 des Aktiengesetzes sinngemäß, soweit nicht das ausländische Recht Abweichungen nötig macht.

(5) [1]Im übrigen gelten die Vorschriften der § 81, § 263 Satz 1, § 266 Abs. 1 und 2, § 273 Abs. 1 Satz 1 des Aktiengesetzes sinngemäß, soweit nicht das ausländische Recht Abweichungen nötig macht. [2]§ 81 Absatz 3 des Aktiengesetzes ist nicht anzuwenden auf Aktiengesellschaften, die dem Recht eines Mitgliedstaates der Europäischen Union oder eines anderen Vertragsstaates des Abkommens über den Europäischen Wirtschaftsraum unterliegen.

(6) Für die Aufhebung einer Zweigniederlassung gelten die Vorschriften über ihre Errichtung sinngemäß.

(7) Die Vorschriften über Zweigniederlassungen von Aktiengesellschaften mit Sitz im Ausland gelten sinngemäß für Zweigniederlassungen von Kommanditgesellschaften auf Aktien mit Sitz im Ausland, soweit sich aus den Vorschriften der §§ 278 bis 290 des Aktiengesetzes oder aus dem Fehlen eines Vorstands nichts anderes ergibt.

Schrifttum

Vgl. die Angaben zu § 13d.

Übersicht

https://doi.org/10.1515/9783110564440-025

I. Allgemeines

1. Normzweck und Regelungsgehalt

Die allgemeinen Bestimmungen in § 13d sowie die in § 13e enthaltenen Sonderregeln für die Zweigniederlassungen von Kapitalgesellschaften werden in §§ 13f, 13g noch weiter ausdifferenziert (zur Kritik an dieser Regelungssystematik s. § 13d Rn 3). § 13f enthält gem. Absatz 1 dieser Bestimmung **ergänzende Vorgaben für ausländische Unternehmen in der Rechtsform einer AG**, der in § 13f Abs. 7 die KGaA gleichgestellt wird. Zu der Frage, wann eine Zweigniederlassung vorliegt und wo der Sitz des ausländischen Unternehmens ist, s. § 13 Rn 32 ff; zur Zuordnung einer ausländischen Gesellschaft zur inländischen Rechtsform der AG oder KGaA vgl. die Ausführungen in § 13d Rn 10 f, 14 und § 13e Rn 6 ff. 1

Der Hauptzweck dieser Ergänzungen liegt darin, die zentralen Rechtsverhältnisse des ausländischen Unternehmens **dem inländischen Rechtsverkehr offenzulegen**. Daher werden nach dem klarstellenden Hinweis in § 13f Abs. 1 (s. Rn 1) in § 13f Abs. 2 zunächst die Offenlegung der Satzung sowie die Ergänzung der Anmeldung um weitere konkretisierende Angaben zur Gesellschaftsstruktur angeordnet. Auch der Inhalt der Eintragung wird in § 13f Abs. 3 erweitert, und zwar um die Angaben nach § 39 AktG und § 13e Abs. 2 S. 3–5. § 13f Abs. 4 und 5 sollen für den Rechtsverkehr bedeutsame Änderungen in der Gesellschaftsorganisation nach außen hin transparent machen. § 13f Abs. 6 ordnet die sinngemäße Anwendung dieser Vorschriften für die Aufhebung einer Zweigniederlassung an. § 13f Abs. 7 stellt die entsprechende Geltung dieser Vorschriften für die KGaA klar. 2

2. Normentwicklung und europäischer Ursprung

§ 13f geht in weiten Zügen auf § 44 AktG a.F. zurück, dessen Regelungsgehalt modifiziert durch die Vorgaben der **Zweigniederlassungsrichtlinie a.F.**[1] vom deutschen Gesetzgeber mit dem Gesetz zur Durchführung der Elften gesellschaftsrechtlichen Richtlinie vom 22.7.1993 in die §§ 13d ff übernommen wurde.[2] Die Regelungen der Zweigniederlassungsrichtlinie a.F. sind mittlerweile in die Gesellschaftsrechtsrichtlinie[3] integriert; sie wurden durch die Digitalisierungs- 3

---

1 Elfte Richtlinie des Rates der Europäischen Gemeinschaften auf dem Gebiet des Gesellschaftsrechts v. 21.12.1989 über die Offenlegung von Zweigniederlassungen, die in einem Mitgliedstaat von Gesellschaften bestimmter Rechtsformen errichtet wurden, die dem Recht eines anderen Staats unterliegen (89/666/EWG), ABl. EG Nr. L 395, S. 36 v. 30.12.1989.

2 BGBl. I, S. 1282; zur weitgehenden Fortschreibung des § 44 AktG a.F. in § 13f vgl. insbes. BT-Drucks. 12/3908, S. 17 f.

3 Richtlinie (EU) 2017/1132 des Europäischen Parlaments und des Rates v. 14.6.2017 über bestimmte Aspekte des Gesellschaftsrechts, ABl. EU Nr. L 169, S. 46 v. 30.6.2017.

richtlinie[4] erweitert. Soweit die europäischen Vorgaben reichen, besteht eine Pflicht zur richtlinienkonformen Auslegung.[5] Umfassendere Änderungen erfuhr die Regelung durch das **EHUG** vom 10.11.2006[6] (vgl. Rn 18) sowie durch das **MoMiG** vom 23.10.2008 (vgl. Rn 6 f, 17, 22).[7] Redaktionelle Folgeänderungen hat die Vorschrift im Zuge der Aktienrechtsnovelle 2016[8] erfahren: Der Verweis in § 13f Abs. 2 S. 3 a.F. (nunmehr § 13f Abs. 3 S. 4) auf §§ 24, 25 S. 2 AktG a.F. wurde nach der Aufhebung der aktienrechtlichen Vorschriften gestrichen.[9] Im Rahmen des **DiRUG**[10] wurde die Reichweite des Verweises auf § 37 Abs. 2 AktG in § 13f Abs. 2 S. 2 durch § 13f Abs. 2 S. 3 n.F. eingeschränkt (Rn 6), was weitere redaktionelle Anpassungen erforderlich machte: § 13f Abs. 2 S. 3 und 4 a.F. wurde zu § 13f Abs. 4 und 5 n.F.[11] Außerdem wurde mit Einführung des § 13f Abs. 5 S. 2 n.F. der Verweis auf § 81 Abs. 3 AktG eingeschränkt (Rn 23).

II. Inhalt der Anmeldung (§ 13f Abs. 2 und 3)

1. Satzung (§ 13f Abs. 2 S. 1)

4 Der Gegenstand der Anmeldung ergibt sich zunächst aus der allgemeineren Vorschrift des § 13e, wonach die Errichtung der Zweigniederlassung mitsamt zusätzlichen Angaben zur ausländischen Gesellschaft, ihres Registers, ihrer Rechtsform etc. zum Handelsregister anzumelden sind (vgl. § 13e Rn 4 ff). Diese Bestimmung wird in § 13f Abs. 2 S. 1 dahingehend ergänzt, dass der Anmeldung die **Satzung in öffentlich beglaubigter Abschrift** (§ 129 BGB, § 42 BeurkG) ihrer aktuellen Fassung beizufügen ist (zu den Anforderungen an eine ebenfalls zulässige ausländische Beglaubigung vgl. § 12 Rn 82 f).[12]

5 Sofern die Satzung **nicht in deutscher Sprache** verfasst ist, muss des Weiteren eine beglaubigte Übersetzung beigefügt werden.[13] Das entspricht dem Grundsatz, dass auch im Verfahren der freiwilligen Gerichtsbarkeit die Gerichtssprache deutsch ist (vgl. § 184 GVG, der nach der Neufassung des § 2 EGGVG im Zuge des FGG-RG[14] nunmehr auch unmittelbar für die freiwillige Gerichtsbarkeit gilt[15]), und ermöglicht es dem Registergericht, seinen Prüfungspflichten nachzukommen.[16] Die Übersetzung muss auch dann eingereicht werden, wenn das zuständige Registergericht der englischen Sprache mächtig ist; anderenfalls ist die Publizitätsfunktion des Handelsregisters (s. § 8 Rn 1 f) nicht erfüllt.[17] Eine öffentlich beglaubigte Übersetzung kann aber nicht verlangt werden

---

4 Richtlinie (EU) 2019/1151 des Europäischen Parlaments und des Rates vom 20.6.2019 zur Änderung der Richtlinie (EU) 2017/1132 im Hinblick auf den Einsatz digitaler Werkzeuge und Verfahren im Gesellschaftsrecht, ABl. EU Nr. L 186, S. 80.

5 Vgl. statt vieler *Roth/Jopen* in: Riesenhuber, Europäische Methodenlehre, 4. Aufl. 2021, § 13; *Canaris* FS Bydlinski, 2002, S. 47 ff. Zur Möglichkeit gespaltener Auslegung des Zweigniederlassungsrechts s. BGH NZG 2021, 702 Rn 12 ff.

6 Gesetz über elektronische Handelsregister und Genossenschaftsregister sowie das Unternehmensregister (EHUG) v. 10.11.2006, BGBl. I, S. 2553.

7 Gesetz zur Modernisierung des GmbH-Rechts und zur Bekämpfung von Missbräuchen (MoMiG) v. 23.10.2008, BGBl. I, S. 2026.

8 Gesetz zur Änderung des Aktiengesetzes (Aktienrechtsnovelle 2016), BGBl. I, S. 2565.

9 Zu den Hintergründen RegE Aktienrechtsnovelle, BT-Drs. 18/4349, S. 18 f und 34.

10 Gesetz zur Umsetzung der Digitalisierungsrichtlinie (DiRUG) v. 5.7.2021, BGBl. I, S. 3338.

11 Hierzu RegE DiRUG, BT-Drucks. 19/28177, S. 99.

12 Heymann/*Förster* HGB Rn 5. Zu – im Wesentlichen gleichlautenden – § 13g Abs. 2 S. 1 OLG Hamm NJW-RR 2011, 396.

13 Speziell zum memorandum of association einer englischen Limited BGH NZG 2021, 1564 Rn 23 ff.

14 Gesetz zur Reform des Verfahrens in Familiensachen und in den Angelegenheiten der freiwilligen Gerichtsbarkeit (FGG-Reformgesetz – FGG-RG) v. 17.12.2008, BGBl. I, S. 2586.

15 Vgl. dazu auch FGG-RG, BT-Drucks. 16/6308, S. 318.

16 BT-Drucks. 12/3908, S. 17.

17 S. im Kontext des insoweit gleichlautenden § 13g Abs. 2 S. 1 BGH NZG 2021, 1564 Rn 28; dazu auch *Knaier* GmbHR 2021, 1087 (1092 f).

und wäre auch nicht praktikabel, weil der Notar dann der fremden Sprache mächtig sein müsste.[18] Um die Richtigkeit des Handelsregisters zu gewährleisten, wird man aber die Übersetzung eines gerichtlich oder behördlich bestellten oder vereidigten Übersetzers fordern müssen.[19] Nach § 11 Abs. 1 S. 1 bleibt es den Gesellschaften unbenommen, die Satzung **zusätzlich in jeder Amtssprache der EU** zu übermitteln (zum irreführenden und korrekturbedürftigen Wortlaut des § 11 Abs. 1, der von Amtssprachen der EU-Mitgliedstaaten handelt, s. § 11 Rn 6 f). Zur Einreichung sonstiger Dokumente in Übersetzung vgl. die Ausführungen in § 13d Rn 55.

2. Versicherung zu Bestellhindernissen (§ 13f Abs. 2 S. 2 und 3)

Nach § 13f Abs. 2 S. 2 findet auf die Anmeldung § 37 Abs. 2 und 3 AktG entsprechende Anwendung. Der Verweis auf § 37 Abs. 2 AktG ist im Zuge des MoMiG (Rn 3) eingefügt worden; dessen Reichweite ist im Zuge des DiRUG (Rn 3) durch § 13f Abs. 2 S. 3 n.F. eingeschränkt worden.[20] Aus § 13f Abs. 2 S. 2 und 3 HGB n.F. i.V.m. § 37 Abs. 2 AktG folgt, dass Vorstandsmitglieder einer **Kapitalgesellschaft aus einem Drittstaat** bei Errichtung einer inländischen Zweigniederlassung **versichern** müssen, dass keine Umstände vorliegen, die ihrer Bestellung nach § 76 Abs. 3 S. 2–4 AktG entgegenstehen;[21] für Vorstandsmitglieder der **Gesellschaften aus EU- und EWR-Staaten** gilt die Versicherungspflicht gem. § 13f Abs. 2 S. 3 n.F. nicht (zur rechtspolitischen Kritik an dieser Einschränkung s. § 13e Rn 40). Auf der Grundlage der Versicherung kann das Registergericht überprüfen, ob bei den Organmitgliedern die Inhabilitätsvoraussetzungen vorliegen, die nach § 13e Abs. 3 S. 2 auch bei der Errichtung einer Zweigniederlassung entsprechend anwendbar sind. Auf diese Weise soll der Umgehung der inländischen Bestellhindernisse mit Hilfe von Auslandsgesellschaften vorgebeugt werden (s. § 13e Rn 38 ff). Daneben kommt im Bereich der Zweigniederlassungen von Kapitalgesellschaften aus Drittstaaten auch der Gleichstellungsklausel in § 76 Abs. 3 S. 4 AktG Bedeutung zu, wonach ein Bestellhindernis auch durch eine **Verurteilung im Ausland** ausgelöst werden kann, wenn die Tat einer der in § 76 Abs. 3 S. 2 Nr. 3 AktG genannten Taten vergleichbar ist. 6

Der **Gesetzgeber von 1993** hatte die Abgabe einer solchen Versicherung noch mit der Begründung abgelehnt, dass die Bestellung der Vorstandsmitglieder allein dem jeweiligen ausländischen Recht unterliege, so dass das deutsche Recht insofern **keine weiteren Erfordernisse** aufstellen könne.[22] Diese Sichtweise hat der Gesetzgeber des Jahres 2008 aufgegeben und die Versicherungspflicht auf Vorstandsmitglieder aller ausländischen Gesellschaften erstreckt.[23] In der Folgezeit war die Unionsrechtskonformität des § 13f Abs. 2 S. 2 a.F. umstritten, soweit er sich auf Gesellschaften aus EU- und EWR-Staaten bezog. Die gleichlautende Parallelvorschrift in § 13g Abs. 2 S. 2 a.F. war Gegenstand eines Vorabentscheidungsverfahrens vor dem EuGH, das der BGH im Fall einer Gesellschaft englischen Rechts angestoßen hatte[24] und das nach dem Brexit aufgehoben wurde (s. bereits § 13e Rn 39).[25] Nach der Einführung des § 13f Abs. 2 S. 3 n.F. 7

---

18 Heymann/*Förster* HGB Rn 6.

19 Vgl. zu den Einzelheiten OLG Hamm GmbHR 2008, 545 (546 f.); LG Leipzig NZG 2005, 759 (760); Ebenroth/Boujong/Joost/Strohn/*Pentz* Rn 7; Röhricht/v. Westphalen/Haas/*Ries* Rn 6; *Mankowski*/*Knöfel* in: Hirte/Bücker § 13 Rn 16.

20 Zu den teleologischen Hintergründen s. RegE DiRUG, BT-Drucks. 19/28177, S. 98.

21 Zur Formulierung der Versicherung BGH NZG 2010, 829 Rn 8 ff: Es genüge, wenn der Vertreter erkläre, er sei „noch nie, weder im Inland noch im Ausland, wegen einer Straftat verurteilt worden".

22 BT-Drucks. 12/3908, S. 17.

23 Vgl. zum Folgenden RegE MoMiG, BT-Drucks. 16/6140, S. 50.

24 BGH NZG 2019, 775 Rn 35 ff – „All in One Star Limited".

25 Vgl. BGH NZG 2021, 702 Rn 5 ff; zur Streichung der Rechtssache im Register des EuGH s. EuGH BeckRS 2021, 5796; zur Zulässigkeit der Aufhebung des Vorlagebeschlusses *Knaier* GmbHR 2021, 488 (489); s. auch *Zwirlein-Forschner* IPrax 2021, 357 (358 f). Vgl. ferner die Schlussanträge des *GA Szpunar* BeckRS 2020, 37167 Rn 48 ff, der von der Unionsrechtskonformität der Regelungen ausgeht; s. dazu auch BGH NZG 2021, 1564 Rn 44.

stellt sich die Frage nicht: Die Versicherungspflicht trifft nur Vorstandsmitglieder von Gesellschaften aus Drittstaaten (Rn 6), was mit **Art. 37 der Gesellschaftsrechtsrichtlinie** (Rn 3) zu vereinbaren ist, der es im Sinne einer Mindestharmonisierung den Mitgliedstaaten erlaubt, über den dort vorgeschriebenen Katalog hinaus weitere Offenlegungspflichten vorzusehen.[26]

3. Angabe zu Vertretungsbefugnissen (§ 13f Abs. 2 S. 2)

8 **a) Allgemeines.** Des Weiteren ist nach § 13f Abs. 2 S. 2 i.V.m. § 37 Abs. 3 AktG anzugeben, welche Vertretungsbefugnis die Vorstandsmitglieder haben (zu der Art, wie dieser Nachweis zu führen ist, vgl. § 13d Rn 69 f). Die einzelnen Vorstandsmitglieder sind also mit Namen, Vornamen, Wohnort, Geburtsdatum zu benennen.[27] Nach umstrittener, aber zutreffender Auffassung gilt das auch für die **Geschäftsführer einer juristischen Person**, wenn diese Organmitglied der Gesellschaft ist (was namentlich in angelsächsisch geprägten Gesellschaftsrechten zulässig ist). Ohne eine solche Angabe wäre der Rechtsverkehr nicht hinreichend über die Vertretungsverhältnisse informiert.[28] Davon abzugrenzen ist der in der Grundproblematik ähnlich gelagerte Fall, dass eine ausländische Kapitalgesellschaft persönlich haftende Gesellschafterin einer deutschen Personenhandelsgesellschaft ist; vgl. § 8 Rn 76.

9 Die Vertretungsbefugnis der Vorstandsmitglieder soll nach der zu § 37 Abs. 3 AktG entwickelten hM in **abstrakter Formulierung** umschrieben werden können (Gesamtvertretung, Einzelvertretung, unechte Gesamtvertretung). Die konkreten Vertretungsbefugnisse jedes einzelnen Vorstandsmitglieds müssten dann also nicht gesondert angegeben werden.[29] Damit sollen ständige Handelsregisteränderungen vermieden werden.[30] Dieser Erleichterungseffekt dürfte allerdings nur gering sein, da eine Änderung in der personellen Besetzung des Vorstands nach § 13d Abs. 5 HGB i.V.m. § 81 Abs. 1 AktG selbstverständlich auch weiterhin einzutragen ist; es darf nur auf die erneute Angabe der Vertretungsbefugnis verzichtet werden.[31] Speziell im Recht der Zweigniederlassungen wird ohne nähere Begründung verbreitet die Angabe der „allgemeinen und konkreten Vertretungsverhältnisse" gefordert.[32] Der Unterschied zur hM darf nicht überschätzt werden, da auch diese eine konkrete Angabe fordert, wenn einzelnen Vorstandsmitgliedern eine **besondere Vertretungskompetenz** zusteht.[33] Wird diese Ausnahme beachtet, so wird der Rechtsverkehr auch dann hinreichend über die Vertretungsverhältnisse informiert, wenn man der etwas weniger aufwändigen und deshalb vorzugswürdigen hM folgt; aus Gründen kautelarjuristischer Vorsicht bleibt bis zur abschließenden Klärung dieser Frage aber eine konkrete Angabe der sicherere Weg.[34] Die Vertretungsbefugnis muss auch dann angegeben werden, wenn der Vorstand nur aus **einer Person** besteht und sich mithin schon aus den Vertre-

---

26 BGH NZG 2021, 1564 Rn 45; *Otte-Gräbener* NZG 2019, 934 (936).

27 *Krafka* Rn 321, 322a.

28 *Mödl* RNotZ 2008, 1 (4 f); *Süß* DNotZ 2005, 180 (184); **aA** unter Hinweis auf das Fehlen einer rechtlichen Grundlage *Klose-Mokroß* DStR 2005, 1013 (1015); so auch *Bönner* RNotZ 2015, 253 (259), der sich auf die Maßgeblichkeit des ausländischen Gesellschaftsstatuts beruft.

29 BayObLGZ 1974, 49 (51 ff); OLG Frankfurt aM OLGZ 1970, 404 (405); OLG Köln OLGZ 1970, 265 (266); Ebenroth/Boujong/Joost/Strohn/*Pentz* Rn 8; MünchKommAktG/*Pentz* § 37 Rn 54; GroßkommAktG/*Röhricht/Schall* § 37 Rn 51; *Koch* § 37 Rn 8; MünchKommHGB/*Krafka* Rn 3; Scholz/*Veil* § 10 Rn 12; Habersack/Casper/Löbbe/*Ulmer/Habersack* § 10 Rn 10.

30 *Koch* § 37 Rn 8.

31 Vgl. auch GroßkommAktG/*Röhricht/Schall* § 37 Rn 51.

32 OLG Hamm FGPrax 2006, 276 (277); *Herchen* RIW 2005, 529 (531); *Mödl* RNotZ 2008, 1 (4); *Wachter* ZNotP 2005, 122 (131 f); so auch schon früher *Gustavus* BB 1970, 594 (595); *Lappe* GmbHR 1970, 90 f.

33 Ebenroth/Boujong/Joost/Strohn/*Pentz* Rn 8; *Koch* § 37 Rn 8; MünchKommHGB/*Krafka* Rn 3.

34 Zur Eintragungsfähigkeit einer auf die Zweigniederlassung beschränkten Einzelvertretungsbefugnis OLG Frankfurt aM NJW-RR 2015, 873 (874 f).

tungsregeln des nationalen Rechts ergibt, dass ausschließlich Alleinvertretungsbefugnis vorliegen kann.[35]

b) Insichgeschäfte. Sehr umstritten ist, ob auch eine **Befreiung von Beschränkungen bei Insichgeschäften** nach § 181 BGB in das Handelsregister eingetragen werden kann.[36] Eine solche Eintragung ist streng genommen **gegenstandslos**, weil sich die organschaftliche Vertretung nicht nach deutschem Recht, sondern nach dem ausländischen **Gesellschaftsstatut** richtet (vgl. § 13d Rn 31).[37] Dennoch kann ihre Eintragung sinnvoll erscheinen, um dem inländischen Rechtsverkehr zu signalisieren, dass bei dem ausländischen Gebilde Insichgeschäfte möglich sind. Ein Bedürfnis für eine solche Klarstellung kann zum einen dort bestehen, wo das ausländische Recht tatsächlich ein entsprechendes Verbot von Insichgeschäften kennt, von dem eine Befreiung erteilt worden ist; zum anderen können aber selbst Gesellschaften aus solchen Staaten, in denen derartige Beschränkungen nicht bestehen, den Wunsch haben, dies dem inländischen Rechtsverkehr in gewohnter registerrechtlicher Ausdrucksform mitzuteilen. Gerade diese letztgenannte Fallgruppe hat in der Vergangenheit besondere Relevanz erlangt, weil das Heimatrecht der englischen Limited ein Verbot von Insichgeschäften nicht kennt.[38] 10

Richtigerweise wird man die Eintragung einer Befreiung nach § 181 BGB abzulehnen haben. Die Funktion des Handelsregisters, über zentrale Unternehmensdaten Auskunft zu geben, darf nur in der Weise erfolgen, dass dem Rechtsverkehr **inhaltlich zutreffende Informationen** offengelegt werden. Durch die Information, ein ausländischer Organvertreter sei nach § 181 BGB vom Verbot des Insichgeschäfts befreit, würden zwar die Vorstellungen eines Geschäftspartners über die Vertretungsverhältnisse in der eingetragenen Gesellschaft präzisiert; zugleich würde er aber über die grundsätzliche Rechtslage sowohl hinsichtlich der allgemeinen Geltung des § 181 BGB für ausländische Gesellschaften als auch hinsichtlich der Vertretungsregeln im ausländischen Rechtskreis getäuscht. Die größere Klarheit bei einem Vertragsabschluss würde damit durch eine **dauerhafte Irreführung** für sämtliche künftige Vertragsabschlüsse erkauft. Zu einer solchen Irreführung darf das deutsche Registerrecht nicht beitragen.[39] Ebenso sind die Vorschläge abzulehnen, wonach zumindest eine sinngemäße Eintragung erfolgen kann, weil das Gericht in diesen Fällen dazu verpflichtet wäre, den aktuell geltenden Inhalt der jeweiligen ausländischen Vertretungsregelung zu ermitteln, um einen inhaltlich zutreffenden Eintrag zu erstellen.[40] Zur Eintragung der Befreiung vom Verbot des Insichgeschäfts bei einem ständigen Vertreter vgl. § 13e Rn 33. 11

Die Befreiung vom Verbot des Insichgeschäfts ist hingegen dann eintragungsfähig, wenn bei einer **Limited & Co. KG** der Limited in ihrer Funktion als Komplementärin Insichgeschäfte und Mehrfachvertretung gestattet werden. In diesem Fall geht es nämlich nicht um die Eintragung der dem englischen Recht unterliegenden Vertretungsverhältnisse der Komplementärin, 12

---

35 So die (verbindliche) Auslegung der zugrunde liegenden Publizitätsrichtlinie durch den EuGH v. 12.11.1974, Rs. 32/74, Slg. 1974, 1201 (1207); BGHZ 63, 261 (263 ff) = NJW 1975, 213; OLG Köln OLGZ 1970, 265 (266); Ebenroth/Boujong/Joost/Strohn/*Pentz* Rn 8; *Koch* § 37 Rn 8.

36 Dagegen die hM – vgl. nur OLG Celle NZG 2006, 273; OLG Düsseldorf NZG 2006, 317 (318); OLG Frankfurt aM FGPrax 2008, 165 (166); OLG München NZG 2005, 850 (851); LG Leipzig NZG 2005, 759 (760); Ensthaler/*Achilles*/*Haase* Rn 2; MünchKommBGB/*Kindler* IntGesR Rn 936; *Krafka* Rn 322; *Mankowski*/*Knöfel* in: Hirte/Bücker § 13 Rn 20e ff; *Bönner* RNotZ 2015, 253 (259); *Herchen* RIW 2005, 529 (531); *Mödl* RNotZ 2008, 1 (4); *Wachter* NZG 2005, 338 ff; *dens.* ZNotP 2005, 122 (132 f); *Willer*/*Krafka* NZG 2006, 495 (496); dafür LG Augsburg NZG 2005, 356; LG Chemnitz NZG 2005, 760 (761); LG Freiburg NZG 2004, 1170 (1171); LG Ravensburg GmbHR 2005, 489 (490); *Süß* DNotZ 2005, 180 (185).

37 *Mankowski*/*Knöfel* in: Hirte/Bücker § 13 Rn 20f; *Süß* DNotZ 2005, 180 (185); *Wachter* NZG 2005, 338.

38 OLG München NZG 2005, 850 (851); LG Leipzig NZG 2005, 759 (760); ausführlich zur englischen Rechtslage *Schall* NZG 2006, 54 f; *Wachter* NZG 2005, 338 (339); *Willer*/*Krafka* NZG 2006, 495 f.

39 OLG München NZG 2005, 850 (851).

40 *Herchen* RIW 2005, 529 (531); *Mödl* RNotZ 2008, 1 (4); vgl. auch *Wachter* ZNotP 2005, 122 (133).

sondern um die davon zu unterscheidende Vertretungsmacht, die dieser Gesellschaft in ihrer Funktion als zur Geschäftsführung und Vertretung berufenen Komplementärin für die in das Handelsregister bereits eingetragene KG zukommt.[41]

4. Sonstige Angaben

13 Gem. § 13f Abs. 2 S. 4 sind in die Anmeldung **grundsätzlich** die in § 23 Abs. 3 und 4 AktG, vorgesehenen Bestimmungen sowie weitere Angaben in der Satzung über die Zusammensetzung des Vorstands (§ 76 Abs. 2 AktG) aufzunehmen. Unter **§ 23 AktG** fallen die Firma und der Sitz der Gesellschaft (§ 23 Abs. 3 Nr. 1 AktG), der Unternehmensgegenstand (§ 23 Abs. 3 Nr. 2 AktG), die Höhe des Grundkapitals (§ 23 Abs. 3 Nr. 3 AktG), die Zerlegung des Grundkapitals und die Aktiengattungen (§ 23 Abs. 3 Nr. 4 AktG), die Ausgestaltung als Inhaber- oder Namensaktien (§ 23 Abs. 3 Nr. 5 AktG), die Zahl der Vorstandsmitglieder (§ 23 Abs. 3 Nr. 6 AktG) sowie Bestimmungen über die Form der Bekanntmachungen der Gesellschaft (§ 23 Abs. 4 AktG). Diese Angaben stehen allerdings unter dem Vorbehalt, dass das ausländische Recht nicht eine Abweichung nötig macht. Insofern gelten die in § 13d Rn 51 dargestellten Grundsätze. Danach darf das deutsche Registerrecht nicht in die vom ausländischen Recht vorgegebenen Verhältnisse des Unternehmens eingreifen, namentlich in seine **Organisationsstruktur**. Verlangt werden können nur solche Anmeldungen und Eintragungen, die die Struktur des Unternehmens unberührt lassen; eine Anpassung durch Strukturänderung kann auch dann nicht verlangt werden, wenn sie nach dem Heimatrecht möglich wäre.[42]

5. Zusatzangaben bei zeitnahem Gründungsakt

14 Zusatzangaben sieht § 13f Abs. 2 S. 4, 2. Hs. für den Fall vor, dass die Eintragung der Gesellschaft in das Handelsregister ihres Sitzes im Zeitpunkt der Anmeldung der Gesellschaft **nicht länger als zwei Jahre** zurückliegt. In diesem Fall soll die Anmeldung auch Angaben zu einem qualifizierten Gründungsakt nach § 26 AktG (Sondervorteile und Gründungsaufwand) oder § 27 AktG (Sachgründung), zum Ausgabebetrag der Aktien nach § 9 AktG sowie zu Name und Wohnort der Gründer enthalten. Zur Angabe des Wohnortes genügt die Bezeichnung der Gemeinde; die genaue Wohnanschrift muss nicht benannt werden.[43] Mit diesen zusätzlichen Erfordernissen soll dem Umstand Rechnung getragen werden, dass eine Gesellschaft in den ersten zwei Jahren ihres Bestehens als besonders gefährdet gilt (vgl. auch §§ 47 Nr. 3, 52 Abs. 1 AktG).[44] Auch diese Angaben stehen unter dem Vorbehalt, dass das ausländische Recht nicht eine Abweichung nötig macht (s. Rn 13).

6. Bekanntmachung

15 Nach § 13f Abs. 2 S. 5 ist der Anmeldung schließlich die für den Sitz der Gesellschaft ergangene gerichtliche Bekanntmachung beizufügen. Soweit das demnach maßgebliche ausländische Recht eine solche Bekanntmachung nicht vorsieht, genügt die Beifügung einer vergleichbaren

---

41 OLG Frankfurt aM NZG 2006, 830; *Mödl* RNotZ 2008, 1 (4); *Wachter* GmbHR 2006, 79 (83).

42 BayObLGZ 1986, 351 (356); OLG Düsseldorf NJW-RR 1992, 1390 (1391); Hopt/*Merkt* § 13d Rn 6; Ensthaler/*Achilles/Haase* § 13d Rn 16; Koller/Kindler/Roth/Drüen/*Roth* § 13d Rn 6; Röhricht/v. Westphalen/Haas/*Ries* § 13d Rn 13; *Bumeder* Rn 58 ff.

43 Ebenroth/Boujong/Joost/Strohn/*Pentz* Rn 11.

44 Heymann/*Förster* HGB Rn 11.

öffentlichen Bekanntmachung.[45] Ist die Bekanntmachung nicht ergangen, reicht eine entsprechende Negativerklärung der anmeldenden Person aus.[46]

III. Inhalt der Eintragung (§ 13f Abs. 3)

16 § 13f Abs. 3 **ergänzt die allgemeinere Vorschrift des § 13d** hinsichtlich des Inhalts der Eintragung (zum deklaratorischen Charakter der Eintragung s. § 13 Rn 55, § 13d Rn 19). Schon nach § 13d Abs. 2 ist die Errichtung der Zweigniederlassung, ihr Ort und gegebenenfalls auch ihre Firma in das Handelsregister einzutragen. § 13f Abs. 3 ergänzt diese Vorschrift zunächst dahingehend, dass in das Handelsregister solche **Angaben über die ausländische AG** eingetragen werden sollen, die nach § 39 AktG bei einer inländischen AG erforderlich sind. Dazu zählen nach § 39 Abs. 1 AktG die Firma der Gesellschaft, ihr Sitz, der Unternehmensgegenstand, die Höhe des Grundkapitals (s. hierzu noch Rn 17), der Tag der Satzungsfeststellung sowie die Vorstandsmitglieder und ihre Vertretungsbefugnis. Für die Eintragung einer Befreiung vom Verbot des Insichgeschäfts gelten die Ausführungen in Rn 10 ff. Nach § 39 Abs. 2 AktG sind für den Fall, dass die Satzung Bestimmungen über die Dauer der Gesellschaft oder über das genehmigte Kapital enthält, auch diese Regelungen einzutragen. All diese Angaben beziehen sich nicht auf die inländische Zweigniederlassung, sondern ausschließlich auf die ausländische Kapitalgesellschaft.[47] Sie werden nur anlässlich der Errichtung der inländischen Zweigniederlassung in das deutsche Handelsregister aufgenommen. Entgegen einer verbreiteten Auffassung gilt dies auch für den **Unternehmensgegenstand**. Die Gegenauffassung lässt sich mit der eindeutigen Gesamtausrichtung dieses Verweises auf die ausländische AG nicht vereinbaren (vgl. § 13e Rn 24 f).

17 Da die Eintragung der von § 13f Abs. 3 erfassten Umstände ihre Anmeldung voraussetzt, führt der Verweis auf § 39 AktG zu einer entsprechenden Offenlegungspflicht, deren **Unionsrechtskonformität** namentlich hinsichtlich der **Höhe des Grundkapitals** streitig ist.[48] Jedenfalls ist eine solche Pflicht bei inländischen Zweigniederlassungen von Gesellschaften aus **Drittstaaten** zulässig: Art. 37 der Gesellschaftsrechtsrichtlinie (Rn 3), der für diese Zweigniederlassungen maßgeblich ist, enthält im Sinne einer Mindestharmonisierung einen nicht abschließenden Katalog mit Angaben, den die Mitgliedstaaten um weitere offenlegungspflichtige Umstände erweitern können.[49] Geht es um Zweigniederlassungen von Gesellschaften aus den **EU- und EWR-Staaten**, ist die Rechtslage dagegen unklar: Der Wortlaut des Art. 30 Abs. 1 der Gesellschaftsrechtsrichtlinie deutet darauf hin, dass der dort enthaltene Katalog abschließend ist („lediglich"). Da die Angabe der Höhe des Grundkapitals in Art. 30 Abs. 1 der Richtlinie nicht vorgesehen ist, liegt es bei unbefangener Betrachtung nahe, dass § 13f Abs. 3 HGB i.V.m. § 39 AktG insoweit unionsrechtswidrig ist.[50] Gleichwohl hat der EuGH in der **Innoventif-Entscheidung** – die zwar auf Grundlage des Art. 2 der Zweigniederlassungsrichtlinie a.F. (Rn 3) ergangen ist, deren Aussagen aber auf Art. 30 der Gesellschaftsrechtsrichtlinie übertragbar sind[51] – im Zusammenhang mit der Offenlegung des Unternehmensgegenstands der ausländischen Gesellschaft deutlich gemacht, dass es den Mitgliedstaaten gem. Art. 30 Abs. 2 lit. b der Gesellschaftsrechtsrichtlinie freisteht, über den Katalog

---

45 BT-Drucks. 13/3908, S. 17; zu Recht kritisch hinsichtlich des insofern zu engen Wortlauts Heymann/*Förster* HGB Rn 12.

46 MünchKommHGB/*Krafka* Rn 6.

47 Ebenroth/Boujong/Joost/Strohn/*Pentz* Rn 16.

48 Vgl. im Zusammenhang mit einer englischen private company limited by shares, für die eine im Wesentlichen gleichlautende Vorgabe hinsichtlich des Stammkapitals gilt (§ 13f Abs. 3 HGB i.V.m. § 10 GmbHG) BGH NZG 2019, 775 Rn 12 ff.

49 Vgl. im Kontext der Versicherungspflicht nach § 13g Abs. 2 S. 2 HGB a.F. i.V.m. § 8 Abs. 3 GmbH (dazu Rn 6 f und § 13g Rn 4) BGH NZG 2021, 1564 Rn 45.

50 So im Ergebnis *Rehberg* in Eidenmüller § 5 Rn 85; *Meilicke* GmbHR 2019, 821. Vgl. ferner BGH NZG 2019, 775 Rn 19 ff mit weiterführenden Überlegungen zu systematischen Argumenten.

51 So auch implizit BGH NZG 2019, 775 Rn 24.

des Art. 30 Abs. 1 der Gesellschaftsrechtsrichtlinie hinaus die Offenlegung des Errichtungsaktes und der Satzung zu verlangen (s. dazu bereits § 13e Rn 24).[52] Da sich die Kapitalziffer aus diesen Unterlagen ergibt, spricht mehr dafür, dass die aus § 13f Abs. 3 HGB i.V.m. § 39 AktG folgende Offenlegungspflicht insoweit unionsrechtskonform ist.[53] Sollte sich der EuGH dennoch auf den Standpunkt stellen, dass § 13f Abs. 3 HGB i.V.m. § 39 AktG im Hinblick auf die Offenlegung der Kapitalziffer durch Gesellschaften aus EU- und EWR-Staaten unionsrechtswidrig ist, ist nach Ansicht des BGH eine **gespaltene Auslegung** der § 13f Abs. 3 HGB i.V.m. § 39 AktG geboten, so dass die Anmeldungs- und Eintragungspflicht für die Gesellschaften aus Drittstaaten unberührt blieben.[54]

18 Überdies sollen nach § 13f Abs. 3 auch die **in § 13e Abs. 2 S. 3 bis 5 enthaltenen Angaben** in der Eintragung enthalten sein (vgl. im Einzelnen § 13e Rn 20 ff). Davon werden nach der Erweiterung dieser Verweisung im Zuge des MoMiG (Rn 3) auch die inländische Geschäftsanschrift und der Gegenstand der Zweigniederlassung (§ 13e Abs. 2 S. 3) sowie die Person des inländischen Empfangsberechtigten (§ 13e Abs. 2 S. 4) erfasst. Schließlich sind über § 13e Abs. 2 S. 5 anzugeben: (1) das Register, bei dem die Gesellschaft geführt wird, und die Nummer des Registereintrags, sofern das Recht des Staates, in dem die Gesellschaft ihren Sitz hat, eine Registereintragung vorsieht; (2) die Rechtsform der Gesellschaft; (3) die ständigen Vertreter unter Angabe ihrer Befugnisse sowie (4) bei Gesellschaften, die nicht aus EU-Mitgliedstaaten kommen, das Recht des Staates, dem die Gesellschaft unterliegt.

IV. Anmeldung von Satzungsänderungen (§ 13f Abs. 4)

19 Um die Rechtsverhältnisse der ausländischen AG dauerhaft transparent darzustellen, sind nach § 13f Abs. 4 S. 1 auch Änderungen der Satzung der ausländischen Gesellschaft durch den Vorstand zur Eintragung in das Handelsregister anzumelden.[55] Für Kapitalmaßnahmen wird diese Anmeldepflicht nicht gesondert angeordnet, doch werden diese auch in ausländischen Rechtsordnungen regelmäßig über eine Satzungsänderung erfolgen;[56] dies gilt auch für Umwandlungsmaßnahmen.[57] Die Eintragung in das deutsche Register hat eine ausschließlich **deklaratorische Funktion**; die Wirksamkeit der Änderung beurteilt sich allein nach dem ausländischen Recht (daher kein Verweis auf § 181 Abs. 3 AktG).[58] Für die Anmeldung soll nach § 13f Abs. 4 S. 2 die Regelung des **§ 181 Abs. 1 und 2 AktG sinngemäße Anwendung** finden, soweit nicht das ausländische Recht Abweichungen nötig macht. Hinsichtlich des zuletzt genannten Vorbehaltes gelten die Ausführungen in Rn 13: Das deutsche Registerrecht darf nicht in die Organisationsstruktur der ausländischen Gesellschaft eingreifen.

20 Für die Anmeldung der Satzungsänderung genügt es, wenn der Vorstand **in vertretungsberechtigter Zahl** handelt.[59] Eine Anmeldung durch den ständigen Vertreter i.S.d. § 13e Abs. 2 S. 5 Nr. 3 kommt nicht in Betracht.[60] Gem. § 181 Abs. 1 S. 2 AktG ist der Anmeldung der vollständige **Wortlaut der Satzung** beizufügen. Er muss mit der Bescheinigung eines Notars versehen sein, dass die geänderten Bestimmungen der Satzung mit dem Beschluss über die Satzungsänderung und die unveränderten Bestimmungen mit dem zuletzt zum Handelsregister eingereichten voll-

---

52 EuGH v. 1.6.2006, Rs. C-453/04, Slg. I-4929, Rn 33 ff = NJW 2006, 3195 (Innoventif).

53 Überzeugend BGH NZG 2019, 775 Rn 23 ff; vgl. ferner *Otte-Gräbener* NZG 2019, 934 (935); sympathisierend auch Oetker/*Preuß* Rn 31.

54 Vgl. BGH NZG 2021, 702 Rn 12 ff; so auch *Zwirlein-Forschner* IPrax 2021, 357 (362).

55 Überblick bei *Bönner* RNotZ 2015, 253 (271 f).

56 *Mödl* RNotZ 2008, 1 (16).

57 Hierzu im Kontext des – im Wesentlichen gleichlautenden – § 13g Abs. 4 KG BeckRS 2012, 3824 Rn 11.

58 Ebenroth/Boujong/Joost/Strohn/*Pentz* Rn 19; Ensthaler/*Achilles*/*Haase* Rn 6; Röhricht/v. Westphalen/Haas/*Ries* Rn 13.

59 Ebenroth/Boujong/Joost/Strohn/*Pentz* Rn 19; *Koch* Anh. zu § 45 AktG § 13f HGB Rn 6.

60 Vgl. im Kontext des – im Wesentlichen gleichlautenden – § 13g Abs. 4 KG BeckRS 2012, 3824 Rn 22.

ständigen Wortlaut der Satzung übereinstimmen.[61] Um diese Bescheinigung zu erteilen, muss sich der Notar nicht nur über den zuletzt zum Handelsregister eingereichten Wortlaut der Satzung Kenntnis verschaffen, sondern auch die Wirksamkeit der Satzungsänderung nach ausländischem Recht beurteilen.[62] Schreibt die fremde Rechtsordnung eine staatliche Genehmigung vor, muss diese seit dem MoMiG (Rn 3) nicht nachgewiesen werden (s. bereits § 13e Rn 19).[63]

Als Notar im Sinne dieser Bestimmung kommt sowohl ein deutscher als **auch ein ausländischer Notar** in Betracht, wobei im zweiten Fall ein Echtheitsnachweis durch Legalisation oder Apostille erforderlich ist (vgl. § 12 Rn 82 f).[64] Aus dem Grundsatz, dass die Gerichtssprache auch in Verfahren der freiwilligen Gerichtsbarkeit deutsch ist (vgl. § 184 GVG, der nach der Neufassung des § 2 EGGVG im Zuge des FGG-RG (Rn 5) nunmehr auch unmittelbar für die freiwillige Gerichtsbarkeit gilt[65]) folgt, dass die Satzung stets in deutscher Sprache vorgelegt werden muss.[66] Daraus folgt, dass bei einer fremdsprachigen Satzung auch eine beglaubigte **Übersetzung** beigefügt werden muss. Um die Richtigkeit des Handelsregisters zu gewährleisten, wird man dazu auch hier die Übersetzung eines gerichtlich oder behördlich bestellten oder vereidigten Übersetzers fordern müssen (s. Rn 5). 21

Bei der **Eintragung** der Satzungsänderung genügt grundsätzlich die Bezugnahme auf die beim Gericht eingereichten Urkunden, sofern die Änderung nicht die zentralen Angaben nach § 39 AktG betrifft. 22

V. Anmeldung von sonstigen Änderungen (§ 13f Abs. 5)

Nach § 13f Abs. 5 S. 1 gelten auch §§ 81, 263 S. 1, 266 Abs. 1 und 2 sowie § 273 Abs. 1 S. 1 AktG sinngemäß, soweit nicht das ausländische Recht Abweichungen nötig macht. Nach § 13f Abs. 5 S. 1 HGB i.V.m. § 81 Abs. 1 AktG muss jede **Änderung des Vorstands** oder der Vertretungsbefugnis eines Vorstandsmitglieds zur Eintragung in das Handelsregister angemeldet werden.[67] Dabei sind der Anmeldung nach § 13f Abs. 5 HGB i.V.m. § 81 Abs. 2 AktG die Urkunden über die Änderung in Urschrift oder öffentlich beglaubigter Abschrift beizufügen.[68] **§ 81 Abs. 3 AktG** war vor dem MoMiG (Rn 3) von dem Verweis ausgeklammert mit der Folge, dass bei der Bestellung von neuen Vorstandsmitgliedern keine Versicherung zu den Inhabilitätstatbeständen i.S.d. § 76 Abs. 3 S. 2 bis 4 AktG abgegeben werden musste. Die Erweiterung des § 13f Abs. 5 im Zuge des MoMiG hat dazu geführt, dass eine solche Erklärung auch bei Änderungen des Vorstands – ebenso wie bei der erstmaligen Anmeldung – abgegeben werden musste.[69] Im Rahmen des DiRUG (Rn 3) wurde die Reichweite des Verweises eingeschränkt: Nach § 13f Abs. 5 S. 2 n.F. ist § 81 Abs. 3 AktG nur auf **Gesellschaften aus Drittstaaten** anzuwenden (s. bereits Rn 7 und § 13e Rn 38 ff). 23

---

61 MünchKommHGB/*Krafka* Rn 8; Oetker/*Preuß* Rn 34; **aA** *Bönner* RNotZ 2015, 253 (271 f), der insoweit vom Vorbehalt des § 13f Abs. 4 S. 2, 2. Hs. Gebrauch machen will („soweit nicht das ausländische Recht Abweichungen nötig macht"); s. auch *Heinze* RNotZ 2009, 586 (588).
62 *Mödl* RNotZ 2008, 1 (15).
63 Röhricht/v. Westphalen/Haas/*Ries* Rn 12; **aA** noch Voraufl. Rn 20 (*Koch*).
64 *Mödl* RNotZ 2008, 1 (16).
65 Vgl. dazu auch FGG-RG, BT-Drucks. 16/6308, S. 318.
66 Ebenroth/Boujong/Joost/Strohn/*Pentz* Rn 22; Ensthaler/*Achilles*/*Haase* Rn 6; Heymann/*Förster* HGB Rn 17; *Mödl* RNotZ 2008, 1 (16); *Wachter* ZNotP 2005, 122 (143).
67 Überblick bei *Bönner* RNotZ 2015, 253 (272).
68 Einschränkend für den Fall, dass das ausländische Recht ein dem deutschen Handelsregister vergleichbares Register kennt, in dem die anmeldepflichtigen Tatsachen offengelegt werden, aber *Heinze* RNotZ 2009, 586 (587 ff).
69 Vgl. zu – im Wesentlichen gleichlautenden – § 13g Abs. 5 KG FGPrax 2012, 171 f.

24 Der Verweis auf §§ 263 S. 1, 266 Abs. 1 und 2, § 273 Abs. 1 S. 1 AktG betrifft die **Auflösung und Abwicklung der AG.** Sie bestimmt sich allein nach dem ausländischen Recht,[70] doch werden an den ausländischen Auflösungstatbestand inländische Anmeldepflichten geknüpft. § 263 S. 1 AktG regelt die Pflicht des Vorstands, die Auflösung der Gesellschaft zur Eintragung in das Handelsregister anzumelden, § 266 AktG betrifft die Anmeldung der Abwickler und § 273 AktG schließlich den Schluss der Abwicklung. Auch diese Anmeldepflichten stehen unter dem Vorbehalt, dass sich aus dem Heimatrecht der AG nichts anderes ergibt (s. Rn 13).

VI. Aufhebung der Zweigniederlassung (§ 13f Abs. 6)

25 Nach § 13f Abs. 6 gelten für die Aufhebung einer Zweigniederlassung die Vorschriften über ihre Errichtung sinngemäß.[71] Auch die Aufhebung ist demnach in das Handelsregister am Ort der Zweigniederlassung einzutragen. Eine Besonderheit gilt dann, wenn die Gesellschaft bei mehreren Zweigniederlassungen vom **Optionsrecht des § 13e Abs. 5** Gebrauch gemacht und ein Register zum Hauptregister erklärt hat (s. dazu § 13e Rn 45). Soll gerade die Zweigniederlassung aufgehoben werden, der das Hauptregister zugeordnet ist, müssen die bisher bei diesem Register vorgenommenen Änderungen bei den anderen Registern nachgeholt werden. Die Gesellschaft hat daneben aber auch die Möglichkeit, ein neues Hauptregister zu bestimmen und unter Angabe der Handelsregisternummer bei den übrigen Handelsregistern anzumelden.[72] In beiden Fällen ist in den bisherigen Nebenregistern der Verweis auf das ehemalige Hauptregister durch Rötung zu korrigieren.[73] Eine Amtslöschung der Zweigniederlassung wegen Vermögenslosigkeit nach § 394 FamFG kommt nicht in Betracht.[74]

VII. Ausländische Kommanditgesellschaft auf Aktien (§ 13f Abs. 7)

26 Nach § 13f Abs. 7 gelten die Vorschriften über Zweigniederlassungen von Aktiengesellschaften mit Sitz im Ausland sinngemäß für Zweigniederlassungen von Kommanditgesellschaften auf Aktien mit Sitz im Ausland, soweit sich aus §§ 278 bis 290 AktG oder aus dem Fehlen eines Vorstands nichts anderes ergibt. Diese Gleichstellung hätte richtigerweise schon in § 13e ausgesprochen werden müssen; aus § 13f Abs. 7 kann mittelbar gefolgert werden, dass auch diese allgemeinere Vorschrift, auf der § 13f aufbaut, für die KGaA gelten muss (s. § 13e Rn 1). Der im letzten Halbsatz enthaltene Verweis auf die aktienrechtlichen Vorschriften ist präzisierungsbedürftig, weil diese für ausländische Gesellschaften ohnehin keine Geltung beanspruchen. Tatsächlich sind solche ausländischen Vorschriften gemeint, die **§§ 278 bis 290 AktG inhaltlich entsprechen.**[75] Die zweite im letzten Halbsatz enthaltene Einschränkung trägt der Tatsache Rechnung, dass bei der KGaA an die Stelle des für die AG handelnden Vorstands die persönlich haftenden Gesellschafter treten (vgl. für das deutsche Recht § 283 AktG). Soweit der Vorstand Adressat registerrechtlicher Pflichten ist, sind damit bei der KGaA also die persönlich haftenden Gesellschafter angesprochen.[76]

---

70 Heymann/*Förster* HGB Rn 20; Röhricht/v. Westphalen/Haas/*Ries* Rn 14.
71 Überblick bei *Bönner* RNotZ 2015, 253 (272 f).
72 Ebenroth/Boujong/Joost/Strohn/*Pentz* Rn 30; Ensthaler/*Achilles*/*Haase* Rn 8; Röhricht/v. Westphalen/Haas/*Ries* Rn 15.
73 Ebenroth/Boujong/Joost/Strohn/*Pentz* Rn 30.
74 OLG Frankfurt NJW-RR 2011, 330 f; MünchKommHGB/*Krafka* Rn 9; Oetker/*Preuß* § 13d Rn 27.
75 Vgl. auch Ebenroth/Boujong/Joost/Strohn/*Pentz* Rn 32; Röhricht/v. Westphalen/Haas/*Ries* Rn 16.
76 Ebenroth/Boujong/Joost/Strohn/*Pentz* Rn 32; Ensthaler/*Achilles*/*Haase* Rn 9; Heymann/*Förster* HGB Rn 23.

§ 13g Zweigniederlassungen von Gesellschaften mit beschränkter Haftung mit Sitz im Ausland

(1) Für Zweigniederlassungen von Gesellschaften mit beschränkter Haftung mit Sitz im Ausland gelten ergänzend die folgenden Vorschriften.

(2) [1]Der Anmeldung ist der Gesellschaftsvertrag in öffentlich beglaubigter Abschrift und, sofern der Gesellschaftsvertrag nicht in deutscher Sprache erstellt ist, eine beglaubigte Übersetzung in deutscher Sprache beizufügen. [2]Die Vorschriften des § 8 Abs. 1 Nr. 2 und Abs. 3 und 4 des Gesetzes betreffend die Gesellschaften mit beschränkter Haftung sind anzuwenden. [3]§ 8 Absatz 3 des Gesetzes betreffend die Gesellschaften mit beschränkter Haftung ist nicht anzuwenden auf Aktiengesellschaften, die dem Recht eines Mitgliedstaates der Europäischen Union oder eines anderen Vertragsstaates des Abkommens über den Europäischen Wirtschaftsraum unterliegen. [4]Wird die Errichtung der Zweigniederlassung in den ersten zwei Jahren nach der Eintragung der Gesellschaft in das Handelsregister ihres Sitzes angemeldet, so sind in die Anmeldung auch die nach § 5 Abs. 4 des Gesetzes betreffend die Gesellschaften mit beschränkter Haftung getroffenen Festsetzungen aufzunehmen, soweit nicht das ausländische Recht Abweichungen nötig macht.

(3) Die Eintragung der Errichtung der Zweigniederlassung hat auch die Angaben nach § 10 des Gesetzes betreffend die Gesellschaften mit beschränkter Haftung sowie die in § 13e Abs. 2 Satz 3 bis 5 vorgeschriebenen Angaben zu enthalten.

(4) [1]Änderungen des Gesellschaftsvertrages der ausländischen Gesellschaft sind durch die Geschäftsführer zur Eintragung in das Handelsregister anzumelden. [2]Für die Anmeldung gelten die Vorschriften des § 54 Abs. 1 und 2 des Gesetzes betreffend die Gesellschaften mit beschränkter Haftung sinngemäß, soweit nicht das ausländische Recht Abweichungen nötig macht.

(5) [1]Im übrigen gelten die Vorschriften der §§ 39, 65 Abs. 1 Satz 1, § 67 Abs. 1 und 2, § 74 Abs. 1 Satz 1 des Gesetzes betreffend die Gesellschaften mit beschränkter Haftung sinngemäß, soweit nicht das ausländische Recht Abweichungen nötig macht. [2]§ 39 Absatz 3 des Gesetzes betreffend die Gesellschaften mit beschränkter Haftungist nicht anzuwenden auf Aktiengesellschaften, die dem Recht eines Mitgliedstaates der Europäischen Union oder eines anderen Vertragsstaates des Abkommens über den Europäischen Wirtschaftsraum unterliegen.

(6) Für die Aufhebung einer Zweigniederlassung gelten die Vorschriften über ihre Errichtung sinngemäß.

Schrifttum

Vgl. die Nachweise zu § 13d.

Übersicht

https://doi.org/10.1515/9783110564440-026

I. Allgemeines

1. Normzweck und Regelungsgehalt

1 Die allgemeinen Bestimmungen in § 13d sowie die in § 13e enthaltenen Sonderregeln für die Zweigniederlassungen von Kapitalgesellschaften werden in § 13g für die inländische Zweigniederlassung einer **ausländischen GmbH** weiter präzisiert (so ausdrücklich § 13g Abs. 1 – zur Kritik an dieser Regelungssystematik s. § 13d Rn 3). Es handelt sich bei § 13g um die **Parallelvorschrift zu § 13f.** Ebenso wie diese Vorschrift dient § 13g dazu, die zentralen Unternehmensdaten der ausländischen Gesellschaft dem inländischen Rechtsverkehr offenzulegen. Auch der Aufbau der Vorschrift entspricht dem des § 13f: Nach dem klarstellenden Hinweis in § 13g Abs. 1 werden in § 13g Abs. 2 zunächst die Offenlegung der Satzung sowie die Ergänzung der Anmeldung um weitere konkretisierende Angaben zur Gesellschaftsstruktur angeordnet. Auch der Inhalt der Eintragung wird in § 13g Abs. 3 erweitert, und zwar um die Angaben nach § 10 GmbHG und § 13e Abs. 2 S. 3–5. § 13g Abs. 4 und 5 sollen für den Rechtsverkehr bedeutsame Änderungen in der Gesellschaftsorganisation nach außen hin transparent machen. § 13g Abs. 6 schließlich ordnet die sinngemäße Anwendung dieser Vorschriften für die Aufhebung einer Zweigniederlassung an. Zu der Frage, wann eine Zweigniederlassung vorliegt und wo der Sitz des ausländischen Unternehmens ist, s. § 13 Rn 32 ff; zur Zuordnung einer ausländischen Gesellschaft zur inländischen Rechtsform der GmbH vgl. die Ausführungen in § 13d Rn 10 f, 14 und § 13e Rn 6 ff.

2. Normentwicklung und europäischer Ursprung

2 § 13g wurde auf der Grundlage der **Zweigniederlassungsrichtlinie a.F.**[1] mit dem Gesetz zur Durchführung der Elften gesellschaftsrechtlichen Richtlinie vom 22.7.1993 in das deutsche Recht eingeführt.[2] Der Gesetzgeber hat sich dabei am aktienrechtlichen Regelungsmodell des § 44 AktG a.F. orientiert, dessen Regelungsgehalt zeitgleich weitgehend in den § 13f transponiert wurde. Bei der konkreten Ausgestaltung musste allerdings den europäischen Vorgaben Rechnung getragen werden, die auch bei der Normanwendung im Wege einer richtlinienkonformen Auslegung zu berücksichtigen sind.[3] Umfassendere Änderungen erfuhr die Regelung durch das **EHUG**[4] (vgl. dazu Rn 9 und 11) sowie durch das **MoMiG** (vgl. dazu Rn 4 und 8).[5] Die Regelungen

1 Elfte Richtlinie des Rates der Europäischen Gemeinschaften auf dem Gebiet des Gesellschaftsrechts v. 21.12.1989 über die Offenlegung von Zweigniederlassungen, die in einem Mitgliedstaat von Gesellschaften bestimmter Rechtsformen errichtet wurden, die dem Recht eines anderen Staats unterliegen (89/666/EWG), ABl. EG Nr. L 395, S. 36 v. 30.12.1989.

2 BGBl. I, S. 1282; zur weitgehenden Fortschreibung des § 44 AktG a.F. in § 13f vgl. insbes. BT-Drucks. 12/3908, S. 17 f.

3 Vgl. statt vieler *Roth/Jopen* in: Riesenhuber, Europäische Methodenlehre, 4. Aufl. 2021, § 13; *Canaris* FS Bydlinski, 2002, S. 47 ff. Zur Möglichkeit gespaltener Auslegung des Zweigniederlassungsrechts s. BGH NZG 2021, 702 Rn 12 ff.

4 Gesetz über elektronische Handelsregister und Genossenschaftsregister sowie das Unternehmensregister (EHUG) v. 10.11.2006, BGBl. I, S. 2553.

5 Gesetz zur Modernisierung des GmbH-Rechts und zur Bekämpfung von Missbräuchen (MoMiG) v. 23.10.2008, BGBl. I, S. 2026.

der Zweigniederlassungsrichtlinie a.F. sind mittlerweile in die Gesellschaftsrechtsrichtlinie[6] integriert; sie wurden durch die Digitalisierungsrichtlinie[7] erweitert. Im Zuge der Umsetzung der Digitalisierungsrichtlinie durch das **DiRUG**[8] wurden die Verweise auf §§ 8 Abs. 3, 39 Abs. 3 GmbHG aurch § 13g Abs. 2 S. 3 und Abs. 5 S. 2 n.F. eingeschränkt (s. Rn 4, 12); § 13g Abs. 2 S. 3 a.F. wurde zu § 13g Abs. 2 S. 4 n.F.[9]

II. Inhalt der Anmeldung (§ 13g Abs. 2 und 3)

1. Gesellschaftsvertrag (§ 13g Abs. 2 S. 1)

Der Gegenstand der Anmeldung ergibt sich zunächst aus der allgemeineren Vorschrift des § 13e, 3
wonach die Errichtung der Zweigniederlassung mitsamt zusätzlichen Angaben zur ausländischen Gesellschaft (Register, Rechtsform etc.) zum Handelsregister anzumelden ist (s. § 13e Rn 4 ff.). Diese Bestimmung wird in § 13g Abs. 2 S. 1 dahingehend ergänzt, dass der Anmeldung der **Gesellschaftsvertrag in öffentlich beglaubigter Abschrift** (§ 129 BGB, § 42 BeurkG) seiner aktuellen Fassung beizufügen ist (zu den Anforderungen an eine ebenfalls zulässige ausländische Beglaubigung vgl. § 12 Rn 82 f).[10] Sofern der Vertrag **nicht in deutscher Sprache** verfasst ist, muss des Weiteren eine beglaubigte Übersetzung beigefügt werden.[11] Das entspricht dem Grundsatz, dass auch im Verfahren der freiwilligen Gerichtsbarkeit die Gerichtssprache deutsch ist (vgl. § 184 GVG, der nach der Neufassung des § 2 EGGVG im Zuge des FGG-RG[12] nunmehr auch unmittelbar für die freiwillige Gerichtsbarkeit gilt[13]), und ermöglicht es dem Registergericht, seinen Prüfungspflichten nachzukommen.[14] Die Übersetzung muss auch dann eingereicht werden, wenn das zuständige Registergericht der englischen Sprache mächtig ist; anderenfalls ist die Publizitätsfunktion des Handelsregisters (s. § 8 Rn 1 f) nicht erfüllt.[15] Eine Ausnahme ist erwägenswert, wenn sich die Gesellschaft für die vollständige Geltung einer **Mustersatzung** entschieden hat, die materiell-rechtlich eine den Bestimmungen der §§ 13 ff, 35 ff GmbHG vergleichbare Kodifikation darstellt.[16] Zu den Anforderungen an die Übersetzung vgl. § 13f Rn 5. Zur Einreichung sonstiger Dokumente in Übersetzung vgl. § 13d Rn 55.

2. Legitimation und Versicherung zu Bestellhindernissen (§ 13g Abs. 2 S. 2 und 3)

Nach § 13g Abs. 2 S. 2 finden auf die Anmeldung § 8 Abs. 1 Nr. 2, Abs. 3 und 4 GmbHG entspre- 4
chende Anwendung. Nach § 8 Abs. 1 Nr. 2 GmbHG muss zunächst die **Legitimation der Ge-**

6 Richtlinie (EU) 2017/1132 des Europäischen Parlaments und des Rates v. 14.6.2017 über bestimmte Aspekte des Gesellschaftsrechts, ABl. EU Nr. L 169, S. 46 v. 30.6.2017.

7 Richtlinie (EU) 2019/1151 des Europäischen Parlaments und des Rates vom 20.6.2019 zur Änderung der Richtlinie (EU) 2017/1132 im Hinblick auf den Einsatz digitaler Werkzeuge und Verfahren im Gesellschaftsrecht, ABl. EU Nr. L 186, S. 80.

8 Gesetz zur Umsetzung der Digitalisierungsrichtlinie (DiRUG) v. 5.7.2021, BGBl. I, S. 3338.

9 Hierzu RegE DiRUG, BT-Drucks. 19/28177, S. 99.

10 OLG Hamm NJW-RR 2011, 396; Heymann/*Förster* HGB Rn 5.

11 Speziell zum memorandum of association einer englischen Limited BGH NZG 2021, 1564 Rn 23 ff; vgl. ferner *Krafka* Rn 322b.

12 Gesetz zur Reform des Verfahrens in Familiensachen und in den Angelegenheiten der freiwilligen Gerichtsbarkeit (FGG-Reformgesetz – FGG-RG) v. 17.12.2008, BGBl. I, S. 2586.

13 Vgl. dazu auch FGG-RG, BT-Drucks. 16/6308, S. 318.

14 BT-Drucks. 12/3908, S. 17.

15 S. BGH NZG 2021, 1564 Rn 28; dazu auch *Knaier* GmbHR 2021, 1087 (1092 f).

16 Vgl. zu model articles of association einer englischen Limited BGH NZG 2021, 1564 Rn 26; OLG Hamm NJW-RR 2011, 396; OLG Zweibrücken DNotZ 2008, 795; Oetker/*Preuß* Rn 9; *Krafka* Rn 322b.

schäftsführer beigefügt werden, sofern diese nicht im Gesellschaftsvertrag bestellt wurden. Dieser Nachweis kann durch Vorlage eines Gesellschafterbeschlusses, bei abweichenden Bestellungsmodi aber auch auf andere Weise geführt werden.[17] Der Verweis auf § 8 Abs. 2 AktG ist im Zuge des MoMiG (Rn 2) eingefügt worden; dessen Reichweite ist im Zuge des DiRUG (Rn 2) durch § 13g Abs. 2 S. 3 n.F. eingeschränkt worden.[18] Aus § 13g Abs. 2 S. 2 und 3 HGB n.F. i.V.m. § 8 Abs. 3 GmbHG folgt, dass Geschäftsführer einer **Kapitalgesellschaft aus einem Drittstaat** bei Errichtung einer inländischen Zweigniederlassung **versichern** müssen, dass keine Umstände vorliegen, die ihrer Bestellung nach § 8 Abs. 3 und 4 GmbHG entgegenstehen;[19] die Versicherungspflicht steht im Einklang mit **Art. 37 der Gesellschaftsrechtsrichtlinie** (s. bereits § 13f Rn 7).[20] Auf der Grundlage der Versicherung kann das Registergericht überprüfen, ob bei den Organmitgliedern die Inhabilitätsvoraussetzungen vorliegen, die nach dem ebenfalls durch das MoMiG neu eingeführten § 13e Abs. 3 S. 2 auch bei der Errichtung einer Zweigniederlassung entsprechend anwendbar sind. Auf diese Weise soll der Umgehung der inländischen Bestellhindernisse mit Hilfe von Auslandsgesellschaften vorgebeugt werden (s. § 13e Rn 38 ff). Daneben kommt im Bereich der Zweigniederlassungen von Kapitalgesellschaften aus Drittstaaten auch der Gleichstellungsklausel in § 6 Abs. 2 S. 4 GmbHG Bedeutung zu, wonach ein Bestellhindernis auch durch eine **Verurteilung im Ausland** ausgelöst werden kann, wenn die Tat einer der in § 6 Abs. 2 S. 2 Nr. 3 GmbHG genannten vergleichbar ist. Zu früheren europarechtlichen Bedenken gegen § 13g Abs. 2 S. 2 a.F. und dem – nach dem Brexit aufgehobenen – Vorabentscheidungsersuchen des BGH im Fall „All in One Star Limited" s. § 13f Rn 7.[21]

3. Angabe zu Vertretungsbefugnissen (§ 13g Abs. 2 S. 2)

5 Des Weiteren ist nach § 13g Abs. 2 S. 2 i.V.m. § 8 Abs. 4 GmbHG anzugeben, welche Vertretungsbefugnis die Geschäftsführer haben. Diese Angabe hat nach den zu § 8 Abs. 4 GmbHG entwickelten Grundsätzen in **abstrakter Formulierung** zu erfolgen (Gesamtvertretung, Einzelvertretung, unechte Gesamtvertretung). Vgl. zu den Einzelheiten § 13f Rn 8 f. Zu der Art, wie der Nachweis zu führen ist, vgl. § 13d Rn 69. Zur Befreiung vom Verbot der Insichgeschäfte s. § 13f Rn 10 ff.

4. Angaben zur Sachgründung bei zeitnahem Gründungsakt

6 Soweit die Errichtung in den ersten zwei Jahren nach der Eintragung in das Handelsregister ihres Sitzes angemeldet wird, muss die Anmeldung im Falle einer **Sachgründung** nach § 13g Abs. 2 S. 4 auch die in § 5 Abs. 4 GmbHG für Sachgründungen vorgesehenen Angaben enthalten, dh den Gegenstand der Sacheinlage und den Betrag der Stammeinlage, auf die sich die Sacheinlage bezieht. Mit diesem zusätzlichen Erfordernis soll dem Umstand Rechnung getragen werden, dass eine Gesellschaft in den ersten zwei Jahren ihres Bestehens als besonders gefährdet gilt.[22] Diese Angaben stehen allerdings unter dem Vorbehalt, dass das ausländische Recht nicht eine

---

17 Ebenroth/Boujong/Joost/Strohn/*Pentz* Rn 8.

18 Zu den teleologischen Hintergründen s. RegE DiRUG, BT-Drucks. 19/28177, S. 98.

19 Zur Formulierung der Versicherung BGH NZG 2010, 829 Rn 8 ff: Es genüge, wenn der Vertreter erkläre, er sei „noch nie, weder im Inland noch im Ausland, wegen einer Straftat verurteilt worden".

20 Zur Unionsrechtskonformität s. BGH NZG 2021, 1564 Rn 45; *Otte-Gräbener* NZG 2019, 934 (936).

21 Vgl. auch die Ausführungen im Vorlagebeschluss des BGH NZG 2019, 775 Rn 35 ff, der nach dem Brexit aufgehoben wurde, s. BGH NZG 2021, 702 Rn 5 ff; zur Streichung der Rechtssache im Register des EuGH s. EuGH BeckRS 2021, 5796; zur Zulässigkeit der Aufhebung des Vorlagebeschlusses *Knaier* GmbHR 2021, 488 (489). Vgl. ferner die Schlussanträge des *GA Szpunar* BeckRS 2020, 37167 Rn 48 ff, der von der Unionsrechtskonformität der Regelungen ausgeht; s. dazu auch BGH NZG 2021, 1564 Rn 44.

22 Heymann/*Förster* HGB § 13f Rn 11.

Abweichung nötig macht. Insofern gelten die in § 13d Rn 51 dargestellten Grundsätze. Danach darf das deutsche Registerrecht nicht in die vom ausländischen Recht vorgegebenen Verhältnisse des Unternehmens eingreifen, namentlich in seine **Organisationsstruktur**. Eine Anpassung durch Strukturänderung kann auch dann nicht verlangt werden, wenn sie nach dem Heimatrecht möglich wäre.[23]

III. Inhalt der Eintragung (§ 13g Abs. 3)

§ 13g Abs. 3 **ergänzt die allgemeinere Vorschrift des § 13d** hinsichtlich des Inhalts der Eintragung (zum deklaratorischen Charakter der Eintragung s. § 13 Rn 55, § 13d Rn 19). Schon nach § 13d sind die Errichtung der Zweigniederlassung, ihr Ort und gegebenenfalls auch ihre Firma in das Handelsregister einzutragen. § 13g Abs. 3 ergänzt diese Vorschrift zunächst dahingehend, dass in das Handelsregister solche **Angaben über die ausländische GmbH** eingetragen werden sollen, die nach § 10 GmbHG bei einer inländischen GmbH erforderlich sind. Dazu zählen nach § 10 GmbHG die Firma der Gesellschaft, ihr Sitz, der Unternehmensgegenstand, die Höhe des Stammkapitals (s. hierzu noch Rn 8), der Tag der Satzungsfeststellung sowie die Geschäftsführer und ihre Vertretungsbefugnis. Für die Eintragung einer Befreiung vom Verbot des Insichgeschäfts gelten die Ausführungen in § 13f Rn 9 ff. Nach § 10 Abs. 2 GmbHG sind für den Fall, dass der Gesellschaftsvertrag eine Bestimmung über die Dauer der Gesellschaft enthält, auch diese Bestimmungen einzutragen. All diese Angaben beziehen sich nicht auf die inländische Zweigniederlassung, sondern ausschließlich auf die ausländische Kapitalgesellschaft. Sie werden nur anlässlich der Errichtung der inländischen Zweigniederlassung in das deutsche Handelsregister aufgenommen. Entgegen einer verbreiteten Auffassung gilt dies auch für den **Unternehmensgegenstand.** Die Gegenauffassung lässt sich mit der eindeutigen Gesamtausrichtung dieses Verweises auf die ausländische GmbH nicht vereinbaren (vgl. § 13e Rn 24 f). 7

Da die Eintragung der von § 13d Abs. 3 erfassten Umstände ihre Anmeldung voraussetzt, führt der Verweis auf § 10 GmbHG zu einer entsprechenden Offenlegungspflicht, deren **Unionsrechtskonformität** namentlich hinsichtlich der **Höhe des Stammkapitals** streitig ist.[24] Jedenfalls ist eine solche Pflicht bei inländischen Zweigniederlassungen von Gesellschaften aus **Drittstaaten** zulässig: Art. 37 der Gesellschaftsrechtsrichtlinie (Rn 2), der für diese Zweigniederlassungen maßgeblich ist, enthält im Sinne einer Mindesharmonisierung einen nicht abschließenden Katalog mit Angaben, den die Mitgliedstaaten um weitere offenlegungspflichtige Umstände erweitern können.[25] Geht es um Zweigniederlassungen von Gesellschaften aus den **EU- und EWR-Staaten**, deutet die **Innoventif-Entscheidung** des EuGH[26] darauf hin, dass die aus § 13g Abs. 3 HGB i.V.m. § 10 GmbHG folgende Offenlegungspflicht insoweit unionsrechtskonform ist (ausführlich hierzu und zur Möglichkeit gespaltener Auslegung s. § 13f Rn 17).[27] 8

Überdies sollen nach § 13g Abs. 3 auch die **in § 13e Abs. 2 S. 3 bis 5 enthaltenen Angaben** von der Eintragung erfasst werden. Dazu zählen nach der Erweiterung dieser Verweisung im Zuge des MoMiG (Rn 2) auch die inländische Geschäftsanschrift und der Gegenstand der Zweigniederlassung (§ 13e Abs. 2 S. 3) sowie die Person des inländischen Empfangsberechtigten (§ 13e Abs. 2 S. 4). Schließlich sind über § 13e Abs. 2 S. 5 anzugeben: (1) das Register, bei dem die 9

---

23 BayObLGZ 1986, 351 (356); OLG Düsseldorf NJW-RR 1992, 1390 (1391); Hopt/*Merkt* § 13d Rn 6; Ebenroth/Boujong/Joost/Strohn/*Pentz* Rn 9; Koller/Kindler/Roth/Drüen/*Roth* § 13d Rn 6; Röhricht/v. Westphalen//Haas/*Ries* § 13d Rn 13; *Bumeder* Rn 58 ff.

24 Vgl. im Zusammenhang mit einer englischen private company limited by shares BGH NZG 2019, 775 Rn 12 ff.

25 Vgl. im Kontext der Versicherungspflicht nach § 13g Abs. 2 S. 2 HGB a.F. i.V.m. § 8 Abs. 3 GmbH (dazu Rn 4) BGH NZG 2021, 1564 Rn 45.

26 EuGH v. 1.6.2006, Rs. C-453/04, Slg. I-4929, Rn 33 ff = NJW 2006, 3195 (Innoventif).

27 Überzeugend BGH NZG 2019, 775 Rn 23 ff; vgl. ferner *Otte-Gräbener* NZG 2019, 934 (935); sympathisierend auch Oetker/*Preuß* Rn 31.

Gesellschaft geführt wird; (2) die Nummer des Registereintrags, sofern das Recht des Staates, in dem die Gesellschaft ihren Sitz hat, eine Registereintragung vorsieht; (3) die Rechtsform der Gesellschaft; (4) die ständigen Vertreter unter Angabe ihrer Befugnisse sowie (5) bei Gesellschaften, die nicht aus EU-Mitgliedstaaten kommen, das Recht des Staates, dem die Gesellschaft unterliegt.

IV. Anmeldung von Satzungsänderungen (§ 13g Abs. 4)

10 Um die Rechtsverhältnisse der ausländischen GmbH dauerhaft transparent darzustellen, sind nach § 13g Abs. 4 S. 1 auch Änderungen der Satzung der ausländischen Gesellschaft zur Eintragung in das Handelsregister anzumelden. Für Kapitalmaßnahmen wird diese Anmeldepflicht nicht gesondert angeordnet, doch werden diese auch in ausländischen Rechtsordnungen regelmäßig über eine Satzungsänderung erfolgen;[28] dies gilt auch für Umwandlungsmaßnahmen.[29] Die Eintragung in das deutsche Register hat eine ausschließlich **deklaratorische Funktion**; die Wirksamkeit der Änderung beurteilt sich allein nach dem ausländischen Recht (daher kein Verweis auf § 54 Abs. 3 GmbHG).[30] Nach § 13g Abs. 4 S. 2 soll für die Anmeldung **§ 54 Abs. 2 und 3 GmbHG sinngemäße Anwendung** finden, soweit nicht das ausländische Recht Abweichungen nötig macht. Hinsichtlich des zuletzt genannten Vorbehaltes gelten die Ausführungen in Rn 6: Das deutsche Registerrecht darf nicht in die Organisationsstruktur der ausländischen Gesellschaft eingreifen. Für die Anmeldung genügt es, wenn die Geschäftsleiter **in vertretungsberechtigter Zahl** handeln.[31] Eine Anmeldung durch den ständigen Vertreter i.S.d. § 13e Abs. 2 S. 5 Nr. 3 kommt nicht in Betracht.[32] Zum Nachweis der Satzungsänderung vgl. § 13f Rn 20 ff.

11 Bei der **Eintragung** der Satzungsänderung genügt grundsätzlich die Bezugnahme auf die beim Gericht eingereichten Urkunden, sofern die Änderung nicht die zentralen Angaben nach § 10 Abs. 1 und 2 GmbHG betrifft.

V. Anmeldung von sonstigen Änderungen (§ 13g Abs. 5)

12 Nach § 13g Abs. 5 S. 1 gelten auch §§ 39, 65 Abs. 1 S. 1, 67 Abs. 1 und 2, 74 Abs. 1 S. 1 GmbHG sinngemäß, soweit nicht das ausländische Recht Abweichungen nötig macht. Nach § 13g Abs. 5 i.V.m. § 39 Abs. 1 GmbHG müssen jede **Änderung in den Personen der Geschäftsführer** sowie die Beendigung der Vertretungsbefugnis eines Geschäftsführers zur Eintragung in das Handelsregister angemeldet werden. Dabei sind der Anmeldung nach § 13g Abs. 5 i.V.m. § 39 Abs. 2 GmbHG die Urkunden über die Änderung in Urschrift oder öffentlich beglaubigter Abschrift beizufügen. **§ 39 Abs. 3 GmbHG** war vor dem MoMiG (Rn 2) von dem Verweis ausgeklammert, so dass bei der Bestellung neuer Geschäftsführer keine Versicherung zu den Inhabilitätstatbeständen des § 6 Abs. 2 S. 2 bis 4 GmbHG abgegeben werden musste. Die Erweiterung des § 13f Abs. 5 im Zuge des MoMiG hat dazu geführt, dass eine solche Erklärung auch bei Änderungen der Geschäftsführer – ebenso wie bei der erstmaligen Anmeldung – abgegeben werden musste.[33] Im Rahmen des DiRUG (Rn 2) wurde die Reichweite des Verweises eingeschränkt: Nach § 13g Abs. 5 S. 2 n.F. ist § 39 Abs. 3 GmbHG nur auf **Gesellschaften aus Drittstaaten** anzuwenden (s. bereits Rn 4, § 13f Rn 7, 23 und § 13e Rn 38 ff).

---

28 *Mödl* RNotZ 2008, 1 (16).
29 Hierzu KG BeckRS 2012, 3824 Rn 11.
30 Ebenroth/Boujong/Joost/Strohn/*Pentz* Rn 16; Röhricht/v. Westphalen//Haas/*Ries* Rn 11.
31 Ebenroth/Boujong/Joost/Strohn/*Pentz* Rn 16.
32 Vgl. KG BeckRS 2012, 3824 Rn 22.
33 Vgl. dazu KG FGPrax 2012, 171 f.

Der Verweis auf §§ 65 Abs. 1 S. 1, 67 Abs. 1 und 2, § 74 Abs. 1 S. 1 GmbHG betrifft die **Auflösung und Abwicklung der GmbH.** Sie bestimmt sich allein nach dem ausländischen Recht,[34] doch werden an den ausländischen Auflösungstatbestand inländische Anmeldepflichten geknüpft. § 65 Abs. 1 S. 1 regelt die Pflicht der Geschäftsführer, die Auflösung der Gesellschaft zur Eintragung in das Handelsregister anzumelden, § 67 Abs. 1 GmbHG betrifft die Anmeldung der Abwickler und § 74 GmbHG schließlich den Schluss der Abwicklung. Auch diese Anmeldepflichten stehen unter dem Vorbehalt, dass sich aus dem Heimatrecht der GmbH nichts anderes ergibt (s. Rn 6). 13

VI. Aufhebung der Zweigniederlassung (§ 13g Abs. 6)

Nach § 13g Abs. 6 gelten für die Aufhebung einer Zweigniederlassung die Vorschriften über ihre Errichtung sinngemäß. Auch die Aufhebung ist demnach in das Handelsregister am Ort der Zweigniederlassung einzutragen. Eine Besonderheit gilt dann, wenn die Gesellschaft bei mehreren Zweigniederlassungen vom **Optionsrecht des § 13e Abs. 5** Gebrauch gemacht und ein Register zum Hauptregister erklärt hat (s. dazu § 13e Rn 45). Soll gerade die Zweigniederlassung aufgehoben werden, der dieses Register zugeordnet ist, müssen die bisher bei diesem Register vorgenommenen Änderungen bei den anderen Registern nachgeholt werden. Die Gesellschaft hat daneben aber auch die Möglichkeit, ein neues Hauptregister zu bestimmen und unter Angabe der Handelsregisternummer bei den übrigen Handelsregistern anzumelden.[35] In beiden Fällen ist in den bisherigen Nebenregistern der Verweis auf das ehemalige Hauptregister durch Rötung zu korrigieren.[36] Eine Amtslöschung der Zweigniederlassung wegen Vermögenslosigkeit nach § 394 FamFG kommt nicht in Betracht.[37] 14

---

34 Heymann/*Förster* HGB Rn 15.
35 Ebenroth/Boujong/Joost/Strohn/*Pentz* Rn 26; Ensthaler/*Achilles*/*Haase* § 13f Rn 8.
36 Ebenroth/Boujong/Joost/Strohn/*Pentz* Rn 26.
37 OLG Frankfurt NJW-RR 2011, 330 f; MünchKommHGB/*Krafka* Rn 9; Oetker/*Preuß* § 13d Rn 27.

§ 13h Verlegung des Sitzes einer Hauptniederlassung im Inland

(1) Wird die Hauptniederlassung eines Einzelkaufmanns oder einer juristischen Person oder der Sitz einer Handelsgesellschaft im Inland verlegt, so ist die Verlegung beim Gericht der bisherigen Hauptniederlassung oder des bisherigen Sitzes anzumelden.

(2) [1]Wird die Hauptniederlassung oder der Sitz aus dem Bezirk des Gerichts der bisherigen Hauptniederlassung oder des bisherigen Sitzes verlegt, so hat dieses unverzüglich von Amts wegen die Verlegung dem Gericht der neuen Hauptniederlassung oder des neuen Sitzes mitzuteilen. [2]Der Mitteilung sind die Eintragungen für die bisherige Hauptniederlassung oder den bisherigen Sitz sowie die bei dem bisher zuständigen Gericht aufbewahrten Urkunden beizufügen. [3]Das Gericht der neuen Hauptniederlassung oder des neuen Sitzes hat zu prüfen, ob die Hauptniederlassung oder der Sitz ordnungsgemäß verlegt und § 30 beachtet ist. [4]Ist dies der Fall, so hat es die Verlegung einzutragen und dabei die ihm mitgeteilten Eintragungen ohne weitere Nachprüfung in sein Handelsregister zu übernehmen. [5]Die Eintragung ist dem Gericht der bisherigen Hauptniederlassung oder des bisherigen Sitzes mitzuteilen. [6]Dieses hat die erforderlichen Eintragungen von Amts wegen vorzunehmen.

(3) [1]Wird die Hauptniederlassung oder der Sitz an einen anderen Ort innerhalb des Bezirks des Gerichts der bisherigen Hauptniederlassung oder des bisherigen Sitzes verlegt, so hat das Gericht zu prüfen, ob die Hauptniederlassung oder der Sitz ordnungsgemäß verlegt und § 30 beachtet ist. [2]Ist dies der Fall, so hat es die Verlegung einzutragen.

Schrifttum

Bandehzadeh/Thoß Die nachträgliche Verlagerung des tatsächlichen Sitzes einer GmbH, NZG 2002, 803; *Behme/Nohlen* Zur Wegzugsfreiheit von Gesellschaften, NZG 2008, 496; *Clausnitzer* Die Novelle des Internationalen Gesellschaftsrechts – Auswirkungen auf das deutsche Firmenrecht, NZG 2008, 321; *Fingerhuth/Rumpf* MoMiG und die grenzüberschreitende Sitzverlegung, IPRax 2008, 90; *Flesner* Die GmbH-Reform (MoMiG) aus Sicht der Akquisitions- und Restrukturierungspraxis, NZG 2006, 641; *Franz/Laeger* Die Mobilität deutscher Kapitalgesellschaften nach Umsetzung des MoMiG unter Einbeziehung des Referentenentwurfs zum internationalen Gesellschaftsrecht, BB 2008, 678; *Frenzel* Regionalgericht Szeged versus OLG München: Verstößt die Ablehnung der Eintragung einer grenzüberschreitenden Sitzverlegung gegen die Niederlassungsfreiheit, EWS 2008, 130; *Grohmann/Gruschinske* Die identitätswahrende grenzüberschreitende Satzungssitzverlegung in Europa – Schein oder Realität?, GmbHR 2008, 27; *Groschuff* Eintragungsverfahren bei Zweigniederlassungen und bei Sitzverlegungen nach den am 1. Oktober 1937 in Kraft tretenden Neuregelungen, JW 1937, 2425; *J. Hoffmann* Die stille Bestattung der Sitztheorie durch den Gesetzgeber, ZIP 2007, 1581; *Jungherr* Sitzverlegung einer offenen Handelsgesellschaft nach England und einer partnership nach Deutschland, 1972; *Karl* Zur Sitzverlegung deutscher juristischer Personen des privaten Rechts nach dem 8. Mai 1945, AcP 159 (1960/61), 293; *Kindler* Der Wegzug von Gesellschaften in Europa, DK 2006, 811; *ders.* GmbH-Reform und internationales Gesellschaftsrecht, AG 2007, 721; *J. Koch* Freie Sitzwahl für Personenhandelsgesellschaften, ZHR 173 (2009), 101; *Lenz* Eintragungsverfahren bei Zweigniederlassungen und bei Sitzverlegung nach der zum 1. Oktober 1937 in Kraft tretenden Neuregelung, JW 1937, 2632; *Leuering* Von Scheinauslandsgesellschaften hin zu „Gesellschaften mit Migrationshintergrund", ZRP 2008, 73; *Melchior/Schulte* HandelsregisterVO, Online-Version 2008; abrufbar unter www.melchior-schulte.de (zuletzt abgerufen am 1. August 2008); *Mülsch/Nohlen* Die ausländische Kapitalgesellschaft und Co. KG mit Verwaltungssitz im EG-Ausland, ZIP 2008, 1358; *Peters* Verlegung des tatsächlichen Verwaltungssitzes der GmbH ins Ausland, GmbHR 2008, 245; *Preuß* Die Wahl des Satzungssitzes im geltenden Gesellschaftsrecht und nach dem MoMiG-Entwurf, GmbHR 2007, 57; *Reithmann/Martiny* Internationales Vertragsrecht, 6. Aufl., 2004; *Rotheimer* Referentenentwurf zum Internationalen Gesellschaftsrecht, NZG 2008, 181; *Schmidtbleicher* Verwaltungssitzverlegung deutscher Kapitalgesellschaften in Europa: ‚Sevic' als Leitlinie für ‚Cartesio', BB 2007, 613; *C. Schneider* Internationales Gesellschaftsrecht vor der Kodifizierung, BB 2008, 566; *Spahlinger/Wegen* Internationales Gesellschaftsrecht in der Praxis, 2005; *Walden* Das Kollisionsrecht der Personengesellschaften im deutschen, europäischen und US-amerikanischen Recht, 2001; *Weng* Die Rechtssache Cartesio – Das Ende Daily Mails?, EWS 2008, 264; *Wilhelmi* Der Wegzug von Gesellschaften im Lichte der Rechtsprechung des EuGH zur Niederlassungsfreiheit, DB 2008, 1611; *Ziegler* GmbH-Sitzverlegung mit weiteren Änderungen des Gesellschaftsvertrages, Rpfleger 1991, 485; vgl. aber auch schon die Nachweise zu § 13 und § 13d.

https://doi.org/10.1515/9783110564440-027

Übersicht

I. Allgemeines

1. Normzweck und Regelungsgehalt

1 Ausweislich der Überschrift regelt § 13h die Verlegung des Sitzes oder einer Hauptniederlassung im Inland. Das ist dahingehend zu präzisieren, dass die Vorschrift nicht die Voraussetzungen für die Verlegung selbst bestimmt, sondern ausschließlich die Registrierung der Verlegung.[1] Um dem Rechtsverkehr über die Verhältnisse des Unternehmens hinreichend Auskunft zu geben, muss auch eine solche Verlegung registergerichtlich dokumentiert werden. § 13h Abs. 1 schreibt deshalb zunächst allgemein die Anmeldung der Verlegung beim bisherigen Registergericht vor. Hinsichtlich des weiteren Verfahrens wird danach unterschieden, ob die Verlegung innerhalb eines Gerichtsbezirks oder in einen anderen Gerichtsbezirk erfolgt. Da sich im zweiten Fall die Zuständigkeit des Registergerichts ändert, bedarf es einer sorgfältigen **Abstimmung der beteiligten Gerichte**. Die entsprechenden Pflichten sind Regelungsgegenstand des § 13h Abs. 2. Für den unproblematischeren Fall, dass die Verlegung innerhalb eines Gerichtsbezirks erfolgt, sieht § 13h Abs. 3 ein erleichtertes Verfahren vor.

2 Die in § 13h Abs. 1 vorgeschriebene Anmeldepflicht würde sich auch schon aus §§ 31, 34 ergeben, doch wird durch die speziellere Vorschrift des § 13h Abs. 1 der **Adressat der Anmeldung** klargestellt: Sie muss bei dem bisherigen Registergericht erfolgen, und zwar auch dann,

1 Hopt/*Merkt* Rn 1; vgl. auch GroßkommAktG/*Ehricke* § 45 Rn 3 zur aktienrechtlichen Parallelvorschrift § 45 AktG.

wenn die tatsächliche Verlegung bereits vollzogen wurde.[2] Überdies werden die **Zuständigkeiten der beteiligten Gerichte** deutlich voneinander abgegrenzt, was vor der Einführung spezieller Regelungen insbesondere in den Fällen zu Problemen führte, in denen die Sitzverlegung mit einer Satzungsänderung verbunden war (s. noch Rn 15). Wurde die Satzungsänderung vom bisher zuständigen Registergericht vorgenommen, noch bevor die Verlegung eingetragen wurde, so konnte es passieren, dass für die betroffene Gesellschaft überhaupt kein Handelsregister mehr bestand.[3] Derartige prozedurale Reibungsverluste sollen durch die klare Zuständigkeitstrennung des § 13h vermieden werden.

3 Die **systematische Stellung** des § 13h im Anschluss an §§ 13 ff ist **irreführend**, da er nicht das Vorliegen einer Zweigniederlassung voraussetzt.[4] Der tiefere Grund für diese Verortung lag darin, dass die hier angeordnete Kooperation zweier Gerichte dem ursprünglich auch für Zweigniederlassungen vorgesehenen Verfahren nachgebildet war (s. § 13 Rn 6).[5] Nachdem diese kooperative Lösung mit der Neufassung des § 13 aufgegeben (vgl. § 13 Rn 7) und die Zuständigkeit stattdessen vollständig auf das Gericht der Hauptniederlassung bzw. des Sitzes fokussiert wurde, ist indes auch dieses Band zerschnitten.

2. Normentwicklung

4 Eine Vorgängerregelung wurde erstmals im Jahr 1937 durch das Gesetz über die Eintragung von Handelsniederlassungen und das Verfahren in Handelsregistersachen vom 10.8.1937 als 13c HGB eingeführt[6] und durch § 31 Nr. 1 EGAktG vom 9.6.1965 neu gefasst.[7] Im Zuge des Gesetzes zur Durchführung der Elften gesellschaftsrechtlichen Richtlinie vom 22.7.1993 wurde die Regelung in § 13h umgewandelt.[8] Eine Parallelregelung für die AG und KGaA enthält § 45 AktG.

II. Anwendungsbereich

5 § 13h erfasst den Einzelkaufmann i.S.d. § 1, die juristische Person i.S.d. § 33 (zur Abgrenzung von der Handelsgesellschaft s. § 13 Rn 12) und die Handelsgesellschaft. Als Handelsgesellschaften werden nach der Terminologie des HGB üblicherweise die Kapitalgesellschaften (AG, GmbH, KGaA) sowie die Personenhandelsgesellschaften (OHG, KG) erfasst. Für die AG und die KGaA besteht aber eine **Spezialvorschrift in § 45 AktG**, die § 13h verdrängt.[9] Sie findet über Art. 9 Abs. 1 c) ii) SE-VO auch auf die Societas Europaea (SE) Anwendung.[10] Auf der anderen Seite wird der Anwendungsbereich des § 13h dadurch erweitert, dass die Bestimmung aufgrund der Verweisung des § 5 Abs. 2 PartGG auf die Partnerschaftsgesellschaft, aufgrund der Verweisung in § 1 EWIV-AusfG auf die Europäische Wirtschaftliche Interessenvereinigung und aufgrund der Verweisung in § 172 S. 1 VAG auf den VVaG Anwendung findet. Ab dem 1.1.2024 wird § 13h nach § 707b Nr. 2 BGB i.d.F. des MoPeG[11] auch auf die im Gesellschaftsrechtsregister eingetragene Gesellschaft bürgerlichen Rechts anwendbar sein. Ohne ausdrückliche gesetzliche Grundlage

---

2 Ebenroth/Boujong/Joost/Strohn/*Pentz* Rn 15.
3 Vgl. *Groschuff* JW 1937, 2425 (2429); ferner GroßkommAktG/*Ehricke* § 45 Rn 1.
4 Vgl. auch bereits OLG Stuttgart NJW 1964, 112 zur Vorgängervorschrift des § 13c a.F.
5 *Koch* § 45 Rn 1; *Groschuff* JW 1937, 2425 (2429).
6 RGBl. I, S. 897.
7 BGBl. I, S. 1185.
8 BGBl. I, S. 1282.
9 So auch Hopt/*Merkt* Rn 1; K. Schmidt/Lutter/*Ringe* § 45 Rn 1.
10 Ebenroth/Boujong/Joost/Strohn/*Pentz* Rn 11.
11 Gesetz zur Modernisierung des Personengesellschaftsrechts (Personengesellschaftsrechtsmodernisierungsgesetz – MoPeG) v. 10.8.2021, BGBl. I, S. 3436.

wird im Schrifttum auch die analoge Anwendung auf die Genossenschaft befürwortet, was angesichts der vergleichbaren registerrechtlichen Dokumentation in der Tat zweckmäßig erscheint.[12] Auf Vereine findet § 13h keine Anwendung.[13]

III. Verlegung der Hauptniederlassung oder des Sitzes (§ 13h Abs. 1)

1. Bestimmung der Hauptniederlassung oder des Sitzes

Der Prüfung, ob eine Verlegung des Sitzes oder der Hauptniederlassung vorliegt, ist die Frage vorgeschaltet, wie Sitz und Hauptniederlassung bei den verschiedenen Unternehmensformen zu bestimmen sind. Dabei kann auf die zu § 13 Rn 14 ff, 32 ff entwickelten Grundsätze zurückgegriffen werden. Um die nach § 13h für **Einzelkaufleute** und **juristische Personen i.S.d. § 33** maßgebliche Hauptniederlassung zu identifizieren, ist auf den räumlichen Mittelpunkt des Unternehmens abzustellen, der seinerseits durch den auf Dauer angelegten Ort der Geschäftsleitung bestimmt wird (§ 13 Rn 14 ff). Von den **Kapitalgesellschaften** wird allein die GmbH von § 13h erfasst (s. Rn 5), bei der die Verlegung des Sitzes anmeldepflichtig ist. Damit ist der gem. § 3 Abs. 1 Nr. 1 und § 4a GmbHG festzulegende Satzungssitz gemeint, der nach § 4a GmbHG vom effektiven Verwaltungssitz vollständig abgekoppelt sein kann (s. § 13 Rn 38). Auch der VVaG fällt nicht unter die juristischen Personen i.S.d. § 33,[14] so dass auch hier auf den satzungsmäßigen Sitz abzustellen ist (§ 174 VAG).[15] Nach der hier vertretenen Meinung, die mit dem Inkrafttreten des MoPeG am 1.1.2024 in § 706 S. 2 BGB gesetzlich festgeschrieben wird, ist auch bei den **Personenhandelsgesellschaften** der vertraglich vereinbarte und im Handelsregister verlautbarte Sitz maßgeblich, wohingegen die früher herrschende Ansicht insofern auf den effektiven Verwaltungssitz abstellt (s. § 13 Rn 44 f). 6

2. Anmeldung der Verlegung

a) Einzelkaufmann und juristische Person. Die unterschiedlichen Methoden zur Bestimmung von Sitz und Hauptniederlassung finden hinsichtlich des Vorgangs der Verlegung ihre Fortsetzung. Ob die Hauptniederlassung eines **Einzelkaufmanns** oder einer **juristischen Person** verlegt wurde, beurteilt sich allein nach den **tatsächlichen Verhältnissen**.[16] Gegenstand der in § 13h Abs. 1 vorgeschriebenen Anmeldung zur Registereintragung ist also ausschließlich diese reale Veränderung; der Eintragung kommt nur deklaratorische Bedeutung zu. Nach der hier nicht geteilten herrschenden Ansicht gelten diese Grundsätze auch für die Personenhandelsgesellschaften (vgl. Rn 6).[17] 7

Die in § 13h Abs. 1 vorgeschriebene Anmeldung muss bei dem **bisherigen Registergericht** erfolgen, und zwar auch dann, wenn die tatsächliche Verlegung bereits vollzogen wurde.[18] Die Anmeldung hat in der Form des § 12 durch die zuständigen Organe zu erfolgen, dh durch den 8

12 Ensthaler/*Achilles/Haase* Rn 2; in diese Richtung auch Heymann/*Förster* HGB Rn 4.

13 OLG Brandenburg FGPrax 1998, 28; OLG Oldenburg NJW-RR 1992, 1533; Ebenroth/Boujong/Joost/Strohn/*Pentz* Rn 11; Ensthaler/*Achilles/Haase* Rn 2; Koller/Kindler/Roth/Drüen/*Roth* Rn 1.

14 Vgl. etwa Hopt/*Merkt* Rn 1; Ebenroth/Boujong/Joost/Strohn/*Reuschle* § 33 Rn 1; Koller/Kindler/Roth/Drüen/*Roth* Rn 1.

15 So im Ergebnis auch Ebenroth/Boujong/Joost/Strohn/*Pentz* Rn 12 (missverständlich daher die Zuordnung zur juristischen Person i.S.d. § 13h Abs. 1 in Rn 8).

16 BGH WM 1957, 999 (1000); Ebenroth/Boujong/Joost/Strohn/*Pentz* Rn 13; Ensthaler/*Achilles/Haase* Rn 7; MünchKommHGB/*Krafka* Rn 2; Röhricht/v. Westphalen/Haas/*Ries* Rn 5; *Krafka* Rn 338.

17 KG NJW-RR 1997, 868; Ebenroth/Boujong/Joost/Strohn/*Pentz* Rn 13; Ensthaler/*Achilles/Haase* Rn 7; Koller/Kindler/Roth/Drüen/*Roth* Rn 2; MünchKommHGB/*Krafka* Rn 2; Röhricht/v. Westphalen/Haas/*Ries* Rn 5.

18 Ebenroth/Boujong/Joost/Strohn/*Pentz* Rn 15.

Einzelkaufmann persönlich oder bei juristischen Personen i.S.d. § 33 durch den Vorstand in vertretungsberechtigter Zahl (§ 34 Abs. 3).[19] Da der Verlegungsakt ein rein tatsächlicher Vorgang ist, besteht die Anmeldepflicht auch dann, wenn er gegen den Willen der zuständigen Organe erfolgt ist.[20] Unterbleibt die Anmeldung, kann sie über ein Zwangsgeld nach § 14 erzwungen werden. Wird die Hauptniederlassung oder der Sitz an den Ort der bisherigen **Zweigniederlassung** verlegt, so dass diese zur Hauptniederlassung bzw. zum Sitz wird, muss mit der Sitzverlegung zugleich auch die Aufhebung der Zweigniederlassung nach § 13 Abs. 3 angemeldet werden.[21] Soll die bisherige Hauptniederlassung als Zweigniederlassung fortbestehen, ist dies beim neuen Registergericht zur Eintragung anzumelden.[22]

9 **b) GmbH, VVaG und Personenhandelsgesellschaft.** Für die Sitzverlegung einer (als einzige Kapitalgesellschaft von § 13h erfassten – Rn 5) GmbH kommt es ausschließlich auf den im Gesellschaftsvertrag festgelegten **Gesellschaftssitz** an. Dasselbe gilt für den VVaG und nach der hier vertretenen Auffassung auch für die Personenhandelsgesellschaft (s. Rn 6 f). Die Sitzverlegung erfolgt also durch die wirksame Änderung des Gesellschaftsvertrages.[23] Ob damit auch die **tatsächliche Verlegung** des bisherigen Tätigkeitsschwerpunktes einhergeht, ist zumindest für die GmbH nach § 4a GmbHG **irrelevant**.[24] Für den VVaG und die Personenhandelsgesellschaften sollte nichts anderes gelten.

10 Die Anmeldung hat durch die **zuständigen Organe** zu erfolgen.[25] Das sind bei der GmbH die Geschäftsführer in vertretungsberechtigter Zahl (§ 78 GmbHG), beim VVaG die Vorstandsmitglieder in vertretungsberechtigter Zahl (§ 188 VAG i.V.m. § 78 AktG),[26] bei OHG und KG nach §§ 107, 108 Abs. 1, 161 Abs. 2 sämtliche Gesellschafter (zur Vertretung bei der Anmeldung vgl. § 12 Rn 36 ff). Beim VVaG bedarf die Sitzverlegung überdies als Geschäftsplanänderung der Genehmigung durch die Aufsichtsbehörde (§§ 9 Abs. 2 Nr. 1, 12 Abs. 1 VAG). Die Anmeldung hat in der **Form des § 12** zu erfolgen. Dabei sind eine öffentlich beglaubigte Abschrift über den Gesellschafterbeschluss sowie der vollständige Wortlaut des neu gefassten Gesellschaftsvertrages (bei der GmbH mitsamt der nach § 54 Abs. 1 S. 2 erforderlichen notariellen Bescheinigung) gem. § 12 Abs. 2 elektronisch als Dokument der Anmeldung beizufügen (s. dazu § 12 Rn 71 ff).[27]

11 Bei der GmbH und beim VVaG wird die Sitzverlegung durch Satzungsänderung wegen § 54 Abs. 3 GmbHG, § 196 Abs. 3 VAG erst mit der **konstitutiven Eintragung** im Handelsregister wirksam.[28] Solange die Eintragung noch nicht erfolgt ist, kann die Anmeldung jederzeit zurückgenommen werden; nach der Eintragung bedarf es einer Rückverlegung.[29] Da die Eintragung bei der GmbH konstitutive Wirkung hat, ist es nicht erforderlich, die Anmeldung mittels eines **Zwangsgeldes** zu erzwingen (§ 79 Abs. 2 GmbHG; vgl. § 14 Rn 8).[30] Bei der Personenhandelsgesellschaft ist die Erzwingung hingegen möglich. Beim Vorliegen von Zweigniederlassungen gelten die Ausführungen in Rn 8.

---

19 *Krafka* Rn 342 mit Formulierungsbeispiel in Rn 343.
20 Ebenroth/Boujong/Joost/Strohn/*Pentz* Rn 13; Ensthaler/*Achilles*/*Haase* Rn 7.
21 GroßkommAktG/*Ehricke* § 45 Rn 33; *Krafka* Rn 339.
22 GroßkommAktG/*Ehricke* § 45 Rn 33.
23 Vgl. etwa OLG Hamm GmbHR 2001, 920 (921); *Krafka* Rn 338.
24 Abweichend noch vor dieser Änderung LG Leipzig NZG 2004, 629 (630); Ebenroth/Boujong/Joost/Strohn/*Pentz* Rn 28; Ensthaler/*Achilles*/*Haase* Rn 7; Koller/Kindler/Roth/Drüen/*Roth* Rn 2.
25 Muster für die Anmeldung einer Kapitalgesellschaft unter Bezugnahme auf das Beschlussprotokoll bei *Krafka* Rn 346.
26 *Krafka* Rn 344.
27 OLG Frankfurt aM FGPrax 2002, 184 (185); *Krafka* Rn 344; ebenso zu § 45 AktG K. Schmidt/Lutter/*Ringe* § 45 Rn 5.
28 Ebenroth/Boujong/Joost/Strohn/*Pentz* Rn 14; Heymann/*Förster* HGB Rn 7.
29 OLG Düsseldorf Rpfleger 1989, 201 (202); Ensthaler/*Achilles*/*Haase* Rn 7; Röhricht/v. Westphalen/Haas/*Ries* Rn 3.
30 Vgl. dazu auch Ebenroth/Boujong/Joost/Strohn/*Pentz* Rn 40; MünchKommHGB/*Krafka* Rn 4.

IV. Verlegung in einen anderen Gerichtsbezirk (§ 13h Abs. 2)

1. Das Verfahren des bisher zuständigen Gerichts

a) Formelle Prüfung. Wird durch die Verlegung die Zuständigkeit eines anderen Gerichtsbezirks begründet, so bedarf es einer **Kooperation** zwischen dem bisher und dem künftig zuständigen Registergericht. Diese Zusammenarbeit ist in § 13h Abs. 2 geregelt. Das bisher zuständige Gericht, bei dem die Anmeldung nach § 13h Abs. 1 in der Form des § 12 zu erfolgen hat, ist allein dazu verpflichtet, die **formellen Voraussetzungen** zu überprüfen; dagegen sind die mit der Anmeldung verbundenen Sachfragen von dem neuen Registergericht zu beurteilen.[31] Aufgrund dieser Zuständigkeitsverteilung spricht entgegen der herrschenden Ansicht in der Rechtsprechung nichts dagegen, die Aufgaben des abgebenden Gerichts durch einen **Rechtspfleger** erledigen zu lassen.[32] 12

Zu den formellen Anforderungen gehört neben den Übermittlungsvorgaben des § 12 namentlich die **Vertretungsmacht der Anmelder** (s. Rn 8, 10).[33] Erfordert die Sitzverlegung eine Änderung des Gesellschaftsvertrages muss das Gericht weiterhin überprüfen, ob der Anmeldung eine beglaubigte Abschrift des Gesellschafterbeschlusses sowie der vollständige Wortlaut des neuen Vertrages beigefügt worden sind.[34] Führt die formelle Prüfung zu einem negativen Ergebnis, so muss das Registergericht dem Anmelder zunächst im Wege einer Zwischenverfügung gem. § 382 Abs. 4 FamFG eine Frist zur Korrektur setzen. Verstreicht diese, ohne dass dem gerügten Mangel abgeholfen wird, so ist die Anmeldung zurückzuweisen (zur Zwischenverfügung s. bereits § 8 Rn 129).[35] 13

b) Weiterer Verfahrensgang nach Abschluss der formellen Prüfung. Ist die Anmeldung formell nicht zu beanstanden, so hat das Gericht die Verlegung von Amts wegen und unverzüglich (§ 121 Abs. 1 S. 1 BGB: „ohne schuldhaftes Zögern") dem Gericht der neuen Hauptniederlassung oder des neuen Sitzes **mitzuteilen**. Dieser Mitteilung sind nach § 13h Abs. 2 S. 2 die Eintragungen für die bisherige Hauptniederlassung oder den bisherigen Sitz sowie die bei dem bisher zuständigen Gericht aufbewahrten Urkunden beizufügen. Das Erste geschieht durch Übersendung einer beglaubigten Abschrift des Registerblattes (§ 13 HRV), das Zweite durch Übersendung der vollständigen Registerakte (§ 8 HRV). Nachdem die Verlegung im Register des neuen Gerichts eingetragen (s. Rn 19) und die Eintragungsnachricht eingegangen ist (§ 13h Abs. 2 S. 5), nimmt das Gericht der bisherigen Hauptniederlassung oder des bisherigen Sitzes die erforderlichen Eintragungen in seinem Register von Amts wegen vor (§ 13h Abs. 2 S. 6). Das bedeutet gem. **§ 20 HRV**: Die Verlegung ist auf dem bisherigen Registerblatt in der Spalte 2 und in der Spalte „Rechtsverhältnisse" zu vermerken;[36] die Eintragungen sind entsprechend § 22 HRV zu röten. Auf dem bisherigen Registerblatt ist in Spalte 7 unter „Bemerkungen" bei der jeweiligen Eintragung auf das Registerblatt des neuen Registergerichts zu verweisen und umgekehrt.[37] 14

---

31 OLG Frankfurt aM FGPrax 2002, 184 (185); OLG Frankfurt aM FGPrax 2005, 38; OLG Frankfurt aM FGPrax 2008, 164; OLG Hamm GmbHR 1991, 321; OLG Köln Rpfleger 1975, 251 f; OLG Köln FGPrax 2005, 40 (41); AG Memmingen NZG 2006, 70 (71); Ebenroth/Boujong/Joost/Strohn/*Pentz* Rn 18;*Koch* § 45 Rn 3; MünchKommHGB/*Krafka* Rn 5; Röhricht/v. Westphalen/Haas/*Ries* Rn 4.

32 *Melchior/Schulte* § 4 Rn 4, § 20 Rn 4; *Krafka* Rn 347; *Buchberger* Rpfleger 1990, 513 (514); sympathisierend auch *Ziegler* Rpfleger 1991, 485 (487); **aA** OLG Frankfurt aM FGPrax 2002, 184 (185); OLG Frankfurt aM FGPrax 2008, 164; OLG Köln FGPrax 2005, 40 (41); Koller/Kindler/Roth/Drüen/*Roth* Rn 2.

33 OLG Frankfurt aM FGPrax 2002, 184 (185); OLG Köln Rpfleger 1975, 251; Ebenroth/Boujong/Joost/Strohn/*Pentz* Rn 19; *Melchior/Schulte* § 20 Rn 7; Röhricht/v. Westphalen/Haas/*Ries* Rn 4.

34 Ebenroth/Boujong/Joost/Strohn/*Pentz* Rn 20.

35 OLG Frankfurt aM FGPrax 2002, 184 (185); Ebenroth/Boujong/Joost/Strohn/*Pentz* Rn 26.

36 Formulierungsbeispiel bei *Krafka* Rn 352.

37 Vgl. dazu auch GroßkommAktG/*Ehricke* § 45 Rn 26; *Melchior/Schulte* § 20 Rn 9.

15 **c) Eintragung einer Satzungsänderung.** Auch wenn die Verlegung von einem satzungsändernden Beschluss abhängig ist, muss dieser nach der ganz herrschenden Ansicht dennoch nicht bei dem abgebenden Registergericht eingetragen werden.[38] Eine solche Vorgehensweise würde zwar der konstitutiven Wirkung der Registereintragung entsprechen (vgl. § 54 Abs. 3 GmbHG), wäre aber nicht zweckmäßig, weil § 13h Abs. 2 ausdrücklich die materiell-rechtliche Prüfung durch das **neue Registergericht** anordnet. Ohne diese Prüfung kann die Satzungsänderung vernünftigerweise nicht eingetragen werden. Daher ist § 13h als lex specialis zu den für Satzungsänderungen geltenden Vorschriften anzusehen. Zu weiteren mit der Verlegung verbundenen Anmeldungen s. noch Rn 22 ff.

2. Das Verfahren des neuen Registergerichts

16 **a) Materiell-rechtliche Prüfung.** Das Gericht der neuen Hauptniederlassung oder des neuen Sitzes muss das nach Abschluss der formellen Prüfung überwiesene Verfahren zur sachlichen Prüfung übernehmen (s. Rn 2, 12). Es kann die Übernahme des Verfahrens nicht deshalb ablehnen, weil es hinsichtlich der formellen Anforderungen strengere Maßstäbe für geboten erachtet. Vielmehr hat es in diesem Fall **in eigener Verantwortung** über den Antrag auf Eintragung der Sitzverlegung zu entscheiden, ohne an die Rechtsauffassung des abgebenden Registergerichts gebunden zu sein.[39]

17 Das übernehmende Registergericht prüft, ob die Verlegung ordnungsgemäß erfolgt und der Grundsatz der Firmenunterscheidbarkeit (§ 30) gewahrt ist (§ 13h Abs. 2 S. 3). Damit wird die Prüfung der Verlegung **in materieller Hinsicht** umschrieben. Gegenstand der Prüfung ist ausschließlich der Verlegungsakt als solcher; die Anmeldung beim übernehmenden Gericht soll **nicht als Neuanmeldung behandelt** werden (s. noch Rn 17).[40] Welche Prüfungsanforderungen sich daraus ergeben, hängt wiederum von der jeweiligen Unternehmensform ab: Soweit die Sitzverlegung durch einen tatsächlichen Vorgang erfolgt (Rn 7), ist dessen Vollzug zu prüfen. Soweit sie sich als Änderung des Gesellschaftsvertrags darstellt (Rn 11), sind die jeweiligen Erfordernisse der satzungsändernden Beschlüsse zu beachten.[41] Da der Satzungssitz nach § 5 AktG, § 4a GmbHG nicht an den Verwaltungssitz gebunden ist, muss das neue Registergericht den tatsächlichen Vollzug der Sitzverlegung nicht überprüfen. Besteht die Gefahr der Firmenverwechslung (§ 30), so muss die Firma vor der Eintragung geändert werden, was eine neuerliche Satzungsänderung erforderlich machen kann.[42]

18 Da der Gesetzgeber die Sitzverlegung verfahrensrechtlich gerade nicht wie eine Neueintragung behandelt wissen will (vgl. Rn 17), werden Recht und Pflicht zur Prüfung vor der Eintragung konsequent auf die in § 13h Abs. 2 S. 3 angegebenen Gesichtspunkte beschränkt (§ 13h Abs. 2 S. 4). Aus **anderen Gründen**, etwa wegen Zweifeln an der Rechtmäßigkeit der ursprünglichen Eintragung, darf das Gericht die Eintragung nicht ablehnen.[43] Auch die Vorlage einer Bescheinigung des Gewerbeaufsichtsamtes über die Gewerbeummeldung darf das neue Regis-

---

38 So zu § 45 AktG GroßkommAktG/*Ehricke* § 45 Rn 25; *Koch* § 45 Rn 4; MünchKommAktG/*Pentz* § 45 Rn 10; So zu § 45 AktG GroßkommAktG/*Ehricke* § 45 Rn 25; *Koch* § 45 Rn 4; MünchKommAktG/*Pentz* § 45 Rn 10; K. Schmidt/Lutter/*Ringe* § 45 Rn 7; zu den früher bestehenden Schwierigkeiten vgl. bereits Rn 2.

39 OLG Frankfurt aM FGPrax 2008, 164; **aA** wohl zu § 45 AktG GroßkommAktG/*Ehricke* Rn 16.

40 Vgl. dazu Ensthaler/*Achilles*/*Haase* Rn 12; *Ziegler* Rpfleger 1991, 485, 487. S. ferner OLG Köln BeckRS 2015, 11374.

41 Vgl. dazu auch OLG Hamm GmbHR 2001, 920 (921); Ebenroth/Boujong/Joost/Strohn/*Pentz* Rn 29; Ensthaler/*Achilles*/*Haase* Rn 11; MünchKommHGB/*Krafka* Rn 6; Röhricht/v. Westphalen/Haas/*Ries* Rn 5.

42 Ensthaler/*Achilles*/*Haase* Rn 10.

43 BayObLG BB 1987, 359; OLG München NZG 2011, 117 (118); Ensthaler/*Achilles*/*Haase* Rn 12; Heymann/*Förster* HGB Rn 17; MünchKommHGB/*Krafka* Rn 6; Röhricht/v. Westphalen/Haas/*Ries* Rn 6. Vgl. allerdings auch AG Memmingen NZG 2006, 70 (71): Nichtigkeit des Verlegungsbeschlusses wegen sittenwidrigen Versuchs, sich der gerichtlich angeordneten Überprüfung der Eintragungsvoraussetzungen zu entziehen.

tergericht nicht verlangen.[44] Dagegen sind das Registergericht und das vorgeordnete Landgericht nicht gehindert, nach der Eintragung gem. **§§ 395 ff FamFG** vorzugehen. Bestehen etwa Bedenken gegen einen aus dem bisherigen Sitz entlehnten Ortszusatz in der Firma, so ist deshalb zunächst einzutragen und dann nach § 395 FamFG zu verfahren.[45] Dieses Verfahren ist von dem neuen Registergericht einzuleiten.[46]

b) Positives Prüfungsergebnis. Fällt auch das Ergebnis der materiell-rechtlichen Prüfung positiv aus, so ist die Verlegung vom übernehmenden Registergericht einzutragen. Bei der **Eintragung** sind die aus der beglaubigten Abschrift des bisherigen Registerblatts ersichtlichen Angaben in das neue Register zu übernehmen (§ 13h Abs. 2 S. 4), wobei das neu zuständige Registergericht zur eigenständigen Formulierung befugt ist.[47] Dem bisher zuständigen Gericht ist Eintragungsnachricht zu erteilen (§ 13h Abs. 2 S. 5). 19

c) Negatives Prüfungsergebnis. Ist die Sitzverlegung tatsächlich nicht erfolgt oder erweist sie sich aus rechtlichen Gründen als unwirksam, so ist die Anmeldung zurückzuweisen. Durch wen die **Zurückweisung** zu erfolgen hat, ist umstritten. Nach allgemeinen Grundsätzen hat das Gericht, bei dem eine Anmeldung eingereicht wird, auch über die Ablehnung des Antrags zu entscheiden. Daher wird zum Teil vertreten, dass das übernehmende Registergericht bei einem endgültigen negativen Prüfergebnis den Vorgang an das abgebende Gericht zurückzuleiten habe, das sodann den Antrag auf Anmeldung abweise.[48] Vor dem Hintergrund, dass allein dem **übernehmenden Registergericht** die sachliche Prüfungspflicht obliegt, erscheint dieses Ergebnis indes zweifelhaft. Zweckmäßiger ist es, ihm auch die endgültige Entscheidung zuzuweisen und damit eine Aufspaltung der gerichtlichen Entscheidungskompetenz zu vermeiden.[49] Wird die Zurückweisung erklärt, so sind die Dokumente an das Registergericht des alten Sitzes zurückzusenden.[50] 20

V. Verlegung innerhalb des Gerichtsbezirks

Bei einer Verlegung der Hauptniederlassung oder des Sitzes innerhalb des Gerichtsbezirks bleibt das bisherige Registergericht zuständig. Deshalb ist die Verlegung bei diesem Gericht anzumelden. Die in § 13h Abs. 2 vorgesehenen **Mitteilungen entfallen**. Das Gericht prüft die Anmeldung in formeller und in den Grenzen des § 13h Abs. 3 S. 1 in materieller Hinsicht; insoweit sind die in Rn 16 ff entwickelten Grundsätze maßgeblich. Ergeben sich keine Beanstandungen, so ist die Eintragung vorzunehmen (§ 13h Abs. 3 S. 2); anderenfalls ist eine Zwischenverfügung unter Fristsetzung zu erlassen (s. Rn 13) und nach fruchtlosem Fristablauf die Anmeldung abzuweisen. 21

---

44 LG Augsburg NZG 2009, 195.
45 BayObLG DB 1978, 838; KGJ 44 A 152 (154); OLG Hamm NJW-RR 1997, 167 (168); OLG Oldenburg BB 1977, 12 f; AG Memmingen NZG 2006, 70 (72); Ebenroth/Boujong/Joost/Strohn/*Pentz* Rn 29; MünchKommHGB/*Krafka* Rn 6; Röhricht/v. Westphalen/Haas/*Ries* Rn 5; *Krafka* Rn 348.
46 AG Memmingen NZG 2006, 70 (72); Koller/Kindler/Roth/Drüen/*Roth* Rn 2.
47 *Krafka* Rn 349 mit Formulierungsbeispiel in Rn 351; *Buchberger* Rpfleger 1991, 62.
48 *Koch* § 45 Rn 5.
49 OLG Köln FGPrax 2005, 40 (41); LG Leipzig NZG 2004, 629 f; AG Memmingen NZG 2006, 70 (71); GroßkommAktG/*Ehricke* § 45 Rn 32; Koller/Kindler/Roth/Drüen/*Roth* Rn 2; K. Schmidt/Lutter/*Ringe* § 45 Rn 15; *Krafka* Rn 349.
50 GroßkommAktG/*Ehricke* § 45 Rn 32; K. Schmidt/Lutter/*Ringe* § 45 Rn 15; *Krafka* Rn 349.

VI. Verbundene Anmeldungen

22 Grundsätzlich wird es als zulässig angesehen, dass gemeinsam mit der Anmeldung der Verlegung auch andere Änderungen des Gesellschaftsvertrages oder der Satzung zur Eintragung in das Handelsregister angemeldet werden (zum Fall der mit der Verlegung verbundenen Satzungsänderung s. Rn 15).[51] Der Anmeldende kann in diesen Fällen bestimmen, in welcher Reihenfolge die Änderungen vollzogen werden sollen.[52] Macht er von dieser Möglichkeit keinen Gebrauch, bedarf es einer Entscheidung, welches Gericht für die Änderung zuständig ist. In der Rechtsprechung und weiten Teilen des (insbesondere aktienrechtlichen) Schrifttums wird angenommen, dass diese Entscheidung vom bisherigen Registergericht nach **pflichtgemäßem Ermessen** vorzunehmen sei. Es könne die Eintragung selbst vornehmen und erst dann die Akten übersenden; es stehe ihm aber auch offen, die Anmeldung insgesamt an das neue Registergericht zu überweisen.[53] In Teilen der handelsrechtlichen Kommentarliteratur wird die Zuständigkeit des neuen Registergerichts noch weitergehend als zwingend angesehen.[54] Nur vereinzelt wird die ausschließliche Zuständigkeit des abgebenden Gerichts befürwortet.[55]

23 Der **Rechtsprechung ist zuzustimmen.** Die Annahme, es sei allein das bisherige Registergericht zuständig, beruht auf der formalen Überlegung, dass die Zuständigkeit für eintragungspflichtige Anmeldungen erst dann verschoben sein könne, wenn die Verlegung endgültig abgeschlossen sei. Die Ergebnisse, zu denen diese formale Betrachtung führt, sind indes wenig sachgerecht, weil nach § 13h Abs. 2 S. 3 allein das neue Registergericht für die materiell-rechtliche Prüfung der Sitzverlegung zuständig ist und es grundsätzlich nicht **zweckmäßig** erscheint, die Zuständigkeit hinsichtlich einer einheitlichen Anmeldung aufzuspalten. Es fehlt allerdings an einer gesetzlichen Grundlage, um aus dieser Zweckmäßigkeitsüberlegung die ausschließliche Zuständigkeit des neuen Gerichts herzuleiten.[56] Vielmehr gilt der allgemeine Grundsatz, dass ein Registergericht, dem nicht schon durch die Anmeldung eine bestimmte Prüfungsreihenfolge vorgegeben wird, nach **pflichtgemäßem Ermessen** über die Bearbeitungsreihenfolge entscheiden kann. In diese Ermessensentscheidung fließen aber die beschriebenen Zweckmäßigkeitsüberlegungen ein. Namentlich die in § 13h Abs. 2 S. 1 enthaltene Vorgabe einer „unverzüglichen" Mitteilung wird es zumeist ratsam erscheinen lassen, den gesamten Vorgang unmittelbar an das neue Registergericht zu überweisen.[57] Bei dringenden Eilentscheidungen gibt diese Lösung dem abgebenden Registergericht aber auch die Flexibilität, die Eintragung selbst vorzunehmen.[58] Wurde ein Antrag hingegen schon vor der Verlegung gestellt, so ist er zwingend noch vom bisher zuständigen Gericht zu bearbeiten.[59]

24 Dem abgebenden Registergericht ist die Verweisung allerdings **ausnahmsweise** verwehrt, wenn sich aus den Erfordernissen des konkreten Verfahrensablaufs im Einzelfall etwas anderes ergibt. Das ist namentlich bei der Anmeldung einer **Verschmelzung mit Kapitalerhöhung und**

---

51 KG NJW-RR 1997, 868 f; OLG Celle GmbHR 1995, 303; OLG Frankfurt aM Rpfleger 1991, 508; OLG Hamm GmbHR 1991, 321; OLG Zweibrücken GmbHR 1992, 678; Ebenroth/Boujong/Joost/Strohn/*Pentz* Rn 28; Ensthaler/*Achilles*/*Haase* Rn 14; *Koch* § 45 Rn 3; MünchKommHGB/*Krafka* Rn 8; Röhricht/v. Westphalen/Haas/*Ries* Rn 5; *Krafka* Rn 354.

52 GroßkommAktG/*Ehricke* § 45 Rn 30; *Melchior*/*Schulte* § 20 Rn 5; *Krafka* Rn 354.

53 Vgl. etwa KG NJW-RR 1997, 868 f; OLG Celle GmbHR 1995, 303; OLG Frankfurt aM Rpfleger 1991, 508; OLG Hamm GmbHR 1991, 321 f; OLG Zweibrücken GmbHR 1992, 678; grds. auch OLG Frankfurt aM FGPrax 2005, 38; OLG Hamm NJW-RR 1995, 356 f (s. aber noch Rn 24); zustimmend Ebenroth/Boujong/Joost/Strohn/*Pentz* Rn 28; GroßkommAktG/*Ehricke* § 45 Rn 30; Heymann/*Förster* HGB Rn 22; *Koch* § 45 Rn 3; KölnKomm-AktG/*Arnold* § 45 Rn 15; Koller/Kindler/Roth/Drüen/*Roth* Rn 2; *Melchior*/*Schulte* § 20 Rn 6; K. Schmidt/Lutter/*Ringe* § 45 Rn 8; differenzierend nach der Unternehmensform Ensthaler/*Achilles*/*Haase* Rn 14.

54 MünchKommHGB/*Krafka* Rn 8; Röhricht/v. Westphalen/Haas/*Ries* Rn 5; wohl auch *Ziegler* Rpfleger 1991, 485 ff.

55 LG Mannheim GmbHR 1991, 24.

56 So auch GroßkommAktG/*Ehricke* § 45 Rn 30.

57 KG NJW-RR 1997, 868 (869).

58 K. Schmidt/Lutter/*Ringe* § 45 Rn 8.

59 GroßkommAktG/*Ehricke* § 45 Rn 31; K. Schmidt/Lutter/*Ringe* § 45 Rn 9.

gleichzeitiger Sitzverlegung anerkannt, da hier § 53 UmwG ausdrücklich vorsieht, dass die Eintragung der Verschmelzung erst nach vorausgegangener Eintragung der Kapitalerhöhung erfolgen darf.[60]

VII. Grenzüberschreitende Verlegung der Hauptniederlassung oder des Sitzes

1. Allgemeines

Gesetzlich noch nicht geregelt ist die grenzüberschreitende Verlegung der Hauptniederlassung 25 oder des Sitzes (zu den Reformen im Zusammenhang mit der Mobilitätsrichtlinie und dem UmRUG-Entwurf s. noch Rn 39). Ihre Zulässigkeit und ihre rechtliche Behandlung sind von einer **mehrfachen Differenzierung** abhängig. Zunächst ist zu unterscheiden, ob die Sitzverlegung von Deutschland ins Ausland oder umgekehrt vom Ausland nach Deutschland erfolgt. Sodann ist weiterhin zwischen den verschiedenen Unternehmensformen zu unterscheiden.

2. Verlegung der Hauptniederlassung eines Einzelkaufmanns

Die Hauptniederlassung des Einzelkaufmanns wird durch die tatsächlichen Verhältnisse be- 26 stimmt. Macht der Kaufmann einen ausländischen Ort zum räumlichen Mittelpunkt seines Unternehmens, so ist die **Verlegung in das Ausland** erfolgt; das deutsche Handelsrecht legt solcher „Auswanderung" keine Hindernisse in den Weg.[61] Fraglich kann nur die registerrechtliche Behandlung dieses Vorgangs sein. Das Verfahren des § 13h scheidet aus, weil es ein Zusammenwirken deutscher Gerichte voraussetzt.[62] Vielmehr bewirkt die Verlegung der Hauptniederlassung das Erlöschen der vom deutschen Registerrecht vorausgesetzten Inlandsfirma und ist deshalb nach § 31 Abs. 2 S. 1 anzumelden.[63] Die Anmeldung ist grundsätzlich gem. § 14 zu erzwingen. Führt dieser Weg, etwa wegen eines Auslandsaufenthalts des Anmeldepflichtigen, nicht zum Erfolg, so löscht das Gericht von Amts wegen (§ 31 Abs. 2 S. 2). Was am neuen Niederlassungsort zu erfolgen hat, ist eine Frage des jeweiligen ausländischen Rechts. Bleiben im Inland Zweigniederlassungen bestehen, so gelten für diese §§ 13d ff. Im umgekehrten Fall, also bei Verlegung der Hauptniederlassung **vom Ausland in das Inland**, ist die Begründung der Inlandsfirma nach § 29 zur Eintragung in das Handelsregister anzumelden.[64]

3. Sitzverlegung der Kapitalgesellschaft

a) Verlegung des Verwaltungssitzes in das Ausland. Verlegt eine deutsche Kapitalgesell- 27 schaft ihren Sitz in das Ausland, so hängt die rechtliche Beurteilung von den Anforderungen des inländischen Gesellschaftsrechts einerseits und von den Anforderungen des in- und ausländischen internationalen Privatrechts andererseits ab. Bis zum **MoMiG**[65] hat die früher herrschende Ansicht aus der in § 5 Abs. 2 AktG a.F., § 4a Abs. 2 GmbHG a.F. angeordneten Regelbindung des Satzungssitzes an den Verwaltungssitz den Schluss gezogen, dass die Verlegung des

60 Zu den Einzelheiten vgl. OLG Frankfurt aM FGPrax 2005, 38 f; OLG Hamm NJW-RR 1995, 356 f; Ensthaler/*Achilles/Haase* Rn 14; vgl. ferner auch Koller/Kindler/Roth/Drüen/*Roth* Rn 2; *Krafka* Rn 354.

61 So bereits Staub/*Hüffer*[4] § 13c Rn 8; dem folgend MünchKommHGB/*Krafka* Rn 18.

62 So auch Ebenroth/Boujong/Joost/Strohn/*Pentz* Rn 42.

63 Vgl. zum Folgenden Ebenroth/Boujong/Joost/Strohn/*Pentz* Rn 42; MünchKommHGB/*Krafka* Rn 18.

64 Ebenroth/Boujong/Joost/Strohn/*Pentz* Rn 50; MünchKommHGB/*Krafka* Rn 20.

65 Gesetz zur Modernisierung des GmbH-Rechts und zur Bekämpfung von Missbräuchen (MoMiG) v. 23.10.2008, BGBl. I, S. 2026.

effektiven Verwaltungssitzes ins Ausland ein zwingender Grund für die **Liquidation** der Gesellschaft sei, und zwar unabhängig vom entgegenstehenden Willen der Gesellschafter oder von einer entsprechenden Satzungsbestimmung.[66]

28 Durch die Streichung der § 5 Abs. 2 AktG a.F., § 4a Abs. 2 GmbHG a.F. wurde für Gesellschaften mit Satzungssitz in Deutschland die Bindung dieses Sitzes an die tatsächlichen Gegebenheiten aufgegeben. Mit dieser Änderung ist es deutschen Gesellschaften möglich, einen Verwaltungssitz zu wählen, der nicht notwendig mit dem Satzungssitz übereinstimmt.[67] Der Gesetzgeber hat damit die GmbH exportfähig gemacht, indem er die europäisch gewährte Zuzugsfreiheit hinsichtlich des Verwaltungssitzes auch um eine **nationale Wegzugsfreiheit** ergänzt hat.[68] Deutsche Kapitalgesellschaften dürfen ihre Geschäftstätigkeit ausschließlich über eine ausländische (auch außereuropäische) Niederlassung entfalten.[69] In Deutschland muss lediglich eine Geschäftsanschrift im Inland aufrechterhalten und in das Handelsregister eingetragen werden. Durch diese Änderung ist der bislang hM, wonach die Verlegung des Verwaltungssitzes ins Ausland zwangsläufig zur Liquidation der Gesellschaft führt (Rn 27), die Grundlage entzogen.[70] Die Gesellschaft besteht unverändert als deutsche Kapitalgesellschaft fort.

29 Diese Freiheit wird allerdings z.T. durch die **Vorgaben des Internationalen Privatrechts** wieder eingeschränkt, nämlich in den Fällen, in denen der Zuzugsstaat nicht der Gründungstheorie, sondern der **Sitztheorie** folgt.[71] Hier führt die Verlegung des tatsächlichen Verwaltungssitzes unabhängig von der satzungsrechtlichen Bindung an einen deutschen Satzungssitz zum Statutenwechsel.[72] Dieser wird im Regelfall die Neugründung der Gesellschaft erforderlich machen, sofern sie im Ausland weiterhin als Kapitalgesellschaft anerkannt werden will.[73] Da aufgrund der Rechtsprechung des EuGH zur europäischen Niederlassungsfreiheit (s. § 13 Rn 8, 32 ff) mittlerweile zumindest im Verhältnis der **EU-Mitgliedstaaten** zueinander in der Regel die Gründungstheorie Anwendung findet, kommt dieser Ausnahme im europäischen Unternehmensverkehr keine gesteigerte Bedeutung mehr zu.[74]

b) Verlegung des Satzungssitzes in das Ausland

30 **aa) Verlegung in einen Drittstaat.** Wie die grenzüberschreitende Verlegung des Satzungssitzes einer deutschen Kapitalgesellschaft zu behandeln ist, hängt vom **Zielstaat** ab: Handelt es sich um einen Drittstaat, kann die Sitzverlegung nach der ganz herrschenden Ansicht nicht in das Handelsregister eingetragen werden, weil sich die Gesellschaft mit der Verlegung aus der Rechtsordnung, die das Fundament ihrer Existenz bilde, löse und damit ihre Rechtsfähigkeit auf der Grundlage ihres bisherigen Personalstatuts verliere. Das war – zumindest auf der aus-

---

66 Vgl. dazu noch den Überblick bei MünchKommBGB/*Kindler* IntGesR Rn 830 mwN.

67 Vgl. dazu *Eidenmüller* ZGR 2007, 168 (204 ff); *Franz/Laeger* BB 2008, 678 ff; *J. Hoffmann* ZIP 2007, 1581 ff; *Kindler* DK 2007, 811 ff; *dens.* AG 2007, 721 f; *Peters* GmbHR 2008, 245 ff; *Preuß* GmbHR 2007, 57 ff.

68 *Kindler* DK 2006, 811 (816); *ders.* AG 2007, 721 (722); *Triebel/Otte* ZIP 2006, 1321 (1326).

69 RegE MoMiG, BT-Drucks. 16/6140, S. 29; vgl. ferner *Kindler* DK 2006, 811 (815 f); *dens.* AG 2007, 721 (722).

70 Zu Recht weisen *Flesner* NZG 2006, 641 f und *Kindler* DK 2006, 811 (816) darauf hin, dass die Liquidationsfolge auch schon vor der Einführung des § 4a Abs. 2 GmbHG a.F. anerkannt war. Angesichts der eindeutigen Regelungsabsicht des Gesetzgebers kann an diese frühere Rechtsauffassung aber nicht mehr angeknüpft werden; so auch *Franz/Laeger* BB 2008, 678 (680 mit Fn 32); *Leuering* ZRP 2008, 73 (77); *Noack* DB 2006, 1475 (1478).

71 Zu Sitz- und Gründungstheorie vgl. statt aller die Darstellung bei MünchKommBGB/*Kindler* IntGesR Rn 354 ff, 423 ff.

72 *Kindler* DK 2006, 811 (816) mit Vorschlägen zur Abhilfe; vgl. ferner Ebenroth/Boujong/Joost/Strohn/*Pentz* Rn 46; GroßkommAktG/*Ehricke* § 45 Rn 51 f; MünchKommBGB/*Kindler* IntGesR Rn 835; *Peters* GmbHR 2008, 245 (249).

73 Ebenroth/Boujong/Joost/Strohn/*Pentz* Rn 46.

74 S. im Einzelnen MünchKommBGB/*Kindler* IntGesR Rn 827.

schließlichen Basis des nationalen Rechts – schon vor dem **MoMiG** (Rn 27) anerkannt[75] und ist durch die Einfügung des Passus „Ort im Inland" in § 5 AktG, § 4a GmbHG explizit gesetzlich geregelt worden.

Geht man mit der herrschenden Ansicht von der Unzulässigkeit einer grenzüberschreitenden Verlegung des Satzungssitzes aus, stellt sich die Folgefrage, welche Konsequenzen sich daraus für einen dennoch gefassten Verlegungsbeschluss ergeben. Nach der insbesondere in der **Rechtsprechung** vertretenen Auffassung ist der Beschluss als **Auflösungsbeschluss** i.S.d. § 262 Abs. 1 Nr. 2 AktG, § 60 Abs. 1 Nr. 2 GmbHG zu verstehen. Die Gesellschaft sei abzuwickeln und im Ausland neu zu gründen.[76] Diese Umdeutung findet aber in dem Beschluss keine Grundlage und ist deshalb mit einer **verbreiteten Literaturauffassung** abzulehnen.[77] Tatsächlich ist der Beschluss als **nichtig i.S.d. § 241 Nr. 3 AktG** anzusehen,[78] weil die Gesellschafter typischerweise nicht die Auflösung, sondern den Fortbestand ihres Verbandes und damit bei Sitzverlegung etwas rechtlich Unmögliches wollen. Für die **registerrechtliche Behandlung** folgt daraus: Die Anmeldung des Verlegungsbeschlusses ist zurückzuweisen.[79] Halten die Gesellschafter an ihren Wegzugsplänen fest, so steht es ihnen frei, einen Auflösungsbeschluss zu fassen und anzumelden.[80] Wurde der nichtige Verlegungsbeschluss dennoch eingetragen, ist dies im Wege eines Amtslöschungsverfahrens nach § 398 FamFG zu korrigieren.[81] 31

bb) Verlegung in einen EU- oder EWR-Staat. Soll der Satzungssitz in einen EU- oder EWR-Staat verlegt werden, sind die Vorgaben der **Niederlassungsfreiheit** zu beachten. Dabei ist anerkanntermaßen zu unterscheiden, ob die Sitzverlegung unter Wahrung von Identität (keine Auflösung und Abwicklung) und Rechtsform (Kapitalgesellschaft deutschen Rechts) oder zwar identitätswahrend, aber formwechselnd (Übergang von einer Kapitalgesellschaft deutschen Rechts in eine Rechtsform des Zuzugstaats) erfolgen soll. **Echte Sitzverlegung** i.S.d. ersten Variante entspricht zwar der Integrationslogik, ist nach der Cartesio-Entscheidung des EuGH[82] aber nicht schon durch Art. 49, 54 AEUV gemeinschaftsrechtlich geboten. Vielmehr kann jeder Mitgliedstaat selbst festlegen, welche Anforderungen die seiner Rechtsordnung unterstehenden Gesellschaften zu erfüllen haben.[83] 32

---

75 So schon vor der Neufassung der §§ 5 AktG, 4a GmbHG BGHZ 29, 320 (328) = NJW 1959, 1126; BayObLGZ 2004, 24 (26); OLG Brandenburg FGPrax 2005, 78 (79); OLG München FGPrax 2008, 38; Scholz/*Cziupka* § 4a Rn 19; vgl. aber auch noch die Nachw. in der folgenden Rn.

76 RGZ 107, 94 (97); BGHZ 25, 134 (144) = NJW 1957, 1433; BayObLGZ 1992, 113 (116); OLG Hamm ZIP 1997, 1696 f; OLG Hamm FGPrax 2001, 123; differenzierend MünchKommBGB/*Kindler* IntGesR Rn 507 f.

77 Vgl. zum Folgenden Ebenroth/Boujong/Joost/Strohn/*Pentz* Rn 49; GroßkommAktG/*Ehricke* § 45 Rn 53; *Koch* § 5 Rn 13; MünchKommAktG/*Koch* § 262 Rn 38; KölnKomm-AktG/*Dauner-Lieb* § 5 Rn 23 mit Fn. 24; MünchKommAktG/*Heider* § 5 Rn 66; MünchKommHGB/*Krafka* Rn 15; MünchKommBGB/*Kindler* IntGesR Rn 839; Röhricht/v. Westphalen/Haas/*Ries* Rn 18.

78 Auf die GmbH wird die Vorschrift analog angewandt; vgl. statt aller *Roth*/Altmeppen § 47 Rn 91 ff.

79 Die hM würde stattdessen die Auflösung eintragen.

80 MünchKommHGB/*Krafka* Rn 15.

81 Vgl. *Koch* § 5 Rn 13; MünchKommAktG/*Koch* § 262 Rn 67, 62; **aA** BeckOGK-AktG/*Drescher* § 5 Rn 13; MünchKomm-FamFG/*Krafka* § 399 Rn 6: Verfahren nach § 399 FamFG.

82 EuGH v. 16.12.2008, C-210/06, Slg. 2008, I-9641, 9664 = NJW 2009, 569 (Cartesio).

83 „Geschöpftheorie" – vgl. schon EuGH v. 27.9.1988, C-81/87, Slg. 1988, 5505 (5512) = NJW 1989, 2186 (Daily Mail); EuGH v. 5.11.2002, C-208/00, Slg. 2002, I-9919, 9943 Rn 70 = NJW 2002, 3614 (Überseering); EuGH v. 16.12.2008, C-210/06, Slg. 2008, I-9641, 9664 = NJW 2009, 569 (Cartesio) unter Ablehnung von *GA Maduro* NZG 2008, 498 Rn 22 ff; EuGH v. 12.7.2012, C-378/10, NJW 2012, 2715 Rn 27 ff, 32 (Vale); OLG Düsseldorf FGPrax 2001, 127 f; OLG Hamm FGPrax 2001, 123 (124); OLG München ZIP 2007, 2124 (2125); *Koch* § 5 Rn 14; *W.-H. Roth* FS Hoffmann-Becking, 2013, S. 965 (972 ff).

33 Etwas anderes gilt bei der **formwechselnden Sitzverlegung**, genauer bei der Verlegung des Satzungssitzes unter Übergang in eine Rechtsform des Zuzugsstaats.[84] Einen solchen Formwechsel muss der EU/EWR-Zuzugsstaat nach der **Vale-Entscheidung** des EuGH gem. Art. 49, 54 AEUV gestatten, wenn er auch nach seinem Recht für inländische „Umwandlungen" möglich wäre und Einschränkungen nicht durch spezielle Rechtfertigungsgründe des AEUV oder zwingende Gründe des Allgemeininteresses gerechtfertigt sind.[85] Das Registergericht darf die Eintragung nicht mit der Begründung verweigern, es fehle dafür an einer Regelung durch den nationalen Gesetzgeber.[86] Die Gesellschaft muss in diesem Fall aber die **Gründungs-/Umwandlungsregeln des Aufnahmestaats** einschließlich Regeln zur Kapitalaufbringung beachten.[87] Unter diesen Prämissen darf die Verlegung auch vom Recht des Wegzugstaates grundsätzlich nicht verhindert oder behindert werden.[88]

34 Hieraus ergibt sich, dass für Drittstaaten angenommene Rechtsfolgen, also die Nichtigkeit des Verlegungsbeschlusses (s. Rn 31), für EU- und EWR-Staaten grundsätzlich nicht gelten. Dies gilt aber unter der Voraussetzung, dass der formwechselnde ausländische Rechtsträger den in § 191 Abs. 1 UmwG genannten Rechtsformen entspricht.[89] Auch sonstiges Verfahren ist nach der **Substitutionslehre**[90] vorbehaltlich europarechtlicher Vorgaben und der Umsetzung der Mobilitätsrichtlinie durch das UmRUG (Rn 39) vornehmlich §§ 190 ff, 122a ff UmwG zu entnehmen.[91] Die Vale-Entscheidung des EuGH[92] wurde überdies auch dahingehend gedeutet, dass sich der Formwechsel nicht isoliert vollziehen dürfe, sondern mit der **Verlegung des Verwaltungssitzes** einhergehen müsse.[93] Dieser Lesart hat EuGH in der **Polbud-Entscheidung** eine klare Absage erteilt: Auch eine isolierte Satzungssitzverlegung ist gegenüber dem Wegzugsstaat danach durch die Niederlassungsfreiheit gedeckt; bloßes Anliegen, in Genuss günstigerer Rechtsvorschriften zu gelangen, stellt keinen Rechtsmissbrauch dar.[94] Damit interpretiert der EuGH die Niederlassungsfreiheit als **nachträgliche Rechtswahlfreiheit**.[95]

---

84 Rechtstatsächliche Aufarbeitung bei *Bayer/Hoffmann* AG 2019, R40 ff.

85 EuGH v. 12.7.2012, C-378/10, NJW 2012, 2715 Rn 30 ff, 39 (Vale); s. auch EuGH v. 25.10.2017, C-106/16, NZG 2017, 1308 Rn 33 (Polbud).

86 OLG Düsseldorf NZG 2017, 1354 Rn 6.

87 Vgl. bereits EuGH v. 16.12.2008, C-210/06, Slg. 2008, I-9641, 9664 Rn 111 ff = NJW 2009, 569; EuGH v. 25.10.2017, C-106/16, NZG 2017, 1308 Rn 35 (Polbud); sowie OLG Düsseldorf NZG 2017, 1354 Rn 7; OLG Frankfurt NZG 2017, 423 Rn 22 ff, 32 ff; KG NZG 2016, 834 Rn 6 ff; OLG Nürnberg NZG 2014, 349, 350 f; OLG Saarbrücken NZG 2020, 390 Rn 5 ff; s.a. OLG Oldenburg NZG 2020, 992 Rn 6 ff (zur Personengesellschaft); *Bayer/Schmidt* ZIP 2012, 1481 ff (1487 ff); *Winter/Marx/De Decker* DStR 2017, 1664 ff; s. zu den Grenzen aber *W.-H. Roth* FS Hoffmann-Becking, 2013, S. 965 (984 ff); für Anlehnung an Art. 8 SE-VO *Hermanns* MittBayNot 2016, 297 (298 ff); *Hushahn* RNotZ 2014, 137 (140 ff); vgl. auch die Checkliste der Richter des AG Charlottenburg GmbHR 2014, R311.

88 So bereits EuGH v. 16.12.2008, C-210/06, Slg. 2008, I-9641, 9664 Rn 113 = NJW 2009, 569; OLG Frankfurt NZG 2017, 423 Rn 26 f; *Bayer/Schmidt* ZHR 173 (2009), 735 (749 ff).

89 OLG Nürnberg NZG 2014, 349 (350); s. dazu *Bungert/de Raet* DB 2014, 761 (763).

90 S. dazu etwa MünchKommBGB/*v. Hein* Einl IPR Rn 247 ff.

91 *Korch/Thelen* IPRax 2018, 248 (252); *Paefgen* WM 2018, 1029 (1032 f); für analoge Anwendung der §§ 122a ff UmwG auf Herausformwechsel insbesondere OLG Saarbrücken NZG 2020, 390 Rn 5 ff; dagegen *Fink/Chilevych* NZG 2020, 544 ff; *Heckschen/Stelmaszczyk* BB 2020, 1734 (1736 ff).

92 EuGH v. 12.7.2012, C-378/10, NJW 2012, 2715 Rn 58 ff (Vale).

93 Vgl. zu diesem Verständnis etwa *Kindler* EuZW 2012, 888 (890 f); *W.-H. Roth* FS Hoffmann-Becking, 2013, S. 965 (989 f); *dens.* ZGR 2014, 168 (207 ff); *Wicke* DStR 2012, 1756 (1757 f); **aA** *Bayer/Schmidt* ZIP 2012, 1481 (1486 f); *Schön* ZGR 2013, 333 (358 ff); offenlassend OLG Frankfurt NZG 2017, 423 Rn 42.

94 EuGH v. 25.10.2017, C-106/16, NZG 2017, 1308 Rn 37 ff (Polbud); zust. *Bayer/Schmidt* ZIP 2017, 2225 (2228 ff); *Behme* ZHR 182 (2018), 32 (43 ff); *Wachter* NZG 2017, 1312 ff; krit. *Kindler* NZG 2018, 1 ff; *Mörsdorf* ZIP 2017, 2381 ff; diff. *Stiegler* AG 2017, 846 ff.

95 Vgl. *Kieninger* NJW 2017, 3624 (3626 f); *Mörsdorf* ZIP 2017, 2381 (2385 ff); plakative Folgerung bei *Wachter* NZG 2017, 1312 (1313): Gesellschaften können deutsches Gesellschaftsrecht mittels ausländischen Briefkastens abwählen.

Der **Wegzugsstaat** darf die isolierte Satzungssitzverlegung auch nicht dadurch erschweren, dass er an den Wegzug eine Auflösung und Liquidation knüpft.[96] Von seiner Seite kann in erster Linie nur eine hinreichende Legitimation durch Gesellschafterbeschluss verlangt werden; auch ein Austrittsrecht überstimmter Gesellschafter sollte anerkannt werden.[97] Die Ausgestaltung des ebenfalls erforderlichen **Gläubigerschutzes** ist umstritten.[98] Die Registerlöschung setzt überdies einen Nachweis neuer Registrierung im Zuzugsstaat voraus.[99] Von Seiten des **Aufnahmestaats** kann einem solchen Formwechsel nur dann eine generelle Grenze gezogen sein, wenn er den Verwaltungssitz oder eine sonstige Verbundenheit mit der nationalen Rechtsordnung voraussetzt.[100] Er darf auch formale Abwicklungsdetails, wie etwa Nachweisdokumente, vorschreiben, aber keine unüberwindbaren bürokratischen Hürden aufbauen.[101] **Steuerliche Wegzugsbeschränkungen** dergestalt, dass eine Sitzverlegung als eine fiktive Realisierung stiller Reserven qualifiziert wird, sind innerhalb der Europäischen Union mit Art. 49, 54 AEUV unvereinbar. Der Wegzug an sich ist kein Realisierungstatbestand,[102] doch ist es zulässig, im Zeitpunkt des Wegzugs die Steuer für die während des Bestehens im Inland entstandenen stillen Reserven festzusetzen und lediglich ihre Zahlung bis zur tatsächlichen Realisierung des Wirtschaftsguts zu stunden.[103] 35

c) Sitzverlegung aus dem Ausland nach Deutschland. Wird der Verwaltungssitz einer ausländischen Kapitalgesellschaft in das Inland verlegt, ist danach zu differenzieren, ob die Gesellschaft als EU-Mitgliedstaat bzw. aufgrund eines Staatsvertrages die Niederlassungsfreiheit genießt (vgl. § 13 Rn 38 ff) oder ob sie aus einem **Drittstaat** zuzieht. Im ersten Fall gelten die vom EuGH in seiner neueren Rechtsprechung zur Niederlassungsfreiheit entwickelten Grundsätze: Solange nicht das Recht des Heimatstaates den identitätswahrenden Wegzug untersagt,[104] ist die Gesellschaft auch dann in ihrer Gründungsrechtsform anzuerkennen, wenn ihr tatsächlicher Tätigkeitsschwerpunkt im deutschen Inland liegt. Die faktische Hauptniederlassung gilt juristisch als **Zweigniederlassung** und ist den §§ 13d ff unterworfen (§ 13 Rn 32 ff). 36

Stammt die Gesellschaft aus einem Drittstaat, so gilt nach der herrschenden Auffassung für sie weiterhin die **traditionelle Sitztheorie** (vgl. § 13 Rn 37, 41 f): Soweit der effektive Verwaltungssitz in Deutschland liegt, wird sie am Maßstab des deutschen Rechts gemessen und dabei nicht als Zweig-, sondern als Hauptniederlassung behandelt. Mangels Eintragung wird sie i.d.R. nicht den Anforderungen des deutschen Kapitalgesellschaftsrechts genügen. Entgegen der älteren Rechtsprechung ist ihre Existenz in diesem Fall nicht vollständig zu negieren, sondern sie muss **nach inländischen Maßstäben** in die Typenreihe des deutschen Gesellschaftsrechts eingeordnet werden. Danach wird sie i.d.R. als eine Personengesellschaft, zumeist als OHG, gegebenenfalls aber auch als Gesellschaft bürgerlichen Rechts zu qualifizieren sein. 37

Die identitäts- und rechtsformwahrende grenzüberschreitende **Verlegung des Satzungssitzes nach Deutschland** ist ebenso wie in den Wegzugfällen (s. Rn 30 ff) nach der derzeitigen 38

---

96 EuGH v. 25.10.2017, C-106/16, NZG 2017, 1308 Rn 46 ff (Polbud).

97 *Kindler* NZG 2018, 1 (6); *Paefgen* WM 2018, 1029 (1034); *Schall* ZfPW 2018, 176 (200 f); *Teichmann/Knaier* GmbHR 2017, 1314 (1321).

98 Vgl. dazu *Paefgen* WM 2018, 1029 (1034).

99 *Schall* ZfPW 2018, 176 (202); *Schollmeyer* ZGR 2018, 186 (197 f); *Teichmann/Knaier* GmbHR 2017, 1314 (1323).

100 EuGH v. 25.10.2017, C-106/16, NZG 2017, 1308 Rn 33, 35 (Polbud); *Bayer/Schmidt* ZIP 2017, 2225 (2231); *Kindler* NZG 2018, 1 (7).

101 EuGH v. 12.7.2012, C-378/10, NJW 2012, 2715 Rn 58 ff (Vale); zu den Einzelheiten vgl. OLG Frankfurt NZG 2017, 423 Rn 32 ff; *Bayer/Schmidt* ZIP 2012, 1481 (1488 ff); *Paefgen* WM 2018, 1029 (1031 ff); *Teichmann/Knaier* GmbHR 2017, 1314 (1321 ff).

102 EuGH v. 11.3.2004, C-9/02, Slg. 2004, I-2431 Rn 38 ff = NJW 2004, 2439 (Lasteyrie-du-Saillant); *Kleinert/Probst* NJW 2004, 2425.

103 EuGH v. 29.11.2011, C-371/10, NZG 2012, 114, 115 ff (National Grid); vgl. dazu *Schall/Barth* NZG 2012, 414 ff.

104 Zur europarechtlichen Zulässigkeit einer solchen Untersagung vgl. bereits Rn 27.

Rechtslage nicht möglich. Eine ausländische Rechtsform kann nicht in das deutsche Handelsregister eingetragen werden.[105] Die Gesellschaft kann entweder neu in Deutschland gegründet werden oder als inländische Zweigniederlassung der weiterhin fortbestehenden ausländischen Gesellschaft eingetragen werden. Nach dem Polbud-Urteil des EuGH (Rn 34) ist auch der identitätswahrende grenzüberschreitende Rechtsformwechsel möglich. Dies setzt aber voraus, dass der formwechselnde ausländische Rechtsträger den in § 191 Abs. 1 UmwG genannten Rechtsformen entspricht.[106] Auch das sonstige Verfahren ist nach der **Substitutionslehre**[107] vorbehaltlich europarechtlicher Vorgaben und der Umsetzung der Mobilitätsrichtlinie durch das UmRUG (Rn 39) vornehmlich §§ 190 ff, 122a ff UmwG zu entnehmen.[108]

39 **d) Mobilitätsrichtlinie; UmRUG.** Wegen der Rechtsunsicherheit im Hinblick auf die Reichweite der Niederlassungsfreiheit und die Umsetzung der Vorgaben, die der EuGH in seinen Urteilen formulierte, wurden Stimmen laut, die zu Recht die sekundärrechtliche Harmonisierung gefordert haben.[109] Dieser Forderung ist der europäische Richtliniengeber mit der Mobilitätsrichtlinie[110] nachgekommen, nachdem die Europäische Kommission im Rahmen des **Company Law Package** einen ersten Legislativvorschlag unterbreitet hat.[111] Die Mobilitätsrichtlinie modifiziert die Vorschriften der Gesellschaftsrechtsrichtlinie[112] über die grenzüberschreitende Verschmelzung (Art. 119 ff der Gesellschaftsrechtsrichtlinie) und führt neue Vorschriften über die grenzüberschreitende Umwandlung[113] und Spaltung (Art. 86a ff bzw Art. 160a ff der Gesellschaftsrechtsrichtlinie) ein;[114] sie ist bis zum 31.1.2023 in deutsches Recht umzusetzen.[115] Der Referentenentwurf des Umsetzungsgesetzes wurde im April 2022 veröffentlicht;[116] im Juli 2022 folgte der Regierungsentwurf.[117] Im Oktober 2022 wurde der Gesetzesentwurf nach der 1. Lesung im Bundestag an den federführenden

105 Ebenroth/Boujong/Joost/Strohn/*Pentz* Rn 52; *Koch* § 45 Rn 2; MünchKommHGB/*Krafka* Rn 20; Röhricht/v. Westphalen/Haas/*Ries* Rn 14.

106 OLG Nürnberg NZG 2014, 349 (350); s. dazu *Bungert/de Raet* DB 2014, 761 (763).

107 S. dazu etwa MünchKommBGB/*v. Hein* Einl IPR Rn 247 ff.

108 *Korch/Thelen* IPRax 2018, 248 (252); *Paefgen* WM 2018, 1029 (1032 f); für analoge Anwendung der §§ 122a ff UmwG auf Herausformwechsel insbesondere OLG Saarbrücken NZG 2020, 390 Rn 5 ff; dagegen *Fink/Chilevych* NZG 2020, 544 ff; *Heckschen/Stelmaszczyk* BB 2020, 1734 (1736 ff).

109 Vgl. *Schall* ZfPW 2018, 176, 198.

110 Richtlinie (EU) 2019/2121 des Europäischen Parlaments und des Rates v. 27.11.2019 zur Änderung der RL (EU) 2017/1132 in Bezug auf grenzüberschreitende Umwandlungen, Verschmelzungen und Spaltungen, ABl. EU, Nr. L 321, S. 1 v. 12.12.2019.

111 Vorschlag für eine Richtlinie des Europäischen Parlaments und des Rates zur Änderung der RL (EU) 2017/1132 in Bezug auf grenzüberschreitende Umwandlungen, Verschmelzungen und Spaltungen vom 25.4.2018, COM (2018) 241 final. Ausführlich zu diesem Projekt *DAV* NZG 2018, 857 ff; *Bayer/Schmidt* BB 2019, 1922, 1925 ff; *Habersack* ZHR 182 (2018), 495 ff; *Knaier* GmbHR 2018, 607 (612 ff); *Luy* NJW 2019, 1905 ff; *M. Noack* AG 2018, 780 ff; *U. Noack/Kraft* DB 2018, 1577 (1578 ff); *J. Schmidt* FS Grunewald, 2021, S. 1005 ff; *Teichmann* NZG 2019, 241 ff.

112 Richtlinie (EU) 2017/1132 des Europäischen Parlaments und des Rates v. 14.6.2017 über bestimmte Aspekte des Gesellschaftsrechts, ABl. EU Nr. L 169, S. 46 v. 30.6.2017.

113 Mit dem Begriff der grenzüberschreitenden Umwandlung ist nach der Systematik des deutschen Umwandlungsrechts ein Formwechsel gemeint, vgl. *Habersack* ZHR 186 (2022), 1.

114 Ausf. dazu *M. Noack* ZGR 2020, 90 ff; *J. Schmidt* ZEuP 2020, 565 ff; *Schollmeyer* ZGR 2020, 62 ff; *Stelmaszczyk* DR 2021, 1 ff, 48 ff.

115 Zu den Umsetzungsoptionen *Habersack* ZHR 186 (2022), 1 ff. Vgl. ferner die Beiträge im ZGR-Sonderheft „Unternehmensmobilität im EU-Binnenmarkt", das 2023 erscheint.

116 Referentenentwurf eines Gesetzes zur Umsetzung der Umwandlungsrichtlinie (UmRUG); abrufbar auf Seiten des BMJ. Vgl. dazu *Bungert/Reidt* DB 2022, 1369 ff; *Bungert/Strothotte* BB 2022, 1411 ff; *Drinhausen/Keinath* BB 2022, 1346 ff; *Heckschen/Knaier* GmbHR 2022, 501 ff; *dies.* GmbHR 2022, 613 ff; *J. Schmidt* NZG 2022, 579 ff; *dies.* NZG 2022, 635 ff; *Wollin* ZIP 2022, 989 ff.

117 Entwurf eines Gesetzes zur Umsetzung der Umwandlungsrichtlinie (UmRUG), BT-Drucks. 20/3822.

Rechtsausschuss überwiesen; die öffentliche Anhörung im Rechtsausschuss ist auf den 7.11.2022 terminiert.

4. Sitzverlegung der Personenhandelsgesellschaft

a) Sitzverlegung in das Ausland. Auch bei der Sitzverlegung einer Personenhandelsgesellschaft ist zwischen Vertrags- und Verwaltungssitz zu unterscheiden. Bestimmt man den Sitz einer Personenhandelsgesellschaft mit der herrschenden Ansicht nach dem Verwaltungssitz (§ 13 Rn 44), so ist die Verlegung des **Vertragssitzes** ins Ausland für die rechtliche Behandlung ohne materiell-rechtliche Relevanz. Geht man mit der hier vertretenen Auffassung davon aus, dass der Sitz statutarisch bestimmt werden darf (§ 13 Rn 44 f), bleibt die Gesellschaft bei der Wahl eines ausländischen Vertragssitzes ebenfalls nicht als deutsche Gesellschaft bestehen, da nur ein inländischer Vertragssitz die Zuständigkeit eines deutschen Registergerichts begründen kann.[118] 40

Soll hingegen nur der **Verwaltungssitz** ins Ausland verlegt werden, kann die Gesellschaft nach herkömmlicher Auffassung ebenfalls nicht als deutsche Gesellschaft fortbestehen, sondern muss im Inland aufgelöst und liquidiert werden, um sie dann im Ausland neu zu gründen.[119] Eine im Kollisionsrecht begründete und mittlerweile herrschende Ansicht lässt von dieser Regel allerdings dann eine Ausnahme zu, wenn der **Zuzugsstaat** seinerseits der **Gründungstheorie** folgt.[120] Diese Behandlung ist kollisionsrechtlich schlüssig: Die nach der herrschenden Auffassung grundsätzlich fortgeltende Sitztheorie (§ 13 Rn 41 f) begründet eine Gesamtverweisung auf das ausländische Recht.[121] Folgt dieses der Sitztheorie, so wird die Gesellschaft von beiden Rechtsordnungen übereinstimmend als ausländische Gesellschaft qualifiziert. Folgt das fremde Recht der Gründungstheorie, so verweist es hingegen auf das deutsche Recht zurück, das die Rückverweisung nach **Art. 4 Abs. 1 EGBGB** annimmt.[122] Danach würde es sich weiterhin um eine inländische Gesellschaft handeln. 41

Trotz dieser klaren kollisionsrechtlichen Wertung müsste der Gesellschaft nach dem überwiegend vertretenen Verständnis des § 106 (§ 13 Rn 44) die inländische Anerkennung aber wohl dennoch aus **registerrechtlichen Gründen** versagt werden, weil es für eine solche Gesellschaft kein zuständiges inländisches Registergericht gäbe.[123] Man würde also zu dem wenig befriedigenden Ergebnis gelangen, dass die originär kollisionsrechtliche Entscheidung durch eine Registerzuständigkeitsregelung verdrängt würde.[124] Schließt man sich dem hier vertretenen Verständnis des § 106 an (§ 13 Rn 44 f), besteht diese Hürde nicht, so dass die kollisionsrechtliche 42

---

118 So auch *Walden* S. 176 mit Fn 673 i.V.m. S. 112 ff sowie S. 191 mit Fn 725; vgl. ferner Staudinger/*Großfeld* IntGesR (1998), Rn 94.

119 MünchKommHGB/*Krafka* Rn 19; Röhricht/v. Westphalen/*Haas* § 106 Rn 9; Staudinger/*Großfeld* IntGesR (1998) Rn 605 ff; Staub/*Hüffer*[4] § 13c Rn 11; **aA** basierend auf der Annahme, dass nunmehr umfassend die Gründungstheorie gelte (dagegen § 13 Rn 41 f, 46 f), Ebenroth/Boujong/Joost/Strohn/*Born* § 106 Rn 14.

120 Für eine solche Differenzierung Ebenroth/Boujong/Joost/Strohn/*Pentz* Rn 43; Röhricht/v. Westphalen/Haas/*Ries* Rn 14; *von Bar* Internationales Privatrecht, 1991, Band II, Rn 624; *Spahlinger*/Wegen Rn 50; *Walden* S. 174 ff, 189 ff; *Mülsch/Nohlen* ZIP 2008, 1358 (1359); *Weng* EWS 2008, 264 (266); s. auch BGH WM 1969, 671 (672); ebenso für Kapitalgesellschaften OLG Hamm NJW 2001, 2183; *Ebenroth/Auer* DNotZ 1993, 187 (192 f); *Ebenroth/Eyles* IPRax 1989, 1 (9); *Zimmer* Internationales Gesellschaftsrecht, 1996, S. 306.

121 Zum Charakter als Gesamtverweisung s. auch *von Bar* Internationales Privatrecht II, 1991, Rn 624; *Ebenroth/Auer* DNotZ 1993, 187 (192 f).

122 Vgl. bereits die Nachw. in Fn 119; zu derartigen Rückverweisungen vgl. MünchKommBGB/*Kindler* IntGesR Rn 484 f.

123 So in der Tat Ensthaler/*Achilles/Haase* Rn 3; *Jungherr* Sitzverlegung einer offenen Handelsgesellschaft nach England und einer partnership nach Deutschland, 1972, S. 51; vgl. zu dieser Konsequenz auch *Walden* S. 125.

124 So die berechtigte Kritik von *Walden* S. 125 ff.

Wertung Bestand hätte.[125] Damit wäre auch insofern eine Gleichbehandlung von Personen- und Kapitalgesellschaften (Rn 27 ff) hergestellt. Zu den Auswirkungen dieser Sichtweise auf den originären Gründungsakt s. § 13 Rn 46 f.

43 **b) Sitzverlegung aus dem Ausland nach Deutschland.** Verlegt eine im Ausland gegründete Personenhandelsgesellschaft ihren Sitz nach Deutschland, so gelten die in § 13 Rn 48 skizzierten Grundsätze: Unterliegt die Gesellschaft der **europäischen Niederlassungsfreiheit** oder einem anerkennungsrechtlichen Sonderregime, ist sie als ausländische Gesellschaft zu behandeln; ihre inländische Niederlassung gilt als **Zweigniederlassung.** Gesellschaften aus **Drittstaaten** werden auf der Grundlage der Sitztheorie als inländische Gesellschaften behandelt, wenn sie ihren effektiven Verwaltungssitz nach Deutschland verlegen (s. § 13 Rn 41 f). Es ist also eine Erstanmeldung nach § 106 erforderlich, und zwar unabhängig davon, ob der Gründungsstaat eine Liquidation verlangt oder nicht.[126]

VIII. Verlegung der Zweigniederlassung

44 Die Verlegung der Zweigniederlassung wird von § 13h nicht erfasst.[127] Zum Teil wurde in der Vergangenheit eine analoge Anwendung des § 13h befürwortet,[128] doch ist dieser Auffassung spätestens seit dem Inkrafttreten des EHUG vom 10.11.2006[129] die Grundlage entzogen.[130] In den Gesetzesmaterialien zum EHUG wird die Sitzverlegung ausdrücklich als spätere Änderung i.S.d. § 13 Abs. 1 S. 2 bezeichnet (ausführlich bereits § 13 Rn 68).[131]

---

125 Ausführlich dazu *J. Koch* ZHR 173 (2009), 101 (113 ff); vgl. auch OLG Oldenburg NZG 2020, 992 Rn 6 ff; *Walden* S. 125 ff.

126 Ensthaler/*Achilles*/*Haase* Rn 3.

127 Formulierungsbeispiel für eine Anmeldung bei *Krafka* Rn 309.

128 Vgl. noch Schlegelberger/*Hildebrandt*/*Steckhan* § 13c Rn 10.

129 Gesetz über elektronische Handelsregister und Genossenschaftsregister sowie das Unternehmensregister (EHUG) v. 10.11.2006, BGBl. I, S. 2553.

130 So auch Ensthaler/*Achilles*/*Haase* Rn 6; für die Anwendung der Änderungsregeln schon nach bisheriger Rechtslage MünchKommHGB/*Krafka* Rn 11.

131 RegE EHUG, BT-Drucks. 16/960, S. 46.

§ 14 [Festsetzung von Zwangsgeld]

[1]Wer seiner Pflicht zur Anmeldung oder zur Einreichung von Dokumenten zum Handelsregister nicht nachkommt, ist hierzu von dem Registergericht durch Festsetzung von Zwangsgeld anzuhalten. [2]Das einzelne Zwangsgeld darf den Betrag von fünftausend Euro nicht übersteigen.

Schrifttum

Ammon Die Anmeldung zum Handelsregister, DStR 1993, 1025; *Bassenge* Tatsachenermittlung, Rechtsprüfung und Ermessensausübung in den registergerichtlichen Verfahren nach §§ 132 bis 144 FGG, Rpfleger 1974, 173; *Hofmann* Zwangsgeldverfahren in der freiwilligen Gerichtsbarkeit, Rpfleger 1991, 283.

Übersicht

I. Regelungsgehalt, Normzweck und Normentwicklung

§ 14 ermächtigt und verpflichtet das Registergericht, die Erfüllung von Anmelde- und Einreichungspflichten zwangsweise durchzusetzen. Auf diese Weise soll sichergestellt werden, dass die registerrechtlichen Pflichten eingehalten und so die Zuverlässigkeit und Vollständigkeit des Handelsregisters gewährleistet wird.[1] Die Vorschrift enthält die **allgemeine handelsrechtliche Grundlage** für den Registerzwang. Daneben finden sich weitere Vorschriften zur Verhängung von Zwangsgeldern in den §§ 37 Abs. 1, 37a Abs. 4 (ggfs. i.V.m. § 125a Abs. 2 und § 177a), in den §§ 407 f AktG, § 79 GmbHG, § 316 UmwG, § 5 Abs. 2 PartGG und § 12 EWIV-AG (vgl. auch die Aufzählung in § 388 FamFG). Dieser Vorschriften bedarf es neben der allgemeinen Vorschrift des § 14, um die Durchsetzung auch solcher Pflichten zu gewährleisten, die nicht gegenüber dem Registergericht zu erfüllen sind und deshalb von § 14 nicht erfasst werden. Sowohl § 14 als auch die genannten Spezialvorschriften werden durch die besonderen **Verfahrensvorschriften der §§ 388 ff FamFG** ergänzt. 1

§ 14 hat im Laufe der Zeit mehrere **Änderungen** erfahren. Durch das EGStGB vom 2.3.1974[2] wurden die Begriffe „Ordnungsstrafe" und „Strafe" durch den Begriff des Zwangsgeldes ersetzt, um zum Ausdruck zu bringen, dass es nicht darum geht, Gesetzesverstöße durch Strafe zu ahnden, sondern darum, durch Einsatz eines **Beugemittels** eine bestimmte Verhaltenspflicht ge- 2

1 Vgl. auch *Krafka* Rn 2354.
2 Einführungsgesetz zum Strafgesetzbuch v. 2.3.1974, BGBl. I, S. 469.

https://doi.org/10.1515/9783110564440-028

genüber dem Registergericht zwangsweise durchzusetzen (zu den Konsequenzen dieser Einordnung s. noch Rn 7).[3] Durch das NaStraG vom 18.1.2001[4] erfolgte die Euro-Umstellung.

3 Durch das **EHUG** vom 10.11.2006[5] schließlich wurde die Möglichkeit des Registerzwangs für den Fall abgeschafft, dass eine Pflicht zur Zeichnung der Unterschrift verletzt wird, da die entsprechenden Pflichten mit dem Übergang zur elektronischen Führung des Handelsregisters aufgehoben wurden. Zudem wurde als Folgeänderung zur Umstellung auf digitale Dokumente in § 12 Abs. 2 (s. § 12 Rn 71 ff) der bisher verwandte Begriff „Schriftstücke" auch in § 14 durch „Dokumente" ersetzt. Größere Bedeutung ist allerdings der Veränderung des Anwendungsbereichs beizumessen, die sich nur mittelbar daraus ergibt, dass die Überwachung der Rechnungslegungspublizität seit dem EHUG nicht den Registergerichten obliegt und damit auch nicht mehr den Zwangsgeldregeln unterfällt (s. noch Rn 6).

II. Zwangsgeldbewehrte Handlungen

1. Pflicht zur Anmeldung

4 Als zwangsgeldbewehrte Handlungen nennt § 14 S. 1 die Pflicht zur Anmeldung und die Pflicht zur Einreichung von Dokumenten. Eine Pflicht zur Anmeldung beim Registergericht[6] ist Gegenstand zahlreicher Vorschriften des HGB und anderer Gesetze (vgl. z.B. §§ 13 ff, 29, 31, 33 f, 106 f, 143, 162 oder §§ 36, 37, 42, 52 Abs. 6 AktG, §§ 7 f, 40 GmbHG). Die Anmeldung bloß eintragungsfähiger Tatsachen (s. § 8 Rn 33 ff, 40 ff) kann nicht erzwungen werden.[7] Zur nachträglichen Korrektur einer fehlerhaft eingetragenen freiwilligen Anmeldung s. noch Rn 9; zu Ausnahmen von der Zwangsgeldbewehrung s. noch Rn 8.

2. Pflicht zur Einreichung

5 Pflichten zur Einreichung von Dokumenten beim Registergericht[8] finden sich namentlich im AktG und im GmbHG. Aus dem **AktG** sind insbesondere zu nennen die §§ 34 Abs. 3, 99 Abs. 5 S. 2, 106, 130 Abs. 5, 145 Abs. 6 S. 3,[9] 248 Abs. 1 S. 2, 275 Abs. 4 AktG, aus dem **GmbHG** die §§ 40, 52 Abs. 2 S. 2 sowie 75 Abs. 2 GmbHG i.V.m. § 248 Abs. 1 S. 1 AktG. Daneben finden sich noch weitere Einreichungspflichten, für die die Zwangsgeldbewehrung gem. § 175 S. 3 HGB, § 407 Abs. 2 AktG, § 79 Abs. 2 GmbHG aufgrund ihres rein privatrechtlichen Charakters allerdings ausdrücklich ausgeschlossen ist. Darunter fallen insbes. die Einreichungspflichten aus § 37 Abs. 4 AktG und § 8 Abs. 1 GmbHG (s. dazu noch Rn 8). Die Form der Einreichung ergibt sich aus § 12 Abs. 2 (dazu § 12 Rn 71 ff). Zur Pflicht, eine zunächst unvollständige Einreichung nachzuholen, s. noch Rn 9.

6 Einem anderen Regelungsregime unterstehen seit den Änderungen des EHUG (Rn 3) die Einreichungspflichten im Zusammenhang mit der **Offenlegung von Jahresabschlüssen**, für die nach der Rechtslage vor dem EHUG ebenfalls das Registergericht zuständig war. Nach dem

---

3 Vgl. auch Röhricht/v. Westphalen/Haas/*Ries* Rn 2; zur Rechtsnatur des Zwangsgeldes vgl. auch BayObLGZ 1998, 226 (227); *Rasch* DVBl. 1980, 1017 (1021).

4 Gesetz zur Namensaktie und zur Erleichterung der Stimmrechtsausübung (Namensaktiengesetz) v. 18.1.2001, BGBl. I, S. 123.

5 Gesetz über elektronische Handelsregister und Genossenschaftsregister sowie das Unternehmensregister (EHUG) v. 10.11.2006, BGBl. I, S. 2553.

6 Zu Anmeldepflichten gegenüber anderen Adressaten vgl. bereits die in Rn 1 genannten Sondervorschriften.

7 Ensthaler/*Müller* Rn 1; MünchKommHGB/*Krafka* Rn 2.

8 Zu Einreichungspflichten gegenüber anderen Adressaten vgl. bereits die in Rn 1 genannten Sondervorschriften.

9 Speziell dazu OLG Düsseldorf FGPrax 2016, 119 ff.

EHUG waren diese Pflichten nicht mehr gegenüber dem Registergericht, sondern gegenüber dem Betreiber des elektronischen Bundesanzeigers zu erfüllen. Nach den Änderungen im Zuge des DiRUG[10] sind die Rechnungslegungsunterlagen bei der das Unternehmensregister führenden Stelle einzureichen (s. exemplarisch § 325 Abs. 1 S. 2 n.F. und § 8b Rn 22 f). Die Durchsetzung der Rechnungslegungspublizität obliegt dem Bundesamt für Justiz (§§ 335, 335b, 340o, 341o HGB sowie § 21 PublG).[11] Da im Bereich der Rechnungslegungspublizität die praktische Hauptanwendung des Registerzwangs lag, ist bereits mit dem EHUG eine wesentliche Entlastung der Gerichte eingetreten.[12]

3. Gesetzlich nicht geregelte Pflichten

Die Pflicht zur Anmeldung oder Einreichung muss nicht zwangsläufig ausdrücklich gesetzlich angeordnet werden. Sie kann sich vielmehr auch durch **Auslegung, Analogie oder richterliche Rechtsfortbildung** ergeben (vgl. dazu § 8 Rn 45 f). Weil das Zwangsgeld nicht Strafe ist, sondern die Funktion eines Beugemittels hat (Rn 2), ist seine Festsetzung auch in diesen Fällen zulässig.[13] Anders als bei der Anwendung des § 15 (s. dazu noch § 15 Rn 32)[14] muss insofern auch keine Umstellungsfrist beachtet werden. 7

4. Öffentlich-rechtlicher Pflichtenursprung

Entgegen dem Wortlaut der Vorschrift kann nicht jede Pflicht gem. § 14 durchgesetzt werden. 8
Der öffentlich-rechtliche Registerzwang steht vielmehr nur zu Gebote, soweit es um die Durchsetzung von **Pflichten öffentlich-rechtlichen Ursprungs** geht.[15] Dem trägt das Gesetz teilweise selbst Rechnung, indem es für einzelne Pflichten den Registerzwang ausdrücklich ausschließt (z.B. § 175 S. 3 HGB, § 407 Abs. 2 S. 1 AktG, § 79 Abs. 2 GmbHG, § 316 Abs. 2 UmwG). Dabei handelt es sich idR um Eintragungen, die eine konstitutive Wirkung entfalten (vgl. dazu § 8 Rn 116 ff), da die bis dahin bestehende Unwirksamkeit der einzutragenden Tatsache den Rechtsverkehr hinreichend schützt und die Richtigkeit des Handelsregisters gewährleistet.[16] Die Eintragung wird hier nur mittelbar erzwungen, indem anderenfalls den Beteiligten die Wirksamkeit der von ihnen gewollten Rechtsfolgen versagt wird. So kann etwa die Pflicht der Gründer und Organmitglieder einer Kapitalgesellschaft, die Gesellschaftsgründung oder eine Satzungsänderung zur Eintragung anzumelden, nicht mit staatlichem Zwang durchgesetzt werden (§ 407 Abs. 2 S. 1 AktG, § 79 Abs. 2 GmbHG).[17] Es kann lediglich aus dem Gesellschaftsverhältnis eine

---

10 Gesetz zur Umsetzung der Digitalisierungsrichtlinie (DiRUG) v. 5.7.2021, BGBl. I, S. 3338.

11 Vgl. zu dieser Umstellung RegE EHUG zu § 325, BT-Drucks. 16/960, S. 48; *Nedden-Boeger* FGPrax 2007, 1 (3); *Schlotter* BB 2007, 1 (2 ff); *C. Schmidt* DStR 2006, 2272 (2274 f).

12 Vgl. dazu auch *Krafka* Rn 2353.

13 KG FGPrax 1999, 156; Ebenroth/Boujong/Joost/Strohn/*Schaub* Rn 8; HK-HGB/*Ruß* Rn 1; Koller/Kindler/Roth/Drüen/*Roth* Rn 1 f; MünchKommHGB/*Krafka* Rn 2, § 8 Rn 37; Röhricht/v. Westphalen/Haas/*Ries* Rn 2; Schlegelberger/*Hildebrandt* § 8 Rn 19.

14 Vgl. dazu BGHZ 116, 37 (44 ff) = NJW 1992, 505; Koller/Kindler/Roth/Drüen/*Roth* § 15 Rn 6; MünchKommHGB/*Krebs* § 15 Rn 29; Röhricht/v. Westphalen/Haas/*Ries* § 15 Rn 6, 14.

15 BayObLGZ 1985, 257 (261); Ebenroth/Boujong/Joost/Strohn/*Schaub* Rn 6.

16 S. bereits Denkschrift zum HGB – *Hahn*/*Mugdan* S. 211; vgl. ferner auch Ebenroth/Boujong/Joost/Strohn/*Schaub* Rn 11; MünchKommHGB/*Krafka* Rn 3; Röhricht/v. Westphalen/Haas/*Ries* Rn 6, 9; *Wieland* S. 222, die allerdings zu Recht darauf hinweisen, dass das Zwangsverfahren auch bei konstitutiven Eintragungen nicht stets ausgeschlossen ist; in diesem Fall werden direkter und indirekter Zwang kumuliert (vgl. etwa §§ 71, 78 BGB).

17 Vgl. dazu auch BGHZ 105, 324 (327 f, 341) = NJW 1989, 295.

privatrechtliche Pflicht zur Anmeldung erwachsen. Die Erfüllung dieser Pflicht muss auf dem Zivilrechtsweg durchgesetzt werden.[18]

5. Einreichung von Unterlagen bei nicht erzwingbarer Anmeldung

9 Ausnahmsweise kann auch bei einer nicht eintragungspflichtigen Tatsache ein Zwangsgeld nach § 14 verhängt werden, und zwar dann, wenn die freiwillig vorgenommene Anmeldung **unvollständig oder fehlerhaft** war.[19] In einem solchen Fall hat das Gericht die Eintragung zunächst abzulehnen und dem Antragsteller im Wege einer **Zwischenverfügung** die Behebung des Mangels innerhalb einer bestimmten Frist aufzugeben (§ 382 Abs. 4 FamFG; s. dazu § 8 Rn 129).[20] Macht es von dieser Möglichkeit keinen Gebrauch und nimmt die Eintragung vor, so kann noch im Nachhinein über § 14 die Vervollständigung der Anmeldungsunterlagen durchgesetzt werden. Wurde etwa die grundsätzlich nicht zwangsweise durchsetzbare Pflicht nach § 37 Abs. 4 AktG, § 8 Abs. 1 GmbHG (s. Rn 5, 8) unvollständig erfüllt und ist dennoch eine Eintragung erfolgt, so kann das Gericht die nachträgliche Einreichung der noch fehlenden Dokumente über § 14 erzwingen. Ein solches Druckmittel ist hier erforderlich, da der mittelbare Zwang, der sich aus dem konstitutiven Charakter der Eintragung ergibt (vgl. Rn 8), nunmehr weggefallen ist.

III. Registerzwang und Amtslöschungsverfahren

10 Soll der Registerzwang ausgeübt werden, um eine inhaltlich fehlerhafte Eintragung zu korrigieren, so steht dem Registergericht nach dem Gesetzeswortlaut neben der Verhängung eines Zwangsgeldes auch die Möglichkeit offen, ein Amtslöschungsverfahren nach §§ 395 ff FamFG durchzuführen. Das **Verhältnis** dieser beiden Verfahren zueinander ist **umstritten.** Nach Auffassung der neueren Rechtsprechung und weiten Teilen des Schrifttums sollen beide Verfahren nebeneinander anwendbar sein, wobei teilweise ein grundsätzlicher Vorrang des Registerzwangs, teilweise aber auch ein Vorrang des Amtslöschungsverfahrens angenommen wird.[21] In der älteren Rechtsprechung und von anderen Vertretern des Schrifttums wird die Ausübung von Registerzwang hingegen generell für unzulässig gehalten, wenn dem Gericht daneben auch die Möglichkeit einer Amtslöschung zu Gebote steht.[22]

11 Zu folgen ist der letztgenannten Auffassung, da nach allgemeinen Grundsätzen der **Verhältnismäßigkeit** staatlicher Zwang nur ausgeübt werden darf, wenn kein milderes Mittel anwendbar ist.[23] Steht dem Registergericht daher das Amtslöschungsverfahren offen, so darf auf den Registerzwang nicht zurückgegriffen werden. Dieses Argument wird nicht dadurch entkräf-

---

18 Vgl. im Einzelnen *Koch* AktG § 36 Rn 5; MünchKommAktG/*Pentz* § 36 Rn 12 ff.

19 Vgl. zum Folgenden RGZ 130, 248 (255 f); KGJ 41 A 123 (130); Ebenroth/Boujong/Joost/Strohn/*Schaub* Rn 13; MünchKommAktG/*Wendt* § 407 Rn 20; MünchKommHGB/*Krafka* Rn 4; Röhricht/v. Westphalen/Haas/*Ries* Rn 8.

20 Vgl. dazu auch *Krafka* Rn 166 ff.

21 Für einen Vorrang des Registerzwangs BayObLGZ 1986, 197 (202); OLG Düsseldorf NZG 2019, 546 Rn 14 ff; OLG Frankfurt aM GmbHR 1994, 802 (803); Ebenroth/Boujong/Joost/Strohn/*Schaub* Rn 19; Hopt/*Merkt* Rn 1; *Ensthaler/Müller* Rn 12; Heymann/*Mansdörfer* HGB Rn 12; MünchKommHGB/*Krafka* Rn 5; für einen Vorrang des Amtslöschungsverfahrens Schlegelberger/*Hildebrandt/Steckhan* Rn 4; für generelle Wahlfreiheit des Registergerichts BeckOGK-HGB/*Schaal* Rn 22; BeckOK-HGB/*Müther* Rn 18; HK-HGB/*Ruß* Rn 6; Röhricht/v. Westphalen/Haas/*Ries* Röhricht/v. Westphalen/Haas/RiesRn 11; *Wachter* GmbHR 2021, 758 (760); offenlassend KG FGPrax 1999, 156.

22 OLG Hamm JMBlNRW 1953, 185 f; OLG Jena KGJ 44 A 336 (338); Staub/*Hüffer*[4] Rn 10.

23 Zumindest sympathisierend insofern auch KG FGPrax 1999, 156. Auf den Verhältnismäßigkeitsgrundsatz – allerdings mit gegenteiligem Ergebnis (Vorrang des Registerzwangs) – abstellend OLG Düsseldorf NZG 2019, 546 Rn 14 ff; BeckOGK-HGB/*Schaal* Rn 22; Keidel/*Heinemann* FamFG § 388 Rn 8.

tet, dass beide Verfahren im Einzelfall ähnlich aufwändig sein können,[24] da es für die Beurteilung des Eingriffscharakters allein darauf ankommt, ob staatlicher Zwang ausgeübt wird oder nicht. Auch der Umstand, dass das Amtslöschungsverfahren nur unter engen Voraussetzungen anwendbar ist, kann allenfalls dazu führen, dass die Kollisionssituation nur selten eintreten wird,[25] gibt aber keine Antwort auf die Frage, wie eine dennoch entstehende Kollision aufzulösen ist.[26] Diese aus allgemeinen Grundsätzen staatlichen Handelns abgeleiteten Erwägungen überwiegen die Aussagekraft der singulären Norm des § 31 Abs. 2 S. 2, den die Gegenauffassung zum generellen „gesetzlichen Leitbild" erhebt,[27] obwohl die ratio der darin ausgesprochenen Stufenfolge keinesfalls eindeutig ist. Der Vorrang des Amtslöschungsverfahrens kommt nur da nicht zur Anwendung, wo ausnahmsweise der Registerzwang milderes Mittel ist, weil die Korrektur auch noch auf anderem Wege als durch vollständige Löschung durchgeführt werden kann.[28]

IV. Kein mittelbarer Registerzwang

Liegen die Eintragungsvoraussetzungen vor, so muss das Gericht die Eintragung unverzüglich 12
vornehmen und darf sie nicht davon abhängig machen, dass auch noch andere Pflichten erfüllt werden.[29] Eine solche Verknüpfung liefe auf eine Form des **faktischen Registerzwangs** hinaus, die vom Gesetz nicht vorgesehen und deshalb unzulässig ist. Jede Pflicht ist nur für sich erzwingbar.[30] Nach diesem Grundsatz darf etwa die Eintragung eines Gesellschafterwechsels nicht deshalb verweigert werden, weil dadurch die bisherige Firma unzulässig wird (z.B. einziger persönlich haftender Gesellschafter einer KG wird durch GmbH ersetzt, ohne dass Zusatz nach § 19 Abs. 2 ergänzt wird). Das Gericht muss vielmehr den Gesellschafterwechsel eintragen und die unzulässig gewordene Firmenführung gem. § 37 Abs. 1 unterbinden.[31]

V. Adressaten des Registerzwangs

1. Natürliche Personen

Adressat des Registerzwangs ist derjenige, der nach den einschlägigen gesetzlichen Regelungen 13
zur Anmeldung oder Einreichung verpflichtet ist (s. bereits § 12 Rn 15). Dabei bleibt es auch,

---

24 Röhricht/v. Westphalen/Haas/*Ries* Rn 11; ihm folgend Ebenroth/Boujong/Joost/Strohn/*Schaub* Rn 19; auf die Verfahrensökonomie verweisen auch BeckOGK-HGB/*Schaal* Rn 22; MünchKommHGB/*Krafka* Rn 5.

25 So Röhricht/v. Westphalen/Haas/*Ries* Rn 11; ihm folgend Ebenroth/Boujong/Joost/Strohn/*Schaub* Rn 19.

26 So aber wohl MünchKommHGB/*Krafka* Rn 5.

27 So Ebenroth/Boujong/Joost/Strohn/*Schaub* Rn 19; ähnlich Heymann/*Mansdörfer* HGB Rn 12; Hopt/*Merkt* Rn 1; MünchKommHGB/*Krafka* Rn 5; Röhricht/v. Westphalen/Haas/*Ries* Rn 11.

28 Eine solche Konstellation dürfte Keidel/*Heinemann* FamFG § 388 Rn 8 vor Augen haben; s. ferner OLG Düsseldorf NZG 2019, 546 Rn 14 ff; BeckOGK-HGB/*Schaal* Rn 22.

29 BGH NJW 1977, 1879 (1880); BGH NJW 1985, 736 (738); BayObLGZ 1967, 385 (388 f); BayObLGZ 1968, 118 (121 f); BayObLGZ 1972, 310 (313); BayObLGZ 1985, 257 (261); BayObLG NJW-RR 2001, 1482; KGJ 37 A 138 f; KG NJW 1965, 254; KG GmbHR 2016, 707; OLG Hamm DB 1977, 1255; OLG Hamm DNotZ 2001, 956 (958); Hopt/*Merkt* Rn 1; Heymann/*Mansdörfer* HGB Rn 6; MünchKommHGB/*Krafka* Rn 6; Röhricht/v. Westphalen/Haas/*Ries* Rn 7 (mit Beispielen).

30 Zur Frage, in welchen Fällen ein einheitlicher und ein getrennter Vollzug möglich ist, vgl. *Krafka* Rn 187 ff.

31 BGH NJW 1977, 1879 (1880); BGH NJW 1985, 736 (738); KG NJW 1965, 254; OLG Hamm DB 1977, 1255; MünchKommHGB/*Krafka* Rn 6; **aA** noch OLG Köln DB 1975, 2365 f; die früher häufig auftretenden Fälle, in denen durch faktischen Registerzwang die Namenszeichnung nach §§ 29, 2. Hs., 53 Abs. 2 a.F. erzwungen werden sollte (vgl. z.B. KGJ 37 A 138 (139); OLG Hamm DNotZ 2001, 956 (958)), haben sich durch die Aufgabe der Namenszeichnung im Zuge des EHUG erledigt (s. bereits Rn 3).

wenn der Pflichtige einen **Verfahrensbevollmächtigten** oder Prokuristen bestellt.[32] Ebenso kann gegen den inländischen Bevollmächtigten einer ausländischen Kapitalgesellschaft kein Registerzwang ausgeübt werden (ausführlich dazu § 13d Rn 59 ff, 62; zur Verhängung eines Zwangsgeldes gegen ein im Ausland befindliches Organmitglied vgl. § 13d Rn 60 f).[33] Etwas anderes gilt allerdings für den **Insolvenzverwalter.** Er hat nach § 80 InsO die alleinige Verfügungsgewalt über die Insolvenzmasse und ist deshalb auch Adressat von Anmeldepflicht und Registerzwang.[34] Einer genauen Prüfung bedarf allerdings jeweils die Frage, inwiefern die konkrete Anmeldung tatsächlich die Insolvenzmasse betrifft (vgl. dazu bereits § 12 Rn 61).[35] Wenn von **mehreren Anmeldepflichtigen** (z.B. § 108: Anmeldung der OHG durch alle Gesellschafter) nur einzelne ihrer Pflicht nicht nachgekommen sind, darf das Zwangsgeld nur gegen den Säumigen, nicht auch gegen die übrigen Anmeldepflichtigen festgesetzt werden.[36] Verstirbt der Gesellschafter einer OHG oder KG, haben seine **Erben** das Ausscheiden anzumelden, unabhängig davon, ob sie selbst nachfolge- oder eintrittsberechtigt sind; mit dem Tod der anzumeldenden Person entfällt die Voraussetzung für das Zwangsgeldverfahren.[37] Im Zusammenhang mit der Gesellschafterliste (§ 40 GmbHG) kann der Registerzwang auch gegenüber dem **Notar** erfolgen, der nach § 40 Abs. 2 GmbHG zur Einreichung der Liste verpflichtet ist.[38]

2. Juristische Personen und Personenverbände

14 Soweit im Aktienrecht und im Recht der GmbH eine zwangsgeldbewehrte Pflicht zur Anmeldung besteht, legt das Gesetz diese Pflicht nicht der juristischen Person selbst auf, sondern den im Einzelnen bezeichneten **Organmitgliedern** (vgl. etwa § 407 Abs. 1 AktG, § 78 GmbHG). Nach § 407 Abs. 1 AktG, § 79 Abs. 1 GmbHG sind daher auch diese Organmitglieder persönlich Adressaten des Zwangsgeldes,[39] woraus zu schließen ist, dass sie bei der Anmeldung nicht nur als Vertretungsorgan für die Gesellschaft, sondern in Erfüllung einer eigenen öffentlich-rechtlichen Verpflichtung handeln.[40] Dieser Differenzierung kann im Hinblick auf die Beschwerdeberechtigung bei Ablehnung der Anmeldung Bedeutung zukommen (zur Beschwerdebefugnis gegen die Zwangsgeldverhängung selbst s. noch Rn 21).

15 Davon zu unterscheiden ist der Fall, dass eine AG oder GmbH **in einer Personenhandelsgesellschaft Gesellschafterin** wird oder eine andere Funktion, etwa die eines Liquidators, übernimmt. Hier beurteilt sich die Anmeldepflicht nicht nach dem Recht der Kapitalgesellschaft, sondern nach dem der Personengesellschaft. Danach ist der Gesellschafter der Personengesell-

---

32 BayObLGZ 1982, 198 (201); BayObLG KGJ 35 A 354 (356); MünchKommHGB/*Krafka* Rn 7; *Krafka* Rn 2363.

33 Ensthaler/*Achilles*/*Haase* § 13d Rn 11; Koller/Kindler/Roth/Drüen/*Roth* § 13d Rn 6; MünchKommAktG/*Wendt* § 407 Rn 10; MünchKommHGB/*Krafka* § 13d Rn 26; Röhricht/v. Westphalen/Haas/*Ries* Rn 14, § 13d Rn 16; **aA** *Lenz* DJ 1937, 1305 (1308).

34 KG ZIP 2012, 1352 (1353); OLG Hamburg GmbHR 2011, 828 (829); OLG Schleswig FGPrax 2010, 208 (210), das aber die Anmeldepflicht im konkreten Fall verneint; für den Konkursverwalter bereits BGH NJW 1981, 822 f; vgl. auch Heymann/*Mansdörfer* HGB Rn 7; MünchKommHGB/*Krafka* Rn 8; Röhricht/v. Westphalen/Haas/*Ries* Rn 12.

35 Vgl. dazu KG ZIP 2012, 1352 (1353); OLG Köln NJW-RR 2001, 1417; OLG Hamburg GmbHR 2011, 828 (829); OLG Rostock Rpfleger 2003, 444; Ebenroth/Boujong/Joost/Strohn/*Schaub* § 12 Rn 132; MünchKommHGB/*Krafka* § 12 Rn 49; *Krafka* Rn 107, 112.

36 BayObLG MittBayNot 1978, 115 (116); KG BeckRS 2021, 50283 Rn 25; Heymann/*Mansdörfer* HGB Rn 7; MünchKommHGB/*Krafka* Rn 8.

37 BayObLG DB 1993, 474; vgl. ferner Heymann/*Mansdörfer* HGB Rn 9; Röhricht/v. Westphalen/Haas/*Ries* Rn 12.

38 OLG Köln NZG 2013, 1431 (1432); Heymann/*Mansdörfer* HGB Rn 7; MünchKommHGB/*Krafka* Rn 10 (mit ausf. Begründung); **aA** OLG München NJW-RR 2009, 972; Keidel/*Heinemann* FamFG § 379 Rn 17, § 388 Rn 31.

39 Vgl. nur BayObLGZ 1986, 253 (256); BayObLGZ 2000, 11 (13 f); KG OLGR 4, 463; *Hüffer* AktG § 407 Rn 2; MünchKommHGB/*Krafka* Rn 9; Röhricht/v. Westphalen/Haas/*Ries* Rn 13; Roth/*Altmeppen* § 78 Rn 10.

40 Vgl. nur BayObLGZ 1986, 253 (256); BayObLGZ 2000, 11 (13 f); *Koch* AktG § 407 Rn 2; Habersack/*Casper*/Löbbe § 78 Rn 29; **aA** Hachenburg/*Ulmer* § 78 Rn 12.

schaft, d.h. also die juristische Person als solche, zur Anmeldung verpflichtet.[41] Trotzdem ist das Zwangsgeld nach allgemeiner Auffassung gegen die zuständigen Organmitglieder zu verhängen, weil es der Funktion des § 14 entspricht, den Druck des Zwangsmittels unmittelbar auf denjenigen auszuüben, der tatsächlich handeln muss.[42] Das führt allerdings dazu, dass der Träger der Anmeldepflicht und der Adressat der Zwangsmaßnahme hier ausnahmsweise auseinanderfallen.

Dieselben Grundsätze gelten auch für die **Personenhandelsgesellschaften**, wenn die Anmeldepflicht nicht die Gesellschafter, sondern die Gesellschaft selbst trifft, wie z.B. die Pflicht zur Anmeldung bei Erteilung und Widerruf einer Prokura nach § 53 Abs. 1 und 3.[43] Aus den in Rn 15 angeführten Gründen ist das Zwangsgeld auch hier gegen die geschäftsführenden Gesellschafter zu richten. 16

VI. Grundzüge des Verfahrens

1. Einleitung des Verfahrens

Die materiell-rechtliche Ermächtigungsgrundlage des § 14 wird durch die **Verfahrensvorschriften der §§ 388–392 FamFG** ergänzt.[44] Das Registergericht muss das Verfahren eröffnen, sobald es – gleichgültig aus welcher Quelle – glaubhafte Kenntnis von einem Sachverhalt erhält, der das Einschreiten nach § 14 rechtfertigt; ein Ermessen steht ihm insofern nicht zu.[45] Die vollständige Klärung des Sachverhalts und der Rechtslage bleibt dem Einspruchsverfahren vorbehalten (s. dazu noch Rn 19 f).[46] Lehnt es das Registergericht ab, auf eine Anregung hin gem. §§ 388 ff FamFG tätig zu werden, so hat der Anzeigende unter den Voraussetzungen des § 59 FamFG das Recht der Beschwerde (Rn 21). Zentrale Voraussetzung ist insofern, dass eines seiner individuellen Rechte durch die Ablehnung beeinträchtigt ist; ein bloß berechtigtes Interesse an der Durchsetzung des Antrags genügt nicht.[47] 17

Eingeleitet wird das Verfahren durch eine sog. **Androhungsverfügung**, in der die zu erfüllende Pflicht möglichst genau bezeichnet und eine angemessene Frist gesetzt wird, in der entweder diese Pflicht zu erfüllen ist oder im Wege des „Einspruchs" ihre Nichterfüllung gerechtfertigt wird.[48] Auf die Möglichkeit des Einspruchs ist der Adressat der Verfügung ausdrücklich hinzuweisen.[49] Schließlich ist für den Fall, dass weder die Verpflichtung erfüllt noch Einspruch eingelegt wird, ein **ziffernmäßig bestimmtes Zwangsgeld** anzudrohen, wobei allerdings die 18

---

41 Ebenroth/Boujong/Joost/Strohn/*Schaub* Rn 27; Röhricht/v. Westphalen/Haas/*Ries* Rn 13.

42 Allgemeine Auffassung – vgl. KG JFG 10, 86 (87 f); OLG München JFG 14, 488 (492); vgl. aus dem Schrifttum die ausführlichen Begründungen von Staub/*Hüffer*⁴ Rn 17; *Dietrich* Die Individualvollstreckung, 1976, S. 170 ff (179); s. ferner Ebenroth/Boujong/Joost/Strohn/*Schaub* Rn 27; Heymann/*Mansdörfer* HGB Rn 7; MünchKommHGB/*Krafka* Rn 8; Rowedder/Schmidt-Leithoff/*Bauklemann* § 79 Rn 16; de lege ferenda für ein gegen die Gesellschaft gerichtetes Zwangsgeld Röhricht/v. Westphalen/Haas/*Ries* Rn 13.

43 Röhricht/v. Westphalen/Haas/*Ries* Rn 13.

44 Zu den Einzelheiten des Verfahrens vgl. *Krafka* Rn 2351 ff sowie die einschlägigen Kommentierungen von *Bumiller/Harders/Schwamb* FamFG, 12. Aufl., 2019; *Keidel* FamFG, 20. Aufl., 2020; *Prütting/Helms* FamFG, 6. Aufl., 2022.

45 OLG Hamm OLGZ 1989, 148 (150); Ebenroth/Boujong/Joost/Strohn/*Schaub* Rn 30; Heymann/*Mansdörfer* HGB Rn 9; Keidel/*Heinemann* FamFG § 388 Rn 25, 27; *Bassenge* RPfleger 1974, 173 f.

46 BayObLGZ 1978, 319 (322); KGJ 30 A 116 (119); OLG Düsseldorf NJW-RR 1996, 1319; OLG Frankfurt aM OLGZ 1979, 5 (6).

47 KGJ 53 A 93 (94); Keidel/*Heinemann* FamFG § 388 Rn 42.

48 Verfügungsmuster bei *Krafka* Rn 2366 f und *Ammon* DStR 1993, 1025 (1031); zur Bezeichnung der Pflicht vgl. BayObLGZ 1967, 458 (463 f); OLG Frankfurt BeckRS 2017, 128402 Rn 32 ff; Keidel/*Heinemann* FamFG § 388 Rn 36; Prütting/Helms/*Holzer* FamFG § 388 Rn 31; zur angemessenen Frist BGHZ 135, 107 (115) = NJW 1997, 1855; *Krafka* Rn 2365.

49 KG OLGR 5, 274; MünchKommHGB/*Krafka* Rn 9.

Angabe eines bloßen Höchstbetrages genügt.[50] Das Zwangsgeld darf gem. § 14 S. 2 den Betrag von € 5.000 nicht übersteigen; das Mindestmaß ist in Art. 6 EGStGB auf € 5 festgelegt. Fehlt der Verfügung einer der genannten Bestandteile, so ist eine Zwangsgeldfestsetzung selbst dann nichtig, wenn sie in Rechtskraft erwachsen ist.[51] Die Androhung – die zwar keiner besonderen Form bedarf und deshalb als Beschluss oder Verfügung ergehen darf, aber grundsätzlich unterschrieben sein muss[52] – bedarf ferner einer ordnungsgemäßen **Zustellung** (§ 15 FamFG).[53] Wird die Pflicht auf die Verfügung hin erfüllt, ist das Verfahren erledigt, ohne dass es einer Aufhebung der Verfügung bedarf.[54] Das gilt auch bei einer verspäteten Erfüllung, solange sie nur vor der Zwangsgeldfestsetzung erfolgt.[55]

2. Einspruch

19 Gegen die Verfügung kann **Einspruch** erhoben werden, mit dem die gerügte Unterlassung gerechtfertigt wird. Eine Beschwerde ist in diesem Stadium unzulässig, damit zunächst der zuständige Rechtspfleger (vgl. § 3 Nr. 2 lit. d RpflG) seine Entscheidung auf der Grundlage des Einspruchs noch einmal überprüfen kann.[56] Das folgt aus dem Umstand, dass es sich bei der Aufforderung nicht um eine Endentscheidung handelt, so dass die Beschwerde schon nach § 58 FamFG nicht zulässig ist.[57] Eine unzulässige Beschwerde kann allerdings in einen Einspruch umgedeutet werden.[58] Für den fristgerechten Einspruch gilt § 390 FamFG. Erachtet das Gericht den Einspruch ohne weiteres für **begründet**, hebt es die Verfügung auf; anderenfalls lädt es den Beteiligten nach § 390 Abs. 1 FamFG zu einem Termin zur Erörterung der Sache. Erweist sich der Einspruch im Termin als begründet, ist die erlassene Verfügung nach § 390 Abs. 3 FamFG aufzuheben; anderenfalls hat das Gericht nach § 390 Abs. 4 FamFG den Einspruch zu **verwerfen** und das angedrohte Zwangsgeld festzusetzen.[59] Überdies wird zugleich mit der Verwerfung die Verfügung nach § 388 FamFG erneut erlassen (§ 390 Abs. 5 FamFG);[60] zu den Kosten vgl. noch Rn 22.

20 Wird innerhalb der Frist weder die gesetzliche Pflicht erfüllt (s. bereits Rn 18) noch Einspruch erhoben, so ist nach **§ 389 FamFG** das angedrohte Zwangsgeld festzusetzen und zugleich die frühere Verfügung unter Androhung eines erneuten Zwangsgeldes zu wiederholen. Nach §§ 17–19 FamFG besteht aber die Möglichkeit der Wiedereinsetzung in den vorigen Stand.

---

50 So mit überzeugender Begründung BGH NJW 1973, 2288 f; BayObLGZ 1970, 114 (118 f); BayObLG FamRZ 1996, 878 f; *Krafka* Rn 2365; MünchKommFamFG/*Krafka* § 388 Rn 26; MünchKommHGB/*Krafka* Rn 11; **aA** noch OLG Stuttgart OLGZ 1972, 368 (369) und augenscheinlich auch BeckOGK-HGB/*Schaal* Rn 36 (mit Verweis auf Entscheidungen, die das Gegenteil belegen) und Ebenroth/Boujong/Joost/Strohn/*Schaub* Rn 31 (der sich aber mit der Rechtsprechung nach dem 2. Weltkrieg, insb. BGH NJW 1973, 2288, nicht auseinandersetzt); so wohl auch Heymann/*Mansdörfer* HGB Rn 9; Prütting/Helms/*Holzer* FamFG § 388 Rn 32: Das anzudrohende Zwangsgeld müsse der Höhe nach bestimmt sein.

51 KGJ 37 A 177 (179); Ebenroth/Boujong/Joost/Strohn/*Schaub* Rn 32; MünchKommHGB/*Krafka* Rn 11.

52 OLG Köln FGPrax 2010, 203 (204); Oetker/Preuß Rn 29; zum Unterschriftserfordernis s. auch BeckOGK-HGB/*Schaal* Rn 40; Ebenroth/Boujong/Joost/Strohn/*Schaub* Rn 32.

53 S. dazu KG NZG 2016, 866 Rn 6 f; BeckOGK-HGB/*Schaal* Rn 37; Keidel/*Heinemann* FamFG § 389 Rn 7; Koller/Kindler/Roth/Drüen/*Roth* Rn 5.

54 *Krafka* Rn 2368; Keidel/*Heinemann* FamFG § 388 Rn 45.

55 *Krafka* Rn 2368.

56 Vgl. dazu auch *Keidel* Rpfleger 1955, 134 sowie BayObLG NZG 2005, 173: Dabei bleibt es auch, wenn Rechtspfleger Einleitung zunächst abgelehnt und diese Rechtsauffassung auf Rechtsbehelf eines Beteiligten geändert hat.

57 RegE FGG-RG, BT-Drucks. 16/6308, S. 287; Prütting/Helms/*Holzer* FamFG § 388 Rn 2.

58 Koller/Kindler/Roth/Drüen/*Roth* Rn 5; *Krafka* Rn 2365.

59 Zu den Einzelheiten der Festsetzung vgl. Prütting/Helms/*Holzer* FamFG § 389 Rn 2 ff; Muster für die Zwangsgeldfestsetzung bei *Krafka* Rn 2378.

60 Zum Einspruch gegen diese wiederholte Androhungsverfügung vgl. *Krafka* Rn 2379 f.

Außerdem kann das Gericht nach pflichtgemäßem **Ermessen** gem. **§ 390 Abs. 6 FamFG** ein früher festgesetztes Zwangsgeld aufheben oder an dessen Stelle ein geringeres Zwangsgeld festsetzen, wenn im Fall des § 389 FamFG gegen die wiederholte Androhung ein begründeter Einspruch erhoben wird und die Umstände die Aufhebung oder Herabsetzung des Zwangsgeldes rechtfertigen.[61]

3. Beschwerde

Gegen den Beschluss, durch den das Zwangsgeld festgesetzt oder der Einspruch verworfen wird, 21
kann nach § 391 FamFG Beschwerde erhoben werden, deren Verfahren sich nach §§ 58 ff FamFG richtet. Im Zwangsgeldverfahren gegen die Organmitglieder einer Gesellschaft (vgl. dazu Rn 14 ff) kann diese Beschwerde nicht nur von diesen persönlich, sondern auch von der Gesellschaft erhoben werden.[62] Erfolgte die Festsetzung nach Versäumung der Einspruchsfrist gem. § 389 FamFG, so kann der Betroffene mit der Beschwerde allerdings nicht vorbringen, die Zwangsgeldverfügung sei nicht gerechtfertigt gewesen (§ 391 Abs. 2 FamFG). Zulässig ist es dagegen, Verfahrensmängel, die Kürze der Frist oder die Höhe des festgesetzten Zwangsgeldes zu rügen.[63] Ebenso kann der Beteiligte sich im Wege der Beschwerde darauf berufen, die Einspruchsfrist nicht schuldhaft versäumt zu haben.[64] Wenn die Verfügung auf die Beschwerde hin aufgehoben wird, können am Verfahren beteiligte Dritte, die ein rechtliches Interesse an der Pflichterfüllung haben, dagegen im Wege der **einfachen Beschwerde** vorgehen.[65]

4. Kosten und Vollstreckung

Zugleich mit der Festsetzung des Zwangsgeldes sind dem Beteiligten gemäß § 389 Abs. 2 FamFG 22
die Gerichtskosten in Höhe von € 100 je Festsetzung (s. Nr. 13310 KV GNotKG) aufzuerlegen.[66] Richtet sich das Verfahren gegen Organmitglieder von juristischen Personen oder Personenverbänden, so sind sie auch Kostenschuldner. Zuständig für die Zwangsvollstreckung ist das Gericht, das die Festsetzung des Zwangsgeldes angeordnet hat, und zwar dort nach § 31 Abs. 3 RPflG der Rechtspfleger. Die Zwangsvollstreckung erfolgt nach der Justizbeitreibungsordnung vom 11.3.1937[67] i.V.m. der bundeseinheitlichen Einforderungs- und Beitreibungsanordnung der Länder.[68] Sie darf, abgesehen von der Kostenfolge, nicht mehr durchgeführt werden, sobald der Beteiligte der **Verfügung nachgekommen** ist. Weil damit das Ziel des Zwangsgeldverfahrens erreicht ist, muss die Festsetzung des Zwangsgeldes wegen veränderter Umstände aufgehoben werden (§ 48 Abs. 1 FamFG).[69]

---

61 Vgl. dazu OLG Schleswig FGPrax 2010, 208 (209); Keidel/*Heinemann* FamFG § 390 Rn 30 ff.

62 BGHZ 25, 154 = NJW 1957, 1558; BayObLGZ 1955, 197 (198); BayObLGZ 1962, 107 (110 f); BayObLGZ 1978, 54 (57); BayObLGZ 1987, 399 (402); Prütting/Helms/*Holzer* FamFG § 391 Rn 2; *Krafka* Rn 2369. Vgl. zur Formulierung der Beschwerde OLG Zweibrücken BeckRS 2016, 2585 Rn 5.

63 OLG Hamm JMBlNRW 1953, 185 (186); OLG Hamm Rpfleger 1955, 241 (242) m. Anm. *Keidel*; OLG Schleswig FGPrax 2010, 208 (209); LG Landau Rpfleger 1970, 244; *Krafka* Rn 2385. Vgl. ferner OLG Zweibrücken BeckRS 2016, 2585 Rn 6.

64 KGJ 26 A 75 (76 f); MünchKommHGB/*Krafka* Rn 14.

65 HK-HGB/*Ruß* Rn 11.

66 Zu den Einzelheiten vgl. *Krafka* Rn 2407 ff.

67 RGBl. I, S. 298; zuletzt geändert durch Gesetz v. 17.12.2006, BGBl. I, S. 3171.

68 Die EBAO beruht auf einer Vereinbarung zwischen dem Bundesjustizminister und den Landesjustizverwaltungen. Sie wurde vom Bundesjustizminister für seinen Bereich zum 1.1.1975 in Kraft gesetzt, AV v. 25.11.1974, BAnz 230, in der Fassung v. 1.4.2001, BAnz 9164.

69 Vgl. auch BayObLG GmbHR 1980, 30 f; Hopt/*Merkt* Rn 5.

§ 15 [Publizität des Handelsregisters]

(1) Solange eine in das Handelsregister einzutragende Tatsache nicht eingetragen und bekanntgemacht ist, kann sie von demjenigen, in dessen Angelegenheiten sie einzutragen war, einem Dritten nicht entgegengesetzt werden, es sei denn, daß sie diesem bekannt war.

(2) [1]Ist die Tatsache eingetragen und bekanntgemacht worden, so muß ein Dritter sie gegen sich gelten lassen. [2]Dies gilt nicht bei Rechtshandlungen, die innerhalb von fünfzehn Tagen nach der Bekanntmachung vorgenommen werden, sofern der Dritte beweist, daß er die Tatsache weder kannte noch kennen mußte.

(3) Ist eine einzutragende und bekannt gemachte Tatsache unrichtig eingetragen, so kann sich ein Dritter demjenigen gegenüber, in dessen Angelegenheit die Tatsache einzutragen war, auf die eingetragene Tatsache berufen, es sei denn, dass er die Unrichtigkeit kannte.

(4) Für den Geschäftsverkehr mit einer in das Handelsregister eingetragenen Zweigniederlassung eines Unternehmens mit Sitz oder Hauptniederlassung im Ausland ist im Sinne dieser Vorschriften die Eintragung und Bekanntmachung durch das Gericht der Zweigniederlassung entscheidend.

(5) Die Absätze 1 bis 3 sind nicht anzuwenden im Hinblick auf die im Registerblatt einer Kapitalgesellschaft eingetragenen Informationen über eine Zweigniederlassung der Gesellschaft im Ausland.

Schrifttum

Altmeppen Disponibilität des Rechtsscheins, 1993; *Axer* Abstrakte Kausalität – ein Grundsatz des Handelsrechts?, 1986; *Bär* Der öffentliche Glaube des Handelsregisters, Berner Festgabe zum Schweizer Juristentag, 1979, S. 131; *Beinert/Hennerkes/Binz* Zur Bedeutung des Rechtsformzusatzes bei der GmbH & Co. nach bisherigem und künftigem Recht, BB 1979, 299; *Beuthien* Fragwürdige Rechtsscheingrenzen im neuen § 15 Abs. 3 HGB, NJW 1970, 2283; *ders.* Sinn und Grenzen der Rechtsscheinhaftung nach § 15 Abs. 3 HGB, in FS Reinhardt, 1972, 199; *Beyerle* Fragwürdige Rechtsscheinhaftung in § 15 Abs. 3 HGB n.F., BB 1971, 1482; *Bock* Verknüpfung der Handels- und Gesellschaftsregister in Europa, GmbHR 2018, 281; *ders.* Online-Gründung und veränderte Registerpublizität – der Entwurf eines Gesetzes zur Umsetzung der Digitalisierungsrichtlinie, RNotZ 2021, 326; *Bürck* § 15 III HGB und die Grundsätze der Haftung von fehlerhaften und entstehenden Personengesellschaften gegenüber Dritten, AcP 171 (1971), 328; *Canaris* Vertrauenshaftung im deutschen Privatrecht, 1971; *Deschler* Handelsregisterpublizität und Verkehrsschutz, 1977; *Dreher* Schutz Dritter nach § 15 HGB bei Geschäftsunfähigkeit eines Geschäftsführers oder Vorstandsmitglieds? DB 1991, 533; *Ehrenberg* Rechtssicherheit und Verkehrssicherheit mit besonderer Rücksicht auf das Handelsregister, JherJb. 47 (1904), 273; *Einmahl* Die erste gesellschaftsrechtliche Richtlinie des Rates der europäischen Gemeinschaften und ihre Bedeutung für das deutsche Aktienrecht, AG 1969, 131; *Fehrenbacher* Registerpublizität und Haftung im Zivilrecht, 2004; *M. Forsthoff* Rechtsprobleme des neuen § 15 HGB, 1972; *Frotz* Verkehrsschutz im Vertretungsrecht, 1971; *Gammelin* Rechtsscheinhaftung des Kaufmanns und Regressansprüche gegen den Staat bei fehlerhaftem Publikationsakt der Presse, 1973; *Geiler* Zur Publizität des Handelsregisters, LZ 1907, 890; *Gotthardt* Vertrauensschutz und Registerpublizität, JZ 1971, 312; *Grunewald* Die Auswirkungen der Änderungen der Publizitätsnormen auf die Haftung des Kommanditisten, ZGR 2003, 541; *Hager* Das Handelsregister, Jura 1992, 57; *Hildebrandt* Die Bedeutung der Eintragungen im Handelsregister für den Geschäftsverkehr, DFG 1937, 94; *Hofmann* Das Handelsregister und seine Publizität, JA 1980, 264; *A. Hueck* Gilt § 15 Abs. 1 HGB auch beim Erlöschen und bei der Änderung nicht eingetragener, aber eintragungspflichtiger Rechtsverhältnisse? AcP 118 (1920), 350; *ders.* Der Scheinkaufmann, ArchBürgR 43 (1919), 415; *John* Fiktionswirkung oder Schutz typisierten Vertrauens durch das Handelsregister, ZHR 140 (1976), 236; *Keim* Das sogenannte Publizitätsprinzip im deutschen Handelsrecht, 1930; *Klostermann* Die „Rosinentheorie" des BGH zu § 15 Abs. 1 HGB im Lichte von Sinn, Zweck und Funktionen des Handelsregisters, 1986; *J. Koch* Vertrauensschutz gegen das Handelsregister, AcP 207 (2007), 768; *Kreutz* Die Bedeutung von Handelsregistereintragung und Handelsregisterbekanntmachung im Gesellschaftrecht, Jura 1982, 626; *Leenen* Die Funktionsbedingungen von Verkehrssystemen in der Dogmatik des Privatrechts, in: Behrends u.a. (Hrsg.), Rechtsdogmatik und praktische Vernunft, 1990, S. 208; *Liebscher* Gesellschafterhaftung bei Umwandlung einer GmbH in eine GbR, ZGR 2017, 348; *Lieder* Die Publizität des Handelsregisters nach dem DiRUG, DNotZ 2021, 830; *Limbach* Die Lehre vom Scheinkaufmann, ZHR 134 (1970), 289; *Linke* Gesetz zur Umsetzung der Digitalisierungsrichtlinie (DiRUG), NZG 2021, 309; *Locher* Zur Publizitätsfunktion des Handelsregisters, in: Klausing (Hrsg.), Beiträge zum Wirtschaftsrecht Bd. II (1931), 570;

https://doi.org/10.1515/9783110564440-029

Lutter Die erste Angleichungs – Richtlinie zu Art. 54 Abs. 3 lit. g) EWGV und ihre Bedeutung für das geltende deutsche Unternehmensrecht, EuR 1969, 1; *Lux* Kenntnisfiktion qua Eintragung im Handelsregister? DStR 2006, 1968; *Mattheus/Schwab* Kommanditistenhaftung und Registerpublizität, ZGR 2008, 65 ff; *Merkt* Freiwillige Unternehmenspublizität, RabelsZ 64 (2000), 517; *ders.* Unternehmenspublizität, 2001; *Mossler* Die Rechtsscheinhaftung im Handelsrecht, 1974; *Naendrup* Rechtsscheinswirkungen im Aktienrecht, in: Klausing (Hrsg.), Beiträge zum Wirtschaftrecht Bd. II (1931), 824; *Nickel* Der Scheinkaufmann, JA 1980, 566; *Nitschke* Die Wirkung von Rechtsscheintatbeständen zu Lasten Geschäftsunfähiger und beschränkt Geschäftsfähiger, JuS 1968, 541; *Noack* Amtliche Unternehmenspublizität und digitale Medien, in FS Ulmer, 2003, S. 1245; *ders.* Die Publizitätswirkungen des Handelsregisters (§§ 11, 15 HGB) nach dem EHUG, in FS Eisenhardt, 2007, S. 477; *Oetker* Zur Anwendbarkeit des § 15 Abs. 1 HGB auf Primärtatsachen, in GS Sonnenschein, 2003, S. 635; *von Olshausen* Neuerungen im System der handelsrechtlichen Rechtsscheingrundsätze, BB 1970, 137; *ders.* Fragwürdige Rechtsscheingrenzen im neuen § 15 Abs. 3 HGB, NJW 1971, 966; *ders.* Rechtschein und „Rosinentheorie", AcP 189 (1989), 223; *ders.* Wider den Scheinkaufmann des ungeschriebenen Rechts, in FS Raisch, 1995, 147; *Öztürk* Die Publizitätswirkungen des Handelsregisters im deutschen, schweizerischen und türkischen Recht, 1981; *Paefgen* Handelsregisterpublizität und Verkehrsschutz im Lichte des EHUG, ZIP 2008, 1653; *Pahl* Haftungsrechtliche Folgen versäumter Handelsregistereintragungen und Bekanntmachungen, 1987; *Paul* Kommanditistenhaftung bei Anteilsübertragung ohne Nachfolgevermerk, MDR 2004, 849; *Prausnitz* Rechtsschein und Wirklichkeit im Handelsregister, ZHR 96 (1931), 10; *Redlich* Beiträge zur Bedeutung des § 15 HGB im Zivilprozess, 1931; *M. Reinicke* Sein und Schein bei § 15 I HGB, JZ 1985, 272; *Richert* Vertrauensschutz öffentlicher Register, NJW 1959, 1805; *Ries/Schulte* Umstrittene Eintragungsfähigkeit bestimmter Veränderungen in das Handelsregister, GmbHR 2013, 345, 348; *Sandberger* Die handelsrechtliche Register-Rechtsscheinhaftung nach der Neufassung des § 15 HGB, JA 1973, 215; *Schilken* Abstrakter und konkreter Vertrauensschutz im Rahmen des § 15 HGB, AcP 187 (1987), 1; *J. Schmidt* Company Law Package: Collateral Damage, in FS Hopt, 2020, 1097; *dies.* DiRUG-RefE: Ein Digitalisierungs-Ruck für das deutsche Gesellschafts- und Registerrecht, ZIP 2021, 112; *K. Schmidt* Sein-Schein-Handelsregister, JuS 1977, 209; *ders.* Kommanditistenwechsel und Nachfolgevermerk, GmbHR 1981, 253; *ders.* Ein Lehrstück zu § 15 Abs. 1 HGB – BGH NJW 1991, 2566, JuS 1991, 1002; *ders.* „deklaratorische" und „konstitutive" Registereintragungen nach §§ 1 ff HGB – Neues Handelsrecht: einfach oder kompliziert? ZHR 163 (1999), 87; *ders.* Handelsregisterpublizität und Kommanditistenhaftung, ZIP 2002, 413; *Schmidt-Kessel* Das Gemeinschaftsrecht des Handelsregisters, GPR 2006, 6; *Schmidt-Salzer* Zur Führung des GmbH&Co.-Zusatzes durch Kommanditgesellschaften, NJW 1975, 1481; *Schwarz* Publizitätswirkungen des Handelsregisters bei der Umwandlung einer Personenhandelsgesellschaft in eine BGB-Gesellschaft, DB 1989, 161; *Servatius* Zur Eintragung organschaftlicher Vertretungsmacht ins Handelsregister, NZG 2002, 456; *Steckhan* Grenzen des öffentlichen Glaubens der Handelsregisterbekanntmachung, DNotZ 1971, 211; *ders.* Zu Normzweck und Rechtsfolge des neuen § 15 Abs. 3 HGB, NJW 1971, 1594; *Tebben* Registerpublizität nach der Digitalisierungsrichtlinie: Die Handelsregisterbekanntmachung ist tot, es lebe § 15 HGB, in FS Hopt, 2020, 1237; *Teichmann* Der Schutz des Rechtsverkehrs nach § 15 Abs. 3 HGB, in FS K. Schmidt, 2019, Bd. II, 471; *Tiedtke* Die Haftung des gesamtvertretungsberechtigten Komplementärs nach seinem Ausscheiden aus der Kommanditgesellschaft, DB 1979, 245; *H. Westermann* Die Grundlagen des Gutglaubensschutzes, JuS 1963, 1; *Wiedemann* Besprechung von BGHZ 62, 216, ZGR 1975, 360; *Wiese* Die Scheinhandelsgesellschaft und die fehlerhafte Gesellschaft nach Neufassung des § 15 HGB, 1978; *Wilhelm* Mängel bei der Neuregelung des NaStrG zu den Bekanntmachungen über die Kommanditisten, DB 2002, 1979; *ders.* Sind einzutragende Tatsachen wirklich abstrakt einzutragende Tatsachen? Zur Auslegung des § 15 Abs. 3 HGB, ZIP 2010, 713; *Winkler* Formvorschriften und Rechtsicherheit im Handelsregister, in FS Wiedemann, 2002, 1369; *Zimmer* § 15 Abs. 2 HGB und die allgemeine Rechtsscheinhaftung, 1997.

Übersicht

I. Grundlagen

1. Regelungsgegenstand und Normzweck

Um die Funktionsfähigkeit des Registers als **Informationsquelle des Rechtsverkehrs** zu gewährleisten, muss der Gesetzgeber für die Zuverlässigkeit der darin enthaltenen Informationen Sorge tragen. Da der zu diesem Zweck gesetzlich statuierte Registerzwang nicht allein durch behördlichen Druck durchgesetzt werden kann, hat der Gesetzgeber an die Einhaltung der registerrechtlichen Pflichten in § 15 materiell-rechtliche Folgen geknüpft, die den Anmeldepflichtigen einen unmittelbaren **Anreiz zur Pflichterfüllung** geben: Die Pflege der in eigener Sache vorzunehmenden Registereintragungen wird in die Hand der betroffenen Unternehmen gelegt, die gehalten sind, ständig für die Richtigkeit des Registers zu sorgen, weil sie von richtigen Angaben profitieren und umgekehrt für unrichtige Angaben einstehen müssen.[1] Die Instrumente, derer sich der Gesetzgeber dazu bedient, lassen sich nicht auf einen gemeinsamen Nenner bringen, denn die einzelnen Absätze des § 15 betreffen **unterschiedliche Sachverhalte** und dienen unterschiedlichen Anliegen. 1

§ 15 Abs. 1 regelt den Fall, dass eine einzutragende Tatsache nicht eingetragen oder bekannt gemacht wird, und schützt für diesen Fall das typisierte Vertrauen Dritter in die Vollständigkeit des Registers. Diese Regelung wird ergänzt durch den aufgrund europäischer Vorgaben erst nachträglich eingefügten **§ 15 Abs. 3**, der das Vertrauen Dritter auch dann schützt, wenn eine Verlautbarung nicht gänzlich unterblieben, sondern fehlerhaft erfolgt ist. Da der Dritte bei § 15 Abs. 3 auf einen vorhandenen Publizitätsakt, bei § 15 Abs. 1 hingegen auf dessen Fehlen vertraut, spricht man im ersten Fall von positiver, im zweiten Fall von negativer Publizität.[2] 2

Keine vertrauensschützende, sondern gerade gegenläufig eine vertrauenszerstörende Wirkung ordnet **§ 15 Abs. 2 S. 1** für den registerrechtlichen Normalfall an, dass eine einzutragende Tatsache korrekt eingetragen und bekannt gemacht wird. Der Kaufmann darf sich auf den korrekten Publizitätsakt berufen und kann damit einen anderweitig entstandenen Rechtsschein zerstören.[3] Nur für eine Übergangsfrist sieht § 15 Abs. 2 S. 2 auch in diesem Fall einen knapp bemessenen Vertrauensschutz vor. **§ 15 Abs. 4** schließlich bestimmt für die Anwendung der vorangegangenen drei Absätze auf die Zweigniederlassung eines ausländischen Unternehmens, dass die Publizitätsakte des Gerichts der Zweigniederlassung maßgeblich sein sollen. **§ 15 Abs. 5** schließt gegenläufig solche Informationen, die im Registerblatt einer inländischen Kapitalgesellschaft über eine Zweigniederlassung im Ausland eingetragen werden, von der Anwendung der Absätze 1 bis 3 aus. 3

2. Entstehungsgeschichte

a) ADHGB. § 15 ist nicht ohne historisches Vorbild. Bereits das ADHGB enthielt **Vorläuferregelungen** zu den ersten beiden Absätzen des § 15, doch handelte es sich dabei um Einzelregelungen zur Bedeutung von Eintragung und Bekanntmachung bei den jeweiligen anmeldepflichtigen Rechtsverhältnissen.[4] Diese Regelungen wiesen zwei Charakteristika auf: Zum einen betrafen sie ausschließlich **Enthaftungstatbestände**, also Tatsachen, die eine Haftung ausschlossen, die ohne den Eintritt der betreffenden Tatsache an sich begründet sein würde (z.B. 4

---

1 Vgl. zu dieser Funktion auch *K. Schmidt* Unternehmensrecht I § 14 Rn 19; **aA** MünchKommHGB/*Krebs* Rn 10.

2 Ausführlich zu dieser Begrifflichkeit noch Staub/*Hüffer*[4] Rn 8 ff; vgl. ferner BeckOGK-HGB/*Schaal* Rn 22; MünchKommHGB/*Krebs* Rn 17.

3 Wegen dieser vertrauenszerstörenden Wirkung hinsichtlich eines (möglicherweise auch außerhalb des Registers entstandenen) Rechtsscheins lässt sich § 15 Abs. 2 weder der positiven noch der negativen Publizität zuordnen. Ausführlich zu dieser Einordnung noch Staub/*Hüffer*[4] Rn 8 ff, 32.

4 Im Einzelnen handelte es sich dabei um die Art. 25, 46, 87, 115, 129, 135, 155, 171, 172, 233, 244a ADHGB.

der Widerruf einer Prokura). Zum anderen waren sie als **prozessrechtliche Beweislastregeln** ausgestaltet: Im Mittelpunkt der Regelung stand die Beweislastverteilung bezüglich der Kenntnis des Dritten vom Eintritt des enthaftenden Tatbestandes.[5] § 15 Abs. 4 geht auf Art. 233 Abs. 2 S. 2 ADHGB zurück. Zu § 15 Abs. 3 s. noch Rn 6 ff.

5 **b) HGB 1897.** Im HGB von 1897[6] wurden diese prozessualen Einzelvorschriften durch eine allgemeine Regelung ersetzt, die den Rechtsgedanken der Vorgängervorschriften zusammenfassen sollte, teilweise aber auch davon abwich. Der neue § 15, der in seinen ersten beiden Absätzen schon weitgehend der heutigen Fassung entsprach, wurde vom historischen Gesetzgeber bewusst über den Bereich der Enthaftungstatbestände (s. Rn 4) ausgedehnt[7] und zugleich zu einer **materiell-rechtlichen Vorschrift** umqualifiziert, die allerdings in ihrer konkreten Ausgestaltung auch noch weiterhin ihre prozessrechtlichen Wurzeln erkennen lässt (s. noch Rn 51, 64). § 15 Abs. 3 wurde erst später angefügt (Rn 6 ff); der heutige Absatz 4 entspricht dem früheren Absatz 3.

6 **c) Unionsrechtliche Vorgaben seit 1968 und ihre Umsetzung.** Eine einschneidende Umgestaltung erfuhr § 15 durch die Umsetzung der **Publizitätsrichtlinie von 1968.**[8] Gegenstand der Richtlinie war ausschließlich die registerrechtliche Publizität von Kapitalgesellschaften. Der deutsche Gesetzgeber entschied sich jedoch, die Vorgaben der Richtlinie im Wege einer **überschießenden Umsetzung** für das gesamte Handelsrecht zu übernehmen, um auf diesem Wege zu verhindern, dass die Registerpublizität für Kapitalgesellschaften andere Wege geht als die für Einzelkaufleute und Personenhandelsgesellschaften (zu den Konsequenzen s. noch Rn 12 ff).[9] Umsetzungsbedarf bestand namentlich im Hinblick auf Art. 3 Abs. 5 und 6 der Publizitätsrichtlinie a.F. Diese Richtlinienvorgabe hat allerdings mittlerweile selbst eine **wechselvolle Entwicklung** durchlebt.[10] Sie ist zunächst im Jahr 2003 durch die Offenlegungsrichtlinie[11] neu gefasst worden, doch wurde der für § 15 maßgebliche Art. 3 Abs. 5 und 6 der Publizitätsrichtlinie a.F. dadurch nur geringfügig berührt, so dass auch der nationale Gesetzgeber keinen Anlass zu Änderungen sah. Sodann ist die Publizitätsrichtlinie 2017 in der Gesellschaftsrechtsrichtlinie[12] aufgegangen, hat aber auch bei diesem Anlass keine Veränderung erfahren. Die speziell für § 15 maßgeblichen Vorschriften sind dann jedoch durch die Digitalisierungsrichtlinie[13] neu gefasst

---

5 Vgl. dazu namentlich Staub/*Hüffer*[4] Rn 2 f.

6 RGBl. 1897, S. 219.

7 Denkschrift zum HGB – *Hahn/Mugdan* S. 211 f.

8 Erste Richtlinie 68/151/EWG des Rates v. 9.3.1968 zur Koordinierung der Schutzbestimmungen, die in den Mitgliedstaaten den Gesellschaften im Sinne des Art. 58 Abs. 2 des Vertrages im Interesse der Gesellschafter sowie Dritter vorgeschrieben sind, um diese Bestimmungen gleichwertig zu gestalten, ABl. EG Nr. L 65, S. 8 v. 14.3.1968; umgesetzt in das deutsche Recht durch das Gesetz zur Durchführung der ersten Richtlinie des Rates der Europäischen Gemeinschaften zur Koordinierung des Gesellschaftsrechts v. 15.8.1969, BGBl. I, S. 1146.

9 RegE, BT-Drucks. V/3862, S. 10; vgl. dazu auch *Geßler* Rpfleger 1967, 262. Vgl. zu den Motiven für eine überschießende Richtlinienumsetzung *J. Koch* JZ 2006, 277 (279) sowie die weiteren Nachw. in den Fn 19 ff.

10 Ausführliche Darstellung dazu bei *Lutter/Bayer/Schmidt* Europäisches Unternehmens- und Kapitalmarktrecht Rn 18.1 ff.

11 Richtlinie 2003/58/EG des Europäischen Parlaments und des Rates v. 15.7.2003 zur Änderung der Richtlinie 68/151/EWG des Rates in Bezug auf die Offenlegungspflichten von Gesellschaften bestimmter Rechtsformen (Offenlegungsrichtlinie), ABl. EG Nr. L 221, S. 13 v. 4.9.2003.

12 Richtlinie (EU) 2017/1132 des Europäischen Parlaments und des Rates v. 14.6.2017 über bestimmte Aspekte des Gesellschaftsrechts (Gesellschaftsrechtsrichtlinie, ABl. EU 2017 Nr. L 169, S. 46 v. 30.6.2017.

13 Richtlinie (EU) 2019/1151 des Europäischen Parlaments und des Rates v. 20.6.2019 zur Änderung der Richtlinie (EU) 2017/1132 im Hinblick auf den Einsatz digitaler Werkzeuge und Verfahren im Gesellschaftsrecht, ABl. EU Nr. L 186, S. 80.

worden. Als Ergebnis dieser Änderungen und Verschiebungen sind in der heutigen Fassung als Grundlage des § 15 namentlich **Art. 16 Abs. 4 und 5 der Gesellschaftsrechtsrichtlinie** einschlägig, die folgenden Wortlaut haben:

> (4) Die Mitgliedstaaten treffen die erforderlichen Maßnahmen, um Abweichungen zwischen den Eintragungen im Register und in der Akte zu vermeiden. 7
>
> Die Mitgliedstaaten die die Veröffentlichung von Urkunden und Informationen in einem nationalen Amtsblatt oder auf einer zentralen elektronischen Plattform vorschreiben, treffen die erforderlichen Maßnahmen, um Abweichungen zwischen der Offenlegung gemäß Absatz 3 und der Veröffentlichung im Amtsblatt oder auf der Plattform zu vermeiden.
>
> Bei Abweichungen gemäß diesem Artikel haben die im Register zur Verfügung gestellten Urkunden und Informationen Vorrang.
>
> (5) Die Urkunden und Informationen gemäß Artikel 14 können Dritten von der Gesellschaft erst nach der Offenlegung gemäß Absatz 3 des vorliegenden Artikels entgegengehalten werden, es sei denn, die Gesellschaft weist nach, dass die Urkunden oder Informationen den Dritten bekannt waren.
>
> Bei Vorgängen, die sich vor dem sechzehnten Tag nach der Offenlegung ereignen, können die Urkunden und Informationen Dritten jedoch nicht entgegengehalten werden, die nachweisen, dass es ihnen unmöglich war, die Urkunden oder Informationen zu kennen.
>
> Dritte können sich stets auf Urkunden und Informationen berufen, für die die Formalitäten der Offenlegung noch nicht erfüllt worden sind, es sei denn, die Urkunden oder Informationen sind mangels Offenlegung nicht wirksam.

Hinsichtlich der ursprünglich in Art. 3 Abs. 5 S. 1 der Publizitätsrichtlinie a.F. (heute: Art. 16 Abs. 5 UAbs. 1 Gesellschaftsrechtsrichtlinie [Rn 6]) geregelten negativen Publizität sah der deutsche Gesetzgeber im Zuge der erstmaligen Umsetzung im Jahr 1969 für § 15 Abs. 1 keinen Handlungsbedarf. **§ 15 Abs. 2**, der vor der Änderung eine zeitlich unbegrenzte Entlastungsmöglichkeit für den Dritten vorsah, wurde durch die Einfügung von § 15 Abs. 2 S. 2 entsprechend den Vorgaben der Richtlinie auf eine Übergangszeit von 15 Tagen beschränkt. Damit ist aus der ursprünglichen Beweisregelung (Rn 4) endgültig ein materiell-rechtlicher Ausschlusstatbestand geworden.[14] Der neu eingeführte **§ 15 Abs. 3** ergänzte ursprünglich die bislang nur negative Publizität des Registers um eine **positive Publizität der Bekanntmachung** (s. bereits Rn 2 und unten Rn 99 ff). Er diente der Umsetzung des früheren Art. 3 Abs. 6 Publizitätsrichtlinie a.F., ging darüber jedoch hinaus. Während in der europäischen Vorschrift lediglich der Fall geregelt wurde, dass eine richtig eingetragene Tatsache fehlerhaft bekannt gemacht wurde, erfasste § 15 Abs. 3 in seiner bis 2022 geltenden Ursprungsfassung auch die Fälle, in denen Eintragung und Bekanntmachung gleichermaßen fehlerhaft waren.[15] Mit der Digitalisierungsrichtlinie (Rn 6) und ihrer Umsetzung durch das DiRUG aus dem Jahr 2021 (s. dazu Rn 11) ist aber auch diese Neugestaltung schon wieder hinfällig geworden (vgl. dazu noch die Ausführungen in Rn 99 ff.). 8

d) EHUG 2006. Nach den unionsrechtlich bedingten Veränderungen von 1969 hat § 15 lange Zeit keine gravierenden Veränderungen mehr erfahren. Erst das EHUG[16] aus dem Jahr 2006 brachte eine **Neufassung des § 15 Abs. 4**. Dabei handelte es sich um eine Folgeänderung zu der im Zweigniederlassungsrecht durch die §§ 13 ff bewirkten Konzentration auf das Register der Hauptniederlassung, das folgerichtig auch im Rahmen des § 15 Abs. 1–3 maßgeblich sein musste; nur für Unternehmen mit Sitz oder Niederlassung im Ausland blieb das Gericht der Zweignie- 9

---

14 So zutr. Staub/*Hüffer*⁴ Rn 5.

15 Vgl. dazu auch *Einmahl* AG 1969, 131 (137 f) mit Ausführungen zu den zuvor praktizierten Lösungen für diese Fälle.

16 Gesetz über elektronische Handelsregister und Genossenschaftsregister sowie das Unternehmensregister (EHUG) v. 10.11.2006, BGBl. I, S. 2553.

derlassung entscheidend (ausführlich dazu Rn 122). Eine wenige Jahre zuvor erfolgte Änderung des § 15 Abs. 4 im Zuge des NaStraG war damit schon wieder hinfällig geworden.[17]

10 Von größerer Bedeutung waren die Auswirkungen des EHUG (Rn 9), die sich aus den erheblichen Veränderungen des rechtlichen Umfeldes für das Verständnis des § 15 ergaben. Das galt in besonderem Maße für die durch das EHUG bewirkte umfassende **Modernisierung des Registerrechts.** Zahlreiche Streitfragen, die sich bis dahin um § 15 rankten, fanden ihren Ursprung darin, dass es in der Vergangenheit aufgrund des nur mühsamen Zugangs zu den im Handelsregister archivierten Unternehmensdaten rechtspolitisch sinnvoll erschien, Informationsobliegenheiten des Rechtsverkehrs eher restriktiv auszulegen.[18] Vor dem Hintergrund des erleichterten Online-Zugriffs mussten diese Einschränkungen allesamt neu überdacht werden. Darüber hinaus musste sich das Schrifttum im Gefolge des EHUG auch intensiv mit den Folgen beschäftigen, die sich aus der schon damals eingeleiteten weitgehenden **Zurückdrängung des Bekanntmachungserfordernisses** ergaben. Diese Entwicklung ist mittlerweile aber mit dem DiRUG noch einmal deutlich vertieft worden (ausführlich dazu Rn 11), so dass die seinerzeitige Diskussion schon wieder hinfällig ist und auf der Grundlage der jetzt geltenden Rechtslage neuerlich überdacht werden muss.

11 **e) DiRUG 2021.** Eine besonders tiefgreifende Veränderung hat § 15 schließlich im Zuge des DiRUG aus dem Jahr 2021 erfahren. Der Schwerpunkt der Änderung liegt allerdings nicht in § 15 selbst, sondern in der **Abschaffung der Bekanntmachung als eigenständiges Publizitätsmedium** (vgl. dazu und zu den europarechtlichen Grundlagen in der Digitalisierungsrichtlinie [Rn 6] noch die Ausführungen in § 10 Rn 2 ff). Da die Bekanntmachung speziell im Rahmen des § 15 bislang eines der zentralen Tatbestandsmerkmale war, hätte diese Neuausrichtung zu einer vollständigen Überarbeitung des § 15 führen müssen. Diese weitreichende Folge hat der Gesetzgeber aber durch den legislatorischen Kunstgriff vermieden, dass er das Tatbestandsmerkmal der Bekanntmachung nicht gänzlich aufgegeben, sondern lediglich mit einem neuen Inhalt gefüllt hat. Nach § 10 Abs. 1 versteht man darunter heute die erstmalige Abrufbarkeit der Eintragung in dem nach § 9 Abs. 1 bestimmten elektronischen Informations- und Kommunikationssystem (ausführlich dazu § 10 Rn 2 ff). Die Texteingriffe konnten damit auf § 15 Abs. 3 beschränkt bleiben, der in seiner bisherigen Textfassung die Bekanntmachung besonders prominent in den Mittelpunkt der Handelsregisterpublizität stellte. Um auch in diesem Kontext die Maßgeblichkeit der Eintragung im Handelsregister hervorzuheben, wird in der Neufassung des § 15 Abs. 3 nicht mehr darauf abgestellt, ob die Tatsache falsch bekannt gemacht wurde und ob der Dritte die Unrichtigkeit der bekannt gemachten Tatsache kannte, sondern allein auf die **fehlerhafte Eintragung** sowie die darauf bezogene Kenntnis. Ebenfalls durch das DiRUG neu eingeführt wurde **§ 15 Abs. 5**, der solche Informationen aus dem Anwendungsbereich des § 15 Abs. 1 bis 3 ausschließt, die nicht beim Registergericht angemeldet, sondern allein aufgrund der Übermittlung über das Europäische System der Registervernetzung nach § 9b iVm § 13a eingetragen werden (Rn 123 und § 13a Rn 10). Zur mittelbaren Erweiterung des Anwendungsbereichs durch Einführung des § 707a Abs. 3 BGB im Zuge des MoPeG vgl. die Ausführungen in Rn 29.

3. Richtlinienkonforme Auslegung

12 **a) Problem inhaltlicher Diskrepanzen.** Von maßgeblicher Bedeutung für die Interpretation des § 15 ist die Frage, inwiefern er der richtlinienkonformen Auslegung im Lichte der Gesellschaftsrechtsrichtlinie unterliegt. Die richtlinienkonforme Auslegung wirft speziell im Rahmen

---

17 Gesetz zur Namensaktie und zur Erleichterung der Stimmrechtsausübung (NaStraG) v. 18.1.2001, BGBl. I, S. 123.
18 Vgl. dazu insbes. *Noack* FS Ulmer, 2003, S. 1245 (1258 f); zust. Oetker/*Preuß* Rn 6; *Tebben* FS Hopt, 2020, S. 1237 (1241 f).

des § 15 drei methodische Probleme auf. Das erste ist darin zu sehen, dass der nationale Gesetzgeber **§ 15 Abs. 1 und Abs. 2 S. 1**, die einen von der Richtlinie erfassten Regelungsbereich betreffen, **unverändert** gelassen hat, weil er der Auffassung war, dass diese Regelungen zur Umsetzung der Richtlinienvorgabe bereits hinreichend geeignet seien (zur umstrittenen Frage, ob auch § 15 Abs. 3 nach den Änderungen des DiRUG [Rn 11] noch eine Grundlage in der Richtlinie findet, vgl. die Ausführungen in Rn 100 ff). Ein solches Vorgehen ist nicht unüblich, führt aber des Öfteren dazu, dass nationale Regelung und europäische Vorgabe **inhaltliche Diskrepanzen** aufweisen, die sodann im Wege der richtlinienkonformen Auslegung korrigiert werden müssen.

b) Problem der quasi-richtlinienkonformen Auslegung. Eine zweite Schwierigkeit ergibt 13
sich daraus, dass der deutsche Gesetzgeber die Richtlinie **überschießend umgesetzt** hat, indem er die nationale Regelung in einem weiteren Umfang dem europäischen Modell angepasst hat, als es europarechtlich vorgegeben war (s. Rn 6). Einer solchen überschießenden Umsetzung schließt sich regelmäßig die Frage an, ob ein nationales Gericht nur hinsichtlich des auf der Richtlinie beruhenden Regelungsbereichs zur richtlinienkonformen Auslegung verpflichtet ist oder auch hinsichtlich des überschießend umgesetzten Rechts. Nach mittlerweile ganz hM ist eine solche **„quasi-richtlinienkonforme Auslegung" europarechtlich nicht geboten**. Die überschießende Umsetzung macht die davon betroffenen Vorschriften nicht zu europäischen Vorschriften, so dass ihr Bedeutungsgehalt ausschließlich durch Auslegung des nationalen Rechts zu bestimmen ist.[19] Dennoch spricht sich eine breite Meinungsgruppe **aus Gründen des nationalen Rechts** für eine quasi-richtlinienkonforme Auslegung aus, um im Dienste der Einheit der Rechtsordnung eine gespaltene Auslegung einer Vorschrift zu vermeiden.[20] Dieser Auffassung hat sich auch der BGH in der Heininger-Entscheidung angenähert,[21] in späteren Entscheidungen dann aber ausdrücklich klargestellt, dass auch eine gespaltene Auslegung bei überschießender Richtlinienumsetzung durchaus zulässig sei.[22]

Auch die **herrschende Schrifttumsauffassung** geht zu Recht davon aus, dass eine **gespal- 14
tene Auslegung nicht generell unzulässig** ist.[23] Da dem Rechtsanwender eine gespaltene Auslegung nicht schon per se durch höherrangiges Recht verwehrt ist, muss er den Inhalt des Gesetzes nach den herkömmlichen Auslegungsregeln ermitteln. Dabei muss er im Rahmen der **teleologischen Auslegung** die mittelbare Herkunft der Vorschrift aus dem europäischen Recht berücksichtigen. Der Umstand, dass der Gesetzgeber das nationale Recht den Vorgaben der Richtlinie auch außerhalb ihres originären Anwendungsbereichs angepasst hat, begründet eine

19 Vgl. EuGH v. 16.7.1998 – Rs. C-264/96, Slg. 1998, I-4695 (ICI) Rn 34; EuGH v. 17.7.1997 – Rs. C-28/95, Slg. 1997, I-4161 (Leur-Bloem) Rn 33; BGHZ 195, 135 = NJW 2013, 220 Rn 18 ff.; BGHZ 201, 101 = NJW 2014, 2646 Rn 28; Grüneberg/*Grüneberg* Einl. Rn 44; *Büdenbender* ZEuP 2004, 36 (47 f, 52 ff); *Canaris* FS Bydlinski, 2002, S. 47 (74); *Habersack/Verse* Europäisches Gesellschaftsrecht § 3 Rn 78; *Hommelhoff* FS 50 Jahre BGH, 2000, S. 889 (915 f); *J. Koch* JZ 2006, 277 (280, 283 f); *Kuhn* EuR 2015, 216, 217 f.; *Lutter/Bayer/Schmidt* Europäisches Unternehmens- und Kapitalmarktrecht Rn 3.64; *Lutter* GS Heinze, 2005, S. 571 (574 f); *Mayer/Schürnbrand* JZ 2004, 545 (548 f); *Mörsdorf* JZ 2013, 191 (192 f.); *Schnorbus* RabelsZ 65 (2001), 654 (685 f); **aA** FG Hamburg DStRE 2004, 613 (614 ff); MünchKommBGB/*Ernst* Einl. SchuldR Rn 63; *Drexl* FS Heldrich, 2005, S. 67 ff.

20 *Bärenz* DB 2003, 375 f; *Hess* RabelsZ 66 (2002), 470 (486); *W.-H. Roth* FS 50 Jahre BGH, 2000, S. 847 (883 ff); *R. Schulze* Auslegung europäischen Privatrechts und angeglichenen Rechts, 1999, S. 9 (17 ff).

21 BGHZ 150, 248 (260 ff) = NJW 2002, 1881; vgl. auch BGHZ 159, 280 (284 f) = NJW 2004, 2731.

22 BGHZ 195, 135 Rn 22 f = NJW 2013, 220; BGHZ 201, 101 Rn 28 = NJW 2014, 2646.

23 Vgl. zum Folgenden MünchKommBGB/*Lorenz* vor § 474 Rn 4; Grüneberg/*Grüneberg* Einl. Rn 44; *Canaris* FS Bydlinski, 2002, S. 47 (74); *dens.* JZ 2003, 831 (837 f); *Habersack/Verse* Europäisches Gesellschaftsrecht § 3 Rn 78; *Habersack/Mayer* in: Riesenhuber Europäische Methodenlehre § 14 Rn 35 ff.; *Hommelhoff* FS 50 Jahre BGH, 2000, S. 889 (915 f); *J. Koch* JZ 2006, 277 (284); *Langenbucher/Donath* in: Langenbucher Europäisches Privat- und Wirtschaftsrecht, 5. Aufl., 2022, § 1 Rn 118 ff; *Lutter* GS Heinze 2005, S. 571 (575 ff); *Mayer/Schürnbrand* JZ 2004, 545 (551); *Mörsdorf* JZ 2013, 191 (193 f).

Vermutung dafür, dass er eine einheitliche Ausgestaltung des nationalen Rechts anstrebte.[24] Diese Vermutung kann allerdings widerlegt werden. Wenn der Gesetzgeber sich etwa in den Gesetzesmaterialien eindeutig für ein bestimmtes Verständnis des nationalen Rechts ausgesprochen hat, dieses aber für die auf der Richtlinie beruhenden Vorschriften bei richtlinienkonformer Auslegung nicht haltbar ist, dann kann es dennoch für den überschießend umgesetzten Teil seine Gültigkeit behalten.

15 Gelangt der nationale Richter auf der Grundlage des vorstehend dargelegten Auslegungsmaßstabes zu dem Ergebnis, dass auch das überschießend umgesetzte Recht quasi-richtlinienkonform auszulegen ist, so ist er nach ständiger Rechtsprechung des EuGH dazu befugt, ihm im Wege des **Vorabentscheidungsverfahrens nach Art. 267 AEUV** Zweifelsfragen vorzulegen, die sich bei der Auslegung der Richtlinie ergeben.[25] Von einer verbreiteten Schrifttumsauffassung wird darüber hinaus sogar eine **Vorlagepflicht** angenommen.[26] Die besseren Gründe sprechen dafür eine solche Pflicht zu verneinen, da sich der Normbefehl des Art. 267 AEUV nicht auf Vorschriften außerhalb des unionsrechtlich begründeten Normenbestands erstreckt; eine gerichtliche Klärung dieser Frage steht allerdings noch aus.

16 **c) Unionsrechtliche Vorgaben als Mindeststandard.** Ein drittes Problem ergibt sich schließlich daraus, dass die mitgliedstaatliche Verpflichtung zur richtlinienkonformen Auslegung wesentlich davon abhängt, ob es sich bei der zugrunde liegenden Richtlinie nur um einen Mindeststandard oder auch um einen Höchststandard handelt. Die Antwort auf diese Frage wird in neueren Richtlinien explizit ausgesprochen; bei der Gesellschaftsrechtsrichtlinie (Rn 6) fehlt jedoch eine die gesamte Richtlinie erfassende Bestimmung.[27] In diesem Fall muss die Frage nach einem Mindest- oder Höchststandard anhand **allgemeiner teleologischer Erwägungen** beantwortet werden. Insofern hat sich zur Gesellschaftsrechtsrichtlinie noch keine klar herrschende Meinung herausgebildet. Zur Publizitätsrichtlinie a.F. (Rn 6), die ursprünglich die unionsrechtlichen Vorgaben des § 15 HGB enthielt (Rn 6 f), ging die hM von einer Einordnung als Mindeststandard aus.[28] Es fanden sich aber auch Stimmen, die annahmen, dass die Richtlinie

---

24 Explizit für eine einheitliche Auslegung des § 15 HGB MünchKommHGB/*Krebs* Rn 8; Oetker/*Preuß* Rn 5.

25 Ständige Rspr. seit EuGH v. 26.9.1985 – Rs. 166/84, Slg. 1985, I-3004 (Rn 11) – Thomasdünger; bestätigt in EUGH v. 7.1.2003, Rs. C-306/99, Slg. 2003, I-1 (Rn 88 ff) – BIAO; EuGH v. 12.7.2012 – Rs. C-602/10, BeckRS 2012, 81452 Rn 86 – Volksbank Romania; EuGH v. 14.3.2013, Rs. C-32/11, EuZW 2013, 716 Rn 20 – Allianz Hungária; EuGH v. 4.12.2014 – Rs. C-413/13, EuZW 2015, 313 – FNV Kunsten Informatie en Media; EuGH v. 26.11.2015 – Rs C-345/14, EuZW 2016, 180 Rn 12 – Maxima Latvija; EuGH v. 26.3.2020 – BKR 2020, 248 Rn 28 – Sparkasse Saarlouis; zust. MünchKommBGB/*Lorenz* vor § 474 Rn 4; Grüneberg/*Grüneberg* BGB Einl. Rn 44; *Basedow* FS Brandner, 1998, S. 651 (662 f); *Hess* RabelsZ 66 (2002), 470 (484 ff); *Hirte* RabelsZ 66 (2002), 553 (576 ff); *Jäger* Überschießende Richtlinienumsetzung im Privatrecht, 2006, S. 198 ff.; *J. Koch* JZ 2006, 277 (280); *ders.* WuW 2006, 710 (712); *Lutter* GS Heinze, 2005, S. 571 (577 ff); *Schnorbus* RabelsZ 65 (2001), 654 (687 ff); **aA** *Habersack/Verse* Europäisches Gesellschaftsrecht § 3 Rn 79; *Habersack/Mayer* JZ 1999, 913 (918 f); *dies.* in: Riesenhuber Europäische Methodenlehre § 14 Rn 58; *Hommelhoff* FS 50 Jahre BGH, 2000, S. 889 (915 ff); *Mayer/Schürnbrand* JZ 2004, 545; ebenfalls kritisch *Schollmeyer* NZG 2020, 589, 590.

26 *Brause* Stimmrechtslose Vorzugsaktien bei Umwandlungen, 2002, S. 80 f; *Hess* RabelsZ 66 (2002), 553 (576 f); *Jäger* Überschießende Richtlinienumsetzung im Privatrecht, 2006, S. 224 ff.; *Piekenbrock* EuR 2011, 317 (351); *Schnorbus* RabelsZ 66 (2002), 470 (484 ff); MünchKommBGB/*Ernst* Einl. SchuldR Rn 63; **aA** MünchKommHGB/*Krebs* Rn 8; MünchKommAktG/*Habersack* Einl. Rn 95; *Habersack/Verse* Europäisches Gesellschaftsrecht § 3 Rn 79; *Brandner* Die überschießende Umsetzung von Richtlinien, 2003, S. 134 f.; *Grigoleit/Herresthal* JZ 2003, 118 (119).

27 So sieht beispielsweise Art. 45 der Gesellschaftsrechtsrichtlinie (Rn 16) ausdrücklich nur einen Mindestbetrag als Grundkapital vor, vgl. MünchKommAktG/*Habersack* Einl. Rn 96.

28 *Lutter* EuR 1969, 1 (17 f); *von Olshausen* BB 1970, 137 (139 Fn 32); *G. Schwarz* Europäisches Gesellschaftsrecht, 2000, Rn 319; *R. Schulze* NZG 2004, 792 (794).

nicht nur die berechtigten Erwartungen des Publikums schütze, sondern auch das Interesse der Gesellschaft, durch Offenlegung vor einer nationalen Rechtsscheinhaftung gefeit zu sein.[29]

17 Aufgrund des vornehmlich zusammenfassenden Charakters der Gesellschaftsrechtsrichtlinie kann sie nicht pauschal als Mindest- oder Höchststandard eingeordnet werden, sondern die Beurteilung verlagert sich zunehmend auf die konkrete Analyse der einzelnen Richtlinienbestimmung.[30] Speziell für den aus der Publizitätsrichtlinie a.F. entstammenden Normenbestand sprechen jedoch die besseren Argumente dafür, sie mit der schon bislang hM auch weiterhin als Mindeststandard zu qualifizieren. Das ergab sich in der Ursprungsfassung der Publizitätsrichtlinie schon mit besonderer Aussagekraft aus **Art. 11 Abs. 2** der Richtlinie, der nur für einen Sonderfall bestimmte, dass der Gesetzgeber über die Vorgaben der Richtlinie nicht hinausgehen dürfe. Daraus wurde überwiegend der Gegenschluss gezogen, dass ihm ein solches Vorgehen jenseits dieser Vorschrift grundsätzlich erlaubt ist. Da die Gesellschaftsrechtsrichtlinie die bisherigen Richtlinienvorgaben nicht abändern, sondern lediglich zusammenfassend neu ordnen sollte, ist nicht davon auszugehen, dass an dieser ursprünglichen Ausgestaltung als Mindeststandard etwas verändert werden sollte. Schließlich entspricht ein solcher verbleibender Spielraum nach oben auch grundsätzlich eher dem Charakter der Richtlinie als **Instrument der Rechtsangleichung** (und nicht der Rechtsvereinheitlichung) und dem Gedanken der **Subsidiarität** (Art. 5 EUV).[31] Dem kann auch nicht entgegengehalten werden, dass die Richtlinie nicht allein den Dritten, sondern ebenso die betroffenen Gesellschaften schütze. Dies mag auf einzelne Bestimmungen der Richtlinie zutreffen;[32] speziell für die hier interessierende Vorschrift des Art. 16 Gesellschaftsrechtsrichtlinie finden sich für ein solches Verständnis indes keinerlei Hinweise. Sämtliche Regelungen zur Registerpublizität **begünstigen ausschließlich den Dritten.** Selbst die im deutschen Recht als Entlastung des Kaufmanns ausgestaltete Vorschrift des § 15 Abs. 2 ist in Art. 16 Abs. 5 Gesellschaftsrechtsrichtlinie aus einer anderen Perspektive (nämlich der des verlängerten Vertrauensschutzes gem. § 15 Abs. 2 S. 2) als Begünstigung des Dritten formuliert.[33] Das spricht dafür, dass es hier ausschließlich um den Schutz des Dritten geht, so dass nichts dagegen spricht, wenn ein Mitgliedstaat diesen Schutz ausdehnt, indem es ein Unternehmen stärker belastet. Insofern sind die Vorschriften der Gesellschaftsrechtsrichtlinie, die die Registerpublizität regeln, als **bloßer Mindeststandard** anzusehen.

II. Dogmatische Einordnung

1. § 15 Abs. 1 und 3

18 **a) Der vertrauensrechtliche Ansatz.** Aufgrund des uneinheitlichen Regelungsanliegens, das der Gesetzgeber mit § 15 verfolgte (s. Rn 1 ff), ist auch eine einheitliche dogmatische Einordnung der Vorschrift nicht möglich. Probleme bereiten insofern in erster Linie der erste und der dritte Absatz der Vorschrift (zu § 15 Abs. 2 s. noch Rn 24). Die hM fasst **§ 15 Abs. 1 und 3** als Regelungen des

29 MünchKommHGB/*Krebs* Rn 8; Schmidt-Kessel/Leutner/Müther/*Schmidt-Kessel/Kopp* Rn 8; *Bachmann* ZGR 2001, 351 (380); *Noack* FS Ulmer, 2003, S. 1245 (1256 Fn 49).

30 So auch *Habersack/Verse* Europäisches Gesellschaftsrecht § 5 Rn 7. Generell ist anerkannt, dass die Frage nach dem Charakter als Mindest- oder Höchststandard nicht zwingend für sämtliche Bestimmungen einer Richtlinie einheitlich beantwortet werden muss; vgl. dazu nur *Drinkuth* Die Kapitalrichtlinie – Mindest- oder Höchstnorm?, 1998, S. 48 ff, 56 f mwN.

31 Vgl. zu den verschiedenen Argumenten für und gegen einen Höchststandard *Drinkuth* (Fn 30) S. 26 ff, 48 ff; *Habersack/Verse* Europäisches Gesellschaftsrecht § 3 Rn 82 ff.

32 Die Frage nach dem Charakter als Mindest- oder Höchststandard muss nicht zwingend für sämtliche Bestimmungen einer Richtlinie einheitlich beantwortet werden; vgl. dazu nur *Drinkuth* (Fn 30) S. 48 ff, 56 f mwN.

33 Wie hier *Lutter/Bayer/Schmidt* Europäisches Unternehmens- und Kapitalmarktrecht Rn 18.21; **aA** insofern *Habersack/Verse* Europäisches Gesellschaftsrecht § 5 Rn 7 und Fn 19.

Vertrauensschutzes auf.[34] Das hat insbesondere zur Folge, dass die Grundsätze der allgemeinen Rechtsscheinlehre[35] in Zweifelsfällen zur Auslegung und gegebenenfalls auch zur Schließung von Regelungslücken herangezogen werden können. Die **konkrete Ausgestaltung dieses Vertrauensschutzes** wird auch von den Vertretern der hM nicht einheitlich beurteilt. Nach Auffassung von *Canaris* führt die Einordnung in die allgemeinen Grundsätze der Vertrauenslehre dazu, dass der Dritte Kenntnis von dem Vertrauenstatbestand haben muss und dieser für sein Handeln kausal war **(konkreter Vertrauensschutz).**[36] Im Rahmen des § 15 Abs. 1 und 3 würden diese beiden Voraussetzungen zwar vermutet, doch sei diese Vermutung widerlegbar. Die überwiegend vertretene Gegenansicht hält einen solchen Gegenbeweis für unzulässig. § 15 schütze ein „typisiertes", „formalisiertes" oder **„abstraktes" Vertrauen,** so dass die Kenntnis des Registerinhalts und ihre Kausalität für das Handeln des Dritten unwiderlegbar vermutet würden.[37]

19 **b) § 15 als abstrakte Verkehrsschutznorm.** Eine starke Meinungsgruppe in der Literatur geht über diese letztgenannte Auffassung noch hinaus und löst § 15 vollständig aus dem Kontext der Vertrauenshaftung.[38] Weder der deutsche Gesetzgeber von 1897 noch der europäische von 1968 habe die Vertrauenshaftung in ihrer heutigen – namentlich auf die Ausarbeitung von *Canaris*[39] zurückgehenden – Gestalt vor Augen gehabt und in § 15 umsetzen wollen. Tatsächlich sei § 15 als abstrakte Verkehrsschutznorm konstruiert, deren Tatbestandsvoraussetzungen ausschließlich aus einer Analyse der Vorschrift selbst herzuleiten seien; ein Rückgriff auf die allgemeine Vertrauenslehre bleibe versperrt. Insbesondere könne sich der Anmeldepflichtige der Anwendung des § 15 nicht dadurch entziehen, dass er nachweist, der Dritte habe den Registerinhalt nicht gekannt oder sein Verhalten nicht darauf eingerichtet.

20 **c) Stellungnahme.** Entscheidend für das Verständnis und die Einordnung des § 15 Abs. 1 und 3 ist der Umstand, dass die dort geregelten Tatbestände nur dann zugunsten des Dritten eingreifen, wenn nicht feststeht, dass dieser die wahre Rechtslage kannte. Der Dritte wird also nicht absolut geschützt, sondern sein Schutz ist von seinem guten Glauben abhängig. Die Unkenntnis der tatsächlichen Rechtslage bildet eine **„negative Komponente des Vertrauens".**[40] Ein genereller Vertrauensbezug der Vorschrift kann daher nicht geleugnet werden.[41] Dass damit zugleich

---

34 BGHZ 65, 309 (311) = NJW 1976, 569; BGH NJW-RR 2004, 120; BeckOGK-HGB/*Schaal* Rn 6; Ebenroth/Boujong/Joost/Strohn/*Gehrlein* Rn 2 f; Heidel/*Schall* Rn 4 ff; Hopt/*Merkt* Rn 3; Koller/Kindler/Roth/Drüen/*Roth* Rn 1, 3; MünchKommHGB/*Lieb*, 1. Aufl., Rn 6; Oetker/*Preuß* Rn 2; Röhricht/v. Westphalen/Haas/*Ries* Rn 1 f.; *Canaris* HandelsR § 5 Rn 4 ff; *K. Schmidt* UnternehmensR I § 14 Rn 18, 35; *Fehrenbacher* S. 155 ff; *John* ZHR 140 (1976), 236 (239 f); *Reinicke* JZ 1985, 272 (276); *Schilken* AcP 187 (1987), 1 (3 ff).

35 Vgl. dazu statt aller *Canaris* Vertrauenshaftung, 1971, insbes.S. 471 ff; *dens.* in: FG 50 Jahre BGH, 2000, Bd. I, S. 129 ff.

36 *Canaris* HandelsR § 5 Rn 7 und 17; zustimmend Heidel/*Schall* Rn 4 ff; sympathisierend Koller/Kindler/Roth/Drüen/*Roth* Rn 13; *Hübner* Rn 144.

37 Vgl. etwa BGHZ 65, 309 (311) = NJW 1976, 569; BGH NJW-RR 2004, 120; BeckOGK-HGB/*Schaal* Rn 6; Ebenroth/Boujong/Joost/Strohn/*Gehrlein* Rn 3; Hopt/*Merkt* Rn 9; MünchKommHGB/*Lieb*, 1. Aufl., Rn 31; Oetker/*Preuß* Rn 2; Röhricht/v. Westphalen/Haas/*Ries* Rn 17; *K. Schmidt* UnternehmensR I § 14 Rn 18, 35; *John* ZHR 140 (1976), 236 (239 f); *Reinicke* JZ 1985, 272 (276); *Schilken* AcP 187 (1987), 1 (3 ff). Widerlegbar ist also allein die von § 15 Abs. 1 vermutete Unkenntnis der eintragungspflichtigen Tatsache.

38 Vgl. zum Folgenden MünchKommHGB/*Krebs* Rn 14 ff; Schlegelberger/*Hildebrandt*/*Steckhan* Rn 4 ff, 10; Schmidt-Kessel/Leutner/Müther/*Schmidt-Kessel*/*Kopp* Rn 4 ff; *v. Gierke*/*Sandrock* Handels- und WirtschaftsR § 11 III 2b (S. 150 f); *Axer* S. 84 ff, 98 f; *Leenen* S. 108 (120 ff); *Merkt* S. 229 ff.

39 Vgl. insbes. *Canaris* Vertrauenshaftung, 1971.

40 So Staub/*Hüffer*[4] Rn 23; *John* ZHR 140 (1976), 236 (239 f); *Schilken* AcP 187 (1987), 1 (3).

41 Auch die Vertreter der Gegenauffassung kommen nicht umhin, zur Auslegung einzelner Tatbestandsmerkmale auf den Vertrauenstatbestand abzustellen; vgl. beispielhaft MünchKommHGB/*Krebs* Rn 41.

auch ein Verkehrsschutz bezweckt wird, versteht sich von selbst, schließt die vertrauensrechtliche Einordnung aber nicht aus. Auch die schon in den Gesetzesmaterialien erwähnte Ausklammerung des reinen Unrechtsverkehrs[42] (s. dazu noch Rn 26) bestätigt dieses vertrauensrechtliche Verständnis.[43]

Aus dieser generellen Einordnung als Vertrauenshaftung kann noch nicht die Schlussfolgerung gezogen werden, dass damit das gesamte System der Rechtsscheinhaftung über § 15 gestülpt werden könnte. Eine solche Lösung wird aber tatsächlich auch von niemandem vertreten. Selbstverständlich ist es erforderlich, § 15 zunächst aus sich heraus zu interpretieren. Fraglich kann allenfalls sein, ob es **bei Zweifelsfragen** möglich ist, die Vorschrift im Lichte dieser allgemeinen Grundsätze auszulegen und eventuelle Regelungslücken damit zu schließen. Dem steht nicht entgegen, dass der historische Gesetzgeber nicht die Vertrauenslehre in ihrer heutigen Ausprägung umsetzen wollte. Die Vertrauenslehre ist nicht freischwebend außerhalb des Gesetzes entwickelt worden, sondern aus einer sorgfältigen **Abstrahierung der im Gesetz selbst angelegten Einzelwertungen.** Die Heranziehung einzelner Elemente der Vertrauenslehre stellt sich daher als Akt einer systematischen und teleologischen Auslegung dar, die herkömmlichen dogmatischen Grundregeln entspricht. 21

Es bedarf allerdings jeweils einer sorgfältigen Prüfung im Einzelfall, ob sich diese Erwägungen auch auf die europäischen Vorgaben der **Gesellschaftsrechtsrichtlinie** (Rn 6 f) übertragen lassen. Zwar wird durch den europäischen Ursprung keine generelle Abkehr von einer vertrauensrechtlichen Einordnung erzwungen, weil auch hier eine dem deutschen Recht entsprechende Einschränkung bei Bösgläubigkeit des Dritten vorgesehen ist.[44] Soweit aber Restriktionen des Verkehrsschutzes aus systematischen Erwägungen des deutschen Rechts hergeleitet werden, bedarf es der Feststellung, ob diese im Wege der teleologischen Auslegung bzw. Reduktion auch mit dem europäischen Recht zu vereinbaren sind.[45] Wo das deutsche Recht den Schutz des Rechtsverkehrs dagegen über die Richtlinie hinaus ausdehnt, stellen sich keine Probleme, da die Richtlinie insofern lediglich einen **Mindeststandard** darstellt (s. Rn 16 f). 22

Speziell für die Frage, ob § 15 einen absoluten oder einen konkreten Vertrauenstatbestand enthält, erweist sich allerdings weder das deutsche noch das europäische Recht als hinreichend interpretationsoffen, um den klaren Wortlaut im Wege der teleologischen Reduktion dahingehend zu reduzieren, dass dem Anmeldepflichtigen die Möglichkeit eines Gegenbeweises offensteht. § 15 ist daher nicht eine Vorschrift des konkreten, sondern des **abstrakten Vertrauensschutzes** (s. Rn 61 f). Die Gefahr, dass damit möglicherweise „der Vertrauensgedanke jegliche Kontur verliert und zu einer beliebig einsetzbaren, also nichtssagenden Kategorie wird",[46] ist hinzunehmen, wenn sich die Vorschrift in ihrer konkreten Ausgestaltung nicht in das System einpassen lässt. Aus dieser Abweichung von der allgemeinen Vertrauenslehre darf allerdings nicht der Schluss gezogen werden, dass die „wertvolle Verbindungslinie zur allgemeinen Rechtsscheinhaftung" vollständig aufgegeben werden muss.[47] Zum Verhältnis zwischen § 15 und den allgemeinen Regeln des Vertrauensschutzes vgl. Rn 120 f. 23

2. § 15 Abs. 2

Als weniger problematisch erweist sich die dogmatische Einordnung des § 15 Abs. 2.[48] Hierbei handelt es sich nach allgemeiner Auffassung nicht um eine Vertrauensschutznorm, sondern 24

42 Denkschrift zum HGB – *Hahn/Mugdan* S. 212.
43 MünchKommHGB/*Lieb*, 1. Aufl., Rn 6.
44 So auch *Canaris* HandelsR § 5 Rn 7.
45 Das zieht aber auch *Canaris* HandelsR § 5 Rn 7 nicht in Zweifel.
46 So die Befürchtung von *Canaris* HandelsR § 5 Rn 18.
47 MünchKommHGB/*Lieb*, 1. Aufl., Rn 6.
48 Vgl. statt aller *Canaris* HandelsR § 5 Rn 35.

gerade gegenläufig um eine Vorschrift mit **vertrauenszerstörender Wirkung**. Dem Kaufmann soll die Möglichkeit eröffnet werden, durch die Registerpublizität einen anderweitig begründeten Rechtsschein zu zerstören. Allein durch § 15 Abs. 2 S. 2 erhält die Vorschrift eine positiv vertrauensschützende Wirkung, die sich allerdings nicht zwingend auf einen durch das Handelsregister begründeten Rechtsschein beziehen muss. Vielmehr verzögert die Vorschrift für einen knapp bemessenen Zeitraum die vertrauenszerstörende Wirkung des § 15 Abs. 2 S. 1.

III. Anwendungsbereich

1. Beschränkung auf Geschäftsverkehr

25 Aus dem zutreffenden Verständnis des § 15 als Vorschrift des Vertrauensschutzes ergibt sich eine **teleologische Einschränkung** seines Anwendungsbereichs, die zwar im Gesetzeswortlaut keine Stütze findet, aber bereits in den Gesetzesmaterialien erwähnt ist:[49] Obwohl § 15 grundsätzlich kein konkretes, sondern nur ein abstraktes Vertrauen voraussetzt (s. Rn 18 ff, 23, 61 f), soll die Vorschrift nicht zur Anwendung kommen, wenn der Dritte von vornherein nicht die Möglichkeit hatte, sein Handeln auf die Registereintragung einzurichten, ein schutzwürdiges Vertrauen also gar nicht entstehen konnte.[50] Erforderlich ist somit zumindest eine **potenzielle Kausalität** zwischen Eintragung und der Handlung des Dritten.[51]

26 Eine solche Ausnahme wird allerdings nur mit großer Zurückhaltung anerkannt, und zwar namentlich bei Ansprüchen aus Vorgängen **ohne Zusammenhang zum Geschäftsverkehr.**[52] Das klassische Beispiel ist die unfallbedingte Verletzung eines außenstehenden Dritten, da auszuschließen ist, dass der Verletzte die Schädigung im Vertrauen auf das Handelsregister, etwa eine dort ausgewiesene Komplementärstellung, in Kauf genommen hat (s. aber noch Rn 28).[53] In Anknüpfung an dieses Standardbeispiel werden die Ausnahmefälle z.T. unter dem Schlagwort „Unrechtsverkehr“ zusammengefasst.[54] Diese Bezeichnung ist indes unscharf.[55] So ist die Anwendbarkeit des § 15 etwa auch dann ausgeschlossen, wenn es um gesetzlich entstandene Ansprüche ohne rechtsgeschäftlichen Bezug, wie etwa Steuerzahlungen[56] oder IHK-Beiträge[57] geht, da ihre Entstehung ebenfalls vom Vertrauen des Gläubigers unbeeinflusst ist (zu gesetzlichen Ansprüchen mit rechtsgeschäftlichem Bezug s. noch Rn 28).[58] Auch ein Arbeitnehmeranspruch, der aufgrund eines Betriebsübergangs gem. § 613a Abs. 1 S. 1 BGB entstanden ist, kann nicht auf der Grundlage des § 15 Abs. 1 gegenüber einem ausgeschiedenen Gesellschafter geltend gemacht werden.[59] Entscheidend ist nicht so sehr die rechtsdogmatische Einordnung des

---

49 Denkschrift zum HGB – *Hahn/Mugdan* S. 212.

50 BGH NJW-RR 2004, 120; Ebenroth/Boujong/Joost/Strohn/*Gehrlein* Rn 3; Hopt/*Merkt* Rn 8; Oetker/*Preuß* Rn 7; Röhricht/v. Westphalen/Haas/*Ries* Rn 3. Diejenigen, die § 15 als Vorschrift des abstrakten Verkehrsschutzes auffassen, tun sich mit der Einordnung dieser anerkannten Ausnahme schwer; vgl. etwa MünchKommHGB/*Krebs* Rn 26: Dritte sind „abstrakt-generell nicht schutzwürdig“.

51 Vgl. auch *Canaris* HandelsR § 5 Rn 14.

52 Heidel/*Schall* Rn 15; zu Recht weist Oetker/*Preuß* Rn 7 darauf hin, dass eine solche Beschränkung auf den Geschäftsverkehr auch in den Eingangsworten des § 15 Abs. 4 eine Stütze findet; aA MünchKommHGB/*Krebs* Rn 26.

53 RGZ 93, 238 (240 ff); OLG Düsseldorf DB 2003, 656; MünchKommHGB/*Krebs* Rn 27; Oetker/*Preuß* Rn 7.

54 Vgl. etwa Heidel/*Schall* Rn 14; Hopt/*Merkt* Rn 8; MünchKommHGB/*Lieb*, 1. Aufl., Rn 32; Röhricht/v. Westphalen/Haas/*Ries* Rn 3; *K. Schmidt* UnternehmensR I § 14 Rn 47.

55 So auch Hopt/*Merkt* Rn 8.

56 BFH NJW 1978, 1944; *K. Schmidt* UnternehmensR I § 14 Rn 48.

57 VG Aachen NJW 2005, 169.

58 Vgl. auch Ebenroth/Boujong/Joost/Strohn/*Gehrlein* Rn 3; Koller/Kindler/Roth/Drüen/*Roth* Rn 4; Oetker/*Preuß* Rn 9.

59 LAG Hamm ZInsO 2010, 822 (826); Oetker/*Preuß* Rn 9.

Anspruchs, sondern ob der Dritte sein Handeln auf die Eintragung hätte einrichten können und danach möglicherweise zu einer anderen Entscheidung gekommen wäre.[60]

27 Das ist in erster Linie bei allen Formen **rechtsgeschäftlicher Ansprüche** einschließlich der Ansprüche aus Vertragsverletzung und culpa in contrahendo zu bejahen, wobei es allerdings auch hier auf die konkrete Form der Einwendung ankommen kann. So hat der BGH es zugelassen, dass der Inhaber einer rechtsgeschäftlichen Forderung sich auf eine von ihm herbeigeführte Verjährungshemmung berief, obwohl die Forderungsinhaberschaft durch eine Abtretung in Gestalt eines Insichgeschäfts entstanden war, ohne dass die Befreiung von den Beschränkungen des § 181 in das Handelsregister eingetragen worden war.[61] Auch hier war die Überlegung ausschlaggebend, dass der Schuldner als Außenstehender nicht in der Lage gewesen wäre, sein Verhalten auf die Eintragung einzurichten.[62]

28 Aber auch **gesetzliche Ansprüche** können unter § 15 fallen, wenn sie mit dem Geschäftsverkehr in einem inneren Zusammenhang stehen. So wird etwa ein Bereicherungsanspruch von § 15 erfasst, wenn er die Rückabwicklung eines nichtigen oder angefochtenen Vertrages zum Inhalt hat.[63] Dasselbe gilt für deliktische Ansprüche oder Ansprüche aus GoA, sofern ihre Entstehung auf rechtsgeschäftlichem Handeln beruht (z.B. Betrug beim Vertragsschluss).[64] Selbst deliktische Ansprüche aus einem Verkehrsunfall können unter § 15 Abs. 1 fallen, wenn Geschädigter nicht ein unbeteiligter Passant, sondern der mitfahrende Geschäftspartner ist.[65] Anwendbar ist § 15 weiterhin bei **Prozesshandlungen** (z.B. Zustellung, Anerkenntnis, Verzicht, Vergleich) und Vollstreckungsmaßnahmen (z.B. Pfändung), soweit es um Akte geht, bei denen die Möglichkeit besteht, dass ein Dritter sein Verhalten mit Rücksicht auf die im Handelsregister enthaltenen Eintragungen einrichtet.[66] Auch § 15 Abs. 1 ermöglicht aber keinen Prozess gegen einen fiktiven Beklagten.[67]

2. Entsprechende Anwendung

29 In mehreren Vorschriften der Rechtsordnung findet sich ein § 15 vergleichbarer Vertrauensschutz (vgl. etwa § 29 GenG, § 68 BGB oder § 1412 BGB). Darüber hinaus ist § 15 über § 5 Abs. 2 PartGG auch auf das Partnerschaftsregister anwendbar. Eine beachtliche mittelbare Erweiterung hat § 15 im Jahr 2021 überdies durch das MoPeG[68] (Rn 11) erfahren, das am 1.1.2024 in Kraft treten wird. Die damit neu eingefügten §§ 707 ff BGB-E sehen auch für die BGB-Gesellschaft die Möglichkeit einer Registrierung in einem neu einzurichtenden Gesellschaftsregister vor. **§ 707a Abs. 3 S. 1 BGB-E** ordnet auch für diese Eintragung die entsprechende Anwendung des § 15 mit der Maßgabe an, dass das Fehlen der Kaufmannseigenschaft nicht an der Publizität des

---

60 Koller/Kindler/Roth/Drüen/*Roth* Rn 4.
61 BGH NJW-RR 2004, 120.
62 Vgl. auch Ebenroth/Boujong/Joost/Strohn/*Gehrlein* Rn 12; Oetker/*Preuß* Rn 10.
63 Hopt/*Merkt* Rn 8.
64 Hopt/*Merkt* Rn 8; Oetker/*Preuß* Rn 8; Röhricht/v. Westphalen/Haas/*Ries* Rn 3; *Canaris* HandelsR § 5 Rn 14; speziell zu deliktischen Ansprüchen OLG Stuttgart WRP 1987, 200 (202 f).
65 BeckOGK-HGB/*Schaal* Rn 14; Ebenroth/Boujong/Joost/Strohn/*Gehrlein* Rn 3; anderes Beispiel für deliktische Ansprüche, die von § 15 geschützt werden: Betrug beim Vertragsschluss.
66 RGZ 127, 98 (99); BGH NJW 1979, 42; BeckOGK-HGB/*Schaal* Rn 11; Ebenroth/Boujong/Joost/Strohn/*Gehrlein* Rn 3; Heymann/*Förster* HGB Rn 14; Hopt/*Merkt* Rn 8; Koller/Kindler/Roth/Drüen/*Roth* Rn 4; MünchKommHGB/*Krebs* Rn 27; Oetker/*Preuß* Rn 8; *Ehrenberg* in: Ehrenbergs Hdb., Band I, S. 658 ff; monographisch *Redlich* Beiträge zur Bedeutung des § 15 HGB im Zivilprozeß, 1931; das Vertrauen in die Prozessfähigkeit wird hingegen nach OLG Hamm NJW-RR 1998, 470 nicht durch § 15 geschützt; offenlassend BGH NZG 2011, 26 Rn 15; BGH NZG 2019, 861 Rn 32; Hopt/*Merkt* Rn 8.
67 *K. Schmidt* UnternehmensR I § 14 Rn 45 f.
68 Gesetz zur Modernisierung des Personengesellschaftsrechts (Personengesellschaftsrechtsmodernisierungsgesetz – MoPeG) v. 10.8.2021, BGBl. I, S. 3436.

Gesellschaftsregisters teilnimmt. Mit dieser letztgenannten Ergänzung soll klargestellt werden, dass aus der Eintragung einer Gesellschaft im Gesellschaftsregister nicht der Schluss gezogen werden darf, dass die Gesellschaft auch dauerhaft in dieser Rechtsform fortbesteht. Vielmehr soll es weiterhin dabei bleiben, dass sich die BGB-Gesellschaft kraft Rechtsformzwangs unabhängig vom Willen ihrer Gesellschafter identitätswahrend in eine offene Handelsgesellschaft umwandelt, sobald ihr Zweck darauf gerichtet ist, ein Handelsgewerbe i.S.d. § 1 Abs. 2 zu betreiben. Diese Folge könnte gefährdet sein, wenn sich ein Dritter nach § 15 Abs. 2 HGB auf die Eintragung als Gesellschaft bürgerlichen Rechts berufen könnte.[69] Anders als im originären Anwendungsbereich des § 15 gilt die Vorschrift in ihrer Anwendung auf die BGB-Gesellschaft erst ab dem Zeitpunkt ihrer erstmaligen Eintragung, was konsequent ist, da anders als in den herkömmlichen handelsrechtlichen Konstellationen eine originäre Eintragungspflicht nicht besteht, sondern die Gesellschaft erst mit der freiwilligen Ersteintragung dem Regime des Registerrechts unterworfen wird.

3. Unternehmensregister

30 Auf das Unternehmensregister findet § 15 **keine Anwendung**. Der Vertrauensschutz des § 15 greift nur dann ein, wenn über das Portal des Unternehmensregisters mittelbar auf das Handelsregister zugegriffen wird (vgl. dazu § 8b Rn 1 f, 20), dessen Datenbestand unabhängig von der konkreten Form des Zugriffs den Schutz des § 15 genießt.[70] Vertrauensträger ist aber auch hier allein das Handelsregister. Sollte es zu Widersprüchen zwischen Unternehmensregister und Handelsregister kommen, ist der Inhalt des Handelsregisters maßgeblich. Da über das Unternehmensregister lediglich die Originaldatenbestände des Handelsregisters zugänglich gemacht werden, dürften solche inhaltlichen Diskrepanzen allerdings nur selten auftreten.[71] Denkbar ist jedoch, dass es bei der Aktualisierung von Bekanntmachungen zu Verzögerungen kommt, die dazu führen, dass eine im Handelsregister bereits verfügbare Information erst später im Unternehmensregister zugänglich ist.[72]

IV. Die negative Publizität des Handelsregisters (§ 15 Abs. 1)

1. Grundsätzliches

31 § 15 Abs. 1 schützt das Vertrauen, das Dritte in das **Schweigen des Registers** setzen (negative Publizität). Sie müssen einzutragende Tatsachen (s. Rn 32) nur dann gegen sich gelten lassen, wenn diese eingetragen und bekannt gemacht sind; anderenfalls dürfen sie auf den Fortbestand der bisherigen Rechtslage vertrauen. Die **sprachliche Fassung** der Vorschrift entspricht diesem Verständnis nicht, weil sie den Vertrauensschutz nicht aus der Perspektive des Dritten, sondern aus der Sicht des Unternehmensträgers regelt, was sich aus der Entwicklungsgeschichte der Vorschrift erklärt (s. Rn 4 f).[73] Das Vertrauen in einen **fehlerhaften Publizitätsakt** wird erst durch § 15 Abs. 3 geschützt. Es ist daher nach der heutigen Fassung des Gesetzes schon aus

---

69 RegE MoPeG, BT-Drucks. 19/27635, S. 133.

70 RegE EHUG, BT-Drucks. 16/960, S. 39; BeckOK-HGB/*Müther* Rn 4; MünchKommHGB/*Krebs* Rn 6; Oetker/*Preuß* Rn 3; *Kort* AG 2007, 801 (802); *Krafka* MittBayNot 2005, 290 (291); *Seibert/Decker* DB 2006, 2446 (2450).

71 *Kort* AG 2007, 801 (802).

72 *Beurskens* in: Noack (Hrsg.), Das neue Gesetz über elektronische Handels- und Unternehmensregister, 2007, S. 97 (103).

73 So bereits Staub/*Hüffer*[4] Rn 14; eine der Sache nach gleichwertige Formulierungsalternative im Sinne eines Vertrauensschutzes bietet § 15 Abs. 3: „kann sich ein Dritter (...) berufen".

systematischen Gründen nicht zulässig, die Falscheintragung als Nichteintragung des Richtigen unter § 15 Abs. 1 zu fassen.[74]

2. Einzutragende Tatsache

a) Anmeldepflichtige Tatsachen. § 15 Abs. 1 setzt zunächst das Vorliegen einer „einzutragenden Tatsache" voraus, was gemeinhin als **eintragungspflichtige Tatsache** (s. dazu § 8 Rn 33 ff) verstanden wird.[75] Diese Lesart ist indes nicht unproblematisch, da bereits die Einteilung in eintragungsfähige und eintragungspflichtige Tatsachen ungenau ist. Das Gesetz statuiert für den Betroffenen ausschließlich **Anmeldepflichten**; zur Eintragung ist allein das Gericht verpflichtet, und zwar immer dann, wenn eine eintragungsfähige Tatsache (unabhängig vom Bestehen einer Anmeldepflicht) ordnungsgemäß zur Eintragung angemeldet wird (ausführlich § 8 Rn 33 f). Da das Gesetz in § 15 aber erkennbar auf ein Versäumnis des von der Eintragung Betroffenen abstellt und nicht auf ein Versäumnis des Gerichts, wäre diese Lesart nicht sinnvoll. Legt man deshalb die Perspektive des Betroffenen zugrunde und stellt auf die „anzumeldenden" Tatsachen ab, so werden von § 15 Abs. 1 zumindest die anmeldepflichtigen Tatsachen erfasst, die im Gesetz für verschiedene Tatbestände normiert sind (vgl. § 8 Rn 35 ff). Ausnahmsweise sind auch **ungeschriebene Anmeldepflichten** anzuerkennen (s. § 8 Rn 45 ff), die sodann ebenfalls von der Regelung des § 15 Abs. 1 erfasst werden, allerdings aus Gründen der Rechtssicherheit erst ab dem Zeitpunkt ihrer höchstrichterlichen Bestätigung.[76] Mangels Eintragung sind von § 15 nicht erfasst die **Registerbekanntmachungen** nach § 10 Abs. 3, doch können diese Gegenstand einer allgemeinen Rechtsscheinhaftung (Rn 120 f) sein (§ 10 Rn 12). 32

b) Anwendbarkeit auf konstitutive Eintragungen. In der Vergangenheit war fraglich und umstritten, ob von dem Tatbestandsmerkmal „einzutragende Tatsachen" auch konstitutiv wirkende Eintragungen (zum Begriff vgl. § 8 Rn 116 ff) erfasst waren.[77] Schon unter dem **vor dem DiRUG** (Rn 11) geltenden Registerrecht kam dieser Frage aber nur eine **sehr begrenzte Bedeutung** zu, da ohne die konstitutive Eintragung schon die Tatsache als solche nicht wirksam entstehen konnte, auf die man sich hätte berufen können. Relevanz konnte diese Streitfrage damit nur für den engen Zeitraum zwischen Eintragung und Bekanntmachung erhalten.[78] 33

Mit der Neuordnung des Registerwesens im Zuge des DiRUG (Rn 11) ist die **Bekanntmachung als eigenständiges Publizitätsmedium aufgegeben** worden (ausführlich dazu § 10 Rn 2 ff). Im Vorfeld des Gesetzgebungsverfahrens war damit die Hoffnung verbunden worden, dass sich der Streit um die Einordnung konstitutiver Tatsachen nunmehr endgültig erledigt habe.[79] Dabei ging man aber davon aus, der Gesetzgeber werde die Bekanntmachung gänzlich 34

---

74 So zu § 15 a.F. noch RGZ 125, 228 (229); diese Auffassung wurde aber bereits vom Gericht selbst in RGZ 142, 98 (105) aufgegeben; so jetzt auch die ganz hM; vgl. nur Ebenroth/Boujong/Joost/Strohn/*Gehrlein* Rn 5; Hopt/*Merkt* Rn 4; Koller/Kindler/Roth/Drüen/*Roth* Rn 5; einschränkend MünchKommHGB/*Krebs* Rn 41.

75 Vgl. statt aller Hopt/*Merkt* Rn 5.

76 BGHZ 116, 37 (44 ff) = NJW 1992, 505; Heidel/*Schall* Rn 24; Koller/Kindler/Roth/Drüen/*Roth* Rn 6; MünchKommHGB/*Krebs* Rn 29; Röhricht/v. Westphalen/Haas/*Ries* Rn 6, 14; ohne diese letztgenannte Einschränkung noch Staub/*Hüffer*[4] Rn 15.

77 Dafür die hM – vgl. etwa OLG Bremen NZG 2016, 185 Rn 33 (zu § 15 Abs. 3); Ebenroth/Boujong/Joost/Strohn/*Gehrlein* Rn 6; Ensthaler/*Ensthaler/Müller* Rn 16; Heidel/*Schall* Rn 26; Hopt/*Merkt* Rn 5; MünchKommHGB/*Krebs* Rn 34; Oetker/*Preuß* Rn 19; Röhricht/v. Westphalen/Haas/*Ries* Rn 8; *Canaris* HandelsR § 5 Rn 11; *Oetker* GS Sonnenschein, 2003, S. 635 ff.; dagegen aber etwa MünchKommHGB/*Lieb*, 1. Aufl., Rn 19; *Noack* FS Ulmer, 2003, S. 1245 (1256); *K. Schmidt* UnternhemensR I § 14 Rn 22; *Sandberger* JA 1973, 215; sympathisierend *Mattheus/Schwab* ZGR 2008, 65 (95 f). Ausführlich zu dieser Auseinandersetzung noch Voraufl. Rn 32 ff (*Koch*).

78 Voraufl. Rn 34 (*Koch*); Oetker/*Preuß* Rn 19; Röhricht/v. Westphalen/Haas/*Ries* Rn 8.

79 *Noack* DB 2018, 1324 (1326 f); *Tebben* FS Hopt, 2020, S. 1237 (1242 f).

aus dem Gesetz streichen.[80] Das hat der deutsche Gesetzgeber jedoch nicht getan, sondern lediglich den Bekanntmachungsbegriff in § 10 Abs. 1 mit dem neuen Inhalt „erstmalige Abrufbarkeit" gefüllt (Rn 11; ausführlich § 10 Rn 7 ff). Das hat zur Folge, dass zwischen der Eintragung als rein internem Registerakt und der Bekanntmachung als nach außen gerichteter Offenlegung zwangsläufig immer noch ein zeitlicher Abstand liegen muss,[81] der aber schon aufgrund der technischen Gegebenheiten außerordentlich gering sein wird und spätestens in der Vermutung des § 10 Abs. 4 (§ 10 Rn 18 ff) in der Regel eine zeitliche Grenze finden wird. Das Problem ist daher dogmatisch nicht beseitigt, hat praktisch aber noch weitergehend an **Relevanz verloren.**[82]

35 Seinen Ursprung findet der Streit in dem Tatbestandsmerkmal der „einzutragenden Tatsache". Geht man mit der herrschenden Auffassung davon aus, dass bei konstitutiven Eintragungen (zum Begriff vgl. § 8 Rn 116 ff), die nicht nach § 14 erzwingbar sind, eine öffentlich-rechtliche Anmeldepflicht nicht besteht (§ 8 Rn 40), dann würden diese Eintragungen nicht § 15 Abs. 1 unterfallen. Der **Wortlaut** des § 15 Abs. 1 ist auch in diesem Punkt **nicht eindeutig**, da zweifelhaft ist, ob mit dem Begriff „einzutragende Tatsachen" an die mit Zwangsmitteln (§ 14) durchzusetzende öffentlich-rechtliche Eintragungspflicht angeknüpft wird oder an ein Eintragungserfordernis, das sich aus einer Wirksamkeitsvoraussetzung der gewollten Statusänderung ergibt (z.B. Gesellschaftsgründung, Erlangung der Kaufmannseigenschaft nach §§ 2 f).

36 Tatsächlich wird im Schrifttum teilweise eine Einschränkung des § 15 Abs. 1 auf Eintragungen mit deklaratorischer Bedeutung (§ 8 Rn 116 f) befürwortet, wobei zur Begründung auf eine **vermeintliche Systemwidrigkeit** hingewiesen wird: Konstitutive Eintragungen würden nach der gesetzlichen Regelung bereits im Zeitpunkt ihrer Eintragung wirksam; die Anwendung des § 15 Abs. 1 könne diese Wirksamkeit aber faktisch auf den Zeitpunkt der Bekanntmachung verschieben.[83] Dogmatisch wird dies üblicherweise aus einer teleologischen Reduktion des § 15 Abs. 1 hergeleitet, derer es im Hinblick auf den unklaren Wortlaut der Vorschrift aber im Grunde nicht bedarf; die Vertreter dieser Auffassung könnten sich daher mit einer – dogmatisch leichter zu begründenden – restriktiven Auslegung begnügen.[84]

37 Mit der ganz hM ist die Differenzierung zwischen deklaratorischen und konstitutiven Eintragungen jedoch abzulehnen, da für eine solche Einschränkung des **Verkehrsschutzes** kein sachlicher Grund besteht.[85] Der Rechtsverkehr ist bei konstitutiven Eintragungen nicht weniger schutzbedürftig als bei deklaratorischen Eintragungen. Der als Gegenargument behauptete Systembruch kann schon im Hinblick auf die **nur relative Wirkung** des § 15 Abs. 1 gegenüber gutgläubigen Dritten nicht festgestellt werden.[86] § 15 Abs. 1 ist daher auch auf konstitutive Eintragungen anwendbar.

38 **c) Ausklammerung nur eintragungsfähiger Tatsachen ohne konstitutive Wirkung.** Geht man mit der hier vertretenen hM davon aus, dass auch konstitutive Eintragungen von § 15 Abs. 1 erfasst werden, so können im Wege der Auslegung – vorbehaltlich einer noch zu prüfenden weitergehenden teleologischen Reduktion (s. Rn 39 ff) – ausschließlich solche Tatsachen aus dem Tatbestand des § 15 Abs. 1 ausgegrenzt werden, die überhaupt nicht in das Register einge-

---

80 *Noack* DB 2018, 1324 (1326 f); *Tebben* FS Hopt, 2020, S. 1237 (1242 f).

81 Zutreffend *Lieder* DNotZ 2021, 830 (833 f).

82 So auch *Lieder* DNotZ 2021, 830 (835).

83 Vgl. namentlich MünchKommHGB/*Lieb*, 1. Aufl., Rn 19; ferner *Noack* FS Ulmer, 2003, S. 1245 (1256); *Sandberger* JA 1973, 215; sympathisierend *Mattheus/Schwab* ZGR 2008, 65 (95 f).

84 Anders Ensthaler/*Ensthaler/Müller* Rn 16.

85 Ebenroth/Boujong/Joost/Strohn/*Gehrlein* Rn 6; Ensthaler/*Ensthaler/Müller* Rn 16; Hopt/*Merkt* Rn 5; MünchKommHGB/*Krebs* Rn 38; Röhricht/v. Westphalen/Haas/*Ries* Rn 8; *Canaris* HandelsR § 5 Rn 11; *Lieder* DNotZ 2021, 830, 834 f; *Oetker* GS Sonnenschein, 2003, S. 635 ff.

86 Vgl. dazu auch *Oetker* GS Sonnenschein, 2003, S. 635 (640).

tragen werden dürfen (§ 8 Rn 50 ff) oder solche Tatsachen, die zwar eintragungsfähig sind, aber weder anmeldepflichtig sind noch für die einzutragende Tatsache konstitutive Wirkung haben. Diese letztgenannte Gruppe der **nur eintragungsfähigen Tatsachen ohne konstitutive Wirkung** fällt nach ganz hM nicht unter die Regelung des § 15 Abs. 1.[87] Ein anderes Verständnis wäre zwar mit dem Wortlaut des § 15 Abs. 1 noch zu vereinbaren, wenn man den Begriff „einzutragende Tatsachen" wortgetreu als eine Eintragungspflicht des Gerichts verstehen wollte, die auch bei nur eintragungsfähigen Tatsachen besteht (s. Rn 32 und § 8 Rn 33). Eine solche Lesart wirkt indes nicht nur im sachlichen Kontext des § 15 Abs. 1 verfehlt (s. Rn 32), sondern würde überdies die differenzierende Regelung des Gesetzes unterlaufen, da sie für bloß eintragungsfähige Tatsachen zu einem faktischen Registerzwang führen würde. Der Kreis der damit aus dem Tatbestand des § 15 Abs. 1 ausgegrenzten Tatsachen ist allerdings überschaubar, da die meisten eintragungsfähigen Tatsachen entweder anmeldepflichtig sind oder konstitutive Wirkung haben. Überdies sieht das Gesetz für einzelne eintragungsfähige Tatsachen dem § 15 Abs. 1 entsprechende Sonderregelungen vor (z.B. §§ 25 Abs. 2, 28 Abs. 2).

d) Primär- und Sekundärtatsachen. Im Schrifttum wird teilweise dafür plädiert, im Wege der teleologischen Reduktion noch weitergehend auch sog. **Primärtatsachen** aus dem Anwendungsbereich des § 15 Abs. 1 auszuschließen.[88] Darunter werden solche Tatsachen gefasst, durch die ein bisher nicht vorhandenes – und daher auch nicht registerrechtlich ausgewiesenes – Rechtsverhältnis neu begründet wird (z.B. Gründung einer Gesellschaft, Prokuraerteilung, Begründung einer Gesellschafterstellung). Die Vorschrift bliebe dann auf sog. **Sekundärtatsachen** beschränkt, die eine Änderung der durch Gesetz oder Rechtsgeschäft vorgegebenen Rechtslage bewirken (z.B. Änderung der Vertretungsmacht eines Gesellschafters). 39

Begründet wird diese Ansicht namentlich mit dem Argument, dass es bei Primärtatsachen an einem konkreten Rechtsscheinträger fehle und überdies bei einer Anwendung des § 15 Abs. 1 der **Unterschied zwischen konstitutiven und deklaratorischen Eintragungen** (s. Rn 33 ff und § 8 Rn 116 ff) verwischt werde; über § 15 Abs. 1 würde die bloß deklaratorische Registereintragung einer Primärtatsache faktisch eine konstitutive Wirkung erhalten.[89] Praktische Bedeutung könnte diese Einschränkung z.B. dann erhalten, wenn sich ein noch nicht eingetragener Gewerbetreibender zu seinen Gunsten auf seine Kaufmannseigenschaft nach § 1 berufen will (etwa im Rahmen der §§ 353, 369, 377; zur Frage der Kenntnis des Dritten von dieser Eigenschaft s. noch Rn 59 f).[90] Nach dieser Auffassung wäre ihm das möglich, ohne dass der Geschäftspartner sich auf § 15 Abs. 1 berufen könnte. 40

Die **ganz hM** hat sich dieser Auffassung zu Recht nicht angeschlossen; sie darf heute als überkommen gelten.[91] Die vorgeschlagene Differenzierung findet im **Gesetzeswortlaut** keine Stütze und lässt sich auch mit den **Gesetzesmaterialien** nicht in Einklang bringen. Bereits der Gesetzgeber von 1897 ging erkennbar von der Anwendung des § 15 Abs. 1 auf Primärtatsachen 41

87 BGHZ 55, 267 (273) = NJW 1971, 1268; MünchKommHGB/*Krebs* Rn 31; Röhricht/v. Westphalen/Haas/*Ries* Rn 7; Schmidt-Kessel/Leutner/Müther/*Schmidt-Kessel/Kopp* Rn 27; *K. Schmidt* UnternehmensR I § 14 Rn 20; *Tebben* FS Hopt, 2020, S. 1237 (1251); ebenso zu § 15 Abs. 3 BGH NJW 2017, 559 Rn 13; OLG Bremen NZG 2016, 185 Rn 33 (ausführlich dazu noch unter Rn 105); zur heute nicht mehr vertretenen Gegenauffassung vgl. noch *Adler* Das Handelsregister, 1908, S. 40; *Ehrenberg* in: Ehrenbergs Hdb., Band I, S. 626.

88 Vgl. zum Folgenden namentlich MünchKommHGB/*Lieb*, 1. Aufl., Rn 16 ff; *dens.* NJW 1999, 35 (36); ferner *Axer* S. 98; *Sandberger* JA 1973, 215.

89 Vgl. bereits die Nachweise in Fn 88.

90 Weitere Beispiele bei *Oetker* GS Sonnenschein, 2003, S. 635 (637).

91 Ausführlich dazu *Oetker* GS Sonnenschein, 2003, S. 635 ff; vgl. ferner Ensthaler/*Ensthaler/Müller* Rn 15 (in Abweichung von der 6. Aufl.); Heidel/*Schall* Rn 23; Hopt/*Merkt* Rn 5; Koller/Kindler/Roth/Drüen/*Roth* Rn 5; MünchKommHGB/*Krebs* Rn 35 ff; Röhricht/v. Westphalen/Haas/*Ries* Rn 8; Schmidt-Kessel/Leutner/Müther/*Schmidt-Kessel/Kopp* Rn 28 ff.; *Canaris* HandelsR § 5 Rn 9; *K. Schmidt* UnternehmensR I § 14 Rn 26.

aus;[92] der Gesetzgeber des Handelsrechtsreformgesetz vom 22. Juni 1998 (HRefG)[93] hat dies speziell für das von der Gegenmeinung herangezogene Beispiel der Kaufmannseigenschaft ausdrücklich bestätigt.[94] Damit ist einer teleologischen Reduktion von vornherein die Grundlage entzogen. Dieses Hindernis wird durch das Europarecht noch verstärkt, da die Gesellschaftsrechtsrichtlinie (Rn 6 f) auch Primärtatsachen wie die Errichtung der Kapitalgesellschaft (Art. 14 Abs. 1 lit. a) und die Bestellung der Geschäftsleitung (Art. 14 Abs. 1 lit. d) in den Verkehrsschutz einbezogen hat.[95]

42 Schließlich ist eine solche Differenzierung aber auch **unter teleologischen Gesichtspunkten abzulehnen**, da das Schutzbedürfnis Dritter sich in beiden Fällen nicht unterscheidet.[96] Der Rechtsverkehr darf sich auch hier auf die **unveränderte gesetzliche Normallage** verlassen, da eine anmeldepflichtige Abweichung nicht eingetragen worden ist.[97] Dass dieser **Verkehrsschutz** speziell bei Primärtatsachen vernachlässigt werden dürfte, ließe sich allenfalls dann rechtfertigen, wenn die hM eine im Gesetz angelegte Differenzierung vollständig obsolet machen würde. Eine solche Systemwidrigkeit lässt sich aber schon angesichts der **nur relativen Wirkung** des § 15 Abs. 1 gegenüber gutgläubigen Dritten nicht feststellen.[98] Durch diese eingeschränkte Tragweite der Vorschrift bleibt die Unterscheidung zwischen konstitutiven und deklaratorischen Eintragungen auch weiterhin erhalten. Da die von der Gegenauffassung vorgeschlagene Differenzierung zwischen Primär- und Sekundärtatsachen überdies auch **praktisch kaum trennscharf durchführbar** ist,[99] muss es dabei bleiben, dass § 15 Abs. 1 sowohl Primär- als auch Sekundärtatsachen gleichermaßen erfasst.

43 **e) Weiteres Erfordernis einer bekanntzumachenden Tatsache?** Durch das DiRUG (Rn 11) geklärt ist die bislang umstrittene Frage, ob die Anwendung des § 15 Abs. 1 nicht nur eine einzutragende, sondern auch eine bekanntzumachende Tatsache voraussetzt. Diese Frage hatte durch die **Einfügung des § 162 Abs. 2 und 3 aF** im Zuge des NaStraG von 2001 (Rn 9) besondere Relevanz erhalten, wonach bei der Bekanntmachung (i.S.d. § 10 a.F.) der Eintragung einer KG (und späterer Änderungen) keine Angaben zu den Kommanditisten zu machen waren. § 162 Abs. 2, 2. Hs. aF ordnete hier ausdrücklich an, dass § 15 insoweit nicht anzuwenden ist (ähnliche Regelung für die Änderung der Kommanditeinlage in § 175 aF). Das wurde teilweise dahingehend verstanden, dass eine Kommanditistenhaftung grundsätzlich nicht mehr auf § 15 gestützt werden könne;[100] teilweise wurde der neuen Vorschrift sogar noch die weitergehende Aussage entnommen, dass § 15 generell keine Anwendung auf nicht bekanntmachungspflichtige Tatsachen finde.[101] Andere sahen darin lediglich die selbstverständliche Klarstellung, dass es im Rah-

---

92 Zur Entwicklung im Jahr 1897 vgl. die ausführliche Aufarbeitung von *Oetker* GS Sonnenschein, 2003, S. 635 (647 ff).

93 BGBl. I, S. 590.

94 Vgl. RegE HRefG, BT-Drucks. 13/8444, S. 48.

95 Vgl. dazu MünchKommHGB/*Krebs* Rn 37.

96 Vgl. auch Ensthaler/*Ensthaler/Müller* Rn 15; Koller/Kindler/Roth/Drüen/*Roth* Rn 5; *Oetker* GS Sonnenschein, 2003, S. 635 (642 ff).

97 Vgl. auch Hopt/*Merkt* Rn 5; Koller/Kindler/Roth/Drüen/*Roth* Rn 5; Röhricht/v. Westphalen/Haas/*Ries* Rn 8; *Canaris* HandelsR § 5 Rn 5, 9; *Oetker* GS Sonnenschein, 2003, S. 635 (646); in der Begründung abweichend MünchKommHGB/*Krebs* Rn 15, der annimmt, das Vertrauen in Primärtatsachen lasse sich in eine vertrauensrechtliche Auslegung des § 15 Abs. 1 nicht einfügen.

98 Vgl. dazu auch *Oetker* GS Sonnenschein, 2003, S. 635 (640).

99 Hopt/*Merkt* Rn 5; *Canaris* HandelsR § 5 Rn 9.

100 Vgl. MünchKommHGB/*Krebs* Rn 32 ff; *K. Schmidt* ZIP 2002, 413 ff; *dens.* in: MünchKommHGB § 173 Rn 37; MünchHdbGesR II/*Piehler/Schulte* § 35 Rn 39; *Mattheus/Schwab* ZGR 2008, 65 (83 f); *Peters* RNotZ 2002, 425 (438); *Terbrack* Rpfleger 2003, 105 (106).

101 Ensthaler/*Ensthaler/Müller* Rn 9; MünchKommHGB/*Krebs* Rn 32 ff; *K. Schmidt* ZIP 2002, 413 (419); so auch bereits vor der Neuregelung der §§ 162, 175 Staub/*Hüffer*[4] Rn 17; Düringer/Hachenburg/*Hoeniger* 1930, Anm. 3.

men des § 15 nur dann auf die Bekanntmachung (i.S.d. § 10 a.F.) ankommen könne, wenn auch eine entsprechende Pflicht bestehe.[102] Mit dem DiRUG hat sich auch diese Streitfrage aufgelöst, weil die Vorschriften, die solche Gestaltungen enthielten, aus dem Gesetz gestrichen wurden. Namentlich bei § 162 sah der Gesetzgeber kein Bedürfnis mehr für den Wegfall der Angaben zu den Kommanditisten in der Bekanntmachung, wenn diese überhaupt nicht mehr in separater Form erfolgt.[103]

f) Fehlende Voreintragung. Umstritten ist, ob § 15 Abs. 1 auch dann Anwendung findet, wenn die nicht eingetragene Tatsache den actus contrarius einer anderen einzutragenden Tatsache darstellt, es aber bereits an der Voreintragung fehlt. Dazu kann es etwa kommen, wenn weder die Erteilung der Prokura noch ihr Widerruf (§ 53), weder der Eintritt eines Gesellschafters noch sein Ausscheiden eingetragen worden sind. In diesem Fall ist das Register nach dem Widerruf nicht mehr fehlerhaft, so dass die Anwendung des § 15 Abs. 1 zweifelhaft erscheint. Dennoch geht die hM davon aus, dass auch hier ein **Schutzbedürfnis des Rechtsverkehrs** bestehen könne und deshalb § 15 Abs. 1 (seinem Wortlaut entsprechend) anwendbar sei;[104] nur in extrem gelagerten Fällen wird von zahlreichen Vertretern dieser Ansicht eine Ausnahme zugelassen.[105] Die Gegenauffassung verneint das Vorliegen eines zurechenbaren Vertrauenstatbestandes und lehnt deshalb die Anwendung der Vorschrift ab.[106] Von einzelnen Vertretern dieser Auffassung wird allerdings im Einzelfall ein Rückgriff auf die allgemeine Rechtsscheinhaftung zugelassen,[107] was aber gegenüber § 15 Abs. 1 zu einem schwächeren Schutz des Rechtsverkehrs führt, da der Dritte hier die Kenntnis des Scheintatbestandes und die konkrete Kausalität zu beweisen hat (vgl. dazu noch Rn 120).[108] 44

Zu folgen ist der hM. Die Gegenauffassung würde eine **teleologische Reduktion** des § 15 Abs. 1 erforderlich machen, deren Voraussetzungen nicht erfüllt sind. Die dem Wortlaut entsprechende Anwendung des § 15 Abs. 1 kann auch bei fehlender Voreintragung sinnvoll sein, weil nicht auszuschließen ist, dass der Rechtsverkehr durch andere Umstände als durch die Voreintragung von dem vorherigen Rechtszustand Kenntnis erlangt hat (etwa weil der nicht eingetragene Prokurist dennoch in dieser Eigenschaft aufgetreten ist). Kann dem daraus erwachsenden Regelungsbedürfnis durch die **wortlautgetreue Anwendung** des § 15 Abs. 1 Rechnung getragen werden, so verlangt diese Lösung den Vorzug vor der nur subsidiär anwendbaren allgemeinen Rechtsscheinhaftung. In die Regelungssystematik des § 15 Abs. 1 lässt sich auch dieser Fall einfügen, weil Rechtsscheinträger im Sinne dieser Vorschrift eben nicht die Voreintragung, sondern 45

102 Voraufl. Rn 40 ff (*Koch*); Koller/Kindler/Roth/Drüen/*Roth* Rn 5; *Grunewald* ZGR 2003, 541 ff; *Noack* FS Ulmer, 2003, S. 1245 (1253 f); *ders.* FS Eisenhardt, 2007, S. 475 (479 f); *Paefgen* ZIP 2008, 1653, 1654 f; *Paul* MDR 2004, 849 ff; *Schmidt/Bierly* NJW 2004, 1210, 1212; *Wilhelm* DB 2002, 1979 ff; offenlassend BGH NJW-RR 2006, 107 (108); OLG Hamm NJW-RR 2005, 629; OLG Köln NZG 2004, 416 (418).

103 RegBegr. DiRUG, BT-Drucks. 19/28177, S. 100.

104 RGZ 15, 33 (35 ff); RGZ 127, 98 f; BGH BB 1965, 968; BGHZ 55, 267 (272) = NJW 1971, 1268; BGH WM 1983, 651 f; BGHZ 116, 37 (44 f) = NJW 1992, 505; OLG Brandenburg v. 29.5.2003 – 7 U 211/01 juris-Rn 14; KG DNotZ 2012, 388; OLG Köln FGPrax 2015, 165, 166; Ebenroth/Boujong/Joost/Strohn/*Gehrlein* Rn 8; Hopt/*Merkt* Rn 11; Koller/Kindler/Roth/Drüen/*Roth* Rn 9; Oetker/*Preuß* Rn 21; Röhricht/v. Westphalen/Haas/*Ries* Rn 13 f; Schmidt-Kessel/Leutner/Müther/*Schmidt-Kessel/Kopp* Rn 42; *Canaris* HandelsR § 5 Rn 12; *K. Schmidt* UnternehmensR I § 14 Rn 27 ff.; *Kreutz* Jura 1982, 626 (638); *Ries/Schulte* GmbHR 2013, 345 f.

105 Vgl. von den in Fn 104 Genannten *Canaris, Gehrlein, Merkt, Preuß, Ries, Roth, K. Schmidt* – jeweils a.a.O.

106 Staub/*Hüffer*⁴ Rn 19 f; Heidel/*Schall* Rn 27 ff; *Baumann* AcP 184 (1984), 45 (62); *Frotz* S. 185; *A. Hueck* AcP 118 (1920), 350 ff; *John* ZHR 140 (1976), 236 ff; *Schilken* AcP 187 (1987), 1 (7 f); so auch noch *Canaris* Vertrauenshaftung, S. 152; anders jetzt aber *ders.* HandelsR § 5 Rn 12.

107 So von den in Fn 106 Genannten *Hüffer, John, Schilken* – jeweils a.a.O.

108 Vgl. dazu MünchKommHGB/*Lieb*, 1. Aufl., Rn 21.

ausschließlich das Schweigen des Registers ist.[109] Damit wird auch das eigentümliche Ergebnis vermieden, dass derjenige, der das Handelsregister in eigener Sache nicht in Ordnung hält, sich darauf berufen darf, bei ihm sei Unordnung Prinzip.[110]

46 Eine teleologische Reduktion ist – entsprechend ihrem dogmatischen Ausnahmecharakter – nur in Extremfällen angezeigt, nämlich dann, wenn die Anwendung des § 15 Abs. 1 zu **grob sachwidrigen Ergebnissen** führen würde.[111] Als Beispiel sei etwa der Fall genannt, in dem eine Prokura noch am Tag ihrer Erteilung widerrufen wird.[112] Auch hier obliegt es aber dem Anmeldepflichtigen nachzuweisen, dass von der voreinzutragenden Tatsache **im Außenverhältnis niemand Kenntnis** erhalten hat.[113] Die Gegenauffassung, die einen solchen Gegenbeweis grundsätzlich aus Gründen der Rechtssicherheit und unter Verweis auf den abstrakten Charakter des Vertrauensschutzes nicht zulassen möchte,[114] übersieht, dass § 15 Abs. 1 selbst im letzten Halbsatz aus Gründen der materiellen Gerechtigkeit diese abstrakte Ausgestaltung durchbricht, also nicht als Fiktion, sondern als widerlegbare Vermutung konzipiert ist.[115] Daher erscheint es zulässig, einen entsprechenden Gegenbeweis auch dann zu eröffnen, wenn es an einem Vertrauenstatbestand von vornherein fehlt.[116] Die **Gesellschaftsrechtsrichtlinie** (Rn 6 f) steht dem nicht entgegen, da die dogmatische Figur der teleologischen Reduktion auch vom EuGH als Auslegungsmethode zur Interpretation des Gemeinschaftsrechts grundsätzlich anerkannt wird.[117] Auch die europäischen Vorgaben können daher aus den genannten Gründen teleologisch reduziert werden.

47 **g) Sonderfall der eintragungspflichtigen Vertretungsmacht.** Nach dem im Jahr 2001 neu eingeführten § 106 Abs. 2 Nr. 4[118] muss bei persönlich haftenden Gesellschaftern einer OHG oder KG auch die organschaftliche Vertretungsmacht in das Handelsregister eingetragen werden (großzügige Übergangsregelung für Altgesellschaften in Art. 52 EGHGB).[119] Soweit in der Gesellschaft allerdings Einzelvertretungsmacht gilt, kann auch bei fehlender entsprechender Verlautbarung **§ 15 Abs. 1 nicht angewandt** werden, weil die Einzelvertretungsmacht gesetzlicher Regelfall ist (§ 125 Abs. 1). Auf etwas anderes kann der Dritte beim Schweigen des Registers nicht vertrauen.[120]

48 **h) Sonderfall des Verlusts der Kaufmannseigenschaft.** Wenn ein eingetragenes kaufmännisches Unternehmen in den nichtkaufmännischen Bereich unterhalb der Schwelle des § 1 Abs. 2 absinkt, ohne dass dies im Handelsregister eingetragen wird, so besteht die Kaufmannsei-

---

109 BeckOGK-HGB/*Schaal* Rn 42; Ebenroth/Boujong/Joost/Strohn/*Gehrlein* Rn 8; Koller/Kindler/Roth/Drüen/*Roth* Rn 9; entgegen der Auffassung von MünchKommHGB/*Krebs* Rn 39 lässt sich auch dieser Rechtsscheinträger durchaus in die vertrauensrechtliche Interpretation der Vorschrift einfügen. Vgl. aber auch die ergänzenden teleologischen Erwägungen bei *K. Schmidt* ZIP 2002, 413 (416).

110 *K. Schmidt* UnternehmensR I § 14 Rn 30.

111 Zu Recht weist MünchKommHGB/*Lieb*, 1. Aufl., Rn 22 Fn 66 darauf hin, dass es sich hier eher um theoretische Lehrbuchfälle handeln dürfte.

112 Vgl. dazu *A. Hueck* AcP 118 (1920), 350 f.

113 Ebenroth/Boujong/Joost/Strohn/*Gehrlein* Rn 8; Hopt/*Merkt* Rn 11; Röhricht/v. Westphalen/Haas/*Ries* Rn 13 f; *Canaris* HandelsR § 5 Rn 12.

114 MünchKommHGB/*Krebs* Rn 40; MünchKommHGB/*Lieb*, 1. Aufl., § 15 Rn 23.

115 Vgl. dazu auch *Schilken* AcP 187 (1987), 1 (3 f).

116 Vgl. dazu auch *John* ZHR 140 (1976), 236 (239 f).

117 Vgl. dazu *Buck* Über die Auslegungsmethoden des Gerichtshofs der Europäischen Gemeinschaft, 1998, S. 170 f.

118 Eingeführt durch das Gesetz über elektronische Register und Justizkosten für Telekommunikation (ERJuKoG) v. 10.12.2001, BGBl. I., S. 3422).

119 Vgl. dazu ausführlich *Servatius* NZG 2002, 456 ff.

120 *Servatius* NZG 2002, 456 f; vgl. ferner MünchKommHGB/*Krebs* Rn 62.

genschaft dennoch **kraft Eintragung** fort, was teils aus § 2, teils aus § 5 hergeleitet wird.[121] Nach beiden Lösungen bleibt für § 15 Abs. 1 kein Raum.[122] Zur Anwendung kann § 15 Abs. 1 nur dann gelangen, wenn das Unternehmen nicht nur die Kaufmannseigenschaft, sondern auch die Gewerbeeigenschaft verliert, und man mit der hM annimmt, dass dieser Fall nicht mehr von § 5 erfasst wird.[123] Zum Verhältnis von § 15 Abs. 3 zu § 5 s. noch Rn 119.

i) Sonderregelungen. § 15 Abs. 1 findet gem. § 32 Abs. 2 keine Anwendung auf den Insolvenz- 49
vermerk,[124] da die Rechtsfolgen des Insolvenzverfahrens abschließend in der Insolvenzordnung geregelt sind (vgl. auch § 32 Rn 4).[125] Bei der Beendigung eines Unternehmensvertrages wird § 15 durch die speziellere Vorschrift des § 303 AktG verdrängt.[126] Zu den Sonderregelungen in §§ 162 Abs. 2 und 3, 175 s. Rn 43; zu den Sonderregelungen in §§ 25, 28 vgl. Rn 38. Zum Verhältnis zu § 5 s. Rn 50. Zum Verhältnis zu § 139 s. Rn 53.

3. Fehlende Eintragung und Bekanntmachung

§ 15 Abs. 1 setzt voraus, dass die einzutragende Tatsache nicht eingetragen und bekannt gemacht 50
worden ist. Das führte in der Vergangenheit zu der Frage, welche Folgen es auslöst, wenn nur eine der beiden Voraussetzungen erfüllt war. Die hM ließ dies nicht genügen, sondern verlangte, dass beide Voraussetzungen **kumulativ erfüllt** sein müssten, damit sich der Anmeldepflichtige auf die Eintragung berufen könne.[127] Andere plädierten dafür, auf das Bekanntmachungserfordernis im Hinblick auf die elektronische Registerführung und den daraus resultierenden Bedeutungsverlust der Bekanntmachung gänzlich zu verzichten.[128] Mit der **Neugestaltung des Bekanntmachungsbegriffs** in § 10 Abs. 1 (§ 10 Rn 2 ff) muss diese Frage gänzlich neu überdacht werden. Nach § 10 Abs. 1 bezeichnet die Bekanntmachung nunmehr die erstmalige Abrufbarkeit der Eintragung, was im Rahmen des § 15 modifiziert als der Vorgang zu verstehen ist, mit dem zu einem bestimmten Zeitpunkt die Handelsregistereintragung für Außenstehende so zugänglich gemacht wird, dass der Rechtsverkehr von ihr potentiell Kenntnis nehmen kann (ausführlich zu diesem Verständnis § 10 Rn 7 ff). Weil es für § 15 Abs. 1 aber entscheidend gerade auf die **Wahrnehmung im Außenverhältnis** ankommt, darf auf das Bekanntmachungserfordernis keinesfalls verzichtet werden. Ohne die Bekanntmachung in diesem neuen Verständnis bleibt die Eintragung – anders als früher – ein rein interner Registervorgang, der nicht nach außen dringt und deshalb keinerlei Publizitätswirkungen entfalten kann.[129] Umgekehrt sollte sich mit der neuen Ausgestaltung aber der – schon bislang ganz überwiegend abgelehnte – Vorschlag erledigt haben, § 15 Abs. 1 dann nicht anzuwen-

---

121 Zum umstrittenen Verhältnis zu § 2 vgl. Hopt/*Merkt* § 2 Rn 6, § 5 Rn 2; *Canaris* HandelsR § 3 Rn 48 ff; *Lieb* NJW 1999, 35 (36).

122 Ganz hM vgl. nur Merkt/*Hopt* Rn 3; Koller/Kindler/Roth/Drüen/*Roth* § 5 Rn 10, § 15 Rn 4; MünchKommHGB/*Krebs* Rn 64; anders augenscheinlich Röhricht/v. Westphalen/Haas/*Ries* Rn 18.

123 So BGHZ 32, 307 (313 f) = NJW 1960, 1664; BGH NJW 1982, 45; Hopt/*Merkt* § 5 Rn 5; Koller/Kindler/Roth/Drüen/*Roth* § 5 Rn 9; *Canaris* HandelsR § 5 Rn 56; **aA** *K. Schmidt* ZHR 163 (1999), 87 (97).

124 Vgl. dazu ausführlich *Krafka* Rn 404 ff.

125 Koller/Kindler/Roth/Drüen/*Roth* Rn 6.

126 BGHZ 116, 37 (44) = NJW 1992, 505.

127 Ganz hM – vgl. nur Ebenroth/Boujong/Joost/Strohn/*Gehrlein* Rn 7; Hopt/*Merkt* Rn 4; Koller/Kindler/Roth/Drüen/*Roth* Rn 7; MünchKommHGB/*Krebs* Rn 41; *Canaris* HandelsR § 5 Rn 11; ebenso nach der Neufassung durch das DiRUG *Lieder* DNotZ 2021, 830 (835 f).

128 *Noack* FS Ulmer, 2003, S. 1245 (1255 f); *ders.* FS Eisenhardt, 2007, S. 477 (480); *Paefgen* ZIP 2008, 1653 (1656), der diese Frage allerdings zu Unrecht bei § 15 Abs. 2 S. 1 verortet.

129 *Lieder*, DNotZ 2021, 830 (835).

den, wenn zwar die Bekanntmachung erfolgt, aber die Eintragung unterblieben ist.[130] Wenn die Bekanntmachung nichts anderes ist als die erstmalige Abrufbarkeit der Eintragung, kann diese Aufspaltung nicht gedanklich fortgesetzt werden, weil es eine erstmalige Abrufbarkeit der Eintragung ohne Eintragung nicht geben kann. Der eindeutige Wortlaut der Vorschrift bestätigt dieses Ergebnis.[131] Zur Anwendung des § 15 auf Gesellschaften mit einem Doppelsitz s. Rn 122.

4. Angelegenheiten des Betroffenen

51 **a) Allgemeine Grundsätze.** Der Einwendungsausschluss trifft denjenigen, in dessen Angelegenheiten die Tatsache einzutragen war. Das ist zunächst der **Unternehmensträger,** also der Einzelkaufmann, die ihm gleichgestellte juristische Person oder die Handelsgesellschaft.[132] Daneben kann auch ein **Gesellschafter selbst** Betroffener i.S.d. § 15 Abs. 1 sein, sofern die Eintragung gerade ihn betrifft. So wird die OHG verpflichtet, wenn der Gesellschafter nach seinem Ausscheiden, aber vor Eintragung und Bekanntmachung in ihrem Namen Verbindlichkeiten eingeht, aber auch der Gesellschafter haftet gem. §§ 15 Abs. 1, 128 für die in diesem Stadium begründeten Gesellschaftsschulden.[133] Daneben trifft der Einwendungsausschluss auch die **Rechtsnachfolger** desjenigen, in dessen Angelegenheiten die Tatsache einzutragen war, sofern es sich um einen Fall der Gesamtrechtsnachfolge handelt.[134]

52 **b) Der Erbe als Anmeldepflichtiger.** Die Anmeldepflicht des Rechtsnachfolgers kann u.U. zu einem Zusammentreffen von **Erbenhaftung und § 15 Abs. 1** führen, etwa wenn das Ausscheiden eines OHG-Gesellschafters durch Tod entgegen § 106 Abs. 6 und 7 (in Kraft ab 1.1.2024 – bis dahin: § 143 Abs. 2) nicht eingetragen wird und die Gesellschaft **ohne den Erben fortgesetzt** wird.[135] In diesem Fall ist das Ausscheiden für den Erben eine „in seinen Angelegenheiten einzutragende Tatsache“, die er einem Geschäftspartner der Gesellschaft gem. § 15 Abs. 1 nicht entgegenhalten kann, so dass die Haftung aus § 126 S. 1 (in Kraft ab 1.1.2024 – bis dahin: § 128 S. 1) nunmehr ihn trifft. Damit der Dritte infolge der Nichteintragung des Ausscheidens (§ 106 Abs. 6 und 7 – in Kraft ab 1.1.2024 – bis dahin: § 143 Abs. 2) nicht bessergestellt ist als ohne diesen Umstand, kann der Erbe seine Haftung aber **auf den Nachlass beschränken**, obwohl die Verbindlichkeit erst nach dem Todesfall entstanden ist. Denn auch der Erblasser hätte nur mit diesem Vermögen gehaftet, so dass kein Anlass besteht, Dritten den Zugriff auf das Privatvermögen des Erben zu eröffnen.

53 Wird die Gesellschaft nach dem Tod eines persönlich haftenden OHG- oder KG-Gesellschafters **mit dessen Erben fortgesetzt**, so ist dieser nach zutreffender und mittlerweile auch ganz herrschender Ansicht innerhalb der **Drei-Monats-Frist des § 131 Abs. 3** (in Kraft ab 1.1.2024 –

---

130 So zur bisherigen Fassung abernoch der Vorschlag von Ebenroth/Boujong/Joost/Strohn/*Gehrlein* Rn 7; Röhricht/v. Westphalen/Haas/*Ries* Rn 12.

131 Ausführlich und mit weiteren Argumenten *Lieder,* DNotZ 2021, 830 (836); ebenso schon vor der DiRUG-Änderung (und damit allerdings auch auf der Grundlage einer noch stark abweichenden Gesetzeslage) Voraufl. Rn 49 (*Koch*); Koller/Kindler/Roth/Drüen/*Roth* Rn 7; MünchKommHGB/*Krebs* Rn 41.; vgl. aber auch die übrigen in Fn 127 Genannten.

132 Vgl. etwa BeckOGK-HGB/*Schaal* Rn 47; BeckOK-HGB/*Müther* Rn 10; Ebenroth/Boujong/Joost/Strohn/*Gehrlein* Rn 9; Heymann/*Förster* HGB Rn 23.

133 Vgl. auch Hopt/*Merkt* Rn 6; Koller/Kindler/Roth/Drüen/*Roth* Rn 8; Oetker/*Preuß* Rn 22; Röhricht/v. Westphalen/Haas/*Ries* Rn 11.

134 BGHZ 55, 267 (272 f) = NJW 1971, 1268; Heymann/*Förster* HGB Rn 23; MünchKommHGB/*Krebs* Rn 42; Röhricht/v. Westphalen/Haas/*Ries* Rn 10; für die Erstreckung auch auf Einzelnachfolger augenscheinlich Ebenroth/Boujong/Joost/Strohn/*Gehrlein* Rn 7; Hopt/*Merkt* Rn 7.

135 Vgl. zum Folgenden BGHZ 66, 98 (103) = NJW 1976, 848; MünchKommHGB/*Krebs* Rn 59; *Canaris* HandelsR § 5 Rn 27.

bis dahin: 139 Abs. 3) nicht zur Eintragung des Gesellschafterwechsels gem. § 162 Abs. 2 verpflichtet; anderenfalls könnte der durch § 131 (in Kraft ab 1.1.2024 – bis dahin: § 139) gewährte Schutz über § 15 Abs. 1 weitgehend ausgehebelt werden.[136] In Ermangelung einer Anmeldepflicht kann also auch **§ 15 Abs. 1 nicht zur Anwendung** gelangen. Die Haftung des Erben richtet sich demnach in dieser Schwebephase allein nach § 131 Abs. 4 (in Kraft ab 1.1.2024 – bis dahin: § 139 Abs. 4), d.h. sie ist auf den Nachlass beschränkt.[137] Auch eine Haftung nach den allgemeinen Rechtsscheingrundsätzen ist insofern ausgeschlossen, soweit nicht noch andere Umstände hinzutreten.[138]

5. Keine Zurechnung nach dem Veranlassungsprinzip

Nach allgemeiner Auffassung setzt § 15 Abs. 1 nicht voraus, dass das Unterlassen von Eintragung und Bekanntmachung dem Betroffenen nach dem Veranlassungsprinzip zuzurechnen ist.[139] Wie beim Grundbuch und beim Erbschein soll also auch das staatlich organisierte Handelsregister einen besonders starken Verkehrsschutz gewährleisten (sog. „reine Rechtsscheinhaftung“).[140] Insbesondere Eintragungsfehler des Registergerichts gehen dagegen zu Lasten des Betroffenen, der allenfalls die wirtschaftlichen Folgen über Instrumente der Amtshaftung ausgleichen kann (vgl. dazu noch Rn 118). Das ist heute anerkannt; allein die **dogmatische Begründung variiert.** Nach dem hier vertretenen vertrauensrechtlichen Verständnis der Vorschrift (s. Rn 18 ff) wird auf eine Zurechnung nicht etwa verzichtet, sondern lediglich auf ein vom Regelfall abweichendes Zurechnungsprinzip abgestellt. Die Haftung ruht nicht auf dem Veranlassungsprinzip, sondern auf dem als Zurechnungsgrund gleichfalls anerkannten Risikoprinzip. Entscheidend ist danach, dass das Unterlassen der **organisatorischen Sphäre** des Kaufmanns entstammt.[141] Er allein ist in der Lage, die durch sein Auftreten im Rechtsverkehr entstehenden Gefahren zu beherrschen und muss deshalb auch die daraus resultierenden Risiken tragen.[142] Vor übermäßigen Nachteilen schützt ihn die besondere Zuverlässigkeit des staatlich organisierten Verfahrensablaufs sowie die Möglichkeit der Amtshaftung bei dennoch auftretenden Fehlern (s. noch Rn 118). Die Gegenauffassung (s. Rn 19) gelangt auf dem Fundament eines abstrakten Verkehrsschutzes zu demselben Ergebnis.[143] 54

Umstritten ist, ob die Rechtsfolgen des § 15 Abs. 1 auch gegenüber **nicht voll geschäftsfähigen Personen** eingreifen. Die hM bejaht diese Frage zu Recht.[144] Der Einwendungsausschluss nach § 15 Abs. 1 erwächst aus dem Organisationsrisiko des Unternehmens, das auch vom Ge- 55

136 BGHZ 55, 267 (272 ff) = NJW 1971, 1268; MünchKommHGB/*Krebs* Rn 59; Voraufl. § 139 Rn 130 (*C. Schäfer*); *Canaris* HandelsR § 5 Rn 28; *Emmerich* ZHR 150 (1986), 193 (198 ff, 212); **aA** noch *A. Hueck* OHG S. 429.

137 Hopt/*Merkt* Rn 5.

138 Voraufl. § 139 Rn 131 (*C. Schäfer*); *Canaris* HandelsR § 5 Rn 28; *Emmerich* ZHR 150 (1986), 193 (212).

139 Vgl. etwa Ebenroth/Boujong/Joost/Strohn/*Gehrlein* Rn 9; Hopt/*Merkt* Rn 6; Koller/Kindler/Roth/Drüen/*Roth* Rn 10; *Canaris* HandelsR § 5 Rn 20; sowie die Nachw. im Folgenden. Zum Veranlassungsprinzip und anderen Zurechnungsprinzipien vgl. *Canaris* Vertrauenshaftung, 1971, S. 467 ff, 473 ff.

140 Vgl. dazu statt vieler *H. Westermann* JuS 1963, 1 (6); *Canaris* Vertrauenshaftung, 1971, S. 471 ff.

141 So bereits *Canaris* Vertrauenshaftung, S. 472, 479 ff; ihm folgend; Ensthaler/*Ensthaler/Müller* Rn 11; Hopt/*Merkt* Rn 6; Koller/Kindler/Roth/Drüen/*Roth* Rn 10; Röhricht/v. Westphalen/Haas/*Ries* Rn 22; auf die zurechenbare Voreintragung kann zumindest dann nicht abgestellt werden, wenn man § 15 Abs. 1 mit der hier vertretenen Auffassung (Rn 39 ff) auch auf Primäreintragungen anwendet; **aA** konsequent MünchKommHGB/*Lieb*, 1. Aufl., Rn 26.

142 *Fehrenbacher* S. 161.

143 MünchKommHGB/*Krebs* Rn 43.

144 BGHZ 115, 78 (80) = NJW 1991, 2566; BeckOGK-HGB/*Schaal* Rn 48; Ebenroth/Boujong/Joost/Strohn/*Gehrlein* Rn 9; Heymann/*Förster* HGB Rn 24; Heidel/*Schall* Rn 34; Hopt/*Merkt* Rn 6; Koller/Kindler/Roth/Drüen/*Roth* Rn 10; Oetker/*Preuß* Rn 23; Röhricht/v. Westphalen/Haas/*Ries* Rn 22; *K. Schmidt* UnternehmensR I § 14 Rn 38; *ders.* JuS 1977, 209 (214); *ders.* JuS 1990, 517 (519); *ders.* JuS 1991, 1002 (1003 f); **aA** MünchKommHGB/*Lieb*, 1. Aufl., Rn 28; *Behnke* NJW 1998, 3078 (3081 f); *Dreher* DB 1991, 533 (535 f); *Hager* Jura 1992, 57 (60 f); differenzierend *Canaris* HandelsR

schäftsunfähigen zu tragen ist; weitergehende Zurechnungs- oder Verschuldenselemente sind nicht erforderlich.[145] Ein anderes Ergebnis ließe sich angesichts des klaren Wortlauts des § 15 Abs. 1 ausschließlich aus einer teleologischen Reduktion der Vorschrift herleiten.[146] Das würde aber den Nachweis voraussetzen, dass der Schutz geschäftsunfähiger Personen dem Verkehrsschutz in absoluter Weise übergeordnet ist. Ein solcher Nachweis kann nicht geführt werden.[147]

6. Voraussetzungen auf Seiten des Dritten

56 **a) Dritter.** Entsprechend den allgemeinen Regeln der Vertrauenshaftung (Rn 18 ff) können sich auch im Rahmen des § 15 Abs. 1 nur Dritte auf den Rechtsscheintatbestand fehlender Registereintragung berufen. Dritter i.S.d. § 15 Abs. 1 ist jeder, der von der einzutragenden Tatsache nicht selbst betroffen wird. Durch diese negative Definition werden zunächst die in Rn 51 genannten Personen aus dem Schutzbereich des § 15 Abs. 1 ausgegrenzt, namentlich also der anmeldepflichtige Unternehmensträger selbst sowie von der Eintragung betroffene Gesellschafter oder Prokuristen.[148] Darüber hinaus werden aber auch die übrigen **Gesellschafter und Organpersonen** vom Schutz des § 15 Abs. 1 nicht erfasst.[149]

57 Eine Ausnahme von diesem Grundsatz ist nach umstrittener, aber richtiger Auffassung in den Fällen zuzulassen, in denen der Gesellschafter bzw. die Organperson mit der Gesellschaft **wie ein Dritter** in rechtsgeschäftliche Beziehungen tritt.[150] In diesem Fall können sie des Verkehrsschutzes ebenso bedürfen wie sonstige Außenstehende. Die von der Gegenauffassung gezogene Parallele zu § 124 Abs. 2 S. 2 (in Kraft ab 1.1.2024 – bis dahin: § 126 Abs. 2)[151] ist deshalb nicht überzeugend, weil die Vertretungsverhältnisse Gegenstand des Gesellschaftsvertrages sind, an dessen Abschluss die Gesellschafter unmittelbar beteiligt waren. Das muss bei einer unterlassenen Eintragung nach § 15 Abs. 1 nicht der Fall sein. Sollte im Einzelfall Kenntnis bestehen, ist die Anwendung des § 15 Abs. 1 ohnehin ausgeschlossen (s. noch Rn 51 ff).[152]

58 **b) Keine positive Kenntnis.** Der Dritte kann sich auf das Schweigen des Registers nicht berufen, wenn ihm die einzutragende Tatsache bekannt ist. § 15 Abs. 1 stellt insofern eine **widerlegbare Vermutung** auf, dass der Dritte die einzutragende Tatsache nicht kannte.[153] Das folgt aus der Zulässigkeit des Gegenbeweises und wird durch die prozessrechtliche Herkunft der Vorschrift bestätigt.[154] Mit beidem wäre die Annahme einer Fiktion nicht zu vereinbaren.[155]

---

§ 5 Rn 21 und *Fehrenbacher* S. 161: § 15 ist nur anwendbar, wenn Mangel der Geschäftsfähigkeit bei Schaffung der vertrauensbegründenden Rechtstatsache noch nicht vorlag.

145 So bereits Staub/*Hüffer*[4] Rn 22.

146 So zu Recht MünchKommHGB/*Krebs* Rn 45.

147 Koller/Kindler/Roth/Drüen/*Roth* Rn 11; *K. Schmidt* JuS 1990, 517.

148 BeckOGK-HGB/*Schaal* Rn 17; BeckOK-HGB/*Müther* Rn 41; MünchKommHGB/*Krebs* Rn 46.

149 RGZ 81, 17 (21); RGZ 120, 363 (369); RGZ 140, 314 (315); OLG Dresden NZG 2001, 1141; BeckOGK-HGB/*Schaal* Rn 17; s. auch die Nachw. in Fn 150.

150 RGZ 81, 17 (21); BeckOGK-HGB/*Schaal* Rn 18; Ensthaler/*Ensthaler/Müller* Rn 12; Heidel/*Schall* Rn 35; Heymann/*Förster* HGB Rn 25; Hopt/*Merkt* Rn 7; MünchKommHGB/*Krebs* Rn 46 f; **aA** Ebenroth/Boujong/Joost/Strohn/*Gehrlein* Rn 10; Koller/Kindler/Roth/Drüen/*Roth* Rn 11; Röhricht/v. Westphalen/Haas/*Ries* Rn 15; *Hager* Jura 1992, 57 (61).

151 Zu den dazu entwickelten Grundsätzen vgl. statt vieler Voraufl. § 126 Rn 28 ff (*Habersack*).

152 MünchKommHGB/*Krebs* Rn 47; Oetker/*Preuß* Rn 25.

153 FG Köln DStRE 2016, 694; Ebenroth/Boujong/Joost/Strohn/*Gehrlein* Rn 12; Hopt/*Merkt* Rn 7; MünchKommHGB/*Lieb*, 1. Aufl., Rn 31; Koller/Kindler/Roth/Drüen/*Roth* Rn 12; Röhricht/v. Westphalen/Haas/*Ries* Rn 17; *John* ZHR 140 (1976), 236 (240 f); *Schilken* AcP 187 (13 f).

154 Heidel/*Schall* Rn 35; Staub/*Hüffer*[4] Rn 23; *John* ZHR 140 (1976), 236 (240 f).

155 So aber noch Schlegelberger/*Hildebrandt/Steckhan* Rn 3b f, 10; dagegen zu Recht *John* ZHR 140 (1976), 236 (240 f).

Um den Gegenbeweis zu führen, muss der Anmeldepflichtige **positive Kenntnis** des Dritten nachweisen, wobei es ausreicht, wenn dieser sich die Kenntnis anderer Personen nach allgemeinen Grundsätzen zurechnen lassen muss (z.B. für Vertreter über § 166 BGB).[156] Bloßes Kennenmüssen i.S.d. § 122 Abs. 2 BGB genügt hingegen nicht.[157] Der Dritte ist also insbesondere auch zu Nachforschungen nicht verpflichtet.[158] Das gilt auch dann, wenn dem Dritten Tatsachen bekannt sind, die Schlussfolgerungen auf die einzutragende Tatsache zulassen (Bsp.: Tod eines Gesellschafters indiziert Auflösung der Gesellschaft).[159] Bei offensichtlichem Zusammenhang ist hier allerdings u.U. ein prima-facie-Beweis zuzulassen, weil es dem Anmeldepflichtigen anderenfalls praktisch oft unmöglich wäre, die innere Tatsache der Kenntnis zu beweisen.[160] 59

Verwendet ein **nicht eingetragener Gewerbetreibender** die Bezeichnung „eingetragener Kaufmann" oder tritt er in anderer Weise als Istkaufmann auf, ist Kenntnis des Dritten anzunehmen (zur generellen Anwendbarkeit des § 15 Abs. 1 vgl. Rn 39 ff). Dem wird zwar entgegengehalten, dass der Dritte auch hier nicht wissen könne, ob die schwierige Wertung des § 1 Abs. 2 zutreffend vorgenommen worden sei.[161] Dennoch kann in diesem Fall ein schutzwürdiges Vertrauen nicht entstehen, so dass sich eine Berufung auf § 15 Abs. 1 zumindest als rechtsmissbräuchlich darstellen würde.[162] Gerade wenn man bedenkt, dass § 15 Abs. 1 auch zur Anwendung kommt, wenn die Eintragung ohne ein Verschulden des Betroffenen unterbleibt (Rn 54 f), muss ihm die Möglichkeit offenstehen, den Rechtsschein zumindest auf diesem Wege zu zerstören. Zum maßgeblichen Zeitpunkt der Kenntnis s. noch Rn 63. 60

c) Nachweis fehlenden Vertrauens? Nach zutreffender und ganz herrschender Auffassung kann der Anmeldepflichtige sich nicht darauf berufen, der Dritte habe von dem Registerinhalt keine Kenntnis gehabt oder diese Kenntnis sei für sein Handeln nicht kausal geworden (vgl. zum Folgenden auch bereits Rn 18 ff).[163] Beide Umstände werden **unwiderlegbar vermutet,** wenn die übrigen Voraussetzungen des § 15 Abs. 1 vorliegen.[164] Damit lässt sich die Vorschrift zwar nicht mehr passgenau in die allgemeinen Grundsätze der Vertrauenshaftung einfügen, da diese ein konkretes Vertrauen voraussetzen.[165] Das Streben nach Systemkonformität muss allerdings hinter der konkreten Ausgestaltung der Norm zurücktreten. Sowohl der europäische als auch der deutsche Gesetzgeber haben darauf verzichtet, dem Dritten auch insofern die Möglichkeit des Gegenbeweises einzuräumen. Da § 15 Abs. 1, letzter Hs., einen solchen Gegenbeweis für eine bestimmte Tatsache ausdrücklich zulässt, ist im **Gegenschluss** anzunehmen, dass hinsichtlich anderer Tatbestandsvoraussetzungen dieses Verteidigungsmittel nicht zur Verfügung stehen soll. Es fehlt daher an der Regelungslücke, die eine entsprechende teleologische Reduktion gestatten würde.[166] Das Verständnis des § 15 Abs. 1 als Vorschrift des **abstrakten Vertrau-** 61

---

156 OLG Frankfurt aM DB 1976, 93 f; LG Stuttgart BB 1977, 413; BeckOGK-HGB/*Schaal* Rn 54; Hopt/*Merkt* Rn 7; Koller/Kindler/Roth/Drüen/*Roth* Rn 12; allgemein zu den Grundsätzen der Wissenszurechnung MünchKommBGB/*Schubert* § 166 Rn 58 ff.
157 RGZ 144, 199 (204).
158 OLG Oldenburg NZG 2011, 230, 231; Hopt/*Merkt* Rn 7.
159 RGZ 144, 199 (204); Ebenroth/Boujong/Joost/Strohn/*Gehrlein* Rn 11; Ensthaler/*Ensthaler/Müller* Rn 12; Hopt/*Merkt* Rn 7; Koller/Kindler/Roth/Drüen/*Roth* Rn 12; MünchKommHGB/*Krebs* Rn 50; Röhricht/v. Westphalen/Haas/*Ries* Rn 16.
160 Hopt/*Merkt* Rn 7; MünchKommHGB/*Krebs* Rn 50; ohne diese Einschränkung aber die übrigen in Fn 159 Genannten.
161 MünchKommHGB/*Krebs* Rn 50, 63.
162 So auch Koller/Kindler/Roth/Drüen/*Roth* Rn 12; *Lieb* NJW 1999, 35 (36); *Mönckemöller* JuS 2002, 30 (31).
163 Vgl. dazu bereits die Nachweise in Fn 37; **aA** *Canaris* HandelsR Rn 7 und 17 f.
164 Widerlegbar ist allein die vermutete Unkenntnis des Dritten hinsichtlich der einzutragenden Tatsache (s. Rn 58 ff).
165 Vgl. dazu *Canaris* HandelsR § 5 Rn 18.
166 Insofern wie hier MünchKommHGB/*Krebs* Rn 49; vgl. im Übrigen aber auch bereits die in Fn 37 Genannten.

ensschutzes mag im Einzelfall zu einem unverdienten Schutz des Dritten führen,[167] doch ist es keineswegs ausgeschlossen, dass der Gesetzgeber diese Folge aus Gründen der Rechtssicherheit und Praktikabilität sowie unter Präventionsgesichtspunkten in Kauf genommen hat.[168] Die grundsätzliche vertrauensrechtliche Einordnung bleibt von dieser Abweichung jedoch unberührt (vgl. dazu Rn 18 ff).

62 Dieser strengen Sichtweise kann auch nicht entgegengehalten werden, dass in anderen Fällen eine teleologische Reduktion von der hM zugelassen wird, wenn feststeht, dass der Dritte keine Möglichkeit hatte, sein Vertrauen auf das Handelsregister einzurichten (vgl. etwa Rn 25 ff und Rn 44 ff). Die in Rn 25 ff genannten Fälle sind schon in den Gesetzesmaterialien aus dem Tatbestand des § 15 Abs. 1 ausgegrenzt worden, so dass eine teleologische Reduktion hier besonders naheliegt. Bei den in Rn 44 ff genannten Fällen handelt es sich um extrem gelagerte Ausnahmefälle, in denen schon **objektiv kein Vertrauenstatbestand** entstehen konnte. Sie dürften in der Rechtspraxis kaum vorkommen und waren deshalb vom Regelungswillen des Gesetzgebers vermutlich auch nicht erfasst. Die Fälle fehlender Kenntnis des Registerinhalts bilden hingegen den **rechtstatsächlichen Regelfall,**[169] so dass kaum vermutet werden kann, der Gesetzgeber habe dieses Szenario nur irrtümlich außer Acht gelassen. Wenn er sich dennoch darauf beschränkt hat, einen Gegenbeweis hinsichtlich der besonders schwer feststellbaren **subjektiven Merkmale** nur dann zuzulassen, wenn dem Dritten die einzutragende Tatsache positiv bekannt war, dann deutet diese Selbstbeschränkung darauf hin, dass hinsichtlich der übrigen subjektiven Merkmale ein abstrakter Vertrauensschutz begründet werden sollte.

7. Maßgebender Zeitpunkt

63 Entgegen dem Wortlaut des § 15 Abs. 1 kommt es für die Anwendbarkeit dieser Vorschrift nicht darauf an, ob die Tatbestandsvoraussetzungen (fehlende Eintragung oder Bekanntmachung, Unkenntnis) in dem Zeitpunkt vorliegen, in dem die einzutragende Tatsache dem Dritten „entgegengesetzt“ wird. Vielmehr kann es nach dem Normzweck des Vertrauensschutzes (Rn 18 ff) nur darauf ankommen, ob diese Voraussetzungen im **Zeitpunkt des Vorgangs** erfüllt waren, aus dem Rechte hergeleitet werden (z.B. ein Vertragsschluss).[170] Eine spätere Kenntnis ist daher unbeachtlich. Für die Beurteilung, ob zu diesem Zeitpunkt die einzutragende Tatsache tatsächlich sowohl eingetragen als auch bekannt gemacht ist, kommt es maßgeblich auf die **Bekanntmachung** an, die in dem Verständnis des § 10 Abs. 1 (erstmalige Abrufbarkeit der Eintragung) dem Eintragungsakt gedanklich zwangsläufig nachfolgen muss. Da der genaue Zeitpunkt der erstmaligen Abrufbarkeit einer Eintragung aus technischen Gründen im Handelsregister nicht unmittelbar abgebildet werden kann, wird hier in der Regel auf den Vermutungstatbestand des § 10 Abs. 4 S. 1 abzustellen sein, wonach eine Eintragung mit dem Ablauf des Tages der Eintragung als bekannt gemacht gilt (ausführlich zu diesem Problem § 10 Rn 18 ff).

8. Rechtsfolgen

64 **a) Allgemeines.** Rechtsfolge des § 15 Abs. 1 ist, dass der Anmeldepflichtige dem Dritten die nicht eingetragene oder nicht bekannt gemachte Tatsache nicht entgegensetzen kann. So ist etwa eine widerrufene Prokura als fortbestehend anzusehen, wenn der Widerruf nicht in das

---

167 Vgl. *Canaris* HandelsR § 5 Rn 17: „Zufallsgeschenk“.
168 Vgl. dazu auch *Reinicke* JZ 1985, 272 (276); zum Präventions- bzw. Sanktionsgedanken vgl. auch *Axer* S. 97 ff; *Leenen* S. 108 (123 f); *K. Schmidt* ZIP 2002, 413 (415 f).
169 Vgl. dazu auch *Canaris* HandelsR § 5 Rn 6; *Leenen* S. 108 (121).
170 Ebenroth/Boujong/Joost/Strohn/*Gehrlein* Rn 11; Hopt/*Merkt* Rn 10; Koller/Kindler/Roth/Drüen/*Roth* Rn 12; MünchKommHGB/*Krebs* Rn 51.

Handelsregister eingetragen ist (vgl. § 53 Abs. 3). Entsprechend der prozessrechtlichen Herkunft der Vorschrift (s. Rn 4) ist die Rechtsfolge als **Einwendungsausschluss** konzipiert.[171] Der Anmeldepflichtige selbst kann sich daher nicht auf § 15 Abs. 1 berufen.[172]

b) Wahlrecht. Nach Art. 16 Abs. 5 UAbs. 3 der Gesellschaftsrechtsrichtlinie (Rn 6 f) kann sich der Dritte darüber hinaus auch stets auf die noch nicht eingetragenen oder bekannt gemachten Tatsachen berufen, soweit die Eintragung nicht konstitutive Wirkung hat. Da das Fehlen einer deklaratorischen Eintragung nicht dazu führt, dass die Rechtsänderung unwirksam ist, liegt darin die **Klarstellung,** dass der Dritte sich auf die wahre Rechtslage berufen kann.[173] § 15 erweitert lediglich den Handlungsspielraum des Dritten in der Weise, dass er sich auch auf die dem Schweigen des Handelsregisters zu entnehmende fiktive Rechtslage berufen kann, wenn er darauf vertraut hat. Insofern steht dem Dritten also ein **Wahlrecht** zu.[174] Dieses Wahlrecht besteht allerdings nicht zwischen einem wahren und einem unwahren Sachverhalt,[175] sondern zwischen alternativen Rechtsfolgen, die sich ergeben, je nachdem, ob der Dritte seinen Anspruch auf die tatsächliche Rechtslage oder den Vertrauenstatbestand des § 15 Abs. 1 stützt.[176] Dass der Dritte durch ein solches Wahlrecht besser steht, als wenn die scheinbare Rechtslage seinem Vertrauen entsprochen hätte, ist hinzunehmen; einer missbräuchlichen Ausnutzung des Wahlrechts als „Reurecht" kann der Anmeldepflichtige in den praktisch bedeutsamsten Fällen nicht eingetragener Vertretungsmacht durch eine Genehmigung entgegenwirken.[177] 65

c) Wirkung gegenüber anderen Personen. Fraglich ist, ob § 15 Abs. 1 auch gegenüber anderen Personen wirkt, die ihre Rechte vom Dritten ableiten. Diese Frage kann sich etwa stellen, wenn z.B. Gläubiger des Dritten eine Forderung pfänden wollen, die nur über § 15 Abs. 1 Wirksamkeit erlangt. Im Schrifttum wird dies behauptet,[178] doch ist dem nur unter der Maßgabe zuzustimmen, dass auch der Dritte sein **Wahlrecht** bereits **ausgeübt** hat, da es anderenfalls zu relativen Rechtsverhältnissen kommen kann, die zur Rechtsunsicherheit führen.[179] 66

---

171 Vgl. Staub/*Hüffer*⁴ Rn 26; ferner BeckOGK-HGB/*Schaal* Rn 59; Ebenroth/Boujong/Joost/Strohn/*Gehrlein* Rn 13.

172 Allgemeine Auffassung – vgl. nur BGH NZG 2019, 861 Rn 34; Ebenroth/Boujong/Joost/Strohn/*Gehrlein* Rn 14; Hopt/*Merkt* Rn 6; Koller/Kindler/Roth/Drüen/*Roth* Rn 15.

173 Dass im Verhältnis zwischen Anscheinsvollmacht und § 179 BGB ein Wahlrecht des Vertrauenden vom BGH abgelehnt wird (BGHZ 86, 273 ff = NJW 1983, 1308), steht dem nicht entgegen, da es dabei um die Wahl zwischen zwei Vertrauenstatbeständen, hier aber um die Wahl zwischen wahrer und scheinbarer Rechtslage geht (*Canaris* HandelsR § 5 Rn 25).

174 RGZ 157, 369 (377); BGH WM 1971, 556 (559); BGHZ 55, 267 (273) = NJW 1971, 1268; BGH NJW 1973, 1789; BGHZ 65, 309 (310) = NJW 1976, 569; BGH WM 1987, 1013 (1015); BGH NJW-RR 1990, 737 (738); BeckOGK-HGB/*Schaal* Rn 62; Ebenroth/Boujong/Joost/Strohn/*Gehrlein* Rn 14; Heidel/*Schall* Rn 38; Hopt/*Merkt* Rn 6; Koller/Kindler/Roth/Drüen/*Roth* Rn 15; MünchKommHGB/*Krebs* Rn 57; Oetker/*Preuß* Rn 28; *Chiusi* AcP 202 (2002), 494 (508); anders nur *K. Schmidt* UnternehmensR I § 14 Rn 49 ff.; *ders.* FS Gernhuber, 1993, S. 435 (441 ff), dessen abweichende Konstruktion aber spätestens mit der Neufassung durch die Digitalisierungsrichtlinie mit dem Wortlaut der unionsrechtlichen Vorgaben (insbesondere Art. 16 Abs. 5 UAbs. 3 der Gesellschaftsrechtsrichtlinie) nicht mehr in Einklang zu bringen ist.

175 So wohl LG Hannover MDR 1950, 488; *Tiedtke* DB 1979, 245 (246); im Wesentlichen gegen dieses Verständnis wendet sich die ausführliche Kritik von *K. Schmidt* UnternehmensR I § 14 Rn 49 ff, der insofern auch zuzustimmen ist.

176 So zutr. Hopt/*Merkt* Rn 6; Koller/Kindler/Roth/Drüen/*Roth* Rn 15; Oetker/*Preuß* Rn 28; Röhricht/v. Westphalen/Haas/*Ries* Rn 20; Staub/*Hüffer*⁴ Rn 26; *Canaris* HandelsR § 5 Rn 24; insofern zutreffend auch *K. Schmidt* UnternehmensR I § 14 Rn 59.

177 *Canaris* HandelsR § 5 Rn 24.

178 *Canaris* HandelsR § 5 Rn 23.

179 So daher auch die Einschränkung von Koller/Kindler/Roth/Drüen/*Roth* Rn 14; ferner Röhricht/v. Westphalen/Haas/*Ries* Rn 19.

67 **d) „Rosinentheorie".** Sehr umstritten ist die Frage, ob sich der Dritte auch für verschiedene Tatbestandsmerkmale einer einheitlichen Anspruchsgrundlage auf eine **Kombination der wahren und der scheinbaren Rechtslage** berufen kann. Der BGH hatte dazu im Jahr 1975 den folgenden Fall zu entscheiden, der seitdem das Standardbeispiel für diese Konstellation darstellt:[180] Für die beiden Komplementäre einer KG ist im Handelsregister eine Gesamtvertretungsbefugnis eingetragen. Als einer von ihnen aus der KG ausscheidet, wird dieser Umstand nicht in das Handelsregister eingetragen. Der verbliebene Gesellschafter schließt mit einem Dritten einen Vertrag ab, aus dem dieser den ausgeschiedenen Gesellschafter nach §§ 161 Abs. 2, 128 in Anspruch nehmen will. Die Berufung auf das Vertrauen in die fortbestehende Gesellschafterstellung nach § 15 Abs. 1 ist hier deshalb problematisch, weil auch in diesem Fall der verbliebene Gesellschafter nicht allein zur Vertretung berechtigt wäre. Auch wenn die vorgestellte Rechtslage der Wirklichkeit entspräche, hätte der Dritte also keinen Anspruch. Etwas anderes kann nur dann gelten, wenn er sich teilweise auf die tatsächliche Rechtslage (Alleinvertretungsbefugnis) und teilweise auf die vermeintliche Rechtslage (fortbestehende Haftung des ausgeschiedenen Gesellschafters) stützen kann.

68 Der **BGH** hat einen Anspruch des Dritten gegen den ausgeschiedenen Gesellschafter bejaht. Dem Gesetz lasse sich nicht entnehmen, dass der Handelsregisterinhalt nur in seiner Gesamtheit gewürdigt werden könne.[181] Im Schrifttum ist diese Entscheidung teils auf Zustimmung,[182] teils auf entschiedene Ablehnung gestoßen.[183] Die Kritik wird schlagwortartig in dem Begriff **„Rosinentheorie"** zusammengefasst. Es könne nicht sein, dass der Dritte sich aus der registermäßig bezeugten und aus der wahren Sachlage die für ihn in ihrer Gesamtkombination günstigsten Tatbestandsstücke zusammensuche.[184] Vom Grundgedanken des Vertrauensschutzes sei eine solche Konstellation nicht erfasst, da der Dritte danach besser stünde, als wenn die scheinbare Rechtslage der Wirklichkeit entspräche.

69 Der **Wortlaut** des § 15 Abs. 1 stützt die Auffassung des BGH.[185] Eine teleologische Reduktion könnte aber auf die Überlegung gegründet werden, dass Vertrauensschutz dort nicht gewährt werden kann, wo ein schutzwürdiges Vertrauen nicht denkbar ist. Dem kann nicht schon entgegengehalten werden, dass § 15 Abs. 1 keine tatsächliche Einsichtnahme voraussetze, sondern ein nur abstraktes Vertrauen schütze,[186] weil damit die innere Rechtfertigung dieser abstrakten Ausgestaltung vernachlässigt würde. Sie soll aus Gründen der Rechtssicherheit und Praktikabilität Streit um die Frage ausschließen, ob der Dritte tatsächlich in das Register Einsicht genommen hat; daher wird die **Einsichtnahme unwiderlegbar vermutet** (s. Rn 61). Ließe sich aber feststellen, dass auch bei unterstellter Einsichtnahme ein Vertrauenstatbestand nicht hätte entstehen können, dann wäre die Grenze möglichen Vertrauens überschritten und deshalb eine teleologische Reduktion gerechtfertigt.[187]

70 Gerade diese Feststellung kann indes nicht getroffen werden, so dass im Ergebnis doch **dem BGH zuzustimmen** ist. Es ist nämlich ein keinesfalls abwegiges Szenario, dass der Dritte

180 BGHZ 65, 309 ff = NJW 1976, 569.

181 BGHZ 65, 309 (310 f) = NJW 1976, 569.

182 BeckOK-HGB/*Müther* Rn 16; Ebenroth/Boujong/Joost/Strohn/*Gehrlein* Rn 15; Ensthaler/*Ensthaler*/*Müller* Rn 24; Heymann/*Förster* HGB Rn 31; Hopt/*Merkt* Rn 6; Koller/Kindler/Roth/Drüen/*Roth* Rn 16; Oetker/*Preuß* Rn 29 ff; MünchKommHGB/*Krebs* Rn 58; Röhricht/v. Westphalen/Haas/*Ries* Rn 21; *K. Schmidt* UnternehmensR I § 14 Rn 57 ff; *Kreutz* Jura 1982, 626 (637); *von Olshausen* AcP 189 (1989), 223 (239 ff).

183 Vgl. zum Folgenden MünchKommHGB/*Lieb*, 1. Aufl., Rn 37; Heidel/*Schall* Rn 40 ff; *Canaris* HandelsR § 5 Rn 26; *Altmeppen* S. 164 ff; *John* ZHR 140 (1976), 236 (253 ff); *Klostermann* Die „Rosinentheorie" des BGH 1986; *Reinicke* JZ 1985, 272 ff; vgl. auch bereits LG Hannover MDR 1950, 488.

184 Einwand und Begriff gehen zurück auf *John* ZHR 140 (1976), 236 (254); vgl. aber auch bereits die Nachw. in Fn 183.

185 Zustimmend insofern auch *Canaris* HandelsR § 5 Rn 29.

186 So aber BGHZ 65, 309 (311) = NJW 1976, 569.

187 So daher auch *John* ZHR 140 (1976), 236 (254); *Reinicke*, JZ 1985, 272 (276); *Schilken* AcP 187 (1987), 1 (10 f); zustimmend insofern auch *von Olshausen* AcP 189 (1989), 223 (239 f).

das Register bei seiner unterstellten Einsicht ausschließlich hinsichtlich einer einzelnen Tatsache, z.B. der konkreten Zusammensetzung des Gesellschafterkreises, konsultiert, ohne auch sämtliche anderen ihm dort angebotenen Informationen zu erfassen, weil er sich insofern auf andere Quellen verlässt.[188] Auch im Lichte des Gesetzeszwecks kann die Lesart des BGH also zu einem sachgerechten Vertrauensschutz beitragen, so dass die Voraussetzungen der teleologischen Reduktion nicht vorliegen.

e) Reichweite des Vertrauensschutzes

aa) Allgemein. Eine Einschränkung erfährt § 15 Abs. 1 dadurch, dass der Vertrauensschutz immer nur so weit gewährt wird, wie die Aussagekraft des Handelsregisters reicht. Das zeigt sich etwa bei der **Geschäftsunfähigkeit eines Gesellschaftsorgans.**[189] Nach ganz hM erlischt mit dem Eintritt der Geschäftsunfähigkeit die Vertretungsbefugnis.[190] Den Einwand fehlender Vertretungsmacht gem. § 177 BGB kann die Gesellschaft dem Vertragspartner aber nach § 15 Abs. 1 nicht entgegenhalten. Daneben liegt aber auch noch ein zweiter Mangel vor. Die vom geschäftsunfähigen Organ abgegebene Willenserklärung ist nach § 105 BGB nichtig; ein Gegenschluss zu § 165 BGB ergibt, dass ein Geschäftsunfähiger nicht als Stellvertreter auftreten kann. Dieser zweite Mangel kann nicht über § 15 Abs. 1 geheilt werden, da das Handelsregister **über die Geschäftsfähigkeit keine Aussage** trifft.[191] Der BGH hat aber einen Schutz gutgläubiger Dritter nach den allgemeinen Rechtsscheingrundsätzen zugelassen.[192] Zur Reichweite des Vertrauensschutzes beim Zusammentreffen von Erbenhaftung und § 15 Abs. 1 vgl. Rn 52f. 71

bb) § 15 und Inhaberwechsel. Probleme hinsichtlich der Reichweite des durch § 15 Abs. 1 gewährten Vertrauensschutzes können sich auch bei einem Inhaberwechsel unter Firmenfortführung stellen, wenn dieser entgegen § 31 Abs. 1 nicht in das Handelsregister eingetragen wird. In diesem Fall haftet für die **Altschulden** neben dem früheren Inhaber gem. § 25 auch der neue Inhaber. Für **neue Verbindlichkeiten**, die der Erwerber begründet, haftet neben diesem nach § 15 Abs. 1 auch der Veräußerer. Fraglich ist die Behandlung von Neuschulden, die vom alten Inhaber unter der vom Erwerber fortgeführten Firma begründet werden. Für diese haftet der Veräußerer gem. § 179 Abs. 1 BGB als falsus procurator, aber auch nach § 15 Abs. 1, da er sich auf den Verlust seiner Inhaberstellung nicht berufen kann.[193] Das OLG Frankfurt hat daneben auch eine Haftung des Erwerbers nach § 25 Abs. 1 angenommen, weil er für die Verbindlichkeiten seines Rechtsvorgängers einzustehen habe und die neu begründete Verbindlichkeit über § 15 Abs. 1 als Altverbindlichkeit anzusehen sei.[194] Dem ist zu Recht widersprochen worden, weil sie die **inhaltliche Reichweite der nicht eingetragenen Tatsache** überspannt. Die einzutragende Tatsache betrifft nur die Inhaberstellung, nicht aber die Frage nach einer Alt- oder 72

188 So überzeugend *von Olshausen* AcP 189 (1989), 223 (240); ihm folgend Koller/Kindler/Roth/Drüen/*Roth* Rn 16, der ergänzend darauf hinweist, dass sich gerade Bekanntmachungen nur auf einen einzelnen Vorgang beziehen. Der Verweis von *Canaris* (HandelsR § 5 Rn 29) auf § 15 Abs. 2 überzeugt nicht, da dieser für unwahre Eintragungen keine Gültigkeit beansprucht (s. noch Rn 74).

189 Zu einem weiteren Beispiel bei Eintragung eines fehlerhaften Geburtsdatums nach § 106 Abs. 2 Nr. 1 vgl. MünchKommHGB/*Krebs* Rn 56.

190 Vgl. für die GmbH § 6 Abs. 2 GmbHG, für die AG § 76 Abs. 3 AktG.

191 BGHZ 115, 78 (81) = NJW 1991, 2566; Ebenroth/Boujong/Joost/Strohn/*Gehrlein* Rn 6; Koller/Kindler/Roth/Drüen/*Roth* Rn 6; MünchKommHGB/*Krebs* Rn 55; Oetker/*Preuß* Rn 32; Röhricht/v. Westphalen/Haas/*Ries* Rn 7; *Canaris* HandelsR § 5 Rn 22; *Lutter/Gehling* JZ 1992, 154.

192 BGHZ 115, 78 (81 ff) = NJW 1991, 2566; *Canaris* HandelsR § 5 Rn 22; krit. MünchKommHGB/*Krebs* Rn 55.

193 So auch OLG Frankfurt aM OLGZ 1973, 20 (24 f); MünchKommHGB/*Krebs* Rn 57.

194 OLG Frankfurt aM OLGZ 1973, 20 (24 f); zust. Hopt/*Merkt* Rn 12; vgl. zu dieser Entscheidung auch *John* ZHR 140 (1976), 236 (251 ff).

Neuverbindlichkeit, so dass dieser Umstand vom Verkehrsschutz des § 15 Abs. 1 nicht erfasst wird.[195] Zum Verhältnis des § 15 Abs. 1 zu § 25 Abs. 2 s. Rn 38.

73 **cc) Eintragung ohne Relevanz für Rechtsfolge.** Eine teleologische Beschränkung erfährt § 15 Abs. 1 schließlich noch in den Fällen, in denen die einzutragende Tatsache auf die relevante Rechtsfolge keine Auswirkungen gehabt hätte. Daher ist einer Entscheidung des BGH zu widersprechen, wonach bei einer **Forderungsabtretung** an eine nicht in das Handelsregister eingetragene Personengesellschaft ein Dritter die Unwirksamkeit der Abtretung geltend machen kann.[196] Denn auch ohne die Eintragung hätte zumindest eine GbR bestanden, deren Vertreter ebenfalls die Abtretung wirksam hätten vornehmen können. Auch aus dem durch die unterlassene Eintragung (potenziell) hervorgerufenen Vertrauen, es mit einer Handelsgesellschaft zu tun zu haben, konnte daher nicht das Vertrauen in die Unwirksamkeit der Abtretung erwachsen.[197]

V. Rechtslage bei richtiger Eintragung und Bekanntmachung (§ 15 Abs. 2)

1. Grundsätzliches

74 § 15 Abs. 2 regelt den registerrechtlichen Normalfall, dass Tatsachen richtig eingetragen und bekannt gemacht werden. Für diesen Fall soll Dritten das Recht versagt werden, sich auf Unkenntnis der ordnungsgemäß publizierten Tatsachen zu berufen. Darin liegt die auf den ersten Blick **selbstverständliche Klarstellung,** dass der Anmeldepflichtige sich auf die wahre Rechtslage berufen kann, wenn sie korrekt eingetragen und bekannt gemacht worden ist.[198] Relevanz erhält diese Regelung im **Kontext der Vertrauenshaftung.** Eintragung und Bekanntmachung begründen hier allerdings kein Vertrauen, sondern sie zerstören das Vertrauen, das die Teilnehmer des Rechtsverkehrs möglicherweise aus anderen Quellen geschöpft haben.[199] Diese **vertrauenszerstörende Wirkung** wird durch § 15 Abs. 2 S. 2 lediglich für eine knapp bemessene Übergangszeit eingeschränkt, in der mit der Kenntnisnahme des Rechtsverkehrs noch nicht gerechnet werden kann.[200] Unionsrechtliche Grundlage des § 15 Abs. 2 ist nach der Neufassung durch die Digitalisierungsrichtlinie (Rn 6) Art. 16 Abs. 5 UAbs. 1 Gesellschaftsrechtlinie (Rn 6), der es auch hier ermöglicht hat, allein auf die Eintragung als maßgebliches Publizitätsmedium abzustellen. Der DiRUG-Gesetzgeber hat von dieser Möglichkeit Gebrauch gemacht; die Bekanntmachung hat im Rahmen des § 15 Abs. 2 ebenfalls ihre eigenständige Relevanz verloren und umschreibt nach § 10 Abs. 1 nur noch die erstmalige Abrufbarkeit im Handelsregister (§ 10 Rn 7 ff).

2. Die Voraussetzungen des § 15 Abs. 2 S. 1

75 **a) Richtige Tatsache.** § 15 Abs. 2 setzt voraus, dass eine Tatsache eingetragen und bekannt gemacht wurde. Durch das DiRUG (Rn 11) wurde diese Vorschrift nicht geändert, doch wirkt sich auch in diesem Kontext die Aufgabe der Bekanntmachung als eigenständiges Publizitätsmedium aus (vgl. dazu § 10 Rn 2 ff sowie oben Rn 11). Faktisch ist nunmehr allein die Eintragung

---

195 So bereits MünchKommHGB/*Lieb*, 1. Aufl., Rn 50; zust. MünchKommHGB/*Krebs* Rn 61.
196 BGH NJW 1979, 42 (43).
197 So auch MünchKommHGB/*Krebs* Rn 65; *Canaris* HandelsR § 5 Rn 29.
198 Heidel/*Schall* Rn 44; Koller/Kindler/Roth/Drüen/*Roth* Rn 17; *Canaris* HandelsR § 5 Rn 34; *K. Schmidt* UnternehmensR I § 14 Rn 19.
199 *Canaris* HandelsR § 5 Rn 35.
200 Vgl. dazu auch *Schilken* AcP 187 (1987), 1 (11).

maßgeblich, die über die Bekanntmachung – verstanden als erstmalige Abrufbarkeit – lediglich dem Rechtsverkehr nach außen zugänglich gemacht wird (§ 10 Rn 7 ff). Gegenstand der Eintragung muss eine **richtige Tatsache** sein, weil § 15 Abs. 2 nicht das Vertrauen in eine unrichtige Tatsache schützt, sondern dem Anmeldepflichtigen lediglich die Berufung auf die tatsächliche Rechtslage auch gegenüber einem abweichenden Vertrauenstatbestand ermöglichen soll. Auf unrichtige und unzulässige Eintragungen findet die Vorschrift daher keine Anwendung.[201] Ob die Eintragung auf Initiative des Betroffenen oder von Amts wegen erfolgt, ist gleichgültig; auch Amtslöschungen werden daher von § 15 Abs. 2 erfasst.[202] Zum maßgeblichen Zeitpunkt s. noch Rn 81.

b) Einzutragende Tatsache. Durch die Verwendung des bestimmten Artikels („die" Tatsache) wird ein Bezug zu § 15 Abs. 1 hergestellt, woraus die hM den Schluss zieht, auch § 15 Abs. 2 setze eine **einzutragende Tatsache** voraus. Auf bloß eintragungsfähige Tatsachen (ohne konstitutive Wirkung[203]) sei die Vorschrift nicht anwendbar, sondern es könne insofern nur auf die in §§ 25 Abs. 2, 28 Abs. 2 enthaltenen abschließenden Sonderregelungen abgestellt werden.[204] Nach der Gegenauffassung soll § 15 Abs. 2 auch bei nur eintragungsfähigen Tatsachen ohne konstitutive Wirkung zur Anwendung gelangen. Gehe man davon aus, dass der Dritte das Register kennen müsse, so bestehe kein Anlass, zwischen anmeldepflichtigen und eintragungsfähigen Tatsachen zu differenzieren. Diese Gleichstellung werde auch durch die Vorgaben der Offenlegungsrichtlinie bestätigt.[205] 76

Da der Wortlaut des § 15 Abs. 2 durch die Bezugnahme auf § 15 Abs. 1 eine einzutragende Tatsache voraussetzt (Rn 32 ff) und überdies auch der Gesetzgeber von einem solchen Erfordernis ausging,[206] kann der zuletzt genannten Auffassung nur zugestimmt werden, wenn eine Ausdehnung auf nur eintragungsfähige Tatsachen entweder unter teleologischen Gesichtspunkten oder aufgrund übergeordneter europäischer Vorgaben geboten wäre. Beides ist zu verneinen. Zwar liegt § 15 Abs. 2 in der Tat der Gedanke zugrunde, dass der Dritte sich über den Registerinhalt informieren muss, aber diese Obliegenheit trifft ihn nur dann, wenn er sicher sein kann, dass alle für ihn **relevanten Informationen vollständig im Handelsregister dokumentiert** sind.[207] Bei nur eintragungsfähigen Tatsachen ohne konstitutive Wirkung ist das aber nicht der Fall, da ihre Eintragung im Belieben des Betroffenen steht. Dass der Dritte es unterlässt, „auf gut Glück" Einsicht in das Handelsregister zu nehmen, ist kein hinreichender Grund, um ihm die Berufung auf einen anderweitig begründeten Vertrauenstatbestand zu versagen. 77

Dieser Lesart stehen auch die unionsrechtlichen Vorgaben der Publizitätspflicht nicht entgegen. Die von der Gegenauffassung herangezogenen Regelungen zur Offenlegung von Pflichtangaben in einer anderen Sprache (Art. 21 Abs. 4 der Gesellschaftsrechtsrichtlinie) berühren den Regelungsbereich des § 15 Abs. 2 nicht, sondern lassen sich nur über **mittelbare systematische** 78

---

201 BGH NZG 2019, 861 Rn 33; Ebenroth/Boujong/Joost/Strohn/*Gehrlein* Rn 17; Heidel/*Schall* Rn 54; MünchKommHGB/*Krebs* Rn 70; Oetker/*Preuß* Rn 33; Röhricht/v. Westphalen/Haas/*Ries* Rn 24.

202 BeckOK-HGB/*Müther* Rn 19; Koller/Kindler/Roth/Drüen/*Roth* Rn 19; MünchKommHGB/*Krebs* Rn 68; Oetker/*Preuß* Rn 36; Röhricht/v. Westphalen/Haas/*Ries* Rn 24.

203 Diese Einschränkung wird von den Vertretern dieser Auffassung nicht ausdrücklich erwähnt, ergibt sich aber daraus, dass eintragungsfähige Tatsachen mit konstitutiver Wirkung – entgegen der hier verwandten Terminologie – zumeist als eintragungspflichtige Tatsachen eingeordnet werden (vgl. dazu § 8 Rn 33 f).

204 Vgl. Heidel/*Schall* Rn 55; Hopt/*Merkt* Rn 13; Ebenroth/Boujong/Joost/Strohn/*Gehrlein* Rn 17; Heymann/*Förster* HGB Rn 33; Oetker/*Preuß* Rn 36; Röhricht/v. Westphalen/Haas/*Ries* Rn 24; Schlegelberger/*Hildebrandt*/*Steckhan* Rn 8 und 15; Schmidt-Kessel/Leutner/Müther/*Schmidt-Kessel*/*Kopp* Rn 46; Staub/*Hüffer*[4] Rn 33; *Keim* S. 95; *Noack* FS Ulmer, 2003, S. 1245 (1260 f); *Tebben* FS Hopt, 2020, S. 1237 (1251); *Zimmer* S. 56 ff.

205 So aus jüngerer Zeit namentlich MünchKommHGB/*Krebs* Rn 69; ihm folgend Koller/Kindler/Roth/Drüen/*Roth* Rn 19; vgl. aber auch bereits *Ehrenberg* JhJb 47 (1904), 273 (305); *Forsthoff* S. 33 f.

206 BT-Drucks. V/3862, S. 11: „offenzulegende Tatsache".

207 So zutr. *Zimmer* S. 58 f; vgl. auch *Noack* FS Ulmer, 2003, S. 1245 (1261).

Erwägungen mit dieser Vorschrift in Verbindung setzen.[208] Dieser gedankliche Brückenschlag ist nicht derart zwingend, dass er eine vom Gesetzeswortlaut und von den Gesetzesmaterialien abweichende Interpretation des deutschen Rechts rechtfertigen könnte.

79 **c) Bekanntmachungspflichtige Tatsache?** Wie bei § 15 Abs. 1 (Rn 43) war auch im Rahmen des § 15 Abs. 2 streitig, ob die Vorschrift auch ausschließlich eintragungs-, aber nicht bekanntmachungspflichtige Tatsachen betrifft.[209] Nachdem diese Kategorie mit dem DiRUG (Rn 11) aus dem Gesetz entfernt wurde, hat sich dieser Streit erledigt.[210]

80 **d) Primärtatsachen und konstitutive Tatsachen.** § 15 Abs. 2 erfasst nicht nur Sekundär-, sondern auch Primärtatsachen (vgl. zu dieser Unterscheidung Rn 39 ff). Das ergibt sich nicht nur aus der formalen Bezugnahme auf § 15 Abs. 1 (s. Rn 76 f) und aus dem klar geäußerten Einbeziehungswillen des Gesetzgebers (s. Rn 39), sondern auch aus teleologischen Erwägungen. Das Bedürfnis, durch registerrechtliche Verlautbarung einen abweichenden Rechtsschein zu zerstören, kann sich bei Primärtatsachen ebenso ergeben wie bei Sekundärtatsachen.[211] Aus demselben Grund sind auch konstitutive Tatsachen erfasst (vgl. Rn 33 ff).[212]

81 **e) Eintragung und Bekanntmachung; maßgeblicher Zeitpunkt.** Solange § 15 Abs. 2 vor dem DiRUG (Rn 11) noch verlangte, dass Eintragung und Bekanntmachung als jeweils eigenständige Publizitätsakte vollzogen wurden, stellte sich wie bei § 15 Abs. 1 (Rn 50) auch hier die Frage, wie es sich auswirkt, wenn nur einer dieser Akte erfüllt war. Die bislang herrschende Meinung verlangte insofern, dass beide Publizitätsakte **kumulativ vollständig erfüllt** sein müssen.[213] Aus den in Rn 50 dargelegten Gründen ist an dieser Auffassung erst recht unter den neuen legislativen Vorzeichen der DiRUG-Änderungen zu folgen. Die Bekanntmachung ist danach nunmehr das technische Vehikel, um die allein maßgeblichen Inhalte der Eintragung einsehbar zu machen; es wäre nicht sinnvoll, diese Verbindung durch eines der beiden Elemente aufzuheben.[214] Wie bei § 15 Abs. 1 ist maßgeblicher Zeitpunkt, zu dem die Voraussetzungen des § 15 Abs. 2 vorliegen müssen, der Zeitpunkt des Vorgangs, aus dem der Dritte Rechte herleiten will.[215]

3. Rechtsfolge

82 **a) Grundsätzliches.** Sind Eintragung und Bekanntmachung gem. § 15 Abs. 2 erfolgt, so muss ein Dritter sie gegen sich gelten lassen. Da der Anmeldepflichtige ausschließlich die tatsächliche Rechtslage geltend machen kann (Rn 75), kommt § 15 Abs. 2 nur dann Relevanz zu, wenn es dem Dritten ausnahmsweise möglich wäre, sich auf eine fiktive Rechtslage zu berufen, also in

---

208 Vgl. im Einzelnen MünchKommHGB/*Krebs* Rn 69.
209 Dafür Ensthaler/*Ensthaler/Müller* Rn 9; MünchKommHGB/*Krebs* Rn 68; Voraufl. Rn 78 (*Koch*); dagegen Koller/Kindler/Roth/Drüen/*Roth* Rn 19.
210 Ausführliche Darstellung dazu noch in Voraufl. Rn 78 (*Koch*).
211 So auch MünchKommHGB/*Krebs* Rn 68; **aA** noch MünchKommHGB/*Lieb*, 1. Aufl., Rn 53 i.V.m. Rn 17 ff.
212 Ebenso Heidel/*Schall* Rn 56; MünchKommHGB/*Krebs* Rn 68; **aA** MünchKommHGB/*Lieb*, 1. Aufl., Rn 53 i.V.m. Rn 19; Oetker/*Preuß* Rn 35.
213 Vgl. statt vieler Ebenroth/Boujong/Joost/Strohn/*Gehrlein* Rn 17.
214 *Lieder* DNotZ 2021, 830 (836 f).
215 RGZ 102, 197 (199); Ebenroth/Boujong/Joost/Strohn/*Gehrlein* Rn 18; MünchKommHGB/*Krebs* Rn 70; Röhricht/v. Westphalen/Haas/*Ries* Rn 24.

den Fällen der **Rechtsscheinhaftung** (s. Rn 74). Durch § 15 Abs. 2 wird der Rechtsschein zerstört, und zwar unabhängig davon, ob der Dritte die Publizitätsakte zur Kenntnis genommen hat.[216] Damit wird dem Dritten eine **Informationsobliegenheit** auferlegt: Wer nicht Einblick in das Handelsregister nimmt, handelt auf eigene Gefahr.[217] Diese Rechtsfolge tritt – ebenso wie bei § 15 Abs. 1 (s. Rn 55) – auch gegenüber nicht geschäftsfähigen Personen ein.[218]

Nach ganz hM gilt diese Informationsobliegenheit auch außerhalb der Vertrauenshaftung 83
für Regelungen, bei denen es auf die **Kenntnisgabe bzw. Kenntnisnahme** ankommt. So sollen Eintragung und Bekanntmachung einer Prokura die Kenntnisgabe des Vollmachtgebers gem. § 174 S. 2 BGB ersetzen können.[219] Angesichts des Gesetzeszwecks (Rn 74) ist diese Rechtsfolge nicht selbstverständlich, vom Wortlaut der Vorschrift aber noch gedeckt und im Lichte der durch § 15 Abs. 2 S. 1 bezweckten Entlastungsfunktion auch sinnvoll.[220]

b) Wahlrecht? Umstritten ist, ob es dem Anmeldepflichtigen freisteht, sich auf die eingetra- 84
gene Tatsache zu berufen. Die hM bejaht ein solches Wahlrecht mit der Begründung, dass § 15 Abs. 2 nur Wirkung gegen den Dritten entfalte.[221] Eine Gegenauffassung erkennt für eine solche Wahl im Gesetzestext keine Grundlage und verneint auch ein entsprechendes teleologisches Bedürfnis.[222] Dieser letztgenannten Auffassung ist zuzustimmen. § 15 Abs. 2 gestattet es dem Anmeldepflichtigen, sich gegenüber dem Schein einer fiktiven Rechtslage auf die **wahre Rechtslage** zu berufen, wenn diese ordnungsgemäß publiziert worden ist. Nicht möglich ist es hingegen, dass er sich gegenüber dem Dritten auf die fiktive Rechtslage beruft. Gegen den Willen des Dritten wäre dies ohnehin nicht möglich, da die allgemeine Rechtsscheinhaftung grundsätzlich zur Disposition des vertrauenden Dritten steht. Einigen sich Anmeldepflichtiger und Dritter einvernehmlich darauf, ihren Rechtsbeziehungen die fiktive Rechtslage zugrunde zu legen, so ist darin eine **eigenständige rechtsgeschäftliche Neugestaltung** ihres Rechtsverhältnisses, aber kein Fall des § 15 Abs. 2 zu sehen.[223]

c) Abdingbarkeit. Da § 15 Abs. 2 eine Schutzvorschrift zugunsten des Kaufmanns ist, kann er 85
durch vertragliche Regelung mit dem Dritten im vorhinein auf diesen Schutz verzichten. Auf diesem Weg kann der Dritte sicherstellen, individuell über Änderungen der tatsächlichen Verhältnisse informiert zu werden, ohne zu diesem Zweck den Inhalt des Handelsregisters ständig kontrollieren zu müssen.[224] Fraglich ist allein, ob ein solcher Verzicht auch **in AGB** ausgesprochen werden kann.[225] Eine entsprechende Regelung war bis 1993 in den AGB-Banken und Spar-

---

216 Ebenroth/Boujong/Joost/Strohn/*Gehrlein* Rn 18; MünchKommHGB/*Krebs* Rn 71.

217 Koller/Kindler/Roth/Drüen/*Roth* Rn 22; MünchKommHGB/*Krebs* Rn 67; Oetker/*Preuß* Rn 38; *Noack* FS Ulmer, 2003, S. 1245 (1257 f).

218 Röhricht/v. Westphalen/Haas/*Ries* Rn 28.

219 BAG AP BGB § 174 Nr. 9 = NZA 1992, 449 (451); Ebenroth/Boujong/Joost/Strohn/*Gehrlein* Rn 18; Koller/Kindler/Roth/Drüen/*Roth* Rn 18; MünchKommHGB/*Krebs* Rn 71; MünchKommBGB/*Schubert* § 174 Rn 11; Röhricht/v. Westphalen/Haas/*Ries* Rn 24.

220 AA *Lux* DStR 2006, 1968 (1969 f).

221 Koller/Kindler/Roth/Drüen/*Roth* Rn 20; Röhricht/v. Westphalen/Haas/*Ries* Rn 25; Staub/*Hüffer*[4] Rn 35; ebenso Hopt/*Merkt* Rn 13 mit der missverständlichen Aussage, dass sich Anmeldepflichtiger wahlweise auch auf die wirkliche Rechtslage berufen könne, womit augenscheinlich übersehen wird, dass § 15 Abs. 2 nur greift, wenn die wirkliche Rechtslage eingetragen ist (Rn 75).

222 MünchKommHGB/*Krebs* Rn 71; zust. BeckOK-HGB/*Müther* Rn 23.

223 Auch insofern zutreffend MünchKommHGB/*Krebs* Rn 71.

224 MünchKommHGB/*Krebs* Rn 73.

225 Dagegen Ebenroth/Boujong/Joost/Strohn/*Gehrlein* Rn 18; Koller/Kindler/Roth/Drüen/*Roth* Rn 20; MünchKommHGB/*Krebs* Rn 73; BeckOK-HGB/*Müther* Rn 24; zu weiteren, auf speziel. bankrechtliche Regelungen gemünzten Stellungnahmen vgl. noch die Nachw. in Fn 227.

kassen vorgesehen;[226] ihre Zulässigkeit war umstritten.[227] In die Neufassung dieser Regelungswerke sind diese Bestimmungen nicht übernommen worden,[228] so dass die Frage ihre Relevanz teilweise verloren hat. Geht man mit der hier vertretenen Ansicht davon aus, dass im Rahmen einer engen Geschäftsverbindung ohnehin eine **vertragliche Nebenpflicht** der Parteien besteht,[229] über die Veränderung relevanter Unternehmensdaten aufzuklären und eine Verletzung dieser Pflicht dazu führt, dass die Berufung auf § 15 Abs. 2 S. 1 treuwidrig ist (s. noch Rn 97 f), dann erscheint es unbedenklich, diese Rechtsfolge schon vorab zum Gegenstand einer AGB-Regelung zu machen.[230] Voraussetzung ist allerdings, dass die damit begründete persönliche Informationspflicht Umstände betrifft, die für die Fortführung der Geschäftsbeziehung von erheblicher Bedeutung sind.

4. Ausnahme gem. § 15 Abs. 2 S. 2

86 **a) Grundsätzliches.** Nach § 15 Abs. 2 S. 2 steht dem Dritten der Gegenbeweis offen, dass er die Tatsache weder kannte noch kennen musste. Während dieser Gegenbeweis bis 1969 ohne zeitliche Beschränkung geführt werden konnte, ist er seither nur noch für eine Übergangszeit von 15 Tagen beachtlich (s. bereits die Nachw. in Rn 8). Diese **Frist beginnt** mit der Bekanntmachung nach § 10 Abs. 1. Nach der Neufassung dieser Vorschrift im Zuge des DiRUG (Rn 11) ist darunter nach § 10 Abs. 1 der Zeitpunkt zu verstehen, in dem die Eintragung über das nach § 9 Abs. 1 bestimmte elektronische Informations- und Kommunikationssystem (vgl. § 10 Rn 7 ff) erstmalig abrufbar ist.

87 **b) Kenntnis oder Kennenmüssen.** Der Dritte muss nicht nur nachweisen, dass er die Tatsache nicht kannte, sondern auch, dass er sie nicht kennen musste. Das Verständnis dieses letztgenannten Passus bereitet große Schwierigkeiten. Überwiegend nimmt man an, dass zumindest ein **Kaufmann** die Eintragungen im Handelsregister grundsätzlich zur Kenntnis zu nehmen hat.[231] Ausnahmen werden nur in extrem gelagerten Szenarien zugelassen, etwa wenn der Kaufmann in einem eingeschneiten Bergdorf von jedem Zugang zur Außenwelt abgeschnitten ist

---

226 Nr. 1 Abs. 1 S. 2 AGB-Banken 1977; Nr. 3 Abs. 1 S. 2, Abs. 2 S. 2 AGB-Sparkassen a.F. – abgedruckt bei Baumbach/*Hopt* 28. Aufl., 1989.

227 Eine verbreitete Ansicht sah darin eine unangemessene Benachteiligung i.S.d. § 307 BGB; vgl. *Casper* in: Derleder/Knops/Bamberger (Hrsg.), Deutsches und europäisches Bank- und Kapitalmarktrecht, Band 1, § 4 Rn 72; im Ergebnis auch MünchKommHGB/*Lieb*, 1. Aufl., § 15 Rn 56; Ulmer/Brandner/Hensen/*Fuchs* (8) Banken-AGB Rn 36 Fn 143; *Koch* Die Allgemeinen Geschäftsbedingungen der Banken, 1932, S. 225: vgl. auch die Nachw. in Fn 225 zu § 15; **aA** Staudinger/*Schlosser* 12. Aufl., 1983, § 9 AGBG Rn 69; *von Westphalen* in: GroßkommAGBG, Band III, 2. Aufl., 1985, 34.1–2; *Kümpel* WM 1977, 694 (696); *Rehbein* DB 1977, 1349.

228 An ihre Stelle ist eine Mitteilungspflicht getreten (vgl. Nr. 11 Abs. 1 S. 2 AGB-Banken bzw. Nr. 4 Abs. 1 S. 2, Abs. 2 S. 2 AGB-Sparkassen n.F. – abgedruckt bei *Hopt*), die Grundlage eventueller Schadensersatzansprüche sein kann. Auch das ist indes umstritten; vgl. statt vieler Bunte/Zahrte/*Bunte* AGB-Banken 2. Teil, Rn 219 ff; Ulmer/Brandner/Hensen/*Fuchs* (8) Banken-AGB Rn 35; *Casper* (Fn. 227) § 4 Rn 72 f – jeweils mwN.

229 So auch *Casper* (Fn. 227) § 4 Rn 72.

230 Erst recht können aus § 15 Abs. 2 S. 1 keine Einwände gegen die Statuierung einer Mitteilungspflicht hergeleitet werden; so aber MünchKommHGB/*Krebs* Rn 73; BeckOK-HGB/*Müther* Rn 24; wie hier *Casper* (Fn 227) § 4 Rn 72; MünchKommHGB/*Lieb*, 1. Aufl., Rn 56; im Ergebnis auch Ulmer/Brandner/Hensen/*Fuchs* (8) Banken-AGB Rn 36 Fn 143.

231 BGH NJW 1972, 1418 (1419); Ebenroth/Boujong/Joost/Strohn/*Gehrlein* Rn 20; Hopt/*Merkt* Rn 14; Koller/Kindler/Roth/Drüen/*Roth* Rn 22; Röhricht/v. Westphalen/Haas/*Ries* Rn 27.

oder das Veröffentlichungsblatt im Ausland verspätet ausgeliefert wird.[232] Nach verbreiteter Auffassung soll dieser strenge Sorgfaltsmaßstab allerdings nicht für **Privatleute** gelten. Da es nicht üblich sei, vor Abschluss eines Geschäfts Einsicht in das Handelsregister zu nehmen, könne aus einem solchen Unterlassen kein Sorgfaltsverstoß hergeleitet werden, solange das Geschäft nicht wegen seiner Bedeutung besondere Umsicht nahelege.[233] Z.T. wird auch bei Kaufleuten ein derart **abgeschwächter Sorgfaltsmaßstab** angelegt, etwa wenn die wirtschaftliche Tragweite des Geschäfts gering ist und der Kaufmann über keine gesteigerte unternehmerische Erfahrung verfügt.[234] Andere Autoren lassen ausschließlich den Nachweis genügen, dass die **Kenntniserlangung gänzlich unmöglich** war, und zwar unabhängig von der betroffenen Personengruppe.[235]

Die letztgenannte Ansicht beruft sich auf **Art. 16 Abs. 5 UAbs. 2 der Gesellschaftsrechts- 88
richtlinie** (Rn 6 f). Danach kann sich der Dritte innerhalb der 15-Tages-Frist nur dann auf die aus einem Vertrauenstatbestand erwachsende fiktive Rechtslage berufen, wenn er nachweist, dass es ihm „unmöglich war, die Urkunden oder Angaben zu kennen." Der **Begriff der Unmöglichkeit** findet sich auch in sämtlichen anderen Sprachfassungen der Richtlinie, so dass sich insofern kein Interpretationsspielraum ergibt. Er kann mit dem deutschen Begriff der (leichten) Fahrlässigkeit nicht gleichgesetzt werden, sondern postuliert zu Ungunsten des Dritten deutlich strengere Anforderungen.[236]

Fraglich ist allein, ob das deutsche Recht einen hinreichend weiten **Auslegungsspielraum** 89
lässt, um diese Vorgabe in das deutsche Recht hineinzulesen. Denn in der Auslegungsfähigkeit des nationalen Rechts findet die richtlinienkonforme Auslegung ihre Grenze.[237] Insofern ist grundsätzlich *Canaris* beizupflichten, der feststellt, dass „Kennenmüssen" nicht mit der bloßen Kenntnismöglichkeit gleichgesetzt werden kann, sondern (entsprechend der Legaldefinition des § 122 Abs. 2 BGB) einen Sorgfaltsverstoß voraussetzt (§ 276 Abs. 2 BGB – bei Kaufleuten mit dem modifizierten Sorgfaltsmaßstab des § 347).[238] Bei dogmatisch korrekter Vorgehensweise kommt eine richtlinienkonforme Auslegung daher nicht in Betracht, so dass einer **differenzierenden Festlegung des Sorgfaltsmaßstabs der Vorzug** zu geben ist.[239] Eine Angleichung an das europäische Recht müsste zunächst vom Gesetzgeber geleistet werden. Es darf aber nicht verkannt werden, dass der BGH die interpretatorischen Grenzen der richtlinienkonformen Auslegung häufig sehr weit zieht,[240] so dass zu erwarten steht, dass er auch § 15 Abs. 2 entsprechend der europäischen Vorgabe auslegen und den Nachweis gänzlicher Unmöglichkeit verlangen wird.

---

232 Vgl. etwa Hopt/*Merkt* Rn 14; Ebenroth/Boujong/Joost/Strohn/*Gehrlein* Rn 20; MünchKommHGB/*Lieb*, 1. Aufl., Rn 59 Fn 167; mit berechtigter Skepsis gegenüber dem letztgenannten Beispiel unter den Bedingungen des Online-Zugriffs *Noack* FS Ulmer, 2003, S. 1245 (1257); *ders.* FS Eisenhardt, 2007, S. 477 (481 ff).

233 Hopt/*Merkt* Rn 14; Röhricht/v. Westphalen/Haas/*Ries* Rn 27; Staub/*Hüffer*⁴ Rn 37; *Canaris* HandelsR § 5 Rn 33; *Paefgen* ZIP 2008, 1653 (1655 f). Eine weitere Differenzierung wird danach vorgenommen, ob es sich um eine ständige Geschäftsbeziehung handelt oder um einen erstmaligen Kontakt, bei dem gesteigerte Vorsicht geboten sei (vgl. *Canaris* a.a.O.).

234 *Canaris* HandelsR § 5 Rn 32 f.

235 So Ebenroth/Boujong/Joost/Strohn/*Gehrlein* Rn 20; MünchKommHGB/*Krebs* Rn 76 f; *Habersack/Verse* Europäisches Gesellschaftsrecht § 5 Rn 24; *Bachmann* ZGR 2001, 351 (377 f); *Noack* FS Eisenhardt, 2007, S. 477 (482 f); vorsichtiger Koller/Kindler/Roth/Drüen/*Roth* Rn 22; ohne Bezug zur Richtlinie gelangen auch MünchKommHGB/*Lieb*, 1. Aufl., Rn 55 und Schlegelberger/*Hildebrandt/Steckhan* Rn 17b zu demselben Ergebnis; rechtspolitisch für eine Festlegung in diesem Sinne *Tebben* FS Hopt, 2020, S. 1237 (1244 f).

236 So auch MünchKommHGB/*Krebs* Rn 77; *Bachmann* ZGR 2001, 351 (379 f); *Noack* FS Ulmer, 2003, S. 1245 (1256); *ders.* FS Eisenhardt, 2007, S. 477 (482 f); **aA** Hopt/*Merkt* Rn 14; *Canaris* HandelsR § 5 Rn 32.

237 Vgl. statt vieler *Büdenbender* ZeuP 2004, 36 (38); *Canaris* FS Bydlinski, 2002, S. 47 (56 ff).

238 *Canaris* HandelsR § 5 Rn 32; **aA** MünchKommHGB/*Krebs* Rn 77.

239 So auch *Canaris* HandelsR § 5 Rn 32; Schmidt-Kessel/Leutner/Müther/*Schmidt-Kessel/Kopp* Rn 49.

240 Vgl. BGHZ 150, 248 (251 ff) = NJW 2002, 1881 – Heininger; BGHZ 179, 27 = NJW 2009, 427 – Quelle: richtlinienkonforme Auslegung erfasst auch Rechtsfortbildung im nationalen Rechtsverständnis und kann deshalb über den Wortlaut des Gesetzes hinausgehen; BGHZ 201, 101 Rn 21 ff = NJW 2014, 2646; deutlich restriktiver dagegen *Rüthers/Fischer/Birk* Rechtstheorie Rn 912e; ebenfalls kritisch *Gsell* JZ 2009, 522, 524 f; zu den Grenzen richtlinienkonformer Rechtsfortbildung vertiefend *Möllers* Juristische Methodenlehre § 12 Rn 76 ff.

90 Aber auch wenn man die Auslegungsfähigkeit des deutschen Rechts mit der hier vertretenen Auffassung grundsätzlich verneint, muss bei der Feststellung des Sorgfaltsverstoßes der **erleichterten Online-Zugriffsmöglichkeit** auf das Handelsregister Rechnung getragen werden.[241] Die Einschränkungen, die in der Vergangenheit aufgrund des nur mühsamen Zugangs zu den dort archivierten Unternehmensdaten rechtspolitisch wünschenswert erschienen, sollten unter den neuen rechtlichen und technischen Rahmenbedingungen nicht unbesehen fortgeschrieben werden (s. Rn 10).[242] Anderenfalls besteht die Gefahr, dass die weitreichenden Reformen des Handelsregisterwesens keinen nennenswerten Fortschritt bringen, weil der Rechtsverkehr aufgrund einer sachlich nicht mehr gerechtfertigten restriktiven Auslegung von seiner Obliegenheit entbunden wird, die jetzt mühelos zugängliche Informationsquelle zu nutzen. Daher sollte zumindest Kaufleuten eine Berufung auf § 15 Abs. 2 S. 2 nur noch in den seltenen Fällen gestattet werden, in denen eine **Störung des Internetverkehrs** nachgewiesen werden kann, wobei das Versagen der eigenen Empfangsapparatur regelmäßig als Sorgfaltsverstoß zu werten wäre.[243] Für die Alltagsgeschäfte von Privatleuten erscheint es hingegen auch weiterhin angemessen, den unterlassenen Einblick in das Register nicht als Sorgfaltsverstoß zu werten.

5. Allgemeine Rechtsscheinhaftung trotz Eintragung und Bekanntmachung

91 **a) Problemstellung und Meinungsstand.** Nach allgemeiner Auffassung schließt die Eintragung die Möglichkeit einer Rechtsscheinhaftung nicht vollständig aus. Im Einzelfall kann ein konkreter Vertrauenstatbestand so stark sein, dass es nicht angemessen erscheint, dem Dritten die Berufung darauf unter Hinweis auf § 15 Abs. 2 S. 1 zu versagen. Sowohl hinsichtlich des dogmatischen Ansatzpunktes als auch hinsichtlich der konkreten Voraussetzungen eines solchen Ausnahmetatbestandes besteht aber keine Einigkeit. Der **BGH** lässt eine Durchbrechung des § 15 Abs. 2 S. 1 nur in Ausnahmefällen zu, wenn zwischen den Parteien eine ständige Geschäftsverbindung bestand, aufgrund derer sich die Berufung auf den Registerinhalt als **rechtsmissbräuchlich (§ 242 BGB)** erweist.[244] In Fällen, in denen der Rechtsschein aus einer fehlerhaften Firmierung resultierte, hat er als weitere Begründung angeführt, dass ein Verstoß gegen firmenrechtliche Pflichten einen „speziellen Vertrauenstatbestand" begründen könne.[245]

92 Im **Schrifttum** besteht Einigkeit, dass derjenige, der eine irreführende Firma gebraucht, sich auch bei korrekter Eintragung nicht auf § 15 Abs. 2 S. 1 berufen darf.[246] Die rechtliche Behandlung anderer Fallgruppen ist hingegen **umstritten**. Der vom BGH gewählte Ausgangspunkt des Missbrauchseinwandes hat teilweise Gefolgschaft gefunden, und zwar namentlich unter den Autoren, die nur in seltenen Ausnahmefällen eine Durchbrechung des § 15 Abs. 2 S. 1 zulassen

---

241 So auch *Canaris* HandelsR § 5 Rn 33.

242 Vgl. dazu *Noack* FS Ulmer, 2003, S. 1245 (1258 f); *dens.* FS Eisenhardt, 2007, S. 477 (482 f); insofern zust. auch *Canaris* HandelsR § 5 Rn 33; vgl. auch bereits MünchKommHGB/*Lieb*, 1. Aufl., Rn 55 mit Fn 155.

243 Koller/Kindler/Roth/Drüen/*Roth* Rn 22; *Noack* FS Ulmer, 2003, S. 1245 (1257); *ders.* FS Eisenhardt, 2007, S. 477 (482).

244 Grundsätzlich anerkannt und nur für den Einzelfall abgelehnt wurde eine Durchbrechung bereits in BGH LM Nr 8 zu § 242 BGB (E); BGH JZ 1971, 334 f; erstmals bejaht wurde sie in BGH NJW 1972, 1418 (1419); bestätigt sodann in BGHZ 62, 216 (222 f) = NJW 1974, 1191; BGH WM 1976, 1084 f; BGH WM 1977, 1405 (1406); BGHZ 71, 354 (357) = NJW 1978, 2030; BGH NJW 1978, 416 (417); BGH WM 1981, 238 (239); BGH NJW 1981, 2569; BGH NJW 1987, 3124 (3125 f); BGH NJW 1990, 2678 (2679); BGH NJW 2005, 217 (218); zur Rspr. des RG vgl. die Nachw. bei *J. Koch* AcP 207 (2007), 768 (770 f).

245 So namentlich in BGHZ 62, 216 (233) = NJW 1974, 1191; BGH NJW 1981, 2569; BGH NJW 1990, 2678 (2679); in BGHZ 71, 354 (357) = NJW 1978, 2030 werden Missbrauchs- und Spezialitätsgedanke miteinander kombiniert.

246 Vgl. Ebenroth/Boujong/Joost/Strohn/*Gehrlein* Rn 22; Hopt/*Merkt* Rn 15; Oetker/*Preuß* Rn 48; Röhricht/v. Westphalen/Haas/*Ries* Rn 30; *Canaris* HandelsR § 5 Rn 38; *K. Schmidt* UnternehmensR I § 14 Rn 6; *Wiedemann* ZGR 1975, 354 (361); zweifelnd noch *Winkler* DNotZ 1975, 69 (75).

wollen.[247] *Canaris* dagegen will die Anwendung des § 15 Abs. 2 S. 1 im Wege der teleologischen Reduktion[248] immer dann ausschließen, wenn ein spezieller Vertrauenstatbestand geschaffen worden ist, der über die bloße Praktizierung der Rechtslage hinausgeht. Dafür soll etwa schon die mündliche Mitteilung über bestehende Vertretungsverhältnisse oder das Bestehen einer ständigen Geschäftsverbindung genügen.[249] *Krebs* und *Zimmer* verfolgen – in der inhaltlichen Ausgestaltung noch gemünzt auf die bisherige Rechtslage vor dem DiRUG (Rn 11) – einen differenzierenden Ansatz, wonach § 15 Abs. 2 S. 1 einen nach Eintragung und Bekanntmachung gesetzten Rechtsschein nicht erfasse, während ein zuvor gesetzter Rechtsschein von diesen Publizitätsakten verdrängt werde.[250]

b) Verstoß gegen Publizitätspflichten. Der Rechtsprechung des BGH ist grundsätzlich zuzustimmen. In den Fällen einer **irreführenden Firmierung** kann § 15 Abs. 2 S. 1 keine Anwendung finden.[251] Zweck der firmenrechtlichen Vorschriften ist es, die beschränkte Haftung des Unternehmensträgers schon im laufenden geschäftlichen Verkehr ohne vorherige Einsicht in das Handelsregister aus der Firma erkennen zu lassen. Die Informationsobliegenheit, auf deren Verletzung § 15 Abs. 2 S. 1 beruht, besteht hier also nicht, so dass die Vorschrift insofern teleologisch zu reduzieren ist. Entsprechendes gilt bei der **Verletzung anderer Publizitätspflichten**, etwa nach §§ 37a, 125 HGB, 80 AktG, 35a GmbHG, 25a GenG (Angaben auf Geschäftsbriefen) oder § 1 BGB-InfoVO.[252] Auch fehlerhafte Registerbekanntmachungen im Sinne des neuen § 10 Abs. 3 unterfallen zwar nicht § 15, können nach der höchstrichterlichen Rechtsprechung aber doch eine allgemeine Rechtsscheinhaftung begründen (Rn 120 f, § 10 Rn 12). 93

Nach der Neuordnung des Firmenrechts im Zuge des Handelsrechtsreformgesetzes von 1998 (Rn 41) deutet das **vollständige Fehlen eines Firmenzusatzes** – anders als sein irreführender Gebrauch (Rn 93) – nicht auf eine bestimmte Rechtsform hin. Nach der höchstrichterlichen Rechtsprechung soll in diesen Fällen aber trotzdem eine **Rechtsscheinhaftung analog § 179 BGB** entstehen.[253] Folgt man dieser (problematischen) Sichtweise, so ist es konsequent, auch § 15 Abs. 2 S. 1 nicht anzuwenden.[254] Derjenige, der pflichtwidrig einen Zustand der Rechtsunsicherheit geschaffen hat, darf sich nicht darauf berufen, dass ein anderer diese Unsicherheit nicht durch Konsultation des Handelsregisters beseitigt hat.[255] 94

---

247 Das ist deutlich erkennbar bei MünchKommHGB/*Lieb*, 1. Aufl., Rn 57; *Bachmann* ZGR 2001, 351 (379 f); augenscheinlich noch strenger *Noack* FS Ulmer, 2003, S. 1245 (1259 f); ohne diese restriktive Tendenz sprechen sich auch Ebenroth/Boujong/Joost/Strohn/*Gehrlein* Rn 22; Heymann/*Förster* HGB Rn 42 und Röhricht/v. Westphalen/Haas/*Riesn* Rn 30 f für den Ansatz des Missbrauchseinwands aus.

248 Für eine teleologische Reduktion als zutreffenden dogmatischen Ansatz auch *K. Schmidt* UnternehmensR I § 14 Rn 6.

249 Vgl. *Canaris* HandelsR § 5 Rn 38 ff.

250 MünchKommHGB/*Krebs* Rn 82 f; *Zimmer* S. 94 ff, 122 ff; tendenziell auch Koller/Kindler/Roth/Drüen/*Roth* Rn 24.

251 Vgl. zum Folgenden schon *J. Koch* AcP 207 (2007), 768 (776 ff).

252 Vgl. dazu insbes. *Noack* FS Ulmer, 2003, S. 1245 (1259 f); zu den Angaben auf Geschäftsbriefen s. auch Ebenroth/Boujong/Joost/Strohn/*Gehrlein* Rn 22; Koller/Kindler/Roth/Drüen/*Roth* Rn 24; MünchKommHGB/*Krebs* Rn 78; Oetker/*Preuß* Rn 48; *Canaris* HandelsR § 5 Rn 38.

253 Vgl. dazu etwa BGHZ 64, 11 (17 f) = NJW 1975, 1166; BGH NJW 1981, 2569; BGH NJW 2007, 1529 (1530 f); BGH NJW 2012, 2871 Rn 10; Lutter/Hommelhoff/*Lutter*/*Bayer* § 4 Rn 27; krit. GroßkommAktG/*Bachmann* § 4 Rn 43; *Altmeppen* NJW 2012, 2833 ff; *Beurskens* NZG 2016, 681 ff.; *N. Klein* NJW 2015, 3607; ausführlich zu diesem Fragenkreis *Canaris* HandelsR § 6 Rn 31, 42 ff.

254 So auch ausdrücklich BGH NJW 2012, 2871 Rn 11.

255 Ausführlich dazu bereits *J. Koch* AcP 207 (2007), 768 (778 f); im Ergebnis ähnlich MünchKommHGB/*Krebs* Rn 82.

95 **c) Weitergehende Ansätze zur teleologischen Reduktion.** Eine weitergehende teleologische Reduktion für sämtliche **„speziellen" Vertrauenstatbestände** (Rn 92) ist hingegen abzulehnen, da ansonsten die Erleichterungsfunktion, der die Verlautbarung im Handelsregister dienen soll, erheblich relativiert wäre, ohne dass diese Einschränkung im Gesetzeswortlaut einen Niederschlag gefunden hätte.[256] Das von *Canaris* angeführte systematische Argument, dass eine Prokura anderenfalls leichter widerrufen werden könnte als eine Handlungsvollmacht, erweist sich als nicht hinreichend aussagekräftig, da die erleichterte Widerrufsmöglichkeit lediglich die spiegelbildliche Konsequenz aus der erhöhten Belastung der Anmeldepflicht darstellt. Gerade im Hinblick auf die mittlerweile deutlich **verbesserten Möglichkeiten des Online-Zugriffs** wäre eine solche Einschränkung auch rechtspolitisch nicht wünschenswert (s. Rn 10, 90).[257]

96 Die von *Krebs* und *Zimmer* vorgeschlagene **zeitliche Differenzierung** (Rn 92) ist schon deshalb bedenklich, weil auch beim Vertrauen in den Fortbestand einer vor der Eintragung bestehenden Rechtslage der Rechtsschein erst nach der Änderung entsteht, nämlich durch einen Verstoß gegen eine Aufklärungspflicht hinsichtlich der eingetretenen Rechtsänderung.[258] Im Übrigen hätte auch ein erst nach der Eintragung erstmals neu begründeter Rechtsschein durch Einsichtnahme in das Handelsregister beseitigt werden können, so dass dem Dritten eine **Verletzung seiner Informationsobliegenheit** vorgeworfen werden kann. Für eine wortlautgetreue Anwendung des § 15 Abs. 2 S. 1 sprechen daher auch hier plausible Gründe, was eine teleologische Reduktion ausschließt.

97 **d) Systematisierung des Rechtsmissbrauchseinwandes.** Überzeugend ist daher allein der auf § 242 BGB gestützte Missbrauchseinwand des BGH (Rn 91). Bezieht sich der Rechtsschein auf den **Fortbestand einer bereits vor der Eintragung verlautbarten Rechtslage**, so liegt das treuwidrige Verhalten in der Verletzung einer Aufklärungspflicht hinsichtlich der eingetretenen Rechtsänderung.[259] Eine solche Pflicht kann aber nur entstehen, wenn zwischen den Parteien eine **enge Geschäftsverbindung** im Sinne eines ständigen Leistungsaustausches bestand oder die Änderung während laufender Vertragsverhandlungen eintrat. Nur unter diesen Voraussetzungen besteht auch eine Pflicht, über den Widerruf einer urkundlich dokumentierten Prokuraerteilung aufzuklären.[260] Eine deutlichere Form des Widerrufs mag hier rechtspolitisch wünschenswert sein, findet aber de lege lata keine Grundlage.

98 Wird erst nach der eingetragenen Rechtsänderung ein **Rechtsschein vollständig neu begründet,** so kann dem Kaufmann die Berufung auf § 15 Abs. 2 S. 1 ebenfalls versagt werden, wenn gerade sein Verhalten dazu beigetragen hat, dass der Dritte glauben durfte, seine Informationsobliegenheit vernachlässigen zu dürfen.[261] In diesem Fall kann sich der Kaufmann nicht auf die Verletzung einer Obliegenheit berufen, deren Erfüllung er selbst vereitelt hat. Wann ein solches widersprüchliches Verhalten anzunehmen ist, hängt von **Art und Intensität** des vom Kaufmann zurechenbar gesetzten Vertrauenstatbestandes ab.[262] Dabei sind die Stärke und die Dauer des verursachten Rechtsscheins sowie das Ausmaß des Verschuldens auf Seiten des Kaufmanns und des Dritten zu berücksichtigen. Beim Verschulden des Dritten ist zu seinen Ungunsten zu beachten, dass nach den Änderungen des EHUG (Rn 9) die Einsichtnahme in das Register ohne gesteigerten Aufwand möglich ist. Gerade bei Geschäften von größerer wirtschaftlicher Tragweite sind an sein Verhalten daher höhere Anforderungen zu stellen. Das Bestehen einer

---

256 Vgl. um Folgenden bereits *J. Koch* AcP 207 (2007), 768 (779 ff).
257 Vgl. dazu insbes. *Bachmann* ZGR 2001, 351 (379 f); *Noack* FS Ulmer, 2003, S. 1245 (1258 f).
258 Ausführlich zum Folgenden *J. Koch* AcP 207 (2007), 768 (784 ff).
259 Vgl. zum Folgenden bereits *J. Koch* AcP 207 (2007), 768 (787 ff).
260 **AA** *Canaris* HandelsR § 5 Rn 39; zur näheren Begründung der hier vertretenen Ansicht vgl. bereits *J. Koch* AcP 207 (2007), 768 (781 ff, 792 f); zust. Oetker/*Preuß* Rn 51.
261 Vgl. dazu bereits *J. Koch* AcP 207 (2007), 768 (793 f); zust. Oetker/*Preuß* Rn 52.
262 Ausführliche Rechtsprechungsnachweise zu den folgenden Kriterien bei *J. Koch* AcP 207 (2007), 768 (792 f).

ständigen Geschäftsverbindung ist in dieser Fallgruppe keine Voraussetzung für den Ausschluss des § 15 Abs. 2 S. 1, da der Treuverstoß hier nicht aus der Verletzung einer Nebenpflicht, sondern aus einem **Selbstwiderspruch** hergeleitet wird. Für die Entstehung des Rechtsscheins kann sie aber dennoch von Bedeutung sein, da dem Nahestehenden eher vertraut werden darf als dem Unbekannten.

VI. Rechtsscheinhaftung bei unrichtiger Eintragung (positive Publizität), § 15 Abs. 3

1. Normzweck

Der 1969 im Zuge der Umsetzung der Publizitätsrichtlinie a.F. (Rn 6 f) neu eingeführte § 15 Abs. 3 **99** ergänzt die in § 15 Abs. 1 geregelte negative Publizität um eine **positive Publizität**. Hier folgt der fehlerhafte Rechtsschein, auf den sich das Vertrauen bezieht, nicht aus der unterbliebenen, sondern aus einer von vornherein falschen Verlautbarung der Rechtslage. Auch das Vertrauen in einen solchen Rechtsschein soll geschützt werden; wie § 15 Abs. 1 ist daher auch § 15 Abs. 3 gedanklich dem **Bereich des Vertrauensschutzes und der Rechtsscheinhaftung** zuzuordnen (s. Rn 18 ff).

2. Europäische Grundlagen

Im europäischen Recht fand § 15 Abs. 3 seine Grundlage ursprünglich in Art. 3 Abs. 5 der Publi- **100** zitätsrichtlinie a.F., der ausdrücklich auch eine Regelung zur positiven Publizität vorgab. Der deutsche Gesetzgeber ging in der Umsetzung dieser Richtlininenvorgabe in § 15 Abs. 3 jedoch weit über deren Anwendungsbereich hinaus und beschränkte sie nicht auf Kapitalgesellschaften, sondern weitete sie überschießend auch auf Personenhandelsgesellschaften und Einzelkaufleute aus. Darüber hinaus bereitete die Umsetzung Schwierigkeiten, weil Art 3 Abs. 6 S. 2 der Publizitätsrichtlinie a.F. ausgesprochen unglücklich gefasst war und dort allein die Bekanntmachung als maßgeblicher Bezugspunkt im Vordergrund stand. Konkret sollten der Vorschrift nur solche Fälle unterstellt werden, in denen Eintragung und Bekanntmachung voneinander abweichen. Die am ehesten praxisrelevanten und für den Rechtsverkehr besonders gefährlichen Sachverhalte, in dem beide **Publizitätsakte gleichermaßen fehlerhaft** sind, war damit also jedenfalls nach dem Wortlaut grundsätzlich nicht erfasst.[263] Über diese wenig sinnvolle Beschränkung hatte sich der deutsche Gesetzgeber aber schon nach der bisherigen Rechtslage bewusst hinweggesetzt und die Frage, ob die Bekanntmachung unrichtig ist, allein anhand ihrer **Übereinstimmung mit der tatsächlichen Rechtslage** beurteilt.[264]

Angesichts dieser Defizite der unionsrechtlichen Vorgaben, sollte es zu begrüßen sein, dass **101** Art. 3 Abs. 6 S. 3 in dieser Form nicht in die Gesellschaftsrechtsrichtlinie (Rn 6) übernommen wurde, doch erweist sich bei näherer Betrachtung auch die Nachfolgeregelung als wenig gelungen.[265] In **Art. 16 Abs. 4 UAbs. 3** der Richtlinie findet sich nur noch ein **Restbestand positiver Publizität** in dem Sinne, dass die im Register zur Verfügung gestellten Urkunden und Informationen Vorrang vor dem Akteninhalt sowie vor den Inhalten einer Bekanntmachung haben, sofern sich die Mitgliedstaaten in Ausübung ihres Wahlrechts nach Art. 16 Abs. 3 S. 2 der Gesellschaftsrechtsrichtlinie für deren Beibehaltung entschieden haben. Die **praktisch problematischen Fälle**, die deshalb auch in § 15 Abs. 3 allein geregelt sind, sind aber in Sachverhalten verortet, bei denen die Eintragung nicht vom Aktieninhalt oder der Bekanntmachung abweicht (erst recht

263 OLG Brandenburg ZIP 2012, 2103 (2104); ausführlich zu diesem Problem noch Voraufl. Rn 102 f (*Koch*).
264 Vgl. auch dazu schon Voraufl. Rn 103 (*Koch*).
265 *Bayer/Schmidt* BB 2019, 1922 (1925).

nicht von einer Bekanntmachung mit dem nationalen Bedeutungsgehalt des § 10 Abs. 1), sondern von der wahren Rechtslage.

102 Der deutsche Gesetzgeber hat sich von dieser Änderung unbeeindruckt gezeigt und an der positiven Publizität – wenn auch in rechtstechnisch leicht modifizierter Form – in der Sache festgehalten. Daraus ist die Frage entstanden, ob **Art. 16 Abs. 4 UAbs. 3 der Gesellschaftsrechtsrichtlinie** trotzdem noch als **unionsrechtliche Grundlage** dieser Form positiver Publizität verstanden werden kann. Bejaht werden kann diese Frage nur, wenn zuvor schon Art. 16 Abs. 4 UAbs. 3 der Gesellschaftsrechtsrichtlinie in einer recht umfassenden Rechtsfortbildung auf die Fälle einer von der wahren Rechtslage abweichenden Registereintragung erstreckt wird.[266] Das ist mit Blick auf die sich anderenfalls ergebenden Wertungswidersprüche und Schutzlücken keinesfalls fernliegend, doch ist nicht zu verkennen, dass der sachliche Inhalt der beiden Normaussagen doch recht weit voneinander entfernt ist.[267] Letztlich dürfte diese Frage **keine sachliche Relevanz** entfalten, weil sich gerade aufgrund dieser Diskrepanzen aus Art. 16 Abs. 4 UAbs. 3 der Gesellschaftsrechtsrichtlinie kaum inhaltliche Vorgaben für eine richtlinienkonforme Ausdeutung des § 15 Abs. 3 ableiten ließen. Ob man § 15 Abs. 3 deshalb als Umsetzung einer rechtsfortbildend umgedeuteten unionsrechtlichen Vorgabe oder als eigenständige überschießende Umsetzung versteht,[268] bleibt deshalb letztlich folgenlos.

103 Maßgeblich für die Ausdeutung des § 15 Abs. 3 ist danach in erster Linie die Ausgestaltung und Zwecksetzung des deutschen Gesetzgebers. Dieser hat den Wegfall des Art. 3 Abs. 6 der Publizitätsrichtlinie a.F. (Rn 6 f) nicht zum Anlass genommen, § 15 Abs. 3 im Zuge des DiRUG (Rn 11) zu streichen, sondern hat an der Registerpublizität auch in ihrer positiven Erscheinungsform festgehalten. Allerdings stand er auch hier vor der Herausforderung, die Vorschrift in das neu geordnete Registerwesen einzupassen. In den Absätzen 1, 2 und 4 ist ihm das gelungen, ohne den Wortlaut der Vorschriften zu modifizieren. Die gebotenen inhaltlichen Änderungen auch im Bereich des § 15 konnten durch den **legislatorischen Kunstgriff** neu geordnet werden, dass schlicht der Begriff der Bekanntmachung im Sinne des § 10 neu definiert wurde (Rn 11 und § 10 Rn 2 ff) und auf diese Weise mittelbar auch § 15 mit neuen Inhalten gefüllt wurde. Speziell in § 15 Abs. 3 war diese subtile Form der Anpassung nicht möglich, da die Vorschrift in ihrer bisherigen Fassung ausdrücklich die Berufung auf die bekanntgemachte Tatsache voraussetzte. Mit der Aufgabe der Bekanntmachung als eigenständigem Publizitätsmedium musste dieser Bezugspunkt auf die Eintragung verschoben werden.[269] Damit lösen sich aber auch mehrere Streitigkeiten auf, die sich bislang um die Vorschrift rankten und die namentlich aus der Duplizität der beiden Publizitätsmedien resultierten.

104 Einen ähnlichen Verkehrsschutz gegenüber unrichtigen Eintragungen und Bekanntmachungen leisteten **bis 1969** zwei im Wege der Rechtsfortbildung entwickelte **Ergänzungssätze** zu § 15 Abs. 1.[270] Der erste besagte: „Wer durch eine unrichtige Anmeldung eine unrichtige Eintragung im Handelsregister veranlasst, muss sich gegenüber einem Dritten daran festhalten lassen."[271] Der zweite Ergänzungssatz lautete: „Wer eine unrichtige Eintragung im Handelsregister schuldhaft nicht beseitigt, kann an dieser von einem gutgläubigen Dritten festgehalten wer-

266 Ausführlich dazu *Bayer/Schmidt* BB 2019, 1922 (1925); *J. Schmidt* FS Hopt, 2020, S. 1097, 1099 f; *dies.* ZIP 2021, 112 (119); ferner auch MünchKommHGB/*Krebs* Rn 6.

267 Ablehnend deshalb *Bock* RNotZ 2021, 326 (336); *Lieder* DNotZ 2021, 830 (838); *Linke* NZG 2021, 309 (313); wohl auch Oetker/*Preuß* Rn 57.

268 Vgl. zu diesem Verständnis *Lieder* DNotZ 2021, 830 (838); hilfsweise auch *J. Schmidt* ZIP 2021, 112 (119).

269 Zweifel am rechtspolitischen Handlungsbedarf allerdings bei *Lieder* DNotZ 2021, 830 (838 f); *Linke* NZG 2021, 309 (313), da in diesem Fall auch die Bekanntmachung fehlerhaft sei. Das ist grundsätzlich zutreffend, doch trägt die jetzige Fassung dem Charakter der Eintragung als zentralem Publizitätsmedium, die über die Bekanntmachung als lediglich digitales Vehikel zugänglich gemacht wird, besser Rechnung.

270 Grundlegend *Ehrenberg* in: Ehrenbergs Hdb., Band I, 1913, S. 645; vgl. aus neuerer Zeit auch OLG Brandenburg ZIP 2012, 2103 (2104).

271 ROHG 24, 318 (320); RGZ 40, 146 f; RGZ 50, 428 (431); RGZ 51, 33 (39); RGZ 76, 439 (441); RGZ 89, 97 f; RGZ 142, 98 (104 f); RGZ 145, 155 (158); RGZ 164, 115 (121); BGHZ 22, 234 (238) = NJW 1957, 179.

den."[272] Durch die Einfügung des § 15 Abs. 3 sollte diese Rechtslage den europäischen Vorgaben dahingehend angepasst werden, dass das Vertrauen des Dritten unabhängig davon geschützt wird, ob die Unrichtigkeit von dem betreffenden Kaufmann veranlasst worden ist und ob er die Berichtigung schuldhaft unterlassen hat.[273] Er hat daher künftig auch das **Risiko amtlicher Kundmachungsfehler** zu tragen.[274] Damit haben die Ergänzungssätze ihre Bedeutung weitgehend eingebüßt, können aber außerhalb des Anwendungsbereichs des § 15 Abs. 3 noch weiterhin zur Anwendung gelangen (vgl. dazu noch Rn 120 f).[275]

3. Voraussetzungen

a) Einzutragende Tatsache. Ebenso wie § 15 Abs. 1 setzt § 15 Abs. 3 eine einzutragende, d.h. eine anmeldepflichtige Tatsache oder eine nur eintragungsfähige Tatsache mit konstitutiver Wirkung voraus (vgl. Rn 32 ff); das im Rahmen des § 15 Abs. 1 diskutierte Problem, dass die konstitutive Tatsache erst mit der Eintragung geschaffen wird (Rn 33 ff.), stellt sich nicht, wenn eine Eintragung erfolgt ist und lediglich inhaltlich nicht den Tatsachen entspricht. Eine Ausdehnung auf bloß eintragungsfähige Tatsachen ohne konstitutive Wirkung ist auch hier abzulehnen (vgl. Rn 38).[276] Der nationale Gesetzgeber hat sich ausdrücklich gegen ihre Einbeziehung ausgesprochen.[277] Auch mit Blick auf die Schutzbedürftigkeit des auf eine unrichtige Eintragung nur eintragungsfähiger Tatsachen Vertrauenden ist keine entsprechende Anwendung geboten.[278] Schon eine Schutzlücke ist nicht vorhanden, da derjenige, der auf nicht eintragungspflichtige Tatsachen vertraut, immer noch durch die allgemeinen Rechtsscheingrundsätze (vgl. dazu noch die Ausführungen in Rn 120 f) geschützt wird.[279] Bei der Beurteilung der Anmeldepflicht ist auf die **„abstrakte Anmeldepflicht"** abzustellen, d.h. es ist die Richtigkeit der eingetragenen Tatsache zu unterstellen.[280] Bei einem anderen Verständnis wäre § 15 Abs. 3 weitgehend gegenstandslos, da eine unrichtige Tatsache nie anmeldepflichtig ist.[281] 105

Umstritten ist das Bestehen einer abstrakten Anmeldepflicht in dem Fall, dass jemand einer Gesellschaft beitritt, die noch als OHG oder KG im Handelsregister eingetragen ist, tatsächlich aber kein Gewerbe i.S.d. §§ 1 ff mehr betreibt und deshalb **BGB-Gesellschaft** geworden ist. Die hM lehnt eine Anwendung des § 15 Abs. 3 hier ab, da das Handelsregister über die Rechtsverhältnisse von Gesellschaftern einer GbR keine Auskunft zu erteilen hat. Die abstrakte Beurteilung ändere daran nichts, weil einzutragende Tatsache nur der Beitritt als solcher sei.[282] Diese 106

---

272 ROHG 23, 280 ff; RG JW 1928, 1586; RGZ 131, 12 (13 ff).
273 RegE, BT-Drucks. V/3682, S. 10.
274 Scharfe rechtspolitische Kritik bei *Beuthien* NJW 1970, 2283.
275 RegE, BT-Drucks. V/3862, S. 11; BeckOGK-HGB/*Schaal* Rn 97; Ebenroth/Boujong/Joost/Strohn/*Gehrlein* Rn 24; Hopt/*Merkt* Rn 17; MünchKommHGB/*Krebs* Rn 108 ff; Röhricht/v. Westphalen/Haas/*Ries* Rn 33; *Canaris* HandelsR § 6 Rn 2 ff; *von Olshausen* BB 1970, 137 (144 f).
276 So auch die hM – vgl. BGH NJW 2017, 559 Rn 13; OLG Bremen NZG 2016, 185 Rn 33; Ebenroth/Boujong/Joost/Strohn/*Gehrlein* Rn 25; Heymann/*Förster* HGB Rn 45; Hopt/*Merkt* Rn 18; Oetker/*Preuß* Rn 55; Röhricht/v. Westphalen/Haas/*Ries* Rn 35; *Canaris* HandelsR § 5 Rn 47; *K. Schmidt* UnternehmensR I § 14 Rn 81; *Tebben* FS Hopt, 2020, S. 1237 (1251); **aA** Koller/Kindler/Roth/Drüen/*Roth* Rn 27; MünchKommHGB/*Krebs* Rn 90 f.
277 RegE, BT-Drucks. V/3862, S. 11.
278 So aber MünchKommHGB/*Krebs* Rn 91; Koller/Kindler/Roth/Morck/*Roth* Rn 27; *Bürck* AcP 171 (1971), 328 (342); *Liebscher* ZGR 2017, 389 (405 ff).
279 BGH NJW 2017, 559 Rn 13.
280 OLG Bremen NZG 2016, 185 Rn 33.
281 RegE, BT-Drucks. V/3862, S. 11; OLG Bremen NZG 2016, 185 Rn 33; Ebenroth/Boujong/Joost/Strohn/*Gehrlein* Rn 25 f; Heymann/*Förster* HGB Rn 45; Koller/Kindler/Roth/Drüen/*Roth* Rn 27; Oetker/*Preuß* Rn 55; Röhricht/v. Westphalen/Haas/*Ries* Rn 35; *Canaris* HandelsR § 5 Rn 47; *Sandberger* JA 1973, 215 (218); aA *Wilhelm* ZIP 2010, 713 ff.
282 Röhricht/v. Westphalen/Haas/*Ries* Rn 35; *Canaris* HandelsR § 5 Rn 47; mit anderer (bedenklicher) Begründung auch BAG NJW 1988, 222 (223); krit. dazu *Canaris*, a.a.O., Fn 93.

spitzfindige Differenzierung erscheint aus der Perspektive des geschützten Dritten indes nicht gerechtfertigt. Für ihn muss sich die Gesamtaussage des Registers so darstellen, dass ein weiterer Gesellschafter einer Personenhandelsgesellschaft beigetreten ist. Versteht man dieser Sichtweise folgend die Tatsache als **Beitritt zu einer Handelsgesellschaft**, so liegt eine (abstrakt) anmeldepflichtige Tatsache vor.[283] Zur Folge einer fehlenden Gewerbeeigenschaft beim eingetragenen Einzelkaufmann s. noch Rn 119.

107 **b) Bekanntmachungserfordernis.** Wie § 15 Abs. 1 und 2 verlangt § 15 Abs. 3 auch weiterhin, dass es sich um eine einzutragende und bekannt gemachte Tatsache handelt; nur darf sich auf der Rechtsfolgenseite der gutgläubige Dritte allein auf die Eintragung und nicht auf die Bekanntmachung berufen. Es bleibt aber dabei, dass die Tatsache bereits bekannt gemacht wurde, was nach dem heutigen neu geordneten Verständnis des § 10 Abs. 1 (§ 10 Rn 2 ff) dahingehend zu verstehen ist, dass sie erstmalig über das nach § 9 Abs. 1 bestimmte Informations- und Kommunikationssystem abrufbar sein muss. Dieses Verständnis als **kumulative Voraussetzung** entsprach schon vor der Änderung des DiRUG (Rn 11) der ganz herrschenden Meinung.[284] Durch die Neufassung hat diese Sichtweise noch zusätzlich an Plausibilität gewonnen, weil es ohne die Bekanntmachung an der erforderlichen Publizität der Tatsache im Außenverhältnis fehlt (vgl. dazu schon die Ausführungen in Rn 50).[285]

108 **c) Unrichtige Eintragung.** Weiter erforderlich ist eine unrichtige Eintragung, die sich – wie schon bislang – an der Abweichung von der tatsächlichen Rechtslage bemisst.[286] Zur bisherigen Fassung des § 15 Abs. 3 wurde in der Vergangenheit intensiv diskutiert, wie es sich auswirke, wenn die Bekanntmachung richtig, die Eintragung aber falsch ist oder umgekehrt.[287] Da die Bekanntmachung nunmehr bereits durch die erstmalige Abrufbarkeit über das Registerportal erfolgt, kann es – jedenfalls nach der Regierungsbegründung zum DiRUG (Rn 11) – **denklogisch keine Abweichung** zwischen der veröffentlichten Eintragung und der Bekanntmachung geben.[288] Im Schrifttum finden sich zwar noch weiterhin Überlegungen, wie dennoch verbleibende „pathologische“ Fälle aufzulösen seien, in denen Eintragung und Bekanntmachung doch divergieren, wobei eingeräumt wird, dass es sich wohl eher nur um „theoretische“ Fallgestaltungen handeln könne.[289] Tatsächlich fällt es aber selbst in der Theorie schwer, entsprechende Sachverhalte zu konstruieren. Wenn man die Bekanntmachung nach § 10 Abs. 1 ausschließlich als den Vorgang begreift, mit dem die Eintragung zugänglich gemacht wird, ist nicht ersichtlich, wie die Inhalte voneinander abweichen könnten. Die Bekanntmachung ist keine eigenständige Tatsache, sondern nur der Vorgang, der den Außenzugriff auf die bislang rein interne Eintragung ermöglicht (ausführlich dazu § 10 Rn 7 ff). Zu einem Auseinanderfallen der Inhalte kann es damit in der Theorie wie in der Praxis nicht mehr kommen.[290]

---

283 So auch MünchKommHGB/*Krebs* Rn 102.

284 So auf der deutlichen Grundlage des RegE, BT-Drucks. V/3862, S. 11 etwa Ebenroth/Boujong/Joost/Strohn/*Gehrlein* Rn 27; Heymann/*Förster* HGB Rn 46; Hopt/*Merkt* Rn 18; Röhricht/v. Westphalen/Haas/*Ries* Rn 37 f; *Canaris* HandelsR § 5 Rn 46; *von Olshausen* NJW 1971, 966 ff; **aA** noch *Beuthien* NJW 1970, 2283 f; *ders.* FS Reinhardt, 1972, S. 199 (202 ff) mit Fn 23.

285 RegE DiRUG, BT-Drucks. 19/28177, S. 100; *Lieder* DNotZ 2021, 830 (839 f).

286 Vgl. statt aller Oetker/*Preuß* Rn 56.

287 Ausführlich dazu noch Voraufl. Rn 104 (*Koch*).

288 So – gemünzt auf die unionsrechtlichen Vorgaben – auch RegE DiRUG, BT-Drucks. 19/28177, S. 100.

289 Ausführlich dazu *Lieder* DNotZ 2021, 830 (840 ff).

290 Wie hier *Bock* RNotZ 2021, 326 (336): „künftig ausgeschlossen“.

d) Ergänzendes Erfordernis der Veranlassung?

aa) Meinungsstand. Sehr umstritten ist die zwar dogmatisch reizvolle, praktisch aber wenig bedeutsame Frage,[291] ob § 15 Abs. 3 voraussetzt, dass der Eingetragene in irgendeiner Form zur fehlerhaften Veröffentlichung beigetragen hat. Nach dem Wortlaut der Vorschrift wird eine solche Veranlassung nicht gefordert, was zu dem befremdlichen Ergebnis führen würde, dass § 15 Abs. 3 auch die Haftung einer gänzlich unbeteiligten Person begründen könnte.[292] Das vermeidet die **hM** durch das sog. **Veranlassungsprinzip**, das – mit Unterschieden im Detail – besagt, dass § 15 Abs. 3 nur zu Lasten desjenigen wirkt, der den Eintragungsantrag selbst gestellt hat oder sich einen solchen Antrag zurechnen lassen muss. Ob die Anmeldung fehlerhaft war oder nicht, soll dabei allerdings keine Rolle spielen, da der Fehler mit der Anmeldung zumindest der Sphäre des kaufmännischen Organisationsrisikos zugerechnet werden kann.[293] Die **Gegenauffassung** begreift § 15 Abs. 3 als Vorschrift des **abstrakten Verkehrsschutzes** (s. Rn 19), verneint daher jedes Veranlassungserfordernis und verweist den Betroffenen stattdessen auf die Möglichkeit des Amtshaftungsanspruchs nach § 839 BGB (s. Rn 118).[294] Eine vermittelnde Auffassung schließlich verzichtet ebenfalls auf das Veranlassungsprinzip, will die daraus folgende strenge Haftung aber nur gegenüber Kaufleuten eingreifen lassen; gegenüber Privatleuten soll § 15 Abs. 3 keine Anwendung finden.[295] 109

bb) Wortlaut und Gesetzesmaterialien. Der **Wortlaut** der Vorschrift sieht ein Veranlassungserfordernis nicht ausdrücklich vor, eröffnet aber durch den Passus „in dessen Angelegenheiten sie einzutragen war" ein Einfallstor für die Lesart der hM. Wer mit dem Unternehmen nichts zu tun hat, dessen Angelegenheiten sind durch die Eintragung nicht betroffen.[296] Auch die **Gesetzesmaterialien** stehen der Sicht der hM nicht zwingend entgegen. Zwar findet sich dort die Aussage, der gutgläubige Dritte solle „unabhängig davon geschützt werden, ob die Unrichtigkeit von der Gesellschaft, in deren Angelegenheiten die Tatsache einzutragen war, veranlasst worden ist und ob sie die Berichtigung schuldhaft unterlassen hat." Dieser Verzicht auf ein Veranlassungserfordernis bezieht sich aber allein auf **„die Unrichtigkeit"**, also nicht auf die Eintragung als solche. Vielmehr wird wiederum vorausgesetzt, dass die Tatsache in Angelegenheiten der Gesellschaft einzutragen ist, so dass das im Rahmen der Wortlautauslegung ange- 110

291 Bislang ist zu dieser Frage – soweit ersichtlich – erst eine einzige Entscheidung ergangen: OLG Brandenburg ZIP 2012, 2103 ff; ausführlich zu dieser Entscheidung *Teichmann* FS K. Schmidt, 2019, Bd. II, S. 471 ff; zu den Gründen für die fehlende praktische Relevanz vgl. *Tebben* FS Hopt, 2020, S. 1237 (1247 f).

292 Vgl. die Beispiele bei *von Olshausen* BB 1970, 137 (140); weitere Beispiele bei *Beyerle* BB 1971, 1482; Praxisbeispiel bei OLG Brandenburg ZIP 2012, 2103 f.

293 OLG Brandenburg ZIP 2012, 2103 (2104 f); Ebenroth/Boujong/Joost/Strohn/*Gehrlein* Rn 31 ff; Heymann/*Förster* HGB Rn 49; Hopt/*Merkt* Rn 19; Koller/Kindler/Roth/Drüen/*Roth* Rn 29; MünchKommHGB/*Lieb*, 1. Aufl., Rn 68 ff; Oetker/*Preuß* Rn 61 ff.; Röhricht/v. Westphalen/Haas/*Ries* Rn 42; Staub/*Hüffer*[4] Rn 43 ff; *Canaris* HandelsR § 5 Rn 51 f; *ders.* Vertrauenshaftung, 1971, S. 162 ff; *Habersack/Verse*, Europäisches Gesellschaftsrecht, § 5 Rn 27; *Lutter/Bayer/Schmidt* Europäisches Unternehmens- und Kapitalmarktrecht, § 18 Rn 18.56 f; *Beuthien* FS Reinhardt, 1972, S. 199 (200 f); *Bürck* AcP 171 (1971), 328 (339 ff); *Fehrenbacher* S. 173 f; *Lieder* DNotZ 2021 (830, 843 f.); *Liebscher* ZGR 2017, 389 (403 ff); *von Olshausen* BB 1970, 137 (140 ff); *Paefgen* ZIP 2008, 1653 (1657); *Sandberger* JA 1973, 215 (217 ff); *Schilken* AcP 187 (1987), 1 (14 ff).

294 MünchKommHGB/*Krebs* Rn 87 ff; *Brox/Henssler* § 6 Rn 102; *von Gierke/Sandrock* Handels- und WirtschaftsR § 11 III 3c (S. 154 f); *P. Hofmann* JA 1980, 264 (270); *Schmidt-Kessel* GPR 2006, 6 (13 f); *Teichmann* FS K. Schmidt, 2019, Bd. II, S. 471 (478 ff).

295 So namentlich *Steckhan* DNotZ 1971, 211 ff, 224 ff; Schlegelberger/*Hildebrandt/Steckhan* Rn 7, 24, 26a; zust. *K. Schmidt* UnternehmensR I § 14 Rn 88; *Axer* S. 122 ff, 127 ff.

296 Vgl. zu dieser Argumentation etwa OLG Brandenburg ZIP 2012, 2103 (2105): dem Passus käme sonst keine Bedeutung zu; ebenso BeckOGK-HGB/*Schaal* Rn 104; Ebenroth/Boujong/Joost/Strohn/*Gehrlein* Rn 31; *Canaris* HandelsR § 5 Rn 52; *Beuthien* FS Reinhardt, 1972, S. 199 (201).

führte Argument auch hier nutzbar gemacht werden kann: Wer mit der Eintragung nichts zu tun hat, dessen Angelegenheiten sind nicht betroffen.[297] Bei diesem Verständnis stellt die Äußerung des Gesetzgebers lediglich klar, dass es nicht darauf ankommt, ob die fehlerhafte Veröffentlichung durch eine **fehlerhafte** Anmeldung veranlasst worden ist.[298] Das wird aber auch von den Vertretern des Veranlassungsprinzips nicht in Zweifel gezogen (s. Rn 109). Während die bisherige Diskussion vornehmlich um die Diskussion der Gesetzesmaterialien aus dem Jahr 1969 kreiste, gilt es nunmehr auch die Gesetzesmaterialien zur Neufassung im Zuge des DiRUG (Rn 11) zu beachten. Hier spricht die **neuere Gesetzgebungsgeschichte** eher für ein Veranlassungserfordernis. Gerade weil es von der herrschenden Auffassung getragen wird, hatten die Gegner eines solchen Erfordernisses nachdrücklich auf eine Klarstellung im Gesetz gedrängt.[299] Der DiRUG-Gesetzgeber hat sich davon indes unbeeindruckt gezeigt und es bei der bisherigen Fassung, namentlich bei dem Passus, „in dessen Angelegenheiten die Tatsache einzutragen war", belassen, auf den sich die herrschende Meinung stützt.[300]

111 **cc) Teleologische Wertung.** Entscheidend für die hM spricht eine **teleologische Betrachtung**, da ein völlig Unbeteiligter nicht mit den weitgehenden Belastungen beschwert werden darf, die sich aus § 15 Abs. 3 ergeben können.[301] Anders als bei § 892 oder § 2366 BGB droht dem Betroffenen hier nicht nur der Verlust einzelner Vermögensgegenstände, sondern seines gesamten Vermögens, was beim Fehlen jeglicher Zurechnungselemente nicht nur nach dem allgemeinen Gerechtigkeitsempfinden, sondern auch **aus verfassungsrechtlichen Gründen** bedenklich wäre.[302]

112 Eine solche Zurechnung kann auch nicht aus dem Vorwurf hergeleitet werden, dass der Betroffene es pflichtwidrig unterlassen habe, die Eintragungen auf ihn betreffende Falschmeldungen zu überprüfen. Die **lebensfremde Vorstellung einer ständigen Präventivkontrolle** des Registerinhalts steht (bei einem Kaufmann ebenso wie bei einem Privatmann[303]) in einem solchen Widerspruch zu den Verkehrsgepflogenheiten und wäre angesichts der verschwindend geringen Wahrscheinlichkeit einer vom Betroffenen nicht veranlassten Falscheintragung auch ökonomisch derart irrational,[304] dass sie schlechterdings nicht zum allgemeinen Sorgfaltsstandard erhoben werden darf.[305] Auch der Verweis auf Amtshaftungsansprüche (s. noch Rn 118) vermag diese Bedenken nicht zu beseitigen, da deren Geltendmachung in der Praxis oft auf Schwierigkeiten stößt.[306] Schließlich kann auch die geringe Wahrscheinlichkeit der hier in Frage stehenden Fälle (vgl. dazu schon Rn 109) kein Anlass sein, dass die Rechtstheorie einem

297 Auch wer sich dieser Lesart nicht anschließt, muss sich mit den Argumenten von *Canaris* HandelsR § 5 Rn 52 auseinandersetzen, der zutreffend auf die eingeschränkte Bedeutung der Gesetzesmaterialien im Rahmen der Auslegung hinweist; zustimmend insofern auch OLG Brandenburg ZIP 2012, 2103 (2105).

298 Zust. OLG Brandenburg ZIP 2012, 2103 (2105).

299 Vgl. insbesondere *Tebben* FS Hopt, 2020, S. 1237 (1246 ff); *Teichmann* FS K. Schmidt, 2019, Bd. II, S. 471 (478 ff).

300 *Lieder* DNotZ 2021, 830 (843 f.); entgegengesetzte Schlussfolgerung bei *Bock* RNotZ 2021, 326 (336).

301 Ausführlich zu diesen Gefahren *Canaris* Vertrauenshaftung, 1971, S. 162 f.

302 Vgl. *Canaris* HandelsR § 5 Rn 51; *dens.* Vertrauenshaftung, S. 163 ff; *von Olshausen* BB 1970, 137 (140); *Sandberger* JA 1973, 215 (218).

303 Weitere Einwände gegen die vermittelnde Ansicht (Rn 109 Fn 295) bei *Canaris* HandelsR § 5 Rn 52; *Beuthien* FS Reinhardt, 1972, S. 199 (206 f).

304 Es darf nicht vergessen werden, dass dieser Meinungsstreit sich um ein eher theoretisches Szenario dreht, das bis heute erst ein einziges Mal von einem Gericht entschieden werden musste (vgl. auch MünchKommHGB/*Krebs* Rn 88).

305 Zust. Oetker/*Preuß* Rn 64; vgl. auch *Canaris* HandelsR § 5 Rn 52, der ergänzend darauf hinweist, dass auch eine solche Kontrolle die aus § 15 Abs. 3 resultierende Haftungsgefahr nicht vollständig ausschließen würde – etwa bei einer nicht rechtzeitig bewirkten Berichtigung; vgl. ferner *Schilken* AcP 187 (1987), S. 1 (18).

306 Ebenroth/Boujong/Joost/Strohn/*Gehrlein* Rn 33; MünchKommHGB/*Lieb*, 1. Aufl., Rn 70; *Fehrenbacher* S. 171.

solchen Ausnahmefall nicht Rechnung tragen müsse;[307] gerade in der konsistenten Einordnung und Lösung derart extrem gelagerter Ausnahmefälle muss sich das abstrakte Rechtssystem bewähren.[308]

dd) Europäische Vorgabe. Diesen teleologischen Überlegungen hatte die Gegenauffassung bislang vornehmlich ein normhierarchisches Argument entgegengesetzt, das aus **Art. 3 Abs. 6 der Publizitätsrichtlinie a.F.** (Rn 6 f) abgeleitet wurde. Da sich dem Wortlaut der Richtlinie kein Anhaltspunkt für ein Veranlassungsprinzip entnehmen lasse, dürfe es auch nicht zu Lasten der Verkehrsteilnehmer auf nationaler Basis in den Wortlaut hineingelesen werden.[309] Schon unter der Geltung dieser Richtlinienvorgabe war dieses Argument sehr umstritten, weil das Veranlassungsprinzip teilweise doch auch schon in der europäischen Vorgabe verortet wurde,[310] teilweise zumindest eine teleologische Reduktion auch der europäischen Vorschrift zugelassen wurde.[311] Spätestens mit der Neufassung durch die Digitalisierungsrichtlinie (Rn 6) hat dieses Argument jedenfalls seine Berechtigung verloren. Zwar ist es umstritten, ob mit dieser Neufassung die positive Publizität gänzlich aus der Richtlinie gestrichen wurde oder ob sie in Art. 16 Abs. 4 UAbs. 3 der Gesellschaftsrechtsrichtlinie (Rn 6) zumindest noch einen schwachen Anhaltspunkt findet, doch ist dieser Anhaltspunkt auch in der zweiten Lesart so wenig konturiert, dass daraus schlechterdings keine konkreten inhaltlichen Vorgaben mehr abgeleitet werden können (vgl. zu dieser Diskussion Rn 101 f). 113

ee) Zurechenbarkeit bei beschränkt geschäftsfähigen Personen. An die Frage des Zurechnungserfordernisses schließt sich die Folgefrage an, ob eine solche Zurechnung auch gegenüber geschäftsunfähigen oder beschränkt geschäftsfähigen Personen zulässig ist. Von der wohl hM wird diese Frage mit der Begründung verneint, dass Zurechnung Zurechnungsfähigkeit voraussetze, die sich angesichts der rechtsgeschäftlichen Auswirkungen der Haftung nach den Vorschriften über die Geschäftsfähigkeit richten müsse.[312] Dieser Schluss ist indes nicht zwingend, wenn man den Begriff der Zurechnung mit der hier vertretenen Ansicht (Rn 54, 109 ff) lediglich im Sinne einer verschuldensunabhängigen Veranlassung aus dem kaufmännischen Organisationsrisiko ableitet. Dieses Risiko hat auch eine in ihrer Geschäftsfähigkeit beschränkte Person zu tragen (s. Rn 55).[313] Für diese Lesart spricht überdies, dass die hM bei § 15 Abs. 1 dem Schweigen des Registers eine Wirkung auch zu Ungunsten des beschränkt Geschäftsfähigen 114

307 So aber die Argumentation von MünchKommHGB/*Krebs* Rn 88; *Bock* RNotZ 2021, 326 (336); *Tebben* FS Hopt, 2020, S. 1237 (1241).

308 Zust. OLG Brandenburg ZIP 2012, 2103 (2105); vgl. dazu auch *Larenz/Canaris* Methodenlehre der Rechtswissenschaft, 3. Aufl., 1995, S. 279 ff.

309 MünchKommHGB/*Krebs* Rn 89; *Teichmann* FS K. Schmidt, 2019, Bd. II, 471 (474 ff, 478 ff) auch von den Vertretern der hM wird zum Teil angenommen, dass das Veranlassungsprinzip dem Wortlaut des Art. 3 Abs. 6 der Publizitätsrichtlinie a.F. nicht klar zu entnehmen sei – vgl. etwa Voraufl. Rn 110 (*Koch*); Hopt/*Merkt* Rn 19; *Canaris* HandelsR § 5 Rn 53; *Habersack/Verse* Europäisches Gesellschaftsrecht § 5 Rn 26 (schon bezogen auf die Gesellschaftsrechtsrichtlinie – allerdings in ihrer Vorfassung); vgl. zu den Befürwortern einer gegenteiligen Lesart die Nachw. in Fn 310.

310 So etwa *Schwarz* Europäisches Gesellschaftsrecht, 2000, Rn 321; *Beuthien* FS Reinhardt, 1972, S. 199 (201 f); *von Olshausen* BB 1970, 137 (139 Fn 29); *Paefgen* ZIP 2008, 1653 (1657); *Sandberger* JA 1973, 215 (219).

311 So Voraufl. Rn 110 (*Koch*).

312 Hopt/*Merkt* Rn 19; Ebenroth/Boujong/Joost/Strohn/*Gehrlein* Rn 34; Ensthaler/*Ensthaler/Müller* Rn 38; Koller/Kindler/Roth/Drüen/*Roth* Rn 30; MünchKommHGB/*Lieb*, 1. Aufl., Rn 76; Oetker/*Preuß* Rn 66; *Canaris* HandelsR § 5 Rn 54; *ders.* Vertrauenshaftung, S. 166; *Fehrenbacher* S. 174 f; *von Olshausen* BB 1970, 137 (142 f).

313 So daher auch BeckOK-HGB/*Müther* Rn 39; Heidel/*Schall* Rn 85; Heymann/*Förster* HGB Rn 50; MünchKommHGB/*Krebs* Rn 96; Staub/*Hüffer*[4] Rn 55; *K. Schmidt* UnternehmensR I § 14 Rn 95; differenzierend zwischen beschränkter Geschäftsfähigkeit und Geschäftsunfähigkeit Röhricht/v. Westphalen/Haas/*Ries* Rn 43.

beimisst, den Minderjährigenschutz mithin nicht absolut dem Verkehrsinteresse überordnet (Rn 55). Das lässt eine entgegengesetzte Entscheidung in § 15 Abs. 3 zweifelhaft erscheinen.[314]

115 **e) Fehlende Kenntnis des Dritten.** Dem Dritten ist die Berufung auf die eingetragene und bekannt gemachte Tatsache verwehrt, wenn er die tatsächliche Rechtslage kannte. Wie bei § 15 Abs. 1 liegt darin auch hier eine **widerlegbare Vermutung der Unkenntnis** (s. schon Rn 46, 58). Der Kaufmann muss also beweisen, dass dem Dritten die tatsächliche Rechtslage positiv bekannt war. Fahrlässige Unkenntnis genügt nicht. Wenn allerdings nachweisbar ist, dass der Dritte die Registereintragung kannte, ohne daraus den Rückschluss auf die wahre Rechtslage zu ziehen, so erscheint es angemessen, ihm die Berufung auf die falsche Eintragung nach § 242 BGB zu versagen.[315] Dagegen schließt der Nachweis, dass der Dritte die Eintragung nicht kannte oder sie für seine Entschließung irrelevant war, die Haftung nach § 15 Abs. 3 nicht aus. Auch § 15 Abs. 3 ist eine **Vorschrift des abstrakten Vertrauensschutzes,** was aus Sicht des Dritten eine bedeutsame Erleichterung gegenüber den allgemeinen Grundsätzen der Vertrauenshaftung darstellt.[316] Die insofern zu § 15 Abs. 1 angestellten Überlegungen beanspruchen auch hier Gültigkeit (Rn 61 f). Zum einschränkenden Erfordernis einer zumindest potenziellen Kausalität vgl. Rn 25 ff.

116 **f) Maßgebender Zeitpunkt.** Maßgebender Zeitpunkt für die unrichtige Eintragung und die Gutgläubigkeit des Dritten ist der Zeitpunkt des Vorgangs, aus dem der Dritte Rechte herleitet.[317] Der Vertrauensschutz beginnt mit der Bekanntmachung der unrichtigen Tatsache (in dem nunmehr durch § 10 Abs. 1 formulierten Begriffsverständnis) und endet mit Eintragung und Bekanntmachung ihrer Berichtigung und dem Ablauf der Übergangsfrist des § 15 Abs. 2 S. 2 (vgl. dazu Rn 86 f).[318] Diese Übergangsfrist gilt allerdings nicht für den Beginn der Schutzwirkung des § 15 Abs. 3.[319] Diese Geltung lässt sich auch nicht durch eine Analogie begründen, weil die Interessenlagen nicht identisch sind. Während nämlich die Offenlegung nach § 15 Abs. 2 den Rechtsverkehr belastet und deshalb eine Übergangszeit gerechtfertigt ist, geht es in § 15 Abs. 3 gerade um seinen Schutz. Es ist deshalb auch nicht widersprüchlich, die positive Publizität mit der Bekanntmachung beginnen, aber erst 15 Tage nach der Bekanntmachung der Berichtigung enden zu lassen.[320]

4. Rechtsfolge

117 **a) Allgemein.** Die Rechtsfolge des § 15 Abs. 3 besteht darin, dass sich der Dritte auf die eingetragene Tatsache berufen kann. Für die Festlegung des dadurch begünstigten Dritten gelten die

---

314 Für eine einheitliche Behandlung von Abs. 1 und 3 auch MünchKommHGB/*Krebs* Rn 96.

315 So *Canaris* HandelsR § 5 Rn 48; zust. MünchKommHGB/*Krebs* Rn 98; **aA** *Sandberger* JA 1973, 215 (219).

316 Ebenso Hopt/*Merkt* Rn 21; Ebenroth/Boujong/Joost/Strohn/*Gehrlein* Rn 35; Ensthaler/*Ensthaler*/*Müller* Rn 39; Koller/Kindler/Roth/Drüen/*Roth* Rn 32; MünchKommHGB/*Krebs* Rn 98; Oetker/*Preuß* Rn 70; Staub/*Hüffer*[4] Rn 56; *K. Schmidt* UnternehmensR I § 14 Rn 93; *Bürck* AcP 171 (1971), 328 (336 f); **aA** *Canaris* HandelsR § 5 Rn 48 f; *Schilken* AcP 187 (1987), 1 (19 ff).

317 Heymann/*Förster* HGB Rn 52; MünchKommHGB/*Krebs* Rn 99; Oetker/*Preuß* Rn 71; Röhricht/v. Westphalen/Haas/*Ries* Rn 41.

318 Ebenroth/Boujong/Joost/Strohn/*Gehrlein* Rn 36; MünchKommHGB/*Krebs* Rn 99; Röhricht/v. Westphalen/Haas/*Ries* Rn 41.

319 Vgl. dazu bereits Staub/Huffer[4] Rn 52; ferner Ebenroth/Boujong/Joost/Strohn/*Gehrlein* Rn 36; Heymann/*Förster* HGB Rn 52; MünchKommHGB/*Krebs* Rn 99; Röhricht/v. Westphalen/Haas/*Ries* Rn 41; *Schilken* AcP 187 (1987), S. 1 (14 Fn 71); **aA** noch Schlegelberger/*Hildebrandt*/*Steckhan* Rn 27; *Steckhan* DNotZ 1971, 211 (225 f).

320 So zutreffend Staub/*Hüffer*[4] Rn 52; ihm folgend *Schilken* AcP 187 (1987), 1 (14 Fn 71).

Ausführungen in Rn 56 f. Daraus, dass der Dritte dieses Recht geltend machen „kann“, folgt im Umkehrschluss, dass er auf diese Begünstigung auch verzichten und sich stattdessen auf die tatsächliche Rechtslage berufen kann. § 15 Abs. 3 greift also nicht zum Nachteil des Dritten ein, sondern räumt ihm stattdessen ein **Wahlrecht** zwischen alternativen Rechtsfolgen ein, das er durch einen entsprechenden Sachvortrag (explizit oder konkludent) ausüben kann (vgl. bereits Rn 65 zu § 15 Abs. 1).[321] Dieses Wahlrecht steht dem Dritten gegenüber demjenigen zu „in dessen Angelegenheiten die Tatsache einzutragen war“. Zur Konkretisierung dieses Passus kann auf die Ausführungen zu § 15 Abs. 1 (Rn 51 ff) verwiesen werden.

b) Amtshaftungsansprüche. Beruhe die falsche Eintragung auf einem Fehler des Registergerichts, so kann der Kaufmann nach Art. 34 GG, § 839 BGB gegen das jeweilige Bundesland **Amtshaftungsansprüche** geltend machen (ausführlich zu den Voraussetzungen eines Amtshaftungsanspruchs in Registersachen bereits § 8 Rn 139 ff).[322] Ist die fehlerhafte Eintragung dem Antragsteller nach § 383 Abs. 1 FamFG ordnungsgemäß mitgeteilt worden, so werden ihm derartige Ansprüche aber regelmäßig nach **§ 839 Abs. 3 BGB** abgeschnitten sein, da er den Schaden bei sorgfältiger Lektüre der Benachrichtigung durch Einlegung von Rechtsmitteln hätte abwenden können (vgl. § 8a Rn 6 mwN).[323] 118

5. Verhältnis zu §§ 2 und 5

Ebenso wie bei § 15 Abs. 1 (vgl. Rn 48) können sich auch bei § 15 Abs. 3 Abgrenzungsprobleme gegenüber §§ 2 und 5 ergeben. Bei erfolgter Eintragung besteht die **Kaufmannseigenschaft kraft Eintragung** nach § 2 oder § 5, wobei die genaue Trennlinie zwischen den beiden Vorschriften auch hier umstritten ist.[324] Unabhängig von dieser Grenzziehung gelangt jedenfalls § 15 Abs. 3 nicht zur Anwendung.[325] Etwas anderes kann allerdings auch hier gelten, wenn dem Unternehmen nicht nur die Kaufmannseigenschaft, sondern auch die Gewerbeeigenschaft fehlt, und man mit der hM annimmt, dass dieser Fall nicht mehr von § 5 erfasst wird.[326] 119

6. Allgemeine Rechtsscheinhaftung neben § 15 Abs. 3

a) Die Fortgeltung der allgemeinen Ergänzungssätze. § 15 Abs. 3 stellt eine europarechtlich bedingte Fortentwicklung der oben wiedergegebenen ungeschriebenen Ergänzungssätze des nationalen Rechts dar (vgl. Rn 104). Diese Sätze werden von § 15 Abs. 3 in seinem Anwendungsbereich verdrängt, behalten daneben aber Gültigkeit (vgl. Rn 104 mwN). Das gilt für beide Ergänzungssätze namentlich bei Tatsachen, die **nur eintragungsfähig,** aber nicht anmeldepflichtig sind.[327] Soll in diesen Fällen eine Rechtsscheinhaftung eingreifen, so müssen allerdings ihre allgemeinen Voraussetzungen erfüllt sein.[328] Daneben wurde dem **ersten Ergänzungssatz** bis zur Neufassung des § 15 Abs. 3 durch das DiRUG (Rn 11) in erster Linie noch in 120

---

321 Vgl. etwa BGH NJW-RR 1990, 737 (738); Ebenroth/Boujong/Joost/Strohn/*Gehrlein* Rn 37; Hopt/*Merkt* Rn 22; MünchKommHGB/*Krebs* Rn 100; Oetker/*Preuß* Rn 72; Röhricht/v. Westphalen/Haas/*Ries* Rn 44.
322 Vgl. dazu Ensthaler/*Ensthaler/Müller* Rn 42; Oetker/*Preuß* Rn 73; *K. Schmidt* UnternehmensR I § 14 Rn 100 sowie die weiteren Nachw. zu § 8a Rn 6.
323 Heidel/*Schall* Rn 92; Oetker/*Preuß* Rn 73.
324 Vgl. bereits die Nachw. oben in Fn 121.
325 So bereits Staub/*Hüffer*[4] Rn 12; vgl. auch MünchKommHGB/*Krebs* Rn 19.
326 Vgl. bereits die Nachw. in Rn 48.
327 Ausführlich zum heutigen Anwendungsfeld der Ergänzungssätze *Canaris* HandelsR § 6 Rn 4 ff.
328 Vgl. dazu bereits die Nachw. in Fn 275.

den Fällen Bedeutung beigemessen, in denen nur die Eintragung fehlerhaft war, die Bekanntmachung hingegen zutreffend. Sofern man mit einer früher verbreiteten Auffassung annahm, dass § 15 Abs. 3 aF in diesen Fällen keine Anwendung finden sollte,[329] konnte der erste Ergänzungssatz hier noch einen Anwendungsbereich finden. Mit der Neufassung hat sich diese Fallgruppe jedoch erledigt (Rn 108). Der **zweite Ergänzungssatz**[330] kann neben den Fällen bloß eintragungsfähiger Tatsachen namentlich dann herangezogen werden, wenn auf der Grundlage des Veranlassungsprinzips eine Anwendung des § 15 Abs. 3 wegen fehlender Zurechenbarkeit verneint wird (Rn 109 ff), der Betroffene aber nachträglich eine Berichtigungsmöglichkeit gehabt hätte.

121 **b) Fortentwicklung zur handelsrechtlichen Rechtsscheinhaftung.** Wesentlich größere Bedeutung haben die Ergänzungssätze aber dadurch erlangt, dass sich auf ihrer Grundlage eine allgemeine handelsrechtliche Rechtsscheinhaftung herausgebildet hat.[331] Da die Ergänzungssätze **keinen spezifisch registerrechtlichen Charakter** haben, konnte aus ihnen eine Rechtsscheinhaftung für Erklärungen auch außerhalb des Registers fortentwickelt werden.[332] Diese Haftung hat mittlerweile viele **konkretisierende Ausprägungen** gefunden, zu denen namentlich zählen: die Lehre vom Scheinkaufmann und vom Schein-Nichtkaufmann, die Lehre von der Scheingesellschaft und den Scheingesellschaftern, die Regeln über die fehlerhafte Gesellschaft, die Rechtsscheinhaftung bei Firmenführung ohne Rechtsformzusatz, der Rechtsschein des Fortbestandes der bisherigen Rechtslage und der Rechtsschein der Identität mehrerer Rechtssubjekte.[333]

VII. Zweigniederlassung (§ 15 Abs. 4) und Doppelsitz

122 Für die Geltung der ersten drei Absätze im Geschäftsverkehr mit einer Zweigniederlassung sollten nach § 15 Abs. 4 in der noch vor dem EUHG (Rn 9) geltenden Fassung die Eintragung und Bekanntmachung durch das Gericht der Zweigniederlassung ausschlaggebend sein. Infolge der durch die Änderungen der §§ 13 ff im Zuge des EHUG bewirkten generellen **Konzentration auf das Gericht der Hauptniederlassung** (§ 13 Rn 7) musste auch diese Regelung folgerichtig aufgegeben werden. Die dort enthaltenen Eintragungen sind auch hinsichtlich der Zweigniederlassung für die Anwendung des § 15 maßgeblich. Der Anwendungsbereich des § 15 Abs. 4 wurde folgerichtig auf Unternehmen mit **Hauptniederlassung oder Sitz im Ausland** verengt. Für sie stellt § 15 Abs. 4 weiterhin auf die Eintragung und Bekanntmachung durch das (deutsche) Gericht der Zweigniederlassung ab. Bei Gesellschaften mit einem **Doppelsitz** wird zum Teil in analoger Anwendung des § 15 Abs. 4 als maßgeblich erachtet, zu welcher Niederlassung das streitige Rechtsverhältnis die engere Beziehung hat.[334] Es ist allerdings kein Grund ersichtlich, warum gerade bei der Anwendung des § 15 das ansonsten für Doppelsitze geltende Schlechterstellungsprinzip (§ 13 Rn 76) zu Lasten des Eingetragenen hier keine Anwendung finden sollte; auch insofern muss er die Risiken der zu seinen Gunsten zugelassenen Ausnahme tragen.[335] Es

---

329 Vgl. dazu noch die Nachw. oben unter Rn 108.

330 Betroffener muss auch eine von ihm nicht veranlasste Eintragung gegen sich gelten lassen, wenn er sie schuldhaft nicht beseitigt – s. Rn 104.

331 Röhricht/v. Westphalen/Haas/*Ries* Rn 47; *Canaris* HandelsR § 6 Rn 6.

332 *Canaris* HandelsR § 6 Rn 6.

333 Vgl. zu allen genannten Fallgruppen die Ausführungen bei *Canaris* HandelsR § 6.

334 Geßler/Hefermehl/*Eckardt* § 5 Rn 15; Hopt/*Merkt* Rn 25.

335 Wie hier LG Hamburg DB 1973, 2237; BeckOK-HGB/*Müther* Rn 47; GroßkommAktG/*Bachmann* § 5 Rn 34; MünchKommAktG/*Heider* § 5 Rn 41; MünchKommHGB/*Krebs* Rn 107; Oetker/*Preuß* Rn 76.

genügt demnach, wenn der Dritte auf die Angaben eines Registers vertraut, unabhängig davon, zu welcher Niederlassung die engere Verbindung besteht.

VIII. Ausländische Zweigniederlassung einer Kapitalgesellschaft (§ 15 Abs. 5)

Ebenfalls durch das DiRUG (Rn 11) neu eingeführt wurde § 15 Abs. 5, wonach die Absätze 1 bis 3 **123**
des § 15 keine Anwendung finden im Hinblick auf die im Registerblatt einer inländischen Kapitalgesellschaft eingetragenen Informationen über eine Zweigniederlassung der Gesellschaft im Ausland. Hintergrund dieser Ausnahme ist der Umstand, dass diese Informationen nicht beim Registergericht angemeldet werden, sondern die Eintragung allein aufgrund der Übermittlung über das **Europäische System der Registervernetzung** nach § 9b i.V.m. § 13a erfolgt (s. bereits § 13a Rn 10). Dementsprechend werden die Daten auch nicht durch das Registergericht geprüft, so dass der Gesetzgeber es für folgerichtig hielt, insofern auch die Publizitätswirkung nach § 15 Abs. 1 bis 3 einzuschränken.[336] Auch die Vorgaben der **Gesellschaftsrechtsrichtlinie** (Rn 6) erzwingen kein anderes Ergebnis, da die Angaben zu ausländischen Zweigniederlassungen von den Regelungen in Art. 16 Abs. 5 der Gesellschaftsrechtsrichtlinie weder durch Verweis in Art. 14 der Gesellschaftsrechtsrichtlinie noch durch den Verweis in Art. 29 Abs. 1 i.V.m. Art. 14 der Gesellschaftsrechtsrichtlinie erfasst werden.[337] Insbesondere Art. 29 Abs. 1 der Gesellschaftsrechtsrichtlinie steht nicht entgegen, da diese Vorschrift allein solche Gesellschaften erfasst, die dem „Recht eines anderen Mitgliedstaats" unterliegen, während § 15 Abs. 5 der Gesellschaftsrechtsrichtlinie Kapitalgesellschaften mit Sitz im Inland regelt.[338] Erst recht liegt kein Verstoß gegen Art. 4 Abs. 3 EUV oder Art. 18 Abs. 1 AEUV vor.[339] Dass die Versagung eines Publizitätsschutzes nach § 15 das „Vertrauen des Rechtsverkehrs in das Europäische System der Registervernetzung" untergräbt,[340] ist schon sehr zweifelhaft. Die These, dass diese mittelbare Folge sodann sogar die Qualität eines Rechtsverstoßes gegen Art. 4 Abs. 3 EUV oder Art. 18 Abs. 1 AEUV annehmen soll, überspannt die Reichweite der darin niedergelegten Grundsätze.

336 RegE, BT-Drucks. 19/28177, S. 100.
337 RegE, BT-Drucks. 19/28177, S. 100.
338 **AA** insofern *Linke* NZG 2021, 309 (315).
339 So aber *Linke* NZG 2021, 309 (315).
340 *Linke* NZG 2021, 309 (315).

§ 15a Öffentliche Zustellung

[1]Ist bei einer juristischen Person, die zur Anmeldung einer inländischen Geschäftsanschrift zum Handelsregister verpflichtet ist, der Zugang einer Willenserklärung nicht unter der eingetragenen Anschrift oder einer im Handelsregister eingetragenen Anschrift einer für Zustellungen empfangsberechtigten Person oder einer ohne Ermittlungen bekannten anderen inländischen Anschrift möglich, kann die Zustellung nach den für die öffentliche Zustellung geltenden Vorschriften der Zivilprozessordnung erfolgen. [2]Zuständig ist das Amtsgericht, in dessen Bezirk sich die eingetragene inländische Geschäftsanschrift der Gesellschaft befindet. [3]§ 132 des Bürgerlichen Gesetzbuchs bleibt unberührt.

Schrifttum

H. Schmidt Die Reform des GmbH-Rechts – Auswirkungen auf das Bankgeschäft, BKR 2007, 1; *Schwab* Missbrauchsbekämpfung durch die GmbH-Reform: Schutzinstrumente und Schutzlücken, DStR 2010, 333; *Seibert* GmbH-Reform: Der Referentenentwurf eines Gesetzes zur Modernisierung des GmbH-Rechts und zur Bekämpfung von Missbräuchen – MoMiG, ZIP 2006, 1157; *Steffek* Zustellungen und Zugang von Willenserklärungen nach dem Regierungsentwurf zum MoMiG – Inhalt und Bedeutung der Änderungen für GmbHs, AGs und ausländische Kapitalgesellschaften, BB 2007, 2077; *Stenzel* Handelsregistereintragung von „c/o"-Adressen, NZG 2011, 851.

Übersicht

I. Regelungsgehalt und Normzweck

1 § 15a wurde im Jahr 2008 im Zuge des **MoMiG** vom 23.10.2008[1] neu in das Handelsgesetzbuch eingeführt. Die Vorschrift soll typischen Missbrauchsfällen begegnen, bei denen Gesellschaften versuchen, sich der Erfüllung ihrer Verbindlichkeiten zu entziehen, indem sie ihre Geschäftsräume schließen und postalisch nicht erreichbar sind (Bestattungsfälle).[2] Für diese Fälle eröffnet der ebenfalls durch MoMiG eingeführte **§ 185 Nr. 2 ZPO** die zivilprozessuale Möglichkeit einer öffentlichen Zustellung von Schriftstücken. § 15a ergänzt diese Vorschrift um die Möglichkeit einer auch **materiell-rechtlichen Zustellung** von Willenserklärungen. Diese Ergänzung war erforderlich, da die prozessuale Rechtsverfolgung oftmals auch wirksame materiell-rechtliche Willenserklärungen voraussetzt, wie beispielsweise Mahnungen, Fristsetzungen oder Gestaltungserklärungen (Rücktritt, Kündigung, Anfechtung etc.). Lässt sich kein Geschäftslokal identi-

1 Gesetz zur Modernisierung des GmbH-Rechts und zur Bekämpfung von Missbräuchen (MoMiG) v. 23.10.2008, BGBl. I, S. 2026.

2 RegBegr MoMiG, BT-Drucks. 16/6140, S. 53; vgl. zu diesen Sachverhalten auch *Kleindiek* ZGR 2007, 276 (277 ff); *Seibert* FS Röhricht, 2005, S. 585 (589 ff); *Steffek* BB 2007, 2077.

https://doi.org/10.1515/9783110564440-030

fizieren, so kann die Erklärung nicht in den Machtbereich des Empfängers gelangen und damit nach § 130 BGB nicht zugehen und wirksam werden.[3]

Da diese Erleichterung nur auf juristische Personen des Handelsrechts (zur Begrifflichkeit s. noch Rn 3 ff) beschränkt bleiben soll, wurde die Regelung nicht in die allgemeine Bestimmung des § 132 BGB einbezogen, sondern im Zusammenhang mit der registergerichtlich dokumentierten inländischen Geschäftsanschrift im Gesetz verortet.[4] Bei der Auslegung des § 15a ist die bewusste Ausgestaltung als **Parallelvorschrift zu § 185 Nr. 2 ZPO** zu berücksichtigen. Diese übereinstimmende Struktur sollte sich auch in einem interpretatorischen Gleichlauf im Rahmen der Auslegung niederschlagen.[5] 2

II. Anwendungsbereich

Der Anwendungsbereich des § 15a ist auf **juristische Personen** beschränkt, die zur Anmeldung einer **inländischen Geschäftsanschrift** zum Handelsregister verpflichtet sind. Ob die Anmeldung tatsächlich erfolgt ist, spielt keine Rolle.[6] Ausweislich der Gesetzesmaterialien sollen nur Kapitalgesellschaften, also die AG, die GmbH (auch als geschäftsführende Gesellschaft einer GmbH & Co. KG), die SE und die Zweigniederlassungen vergleichbarer ausländischer Gesellschaften erfasst sein. Nur sie seien juristische Personen, die mit ihrer inländischen Geschäftsadresse in das Handelsregister eingetragen werden müssten.[7] In der Tat wurde für diese Gesellschaften im Zuge des MoMiG (Rn 1) die Pflicht zur Anmeldung einer solchen Anschrift eingeführt, und zwar für die GmbH in § 8 Abs. 4 Nr. 1 GmbHG, für die AG in § 37 Abs. 3 Nr. 1 AktG (auf die SE anwendbar über Art. 15 SE-VO) und für Zweigniederlassungen in § 13 Abs. 1 S. 1 und § 13e Abs. 2 S. 3. 3

Die **juristischen Personen i.S.d. § 33** sollen hingegen nicht von § 15a erfasst sein.[8] Das ist nach dem Gesetzeswortlaut nicht ganz zweifelsfrei, weil eine Pflicht zur Eintragung einer inländischen Geschäftsanschrift auch in § 29 ergänzt wurde, der nach bislang ganz hM auch für die juristischen Personen i.S.d. § 33 gilt.[9] Dennoch kommt ihre Ausklammerung nicht nur in den Gesetzesmaterialien, sondern überdies auch noch darin zum Ausdruck, dass ihnen nicht die Möglichkeit eingeräumt wird, einen Empfangsberechtigten zu bestellen. Durch diese Gestattung wird bei den übrigen Gesellschaftsformen das Risiko einer öffentlichen Zustellung abgemildert (s. noch Rn 8 f).[10] Auch die **Genossenschaft** fällt trotz ihres Charakters als juristische Person ausweislich der Gesetzesmaterialien nicht unter § 15a, da sie nicht zur Anmeldung einer inländischen Geschäftsanschrift verpflichtet ist. Der Gesetzgeber hielt eine Zustellungserleichterung hier nicht für erforderlich, weil sich in der Vergangenheit keine Missbrauchsfälle gezeigt haben, die ein Tätigwerden veranlasst erscheinen ließen.[11] 4

Die eigentliche Selektionskraft soll der Begriff der juristischen Person gegenüber den **Einzelkaufleuten** und den **Personenhandelsgesellschaften**, namentlich der OHG und der KG, entfalten, bei denen es angesichts der persönlichen Haftung mindestens eines Gesellschafters 5

3 RegBegr MoMiG, BT-Drucks. 16/6140, S. 51.
4 RegBegr MoMiG, BT-Drucks. 16/6140, S. 50 f.
5 *Seibert* ZIP 2006, 1157 (1165); *Steffek* BB 2007, 2077 (2084).
6 *Steffek* BB 2007, 2077 (2082).
7 RegBegr MoMiG, BT-Drucks. 16/6140, S. 50 (53).
8 RegBegr MoMiG, BT-Drucks. 16/6140, S. 50 (53).
9 KG OLGR 27, 306; OLG Dresden OLGR 27, 304 (305); Ebenroth/Boujong/Joost/Strohn/*Reuschle* § 33 Rn 4a; Koller/Kindler/Roth/Drüen/*Roth* § 33 Rn 1; MünchKommHGB/*Krafka* § 33 Rn 17; Röhricht/v. Westphalen/Haas/*Ries* § 33 Rn 10.
10 Vgl. auch Heymann/*Förster* HGB Rn 5.
11 RegBegr MoMiG, BT-Drucks. 16/6140, S. 51.

(§§ 128, 161 Abs. 2) als nicht sachgerecht angesehen wurde, die weitreichende Rechtsfolge einer öffentlichen Zustellung anzuordnen.[12]

6 Nach der Gesetzesbegründung sollen auch **Zweigniederlassungen** i.S.d. § 13e (also solche von ausländischen Kapitalgesellschaften) von § 15a erfasst werden.[13] Da die Zweigniederlassung aber rechtlich unselbständig ist (§ 13 Rn 23), muss diese Aussage dahingehend präzisiert werden, dass die Zustellung an die ausländische Kapitalgesellschaft selbst nach § 15a erfolgen kann, wenn die Voraussetzungen dieser Vorschrift hinsichtlich der Zweigniederlassung vorliegen (vgl. zur Zustellung über eine Zweigniederlassung auch § 13 Rn 80).

III. Unmöglichkeit der Zustellung

1. Zustellung an gesetzliche Vertreter

7 § 15a setzt voraus, dass der Zugang einer Willenserklärung nicht unter der eingetragenen Anschrift oder einer im Handelsregister eingetragenen Anschrift einer für Zustellungen empfangsberechtigten Person oder einer ohne Ermittlungen bekannten anderen inländischen Anschrift möglich ist. In dieser **Staffelung** kommt der Charakter der öffentlichen Zustellung als **ultima ratio** zum Ausdruck.[14] Der Erklärende muss sich auf einer ersten Stufe an die gesetzlichen Vertreter unter der eingetragenen Geschäftsanschrift wenden; dabei kann es sich auch um eine c/o-Anschrift handeln.[15] Bereits diese Zustellung ist gegenüber Kapitalgesellschaften und den Zweigniederlassungen ausländischer Kapitalgesellschaften wesentlich dadurch erleichtert worden, dass in diesem Fall die **unwiderlegliche Vermutung** der § 35 Abs. 2 S. 3 GmbHG, § 78 Abs. 2 S. 3 AktG, § 13e Abs. 3a eingreift, wonach die Zustellung an die gesetzlichen Vertreter (zur abweichenden Gestaltung bei Zweigniederlassungen vgl. § 13e Rn 41 f) unter der im Handelsregister eingetragenen inländischen Geschäftsanschrift erfolgen kann. Hat die Gesellschaft **kein Geschäftsleitungsorgan** (Führungslosigkeit), so wird sie nach § 35 Abs. 1 S. 2 GmbHG durch ihre Gesellschafter, nach § 78 Abs. 1 S. 2 AktG durch ihren Aufsichtsrat vertreten. Allerdings ist es auch nach diesen Regelungen weiterhin erforderlich, dass die Erklärung zumindest in den **Machtbereich** der Gesellschaft gelangt; die Vermutungswirkung beschränkt sich ausschließlich auf die Möglichkeit der Kenntnisnahme.[16] Scheitert die Zustellung schon an dem Eintritt in den Machtbereich, also etwa in den Fällen, in denen das Geschäftslokal geschlossen oder kein Namensschild mehr vorhanden ist,[17] kann der Zugang auf diesem Wege nicht bewirkt werden.[18]

2. Zustellung an Empfangsberechtigten

8 Bleibt dieser Versuch erfolglos, kommt als nächster Schritt der Zugang an einen eintragungsfähigen weiteren Empfangsvertreter in Betracht. Als **empfangsberechtigte Person** in diesem Sinne ist der Empfangsberechtigte i.S.d. § 10 Abs. 2 S. 2 GmbHG, § 39 Abs. 1 S. 2 AktG, § 13e Abs. 2 S. 4 anzusehen, dessen Bestellung es in- und ausländischen Kapitalgesellschaften ermöglichen

12 RegBegr MoMiG, BT-Drucks. 16/6140, S. 50; Heymann/*Förster* HGB Rn 4.
13 RegBegr MoMiG, BT-Drucks. 16/6140, S. 50.
14 RegBegr MoMiG, BT-Drucks. 16/6140, S. 53. Krit. im Hinblick auf die Insolvenzsituation *Schwab* DStR 2010, 333 (335).
15 BeckOGK-HGB/*Schaal* Rn 12; Oetker/*Preuß* Rn 10; *Stenzel* NZG 2011, 851 ff. Vgl. auch OLG Hamm NJW-RR 2011, 685; OLG Hamm NJW-RR 2015, 1178; OLG Hamm NJW-RR 2016, 482; OLG Naumburg NZG 2009, 956; OLG Rostock NZG 2011, 279.
16 *Steffek* BB 2007, 2077 (2078 ff).
17 Beispiele nach *Seibert* ZIP 2006, 1157 (1166).
18 Dem folgend Oetker/*Preuß* Rn 16.

soll, den mit einer öffentlichen Zustellung verbundenen Gefahren entgegenzuwirken (vgl. dazu § 13e Rn 26 ff). Die Bestellung eines solchen Vertreters ist den Gesellschaften nicht zwingend vorgeschrieben und wird voraussichtlich auch von vielen Gesellschaften nicht vorgenommen werden (vgl. § 13e Rn 26). Machen sie von dieser Möglichkeit aber Gebrauch, so muss der Erklärende versuchen, die Willenserklärung auch an den Empfangsberechtigten zuzustellen, bevor er den Weg der öffentlichen Zustellung nach § 15a beschreitet.

Auch die Zustellung an einen Empfangsberechtigten wird erleichtert, und zwar durch die **Fiktion der fortbestehenden Empfangsbevollmächtigung** in § 39 Abs. 1 S. 2 AktG, § 10 Abs. 2 S. 2 GmbHG, § 13e Abs. 2 S. 4 (vgl. bereits § 13e Rn 28). Danach gilt in Anlehnung an § 15 die angegebene Empfangsberechtigung Dritten gegenüber als fortbestehend, bis sie im Handelsregister gelöscht und die Löschung bekannt gemacht worden ist. Auch diese Fiktion hilft dem Dritten allerdings nur in den Fällen, in denen die in das Handelsregister eingetragene Person weiterhin erreicht werden kann und nur ihre rechtsgeschäftliche Vollmacht im Innenverhältnis erloschen ist. Ist die Zustellung hingegen aus **tatsächlichen Gründen** nicht möglich, weil die Anschrift nicht mehr existiert, kann er nicht auf diesem Wege vorgehen. Der erfolglose Zustellungsversuch eröffnet dem Erklärenden nun aber auf der dritten Stufe die Möglichkeit der öffentlichen Zustellung nach § 15a HGB, § 185 Nr. 2 ZPO, sofern nicht ausnahmsweise eine andere inländische Anschrift bekannt ist (Rn 10 ff).[19] 9

3. Andere inländische Anschrift

Auch wenn eine Zustellung an die im Handelsregister ausgewiesenen Personen nicht möglich ist, muss der Erklärende schließlich noch die Zustellung unter einer anderen inländischen Anschrift versuchen, wenn sie ihm ohne jeglichen Ermittlungsaufwand bekannt ist. Diese Anordnung enthält eine besondere Ausprägung des **Verbots missbräuchlicher Rechtsausübung**. Ist dem Erklärenden eine zustellungsfähige Anschrift positiv bekannt, so wäre es missbräuchlich, wollte er dennoch den Weg über die öffentliche Zustellung gehen.[20] 10

Durch die Beschränkung auf eine **„inländische" Anschrift** wird klargestellt, dass eine Zustellung im Ausland auch dann nicht versucht werden muss, wenn ein ausländischer Wohnsitz eines Geschäftsführers oder einer sonstigen empfangsbereiten Person positiv bekannt ist.[21] Damit wird den allfälligen Schwierigkeiten einer Auslandszustellung Rechnung getragen. Für die Gesellschaften wird damit eine Obliegenheit begründet, ihre Erreichbarkeit innerhalb Deutschlands sicherzustellen, wenn sie hier unternehmerisch tätig sein wollen.[22] Zu verfassungsrechtlichen Bedenken s. noch Rn 13. 11

Darüber hinaus wird die Möglichkeit der öffentlichen Zustellung auch dann nicht ausgeschlossen, wenn dem Erklärenden die Anschrift nur teilweise bekannt ist, etwa in der Weise, dass er Kenntnis darüber hat, dass der Geschäftsführer in Deutschland, in einer bestimmten Stadt oder bestimmten Straße wohnt. Auch in diesem Fall wäre es notwendig, die Anschrift durch **weitere Nachforschungen** zu ermitteln. Gerade dieser Aufwand soll dem Erklärenden aber erspart bleiben; eine Nachfrage beim Einwohnermeldeamt oder das Nachschlagen im Telefonbuch wird ihm nicht zugemutet.[23] Diese aus Sicht des Erklärenden sehr großzügige Regelung soll nicht nur seiner Entlastung dienen, sondern darüber hinaus auch Unsicherheiten darüber vermeiden, ob die öffentliche Zustellung wegen einer zumutbaren anderweitigen Zugangsmöglichkeit unwirksam ist.[24] 12

19 RegE MoMiG, BT-Drucks. 16/6140, S. 36 f.
20 *Seibert* ZIP 2006, 1157 (1165).
21 RegBegr MoMiG, BT-Drucks. 16/6140, S. 51; Heymann/*Förster* HGB Rn 11; Hopt/*Merkt* Rn 2.
22 So zu § 185 ZPO n.F. RegBegr MoMiG, BT-Drucks. 16/6140, S. 54; *Seibert* ZIP 2006, 1157 (1165).
23 RegBegr MoMiG, BT-Drucks. 16/6140, S. 51; Röhricht/v. Westphalen/Haas/*Ries* Rn 4.
24 RegBegr MoMiG, BT-Drucks. 16/6140, S. 51.

4. Verfassungsrechtliche Bedenken

13 Die Beschränkung auf inländische Anschriften ist unter verfassungsrechtlichen Gesichtspunkten kritisiert worden.[25] Diese Kritik baut auf erleichterten Zustellungen innerhalb der EU auf: Im Zuge der Umsetzung der EuZVO[26] wurde die Möglichkeit eingeführt, eine Auslandszustellung nicht mehr über den aufwändigen Weg des § 183 Abs. 1 Nr. 2 und 3 ZPO a.F., sondern durch ein schlichtes **Einschreiben mit Rückschein** zu bewirken (§ 1068 Abs. 1 ZPO i.V.m. Art. 14 EuZVO a.F. = Art. 18 EuZVO n.F.). Daraus wird zum Teil die Schlussfolgerung abgeleitet, dass eine Zustellung in das EU-Ausland nicht wesentlich problematischer sei als im Inland. Vor diesem Hintergrund erscheine es sowohl im Hinblick auf das Gleichbehandlungsgebot aus Art. 3 GG als auch im Hinblick auf den Anspruch auf rechtliches Gehör aus Art. 103 Abs. 1 GG bedenklich, den Gläubiger auch gegenüber Personen aus diesen Staaten, von der Obliegenheit eines Zustellungsversuchs zu befreien.[27]

14 Obwohl diese Bedenken pauschal gegenüber § 185 ZPO und § 15a erhoben wurden, betreffen sie in der Sache doch **vornehmlich die zivilprozessuale Vorschrift**. Das liegt für den Verstoß gegen Art. 103 Abs. 1 GG auf der Hand, gilt aber auch für den behaupteten Gleichheitsverstoß. Auch die Zustellung einer außergerichtlichen Willenserklärung nach Art. 21 EuZVO n.F. (Art. 16 EuZVO a.F.) stellt nämlich gegenüber dem herkömmlichen Zugang nach § 130 BGB eine erhebliche Erschwernis dar, die den Gläubiger von der effektiven Verfolgung seiner Ansprüche abhalten könnte. Gerade solche Behinderungen sollen ihm aber durch § 15a erspart werden. Sie sind deshalb als ein hinreichend tragfähiger **sachlicher Grund** anzusehen, der eine Ungleichbehandlung inländischer und ausländischer Anschriften rechtfertigt. Der Gesetzgeber hat deshalb zumindest bei der außergerichtlichen Zustellung von Willenserklärungen zu Recht davon abgesehen, vom Erfordernis einer inländischen Anschrift abzuweichen.[28]

IV. Ablauf der öffentlichen Zustellung

15 Ist es dem Erklärenden nicht möglich, den Zugang in der in Rn 7 ff beschriebenen Weise zu bewirken, kann die Zustellung nach § 15a S. 1 nach den für die öffentliche Zustellung geltenden **Vorschriften der ZPO** erfolgen.[29] Das bedeutet, dass das zuständige Gericht über die Bewilligung der öffentlichen Zustellung entscheidet, wobei es einer mündlichen Verhandlung nicht bedarf (§ 186 Abs. 1 ZPO).[30] Zuständiges Gericht ist nach § 15a S. 2 das Amtsgericht, in dessen Bezirk sich die eingetragene inländische Geschäftsanschrift der Gesellschaft befindet. Seine **Ermessensentscheidung** wird durch das materielle Recht insofern vorgeprägt, als sich aus der neuen Regelung eine Obliegenheit der Gesellschaft ergibt, ihre Erreichbarkeit im Inland sicherzustellen (s. Rn 11).[31] Ins-

---

25 Vgl. zum Folgenden die Stellungnahme des Bundesrates, BT-Drucks. 16/6140, S. 70.

26 Verordnung (EG) Nr. 1348/2000 v. 29.5.2000 über die Zustellung gerichtlicher und außergerichtlicher Schriftstücke in Zivil- oder Handelssachen in den Mitgliedstaaten, ABl. EG Nr. L 160, S. 37 v. 30.6.2000 (EuZVO); mittlerweile ersetzt durch die Verordnung (EG) Nr. 1393/2007 des Europäischen Parlaments und des Rates v. 13.11.2007 über die Zustellung gerichtlicher und außergerichtlicher Schriftstücke in Zivil- oder Handelssachen in den Mitgliedstaaten und zur Aufhebung der Verordnung (EG) Nr. 1348/2000 des Rates, ABl. EG Nr. L 324, S. 79 v. 10.12.2007, die ihrerseits durch die – ab dem 1.7.2022 geltende – Verordnung (EU) 2020/1784 des Europäischen Parlaments und des Rates v. 25.11.2020 über die Zustellung gerichtlicher und außergerichtlicher Schriftstücke in Zivil- oder Handelssachen in den Mitgliedstaaten (Zustellung von Schriftstücken), ABl. EU Nr. L 405, S. 40 ersetzt wurde.

27 Vgl. zum Folgenden die Stellungnahme des Bundesrates, BT-Drucks. 16/6140, S. 70.

28 So zu § 185 ZPO RegBegr MoMiG, BT-Drucks. 16/6140, S. 54; vgl. ferner die Gegenäußerung der Bundesregierung, BT-Drucks. 16/6140, S. 78.

29 S. dazu auch Heymann/*Förster* HGB Rn 12 f.

30 Zu den Einzelheiten vgl. die zivilprozessuale Kommentarliteratur.

31 Heymann/*Förster* HGB Rn 12; MünchKommHGB/*Krafka* Rn 13; für Ermessensentscheidung auch Koller/Kindler/Roth/Drüen/*Roth* Rn 3; gegen jegliches Ermessen des Gerichts aber BeckOGK-HGB/*Schaal* Rn 22; BeckOK-HGB/*Müther* Rn 6; Ebenroth/Boujong/Joost/Strohn/*Sander* Rn 15.

besondere darf das Gericht die öffentliche Zustellung auch nicht unter Berufung auf § 185 Nr. 3 ZPO mit der Begründung versagen, dass eine Zustellung im Ausland möglich sei. § 15a stellt insofern einen eigenständigen Tatbestand der öffentlichen Zustellung dar, dessen Voraussetzungen nicht durch die kumulative Anwendung anderer Tatbestände unterlaufen werden dürfen.[32]

Die öffentliche Zustellung erfolgt durch **Aushang** einer Benachrichtigung an der Gerichtstafel oder durch Einstellung in ein **elektronisches Informationssystem**, das im Gericht öffentlich zugänglich ist (zu weiteren Einzelheiten vgl. § 186 Abs. 2 und 3 ZPO). Das Gericht kann darüber hinaus anordnen, dass die Benachrichtigung einmal oder mehrfach im elektronischen Bundesanzeiger oder in anderen Blättern zu veröffentlichen ist (§ 187 ZPO). § 15a S. 3 stellt klar, dass daneben auch § 132 BGB weiterhin Anwendung findet. **16**

V. Wirkung der öffentlichen Zustellung

Mit der öffentlichen Zustellung gilt der Zugang der Willenserklärung als erfolgt, so dass sie nach § 130 BGB wirksam wird.[33] Da der Bewilligungsbeschluss des Gerichts aus Gründen der Rechtssicherheit rechtsgestaltend wirkt, muss diese **Zustellungsfiktion** auch dann Bestand haben, wenn die öffentliche Zustellung durch unzutreffende Angaben erschlichen wird.[34] Die insofern in der Rechtsprechung zum Teil geäußerten Bedenken beruhen auf dem Anspruch auf rechtliches Gehör aus Art. 103 Abs. 1 GG und betreffen daher ausschließlich den Bereich der prozessualen Zustellung, also die Vorschrift des § 185 ZPO.[35] Durch § 15a wird dieser verfassungsrechtliche Anspruch nicht beeinträchtigt.[36] Allerdings kann der Berufung auf eine mit wissentlich falschen Angaben erschlichene öffentliche Zustellung der **Einwand unzulässiger Rechtsausübung** entgegengehalten werden (§ 242 BGB).[37] **17**

VI. Übergangsregelung

Obwohl für § 15a keine Übergangsbestimmung vorgesehen ist, kann die Regelung nach wohl hM nicht zur Anwendung kommen, solange noch keine inländische Geschäftsanschrift zur Eintragung angemeldet ist.[38] Dies überzeugt allerdings aus Wertungsgründen nicht: Hat die anmeldepflichtige Person die Geschäftsanschrift nicht angemeldet, kann ihr diese Pflichtverletzung nicht zum Vorteil gereichen. In einem solchen Fall ist § 15a erst recht anzuwenden.[39] Außerdem ist die **Übergangsvorschrift des Art. 65 EGHGB** zu beachten. Danach hatten bereits eingetragene Gesellschaften die Anmeldung einer solchen Anschrift bis zum 31.10.2009 vorzunehmen. Nach diesem Zeitpunkt hat das Registergericht eine ihm gem. § 24 Abs. 2 HRV angegebene Anschrift als Geschäftsanschrift einzutragen (zu den Einzelheiten vgl. § 13 Rn 64).[40] Jedenfalls mit dieser Eintragung entsteht die Möglichkeit der öffentlichen Zustellung nach § 15a. **18**

---

32 So zu § 185 ZPO RegBegr MoMiG, BT-Drucks. 16/6140, S. 53.

33 Zu dieser Wirkung als Zustellungsfiktion vgl. auch das allgemeine Verständnis der zivilrechtlichen Parallelvorschrift, § 132 Abs. 2 BGB, etwa bei MünchKommBGB/*Einsele* § 132 Rn 6.

34 BGHZ 57, 108 (110) = NJW 1971, 2226; BGHZ 64, 5 (8) = NJW 1975, 827; MünchKommBGB/*Einsele* § 132 Rn 7; Staudinger/*Singer*/*Benedict* (2021) § 132 Rn 11; *Jauernig* ZZP 101 (1988), 361 (366 f).

35 Vgl. insofern BVerfG NJW 1988, 2361; BGHZ 118, 45 (47 f) = NJW 1992, 2280.

36 So auch zur Parallelnorm des § 132 Abs. 2 BGB Staudinger/*Singer*/*Benedict* (2021) § 132 Rn 11.

37 Vgl. BGHZ 57, 108 (111) = NJW 1971, 2226; BGHZ 64, 5 (8 ff) = NJW 1975, 827; MünchKommBGB/*Einsele* § 132 Rn 7; Staudinger/*Singer*/*Benedict* (2021) § 132 Rn 11.

38 Ebenroth/Boujong/Joost/Strohn/*Sander* Rn 10; MünchKommHGB/*Krafka* Rn 10; *Seibert* ZIP 2006, 1157 (1166); Voraufl. Rn 18 (*Koch*); wohl auch Hopt/*Merkt* Rn 1.

39 Zutr. LG Zwickau BeckRS 2010, 27033; BeckOK-HGB/*Müther* Rn 4; Heymann/*Förster* HGB Rn 8.

40 Vgl. auch Oetker/*Preuß* Rn 11.

§ 16 [Entscheidung des Prozeßgerichts]

(1) [1]Ist durch eine rechtskräftige oder vollstreckbare Entscheidung des Prozeßgerichts die Verpflichtung zur Mitwirkung bei einer Anmeldung zum Handelsregister oder ein Rechtsverhältnis, bezüglich dessen eine Eintragung zu erfolgen hat, gegen einen von mehreren bei der Vornahme der Anmeldung Beteiligten festgestellt, so genügt zur Eintragung die Anmeldung der übrigen Beteiligten. [2]Wird die Entscheidung, auf Grund deren die Eintragung erfolgt ist, aufgehoben, so ist dies auf Antrag eines der Beteiligten in das Handelsregister einzutragen.

(2) Ist durch eine rechtskräftige oder vollstreckbare Entscheidung des Prozeßgerichts die Vornahme einer Eintragung für unzulässig erklärt, so darf die Eintragung nicht gegen den Widerspruch desjenigen erfolgen, welcher die Entscheidung erwirkt hat.

Schrifttum

Baums Eintragung und Löschung von Gesellschafterbeschlüssen, 1981; *F. Baur* Zur Beschränkung der Entscheidungsbefugnis des Registerrichters durch einstweilige Verfügung, ZGR 1972, 421; *Ehrenberg* Handelsregistergericht und Prozeßgericht. Prüfungsrecht und Prüfungspflicht des Registergerichts, JherJb. 61 (1912), 423; *ders.* Handbuch Bd. I, 1913, S. 577 ff; *Heinze* Einstweiliger Rechtsschutz in aktienrechtlichen Anfechtungs- und Nichtigkeitsverfahren, ZGR 1979, 293; *Josef* Die Einwirkung des rechtskräftigen Urteils auf die Entscheidungen der Gerichte der freiwilligen Gerichtsbarkeit, namentlich bei Erteilung des Erbscheins, JherJb. 61 (1912), 197; *Kort* Die Registereintragung gesellschaftsrechtlicher Strukturänderungen nach dem Umwandlungsgesetz und nach dem Gesetz zur Unternehmensintegrität und Modernisierung des Anfechtungsrechts (UMAG), BB 2005, 1577; *ders.* Einstweiliger Rechtsschutz bei eintragungspflichtigen Hauptversammlungsbeschlüssen, NZG 2007, 169; *Kuttner* Urteilswirkungen außerhalb des Zivilprozesses, 1914; *K. Lehmann* Besprechung von *Ehrenberg* Handbuch Bd. I, ZHR 75 (1914), 518.

Übersicht

https://doi.org/10.1515/9783110564440-031

I. Regelungsgegenstand und Regelungszweck

1. Regelungsgegenstand des § 16 Abs. 1

Regelungsgegenstand des § 16 ist die Frage, wie sich bestimmte Entscheidungen des Prozessgerichts auf registerrechtliche Anmeldungs- und Eintragungspflichten auswirken.[1] Dabei regelt § 16 Abs. 1 den Fall, dass eine **Personenmehrheit** dazu verpflichtet ist, eine Anmeldung vorzunehmen, einer oder mehrere aus dieser Gruppe ihre Mitwirkung aber verweigern. In diesem Fall kann nach § 16 Abs. 1 eine Entscheidung des Prozessgerichts diese **Mitwirkung ersetzen**. Da demnach eine gerichtliche Entscheidung die Abgabe einer Willenserklärung substituiert, erfüllt die Vorschrift einen ähnlichen Zweck wie die allgemeine zivilprozessuale Regelung des **§ 894 ZPO**,[2] geht darüber aber auch in mehrfacher Hinsicht hinaus (zu den Einzelheiten vgl. noch Rn 13 ff). Zunächst ist nicht erforderlich, dass ein Urteil i.S.d. § 894 ZPO vorliegt; § 16 Abs. 1 lässt vielmehr auch Feststellungs- und Gestaltungsentscheidungen genügen. Ferner lässt die Bestimmung zu, dass die Eintragung aufgrund eines vorläufig vollstreckbaren Urteils (§§ 708 ff ZPO) vorgenommen wird. Eine dritte Erweiterung liegt darin, dass auch andere Entscheidungen als Anmeldungsersatz ausreichen, namentlich die einstweilige Verfügung (§§ 935 ff ZPO). Zusammenfassend kann § 16 Abs. 1 als **vollstreckungsrechtliche Vorschrift** im weiteren Sinn bezeichnet werden.[3] 1

2. Regelungsgegenstand des § 16 Abs. 2

§ 16 Abs. 2 gibt Antwort auf die Frage, wann der **Widerspruch eines Beteiligten** die Eintragung in das Register verhindern kann. Dabei geht es nicht um die Fälle des § 16 Abs. 1 mit umgekehrter Parteirolle; denn derjenige, dessen Anmeldung erforderlich ist, kann die Eintragung schon verhindern, indem er seine Mitwirkung verweigert. Eines Widerspruchs bedarf es also nicht. Vielmehr geht es um solche Fälle, in denen jemand an dem Vorgang „beteiligt" ist, ohne dass seine Mitwirkung zwingend erforderlich ist (zu den Einzelheiten s. noch Rn 33 ff). In diesem Fall kann ihm dennoch das Recht zustehen, die Unterlassung der Eintragung zu verlangen, wenn die Eintragung unzulässig wäre. Eine dahingehende Entscheidung des Prozessgerichts würde aber nach allgemeinen Grundsätzen wegen der persönlichen Grenzen der Rechtskraft noch keine Bindung des selbständig entscheidenden Registergerichts begründen. Diese **Bindungswirkung** des Urteils des Prozessgerichts gegenüber dem Registergericht kann über § 16 Abs. 2 hergestellt werden, wenn der Dritte, der die Entscheidung erwirkt hat, der Vornahme der Eintragung widerspricht. In der Sache geht es also um den Schutz des Widersprechenden vor einer seine Rechte gefährdenden Eintragungsverfügung. Ihm wird durch § 16 Abs. 2 ein **vorbeugender Rechtsschutz im Registerverfahren** gewährt, der in seiner Funktion mit der Unterlassungsklage nach § 37 Abs. 2 HGB, § 1004 BGB vergleichbar ist.[4] 2

---

1 Ensthaler/*Müller* Rn 1; Heymann/*Förster* HGB Rn 1; Koller/Kindler/Roth/Drüen/*Roth* Rn 1; Röhricht/v. Westphalen/Haas/*Ries* Rn 1; Schlegelberger/*Hildebrandt*/*Steckhan* Rn 4 ff.

2 Ungeachtet der umstrittenen Rechtsnatur der Anmeldung (dazu § 12 Rn 3 ff) ist man sich im Schrifttum über die grundsätzliche Anwendbarkeit des § 894 ZPO einig; s. bereits Denkschrift zum HGB – *Hahn*/*Mugdan* S. 30; ferner Ebenroth/Boujong/Joost/Strohn/*Schaub* Rn 10; Koller/Kindler/Roth/Drüen/*Roth* Rn 2; MünchKommHGB/*Krafka* Rn 4; Röhricht/v. Westphalen/Haas/*Ries* Rn 5; anders aber augenscheinlich BGH NJW-RR 2002, 538 (539): Die Mitwirkung bei der Anmeldung zum Handelsregister werde nicht nach § 894 ZPO vollstreckt, sondern nach § 16 Abs. 1 S. 1 fingiert.

3 Ebenroth/Boujong/Joost/Strohn/*Schaub* Rn 2; MünchKommHGB/*Krafka* Rn 2; *Kuttner* Urteilswirkungen, S. 101; *Baur* ZGR 1972, 421 (423).

4 *Baur* ZGR 1972, 421 (424).

3. Keine Bindung des Prozessgerichts

3 Nicht von § 16 geregelt wird die Frage, inwieweit das Prozessgericht an Entscheidungen des Registergerichts gebunden ist. Hier gelten die allgemeinen Grundsätze.[5] Das bedeutet, dass bei konstitutiv wirkenden Eintragungen die entstandene Rechtstatsache auch für das Prozessgericht zu beachten ist. Ansonsten besteht keine Bindungswirkung, so dass das Prozessgericht die materielle Rechtslage abweichend beurteilen kann.[6]

II. Der verfahrensrechtliche Rahmen

1. Register- und prozessgerichtliche Entscheidung

4 Bevor auf die Wirkung des § 16 im Einzelnen eingegangen wird, soll in einem ersten Schritt das verfahrensrechtliche Umfeld ausgeleuchtet werden, in das diese Vorschrift eingebettet ist. Dabei ist von dem allgemeinen Grundsatz auszugehen, dass das Registergericht selbständig entscheidet, also **an Entscheidungen des Prozessgerichts nicht gebunden** ist.[7] Dies gilt jedoch nur, wenn nicht andere Bestimmungen über das Verhältnis der freiwilligen zur streitigen Gerichtsbarkeit abweichende Regelungen vorsehen. Eine entsprechende Anordnung trifft zunächst **§ 894 ZPO** (siehe schon Rn 1 und unten Rn 13).[8]

5 Eine Bindungswirkung entfalten weiter **Gestaltungsurteile**, die für und gegen jedermann wirken;[9] sie sind im Gesellschaftsrecht von großer Bedeutung. Als Beispiel sind etwa zu nennen § 117 (Entziehung der Geschäftsführungsbefugnis), § 127 (Entziehung der Vertretungsmacht), § 133 (Auflösung durch gerichtliche Entscheidung), § 140 (Ausschließung eines Gesellschafters), § 246 AktG (Anfechtungsklage), § 275 AktG (Klage auf Nichtigerklärung).[10] Nahezu einhellig wird zuletzt auch eine Bindungswirkung von **rechtskräftigen Leistungs- und Feststellungsurteilen** angenommen, allerdings nur, soweit die persönlichen Grenzen der Rechtskraft reichen.[11] Sind an dem Registerverfahren noch andere Personen als die Prozessparteien beteiligt, kann daher keine Bindungswirkung eintreten.[12]

2. Aussetzung der Verfügung nach §§ 21, 381 FamFG

6 Auch wenn die Entscheidungen des Prozess- und des Registergerichts grundsätzlich unabhängig nebeneinander stehen, kann eine Verbindung zwischen ihnen durch eine gerichtliche Entscheidung nach §§ 21, 381 FamFG hergestellt werden. § 21 Abs. 1 FamFG gestattet dem Registerrichter, die Verfügung auszusetzen, bis ein **für die Verfügung relevantes Rechtsverhältnis** rechtskräftig von dem Prozessgericht entschieden ist. Ist noch kein Rechtsstreit anhängig, kann das Registergericht nach § 381 FamFG eine Frist zur Klageerhebung setzen. Diese beiden Mög-

---

5 MünchKommHGB/*Krafka* Rn 22.
6 Ebenroth/Boujong/Joost/Strohn/*Schaub* Rn 3; mit Bedenken Röhricht/v. Westphalen/Haas/*Ries* Rn 19.
7 S. schon die Denkschrift zum HGB – *Hahn/Mugdan*, S. 29 f; ferner Keidel/*Heinemann* FamFG § 381 Rn 19.
8 Keidel/*Heinemann* FamFG § 381 Rn 22; *Baur* ZGR 1972, 421 f.
9 Keidel/*Heinemann* FamFG § 381 Rn 20; *Ehrenberg* JherJb. 61 (1912), 423 (448, 460).
10 Keidel/*Heinemann* FamFG § 381 Rn 20; *Baur* ZGR 1972, 421 f.
11 OLG Stuttgart OLGZ 70, 419 (421); dazu auch BayObLGZ 1987, 325 (329 f). Weitergehend Schlegelberger/*Hildebrandt/Steckhan* Rn 6: Bereits vollstreckbare Entscheidungen sollen Bindungswirkung entfalten.
12 BayObLGZ 1969, 184 (186); vgl. auch BayObLGZ 1987, 325 (330); Keidel/*Heinemann* FamFG § 381 Rn 23; *Baur* ZGR 1972, 421 f; s. ferner *Schwab* ZZP 77 (1964), 124 (153 f).

lichkeiten liegen im **pflichtgemäßen Ermessen** des Gerichts. Dabei sind die Erfolgsaussichten der Klage sowie die Wirkungen der vorläufigen Nichteintragung abzuwägen.[13]

Die Verfügung auszusetzen, dient einem doppelten Zweck. Die Aussetzung soll einen Entscheidungsgleichklang bewirken und im Interesse der Verfahrensökonomie eine zweite Beweiserhebung überflüssig machen oder jedenfalls in ihrem Umfang einschränken. Dieses **verfahrensökonomische Ziel** würde am effektivsten dann verwirklicht, wenn das Registergericht in der Folge auch an die in der Zwischenzeit ergangene Entscheidung gebunden wäre.[14] Soweit geht die Norm indes nicht. Da die Verfahren des FamFG und der ZPO unterschiedlich strukturiert sind und anderen Zwecken dienen, sind gleichlaufende Entscheidungen zwar erstrebenswert, doch wird dieses Ziel durch das **Gebot sachrichtiger Entscheidungen** überlagert. Das Registergericht soll für die Allgemeinheit befinden und hat deshalb über den Amtsermittlungsgrundsatz auch Aspekte zu beachten, die das Prozessgericht außer Betracht lassen kann. Dieses hat nur zwischen den Parteien zu entscheiden, die aufgrund der Verhandlungsmaxime die Möglichkeit haben, das Urteil in ihrem Sinne auszugestalten.[15] Daher herrscht nahezu einhellige Übereinstimmung, dass die Aussetzungsmöglichkeit der §§ 21, 381 FamFG **keine Vorentscheidung für die Bindung des Registergerichts** an das Prozessgericht trifft.[16] Auch wenn ein Verfahren ausgesetzt wurde, richtet sich die Bindung des Registergerichts nach den allgemeinen Grundsätzen (Rn 4 ff). §§ 21, 381 FamFG machen also nur von dem Gebot, ohne Verzögerung zu entscheiden, eine Ausnahme; Recht und Pflicht zu selbständiger Entscheidung werden dadurch nicht berührt.[17] 7

3. Das Verhältnis von § 16 Abs. 1 HGB und § 21 FamFG

Während es § 21 Abs. 1 FamFG in das pflichtgemäße Ermessen des Registergerichts stellt, ob die Eintragungsverfügung bis zur Rechtskraft eines Urteil ausgesetzt wird (s. Rn 6 f), bestimmt § 16 Abs. 1, dass schon die vorläufige Vollstreckbarkeit einer Entscheidung oder sogar eine einstweilige Verfügung **genügt**, um eine Eintragung vorzunehmen. Die Formulierung „genügen" ließe es durchaus zu, das Registergericht in seiner Eintragungsentscheidung nicht zu binden, sondern ihm auch weiterhin einen Ermessensspielraum zu belassen.[18] Dem Registergericht wäre die Eintragung gestattet, es bliebe aber in sein pflichtgemäßes Ermessen gestellt, ob es von dieser Möglichkeit Gebrauch macht oder die endgültige Klärung des Rechtsstreits abwartet. 8

Diese Lesart wird allerdings dem Charakter der Vorschrift als Vollstreckungshilfe nicht gerecht. Deshalb ist das **Ermessen** des Registergerichts nach § 21 Abs. 1 FamFG im Anwendungsbereich des § 16 Abs. 1 **einzuschränken**. Der Richter ist, soweit die Bindungswirkung der Entscheidung reicht (Rn 4 f), nicht erst mit der Rechtskraft eines Urteils gebunden. Er hat Entscheidungen des Prozessgerichts bereits ab der vorläufigen Vollstreckbarkeit oder dem Zeitpunkt des Verfügungserlasses zu beachten. Selbst wenn das Registergericht davon überzeugt ist, dass der weitere Verfahrensverlauf zu einem anderen Ergebnis führen wird, darf es das **Eintragungsverfahren nicht aussetzen** (zu etwaigen Schadensersatzfolgen für den Anmelder s. Rn 29 ff).[19] Eine Ausnahme von dieser Regelung ist allerdings für solche Fälle anzuerkennen, 9

---

13 Zu den relevanten Abwägungskriterien vgl. *Krafka* Rn 170 ff.

14 Vgl. *Baur* ZGR 1972, 421 (422).

15 *K. Lehmann* ZHR 75 (1914), 518 (524); vgl. auch *Baur* ZGR 1972, 421 (422); *Ehrenberg* JherJb. 61 (1912), 423 (457).

16 Keidel/*Heinemann* FamFG § 381 Rn 19; Röhricht/v. Westphalen/Haas/*Ries* Rn 2, 4; Schlegelberger/*Hildebrandt*/*Steckhan* Rn 5 f; *Baur* ZGR 1972, 421 f; *K. Lehmann* ZHR 75 (1914), 518 (524 f); **aA** *Ehrenberg* JherJb. 61 (1912), 423 (452 ff); *Josef* JherJb. 61 (1912), 197 (227) für das Erbscheinverfahren.

17 Dem folgend Ebenroth/Boujong/Joost/Strohn/*Schaub* Rn 5; s. auch bereits Staub/*Hüffer*[4] Rn 7.

18 Darauf weist Staub/*Hüffer*[4] Rn 8 zutreffend hin.

19 Zu dieser Auffassung Ebenroth/Boujong/Joost/Strohn/*Schaub* Rn 6; Koller/Kindler/Roth/Drüen/*Roth* Rn 4, 6; Röhricht/v. Westphalen/Haas/*Ries* Rn 9; wohl auch Ensthaler/*Müller* Rn 3.

in denen dem Registergericht Tatsachen bekannt werden, die eine andere rechtliche Beurteilung tragen und die das Prozessgericht bei seiner Entscheidung noch nicht berücksichtigen konnte. Das Interesse an der Richtigkeit des Registerinhalts ist dann höher zu bewerten als das Interesse an der baldigen Eintragung, so dass insoweit der übliche Ermessensspielraum erhalten bleibt.[20]

4. Das Verhältnis von § 16 Abs. 2 HGB und § 21 FamFG

10 Der Grundsatz, dass das Registergericht an Entscheidungen des Prozessgerichts nicht gebunden ist (Rn 4), wird auch durch § 16 Abs. 2 durchbrochen. Danach wird es dem Registergericht in dem Fall, dass die Vornahme einer Eintragung vom Prozessgericht für unzulässig erklärt wird, untersagt, die Eintragung gegen den Widerspruch desjenigen vorzunehmen, der die Entscheidung bewirkt hat. Dem Registergericht steht deshalb ausschließlich die Wahl zwischen der **Zurückweisung** der Anmeldung und der **Aussetzung** der Verfügung offen. Weil das erste wenig zweckmäßig ist, drängt § 16 Abs. 2 dazu, von der Aussetzungsmöglichkeit des § 21 Abs. 1 FamFG Gebrauch zu machen. Das macht wiederum eine Abgrenzung der beiden Vorschriften erforderlich.

11 Diese Abgrenzung scheint durch den **Wortlaut** des § 16 Abs. 2 klar vorgezeichnet zu sein: Wo die Voraussetzungen dieser Vorschrift vorliegen, ist der Ermessensspielraum des Gerichts nach § 21 Abs. 1 FamFG eingeschränkt. Dieses wortlautgetreue Ergebnis vermag indes nicht zu überzeugen, wenn man berücksichtigt, dass nach allgemeinen Grundsätzen selbst eine rechtskräftige Entscheidung des Prozessgerichts in der Regel das Registergericht nicht binden kann. Daher wäre es **wertungswidersprüchlich**, wenn die Rechtsschutzwirkung einer vorläufigen, typischerweise einstweiligen Entscheidung weiter reichen könnte als die des endgültigen, also rechtskräftigen Urteils.[21] Eine derartige Rechtsfolge kann § 16 Abs. 2 aus teleologischen Gründen nicht entnommen werden. § 16 Abs. 2 vermag allein die von einer rechtskräftigen Entscheidung ausgehende Bindung in ein früheres Verfahrensstadium vorzuziehen. Dort, wo aber auch die endgültige Entscheidung noch keine Bindungswirkung auslöst, kann eine solche Folge auch über § 16 Abs. 2 nicht herbeigeführt werden.

12 Dieser Wertungswiderspruch kann nur in der Weise aufgelöst werden, dass man § 16 Abs. 2 entgegen seinem zu weit gefassten Wortlaut **teleologisch reduziert.**[22] Eine Einschränkung des richterlichen Ermessens nach § 16 Abs. 2 ist ausschließlich dort anzunehmen, wo auch die rechtskräftige Entscheidung des Prozessgerichts das Registergericht binden könnte (s. Rn 4 f). Jenseits dieser Fälle bleibt der Ermessensspielraum des Registergerichts bestehen.

III. Die Ersetzung der Anmeldung (§ 16 Abs. 1)

1. Tatbestandliche Voraussetzungen

13 **a) Mehrere Beteiligte.** § 16 Abs. 1 S. 1 setzt zunächst voraus, dass an der Anmeldung mehrere Personen beteiligt sind, was in erster Linie in **gesellschaftsrechtlichen Zusammenhängen** der Fall ist.[23] Daraus ergibt sich im Umkehrschluss, dass § 16 unanwendbar ist, wenn zur Anmeldung ein Einzelner genügt, aber auch dann, wenn alle Beteiligten, deren Zusammenwirken er-

---

20 Staub/*Hüffer*[4] Rn 8.

21 Zu dieser ganz hM s. Ebenroth/Boujong/Joost/Strohn/*Schaub* Rn 7; Ensthaler/*Müller* Rn 5; GroßkommAktG/*Wiedemann* § 181 Rn 30; MünchKommHGB/*Krafka* Rn 15, 18; Röhricht/v. Westphalen/Haas/*Ries* Rn 17; Schlegelberger/*Hildebrandt*/*Steckhan* Rn 12; *Baur* ZGR 1972, 421 (426).

22 Für eine restriktive Auslegung Staub/*Hüffer*[4] Rn 10; *Baur* ZGR 1972, 421 (426); vgl. zum Ergebnis aber bereits die Nachw. in Fn 21.

23 Staub/*Hüffer*[4] Rn 11; MünchKommHGB/*Krafka* Rn 5.

forderlich ist, die Anmeldung verweigern.[24] In solchen Fällen kann das Registergericht nur mit Zwangsgeldfestsetzung gem. § 14 vorgehen. Sofern Dritte einen materiell-rechtlichen Anspruch auf die Anmeldung haben, können sie Klage auf Abgabe der Erklärung erheben und dann nach § 894 ZPO vollstrecken. Die Einreichung von Dokumenten wird von § 16 Abs. 1 nicht ersetzt, es muss nach § 888 ZPO vollstreckt werden.[25] Zum Ursprung der Mitwirkungspflicht s. noch Rn 17.

b) Entscheidung des Prozessgerichts. § 16 Abs. 1 verlangt des Weiteren eine **rechtskräftige oder vollstreckbare Entscheidung** des Prozessgerichts.[26] Diese muss nicht den Inhalt des § 894 ZPO haben; es genügen auch Feststellungs- und Gestaltungsentscheidungen.[27] Neben dem rechtskräftigen Urteil (vgl. §§ 300, 325 ZPO) kommen auch das **vorläufig vollstreckbare Urteil** (§ 708 ff ZPO) und die **einstweilige Verfügung** (§§ 935 ff ZPO)[28] in Betracht. Wenn die vorläufige Vollstreckbarkeit des Urteils oder die Vollziehung einer einstweiligen Verfügung von einer Sicherheitsleistung abhängig gemacht wurde, ist der Nachweis, dass die Sicherheit geleistet wurde, vor der Eintragung zu erbringen. Dort, wo durch die Eintragung **irreversible Folgen** eintreten, wie etwa bei der Löschung einer Firma oder der Auflösung einer Gesellschaft, kann eine einstweilige Verfügung als Grundlage nicht ergehen. Hier ist ein Endurteil erforderlich.[29] Entscheidungen anderer Gerichte genügen nicht. Das bedeutet insbesondere, dass die Vorschrift solche Entscheidungen nicht erfasst, die in einem Verfahren der **freiwilligen Gerichtsbarkeit** ergangen sind. 14

Schiedssprüche nach den §§ 1025 ff ZPO sind ebenfalls keine taugliche Grundlage für eine Entscheidung nach § 16 Abs. 1.[30] Zwar hat der Schiedsspruch unter den Parteien die Wirkung eines rechtskräftigen Urteils (§ 1055 ZPO). Jedoch ist der hier ausschlaggebende Unterschied zu einem tatsächlichen Urteil, dass die Parteien den Spruch durch Parteivereinbarung beseitigen können.[31] Die Eintragungsgrundlage stünde so zur Disposition der Parteien, was für ein öffentliches Register nicht akzeptabel wäre. Jedoch können Schiedssprüche dann unter § 16 Abs. 1 fallen, wenn sie **rechtskräftig für vollstreckbar** erklärt wurden (§ 1060 ZPO).[32] Nicht ausreichend sind ferner solche Vollstreckungstitel, die keine Entscheidungen darstellen. Damit sind **Prozessvergleiche** und **vollstreckbare Urkunden** aus dem Tatbestand ausgegrenzt, und zwar auch dann, wenn sie die Verpflichtung beinhalten, eine Tatsache zur Eintragung anzumelden.[33] 15

---

24 Ebenroth/Boujong/Joost/Strohn/*Schaub* Rn 10; Ensthaler/*Müller* Rn 2; Koller/Kindler/Roth/Drüen/*Roth* Rn 5.

25 Ebenroth/Boujong/Joost/Strohn/*Schaub* Rn 10; Staub/*Hüffer*[4] Rn 11; teilw. **aA** Röhricht/v. Westphalen/Haas/*Ries* Rn 6, wonach die Vollstreckung für die Einreichung von Schriftstücken nach § 883 ZPO zu betreiben sei.

26 In der Kommentarliteratur ist die Aussage verbreitet, § 16 Abs. 1 S. 1 setze eine vollstreckbare Entscheidung des Prozessgerichts voraus, wobei ein Feststellungs- oder Gestaltungsurteil genüge; s. etwa Heymann/*Förster* HGB Rn 5 f; Koller/Kindler/Roth/Drüen/*Roth* Rn 5; MünchKommHGB/*Krafka* Rn 4, 6; so auch noch Voraufl. Rn 14 (*Koch*). Dies ist widersprüchlich: Würde § 16 Abs. 1 S. 1 eine vollstreckbare Entscheidung voraussetzen, wären Feststellungs- und Gestaltungsurteile aus seinem Anwendungsbereich ausgenommen, weil sie keinen vollstreckbaren Inhalt haben (allgA, s. nur Zöller/*Seibel* § 704 Rn 2). Dass sowohl Feststellungs- als auch Gestaltungsurteile erfasst sind (s. sogleich), folgt daraus, dass der Wortlaut des § 16 Abs. 1 S. 1 von rechtskräftigen oder vollstreckbaren Entscheidungen spricht; damit ist die Vollstreckbarkeit keine zwingende Voraussetzung für die Anwendung des § 16 Abs. 1 S. 1; zutr. Ebenroth/Boujong/Joost/Strohn/*Schaub* Rn 11.

27 OLG Köln BeckRS 2013, 9764.

28 Vgl. KGJ 37 A 142; BayObLG ZIP 1986, 93 (94).

29 RG LZ 1908, 595; Hopt/*Merkt* Rn 3.

30 BayObLG WM 1984, 809 (810); nahezu einhellige Ansicht: s. Hopt/*Merkt* Rn 3; Ebenroth/Boujong/Joost/Strohn/*Schaub* Rn 13; Koller/Kindler/Roth/Drüen/*Roth* Rn 5; MünchKommHGB/*Krafka* Rn 6; Röhricht/v. Westphalen/Haas/*Ries* Rn 9; dagegen nur *Vollmer* BB 1984, 1774 (1776 ff).

31 OLG Bremen NJW 1957, 1035.

32 BayObLG WM 1984, 809 (810); MünchKommHGB/*Krafka* Rn 6.

33 Zu untauglichen Grundlagen s. KG OLGR 14, 335 (336); KGJ 34 A 122; ferner Heymann/*Förster* HGB Rn 5; Koller/Kindler/Roth/Drüen/*Roth* Rn 5.

16 **c) Inhalt der Entscheidung.** Nach § 16 Abs. 1 S. 1 kann die Anmeldung eines Beteiligten durch eine Entscheidung ersetzt werden, welche seine Verpflichtung zur Mitwirkung bei der Anmeldung oder ein eintragungspflichtiges Rechtsverhältnis gegen ihn feststellt. Dabei ist – obwohl der Wortlaut dies nahelegt – keine Feststellungsklage oder eine auf Feststellung gerichtete Widerklage nach § 256 ZPO erforderlich. Die erforderliche Feststellung ist vielmehr auch in einem **Leistungs- oder Gestaltungsurteil** enthalten, sofern sich aus der Entscheidung ergibt, dass das Prozessgericht die Mitwirkungspflicht oder den Bestand eines eintragungspflichtigen Rechtsverhältnisses bejaht.[34]

17 Die **erste Variante** des § 16 Abs. 1 S. 1 nennt als **Gegenstand der Feststellung** die Pflicht, bei einer Anmeldung zum Handelsregister mitzuwirken. Diese Mitwirkungspflicht muss eine **privatrechtliche Pflicht** gegenüber anderen Personen sein. Die nach § 14 mit Hilfe von Zwangsgeld durchzusetzende Pflicht gegenüber dem Registergericht genügt allein nicht, um den Tatbestand des § 16 Abs. 1 zu erfüllen.[35] Das ergibt sich zwar nicht eindeutig aus dem Gesetzeswortlaut, wohl aber daraus, dass schon ein Urteil des Prozessgerichts wegen fehlender Klagebefugnis nicht erlangt werden könnte, wenn nicht auch ein privatrechtlicher Anspruch bestünde. Als Beispiel für derartige Mitwirkungspflichten sind die Pflichten der Gesellschafter oder Liquidatoren zu nennen (z.B. §§ 108, 125 Abs. 4, 143,[36] 144 Abs. 2, 148, 157 und 175). In diesen Fällen besteht die Pflicht sowohl gegenüber dem Registergericht als auch im Verhältnis der Anmeldepflichtigen untereinander.[37] Zu Besonderheiten im Recht der Kapitalgesellschaften s. noch Rn 19 ff.

18 Nach der **zweiten Variante** des § 16 Abs. 1 S. 1 genügt auch die Feststellung eines eintragungspflichtigen Rechtsverhältnisses. Das **weite Verständnis der Feststellung** (Rn 16) hat insbesondere hier Bedeutung. Als Beispiel sei etwa eine Entscheidung genannt, durch die eine Vertretungsmacht entzogen wird, da darin implizit das Erlöschen der Vertretungsmacht zum Ausdruck kommt.[38] Damit wird eine gesonderte Klage auf Mitwirkung bei der Anmeldung entbehrlich, was unter Gesichtspunkten der Verfahrensökonomie sinnvoll erscheint.[39] Auch **Leistungsurteile** können von dieser Tatbestandsvariante erfasst werden. So schließt ein Urteil, das auf Unterlassung von Vertretungsmaßnahmen nach einer durch den Gesellschaftsvertrag vorgesehenen Abberufung ohne gerichtliches Verfahren erkennt, notwendig die Feststellung ein, dass die Vertretungsmacht erloschen ist.[40]

19 **d) § 16 Abs. 1 S. 1 im Recht der Kapitalgesellschaften.** Neben den in Rn 17 genannten Beispielen aus dem Recht der Personenhandelsgesellschaften kann § 16 auch im Recht der Kapitalgesellschaften Bedeutung zukommen. Hier ist etwa die Anmeldung des Ausscheidens von Vorstandsmitgliedern nach § 81 AktG zu nennen. Ein ausgeschiedenes Mitglied kann die Anmeldung seines eigenen Ausscheidens nicht mehr vornehmen; der Einzelne hat aber einen klagbaren Anspruch auf Anmeldung.[41] Dabei ersetzt § 894 ZPO die Anmeldung, wenn direkt auf Abgabe der Erklärung geklagt wurde.[42]

---

34 Ebenroth/Boujong/Joost/Strohn/*Schaub* Rn 11; Heymann/*Förster* HGB Rn 4; Koller/Kindler/Roth/Drüen/*Roth* Rn 5.

35 MünchKommHGB/*Krafka* Rn 5.

36 Hierzu KG FGPrax 2022, 116 (117).

37 Ebenroth/Boujong/Joost/Strohn/*Schaub* Rn 9; Heymann/*Förster* HGB Rn 7; MünchKommHGB/*Krafka* Rn 5.

38 Beispiel aus der Denkschrift zum HGB – *Hahn*/*Mugdan* S. 30, s. auch MünchKommHGB/*Krafka* Rn 7; Röhricht/v. Westphalen/Haas/*Ries* Rn 9.

39 Röhricht/v. Westphalen/Haas/*Ries* Rn 9.

40 Siehe dazu Staub/*Hüffer*[4] Rn 17.

41 *Koch* § 81 Rn 5.

42 Röhricht/v. Westphalen//Haas/*Ries* Rn 11; KölnKomm-AktG/*Mertens*/*Cahn* § 81 Rn 10; differenzierend GroßkommAktG/*Habersack*/*Foerster* § 81 Rn 9: Bei engem zeitlichen Zusammenhang sollen die Ausgeschiedenen selbst zur Anmeldung befugt sein.

Für die Anmeldung einer Kapitalgesellschaft kommt § 16 Abs. 1 S. 1 nur eine begrenzte praktische Bedeutung zu. Unter rechtsdogmatischen Gesichtspunkten wirft die Regelung hier aber im Hinblick auf die **Höchstpersönlichkeit der Anmeldung** (s. schon § 12 Rn 43 f) Fragen auf. Die früher im Aktienrecht hM lehnte für die Pflicht zur Anmeldung der Gesellschaft durch den Vorstand (§ 36 AktG) bereits eine klageweise Durchsetzung ab. Begründet wurde dies damit, dass bei einer Vollstreckung nach § 894 ZPO die Richtigkeit der nach § 37 AktG erforderlichen **Versicherung** nicht mehr gewährleistet sei.[43] Da die in § 16 Abs. 1 angeordnete Bindung des Registergerichts aber gerade auf einer entsprechenden Entscheidung des Prozessgerichts beruhe, könne die Vorschrift hier nicht zur Anwendung gelangen. Die heute ganz herrschende Gegenansicht lässt eine gerichtliche Durchsetzung der Anmeldung zu, wobei die Vollstreckung wegen der Höchstpersönlichkeit der Anmeldung nicht nach § 894 ZPO, sondern **nach § 888 ZPO** zu erfolgen hat (zu den Folgen für die Anwendung des § 16 s. noch Rn 21).[44] Dieser hM ist grundsätzlich zuzustimmen. Wollte man schon die Klage nicht zulassen, würde man die Durchsetzung zu früh unterbinden, zumal Schadensersatzansprüche aufgrund der Schwierigkeit des Schadensnachweises faktisch ebenfalls ins Leere gehen könnten.[45] Die **Vorgehensweise über § 888 ZPO** lässt die mit der Versicherung verbundene Richtigkeitsgewähr unberührt. Hält der Betroffene die Gründungsvoraussetzungen für nicht erfüllt, kann er dies im Prozess vorbringen[46] und sich nötigenfalls durch Amtsniederlegung vollstreckungsrechtlichen Zwangsmaßnahmen entziehen.[47] 20

Auch wenn demnach ein Urteil des Prozessgerichts grundsätzlich ergehen kann, besteht dennoch **für die Anwendung des § 16 Abs. 1 kein Raum.** Vielmehr lassen sich die gegen eine Anwendung des § 894 ZPO angeführten Bedenken auch auf die Anwendung des § 16 übertragen: Ebenso wie eine Vollstreckung nach § 894 ZPO würde auch die Anwendung des § 16 die Abgabe einer Versicherung und auf diese Weise die damit verbundene Richtigkeitsgewähr unterlaufen.[48] 21

2. Rechtsfolge: Anmeldung durch die übrigen Beteiligten

Sind die Voraussetzungen des § 16 Abs. 1 erfüllt, ist die Anmeldung der übrigen Beteiligten **ausreichend**, aber auch erforderlich. Alle Beteiligten außer dem Verurteilten müssen die Anmeldung vornehmen. Das Prozessgericht, dessen Spruch die Anmeldung eines Beteiligten ersetzt, kann die Eintragung weder anordnen noch darum ersuchen.[49] Wer **Beteiligter** ist, ergibt sich aus den **materiell-rechtlichen Vorschriften**. Einem Dritten, der bei der Anmeldung zum Registergericht nach diesen Vorschriften nicht mitwirken muss, kommt § 16 Abs. 1 S. 1 nicht zugute. Die Anmeldung muss im Übrigen den für sie geltenden Vorschriften entsprechen, namentlich also in der Form des § 12 Abs. 1 erfolgen (hierzu § 12 Rn 22 ff). 22

---

43 *von Godin/Wilhelmi* AktG § 36 Rn 3.

44 *Koch* § 36 Rn 5; GroßkommAktG/*Schall* § 36 Rn 10; KölnKomm-AktG/*A. Arnold* § 36 Rn 10; MünchKommAktG/*Pentz* § 36 Rn 17 f; Röhricht/v. Westphalen/Haas/*Ries* Rn 11; ebenso zum GmbH-Recht auch Noack/Servatius/Haas/*Servatius* GmbHG § 7 Rn 2; *Altmeppen* § 7 Rn 4; Rowedder/*Schmidt-Leithoff* § 7 Rn 6; Scholz/*Veil* § 7 Rn 6; Habersack/Casper/Löbbe/*Ulmer/Casper* § 7 Rn 8 f.

45 GroßkommAktG/*Schall* § 36 Rn 19.

46 GroßkommAktG/*Schall* § 36 Rn 19; Habersack/Casper/Löbbe/*Ulmer/Casper* § 7 Rn 9.

47 Vgl. auch schon Staub/*Hüffer*[4] Rn 16.

48 So für die GmbH auch Scholz/*Veil* § 7 Rn 6; Habersack/Casper/Löbbe/*Ulmer/Casper* § 7 Rn 8 f; **aA** für die AG Voraufl. Rn 16 (*Koch* – für die GmbH dagegen mit abweichender Begründung wie hier).

49 KGJ 4, 36 (38); KGJ 34 A 121; KG JW 1931, 2992 mit zust. Anm. *Cohn*; **aA** für das Recht der Publikumspersonengesellschaften *Reichert/Winter* BB 1988, 981 (991).

3. Prüfungsumfang des Registergerichts

23 Durch die Entscheidung des Prozessgerichts wird allein die Anmeldung eines Beteiligten ersetzt. Das bedeutet, dass es weiterhin Aufgabe des Registergerichts ist, das **Vorliegen der Eintragungsvoraussetzungen** zu prüfen. Das Registergericht ist nur in den Grenzen der Bindungswirkung (Rn 4 f) durch die ergangene Entscheidung festgelegt; insoweit hat es von der inhaltlichen Richtigkeit auszugehen. Ferner ist auch nicht in Frage zu stellen, ob eine Anordnung des vorliegenden Inhalts im Wege der einstweiligen Verfügung getroffen werden konnte.[50]

24 Zu prüfen ist dagegen, ob eine **Entscheidung des Prozessgerichts** i.S.d. § 16 Abs. 1 S. 1 gegeben ist,[51] ob die erforderliche **Anmeldung** durch die übrigen Beteiligten vorliegt, ob es sich um eine **eintragungsfähige Tatsache** handelt[52] und ob für die Vollziehung einer einstweiligen Verfügung die **Monatsfrist** der §§ 929 Abs. 2, 936 ZPO noch nicht abgelaufen ist.[53] Allerdings können Eintragungen aufgrund einstweiliger Verfügungen auch nach Ablauf der Frist vorgenommen werden, solange die Verfügung dem Gegner noch innerhalb der Frist zugestellt und damit vollzogen wurde.[54]

4. Vermerk nach § 18 S. 1 HRV

25 Nach § 18 S. 1 HRV ist bei der Eintragung zu vermerken, dass sie aufgrund einer rechtskräftigen oder vollziehbaren Entscheidung des Prozessgerichts erfolgt ist. So wird die **beschränkte Prüfung** durch das Registergericht im Handelsregister ersichtlich. Dieser Vermerk unterbleibt dann, wenn der Verurteilte seiner Anmeldepflicht nachträglich nachgekommen ist, da die Eintragung dann nicht mehr auf der Entscheidung beruht.[55]

5. Aufhebung der Entscheidung des Prozessgerichts (§ 16 Abs. 1 S. 2)

26 Grundlage der Eintragung nach § 16 Abs. 1 S. 1 ist neben der ordnungsmäßigen Anmeldung der übrigen Beteiligten die Entscheidung des Prozessgerichts. Da dieser Entscheidung durch § 16 Abs. 1 S. 1 schon vor ihrer Rechtskraft Wirkungen zugesprochen werden, muss die Norm auch darauf reagieren können, dass die Entscheidung aufgehoben wird und so die **Eintragungsgrundlage wegfällt**. Daher ordnet § 16 Abs. 1 S. 2 an, dass auf Antrag eines Beteiligten die Aufhebung der Entscheidung in das Register einzutragen ist. Die Urteilsfassung, in der diese Aufhebung formuliert ist, spielt keine Rolle;[56] auch muss die Aufhebung noch nicht rechtskräftig sein.[57] Schließlich ist der Vermerk auch dann einzutragen, wenn die Entscheidung in der Sache zwar unverändert ist, jedoch ihre **vorläufige Vollstreckbarkeit** nach § 717 Abs. 1, 2. Var. ZPO **aufgehoben** wurde.[58] Allerdings ist § 16 Abs. 1 S. 2 nur dann anwendbar, wenn die Entscheidung auch die **Grundlage für die Eintragung** darstellte. Das trifft dann

---

50 KGJ 53 A 91; KG JW 1931, 2992.
51 Heymann/*Förster* HGB Rn 10.
52 KGJ 53 A 92.
53 Ebenroth/Boujong/Joost/Strohn/*Schaub* Rn 17; MünchKommHGB/*Krafka* Rn 9.
54 RGZ 51, 129 (132); KGJ 37 A 142; Schlegelberger/*Hildebrandt*/*Steckhan* Rn 10.
55 Röhricht/v. Westphalen/Haas/*Ries* Rn 12.
56 Staub/*Hüffer*[4] Rn 21.
57 Ebenroth/Boujong/Joost/Strohn/*Schaub* Rn 21.
58 MünchKommHGB/*Krafka* Rn 12.

nicht zu, wenn der Beklagte dem Urteilsspruch gefolgt ist und persönlich an der Anmeldung mitgewirkt hat.[59]

Das **Antragsrecht** nach § 16 Abs. 1 S. 2 steht jedem Beteiligten zu und nicht nur demjenigen, der durch die Aufhebung begünstigt ist. Ein Ersuchen des Prozessgerichts kommt wie schon bei § 16 Abs. 1 S. 1 nicht in Betracht.[60] Einzutragen ist die Aufhebung nach **§ 18 S. 2 HRV** in derselben Spalte, in der die Eintragung nach § 16 Abs. 1 S. 1 vorgenommen worden ist. Das Registergericht hat nicht zu prüfen, ob die Aufhebung zu Recht erfolgte, da auch nicht geprüft wurde, ob die ursprüngliche Entscheidung zu Recht erging. 27

Dem Aufhebungsvermerk kommt nur eine **Warnfunktion** zu. Der Rechtsverkehr wird darauf aufmerksam gemacht, dass die Eintragungsgrundlage fragwürdig geworden ist und ihre spätere Löschung, sei es auf Antrag eines Beteiligten oder von Amts wegen, nicht ausgeschlossen werden kann. Die Eintragung selbst ist daher noch nicht nach § 16 Abs. 1 S. 2 und 3 HRV durch Rötung zu löschen. Dazu kommt es erst, wenn der anzumeldende Vorgang abgeschlossen und endgültig im Register festgehalten ist.[61] 28

6. Schadensersatz bei unberechtigter Eintragung

a) Fallgruppen. Die Eintragung einer Tatsache in das Handelsregister kann Schäden nach sich ziehen. Diese können zum einen **in der Person des gegen seinen Widerspruch Eingetragenen** selbst entstanden sein. So kann eine Person aufgrund einer Entscheidung des Prozessgerichts als Gesellschafter einer OHG eingetragen werden, was nach § 15 Abs. 3 zur unbeschränkten Haftung nach § 128 führt. Zum anderen können aber auch die **anderen Beteiligten** durch die Eintragung betroffen sein. Ein solcher Fall ist etwa in der Weise denkbar, dass das Ausscheiden einer Person, die zuvor die Kreditwürdigkeit der Gesellschaft gestützt hat, gegen den Widerstand einzelner Gesellschafter eingetragen wird und dadurch der Geschäftsgang stark beeinträchtigt wird. 29

b) Zivilprozessuale Anspruchsgrundlagen. War die Entscheidung, aufgrund derer die Eintragung erfolgte, sachlich unrichtig, so fragt sich, nach welchen Grundsätzen die Betroffenen ihre Einbußen ersetzt verlangen können. Eine unmittelbar anwendbare Anspruchsnorm sieht die ZPO nur in den Fällen vor, in denen Schäden aufgrund einer **einstweiligen Verfügung** eintreten, die von Anfang an ungerechtfertigt war. Hier kann nach **§ 945 ZPO** Ersatz verlangt werden. Jenseits dieser Fälle ist keine zivilprozessuale Bestimmung direkt einschlägig. Insbesondere scheidet eine unmittelbare Anwendung des **§ 717 Abs. 2 ZPO** aus: Die Eintragung in das Handelsregister wird **nicht** dadurch zu einem Akt der **Zwangsvollstreckung**, dass sie ihre Grundlage in einer gerichtlichen Entscheidung findet.[62] 30

In Betracht kommt indes eine **analoge Anwendung des § 717 Abs. 2 ZPO**. Sie findet darin ihre Rechtfertigung, dass § 16 Abs. 1 wie § 717 Abs. 2 ZPO eine vollstreckungsähnliche Wirkung hat (s. Rn 1). Wie in § 717 Abs. 2 ZPO geht es auch hier um Schäden, die darauf beruhen, dass eine Partei trotz nicht endgültig geklärter Rechtslage ihre Interessen durchsetzt. Dass in diesem Fall eine Schadensersatzhaftung der vollstreckenden Partei eingreifen soll, wurde mittlerweile auf der Grundlage einer analogen Anwendung des § 717 Abs. 2 ZPO als **Durchsetzungshaftung** 31

---

59 MünchKommHGB/*Krafka* Rn 12; Schlegelberger/*Hildebrandt*/*Steckhan* Rn 11.

60 Heymann/*Förster* HGB Rn 14; Röhricht/v. Westphalen/Haas/*Ries* Rn 13; Schlegelberger/*Hildebrandt*/*Steckhan* Rn 11.

61 Heymann/*Förster* HGB Rn 14; MünchKommHGB/*Krafka* Rn 13; Röhricht/v. Westphalen/Haas/*Ries* Rn 14; Ensthaler/*Müller* Rn 6.

62 Unter gebührenrechtlichen Aspekten ebenso KG Rpfleger 1971, 446 zum damaligen § 57 BRAGO.

zu einem allgemeinen Rechtsgedanken fortentwickelt,[63] der auch auf § 16 übertragen werden kann.[64] Was den Umfang der Durchsetzungshaftung angeht, sind alle nach §§ 249 ff BGB zu ersetzenden Schäden umfasst.[65] Darunter fallen auch **Folgeschäden**, die erst dadurch entstehen, dass zu der Eintragung noch weitere Umstände hinzutreten.

32 **c) Zivilrechtliche Anspruchsgrundlagen.** Aus dem allgemeinen Zivilrecht kann gegen Mitgesellschafter unter Umständen eine Verantwortung aus § 280 BGB aufgrund einer **Pflichtverletzung des Gesellschaftsvertrags** gegeben sein. Liegt zu der betroffenen Person keine Vertragsverbindung vor (wenn der Betreffende gerade nicht Gesellschafter ist), ist ein Anspruch aus § 280 BGB in Verbindung mit einem vorvertraglichen Schuldverhältnis (§ 311 BGB) denkbar. Zum Haftungsumfang gilt das in Rn 31 Gesagte.

IV. Vorbeugender Rechtsschutz im Registerverfahren (§ 16 Abs. 2)

1. Die tatbestandlichen Voraussetzungen

33 **a) Entscheidung des Prozessgerichts.** Der Schutz, den § 16 Abs. 2 vor einer Eintragung in das Handelsregister gewährt (s. Rn 2), setzt zunächst eine Entscheidung des Prozessgerichts voraus, mit der die Eintragung für unzulässig erklärt wird. Nach dem Wortlaut nicht erfasst sind Entscheidungen, die nur die **Einreichung** eines Dokuments – namentlich einer Gesellschafterliste (§ 40 GmbHG) – verbieten.[66] Gleichwohl wird im Schrifttum mit beachtlichen Argumenten für eine analoge Anwendung auf Fälle der Einreichung plädiert.[67] Die Entscheidung muss entweder **rechtskräftig oder vollstreckbar** sein, so dass neben Urteilen auch einstweilige Verfügungen in Betracht kommen.[68] Inhaltlich muss die Entscheidung **ihrem Tenor nach auf Unzulässigkeit der Eintragung** gerichtet sein; eine Feststellung über ein nicht bestehendes Rechtsverhältnis reicht nicht aus.[69] Das ergibt sich aus einem Umkehrschluss zu § 16 Abs. 1, in dem die Feststellung gesondert genannt ist.[70] Da der Kläger keinen Anspruch gegen das Registergericht hat, die Eintragung zu unterlassen,[71] kann **materiell-rechtliche Grundlage** für eine solche Entscheidung nur ein Anspruch des Klägers auf Nichtvornahme der Anmeldung zum Handelsregister sein. Dieser Anspruch kann sich etwa ergeben aus § 37 Abs. 2 gegen einen unberechtigten Firmengebrauch, aus § 112 gegen einen verbotenen Wettbewerb oder auch aus dem Anfechtungsrecht des Aktionärs (§ 245 AktG).[72]

---

63 Staub/*Hüffer*[4] Rn 23; zur Durchsetzungshaftung ausführlich *Häsemeyer* Schadenshaftung im Zivilrechtsstreit, 1979, S. 22 ff; *Hopt* Schadensersatz aus unberechtigter Verfahrenseinleitung, 1968; *Pecher* Die Schadensersatzansprüche aus unberechtigter Vollstreckung, 1967, S. 41 ff; zur weitreichenden analogen Anwendung des § 717 Abs. 2 ZPO vgl. die Nachweise bei Zöller/*Herget* § 717 Rn 4 f.

64 So zutreffend Staub/*Hüffer*[4] Rn 23.

65 BGHZ 69, 373 (376) = NJW 1978, 163; zum Schaden ausf. Zöller/*Herget* § 717 Rn 6 ff.

66 S. KG GmbHR 2016, 416; BeckOGK-HGB/*Schaal* Rn 47; BeckOK-HGB/*Müther* Rn 13. Zur Möglichkeit einstweiligen Rechtsschutzes gegen Einreichung der Gesellschafterliste s. BGH NZG 2014, 184 Rn 39.

67 Zur Gesellschafterliste s. *Otto* GmbHR 2016, 419 (423) mit einem Verweis auf die Praxis § 382 Abs. 4 FamFG, der ebenfalls nur von Eintragungen spricht, aber auch auf Fälle der Einreichung angewendet wird; so auch im Ergebnis *Fluck* GmbHR 2017, 67 (69 f).

68 Dazu BVerfG WM 2004, 2354; LG Heilbronn AG 1971, 372.

69 BayObLG LZ 1909, 564 (566); Ebenroth/Boujong/Joost/Strohn/*Schaub* Rn 28; Koller/Kindler/Roth/Drüen/*Roth* Rn 9; MünchKommHGB/*Krafka* Rn 15; Röhricht/v. Westphalen/Haas/*Ries* Rn 15.

70 **AA** *Ehrenberg* JherJb. 61 (1912), 423 (463 f), der es für ebenso plausibel hält, dass der Gesetzgeber dies schlicht als selbstverständlich angesehen habe.

71 MünchKommHGB/*Krafka* Rn 15.

72 Zu § 245 AktG s. LG Heilbronn AG 1971, 372.

b) Widerspruch. Der obsiegende Kläger muss der Eintragung widersprechen. Erst dieser Widerspruch macht die Eintragung unzulässig; die Gerichtsentscheidung ist lediglich die Voraussetzung dafür, dass der Widerspruch vom Registergericht zu beachten ist. Das Recht zum Widerspruch steht jedem zu, nicht nur den Verfahrensbeteiligten i.S.d. § 16 Abs. 1 S. 1. Der Widerspruch ist **formlos** möglich und kann auch konkludent durch Einreichung des Urteils bei dem Registergericht eingelegt werden, wenn sich der Betreffende erkennbar gegen eine vorgesehene Eintragung wendet.[73] 34

Ein Widerspruch, der **nach einer erfolgten Eintragung** eingelegt wird, hat **keine Wirkung** mehr. Allein aufgrund der vorliegenden gerichtlichen Entscheidung kann keine Löschung verlangt werden.[74] Es steht dem Berechtigten aber frei, ein entsprechendes Verfahren anzuregen (vgl. §§ 395 ff FamFG).[75] Je nach Sachverhalt kann dem Widerspruchsberechtigten auch ein materiell-rechtlicher Anspruch gegen einen an der Anmeldung Beteiligten auf Abgabe eines Löschungsantrags zustehen.[76] Zu denken ist etwa an die Vorschriften des § 37 HGB oder § 1004 BGB. 35

2. Rechtsfolge

a) Unzulässigkeit der Eintragung. Liegen die Voraussetzungen des § 16 Abs. 2 vor, so darf das Registergericht die Eintragung nicht vornehmen. Entgegen dem Eindruck, den der Wortlaut der Vorschrift vermittelt, ist das Registergericht jedoch nicht schlechthin an die Entscheidung des Prozessgerichts gebunden (s. Rn 4 f). Die Eintragung ist dem Registergericht vielmehr nur untersagt, soweit die Bindungswirkung reicht. Ist das nicht der Fall, weil auch eine rechtskräftige Entscheidung keine Bindung auslösen würde, hat das Registergericht gem. § 21 Abs. 1 FamFG eine **Ermessensentscheidung** nach allgemeinen Grundsätze zu treffen.[77] Diese kann auch trotz der Entscheidung des Prozessgerichts zugunsten der Anmeldenden ausfallen. So kann etwa für eine Eintragung ein besonderes Eilbedürfnis zu berücksichtigen sein, das einer Aussetzung entgegensteht.[78] 36

Soweit eine **Bindung des Registergerichts** besteht, hat das Registergericht nicht zu prüfen, ob die Entscheidung des Prozessgerichts zu Recht ergangen ist. Es muss die Eintragung auch dann unterlassen, wenn es die Entscheidung für unrichtig hält. Eine für die Praxis bedeutsame Bindung an das Prozessgericht besteht bei Gestaltungsurteilen im Gesellschaftsrecht, namentlich bei erfolgreichen Anfechtungsklagen gegen Hauptversammlungsbeschlüsse.[79] 37

Wird die **Entscheidung**, in der die Unzulässigkeit der Eintragung ausgesprochen wird, wieder **aufgehoben**, ist das Registergericht daran nicht gebunden. Es kann einen Antrag auf Eintragung auch aus den Gründen ablehnen, auf die sich die aufgehobene Entscheidung gestützt hatte, da mit der Aufhebung lediglich die Rechtsbeziehung zwischen einem Dritten und einem Beteiligten geregelt wird.[80] Eine dem § 16 Abs. 1 S. 2 ähnliche Regelung enthält § 16 Abs. 2 gerade nicht. Ebenso wenig entsteht eine Bindung des Registergerichts, wenn eine Klage, die darauf gerichtet war, eine Eintragung für unzulässig zu erklären, **abgewiesen** wird. § 16 Abs. 2 ist hier 38

---

73 Allgemeine Auffassung, s. nur Heymann/*Förster* HGB Rn 17; MünchKommHGB/*Krafka* Rn 16; Röhricht/v. Westphalen/Haas/*Ries* Rn 16.

74 Ebenroth/Boujong/Joost/Strohn/*Schaub* Rn 33; Koller/Kindler/Roth/Drüen/*Roth* Rn 9; MünchKommHGB/*Krafka* Rn 16; Schlegelberger/*Hildebrandt*/*Steckhan* Rn 12.

75 HK-HGB/*Ruß* Rn 3; MünchKommHGB/*Krafka* Rn 16; Röhricht/v. Westphalen/Haas/*Ries* Rn 17.

76 Ensthaler/*Müller* Rn 7.

77 Keidel/*Sternal* FamFG § 21 Rn 21.

78 Dazu BayObLG Rpfleger 1983, 74; Röhricht/v. Westphalen/Haas/*Ries* Rn 17.

79 Vgl. LG Heilbronn AG 1971, 372; Ebenroth/Boujong/Joost/Strohn/*Schaub* Rn 31.

80 Heymann/*Förster* HGB Rn 20; Schlegelberger/*Hildebrandt*/*Steckhan* Rn 12; *Ehrenberg* in: Ehrenbergs Hdb., S. 577 f; *ders.* JherJb. 61 (1912), 423 (455, 467); *K. Lehmann* ZHR 75 (1914), 518 (524 f).

nicht analog anwendbar, so dass der obsiegende Beklagte aus der Abweisung keinen Anspruch auf Eintragung herleiten kann.[81]

39 **b) Eintragung trotz Widerspruch.** Hat das Registergericht unter Verstoß gegen § 16 Abs. 2 eine Eintragung vorgenommen, steht dem Widerspruchsführenden das **Rechtsmittel der Beschwerde** zu (§§ 58, 59 FamFG), die darauf gerichtet ist, eine Löschung herbeizuführen.[82] Zwar kann mit der Beschwerde grundsätzlich nicht gegen eine Eintragung vorgegangen werden (vgl. § 8 Rn 133); hier jedoch richtet sich das Rechtsmittel nicht gegen die Eintragung als solche, sondern gegen die Nichtbeachtung des Widerspruchs.[83]

3. Sonderproblem: § 16 Abs. 2 und einstweiliger Rechtsschutz im aktienrechtlichen Anfechtungsrecht

40 **a) Wortlautgetreue Auslegung.** Die Anfechtung eines Hauptversammlungsbeschlusses hat auf seine Eintragungsfähigkeit grundsätzlich keine Auswirkungen. Das Registergericht hat weiterhin die nach § 21 FamFG erforderliche Ermessensentscheidung zu treffen (s. bereits § 8 Rn 110).[84] Bei wortlautgetreuer Anwendung könnte jedoch eine rechtlich wirksame **Registersperre** durch einen Widerspruch nach § 16 Abs. 2 auf Grundlage einer einstweiligen Verfügung geschaffen werden. Entscheidungen in Anfechtungsverfahren lösen – auch wenn sie nur im Wege einer einstweiligen Verfügung ergehen – aufgrund ihrer Gestaltungswirkung grundsätzlich eine Bindungswirkung gegenüber dem Registergericht aus (s. Rn 5). Die Eintragung könnte also über § 16 Abs. 2 verhindert werden, wenn dem Vorstand der AG mittels einstweiliger Verfügung die Anmeldung des Beschlusses untersagt oder die Rücknahme eines bereits gestellten Eintragungsantrags geboten wird.

41 **b) Meinungsstand.** Dieses wortlautgetreue Ergebnis entspricht der bislang ganz hM.[85] Nachdem der Gesetzgeber im Zuge des UMAG[86] in § 246a AktG allerdings ein besonderes Freigabeverfahren mit dem erklärten Ziel eingeführt hat, die Eintragung angefochtener Beschlüsse zu erleichtern (s. dazu bereits § 8 Rn 108 f),[87] sind Stimmen laut geworden, die dafür plädieren, im Bereich des § 246a AktG eine einstweilige Verfügung zumindest dann generell auszuschließen,

---

81 Röhricht/v. Westphalen/Haas/*Ries* Rn 18; zur „spiegelbildlichen Anwendung" des § 16 Abs. 2 *Timm* in: Missbräuchliches Aktionärsverhalten, S. 1 (25 f); *Timm/Schick* DB 1990, 1221 (1223).

82 BayObLG LZ 1909, 564 (565 f) sowie die folgende Fn.

83 Ganz überwiegende Ansicht: Ebenroth/Boujong/Joost/Strohn/*Schaub* Rn 33; Heymann/*Förster* HGB Rn 19; Koller/Kindler/Roth/Drüen/*Roth* Rn 9; MünchKommHGB/*Krafka* Rn 17; Röhricht/v. Westphalen/Haas/*Ries* Rn 17; **aA** GroßkommAktG/*Wiedemann* § 181 Rn 31: Erfolge die Eintragung, werde der Widerspruch gegenstandslos; es könne nur noch ein Amtslöschungsverfahren nach §§ 395, 396 FamFG angeregt werden; so wohl auch *Ehrenberg* JherJb. 61 (1912), 423 (466 f).

84 Vgl. schon KGJ 21 A 240 ff; *Drinkuth* AG 2006, 142 (143).

85 Grundlegend *A. Hueck* Anfechtbarkeit und Nichtigkeit von Generalversammlungsbeschlüssen bei Aktiengesellschaften, 1924, S. 183 ff; im Anschluss daran BVerfG WM 2004, 2354; OLG Frankfurt aM WM 1982, 282; OLG München NZG 2007, 152 (153 f); OLG Nürnberg GmbHR 1993, 588 (589); *Noack*/Servatius/Haas/ Anh. § 47 Rn 205; Keidel/*Heinemann* FamFG § 381 Rn 25; MünchKommAktG/*Schäfer* § 243 Rn 153 ff.

86 Gesetz zur Unternehmensintegrität und Modernisierung des Anfechtungsrechts (UMAG) v. 22.9.2005, BGBl. I, S. 2802.

87 Zur Einführung des § 246a AktG s. *J. Koch* ZGR 2006, 769 (797 ff); *Seibert/Schütz* ZIP 2004, 252 (256 ff); *Veil* AG 2005, 567 (570 ff); *Wilsing* ZIP 2004, 1082 ff.

wenn ein Freigabeverfahren bereits eingeleitet ist.[88] Damit wäre auch der Anwendung des § 16 Abs. 2 die Grundlage entzogen. Andere verlangen dagegen, den Erlass einstweiliger Verfügungen aus Gründen der Waffengleichheit **unbeschränkt** zu gestatten.[89]

c) Stellungnahme. Unbestritten dürfte sein, dass eine einstweilige Verfügung jedenfalls bei solchen Beschlüssen weiterhin möglich ist, für die ein **Freigabeverfahren nicht vorgesehen** ist und deshalb auch keine Sperrwirkung entfalten kann.[90] Ebenso sollten keine Zweifel daran bestehen, dass bei Beschlüssen, deren Anfechtung bereits eine **Registersperre** auslöst (§ 16 UmwG, § 319 Abs. 6 AktG), eine einstweilige Verfügung unzulässig ist. Die Eintragung muss dann nicht noch weitergehend per einstweiliger Verfügung verhindert werden können, so dass § 16 UmwG mitsamt dem darin enthaltenen Freigabeverfahren als lex specialis zu §§ 935 ff ZPO anzusehen ist.[91] 42

Im **Anwendungsbereich des § 246a AktG** ist die Registersperre mit Hilfe der einstweiligen Verfügung i.V.m. § 16 Abs. 2 jedenfalls dann nachrangig, wenn ein solches **Verfahren bereits eingeleitet** wurde. Mit der Einführung dieser Vorschrift hat der Gesetzgeber ein sorgfältig austariertes Regelungsregime geschaffen, das den Konflikt zwischen dem Vollzugsinteresse der Gesellschaft und dem Aussetzungsinteresse der Aktionäre auflösen soll. Diese speziellere Regelung darf nicht durch den Rückgriff auf die allgemeinere Möglichkeit vorläufigen Rechtsschutzes i.V.m. § 16 Abs. 2 unterlaufen werden. Wurde ein solches Verfahren nicht beantragt, ist ein **abstrakter Vorrang** des § 246a AktG hingegen zu verneinen.[92] Der Anfechtungskläger hat auf ein mögliches Freigabeverfahren keinen Einfluss. Leitet die AG das Verfahren nicht ein, muss dem Kläger dennoch eine Handlungsmöglichkeit gegeben sein. Er darf nicht auf einen spezielleren Rechtsschutz verwiesen werden, wenn dieser ihm nicht zugänglich ist.[93] 43

Fraglich kann in dieser letztgenannten Konstellation allenfalls sein, wie sich ein **nachträglicher Freigabeantrag** nach § 246a AktG auf die beantragte einstweilige Verfügung auswirkt. Teilweise wird angenommen, dass die einmal eingetretene Registersperre davon unberührt bleibe.[94] Vorzugswürdig ist die Gegenauffassung, wonach ein Freigabeantrag, der nach dem Antrag auf eine einstweilige Verfügung, aber **noch vor ihrem Erlass** gestellt wird, den Verfügungsantrag unzulässig macht.[95] Es soll nicht ein „Windhundrennen"[96] darüber entscheiden, nach welchen Regeln die Interessenkollision aufgelöst wird, sondern es muss sich das Verfahren durchsetzen, das speziell auf diesen Konflikt zugeschnitten ist. Diese Überlegung spricht dafür, auch dann, wenn die **Verfügung schon ergangen** ist und erst danach ein Freigabeverfahren angeregt wurde, den Vorrang des § 246a AktG anzunehmen. Dies könnte in der Weise geschehen, dass die Gesellschaft nach § 927 ZPO die Aufhebung der einstweiligen Verfügung beantragt.[97] Dieser Freigabeantrag kann sodann eine für § 927 ZPO relevante Änderung der Umstände darstellen. 44

---

88 *Noack*/Servatius/Haas Anh. § 47 Rn 205; *Kort* NZG 2007, 169 (170); vgl. auch bereits *dens.* BB 2005, 1577; zu den Einzelheiten des Streitstands vgl. noch Rn 42 ff.
89 Vgl. K. Schmidt/Lutter/*Schwab* § 246a Rn 36 f mit weiteren Erläuterungen zu den Konsequenzen, die sich aus der Parallelität beider Verfahren ergeben würden.
90 Zum Anwendungsbereich des § 246a AktG vgl. statt aller *Koch* § 246a Rn 1.
91 *Kort* BB 2005, 1577 (1581).
92 Vgl. *Koch* § 246a Rn 14.
93 So *Kort* NZG 2007, 169 (171).
94 So augenscheinlich *Kort* NZG 2007, 169 (171).
95 *Koch* § 246a Rn 27.
96 *Kort* NZG 2007, 169 (171).
97 Zu Konstellationen, in denen das einstweilige Rechtsschutzverfahren „erledigt" sein kann, s. *Heinze* ZGR 1979, 293 (317 f).

4. Schadensersatz bei zu Unrecht unterbliebener Eintragung

45 Unterbleibt aufgrund des Widerspruchs nach § 16 Abs. 2 eine Eintragung in das Handelsregister, können damit für den Anmelder erhebliche Schäden verbunden sein, etwa in Form entgangenen Gewinns (§ 252 BGB), wenn eine Firma nicht genutzt oder ein Unternehmensvertrag nicht angemeldet werden kann (dazu noch Rn 46). Damit stellt sich auch hier die Frage nach einem Schadensersatzanspruch, wenn sich der **Widerspruch als unberechtigt** herausstellt. Abgesehen von den Verfügungsfällen (§ 945 ZPO) gibt es keine über § 826 BGB hinausgehende allgemein anerkannte Lösung. In Einzelfällen kann über die Figur des Rechts am eingerichteten und ausgeübten Gewerbebetrieb § 823 Abs. 1 BGB zur Anwendung gelangen; denn die Untersagung, eine Eintragung vorzunehmen, ist vergleichbar mit der Fallgruppe unberechtigter Schutzrechtsverwarnungen:[98] In beiden Fällen wird zu Unrecht untersagt, ein Immaterialgut zu beanspruchen. Dazu können spezialgesetzliche Ansprüche treten wie etwa § 9 UWG oder auch der namensrechtliche Firmenschutz. Ebenso wie bei § 16 Abs. 1 ist auch hier an einen Anspruch aus **§ 717 Abs. 2 ZPO** analog zu denken (s. Rn 31).

46 Besonders hohe Schäden können auch in **Konzernsachverhalten** entstehen, etwa wenn es ein Minderheitsaktionär per einstweiliger Verfügung und Widerspruch verhindert, dass die Anmeldung eines **Unternehmensvertrages** durch den Vorstand der Gesellschaft nach § 294 AktG in das Register eingetragen wird. Dabei stellt sich hier das Zusatzproblem, wie eine etwaige Schadensersatzpflicht des Aktionärs aus § 945 ZPO mit dem **notwendigen Minderheitenschutz** in Einklang gebracht werden kann. Zwar besteht kein Anlass, den Minderheitsaktionär von jeder Haftung freizustellen; ihn mit dem vollen Schadensrisiko zu belasten, ist aber wohl gleichfalls kaum vertretbar. Denn daraus erwüchse die Gefahr, dass der Minderheitenschutz faktisch beschnitten wird, weil das drohende Haftungsrisiko die Bereitschaft vermindert, bestehende Minderheitenrechte auch auszuüben.

47 Im Schrifttum wurde deshalb vorgeschlagen, auf der Grundlage der allgemeinen Prozesskostenregel des § 247 AktG im Wege einer offenen richterlichen Rechtsfortbildung eine **Reduktionsklausel** zu entwickeln.[99] Dieser Gedanke hat sich jedoch in Ermangelung einer tragfähigen gesetzlichen Grundlage nicht durchsetzen können.[100] Stattdessen verbleibt die Schadensminderung über ein **Mitverschulden nach § 254 BGB**, der auch im Rahmen der verschuldensunabhängigen Ansprüche aus § 717 Abs. 2 ZPO oder § 945 ZPO anzuwenden ist.[101] Als Anknüpfungspunkt für ein solches Mitverschulden wird man in vielen Fallgestaltungen auf das neue Freigabeverfahren nach § 246a AktG zurückgreifen können. Unternimmt die Gesellschaft bei einem angefochtenen Beschluss keinen Versuch, die Freigabe zu erreichen, kann eine **Ersatzpflicht** des Klägers nach § 254 BGB **ausgeschlossen** sein.

---

98 S. dazu nur MünchKommBGB/*Wagner* § 823 Rn 374 ff.

99 Staub/*Hüffer*[4] Rn 31; *Heinze* ZGR 1979, 293 (319 ff); zumindest de lege ferenda sympathisierend auch *Baums* Gesellschafterbeschlüsse, S. 166; *ders.* BB 1981, 262.

100 *Baums* Gesellschafterbeschlüsse, S. 166; *ders.* BB 1981, 262.

101 Staub/*Hüffer*[4] Rn 31; Zur Anwendbarkeit des § 254 BGB in solchen Fällen RGZ 54, 345 (347); RGZ 143, 118 (122 f); BGH DB 1973, 2342; BGH NJW 1978, 2024.

NEUNTER ABSCHNITT **Bußgeldvorschriften**

§ 104a Bußgeldvorschrift

(1) [1]Ordnungswidrig handelt, wer vorsätzlich oder leichtfertig entgegen § 8b Abs. 3 Satz 1 Nr. 2 dort genannte Daten nicht, nicht richtig oder nicht vollständig übermittelt. [2]Die Ordnungswidrigkeit kann mit einer Geldbuße bis zu zweihunderttausend Euro geahndet werden.

(2) Verwaltungsbehörde im Sinne des § 36 Abs. 1 Nr. 1 des Gesetzes über Ordnungswidrigkeiten ist die Bundesanstalt für Finanzdienstleistungsaufsicht.

Schrifttum

Canzler/Hammermaier, Die Verfolgung und Ahndung wertpapierrechtlicher Delinquenz durch die Wertpapieraufsicht der BaFin: Das kapitalmarktrechtliche Bußgeldverfahren, AG 2014, 57; *Mülbert/Steup*, Das zweispurige Regime der Regelpublizität nach Inkrafttreten des TUG – Nachbesserungsbedarf aus Sicht von EU- und nationalem Recht, NZG 2007, 761; vgl. auch die Nachweise zu § 8b.

Übersicht

I. Regelungsgegenstand und Regelungszweck

1 § 104a Abs. 1 enthält eine **Bußgeldvorschrift**. Die Vorschrift sanktioniert Verstöße gegen § 8b Abs. 3 S. 1 Nr. 2, der die Verpflichtung zur Übermittlung der in § 8b Abs. 2 Nr. 4, 9 und 10 aufgezählten **Rechnungslegungsdaten** sowie der **kapitalmarktrelevanten Informationen** an das Unternehmensregister statuiert (s. dazu § 8b Rn 22 f, 36 ff). Werden die in § 8b Abs. 2 Nr. 4, 9 und 10 genannten Daten nicht, nicht richtig oder nicht vollständig an das Unternehmensregister übermittelt, droht dem Übermittlungspflichtigen eine Geldbuße bis zu € 200.000. Hierdurch soll ein Anreiz gesetzt werden, die für die **Vollständigkeit, Zuverlässigkeit und Aktualität des Unternehmensregisters** erforderlichen Daten zeitnah beizubringen.[1] Die Vorschrift des § 104a Abs. 1 verfolgt insofern eine verhaltenssteuernde Funktion.[2] Durch Androhung einer Sanktion soll sie den Normadressaten dazu bewegen, die gegenständlichen Daten richtig und vollständig zu übermitteln. Sie ist im Zusammenhang mit den Bußgeldtatbeständen des § 120 WpHG zu lesen, die Verstöße gegen die Pflicht zur aktiven Verbreitung kapitalmarktrelevanter Informationen und zur Unterrichtung der Bundesanstalt für Finanzdienstleistungsaufsicht (BaFin) ihrerseits bußgeldbewehren (zu der damit verbundenen Kritik s. noch Rn 5). § 104a Abs. 2 weist die **sachliche Zuständigkeit** der BaFin zu.

1 Deutlich auch BeckOK-HGB/*Moussa* Rn 1.

2 Vgl. auch RegE Transparenzrichtlinie-Umsetzungsgesetz (TUG) BT-Drucks. 16/2498, S. 54 (effektiv vorbeugen); ferner BeckOGK-HGB/*Herresthal* Rn 6; MünchKommHGB/*Krafka* Rn 1; BeckOK-HGB/*Moussa* Rn 1.

https://doi.org/10.1515/9783110564440-032

II. Normursprung

2 § 104a geht auf das Transparenzrichtlinie-Umsetzungsgesetz[3] zurück und ist zum 20.1.2007 in Kraft getreten. Die Vorschrift trägt der Vorgabe aus **Art. 28 Abs. 1 Transparenzrichtlinie**[4] Rechnung. Danach haben die Mitgliedstaaten bei Verstößen gegen aufgrund der Richtlinie erlassenen Rechtsvorschriften das Ergreifen von Verwaltungsmaßnahmen oder das Verhängen von Sanktionen zu ermöglichen, die wirksam, verhältnismäßig und abschreckend sind. Im Zuge der Umsetzung der **Transparenzrichtlinie-Änderungsrichtlinie**[5] hat der deutsche Gesetzgeber Bußgeldrahmen in der Bußgeldvorschrift des WpHG (seit dem 3.1.2018 § 120 WpHG, zuvor geregelt in § 39 WpHG a.F.) erhöht.[6] Die entsprechende Regelung in § 104a hat er dagegen nicht angepasst. Im Zuge des **DiRUG**[7] wurde der Anwendungsbereich des § 104a erweitert, ohne dass dies im Wortlaut der Vorschrift unmittelbar zum Ausdruck kommt: § 104a Abs. 1 S. 1 knüpft als Blanketttatbestand an § 8b Abs. 3 S. 1 Nr. 2 an, der seit dem Inkrafttreten des DiRUG über den Verweis auf § 8b Abs. 2 Nr. 4 und die Nennung der Unterlagen, die dauerhaft hinterlegt werden sollen, auch die Rechnungslegungsdaten erfasst.

III. Rechtspolitische Würdigung

3 Die Berechtigung des § 104a wird teilweise in Zweifel gezogen.[8] Hintergrund ist der Umstand, dass die Übermittlungspflicht an das Unternehmensregister lediglich der Speicherung von Informationen dient, die bereits **anderweitig bußgeldbewehrten Veröffentlichungs- und Mitteilungspflichten** unterliegen (s. auch Rn 2).[9] Wird gegen diese anderweitigen Pflichten verstoßen, weist der Verstoß gegen die Pflichten nach § 8b Abs. 3 S. 1 Nr. 2 keinen eigenständigen Unrechtsgehalt auf.[10] Die Schlussfolgerung, bei Verstößen gegen die Pflichten nach § 8b Abs. 3 S. 1 Nr. 2 handele es sich regelmäßig um „zwangsläufige Folgeverstöße“, sodass die eigenständige Sanktionierung durch § 104a letztlich überfüssig sei, bleibt gleichwohl zu pauschal. Zumindest denkbar bleibt nämlich, dass allein die Übermittlung an das Unternehmensregister unterbleibt bzw. unrichtig oder unvollständig erfolgt.[11] Die Vorschrift des § 104a hat daher einen zwar **engen**, aber eben doch einen verbleibenden **Anwendungsbereich** und somit eine Daseinsberechtigung.

---

3 Gesetz zur Umsetzung der Richtlinie 2004/109/EG des Europäischen Parlaments und des Rates vom 15.12.2004 zur Harmonisierung der Transparenzanforderungen in Bezug auf Informationen über Emittenten, deren Wertpapiere zum Handel auf einem geregelten Markt zugelassen sind, und zur Änderung der Richtlinie 2001/34/EG (Transparenzrichtlinie-Umsetzungsgesetz – TUG) vom 5.1.2007, BGBl. I 2007, S. 10.

4 Richtlinie 2004/109/EG v. 15.12.2004 zur Harmonisierung der Transparenzanforderungen in Bezug auf Informationen über Emittenten, deren Wertpapiere zum Handel auf einem geregelten Markt zugelassen sind, und zur Änderung der Richtlinie 2001/34/EG, ABl. EG Nr. L 390/38.

5 Richtlinie 2013/50/EU des Europäischen Parlaments und des Rates v. 22.10.2013 zur Änderung der Richtlinie 2004/109/EG des Europäischen Parlaments und des Rates zur Harmonisierung der Transparenzanforderungen in Bezug auf Informationen über Emittenten, deren Wertpapiere zum Handel auf einem geregelten Markt zugelassen sind, der Richtlinie 2003/71/EG des Europäischen Parlaments und des Rates betreffend den Prospekt, der beim öffentlichen Angebot von Wertpapieren oder bei deren Zulassung zum Handel zu veröffentlichen ist, sowie der Richtlinie 2007/14/EG der Kommission mit Durchführungsbestimmungen zu bestimmten Vorschriften der Richtlinie 2004/109/EG, ABl. EU Nr. L 294/13.

6 Vgl. Art. 1 Nr. 30 des Gesetzes zur Umsetzung der Transparenzrichtlinie-Änderungsrichtlinie v. 20.11.2015, BGBl. I 2015, S. 2029.

7 Gesetz zur Umsetzung der Digitalisierungsrichtlinie (DiRUG) v. 5.7.2021, BGBl. I S. 3338.

8 MünchKommHGB/*Krafka* Rn 2: an sich unnötige Doppelnormierung.

9 Vgl. auch *Liebscher/Scharff* NJW 2006, 3745 (3749): Sammelfunktion des Unternehmensregisters.

10 Siehe auch *Mülbert/Steup* NZG 2007, 761 (770).

11 Treffend BeckOGK-HGB/*Herresthal* Rn 9; BeckOK-HGB/*Moussa* Rn 3.

IV. Normadressat

Adressat der Sanktionsandrohung des § 104a Abs. 1 ist diejenige Person, der die Übermittlungspflicht des § 8b Abs. 3 S. 1 Nr. 2 obliegt, also der jeweils **Veröffentlichungspflichtige** oder der von ihm mit der Veranlassung der Veröffentlichung beauftragte Dritte. Wird ein Dritter mit der Veranlassung der Veröffentlichung beauftragt, so bleibt der Informationspflichtige für die Erfüllung seiner Pflichten gem. § 3a Abs. 4 WpAIV selbst verantwortlich.[12] 4

Sofern es sich bei dem jeweils Veröffentlichungspflichtigen oder bei dem von ihm mit der Veranlassung der Veröffentlichung beauftragten Dritten um einen **Verband** handelt (was dem praktischen Regelfall entsprechen dürfte), ist zu beachten, dass allein natürliche Personen ordnungswidrig i.S.d. § 104a Abs. 1 handeln können. Dem trägt § 9 Abs. 1 OWiG Rechnung: Die Vorschrift ermöglicht es, die Veröffentlichungspflicht auf die **Vertreter des Verbands** zu erstrecken. Die Geldbuße kann demgemäß gegen den schuldhaft handelnden beziehungsweise unterlassenden Vertreter und/oder gem. § 30 Abs. 1 OWiG gegen den Verband festgesetzt werden.[13] In der Praxis ist die Bebußung des Verbands die Regel.[14] 5

V. Ordnungswidrigkeit (§ 104a Abs. 1)

1. Verletzungshandlung

Tatbestand der Ordnungswidrigkeit ist die Verletzung der in § 8b Abs. 3 S. 1 Nr. 2 geregelten Übermittlungspflicht. Eine solche Verletzungshandlung ist gegeben, wenn die in § 8b Abs. 3 S. 1 Nr. 2 i.V.m. § 8b Abs. 2 Nr. 4, 9 und 10 genannten **Daten nicht, nicht richtig oder nicht vollständig übermittelt** werden. Durch die Erfassung dieser unterschiedlichen Varianten einer nicht ordnungsgemäßen Erfüllung der Übermittlungspflicht stellt das Gesetz sicher, dass ein ordnungswidriges Verhalten erst dann ausgeschlossen ist, wenn die Übermittlungspflicht im Ergebnis uneingeschränkt erfüllt wurde.[15] Die nicht richtige Übermittlung erfasst dabei freilich nur die Übermittlung fehlerhafter, inhaltlich unzutreffender Daten, nicht hingegen auch ein Verhalten, das gegen die vorgeschriebene Art und Weise der Übermittlung verstößt.[16] Das muss man aus einem systematischen Vergleich mit § 8b Abs. 3 S. 6 folgern, der die Möglichkeit der Ersatzvornahme durch die BaFin ausdrücklich auch für den Fall anordnet, dass die Übermittlungspflicht nicht „in der vorgeschriebenen Weise" erfüllt wird. 6

2. Verschulden

§ 104a Abs. 1 sanktioniert nicht jegliche Form vorsätzlicher oder fahrlässiger Nichterfüllung der Übermittlungspflicht. In subjektiver Hinsicht muss dem Pflichtigen vielmehr **Vorsatz oder zumindest Leichtfertigkeit** (grobe Fahrlässigkeit) zur Last fallen. An den Vorwurf der Leichtfertigkeit werden dabei allerdings keine allzu strengen Anforderungen gestellt.[17] 7

---

12 BeckOGK-HGB/*Herresthal* Rn 11; MünchKommHGB/*Krafka* Rn 3; BeckOK-HGB/*Moussa* Rn 8.

13 Zur Möglichkeit einer isolierten Verbandsgeldbuße vgl. § 30 Abs. 4 OWiG.

14 Siehe *Canzler/Hammermaier* AG 2014, 57 (64).

15 BeckOGK-HGB/*Herresthal* Rn 17; Oetker/*Preuß* Rn 3.

16 Ebenso BeckOGK-HGB/*Herresthal* Rn 4, 18; BeckOK-HGB/*Moussa* Rn 7; Ebenroth/Boujong/Joost/Strohn/*Strohn* Rn 2.

17 BeckOGK-HGB/*Herresthal* Rn 19; MünchKommHGB/*Krafka* Rn 3; BeckOK-HGB/*Moussa* Rn 8.

3. Sanktionsbemessung

8 § 104a Abs. 1 S. 2 sieht einen Bußgeldrahmen von **bis zu € 200.000** vor. Die Bemessung des Bußgelds hat sich unter anderem am Verschuldensgrad zu orientieren.[18] **Fahrlässiges Handeln** kann gem. § 17 Abs. 2 OWiG mit maximal der Hälfte des angedrohten Höchstbetrages der Geldbuße geahndet werden.[19]

VI. Zuständigkeit (Abs. 2)

9 § 104a Abs. 2 bestimmt als sachlich zuständige Verwaltungsbehörde i.S.d. § 36 Abs. 1 Nr. 1 OWiG die **Bundesanstalt für Finanzdienstleistungsaufsicht** (BaFin). Das deckt sich mit deren Überwachungstätigkeit nach § 8b Abs. 3 S. 5 bis 7.[20] Danach überwacht die BaFin die Übermittlung der Veröffentlichungen und der sonstigen der Öffentlichkeit zur Verfügung gestellten Informationen an das Unternehmensregister zur Speicherung und kann Anordnungen treffen, die zu ihrer Durchsetzung geeignet und erforderlich sind. Auch kann sie die gebotene Übermittlung auf Kosten des Pflichtigen vornehmen, wenn die Übermittlungspflicht nicht, nicht richtig, nicht vollständig oder nicht in der vorgeschriebenen Weise erfüllt wird (hierzu § 8b Rn 55). Vor diesem Hintergrund ist es konsequent, wenn § 104a Abs. 2 der BaFin die Kompetenz zuweist, Geldbußen in den Fällen zu verhängen, in denen die Übermittlung nicht, nicht richtig oder nicht vollständig erfolgt.

---

18 BeckOGK-HGB/*Herresthal* Rn 21.

19 Weiterführend zur Praxis der Bußgeldzumessung *Canzler/Hammermaier* AG 2014, 57 (67 ff).

20 Vgl. auch BeckOGK-HGB/*Herresthal* Rn 22; MünchKommHGB/*Krafka* Rn 5; BeckOK-HGB/*Moussa* Rn 10.

Sachregister

https://doi.org/10.1515/9783110564440-033

www.ingramcontent.com/pod-product-compliance
Lightning Source LLC
LaVergne TN
LVHW080851300926
849162LV00003B/392